A ÓPERA NOS ESTADOS UNIDOS

Supervisão Editorial:	J. Guinsburg
Revisão:	Iracema A. Oliveira
Capa e Diagramação:	Adriana Garcia
Produção:	Ricardo W. Neves
	Adriana Garcia
	Raquel Fernandes Abranches
	Sergio Kon

HISTÓRIA DA ÓPERA
Lauro Machado Coelho

A ÓPERA NOS ESTADOS UNIDOS

Dados Internacionais de Catalogação na Publicação (CIP)
(Câmara Brasileira do Livro, SP, Brasil)

Coelho, Lauro Machado
   A ópera nos Estados Unidos / Lauro Machado Coelho.
— São Paulo : Perspectiva, 2004. — (História da ópera)

   Bibliografia.
   ISBN 85-273-0701-4

   1. Ópera - Estados Unidos - História I. Título. II. Série.

04-5753   CDD-792.50973

Índices para catálogo sistemático:

1. Estados Unidos : Ópera : Formas dramáticas :
     Teatro : História   792.50973
2. Ópera : Formas dramáticas : Teatro : Estados
     Unidos : História   792.50973

Direitos reservados em língua portuguesa à
EDITORA PERSPECTIVA S.A.
Av. Brigadeiro Luís Antônio, 3025
01401-000 São Paulo SP Brasil
Telefax.: (11) 3885-8388
www.editoraperspectiva.com.br
2004

Para Emerson Rinaldi, cuja ajuda foi preciosíssima na fase de pesquisa deste volume

Para Vânia Pajares e Sérgio Casoy, que estiveram a meu lado em todos os lançamentos desta coleção

We know the characters of an opera from their words, but we believe them because of what they sing.

The music will reflect them, as in an enlarging mirror; rather, as though the music were a magic mirror, it will appear to create them.

JACK BEESON, 1976.

Why then do some of us continue to make the awesome investment of time and energy required to write an opera?

For me it is for the simple reason that, when all the elements of drama, singing, design and stagecraft are successfully fused in a theater, there is nothing in the entire realm of the arts that can surpass the kind of purely visceral, as well as esthetic, excitement that results.

CARLISLE FLOYD, 1984.

Sumário

Prefácio

No projeto original desta coleção, não estava previsto um volume separado para a *Ópera nos Estados Unidos*. No decorrer do trabalho, porém, fui-me dando conta de que a produção operística desse país é tão rica, que ele não poderia ser tratado apenas como um capítulo a mais, dentro do volume dedicado às Escolas Nacionais Americanas. Um estudo detido da ópera americana tornava-se necessário, a começar pelo fato de que, entre nós, à exceção de meia dúzia de nomes – Gershwin, Barber, Menotti, não mais do que isso – são muito pouco conhecidos os músicos responsáveis pela criação da Escola Americana, cujas características são extremamente peculiares.

Mais do que isso: é dos Estados Unidos que vem, hoje, o que está acontecendo de mais importante na produção operística da atualidade. É lá que a ópera está, nestes últimos tempos, mais viva e ativa. A possibilidade que nos foi dada, pela Radio Cultura de São Paulo, de ouvir, ao vivo, as transmissões de sábado à tarde da temporada do Metropolitan Opera House, de Nova York, permitiu-nos ter contato em primeira mão com óperas americanas atuais – *O Grande Gatsby*, de John Harbison; o *Panorama Visto da Ponte*, de William Bolcom – e constatar a extrema vitalidade dessa produção.

Ao escrever estas linhas, em meados de dezembro de 2003, alegro-me de ter podido incluir, neste volume, referências a obras recentíssimas: *Nicholas e Alexandra* de Deborah Dratell, *Madame Mao* de Bright Sheng, *Ainadamar* de Ernesto Golijov, *Pontalba: um Legado da Luisiânia* de Thea Musgrave. E de ter podido informar o leitor sobre títulos importantes que estão previstos para as temporadas de 2004-2005: *An American Tragedy*, de Tobias Picker, encomendada pelo Metropolitan; *Democracy: an American Comedy*, que Plácido Domingo vai estrear na Ópera de Washington, dirigida por ele. Oferece-se, assim, ao leitor, a informação mais atualizada possível. Basta folhear o capítulo "Outros Títulos, Outros Autores", para ter idéia da profusão e variedade de obras novas surgidas da década de 1990 para cá, ilustrando todos os aspectos da vida social americana.

O relato paralelo da história americana permite-nos sentir como, nos Estados Unidos talvez até mais do que em outros países, a ópera, assim como as demais formas de arte, reflete os grandes problemas sociais e políticos da nação, e os movimentos de protesto que remam contra a corrente de certas tendências e atitudes, que a elite pensante do país desaprova e não aceita.

Como os demais livros desta coleção, este volume não se limita a registrar apenas os grandes nomes, mais conhecidos – George Gershwin e Gian Carlo Menotti, Samuel Barber e Leonard Bernstein –, mas empenha-se, sobretudo, em abordar a obra dos compositores menos familiares, mas nem por isso menos importantes, que colocaram, passo a passo, as pedras com que se edificou a ópera americana. O livro preocupa-se também em chamar a atenção do público para autores vivos, que ainda estão construindo obras extremamente significativas e, portanto, ainda nos reservam, século XXI adentro, demonstrações de que a ópera, hoje, está mais viva do que nunca. Nesse quadro, incluo estrangeiros como a escocesa Thea Musgrave, o mexicano Daniel Catán, o japonês Minoru Miki que, por comporem para teatros americanos, pertencem ao contexto deste estudo (da mesma forma que, em *A Ópera na França*, foi analisada a obra dos italianos Sacchini, Cherubini ou Spontini, ou dos alemães Meyerbeer e Offenbach).

Um sério problema metodológico, na elaboração deste volume, foi o lugar que, dentro dele, deveria ocupar a mais americana das formas de teatro cantado: o musical. Em princípio, o estudo detalhado do musical americano pertencerá à *História da Opereta*, que pretendo acrescentar futuramente a esta coleção. Nele serão tratados autores como Jerome Kern, Rodgers e Hammerstein ou, mais modernamente, Andrew Lloyd Webber. Mas não posso deixar de me referir aqui àqueles musicais que são quase-óperas, como os de Stephen Sondheim – com uma temática, inclusive, que os aproxima mais do palco do Met ou do New York City Opera do que dos teatros da Broadway –, ou o maravilhoso *West Side Story* de Leonard Bernstein. Assim como é indispensável passar em revista os musicais de George Gershwin, para compreender o processo gradual que o leva à suprema realização que é o *Porgy and Bess*. Perdoe-me, portanto, o leitor que discordar de minhas opções. Eu mesmo me confesso freqüentemente embaraçado para

traçar fronteiras nítidas entre o *opéra-comique* e a opereta, entre a ópera e o musical.

No que se refere à disco-videografia, no caso da ópera americana há uma dificuldade específica: muitas destas obras foram transmitidas, em cadeia nacional, pela rede de televisão PBS (Public Broadcast Service), e existem em cópia de vídeo privada. No decorrer da pesquisa, tive acesso a várias dessas cópias – o *Down in the Valley* de Kurt Weill, o *McTeague* de William Bolcom, *As Relações Perigosas* de Conrad Susa, o *Goya* de G.-C. Menotti, os *Aspern Papers* de Dominick Argento e outras –, existentes no Brasil em mãos de colecionadores. Não é exatamente material fácil de obter; mas não é tampouco coisa que não se consiga com garimpagem paciente. Procurei, como nos demais volumes, oferecer ao leitor o panorama mais completo possível – a despeito das lacunas inevitáveis – do que existe gravado em áudio e imagem.

Quero agradecer a André Heller, Jorge Coli e Sérgio Casoy, pela ajuda que me deram na busca do material necessário para a pesquisa. Um agradecimento especial, em meu nome e no da Editora Perspectiva, vai para o Teatro Municipal, na pessoa de sua diretora, Lúcia Camargo, de sua assistente, Sara Nasralla, e do maestro Ira Levin, diretor musical da casa, pela possibilidade que me deram de ali fazer, em 10 de novembro de 2003, o lançamento de *A Ópera Tcheca*, desta coleção, por ocasião da primeira audição brasileira da *Missa Glagolítica* de Leoš Janácek. O agradecimento estende-se também a Tomáš Lonícek, do Consulado da República Tcheca, pelo apoio cultural oferecido a esse evento. E a Miriam Bemelmans pelo carinho com que assessorou a divulgação desse lançamento na imprensa.

Lauro Machado Coelho
Agosto 2004

Os Primeiros Anos

Da mesma forma que o cinema e a televisão hoje, o entretenimento musical era a grande forma de lazer para os americanos do século XVIII. Tanto o elegante teatrinho de cinco janelas erguido em 1718 em Williamsburg, quanto a sala mais espaçosa da Nassau Street, de Nova York, construída em 1750, estavam sempre cheias de pessoas que aplaudiam, vaiavam e pediam aos gritos as suas canções prediletas.

Mais do que a ópera de estilo italiano, considerada demasiado esotérica pelos primeiros colonizadores, o que atraía os habitantes dos Estados Unidos, no *early Eighteeenth*, era a forma mais desenvolta da *ballad opera*. Originária da *comédie mêlée d'ariettes* francesa, essa forma de teatro musical surgida na Inglaterra consistia de uma peça falada, de estilo leve ou satírico, entremeada de canções estróficas, nas quais era adaptada a melodia de canções tradicionais ou populares.

O modelo do gênero é a *Beggar's Opera* de John Gay, com música adaptada por Samuel Pepusch, cantada na Lincoln's Inn Field, de Londres em 29 de janeiro de 1728. Segundo W. van Lennep, a popularidade da *Ópera do Mendigo* fez com que cerca de cem *ballad operas* fossem compostas entre 1728 e 1750[1]. A escolha das melodias a serem adaptadas era,

naturalmente, uma arte muito especial, pois deveria se estabelecer com facilidade, para o público, um nexo entre elas e o texto no qual eram utilizadas. Desenvolveu-se assim toda uma técnica de paródia, em que o tema explorado ligava-se sutilmente às canções folclóricas ou populares cujos temas eram tomados de empréstimo.

Mas a história muito irreverente imaginada por Gay, ambientada no submundo londrino, tendo por personagens ladrões e prostitutas, e se encerrando de maneira ousadamente amoral, não tinha condições de agradar à sensibilidade puritana dos colonizadores – tanto assim que ela só foi encenada em Nova York em 1750. Os americanos das primeiras décadas do século XVIII preferiam temas mais suaves.

A primeira documentação que se tem da apresentação de uma *ballad opera* em terras americanas – a *Flora or Hob in the Well*, de Colley Cibber e John Hippesley – é de 18 de fevereiro de 1735. Ela foi cantada na sala do tribunal de Charleston, na Carolina do Sul, seis anos depois da estréia em Londres. *Flora* passava-se no campo inglês e Cibber narrava um episódio ingênuo: como um rapazinho de aldeia cai dentro de um poço e sua mãe, ao tirá-lo de lá, imagina que ele é um elfo (*hob* é o diminutivo de *hobgoblin*, duende).

Mas antes de nos dedicarmos à crônica de como a ópera se implantou no solo americano e nele assentou raízes próprias, é im-

---

1. W. van Lennep, *The London Stage 1660-1800* (Carbondale, Southern Illinois University Press, 1968).

portante – para efeito de colocação das balizas temporais – termos uma idéia sumária dos acontecimentos históricos que presidiram a esse desenvolvimento.

Os Estados Unidos nos Séculos XVIII-XIX

O território americano, habitado por diversas tribos indígenas semi-nômades, foi visitado por europeus, desde o início do século XVI: Ponce de Leon na Flórida, em 1512; Hernando de Soto no Mississipi, em 1541; Francisco Coronado no Colorado, em 1542 e, no ano seguinte, João Cabrilho na Califórnia. Mas foi sir Walter Raleigh quem, em 1586, colocou a pedra fundamental da colonização inglesa, que se manteria até quase o fim do século XVIII, ao fundar, na ilha de Roanoke, o povoado da Virgínia. Ele assim foi batizado em homenagem a Elizabeth I da Inglaterra, chamada de "a Rainha Virgem" – embora o próprio Raleigh tenha sido um de seus inúmeros amantes. Jamestown, fundada em 1600, foi a mais antiga cidade da Virgínia.

Em 1614, chegaram os primeiros colonos holandeses, e a eles deve-se a criação, na ilha de Manhattan, de Nova Amsterdam que, mais tarde, viria a chamar-se Nova York, e a converter-se num dos mais importantes centros urbanos do mundo. Os holandeses foram também os responsáveis pela vinda, em 1619, dos primeiros escravos negros, para trabalhar na lavoura.

A colonização inglesa tomou impulso a partir de 1620, com a chegada do navio *Mayflower*, no qual vinham os puritanos que, fugindo da perseguição religiosa na Grã-Bretanha, fundaram Plymouth, em Massachusetts, e assinaram o *Mayflower Compact*, a Constituição colonial, que vigorou até ser substituída, em 1787, pela Constituição republicana. A Grande Migração (1630-1640) povoou Massachusetts e Connecticut. Em 1664, os ingleses tomaram Nova Amsterdam dos holandeses, embora muitos deles, já firmemente enraizados em território americano, ali permanecessem.

No início do século XVIII, as diversas colônias americanas possuíam grau muito variado de sentimento de dependência da Coroa britânica, e de fidelidade às tradições parlamentares inglesas. A liquidação do império colonial francês na América, conseqüência da derrota da França na Guerra dos Sete Anos, desequilibrou esse quadro pois, forçados a contribuir para amortizar a dívida contraída durante esse conflito, os colonos americanos passaram a aspirar à independência. Provocaram reações de protesto, seguidas de repressão violenta, os impostos escorchantes e as leis autoritárias votados entre 1764-1775: o *Currency Act*, proibindo a cunhagem de moedas; o *Sugar* e o *Stamp Acts*, impondo restrições econômicas; e o *New England Restraining Act*, proibindo o comércio com os países estrangeiros. O massacre de Boston, em 5 de março de 1770, em repressão aos protestos contra esses decretos, uniu os rebeldes.

A luta começou em 17 de junho de 1775. George Washington assumiu o comando do exército revoltoso. Em 4 de julho do ano seguinte, as treze colônias rebeldes adotaram a declaração de independência e, em 15 de novembro de 1777, formaram um Estado confederado. Como parte dos colonos permaneceu fiel à Coroa, e outra parte manteve-se neutra, Washington, cujas forças eram inferiores à dos mercenários alemães a serviço dos britânicos, perdeu Nova York e Philadelphia entre 1776-1777. Mas em 1778, a França, que queria vingar-se da derrota a ela infligida pela Inglaterra na Guerra dos Sete Anos, decidiu ajudar os rebeldes, e mandou-lhes tropas chefiadas pelo general Lafayette. Também a Espanha (1779) e a Holanda (1780) puseram-se ao lado dos americanos. Os britânicos capitularam, finalmente, em Cornwalis (19.10.1781) e, em 3 de setembro de 1783, assinaram o Tratado de Versalhes.

Para garantir a autoridade do governo central e a fidelidade das diversas ex-colônias, uma comissão constitucional, chefiada por Thomas Jefferson – cujas idéias liberais terão grande importância no processo de emancipação de todas as colônias americanas – reuniu-se em Philadelphia, de 25 de maio a 17 de setembro de 1787. Essa comissão elaborou a Constituição que, com algumas emendas posteriores, vigora até hoje. Até o final de 1798, essa Constituição foi ratificada por todas as colônias.

Nesse último ano, George Washington foi eleito o primeiro presidente dos Estados Unidos. A Declaração da Independência é o primeiro documento escrito da História no qual um povo justifica a sua autodeterminação com base no ideário dos iluministas, de resistência à tirania como forma de garantir a soberania e o direito à liberdade.

Após a independência, cada Estado americano adotou Constituição própria, garantindo os direitos democráticos, a divisão dos poderes, a efetividade dos cargos públicos e a divisão Igreja-Estado. Na Convenção de Philadelphia (1787), os Estados concordaram em unir-se numa República Federativa. A Constituição de 17 de setembro de 1787 reservou ao governo federal a defesa, a política monetária, o comércio exterior e a política externa. Os Estados ficaram encarregados dos assuntos internos: religião, justiça, saúde e educação, comunicação e transportes, polícia etc. Em 1789, foram feitas 22 emendas à Constituição.

O primeiro presidente, George Washington, elaborou um programa econômico que assentou as bases do capitalismo. Na gestão do segundo, Thomas Jefferson, iniciou-se a expansão do território, com a conquista do oeste, feita basicamente por imigrantes europeus. As populações indígenas das regiões ocupadas foram aculturadas à força, combatidas, espoliadas, exterminadas. A Luisiânia foi comprada da França, em 1803, por US$ 15 milhões; a Flórida, da Espanha, em 1819, por US$ 5 milhões. A guerra com a Inglaterra (1812-1814), pela posse do Canadá, terminou com a paz perpétua de Gante, que ajudou a superar litígios deixados pela Guerra da Independência.

O litoral do Oregon foi comprado da Rússia em 1824. A Trilha do Oregon deu acesso a cinco mil pessoas por ano para a costa oeste. A ocupação do Meio-Oeste se fez entre 1803-1850. Entre 1792-1819, o povoamento do Noroeste e do Mississipi fizera surgir oito Estados novos, e a população passara de 3,9 milhões, em 1790, para 7,2 milhões em 1810. A guerra com o México, que se iniciou em 1845, levou à anexação do Texas. Pelo Tratado de Guadalupe-Hidalgo (1848), os Estados Unidos ganharam a região que vai do Texas à Califórnia – onde, nesse mesmo ano, explo-

diu a Corrida do Ouro, outro grande agente de expansão demográfica. A ocupação do território se completou com a segunda Grande Migração para o Oeste (1850-1890), assinalando a derrota das últimas tribos indígenas rebeldes do Sudoeste. Em 1853, o Arizona e o Novo México foram comprados da Espanha por US$ 10 milhões.

Primeiros Passos

Vindas da Inglaterra, e geralmente passando antes por Cuba, onde era intensa a paixão pelo teatro, companhias itinerantes visitaram os Estados Unidos desde meados do século XVIII. No norte, enfrentavam a hostilidade dos puritanos; mas no sul, eram melhor recebidas pelos donos das grandes plantações, que se viam como cidadãos britânicos afastados da metrópole, e encontravam no teatro a maneira de afirmar seus sentimentos cosmopolitas.

A *Ópera do Mendigo* foi cantada em Nova York em 1750; e ficou famosa, no mesmo ano, a apresentação em Upper Marlborough, no Maryland, patrocinada pela Ancient and Honourable Society of Free and Accepted Masons, "com Musica instrumental fornecida, para Cada Ária, por um Conjunto Privado de Cavalheiros". *The Beggar's Opera* foi o primeiro exemplo de teatro musical ouvido em Annapolis (1752) e Philadelphia (1759). E até 1800, tinha sido levada a Boston, Providence, Newport, Baltimore, Richmond, Williamsburg, Norfolk e Charleston. O fato de, em 1750, a legislatura de Massachusetts ter aprovado, por larga maioria, uma lei proibindo espetáculos teatrais sugere que a oposição informal já não era mais suficiente para impedir atividades desse gênero.

O gosto pela música, porém, infiltrava-se inexoravelmente. Na década de 1760, as principais cidades da colônia tinham suas lojas de partituras, oferecendo obras de Arne, Vivaldi, Corelli e os oratórios de Haendel. Surgiam os primeiros fabricantes americanos de violinos, violões, harpas, cravos e harmônios. Eram publicadas as primeiras coletâneas de canções americanas. Melhorava a qualidade do canto coral nas igrejas. Seitas que, até então, tinham proibido a prática de música instrumental no culto, relaxavam a proibição, convencidos de que o acompanhamento faria a congregação cantar os salmos de forma mais entusiasmada. Autores como Isaac Watts e os irmãos Wesley popularizaram canções e hinos baseados em textos não-bíblicos, ou em textos da Bíblia que não fossem apenas os salmos. A mais importante coleção de hinos dessa época – a *Urania*, de James Lyons, publicada em Philadelphia em 1761 – abriu caminho para que se desenvolvesse o gosto por música vocal mais complexa e estilizada.

No sul – onde os grandes plantadores mandavam dar instrução musical a escravos para, com eles, formar conjuntos de câmara e pequenos corais – a cultura musical se expandia. William Byrd II, o dono da Westover Plantation, na Virginia, relata em seu diário a semana que passou hospedado na fazenda dos Randolph, em Tuckahoe, nos confins do estado. Ali, Byrd conta ter ouvido os músicos da casa tocando e cantando *The Beggar's Opera*. Em 1763, foi fundada em Charleston a Saint Cecilia Society, com 120 membros; e eles se cotizavam para contratar músicos que vinham dar concertos públicos durante temporadas prolongadas.

Alguns cantores ficaram muito populares. Bonita, talentosa, temperamental, Maria Storer era muito apreciada como a Lucy da *Ópera do Mendigo*, e atraia grande público a seus recitais. Em sua homenagem foi publicada, em 1772, na Virginia, uma coletânea de canções intitulada *The Storer or The American Syren*. Igualmente estimado era John Henry, enorme ator-cantor irlandês que tinha muito carisma e vivia de maneira suntuosa. Se compararmos as datas da estréia em Londres e a da primeira apresentação americana, veremos que a colônia seguia relativamente de perto o movimento teatral da metrópole:

- Thomas Arne: *Thomas and Sally* (1760-1768); *Love in a Village* (1762-1768);
- Charles Dibdin: *Lionel and Clarissa* (1768-1772); *The Padlock* (1768-1769).

Mais para o final do século, Philadelphia haveria de tornar-se a capital cultural dos Estados Unidos. Mas no início de sua história, essa cidade de 10 mil habitantes, pouco maior do que Boston, era dominada pelas tradições e costumes muito estritos dos Quakers que, em 1716, ao fazerem a primeira reunião da Liga dos Amigos, advertiram aos participantes: "Fiquem longe de qualquer atividade relacionada com teatro, jogos, loterias, música e dança." Todas essas coisas eram, naturalmente, o instrumento do demônio. Pois foi, curiosamente, nessa Philadelphia puritana que, em janeiro de 1767, o jornal *Pennsylvania Gazette* estampou a primeira resenha de opera publicada nos Estados Unidos, a respeito do *Amor na Aldeia* de Thomas Arne. E foi nessa cidade que nasceu o primeiro compositor americano de ópera – embora o resultado de seu trabalho não tenha sido apresentado no território nacional.

Ralph

Não se sabe se James Ralph (1695-1764) era da Pennsylvania ou de New Jersey. A notícia que se têm dele é que, na adolescência, era vendedor ambulante e amigo íntimo de Benjamin Franklin que, em seu *Diário*, o descreve como "um homem engenhoso, de maneiras muito gentis e extremamente eloqüente". Em dezembro de 1724, Ralph deixou a mulher e a filha recém-nascida, para acompanhar Franklin a Londres, onde entrou em contato com Alexander Pope, Samuel Johnson e William Hogarth – de quem haveria de editar o livro *Analysis of Beauty*, escrito em 1733.

Entre 1733-1737, Ralph foi assistente, no Little Theatre, de Haymarket, do romancista Henry Fielding, o autor de *Tom Jones*. Fielding tinha escrito, para esse teatro, uma *ballad opera* muito popular na Inglaterra, *The Mock Doctor* (1732), mais tarde encenada nos Estados Unidos com igual agrado. No contato com a elite intelectual inglesa, Ralph tornou-se um homem muito culto, ensaísta prolífico. É dele a *History of England* (1746), documento muito útil para entender a fase da Revolução Puritana e da Restauração. Em seus poemas *The Night* (1727) e *The Tempest* (1728), ele faz referências, muito pitorescas para o público europeu, às paisagens e aos costumes americanos.

Ralph escreveu a tragédia *The Fall of the Earl of Essex* (1731), as comédias *The Lawyer's Feast* e *The Astrologer*, ambas de 1744; mas a sua obra de maior sucesso foi *The Fashionable Lady or Harlequin's Opera*, que teve dezesseis récitas ao ser estreada no Goodman's Field Theatre, em 1730. Muito provavelmente, as canções foram adaptadas por George Monroe, ex-assistente de Haendel e de Pepusch, que trabalhava como cravista nessa sala.

São muito comuns, durante o século XVIII, as óperas que satirizam o próprio mundo da ópera[2], as intrigas de bastidores, as rivalidades entre os artistas. Ralph trabalha com esse clichê, fazendo a história da *Dama na Moda* passar-se durante o ensaio de uma *ballad opera* pela companhia de Mr. Drama e de Mr. Ballad – todas as personagens têm nomes que fazem deles tipos característicos do mundo teatral londrino da época. Aos ingredientes habituais da *ballad opera*, Ralph acrescenta elementos de um outro tipo de espetáculo igualmente popular naqueles anos: a *harlequinade*, em que predominavam a mímica e um tipo de tratamento das personagens e situações cômicas proveniente das antigas tradições renascentistas da *Commedia dell'Arte*.

A personagem central da *Dama na Moda* é a celebrada cantora Mrs. Foible, uma mulher coquete cujo nome alude à "fraqueza" das pessoas por tudo aquilo que está na crista da onda no momento. Ela está cercada de pretendentes: o apaixonado e virtuoso Mr. Merit; o sestroso Mr. Smooth, cuja maior preocupação é estar sempre vestido na última moda; e o rude marinheiro Capitão Hackum. Dois membros da companhia de teatro também arrastam a asa para Mrs. Foible: o virtuose Mr. Trifle e o humorista Mr. Whim. Vão todos, um a um, pedir a ajuda de Harlequin, o pau-para-toda-obra da companhia, que lhes sugere uma série espetacular de artimanhas para tentar conquistar o coração da cantora.

Mas Mrs. Foible se faz de tão difícil, torce tanto o nariz aos candidatos à sua mão, que eles acabam desistindo um a um. O primeiro deles é o sincero Mrs. Merit, que logo se dá conta de que Mrs. Sprightly, a jovem prima da cantora, é muito mais sensível, leal e espirituosa. Todos se afastam de Mrs. Foible e, no final,

só lhe resta Arlequim a quem, no início, ela teimava em desprezar, por achá-lo jeca e plebeu.

A ópera italiana, com suas formas vocais super-elaboradas, é a vítima principal da sátira. Mas Ralph nunca perde a chance de zombar de Gay, cuja enorme popularidade não deixava de despertar sua ciumeira. Vejam algumas das intervenções de Mr. Ballad, o músico da companhia:

> *Confound your Amphion's, your dancing Rocks, and Italian Gimcracks! Confound this Italian! It ties up a Man's Voice like the Appearance of a Ghost at Midnight. But English opera makes me as eloquent as Mr. Quibble, the orator, and as valiant as Captain Macheath or a prime Minister. [...] There is more Wit in a fiery Dragon than in all the plays in Europe. [...] I love the noise of Whores and Highwaymen in one Opera, of Beggars in another, of Rustiks in a third, it makes a noble symphony... i'faith it sounds better than Church-Musick.*

(Ao diabo com os seus *Amphions*, com os seus Rochedos Dançantes, e as suas bugigangas italianas! Elas amarram a voz de um homem como a aparição de um fantasma à meia-noite. Mas a ópera inglesa me torna tão eloqüente quanto Mr. Quibble, o orador, tão corajoso quanto o capitão Mcheath[3] ou um primeiro-ministro. [...] Há mais astúcia em um dragão em chamas do que em todas as peças européias. [...] Gosto do ruído que fazem as prostitutas e ladrões de estrada numa ópera, mendigos na outra, gente plebéia numa terceira, isso faz uma nobre sinfonia... na verdade, soa melhor do que música de igreja.)

Para o público da época, não tinha importância se a mesma melodia reaparecia em várias *ballad operas* diferentes (o tema da ária "Winchester Wedding", da *Fashionable Lady*, surge em outras quatorze peças do gênero escritas entre 1728-1733). O que importava era se ela se casava bem com o texto, e realçava o seu conteúdo de paródia. Isso não diferia muito, de resto, dos hábitos da *opera seria* metastasiana, na qual era comum reutilizar várias vezes o mesmo libreto, fazer auto-empréstimos (retirar trechos de uma ópera e passá-los desenvoltamente para outro), ou até saquear a obra alheia e dela retirar temas que eram rearmonizados e adaptados.

Ralph, de certa maneira, incorpora à sua *ballad opera* procedimentos típicos da *opera seria*: coloca os comentários humorísticos no diálogo falado, e reserva as árias para os mo-

---

2. A esse respeito há muitas referências em *A Ópera Clássica Italiana*, desta coleção.

3. Ballad refere-se à personagem central da *Ópera do Bandido* de Gay e Pepuch.

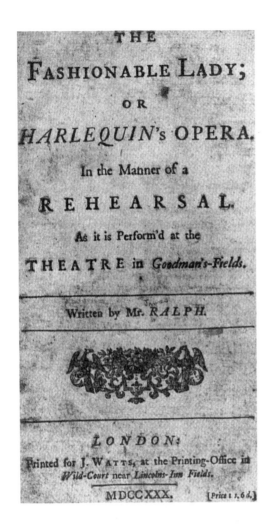

Página de rosto de *Fashionable Lady or Harlequin's Opera* (1730), a mais antiga ópera de autor americano e partitura da ária de Arlequim, "Ghosts of ev'ry occupation", na cena 2 do ato II.

mentos de expressão dos sentimentos. Moore – caso tenha sido ele o arranjador das canções – sabe interpretar muito bem as suas intenções, introduzindo, nas árias, modulações e um tratamento vocal de qualidade mais sofisticada do que a média das óperas populares da década de 1730. São muito bem colocadas também as seqüências de dança. Em especial, a *morris dance* na cena em que Mrs. Merit faz a corte a Mrs. Sprightly (o nome desse tipo de bailado folclórico inglês é a corruptela de *Moor's dance*, a *moresca* dos italianos).

A documentação existente sobre *A Dama na Moda* não permite saber se havia abertura, ou se os números de mímica da *harlequinade* eram acompanhados por música incidental, à maneira do melodrama (é possível que sim, pois existe o material para esse tipo de acompanhamento em *The Touchstone or Harlequin Traveller*, de Charles Dibdin, escrita em 1740). Algumas rubricas dão a entender que os gestos uniam-se à música, hoje perdida. Um exemplo:

"Enquanto eles dançam, Arlequim e seus Companheiros unem-se a eles de maneira bem-humorada e, depois de fazer com eles diversas Brincadeiras, retiram-se para seu Lugar."

Embora de autor americano, *The Fashionable Lady* nunca foi encenada nos Estados Unidos. Mas encontramos sinais de sua influência em obras trazidas para o território americano, ou nele criadas. Em fevereiro de 1733, a mesma companhia londrina que tinha feito a *Flora* de Cibber em Charleston apresentou a tragédia *The Orphan*, de Thomas Otway, e depois dela uma pantomima intitulada *The Adventures of Harlequin and Scaramouch*. Essa pantomima foi tão bem recebida – até mais aplaudida do que a peça principal – que esquetes com essa personagem proliferaram. Em *Music Theatre in America 1785-1815* (Washington, 1991), Susan Porter enumera oitenta títulos encenados nesse período, fazendo de Arlequim o protagonista das mais variadas aventuras: *Arlequim Andando de Balão, Arlequim Barbeiro, Arlequim Pescador, Arlequim na Maçonaria, Arlequim e a Viagem ao Sol, Arlequim e a Viagem à Lua, Arlequim Invade os Domínios de Shakespeare*. Havia até tentativas curiosas de cruzar as *harlequinades* com as peças alegóricas de tema patriótico, comuns na época da Guerra da Independência. É o caso de *Columbus or The Discovery of America, with Harlequin's Revels*, encenada em Baltimore em 1783.

Embora Arlequim fosse uma personagem muda, que se expressava apenas mediante mímica, era acompanhado por música praticamente contínua, que descrevia todos os seus gestos, atitudes e emoções. Era um papel que exigia destreza, habilidades de dançarino, somadas a todo um repertório de gestos, posturas e expressões faciais estereotipadas, cuja origem remonta à *Commedia dell'Arte* renascentista. A personagem surgia e reaparecia rapidamente pelos alçapões espalhados no palco e, com sinais quase imperceptíveis, comandava os contra-regras, que mudavam a posição dos objetos, faziam trocas no cenário ou – o que mais divertia a platéia – procediam às metamorfoses, transformando um juiz rabugento numa velha vendedora de maçãs, ou um ladrão de cavalos em um respeitável vendedor de roupas. Essas peças leves cumpriram o papel muito importante de habituar o público a ir ao teatro. E essa formação de platéia a conduziria, naturalmente, a aceitar gradualmente as formas mais elaboradas de melodrama, que iriam surgindo a seguir.

Philadelphia, Capital Cultural

Com o passar do tempo, embora a técnica de compilação não desaparecesse de todo, começaram a surgir números especialmente compostos para as *ballad operas*. Na versão do *Love in the Village* (1762), de Thomas Arne, trazida para Philadelphia em 1767, só cinco dos 42 números pertenciam à partitura original. Eram pastiches, mas bem escritos, com orquestração rebuscada e, sobretudo, *finales* construídos de forma viva, acompanhando o modelo da alta ópera bufa do Classicismo.

Em 1767, Philadelphia era uma cidade muito diferente daquela de onde James Ralph tinha saído em 1724. A população dobrara, e o desenvolvimento comercial e cultural fazia com que Gilbert Stuart a chamasse de "a Atenas da América". Até esse lugar lhe ser tomado por Nova York na década de 1820, Philadelphia foi a capital cultural dos Estados Unidos. Em 1757, contando com o apoio do governador William Penn, Francis Hopkinsons inaugurou uma série de concertos que revelaram ao público obras de autores ingleses, italianos e alemães. Foi nessa cidade, como dissemos antes, que James Lyons publicou, em 1761, *Urania*, a primeira coleção de hinos e salmos religiosos compilada no país. E o Southwark Theater, inaugurado em 1767 pela American Opera Company, trouxe à cidade comédias de Thomas Arne, William Shield, Stephen Storace, Charles Dibdin, Thomas Attwood e outros compositores ingleses muito apreciados.

Quando a Declaração da Independência foi assinada, em 1776, Philadelphia era, depois de Londres, a segunda maior cidade anglófona do mundo. No ano anterior à independência, tinha sido fundada ali a primeira faculdade não-sectária dos Estados Unidos, o College of Philadelphia. Um de seus criadores foi Benjamin Franklin, apaixonado por música, que voltara ao país em 1727 e contribuiria muito para o desenvolvimento cultural de sua cidade de adoção, fundando a American Philosophical Society. Em 1772, esse colégio passaria a se chamar Universidade da Pennsylvania. A ela estariam ligadas as primeiras tentativas de ópera composta nos Estados Unidos.

Hopkinson e Smith

Formado em 1757 na primeira turma do College of Philadelphia, Francis Hopkinson (1737-1791) era advogado, poeta, inventor, foi um dos signatários da Declaração da Independência, e exerceu o cargo de primeiro secretário da Marinha no governo Washington. Tocava cravo e órgão, e sua "My Days Have Been so Wondrous Free", de 1759, é provavelmente a mais antiga canção americana no estilo de *ballad opera* de que se possui a partitura (ela aparece numa coleção de cem árias, duetos e hinos, hoje guardada na Biblioteca do Congresso, que Hopkinson copiou à mão; nela há, ao lado de música tradicional ou da do próprio Hopkinson, peças de Haendel, Arne, Purcell, Terradellas, Vinci, Palma, Giardini e Rameau.

Em janeiro de 1757, Hopkinson participou, no College, da montagem de *Alfred*, de Thomas Arne, com libreto reescrito por William Smith, o reitor da escola – na época com 28 anos. O *Alfred* de Arne é um *masque*, tipo de espetáculo musical inglês em que o diálogo falado interliga árias, números de conjunto, recitativos, coros e, às vezes, danças (Henry Purcell foi o autor de vários *masques* de grande qualidade estética). A diferença entre a *ballad opera* e o *masque* é que aquela é de caráter popular e, portanto, mais desenvolto, enquanto este último é um entretenimento cortesão e, conseqüentemente, reflete, na qualidade poética de seu texto e no grau de elaboração musical, o gosto mais refinado da aristocracia.

Smith teve de fazer acertos no texto de *Alfred*. Não há papéis falados femininos, porque os atores de que dispunham eram os alunos do College, que só aceitava a inscrição de rapazes. Mas duas cantoras foram contratadas para cantar as árias para voz feminina: uma certa Miss Lawrence, e Elizabeth, a irmã mais velha de Hopkinson, casada com Jacob Duché, o melhor amigo de Francis e o ator escolhido para fazer o papel de Alfred. Hopkinson tocou provavelmente o cravo. A orquestra tinha violinos, violoncelos e uma flauta transversal; e a direção musical ficou por conta de John Palma – o regente dos concertos organizados por Hopkison –, que deve ter ajudado Smith na seleção das melodias a serem adaptadas ao texto. Entre elas, havia árias de Haendel, de outras obras do próprio Arne, e da *Merope*, composta em 1743 pelo catalão Domènech Terradellas.

Em 20 de janeiro de 1757, Smith publicou, no *Gazette*, para o qual colaborava, um artigo em que analisava seu trabalho e falava do "aplauso de uma Platéia muito culta, que encheu o Auditório durante as várias Noites em que houve a Representação". Em sua opinião, um espetáculo como *Alfred* ensinava ao público americano a "apreciar a verdadeira Beleza poética", e constituiria "uma honra para o Bom-gosto e o Aperfeiçoamento de qualquer País".

The Disappointment

A tarefa de desenvolver o bom-gosto e de aperfeiçoar a cultura do povo esbarrava, po-

A Academy of the College, de Philadelphia, onde o *Alfred* de William Smith foi montado em 1757.

O Teatro da Chestnut Street, de Philadelphia, onde *Slaves in Algiers*, de Susanna Rowson, estreou em 1794.

Interior do Teatro da Chestnut Street, na época da inauguração, em 1794.

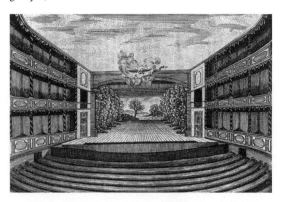

Gravura que ilustrava a edição de 1796 de *The Disappointment or The Force of Credulity*, a primeira ópera cômica americana.

rém, na eterna oposição puritana aos risco de corrupção dos costumes representada pelo teatro e a ópera. Todas as companhias de teatro que visitaram Philadelphia – a de Kean e Murray em 1750; a de Lewis Hallam em 1752; a do ator e empresário David Douglas em 1760 – tiveram problemas com as autoridades porque, se os oratórios, de tema sacro, eram tolerados, havia leis que impunham multas de 500 libras a quem fosse assistir peças ou óperas de assunto profano. Oposição a que não ajudava em nada a conduta imprópria da platéia nos teatros. Em *Early Operas in America* (1983), Oscar Sonneck fala da recompensa prometida, num jornal de Philadelphia, em 1762, "a quem descobrir quem foram as Pessoas muito rudes que, ontem, da Galeria, atiraram Ovos no Palco".

Nessas condições, não é de se estranhar que a primeira ópera cômica escrita nos Estados Unidos tenha tido um destino tão decepcionante quanto o seu próprio título. Não se sabe quem são os autores de *The Disappointment or The Force of Credulity: a New American Comic-Opera*. A capa do libreto, publicado em Nova York em 1796, a atribui a Andrew Barton, Esq.; mas estudiosos como Patrícia Virga ou Jerald Graue e Judith Layng demonstraram que esse era um pseudônimo – Barton, na realidade, era um pirata escocês executado em 1511. É pequena a possibilidade de que uma história licenciosa como a de *A Decepção* tenha sido obra – como se supôs – de Hopkinson ou de Duché. Sabe-se que o autor era um "filho de Philadelphia"; mas Virga e Graue-Layng nunca puderam comprovar as hipóteses que apontavam para Thomas Forrest, James Allen ou os irmãos Joseph e John Leacock, todos eles freqüentadores do círculos dos intelectuais do College.

The Disappointment tinha sido programada pela Douglass Company para estrear no Southwark Theater, em 16 de abril de 1767. Mas o espetáculo foi cancelado porque, segundo o *Gazette*, "a ópera continha reflexões inadequadas para o palco" (na verdade, a causa para a censura parece ter sido o fato de personalidades públicas de Philadelphia terem sido caricaturadas pelo libreto, e a história ser considerada muito licenciosa). Preferindo explorar os sentimentos patrióticos da platéia, Douglass

encenou, no lugar da *Decepção*, a primeira peça em versos escrita por autor americano: *The Prince of Parthia*, de Thomas Godfrey, amigo de William Smith. O autor, porém, não pôde assistir à estréia de sua tragédia, pois tinha morrido em 1763, aos 27 anos.

Hum, Parchment, Quadrant e Rattletrap – que dão a si mesmos o nome de "os Humoristas" – adoram uma brincadeira de mau-gosto. Eles convencem quatro bobocas de que, debaixo da Stone Bridge, o pirata Barba Negra enterrou um tesouro: uma arca na qual há 20 mil pistolas de ouro espanholas, uma caixinha cheia de diamantes e outra com 150 libras de ouro em pó. Depois de uma cena de adivinhações astrológicas, invocações em latim estropiado e falsas aparições de fantasmas, os quatro patos vão para debaixo da ponte, desenterram a arca e, ao abri-la, descobrem que está cheia de pedras.

No Prefácio, o autor diz ter escrito a peça "para seu próprio divertimento e o de seus amigos", sem nunca ter tido a intenção de "apresentá-las a cavalheiros cheios de conhecimento acadêmico". Afirma ter querido criticar a extrema credulidade e o excesso de ambição daqueles que, guiados pelo desejo do lucro fácil, deixam-se iludir por espertalhões, que abusam de sua boa fé. E com um toque de moralismo, conclui: "A humanidade precisa saber contentar-se com aquilo que naturalmente lhe cabe: seguir a nossa própria vocação de forma honesta e industriosa é a única maneira de ganhar dinheiro."

Como na *Fashionable Lady* de James Ralph, as personagens de *The Disappointment* têm nomes que descrevem não seu caráter, mas sua profissão: Quadrant fabrica instrumentos; Parchment (pergaminho) é professor de caligrafia; Washball é o barbeiro da cidade; McSnip, o alfaiate; Rattletrap um vendedor de quinquilharia; Racoon (guaxinim), um membro da milícia (ele não é, como se chegou a pensar, uma personagem de cor). O nome mais curioso é o de Moll Placket, a prostituta local, amante de Racoon ("plackett" era o termo de gíria, no século XVIII, para o órgão sexual feminino). O uso de dialetos diferentes para cada uma das personagens ajuda a definir seu caráter e, ao mesmo tempo, cria o efeito cômico: Washball fala inglês; Trushoop fala irlandês;

McSnip exprime-se em escocês; Raccon usa a modalidade de holandês da Pennsylvania, e por aí adiante. Esse uso de dialetos variados era, provavelmente, uma brincadeira com a insistência do College em que seus alunos aprendessem a falar e escrever uma língua castiça.

Não se sabe quem fez a seleção dos números musicais, mas é bem amplo o leque que ele abre, pois vai de canções tradicionais inglesas, escocesas e irlandesas, a melodias tomadas de empréstimo a William Boyce, Thomas Arne e Samuel Howard – e até mesmo uma canção do folclore americano, a conhecida "Yankee Doodle", cantada por Racoon na cena que se passa no bordel de Moll. As árias predominam: há apenas três duetos, uma cena coral e uma dança no finale.

O libreto da *Decepção* foi publicado em Nova York em abril de 1767 e amplamente lido, a ponto de, em 1796, ter sido feita uma nova edição. Mas foi necessário esperar até 1937 para que o Federal Theater Project, subvencionado pela Works Progress Administration, procedesse à restauração da partitura, permitindo a estréia da obra. Em 1976, Samuel Adler dirigiu uma encenação dessa irreverente comédia na Eastman School, de Rochester, por iniciativa de seu diretor, o compositor Howard Hanson. Existe uma gravação desse espetáculo.

Os Estados Unidos Após a Independência

Foi relativamente pequena a atividade teatral na colônia, nos anos anteriores à Revolução Americana. Os teatros permaneceram fechados durante os anos da guerra de independência (1775-1781), embora se saiba que peças eram encenadas para os militares britânicos em seus acantonamentos de Nova York, Boston e Philadelphia. A situação tendeu a melhorar depois que, declarada a independência, as leis proibindo o teatro começaram a ser revogadas. Mas obras como *Alfred* ou *A Decepção* não só pavimentaram o caminho para o que viria no futuro, como são documentos importantes sobre a maneira de pensar, de sentir, de sonhar do homem americano, na fase que precede a da afirmação da sua identidade nacional.

O Tratado de Paz de 3 de setembro de 1783 pôs fim à Guerra Revolucionária, fazendo surgir um país de mais de 2,6 milhões de habitantes, tendo como fronteiras os Grandes Lagos ao norte, a Flórida ao sul, e o Rio Missipipi a oeste. Com 80 mil habitantes, Philadelphia, berço da Declaração de Independência, foi a capital do país de 1790 a 1800. Famosa por seu puritanismo, ela era também um centro de dissidência intelectual, muito aberta às idéias novas. Embora, nos anos da colônia, a Society of Friends – reunindo batistas, presbiterianos e metodistas – tivesse sido hostil às práticas musicais, os quakers eram, na essência, religiosamente tolerantes. E isso atraiu para a Pensilvânia anglicanos, católicos, luteranos, para os quais a música era parte importante dos cerimoniais religiosos. O resultado foi Philadelphia passar a ter, aos poucos, vida musical muito intensa.

Cientistas como David Rittenhouse, Benjamin Rush e Joseph Priestley faziam da cidade o grande centro da pesquisa científica nos Estados Unidos. A Sociedade Filosófica tinha sido fundada em 1775, o mesmo ano em que se construiu, na cidade, o primeiro piano feito no país. Foi em Philadelphia que, em 1800, se inventou o piano de armário. E lá estava o mais belo teatro do país, o da Chestnut Street, com dois mil lugares, inaugurado em 1794, de um tamanho e elegância que rivalizava com as melhores salas européias. Essa hegemonia teatral só começaria a ser ameaçada em 1798, ano em que foi aberto o Park Street Theater de Nova York que, a essa altura, tinha 70 mil habitantes.

Declarada a independência, a nova república precisava afirmar uma personalidade distinta da ex-metrópole na maneira de falar, de se vestir, de se comportar – e também na produção cultural. Como já tinha acontecido em países europeus, na fase de criação de um estilo nacional de literatura, teatro e música, também os Estados Unidos usaram a ópera como uma plataforma para o lançamento de obras que refletissem o gosto e os valores da nova nação. Vamos ver surgir óperas imbuídas do sentimento nacionalista típico do Romantismo, que exploram temas americanos ou são "americanizadas".

Depois dos anos de vacas magras da guerra, houve uma verdadeira cachoeira de óperas importadas: mais de mil entre 1785 e 1815, cem das quais encenadas em Boston entre 1794-1800, a maioria delas inglesas ou adaptadas para atender aos interesses americanos. Partituras na maioria perdidas, de que só se guardou o título – *The Mountaineers*, *Rosina*, *Children in the Wood*, *The Duenna*, *Blue Beard*, e principalmente *The Poor Soldier* que, apresentada primeiro em Boston, fez depois uma turnê que a levou até uma cidade do Oeste como Detroit.

A lei do Congresso contra o teatro (1778) tinha sido revogada em 1789. Mas em Boston, ela vigorou até 1793, obrigando as óperas a se disfarçarem de diversas maneiras: elas se convertiam em palestras ilustradas com música, recitais de declamação, ou apresentações em forma de concerto. Chegou-se, uma vez, a usar o erudito termo de *speculum vitae* (o espelho da vida), para despistar o fato de que era teatro musical o que se estava oferecendo ao público. Para convencer as autoridades de que o gênero não era tão corruptor quanto parecia, os musicólogos e críticos empenhavam-se em dizer que "o palco deve representar, para nós, a excelência superior dos costumes resultantes da mais estrita moralidade e do exercício adequado de nossos sacrossantos princípios políticos"[4]. É por isso que, ao compor *The Reconciliation* (1790), Peter Markoe, de Philadelphia, fez questão de apresentá-la como uma alegoria das virtudes da caridade, honestidade e contrição, colocando a ênfase na retidão moral e no horror ao pecado.

Nova Orleans

Fora das fronteiras puritanas do recém-criado país, era muito diferente e bem mais intensa a atividade musical na europeizada província francófona da Luisiânia, cedida pela França à Espanha em 1762. Embora date de 1792 a fundação do teatro da Rue Saint Pierre, em Nova Orleans, só se dispõe de documentação sobre seu funcionamento a partir de 1796. Dessa data em diante, é possível reconstituir os títulos das óperas de André Gretry, Nicolas Dalayrac e Nicolas Dezède ouvidas em Nova

Orleans. É surpreendente o número de títulos encenados, se levarmos em conta que, na década de 1790, a cidade tinha apenas 1.200 habitantes, metade dos quais eram escravos negros. Visitantes britânicos, que estiveram em Nova Orleans nessa época, não deixaram de observar que, na orquestra do teatro, havia habitantes locais, não-profissionais, com habilidade suficiente para tocar nas óperas francesas.

De manutenção muito cara e difícil de defender, em vista da expansão do colosso ianque ao norte, a Luisiânia foi secretamente devolvida pela Espanha à França em 1802. Logo depois disso, ela foi vendida aos Estados Unidos: a *Louisiana Purchase*, cujo centenário foi comemorado, em 2003, com uma ópera encomendada a Thea Musgrave[5]. A população *créole* aceitou como inevitável a dominação política americana; mas resistiu à hegemonia cultural de uma nação que considerava bárbara e menos cosmopolita. Essa atitude vai condicionar o desenvolvimento da ópera em Nova Orleans. Preservar a língua era um ponto crucial, sobretudo depois que o inglês fora declarado língua oficial do novo território. E a ópera, tal como foi praticada no novo teatro da Rue Saint Philippe, que substituira o da St. Pierre, tornou-se a tribuna privilegiada dessa resistência. Entre 1803 e 1815, Nova Orleans assistiu a 700 récitas de 150 óperas diferentes, de cinqüenta compositores, entre elas novidades como o *Joseph* de Méhul e *Les Deux Journées* de Cherubini. O publico se ampliara: os negros já podiam assistir aos espetáculos, numa seção especial das galerias. E como acontecera com Veneza, nos séculos XVII-XVIII, muitos turistas vinham a Nova Orleans atraídos por sua ativa vida noturna – jogo, mulheres bonitas e, é claro, espetáculos teatrais suntuosos.

Devido às suas origens históricas, Nova Orleans tinha uma sociedade mais tolerante, capaz de aceitar a encenação de *Les Visitandines*, de François Devienne, escandalosamente anticlerical. Talentos locais – um compositor como Philippe Laroque, um cenógrafo como Hyacinthe Laclotte – tiveram sua oportunida-

---

4. Citado por Julian Mates (1962) – ver Bibliografia.

5. Ver o tópico sobre essa compositora no capítulo "Dentro do Sistema Tonal".

de. Mas a guerra de 1812-1814, e principalmente a Batalha de Nova Orleans, com que ela se encerrou, puseram fim a essa fase. O aumento da presença americana teria feito a ópera francesa desaparecer da Luisiânia, se não fosse a atividade de dois homens que, depois de 1820, envolveram-se profundamente na vida cultural de Nova Orleans.

Davies e Caldwell

Nascido em Paris, de pais ingleses, em 1773, John Davies emigrou ainda jovem para Santo Domingo, fugiu de lá para Cuba em 1790, por causa dos distúrbios revolucionários, ganhou a vida como jogador profissional a partir de 1809, e ficou famoso por lutar ao lado de Andrew Jackson na Batalha de Nova Orleans. Em 1819, inaugurou The Orleans, arrojado conjunto de hotel, salão de baile e teatro. Ali se apresentou, a partir do ano seguinte, a companhia do inglês James Henry Caldwell, nascido em 1793. Ele a formara na Virgínia em 1816, e viajara por diversas cidades antes de chegar à Luisiânia em 1820. Fazia ópera e teatro falado, alternando seus espetáculos com os dos artistas de Davies. Em 1824, percebendo que os americanos precisavam de seu próprio teatro, Caldwell mudou-se para a sala da Camp Street, com capacidade para 1.100 pessoas.

Davies expandiu a prática da ópera francesa e trouxe cantores e bailarinos de Paris, apresentando *Il Barbiere di Siviglia* em Nova Orleans dois anos e meio antes do famoso espetáculo trazido pela companhia de Manuel García. Redecorou o teatro e, como o estilo francês de opera continuava mais popular do que o italiano, trouxe uma grande estrela, a cantora-bailarina Mme Alexandre, que brilhou como a personagem-título de *La Dame Blanche*, de Adrien Boïeldieu, um ano apenas depois da estréia parisiense em 1825 (triunfo alavancado, é claro, pela extrema popularidade dos romances de sir Walter Scott).

Davies especializou-se nas óperas de Auber, trouxe à America *Robin des Bois* – a versão francesa do *Freischütz* de Weber, adaptada por Castil-Blaze – e, apesar das enormes dificuldades de transporte dos artistas, músicos, cenários e figurinos, tornou-se o primeiro empresário americano a fazer excursões com sua companhia. As 40 récitas em Nova York (junho-julho de 1827) não foram um sucesso, devido ao verão muito forte (os teatros eram sufocantes nessa época do ano). Mas Philadelphia adorou, em setembro, *Cendrillon* e *La Joconde* de Niccolò Isouard, *Le Solitaire* de Auber e *Le Petit Chaperon Rouge* de Boïeldieu. No dizer de John Dizikes, entre 1827 e 1833, Davies "transformou as grandes cidades do Norte, arrogantes, exigentes e meio ingratas, em verdadeiras colônias da ópera sulista".

Enquanto isso, Caldwell tentava oferecer um repertório operístico que agradasse tanto às novas platéias, menos sofisticadas, como à refinada elite de origem francesa. A cidade mudara muito. A Nova Orleans de maioria francesa que, em 1830, tinha 50 mil habitantes, transformara-se numa cidade americana cuja população dobrara em dez anos. A rivalidade com Davies era inevitável e o braço-de-ferro foi em torno da primeira montagem do *Robert le Diable* de Meyerbeer em terras americanas. Caldwell, assessorado pelo baixo Reynolson, que vira a estréia da ópera em Paris, em 1831, regida pelo próprio autor, ganhou a corrida: seu espetáculo, no qual gastara US$ 10 mil, estreou em 30 de março de 1830. Para garantir o interesse das mais variadas camadas de público, ele contratara o *minstrel showman* Thomas Dartmouth Rice ("Jump Jim Crow"), para fazer seus números popularissímos nos intervalos entre os atos[6]. A versão de Davies, estreada em 12 de maio, despertou polêmica furiosa sobre os méritos relativos das duas montagens. A dos franceses era mais idiomática e, a longo prazo, colheu louros maiores. Mas Caldwell tinha dado um passo corajoso saindo à frente.

Foi mais ousado ainda o lance seguinte de Caldwell: investir US$ 350 mil na construção do St. Charles Theatre, o maior dos Estados Unidos até aquela época. E levar sua companhia em excursão a St. Louis, Memphis e Natchez, no Alto Vale do Mississipi, onde a ópera nunca estivera antes. O lucro dessa turnê foi alto, mas não era o suficiente para equili-

6. Ver mais adiante o tópico sobre as *Minstrels Operas*.

brar o caixa. Caldwell trouxe então a Montresor Company, de Havana – que, em março de 1836, introduziu nos Estados Unidos *Il Pirata*, de Bellini –; e, no seguinte, a Antonio Rosa Company, responsável pela primeira encenação de *Lucia di Lammermoor* em Nova Orleans. Com isso, levou seu competidor à beira da falência.

Uma vez mais, foi Meyerbeer quem impediu o Orleans Theatre de fechar. *Les Huguenots*, levado à cena em 30 de abril de 1839, foi o mais luxuoso espetáculo montado nos Estados Unidos naquela época. Essa montagem magnífica encerra uma fase áurea da atividade operística em Nova Orleans. Entre 1836-1841, a companhia de Davies apresentou 364 récitas de 61 óperas, escritas por 27 compositores de diversas nacionalidades (dezesseis delas foram estréias americanas). Caldwell apresentou cerca da metade disso, mas dentro de um leque também muito amplo, incluindo óperas de autores ingleses. Ambos tinham grande seriedade de objetivos e obtiveram resultados muito consistentes.

Davies morreu em 13 de junho de 1839 e recebeu funerais de chefe de Estado. O francês emigrado Eugène Prévost, regente em seu teatro, compôs para ele um *Réquiem* cantado por solistas e o coro de sua companhia. A carreira de Caldwell foi abruptamente interrompida, em 1843, pelo incêndio que destruiu o St. Charles Theatre. Reconstruído, foi reaberto no ano seguinte, mas seus anos de gloria já tinham passado.

Philadelphia no Século XIX

Inteiramente dominada, entre 1800-1827, pela ópera cantada em inglês, e predominantemente de autores britânicos – Thomas Arne, Samuel Arnold, Charles Dibdin, Thomas Linley, Stephen Storace – Philadelphia só começou a descobrir áreas novas do repertório depois que a companhia de John Davies apresentou ali o *Robin des Bois* de Weber/Castil-Blaze. A visita do Orleans Theatre inaugura uma fase nova na vida musical da cidade, caracterizada por um leque maior de autores e estilos, incluindo Rossini, Auber e Bellini. Havia, é claro, programas duplos que hoje nos

parecem estranhos: *Fidelio* acompanhado da farsa *The Waterman*, de Charles Dibdin, por exemplo. Mas a cidade estava se abrindo a experiências novas; surgiam personalidades empreendedoras como a do compositor, regente e empresário Max Maretzek, que deu grande impulso à programação do Chestnut Theatre; e, principalmente, ampliava-se a platéia, aumentava o interesse pelo teatro cantado.

O público da Pensilvânia não deixara de ser puritano. Associava teatro, dança e artes plásticas com erotismo e licenciosidade. Em suas memórias, *The Remininiscences of an Idler*, publicadas em 1880, o empresário Henry Wykoff conta que José Bonaparte, exilado da Europa, instalara-se em Point Breeze, perto de Bordentown, na Nova Jersey.

"Ele tinha uma coleção de estatuária clássica em sua casa e jardim. Mas, quando recebia visitantes americanos, sabendo que eles ficariam constrangidos com o que viam, mandava, por pura deferência, cobrir as suas estátuas nuas com um pano".

Se a ópera chocava menos, é porque, com freqüência, era incompreensível para a platéia. Segundo Wykoff, um visitante americano que assistira à *Lucrece Borgia* de Victor Hugo em Paris, e se escandalizara com as sugestões de incesto, chocou-se menos ao ver a ópera: "Como o enredo em italiano é embelezada pela música refinada de Donizetti, a *Lucrezia* se tornara um dos dramas líricos mais populares." Além disso, a ópera, em geral, passava-se em lugares e épocas remotos, o que lhe dava um caráter fantasioso, quase irreal. Havia, é claro, situações embaraçosas. Era muito constrangedora, por exemplo, "a cena muito peculiar (no *Fra Diavolo* de Auber, em 1833) de uma dama preparando-se para ir se deitar, e passando por todo o cerimonial de se ataviar para esse fim". Essa exibição de um momento de intimidade "fazia as mulheres presentes esconderem o rosto no lenço, ou olharem para o outro lado, com desagrado". O que teria pensado uma platéia americana de 1833 ao ver em cena, apenas vinte anos depois, uma prostituta cujo direito de amar é contrariado pelos preconceitos do mundo em que ela vive, e a respeito da qual o compositor não profere nenhum julgamento condenatório?

Nada disso, porém, impediu Philadelphia de voltar a ser, durante o século XIX, um grande pólo de produção cultural, como já acontecera no século precedente. E a ela estarão, de uma forma ou de outra, associados os compositores americanos mais significativos da fase final do Classicismo e do Pré-romantismo.

Reinagle

O aumento da demanda por ópera fez vir compositores e intérpretes da Europa. Instalando-se na costa Leste, trabalharam não só para o palco lírico, mas também fornecendo música incidental ao teatro falado. Nascido em Portsmouth, na Inglaterra, Alexander Reinagle (1756-1809) foi figura de destaque na vida musical de Philadelphia como compositor, pianista, cantor, professor e empresário. Suas quatro sonatas para piano (*c.* de 1790) são as peças mais importantes para teclado escritas nos Estados Unidos nessa fase.

Filho do trompista austríaco Joseph Reinagle, que mudou-se para a Escócia no início da década de 1760, Alexander estudou em Edimburgo com Raynor Taylor e, ali, em abril de 1770, deu seu primeiro recital de cravo. Começou a compor em 1780 – as *24 Short and Easy Pieces* para piano – estimulado pela amizade de Johann Christian Bach, "o Bach de Londres". Emigrou para os Estados Unidos em maio de 1786 e, tendo sido mal-sucedido na tentativa de se instalar em Nova York, mudou-se para Philadelphia onde, no mesmo ano, reativou os "City Concerts", que ficaram sob sua gerência até 1794. Logo adquiriu prestígio como pianista e autor de peças muito influenciadas pelos irmãos Johann Christian e Carl Philip Emanuel Bach.

Nomeado, em 1792, empresário da New Company formada em Philadelphia, Reinagle montou a ópera *The Castle in Andalusia*, de Samuel Butler. Seguiram-se, até a sua morte, ocorrida em Baltimore, 75 montagens de óperas ou peças de teatro, para as quais ele compunha música incidental, aberturas, números adicionais ou entradas de balé. As mais bem recebidas foram *The Sicilian Romance* e *The Volunteers* (1795), *Columbus* e *The Savoyard*

(1797), a tragédia gótica *The Italian Monk* e a comédia *The Gentle Shepherd* (1798), a imensamente popular *Pizarro* (1800) e a gótica *The Castle Specter* (1800).

Tem importância particular *Slaves in Algiers*, que a New Company estreou em 1794. Nela, Reinagle colaborou com a libretista Susanna Rowson, que misturou situações originais a outras inspiradas em episódios do *Quixote*, de Cervantes. O ponto de partida, entretanto, foi uma situação real: o incidente diplomático com a França, ocorrido quando piratas argelinos seqüestraram barcos americanos. O herói nacional John Paul Jones foi encarregado de organizar a operação de resgate; mas morreu antes de poder colocá-la em prática e, durante anos, os marinheiros americanos ficaram presos, em mãos de corsários da Barbaria.

No texto de Rowson, são as mulheres, de sentimentos fortes e atitudes decididas, quem servem de elo entre os captores e seus cativos, constituindo assim o fio condutor da ópera. A história é contada de um ponto de vista feminino, o que é inteiramente inédito para a época (na verdade, só 150 anos depois, teremos coisa semelhante, com a *Carrie Nation* de Gertrude Stein e Virgil Thomson). A situação comum de escravidão e desejo de liberdade une as concubinas árabes Fetnah e Selima à americana Rebecca (papel falado que Rowson escreveu para si mesma). É Fetnah quem canta versos de verdadeira militante, nos quais diz:

> *Woman was never formed*
> *to be the abject slave of man.*
> *Nature made us equal with them,*
> *and gave us the power*
> *to render ourselves superior.*

(A mulher nunca foi formada para ser a abjeta escrava do homem. A Natureza nos fez iguais a eles e deu-nos o poder de nos tornarmos superiores.)

No ato III, quando o americano Henry, membro da equipe que foi tentar salvar seus compatriotas prisioneiros, oferece-se para protegê-la, Fetnah protesta:

> FETNAH:
> *What, shut me up? Do you take me for a coward?*
> HENRY:
> *We respect you as a woman*
> *and would shield you from danger.*

FETNAH:
A woman? Why, so I am,
but in the cause of love and friendship,
a woman can face danger
with as much spirit and as little fear,
as the bravest among you.

Ouvindo-a falar, o jovem escravo espanhol Sebastián comenta:

It's a fine thing to meet a woman
that has a little fire in her composition.

(O quê? Me trancar? Você me toma por uma covarde?//Respeitamos você como uma mulher e queremos protegê-la de qualquer perigo.//Uma mulher? Sim, é isso que eu sou mas, em nome do amor e da amizade, uma mulher pode enfrentar o perigo com tanto espírito e tão pouco medo quanto o mais corajoso dentre vocês.// É uma boa coisa encontrar uma mulher que tem um pouco de fogo em sua natureza.)

O interesse romântico da história é assegurado pelo reencontro da cativa Olivia com Henry, de quem é noiva; e ambos são ajudados por Zoriana, a filha do bey da Argélia, de quem a prisioneira americana também ficou amiga. A ópera tem o estoque melodramático habitual de jardins mouriscos ao luar, disfarces, tentativas de fuga e a descoberta de laços familiares entre pessoas que se acreditavam perdidas, o que a insere na linha européia da *turquerie*, que vai do *Rapto do Serralho* de Mozart à *Italiana in Algeri* de Rossini. Mas termina com a afirmação, de cunho iluminista, de que

No man should be a slave.
Let us not throw on another's neck
the chain we scorn to wear.

(Homem nenhum deve ser escravizado. Não joguemos no pescoço de outro a corrente que desprezamos carregar.)

A música de *Escravos na Argélia* não foi preservada. Só temos a confissão de Susanna Rowson, no prefácio ao libreto, de que ficou "muito contente com o bom gosto e o gênio com que o sr. Reinagle compôs a música" para as suas palavras. Mas o estudo das letras para as árias e duetos mostra que, no texto, Rowson preocupa-se em oferecer ao compositor a possibilidade de caracterizações musicais muito diversificadas de cada personagem. Apenas quatro das doze personagens cantam: Zoriana,

Fetnah, Sebastian e o corsário judeu Ben Hassan, pai de Fetnah e servidor do bey da Argélia. Mas, a julgar pelas descrições que ficaram de testemunhas, e da disposição dos versos, cada um deles o faz de maneira muito individualizada.

Ao judeu Ben Hassan, desenhado como uma espécie de Shylock, o vilão do *Mercador de Veneza*, são confiados os versos em ritmo muito marcado de anapesto, comuns nas personagens bufas do período (os mesmos do bêbado Wegaw, em *Tammany*, de que falaremos mais adiante). Sebastián é também uma figura cômica, mas simpática, um "rapazinho pobre e inocente, que nunca dá muita sorte com as mulheres". Se Ben Hassan é o Osmin desta história, Sebastián é sem dúvida alguma o seu Pedrillo.

Onde as personalidades contrastantes parecem ter ficado mais claramente delineadas é nas árias cantadas por Zoriana e Fetnah. A primeira é uma mulher delicada, frágil, culta, preocupada com a beleza e o amor, e seus textos estão cheios de referências à mitologia grega. Fetnah é decidida, nunca de meias-palavras, e expressa suas idéias sobre liberdade na balada "Women who wither in slavery". Mas ambas encontram um tom comum no dueto em que riem juntas e falam da beleza da aurora. Em Fetnah identificamos o componente contestador do Pré-romantismo; em Zoriana, seu lado emotivo, lírico, vinculado à estética e à sensibilidade Biedermeyer[7].

Muito bem recebida por certo tipo de público, *Slaves in Algiers* encontrou no polemista William Cobbett um adversário implacável. Na diatribe *A Kick for a Bite*, de 1795, Cobbett pôs em dúvida as habilidades literárias e o patriotismo de Rowson, além de criticar suas propensões feministas. "Nesse caso", exclamou, indignado, "dentro em breve as mulheres estarão tomando de assalto a Câmara dos Representantes". Para esse antifeminista hidrófobo, Susanna Rowson era hipócrita, "uma escritora estúpida e pretensiosa", e o libreto dos *Escravos na Argélia* "poderia servir como poção para induzir o vômito". No prefácio à sua peça *The Trials of Human Heart*, do mesmo ano, Susanna Rowson respondeu:

---

7. A respeito desse conceito, ver *A Ópera Alemã*, desta coleção.

O mundo literário está infestado de répteis desprezíveis [que] cospem seu maligno veneno sob a forma de calúnia e difamação. Um desses répteis asquerosos rastejou recentemente por cima de meus livros. Digo rastejou porque tenho a certeza de que ele nunca seria capaz de ir além da página de rosto de qualquer um deles.

Talvez *Romance Siciliano* ou *Pizarro* tenham tido sucesso maior de público. Mas *Escravos na Argélia* fica como um momento marcante na história da ópera americana no fim do século XVIII.

Ao morrer, Reinagle estava trabalhando em sua obra mais ambiciosa, o oratório *Paradise Lost*, que deixou inacabado. Poucas das 29 partituras para o palco cuja autoria lhe é atribuída chegaram a ser publicadas. A maior parte de seus manuscritos foi destruída no incêndio do Chestnut Street Thatre em 1820.

Carr

Encenada em Nova York em 18 de abril de 1796, *The Archers or The Mountaineers of Switzerland*, baseada na história de Guilherme Tell, é a ópera mais antiga, escrita nos Estados Unidos, da qual se tem trechos da partitura. Seu autor, o inglês Benjamin Carr (1768-1831), conseguira algum prestígio em Londres antes de vir para os Estados Unidos. Após estudos com Samuel Arnold e os irmãos Samuel e Charles Wesley, escrevera a pastoral *Philander and Silvia* (16 de outubro de 1782), peça em versos com a inserção de números cantados, danças e corais.

No ano seguinte, porém, os pais e o irmão de Carr emigraram para os Estados Unidos, instalando-se em Philadelphia, onde ele fundou a Carr's Musical Repository, uma das editoras e depósitos de partituras mais importantes no início da história da música americana. Em 1784 eles abriram filiais em Nova York e Baltimore. E em 1820, Carr tornou-se co-fundador da Musical Fund Society, de Philadelphia.

Músico versátil, cantor, pianista, organista e animador da vida musical de Philadelphia na virada dos séculos XVIII-XIX, Carr escreveu várias canções e baladas, além da *Marcha Fúnebre para George Washington* (1799). Na Biblioteca Pública de Nova York, está guardada a única cópia de sua *Federal Overture*, construída em 1794 com a colagem de várias melodias conhecidas, entre elas a do *Yankee Doodle*.

William Dunlap escreveu o libreto de *Os Arqueiros ou Os Montanheses da Suíça*, a partir da peça de Schiller, 22 anos antes de Rossini ter composto a sua versão da história. Trata-se de uma típica *ballad opera*, colagem de melodias populares na época, arranjadas ao texto e interligadas por diálogo falado. Estreada em Nova York, em 18 de abril de 1796, pela Old American Opera Company, Os *Arqueiros* foi cantada duas vezes em Boston. Da partitura, permaneceram a abertura, uma marcha e o rondó "Why, huntress, why?"

Hewitt

Tammany or The Indian Chief, a primeira ópera a ter índios como personagens, e também a primeira a ter o libreto escrito por uma mulher, Ann Julia Hatton, é da autoria do inglês James Hewitt (1770-1827), nascido em Dartmoor. Influenciado por seu pai, o capitão John Hewitt, ele se alistou na Marinha, mas abandonou-a em protesto contra a crueldade com que os marinheiros eram tratados. O pai, reconhecendo seu talento, estimulou-o a estudar violino, e James chegou a reger a orquestra da corte de George III. Imigrou para os Estados Unidos em 1792, instalou-se em Nova York, criou os concertos do Corre's Hotel (janeiro a abril de 1793) e, neles, regeu *As Sete Últimas Palavras do Salvador na Cruz*, de Haydn. Publicou, em colaboração com a cantora inglesa Mary Ann Pownell, o seu *Book of Songs*, muito utilizado nos saraus da época.

A também inglesa Ann Julia Hatton tinha-se afiliado, pouco antes de imigrar para os Estados Unidos, à Sociedade Tammany, baseada nos ideais libertários da Revolução Francesa, e contrária aos federalistas, que queriam manter o vínculo entre o Reino Unido e a antiga colônia. Chamada de "the Bard of American Democracy", Hatton dá o nome de sua sociedade de idéias progressistas ao *Chefe Índio*, personagem central de seu libreto. Sua defesa das idéias republicanas tornou muito polêmica a aceitação de *Tammany*, fazendo-a variar de acordo com a filiação do crítico. A *New York*

Magazine de março de 1795 disse que "era uma das mais belas obras jamais vistas". O *Daily Advertiser* de 6 de março de 1794 considerou sua linguagem "de uma beleza sublime, ao mesmo tempo enérgica e patética".

Muito valorizada pelos cenários de Charles Ciceri[8], a ópera foi montada no John Street Theater de Nova York, em 3 de março de 1794, pela Old American Company, e fez carreira também em Philadelphia e Boston. Não se tem dela, porém, nem o texto completo nem a música; preservou-se apenas a letra das canções. Mas o estudo desses fragmentos e os depoimentos da época permitem reconstituir a história da paixão do chefe Tammany pela bela índia Manana. Eles são presos em sua cabana por Ferdinando, membro da tripulação de Colombo. Rejeitado pela moça, a quem deseja, o europeu toca fogo na cabana, matando-os.

Usando os índios como o símbolo do colonizado oprimido e explorado, e Ferdinando e os homens de Colombo como a metáfora da falta de escrúpulos com que os europeus se apoderaram do Novo Mundo, Hatton e Hewitt escreveram uma ópera que diferia, por sua natureza heróica, das comédias ou peças alegóricas comuns na época. Era também uma obra extensa, em três atos, com doze árias, dois duetos e uma cena coral para encerrar cada ato (neste caso, muito provavelmente, foram contratados coralistas, em vez de fazer, como era o costume, todo o elenco cantar junto nesses números). Charles Durang, o maior dançarino da época, foi o coreógrafo das "Danças Indígenas". Tammany era interpretado pelo admirado cantor-ator John Hodgkinson, e Manana era feita por sua mulher, Frances Brett Hodgkinson.

Sinal do cuidado com que o libreto foi escrito é a recorrência, que se pode perceber, nos fragmentos preservados, do tema do fogo – o fogo que destrói Tammany e Manana em sua cabana, mas também o fogo que acende a tocha da luta contra a tirania. Muito antes de Wagner, Hatton já utiliza a imagem do fogo que destrói o mundo velho para que dele renasça o novo. Desde o prólogo, fica claro que, antes mesmo da chegada do branco à América, o "sagrado fogo da liberdade" já ardia em seu solo – é nativo, antigo e instintivo, portanto, o desejo que mora, no coração dos habitantes dessa terra, de defender a total autonomia. Isso explica que, durante as apresentações, se organizassem claques para vaiar a ópera, ou para aplaudi-la, tentando expulsar do teatro os "cães aristocratas". São cheios de vibração épica os versos do coro, quando eles falam dos ideais revolucionários trazidos da França:

> Can Freemen, friends to genius, e'er refuse
> to crown such efforts of a stranger muse?
> No. – They will cherish still the rising fire,
> and bid its blaze again more bright aspire.

> (Podem os homens livres, amigos do gênio, recusar-se a coroar tais esforços de uma musa *estrangeira*? Não. – Eles hão de estimar o fogo que se ergue e usar seu lampejo para aspirar a brilho ainda maior.)

Mas Hatton sabe reconhecer o valor dos interlúdios de tom leve, para realçar a força do retorno às cenas épicas. E usa, para isso, uma personagem cômica, o índio Wegaw, que está sempre bêbado. A ele, confia a *drinking song* "The moon she loves drinking", de ritmo balouçante. Contrasta também com o tom épico o lirismo de Manana, o carinho que ela tem por Tammany e o enlevo com que ela vê a natureza (projeção típica dos sentimentos da intelectual européia encantada com a exuberante flora do Novo Mundo).

Das árias que sobreviveram, a mais interessante é a *scena* ternária "Fury swells my aching soul... Come revenge", cheia de ímpeto heróico, que a personagem-título canta no ato III, ao saber que Manana foi raptada por Ferdinand:

> Fury swells my aching soul,
> boils and maddens in my veins.
> I hear her shrill cries thro' the dark woods
> and envision her struggles in lust's cruel arms. [...]
> Come, revenge! My spirit inspire,
> breathe on my soul thy frantic fire,
> o'er each nerve thy impulse roll;
> breathe thy spirit on my soul. [...]
> Despair, the fiend of darkest night
> fiercely urging on the fight,
> he thy sorrows shall avenge
> and mid'st the carnage howl revenge.

---

8. Emigrando para a Europa, Charles Ciceri haveria de chefiar a equipe de cenógrafos que revolucionou as montagens do Opéra de Paris durante a gestão de Louis Véron; foi ele o encenador das óperas de Meyerbeer e Halévy.

(O furor incha minha alma dolorida, ferve e enlouquece em minhas veias. Ouço seus gritos estridentes nos bosques sombrios e imagino sua luta nos braços cruéis da luxúria. [...] Vem, vingança! Inspira o meu espírito, sopra em minh'alma o teu fogo frenético, deita teu impulso sobre cada um de meus nervos, sopra teu espírito em minh'alma. [...] O desespero deve vingar tuas dores contra o inimigo que combate corajosamente na mais negra das noites e, em meio à carnificina, há de clamar vingança.)

Em abril de 1806, o Chestnut Street Theatre de Philadelphia estreou o "Grande Balé-pantomima" *The Brazen Mask or Alberto and Rosalina*, com libreto de John Fawcett. *A Máscara de Metal* teve um total de cinqüenta récitas naquela sala e também em Baltimore, Charleston, Nova York e Boston. É a primeira ópera americana de que se possui a partitura para voz e piano, publicada em 1811. Brazen Mask é o nome do bandido que chefia um bando de malfeitores, aterrorizando os moradores de aldeias na Polônia. Em *The Brazen Mask*, cruzamento de dois subgêneros muito populares na Europa da época – a ópera sobre bandoleiros e a ópera de resgate – a corajosa Rosalina disfarça-se de homem para infiltrar-se no bando, e descobrir onde eles esconderam Alberto, seu marido. Apunhala o bandido que o está guardando, fere mortalmente o próprio chefe do bando, e consegue fugir com Alberto.

Cavernas tenebrosas habitadas por personagens sinistras, horror e suspense contrabalançados pela força do amor conjugal forneciam os ingredientes para esse melodrama, que fazia a platéia torcer emocionadamente pela heroína. Havia números vocais e corais, danças e interlúdios instrumentais intercalados; mas a maior parte da ação era conduzida mediante técnicas de mímica que confinavam com o balé. Nesse ponto, Hewitt e Dunlap seguiam cuidadosamente o receituário dos balés-pantomima de Jean Georges Noverre – o criador do balé narrativo – freqüentemente encenados em Londres.

Para que o público pudesse seguir a ação, eram usados *scrolls*, placas com letreiros que elucidavam detalhes talvez dificilmente perceptíveis só pela pantomima. Esses *scrolls* são os antecessores das legendas que, nos filmes mudos, explicavam as imagens. A música de Hewitt tem uma suavidade diatônica, típica do chamado *Vauxhall style*, muito gracioso e rococó, do inglês Thomas Arne, pouco ade-

quada às situações mais fortes. Embora esteja dito na sinopse do libreto que Rosalina tem de cantar uma "Cena de Loucura" ao saber que Alberto foi preso, as melodias que ela entoa sugerem mais um lamento melancólico do que os desvarios de Lucia di Lammermoor ou da Elvira dos *Puritani*. Onde Hewitt é mais convincente é no coro de camponeses, entremeado de solos, com que a ópera se abre; nos trechos em que Rosalina e Alberto expressam seu amor; e principalmente na cena final, em que o coro, com seções solo alternadas, expressa seu regozijo pelo resgate de Alberto e o retorno do casal são e salvo à aldeia.

Além de muitas canções e obras para piano de teor patriótico – entre elas *The Battle of Trenton* (1792), peça descritiva muito bombástica, dedicada a George Washington – Hewitt escreveu o acompanhamento orquestral para *The Sawmill or The Yankee Trick*, uma *ballad opera* de Micah Hawkins, apresentada no Chatham Square Theater de Nova York em 29 de novembro de 1824.

Seu filho mais velho, James Hill Hewitt (1801-1890), o "pai da balada americana", escreveu cerca de trezentas canções. *The Minstrel's Return from the War* e *All Quiet Along the Potomac* ficaram famosas como hinos patrióticos na época da Guerra Civil.

Bray

Ator de teatro e instrumentista que iniciou a carreira no Royal York Theatre de Londres, John Bray (1782-1822) chegou aos Estados Unidos em 1805, e logo se empregou na companhia do Chestnut Street Theatre, em Philadelphia. Em 1808, em colaboração com James Nelson Barker, escreveu *The Indian Princess or La Belle Sauvage*, encenada em 6 de abril pela companhia para a qual trabalhava. Publicada por T. & G. Palmer, *A Princesa Indígena* é, ao lado da *Brazen Mask* de Hewitt, uma das primeiras óperas americanas de que se possui a partitura completa para voz e piano. Nos Estados Unidos, não fez a mesma carreira da *Máscara de Metal*; mas foi encenada em Londres, em 1820.

A história da paixão de Pocahontas pelo colono branco Larry, relação amorosa contra

Micah Hawkins, o autor de *The Saw-Mill*, pintado por Louis Child.

"A Platéia Reagindo a um Melodrama". Gravura que ilustrava a monografia *Le Mélodrame*, de Paul Ginisty, sobre o comportamento do público americano no século XIX.

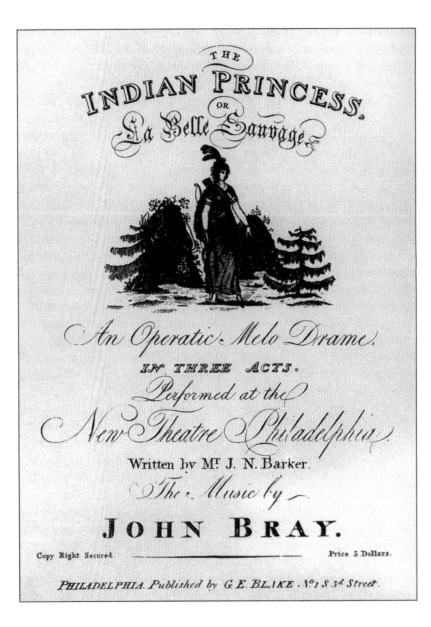

Página de rosto de *The Indian Princess or La Belle Sauvage* (1808), de John Bray.

a qual se insurgem os irmãos da princesa pele-vermelha, combina elementos formais de gêneros diferentes: a nobreza do *masque* de tema patriótico; a intensidade emotiva do melodrama; as intervenções cômicas da *harlequinade*. O coro dos colonos, celebrando seu encantamento com a riqueza da terra nova que estão conquistando, contrastam com as invocações dos índios que, sentindo-se ameaçados pelos invasores de seus domínios, pedem a Aresqui, o deus da guerra, que lhes dê força para expulsá-los dali. De forma certamente ingênua e com um certo viés de simpatia pela causa dos brancos, Baker e Bray não deixam de tocar num problema fundamental dentro do processo de formação da nação americana. O coro tem participação fundamental como personagem coletiva, abrindo a ópera e encerrando majestosamente cada ato.

Para as personagens individuais, Bray escreve seis árias muito melodiosas, de nítida filiação mediterrânea, um trio muito vivo e um interessante "quarteto dialogado", em que os participantes cantam alternadamente, e não de forma simultânea, no estilo silabato da ópera bufa italiana. A Larry, que é de origem escocesa, Bray destina, no ato I, uma ária em sol menor cujo acompanhamento imita o som da gaita de fole e tem ritmos do folclore escocês-irlandês. A ária "Captain Smith is a man of might", de seu amigo Walter, tem o andamento marcial, marcado *maestoso*, comum às peças de caráter patriótico.

Contrastando com seus irmãos, a quem são confiadas células rítmicas repetitivas, de estilo bufo, e cromatismos insólitos, Pocahontas canta num estilo ocidentalizado. Sua grande ária, no centro da ópera, tem estrutura *da capo*, em três seções, de estilo totalmente italianado. O *allegro* inicial descreve a alegria com a descoberta do amor ("when the lov'd one appears in my mind"). O *andante* intermediário traz as dúvidas e o medo de que seus irmãos a forcem a separar-se do amado: são comoventes as figuras descendentes que acompanham a modulação de maior para menor, quando ela fala das "tear drops that fall from the eye of night". Mas, readquirindo a certeza de que o amor lhe dará forças para lutar pelo namorado, Pocahontas encerra a ária com uma seção cheia de *fioriture*, em que fala do rouxi-

nol, que "trolls the sweet varying note". Denotando a familiaridade de Bray com a música de Rossini, esta grande ária – se tivesse recitativo inicial e *tempo di mezzo* – já apresentaria praticamente a morfologia da *scena* ternária, que será a fórmula básica da ópera romântica no *primo Ottocento*.

Mas os melo-dramas da *Indian Princess* – as cenas de diálogo falado com música contínua – são ainda mais intensas do que as árias ou coros. Havia também – a partitura impressa não a conserva, mas ficaram as indicações de onde ela entrava – música incidental improvisada, geralmente por um pianista, que efetuava as transições entre uma cena ou outra, ou enfatizava as passagens mais importantes do diálogo. É particularmente curiosa uma dessas indicações, no momento em que Miami, um dos pretendentes índios à mão de Pocahontas, chega perto de agredi-la, porque ela prefere o homem branco:

> Música. Miami bate o pé no chão, furioso; a música mostra que suas atitudes traem a raiva mais selvagem, devido ao ciúme; ele tenta agarrar a princesa mas, ao ver que seu séqüito está por perto, vai embora agoniado, ameaçando, por meio de gestos, vingar-se dela.

Bray conhecia exatamente os seus limites. No prefácio à partitura, pede aos "goody critics" que não o açoitem porque "a língua sem prática da ópera americana ainda não sabe falar o idioma de Shakespeare". E acrescenta que eles não devem ficar muito zangados "se nossa ópera tem de engatinhar antes de aprender a andar". A *Princesa Indígena* não é o primeiro melodrama desse gênero – foi precedida, por exemplo, por *Rudolph or The Robbers of Calabria*, de John Turnbull, cantada em Boston em 1804 –; mas é a peça que consolida o formato de um tipo de espetáculo que seria muito importante nessa fase de Pré-Romantismo.

Taylor

Cantor no coro da Capela Real de Londres, Rayner Taylor (1747-1825) tinha 12 anos quando se apresentou como solista nos funerais de Haendel. Trabalhou como ator, cantor e compositor na companhia do Sadler's Wells da qual, em 1765, foi nomeado diretor. Imigrando para os Estados Unidos em 1793, instalou-se em Philadelphia; mas escreveu comédias também para Annapolis, no Maryland. Sua obra mais importante é a "grande ópera romântica" *The Aethiop or The Child of the Desert*, precursora da ópera de grandes proporções, obediente ao modelo meyerbeeriano, que terá seu protótipo, mais adiante, na *Leonora* de Fry.

Com libreto de William Dimond e música de Henry Bishop, *O Etíope* foi um tremendo fracasso no Covent Garden, de Londres, em 13 de outubro de 1812. Trazido para os Estados Unidos, o texto de Dimond foi inteiramente remusicado por Taylor. A ópera agradou aos nova-iorquinos em 1813 e, no dia de Ano Novo de 1814, triunfou em Philadelphia, ganhando uma popularidade que durou vários anos. A imprensa da época registrou que a montagem do Chestnut Street Theater tinha "um esplendor nunca visto nos palcos da América".

Disfarçando-se como o Necromante Negro – o etíope do título – o califa Harun al-Rashid recupera seu trono, tomado por um usurpador, usando os poderes de uma varinha mágica. Acoplada a essas intrigas políticas, há a história sentimental do amor de Zoe por Alexis, dois jovens gregos que se mantêm, em Bagdá, contrabandeando bebida alcoólica. Muito semelhante às criadinhas da ópera cômica setecentista, Zoe usa de astúcia para salvar o marido, quando ele cai nas mãos das autoridades. Como o Selim do *Rapto do Serralho*, o Califa fala usando nobres versos brancos. As personagens sérias participam de solenes cenas corais; as cômicas e ligeiras cantam as três árias, um dueto e um trio. Há também cenas de dança integradas à ação, marchas e interlúdios orquestrais.

É especialmente imponente a cena subterrânea, em que Harun vai visitar o túmulo do antigo califa. O tom do coro é muito próximo da forma como Gluck trata as Fúrias, no *Orfeo ed Eurídice,* no momento em que a tumba se abre "em meio a trovões, relâmpagos e um furacão". O trecho mais bem escrito é o trio do ato I, quando Zoe tenta impedir Benmussaff, o califa usurpador, de levar seu marido preso. O coro de soldados com que essa

cena se encerra tem o estilo de "música de janízaros", com percussões exóticas, triângulo, pífaro e pratos, característica das *turqueries* setecentistas. *The Aethiop* é a ópera americana dos primeiros anos do século XIX que mais chega perto da fórmula do *grand-opéra*, pois tem cenas inteiramente musicadas, caracterização musical de personagens bem definida, bastante emprego de recitativo acompanhado e uma espessura orquestral desusada.

Pélissier

Muito pouco se sabe sobre a biografia do trompista francês Victor Pélissier (*c.* de 1740/ *c.* de 1820). Tem-se notícia de que ele tocou em Santo Domingo e, provavelmente, fugiu para os Estados Unidos durante o levante dos escravos em 1792. Trabalhou em Nova York, onde foi o primeiro trompista e também compositor e arranjador da Old American Company. Foi no John Street Theater que estreou, com essa trupe, *Edwin and Angelina or The Banditi* (1796), decalcada na moda européia da ópera sobre renegados e charmosos fora-da-lei, que produziu desde *Fra Diavolo*, de Auber, até *Ernani* e *I Masnadieri*, de Verdi. Mas a sua obra de maior influência, encenada no mesmo teatro em dezembro do ano seguinte, foi o melodrama *Ariadne Abandoned by Theseus in the Isle of Naxos*, ponto de partida para uma verdadeira avalanche de peças dessa natureza – texto falado com acompanhamento orquestral contínuo – que se tornariam muito populares nos Estados Unidos do início do século XIX.

Em Nova York e Philadelphia, Pélissier escreveu um total de 84 obras para o palco que, segundo um crítico da época, tinham "variedade de pensamento e presteza de invenção, além do pleno conhecimento das possibilidades da orquestra". *Sterne's Maria or The Vintage* (1799) foi outra de suas óperas muito apreciada. Na maioria das vezes, fiel à prática setecentista do *rifacimento*, Pélissier acrescentava novos números – árias, marchas, danças – a partituras já existentes, ou então as reorquestrava para torná-las mais brilhantes. Escreveu música incidental para dezoito peças de teatro encenadas no John Street. As mais populares foram *The Castle of Otranto* (1796), de estilo gótico, *rifacimento* de *Sicilian Romance*, para a qual Reinagle tinha fornecido a música original; e a patriótica *Fourth of July or Temple of American Independence* (1799). Fora do setor operístico, Pélissier é o autor de uma sinfonia, um concerto para trompa, uma abertura para sexteto de sopros e várias canções coligidas em *Columbian Melodies*, de 1811.

O Ianque na Ópera

O homem americano da virada dos séculos XVIII-XIX, assim como o europeu, sentia-se atraído pelo misterioso, o sobrenatural, os espectros, a vida perigosa dos bandoleiros, e era fascinado com paisagens remotas. Mas, ao lado desses traços românticos, trazidos de fora, havia também – como parte da necessidade de afirmação da personalidade nacional – o interesse pelo homem comum. Nessa época, os caubóis e fazendeiros ianques, a vida nas regiões rurais ou nas cidades pequenas começam a aparecer como personagens e temas de ópera. O primeiro *stage Yankee* é a personagem central da comédia *The Contrast* (1787), de Royall Tyler; e a canção que ele tinha nos lábios tornou-se uma espécie de hino nacional oficioso, o *Yankee Doodle*.

Mas a figura que fixou a imagem do "ianque de teatro" – ingênuo, desajeitado, mas de bom coração –, personagem estereotipada que haveria de se tornar a especialidade de vários comediantes, foi Jonathan Ploughboy, criação de Samuel Woodworth em *The Forest Rose or American Farmers*, "ópera pastoral" estreada em Nova York em 1825. Jonathan é um fazendeiro da Nova Jersey, rude mas de bom senso, que enfrenta um inglês muito polido mas totalmente estúpido, interessado em comprar as suas terras. Jon corresponde à imagem idealizada que o povo americano das primeiras décadas da república tinha de si mesmo: podemos ser grosseirões e sem muita cultura, toscos e até um pouquinho ingênuos, mas temos bom coração, somos espertos e, basicamente, honestos e íntegros. A figura do inglês – ex-colonizador – é traçada, naturalmente, de forma levemente caricatural.

A música para *A Rosa da Floresta* foi escrita por John Davies, organista, pianista e professor de música nova-iorquino. Sua partitura, inteiramente original, compõe-se de algumas árias, um dueto, um trio e dois amplos finais corais. O mais notável em Davies é a tentativa sistemática que faz de capturar, em suas melodias e instrumentação, o colorido sonoro do campo. Em determinado momento, Jonathan toca uma harpa judaica, e seu amigo Caesar, uma daquelas rabecas de afinação muito alta, comuns nos bailes de celeiro. Essa preocupação com a pintura sonora já começa na abertura, que "expressa os vários sons ouvidos, no campo, durante a alvorada, o canto dos pássaros, a gaita de fole do pastor, a trompa do caçador".

Samuel Woodworth foi apontado, pelos historiadores, como o criador da escola de teatro americano voltada para as personagens rurais. De fato, Jonathan tem um perfil tão marcante, que ficou como um duradouro modelo desse tipo de personagem. Mas antes de *The Forest Rose*, tinha surgido uma obra precursora extremamente significativa: *The Saw-Mill or A Yankee Trick*, com libreto e música de Micah Hawkins, orquestrada por James Hewitt. Nascido num vilarejo perto de Stony Brook, no estado de Nova York, Hawkins (1777-1825) era um músico autodidata muito versátil. Foi fabricante de carroças e teve um armazém. Mas em sua loja mantinha um piano, com o qual divertia seus clientes. Nas suas diversas coletâneas de canções, existem os primeiros exemplos de textos escritos em dialeto negro. Tio do pintor William Sidney Mount, Hawkins tinha, como ele, a preocupação em criar formas culturais que fossem especificamente pátrias.

O Moinho foi estreada no Chatham Garden Theatre, de Nova York, em 29 de novembro de 1824 – alguns meses, portanto, antes da *Rosa da Floresta*. Ambientada no noroeste do Estado de Nova York – região que Hawkins conhecia como a palma de sua mão – durante a construção do Great Western Canal, a ópera está cheia de personagens locais – colonos holandeses, operários vindos para escavar o canal, trabalhadores do moinho –, que dão à peça um colorido especial. A montagem, luxuosíssima, era do cenógrafo Hugh Reinagle, o filho mais velho do compositor. Ele colocou no palco a fachada da casa grande, na fazenda da personagem principal; um moinho com todas as suas peças em movimento; uma cascata cuja água caía no riacho do moinho; e até mesmo uma parelha de cavalos, que cruzava o palco, puxando uma barcaça pelo canal recém-construído. Talvez pelos recursos dispendiosos que exigia, a ópera foi reprisada muito poucas vezes depois da estréia. Pelas suas características gerais, era o tipo de espetáculo que solicitava o cinema como meio de expressão.

O rico proprietário de terras barão Schafferdwall, de origem holandesa, oferece um terreno de cem acres a quem conseguir instalar um moinho em Oneida Creek. Dois rapazes vindos da cidade, Bloom e Herman, disfarçam-se de ianques e imaginam estratagemas para conquistar a terra e as moças da região em quem puseram os olhos. Os dois acabam ganhando a propriedade; Bloom casa-se com Elena, a filha do barão; e Herman, com sua prima Louisa.

Hawkins sempre teve interesse em fixar as diversas modalidades americanas de fala. Os rapazes falam como nova-iorquinos; o barão e seu ajudante Norchee expressam-se em dialeto holandês; as duas moças, que moram no campo, mas tiveram uma educação mais esmerada, falam inglês mas, de vez em quando, misturam a ele formas dialetais. O mesmo cuidado preside à construção dos 28 números: árias, duetos, coros e números de dança. Só permaneceu a partitura de uma das árias, "The boys and girls must love each other". Mas o estudo do libreto mostra que os números eram de forma muito variada e, muito provavelmente, Hawkins fazia neles a imitação de tipos folclóricos e populares de canção. Um trecho, em particular, é muito interessante: a lição de canto ministrada, no ato I, por Jacob, o professor de música da localidade e também tocador de harmônio na igreja:

For many years I liken their delight
to girls and boys a-singing, fa mi la sol

[canta os acordes comuns com suas relativas menores da mesma tonalidade].

How innocent and pretty they do look
all seated round the school-room...

Now the bass is here, the tenor there –
the counter here – the treble yonder...
Then, the master sounds...

[imita todas as partes diferentes à maneira de um professor de música ensinando as melodias].

(Por muitos anos comparei seu deleite ao de meninas e meninas cantando, fa mi lá sol.../Como parecem inocentes e bonitos, todos eles sentados em torno da sala de aulas.../Agora o baixo está aqui, o tenor ali, o contra-tenor ali, o soprano infantil acolá.../Aí, o professor soa...)

De uma maneira que lembra muito o *Maestro di Cappella* de Cimarosa, Hawkins faz aqui a paródia amável de escolas de canto como as que tinham sido fundadas por Lowell Mason ou Andrew Law, responsáveis pela criação de uma tradição americana de canto.

Com a mudança na tipologia das personagens, veio também o desenvolvimento do tipo de música que elas cantavam. Árias, pequenos conjuntos e coros tornaram-se mais expressivos e melhor integrados à ação. Canções leves, cômicas continuavam leves e com sabor folclórico. As canções relacionadas com sentimentos "sérios" – amor, tristeza, medo – eram mais elaboradas, assumindo com freqüência a forma ternária; e possuíam ornamentação inspirada nos modelos italianos. Árias *da capo* (a.b.a') eram mais raras, embora as encontremos em *The Indian Princess*, ou em *The Reconciliation* (1790), de Peter Markoe. Em geral, preferia-se a ária binária (*a.b* ou *a.a'*), com ornamentação na segunda seção ou na reprise.

Em "Few are the joys and great the pain", a ária da personagem-título feminina em *Edwin and Angelina* (1796), de Pélissier, a seção b. é expandida, e surge uma flauta *obbligato* para acompanhar as *fioriture* em "the singing of birds, when summer charms no more". Há também toques cromáticos para realçar as hesitações emocionais da moça. Já o dueto de amor de *The Enterprise* (1822), de Arthur Clifton, usa o formato *a.b.a'.c*, que permite a introdução de variações nas seções *a'* em relação à *a*, e *c* em relação à *b*. Previa-se que um grau maior ou menor de *gracings* (ornamentos), escritos pelo compositor ou improvisados pelo cantor, deveria ser acrescentado a todo tipo de canção – e nisso persistia, em pleno início do século XIX, uma herança da tradição clássico-barro-

Cartaz para a estréia, no Chathan Garden, de *The Saw-Mill or A Yankee Trick* (1824), de Micah Hawkins.

Gravura mostrando uma cena de *The Forest Rose or American Farmers*, a ópera pastoral de Samuel Woodworth.

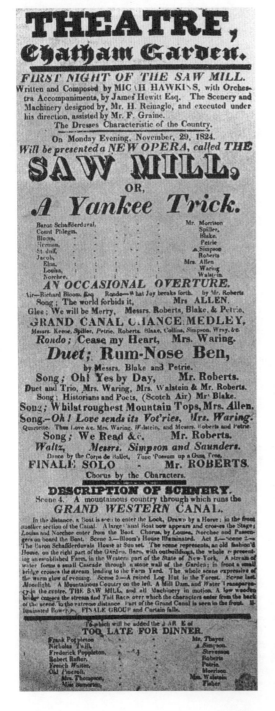

Partitura do coro "Hail to the Chief", de *The Lady of the Lake* (1812), de James Sanderson.

ca. Mas a reação da platéia nem sempre era boa. Em fevereiro de 1810, o crítico da *Rambler's Magazine* contava:

> A platéia estava inquieta e ruidosa, chegando a atirar coisas em Mrs. Oldmixon, enquanto ela cantava a sua ária de bravura. Nosso gosto ainda não está suficientemente refinado para que apreciemos esse estilo de canto; e o público de Nova York, em seus momentos mais sóbrios, se ouvir isso, há de ser apenas por respeito ao intérprete.

Mais gentil foi a acolhida dada à arte do Elizabeth Billington, segundo conta William Oxberry em suas *Dramatic Biography and Historic Anecdotes* (Londres, 1826):

> Embora a platéia bocejasse e as galerias arregalassem os olhos, espantadas, os membros do mundo musical estavam encantados; dizem que o efeito produzido sobre a orquestra pelo canto [de Mrs. Billington] foi tão magnético que, durante uma de suas lindas cadências, todos os músicos (e especialmente o spalla) ficaram embevecidos a ponto de se esquecerem de tocar o acorde de encerramento, para prosseguir com a ária; e ficaram boquiabertos até a voz da cantora se calar e os sentidos lhes serem devolvidos.

No entanto, as árias que ficaram entesouradas no coração e na memória dos americanos não eram as ornamentadas, e sim as de melodia mais simples e direta, que o público podia ir assobiando ao sair do teatro. Dois exemplos clássicos são:

- "Hail to the Chief who in triumph advances!" – marcha até hoje utilizada quando o presidente da República chega a uma cerimônia de Estado formal; da autoria de James Sanderson, escritor e compositor que trabalhava para o Surrey Theatre de Nova York, foi ouvida pela primeira vez inserida em *The Lady of the Lake*[9]; a música dessa "balada dramática" de John Edmund Eyre, era de Sanderson, John Clarke e Victor Pélissier; a estréia foi em Baltimore, em 3 de abril de 1812;
- e "Home Sweet Home", *locus classicus* da balada sentimental; seu autor, John Howard Payne, tinha nascido em Nova York em 1791, mas viajou muito, inclusive servindo em Tunis como embaixador americano; na

época em que morou em Londres, colaborou com o inglês Henry Rowley Bishop (1786-1855) em *Clari or The Maid of Milan*, encenada no Covent Garden em 8 de maio de 1823; a letra reflete, com extrema espontaneidade, as saudades de casa que Payne sentia, e a natural idealização do torrão natal distante – e prestou-se à expressão da nostalgia de todos os americanos que, por motivos de emigração ou guerra, estavam separados de seu país.

Seis meses depois da estréia em Londres, em 12 de novembro de 1823, *Clari* tornou-se um dos grandes sucessos do palco americano nas primeira décadas do século XIX. O público já conhecia a peça *Die Fremde*, de Augustus von Kotzebue, na qual ela se baseava, porque William Dunlap já a tinha produzido em Nova York em 1798. No drama alemão, ao apaixonar-se por outro homem, Clari abandona marido e filho e vai embora com o amante. Mas, longe de casa, sente-se a *Estrangeira* do título. Sente saudades de sua terra, da vida que ali levava, e acaba voltando para a família.

O tema da vida doméstica é freqüente nas obras teatrais da época – assim como é também no *singspiel* alemão de tema familiar e quotidiano. Mas a versão que Payne e Bishop dão à história de Kotzebue é menos ousada. Na ópera, Clari, filha de um proprietário de terras italiano, não é casada. Seduzida pelo duque Vivaldi, foge com ele e vai viver em seu luxuoso palácio. Mas logo se dá conta de que a promessa de casamento que o libertino lhe fez é da boca para fora. Cai em depressão e, quando está à beira do suicídio, cria coragem, rompe com o amante e volta para casa. As coisas se arranjam de modo bem conformista porque, ao perdê-la, o duque se arrepende, vem procurá-la e pede sua mão ao pai.

Com toda a sua linguagem sentenciosa e defesa intransigente da moral corrente, *Clari* tem aspectos interessantes. Entre eles o da criação de uma figura que é capaz de se revoltar, e de desejar algo mais do que as tarefas usuais de remendar meias, pôr a mesa e cuidar do marido e dos filhos. Como na partitura da *Indian Princess*, há, na edição da redução para voz e piano de *Clari*, a indicação de que a música era praticamente contínua, e de que as transi-

---

9. Baseada no poema narrativo de sir Walter Scott, o mesmo que inspirara *La Donna del Lago*, a ópera de Rossini.

ções, seguindo o costume americano, eram asseguradas por trechos musicais improvisados. Há 23 números, entre árias, duetos e coros. O tema de "Lar, Doce Lar" é ouvido na abertura; a canção é entoada por Clari no final do ato I. A crise de remorso e culpa que a leva à beira do desespero vem, no ato II, quando ela ouve a canção na voz de Leoda, a sua criada no castelo de Vivaldi.

Muito interessante é o uso do tema na flauta, em contracanto com a ária "In the promises of pleasure", em que Clari expressa seu arrependimento; ou nas cordas, numa cena em que vemos seu pai lembrando-se com saudade da filha distante. E quando a moça chega diante do portão da fazenda do pai, enquanto hesita se deve ou não entrar, canta um solilóquio no qual espera que a família a perdoe por seus erros. Enquanto isso, nos bastidores, o coro a quatro vozes repete "Home Sweet Home", formando um pano de fundo que aprofunda a compreensão do conflito psicológico que a levou a regressar.

A princípio, não havia libretistas profissionais nos Estados Unidos. Médicos, advogados, pintores, atores que eram literatos diletantes contribuíam para a cena com textos que, por essa razão mesma, eram desiguais. Boa parte dos músicos, que precisavam de uma formação técnica específica, eram imigrantes. A maioria dos primeiros libretistas americanos era nativa, como Royall Tyler, advogado de Boston formado em Harvard que, em 1787, escrevera *The Contrast*, a primeira comédia a ser profissionalmente encenada por uma companhia de teatro falado. Foi Tyler o autor do texto da ópera de costumes *May Day in Town or New York in an Uproar* (1787) – a música era uma colagem de diversos compositores – satirizando a obsessão nova-iorquina com a limpeza da casa, ao iniciar-se a primavera.

William Dunlap era pintor e escreveu para Carr o poema dos *Arqueiros*. Mencionamos a romancista e poeta Ann Julia Hatton ao falar de *Tammany ou O Chefe Indígena*. O médico Eliahu Hubbard Smith colaborou com Pélissier em *Edwin and Angelina*. Quanto a James Nelson Barker, ele tinha apenas 24 anos ao redigir *The Indian Princess* para John Bray, e ainda não iniciara a carreira política que o levaria a ser prefeito de Philadelphia.

Mesmo num país como os Estados Unidos, em que há bibliotecas e arquivos tão eficientes, é imperfeita a documentação que se possui sobre esse período e, por esse motivo, é fragmentária a noção que se tem da compatibilidade texto-música nas óperas do fim do século XVIII. Ficaram, por exemplo, as árias de *The Volunteers*, que Reinagle escreveu em 1795. Mas perdeu-se o libreto de Susanna Rowson e, com isso, não é possível saber como elas se encadeavam e a que história estavam ligadas. Ocorre também o contrário: ficou o libreto, ficou o *promptbook* – o caderno de instruções para o ponto –, mas a partitura desapareceu, total ou parcialmente.

Espetáculos da preferência do público tinham seu material publicado posteriormente, mas sem muita preocupação em preservar a continuidade dramática. Um exemplo são as árias e marchas de *The Brazen Mask*, de Hewitt, estreada em 1806, publicadas em Nova York em 1811. Assim como os *cereni* italianos, vendiam-se nos teatros os *broadsides*, folhas impressas contendo as letras das canções às quais, na opinião do autor, o público daria maior atenção. Eram raros os casos, e assim mesmo reservados só a grandes sucessos, como *The Aethiop*, de Rayner Taylor, em que se publicava a redução para piano. Mas, na eventualidade de se querer remontar hoje uma dessas peças, seria necessário reconstituir a instrumentação, pois as partes de orquestra não foram conservadas. Em *Early Melodramma in América*, o segundo volume de *Nineteenth-century American Musical Theater*[10], existem excelentes reconstruções da instrumentação de *The Aethiop*, feita por Victor Fell Yellen; e de *The Voice of Nature*, de Victor Pélissier e William Dunlap, feita por Karl Kroeger.

A Voz da Natureza, encenada em Nova York em 4 de fevereiro de 1803, é livremente baseada na peça homônima do inglês James Boaden, por sua vez adaptada de *Le Jugement de Salomon*, do francês L. C. Caignez. A ação é transposta de Jerusalém para a Sicília, e a

---

10. Essa antologia, organizada por Deane L. Root, foi publicada em 1964 pela Garland Publishing, de Nova York.

intriga sentimental, envolvendo instinto materno, virtudes femininas e senso de justiça do governante, mobilizava um elenco com dez personagens e grande número de figurantes: operários, camponeses, cortesãos, soldados. A peça de Boaden tinha música incidental nos momentos climáticos; a de Hewitt-Dunlap, números solistas, corais e instrumentais, no mesmo estilo de *Pizarro in Peru*, o melodrama mais importante que escreverão juntos.

Ao terminar a Guerra da Independência, o sentimento patriótico muito forte fazia serem freqüentes as *masques* alegóricas como *America Independent*, de Francis Hopkinson, cantada pela primeira vez em 1781, e reprisada meses depois como *The Temple of Minerva*. Esse "oratorial entertainment" tem duas cenas e quatro personagens de caráter alegórico, ação cênica mínima, mas já é inteiramente cantado. A música, muito refinada, apóia-se nos modelos de Arne e Haendel, e traduz com precisão os estados de espírito de luta, esperança e sonho. Essa tendência permaneceu até o fim do século.

Um francês chamado Monsieur Audin, que fizera estudos na Inglaterra e se familiarizara com a música a que os americanos estavam acostumados, fez furor com duas *masques* patrióticas em homenagem a Benjamin Franklin. *The Apotheosis of Franklin or His Reception in the Elysian Fields* (1796) e *Americania and Eleutheria or A New Tale of the Genii* (1798) empregavam maquinaria complexa que, no melhor estilo da ópera barroca, fazia flutuar acima do palco nuvens trazendo os deuses, e permitia às personagens voar quando ascendiam à glória do Empíreo. A cena culminante de *Americania* mostrava Franklin no topo das Montanhas Alleghery, qual o deus Júpiter, empunhando o pára-raios que inventara, e assistindo à batalha do Deus do Relâmpago contra o Deus das Trevas, derrotado com uma descarga de "flúido elétrico".

Depois, até cerca de 1810, assiste-se à acelerada mudança na fórmula da *ballad opera*, herdada dos colonizadores. Aumenta a preocupação em relacionar música e drama; os diálogos falados são substituídos por recitativo cantado; e torna-se sistemática a tentativa de caracterizar personagens e situações mediante recursos musicais. As *masques* patrióticas cedem o lugar a melodramas, que preparam o caminho para a prática do *grand opéra*. São prenunciadores da ópera em grande escala espetáculos como *Virgin of the Sun* (Nova York, 1800), chamado de "Grand Operatic Drama", ou *The Wood Daemon* que, ao estrear em 1808, recebeu a designação bombástica de "grand romantic cabalistic melodrama, interspersed with processions, pageants and pantomimes".

Os Libretistas: Hatton e Rowson

Nesses anos de Romantismo nascente, é muito forte a consciência de que essa república recém-formada tem por missão procurar e afirmar a sua própria identidade como nação. Como diz Daniel Boorstin em *The Americans: the National Experience* (1965), "não era na descoberta, e sim na busca que a América florescia, vivendo na crença constante de que algo de novo ou de melhor haveria de surgir. Raramente os homens puseram tanta fé no inesperado." Esse era um projeto nacional, que envolvia toda a população. No dizer do compositor Francis Hopkinson, do *Templo de Minerva*: "Na Europa, pode-se obter um especialista para fazer qualquer tipo de serviço, enquanto, aqui, a média dos americanos está acostumada a fazer tudo sozinha, de construir uma casa a arrancar um dente".

As mulheres desempenharam papel ativo nesse processo de criação da vida cultural pois, num país onde nenhuma força de trabalho podia ser desprezada, elas tinham mais autonomia, e eram mais versáteis nas atividades fora do lar, do que a maioria de suas companheiras européias. Desde cedo surgiram, nos Estados Unidos, mulheres jornalistas, editoras, farmacêuticas e, numa proporção menor, até mesmo médicas. Não havia muitas compositoras ou libretistas, porque a sociedade desaprovava o contato feminino com o ambiente teatral, tido como dissoluto – por isso, a vocação musical restringia-se aos saraus domésticos, e eram poucas as mulheres que faziam disso uma profissão.

São fundamentais dois casos, ao qual já nos referimos anteriormente: o de Ann Julia

Hatton e o de Susanna Haswell Rowson. Ambas deram colaboração muito importante para o início da ópera americana. As duas eram inglesas e, de sua formação européia, trouxeram uma bagagem teatral que lhes permitiu ajudar no salto da *masque* ou da *ballad opera* setecentista para as formas mais evoluídas do melodrama pré-romântico.

Autora do texto para a *Tammany* de Hewitt, Ann Hatton (1764-1838) era de uma família de atores, filha de Sarah e Roger Kemble e irmã mais jovem da grande atriz londrina Sarah Siddons. Impossibilitada de atuar no palco por um defeito de nascença que a fazia mancar, Ann dedicou-se a escrever, e publicou os primeiros poemas aos quatorze anos. Embora os jornais ingleses elogiassem seu "intelecto incomum" e a sua "mente sólida e profunda", não faltava quem a repreendesse pela "propensão imoral a escrever para o teatro". Em 1792, Ann casou-se com William Hatton, fabricante de instrumentos que, nesse mesmo ano, mudou-se para os Estados Unidos em busca da expansão de seus negócios.

No ano em que chegou à nova pátria, Mrs. Hatton colaborou com a atriz e cantora Mary Ann Pownell numa *ballad opera* intitulada *Needs Must or The Ballad Singers* (Nova York, dezembro de 1793). Seu trabalho mais importante, como ficou demonstrado ao falarmos de Hewitt, foi o libreto que escreveu para *Tammany ou O Chefe Indígena*. Mas Hatton é também a autora de quatorze romances em que trata de temas sociais polêmicos e cria figuras femininas diversificadas.

Susanna Rowson (1762-1824) já tinha publicado na Inglaterra, antes de imigrar, dois volumes de poesia e cinco romances, um dos quais, *Charlotte Temple* (1790), foi muito lido. Em Philadelphia, tornou-se atriz na companhia de teatro de Thomas Wignell, para a qual seu marido também trabalhava como ponto. Era uma mulher com enorme capacidade de trabalho. Em sua *Memoir of Mrs. Susanna Rowson*, publicada em 1870, Elias Nason afirma que, no espaço de três anos, ela representou 129 papéis diferentes em 126 peças. E ainda achava tempo para escrever poemas, romances, peças de teatro e letras de música, como as que preparou para *The Volunteers*, que se passa durante a Rebelião de Whiskey, no oeste da Pensilvânia. É dela também o roteiro de *Shipwreck'd Mariners Preserved* (1795), um dos primeiros balés produzidos nos Estados Unidos.

Como Hatton, também Rowson era uma reformista convicta, que advogava abertamente a igualdade de direitos para as mulheres, e foi uma das primeiras a lutar pela emancipação dos escravos. Leitora fervorosa da *Vindication of the Rights of Women* de Mary Wollstonecraft, ela explora o mesmo tema em seu trabalho mais importante, *Slaves of Algiers*, do qual já falamos antes. Algumas das peças de Rowson, como *Columbia's Daughter or Americans in England* (1797) ou *Female Patriots* (1795), combinam a temática patriótica com o ideário feminista. No final da carreira, Rowson pôs essas idéias em prática fundando, em Boston, uma escola para moças, na qual trabalharam Peter van Hagen e Gottlieb Grauppner, os criadores da Haendel and Haydn Society, de Boston, responsável pela introdução, nos Estados Unidos, de grande parte do repertório clássico-barroco europeu.

Mesmo sendo fragmentária a informação de que dispomos sobre *Tammany* e *Slaves in Algiers*, estas duas óperas com libretos escritos por mulheres ocupam papel importante, por terem sido tentativas de abandonar o esquema da *ballad opera* – que não passava de um *pasticcio*, uma colagem às vezes apressada de peças musicais catadas daqui e dali –, em favor da obra pensada em função da colaboração individual do compositor com seu libretista. Nesse sentido, ambas são um passo muito importante rumo à ópera americana moderna. As personagens de Hatton e Rowson são verossímeis porque elas as enquadram numa moldura social, política e ideológica real, a da América de seu tempo.

Dunlap

Cada vez mais tornava-se claro, para poetas e compositores, que era necessário desligar-se dos modelos europeus, da produção de espetáculos que pouco se diferenciavam daqueles a que se assistia em Londres e Edimburgo. Afinal, os Estados Unidos começavam a provar ao mundo que tinham uma arte própria, não só uma literatura florescente, mas também a arquitetura de Charles Bulfinch, as paisagens de Charles Wilson Peale, os retratos de Gilbert Stuart, as esculturas de William Rush ou o mobiliário de Duncan Phyfe. Havia um mercado em expansão para os produtores teatrais que quisessem investir na criação de uma imagem cultural tipicamente americana.

O mais importante deles foi o pintor William Dunlap (1766-1839), o primeiro empresário profissional nascido nos Estados Unidos, o que lhe valeu o título de "pai do teatro americano". Nascido em Perth Amboy, na Nova Jersey, Dunlap estudou pintura mas, antes de completar 38 anos, já tinha escrito cerca de cinqüenta peças de teatro e libretos – entre ele o dos *Arqueiros* (1796) de Benjamin Carr que, como já dissemos, adapta livremente o *Wilhelm Tell* de Schiller. Esse libreto é do ano em que Dunlap tornou-se sócio do Park Theatre, de Nova York. Mas em 1805, a administração desastrosa da sala o forçou a declarar falência.

Entre 1798-1800, porém, ele tinha dado importante colaboração à história da ópera americana ao traduzir os melodramas ultra-sentimentais do alemão August von Kotzebue – o autor da *Estrangeira*, em que se baseava a já mencionada *Clari a Donzela de Milão*. Das 25 peças e libretos que ficaram dele, onze são traduções ou adaptações dos textos de Kotzebue, e abrem caminho para o Romantismo em terras americanas. As duas mais populares foram *Virgin of the Sun* e *Pizarro in Peru*, montadas em Nova York no último ano do século XVIII. Ambas, animadas ainda do orgulho nacional de um povo que livrou-se de seus colonizadores, são sobre a luta heróica dos incas contra a dominação espanhola. Ambientação exótica, personagens históricas, rituais de adoração ao Sol, amor proibido entre pessoas de raças diferentes, auto-sacrifício – estes são grandes ingredientes para a ópera romântica, do tipo que sempre lotou os teatros.

A gênese de *Pizarro in Peru* é tortuosa, como sói acontecer com os libretos de ópera da virada dos séculos XVIII-XIX. Da tragédia *Les Incas*, escrita por Marmontel em 1777, Kotzebue tirou em 1789 *Die Spanien in Peru*. No ano seguinte, Richard Brinsley Sheridan fez do drama alemão uma versão pessoal, *The Spaniards in Peru*, apresentada no Drury Lane; e essa foi a fonte do libreto de Dunlap. Nela, reaparecem os incas Cora, Alonzo e Rolla que, na *Virgem do Sol*, forneciam o triângulo amoroso. Mas surgem também o conquistador Francisco Pizarro e sua amante Elvira. O modelo em que Dunlap se inspirou é, visivelmente, o da ópera de resgate que, naquela época, fazia imenso sucesso na Europa.

Pizarro é o vilão da história. Quando manda prender Alonzo, para ter o caminho livre até a cama de Cora, a quem deseja, a destemida Elvira – agindo como a Leonora do *Fidelio* – disfarça-se de homem e entra na prisão, tentando libertar o rapaz. Mas descobre que Rolla, o vilão da ópera anterior, arrependido do que fizera na tentativa de separar Alonzo e Cora, disfarçou-se de monge, entrando, também, na fortaleza, ajudou o jovem inca a fugir. Descobrindo o que Rolla fez, os espanhóis o capturam e torturam até a morte. Mas, antes de ser preso, Rolla, que nunca deixou de amar Cora, apesar de todo o mal que lhe fez, consegue salvar seu filho, que Pizarro mandara seqüestrar, para poder chantagear a mãe e forçá-la a se entregar.

A personagem mais interessante – e a que Sheridan mais modificou – é Elvira. Em vez da mulher áspera que, em Kotzebue, age apenas porque tem ciúmes do interesse de Pizarro por Cora, ela é mais sensível e tem genuína compreensão dos sofrimentos dos incas, oprimidos pelos espanhóis. Seduzida por Pizarro quando ainda era noviça em um convento, ela lembra ao conquistador que ele matou seu irmão, quando este tentou defender sua honra. Diz-lhe que ainda pode ouvir "os gemidos do irmão coberto de sangue e os gritos angustiados da mãe, de coração partido". O sofrimento imerecido de que foi vítima explica o heroísmo de sua decisão de ajudar os incas.

Dunlap reteve a crueldade de Pizarro, mas transformou o padre Valverde, cúmplice do conquistador, num secretário particular civil, porque "sacerdotes corrompidos podem ser tolerados num dos grandes teatros do mundo, mas não no palco de uma *playhouse* americana". Conservou a estrutura em cinco atos de Sheridan – o que não era comum nas óperas americanas da época – e manteve intocados "os verdadeiros ingredientes do sucesso, a ten-

John Philip Kemble como Rolla na montagem londrina de *Pizarro in Peru* (1800), de Hewitt e Dunlap.

Frances Brett Hodgkinson interpretou Cora, em *Pizarro in Peru*, e Manana na *Tammany*, de Hatton.

são emocional, o grande espetáculo, as canções e os atrativos peculiares dos dramas do Alemão (Kotzebue)". Dentre esses atrativos, curiosamente, o que mais entusiasmava o público não está em Kotzebue. É a cena do último ato em que Rolla, ao fugir de seus perseguidores espanhóis, carregando nos braços o filho de Cora, cruza uma frágil ponte de madeira e corda estendida sobre uma catarata. Os espanhóis atiram nele, Rolla é ferido mas, agarrando-se à árvore em que a extremidade da ponte está amarrada, consegue salvar-se por um triz, antes que ela desabe dentro do abismo. É ou não é uma cena pré-cinematográfica? Desde aquela época, o público americano gostava de uma boa seqüência de perseguição.

A maior parte da música para *Pizarro* é de James Hewitt. Mas ele se encarregou também de selecionar trechos de Gluck, Sacchini, Cherubini e do cantor e compositor inglês Michael Kelly, reorquestrando-os e adaptando-os às suas marchas e cenas corais. O tom predominante da ópera é épico e, por esse motivo, a maior parte dos números é escrita para o coro. Há apenas uma ária, com música muito delicada, do próprio Hewitt: "Ye, be more merciless than tempest dire", cantada por Cora "durante uma tenebrosa Tempestade perpassada por Trovões e Relâmpagos". Com elaborado acompanhamento de harpa *obbligato*, e com hábeis indicações de *ad libitum*, que permitem à intérprete reprisar as seções de que o público mais tiver gostado, é o momento em que a inca externa toda a sua preocupação com a segurança do filho. Cora foi criada por Frances Brett Hodgkinson, a mesma cantora-atriz que fizera Manana em *Tammany*.

As cenas a que compositor e libretista dão mais atenção são as de desfile ou procissão, pois sabem que elas terão excelente rendimento no palco. A cena 2 do ato II, por exemplo, inicia-se com a "Marcha Solene" no Templo do Sol, em torno do qual reúnem-se guerreiros, sacerdotes e vestais. Alternando seu canto com o do coro, o Sumo Sacerdote entoa o "Hino ao Sol", e uma chama desce do céu para consumir as oferendas depositadas sobre o altar. Mais interessante ainda é a "Marcha Triunfal" da primeira cena do ato III: há contraste não só entre solistas e coro, mas também entre um segmento e outro do coro. Vale a pena citar a

rubrica do libreto, literalmente transcrita por Dunlap da adaptação de Sheridan:

> Um Retiro selvagem entre Rochedos estupendos. – Cora e seu Filho, com outras Mulheres e Filhos dos Guerreiros Peruanos, espalham-se pelo palco, em pequenos grupos. Cantam alternadamente Estrofes que expressam a sua situação, juntando-se todos depois em um Coro. Ouve-se à distância a marcha triunfal do exército. – As Mulheres e Filhos unem-se ao canto num tom que expressa ao mesmo tempo sua ansiedade e exultação. Os Guerreiros entram entoando a Canção da Vitória, à qual todos se unem. – Seguem o Rei dos Incas e Rolla, recebidos com grandes demonstrações de afeto e respeito. Durante essa cena, com o filho nos braços, Cora corre entre as fileiras de soldados, procurando e perguntando por Alonzo.

Se há dúvidas quanto a chamar *Pizarro* de ópera, basta consultar a descrição da partitura para esta cena, de considerável requinte na instrumentação: cordas, metais, madeiras, percussão e cravo judiciosamente utilizados para obter diversos efeitos. Enquanto os guerreiros peruanos cantam:

> *Victory now has made us free.*
> *We haste, we haste our friends to see,*

as suas mulheres respondem:

> *Hush! Hush! Don't you hear?*
> *Some footsteps near,*
> *a distant march assails the ear.*
> *Hark! Louder still from yonder hill*
> *encreasing sounds with terror fill.*

> (A vitória agora nos libertou. Corremos para vir ver os nossos amigos.// Silêncio! Não estão ouvindo? A poucos passos daqui, uma marcha distante assalta os nossos ouvidos. Atenção! Ainda mais rumorosos, lá daquela colina, sons cada vez mais altos enchem-nos de terror.)

Em sua construção, cada segmento do coro mantendo sua identidade e estado de espírito, essa seqüência já aponta para as óperas de grande efeito cênico que Meyerbeer e Verdi escreverão no futuro – uma grandiosidade certamente realçada pela encenação cheia de colorido de Charles Ciceri. Acredita-se também, a julgar pelas anotações encontradas nos *promptbooks* preparados pelo próprio Dunlap, que havia a inserção de música adicional improvisada na hora, e não incluída na partitura. Como nos comentários musicais que acompanharão, mais tarde, as sessões de cinema da fase muda, essa música adicional era tocada por um pianista ou um pequeno conjunto instrumental colocado por trás dos telões. Há momentos em que, quando o libreto diz "The Curtain Falls", a instrução do *promptbook* é "Grand Music".

Quando Joseph Donohue, em seu *Dramatic Characters*, chamou *Pizarro in Peru* de "a síntese da grande tragédia operística", não estava exagerando. *Pizarro* combina o espetáculo heróico dos *masques* de tema patriótico, o heroísmo das personagens míticas de *Tammany* e os elementos realistas e sentimentais de *Slaves in Algiers*. E usa cenários grandiosos, coros e cortejos, não apenas de forma decorativa, em busca de efeito cênico, mas para realçar a caracterização das personagens e obter do público a máxima empatia por seus sofrimentos. Esta será a semente a partir da qual há de germinar a tradição americana do *grand-opéra*.

Nunca é demais insistir, tampouco, que Ann Hatton – autora do primeiro libreto de ópera séria com tema americano – e Susanna Rowson, precursora do feminismo, são o ponto de partida para uma outra tradição específica dos Estados Unidos: a presença da mulher como colaboradora do homem na produção do teatro musical. Depois dela virão Louisa Mars, Stella Stocker, Abbie Gerrish-Jones, Mary Carr Moore, Edna St. Vincent Millay, Gertrude Stein, Meredith Monk, Libby Larsen, e outras de que falaremos ao longo deste volume.

As *Minstrels Operas*

No início da década de 1840, os *minstrels shows* tornaram-se extremamente populares, e essa voga haveria de se manter século XIX adentro. Cenas curtas em tom de parodia, geralmente com personagens negras, tinham sido populares, na Inglaterra e nos Estados Unidos, desde o final do século XVIII. Entre os comediantes que se apresentavam no circo ou em teatrinhos de variedades, com o rosto pintado de preto, um dos mais famosos era Thomas Dartmouth Rice (1808-1860), pioneiro na combinação das canções negras (*Ethiopian songs*) com um tipo rudimentar de sapateado – o que lhe valeu o apelido de "Jump Jim Crow"[11]. Em 1842, os empresários E. P. Christy e Dan Emmett transformaram essas exibições individuais em espetáculos de grupo, sempre realizados por artistas brancos (só na década de 1850 começaram a surgir *minstrels shows* com atores negros).

Esses estereótipos muito crus e preconceituosos do comportamento negro uniam canções e danças de origem africana, acompanhadas com banjo, bandolim e castanholas feitas de osso. Dessas cenas, inicialmente muito toscas, desenvolveu-se, na década de 1850, a *minstrel opera*, que sobreviveu umas quatro décadas. Havia sempre três atos. No primeiro, toda a companhia aparecia, disposta em semicírculo. Um Interlocutor, sentado no centro, agia como mestre de cerimônias. Seu tom digno e composto contrastava com as brincadeiras irreverentes do resto do elenco, especialmente Tambo e Bones, as duas personagens que ficavam nos extremos do semicírculo, zombando todo o tempo da seriedade do Interlocutor. Nesse primeiro ato, havia sempre um tenor encarregado de cantar baladas sentimentais.

O ato II era um número de variedades com acrobatas, canções, danças, músicos tocando instrumentos exóticos. E encerrava-se com uma paródia de sermão de pregador sobre um assunto de atualidade. No ato III, toda a companhia voltava, brilhantemente vestida, e encenava uma pequena peça reproduzindo situações da vida dos negros na região rural, ou fazendo a paródia de uma peça ou uma ópera de sucesso. *Long Island Juba, The Black Cupid e Bone Squash Diavolo* foram algumas dessas pequenas peças – chamadas de *Ethiopian farce operas* – a obter grande sucesso. A Kneass Opera Troupe, uma das companhias mais famosas de *minstrel opera*, especializava-se na paródia das óperas mais conhecidas. O ato III sempre terminava com um *walk-around*, dança muito vigorosa, que envolvia todo o elenco.

A dança era elemento importante nesse gênero popular. Ao visitar os Estados Unidos, o romancista inglês Charles Dickens encan-

---

11. Dartmouth Rice foi mencionado, páginas atrás, quando relatamos o convite que lhe foi feito de apresentar-se em Nova Orleans, o que atesta a sua popularidade em todo o território americano.

tou-se com a técnica e a expressividade de William Henry Lane, o "Master Juba", que combinava, de forma muito pessoal, elementos coreográficos europeus e africanos. Músicos e dançarinos brancos viajaram para a Europa, na década de 1860, levando seus números de *soft shoe* e *buck and wing*. E a demanda popular de um número cada vez maior e mais elaborado de *minstrels operas* fez surgir cultores talentosos do gênero.

Foster

O mais importante representante desse gênero é Stephen Collins Foster (1826-1864), nascido em Pittsburgh, de uma família muito modesta, mas de cultura musical considerável. Collins, ainda criança, aprendeu a tocar clarineta, violão, flauta e piano, e começou adolescente a compor canções. Tinha 19 anos quando escreveu *Old Uncle Ned*, a sua primeira *Ethiopian song* de sucesso. Tim Rice o encorajou a colaborar com os *minstrels shows*, o que ele fez a partir de meados de 1840, quando mudou-se para Cincinati, trabalhando como guarda-livros na firma de seus irmãos. A celebérrima *Oh Susanna!*, que se tornou famosa no mundo inteiro, foi escrita e publicada em 1847. Daí em diante, casando-se e mudando-se para Nova York, Foster compôs uma lista enorme de canções memoráveis: *Camptown Races, My Old Kentucky Home, Old Dog Tray, Jeannie With the Light Brown Hair*. Mas sua esposa o abandonou em 1860, ele começou a beber pesadamente, e morreu na miséria em janeiro de 1864.

Como compositor, Foster sabia combinar a tradição culta com os ingredientes populares. E chegou a esse resultado graças a um esforço autodidata: seu irmão conta como, em Cincinati, esse prolífico autor de canções – são mais de duzentos os títulos que publicou – não só assistia aos espetáculos como estudava as partituras dos grandes operistas, e copiava aplicadamente as partes de orquestra, para aprender o ofício. Em *The Social Orchestra*, que publicou em 1854, há não apenas canções suas, mas também arranjos que fez, para execução doméstica, de números famosos em óperas de Bellini, Donizetti, Boïeldieu, Mozart, Schubert, Weber, e operetas de Johann Strauss. Em seu estudo *The Phonograph and Our Musical Life*, publicado em 1980, H. Wiley Hitchcock demonstrou, ao analisar *Come Where My Love Lies Dreaming*, os pontos de contato existentes entre a escrita de Foster e traços estilísticos da ópera italiana. Foster nunca realmente escreveu uma ópera, tal como a entendemos. Mas sua contribuição para a *minstrel opera*, e para a arte americana da canção, justifica que o mencionemos aqui.

A Vida Musical da Califórnia

San Francisco, em 1850, era "uma cidade caótica, sem água corrente, esgotos ou iluminação adequados, na qual as pessoas moravam em tendas ou barracões improvisados, onde havia um mar de lama quando chovia, e nuvens de poeira nos dias secos" (John Dizikes). E, no entanto, era uma cidade onde havia teatros que competiam, em termos de freqüência, com os *saloons* e as casas de jogo. Em 24 de janeiro de 1851, a companhia italiana Pellegrini apresentou, pela primeira vez em San Francisco, uma seleção de cenas da *Sonnambula*. Duas semanas depois, montou a ópera inteira. O coro, só de homens, cantava em inglês, enquanto os solistas italianos cantavam na língua original. Devia ser fascinante ver essa historinha pastoral, sobre inocência e virtude, e depois a *Norma* e o *Ernani*, serem apresentadas para uma audiência de aventureiros, pistoleiros de aluguel, mineiros com camisa xadrez de flanela, e enfarpelados jogadores profissionais de jaqueta longa e colete colorido.

Mas os italianos não eram os únicos visitantes. Em 18 de outubro de 1852, os 123 membros de uma companhia teatral de Cantão estrearam, no American Theatre, *The Eight Genii Offering Their Congratulations to the High Ruler, Yuk Hwang, on His Birthday*. A crescente população de imigrantes chineses que trabalhava nas minas justificava a vinda desses artistas, sua permanência durante seis meses, e a excursão até os povoados paupérrimos de mineiros, onde se concentravam seus compatriotas. O sucesso dessa turnê fez com que, em dezembro, eles trouxessem um enorme teatro desmontável, em forma de pagode: um pavilhão de madeira com capacidade para mil pessoas, enfeitado com pinturas e lanternas, dotado de chão inclinado, e com um fosso para a orquestra que acomodava quarenta músicos. Esse teatro funcionou até março, depois foi leiloado por US$ 1.150, quando a companhia seguiu para Nova York.

Apesar dos preconceitos locais e da discriminação legal contra eles, os imigrantes chineses existiam em número suficiente para atrair companhias de Cantão e Hong Kong que, entre as décadas de 1860-1870, além de San Francisco, visitaram também a Cidade do México e Havana. Mas essa era uma manifestação artística que ficava restrita ao público de origem chinesa, pois os ocidentais, além de não entender a língua, não compreendiam o simbolismo das convenções dramáticas orientais. Para eles, era muito estranho um teatro em que os papeis femininos eram interpretados por atores; em que o estilo de canto, agudíssimo, soava ingrato aos ouvidos; e em que a pantomima e a acrobacia tinham importância fundamental. Em 1872, o jornalista Charles Nordhoff ofereceu curiosa descrição de um espetáculo no China Theatre de San Francisco:

A platéia, interessada e bem-comportada, não aplaudia, gritava ou fazia outras ruidosas demonstrações de prazer ou descontentamento. As mulheres ficavam estritamente segregadas dos homens, numa seção especial das galerias. Embora a música, para mim, parecesse apenas uma horrível discórdia, havia nela, visivelmente um método: o líder da orquestra, cujo instrumento consistia em duas baquetas de marfim com as quais batia o compasso em uma barra de ferro, mantinha controle completo de seus instrumentistas em mangas de camisa, e os cantores e músicos executavam suas partes admiravelmente no tempo. É a coisa mais estranha que San Francisco tem a mostrar, mas não se trata de algo que o visitante deva perder.

No inverno de 1852, San Francisco recebeu a visita de Elisa Biscaccianti, nascida em Boston, filha de um professor de música, a primeira cantora de renome nascida nos Estados Unidos. Suas interpretações de Bellini, Meyerbeer, Donizetti e baladas inglesas fizeram sensação. Biscaccianti fez 71 recitais em todo o norte da Califórnia e ganhou muito dinheiro,

até ser desbancada pela bela irlandesa Catherine Hayes. Aluna de Manuel García em Paris, Hayes era deliriantemente apoiada pelos Bombeiros Voluntários Irlandeses, que chegaram a comprar a lotação de um de seus concertos por US$ 1.150 (em Sacramento, houve um fã que não hesitou em pagar US$ 1.200 a um cambista por um ingresso para vê-la).

Além de Hayes, a Califórnia foi visitada pela companhia francesa de Anna Thillon. Nascida Anna Hunt, ela era inglesa e estudara na França, casou-se com um professor de música e especializou-se nas óperas de Rossini e Auber. Em 1854, chegou Anna Bishop, dona de presença cênica forte, mas já em fase de declínio vocal. Em abril, ela se apresentou na *Norma*, fazendo em seguida a maior temporada a que a cidade já assistia: *Sonnambula*, *Don Pasquale*, *Martha*, *Lucrezia Borgia*, *Lucia di Lammermoor*, *La Favorite*. A vida musical de San Francisco ia se tornando cada vez mais sistemática, e isso devia-se à figura fascinante de um empresário, Tom Maguire, o equivalente americano do Domenico Barbaja italiano.

Maguire

O nova-iorquino Thomas Maguire, nascido no inicio da década de 1820, era analfabeto e criado nas ruas. Foi dono de um estábulo, coletor de apostas em cavalos, gerente de um *saloon* freqüentado pelos membros da sociedade nativista Tammany, e dono do bar que funcionava na galeria do Park Theatre. Ali, apaixonou-se pelo teatro e, ajudado por sua mulher, Emily, que tinha ótima cabeça para negócios, decidiu ingressar no ramo. Emigrou para a Califórnia, abriu o *saloon* "The Diana" e a casa de jogo "The Snug" e, assim que conseguiu juntar algum dinheiro, construiu um pequeno teatro, o Jenny Lind (cantora que ele admirava sem nunca tê-la ouvido). Entre 1849 e 1850, os teatros de Maguire pegaram fogo cinco vezes – e ele sempre os reconstruía mais bonitos.

O Jenny Lind III, de pedra amarela australiana, cheio de dourados e de madeira trabalhada, tinha capacidade para duas mil pessoas; uma poltrona na platéia custava US$ 2, e um camarote, US$ 15. A construção desse prédio suntuoso levou Maguire à falência. Astucioso como era, vendeu-o à municipalidade por US$ 200 mil, para que ela o convertesse na sede da Prefeitura. O *saloon* e a casa de jogo eram sua verdadeira fonte de lucros: até o jogo ser proibido, em 1855, tinha ficado rico e, no ano seguinte, inaugurou a New Opera House. Antes de montar espetáculos de ópera, Maguire trouxe à Califórnia companhias de *minstrels shows*, números de circo e de vaudeville. Construiu teatros em Sacramento e Marysville; mantinha olheiros na Europa e em toda a América, para descobrir artistas interessantes; e, em certa fase, tinha três companhias de teatro falado, uma de ópera e outra de *minstrels*, trabalhando para ele ao mesmo tempo. Obtinha sucesso especial com as *burlesque operas*, misturando números cantados e diálogos falados, e fazendo a sátira da política, da arte e da vida social.

Na primavera de 1859, Maguire contratou a companhia de ópera de Eugenio e Giovanna Bianchi, para fazer uma turnê a preços populares pela Califórnia. Desentendendo-se com os Bianchi, substituiu-os pela Lyster English Opera Company que, em 1860, fez uma temporada com 65 apresentações, mais do que já tinha sido apresentado de uma só vez em Nova York, Philadelphia ou Nova Orleans. Com o dinheiro ganho – contra a opinião de Emily –, construiu a Maguire's Academy of Music. E uma das primeiras atrações oferecidas por esse vistoso teatro foi uma serie de conferências pronunciadas pelo jovem escritor Samuel Langhorne Clemens, que assinava com o pseudônimo de Mark Twain.

A Academia era um prédio de quatro andares, de mármore italiano, com três ordens de camarotes, todo em branco e dourado. Tinha um imenso lustre central, luzes a gás em todas as fileiras de camarotes, sessenta ventiladores para renovar o ar, cadeiras forradas com veludo e, no telão da boca do palco, um enorme quadro intitulado *A Idade de Ouro*. Emily tinha razão: a época, de inquietação trabalhista, dificuldades econômicas, muita competição na área teatral, e mudança no gosto do público, que tendia a preferir a opereta e o *opéra-comique* de estilo francês, não era adequada para investir tanto dinheiro num teatro de ópera de vocação tradicional.

Mas dessa vez Maguire não lhe deu ouvidos. Contratou o soprano escocês Euphrosyne Parepa-Rosa, casada com o empresário Carl Rosa e estrela de sua companhia, uma das mais importantes da Inglaterra. O *Trovatore* com que Parepa-Rosa estreou foi um sucesso. Os demais espetáculos também. Mas as despesas eram muito elevadas e, embora a temporada lhe tivesse rendido US$ 50 mil, seu prejuízo foi de US$ 120 mil. Maguire teve de vender a Academia. Mas a morte de Emily, em 1870, fez desaparecer a única pessoa que ainda conseguia controlá-lo. Era uma época difícil: a construção da Ferrovia Transcontinental pusera fim à Corrida do Ouro; a falência das minas de prata provocara o colapso da Bolsa da Califórnia. Ainda assim, fascinado com a *Carmen*, que vira na França em 1878, Maguire investiu tudo o que lhe restava num projeto maluco – uma combinação de hotel e teatro de ópera – e contratou a dispendiosa companhia de Maurice Strakosch para estrear, em San Francisco, a ópera de Bizet. Foi um fracasso espetacular.

Abandonado por seu jovem assistente David Belasco – que faria sucesso, mais tarde, como dramaturgo, inspirador de duas das óperas de Puccini – Maguire perdeu seu último teatro e voltou para Nova York, onde a sua segunda mulher, que sofria das faculdades mentais, desbaratou o pouco que ele conseguira salvar, especulando com imóveis nas mãos de corretores inescrupulosos. Em 10 de maio de 1894, o Metropolitan Opera House organizou um espetáculo beneficente para ajudá-lo. Mas o dinheiro arrecadado foi pouco, pois seu nome não significava grande coisa para os novaiorquinos. Tom Maguire morreu sozinho e na miséria, em 1896. Com ele, estava se encerrando toda uma era de consolidação da ópera em terreno americano. Fica o comentário que ele fez, ao fechar as portas de seu último teatro em San Francisco: "Perdi US$ 30 mil, mas dei a ópera a esta cidade, não foi?"

O GRAND-OPÉRA NA AMÉRICA

Uma data importante na história da ópera nos Estados Unidos é 29 de novembro de 1825, o dia em que o *Barbeiro de Sevilha* de Rossini estreou no Park Theater de Nova York, aclamada pelo jornal *The American* como "o melhor e mais dispendioso entretenimento que nos é mandado pelo Velho Mundo". A companhia era a de Manuel García, que tinha cantado "Almaviva" na estréia da ópera em Roma, em 1816. Fígaro era seu filho Manuel Patricio; Berta, a sua mulher, Joaquina; e Rosina era interpretada por sua filha Maria, de 17 anos, que o futuro ficaria conhecendo como Maria Malibran, uma das maiores cantoras do início do século XIX.

Foi enorme o sucesso do espetáculo nessa cidade – agora com 166 mil habitantes, e a vida comercial revitalizada, naquele mesmo ano, pela abertura do Eerie Canal; uma cidade que começava, cada vez mais, a tomar consciência de sua importância como centro cultural. Em 1831, a New York Sacred Musical Society faria a primeira execução do *Messias*, de Haendel, nos Estados Unidos. Em 1842, seria criada a Philharmonic Society of New York e, com ela, uma das mais importantes orquestras do país até hoje. Sob todos os pontos de vista, como dizia James Hardie em 1827, "Nova York transformava-se na Paris do Novo Mundo".

Il Barbiere di Siviglia teve 21 récitas e, nessa excursão, García apresentou ainda *Tancredi, Otello* e *La Cenerentola*, de Rossini, *L'Amante Astuto* e *La Figlia dell'Aria*, de sua própria autoria, e uma versão do *Don Giovanni* em que o papel-título era transposto para tenor, de modo a que ele pudesse cantá-lo. Essa sugestão lhe foi feita pelo libretista da ópera, Lorenzo da Ponte, que morava em Nova York desde 1805 e, entre 1826-1837, foi professor de Literatura Italiana na Universidade de Columbia. Subindo ao palco em 23 de maio de 1826, *Don Giovanni* foi a primeira ópera de Mozart a ser apresentada em versão original nos Estados Unidos.

Da Ponte

A companhia de Manuel García apresentou, em Nova York, 79 récitas de nove óperas diferentes. Na platéia estava um imigrante italiano, um homem de 78 anos que chegara aos Estados Unidos em 1805. A maior parte dos espectadores, no Park Theater, não fazia idéia do papel importantíssimo que ele desempenhara na história daquele período que lhes estava sendo revelado por García. O judeu veneziano Emmanuele Conegliano passou à história com o pseudônimo de Lorenco da Ponte, o *poeta cesareo* da corte austríaca, e o grande libretista de Mozart.

Forçado por suas dívidas a partir para a América, Da Ponte criou, em Nova York, ao chegar, uma Academy of Young Gentlemen, para ensinar italiano. Depois, foi dono de um armazém e tinha uma carroça para fazer entregas em domicílio. Mudou-se uns tempos para Elizabethtown, em Nova Jersey, abriu uma chapelaria e uma pequena fábrica de flores artificiais, dirigiu uma casa de cômodos. Em 1819, voltou para Nova York, onde ganhou a vida ensinando literatura italiana, traduzindo Dante para o inglês e Byron para o italiano, gerenciando um sebo de livros usados. Em 1825, tornou-se o responsável pela cadeira de Literatura Italiana na Universidade de Columbia.

Contam que, ao vê-lo, Manuel García dançou de alegria e, para demonstrar-lhe o quanto estava feliz, cantou o "Finch'han dal vino" do *Don Giovanni*. Da Ponte cuidou do alojamento e da alimentação da companhia, promoveu os espetáculos entre seus alunos, traduziu em inglês o libreto do *Don Giovanni* e o vendeu na porta do Park Theater. Ironia da vida pensar no herdeiro da coroa de Metastasio, o outrora mundano poeta oficial da maior corte da Europa Central, vendendo chapéus numa cidadezinha do interior dos Estados Unidos, entregando salsichas em casa com sua "L. Ponty's Wagon", e oferecendo, de mão em mão, na porta do teatro, um folhetim com um dos maiores poemas dramáticos da História da Ópera!

Mas esse homem septuagenário estava muito longe de querer descansar. Percebendo o campo que ali havia a ser explorado, Da Ponte pôs mãos à obra. "Todos os anos", escreveu, "aparece aqui uma companhia de *Gatti*, quero dizer, de *Galli* (franceses) – desculpem-me, a pena escorregou – que vêm de Nova Orleans e, depois de uma turnê de dois ou três meses, volta para casa com os bolsos cheios de dinheiro, coberto dos aplausos daqueles que gostam da gritaria francesa e dos miados daqueles gatos"[1]. Por que não planejar um contra-ataque italiano? Entrou em negociações com o tenor Giacomo Montresor, que se tornara empresário em Bolonha, para que ele trouxesse a sua companhia aos Estados Unidos.

A princípio, tudo deu errado. A companhia só conseguiu chegar a Nova York em meados de 1832; teve a estréia retardada por

uma epidemia de cólera; e foi obrigada a se apresentar no pequeno Richmond Hill Theater, de acústica sofrível, a antiga residência do milionário Aaron Burr, convertida em sala de espetáculos. Mas *La Cenerentola*, apresentada em 6 de outubro de 1832, impressionou bem por causa da excelência da orquestra; e o público gostou muito da voz de Montresor, do baixo Luciano Fornasari, e do soprano Edelaide Pedrotti, mulher muito bonita, trazida de Havana. *Elisa e Cláudio*, de Mercadante, foi um sucesso. *L'Italiana in Algeri* um total fiasco. *Il Pirata* teve acolhida polemica: "gênio incomum", disseram uns críticos; "deficiente em melodia", proclamaram outros a respeito de Bellini.

Financeiramente, a excursão foi um fracasso, e as relações entre Da Ponte e Montresor azedaram. A companhia não voltou para a Itália: foi instalar-se em Havana, de onde voltaria a fazer turnês em Nova Orleans. "Sonhei com rosas e louros", escreveu Da Ponte na *Incrível História*, "mas das rosas fiquei só com os espinhos e, dos louros, com o amargor". Convencido de que o problema fora a falta de um teatro adequado, iniciou campanha para arrecadar US$ 150 mil, destinados à construção de uma Italian Opera House. O primeiro teatro americano exclusivamente destinado à música lírica foi inaugurado em 18 de novembro de 1833. O diretor, o cavaleiro Rivafinoli, tinha ido buscar cantores na Europa, entre eles Clementina Fanti e Luigia Bordogni, de apenas dezessete anos, que encantou a todos com sua Rosina.

A primeira temporada começou com *La Gazza Ladra*, e prosseguiu com *Il Barbiere*, *La Donna del Lago*, *Il Turco in Italia* e *Matilde di Shabran*. Apenas o *Barbeiro* e *A Dama do Lago* fizeram sucesso, esta última por causa da popularidade de Walter Scott nos Estados Unidos. *Matilde* foi um fiasco. O público gostou da música do *Matrimonio Segreto*, de Cimarosa, mas achou a história "de natureza doméstica desinteressante". *Gli Arabi nelle Gallie*, de Giovanni Pacini, "lotou o teatro", contou Da Ponte, "não por causa da excelência de sua música, mas porque os cenários eram bonitos, os figurinos, magníficos e havia efeitos cênicos muito interessantes". Na segunda temporada, de que Da Ponte já não participou,

---

1. Em *Storia Incredibile ma Vera della Compania dell'Opera Italiana Condotta da Giacomo Montresor in America in Agosto dell'Anno 1832*, relato publicado por Da Ponte em 1833.

La Straniera não atraiu grande público, *Le Siège de Corinthe* e uma versão abreviada da *Semiramide* agradaram pouco. O teatro teve de fechar as portas para não ir à falência. Os pessimistas achavam que Nova York ainda não estava pronta para ter um teatro de ópera permanente.

O fechamento da Italian Opera House, em 1834, deixou Da Ponte muito amargurado. Na *Frottola per Far Ridere*, que publicou em 1835, fazendo sérias acusações a Rivafinoli e seus colaboradores, diz:

> Eu, a inspiração de Salieri, de Weigl e Martín y Soler, de Winter e Mozart, não sei se foi um gênio bom ou mau que me inspirou a querer trazer a música aqui. Esperava, ao fazer isso, tornar meu nome imortal. Foi exatamente o contrario. Meu nome foi desprezado, caluniado, condenado à indigência e ao esquecimento! Enterrei nesse empreendimento tudo o que economizara para os meus dias de decrepitude e fui recompensado com a ingratidão de TODOS!

Só renunciou à idéia de ir morrer na Itália porque alguns alunos fiéis – Julia Ward Howe, Clement Clark Moore, Fitz-Greene Halleck – cotizaram-se para lhe oferecer meios de sobrevivência. Em seu livro de memórias, *Old New York: Reminiscences of the Past Sixty Years* (1860), o médico John Francis conta como foi chamado a atender Da Ponte em sua casa da 91 Spring Street, e como o ancião de 89 anos, grato pela sua atenção, escreveu para ele dois sonetos, horas antes de morrer, na noite de 17 de agosto de 1838. Muitos amigos vieram a seu enterro no cemitério católico da Terceira Avenida. Falou-se, nessa época, em lhe erigir um monumento. Mas as pessoas esquecem. A homenagem – uma cruz em seu túmulo, no Cemitério do Calvário, em Queens, para o qual ele fora removido – só foi feita em 21 de outubro de 1887.

Mas uma semente importante fora lançada. Em *Music in the New World* (1893), Charles Hamm informa que, apesar de no conjunto ter sido um fracasso, a Italian Opera House apresentou cerca de oitenta récitas de óperas italianas entre 1833-1834. Com o tempo, Nova York tornou-se um chamariz para as companhias itinerantes peninsulares, que trouxeram à cidade, pouco tempo depois de sua criação na Europa, óperas como *La Sonnambula* ou *Norma*. A procura do público pelos espetáculos de ópera italiana fez surgirem novos teatros: o Astor Place Opera House, inaugurado em 1847 com o *Ernani*, de Verdi; e a Academia de Música, com 4.600 lugares, construída em 1854, e que seria o principal teatro de ópera de Nova York até a edificação do Metropolitan.

Havia, naturalmente, quem protestasse – como o prefeito Philip Hone, em 1835 – contra as óperas cantadas em língua estrangeira. A resposta a esse anseio será dada por compositores como William Fry, que se propunha a escrever melodramas cantados em inglês, tomando como modelo o tipo de espetáculo então em voga: o *grand-opéra* parisiense, de formas super-elaboradas, popularizado por Meyerbeer e Halévy. Vejamos antes, porém, qual era o pano de fundo histórico que condicionou a obra dos compositores pós-1850.

Os Estados Unidos na Segunda Metade do Século XIX

Por volta de 1850, o número de Estados americanos tinha aumentado para 33; e 4,6 milhões de imigrantes europeus tinham entrado no país, sendo encaminhados para o Oeste, cujas fronteiras alargaram. A mecanização agrícola tinha por conseqüência a expansão do cultivo de algodão e a conquista de novos mercados. No Norte, porém, predominavam a industrialização e o trabalho assalariado da mão-de-obra imigrante e, com isso, logo surgiram atritos com o Sul, ainda fundamentalmente rural. A campanha pelo abolicionismo, vigorosamente apoiada pela classe intelectual nortista, mais liberal, foi o estopim para a dissensão, pois o Sul aristocrático ainda dependia do trabalho escravo em suas plantações, e recusava a emancipação dos negros, temendo com isso perder o monopólio mundial do algodão.

Em 1820, a Convenção do Missouri tinha autorizado a escravidão ao sul do paralelo 36. Mas a campanha que William Garrison fez contra essa decisão desumana no jornal *The Liberator*, e a ação da American Anti-Slavery Society, que ajudava os negros fugidos do Sul a escapar para o Norte, aumentou a tensão. Uma das conseqüências foi o surgimento, no Sul, da Ku Klux Klan, uma das mais hediondas instituições na história dos Estados Unidos, com seus homens encapuzados, suas cruzes incendiadas e seus linchamentos de negros. Em 1846, já tinha sido assinada a Lei Wilmot, proibindo a escravidão nos novos territórios. Mas os Estados sulistas a rejeitavam e, ao entrarem em colisão com o Norte, que questionava a sua adoção de uma política econômica protecionista, ocorreu a secessão.

Em 1861, o recém-eleito presidente Abraham Lincoln não aceitou a proclamação, por Jefferson Davies, da Confederação dos Estados da América, com capital em Richmond, na Carolina do Norte – o que dividiria o país em dois. Começou a Guerra Civil. Embora fossem militarmente inferiores e sofressem com o bloqueio decretado pelo Norte, que impedia a chegada da ajuda estrangeira, as tropas sulistas, lideradas pelo general Robert Lee, obtiveram vitórias significativas em Bull Run, Fredericksburgh e Chancellorsville. Mas Lee foi derrotado em Gettysburg (1863) e rendeu-se ao chefe das forças nortistas, general Ulysses Grant, em Appomatox (9 de abril de 1865). Cinco dias depois, Abraham Lincoln foi assassinado, dentro do Ford's Theater, de Washington, por um radical sulista, o ator John Wilkes Booth. A Guerra Civil deixara 600 mil mortos e US$ 8 bilhões de prejuízos. Em conseqüência dela,

- os Estados Unidos converteram-se numa potência econômica industrial;
- os Estados do Sul perderam para o Egito e a Índia o monopólio do cultivo do algodão;
- o incremento da mecanização e da mineração criou a demanda de mão-de-obra, e houve outra grande leva de imigração;
- a modernização das técnicas agrícolas, forçada pela abolição, fez surgir, no Sul, propriedades menores e mais eficientes, administradas pela classe média em ascensão.

Mas a questão negra – em 1868 os ex-escravos recebem direitos civis e, em 1870, o direito de voto – se agravou consideravelmente e, até hoje, é um problema não de todo resolvido nos Estados Unidos. Os dois mandatos do presidente Ulysses Grant (1869-1877) foram marcados por corrupção, motins de negros e a exploração dos rebeldes sulistas por agentes federais – os *carpetbaggers* – que lhes impunham impostos absurdos. Os proprietários sulistas reagiram com violência, negros foram linchados, intensificou-se a ação da Ku Klux Klan e surgiram diversos tipos de segregação.

Fry

Formado em Direito pela Universidade da Pennsylvania, William Henry Fry (1813-1864) chegou a advogar por pouco tempo. Mas suas verdadeiras paixões eram o jornalismo e a música. Fry estudou piano com Leopold Meignen, e trabalhou no jornal de seu pai, *Philadelphia National Gazette*, fazendo crítica de teatro, música e artes plásticas. Era a época em que Philadelphia era visitada por boas companhias nacionais e estrangeiras – a New Orleans Company, a Montresor, a Rivafinoli – e ele pôde ouvir obras de Méhul, Grétry, Hérold e Auber, além de Rossini, Bellini e Mercadante. Os recursos de sua próspera família e de outros membros ricos da comunidade, Nicholas Biddle e Henry Carey, lhe permitiram bancar, em 1841, a vinda dos cantores que fizeram a primeira *Norma* ouvida em Philadelphia. Foi um espetáculo, regido por Mr. Cline, o titular do Chestnut Street Theatre, e com cenários desenhados por Russell Smith que, nos trinta anos seguinte, haveria de tornar-se o maior cenógrafo americano.

Durante os anos que passou na Europa como correspondente do *New York Tribune*, e na fase posterior a seu retorno aos Estados Unidos em 1852, Fry resenhou centenas de óperas, e seus escritos fornecem um precioso caleidoscópio das atividades musicais no país antes da I Guerra. Entre novembro de 1852 e o início de 1853, ele alugou o Metropolitan Hall de Nova York e investiu US$ 10 mil na realização de uma série famosa de onze palestras: "A Ciência e a Arte da Música: um Balanço Histórico, Estético, Científico e Crítico da Música". As conferências eram ilustradas por um coro de cem vozes, solistas, os oitenta músicos da Filarmônica de Nova York e uma banda formada por cinqüenta instrumentistas.

Trezentas pessoas pagavam US$ 5 toda terça-feira, para ouvi-lo falar. Assim o correspondente do *Boston Courier* descreveu esse Leonard Bernstein do século XIX:

> Durante duas horas e meia, ele falava de maneira brilhante, estranha, compulsiva, erudita, copiosa, profética, inspirada, extravagante, arrogante, corajosa, verdadeira sobre todas as coisas – e até mesmo sobre música.

John Dizikes assim o descreve, em *Opera in America*:

> Fry oferecia um espetáculo completo. Havia um toque de boêmio em sua roupa, como convinha a quem tinha morado tantos anos em Paris: casaco negro abotoado até o pescoço, calças largas, luvas de pêlo. Não usava notas nem pódio; andava de um lado para o outro, pelo palco, e só de vez em quando consultava anotações rabiscadas em cartões que guardava no bolso do colete. [...] Essas conferências constituíram o primeiro curso sobre apreciação de música a ser ministrado nos Estados Unidos. Um observador comentou que elas "deixaram uma impressão permanente na mente do público". É uma pena que Fry não tenha registrado os seus pensamentos no papel, não só porque essas palestras foram um "inequívoco sucesso", mas também porque, mais de uma vez, ele expressara o desejo de "escrever uma História da Música como nunca fora tentado antes".

Esse homem extremamente culto, com idéias bem à frente de seu tempo, foi sempre um defensor da tese de que os músicos americanos deveriam buscar, na história, no folclore e nas lendas de seu país, o tema para as suas obras. Ironicamente, porém, é de origem estrangeira o argumento de *Leonora*, o primeiro *grand opéra* de autor americano, pelo qual ele é lembrado. Fry tinha deixado inacabada *Cristiani e Pagani*, com libreto em italiano, iniciada por volta de 1838 (a partitura se perdeu). E não conseguira encontrar na Inglaterra, para onde mandara a partitura, um teatro interessado em encenar *Aurelia the Vestal*, de 1841, uma variante da clássica história da *Vestale* de Spontini e Mercadante, passada no tempo de Constantino, o Grande: aqui, a virgem sacerdotisa apaixona-se por um nobre romano convertido ao cristianismo.

Seu irmão, Joseph Reese Fry, o autor do texto de *Aurélia*, tinha alguma experiência operística. Acabara de preparar, para encenação em Philadelphia, no mesmo esquema da *Norma*, a versão inglesa do libreto da *Ana Bolena* de Donizetti, quando escreveu, para Charles, o texto de *Leonora*, baseado na peça *The Lady of Lyons*, do romancista inglês sir Edward Bulwer-Lytton. A pedido do compositor, Joseph transferiu a ação da Franca revolucionária para a Espanha do século XVII, uma época que, por ser mais remota, Fry considerava mais romântica.

A personagem-título, pressionada por Montalvo, o seu pai autoritário, está indecisa entre o casamento com um nobre rico, ou com o camponês Julio, o homem pobre a quem ama. O rival rico estimula-a a casar-se com Julio, certo de que Montalvo não aceitará vê-la unida a um pobretão e os obrigará a separarem-se. Mas, depois de casada, Leonora volta para a casa do pai, e Julio parte mundo afora, em busca de fortuna. O amor verdadeiro vence porque, ao cabo de três anos de espera, Leonora é recompensada com o retorno do marido, imensamente prospero e em condições de reclamá-la como sua esposa. Ao contrário da maioria dos melodramas da plenitude romântica, *Leonora* não tem sangue nem final trágico. Pensando no gosto do público mais popular, Joseph Fry intercalou às cenas sérias intervenções cômicas, que criam contraste e distensão.

As *Prefatory Remarks* à partitura vocal, publicadas na Philadelphia em 1845, contêm a profissão de fé operística de Fry: a crença em que "as palavras devem ser cantadas de uma ponta à outra, sempre acompanhadas pela orquestra" – ou seja, a rejeição da fórmula inglesa de números intercalados por diálogo falado, em favor da ópera de estilo mediterrâneo, com recitativos. Para Fry, era "profundamente equivocado" o modelo britânico herdado pelos americanos e ele aceitava, como único bom exemplo de ópera inglesa, o *Artaxerxes* de Thomas Arne. Acreditava não haver "sentido em exigir de um cantor sério que fale, assim como não se deve esperar de um ator trágico que cante". Esse prefácio constitui um marco no processo de superação das semi-óperas da tradição inglesa e de sua substituição pelas óperas propriamente ditas, de modelo italiano.

Estreada no Chestnut Street Theatre de Philadelphia, em 4 de junho de 1845, sob a regência de Adolph Schmidt, *Leonora* era uma produção de grande porte, com orquestra de sessenta membros e coro de oitenta cantores.

Compositor, crítico musical e conferencista, William Henry Fry foi o introdutor do *grand-opéra* nos Estados Unidos.

O elenco veio da Inglaterra. Julio foi criado pelo excelente tenor britânico John Frazer. Leonora e Montalvo eram feitos pelo casal Anne e Edward Seguin. Formados na Royal Academy, em Londres, ambos tinham cantado vários papéis de Rossini, Donizetti e Bellini, antes de formarem a Seguin English Opera Coast, com a qual fizeram turnê por toda a costa leste dos Estados Unidos. *Leonora* teve 16 récitas entre 1845-1846. O crítico do *Public Ledger*, de Philadelphia, não regateou elogios à prata da casa:

> A ópera melhora a cada repetição, e já é universalmente aclamada como o mais brilhante espetáculo do gênero que esta cidade já viu. A platéia, cujo número aumenta a cada noite, aumentando também em elegância e entusiasmo, há de encher a casa, não tenho dúvida nenhuma, até que ela transborde.

Esse eufórico comentarista fazia questão de frisar que o vice-presidente George Dallas tinha vindo assistir *Leonora* com toda a sua família. O correspondente do *New York Herald* foi menos favorável: para ele, a partitura não passava de uma salada de Bellini, Rossini e Auber. Mas quando, em 29 de março de 1858, graças ao prestígio de Fry como jornalista, *Leonora* foi reapresentada pela Academia de Música de Nova York, o mesmo jornal teve outra avaliação:

> Que alívio banhar-se em melodia, depois de ser bombardeado durante tanto tempo com meros sons, como o fazem alguns de nossos compositores modernos.

Desta vez, Fry encenara uma versão revista, com o libreto traduzido para o italiano, pois estava de olho na possibilidade de montar a ópera no exterior. Mas, quando ofereceu *Leonora* ao Théâtre de l'Opéra, em Paris, a resposta foi: "Na Europa, encaramos os Estados Unidos como um país industrializado, excelente para construir estradas de ferro eletrificadas, mas não para produzir arte." O Palais Garnier recusou-se até mesmo a fazer uma montagem inteiramente custeada pelo autor.

Leonora desapareceu do repertório até 27 de fevereiro de 1929; nessa data, a crítica novaiorquina considerou totalmente datados e vagamente ridículos alguns de seus números, executados em versão de concerto. Ponto de vista injusto se avaliarmos, com os olhos de quem leva em conta a perspectiva histórica, uma partitura fiel aos cânones da época – não foi Pacini quem disse, a respeito de Rossini, que se era necessário imitar alguém, que pelo menos se escolhesse o melhor modelo? – aplicando com muita habilidade a técnica da *scena* ternária, unidade básica do melodrama romântico. Alguns dele, como "My Every Thought", adquiriram vida independente, como peça de recital. A cabaletta, em que Leonora proclama "My heart, as free as a soaring bird, exulteth proudly in liberty", é a demonstração de que Fry sabe usar coloratura imitativa, sugerindo, com os trinados vocais, o vôo do pássaro, símbolo de liberdade.

Fry faz um uso eficiente da orquestra em cenas como a do encontro de Leonora e Julio no ato II. Por trás da mudança de tom luminoso, que descreve a emoção do amor nascente, surge no órgão o tema do *Dies Irae*, desenvolvido numa linha ascendente, em tremolo, das cordas graves, prenunciando todas as dificuldades que o casal terá de enfrentar. Os finais são também bastante elaborados, em especial o do ato II, que alterna coro, solistas, e quinteto com coro, interligados por extensas passagens em recitativo acompanhado.

A ópera seguinte, *The Bridal of Dunure* ficou inédita. No início de 1860, Fry descobriu que estava com tuberculose e isso o estimulou a trabalhar seriamente no projeto de *Notre Dame de Paris*, que Joseph Fry adaptara do romance de Victor Hugo, Dezenove anos depois da *Leonora*, ela denota mais maturidade e originalidade: é dramaticamente compacta, menos presa às convenções italianas e harmonicamente mais ousada. Foi cantada na Academia de Música de Philadelphia, em 4 de maio de 1864, na inauguração do festival realizado durante a Sanitary Fair – uma forma de arrecadar recursos para as tropas de Ulysses S. Grant que, derrotariam as do general Lee na Batalha de Wilderness. Regida pelo maestro alemão Theodore Thomas, futuro titular da Filarmônica de Nova York, *Notre Dame de Paris* tinha no elenco Edward Seguin (Quasimodo) – filho do baixo que criara Montalvo na *Leonora* – e o soprano coloratura francês Mme Compte-Borchard como a cigana Esmeralda. William Castle, que estreou o capitão

Phébus de Châteaupers, haveria de tornar-se um dos tenores americanos mais apreciados. O contralto Jenny Kempton fazia Gedulde, a mulher misteriosa que está em busca da filha perdida e, tarde demais, descobre ser ela Esmeralda, condenada à execução na fogueira.

Notre Dame de Paris tem todos os ingredientes para um *grand-opéra* assumidamente romântico. A colorida evocação de Paris no século XV, contra a qual desenham-se duas personagens fortes e contrastantes: o deformado Quasímodo, sineiro da catedral, perdidamente apaixonado pela linda Esmeralda, a cigana que canta e dança de forma voluptuosa. Inúmeras cenas de efeito: a escolha de Quasímodo como o Rei dos Tolos; sua tortura e a intervenção de Esmeralda para amenizar-lhe o sofrimento; o julgamento da cigana; o ataque do povo à catedral, para onde o corcunda levou a moça, pensando em protegê-la. Banda em cena, uso de órgão e de instrumentos incomuns – o saxofone, por exemplo, no ato I – o obrigatório balé no ato IV, a aparição do rei e da família real, dos embaixadores flamengos dos juízes, da multidão – tudo isso permitia uma encenação luxuosa, com belos cenários e figurinos.

O *Philadelphia Ledger* de 4 de maio descreveu "o cenário da Catedral, cuidadosamente pintado com todos os detalhes e em proporção, a partir de uma fotografia tirada pelo sr. Hawthorne". O correspondente do *New York Times* admirou-se com "as procissões de eclesiásticos, soldados, camponeses, mascarados; a banda militar, e o som dos órgãos ouvido através do portal aberto da igreja". E o crítico do *Evening Bulletin* de Philadelphia, com indisfarçável orgulho patriótico, colocou *Notre Dame de Paris*

no primeiro plano das melhores óperas modernas – melhor até do algumas das produções de Verdi, Donizetti ou Bellini e, sem dúvida alguma, muito melhor do que as de Pacini, Petrella e outros que, nos últimos tempos, ganharam popularidade. A platéia ficou ao mesmo tempo surpresa e encantada ao ouvir corpo tão gigantesco de som e ao testemunhar a exibição de efeitos cênicos ora nobres ora grotescamente excêntricos.

E o *Ledger* acrescentava:

Nem mesmo na Inglaterra costuma-se ver um *grand-opéra* com tantos figurantes no palco; e os viajantes mais experimentados concordam que, em termos de frescor e ressonância, o coro, cuja precisão é perfeita, supera até mesmo o da Académie de Paris.

Notre Dame de Paris leva muito adiante a técnica de caracterização de personagens de Fry por meios essencialmente musicais. Não foram poucos os historiadores que apontaram a semelhança – não de estilo melódico mas de forma de apresentação – entre a Habanera da *Carmen*, de 1870, e "Borne where the summer", a ária de apresentação de Esmeralda, cigana também, igualmente jovem, sensual e sedutora. Há um tom de canção folclórica no abandono lírico de

Born where the summer's
perennial power
laugh in the homage
of bird and flower;
where'er I wander
joy aye attends me,
music my herald,
love is my train.

(Nascida com o perene poder do verão, rio em homenagem aos pássaros e flores; onde quer que eu vá, a alegria me espera; a música é meu arauto, o amor é meu impulso.)

Muito interessante é a ária do ato I que Quasímodo canta ao ser proclamado Rei dos Tolos. O andar grotesco do corcunda é representado por uma linha melódica quebrada, com intervalos espaçosos e dissimétricos. Ficou muito famosa a ária "Vision of Love", de melodia generosa, acompanhada por cordas e harpa, com que Phébus de Châteaupers descreve, no ato III, o que sente ao ver Esmeralda:

What nameless spell is on me
With this strange maiden, darkly blending;
What potent charm hath won me
To ardent longing for her heart?

(Que indizível feitiço caiu sobre mim, unindo-me misteriosamente a essa estranha donzela; que encantamento poderoso me conquistou e fez surgir em meu coração esse ardente desejo por ela?)

"Esta é uma ária que Caruso teria cantado suntuosamente e, se o tivesse feito, ela ficaria famosíssima", diz o biógrafo do compositor, William Treat Upton, em seu excelente *William Henry Fry*, publicado pela editora Da Capo em 1974.

Richard Grant White escreveu, no *Century Magazine* de maio de 1882, que "o domínio dos recursos operísticos" demonstrado em *Notre Dame* "prometia produzir algo de que a música americana poderia se orgulhar". Fry não teve tempo para isso: foi para Santa Cruz, nas Índias Ocidentais, procurando alívio para sua doença, e ali morreu em dezembro de 1864.

Charles Fry escreveu ainda sinfonias de estilo extrovertidamente romântico. *A Day in the Country* (1853) ficou inédita. *Santa Claus: a Christmas Symphony* (1853) e *Childe Harold* (1854), além do poema sinfônico *Niagara* (1854), foram executados em Nova York. *The Breaking Heart* (1852) foi gravada por Tony Rowe, em 2001, para o selo Naxos, num disco da série *American Classics*, que inclui também *Niagara* e a *Sinfonia de Natal*.

Em seu livro, Upton enfatiza muito a importância de W. H. Fry como jornalista e animador cultural – talvez até mais do que como compositor. Mas mesmo esse aspecto de sua atividade deixa de ser hoje valorizado como ele mereceria. Parece ultrapassada, por exemplo, a visão de Nicholas Slonimsky de que "as suas várias proclamações, manifestos, artigos e prefácios às obras que publicou são interessantes como ilustração das patriotadas bombásticas que infestavam a vida musical americana em meados do século XIX".

O esforço de um músico como Fry não impedia, porém, que uma ópera como *Il Trovatore*, cantada pela primeira vez em Nova York em 1855, dois anos depois de sua criação na Itália, atraísse ao teatro muito mais gente do que qualquer outra obra de autor americano. Houve quem tentasse juntar as duas coisas, escrevendo música italianada, no estilo belcantístico de Bellini e Donizetti, para argumentos locais, como uma forma de captar o interesse do público de duas formas diferentes. A Academy of Music recebeu muito bem, em 24 de março de 1856, *La Spia*, do regente e empresário italiano Luigi Arditi. Ele se baseara em um conto de Fenimore Cooper, *The Spy* (1821), na esperança de oferecer ao público, do ponto de vista temático, algo com que ele se identificasse.

A recepção não foi a mesma a *The Sleep Hollow or The Headless Horseman*, que o também empresário e compositor Max Maretzek

extraiu do conto de Washington Irving e encenou em 1879. Nesses tempos posteriores à *Aida*, o estilo de belcanto parecia obsoleto em obras novas: "Maretzek nos faz retroceder 25 anos", escreveu o crítico J. S. Dwight. "Nova York, com seu caráter cosmopolita e sua população multirracial, pode digerir temperos mais fortes." Admitia, porém: "Não podemos nos esquecer que Maretzek escreveu para o país inteiro. Não adianta apresentar uma ópera de assunto americano a um fazendeiro do Meio Oeste e revesti-la com um tipo de música que esse pobre diabo não terá condições de entender."

Havia um homem vindo dessa América rural que adorava ópera e estava disposto a dar a ela todo o seu apoio: o presidente Abraham Lincoln. É estranha a coincidência de ele ter querido, logo após a sua posse, ir a Nova York para assistir a uma apresentação do *Baile de Máscaras*, cujo tema é o regicídio. Lincoln foi o primeiro presidente a convidar cantores a virem se apresentar para ele na Casa Branca. E foi o único a marcar uma cerimônia de posse com a encenação de uma ópera: em 1865, ao iniciar seu segundo mandato, fez montar em Washington a *Martha* de Friedrich von Flotow.

Entre 1861 e 1865, o ano de seu assassinato, Lincoln assistiu a umas 30 óperas em Washington, entre elas *Norma*, *O Barbeiro de Sevilha*, *A Filha do Regimento*, *A Flauta Mágica*, *Fidélio*, *Der Freischütz*, *Fausto* – uma lista que demonstra como eram ecléticos os seus gostos. Quando o criticaram por ir à ópera durante os turbulentos anos da Guerra Civil, respondeu: "Tenho de espairecer de alguma forma, senão eu morro!" Lincoln foi o amigo pessoal de James Remington-Fairlamb, ao qual deu todo o seu apoio.

Remington-Fairlamb

Graças à paixão de Lincoln pela ópera, *Valérie*, a única obra de James Remington-Fairlamb (1838-1908) para o palco foi o primeiro melodrama americano a ser encenado na capital do país. Nascido em Philadelphia, de família muito próspera, Remington-Fairlamb pôde fazer estudos musicais em Paris e Florença, ao mesmo tempo que se preparava para a carreira diplomática. Lincoln o nomeou côn-sul dos Estados Unidos em Zurique (1861-1865). Foi na Europa que ele publicou suas inúmeras canções e peças para órgão. Lá também estreou um *Te Deum* para coro duplo e grande orquestra, pelo qual o rei de Württemberg o condecorou.

Pouco antes da morte de Lincoln, Remington-Fairlamb tinha voltado para os Estados Unidos – onde haveria de se tornar um dos fundadores do American Guild of Organists – e o presidente lhe sugeriu que compusesse uma ópera. Não chegou a assisti-la, porém. Não se sabe em que data *Valerie or Treasured Tokens* estreou em Washington. Mas tem-se a documentação do espetáculo na Academy of Music de Philadelphia, em 13 de dezembro de 1869. Tratava-se de uma comédia sentimental ligeira passada em Lyon, na França, no início do século XIX. Mas com uma ambientação de *grand-opéra*, pois o *Evening Bulletin* fala de seus cenários e figurinos luxuosos, do grande coro, e da "orquestra de primeira dirigida pelo próprio sr. Fairlamb, músico dotado de habilidade natural". Mas há nela também traços de *opéra-comique*, pois os 33 números dessa longa ópera em quatro atos são interligados por diálogo falado. É grande, além disso, como seria de se esperar, a influência italiana na escrita vocal.

Paródias

A paixão do público americano pela ópera italiana não poderia deixar de trazer consigo um subproduto: a sátira. Uma das paródias mais populares de *grand-opéra* – e também da voga de melodramas com temas nacionalistas, mas formato estrangeirado – é *Po-Ca-Hon-Tas or The Gentle Savage*, de John Brougham, escrita em 1855. Essa versão burlesca da história contada por Longfellow trazia o subtítulo de "an Original Aboriginal Erratic Operatic Semi-Civilized and Demi-Savage Extravaganza". Suas indicações cênicas fazem brincadeiras com as mais sérias convenções do melodrama peninsular:

• a certa altura, uma das personagens, o Capitão Smith, anuncia: "I see and hear a famous opera-tunity" (Vejo e ouço uma excelente ópera-tunidade), e segue-se uma Grand Scena Complicata in the Anglo-Italian Style, que é um festival de zombaria;

• um "recitativo italiano doloroso" precede a Grand Scena Perturbata, cuja ária é marcada "hibernoso affetuosamente" com "an exhibition of tracheotomous gymnastics";

• e quando a princesa Pocahontas entra em cena, há a rubrica: "her overburthened soul burst forth in melody" (sua alma, sobrecarregada de emoções, explode em melodia).

São inúmeras, na época, as paródias de óperas italianas famosas: *Mrs. Normer* (da *Norma* de Bellini); *Sam Pari* (do *Zampa* de Hérold); *The Roof Scrambler* (A Escaladora de Telhados, da *Sonnambula*) ou *Buy It Dear, 'Tis Made of Cashemere* (Pague Caro por Ele, É Feito de Cashemere), título que é um trocadilho com *The Bayadere or The Maid of Cashemere* (A Bayadeira ou A Donzela da Caxemira). Mas a melhor paródia desse período não é uma obra para o palco, e sim *The Physiology of the Opera*, publicada em 1852, sob o pseudônimo de "Scrici", por um anônimo cuja identidade nunca chegou a ser estabelecida.

É evidente que Scrici inspirou-se em *Il Teatro alla Moda*, o panfleto escrito em 1720 pelo compositor veneziano Benedetto Marcello, rival de Vivaldi[2]. *A Fisiologia da Ópera* divide-se em verbetes que discutem, de forma extremamente zombeteira, a extensão vocal, o comportamento e as preferências do público, o papel dos maestros, a formação das orquestras nos teatros americanos do século XIX, os libretos de ópera e suas intrigas freqüentemente inverossímeis. Com todas as brincadeiras, trata-se de um livro que contém informações preciosas sobre o funcionamento dos teatros, o gosto das platéias, e o papel da ópera nos ritos sociais dos Estados Unidos. Vejam excertos dos verbetes *Bass* (o Baixo) e *Prompter* (o Ponto):

O primo basso está para o primo tenore assim como o cavalo de tiro está para o cavalo de corrida. Seus traços são grosseiros e sensuais, e ele precisa da mesma quantidade de inteligência que procuramos naqueles enfeitados

2. Para informações sobre esse texto, ver *A Ópera Barroca Italiana*, desta coleção.

animais que puxam carroça, cuja aparição anuncia a chegada do vendedor de bifes.

O ponto (*suggeritore*) deve ser magro. Não é preciso ser um gênio para saber que, dentro daquele buraco, no palco, não cabe um cara obeso como o Barnum[3]. Tem também de ser baixinho e de pescoço curto para que aquela excrescência verde, em forma de cogumelo, o cubra; e tem de ser o feliz possuidor de um braço direito tão incansável como as rodas de uma locomotiva ou as pás de um moinho.

Sua descrição do tenor nos faz pensar em certos canastrões que são de todas as eras:

De vez em quando, o tenor faz gestos tão fortes quanto possível mas, às vezes, quando um sentimento extremamente profundo e uma nota muito aguda escolhem o mesmo momento para se expressar, ele é obrigado a equilibrar-se em um pé, recuar o outro, elevando o calcanhar e apoiando-se no dedão, cruzar as mãos sobre o peito, jogar a cabeça para trás e sacudir-se como um cachorro Terra Nova que acabou de sair da água – a nota ressoante e a emoção oculta sempre vêm à luz com esses expedientes gesticulatórios.

O Papel da Literatura Americana

Se William Fry, na *Leonora* e *Notre Dame de Paris*, ou Remington-Fairlamb em *Valérie* tinham escolhido assuntos europeus, havia também os defensores de uma postura nacionalista, que cobravam dos artistas temática local. Por que razão, perguntavam, o escultor Horatio Greenhough tinha envolvido George Washington em uma toga romana, como se a imagem do primeiro presidente tivesse sido esculpida por Canova em pessoa? Por que os músicos tinham de esquecer a riqueza de sugestões da paisagem, das tradições, da história americanas? Antes de mais nada, por que não se dar conta de que a nova nação estava sendo capaz de produzir uma literatura autônoma, em condições de se ombrear com a de qualquer país culto europeu, e que nela havia uma enorme quantidade de temas a serem explorados.

A literatura americana estava florescendo a olhos vistos. Os intelectuais americanos estavam pondo em prática as palavras de Ralph Waldo Emerson: "Andaremos com os nossos próprios pés; trabalharemos com as nossas próprias mãos; falaremos com nossas próprias mentes." Essa é a fase em que os Estados Unidos assistem à publicação do *Walden*, de Henry David Thoreau; das *Leaves of Grass*, de Walt Whitman; do *Uncle Tom's Cabin*, de Harriet Beecher-Stowe; do *Moby Dick*, de Hermann Melville; de *The Scarlet Letter*, de Nathaniel Hawthorne; do *Rip van Winkle*, de Washington Irving; da poesia de Emily Dickinson. Eram escritores que estavam chamando até a atenção da Europa. A melhor prova disso é o fascínio de Baudelaire pela poesia e os contos de Edgar Allan Poe, e a influência desse gênio do Novo Mundo sobre o Simbolismo francês.

Como Poe, Washington Irving tinha a atração pelo místico e o misterioso, mas também pelos amplos e românticos territórios de um país em constante expansão. O tom pitoresco de suas narrativas e as paisagens em que elas eram ambientadas não podiam deixar de solicitar os compositores de ópera. Além da *Sleepy Hollow* de Max Maretzek, a que já nos referimos, escritos de Irving inspiraram *Ahmed al-Kamel* (1840), de Charles Edward Horne, baseada em *Tales of Alhambra*; e *The Peri or The Enchanted Fountain* (1852), que James Gaspard Maeder extraiu de *A History of Columbus*. Mas nenhuma delas excede em importância o *Rip van Winkle* de George Bristow.

Bristow

O professor de música inglês William Richard Bristow emigrou para os Estados Unidos em 1824 e instalou-se no Brooklyn, em Nova York. Foi ele quem deu a instrução musical elementar e as primeiras noções de violino a seu filho, George Frederick (1825-1898). Seus estudos continuaram com Henry Christian Timm (composição), sir George Alexander McFarren (orquestração) e Ole Bull (violino). Aos treze anos, George tocava violino na orquestra do Olympic Theater, de Nova York; e em 1843, foi admitido entre os violinistas da recém-formada Filarmônica de Nova York, com a qual tocou durante 36 anos. Foi também regente da Harmonic Society (1851-1863) e da Mendelssohn Society (1867-1871).

Bristow escrevia música para provar que era possível criar uma escola americana de

---

3. P. T. Barnum era um famoso diretor de circo.

composição. Fazia freqüentemente conferências a esse respeito e, em 1854, chegou a se afastar da Filarmônica durante vários meses, em protesto contra a negligência com que a música de seu país era tratada pelos programadores de concertos, que davam sempre preferência a autores estrangeiros. "A Sociedade Filarmônica tem sido anti-americana como se funcionasse em Londres, durante a Guerra Revolucionária, e tivesse em seus quadros apenas *tories* nascidos na Grã-Bretanha", disse nessa ocasião. Aceitou trabalhar como regente da orquestra do Circo Barnum, quando o diretor, P. T. Barnum, trouxe a Nova York o soprano inglês Jenny Lind. E tocou na orquestra formada por Barnum para apresentar-se durante a turnê americana do excêntrico e exuberante regente francês Louis Antoine Julien – que elogiou muito seu *Quarteto de Cordas n. 1*, considerando-o "uma obra verdadeiramente clássica.

Jonathan Howard Wainwright escreveu para ele o libreto de *Rip van Winkle*, adaptando o conto de Washington Irving. A ação da narrativa de Irving está nos atos I e III. O fazendeiro da região de Catskill, que o crítico Daniel Boorstin chamou de "um super-homem cômico", passa o ato I tentando escapar da mulher ranzinza, e resistindo aos planos do prefeito da cidadezinha de casar o filho com Alice, a sua primogênita. No final do ato I, perambulando por uma ravina deserta, Rip é enfeitiçado pela corte fantasmagórica de Hendrick Hudson, um explorador que se perdeu na floresta e virou alma penada. Dorme durante vinte anos, e acorda no ato III. A megera da mulher e os velhos amigos desapareceram. Mas, por um golpe de sorte, ele volta para casa a tempo de anular o contrato de casamento de Alice com o filho do prefeito, e deixar que ela se case com o homem que ama.

Esse rapaz, invenção de Wainwright, é Edward, capitão do exército continental, com quem Alice canta líricos duetos de amor durante o ato II. Fazendo com que esse ato se passe durante a Guerra de Independência, o libretista dá a Bristow a possibilidade de conferir à ópera um sabor patriótico característico, com ritmos marciais, um coro de soldados e uma canção de vivandeira. Essa "grand romantic opera" ainda tem italianismos: árias de belcanto com cadências virtuosísticas, recitativos acompanhados à maneira de Donizetti e números ternários típicos do Romantismo italiano, como o trio "I cannot wait", do ato I. A técnica italiana da reminiscência é muito usada: o tema da ária de Alice "Yes, I'll follow to the battle", no ato II, por exemplo, volta no último número, para reforçar a idéia de sua felicidade.

Mas esses traços de influência estrangeira andam de mãos dadas com números que têm o vigor da música popular americana: uma canção de taverna, danças, um dueto em tom de balada folclórica, hinos protestantes, cenas cômicas que devem seu ritmo saltitante ao teatro de revista. A forma do finale do ato I, com tempestade, espíritos dançantes e efeitos onomatopaicos na orquestra, vem de óperas como o *Freischütz*, de Weber; mas a construção melódica e rítmica tem inegável gosto regional.

"Sebastopol caiu e uma Nova Ópera Americana triunfou em Nova York!". Essa referência à Guerra da Criméia, que ocorria na época, foi feita pelo crítico do *Musical Review and Gazzette*, ao comentar a estréia, no Niblo's Garden, de Nova York, em 27 de setembro de 1855, de *Rip van Winkle*, que descreveu como "a primeira opera de grandes proporções sobre tema tipicamente americano". Foram muito elogiados, em especial, os cenários de F. O. Darnley, "todos pintados a partir da natureza". Houve vozes discordantes, como a de Waldemer Rieck, para quem era um contra-senso "uma ópera com a duração de uma grande tragédia e que, no fundo, não passa de um melodrama.". John Sullivan Dwight condenou o uso do diálogo falado – ligado ao modelo do *Singspiel* de Lortzing, a que Bristow ainda está muito preso –, por considerá-lo "um procedimento desmazelado". Mas não deixou de reconhecer:

> Fico feliz com a produção de obras assim, porque, com o tempo, o público há de descobrir que a inspiração não foi dada só aos italianos ou aos teutônicos. Se tivermos de ter, algum dia, uma ópera nacional, ela terá de se basear na nossa própria linguagem; na união de peças atraentes, vigorosas e inteligíveis com música que seja compatível com elas.

Bristow não terminou nenhum de seus outros projetos operísticos. *Columbus* foi abandonada pela metade: a abertura foi executada pela Filarmônica de Nova York, num concerto de 17 de novembro de 1866. Outra ópera, *The King of the Mountain*, iniciada em 1884, ficou inacabada quando ele morreu. Bristow é também o autor dos oratórios *Praise to God* (1861) e *Daniel* (1867) e das cantatas *The Great Republic* (1879) e *Niagara* (1898), sempre de inspiração patriótica.

A Cabana do Pai Tomás

Washington Irving forneceu aos compositores americanos do século XIX o tema de algumas óperas significativas. Mas nenhuma outra obra literária daquele período teve repercussão tão grande quanto *Uncle Tom's Cabin*. A publicação, em 1825, do romance abolicionista de Harriet Beecher Stowe despertou reações emocionais tão fortes que esse livro – brilhante até mesmo no que tem de deliberadamente sentimental, como uma forma de atiçar a indignação do leitor – desempenhou papel fundamental no processo de emancipação dos escravos. No ano do lançamento, *A Cabana do Pai Tomás* vendeu 300 mil exemplares e foi adaptado para o teatro, provocando um fenômeno inédito no país: os "Tom shows", peças, paródias, números em teatro de variedades, canções fazendo referência a episódios da história, números de circo, inspiração para danças de salão ou marchas para banda de música. Nos anos que se seguiram, o livro cruzou as fronteiras americanas e foi traduzido em 21 línguas diferentes. As duas adaptações mais interessantes do romance de Stowe para o teatro musical ilustram a diversidade de abordagem de um tema imensamente popular:

• de um lado, o melodrama – peça falada com acompanhamento musical contínuo – de George Aiken e George Howard, encenado em Troy, Nova York, em 27 de setembro de 1852;

• de outro, a ópera de Caryl Florio, estreada no Chestnut Street Theater de Philadelphia, em 27 de maio de 1882.

O melodrama de Howard continuou a ser apresentado, sobretudo em teatros do interior, até as primeiras décadas do século XX. Sua peça segue a ordem dos acontecimentos no romance, mas limita-se a selecionar cenas isoladas dentro do livro, sem se preocupar muito com as transições, certo de que todos os espectadores sabiam de cor a história contada por Stowe. Após a estréia, o correspondente de um dos jornais de Nova York escreveu:

> Gostaria que todos os abolicionistas deste país pudessem ver a peça como eu a vi, e exultar, da mesma maneira que eu, com o fato de que até as pedras estão clamando para que os fariseus mais arrogantes testemunhem contra a escravidão.

A música, enfatizando o diálogo e marcando os pontos climáticos da ação com canções, era muito responsável pelo impacto emocional do melodrama. As quatro canções inseridas na trama ficaram muito populares e foram publicadas separadamente. Mas era o acompanhamento "expressivo" contínuo que intensificava a mensagem social e religiosa. O roteiro e os *promptbooks* (livros de deixas) davam uma certa liberdade aos artistas quanto aos trechos musicais que preferiam usar para caracterizar cada personagem.

A cena mais famosa do drama oitocentista americano é a do fim do ato I, quando a escrava Eliza foge, em plena paisagem gelada, levando nos braços Harry, o seu bebê recém-nascido, e é perseguida pelos caçadores de escravos fugidos, Haley, Loker e Marks, e seus ferozes cachorros. Nenhum recurso era poupado para dar todo brilho a essa passagem: efeitos de luz imitando relâmpagos, máquina de vento, efeitos especiais para simular neve e gelo. As indicações cênicas eram:

> Todo o palco está cheio de blocos de gelo representando o Rio Ohio. Eliza aparece com Harry em cima de um desses blocos e atravessa lentamente o palco. Um acorde violento acompanha o grito de Eliza. Os perversos caçadores de escravos pulam pela janela gritando: "Ela está indo para o rio... Vamos atrás dela!" (Música). E ela exclama: "Coragem, meu filhinho! Vamos ficar livres... ou morrer juntos! (a música continua)".

Devia ser devastador o efeito dessa cena sobre um público que já tinha se comovido em casa, ao lê-la. Os relatos da época falam de espectadores que, dominados pela emoção, tentavam subir no palco e agredir os escravagistas.

Quando a ópera de Florio estreou em Philadelphia, a Academy of Music estava levando uma versão modernizada do melodrama de Howard, na qual entravam em cena um burro de verdade e seis mastins domesticados, no final do ato I. O libreto de Wayne Ellis para Florio não incluía essa cena; mas criava uma personagem nova, a mestiça Rosa, de pai branco e mãe africana, vendida junto com pai Tomás ao mercador Haley. Ela era uma jovem "assustada, que as brutalidades dos escravagistas faziam encolher-se como um animal selvagem" – assim a descrevia o programa – e o registro de soprano lhe permitia introduzir um elemento brilhante nas diversas cenas de conjunto que a partitura apresentava. O *Uncle Tom's Cabin* de Florio não tinha os elementos mais atrativos que encantavam as platéias comuns; mas a propaganda do Chestnut Street Theater chamava a atenção para as "Cenas e Figurinos Inteiramente Novos, um Grande Coro e uma orquestra de cem músicos" que o espetáculo oferecia ao público.

Caryl Florio (1843-1920), pseudônimo de William James Robjohn, nascera em Devonshire, na Inglaterra, e emigrara para os Estados Unidos ainda adolescente. Trabalhou algum tempo em Nova York, depois instalou-se em Ashville, na Carolina do Norte, onde passou vinte anos ensinando música e regendo corais. Há indicações de que ele compôs seis outras óperas, mas a documentação sobre elas é muito incompleta. Floryo deixou cerca de duzentas peças corais e obras instrumentais. O *Commercial Advertiser*, de 18 de março de 1888, noticiou um concerto que ele organizou, no Steinway Hall de Nova York, regido por Theodore Thomas, no qual apresentou duas sinfonias e um concerto para piano de sua autoria. "Um concerto dessa magnitude é fundamental para a marcha dos acontecimentos na vida musical deste país", comentou o jornal.

A ópera de Florio, com cinco atos, como convém a um *grand-opéra*, contém diálogo falado e passagens em melodrama. Mas tem 34 números cantados, em meio aos quais o coro desempenha parte importante. Há apenas cinco árias ou baladas; o restante são números de conjunto que, com freqüência, se desenvolvem a partir de árias ou duetos. No ato I, Rosa canta "Oh how happily the days pass on", uma ária *da capo* cuja seção intermediária, "Still have I felt a touch of sadness", é cantabile e modula para tom menor. Alterações cromáticas, mudanças no foco tonal conduzem à última seção, "Yet, why shall I sigh when all is bright", com uma cadência cheia de elétricas *fioriture*. Vê-se, por esse exemplo, que Florio era um músico culto, familiarizado com a ópera italiana do apogeu romântico. A canção do Pai Tomás, no ato II, "Look! de goden stairway leading the way up in de clouds" tem uma oscilação de ritmos binários e ternários que é bastante elaborada.

Há um gosto de *spiritual* em "Gib me de water from de Jordan ribber to wash away de sins of my youth", que Tomás canta, acompanhado pelo coro de crianças em cena, enquanto o coro adulto responde, dos bastidores: "For we're all little children, and we don't know the road". No ato II, um madrigal a sete vozes *a capella* acena para o interesse de Florio por música antiga (ele foi o fundador do New York City's Palestrina Choir). Na cena do ato II que se passa dentro de uma barcaça descendo o Mississipi, o coro a cinco vozes dos passageiros canta "Gaily along the stream we glide", enquanto os escravos, numa linha monofônica sombria, intercalam a esse canto palavras tiradas diretamente do livro de Stowe:

> Oh, where is weeping Mary...
> 'rived in de goodly land.
> She's dead and gone to heaven...
> 'rived in de goodly land.
>
> (Onde está Maria, a chorosa... chegou à boa terra. Morreu e foi para o céu... chegou à boa terra.)

O romance contém muitas referências diretas à música litúrgica, cânticos latinos, hinos metodistas, canções de escravos. A menção constante à música religiosa faz parte da mensagem que Stowe quer transmitir da responsabilidade cristã, da indignação com a imoralidade da escravidão, com a crença na fraternidade universal. Florio não deixa de aproveitar as sugestões que o livro lhe apresenta de música inserida no contexto da ação. Aproveita também os momentos de humor do livro, para criar ilhas de distensão dramática, no Quarteto das Risadas, por exemplo – que trai sua inspiração em página semelhante do

Cartaz de uma das versões musicais da *Cabana do Pai Tomás*, de Harriet Beecher Stowe, mostrando a cena em que a escrava Eliza foge, perseguida por cães, sobre o rio gelado.

Baile de Máscaras verdiano – e na canção e dança de Topsy, ambas no ato II.

A ligação entre os números cantados é feita por recitativo acompanhado ou por melodramas; mas, ao contrário da peça de Howard, em que muita coisa era deixada à improvisação dos intérpretes, em Florio todos os trechos de melodrama são rigorosamente escritos. Uma passagem especialmente bem-sucedida de melodrama é a "Cena e Dueto" do ato I em que Pai Tomás conta a Eliza que o seu filho foi vendido. Essa técnica reveste-se de importância particular quando aparece o mercador de escravos Simon Legree; Florio parece acreditar que o diálogo falado com acompanhamento orquestral presta-se melhor do que o canto a expressar a natureza perversa dessa personagem.

Apesar das qualidades aqui descritas, *A Cabana do Pai Tomás*, de Florio, foi apresentada apenas uma vez, em parte porque o elenco reunido para estreá-la não estava à altura de sua complexidade, e em parte porque a ópera, por sua seriedade mesma, perdia para os outros "Tom's dramas", em especial os espetáculos circenses que misturavam, à história contada por Beecher Stowe, animais selvagens, números de pugilistas e malabaristas, que nada tinham a ver com o romance, mas atraíam muito o público, naquela fase da vida americana. E, no entanto, *Uncle Tom's Cabin* é, no dizer de Elise Kirk,

o importante emblema de uma era, uma obra impregnada de questões sociais tratadas de forma apaixonada, que dominou os corações e mente dos americanos durante décadas. Florio foi o primeiro compositor de ópera dos Estados Unidos a se dar conta do potencial expressivo dramático e musical no tema da luta dos negros contra a opressão dos brancos. Sua ambiciosa interação de coros e solistas, e a sua tensão narrativa fazem dela a precursora de outras importantes obras americanas do futuro, tais como *Showboat* e *Porgy and Bess*, no século XX.

A Comédia

Farsa, opereta, *opéra bouffe, musical extravaganza* – muitas eram as designações dadas às comédias americanas escritas no período que vai do pré-Guerra Civil até o final do século XIX. Podiam até ter denominações mais fantasiosas, como a de "rural operatic jubilee" que Nate Salisbury deu, em 1877, a *The Brook*, passada no campo e com ambientação muito semelhante à de *The Saw-Mill*. Um dos títulos mais populares, no repertório da ópera leve da década de 1860, foi *The Doctor of Alcantara*, de Julius Eichberg. Nas diversas ocasiões em que foi apresentada, ela apareceu ora como ópera bufa, ora como opereta ou "light entertainment" – sinal de que os próprios autores e empresários não tinham muita certeza quanto aos limites de definição de cada subgênero (questão que, de resto, sempre foi delicada e sujeita a muita polêmica).

Característico dessa fase é também o chamado *spectacle*, originário do *vaudeville* francês: uma série de sketches frouxamente justapostos, em geral a respeito de assuntos do momento. Exibia cenários e figurinos luxuosos, números de dança, efeitos de som e de iluminação – era uma espécie de revista em que cada episódio valia por si mesmo, e em que havia pouca ou nenhuma preocupação com intriga contínua. Os *spectacles* da segunda metade do século XIX ostentavam, às vezes, cenas sobrenaturais e truques de metamorfose que teriam feito parecer toscas as antigas *harlequinades*.

Dentre esses *spectacles*, destaca-se, pela tentativa de contar uma história com começo meio e fim, *The Black Crook* (1866), de Charles Barras, livremente inspirado na história do *Fausto*. Com duração de cinco horas e meia, apresentava grandiosos bailados, um furacão, anjos atravessando a cena numa carruagem dourada, um ritual diabólico e – imensa ousadia para a época – abundante exibição de belas mulheres de pernas de fora. Um ano em cartaz em Nova York e 25 anos de turnê por todo o país atestam a popularidade do *Patife Negro*, prova de que é de todas as épocas a paixão do público pelo super-espetáculo no teatro musical, seja ele o da Escola Veneziana, seja o do *grand-opéra* parisiense no século XIX. A versão muito livre da história do Fausto, contada em *The Black Crook*, ainda prosseguia sua carreira triunfal, no interior dos Estados Unidos, quando o Metropolitan foi inaugurado, em 1883, com o *Faust* de Gounod.

A meio caminho entre a ópera séria, que se dirigia a um público intelectualmente mais sofisticado, e os *spectacles*, freqüentados pelas camadas mais populares do público, estava a opereta, pela qual a América se apaixonou quando Nova York ouviu pela primeira vez, em 24 de setembro de 1867, *La Grande Duchesse de Gérolstein*, de Offenbach. Porque elas eram efervescentes, musicalmente deliciosas, *La Belle Helène* e *La Périchole* foram reprisadas durante quase uma década. E do

"Dueto dos Guardas da Rainha", na *Geneviève de Brabant*, de 1861, saiu o tema em que se baseia o "Hino dos Marines".

À paixão por Offenbach, seguiu-se a paixão pelas operetas de William Gilbert e Arthur Sullivan, mais próximas do público por serem cantadas em inglês, e por trabalharem com elementos temáticos e de costumes que estavam na origem mesma da formação dos americanos como nação. Estreada em Nova York em 1878, em breve *HMS Pinafore* estava sendo produzida em salões paroquiais de igreja, teatros voltados para a comunidade negra ou judaica, e auditórios escolares ou de companhias amadoras. O espectro é enriquecido, no final do século XIX, pela chegada da opereta vienense, de Johann Strauss II, Emerich Kálmán e, principalmente, Franz Lehár, cuja *Viúva Alegre* desencadeou uma verdadeira coqueluche. De Nova York a San Francisco, todas as lojas ostentavam, na vitrine, os sapatos, chapéus ou leques estilo *Merry Widow*; e Príncipe Danilo era o nome de um corte de cabelo muito popular (trazido dos Estados Unidos para o Brasil, ele era comum, aqui, até o final da década de 1950).

Um número enorme de compositores americanos – alguns deles famosos, a maioria hoje esquecida – dedicou-se a esse gênero ligeiro, atraente não só porque era romântico e gracioso, mas também porque cumpria importante função formadora: prestava-se idealmente às necessidades dos jovens intérpretes, dos amadores reunidos em igrejas ou clubes, sempre à procura de material ao alcance de suas possibilidades. Para os cursos de música, que se tornavam cada mais freqüentes nos colégios e universidades, as operetas vinham também a calhar. O trabalho desses grupos amadores ou estudantis é historicamente importante, pois já anuncia a tendência, que veremos surgir depois da II Guerra, à criação de *workshops* universitários destinados à composição e execução de óperas de câmara.

A Opereta Americana

Compositores como George Stratton, de New Hampshire, eram educadores, e viam na opereta um instrumento para despertar o inte-resse musical do público jovem. É a formação de platéia o objetivo principal de peças como *Laila* (1867), *Genevieve* (1870) ou *The Fairy Grotto* (1872), com libretos que parecem contos de fadas, cheios de intrigas fantasmagóricas. São peças faladas, entremeadas de canções, duetos ou números corais. William Henry Pommer, professor de música na Universidade do Missouri e crítico da revista *Reedy's Mirror*, de Saint Louis, também compunha operetas. Mas, ao contrário de Stratton, que visava o público jovem, preferia trabalhar com adultos e grupos comunitários. *The Daughter of Socrates*, *The Fountain of Youth* e *The Queen of the Buccaneers* foram seus títulos mais apreciados. De estilo mais refinado era também *Priscilla or The Pilgrim's Proxy*, que Thomas Whitney Surette extraiu de *The Courtship of Miles Standish*, o romance de Longfellow. Encenada em Concord, no Massachusetts, em 6 de março de 1889, *Priscilla* teve mais de cem récitas em New Hampshire, Connecticut e em Nova York.

Mas as operetas de Stratton, Pommer e Surette eram obras de músicos mais preocupados com objetivos didáticos do que com o rendimento comercial. Mais elaboradas eram as peças escritas por músicos profissionais, destinadas ao teatro: essas partituras apresentavam exigências vocais mais árduas, utilizavam formações orquestrais desenvolvidas e, à estrutura simples de peça falada com inserção de canções, adicionavam passagens em recitativo, melodramas e finais com números justapostos, como na ópera séria. Essas operetas mais trabalhadas sofriam também a influência do *spectacle*, pois eram luxuosas, incluíam *tableaux vivants*, cenas de transformação, e assim por diante.

Entre 1879-1912, o alemão Gustav Kerker compôs 23 operetas para os teatros de Nova York. A mais famosa delas é *The Belle of New York* (1897), que alcançou setecentas récitas, e chegou a ser encenada em Londres. Das vinte operetas escritas por Alfred Robyn, *Merlin* e *Will o' the Wisp*, pelo menos, são tão requintadas que se aproximam muito de uma verdadeira ópera. E embora tivesse contribuído com poucos títulos para o repertório cômico de seu tempo, William Spenser podia orgulhar-se em ser o autor de *The Little Tycoon* (1886), encenada quinhentas vezes em sua primeira temporada nova-iorquina. O sucesso do *Pequeno Milionário*, porém, nem se compara ao delírio com que Philadelphia correu ao teatro, em 1894, para ver *The Princess Bonnie*: ela ficou em cartaz durante 1.039 noites. Todas essas operetas estão hoje esquecidas, e de muitas delas – como aconteceu com os títulos do século XVIII – as partituras não foram conservadas. Mas elas atestam a popularidade do gênero na virada do século.

Escapismo era o que o público buscava: fantasia, romance, lugares exóticos, situações pitorescas. Os autores sabiam disso e lançavam o chamariz chamando-as sempre de "opereta romântica" ou de "opereta histórica e romântica". *Said Pasha*, de Richard Stahl, estreada em 1888 em San Francisco, passava-se em Constantinopla e contava os conflitos entre um diplomata turco, sua filha e o namorado ocidental da moça. Era real a personagem-título do *Capitain Cook* de Noah Brandt, contando a viagem de exploração que o inglês James Cook fez ao Havaí, em 1778, e seus primeiros contatos com os nativos. Encenada no Bush Street Theater, de San Francisco, em 1895, tinha a forma usual de peça falada com inserção de números musicais – mas incluía cenas de cortejo e de ritual, números de balé (entre eles uma fogosa tarantela), melodramas e pantomimas. Fez tanto furor, que a ex-rainha havaiana Lili'uokalani, deposta pelo governo americano e exilada em San Francisco, fez questão de ir vê-la. O fato de as operetas de Stahl e Brandt terem estreado na mesma cidade é muito significativo: indica que, surgidas na costa leste no final da década de 1860, essas peças leves, antes do final do século XIX, já tinham atingido o extremo oeste do país.

Em Busca do Realismo

À medida que as platéias tornavam-se mais exigentes quanto aos cenários e figurinos, à interpretação dos atores e à verossimilhança dos libretos, começavam a surgir, dentro do espírito romântico que, no caso da ópera americana é muito duradouro, elementos nítidos de Realismo. O exagero que caracterizara a comédia, e até mesmo a ópera séria do passado, estava fora de moda. Privilegiava-se agora um estilo mais contido e natural de encenar. E isso era particularmente forte no domínio da opereta, cujas personagens pertencem muito mais ao mundo real do que os aristocratas e bandoleiros da ópera séria romântica (a mesma coisa observa-se, aliás, na Europa: as personagens de comédia são recortadas da realidade muito antes que as do drama ou da tragédia). Em *Theatre U.S.A.* (1959), Bernard Hewitt cita trechos da crítica que a revista *The Galaxy* fez ao estilo antiquado de representar da cantora-atriz Charlotte Cushman, cheio dos "maneirismos de palco" do "velho estilo inglês, pomposo e com uma dignidade pesada":

> Por que, nos momentos mais intensos, há de se fazer as coisas da maneira como nenhum ser racional jamais faria? Por que os reis e rainhas deveriam andar pelo palco cambaleando como se estivessem tendo um ataque de reumatismo? Não há razão nenhuma para que o autor cantarole as suas falas com a entonação de um frade que reza o seu breviário. E lady Macbeth deveria empunhar sua adaga com os gestos de um cavalariço que tenta se equilibrar no lombo de um cavalo que está montando em pêlo?

Essa exigência de realismo e naturalidade atraiu para a opereta alguns dos melhores atores-cantores da época. Jessie Bartlett Davis, um dos mais apreciados contraltos de ópera, fazia opereta porque tinha excelente presença no palco. Eugene Cowles, De Wolfe Hopper, Alice Nielsen – esta última, artista do Metropolitan – eram bons cantores muito requisitados pela opereta, pois eram comediantes desenvoltos. John Charles Thomas, um dos mais famosos barítonos americanos das últimas décadas do século XIX, tinha apenas 26 anos quando se tornou o queridinho do público fazendo Dick Fitzgerald, o mercenário irlandês de *The Highwayman*. Esse papel, originalmente escrito para tenor, tinha sido transposto para seu rico registro de barítono lírico, não só pela beleza do timbre, mas também porque Thomas era um ator muito expressivo.

A produção de opereta, no final do século XIX, era ainda irregular. Os empresários relutavam em investir nos figurinos, a menos que o espetáculo já tivesse feito sucesso, e os cantores eram obrigados a usar roupas de sua própria coleção. Harry Smith, libretista do *Robin Hood* (1890) de Reginald De Koven, conta que,

O autor de operetas John Charles Thomas.

Cognominado "o Rei das Marchas", John Philip Sousa, regente da banda da Marinha americana, escreveu várias operetas de sucesso, entre elas *El Capitán*.

na estréia, o tenor vestia o costume que usara numa montagem do *Trovatore*, e o resto do elenco se arranjava com roupas da *Martha*, de Flotow, da *Bohemian Girl*, de Arne, ou de outras óperas. Os cenários, em compensação, eram tratados com todo carinho. Os empresários não hesitavam em gastar neles centenas de dólares, pois sabiam que o público gostava de se espantar com a magnificência dos cenários, e isso trazia gente ao teatro. Há certas coisas que não mudam. Nos teatros venezianos do *Seicento*, os empresários preferiam economizar no coro e carregar a mão nos efeitos especiais. Séculos depois, nos Estados Unidos era a mesma coisa.

Raras eram as óperas americanas da virada de século que não tivessem cenas de batalha, explosão e demolição, cortejos, tempestades, cataratas. O uso de projeções em dioramas, que permitiam recriar o nascer ou o pôr do sol, românticas noites de luar e céu estrelado, é típico de um povo apaixonado pelos efeitos visuais. Não é por acaso que os Estados Unidos serão o país onde mais se desenvolverá a arte da imagem por excelência, o cinema. E que, no cinema americano, os efeitos especiais terão papel tão relevante.

De Koven e Sousa

Ao romantismo das histórias e das emoções que animavam as personagens, unia-se, portanto, a observação realista do ambiente em que elas viviam e a tentativa de colocá-las em situações verossímeis. Mas, mesmo depois do aparecimento da escola verista, na Europa, em 1890, com a estréia da *Cavalleria Rusticana* de Mascagni, não será muito forte, na ópera americana, a tendência ao retrato crítico da realidade, com vistas à denúncia social. No domínio sério, ela existirá de forma mais ou menos indireta nas obras de alguns nativistas ou de alguns compositores negros. Mas a decisão consciente de usar a ópera como um instrumento de reflexão sobre a realidade social, e de desnudamento de suas contradições, será um fenômeno mais tardio, posterior à II Guerra. Ela só virá, realmente, com o Neo-realismo de Menotti e Floyd, de Weill e Blitzstein.

Na comédia, é claro, o que dominava era o escapismo, coberto com um verniz realista. Boa parte das operetas de Reginald De Koven e de John Philip Sousa passa-se no exterior. Superada a novidade de ver no palco um *yankee* como Jonathan Ploughboy ou um herói nacional como o lenhador David Crockett, o que o público preferia eram os heróis sofisticados e românticos, em cenários exóticos, reproduzidos com precisão fotográfica (encorajava-se os cenógrafos a fazer extensa pesquisa iconográfica para reconstituir, em seus telões e acessórios cênicos, lugares reais copiados nos mínimos detalhes).

Famoso no mundo inteiro pelas marchas e dobrados que escreveu para banda de música, John Philip Sousa era um mestre em dar ao público exatamente o que ele queria ver:

- o vice-rei do Peru, Don Medigua, em *El Capitán* (1895);
- o príncipe Borís de Bokhara em *The Charlatan* (1898), passada na Rússia;
- o Marquis de La Varée, comandante dos mosqueteiros do rei, em *Désirée* (1883), que parece saída das páginas de um dos romances de Alexandre Dumas;
- a Principessa Minutezza de *The Bride Elect* (1897), opereta ambientada na ilha de Capri;

e até mesmo o imperador de um país imaginário, a Braggadocia, onde se passa a ação de *The Free Lance* (1905).

Uma das raras operetas de Sousa a ter ambientação americana é *Chris and the Wonderful Lamp* (1899). Ela se passa na Nova Inglaterra; mas uma das personagens é Aladim, devidamente munido de sua lâmpada maravilhosa, para satisfazer as fantasias da personagem. E importância histórica especial tem *The American Maid* (1909), pois esta foi a primeira vez em que, no teatro americano, usou-se a projeção de um filme, ao mesmo tempo como forma de contar a história e de tornar o cenário mais atraente.

A moldura tornou-se realista, sim. Mas as histórias mudaram pouco. Em Sousa e De Koven, elas giram em torno do triângulo amoroso, com os tradicionais vilões, disfarces, perseguições e qüiproquós; e as afinidades eletivas são cuidadosamente respeitadas, pois sempre os "pares certos" são reunidos no fim. Os galãs são sempre corajosos e íntegros; as heroínas sempre frágeis e delicadas; e, invariavelmente, há personagens – como o frei Little John de *Robin Hood* ou o detetive trapalhão Foxy Quiller de *The Highwayman* – ao qual se confiam as intervenções cômicas.

Henry Louis Reginald De Koven (1859-1920), nascido em Middletown, no Connecticut, estudou na Europa e graduou-se no John's College de Oxford, em 1879. Em Stuttgart, ele tinha feito piano com Speidel e Lebert, harmonia com Pruckner. Seguiu depois para Frankfurt, onde foi aluno de composição de Hauff. Foi aluno de canto de Vanuccini em Florença. A técnica operística, De Koven aprendeu em cursos com Genée, em Viena, e com Delibes, em Paris. Fundou em 1902 a Filarmônica de Washington, de que foi o primeiro titular durante três temporadas. De 1889 ao fim da vida, exerceu a crítica musical no *Chicago Evening Post, Harper's Weekly, New York World* e *New York Herald*.

Sua opereta mais famosa é justamente *Robin Hood*, cantada em Chicago em 9 de junho de 1890, e levada em Londres em 5 de janeiro do ano seguinte. Nela, para ser cantada por Jessie Bartlett Davies, que fazia o papel de Allan à Dale, Reginald De Koven inseriu a sua canção mais popular, "O Promise Me", composta um ano antes da opereta. Mas ele é o autor também de *The Begum* (1887), *Don Quixote* (1889), *The Fencing Master* (1892); *The Knickerbockers* e *The Algerian*, ambas de 1893; *Rob Roy* (1894), *The Tzigane* (1895), *The Mandarin* (1896); *The Paris Doll* e *The Highwayman*, ambas de 1897; *The Tree Dragoons* (1899), *Red Feather* (1903), *Happyland* (1905), *Student King* (1906), *The Golden Butterfly* (1907), *The Beauty Spot* (1909), *The Wedding Trip* (1911), *Her Little Highness* (1913).

Além disso, De Koven é o autor de duas óperas: *The Canterbury Pilgrims*, estreada no Metropolitan em 8 de março de 1917; e *Rip van Winkle*, escrita para a Chicago Opera Company, que a levou ao palco em 2 de janeiro de 1920, dez dias antes da morte do compositor. Embora inteiramente cantadas, essas duas obras não diferem muito, na substância musical, das diversas operetas que ele compôs. De

1899 até 1913, De Koven escreveu apenas para teatros de Nova York; antes disso, estreou suas operetas em Philadelphia, Boston, Chicago, Cleveland, Detroit, e até mesmo em Hartford, no Connecticut.

O libreto dos *Peregrinos de Canterbury* é de Percy Mackaye, dramaturgo muito popular naquela época. Em 1903, Mackaye tinha feito muito sucesso com uma peça baseada no poema narrativo quinhentista *The Canterbury Tales*, de Geoffrey Chaucer. Arthur Bodansky regeu o espetáculo no Met, que contava com bonitos cenários de Charles Ordinsky. Johannes Sembach (Chaucer), Margarete Ober (Alisoun), Edith Mason (a Priora) e Paul Althouse (o xerife) integravam o elenco.

Em abril de 1387, fazendo incógnito a peregrinação de Londres até Canterbury, Chaucer fica conhecendo Alisoun, a Esposa de Bath, loura, sensual, divertida. Ela já teve cinco maridos e está procurando pelo sexto. Apaixona-se pelo poeta, mas este concebeu afeição muito profunda, impregnada de lirismo, pela Priora do convento. Embora exerça uma função eclesiástica, essa aristocrata tem também vida secular, pois ainda não recebeu os votos. Mas a Esposa de Bath está decidida a conquistar o poeta a qualquer custo, e faz com ele uma aposta: Chaucer a desposará, se ela conseguir o camafeu que a Priora usa no pulso, e no qual há a inscrição "Amor Vincit Omnia" (o amor vence tudo). Chaucer apela então para o rei Ricardo II, que decreta: a Esposa de Bath poderá casar-se pela sexta vez, desde que seja com um moleiro. Por sorte, um jovem moleiro que vinha em vão fazendo a corte à fogosa viúva fica sabendo disso, e se candidata à sua mão. A Esposa de Bath aceita, e isso deixa o poeta em liberdade para namorar a Priora.

Numa entrevista ao *New York Times*, em 4 de março de 1917, compositor e libretista enfatizaram a importância do libreto, afirmando que o insucesso de óperas americanas anteriores devia-se, em parte, a textos fracos. Afirmaram que iam longe os dias em que a ópera "nada mais era do que um colar de árias escritas para exibir as proezas técnicas da(o) diva(o), tendo pouca ou nenhuma conexão com o drama". De fato o texto de Mackaye demonstra um apuro artesanal superior à média dos poemas dramáticos da época. Foi bastante favorável a opinião do crítico do *New York Times*, em 9 de março de 1917:

Deve-se observar que as óperas escolhidas para apresentação no Metropolitan Opera House têm tido caráter cada vez mais popular; e o clímax disso foi atingido com *The Canterbury Pilgrims*. Nenhuma de suas predecessoras tinha exibido tão claramente esse aspecto e, para isso, a música de Mr. de Koven contribui muito. Nesta partitura, ele permanece todo o tempo fiel a si mesmo e ao que fez em outros lugares. Não tentou seguir nem Wagner, nem Debussy, nem Stravínski. A música flui livremente e com facilidade, de acordo com fórmulas já aprovadas. É do tipo que, numa veia popular, corresponde ao espírito tradicional da "alegre Inglaterra".

Filho de pai português e mãe alemã, John Philip Sousa (1854-1932) nasceu em Washington, onde fez violino com John Esputa e harmonia com Georg Friedrich Benkert. Tocou aos treze anos na Banda da Marinha, na qual adquiriu vasta experiência com os instrumentos de sopro. Aos dezoito anos, tornou-se regente de uma orquestra de *vaudeville* em Washington, e foi contratado para tocar violino na orquestra especialmente organizada em Philadelphia para a excursão de Offenbach aos Estados Unidos. O contato com o rei da opereta européia foi fundamental para o desenvolvimento de sua própria carreira nessa área.

Regente da Banda da Marinha de 1880 a 1892, Sousa formou depois sua própria banda, com a qual excursionou pelos Estados Unidos e Canadá, tocou na Chicago World's Fair (1893), na Exposição Universal de Paris (1900), fez quatro turnês européias (1900-1905) e uma celebrada turnê de volta ao mundo (1900-1911). Até hoje as bandas de música, em toda parte, executam as marchas de Sousa, devido às suas melodias exuberantes, a seus ritmos contagiosos e ao especial brilhantismo da escrita para metais e percussões. *Stars and Stripes Forever*, homenagem entusiástica de um filho de imigrantes à bandeira do país de adoção de tantos estrangeiros, ficou famosa no mundo inteiro. O "rei da marcha" compilou, para a Marinha, em 1890, as *National Patriotic and Typical Airs of All Lands*. Publicou, em 1928, uma autobiografia muito divertida, *Marching Along*. E achou tempo para escrever cinco romances. Compôs a suíte *The Last Days of Pompeii*, para banda e orquestra

sinfônica; o poema sinfônico *The Chariot Race*, inspirado no romance *Ben Hur*; valsas, canções e, é claro, várias operetas:

- *The Smugglers* (1879), *Désirée* (1884), *The Queen of Hearts* (1886);
- a brilhante *El Capitán*, estreada em Boston em 13 de abril de 1896;
- *The Charlatan* (1897), *The Bride Elect* (1898), *Chris and the Wonderful Lamp* (1900), *The Free Lance* (1906);
- *The Glass-Blowers* (1909), rebatizada em 1913 como *The American Maid*; e *Victory* (1915).

Tanto *Robin Hood* quanto *El Capitán*, as melhores operetas de De Koven e de Sousa, são fortemente influenciadas pelo modelo das *Savoy Operas* de Gilbert e Sullivan. Mas exibem os dois compositores no auge da forma, cheios de espontânea inventividade. Não são raros, nas partituras de De Koven, os finales de ato elaborados, na melhor tradição italiana. O ato I de *The Highwayman* mobiliza nove personagens, que interagem com o coro, numa tapeçaria musical que muda várias vezes de andamento, tonalidade e desenho melódico.

Souza não tem a capacidade de De Koven, formado na Europa, de escrever longas melodias líricas, gratificantes para o cantor. Mas compensa isso com melodias saltitantes, orquestração multicolorida e ritmos cheios de vivacidade. Para que se tenha idéia do prestígio granjeado por esse filho de imigrante, dentro de uma sociedade muito fechada e preconceituosa: quando o presidente Grover Cleveland casou-se, em 1886, na Casa Branca, com miss Frances Folsom, de 21 anos, convidou-o para tocar na recepção. Queria ouvir "And he's going to marry Yum-Yum", do *Mikado*, de Gilbert e Sullivan, e o quarteto "Student of Love", do último ato de *Désirée*. Temendo magoar a susceptibilidade da família da noiva, Cleveland perguntou ao autor se se importaria de apresentar sua música apenas como "Quartette", suprimindo a comprometedora "Student of Love". Sousa concordou.

Com libreto de Charles Klein e letras de Thomas Frost, *El Capitán* foi escrita na fase em que Sousa tinha fundado a sua própria banda e estava prestes a iniciar vitoriosa carreira internacional. Estava no auge de seus poderes criativos. Depois da estréia nova-iorquina de 1895, *O Capitão* ficou quatro anos em cartaz em Boston e obteve 140 récitas em Londres. Em 1965, com a ajuda de Helen Souza Abert, a filha do compositor, na época com oitenta anos, o musicólogo Howard Shanet localizou a partitura e apresentou-a na Manhattan School of Music. Em 1975, Barbara Nosanow editou-a para uma montagem na Ópera de Minnesota. Correções adicionais foram feitas pelo maestro José Serebrier, a partir do exame do manuscrito. Com isso, a opereta foi reprisada também em Dallas e Houston (1976), Shreveport (1978), Indiana, Greensboro e Michigan (1987).

A princesa Marghanza e sua filha Isabel lamentam o fato de verem tão pouco seu esposo e pai, Don Medigua, recentemente nomeado governador de Guaru, pequena ilha na costa de Cuba. Don Medigua detesta a violência mas, infelizmente, foi por meios violentos que chegou ao poder, derrubando seu predecessor, Luis Cazarro – que ainda conta com o apoio da população, o que faz o clima da ilha ser muito agitado. Don Medigua decide infiltrar-se entre os homens de Cazarro, apresentando-se como El Capitán, legendário guerreiro, autor de proezas tremendas.

Dentro dessa sátira política há uma sub-intriga romântica: o envolvimento de El Capitán com a cubana Estrelda, o que deixa a princesa Marghanza cheia de ciúmes. Ao saber que o exército espanhol desembarcou e prepara-se para atacar, El Capitán deixa os rebeldes exaustos, fazendo-os marchar em círculos. Depois, os faz beber até caírem embriagados. Os espanhóis chegam proclamando Don Medigua vencedor e afirmando seu direito a ser o vice-rei. Mas os rebeldes o apresentam como seu líder, El Capitán, e por via das dúvidas ele é levado preso. Caberá a Marghanza dissipar o equívoco, para que tudo termine bem.

Em *El Capitán*, Souza reciclou canções de operetas anteriores, como a deliciosa "Sweetheart, I'm waiting", escrita para *The Smugglers*, de 1882 – opereta que é praticamente um *remake* da apreciada *The Contrabandists or The Law of the Ladrones* (1867), de Gilbert e Sullivan, que o compositor regera em Philadelphia em 1879, acrescentando-lhe música adicional de sua própria autoria. Existem, do *Capitão*, dois vídeos: o da montagem da Ópera de Minnesota em 1976; e o de Michigan, em 1987, lançado pela Midland Music Society.

Na série *American Classics*, do selo Naxos, a música de John Philip Souza está documentada em cinco discos: *Music for the Band I e II*; *On Stage*, contendo trechos de operetas; *At the Symphony* e *On Wings of Lightning*, exemplificando a música instrumental ligeira. A regência é de Keith Brion à frente da Royal Artillery Band e da orquestra eslovaca Sinfônica Razumóvski.

Sousa e De Koven ocupam um nicho muito especial dentro da história do teatro musical americano. Em seus momentos mais inspirados, esses dois autores de opereta têm um grau de elaboração que os faz chegar muito perto da ópera, pois reduzem ao mínimo os diálogos falados, recorrem a recitativos e ariosos, e escrevem longos blocos de música contínua. Sua importância foi sintetizada pelo crítico da *New York Times Illustrated Magazines* que, em 12 de dezembro de 1897, escreveu:

> A comédia é capaz dos desenvolvimentos artísticos mais variados. Se você não acredita nisso, vá estudar detidamente a partitura e o libreto da *Belle Hélène*, da *Fatinitza*, do *Fledermaus*, da *Iolanthe*. Sousa e De Koven não chegam a ser Gilbert e Sullivan. Mas nos deram obras realmente boas.

A Presença Feminina

Uma das responsáveis pela difusão das operetas e de alguns títulos sérios do teatro musical americano, produzidos na segunda metade do século XIX, foi o soprano Clara Louise Kellogg (1842-1916). Admirada como Marguerite no *Fausto* ou Philine na *Mignon*, aplaudida como a Violetta da *Traviata* ou a personagem-título da *Aida*, Kellogg fundou, em 1872, juntamente com Pauline Lucca, a companhia Lucca-Kellogg, que excursionou pelos Estados Unidos e pelo exterior. Clara Kellogg dirigiu também a English Opera Co. entre 1873-1876, tornando-se responsável pela apresentação de obras americanas na Inglaterra.

Kellogg foi a contemporânea de uma das mais extraordinárias figuras de mulher dessa época: Susan Brownwell Anthony – que viria, em 1947, a ser a personagem da ópera *The Mother of Us All*, de Virgil Thomson e Gertrude Stein. Tendo iniciado a carreira como professora da escola pública em Nova York, Susan B. Anthony fundou, em 1869, a National Woman Suffrage Association, cujo lema era: "Uma república de verdade – aos homens, os seus direitos e nada mais; às mulheres, os seus direitos e nada menos". Essa *suffragete* e precursora do movimento feminista do século XX foi presa e multada por ter votado nas eleições presidenciais de 1872. Mas até sua morte, em 1906, continuou a lutar pelo direito da mulher a votar e a ter educação superior, plantando a semente de todas as conquistas igualitárias que viriam no futuro.

A urbanização e industrialização aceleradas da fase 1870-1920 estava trazendo modificações importantes ao universo feminino herdado das tradições victorianas. Em *The American Woman in Transition*: *The Urban Influence* (1979), Margaret Gibbons Wilson mostra como o modelo agora era o da

mulher que andava com passo firme, olhava os homens direto nos olhos, movimentava arrogantemente os ombros de jovem acostumada a fazer ginástica ou erguia altivamente a cabeça. Ela pertencia à primeira geração de mulheres que tinham experimentado a educação igual para ela e os rapazes, que tinha ousado pensar em arranjar um emprego ou em ficar solteira, que tinha usado gíria, jogado basquetebol ou andado numa bicicleta de dois lugares.

As inúmeras inovações tecnológicas da vida na cidade tinham mudado muito a vida das mulheres. Na virada do século, uma nação predominantemente rural tornara-se 50% urbana. O telefone ainda era uma novidade de que pouca gente dispunha; mas os tróleis elétricos tinham substituído os bondes com tração animal. Isso e a iluminação elétrica nas ruas davam às mulheres mais estímulo e segurança para sair de casa à noite. Comida e roupa pronta tornavam mais fácil a vida da dona de casa. Na década de 1880, a maioria das residências de classe-média tinha encanamento interno, o que eliminou a tradicional tarefa feminina de ir buscar água no poço artesiano. A expansão do setor de serviços abria também à mão-de-obra feminina um grande número de empregos em restaurantes, padarias, lavanderias e passadeiras, fábricas de roupa, lojas de departamento. Era grande o número de moças carreadas para o setor do ensino básico, antes dominado pelos homens. Documento muito interessante, de 1897, é o *American Women*, de Frances Willard e Mary Livermore. Ele oferece 1.500 perfis e um índice classificado de mulheres de acordo com a profissão: advogadas, atrizes, arqueólogas, negociantes, educadoras, enfermeiras, escritoras, jornalistas, médicas (cerca de cem catalogadas, no fim do século XIX). Na lista, há compositoras e musicistas também, é claro.

A necessidade de intérpretes dos papéis femininos fez com que, no mundo inteiro, as cantoras profissionais fossem aceitas muito antes das instrumentistas. O preconceito está claro numa frase do *Manual Standard*, um guia de profissões de 1904: "Não se pode esperar que mulheres toquem instrumentos de metal e continuem bonitas". Embora mulheres participassem, desde a década de 1890, de grupos de câmara e orquestras de música ligeira – especialmente as de salão de dança –, só depois da II Guerra elas começaram a ser contratadas para o território exclusivamente masculino das orquestras sinfônicas. O preconceito, ainda hoje, é fundamente enraizado, pois o leitor deve se lembrar da celeuma que o maestro Herbert von Karajan provocou, na década de 1980, ao contratar a clarinetista Sabine Haas para tocar na Filarmônica de Berlim.

Mulheres compunham canções, hinos sacros ou a chamada "música de salão", peças leves para piano, em geral de ritmo dançante, destinadas a festas ou saraus. Mas só no final do século XIX Amy Marcy Beach, Margaret Ruthven Lang ou Clara Kathleen Rodgers arriscaram-se a produzir obras sinfônicas de maior porte, aceitas e executadas pelas grandes orquestras. O mercado de trabalho para elas, porém, era muito limitado. Em *Women Making Music: The Western Art Tradition* (1986), de Jane Bowers e Judith Tick, lemos que "o debate a respeito de as mulheres poderem ou não ser compositoras envolvia mais conceitos intelectuais a respeito de criatividade e determinismo biológico, do que considerações sobre dinheiro ou adequação social". Em *Women in Music: an Essay*, de 1880, George

Upton, crítico do *Chicago Tribune*, chega à conclusão de que

a mulher pode sentir a música, mas não criá-la, porque sente a sua influência, o seu controle, o seu poder, mas não pode encarar esses resultados da mesma forma que o homem o faz. Ele os enxerga em sua plena interação e sabe tratar as emoções como se fossem equações matemáticas, pesá-las, medi-las, enquadrá-las dentro das rígidas leis da harmonia e do contraponto, e expressá-las com sinais arbitrários, uma operação a sangue frio que só é possível para a natureza masculina, mais organizada e objetiva.

Esta é uma insanidade tão solene que nem vale a pena perder tempo em discuti-la. Muito lúcida é a opinião de Otto Ebel que, em *Women Composers: a Biographical Handbook of Women's Work in Music*, publicado no Brooklyn em 1913, dizia:

A escassez do trabalho feminino na música não é o resultado de sua incapacidade para assimilar e aplicar a ciência; mas deve ser atribuída ao preconceito e às regras da moda e dos costumes que, por tanto tempo, têm servido de obstáculo à entrada das mulheres nesse campo de estudo e trabalho, em que elas poderiam ser tão úteis e proveitosas.

Levando em conta a quantidade de preconceitos existentes, é surpreendente que tantas americanas tenham conseguido ser "úteis e proveitosas" nesse campo. As companhias de ópera séria, conscientes do investimento pesado que teriam de fazer, não queriam arriscar com autores desconhecidos, mesmo homens, que não passassem de mera prata da casa: davam preferência a nomes europeus já consagrados. A opereta, porém, podia ser montada de forma mais simples e, por volta da década de 1880, mulheres começaram também a fornecer títulos para um mercado que era muito ávido. A maioria das partituras e libretos desapareceu; mas isso em nada diminui a importância da imaginação, da produtividade e da determinação femininas.

Imigrando para os Estados Unidos depois de casada, Eliza Mazzucato Young, a filha de Alberto Mazzucato – diretor do Conservatório de Milão e professor de Boito e Franco Faccio – escreveu em 1880, com libreto de Frederick Nye, *Mr. Samson of Omaha*, da qual nada se conservou. Mas possuímos a partitura de *The Joust or The Tournament*, publicada em 1885 pela Chicago Music Company. Não sabemos quem era realmente sua autora, pois ela assinava com o pseudônimo de G. Eastbrook; mas tratava-se de uma musicista de talento, como o atesta a bela linha vocal da ária "Return my love", com *obbligato* de violino, que ficou durante muito tempo no repertório dos recitais de soprano. *Samson* e *The Joust*, da década de 1890, não chegaram a ser encenadas. São de 1899 as três primeiras operetas escritas por mulher que subiram ao palco:

- *Dovetta* de Emma Marcy Raymond (1856-1913), Nova York;
- *Fleurette*, de Emma Roberts Steiner (1852-1929), San Francisco;
- *Leoni the Gipsy Queen*, da compositora negra Louisa Delos Mars (?-?), Providence, em Rhode Island (antes de Mars, o compositor negro Thomas Douglass já tinha escrito, em 1868, a opereta *Virginia's Ball*; mas ela não chegou a ser montada).

Algumas dessas mulheres compositoras tinham formação sólida:

- Emma Raymond foi aluna de piano de Louis Moreau Gottschalk (autor da *Fantasia sobre o Hino Nacional Brasileiro*, que morreu de febre amarela, no Rio de Janeiro, em dezembro de 1869). Na Europa, Raymond estudou canto com Giorgio Ronconi e fez estudos de harmonia e contraponto na Alemanha.
- Margaret Williams, autora de *Columbus*, estudou no Conservatório Peabody, de Baltimore.
- Addie Anderson Wilson, organista no Alabama, era aluna de Mary Carr Moore, e encenou várias operetas em sua terra.
- Bessie Marshall Whitely, professora em Kansas City, ganhou em 1913 o prêmio da Federação Nacional dos Clubes de Música por *Hiawatha's Childhood*. Whitely era a autora de duas óperas: *Pandora*, baseada no conto "Masque of Pandora", de Longfellow; e *Sarita*, de tema mexicano.

Além de compor, algumas mulheres eram as autoras de seus próprios libretos:

- *Hawaii*, de Marie Mansfield Towsend, é uma ópera cômica bastante elaborada, com diálogos e recitativos interligando os 38 números: árias, duetos, dois quartetos, cenas corais e finais concertados.

- Ficou em manuscrito e provavelmente inédita *Prince of the Asturias*, de Constance Fauntleroy Runcie, descrita como uma "romantic opera". Runcie era a neta do visionário Robert Owen que, em Indiana, fundou a seita religiosa e cooperativista New Harmony, onde ela nasceu, em 1836. Seu avô a mandou aperfeiçoar-se na Alemanha, onde Constance estudou música e literatura. Além da opereta, ela deixou canções, música de câmara e cantatas de tema sacro.

- O número de janeiro de 1896 da revista *The Woman's Era* refere-se, de forma muito elogiosa, às operetas *Leoni or The Gipsy Queen, Fun at a Boarding School e Love in Disguise or Things Are Not What They Seem*, de Louisa Delos Mars. Nascida Louisa Melvin, ela foi a primeira compositora negra a conseguir montar suas operetas no teatro do bairro negro de Providence, e a conseguir levá-las até a comunidade de cor de Boston. Na década de 1880, chegou a ficar conhecido o duo canto-violino que ela formou com sua irmã, a violinista Carrie Melvin Lucas. Como compositora, mas também como cantora, Louisa Delos Mars perfila-se ao lado de Sissirietta Jones, Marie Selika, Lulu Richards e Amelia Tilghman, as primeiras artistas a chamar a atenção para a existência, dentro da comunidade negra, da prática requintada da chamada música clássica.

Ao lado delas há, no início do século XX, compositoras que abandonam os assuntos ambientados na Europa e com predominância de notações realistas, para ir em busca de histórias fantasiosas, cheias de alusões mitológicas, e que podem situar-se na América, como podem também ir à procura de paisagens remotas e exóticas, no Oriente, recriadas mais com a imaginação do que com precisão geográfica e histórica.

Gerrish-Jones

De família muito ligada à música, Abbie Gerrish-Jones (1863-1929), nascida em Vallejo, na Califórnia, estudou piano com Charles Winter, aluno de Mendelssohn. Sua aptidão literária a fez trabalhar como crítica de música e literatura para o jornal *Pacific Town Talk*, a revista *Pacific Coast Musical Review*, e colaborar com o *Musical Courier* de Nova York. Compôs mais de cem canções, e uma de suas peças para piano ganhou a Josef Hoffmann Competition. Mas Gerrish-Jones era essencialmente compositora de ópera, e suas histórias situam-se num mundo onírico, fantasmagórico, muito semelhante ao dos contos de Edgar Allan Poe, abrindo perspectivas novas para a opereta americana de virada de século.

Priscila (1887) é a história de uma moça que, inconformada e meio enlouquecida pela morte do namorado, um marinheiro enfeitiçado e afogado pela Bruxa do Mar, vigia a praia dia e noite, à espera de que ele volte. *Sakura* (1890), com libreto de Gerda Wismer Hoffmann, conta o que acontece a várias pessoas que, ao se contemplarem em um espelho diabólico, ficam com suas vidas presas dentro dele. A obra mais importante de Gerrish-Jones é *The Snow Queen*, um "fairy music drama" escrito por Wismer Hoffmann, a partir de um conto de Hans-Christian Andersen. Essa ópera, visando o público infanto-juvenil, é de grandes proporções – quatorze personagens, grande coro, corpo de baile –, e foi luxuosamente produzida para inaugurar o New Children's Theatre, de San Francisco, em 9 de fevereiro de 1917, graças ao patrocínio conjunto do governador da Califórnia, do prefeito de San Francisco, e dos reitores das universidades de Stanford e da Califórnia. O poder regenerador do amor e da música é o tema dessa ópera, que ficou três meses em cartaz e, depois, excursionou por várias cidades americanas. A protagonista faz uma perigosa viagem até o Pólo Norte, para salvar, com a beleza de seu canto, o namorado, um explorador que tinha sido preso em um esquife de gelo pela maléfica Rainha da Neve, a cuja sedução ele resiste. Os testemunhos da época falam da riqueza de inspiração melódica de Gerrish-Jones, e da flexibilidade com que ela manipula as situações cênicas.

Steiner

A primeira regente profissional americana, Emma Roberts Steiner (1850-1928), iniciou a carreira quando Edward Everett Rice a convidou para assumir a regência de sua companhia itinerante, na apresentação da *Iolanthe* de Gilbert e Sullivan. O sucesso obtido nessa turnê levou Steiner a novos empregos com orquestras de Boston e Toronto. No *Baker's Biographical Dictionary of Musicians*, Nicholas Slonimsky diz que, "de acordo com fontes que não puderam ser verificadas", atribui-se a ela ter regido seis mil récitas de cinqüenta óperas diferentes, durante sua longa carreira. Mesmo o número tendo sido superestimado, o simples fato de ter regido ópera, nos Estados Unidos, na virada dos séculos XIX-XX, já faz de Emma Steiner um fenômeno (que eu saiba, não há nenhum caso semelhante, tão cedo, na Europa).

Prova disso é – uma vez mais é Slonimsky quem o conta – Heinrich Conried, diretor do Metropolitan, ter ficado muito impressionado com seu trabalho. Mas admitiu: "Eu a teria convidado para reger um espetáculo em meu teatro, se ousasse colocar uma mulher, com uma batuta na mão, diante de uma orquestra integrada apenas por homens". Isso aconteceu, porém, em 28 de fevereiro de 1925: Steiner dirigiu um concerto no Metropolitan, para comemorar os 50 anos de sua estréia como regente. Uma apresentação que fez o crítico do *New York Times* reconhecê-la como "compositora de grandes méritos, regente de muito talento, musicista cujas habilidades se destacaram em todos os setores da arte". Emma Steiner foi a fundadora de um asilo para músicos idosos ou doentes em Bay Shore, Long Island. E, juntamente com sua libretista, Margaret MacDonald, criou uma editora, a Douglas-Steiner, para publicar suas próprias obras: sete operetas, balés, aberturas e canções.

Quando *Fleurette*, estreada em San Francisco em 1899, chegou a Nova York, o autor da resenha no *New York Times* disse que ela possuía "música bem superior à que se costuma ouvir na média das óperas cômicas". Era nova, em 1908, a designação de "musical comedy" usada por Steiner para a sua obra mais satisfatória. Da mesma forma que no *Wizard of Oz* de Frank Baum – a opereta de que foi tirado o filme famoso, estreada em 1903 – *Burra Pundit* também tem como personagem um feiticeiro. Ele é um cientista louco

oriental – a ação passa-se na Índia – que inventou uma poção capaz de tornar as pessoas perfeitas. Constrói cérebros especializados nesta ou naquela matéria e, como Svengali, exerce poder absoluto sobre Diana, uma jovem cantora, pela qual está apaixonado, e que deseja transformar na maior prima-donna do mundo. Naturalmente Diana é salva por Alco, o namorado, antes que Burra Pundit possa fazer nela a cirurgia de implante do cérebro que criou, e que a transformará numa grande cantora, mas também num robô, inteiramente sob seu comando. Esse cérebro, de resto, não é necessário, pois Diana tem talento natural e uma boa voz, que lhe permitirá ficar famosa sem truques.

Dois traços marcam o libreto de Margaret McDonald: o gosto pela sátira e o feminismo. O primeiro é exemplificado pelo nome do filtro inventado por Burra Pundit, para converter Diana em prima-donna: o "Beethoven-Wagneronic Hydrate" é uma visível brincadeira com o culto wagnerita, muito forte nesses Estados Unidos de início de século. Ou então, na rubrica com que o libreto descreve o laboratório do cientista louco, no ato I:

> A sala deve parecer uma grande drogaria, com prateleiras cheias de frascos enormes, nos quais há etiquetas grandes bastante para que o público possa lê-las: Cérebros de Fazendeiros, Cérebros de Críticos, Cérebros de Atores, Cérebros de Namorados. A seu lado há tubos de ensaio marcados Sagacidade, Instinto, Bom-senso, etc. Uma cadeira cirúrgica equipada com aparelho de gás hilariante. As perucas que serão colocadas nos pacientes a serem operados possuem pequenos alçapões que serão instalados em seu crânio; ao abri-los, poder-se-á tirar o cérebro antigo e inserir o novo. Por toda parte há cartazes anunciando: "Troca-se o Cérebro na Hora"; "Cérebros Usados a Bom Preço"; "Cérebros de Tolos Estão em Oferta"; "Gente Mentirosa Passa a Dizer a Verdade"; e assim por diante.

Quanto ao feminismo, o que melhor o ilustra é a canção em que Alco descreve a sua mulher ideal:

> *The woman I should like to marry*
> *has a brain – an intellect.*
> *She is not a mere doll;*
> *four walls cannot hold her mind.*
> *The ideal marriage*
> *is based on companionship.*
> *Passion serves it turn – intermittant, unstable.*
> *But companionship, soul affinity,*
> *mind marriage – this is God's own.*

(A mulher com quem quero me casar tem um cérebro – um intelecto. Não é uma mera boneca; quatro paredes não conseguem conter sua mente. O casamento ideal baseia-se no companheirismo, A paixão tem sua hora e vez – intermitente, instável. Mas o companheirismo, a afinidade entre as almas, o casamento entre as mentes – essa é a obra de Deus.)

Essas palavras, hoje, podem nos parecer óbvias e ingênuas; mas não se esqueçam que *Burra Pundit* é de 1908 e, nessa época, tais coisa, ditas num palco e por uma mulher, eram novas e extremamente corajosas. No manuscrito dessa obra em três atos, contendo 28 números, guardado hoje na Divisão de Teatro da Biblioteca do Congresso, há a indicação: "Composta e orquestrada por Emma Steiner, será executada pela grande orquestra de Mr. Frank Wilson, ampliada e completada por músicos vindos de Toronto e Buffalo." Frank Wilson era o empresário de uma das companhias de opereta para a qual Steiner trabalhou, e sabe-se que ela regeu em Toronto. Mas nem Slonimski, nem Elise Kirk, em *American Opera*, nem Christine Ammer em *A History of Women in American Music* (1980), sabem dizer se e quando *Burra Pundit* foi apresentada (David Ewen nem sequer inclui a biografia de Steiner em seus *American Composers*; e ela não aparece tampouco em uma publicação como a *Random House Encyclopedic Dictionnary of Classical Music*).

Stocker

Da mesma forma, há muito pouca informação sobre a vida de Stella Prince Stocker (1858-1925), a autora de *Ganymede* (1893), uma das raras "light operas" americanas baseadas em temas mitológicos – companheiras para ela são *Adonis* (1884), de Edward Everett Rice, e *Jupiter* (1892), de Julian Edwards. É difícil reconstituir o libreto a partir das seleções publicadas em Nova York em 1902. Pode-se apenas perceber que a história de Ganimedes, raptado por Júpiter disfarçado de águia, e levado para o Olimpo, onde serviu de copeiro aos deuses, é transposta da Antiguidade para a Era Cristã, para permitir o sincretismo de elementos pagãos e cristãos: um coro de ninfas e outro de freiras, por exemplo. O número mais famoso é "The Song of the Novice", uma declaração de amor da protagonista feminina. Essa ária ornamentada, em tonalidade menor, com delicadas alterações cromáticas, foi publicada separadamente em 1897. Tem-se a notícia de que "A Canção da Noviça" foi executada, junto com três outros números de *Ganymede*, pela Cecilian Society de Duluth, em 21 de junho de 1893; e de que reapareceu em recitais de soprano posteriormente.

Mas o que confere importância histórica a Stella Stocker é o fato de ela ter sido a precursora dos compositores nativistas – Nevin, Herbert, Cadman ou Carr Moore, de que falaremos mais adiante –, devido a seu grande interesse pela música dos índios americanos. Preocupada em dar autenticidade etnográfica a seu trabalho, Stocker visitou a tribo dos Ojibway, conviveu com eles, e chegou a adotar o nome de Omesqua Wigishigoque, a "Senhora do Céu Rubro". Stocker transcreveu cânticos indígenas, compilados durante essa viagem, na "pantomina indígena" *Marvels of Manabush* (1916), e em sua obra mais importante, *Sieur du Lhut*, estreada em Duluth em 14 de julho de 1917, e descrita como "uma peça histórica em quatro atos com cerimoniais e melodias indígenas".

O libreto, que ela mesma escreveu, mobiliza 29 personagens, para contar a história da viagem que o explorador francês Daniel de Gresollon du Lhut fez à região do Lago Superior, e de como ele se viu envolvido na grande batalha entre os índios Sioux e Chippewa, pela posse da aldeia de Kathio. Em apêndice ao libreto, Stocker fez o catálogo dos temas autênticos que utilizou: marcha guerreira, canção do jogo do mocassim, canto de paz, canto fúnebre, serenata amorosa, e assim por diante. E explica:

Essas melodias são cantadas em uníssono e repetidas várias vezes, sobre uma nota que é reiterada no baixo do piano acompanhado pelo tambor. O piano, ou qualquer outro instrumento que seja usado para apoio das vozes, no canto em uníssono, deve ser colocado nos bastidores.

Segundo Elise Kirk, a partitura é muito colorida, a encenação tinha cenários muito elaborados, a apresentação de *Sieur du Luth* atraiu um público muito grande, e o enviado da revista *Musical America* relatou:

Ao longo de toda a peça, ouvíamos uma rede de melodias indígenas, frases estranhas cantadas em uníssono ou em oitava, com o acompanhamento do tom-tom. Os cânticos indígenas, que Mrs. Stocker vem colecionando e transcrevendo há anos, constituem um dos aspectos mais louváveis da produção, pois ela se esforça em preservar as tradições e costumes de um povo que desempenhou papel tão importante na história do Noroeste do país.

Moross

Façamos ainda referência a um exemplo muito interessante de fusão das formas da ópera cômica européia com as do musical de temática regionalista: The Golden Apple, de Jerome Moross. Nascido no Brooklyn e formado pela Juilliard School, Moross (1913-1983) associou-se desde cedo a companhias de dança, para as quais escreveu peças num estilo folclórico muito vivo. Nelas havia, naturalmente, a influência de Copland, com o qual ele colaborou, em Hollywood, na trilha sonora para Our Town. Moross é o autor da trilha sonora para os filmes Close Up, The Cardinal e The Proud Rebel. Seu maior sucesso nesse campo foi o faroeste The Big Country.

Para as companhias de dança com as quais colaborou, ele escreveu Paul Bunyan (1934), American Patterns (1937), Frankie and Johnny (1938), Guns and Castanets (1939), The Eccentricities of David Crockett (1946) e Robin Hood (1946). Além de um considerável catálogo de música de câmara, Moross é autor de peças orquestrais – entre elas uma sinfonia estreada em Seattle, por sir Thomas Beecham, em 18 de outubro de 1943 – e de óperas-balé: Susanna and the Elders (1940), Willie the Weeper (1945), Gentlemen, Be Seated! (1963) e, principalmente, The Golden Apple, sua obra até hoje mais conhecida.

John Latouche escreveu para ele o libreto de A Maçã Dourada, estreada no Phoenix Theatre de Nova York, em 11 de março de 1954. A história contada por Homero na Ilíada é transportada para o vilarejo de Angel's Roost, na área rural americana, na virada dos séculos XIX-XX. Helena tansforma-se na beldade local, que Paris, um caixeiro-viajante, seqüestra em um balão. Ulysses é um soldado muito puritano, que acabou de voltar da Guerra Hispano-Americana. Ele considera seu dever arrebanhar os companheiros de regimento e sair com eles à procura de Helena, para fazê-la voltar à cidade. As divindades homéricas são representadas, na comédia, como os diversos tipos de morador da cidadezinha, que distraem-se do tédio fofocando o tempo todo.

Embora tenha a linguagem musical típica dos musicais da Broadway, The Golden Apple é uma ópera cantada de uma ponta à outra, com um comentário orquestral contínuo, ao qual se superpõe a linha vocal. A transição entre as cenas é feita por interlúdios que não interrompem o fluxo musical. A partitura é rica em pastiches de canções country, melodias de music hall, danças folclóricas e marchas para banda. Moross combina muito habilmente, nesta ópera cômica, o estilo do musical americano com o das peças que escrevia para o balé ou a trilha sonora de cinema.

Existem duas gravações da Maçã Dourada, nos selos RCA Victor (1954) e Elektra (1961). Depois da estréia no Phoenix Theatre, a ópera foi ouvida, em 1976, em versão semiencenada, com a Sinfônica de Oklahoma, e foi remontada duas vezes pelo New York University Opera Theatre, em junho de 1988 e em março de 1990.

Mais leves na música e na temática e, por isso mesmo, acessíveis a uma platéia mais ampla do que a da ópera séria, a opereta e a ópera cômica tiveram papel muito importante como formadoras de platéias que, depois, adquirido o hábito, tiveram a curiosidade de procurar formas mais elaboradas de música. Já dissemos que, no final do século XIX, havia, nas universidades e conservatórios, a atividade de professores de música que escreviam essas peças leves, destinando-as a auditórios de escolas, igrejas e clubes, e visando principalmente o público jovem.

Enquanto a ópera séria americana buscava seus modelos no grand-opéra parisiense, no apogeu do melodrama romântico italiano, e na ópera romântica alemã (sobretudo Wagner), a opereta, tal como praticada por De Koven e Sousa, preferia Gilbert e Sullivan, Offenbach e Planquette, Johann Strauss II e Lehár. Nesse contexto, tem muita importância a aparição em cena das mulheres compositoras. Elas encon-

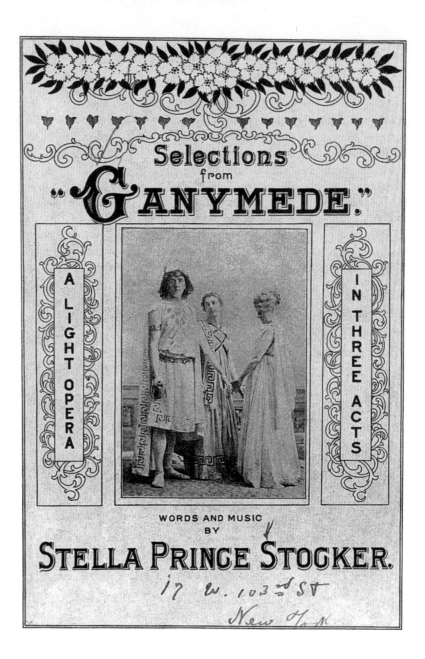

Página de rosto de seleções de *Ganymede* (1893), ópera leve de Stella Prince Stocker.

travam, nesse campo, uma forma de expressão descontraída que as tornava mais facilmente aceitáveis do que no sacrossanto campo sério, dominado pelos homens.

Este é um capítulo de precursores, de abertura de caminhos. O das musicistas negras, anunciando todo o trabalho que os compositores afro-americanos farão mais adiante. O da nativista Stocker, prenunciando a série de obras que explorarão o acervo cultural indígena. O da comédia musical, gênero americano por excelência, que vai se desenvolver a partir da opereta de final de século, para adquirir, ao longo do século XX, formas próprias, muito ricas, nos palcos da Broadway e nas telas dos cinemas. Na fase de 1894-1924, em que Victor Herbert dominou o palco com suas obras ligeiras, veremos como ele combi-

nava a leveza dos mais variados estilos populares com os grandes blocos de música contínua, ou os finales requintados, que fazem suas peças se avizinharem da ópera propriamente dita.

De Reginald De Koven e John Philip Sousa, passando por Victor Herbert, o musical chegará à geração de Sigmund Romberg, Jerome Kern, Irving Berlin, George Gershwin e, dela, à de Rodgers e Hammerstein, Frederick Lowe, Stephen Sondheim, Leonard Bernstein, Andrew Lloyd Webber, que fizeram desse subgênero um manancial de belas obras para o palco. Tão rico que – embora eventualmente tenhamos de nos referir a ele, no contexto deste estudo – ele merecerá ser retomado como parte da *História da Opereta*, em outro volume desta coleção.

A Influência Wagneriana

Como em todos os países da Europa, foi grande também, nos Estados Unidos, o fascínio pelo drama lírico wagneriano, suas propostas musicais e dramáticas, suas idéias e universo mítico. O primeiro a levar aos americanos as óperas de Wagner foi Carl Bergman, o diretor da Germania Opera, atraído pela grande comunidade de imigrantes alemães – a maior dentre os grupos de estrangeiros no século XIX –, cuja vida cultural era muito ativa. Na década de 1890, a fase em que a paixão pela música de Wagner estava no auge, os alemães representavam 27% da população de Nova York e organizavam suas *songfests*, tinham teatros em que encenavam Schiller, Goethe e Kleist, e centros de cultura onde se discutia Schopenhauer e Nietzsche.

Mas a apresentação do *Tannhäuser*, no German Stadt Theater de Nova York, em 4 de abril de 1859, regido por Bergmann, não agradou apenas à comunidade de origem germânica. Significou o ponto de partida do entusiasmo do público americano pela *Zukunftmusik* (a música do futuro), com os mesmos aspectos intransigentes de fanatismo que caracterizavam a verdadeira seita dos wagneritas nos países europeus. O interesse aumentou com a execução, no mesmo teatro, do *Lohengrin*, em 3 de abril de 1871, regido por Adolf Neuendorff. Em *Music in América*, publicado em 1883, Frederic Ritter evoca o Stadt Theater,

um lugar decrépito, com bancos oscilantes. Mas, às 8h15, as luzes se acendiam, as matronas largavam seus bagaços de laranja, as faces das donzelas enrubesciam de prazer, e uma multidão de homens cheirando a charuto vinha do saguão. [...] O maravilhoso acompanhamento orquestral torna-se cada vez mais eloqüente, a declamação mais apaixonada. Não invejamos o homem que consegue ver e ouvir tudo isso sem se comover profundamente.

A música do *Lohengrin* tornou-se tão popular que, poucos anos depois, o presidente Cleveland convidou John Philip Souza a reger uma seleção de trechos instrumentais, com a Banda da Marinha, no jardim da Casa Branca. A influência alemã na vida musical era tão forte que, de 22 de outubro de 1883, data de sua inauguração, até a temporada de 1891, o Metropolitan Opera House, de Nova York, apresentou todas as óperas – até mesmo *Aida* e *Fausto* – cantadas em alemão. Anton Seidl, chamado de "semideus" pela crítica americana, devido à precisão e ao brilho de suas interpretações, regeu no Met o primeiro *Tristão e Isolda* (1.12.1886) e o primeiro ciclo completo do *Anel do Nibelungo* (temporada de 1888-1889). Uma caricatura de Joseph Keppler, publicada na época na revista *Puck*, mostra Seidl competindo com o regente italiano Claudio Muzio pela preferência do público.

Depois do Met, a tetralogia excursionou por Philadelphia, Boston, Milwaukee, Chicago, com sucesso cada vez maior, chegando a St. Louis como "the greatest Opera Attraction in the World". Mas nada igualou a expectativa, alimentada pela cobertura de imprensa, que cercou a estréia americana do *Parsifal*. Em *A Ópera Alemã*, desta coleção já nos referimos ao fato de que, desrespeitando a proibição de Cosima Wagner de que a última ópera de seu marido fosse encenada fora do santuário de Bayreuth, Heinrich Conried programou-a para a noite de Natal de 1903, data em que a partitura caía em domínio público. Havia mais de sete mil pedidos de ingressos para a noite de estréia, e quinhentas pessoas lotaram o *standing room*, enfrentando de pé as cinco horas do espetáculo.

Richard Aldrich, do *New York Times*, disse que Alfred Hertz, na época com 31 anos, "regeu como se Wagner estivesse olhando por cima de seu ombro". Mas Conried tornou-se *persona non grata* no mundo musical alemão, no qual era imenso o prestígio da viúva de Wagner, e teve de responder a um processo que lhe foi movido por Cosima, que o chamou de "audacioso Barnum vienense" e o acusou de cometer um sacrilégio contra o "Festival Sagrado" de Wagner, que seria corrompido pelo senso de exploração comercial dos americanos. Nesse ponto não estava de todo errada pois, em 1904, Nova York sofreu uma verdadeira epidemia de "parsifalite", que inundou as lojas com chapéus, cigarros e bebidas alusivas ao *Parsifal* (e aquela ainda não era a época dos bonés, dos buttons, das camisetas!).

A imagística sensual de Wagner, suas personagens poderosas e argumentos intemporais, seus cromatismos ousados, *leitmotive* e uso inovador da orquestração afetaram os compositores americanos da mesma forma que o tinham feito com os da Alemanha ou da França. A influência de um drama lírico que – como o descreve Allardyce Nichol em sua *Theory of Drama* (1980) – "possui uma qualidade interior que tende progressivamente para a idealização", deixa suas marcas em autores tão diferentes quanto Frederick Grant Gleason, Edgar Stillman Kelley, John Knowles Paine, Walter Damrosch, George Chadwick ou Horatio Parker. Mas é principalmente num compositor como Sillas Pratt que ela é muito visível.

Pratt

Os pais de Silas Gamaliel Pratt (1846-1916) eram cantores de igreja e mudaram-se de Addison, onde ele nasceu, para Chicago, quando ele ainda era criança. Após os estudos musicais básicos nessa cidade, ele os prosseguiu em Berlim (1868-1871) com Theodor Kullak (piano) e Hans Kiel (teoria). De volta a seu país, foi organista da Igreja do Messias e, em 1872, ajudou a fundar o Clube Apollo, dedicado à discussão de problemas musicais.

Voltou à Alemanha em 1875, para estudar orquestração com Heinrich Dorn e, nessa ocasião, teve algumas aulas de piano com Franz Liszt. A *Centennial Ouverture*, dedicada ao presidente Ulysses Grant, foi estreada por ele em Berlim, em 4 de julho de 1876 e reapresentada, no Crystal Palace de Londres, durante a visita oficial do chefe do Estado americano à Inglaterra, juntamente com a *Homage to Chicago March*.

De volta a Chicago, compôs a primeira "grand romantic opera" a ser encenada em Chicago, prenunciando o importante papel que a cidade viria a desempenhar, futuramente, na vida operística do país. Apresentada em forma de concerto no Central Music Hall em 15 de junho de 1882, e montada no palco do McVicker's Theater em 26 de março do ano seguinte, *Zenobia the Queen of Palmyra* tem como personaem-título a guerreira que, no século III, se rebela contra a ocupação romana de seu território. Essa mulher que lidera seu povo na luta para expulsar o inimigo contém traços que a aproximam inegavelmente de Brünhilde. E isso fica claro desde a sua ária de apresentação no ato I:

> *The sun has gone down in their hearts.*
> *Alas! My own is like a starless night!*
> *I must feed them with hope*
> *tho' I myself do starve.*
> *(com grande esforço assume uma atitude de rainha)*
> *Arise, my people! Cease lamenting!*
> *Palmyra yet must be defended!*
> *Each one must now a hero be,*
> *As tho' his soul from Mars descended.*

(O sol se pôs em seus corações. Ai de mim! O meu é como uma noite sem estrelas. Devo alimentá-los com esperança, embora eu própria morra de fome. Ergue-te, meu povo! Pára de te lamentar! Palmira ainda tem de ser defendida! Cada um de nós tem de ser um herói, como se a sua alma descendesse de Marte.)

O surgimento de uma heroína dessa natureza é muito significativo num momento em que a mulher americana está começando a tomar consciência de sua posição na sociedade e a fazer exigências tais como a igualdade de possibilidades no trabalho ou o direito ao voto.

Zenobia é uma ambiciosa *lyric opera* para grande coro e muitos solistas, com numerosas cenas de conjunto, árias estróficas e de estrutura contínua – obedecendo ao modelo *durchkomponiert* wagneriano –, recitativo acompanhado muito dramático, e imponentes *tableaux vivants* encerrando cada um dos atos. No entanto, ainda predomina nela a antiga forma da ópera de números, mais do que o fluxo de narrativa contínua. Pratt não chega a ser um melodista memorável, mas a partitura contém harmonias pós-romântica ricamente coloridas, e algumas justaposições tonais surpreendentes.

Provoca o sorriso, hoje, a reação do crítico do *Chicago Tribune* que, em 27.3.1883, mesmo reconhecendo haver "números de mérito positivo, bem orquestrados e eficientes", escreveu:

> As harmonias do sr. Pratt situam-se além de nossa compreensão ou apreensão. Comparado a Pratt, Wagner não passa, em certos aspectos, de um outro Rossini. A cada momento, nas 203 páginas da partitura, encontramos exemplos das modulações absurdas do sr. Pratt. Talvez o exemplo mais notável seja o que encontramos na página 159. Na ária "Calm and Serene", de Longinus, há modulações de proporções assustadoras, escritas para um texto que pede as harmonias mais simples. Não há. Nesta cidade, um só tenor que consiga cantar à primeira vista os quatro primeiros compassos dessa ária.

As "modulações absurdas", que a crítica da época não entendia, provinham do desejo de Pratt de criar para a música americana um estilo pós-romântico próprio.

Zenobia foi apresentada em forma de concerto, no Central Music Hall de Chicago, em 15 de junho de 1882; e subiu ao palco no McVickers Theater em 26 de março de 1883. Pratt fez vigorosa campanha pela ópera composta por americanos, organizando para isso o Grand Opera Festival de 1884, que teve resultados bastante palpáveis. Voltou a Londres no ano seguinte, e ali regeu seu poema sinfô-

nico *The Prodigal Son*, em 5 de outubro de 1885. Retornando a Chicago, montou, em 14 de março de 1887, *Lucille*, a versão revista de uma ópera de resgate anteriormente intitulada *Antonio*. Filha do conde de Auvergne, Lucille disfarça-se de homem, para libertar seu namorado, Antonio, encarcerado injustamente. Óbvia herdeira da Leonora do *Fidelio*, Lucille também apresenta traços da mulher redentora wagneriana, como Senta ou Elizabeth.

Pratt mudou-se para Nova York em 1888 e, ali regeu, em forma de concerto, a ópera *The Triumph of Columbus* (12.10.1892). Esta peça foi a ganhadora, em Chicago, do concurso comemorativo do quarto centenário do descobrimento da América, o mesmo de que Carlos Gomes participou, com o seu *Colombo*. No dia 24 de novembro de 1894, montou *América: Four Centuries of Music, Picture and Song*, cantata cênica acompanhada de imagens geradas pelo *stereopticon*, uma espécie de projetor de slides que ele mesmo tinha desenvolvido. Em 1906, instalou-se em Pittsburgh, onde fundou o Pratt Institute of Music and Arts, que dirigiu até sua morte. Era uma personalidade muito curiosa, seriamente convencido de sua importância como artista, como o demonstra a sua saudação a Wagner, quando se encontraram em Berlim: "Herr Wagner, o senhor é o Silas Pratt da Alemanha". A *Sinfonia Lincoln*, a cantata *The Last Inca*, os estudos do manual *Pianist's Mental Velocity* e, em 1912, o poema sinfônico *The Tragedy of the Deep*, inspirado pelo naufrágio do Titanic, são outras obras suas dignas de menção.

Gleason

Crítico do *Chicago Tribune*, Frederick Grant Gleason (...-1900) tinha estudado em Leipzig, Berlim e Londres, e compôs um concerto para piano, dois poemas sinfônicos, peças corais, canções e várias obras para piano. É o autor de duas óperas: *Otho Visconti* (1877) e *Montezuma* (1885). Esta última – nunca encenada – é dotada de uma rede tão cerrada de *leitmotive*, que Gleason teve de redigir um guia, explicando o que simbolizavam. *Otho* foi estreada postumamente, no College Theater de

Esta caricatura de Joseph Keppler, na revista *Puck*, mostra Anton Seidl, o mais respeitado regente wagneriano de sua época, disputando espaço com Claudio Muzio, maestro especializado em melodramas italianos.

Para Annie Louise Cary, o primeiro grande soprano wagneriano dos Estados Unidos, Silas Pratt escreveu o papel-título de sua ópera heróica *Zenobia*. Mas Cary aposentou-se pouco antes da estréia do drama lírico de Pratt.

Chicago, em 6 de junho de 1907, sete anos após a morte de seu autor.

Otho Visconti é um *grand-opéra* de estilo meyerbeeriano, mas com grande influência de Wagner na escrita orquestral e organização temática, e de Verdi na forma de estruturar as árias. Passada em Florença, durante a luta entre guelfos e gibelinos, o libreto do próprio Gleason fala da atração de Otho por Bianca – eles são os líderes dos partidos inimigos – e envolve-os numa história de amor, traição e assassinato. Inexperiente como libretista, Geason não consegue desenvolver a personalidade de Bianca de forma a tornar verossímil o fato de, no final, ela ordenar a morte do homem que ama.

Da mesma forma, ao contrário do Riccardo do *Baile de Máscaras*, em quem Gleason parece estar todo o tempo se inspirando, Otho não tem uma grande ária, cheia de emoção, com a qual possa conquistar a simpatia da platéia. Mais melodrama do que tragédia, mais ação externa do que espiritualidade interiorizada, *Otho Visconti* é interessante enquanto exemplo de utilização, por um autor americano, do modelo de *grand-opéra* com danças, procissões, cenas de multidão e uma grande variedade de formas vocais – em especial o grande dueto multi-seccional que se tornara muito comum, na ópera européia, a partir dos *Huguenotes* de Meyerbeer. O regente Theodore Thomas tinha grande estima pelo Prelúdio dessa ópera, e o escolheu para abrir o concerto que dirigiu na Exposição Mundial Colombiana, realizada em Chicago em 1893.

Kelley

Nascido em Sparta, no Wisconsin, Edgar Stillman Kelley (1857-1944) foi estudar música em Chicago com Frederick Merriam e, depois, com Clarence Eddy e N. Ledochowsky. Aperfeiçoou-se no Conservatório de Stuttgart, a partir de 1876, com Max Seifritz (composição), Wilhelm Krüger, Wilhelm Speidel (piano) e Friedrich Finck (órgão). De volta para casa, exerceu uma multiplicidade de funções: organista em Oakland e San Francisco; regente de uma companhia de opereta em Nova York; professor em várias escolas; crítico de música

do *San Francisco Examiner*. Foi para Berlim em 1902, e ali deu aulas de piano até 1910, data em que foi nomeado professor de composição no Conservatório de Cincinnati. A editora que fundou juntamente com sua mulher, Jessie Kelley, foi a responsável pela publicação de muitos autores americanos.

Kelley compôs música incidental para diversas peças, nas quais insere números corais, balés e, à vezes, peças solistas: *Macbeth* (San Francisco, 1885); a comédia *Puritana* (1892), que obteve cem apresentações consecutivas em Boston; *The Cat and the Cherub* (Nova York, 1901); *The Pilgrim Progress* (Festival de Cincinnati de 1918). Sua obra mais importante desse gênero, encenada cerca de seis mil vezes em todo o país entre 1900-1918, é *Ben-Hur*, baseada no romance histórico de Lew Wallace. Esse "melodrama-pantomima", com mais música instrumental e dança do que canto, é muito importante na medida em que traz para o campo da ópera o tipo de música que se escrevia para acompanhar as exibições de filme. A música de Kelley prenuncia as partituras que serão compostas como trilha sonora, nas décadas seguintes, entre elas a do *Ben-Hur* que William Wyler dirigirá na década de 1950. Mesmo raras, as cenas corais de Kelley são muito imponentes, e seus eventuais números solistas são bem escritos. Grande admirador de Wagner, de quem toma emprestada a técnica do *leitmotiv*, usada na música de *Ben-Hur*, e a opulência da escrita orquestral, Kelley tinha planos de converter essa música incidental numa ópera; mas esse projeto nunca chegou a se concretizar.

Kelley é também o autor da sinfonia *Gulliver: His Voyage to Liliputh*, iniciada em 1893, mas só completada em 1936. A estréia com a Sinfônica de Cincinnati, regida por Eugene Goosens, em 9 de abril de 1937, causou furor devido à forma realística como eram representadas cavalos a galope, cenas de batalha ou Gulliver pegando no sono. No final de abril, a NBC transmitiu a obra em rede nacional, regida por Walter Damrosch, em homenagem aos 80 anos do compositor. Outras obras que merecem menção: a sinfonia *New England* (1913); as suítes *Aladdin* (1894), *Alice in Wonderland* (1919) e *The Pit and the Pendulum* (1925), a cantata *Israfel and Eldorado* (1930), além de música de câmara, peças para coral e canções. É o autor de *Chopin the Composer*, publicado em 1913.

Paine

O pai de John Knowles Paine (1839-1906) era dono de uma loja de música, em Portland, no Maine, e também regente da banda local. Desde cedo pôs o filho para estudar música com o alemão H. Kotzschmar, que o convenceu a ir aperfeiçoar-se em Berlim. A partir de 1858, Paine seguiu os cursos da Tonschule com Haupt (contraponto), Fischer (canto) e Wieprecht (orquestração).

Organista da West Church de Boston, tornou-se, em 1862, professor de música na Universidade de Harvard e organista da Appleton Chapel em Cambridge. Ao ser criada a cátedra de música em Harvard, em 1875, Paine foi nomeado para ela, e exerceu esse cargo até a sua morte. Foi o professor de toda uma geração de músicos americanos – John Alden Carpenter, Arthur Foote, Thomas Surette, Edward Burlinghame Hill, Frederick Converse – e, segundo dizia seu amigo John Fiske, "é graças a ele que a música foi colocada, no meio universitário americano, no mesmo nível da filosofia, das ciências ou dos estudos clássicos".

O próprio Paine escreveu, em 1898, alternando prosa e versos rimados, o libreto de *Azara*, baseada em *Aucassin et Nicolette*, o *fabliau* francês do século XIII. Apresentada com acompanhamento de piano em 1903 e 1905, *Azara* foi ouvida em forma de concerto no Symphony Hall de Boston, em 9 de abril de 1907. Mas nunca foi encenada: o Metropolitan de Nova York chegou a pensar em apresentá-la, mas não dispunha, na época, de cantores treinados para cantar em inglês os árduos papéis dessa ópera.

Passada na Provença medieval, *Azara* tem como personagem-título uma linda garota mourisca, desejada pelo chefe sarraceno Malek, que tudo faz para separá-la do príncipe Gontran, filho do rei Rainulf, por quem ela está apaixonada. Capturada por Malek, Azara consegue fugir e, disfarçada de menestrel, consegue reunir-se com o namorado no brilhante final da ópera. Paine usa com habilidade a técnica do *leitmotiv* – quase exclusivamente instrumentais, como nas obras de Wagner –, para unificar o material melódico de uma peça de estrutura contínua, em que os números estão integrados ao fluxo da narrativa orquestral. Os ligados a Azara, em especial, sofrem transformações muito ricas, desde a primeira vez que ele surge, quando Gontran comunica ao pai a decisão de casar-se com ela, até a cena climática do ato II em que ela se lamenta por estar separada de Gontran. Muito interessante é, no ato III, o momento em que ela se faz reconhecer por Gontran, porque seu *leitmotiv* é a base da balada que está sendo cantada pelo menestrel desconhecido, que surgiu no palácio. Paine faz também um bom trabalho de caracterização de Malek, dotando-o de *leitmotive* modais e de corte rítmico anguloso, que têm sabor nitidamente exótico. Falando de sua técnica de orquestração, que usa trios de madeiras, grandes naipes de percussão, e extensas partes para cordas divididas, o próprio Paine admitiu:

> Vocês verão que entrei numa nova fase no que se refere à forma, tratamento temático e instrumentação. Embora eu não o tenha imitado conscientemente, sei que todos os compositores dramáticos têm de aprender com Wagner. Dei seguimento ao fluxo rítmico orquestral integrado característico de Wagner, que é responsável pela verdade na expressão dramática.

As obras mais importantes de Paine, além de sua ópera, são a *Missa em Ré Maior*, que ele próprio regeu em Berlim, durante uma excursão em 1866; a música incidental para *Os Pássaros*, de Aristófanes, e o *Oedypus Tyrannus* de Sófocles; as cantatas *The Realm of Fancy*, *The Nativity*, *Song of Promise*; os poemas sinfônicos *The Tempest* e *An Island Fantasy*; duas sinfonias e vasta música de câmara. Postumamente, foi publicada sua *The History of Music to the Death of Schubert* (1907). O estudo mais substancioso sobre esse pioneiro é *The Life and Works of John Knowles Paine*, de John C. Smith, publicado pela UMI Research Press, de Ann Harbor, em 1980.

Damrosch

Nascido em Breslau, na época alemã, Walter Johannes Damrosch (1862-1950) estu-

Cartaz de propaganda do melodrama-pantomina *Ben-Hur* (1899), de Edgar Stillman Kelley.

O compositor e regente Walter Damrosch, autor de *The Scarlet Letter*, baseada no romance de Nathaniel Hawthorne.

dou harmonia com seu pai, conhecido violinista e regente, amigo íntimo de Liszt e Wagner, Leopold Damrosch era casado com a cantora Helene von Haimburg. Walter prosseguiu os estudos com Rischbieter e Draeseke em Dresden; treinou regência com o pai e Hans von Bülow; e fez piano com von Inten e Boekelmann, aperfeiçoando-se em Nova York com Max Pinner depois que, em 1871, seu pai aceitou o convite para reger a Arion Society, e instalou-se nos Estados Unidos.

Walter Damrosch regeu a New York Oratorio Society (1885-1898), a New York Symphony Society (1885-1903), e foi o responsável, no Metropolitan, pelas apresentações de óperas alemãs. Criou em 1894 a Damrosch Opera Company, responsável pela encenação de óperas de Wagner em diversas cidades americanas (inclusive o *Parsifal* em forma de concerto, que executou em Nova York, em 3 de março de 1886). Regeu as principais orquestras americanas – a começar pela Filarmônica de Nova York, da qual foi o titular entre 1902-1903 –, e foi o maestro do primeiro concerto transmitido pela recém-criada NBC (15.11.1926, com a Sinfônica de Nova York). Damrosch introduziu nos Estados Unidos obras de Brahms e Tchaikóvski; encomendou peças novas, entre elas o *Concerto para Piano* de Gershwin; e recebeu grande número de honrarias, incluindo a medalha David Bispham (1926), e a medalha de ouro do National Institute of Arts and Letters (1938).

George Parsons Lathrop, genro do romancista Nathaniel Hawthorne, escreveu para Damrosch um libreto baseado em *The Scarlet Letter*. Trabalhando a maior parte do tempo com versos brancos, "moldados pelo sentimento, a paixão, ou a situação momentânea", como ele próprio diz na introdução, Lathrop fez um trabalho que capta muito bem o clima tenso da novela de seu sogro. "Além da metrificação e do ritmo de cada verso", diz ele, "existe a complexa melodia da palavra, todo um esquema de ênfases e pausas, que percorre vários grupos de versos". Lathrop constrói seu libreto em torno do tema básico do pecado e de seu efeito sobre o indivíduo e a sociedade.

Hawthorne mostra o efeito do pecado sobre as suas personagens: Hester Prynne, condenada, por adultério, a ser marcada com a letra escarlate; o reverendo Arthur Dimmesdale, seu amante, cujo segredo acaba levando-o à morte; e Chillingworth, o malévolo marido de Hester. Já se discutiu muito a influência, no processo de gestação do romance, do *Tristão e Isolda*, cantado pela primeira vez nos Estados Unidos nove anos antes de *A Letra Escarlate* ter sido escrita – bem como a medida em que o livro de Hawthorne antecipa as teorias freudianas sobre o efeito corrosivo da culpa no espírito humano. Como as óperas de Wagner, o livro está cheio de símbolos: a letra A, de "adultério", que Hester terá de carregar pelo resto da vida, costurada em seu vestido; o cadafalso, em que ela é exposta à execração pública; a luz do sol, que ela vê filtrada entre as árvores da floresta, como um sinal de esperança no perdão. A redenção de Hester, realizada em tons muito wagnerianos, ocorre no momento em que ela toma veneno e morre, junto com seu amante, enquanto o coro – a comunidade que antes a desprezava – canta o seu perdão:

The flower of sacrifice
blooms in no earthly garden.
Thou, Hester, over us
triumph hath won.

(A flor do sacrifício não cresce nos jardins terrenos. Triunfaste sobre nós, Hester.)

Enfraquece um pouco a ópera, na opinião de um musicólogo como George Martin[1], a ausência da filha de Hester – omitida talvez porque, na época, parecesse inadequada a presença de uma criança numa obra teatral com tema tão delicado. Predominam também as vozes masculinas graves (entre os sete papéis, Hester é a única mulher e Dimmesdale, o único tenor) o que pode causar uma certa monotonia. A partitura, escrita para orquestra grande e dois coros a quatro vozes, tem estrutura contínua e organização harmônica e instrumental que deve muito a Wagner. Ainda mais do que na *Azara,* de John Paine, as personagens e suas paixões são moldadas por um jogo muito elaborado de *leitmotive* expostos a inúmeras metamorfoses. Um dos mais importantes deles é o da letra escarlate, que surge, no ato I,

1. Em *The Damrosch Dinasty: America's First Family of Musicians* (Boston, Houghton Mifflin, 1983).

quando o coro chama Hester de "a child of error". As personagens têm melodias que as retratam de forma distinta: Hester com um *andantino grave* em mi menor; Arthur com um tema dissonante, que representa suas dúvidas e instabilidade emocional; Chillingworth com uma melodia nos oboés que é de tom sinistro, deliberadamente melodramático.

Toques dissonantes ou de inflexões politonais ocorrem em momentos particularmente tensos. Um deles é, no final do ato I, o contraste torturado entre as intervenções dos solistas e o coro, que canta convictamente o hino "Praise God from whom all blessings flow". Algumas árias são particularmente encantadoras. Provavelmente a mais bela é "Ripple of the brook", que Hester canta no ato II – nela se reflete a imagem do regato como símbolo do desejo de liberdade, que Hawthorne usa no livro. Também a Canção do Marujo, do ato III, é dramática e cheia de colorido. Uma das figuras femininas mais notáveis da literatura americana, íntegra e cheia de coragem para enfrentar a hipocrisia da sociedade puritana, Hester Prynne tem todo o estofo de uma grande personagem de ópera.

Partes da *Letra Escarlate* foram apresentadas em versão de concerto, no Carnegie Hall, em 4 de janeiro de 1895, com Lillian Nordica no papel de Hester. A cantora wagneriana Johanna Gadski, na época com 23 anos, interpretou-a quando a Damrosch Opera Company estreou a ópera no palco, em Boston, no dia 10 de fevereiro de 1896. O barítono David Bispham – tão popular quanto, mais tarde, seria Lawrence Tibbett – fez a brilhante criação de Chillingworth em Philadelphia, em 22 de fevereiro desse mesmo ano.

Damrosch foi elogiado por "fundir os elementos de sua composição com uma liberdade e ousadia que surpreendem por sua exibição de domínio técnico". Mas o crítico Anton Seidl chamou *The Scarlet Letter* de "a trilogia dos nibelungos da Nova Inglaterra". E Alfred Remy qualificou o acompanhamento orquestral de "um oceano tempestuoso, no qual bóiam, como destroços após o naufrágio, umas poucas frases musicais – a maioria delas de Wagner." Um julgamento, é claro, cuja injustiça e imprecisão poderia ser aferida se *A Le-*

tra Escarlate obtivesse o resgate discográfico que merece.

Damrosch foi o primeiro compositor americano a ter duas de suas óperas estreadas no Metropolitan: *Cyrano* e *A Man Without a Country*. Ao assistir, em 1902, a uma apresentação do *Cyrano de Bergerac* de Edmond de Rostand, Damrosch entrou em contato com W. J. Henderson, pedindo-lhe que preparasse o libreto. Trabalhou rapidamente na partitura. Seu editor já tinha gravado as placas para a impressão mas, descontente com o texto do ato II, ele retirou a obra, e parecia ter desistido dela.

Nove anos depois, Damrosch convidou Gatti-Casazza e os demais membros da direção do Metropolitan para uma audição, em sua casa, de todo o ato I e trechos do II. Ele próprio acompanhava ao piano os cantores e um pequeno coro. A música agradou e o Met decidiu encenar a ópera. O ato IV foi composto e toda a orquestração foi revisada. Alfred Hertz regeu a estréia em 27 de fevereiro de 1913. Pasquale Amato, barítono italiano muito popular, fazia Cyrano. Roxane e Christian eram interpretados por Frances Alda e Riccardo Martin. Uma semana antes da estréia, porém, um cabograma chegado da França expressava o descontentamento de Rostand por Damrosch e Henderson terem usado a peça sem seu consentimento. Tecnicamente, não houvera irregularidade, pois os direitos autorais da peça francesa não eram protegidos pela lei americana de copyright. Em 21 de fevereiro de 1913, o dia seguinte ao recebimento do cabograma, Damrosch declarou ao *New York Times* estar "surpreso com a ira de Rostand". E acrescentou:

> Não tenho correspondência com Mr. Rostand mas, quando comecei a trabalhar na ópera, meu representante escreveu à Société des Auteurs Dramatiques, informando-a que, embora *Cyrano* não tenha seus direitos autorais assegurados pela lei americana, eu teria prazer, devido a meu respeito pelo gênio de Mr. Rostand, em lhe pagar royalties. E o presidente dessa sociedade, M. Pierre Decourcelle, me escreveu agradecendo pelo que chamou de "meu comportamento generoso".

Rostand era um conhecido "criador de casos". Quatorze anos antes, acusara Richard Mansfield de plagiá-lo em sua peça *The Mer-*

chant Prince of Cornville, em que havia uma cena de balcão e uma personagem que se declara à outra por pessoa interposta. Como seus argumentos eram fracos, o processo se arrastou e foi sendo adiado, até cair em exercício findo. A resposta do *Times* foi, em desagravo ao compositor, estampar, na sua edição dominical do dia 23, uma página inteira dedicada ao *Cyrano*, com ilustrações dos cenários, fotos do elenco, sinopse detalhada da ação e citação de trechos do libreto. Um editorial anônimo proclamava:

> Toda Nova York, se não todo o mundo operístico, só fala de *Cyrano*. Este será o grande assunto musical da semana e esperamos sinceramente que a obra ocupe seu lugar na mente dos freqüentadores de ópera, até ela ter atingido a idade do *Barbeiro de Sevilha*, que ainda está presente no repertório, e que ela carregue a sua idade tão galhardamente quanto a comédia de Rossini.

Isso, infelizmente, não aconteceu. Mas, na estréia, o entusiasmo foi tão grande que, no final do ato III, o compositor, o libretista e o diretor do teatro foram chamados diante da cortina, junto com os cantores. Gatti-Casazza fez um discurso agradecendo à platéia pela recepção dada aos três primeiros atos, e pedindo-lhe que ficasse para o quarto ato, "curto mas essencial". Henry Krehbiel, do *New York Times*, chamou *Cyrano*, em 27 de fevereiro de 1913, de "uma notável realização artística". E observou:

> A companhia possui, agora, cantores de alto nível, americanos e ingleses, capazes de interpretar uma tal obra competentemente, na língua em que foi escrita. Quanto à música, ela foi composta com habilidade, verve e espontaneidade; mas em alguns pontos está privada de inspiração, originalidade ou poder. O débito de Damrosch em relação a Wagner, principalmente o dos *Mestres Cantores*, é grande; e também a Verdi e alguns nomes menores; mas é também óbvia a sua familiaridade com a música moderna. Quanto aos cantores, cenários, figurinos e direção cênica, foram todos excelentes.

No disco *Scenes from American Opera*, existe o registro da Cena do Balcão, com os criadores da ópera.

Arthur Gutterman extraiu o libreto da ópera seguinte do conto *A Man Without a Country*, o conto de Edward Everett Hale, publicado em dezembro de 1863 no *Athlantic Monthly*,

Edward Johnson a tinha encomendado para estrear no Met em 12 de maio de 1937. Damrosch regeu um elenco em que estavam Arthur Carron (Nolan), Helen Traubel (Mary), Joseph Royer (Aaron Burr), George Rasely (Blennerhassett) e John Gurney (Colonel Morgan). A direção de cena era de Désiré Defrère. Datava de 1927 o projeto de Damrosch de escrever uma opera a partir dessa narrativa heróica. Mas, ao iniciar a composição, percebeu que as possibilidades dramáticas da história de Hale eram limitadas. De comum acordo com Gutterman, incluiu na trama uma intriga amorosa e modificou o final.

O jovem tenente da Marinha Philip Nolan está apaixonado por Mary Ruttledge, com quem deseja casar-se. Para impressioná-la, entra em altos negócios financeiros com Aaron Burr[2] para, no final, dar-se conta de que foi envolvido numa vasta negociata. É levado à corte marcial e, durante seu julgamento, denuncia o governo americano. É condenado ao exílio, mas é solto graças aos esforços de Mary, que faz de tudo para obter a sua liberdade e limpar o seu nome. Nolan, porém, sente-se em dívida com seu país e está convencido de que só no sacrifício encontrará a redenção. Alista-se no exército, durante a Guerra Civil, e morre em combate.

Nesta ópera, o modelo escolhido por Damrosch foi o *Fidelio*, de Beethoven: diálogos falados interligam as cenas; às árias, cenas de conjunto ou trechos corais o compositor reserva os momentos de reflexão, reação aos acontecimentos, ou de interação psicológica entre as personagens. Em entrevista ao *New York Times* de 20 de abril de 1937, Damrosch demonstrou muita preocupação com "o uso de um padrão comum de pronúncia, de modo a que o inglês possa soar nobre ao ser cantado". Isso significou, em particular, um treinamento especial do tenor inglês Arthur Carron, para que ele não destoasse dos demais cantores, todos americanos.

O público da estréia reagiu com muito entusiasmo. Damrosch foi chamado ao palco após o ato I mas, recusando o *curtain call*, pre-

---

2. Essa figura real da política americana, na época da Guerra Civil, e as suas negociatas e trapaças foram o objeto de uma interessante novela de Gore Vidal.

feriu aplaudir o elenco a partir do fosso. No final da ópera, foi arrastado pelos cantores até o palco, e teve de fazer um discurso, em que terminou dizendo:

Semanas atrás, eu estava muito desanimado, pois achava que me restava tão pouco tempo para compor. Mas o compositor e crítico Deems Taylor me lembrou que Verdi criou o *Falstaff* aos 80 anos, e foi isso que me encorajou a continuar escrevendo.

Os comentários da crítica foram, de um modo geral, positivos e, em um ou outro caso, até mesmo entusiásticas. Como no caso de outras óperas de autor americano, considerou-se o evento um sucesso, até mesmo quando se admitia que a obra em si não foi considerada única ou memorável. A opinião mais interessante é a de Olin Downes no *New York Times* de 13 de maio de 1937:

O que a ópera apresenta de mais interessante são as referências à figura real de Aaron Burr e de sua conspiração financeira, no início do século XIX, bem como o destino do homem comum que, hipnotizado pela língua traiçoeira de Burr, amaldiçoou o seu país num momento de irritação. São questões que, em 1863, eram profundas e urgentes. Na época da Guerra Civil, patriotismo era mais do que uma palavra da qual demagogos fizessem uso indevido, ou que pudesse ser ridicularizada por oradores trepados em caixotes de sabão, ou bolcheviques de botequim. Era uma questão séria. [...] Mas o tratamento dado pela ópera a esse assunto é frívolo. Trata-se de uma obra calculada para divertir, procurando satisfazer a seu gosto, em vez de se preocupar em comovê-lo ou em conquistar a sua atenção pela originalidade. É uma ópera de números fechados, versos convencionais e música habilidosa, mas muito comum.

[...] Mr. Gutterman que, há muito tempo, promoveu-se à categoria de poeta do óbvio, não renunciou a essa distinção, a julgar pelo que encontramos nas páginas de seu libreto. Na verdade, ao tomar emprestadas muitas páginas nos volumes dos escritores de cançonetas para ópera ligeira, avançou ainda mais nessa direção que escolheu. "Sighing" e "dying" podem, é verdade, ser rimas tão defensáveis quanto "amore" e "dolore", para as quais mais de um compositor italiano do século XVIII escreveu belas melodias. A questão é que, nesses casos, a melodia tem de ser superior ao texto e, hoje em dia, é necessário que o texto tenha um pouco mais de qualidade para inspirar o compositor.

A respeito da música, disse Lawrence Gilman, no *Herald Tribune* de 13 de maio de 1937:

Mr. Damrosch musicou, de forma simples e despretensiosa, uma história simples e despretensiosa. Não

tentou dar-nos um drama lírico *à la Richard* (Strauss ou Wagner). Não prestou atenção alguma à sereia que tenta os compositors ultra-modernistas. Em 1937, escreveu como se Berg, Schönberg e Hindemith nunca tivessem tomado da pena.

Um Homem Sem Pátria teve mais três récitas naquela temporada, e foi reprisada na seguinte (no mesmo ano em que Bidu Sayão estreou no Metropolitan, e em que *the Wagnerian goddess* Kirsten Flagstad cantou, em récitas consecutivas, nos dias 2, 3 e 4 de março, *Götterdämmerung, Lohengrin e Tristan und Isolde*).

Damrosch encenou ainda as comédias *The Dove of Peace* (Philadelphia, 15.10.1912) e *The Opera Cloak*, em um ato (Nova York, 3.11.1942). Mas nenhuma delas fez grande sucesso ou tem tanta importância musical ou histórica quanto *The Scarlet Letter*. Compôs também, para o palco, a música incidental da *Iphigenia in Aulis* e da *Medea*, de Eurípedes (1915) e da *Electra*, de Sófocles (1917). É o autor do *Manila Te Deum* (1898) e de várias canções para voz e orquestra.

Chadwick

Um dos educadores mais influentes nos Estados Unidos do final do século XIX, George Whitfield Chadwick (1854-1931) estudou com Eugene Thayer, em Boston, e exerceu, até 1876, o cargo de chefe do Departamento de Música no Olivet College, de Michigan. No ano seguinte, foi para a Alemanha, onde foi aluno de Reinecke e Jadassohn, em Leipzig. Regeu, em 20 de junho de 1879, a sua peça de graduação, a abertura *Rip van Winkle*, com a orquestra desse conservatório. Reinecke levou-o em seguida para Munique, onde lhe deu aulas de órgão e composição.

Chadwick voltou para Boston em 1880, convidado a assumir o cargo de organista na South Congregational Church. Dois anos depois, tornou-se professor de harmonia e composição no Conservatório da Nova Inglaterra; e foi eleito seu diretor, em 1897, após a aposentadoria de Reinhold Faelten, celebrado virtuose do piano. Muito premiado por seu trabalho na área acadêmica, era um romântico ardente, cuja formação alemã se evidencia na orquestração opulenta e nas harmonias wagnerianas. Chadwick é um dos compositores pertencentes ao que a musicologia americana chama de "Boston classics".

As operetas de Gilbert e Sullivan, muito populares em Nova York, foram o modelo para suas primeiras experiências dramáticas, *The Peer and the Pauper* (perdida), *A Quiet Lodging* (encenada privadamente em Boston em 1892) e *Tabasco*, muito bem recebida em Boston em 29 de janeiro de 1894. Mas passaram-se muitos anos antes da composição do drama bíblico *Judith*, para o Festival de Worcester, de que ele era o diretor artístico, e ali cantado em 26 de setembro de 1901.

Se seis anos depois, em 1907, a *Salomé* de Richard Strauss foi retirada de cartaz, no Metropolitan, por ter sido considerada escandalosa, a história de uma mulher que seduz um general e lhe corta a cabeça – mesmo com sua origem bíblica – não tinha a menor chance. Chadwick e William Chauncy Langdon, o seu libretista, gostariam de ter dado à sua *Judith* a forma de uma ópera. Mas, prevendo os problemas que isso haveria de lhes acarretar, o compositor optou pela forma híbrida de ópera-oratório, tomando como modelo o *Sansão e Dalila* de Saint-Saëns, que tinha regido pouco antes em Worcester.

Mas as seqüências de sedução e assassinato, na *Judith*, realçadas por uma música de cromatismos orientalizantes que a tornam pesadamente erótica, pedem a encenação. A cena climática em que Judite, vitoriosa, decepa a cabeça de Holofernes, é descrita com efeitos de percussão, ritmos sincopados e uma opulência orquestral que correspondem a um verdadeiro orgasmo sonoro. Nada semelhante havia sido composto antes, para o palco, por um compositor americano, afirma Elisa Kirk em *American Opera*. O coro com que o povo de Israel saúda Judite – "Ah, noblest of Judah's women" –, quando ela entrega a Ozias a cabeça do general assírio, lembra muito o trecho com que, no final da *Letra Escarlate*, a comunidade perdoa a Hester Prynne. A mesma multidão que, no início da ópera, advertia a Judite "a luxúria há de cavar teu túmulo", agora celebra sua vitória. A única diferença é que Hester é redimida pelo seu sacrifício, e Judite

pela sua coragem e heroísmo. Ou, como diz Jane Marcus em *Art and Anger: Reading Like a Woman* (1988): "Um pequeno salto da imaginação basta para transformar essa jovem mulher furiosa em uma *suffragette* com uma pedra na mão."

Em 1915, era muito atual o tema de *The Padrone*, denunciando o controle da Máfia sobre os imigrantes italianos pobres. Mas já estava superado o idioma verista com que foi escrita, razão pela qual o Metropolitan de Nova York a recusou, e ela não chegou a ser encenada. Junto com *The Immigrants* (1914), de Frederick Converse, porém, essa ópera de Chadwick é importante por prenunciar um tom que só com *The Saint of Bleecker Street*, de Gian-Carlo Menotti, por exemplo, viria a se instalar na ópera americana.

Love's Sacrifice, uma "opereta pastoral" do ano seguinte, só foi montada em Chicago em 1º de fevereiro de 1923. Para o palco, Chadwick produziu ainda, em 1911, a música incidental para a peça *Everywoman*. É bastante volumosa a produção de George Chadwick: três sinfonias; as aberturas *Rip van Winkle, The Miller's Daughter, Melpomene, Euterpe*; os poemas sinfônicos *Cleopatra* e *Angel of Death*; música de câmara e uma grande quantidade de cantatas e peças corais, em geral escritas para o Festival de Worcester.

Parker

Professor de Charles Ives – que o admirava, mas discordava dele em tudo – e também de Roger Sessions, Horatio William Parker (1863-1919) foi um dos músicos americanos mais respeitados da virada dos séculos XIX-XX. Nascido em Auburndale, Massachusetts, Parker foi estudar em Boston com John Orth (piano) e George Chadwick (composição). Este o convenceu a aperfeiçoar-se em Munique com Rheinberger, de quem também tinha sido aluno. A peça de graduação de Parker foi a cantata *King Trojan*, escrita em 1885.

Voltando para seu país nesse mesmo ano, instalou-se em Nova York, onde ensinou no conservatório e em escolas de música mantidas por instituições religiosas, e foi organista das igrejas de St. Luke, St. Andrew e Holy Trinity.

Seu primeiro grande sucesso foi o oratório *Hora Novissima*, cantado em Nova York em 3 de maio de 1893. O domínio da escrita coral de que deu provas nesse oratório, e a solidez de uma estrutura harmônica e contrapontística firmemente enraizada na tradição alemã, valeram-lhe o convite para assumir o cargo de organista e regente do coro da Trinity Church, em Boston. Em 1894, foi nomeado professor da School of Music, cargo que manteve até o fim da vida, muito estimado até mesmo pelos alunos que rejeitavam o conservadorismo assumido de seus ensinamentos.

Em 1902, Parker escreveu: "A ópera é um gênero com limitações tão evidentes, que se deve considerá-la exterior à esfera de atividade razoável para os anglo-saxões." Sete anos depois, tinha mudado de opinião, pois afirmava que a ópera era "o gênero de maior importância no nosso horizonte musical". Para essa mudança de rumo, contribuíra o prêmio de US$ 10 mil que ele recebeu por *Mona*, com libreto de Brian Hooker, ganhadora de um concurso de óperas novas para o Metropolitan. Alfred Hertz regeu a estréia no Met, em 14 de março de 1912, com a grande estrela Louise Homer no papel-título. A seu lado estavam Rita Fornia, Herbert Witherspoon, William Hinshaw, Albert Reiss, Lambert Murphy, Putnam Griswold e outros.

A ação passa-se na Inglaterra, no século I, durante a ocupação romana. Apaixonado pela bretã Mona, Quintus, o filho do governador romano, juntou-se à tribo da moça com o nome de Gwynn, e chegou a tornar-se um bardo. O padrasto e o irmão adotivo de Mona vêem nela a líder da luta pela libertação da Bretanha, e pretendem fazer dela a sua rainha. Gwynn tenta usar os sentimentos de Mona por ele para tentar impedir a guerra. Até mesmo jura ser um dos conspiradores, para ganhar a confiança da moça. O pai de Quintus lhe promete poupar os bretões se, com Mona, ele conseguir a informação de quando e onde eles pretendem atacar, para que os romanos possam proteger-se de uma emboscada.

Na véspera da batalha, os apelos apaixonados de Gwynn fazem Mona hesitar em seus planos de luta. Mas quando Gwynn, consumido pela paixão, confessa que é romano e diz-lhe de que modo pretende conseguir a paz, ela

chama seu povo, manda prendê-lo e ordena que seja desencadeado o ataque aos romanos. Mas estes estão de sobreaviso e derrotam os atacantes bretões. Gwynn que, durante a batalha, conseguiu fugir, tenta interromper a luta. Convencida de que ele a traiu, Mona o mata. Tarde demais percebe, ao chegar o governador, que na realidade Quintus-Gwynn a amava de verdade e queria pacificar os dois povos. Chorando por seu amor perdido, Mona é levada presa por seu povo, que a recrimina por ter falhado como líder guerreira.

Enraízada no modelo wagneriano, *Mona* tem harmonias densamente cromáticas e um estilo arioso de declamação. Do ponto de vista da orquestração muito suntuosa, denota a influência dos poemas sinfônicos de Richard Strauss – a quem Parker admirava ainda mais do que a Wagner. "Na *Salomé*", costumava dizer, "temos uma orquestra da qual a tampa foi removida inteiramente." Ao contrário da *Azara* de John Paine ou da *Judith* de Chadwick, a princesa Mona é prisioneira de suas emoções conflitantes, que acabam por destruí-la. A revolta que liderou contra os invasores romanos acarretou a morte de Gwynn, seu namorado. A tragédia dessa mulher, dilacerada entre os sonhos da pessoa normal e o ideal da defesa da pátria, resume-se nas palavras de seu monólogo final, quando a estão amarrando para levá-la ao local onde será executada:

> *I could not be a woman*
> *loved and loving,*
> *nor endure motherhood*
> *and the wise ordinary*
> *joys of day-by-day...*
> *I have had dreams...*
> *only great dreams!*

(Eu não podia ter sido uma mulher amada e apaixonada, nem sofrer com a maternidade e as sábias alegrias comuns do dia-a-dia. Tive sonhos... grandes sonhos apenas!)

No *New Grove Dictionary*, assim Steven Ledbetter descreve a opera de Parker:

Embora fosse a opinião geral que *Mona* não estava destinada à popularidade fácil, muita gente achava que ela era mais do que apenas um primeiro esforço digno de nota. [...] Parker estava decidido a ter um libreto "poético", mas o uso que Hooker fez de um inglês complicado e fora de moda tornou a intriga difícil de acompanhar. O caráter sempre sombrio da ação refletiu-se nos coloridos

No elenco da *Mona*, de Horatio Parker, estavam o contralto Louise Homer (segunda, da esquerda para a direita, no papel-título) e o tenor Albert Reiss (Nial, na extrema direita).

orquestrais, que alguns acusaram de ser monótonos. *Mona* foi considerada um passo importante na produção da ópera americana; mas muitos críticos afirmaram que ela era desprovida de interesse melódico. Em meados da década de 1930, entretanto, vários escritores relembraram-na com calor considerável, expressando a esperança de que a nova geração redescobrisse a sua força.

Na verdade, em 1912, a mania wagneriana já não era tão forte e foram muito severas as críticas a um libreto "meio cinzento" e à opulência straussiana de uma orquestra da qual, realmente, "a tampa foi removida". Mas a acusação de monotonia não é justa, pois um colorido instrumental intenso e diversificado frisa cada episódio da história. A textura instrumental, isso sim, é muito densa, exigindo dos cantores vozes poderosas. E os *leitmotive*, mais do que fragmentos melódicos recorrentes, são seqüências de acordes cromaticamente alterados. Mona é retratada por grupos de temas modificados, em função dos estados de espírito muito cambiantes por que passa. "Usei *leitmotive* em *Mona*", disse o compositor, "porque não posso imaginar que, hoje em dia, se escreva uma ópera sem utilizá-los." Parker foi criticado por usar recitativos demais e "ter poucas melodias". Mas os momentos líricos são freqüentes: o enérgico coro dos druidas com que se encerra o ato II; os monólogos da personagem-título nos atos I e III; as árias em que Gwynn expressa seus sentimentos amorosos são alguns dos momentos melodicamente muito eficientes.

A obra seguinte, *Fairyland*, é uma ópera de números, de estrutura mais simples, com ênfase nos coros e em árias bastante melodiosas. Ganhou também um concurso, no valor de US$ 10 mil, aberto pela National Federation of Women's Club. E foi escolhida como o espetáculo destinado a celebrar a inauguração do Canal do Panamá. Encenada em Los Angeles em 1º de julho de 1915, não passou de um sucesso de estima. O organista Walter Henry Hall, que regeu o coro, escreveu:

As incursões de Parker no campo da ópera demonstraram que ele tinha completo domínio do material musical. Mas mostraram também que seu dom maior era para a música coral pura.

Para o 50º aniversário de fundação da Yale Art School, Horatio Parker escreveu ainda um *masque* – as semi-óperas do Barroco inglês que, na realidade são peças de teatro falado, com árias, coros e danças intercaladas – intitulado *Cupid and Psyche*, no qual homenageava o *Venus and Adonis* (1685) de John Blow. A peça foi ouvida uma única vez em New Haven, em 16 de junho de 1916. Embora haja quem considere que elas não sobreviveram no repertório por não possuírem força suficiente para isso, um musicólogo como W. K. Kearns – autor de *Horatio Parker 1863-1919: His Life, Music and Ideas*, publicado em 1990 pela Scarecrow Press – defendeu a importância de suas óperas, lamentando que tenham ficado no esquecimento.

A intransigência de um tradicionalista que permaneceu fiel à música das últimas décadas do século XIX, e nunca fez concessões às tendências novas européias ou locais, marca a produção de Horatio Parker. Além do *Concerto para Órgão* de 1902, ele escreveu grande número de peças corais de grandes proporções, até hoje admiradas: *The Lord is My Shepherd; The Ballad of a Knight and His Daughter; Blow, Blow, Thou Winter Wind; The Norsemen's Raid; Morning and Evening Service; Harald Harfager, Dream-King and His Love; The Legend of St. Christopher; Morven and the Grail* e outras.

A música americana, como de resto a do mundo inteiro, pagou seu tributo aos ideais do drama lírico wagneriano. O advento do Verismo fizera renascer no público o gosto pelas óperas sucintas e de melodismo generoso. Mas a preocupação dos compositores de que falamos, neste capítulo, com a ênfase no papel da orquestra e na exploração dos sentimentos mais íntimos de suas personagens, deu início a uma atitude estética que, no futuro, haveria de moldar algumas das melhores produções da ópera americana.

Os Nativistas

No período que se segue à Guerra Civil, os Estados Unidos passam por uma fase de acelerada expansão econômica. Surgem os grandes monopólios e, com o aumento da influência regional, aparecem os primeiros sintomas de uma política intervencionista que, na virada do século XIX-XX, terá aspectos imperialistas nítidos com a política do *big stick* e a hegemonia naval americana no Atlântico e no Pacífico mediante a construção do Panamá. É compreensível que, nesse período de orgulho com uma nação que cresce, se enriquece e se afirma no plano continental, desenvolva-se também uma arte nacionalista, interessada em investigar as raízes da formação americana.

A Expansão Econômica dos Estados Unidos

Nos governos que se seguiram ao de Ulysses Grant, a persistência da corrupção e da ineficiência fez surgir, em reação, o individualismo da iniciativa privada no comércio e na indústria e, no extremo oposto, o crime organizado sob a forma de gangues que constituíram um poder paralelo ao das autoridades. Apesar das crises, o país se expandiu: entre 1860 e 1919, a população aumentou de 31,3 para 91,9 milhões (20 milhões de imigrantes);

a mão-de-obra cresceu 700%, a produção, 2.000%, o capital de investimento, 4.000%. Entre 1880 e 1890, foram construídas quatro ferrovias intercontinentais. Em 1914, os Estados Unidos tinham 250 mil automóveis. Em 1915, tornara-se o maior produtor mundial de ferro, carvão, petróleo, cobre e prata.

A política tributária protecionista favoreceu a criação de monopólios: o comércio de peles da família Astor; a Standard Oil, dos Rockfeller; a Steel Corporation, dos Carnegie; as estradas de ferro, dos Vanderbilt. Em 1913, as famílias Morgan e Rockfeller controlavam 20% do patrimônio nacional (341 empresas com capital de US$ 22 bilhões). Os magnatas fundaram universidades, centros de pesquisa, museus, organismos de previdência social e envolveram-se no mecenato cultural, dando amplo apoio ao desenvolvimento da música americana. Mas as pressões dos sindicatos – a Federação Americana do Trabalho, fundada em 1866, e os Trabalhadores Industriais do Mundo, surgidos em 1905 – resultaram em mais de mil greves por ano. Isso levou o presidente William Taft a ratificar a Lei Antitruste, e Woodroow Wilson a suprimir a legislação protecionista e introduzir impostos progressivos, o que debilitou o poder dos monopólios.

A influência dos círculos financeiros sobre a política externa conjugou o expansionismo econômico ao intervencionismo. Os termos da Doutrina Monroe – "a América é para os americanos" –, formulada pelo presidente James Monroe, davam automaticamente aos Estados Unidos o direito de intervir, cada vez que a presença estrangeira ameaçasse o continente. A materialização mais clara desse princípio será a política do *big stick*, do presidente Theodore Roosevelt: "Onde quer que haja um problema, vou lá com meu grande porrete e acabo com ele." Essa será a base ideológica de todas as intervenções americanas, da República Dominicana, em 1904, ao apoio aos contras da Nicarágua, nas décadas de 1980-1990. E continuará alimentando episódios recentes, como o das intervenções americanas na Guerra do Golfo, no Afeganistão, e no Iraque.

As conferências pan-americanas de 1899, celebradas para estimular a unidade continental, encobriram, na realidade, o propósito de assegurar a hegemonia dos EUA sobre a América Central e do Sul. Depois de tentativas frustradas de anexação de Cuba, em 1853, e da República Dominicana, em 1854, e de desembarques de tropas no Panamá e na Nicarágua (1860), os Estados Unidos tentaram novamente anexar a República Dominicana entre 1865-1866. E houve intervenções do exército americano no México (1876) e no Chile (1891). Desde 1895, as redes de jornais de Joseph Pulitzer e William Hearst faziam campanha contra a presença espanhola em Cuba, o que resultou na Guerra Hispano-americana de 1898 e na anexação do Havaí e das Filipinas. Em 1899, a intervenção na Nicarágua impôs a este país as condições de protetorado do Tratado Hay-Gomez; o mesmo aconteceu, em 1900, com o Tratado Hay-Calvo, em relação à Costa Rica.

Em 1901, foi imposta à Constituição cubana a Emenda Platt, que assegurava o direito americano a intervir no país. Em 1903, foi construída na ilha a base de Guantánamo, mantida até a década de 1990. A partir de 1904, foram feitas novas intervenções na República Dominicana (1904-1914), Cuba (1906-1909), Nicarágua (1909-1912), Honduras (1910-1912) e Haiti, além de se obterem concessões territoriais, na Guatemala, para a United Fruit Co.

Em 1850, o Tratado Clayton-Bolwer preconizara a construção de um canal internacional no Panamá. Esse projeto foi iniciado pela companhia do francês Ferdinand de Lesseps, o idealizador do canal de Suez. Em 1901, ao comprar a companhia de Lesseps, que tinha falido, os Estados Unidos provocaram a separação do Panamá e da Colômbia. E, pelo Tratado Hay-Bunau-Varilla, adquiriram o direito a dispor de uma faixa do território panamenho, de ambos os lados do canal.

O Nacionalismo

No início do século XX, a saturação da influência wagneriana, que se tornara parte integral do vocabulário dos compositores americanos, provoca, em reação, a busca de uma estética que deite suas raízes em fontes de inspiração temáticas e musicais de origem nativista. Há até quem procure o nexo entre essa tendência dominante de origem estrangeira e o acervo étnico do Novo Mundo, como veremos no caso de Arthur Nevin, de quem falaremos mais adiante. A mistura de estilos e formas oferecidas pelas culturas nativas abria a esses compositores opções novas:

* reforçava a consciência da identidade nacional, que estava em expansão;
* introduzia no libreto elementos exóticos, primitivos, místicos, que eram do agrado do público;
* enriquecia a palheta sonora com novos modos de escrever, a imitação dos cânticos, danças e instrumentos indígenas.

Com o advento da gravação, na década de 1890, os etnólogos puderam documentar com mais facilidade uma cultura musical que, durante gerações, fora transmitida por meios exclusivamente orais. *A Study of Omaha Indian Music*, de Alice Cunningham Fletcher, dera início, em 1893, ao estudo desse acervo e à sua transcrição na notação ocidental. Esse trabalho foi prosseguido, em 1907, na abrangente coletânea de canções indígenas compilada por Natalie Curtis, preocupada em preservar aquilo que estava seriamente ameaçado de ser destruído pela colonização predatória dos brancos. "Eles vinham com a Bíblia numa mão e o revólver na outra", disse um velho navajo ouvido por Miss Curtis. "Primeiro roubavam nosso ouro. Depois roubavam nossas terras. E finalmente roubavam nossas almas."

Curtis apelou diretamente ao presidente Theodore Roosevelt, e foi a responsável pela adoção de reformas na política do departamento encarregado dos negócios indígenas. Não era o ideal mas, pelo menos, graças à sua intervenção, as crianças das reservas tiveram direito à educação em escolas mantidas pelo governo, e os adultos tiveram uma certa medida de liberdade de culto que, até então, lhes tinha sido tiranicamente negada.

A influência do trabalho pioneiro de Natalie Curtis levou compositores como Charles Wakefield Cadman, Harvey Worthington Loomis ou Charles Sandford Skilton a incorporar, em suas obras, cânticos e ritmos cerimoniais indígenas, embora o fizessem segundo as regras de harmonização ocidentais. Em 1910, Cadman organizou as *American Indian Music Talks*, conferências-recital nas quais, ao longo de quinze anos, apresentou cerca de 400 programas diferentes, ilustrados pela cantora Tsianina Refeather, descendente dos Tecumseh. Usando o nome da cerimônia em que os Omaha celebravam "a paz, a camaradagem e a canção", Arthur Farwell fundou, em 1901, a editora Wa-Wan, destinada a estimular os jovens compositores a fazer pesquisa étnica. Sua visão era muito ampla pois, nos concertos que organizava, Farwell apresentava não apenas música nativa americana, mas também dos outros povos que se combinavam, no solo dos Estados Unidos, para formar a população americana.

De que maneira esse material novo foi absorvido pelos compositores do início do século? De forma superficial ou fornecendo-lhes novos rumos musicais e dramáticos? Em *American Opera and its Composers* (1934), Edward Ellsworth Hipsher diz, a respeito de Arthur Nevin, que ele "não tentou reproduzir a música e as palavras dos índios, e sim criar, mediante o uso de figuras de linguagem e de seu idioma musical próprio, uma obra de arte que interpretava a vida e a maneira de pensar dos índios e, ao mesmo tempo, moldava a obra de acordo com os requisitos do palco de ópera".

Músicos como Stella Stocker e Henry Schonefeld foram conhecer os índios de perto, passando longos períodos entre eles. E Stocker fez a utilização prática desse material em seu *Sieur du Lhut* (1917). Cecil Fanning ficou oito meses na reserva dos Crow, para escrever o libreto de *Alglala*, musicado em 1924 por Francesco de Leone. Arthur Nevin escreveu *Poia* (1910) como o resultado de quatro verões passados na tribo dos Blackfeet. Cadman gravou cilindros de fonógrafo durante a visita que fez à reserva dos Omaha, no Nebraska. Para compor *Winona* (1926), Alberto Bimboni pesquisou temas índios em bibliotecas de Minnesota e do Smithsonian Institution. William Hanson entrevistou mulheres Sioux e com elas recolheu o material das *Sun Dance*, estreadas em 1913, em Vernal, no Utah.

Dos Chilkoot do Alasca aos Seminole da Flórida, dos Pueblo do sudoeste aos Blackfeet das planícies nortistas, passando pelos Huron e Delaware, pelos Ute e Chippewa, todas as tribos contribuíram para as muitas óperas nativistas que proliferaram nessa época, a maioria de vida muito efêmera. Em geral, os libretos não se afastam do molde narrativo do melodrama tradicional. Predomina o triângulo amoroso, com as variantes que se era de esperar: a jovem índia ama um branco, e a oposição é feita pelo namorado da tribo (ou pelo pai ligado às antigas tradições; ou pelo irmão que se opõe à mistura racial). É um esquema que sai da *Africana*, de Meyerbeer, passa pela *Lakmé*, de Delibes, a *Madama Butterfly*, de Puccini, e vem até um exemplo verista como *Zingari*, de Leoncavallo.

À exceção de *Poia*, essas óperas, como a maioria de seus exemplos europeus, centra-se na figura feminina frágil, sofredora, destruída pela intolerância: *Natoma, Narcissa, Daoma, Osseo, Shanewis, Atala, Alglala, Winona, The Sun Bride, The Chilkoot Maiden, The White Buffalo Maiden*, todas elas seguem esse mesmo modelo. Winona prefere saltar no Lago Pepin a ter de casar-se com o chefe Matosapa, dos Dacotah. Natoya morre ao tentar salvar a vida de Poia. Atala se envenena e morre nos braços de seu amante branco, com quem não poderá se casar. O chefe Chippewa, pai de Alglala, mata-a e a seu namorado branco. A heroína indígena, como Selika, Lakmé ou Ciocio San, sempre sai perdendo. Mesmo quando não morre, é relegada ao convento, como Natoma, ou condenada à solidão, como Shanewis.

No princípio, as operas nativistas se baseavam em lendas e suas personagens eram criações livres dos libretistas, muito contaminadas, portanto, por exemplos pré-existentes de personagens exóticas européias. Na fase de *Natoma* ou *Shanewis*, influenciadas pelo receituário verista, assumiram um viés mais histórico e realista. Na fase pós-I Guerra, superada a influência verista mais óbvia, retornaram aos assuntos lendários e cerimoniais. Marco fundamental, no período inicial desse processo, é a *Poia* de Nevin.

Nevin

Após o treinamento básico com o pai, que era músico em Edgeworth, na Pensilvânia, e estudos no Conservatório de Boston, Arthur Finley Nevin (1871-1943) foi para Berlim, fazer o curso de piano com Karl Klindworth, de quem seu irmão mais velho – o compositor popular Ethelbert Woodbridge Finley Nevin – já era aluno. De volta aos Estados Unidos, foi professor na Universidade do Kansas (1915-1920), e dirigiu o departamento de música da prefeitura de Memphis, no Tennesse (1920-1922). Passou algum tempo fazendo pesquisas, numa reserva do Montana, para sua ópera indigenista *Poia*, cujo libreto foi escrito por Randolph Hartley, baseando-se numa lenda dos Blackfeet, recolhida pelo explorador Walter McClintock.

No extremo noroeste do continente, antes da chegada dos brancos à América, Poia, neto de Natosi, o Deus do Sol, é o profeta da tribo Blackfeet, nas Montanhas Rochosas. Por razões que desconhece, ele nasceu com uma cicatriz que desfigura seu rosto, e o faz ser rejeitado por Natoya, "a Abençoada", pela qual está apaixonado. "Quem traz no rosto uma cicatriz não abençoada por feitos valorosos na caçada ou em combate", diz-lhe Natoya, "será oprimido pela nuvem da vergonha". Angustiado, Poia decide fazer uma perigosa jornada até a moradia de seu avô, para que o Deus do Sol remova a sua cicatriz. Essa é a única esperança que ele tem de impedir que o guerreiro Sumatsi, também apaixonado por Natoya, consiga sua mão.

Embrenhando-se na floresta, Poia chega a uma caverna imensa, cujas paredes e teto são feitas de nuvens. Lá está sentado Natosi em seu trono, cercado de Mota, Nepu, Moku e Stuy, as quatro estações, e dos quatro Arautos que anunciam ao mundo a sua chegada. Natosi recusa-se a recebê-lo, dizendo: "Deves carregar no rosto essa cicatriz, até que as lágrimas dos homens tenham lavado a sua mancha." Poia protesta:

> At birth thou dids't destroy me with this scar
> that makes me fear the guilt of all mankind.
> I sought a god of justice, journey'd far
> and now a god of all injustice find.

(Quando nasci, me destruíste com esta cicatriz, que me faz temer a culpa de toda a humanidade. Viajei até muito longe, à procura do deus da justiça, e o que encontro agora é o deus de todas as injustiças.)

Kokum, a Lua, chega gritando que um pássaro monstruoso está atacando seu filho Episua, a Estrela da Manhã. Poia enfrenta o pássaro, mata-o com uma de suas flechas e Natosi, agradecido, atende a seu pedido: "Vem, mudarei teu rosto, restituindo-te a beleza. Vai ensinar teu povo a amar, da mesma forma que tu o fizeste". Episua pede ao deus do sono que jogue seu véu sobre Poia, e às divindades do raio e do trovão que lhe dêem seu poder. Invoca as divindades das quatro estações, elas dançam em torno de Poia e sua cicatriz desaparece. Episua entrega-lhe então uma flauta mágica, "cuja canção encanta, enfeitiça, faz o coração da donzela se alegrar". A corte do Deus do Sol desaparece lentamente e, levando Poia pela mão, Episua o guia pela Via Láctea até a Terra, enquanto o coro canta um hino a Natosi, o Senhor da Luz. Poia volta para a sua aldeia, e encontra a tribo se lamentando:

> Weary and old is our mother, the world,
> and weak are the children she bears in her age.
> The tribe is a forest of dying trees.
> The curse that Poia bore alone
> has fallen upon the race.

(Nossa mãe a Terra está velha e cansada, e fracos são os filhos que ela carrega nesta idade. A tribo é uma floresta de árvores moribundas. A maldição que Poia carregava sozinho caiu sobre toda a raça.)

Mas quando vêem que a cicatriz desapareceu, aclamam Poia como herói. Atraída pelo som da flauta encantada, Natoya atira-se em seus braços. Sumatsi, enfurecido de ciúme, ergue a lança para ferir o rival. Natoya coloca-se entre os dois, recebe o golpe destinado a Poya e morre em seus braços, cantando:

In this sweet refuge of thy breast,
my life shall end in ecstasy.

(Minha vida terminará em êxtase no doce refúgio de teu peito.)

Aproveitando que Poia está inclinado sobre o corpo de Natoya agonizante, Sumatsi tenta apunhalá-lo nas costas. Mas um raio flamejante, mandado por Natosi, o incinera. Carregando nos braços o corpo de Natoya, o herói desaparece dentro da floresta: está indo de volta para os domínios de seu avô, a eternidade onde poderá ser feliz com a mulher que ama.

Em *Operas on American Subjects* (1964), H. Earle Johnson menciona a opinião da crítica de Pittsburgh de que *Poia* estaria "destinada a ocupar um lugar entre os maiores clássicos mundiais", quando a ópera foi tocada ali, em versão de concerto, em 15 de janeiro de 1906. No ano seguinte, Nevin a apresentou numa conferência-recital que fez na Casa Branca para o casal Theodore Roosevelt, e foi muito elogiado pelo presidente. Apesar disso, nenhum teatro americano se interessou em montá-la. Diante disso, mobilizando os conhecimentos que tinha na Alemanha, Nevin conseguiu que *Poia* fosse programada para 23 de abril de 1910, no Hoftheater de Berlim, sob a regência do respeitado maestro Karl Muck que, na mesma ocasião, apresentou em concerto a sua *Suíte Lorna Doone*. Muck e Nevin esperavam tudo, menos a reação do público, aqui descrita pelo compositor:

Na primeira noite aconteceu algo que nunca esquecerei. O aplauso, a princípio, parecia forte e, juntamente com Randolph Hartley, fui chamado diante da cortina. Mas, de repente, estouraram as vaias. Já ouvi vaias em outros teatros, mas nada parecido com aquilo. Pareciam sirenes de barco a vapor. As pessoas, nas galerias superiores, traziam apitos com os quais faziam um barulho terrível. Foi como se eu tivesse sido fulminado pelo raio.

A imprensa alemã, nos dias que precederam a estréia, tinha protestado contra o fato de a direção do teatro programar uma ópera de um desconhecido americano, apenas porque o príncipe herdeiro estava interessado em estreitar as relações diplomáticas com o governo de Washington. E a indignação tinha crescido após circular a notícia de que um jovem compositor alemão se suicidara, depois que a sua ópera foi recusada pelo Hoftheater. Um jornal de Berlim dissera: "O palco da Ópera Real não deveria transformar-se num tabuleiro para jogadas políticas, enquanto nossos jovens artistas são impelidos a tirar a própria vida." Essa campanha contra Nevin teria contado com o apoio de outros artistas americanos residentes na Alemanha, que nunca tinham conseguido interessar os empresários locais na produção de suas obras.

O elenco era de primeira: a inglesa Florence Easton (Natoya), o americano Putnam Griswold (Natosi), barítono do Metropolitan; no papel-título, o *Heldentenor* Walter Kirchhoff que, anos mais tarde, faria sucesso como Max, na estréia americana do *Jonny spielt auf*, de Ernst Krenek. Mas *Poia* ficou apenas quatro dias em cartaz – embora o editor alemão Adolph Fürstner tivesse concordado em imprimi-la em 1910. Mas não se tem notícia de que tenha sido encenada outras vezes.

Não é difícil entender por que essa ópera de Nevin atraiu o maestro Karl Muck. Os elementos simbólicos desta lenda sobre as origens da tribo Blackfeet têm muito em comum com o mundo mítico das óperas de Wagner; e um dos primeiros a perceber isso tinha sido o etnólogo John Comfort Fillmore que, ao voltar de uma estada de vários meses entre os Omaha, falara das "conexões cósmicas" existentes entre as lendas com que tanto os índios quanto os antigos nórdicos explicavam a origem do universo (conexões essas que são universais pois, na intriga de *Poia*, podemos identificar traços presentes também na mitologia eslava, situações que comparecem nas óperas dos nacionalistas russos, inspiradas nas antigas lendas). A cicatriz, metáfora de um pecado que tem de ser purgado (semelhante à ferida de Amfortas); ou a flauta – evidente símbolo fálico – como instrumento de sedução, pacificação, enfeitiçamento, encontrável em fábulas que envolvem desde o Dionísio helênico até o Papageno mozartiano, são outros elementos comuns a tais histórias míticas.

A música de *Poia* destaca-se, sobretudo, por um uso descritivo dos coloridos orquestrais – glissandos de harpa para os raios do sol; cordas para acompanhar Natoya; ricas madeiras para Poia; fanfarras de metais emoldurando a voz de Narosi – que traem a formação germânica do compositor. A Dança das Quatro Estações, que poderia ter feito carreira como peça isolada de concerto, é a página instrumental mais elaborada, com instrumentação diferente para cada época do ano, e um andamento que vai se tornando cada vez mais apressado. O *allegretto grazioso* do Verão, com glockenspiel, bandolins e triângulo, que imitam a sonoridade dos instrumentos indígenas, aumenta gradualmente de velocidade, culminando no *presto* do Inverno, em que uma melodia folclórica pele-vermelha é escandida por um *ostinato* dos tímpanos. Por toda parte há melodias modais de caráter étnico, misturadas aos motivos de origem ocidental.

Nevin é também o autor da ópera *A Daughter of the Forest*, cantada na Ópera de Chicago em 5 de janeiro de 1918; da suíte orquestral *Love Dreams*; de alguma música de câmara e peças para piano.

Herbert

Nascido em Dublin, Victor Herbert (1859-1924) era neto de Samuel Lover, popular romancista irlandês. Seu pai morreu quando ele ainda era menino, e a mãe casou-se de novo com um médico alemão, que os levou para Stuttgart. Victor iniciou os estudos regulares nessa cidade, mas não os terminou, pois preferiu dedicar-se ao violoncelo, tendo aulas com Bernhard Cossmann em Baden-Baden. Logo estava tocando em várias orquestras, inclusive na de Eduard Strauss, em Viena. Voltou para Stuttgart em 1881 e, ao mesmo tempo que tocava na orquestra da corte, fazia composição com Max Seifrita no conservatório. Em 1883, executou no Hoftheater a sua *Suíte para Violoncelo e Orquestra* e, em 1885, o seu *Concerto n. 1 para Violoncelo*.

Herbert casou-se em 14 de agosto de 1886 com o soprano Therese Förster, que conhecera em Viena. Nesse mesmo ano, frau Förster foi contratada para cantar no Metropolitan.

Arranjando um lugar de violoncelista na orquestra do teatro, Victor mudou-se com a mulher para Nova York onde, em dezembro do ano seguinte, solou seu concerto à frente da Filarmônica. Ficou, a princípio, à sombra da carreira da mulher. Depois, aos poucos, começou a fazer nome, formando uma orquestra para tocar música ligeira e participando, como solista, dos concertos organizados por Theodore Thomas. Regeu a orquestra do Festival de Boston e, em 1891, solou com essa orquestra, em Philadelphia, sob a regência de Tchaikóvski. Escreveu nesse mesmo ano a cantata *The Captive*, para o Festival de Worcester.

Maestro da famosa Banda do 22º Regimento, em 1893, sucedendo a P. S. Gilmore, Herbert acabara, em março de 1894, de estrear com a Filarmônica o seu *Concerto n. 2 para Violoncelo*, quando William MacDonald, o empresário da Ideal Opera Co., de Boston, sugeriu que escrevesse a sua primeira opereta. *Prince Ananias* foi tão bem recebida em Nova York, em 20 de novembro de 1894, que logo se seguiram *The Wizard of the Nile* (1895), *The Gold Bug* (1896), *The Serenade* e *The Idol's Eye*, ambas de 1897, e *The Fortune Teller* (1897), que firmaram seu prestígio como autor de óperas leves nos Estados Unidos e no Canadá.

Convidado a reger a Sinfônica de Pittsburgh, cargo que manteve até 1904, Herbert encontrou nela o espaço para apresentar ao público as suas composições orquestrais mais sérias, os poemas sinfônicos *Épisodes Amoureuses* (1900); *Hero and Leander* e *Woodland Fancies*, de 1901; e *Columbus* (1903). Tornara-se um regente muito respeitado e era solicitado a conduzir megaconcertos: o de 1900, no Madison Square Garden, com uma orquestra de 420 músicos, em benefício das vítimas da inundação em Galvestone; ou do Hippodrome, em abril de 1906, depois do terremoto de San Francisco. Já não precisava mais de convites das sinfônicas: fundou a sua própria orquestra e, com ela, excursionou pelo país inteiro.

Seus estudos europeus e a experiência de regência lhe conferiam, como autor de música clássica, solidez maior do que a média dos compositores americanos da época, que se encontravam freqüentemente num estágio semi-amador. Mas o que o público realmente amava eram as suas operetas, de enorme poder de comunicação, com melodias espontâneas, os ritmos cintilantes da tradição vienense, as melodias simples e de bom gosto. E elas continuavam fluindo generosamente: *Cyrano de Bergerac, The Singing Girl* e *The Ameer*, uma atrás da outra, em 1899; *The Viceroy* (1900); *Babes in Toyland* e *Babette* (1903); *It Happened in Nordland* (1904); em 1905, a divertida *Miss Dolly Dollars, Wonderland* e a sua opereta mais popular, *Mlle Modiste*; *The Red Mill* e *Dream City* (1906); *The Tatooed Man* (1907); *The Rose of Algeria* (1909); *Little Nemo* e *The Prima-donna* (1908); *Old Dutch* (1909); a imensamente apreciada *Naughty Marietta* e *When Sweet Sixteen*, ambas de 1910.

Mas Victor Herbert sonhava, como Offenbach, em compor uma verdadeira ópera, de tema sério. A oportunidade surgiu quando as companhias de Philadelphia e Chicago, em co-produção empresariada por Andreas Dippel, aceitaram encenar *Natoma*, em Philadelphia, em 25 de fevereiro de 1911. Duas estrelas do Metropolitan, o tenor John McCormack e o soprano Mary Garden, encabeçavam o elenco. Mas o fato de os demais cantores serem estrangeiros, pouco habituados com o texto em inglês, prejudicou um pouco a apresentação. A crítica louvou a musicalidade de Herbert e a segurança de sua orquestração. Mas foi impiedosa com o libreto de Joseph Redding, poeta amador e advogado em San Francisco. Na revista *Musical America*, Lawrence Gilman disse que *Natoma* "deveria ser endossada apenas pela sua música", pois

o libreto é fútil, pretensioso, desequilibrado, inócuo, pueril, e o seu palavrório está cheio de coloquialismos baratos e de conversa fiada descartável.

Natoma é uma nativa que, nos primeiros anos das missões jesuítas na Califórnia, mata o vilão – um informante dos colonizadores espanhóis – para proteger Paul, o homem que ama, da perseguição política. Permite, assim, que ele fuja com sua rival Bárbara, a mulher pela qual está apaixonado. O enredo é um decalque descarado da *Gioconda*, de Ponchielli, e está cheio de clichês veristas. Mas oferece a Herbert cenas potencialmente dramáticas, contraste entre a música de sabor hispânico e

indígena, e a possibilidade de grandes árias líricas, que ele sabe aproveitar bem.

Devido à sua experiência prévia com o musical, Herbert sente-se mais à vontade com o formato de números fechados interligados por recitativo, do que com a estrutura contínua, de matriz wagneriana. Consegue caracterizar musicalmente personagens que, do ponto de vista do texto, são realmente um tanto ralas. Duas das primeiras árias americanas a serem gravadas – "I list the trill", de Bárbara, e "No country can my own outvie", de Paul, ambas no ato II – demonstram o ecletismo do compositor para traçar o perfil das personagens. Bárbara, jovem, ingênua, cheia de graça, canta num estilo ligeiro, como se fosse uma Gilda de opereta; Paul, o herói, adota um estilo militar, de ritmos impetuosos, para fazer a declaração de amor à beleza de seu país.

O retrato mais interessante, obviamente, é o de Natoma. Suas melodias sempre nascem na orquestra e têm uma estrutura pentatônica, que contrasta exoticamente com o diatonicismo das personagens européias. Sua cena mais importante está no último ato. Angustiada com a consciência de que Paul não a ama e, ao mesmo tempo, indignada com a forma como os espanhóis escravizam seu povo, ela canta um arioso em forma de canção de ninar, em que diz:

Beware of the hawk, my baby,
beware of the hawk, my child!
It flies in wide, wide circles,
and turns upon the wing.

(Cuidado com o falcão, meu bebê, cuidado com o falcão, meu filho! Ele voa em círculos cada vez maiores dando voltas sobre nós.)

Seu canto vai se tornando cada vez mais apaixonado, à medida que invoca Wakantanka, o Grande Espírito, para que este lhe dê a força de levar adiante a sua escolha: deixar que Paul e Bárbara sigam seu caminho, e dedicar-se à missão de lutar pela liberdade de seu povo.

Herbert compôs uma segunda ópera, *Madeleine*, mais leve e em um só ato, estreada no Metropolitan em 24 de janeiro de 1914, sob a regência de Giorgio Polacco. Grant Stewart, bem-sucedido dramaturgo da virada do século, autor de libretos para Frank Hadley, adaptou a comédia francesa de A. Decourcelles e L. Thibaut. Passa-se em Paris, em 1770. Madeleine, prima-donna cortejada por todos, está em dificuldades para conseguir quem jante com ela no dia de Ano Novo. Até François, seu amante, tem de abandoná-la, pois está presos com seus compromissos familiares. No final, Madeleine tem de jantar em companhia de seu próprio retrato. Frances Alda fazia o papel-título, e Paul Althouse era François. A reação da platéia foi muito boa. Mas o crítico do *New York Times*, em 25 de janeiro de 1914, foi menos generoso:

> *Madeleine* não parece acrescentar muito à arte operística americana, nem estabelecer um marco notável na história do Metropolitan Opera House. A única vantagem que parece ter sobre as óperas americanas apresentadas antes dela é, talvez, o fato de ser consideravelmente menos dispendiosa para encenar.

Desencorajado, talvez, por esse comentário, Herbert não voltou mais a esse gênero. Prosseguiu, porém, escrevendo operetas muito bem recebidas: *Mlle Rosita* e *The Enchantress* (1911), *The Lady of the Slipper* (1912), *The Madcap Duchess* e *Sweethearts* (1913), *The Debutante* e *The Only Girl* (1914), *Princess Pat* e *Cinderella Man* (1915); *The Century Girl* (1916); *Eileen*, uma de suas partituras mais bem escritas, *Her Regiment* e *Zigfield Follies* (1917); *The Velvet Lady* (1918), *My Golden Girl* (1919), *The Girl in the Spotlight* e *Oui, Madame* (1920), *Orange Blossoms* (1922), *The Dream Girl* (1924).

Victor Herbert foi um dos fundadores, em 1914, da Ascap – a American Society of Composers, Authors and Publishers – e exerceu a vice-presidência dessa sociedade até a sua morte. Em 1916, foi ele quem escreveu a trilha sonora a ser sincronizada com a exibição do filme épico *Nascimento de uma Nação*, de David Wark Griffith. A série *American Classics*, do selo Naxos, possui três volumes dedicados à sua música: *Babes in Toyland-The Red Mill; Beloved Songs and Classic Miniatures* (com a participação do soprano Virginia Croskery); e a *Suite Columbus*. A execução é de Keith Brion à frente da Sinfônica da Rádio da Eslováquia.

Carr Moore

O pai de Mary Carr Moore (1873-1957), oficial do exército lotado em Memphis, no Tennessee, era um bom cantor. Sua mãe, Sarah Pratt Carr – autora dos libretos para as óperas que ela viria a compor – uma dramaturga com várias peças encenadas. O tio, Jonathan Harraden Pratt, um organista muito respeitado, seu primeiro professor de harmonia. Aluna de canto de H. B. Pasmore, a partir de 1885, quando a família mudou-se para a Califórnia, Mary cantou o papel principal na opereta *The Oracle*, com libreto que ela mesma escreveu, encenada em San Francisco em 1894.

Dotada de energia extraordinária, Mary Carr Moore foi casada duas vezes, teve filhos, cuidava da casa e ainda achava tempo para dar aulas – canto, piano, harmonia, contraponto, história da música – e para compor óperas em colaboração com a mãe. O "intermezzo índio" *The Flaming Arrow*, em um ato, é do início do século, mas só encenado em 27 de abril de 1922. A tragédia *The Leper* permaneceu inédita. Mas o Moore Theater de Seattle montou *Narcissa* em 22 de abril de 1912, com Luella Chilson-Orman, da Ópera de Chicago, no papel-título, e Charles Hargreaves, do Metropolitan, como o reverendo Marcus Whitman. A partir de 7 de setembro de 1925, a própria Mary regeu nove récitas de *Narcissa* em San Francisco, comemorando o Jubileu de Diamante da Califórnia; e em 1945, a ópera foi revivida em Los Angeles. Na época da estréia, Cyril Player, o crítico do *Seattle Post-Intelligencer*, escreveu: "é realmente um *grand-opéra* americano, e o único digno desse nome".

É real a história narrada por Sarah Pratt Carr. Na década de 1840, o pastor presbiteriano Marcus Whitman realmente seguiu a Trilha do Oregon, em companhia de sua noiva Narcissa, visando a fazer obra missionária no Noroeste dos Estados Unidos. Ao saber que o Congresso estudava a possibilidade de vender o território do Oregon à Grã-Bretanha, Whitman fez uma difícil viagem até Washington e, com grande eloquência, convenceu os congressistas a não abrirem mão do Oregon como parte integrante do país. Ao voltar para casa, enfrentou um levante dos índios Cayuse e, apesar da ajuda do chefe Yellow Serepent, de quem era

Victor Herbert, autor de mais de cinqüenta operetas, compôs apenas uma ópera séria, *Natoma*, cuja intérprete principal foi a legendária Mary Garden.

Charles Wakefield Cadman, o autor da ópera nativista *Shanewis*.

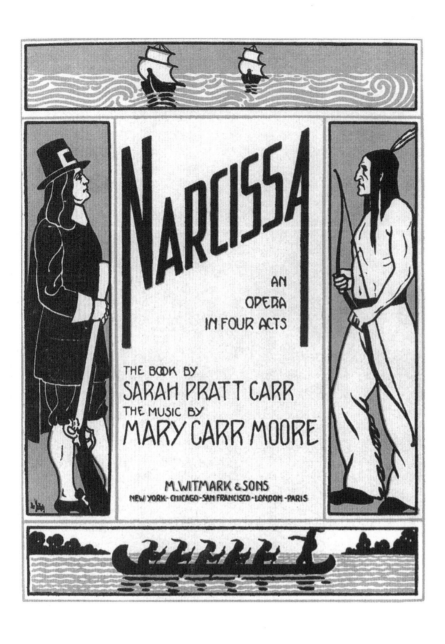

O libreto de *Narcissa* (1912), de Mary Carr Moore, baseada numa história real, foi escrito por Sarah Pratt Carr, a mãe da compositora.

amigo, a sua fazenda foi invadida pelos inimigos, que o mataram a à sua esposa.

Carr Moore mostra-se muito hábil para caracterizar as personagens mediante recursos musicais. A verdadeira Narcissa Whitman tinha o apelido de "Passarinho Dourado", devido à voz delicada com que cantava os hinos de igreja. A força de caráter da personagem, seu poder de tocar as pessoas, consolá-las e convertê-las, são representadas pela forma como ela canta, e um de seus grandes momentos é a ária em que fala da beleza natural, de como o canto dos pássaros é mágico, e é acompanhada por uma flauta *obbligato* em que há óbvias reminiscências da *Lucia* donizettiana. Igualmente tocante é o monólogo do ato III, em que Narcissa lamenta a perda do bebê que estava esperando. Essa ária termina de forma especialmente dramática pois, olhando pela janela e vendo, contra o vidro, o rosto dos índios que a observam ameaçadoramente, ela comenta: "Deus sabe como é difícil chegar até esses filhos da planície. Eles estão por toda parte! Não há hora do dia ou da noite, nem mesmo na escuridão do sono, em que conseguimos escapar a seu olhar." E na música sombria que acompanha a seção final da ária, já há o prenúncio do final trágico que a ópera terá. A coragem com que Narcissa fica ao lado do marido e aceita o sacrifício faz dela a figura mais digna e cheia de humanidade da ópera americana nesse período.

Carr Moore é autora de um *Concerto para Piano*, peças de câmara, 54 obras para coral, 60 peças para piano e cerca de 220 canções sobre poemas de sua mãe. Escreveu ainda duas outras óperas: *Los Rubios*, contando o início da colonização espanhola da Califórnia, estreada em Los Angeles em 10 de setembro de 1931; e *David Rizzio*, com libreto em italiano de Emmanuel Browne, inicialmente prevista para a encenação em Veneza. Tendo fracassado os planos para esse espetáculo, um grupo de amadores americanos organizou-se e o levou ao palco, em 26 de maio de 1932, no Shrine Auditorium de Los Angeles, sob a regência de Alberto Conti.

Lisongeando-a e dizendo que ela tinha mais condições de ocupar o trono do que a rainha, Lord Murray tenta convencer Lady Argyle, a irmã de Mary Stuart, a assinar o pedido de perdão de Lord Lennox, e de seu retorno à corte com os nobres que foram banidos. A princípio Lady Argile hesita em apoiar senhores não-católicos, pois está interessada em David Rizzio, mas acaba assinando. Em seguida, Murray e ela, ajudados por Douglas, tentam obter a adesão do alcoólatra Lord Darnley, consorte da rainha; mas este, mesmo sendo humilhado por eles, recusa-se a assinar.

Lady Argile tenta fazer Rizzio desistir da idéia de exilar Lennox; mas este, leal a Mary Stuart, recusa. A um sinal de Lady Argyle, Murray e seus homens o teriam atacado, se Darnley, no último minuto, não o interrompesse. À Mary, que volta da missa cercada de padres e freiras, Darnley, ainda ofendido com as palavras de Murray e Argyle, pergunta-lhe quando pretende marcar a data para a sua coroação, como uma forma de mostrar aos outros a posição que ocupa dentro da corte. Mas Mary, desgostosa com a sua embriaguez, o faz sair de sua presença. A rainha está lamentando a posição de isolamento em que se encontra dentro da corte, Rizzio a escuta, e vem consolá-la. Darnley, trazido por Murray e Argyle, assiste escondido à cena de amor entre os dois. Furioso com o que viu, Darnley decide assinar o documento.

Uma tempestade ruge lá fora. Darnley interrompe o banquete da corte e insulta Mary. Ela quer puni-lo, mas Rizzio intercede pelo consorte, apoiado pelos demais cortesãos, e ela se acalma. Mas a tempestade cresce assustadoramente e, no auge da tormenta, Lennox irrompe com seus homens armados. Com eles vem Lord Ruthven que, mesmo muito doente, ergueu-se do leito para denunciar a influência de Rizzio sobre a rainha. Este se defende e diz que, para desfazer as suspeitas, voltará no dia seguinte para a Itália.

Um raio atinge a torre do castelo e a ventania, escancarando as janelas, apaga todas as velas, na escuridão, Murray apunhala Rizzio. Mary amaldiçoa os conspiradores e desfalece; Murray foge, aterrorizado com a maldição; Lady Argyle, arrependida, chora sobre o cadáver de Rizzio.

Italianada até a medula, fortemente influenciada pelo Donizetti das óperas sobre as rainhas Tudor, *David Rizzio* não tem a importância de *Narcissa* para a história da ópera americana. Mas está longe de ser uma partitura mal concebida. Oferece páginas orquestrais bem escritas – a abertura, o intermezzo entre os atos I e II –, e tem árias de belo efeito, como o monólogo "Sola, abbandonata", de Mary Stuart, "Clemenza, oh, Madonna", em que Rizzio defende Darnley, ou a inflamada "O gente, che state affondate", em que ele promete deixar a corte escocesa, para que as suspeitas deixem de recair sobre a rainha. Dentre as cenas de conjunto, é particularmente eficiente o trio dos conspiradores, "Dammi, Signor, il tuo soccorso", cantado no ato I por Murray, Argyle e Douglas. Parece em tudo música italiana do apogeu romântico – até mesmo porque visava um público italiano –, mas é de boa qualidade.

Bimboni

Nascido em Florença, onde fez estudos de piano e regência, Alberto Bimboni (1882-1960) chegou aos Estados Unidos em 1912 como maestro de uma companhia de ópera. Terminada a excursão, os artistas com que viajava voltaram para a Itália; mas ele instalou-se em Philadelphia, onde arranjou emprego como professor no Curtis Institute. Deu aulas também na Juilliard School, de Nova York, e trabalhou como pianista acompanhador para o violinista Eugène Ysaÿe e o tenor John McCormack.

Portland, no Oregon, foi o palco onde a sua *Winona* obteve, em 11 de novembro de 1926, um dos mais estrondosos sucessos dentre as óperas americanas de tema nativista. Dois anos depois, quando foi apresentada em Minneapolis, fazia um frio abaixo de zero; mas isso não demoveu o público vindo de várias partes do país, que fez filas quilométricas diante do teatro, para comprar o ingresso e poder ver o espetáculo. Nove mil pessoas assistiram, em Minneapolis, a essa ópera baseada numa antiga lenda dos Dacotah, que une sugestões melódicas e rítmicas do Novo Mundo à herança mediterrânea do compositor.

O pai de Winona quer que ela se case com o chefe Matosapa. Mas ela está apaixonada por Weeko, e é ele quem, no final do ato I, lhe conta a história de como surgiu a flor do moccasin – a fibra com que os índios americanos faziam seus calçados. Numa longa ária narrativa, reminiscente da balada de Senta no *Navio Fantasma*, Weeko fala da corajosa caçadora Minneopa, surpreendida um dia por um incêndio dentro da floresta. Ao perceber que não conseguiria escapar do fogo, Minneopa saltou do alto de um rochedo, nas corredeiras do rio. E no local de seu sacrifício, brotou a flor da planta que, para os índios, teria utilidade tão grande.

Matosapa faz de tudo para seduzir Winona. Ela não se deixa conquistar nem mesmo quando o guerreiro lhe faz uma serenata – uma das partes preferidas da ópera, em que a flauta imita o som agreste do instrumento indígena. Furioso, enciumado, Matosapa mata Weeko; e segue Winona, quando ela foge para dentro da floresta, pedindo que ela o perdoe. No final do ato III, desesperada, Winona sobe no mesmo rochedo de onde Mineopa se atirou, e grita para Matosapa:

> And you would have my heart,
> when you have robbed its love?
> I'll test you. Follow me to death.
> Like Minneopa, I shal cheat the flames.

> (E queres ter meu coração, se roubaste dele o seu amor? Vou te testar. Segue-me na morte. Como Minneopa, desafiarei as chamas.)

E com um si maior agudo na palavra *cheat*, atira-se nas águas furiosas do rio, diante do olhar horrorizado do índio.

Bimboni fez pesquisas cuidadosas nas antologias compiladas pelos folcloristas, nelas selecionando temas de canções de caça e de guerra, uma canção de ninar dos Chippewa e uma serenata dos Sioux, que transcreveu para flauta, trançando-as com melodias originais em seu próprio idioma europeizado. A orquestração é parcimoniosa, permitindo – à maneira de um experiente compositor italiano de música vocal – que os cantabiles predominem, sem ser submergidos pela opulência instrumental. Bimboni é um típico autor de *belcanto*: suas mudanças de ritmo, suas modulações sensuais raramente têm a ver com as necessidades dramáticas do texto; são unicamente fruto do gosto pela melodia bem construída, e pela possibilidade que ela dá aos cantores de exibir seu virtuosismo. Bom exemplo disso é a serenata que Matosapa faz para Winona, escrita num flexível e insólito metro de 5-8, com o qual se expressa muito bem o desejo do guerreiro pela donzela.

Bimboni compôs três outras óperas – *Karina* (Minneapolis, 1928), *Il Canceletto d'Oro* (Nova York, 1936) e *In the Name of Culture* (Rochester, 1949) – mas nenhuma delas teve tema indianista.

Luening

É como regente e pioneiro nas pesquisas com música eletrônica que Otto Clarence Luening (1900-1990) é hoje lembrado. Mas a razão para o registrarmos aqui é ele ser o autor de uma única ópera, *Evangeline*, que ele próprio adaptou do poema narrativo homônimo de Henry Wadsworth Longfellow – um típico produto da escola nativista em sua fase final. Descendente de uma família alemã que emigrou para os Estados Unidos em 1839 e fundou a primeira cervejaria de Milwaukee, Otto era filho de um músico formado pelo Conservatório de Leipzig, que se orgulhava de ter cantado no coro da *Nona Sinfonia* de Beethoven, sob a regência de Richard Wagner. Figura de proa na vida musical da comunidade germano-americana do Wisconsin, foi o pai de Otto quem decidiu mandá-lo estudar na Akademie der Tonkunst, em Munique.

Luening estudou flauta com Alois Schellhorn, piano com Josif Becht e composição com Walther Beer-Walbrunn. Durante a I Guerra, ele foi para a Suíça, onde prosseguiu os estudos com Philip Jarnach e Volkmar Andréas, ambos discípulos de Busoni, com quem também teve aulas particulares. Foi em Zurique que estreou as suas primeiras composições. Voltando para casa em 1925, trabalhou no departamento de ópera da Eastman School, em Rochester. Em 1934, assumiu a direção do departamento de música do Bennington College, em Vermont, onde ensinou até 1964.

Data desse período a composição de *Evangeline*, que ele completou em 1932. Trechos da partitura foram ouvidos, em forma de concerto, em Chicago, em 29 de dezembro desse ano. Mas à espera de um teatro que aceitasse encená-la, Luening continuou submetendo-a a numerosas revisões. A oportunidade surgiu apenas em 5 de maio de 1948, com o grupo de estudantes de música da Universidade de Columbia – da qual Luening seria, até 1968, professor emérito.

A ópera passa-se em Grand-Pré, na Acádia, região de colonização francesa fronteiriça com a Luisiânia. É a véspera do casamento de Evangeline, a filha de Benedict Bellefontaine, com o jovem Gabriel Lajeunesse. O noivo e seu pai, Basil, chegam com a notícia de que embarcações inglesas atracaram no porto, numa missão que parece da maior importância, mas ainda não foi revelada. O contrato nupcial é assinado e, durante a noite, Gabriel vem às escondidas ao encontro da noiva, que se entrega a ele amorosamente. Na manhã seguinte, a cerimônia do casamento é bruscamente interrompida por uma proclamação: todos os homens de Grand-Pré são convocados a se reunir na igreja, à tarde.

Todos os residentes comparecem ao encontro e ficam sabendo que a Coroa inglesa confiscou as propriedades dos colonos de origem francesa e ordenou que eles sejam removidos do território acadiano. Basil é da opinião que eles devem pegar em armas para resistir; mas o padre Félicien, vigário da localidade, convence-os de que devem confiar na providência divina e conclama-os a unir-se a ele numa Ave Maria. O ato II termina com os moradores de Grand-Pré reunindo as suas posses e preparando-se para irem refugiar-se na Luisiânia.

Os ingleses entraram em Grand-Pré, atearam fogo à cidade e, na confusão, Basil perdeu-se de seu filho. Gabriel, furioso, quer resistir, mas Evangeline o convence a sair dali pacificamente. Eles se separam e ela fica sozinha com Benedict Bellefontaine que, abaladíssimo por ter perdido tudo no incêndio de Grand-Pré, morre nos braços da filha.

Passaram-se muito anos entre as cenas 1 e 2 do ato III. Evangeline, refugiada na Luisiânia, fica sabendo que Gabriel, a quem andou procurando todo esse tempo, pode estar nas redondezas. Ela não o encontra e está muito deprimida; mas não perde as esperanças ao ouvir, de uma mulher índia, a lenda de Lilinau, a moça de sua tribo que passou cinco anos perseguindo o fantasma do homem que amava. De fato, a persistência de Evangeline fará com que ela acabe localizando Gabriel; mas isso só acontecerá daí a cinco anos, em Philadelphia.

Intensamente lírica, *Evangeline* é perpassada por temas de cantos e danças folclóricos da Acádia, melodias de hinos religiosos dos imigrantes suecos, ritmos provenientes da tradição indígena e música originária da liturgia católica. Essa partitura, em que ainda não se percebem as preocupações vanguardistas da fase final da obra de Luening, oferece uma fusão de material de várias fontes diferentes, que confere a *Evangeline* a sua eclética identidade americana, enraizada na mais legítima escola regionalista.

Fantasy in Space, estreada por Leopold Stokowski em Nova York, em 28 de outubro de 1952, assinala a virada na obra de Luening, o momento em que ele começa a explorar as possibilidades de combinar com a orquestra material pré-trabalhado em fita magnética. Trabalhando a quatro mãos com Vladímir Ussatchévski, ele produziu *Rhapsodic Variations* para gravador e orquestra, cuja execução, pela Orquestra de Louisville, em 30 de março de 1954, precede de alguns meses a primeira audição de *Déserts*, de Edgar Varèse, outro marco desse tipo de pesquisa. Luening e Ussatchévski são também os autores de *Poem in Cycles and Bells* – Filarmônica de Los Angeles, 18 de novembro de 1954 – e *Concerted Piece*, encomendada por Leonard Bernstein para a Filarmônica de Nova York, que a apresentou em 31 de março de 1960.

Sozinho, Luening continuou a pesquisar a integração dos sons eletrônicos à música orquestral em *Synthesis* (1960) e *Sonority Canon* (1962). Mas prestou também uma homenagem a seu estado natal em *A Wisconsin Symphony*, para orquestra tradicional, executada em Milwaukee em 4 de janeiro de 1976. Por sua produção muito volumosa, Luening recebeu o título de doutor honoris causa pela Universidade do Wisconsin, e a medalha da Academia de Ciências, Artes e Letras do Wisconsin. A sua autobiografia, *The Odyssey of an American Composer* (1980), é um interessante testemunho sobre os altos e baixos da carreira de um músico nos Estados Unidos.

O sucesso da *Winona* de Bimboni assinala o declínio da ópera de tema nativista. A *Evangeline* de Luening já é um exemplo de nativismo tardio. Outras fontes de inspiração – entre elas a cultura negra, com as sedutoras formas do jazz – estavam surgindo. Seria necessário esperar setenta anos para que o assunto voltasse a surgir numa ópera americana significativa. Embora cronologicamente deslocado em relação a Nevin, Carr Moore ou mesmo Luening, é aqui que encaixo a referência à obra de Stephen Paulus, um nativista temporão. Paulus poderia também estar entre os autores neo-realistas; mas, do ponto de vista temático, óperas como *Woodlanders, Summer* ou *The Woman of Otowi Crossing* situam aqui esse autor da segunda metade do século XX.

Stephen Paulus

Nascido em Summit, na Nova Jersey, em 1949, Stephen Paulus estudou na Universidade de Minnesota e, ali, colaborou com Dominick Argento na fundação de um centro de pesquisa, composição e encenação de ópera, responsável por trabalho muito substancioso.

Paulus tornara-se professor da Universidade Webster, de Saint Louis, ao escrever sua primeira ópera. Com libreto de Michael Dennis Browne, baseada num conto de Mary Weelkes Freeman escrito em 1891, *The Village Singer* estreou no Loretto Hilton Center, daquela escola, em 9 de junho de 1979, com Pauline Tinsley, Elizabeth Pruett, David Hillman e outros.

Candace Whitcomb foi, durante quarenta anos, a solista da igreja na cidadezinha do interior em que mora. Os membros do coro oferecem uma festa surpresa a ela e William Emmons, o regente do grupo. No final da festa, dentro de um álbum de retratos em que estão as fotos de seus quarenta anos de carreira, Candace encontra um bilhete de William explicando que ela será substituída por uma cantora mais jovem, Alma Way, a noiva de seu sobrinho Wilson.

No domingo seguinte, quando Alma está se preparando para fazer seu primeiro solo, Candace põe-se a cantar o mesmo hino, a plenos pulmões, em sua casa, vizinha à igreja, de modo a ser ouvida por todos os fiéis. Depois do culto, o Reverendo Pollard vai à sua casa e pede-lhe que evite cantar, durante a cerimônia. À tarde, porém, Candace repete sua interpretação, atrapalhando Alma. Wilson, seu sobrinho, sai da igreja furioso, e ameaça jogar seu harmônio pela janela se ela não parar com isso. Candace responde que vai cortar o nome de Wilson de seu testamento.

Tudo isso, porém, a faz ficar muito doente. No leito de morte, chama William e o Reverendo, diz-lhes que se arrepende e quer dar a sua benção a Alma. Ouve a moça cantar, aponta alguns problemas de técnica que ela apresenta, diz-lhe como resolvê-los e, depois, morre serenamente.

Na *Cantora da Aldeia*, a linguagem de Paulus é conservadora, tonal – às vezes bitonal – mas tem uma estampa muito pessoal. E é hábil a forma como ele costura às melodias originais temas de hinos sacros e canções de salão. Na época da estréia, *The Village Singer* foi muito elogiada por seu senso de *timing*. Ela foi encenada várias vezes, em diversos pontos do país, existindo vídeos das apresentações de 1981, na Ópera de Minnesota, e de 1982, na Ópera de Chattanooga. Destacadas foram também as montagens da Lyric Opera de Nova York, em 1983, e da Ópera de Madison, em 1989. O bom resultado obtido valeu a Paulus o convite de Saint Louis para fornecer-lhe um novo título.

Colin Graham preparou para ele o libreto de uma ópera em estilo de *cinéma noir*, baseada no famoso romance policial de James Cain (filmado em 1946 com Lana Turner e, em 1982, num *remake* com Jack Nicholson e Jessica Lange). *The Postman Always Rings Twice* pertence à categoria das óperas estudadas, neste volume, no capítulo "O Neo-realismo Americano". Graham, que também dirigiu o espetáculo de 17 de junho de 1982, no Loretto Hilton Center, descreveu-a como "a tragédia de duas pessoas que não conseguem diferenciar o bem do mal, e só se dão conta de sua verdadeira natureza quando já estão descendo a ladeira". E James Cain assim descreveu o seu romance:

É uma história de amor, mas com um casal de amantes que, em determinado momento, descobre que, uma

vez envolvidos nessa engrenagem infernal, não podem mais compartilhar o terrível segredo e continuar vivendo na mesma terra – e isso os volta um contra o outro.

Frank Chambers, o típico anti-herói da fase da Depressão, está desempregado e arranja trabalho num restaurante de beira de estrada, pertencente a um imigrante grego. Torna-se amante de Cora, a esposa jovem e sensual de seu patrão, entediada com a vida que leva naquele fim de mundo, ao lado de um marido idoso e sem atrativos, que a trata de forma brutal. Juntos, Frank e Cora planejam assassinar o grego. Depois de matá-lo, conseguem escapar; mas batem o carro em que estão fugindo, Cora não resiste aos ferimentos e morre. Preso, Frank é condenado à pena capital por sua morte.

Com sua música temperada por toques jazzísticos do saxofone e do piano de bar, *O Carteiro Sempre Toca Duas Vezes* causou impacto em Saint Louis. Paulus trabalha com elementos muito comuns no Verismo: contrastes dinâmicos fortes; tessituras altas e heróicas, confinando com o grito; coloridos orquestrais de amplo espectro. Mas Max Loppert achou a opera "decepcionante" quando ela foi encenada, em 1983, pelo elenco da criação, no Festival de Edimburgo. Para esse crítico europeu, o arioso severo, contrastando às vezes com o cantabile, acompanhado por uma música ainda tonal-bitonal, embora de contornos mais angulosos, tocada por uma orquestra de pequenas proporções, parecia "carecer de interesse mais consistente, isso sem falar em tensão dramática – ou originalidade". Para Elise Kirk, porém, *The Postman* "é uma das óperas modernas americanas de perfil melhor definido, uma obra poderosa e absorvente". Depois da estréia em Saint Louis e da turnê na Escócia, *O Carteiro* foi revivida em Fort Worth (1985), Minnesota (1986) – existe o vídeo dessa apresentação – Miami (1988), Washington (1989) e Boston (1994).

Foi observado em *The Woodlanders*, que Colin Graham extraiu da novela homônima de Thomas Hardy, domínio mais flexível do recitativo, que passa freqüentemente para o arioso e, em alguns momentos, para a ária formalmente construída. Ele próprio dirigiu a es-

Nickolas Karousatos (Frank), Donald Kaasch (Nick) e Pamela South (Cora), em *The Postman Always Rings Twice*, de Stephen Paulus, baseada no romance policial de James Cain.

Andrew Wentzel, Sheri Greenawald e Kimm Julian na estréia da ópera nativista *The Woman at Otowi Crossing*, de Stephen Paulus, na Ópera de St. Louis.

tréia, no Loretto Hilton Center, em 13 de junho de 1985, com Stephen Kirchgraber Reginald Unterseher, John McGhee, Gregory Newton, Carol Gale, Anne Lindsay e outros.

A ação passa-se em Little Hintock, lugarejo cercado de densos bosques e afastado de toda civilização. A paz e a calma da vida reclusa de seus moradores é perturbada pela chegada de duas mulheres nascidas ali, que afastaram-se da cidade, e hoje levam vida muito diferente. Felice Charmond transformou-se numa mulher da alta sociedade; e Grace Melbury, quando foi estudar longe dali, abandonou Giles Winterbourne, seu namorado de infância, e casou-se com o Dr. Fitzpiers, jovem médico que faz pesquisas misteriosas. Giles nunca superou a amargura de ter sido abandonado por Grace, e sequer percebe o quanto é amado por Marty South, a mulher que trabalha com ele. Quanto a Mrs. Charmond, a mãe de Felice, ela se trancou em casa, solitária e frustrada por ter sido abandonada pela filha.

Quando chega a Little Hintock, o Dr. Fitzpiers envolve-se com Felice. Para vingar-se, Grace tem um caso com Giles; de curta duração, porém, pois ele logo morre – e só depois de sua morte Miss South ousa confessar o quanto o amava. A Grace nada mais resta senão voltar para o marido. Segundo o libretista, a gente de Little Hintock, os *Moradores do Bosque* a que se refere o título da ópera, "são como as suas árvores, alguns muito antigos e prestes a serem derrubados, outros mais jovens, mas igualmente enraizados naquele chão".

Paulus mostra-se capaz de dar a *The Woodlanders* uma estrutura mais densa. O acompanhamento é feito por uma orquestra de câmara de intervenções discretas, e repousa em freqüentes figuras rítmicas repetidas, sem que, com isso, a partitura torne-se monótona.

É de 1992 a composição de *Summer*, com libreto de Joan Vail Thorne, baseada no romance de Edith Wharton. Mas a ópera só foi estreada em 28 de agosto de 1999, no Koussevitzky Arts Center, do Berkshire Community College, em Pittsfield, no Massachusetts.

Charity Royall, garota de 18 anos, aborrece-se com a vida que leva na cidadezinha de North Dormer, na região de Berkshire. Sexual-mente inexperiente, deixa-se encantar pelo arquiteto Lucius Harney, homem sedutor e bem mais velho, que está em visita à cidade. O esplendoroso verão e a natureza idílica colaboram para o tórrido romance, de conseqüências desastrosas: eles são surpreendidos na cama pelo advogado Royall, tutor da moça; Harney é agredido e deixa a cidade; Charity fica sozinha, com a reputação feita em pedaços aos olhos da preconceituosa comunidade.

O retrato da abafada sociedade de um povoado de montanha, o rito de passagem de Charity da adolescência para a idade adulta, e o estudo das necessidades instintivas do ser humano por oposição às regras sociais, são tratados num libreto bem escrito, a que a música fluente de Paulus dá bastante relevo. Existe uma gravação ao vivo da estréia (Lattimore, Chioldi, Cheek-Joel Revzen).

Com o regionalismo de *The Woodlanders* e *Summer*, Paulus parecia estar se preparando para *The Woman at Otowi Crossing*, a ópera que nos interessa neste contexto. Ela foi escrita em 1995, quatro anos depois da composição da ópera infanto-juvenil *Harmoonia*. Sheri Greenawald foi a criadora da personagem central desta opera, cujo libreto Colin Graham extraiu de fatos reais na história da colonização: uma mulher branca, instalando-se na região da reserva indígena de Otowi Crossing, dedicou toda a vida a assistir os índios, conquistar sua confiança, entender e respeitar suas tradições, sem tentar lhes impor, como se fossem automaticamente superiores, os valores da cultura branca.

Cantada no Opera Theater of Saint Louis, em 16 de junho de 1995, esta é a ópera mais bem-sucedida de Stephen Paulus. E, no entanto, ele não fez esforço algum para inserir nela material indígena autêntico. Procurou apenas reinterpretar o universo indígena nos termos de seu próprio idioma musical. Curiosamente, quando mostrou a partitura a um amigo de origem indígena, este observou que um músico pele-vermelha não teria feito diferente, ao utilizar um *ostinato* de tímpanos e tambores na cena da morte da protagonista. "Sua observação deu-me um frio na espinha", diz Paulus, "pois, intuitivamente, eu tinha descrito o encontro da vida com a morte exatamente como um índio o encararia." É a forma como Paulus representa o que as duas culturas têm em comum, quando se trata das questões mais profundas da alma humana – a relação mística com o desconhecido, os arquétipos mais básicos do comportamento, presentes em todas as mitologias – o que torna sua ópera tão viva.

Permitam-me aqui um parêntesis. Na década de 1990, a tentativa de Paulus de revitalizar a temática nativista com *The Woman at Otowi Crossings* encontrou eco em *The Dreamkeepers*, de David Carlson. Encomendada para comemorar o centenário do estado de Utah, *Os Guardadores de Sonhos* ópera estreou em 1966. Ao contar a história de uma moça indígena que tem de assimilar o estilo de vida urbano, para fazer o curso de Direito em uma universidade branca, Carlson funde melodias microtonais e inflexões típicas dos cânticos primitivos a seu idioma musical, que é de estilo nitidamente neo-romântico. Utiliza também, para efeitos de colorido, instrumentos autênticos dos índios, como a flauta cônica.

Em 17 de abril de 2002, Stephen Paulus estreou, na Juilliard School, *Heloise and Abelard*, cujo libreto foi construído por Frank Corsaro – responsável também pela encenação – a partir das cartas trocadas entre Abelardo, o grande filósofo escolástico da Idade Média francesa, e sua amada Heloisa. As cartas foram escritas depois que a família aristocrática de Heloisa, tendo descoberto o casamento secreto da moça com seu professor, mandou castrar o filósofo. Paulus mobiliza o que há de mais melodioso em seu idioma para frisar a intensidade de um amor que, evoluindo para uma dimensão mística, sobrevive à impossibilidade de expressar-se fisicamente e, ao fazer isso, na verdade aprofunda ainda mais a sua carga emocional.

A obra mais recente de Paulus, o monodrama *Hester Prynne at Death*, estreado no 92nd Street Y, de Nova york, em 8 de março de 2004, foi uma sugestão de Elizabeth Dabney, a criadora do papel. Impressionada com a leitura da *Letra Escarlate*, de Nathaniel Hawthorne – cujo bicentenário estava sendo comemorado em 2004 –, ela sugeriu ao librestista Terry Quinn que escrevesse o monólogo, cantado pela personagem central do romance em seu leito de morte. O objetivo do libretista, segundo ele mesmo declarou, era "capturar as emoções e pensamentos que Hawthorne não chega a expressar em seu romance" – ou seja, imaginar o que acontece depois que o livro acaba. Quinn faz, sobretudo, conjecturas sobre as razões que a levam, depois de ter encontrado um lugar seguro, no exterior, para a sua filha Pearl, a voltar para a sua cidade natal, na Nova Inglaterra, onde vive sozinha, cercada do ódio e do desprezo da comunidade puritana.

Comentando a estréia, Jeremy Eichler, do *New York Times*, descreveu a partitura de Paulus: escrita para orquestra de câmara com percussões, melodiosa, de texturas transparentes, que não interfiram na emissão clara do texto. E considerou bem-sucedidas algumas passagens líricas, como a canção de ninar que Hester canta, lembrando-se de sua filha. esta é a sua opinião:

A música, o libreto e a encenação poderiam ter-se combinado para sugerir novos ângulos de reflexão sobre os temas intemporais do romance mas, neste caso, a combinação não chegou a atender às expectativas. Ao tentar partir de onde Hawthorne terminou, *Hester Prynne at Death* lança poucas luzes novas sobre a personagem literária que está no centro do drama. O que Paulus e Quinn fazem é apenas apresentar a expressão musical direta e descomplicada dos pensamentos e sentimentos que a maioria dos leitores deve imaginar terem flutuado na mente de Hester: raiva dos moradores da cidade e de seu vingativo marido Roger Chillingworth; amor materno por sua filha Pearl; ambivalência em relação a seu amante, o pastor Arthur Dimmesdale, que a abandonou na vida e na morte, mas a quem ela não deixou de amar. Mr. Paulus não complica nem transforma essas emoções. Apenas lhes dá voz atraente.

Parece-me haver certa má-vontade no comentário de Jeremy Eichler. Se Paulus consegue "dar voz atraente" a emoções tão complexas, é possível que *Hester Prynne na Hora da Morte* possua qualidades que, futuramente, venham a ser melhor reconhecidas. Ela é, em todo caso, a obra de um autor significativo, que permanece em atividade.

A Ópera Americana no Met

No início da década de 1920, os Estados Unidos tinham-se transformado numa nação industrializada, com metade da população morando nas cidades – 68 delas com mais de 100 mil habitantes, tendo à frente Nova York com 5,6 milhões. As grandes cidades ofereciam o retrato contraditório de uma riqueza imensa acotovelando-se com os mais graves problemas urbanos. Mas o crescimento da América imperial fazia-se acompanhar de grandes gestos filantrópicos. Entre 1890 e 1917, o multimilionário Andrew Carnegie doou US$ 41 milhões para que se construíssem 1.600 bibliotecas em todo o país. E contribuiu também para a edificação de uma das mais importantes salas de concerto de Nova York, que leva seu nome (Piotr Tchaikóvski foi convidado para inaugurá-la, em 1891). Até meados de 1890, o patrocínio das classes ricas permitia a realização de peças, óperas e shows musicais, que eram assistidos por um público bastante grande.

Mas a segregação cultural, no final do século XIX, já era acentuada. Tornara-se muito diferente, em termos de gostos, atitudes e poder aquisitivo, o público que freqüentava as "opera houses" e o que ia assistir musicais ou shows de cantores populares nos "theaters". O espelho dessa diversidade cultural, e também das fronteiras nítidas que mantinham à distância os segmentos de público, era Nova York, a "capital do capitalismo". Dos shows luxuosos do Ziegfield Theater às exibições aquáticas do Madison Square Garden, havia espetáculos para todos os gostos, todos os bolsos, todos os níveis de cultura. A elite, essa encastelava-se na Academy of Music do coronel Mapleson que, desde 1854, funcionava na Rua 14, na esquina da Irving Place. E via com maus olhos o "dinheiro novo" dos milionários sem lustro aristocrático, os donos do *big money* feito com os grandes investimentos industriais, comerciais e bancários trazidos pelas oportunidades de um país que se tornara extremamente próspero. A elite torcia o nariz, sobretudo, ao fato de que muitos desses novos-ricos eram de origem plebéia ou judaica.

A Criação do Met

Quando a Academy recusou-se a vender um camarote aos Vanderbilt, os donos do *big money* não se deram por achados. Nunca se pisa nos calos de um novo rico – essa era a lição que o coronel James Mapleson haveria de aprender da forma mais dura possível. Unindo-se aos Rockfeller, aos Astor, aos Morgan, aos Gould, os rejeitados juntaram US$ 800 mil, e criaram a Metropolitan Opera House Company Ltd. O objetivo dessa empresa era construir, num imenso terreno adquirido na Rua 39, entre a Broadway e a Sétima Avenida, um teatro moderníssimo, com a capacidade para

3.045 pessoas. Em 24 de maio de 1883, os acionistas reuniram-se para decidir a quem pertenceria cada camarote, e escolheram o empresário Henry Abbey para dirigir a nova casa de ópera.

O coronel Mapleson chamou o Met de "mero capricho de gente que não sabe o que fazer de seu dinheiro". E garantiu que "o Faubourg Saint Germain da cidade" ficaria fiel a seu teatro, em vez de freqüentar aquela "cervejaria de pedra amarela". Mas não sabia que a inauguração do Met, em 22 de outubro de 1883, com o *Fausto* de Gounod, assinalava o dobre de finados para a sua sala. Uma nova era da vida operística americana havia começado. A criação do Met marca o surgimento, em torno da ópera, de uma hierarquia cultural que, para o bem ou para o mal, vem definindo desde então a forma como esse gênero artístico é produzido nos Estados Unidos. Diz Robert Wilder Blue[1]:

> Em suas cinqüenta primeiras temporadas, a companhia era muito ousada, promovendo dezoito estréias mundiais (treze de autores americanos) e 78 estréias americanas. O repertório do teatro, hoje, é muito semelhante ao daqueles tempos, 119 anos atrás. Curiosamente, o tempo andou para a frente, mas o repertório do Met parece ter ficado parado no mesmo lugar.

A má administração de Henry Abbey causou prejuízos muito pesados, e os acionistas decidiram trocá-lo por Leopold Damrosch. Mas ele morreu antes do fim da primeira temporada, e foi substituído por seu filho Walther, que ficou no cargo até 1891. No ano seguinte, um incêndio destruiu quase todo o teatro, e ele foi reconstruído com a capacidade expandida para 3.849 lugares. A essa altura, com a saída de Walther Damrosch, Henry Abbey tinha retornado, trazendo consigo Maurice Grau e Edward Schoeffel que, até 1897, o ajudaram na administração. Grau assumiu a direção em 1897 e, em 1903, passou a Heinrich Conried, que ficou até 1908.

Essa foi uma fase de predomínio de óperas alemãs, principalmente as de Wagner (Conried foi o responsável pela estréia americana da *Salomé*, e desafiou Cosima Wagner encenando

---

1. Em um texto de 2003 sobre a história do Met, recolhido na Internet (ver Bibliografia).

o *Parsifal* no Met antes mesmo de a ópera ter caído em domínio público). Só em 1908, com a chegada de Giulio Gatti-Casazza, o leme virou na direção das óperas de estilo mediterrâneo. Mas as décadas de 1890-1900 viram chegar ao Met os irmãos De Reszke, Lili Lehman, Marcella Sembrich, Ernestine Schumann-Heink, Victor Maurel, Pol Plançon, Ernest van Dyck, Geraldine Farrar, Olive Fremstad. Em 2003, o teatro comemorou, com um concerto de gala, o centenário da estréia de Enrico Caruso em seu palco.

Em seus primeiros anos, o teatro era uma espécie de clube privado dos acionistas, donos dos camarotes. O Metropolitan Opera Club, criado em 1899, parecia uma fraternidade universitária masculina, fechadíssima, de homens ricos que ceiavam opiparamente antes do espetáculo e, depois, iam cochilar, embalados pela música da ópera. Emulando o clubinho fechado dos homens, a sra August Belmont criou o Metropolitan Opera Guild, verdadeiro concurso de quem usava os chapéus, as jóias e as peles mais vistosas. No romance *The Metropolis*, de Upton Sinclair, uma das personagens diz:

> As pessoas não vão à ópera para ouvir música. Vem para flertar, para serem reconhecidas, para fazer patrulhamento social, e a casa de ópera que construíram para esse fim serve mais a esse exibicionismo do que à conveniência dos músicos que eles pagam para acompanhar a sua conversa.

O espetáculo estava mais nos camarotes do que no palco. A heroína da novela *The Root of Evil* (1909), de Thomas Dixon, deplora "o hábito vulgar e incomum [de seu namorado] de querer entrar na sala a tempo de assistir ao início do espetáculo". Para demonstrar a sua superioridade em relação aos cantores, a nata nova-iorquina fazia questão de conversar durante a récita. Na crítica a um *Siegfried* de 1867, o *Tribune* lamentava: "O público foi obrigado a ficar em tão profunda escuridão, que os ombros bem torneados, os belos colos e o brilho dos diamantes não podia deleitar os olhos". Nellie Melba, soprano australiano de fama internacional, conta que, na temporada de 1893, só se sentiu realmente aceita no dia em que foi convidada a sentar-se no camarote da sra Ogden Goelet. E é muito curioso o destino do funcionário do Met, personagem central de um dos *Tales of Manhattan* de Louis Auchincloss. Decidido a apoiar a reivindicação dos músicos, ele manda baixar o pano, no dia em que o ruído da platéia impede que se ouça o monólogo do rei Marke, no *Tristão e Isolda*. O preço que tem de pagar é alto: a perda do emprego e o mais completo ostracismo social.

A extravagância dos cenários não ficava atrás. Fortuny desenhou, em 1909, um barco para *Tristão e Isolda* que lembrava o saguão do palacete dos Vanderbilt. Puvis de Chavannes foi contratado, no ano seguinte, para conceber o palácio da *Armida* de Gluck, com uma suntuosidade que faria inveja ao Xanadu do *Cidadão Kane*. Internacionalmente reconhecido como uma potência política e econômica, os Estados Unidos tinham-se tornado também um grande pólo cultural. Os maiores nomes do canto desfilaram por Nova York: Olive Fremstad com sua *Salomé* coberta de jóias; Emma Calvé, na *Carmen*, fumando ostensivamente em cena; Shaliápin, descrito por um crítico, no *Mefistofele* de Boito, como a "bestialidade encarnada". As montagens americanas tornaram-se tão famosas – a do *Pelléas et Mélisande*, em 1902, com Mary Garden, já pertence ao domínio da lenda –, que os teatros estrangeiros ficaram curiosos em conhecê-las. Em 21 de maio de 1910, o Opéra de Paris abrigou o grande sucesso da temporada: uma montagem da *Manon Lescaut* de Puccini, cujos cenários, figurinos, orquestra, coro e solistas tinham vindo do Met. Arturo Toscanini regia um desses elencos de cair o queixo, de que participavam Enrico Caruso, Geraldine Farrar e Emmy Destin.

A Europa descobria também que, além de cantar bem as óperas italianas ou francesas, os americanos as compunham também. Autores americanos eram apresentados em teatros europeus: a *Zenobia*[2] de Louis Adolphe Coerne em Bremen (1902); a *Safié* de Henry Hadley[3] em Mainz (1909); a *Poia* de Arthur Nevin em Berlim (1910); a *Pippa's Holiday* de John Beach em Paris (1915); e *The Last of the Mohicans* e *Cleopatra*, ambas de Paul Allen, em Florença

(1916 e 1921 respectivamente). *Cleopatra*, de resto, foi a primeira ópera americana encomendada por um editor italiano. Essa boa recepção no estrangeiro teve a vantagem de demonstrar aos empresários, em casa, que ópera americana era viável, e valia a pena apostar nela.

A Era Gatti-Casazza

O primeiro a se dar conta disso foi Giulio Gatti-Casazza que, desde 1908, era o empresário do Metropolitan. Em 1910, quando o banqueiro Otto Kahn foi eleito presidente do comitê diretor, nomeou-o diretor do teatro, cargo que Gatti-Casazza exerceu até 1935 – o mandato mais longo na história do teatro. A orquestra de 135 músicos e o coro de duzentas vozes tiveram à sua frente, nessa época, regentes como Gustav Mahler, Felix Mottl, Alfred Herz e Arturo Toscanini – que Gatti-Casazza trouxe consigo, quando trocou o Scala pelo Met. Os maiores cantores do mundo apresentaram-se em repertórios de quarenta a cinqüenta óperas diferentes por temporada, até mesmo nos anos negros da Depressão.

Um mês depois de sua posse, Gatti-Casazza anunciou a criação de um concurso para a composição de óperas americanas. Em 21 de novembro de 1906, declarou ao *New York Times*:

Estou convencido de que, neste país, existe talento musical suficiente para justificar um movimento em favor do *grand opéra* americano, e tenho a certeza de que, se esse movimento for corretamente organizado, seremos capazes de ter óperas dignas desse nome. É minha opinião também que a Metropolitan Opera Company deve tomar essa iniciativa. Para encorajar e ajudar os compositores americanos, estou convencido de que a Metropolitan Opera Company deveria oferecer um prêmio ao melhor *grand-opéra* escrito por um compositor americano nato. Esse prêmio será concedido por um júri integrado por eminentes autoridades musicais e literárias, selecionadas por nossa Comissão Diretora.

Aos candidatos será oferecida a maior latitude possível na escolha do assunto, desde que ele não tenha sido usado antes em outra ópera, ou que a ópera não tenha sido executada antes em outro teatro. O libretista não precisa ter nascido nos Estados Unidos e o assunto não precisa ser americano; mas a ópera tem de ser cantada em inglês. O vencedor não só verá sua ópera encenada no Met, como receberá um prêmio em dinheiro e os direitos autorais pela apresentação.

---

2. O tema é o mesmo da ópera de Silas Pratt – ver o capítulo sobre a influência wagneriana.

3. Esse compositor e regente tinha sido convidado, em 1908, a dirigir a Ópera de Mainz.

No dia seguinte, um editorial anônimo, no mesmo jornal, fazia uma advertência pessimista:

> Concursos para premiação literária ou musical costumam ser tristes fracassos. Esperamos, entretanto, que esse prêmio estimule a produção de óperas americanas. O plano de Mr. Gatti-Casazza encoraja a crença de que os diretores do Metropolitan Opera House desejam desenvolver a instituição musical, de modo a influenciar, de modo amplo e benéfico, o crescimento do gosto e da educação musical.

As duas primeiras estréias da companhia não foram de óperas americanas, mas de duas importantes composições estrangeiras: *La Fanciulla del West*, de Puccini, e *Königskinder* (Os Filhos do Rei)[4], de Humperdinck, ouvidas em 10 e 28 de dezembro de 1910. Embora seja de autor italiano, *La Fanciulla* merece menção nesta história, pois passa-se no Oeste dos USA, durante a Corrida do Ouro, e baseia-se em *The Girl of the Golden West*, a peça do dramaturgo americano David Belasco. Não há dúvida que levar ao palco do Met a *prima assoluta* da sétima opera de Puccini foi o maior tento lavrado em toda a história desse teatro.

A primeira ópera americana a ser encenada no Met foi *The Pipe of Desire*, de Frederick Converse, em 18 de março de 1910. A segunda, *Mona*, de Horatio Parker e Brian Hooker, foi a ganhadora do concurso referido, e subiu à cena em 14 de março de 1912 (ver o tópico sobre Parker no capítulo "A Influência Wagneriana). Em suas *Memórias*, Gatti-Casazza escreve:

> Eu esperava, quando vim para os Estados Unidos, poder descobrir boas óperas americanas, que pudesse montar e manter no repertório. [...] Sempre achei que uma das obrigações de que o grande teatro lírico americano não poderia escapar era a de promover o desenvolvimento da ópera americana. Nenhuma escola nacional de ópera se desenvolveu sem o incentivo das encenações. Nos Estados Unidos, as condições são mais difíceis, para os compositores locais, do que em qualquer outro país, porque há poucos palcos em que as suas obras possam ser representadas.

Outro ponto a Gatti-Casazza dava muita importância era a descoberta dos cantores americanos, "donos de vozes naturalmente

---

4. Sobre esta ópera, ver, em *A Ópera Alemã*, desta coleção, o capítulo sobre Humperdinck.

bonitas, cantores inteligentes e bem educados". Foi ele quem trouxe para o Met grandes artistas como Frances Alda, Rosa Ponselle, Lawrence Tibbett, Grace Moore, Gladys Swarthout, John Charles Thomas, e Marion Talley, que tinha dezoito anos quando fez a sua primeira Gilda. Do wagnerismo ao verismo, do neo-romântico ao ultra-moderno, as óperas americanas encenadas durante a gestão Gatti-Casazza ilustram a amplitude de horizontes, a variedade de estilo, temática e abordagem dramatúrgica dos autores americanos.

Pipe of Desire já tinha sido estreada em Boston em 1906. As demais foram criadas no palco do Met. Algumas delas, em um ou dois atos, eram acompanhadas por outras obras locais, em programa duplo. A *Shanewiss* de Charles Cadman foi apresentada com o balé *Dance in Place Congo*, de Henry Gilbert. Na temporada seguinte, reapareceu em companhia das óperas em um ato *The Legend*, de Joseph Breil, e *The Temple Dancer*, de John Hugo. Era costume fazer *Cleopatra's Night*, de Henry Hadley, junto com *Le Coq d'Or* (O Galo de Ouro), de Rímsky-Kórsakov, cantada em francês, na versão de Michel Fokine, em que os cantores ficavam no fosso, e bailarinos representavam as personagens no palco. *In the Pasha's Garden*, de Lawrence Seymour, foi cantada junto com *La Bohème*. E *Madeleine*, de Victor Herbert, serviu de *lever de rideau* para uma encenação dos *Pagliacci*, em que Caruso fazia o papel de Canio.

À exceção de *The Canterbury Pilgrims*, de Reginald De Koven, todas as óperas americanas encenadas por Gatti ganharam a prestigiosa Bispham Memorial Medal for American Opera. Esse galardão não foi também conferido à *Mona* de Horatio Parker porque, anteriormente, o compositor já tinha recebido o prêmio do Met para a composição de ópera americana. Gatti se esmerava em utilizar os melhores cantores, regentes e encenadores, e em conseguir uma cobertura de imprensa à altura.

Converse

Ao inscrevê-lo na Universidade de Harvard, a família de Frederick Shepherd Converse (1871-1940), originária de Newton, Massachusetts, destinava-o a uma carreira nos negócios. Mas, uma vez terminado o curso superior, Frederick foi para Boston estudar com Carl Baerman e George Chadwick. Este, como já o fizera anteriormente com Horatio Parker, aconselhou-o a ir aperfeiçoar-se com Reinecke, na Real Academia de Música de Munique. Graduando-se na Alemanha em 1898, Converse voltou para Boston, onde foi professor de harmonia no Conservatório da Nova Inglaterra, do qual haveria de se tornar o reitor. Também ensinou composição em Harvard.

Louise Homer foi a criadora do principal papel feminino em *The Pipe of Desire*, uma "trágica história de fadas vivamente retratada pela música". Essa fantasia mística em um ato, escrita por George Eduard Burton, fala dos poderes fatais da flauta mágica pertencente ao rei dos elfos: ela destrói os mortais que tentam utilizá-la com fins egoístas. *The Pipe of Desire* estreou com a Boston Opera Company, em 31 de janeiro de 1906, regida por Arthur Goodrich. Nessa ocasião, H. T. Parker, do *Boston Transcript*, elogiou em Converse "o poder de construir os clímax", e considerou-o, "nos momentos devidos, muito hábil em fazer surgir, na orquestra, ou na voz, a frase viva, enfática, iluminadora".

Em 13 de março de 1910, cinco dias antes da estréia no Metropolitan, Richard Aldrich escreveu no *New York Times*:

> Durante anos houve aspirações desse tipo por parte daqueles que sempre esperaram pela época em que a ópera se enraizaria no solo da nossa própria cultura e não seria um artigo exótico importado apenas como um entretenimento da moda. Essas aspirações tendiam para a ópera cantada em inglês, como um elemento indispensável para o crescimento nativo; não, necessariamente, que tivesse de ser ópera composta por americanos ou ingleses, mas óperas cantadas numa língua "compreensível para o povo". No entanto, a criação de uma escola americana de drama lírico haveria de se tornar um resultado inevitável, ainda que distante. E até onde se pode levar adiante a organização dessas aspirações, haveria para tais operas um apoio digno de um lugar no repertório e da atenção do público musical mais experiente.

Assim Aldrich descrevia a ópera (13. 3.1910):

> [*The Pipe of Desire*] afasta-se tanto quanto possível do caminho verista atual. É simbólica, trata de questões filosóficas e evolui através das relações simbólicas das fadas com um homem e uma mulher. Converse escreveu sua música utilizando *quarto motives* representativos: o da Flauta; o que representa as leis imutáveis; o tema buliçoso de Iolan; e um tema que sugere o seu amor por Naola. Converse usou um *basset horn* – uma grande clarineta de som intermediário entre o da clarineta e o da clarineta baixa – relacionado com o motivo da Flauta do Desejo. Esse instrumento é quase obsoleto, embora tenha sido usado por Beethoven, umas poucas vezes por Mendelssohn, e em partituras ainda mais antigas. [...] O libretista, Mr. Burton, tem uma imaginação que pode levá-lo de volta a Dante Gabriel Rossetti e Anatole France. Ela o levou muito longe ao imaginar o elaborado simbolismo de *Pipe of Desire*, sua representação da lei moral, o sofrimento trazido pelos desejos humanos, inocentes em si mesmos, mas que violam a lei.

Na floresta, os elfos, que estão se preparando para o primeiro dia da primavera, ouvem aproximar-se o camponês Iolan que, no dia seguinte, vai casar-se com Naoia. Como ele nunca tratou mal os elfos, estes se perguntam se não devem aparecer para ele e agradecer-lhe. Eles o fazem, e são recriminados por seu rei, o Velho, pois infringiram a lei que os proíbe de mostrar-se aos humanos. Iolan o desafia, pondo em dúvida o seu poder como rei, e não parece impressionado quando o Velho lhe fala de sua flauta mágica. Os elfos pedem a seu rei que, obedecendo à tradição, toque a flauta em homenagem ao primeiro dia da primavera. O Velho toca, todos dançam, mas Iolan continua cético. O Velho o faz dançar contra a sua vontade. Iolan se irrita, toma a flauta das mãos do rei dos elfos e quer ir embora com ela.

O Velho o adverte de que não toque a flauta. Deus a deu a Lilith e, depois da queda do Homem, expulso do Paraíso, a amaldiçoou. Sem levá-lo a sério, Iolan tenta tocar a Flauta dos Desejos, e tem a visão do que mais quer: a sua fazenda próspera e rica, Naoia cercada dos filhos que tiveram juntos. No sonho, pede à namorada que venha para perto dele. O Velho toma a flauta de volta, toca, e Iolan vê Naoia, doente, erguer-se do leito e vir cambaleando a seu encontro. Ela aparece, febril, pálida, dizendo-lhe que o vento veio dizer-lhe que o noivo queria vê-la. Promete nunca abandoná-lo e, depois, desfalece em seus braços.

Iolan amaldiçoa Deus pela morte de Naoia, e o Velho lhe diz que é ele o culpado, por ter tocado a flauta visando a seus fins egoístas, e não a divindade. Iolan vai golpear o Velho mas, lembrando-se da bondade de Naoia, detém o gesto. Os elfos ficam surpresos com a mudança que o sofrimento operou no camponês, de adolescente irresponsável convertendo-o num homem maduro. O Velho toca a canção do outono e Iolan, dando-se conta dos limites da condição humana, deita-se na relva e morre. Os elfos perguntam ao Velho o que acontece a quem morre tão jovem, e ele responde: "Fiquem tranqüilos. Nada se perde."

A reação do público nova-iorquino, em 18 de março de 1910, foi apenas razoável, apesar do excelente elenco regido por Alfred Hertz: Louise Homer (Naoia), Riccardo Martin (Iolan), Clarence Whitehill (O Velho)[5]. Em sua resenha de 19 de março, Aldrich considerou a estréia "preparada de forma excelente, com muito cuidado e devoção real de todos, de modo a apresentar a ópera sob a luz mais vantajosa". Achou semelhanças entre a música de Converse e a de Richard Wagner, especialmente no que se referia ao uso de *leitmotive*. E, após ver a ópera no palco, fez críticas sérias ao libreto de Burton:

> Os acontecimentos exibidos não são claramente inteligíveis e não conseguem carregar a atenção do ouvinte de um ponto da ação para o outro. Há, na verdade, uma grande penúria de ação e as personagens não chegam a ser interessantes.

Mas foi mais generoso com Converse que, na sua opinião, "deu conta da tarefa com mais habilidade e segurança de toque" [do que seu libretista]:

> A sua música não apenas é poética em si mesma; ela tem força dramática e de sugestão, e qualidades que lhe permitem caracterizar as personagens do drama, as situações, as diversas emoções e estados de espírito.

Os anos passados em Munique fizeram de Converse um intelectual totalmente devotado à cultura e às tradições musicais germânicas. E isso se reflete em suas três primeiras sinfonias; em oratórios como *Job* – escrito para o

Festival de Worcester (2.10.1907) –; ou em *Hagar in the Desert*, concebido para o contralto wagneriano Ernestine Schumann-Heink, e ouvido em Hamburgo (23.11.1908), juntamente com *Job* (o primeiro oratório de autor americano a ser executado na Alemanha).

A ópera *The Sacrifice* teve boa acolhida em Boston, em 3 de março de 1911, sob a regência de Arthur Goodrich, e teve quatro récitas ao todo. Mas *Sinbad the Sailor, Beauty and the Beast*, ambas de 1913, e *The Immigrants* (1914) ficaram inéditas. São visíveis as influências do *Trovatore* no ultra-romântico libreto de John Macy para *O Sacrifício*, ambientado no sul da Califórnia em 1846. A jovem mexicana Chonita é cortejada ao mesmo tempo por Bernal, um soldado de sua terra, a quem ama, e pelo oficial americano capitão Burton, de cuja proteção necessita. Bernal, escondido no bosque, vê Burton declarar-se a Chonita e jura vingança. Quando se encontra com Chonita, ela afirma amá-lo e diz temer pelo resultado do ataque que os mexicanos farão às Missões aquela noite.

No dia seguinte, numa igreja arruinada, os soldados americanos comemoram a sua vitória da noite anterior. Chegam uma florista índia e um grupo de dançarinas ciganas. Enquanto eles as vêem dançar, Chonita chega com Thomasa, a sua criada índia, e Burton lhe diz que Bernal morreu na batalha. Percebendo ter matado o namorado da mulher que ama, Burton pede-lhe perdão. Ela o manda embora, mas ele volta a tempo de ver Chonita nos braços de Bernal, que ficou apenas ferido. Ela se atira entre os dois, para impedir um duelo, e é ferida pela espada de Bernal.

Na manhã seguinte, o padre Gabriel manda chamar os dois rapazes, dizendo-lhes que Chonita, que está em casa da Señora Anaya sua tia, quer falar com ambos. Quando os vê, ela suplica a Burton que poupe a vida de Bernal. Burton lhe pergunta como pode conciliar o seu dever com o que ela lhe pede. De repente, os soldados mexicanos, alertados pelo padre Gabriel, atacam a casa e Burton, para salvar Chonita, deixa-se matar. Bernal e sua noiva são levados em triunfo pelos soldados.

Converse utilizou harmonias mais avançadas nas três últimas sinfonias e teve, nas

---

5. No elenco estava também o barítono Herbert Witherspoon que, após oito temporadas no Met, iniciou brilhante carreira de professor de canto na Juilliard School. Foi escolhido como o sucessor de Gatti-Casazza em 1935, mas morreu do coração dias depois de tomar posse. Seu assistente, o tenor Edward Johnson assumiu em seu lugar.

décadas de 1920-1930, um surto de americanismo que o levou a escrever o poema sinfônico *Flivver Ten Million* – decalcado no *Pacific
231*, de Honegger – para comemorar a fabricação do 10.000.000º Ford Model-T (Boston,
15 de abril de 1927). São também de caráter
nacionalista as "cenas festivas" *Califórnia*
(1928) e a suíte sinfônica *American Sketches*
(1935). No final de 2003, o selo Naxos anunciou que estaria incluindo, na série *American
Classics*, um disco dedicado às suas obras orquestrais.

Ao contrário de *The Scarlet Letter* – de
que falamos no capítulo sobre a influência
wagneriana –, o *Cyrano de Bergerac* de Walter
Damrosch, estreado no Met em 27 de fevereiro de 1913, tem uma estrutura mais tradicional, de ópera de números. Sua forma prende-
se mais à tradição italiana e francesa do que à
alemã. Isso se deve, inclusive, à escolha da peça
de Edmond Rostand, de romantismo tardio. É
uma obra bem realizada, sem a originalidade
da que se inspira no romance de Hawthorne.
Mais criativa, por sua adaptação da técnica
verista a uma temática nacionalista, foi *Shanewis*, cantada em 23 de março de 1918.

Cadman

O bisavô de Charles Wakefield Cadman
(1881-1946) era Samuel Wakefield, o inventor de uma modalidade de notação musical
chamada "the Buckwheat Notation". Aluno de
órgão de Leo Oehmler e Emil Paues, Cadman
interessou-se desde cedo pelos estudos etno-
gráficos, fazendo pesquisas sobre a música dos
indígenas americanos. As quatro *Indian Songs*,
de 1904, foram muito bem recebidas; foram
vendidos cerca de dois milhões de exemplares
da partitura de uma delas, "From the land of
the sky-blue water".

É, portanto, significativa a contribuição
que Cadman deu para o nacionalismo americano, nas primeiras décadas do século XX. Em
1910, ele visitou as tribos de Omaha e, num
fonógrafo primitivo, gravou música para flauta e canções cerimoniais. De volta, fez várias
conferências sobre o papel da música na vida
quotidiana dos índios americanos, ilustrando-as
com as canções que harmonizara, interpreta-

das pelo soprano pele-vermelha Tsianina
Redfeather. Reelaborou-as também em sua
primeira experiência dramática, *The Land of
the Misty Water* (1912), e na *Thunderbird Suíte*, de 1914, para piano e orquestra.

Shanewis or The Robin Woman tem caráter verista, explorando o tema da incompatibi-
lidade entre mundos culturais diferentes, de um
modo que a insere na linhagem da *Lakmé* e da
Madama Butterfly. A autora do libreto é Nelle
Richmond Eberhardt, a companheira de
Cadman. Nelle foi sua colaboradora na letra
de uma centena de canções e escreveu todos
os seus libretos. Ela se baseou livremente em
episódios da vida de Tsianina Redfeather. Desejava dar ao enredo um final marcado pela
renúncia e a resignação; mas Cadman, influenciado pela violência dos entrechos veristas,
preferia um final trágico, com o suicídio da
heroína, ou sua decisão de matar o namorado,
ao descobrir que ele lhe era infiel. Consultada,
Tsianina se opôs, alegando que uma verdadeira índia não se comportaria dessa maneira.
Optou-se, então, por uma solução de compromisso.

The Robin Woman é a história de Shanewis, moça indígena que vai estudar música
em Nova York, é protegida pela milionária Mrs.
J. Asher Evertone, e se apaixona pelo arquiteto Lionel Rhodes, sem saber que ele é o noivo
de Amy, filha de sua protetora. Ao descobri-
lo, como não quer magoar Amy, nem ser in-
grata com a sua mecenas, Shanewis decide
afastar-se de Lionel, e volta para a sua reserva.
Mas o rapaz a acompanha, e quer casar-se com
ela pelos ritos da tribo. Philip Harjo, homem
branco muito violento, que também deseja
Shanewis, elimina o rival, matando-o com uma
flecha de ponta envenenada, para dar à jovem
índia a impressão de que o autor do crime foi
alguém de sua tribo que desaprovava o namoro. Da forma como foi construído, o libreto
poderia perfeitamente, trocados os nomes, passar-se na Sicília.

Cadman utilizou, na partitura, uma canção cerimonial dos Osage e temas autênticos
dos Cheyenne e dos Omaha, recolhidos pelos
etnógrafos Alice Fletcher e Frances Densmore.
Citados integral, parcialmente ou de forma
apenas fragmentária, esses temas dão à músi-

Giulio Gatti-Casazza, gerente do Metropolitan durante muitos anos, estreou neste teatro diversas óperas de autor americano, entre elas a *Madeleine* (1914), de Victor Herbert. Abaixo: o maestro Polacco está sentado, tendo Herbert à sua esquerda e o soprano Frances Alda à direita. Gatti-Casazza está à direita de Alda.

Sophie Braslau (no papel-título) e Paul Althouse
(Lionel), ambos na extrema-direita da foto, cantaram,
em 1918, na estréia de *Shanewis*, de Charles Wakefield
Cadman, no Metropolitan de Nova York.

O soprano americano Rosa Ponselle estreou no
Metropolitan, aos 21 anos, cantando em *The Legend*,
de Joseph Breil.

ca colorido melódico e variedade rítmica tão atraente, que a ópera, muito aplaudida na estréia, foi reprisada pelo Met na temporada de 1919. Em 1928, Tsianina, que tinha inspirado a personagem, cantou-a no Hollywood Bowl, de Los Angeles, com o barítono Chief Os-ke-non-ton, da tribo Mowawk. Havia 22 mil pessoas na platéia.

Alice Gentle estava escalada para criar o papel-título em 23 de março de 1918; mas adoeceu na véspera da estréia, e foi substituída por Sophie Braslau, cuja interpretação da "Song of Spring of the Robin Woman" ficou famosa, e foi um best-seller em disco. Paul Althouse, o primeiro tenor do Met a nunca ter cantado na Europa, entusiasmou a platéia fazendo Lionel. É particularmente bonita a cena de amor do ato I, em que, falando da intensidade de seus sentimentos, Lionel pergunta a Shanewis:

> *Do you know the diff'rence*
> *between moonlight and starlight?*
> *Between reflected glow and burning flame?*
> *Ah, moonlight is ghostlight.*
> *It is like a candle shining on a white, dead face.*
> *While starlight is a beacon*
> *that guides to the heart of fire!*

(Sabes a diferença entre o luar e a luz das estrelas? Entre o brilho refletido e a a chama que arde? Ah, o luar é uma luz fantasmagórica. É como uma vela luzindo sobre um rosto pálido e morto. Enquanto as estrelas são um feixe de luz que te guia até o coração do fogo!)

Kathleen Howard era Mrs. Everton, Marie Sundelius fazia Amy, e Roberto Moranzoni regeu o espetáculo.

A crítica não deixou de apontar a "doçura pucciniana" na forma de construir as cenas de amor. J. H. Henderson, no *New York Sun*, elogiou o fato de se poder entender as palavras do libreto, pois os cantores não tinham sotaque estrangeiro. E destacou "o fluxo contínuo do canto, sem a interrupção de episódios instrumentais irrelevantes, e a orquestração clara, variada mas, ao mesmo tempo, muito discreta, sem se sobrepor às vozes".

Cadman continuou explorando esse filão na cantata cênica *The Sunset Trail* (Denver, 5.12.1922) e nas óperas *The Garden of Mistery*, escrita em 1916, mas só estreada em Nova York em 20 de março de 1925, além de *The Ghost*

of Lollypop Bay (1926) e *Lelawala* (1926), que não chegaram a ser encenadas. *A Witch of Salem*, cantada em Chicago em 8 de dezembro de 1926 – e baseada no mesmo episódio histórico da fase colonial que haveria de inspirar a tragédia de Arthur Miller (e a ópera de Robert Ward) – marca uma mudança de rumo. As operas remanescentes, *The Belle of Havana* (1928), *South in Sonora* (1932) e *The Willow Tree* – encomendada pela NBC e transmitida em 3 de outubro de 1933 – não têm mais inspiração indígena; mas permanecem interessadas na temática e nas formas musicais nativas, embora tivessem progressivamente ficado fora de moda, pois a linguagem musical de Cadman não se renovou.

Cadman é um nacionalista devotado também na obra não-operística: a cantata *Father of the Waters* (1928); os poemas sinfônicos *Dark Dancers of the Mardi Gras* (1933) e *Pennsylvania* (1940); a *Suite on American Folk Tunes* (1937); a *Sonata para Piano* ou as 180 canções de concerto, dentre as quais "At Dawning" teve, durante muito tempo, enorme popularidade. Na série American Classics, do selo Naxos, há um disco dedicado à música de câmara de Charles Cadman, interpretada pelo Quarteto Bergonzi.

Breil e Hugo

A abertura da temporada de 1918-1819, em que Caruso e Louise Homer fizeram *Sansão e Dalila*, coincidiu com a assinatura do armistício que pôs fim à I Guerra Mundial. No final da temporada, ao mesmo tempo que se comemorava, com grande pompa, o 25º aniversário do início americano da carreira de Caruso, subiam à cena, em 12 de março de 1919, na companhia de *The Robin Woman: Shanewis*, duas óperas americanas em um ato, *The Legend*, de Joseph Breil, e *The Temple Dancer*, de John Hugo. Elas correspondiam ao desejo de Gatti-Casazza de oferecer uma resposta local ao *Trittico* de Puccini, que também tivera sua primeira récita nessa mesma temporada.

Nascido em Pittsburg, Joseph Carl Breil (1870-1926) abandonara os estudos de Direito em Leipzig para tornar-se cantor e, por uma década, fez uma carreira modesta na Alemanha e nos Estados Unidos. Sua experiência com música dramática se iniciou no cinema. Foi ele o autor das trilhas para acompanhar os épicos de D. W. Griffith: *The Prisoner of Zenda* (1913), *The Birth of a Nation* (1915) e *Intolerance* (1916). Musicou também a versão de 1935 do *Fantasma da Ópera*. Diretor do Film Music Department da Triangle Films, em Los Angeles, escrevia trilhas que, no dizer da Katherine Preston e Martin Marks – autores do verbete sobre ele no *The New Grove Dictionary of Music* – "combinavam música original com segmentos do repertório operístico, sinfônico e de canção popular, altamente elogiada por sua eficiência dramática".

O fantasioso libreto de Jacques Byrne para *The Legend* é ambientado nos Bálcãs, num país imaginário chamado Muscovádia. É a história de Carmelita, dividida entre Stephen, seu namorado, e o pai, o conde Stackareff, um nobre empobrecido que, para sobreviver, transformou-se num cruel assaltante de estrada. Quando Stephen descobre a verdadeira identidade do bandoleiro, Carmelita o mata para proteger o pai. Essa curiosa mistura de drama verista com a fórmula, já muito envelhecida, da ópera romântica sobre bandidos – na linha do *Fra Diavolo* ou do *Zampa* – foi regida pelo maestro Moranzoni. A estréia contava, no elenco, com Rosa Ponselle, Paul Althouse, Louis D'Angelo, e Kathleen Howard.

John Adam Hugo (1873-1945), de Connecticut, tinha feito carreira na Europa como concertista de piano. Na volta aos Estados Unidos, dedicou-se ao ensino e à composição. *The Temple Dancer*, evidentemente influenciada por *Lakmé*, passa-se na Índia, durante a ocupação britânica. No libreto de Jutta Bell-Ranske, uma bailarina hindu do templo de Mahadeo, apaixonada por um homem que tem religião diferente da sua, rouba as jóias do templo para poderem fugir juntos e, capturada, é condenada à morte (não descarto tampouco, do ponto de vista da intriga, a influência das *Jóias da Madona*, de Wolf-Ferrari, que fizera sucesso estrondoso em Chicago em 16 de janeiro de 1912). No *New Grove*, Michael Meckna diz que Hugo faz "um uso pitoresco das harmonias modais e das percussões exóticas, com elas perfumando o seu idioma que,

de um modo geral, é bastante convencional". Moranzoni regia Florence Easton, Morgan Kingston e Carl Schlegel, que envergavam figurinos reaproveitados de uma produção da *Flauta Mágica* de 1912. No *New York Times* de 13.3.1919, James Gibbons Huneker escreveu:

> Na noite passada, o palco do Metropolitan Opera House estava coberto de cadáveres. Que horrível holocausto! Os compositores e libretistas americanos parecem gostar do sinistro e da mais horripilante violência, num momento em que o que mundo inteiro pede é paz e o fim dos desentendimentos.

Prosseguiu chamando *The Legend* de "pesada como massa sem fermento". Para ele, "a partitura de Breil é melodiosa e rotineira" e "anda sem rumo, trombando com a ação todas as vezes que pode". Quanto a *The Temple Dancer* "teria sido preferível tocarem o original que, no caso de Mr. Hugo, é Richard Wagner." Salvavam-se, na sua opinião, apenas Ponselle e Easton, "mais pelo seu vigor do que pelas coisas que lhes deram a cantar".

Hadley

O esquecimento em que hoje está a obra de Henry Kimball Hadley (1871-1937) é inverso à popularidade que esse compositor prolífico, autor de peças bem estruturadas e brilhantemente orquestradas – o que compensava pela falta, talvez, de originalidade –, desfrutava em seu tempo, nos Estados Unidos e na Europa. Autor de poemas sinfônicos ricos em seus detalhes pictóricos, Hadley recebeu as primeiras noções de piano e violino do pai, diretor de uma escola de música em Boston. Estudou piano com George Stephen Emery e composição com Chadwick. Aos dezessete anos, escreveu a opereta *Happy Jack*, estreada no Conservatório da Nova Inglaterra, de que era aluno, e cantada depois em outras escolas de música da cidade.

Em 1891, Walter Damrosch regeu sua abertura *Hector and Andromache* em Nova York. Mas, insatisfeito com a técnica que possuía, Hadley foi aperfeiçoar-se em Viena com Eusebius Mandyczewski, o professor de Brahms. De volta a seu país, assumiu a direção do departamento de música da St. Paul School, em Garden City, no estado de Nova York, e produziu as primeiras obras significativas:

- a sinfonia programática *Youth and Life* (Filarmônica de Nova York, 2 de dezembro de 1897, regida por Anton Seidl);
- a cantata *In Music's Praise* (1898), que recebeu o Prêmio Oliver Ditson;
- o poema sinfônico *In Bohemia* (Sinfônica de Boston, 16 de dezembro de 1901), executado também em Londes, no Queen's Hall (1913);
- a sinfonia *The Four Seasons* (Filarmônica de Nova York, em 20 de dezembro de 1901, sob a regência de Emil Paur), à qual foram concedidos o Prêmio Paderewski e prêmios das orquestras de Nova York e Chicago, e do Conservatório da Nova Inglaterra.

O resultado de nova fase de estudos em Munique, com Ludwig Thuille, foi o poema sinfônico *Salomé*, de 1901, inspirado na peça de Oscar Wilde antes da ópera de Richard Strauss (Sinfônica de Boston, 12 de abril de 1907, com Karl Muck), e a *Sinfonia n. 3*, não-programática, que o próprio Hadley regeu à frente da Filarmônica de Berlim, em 27 de dezembro de 1907. Foi na Alemanha também que ele estreou sua primeira ópera, *Safié*, com o libreto de Edward Oxenford traduzido para o alemão. O espetáculo foi no Stadttheater de Mainz em 4 de abril de 1909. A copiosa produção orquestral de um modo geral é programática – como é o caso da *Sinfonia n. 4 North, East, South and West* (1911) ou do poema sinfônico *Lucifer* (1913) – e sempre neo-romântica, a despeito da evolução que estava ocorrendo na música européia. Hadley produziu óperas muito bem recebidas em casa, na época de sua criação:

- *Azora the Daughter of Montezuma*, em três atos, com libreto de David Stevens, passada durante a conquista espanhola do México no século XV; Ópera de Chicago, 26 de dezembro de 1917;
- *Bianca*, comédia de Grant Stewart extraída de *La Locandiera*, de Carlo Goldoni; Nova York, 18 de outubro de 1918; Hinshaw Prize, no valor de US$ 1 mil, concedido pela Associação dos Cantores de Nova York.

A obra mais bem-sucedida de Hadley é *Cleopatra's Night*, com libreto de Alice Neal Pollock baseado no conto *Une Nuit de Cléopâtre*, de Théophile Gautier. Ele assim descreveu a gênese da ópera ao *New York Times*, numa entrevista de 25 de janeiro de 1920:

> Quando estava estudando em Viena, aconteceu-me de ler o extraordinário conto de Théophile Gautier, *Une Nuit de Cléopâtre* [sic], e fiquei muito impressionado com as suas descrições. Depois de ir ao Egito e ver suas paisagens e vivos coloridos, resolvi escrever algo que tivesse como pano de fundo esse país romântico e misterioso. Aí, lembrei-me do conto e das possibilidades que ele me oferecia, não só por seus vôos de imaginação, mas como um texto praticável enquanto peça de teatro. Voltando a Paris, fiz os primeiros esboços temáticos e, agora, passados muitos anos, remodelei esses temas para adaptá-los ao atraente libreto de Mrs. Alice Neal Pollock, e *One of Cleopatra's Nights* [sic] transformou-se numa ópera curta. Durante o verão de 1918, fiquei tão obcecado pela obra, que escrevi sem parar, até ter terminado os esboços. A partitura foi escrita, de modo mais ou menos livre, no idioma moderno. Tentei, com os coloridos orquestrais, retratar o estranho amor louco do escravo Meiamoun por sua Rainha.

Regida por Gennaro Papi, *Cleopatra's Night* subiu ao palco em 31 de Janeiro de 1920, com Frances Alda no papel-título e Orville Harrold como Meiamoun. O exotismo oriental, de matriz visivelmente massenetiana, que Hadley dá a uma partitura cuidadosamente orquestrada fez com que, no *New York Times*, Richard Aldrich afirmasse que aquela era "a melhor dentre as dez ou doze óperas americanas oferecidas pelo Metropolitan até a presente data". E cumprimentou Hadley por "possuir o verdadeiro senso do movimento e da expressão dramática e dos contrastes, além da corrente emocional impelida e dirigida por esse movimento dramático". Na estréia, *Cleopatra's Night* foi acompanhada por *Pagliacci*; nas oito récitas subseqüentes, e na temporada seguinte, depois da ópera de Hadley vinham *L'Oracolo*, de Leoni, e *O Galo de Ouro*, de Rímski-Kórsakov.

É importante mencionarmos outras obras orquestrais e vocais de grande porte de Henry Hadley:

- a bela *Ode to Music*, para solistas, coro duplo e grande orquestra, poema de Henry van Dyke, para comemorar, em 1917, o 60º aniversário do Festival de Worcester, em Massachusetts;

- os poemas sinfônicos *Othello* (1919) e *The Ocean* (1921);
- a cantata *Resurgam*, poema de Louise Ayres Garnett, para o Festival de Maio de Cincinnati, em 1923;
- as suítes orquestrais descritivas *Streets of Pekin*, estreada em Tóquio em setembro de 1930, e *Silhouettes de San Francisco* (1931);
- e a sinfonia programática *Connecticut* (1935), evocando a história desse estado, na comemoração de seu tricentenário.

Fundador da Associação Nacional dos Compositores e Regentes Americanos (1932), ele deixou seus bens para que fosse instituída a Fundação Henry Hadley para o Avanço da Música Americana que, durante muito tempo, premiou jovens compositores de mérito com a Medalha Henry Hadley. Assim o descreve David Ewens em *American Composers*:

> Hadley era um compositor prolífico em todos os gêneros, cujas obras fizeram muito sucesso tanto nos Estados Unidos quanto na Europa, mas foram descartadas após a sua morte. Suas melhores composições são estruturadas com tanta habilidade, orquestradas de maneira tão brilhante e tão ricamente dotadas de vitalidade que isso compensa pela falta de profundidade ou de originalidade do pensamento musical. Hadley era um romântico conservador, cujas melhores realizações eram obras orquestrais programáticas, gráficas em seus detalhes pictóricos.

Para conhecer Henry Kimball Hadley: na série *American Classics*, do selo Naxos, existem a *Sinfonia n. 4* e o poema sinfônico *The Ocean*, regidos por John McLaughlin à frente da Sinfônica Nacional da Ucrânia.

A era Gatti-Casazza foi tão benéfica para os cenógrafos quanto para os compositores americanos. Norman bel Geddes, de 25 anos, contratado para desenhar os cenários de *Shanewis* e *Cleopatra's Night*, atraiu a atenção da Broadway, onde trabalhou em mais de duzentos espetáculos, que se destacaram graças aos efeitos de iluminação que ele obtinha com as lâmpadas e lentes especiais que desenvolvera. Geddes trouxe dimensões novas aos aspectos visuais da ópera americana. No ato II de *Shanewis*, em vez da óbvia representação figurativa de uma aldeia indígena, optou por um cenário abstrato e estilizado – a interpretação

psicológica do ambiente em que viviam os pele-vermelha, responsável por suas atitudes e modo de ver a vida.

Também *Dance in Place Congo* apaixonou a platéia. Originalmente um poema sinfônico baseado em canções e danças dos escravos de Nova Orleans, o balé foi dançado por Rosina Galli, que viria a ser a segunda mulher de Gatti-Casazza. Houve récitas em que o programa era triplo, pois incluía também *L'Oracolo*[6], de Franco Leoni, ópera verista hoje um tanto esquecida, mas que fazia muito sucesso naquela época.

Após a I Guerra Mundial, o Met montou óperas menores, mais econômicas e, não raro, de caráter experimental. *The Temple Dancer*, de John Adams Hugo, teve apenas três récitas no Met. Mas foi levada em Chicago e, em 1925, foi a primeira ópera americana encenada em Honolulu, com imenso sucesso. Essas óperas curtas sofriam o influxo do trabalho que seus autores estavam fazendo para a indústria cinematográfica, compondo trilhas sonoras. Em *American Opera and its Composers* (1978), Edward Ellsworth Hipsher cita um texto de Eugene Adrian Farner, o autor de *The White Buffalo Maiden*, escrito em 1923. Ao comentar a afinidade entre a ópera e a metodologia e técnica da música para cinema em seus primeiros anos, Farner diz que, para fazer da ópera um meio de expressão atraente, é necessário:

- Brevidade (uma hora): evitar narrativas em recitativo; usar em vez disso pantomima com acompanhamento musical; condensar o material em uma série de cenas básicas em que haja oportunidades para os cantores, o coro e a orquestra;
- Ir direto ao ponto, com a naturalidade de um Gilbert & Sullivan; com as descrições diretas e simples de Gluck; com o senso mozartiano da adequação vocal; com uma empostação cinematográfica na ação, mediante
- o uso de elenco, coro e orquestra pequenos, facilitando as produções que possam ser levadas em turnê e criando a plena medida de interesse dramático popular.

Joseph Breil que, em 12 de março de 1919, estreou *The Legend*, afirmava que "um

---

6. Ver *A Ópera Italiana Após 1870*, desta coleção.

libreto de ópera deve estar cheio de ação, todo o tempo". Para ele, a história tinha de "ser simples e direta como um roteiro de filme, e ainda mais do que este, pois um roteirista pode se explicar usando uma frase que coloca nas legendas". Breil achava a ópera "particularmente atraente para o temperamento ianque, no qual, sob uma tênue superfície de humor, há uma veia de melancolia e sentimentalismo". Autor de trilhas sonoras de sucesso para cinema, Breil conseguiu, em *A Lenda*, uma mistura muito curiosa de formas operísticas e cinematográficas que, naturalmente, não tinha condições de ser entendida nem aceita pela crítica da época.

Essa maneira de ver as coisas já tinha mudado bastante, em 24 de janeiro de 1935, quando subiu à cena *In the Pasha's Garden*, de John Laurence Seymour – sobre o soberano árabe que se vinga de sua mulher infiel –, a última das treze óperas de autores americanos programadas entre 1910-1935. O crítico Carleton Smith chamou *No Jardim do Paxá*, de apenas 45 minutos, "a ópera mais econômica já produzida no Met". Foi muito apreciado o cenário de Frederick Kiesler, um fundo branco sobre o qual eram projetadas imagens abstratas, que sugeriam os climas da ação.

As óperas mais importantes dessa fase, escritas por Deems Taylor, Howard Hanson e Louis Gruenberg, tiveram como denominador comum a participação de um dos maiores barítonos americanos, o californiano Lawrence Tibbett, que estreara no Met em 1923 cantando um papel menor do *Borís Godunóv*. Ao retirar-se do teatro, em 1950, Tibbett, dono de uma voz flexível, de belo timbre e dicção impecável, tinha cantado em 384 récitas. Numa época em que ainda se discutia se a língua nacional era apropriada para o canto lírico, ele gostava de cantar em inglês:

Muitos cantores americanos sentem-se envergonhados quando têm de cantar em inglês. Posso vociferar "I love you!" com a paixão de um Don Juan cuja amada está presa num lugar deserto, no topo de uma torre elevada. Mas muitos cantores americanos não conseguem se emocionar em inglês. Põem toda a sua alma ao dizer "Io t'amo, Ich liebe dich, Je t'aime", mas gaguejam, ao dizer "I love you", como um menino de grupo escolar diante de sua primeira namorada.

Deems Taylor

As palestras que o crítico Joseph Deems Taylor (1885-1966) fazia no rádio, a partir de 1933, sobre apreciação musical – em especial no programa *Chase and Sanborn Opera* – tinham audiência no país inteiro. E durante algum tempo, as suas óperas, de estilo conservador, foram muito bem recebidas pelo público. A partir da década de 1940, porém, começaram a cair no esquecimento, e hoje poucos se lembram que *Peter Ibbetson* foi um dos papéis marcantes na carreira do famoso soprano Lucrezia Bori.

Taylor estudou na Universidade de Nova York e, no início da carreira, estimulado por Victor Herbert, escreveu alguns musicais – *Cap'n Kidd & Co.* (1908), *The Echo* (1910), *The Breath of Scandal* (1916) – ao mesmo tempo que se iniciava no jornalismo musical: foi crítico do *New York World* e do *New York American*, além de editor da revista *Musical American*. O público recebeu bem a suíte *Through the Looking Glass* (Através do Espelho, 1923), baseada em Lewis Carroll, e a música incidental para várias peças de teatro da Broadway, entre elas *Liliom* (1922), do húngaro Ferenc Molnár, e *Beggar on Horseback* (1924), de Marc Connelly e George Kauffman. Isso levou Walter Damrosch a encomendar-lhe um poema sinfônico para a Filarmônica de Nova York. Inspirado na novela de James Branch Cabell, *Jurgen* foi executado em 1925. Vieram em seguida as cantatas *The Chambered Nautillus* e *The Highwayman*, cujo bom resultado trouxe nova encomenda: a de uma ópera para a temporada de 1927 no Metropolitan Opera House.

O libreto que a poeta Edna St.-Vincent Millay escreveu para *The King's Henchman*, em tudo semelhante à história do *Tristão e Isolda*, inspira-se numa lenda saxã do século XX. O rei Eadgar, muito solitário, incumbe seu amigo fiel, Lord Aethelwold, de pedir, em seu nome, a mão da bela princesa Aelfrida. Os dois jovens, evidentemente, se apaixonam e, ao contrário da versão wagneriana, se casam. Mas Aelfrida, mulher cheia de vida, sente-se desconfortável no casamento, devido ao sentimento de culpa do marido. "My life has been but a heaping of sticks under an empty pot", lamenta-se ela (Minha vida foi como um monte de gravetos debaixo de uma panela vazia). Quando o rei descobre que seu lacaio o traiu, vem confrontá-lo. Cheio de remorsos, Aethelwold pega a espada do soberano e se mata. A ópera termina com um longo lamento de Eadgar, um tanto anticlimático; mas deixa no ar a dúvida quanto ao relacionamento futuro entre o rei e a impetuosa viúva.

O libreto tem tintas wagnerianas; e na música da ópera, ouvida em 17 de fevereiro de 1927 – chamada por Lawrence Gilman de "a melhor obra de autor americano que nós já vimos" –, estão também presentes os *leitmotive*, os cromatismos constantes, os maneirismos de orquestração, até mesmo certo jeito wagneriano de fazer os recortes melódicos. Tullio Serafin regia o ótimo elenco – Lawrence Tibbett, Edward Johnson, Florence Easton –, e todos os cantores foram chamados cinqüenta vezes para os aplausos. O cenógrafo Josef Urban ficara famoso com seus cenários tridimensionais para o *Anel do Nibelungo*, em Budapeste, que integravam arquitetura e pintura. O libreto, em especial, foi muito elogiado pela crítica. Em *The World* do dia 20 de fevereiro, lê-se:

> Miss Millay conseguiu produzir o mais notável libreto de ópera já escrito, e o mais poético desde *Pelléas et Mélisande*. É notável como um *tour de force* lingüístico, mais inteligível para o ouvinte moderno do que os *Canterbury Tales* de Chaucer. Está cheio de música verbal. E é mais fácil de cantar do que a poesia alemã de Wagner.

O Lacaio do Rei rendeu US$ 15 mil na noite de estréia. Foi ouvida quatorze vezes, nas três temporadas seguintes, o que era um recorde, até então. Foi a primeira ópera americana a ter lotação esgotada semanas antes dos espetáculos. E, em 18 de setembro de 1927, em versão abreviada, tornou-se a primeira ópera a ser transmitida pelo recém-criado Columbia Broadcasting System (CBS). Nova transmissão ocorreu, em junho de 1942, pelo Mutual Broadcasting System (MBS), com Jan Peerce cantando o papel estreado por Edward Johnson. *O Lacaio do Rei* foi remontado em maio de 1965 no Mercyhurst College de Erie, na Pensilvânia. A última encenação de que se

tem notícia é a da companhia Bel Canto Opera, de Nova York, em março de 1976.

Devido ao sucesso da transmissão radiofônica de 1927, Deems Taylor foi convidado a ser comentarista musical no rádio. E pouco depois recebeu nova encomenda do Met. A princípio, ele considerou a possibilidade de adaptar *Street Scene*, a peça naturalista de Elmer Rice que haveria de ser musicada por Kurt Weill – chegou até a esboçar alguma música para ela. Mas o neo-realismo nada tinha a ver com a sua sensibilidade e ele acabou optando por *Peter Ibbetson*, novela romântica muito popular, que Daphne Du Maurier publicara em fascículos, entre junho e novembro de 1891, na *Harper's New Monthly Magazine*. Falando da novela, o crítico Winthrop Tryon disse que ela pertence a "uma escritora romântica como Goethe, realista como Thackeray, simbolista como Maeterlinck, e sentimental como esses três juntos".

O próprio Taylor preparou o libreto a partir da peça de teatro que, em 1917, a atriz Constance Collier extraira, para si mesma e para os irmãos Barrymore, do texto de Du Maurier. Foi ajudado pela própria Collier nesse trabalho. Usou versos brancos e, em diversas passagens, reproduziu frases inteiras do drama. Como as personagens, Peter e seu tio falam fluentemente inglês e francês, o libreto é escrito nessas duas línguas. As cenas passadas em Paris são cantadas em francês. O resultado é a história bastante eficiente das fronteiras entre sonho e realidade, e da idealização de antigos amores.

A próspera viúva Mrs. Deane está dando uma festa. Um dos convidados, o coronel Ibbetson, oferece-se para recitar um poema; mas o seu sobrinho, o jovem arquiteto Peter Ibbetson, o humilha sem querer, ao comentar que não é dele o poema que vai declamar. Para acalmar a altercação entre os dois, Mrs. Deane pede a Peter que fale de seu passado, e ele relembra os tempos em que morou na França, com a mãe inglesa e o pai francês, e em que conheceu Mimsey Seraskier, seu amor de infância, a quem nunca esqueceu. O coronel o interrompe, Peter se afasta, e o velho Ibbetson confessa a Mrs. Deane que é o verdadeiro pai do rapaz.

O barítono Lawrence Tibbett cantou o papel de Eadgar na estréia de *The King's Henchman* (1927), de Deems Taylor, a primeira ópera a ser transmitida pela recém-criada rede CBS. Na foto ao lado, o compositor Deems Taylor e a libretista Edna St. Vincent Millay (ao centro) aparecem com o elenco da estréia.

Deems Taylor tendo à esquerda o tenor Edward Johnson, intérprete de Aethelwold em *The King's Henchman*, e à direita a libretista, St. Vincent Millay.

Novos convidados estão chegando e, entre eles, está Mary, a duquesa de Towers. Ela reconhece Peter, pergunta seu nome, e diz que ele lhe lembra um menino que conheceu em Paris. Peter percebe que ela é Mimsey e, num sonho, vê-se de volta no jardim de sua casa parisiense, com os pais e a menina que amava. A duquesa o adverte que não deve tocar nas pessoas que aparecem em seus sonhos, nem tentar falar com elas.

De volta à casa do coronel, Ibbetson mostra a Peter uma carta que prova ser ele seu verdadeiro pai. Eles discutem, lutam e, acidentalmente, Peter mata o tio. É julgado por isso e condenado à morte. Na manhã da execução, Mrs. Deane vem lhe dizer que, graças à intervenção da duquesa de Towers, a sentença de morte foi comutada em trinta anos de prisão.

Trinta anos depois, Peter está agonizando em sua cela, e Mrs. Deane volta, trazendo-lhe a notícia de que Mary morreu. Ele diz que já sabia pois, desde a noite anterior, ela não apareceu mais em seus sonhos. Peter morre e a cena transforma-se no jardim da casa em que ele passou a infância. Mary aparece à sua procura e, do catre em que jaz morto, ele se ergue, no auge da juventude, estende-lhe os braços, e os dois se beijam, unidos finalmente na eternidade.

No *New York Times* de 1º de fevereiro de 1931, Olin Downes assim descreveu a ópera:

> O drama *Peter Ibbetson* é a moldura da ópera. Falas da peça foram condensadas, situações simplificadas. Para alguns dos versos, os libretistas voltaram diretamente ao romance. Na admirável adaptação do libreto para os objetivos operísticos, foi deixado espaço para que a música alçasse vôo livre no domínio do que não pode ser dito, para expandir e conectar as cenas ou intensificar as situações. Um certo número de canções folclóricas francesas e infantis foram empregados. O caráter da partitura é eminentemente melódico e lírico.
>
> [...] Do romance de Du Maurier para a ópera de Taylor e Miss Collier, *Peter Ibbetson* percorreu longo caminho. A peça tomou forma durante os anos da guerra e cativou o público daqueles tempos. Muitos, no público do Metropolitan, ainda devem ter a viva lembrança do charme das apresentações da peça em Nova York com Miss Collier, John e Lionel Barrymore. A própria Miss Collier, por longo tempo, acreditou que a peça teria futuro como drama musical. E se os símbolos poéticos elevados e a universalidade de apelo têm valor para o músico – como, certamente, colocados nos moldes devidos, eles têm – Taylor tem motivos para se congratular. Talvez nenhum outro romance dos últimos cinqüenta anos te-

nha sido dramatizado de forma tão hábil. É uma história que atinge a todos, ao burguês como ao poeta, pois trata das vaidades e frustrações da existência humana. É um tema idealmente susceptível de transmutação em termos de música.

Nenhuma outra ópera antes tinha sido preparada com tanto cuidado pelo Metropolitan. A partitura dos dois primeiros atos, traduzidos para o italiano, foi enviada a Tullio Serafin, que estava passando as férias de verão na Itália. Antes de seu retorno a Nova York, os cantores principais passaram dois meses ensaiando com o assistente, Wilfried Pelletier. Queena Mario, a mulher de Pelletier, Frederick Jagel – de muletas, pois tinha quebrado a perna – e Everett Marshall prepararam-se como *doppioni* dos papéis principais, para prever algum cancelamento de última hora. O Met recebeu dois mil pedidos para os 400 lugares acessórios e os camarotes sem assinantes, na noite da estréia. Em 31 de janeiro de 1931, o *New York Times* comentou:

> Sem esperar pelo veredicto da crítica e dos especialistas a respeito da nova opera de Deems Taylor, baseada na peça famosa, o público já demonstrou um interesse que não encontra paralelo nas doze montagens anteriores de obras de compositores americanos, durante os 23 anos de Gatti-Casazza como o senhor dos destinos operísticos de Nova York. [...] Espera-se que a Opera House seja forçada a anunciar uma segunda audição de *Peter Ibbetson*, antes mesmo que sua música seja revelada na estréia. Durante os últimos ensaios, artistas e pessoal de palco têm falado com entusiasmo da forma como a preparação avançou, desde a memorização individual de papéis que não são familiares, até os estágios finais, em que às estrelas vêm juntar-se o coro e a orquestra.

Pedidos de ingresso vieram inclusive de produtores de Hollywood, que estavam planejando um filme baseado no romance. O próprio John Barrymore já tinha estrelado a versão muda de 1917. O *remake*, dirigido por Henry Hathaway, foi rodado em 1935, com Gary Cooper, Ann Harding e Ida Lupino, e o roteiro incorporava elementos inspirados na ópera. A imprensa não se cansava de se maravilhar com as proporções da montagem, que envolvia o trabalho de 320 pessoas – uma equipe de palco de 45 técnicos dirigida por dez pessoas; um coro fora de cena de 105 cantores e, na cena da festa no ato I, uma banda no palco de trinta músicos. A ópera tem apenas quatro papéis principais, mas exige vinte solistas. A orquestra tem papel tão importante quanto as vozes: é ela quem comenta cada nuance de estado de espírito, cada gesto ou deslocamento de personagem em cena, com grande variedade de colorido, mas de modo transparente, sem nunca obstruir o canto.

Peter Ibbetson estreou no Metropolitan na matinê de sábado de 7 de fevereiro de 1931, com Edward Johnson (Peter), Lawrence Tibbett (o coronel Ibbetson), Lucrezia Bori (Mary), Marion Telva (Mrs. Deane), e ainda Ina Bourskaya, Angelo Bada, Léon Rothier e outros, sob a regência de Tullio Serafin. Na manhã seguinte, o espetáculo ganhou lugar na primeira página do New York Times: "Great Ovation Won By *Peter Ibbetson* at World Premiere" era o título; e no olho: "A ópera nativa de Deems Taylor é aclamada com 36 chamados para os aplausos no Metropolitan...Vasta platéia profundamente comovida com a história emocionante de Du Maurier... Houve quem chegasse a chorar".

No final dos aplausos, Taylor disse à platéia: "Quando estiverem voltando para casa, espero que se lembrem de que, hoje, viram uma pessoa completamente feliz." Uma semana depois, quando o *New York Times* o entrevistou sobre o sucesso da estréia, já foi mais cauteloso: "É cedo demais para julgar a obra. Não sejamos apressados. Responderei a vocês dentro de quarto anos." Parecia prever o esquecimento em que, com o tempo, a aplaudidíssima *Peter Ibbetson* cairia. Mas o *Times* do dia 8 de fevereiro trombeteava que a ópera de Taylor era o maior sucesso do Met desde a estréia da *Fanciulla del West*, de Puccini, e fazia questão de enumerar os notáveis presentes na platéia: Harpo Marx, Antoinette Perry, Edna Ferber, Rosa Ponselle, Henry Hadley, Walter Damrosch, o casal Brock Pemberton, e o embaixador espanhol, Don Alejandro Padilla y Bell, com sua esposa. Vale a pena citar extensamente a resenha de Olin Downes (8.2.1931):

> Uma platéia nova-iorquina bastante acostumada à ópera, ao teatro falado e aos diversos ataques que o palco faz à emoções estava profundamente comovida e impressionada. [...] Chega agora a ocasião de se perguntar sobre a causa e efeito desse sucesso, pois indubitavelmente foi um sucesso. Terá Deems Taylor, nesta sua última partitura, somado algumas polegadas à sua estatura musi-

cal? Terá ele avançado, como compositor dramático, desde a sua primeira ópera, *The King's Henchman*, estreada no Metropolitan três temporadas atrás? Quais são as características musicais desse novo ponto de partida? E o quanto a estrutura e o caráter muito poético e comovente desse libreto têm a ver com a impressão causada pela música? [...] Ao construir o texto e o roteiro, Taylor fez tudo o que podia, em primeiro lugar, para criar material que pudesse receber tratamento musical; em segundo lugar, para providenciar que a música não servisse de impedimento ao desenvolvimento dramático, sempre que movimentos rápidos se tornassem necessários; em terceiro lugar, para dar tudo de si como compositor nas passagens que convidam à expansão musical e à intensificação dos estados de espírito.

> [...] A música [de Deems Taylor] tem seus melhores momentos, sem dúvida alguma, nas cenas de sonho e, aqui, ele é muito ajudado pelo feliz emprego das canções folclóricas francesas. [...] Não poderia ter havido meio mais simples, tocante e apropriado de traduzir em música o espírito vago e sugestivo dessas cenas. [...] Em outros trechos, há muita música bem torneada, embora este crítico nada veja, no idioma de Taylor, que seja novo ou original. Há reminiscências demais, especialmente de Wagner, Debussy e Puccini. Há reminiscências dramáticas de outras cenas em outras óperas, mas é difícil impedir isso: situações operísticas não podem existir inteiramente sem precedentes. [...]. Quando tudo isso é dito, a primeira e definitiva impressão deixada pela ópera *Peter Ibbetson* é a de que ela é uma peça muito comovente, com música contínua que, muito freqüentemente, é "incidental", e não de caráter revelador ou de desenvolvimento psicológico.

Downes elogiou a regência de Serafin, a interpretação de Bori e Tibbett, mas principalmente a criação de Peter por Edward Johnson, perfeitamente bilíngüe, admirável no canto, mas sobretudo como figura dramática:

> Esta foi uma das melhores criações a que já assistimos em ópera e, no teatro falado, ela teria sido de padrão muito alto. Entendemos que foi moldada no Peter Ibbetson de John Barrymore mas, de qualquer maneira, comunicava, de forma memorável, de assombrar, a impressão de juventude do homem bem-nascido, super sensível, chocado e atormentado pela realidade impossível e incompreensível, explorando os seus sonhos de modo a princípio agoniado e desesperado mas, depois, seguramente exultante, para através deles escapar da vida. No melhor sentido da palavra, a sua figura era adolescente, a sua paixão pura, intensa, idealista, como só a paixão de um jovem poeta e sonhador pode ser. Johnson criou não apenas teatro, mas poesia. Ornamentou seu desempenho dramático: em cada gesto havia um quadro, em cada delineamento uma emoção, com uma canção que também era cheia de juventude e sentimento intenso.

Apesar das palavras entusiásticas de Downers, não faltou, na crítica, quem chamasse a

O soprano espanhol Lucrezia Bori como Mary, na estréia do *Peter Ibbetson* de Deems Taylor.

mistura de influências de Wagner, Debussy e Puccini de "vinho velho em garrafas que já não são tão novas". Mas a partitura era melodiosa, e conquistou a platéia com suas árias e valsas, e com o virtuosismo técnico de uma montagem em que há oito mudanças de cenário.

Peter Ibbetson teve igual sucesso em Philadelphia e foi vista em 22 récitas, durante quatro temporadas consecutivas. Foi uma das primeiras óperas a serem transmitidas pela NBC, direto do palco do Metropolitan, em 26 de março de 1932. Em 1938, tornou-se a primeira ópera americana a ser transmitida para o exterior, pela RAI. Os selos New World e Columbia tinham a gravação de trechos das duas óperas de Deems Taylor, feitas em 1928 e 1932, respectivamente. Mas a crítica foi severa, em relação a ela, quando a reapresentaram, em 1960, no Empire State Music Festival. Desde então, não se tem notícia de reprise. De *Peter Ibbetson*, Deems Taylor extraiu duas suítes instrumentais, que foram estreadas em Indianapolis (março de 1938), por Fabien Sevitzky, e em Baltimore (janeiro de 1940), por Howard Barlo.

Depois, o prestígio de Taylor declinou. Era muito antiquada, para a época em que as compôs, a linguagem de

- *Ramuntcho* (Philadelphia, 10 de fevereiro de 1942), baseada na novela de Pierre Loti passada no País Basco (utilizando temas autênticos do folclore basco)
- e *The Dragon* (Nova York, 6 de fevereiro de 1958), adaptada de uma peça de cunho lendário, da irlandesa Lady Gregory.

Reduzido praticamente à paralisia pela artrite, Deems Taylor encerrou suas atividades radiofônicas no início da década de 1950. Sua última aparição pública foi em dezembro de 1963, em Miami, para assistir a um concerto em que Fabien Sevitzky voltou a reger a *Suíte Peter Ibbetson n. 1*.

Hanson

Primeiro músico americano a ganhar o Prix de Rome, em 1921, e a estrear, na capital italiana, em 3 de maio de 1923, a sua primeira sinfonia, a *Nórdica*, Howard Hanson (1896-1981) é o autor de um dos mais expressivos ciclos sinfônicos produzidos nos Estados Unidos. As suas sete sinfonias, a parte mais conhecida e admirada de sua obra, foram escritas numa linguagem neo-romântica muito pessoal, cujas origens – segundo ele mesmo dizia – estão em Sibelius, Grieg, Respighi e na tradição da música coral protestante.

As raízes nórdicas da linguagem de Hanson se explicam: seus pais eram suecos e, ao emigrar para os Estados Unidos, instalaram-se em Wahoo, no Nebraska, pois ali havia uma grande comunidade de imigrantes escandinavos. Howard aprendeu com a mãe a tocar piano, fez muito cedo as primeiras experiências de composição e, adolescente, tocou piano e órgão em igrejas de sua cidade. Em 1913, foi estudar piano e composição, em Nova York, com James Friskin e Percy Goetschius, aperfeiçoando-se depois, na Northwestern Universidade, de Evanston, no Illinois, com Arne Oldberg e P. C. Lutkin.

Sua peça de graduação, o *Prelúdio Sinfônico*, foi executada com sucesso em Chicago, valendo-lhe o convite, aos 20 anos de idade, para ensinar no College of the Pacific, de San José, na Califórnia, do qual foi eleito reitor em 1919. Desde o início demonstrou, em peças como a *Suíte Escandinava* para piano, o fascínio pela terra de seus ancestrais, e a paixão pela natureza, presente em *California Forest Play*, de 1920, ou no poema sinfônico *Before the Dawn*, com o qual ganhou o Prix de Rome.

De volta aos Estados Unidos, foi convidado a reger, em Rochester, em 19 de março de 1924, a *Sinfonia Nórdica*, na qual dizia ter querido capturar "a solenidade, austeridade e grandeza do Norte, de suas eternas lutas e sua melancolia", expressas em longos períodos líricos de progressão lenta, que o fizeram ser chamado de "o Sibelius americano". Nessa ocasião, conheceu George Eastman, o inventor do filme Kodak, que não entendia nada de música, mas sabia reconhecer o verdadeiro talento. Em 1924, o industrial lhe ofereceu a direção da Eastman School of Music, que patrocinava. E nos quarenta anos seguintes, Hanson transformou um conservatoriozinho provinciano numa das principais escolas de música dos Estados Unidos. Criou o Festival de Rochester, destinado a promover obras compostas por americanos. E na direção do conservatório, demonstrou enorme largueza de visão pois, embora pessoalmente permanecesse fiel à linguagem tonal de matriz neo-romântica, estimulava as mais variadas pesquisas de vanguarda. Nesses festivais, durante os anos em que Hanson esteve em Rochester, foram estreadas 1.500 peças novas de setecentos compositores diferentes.

A segunda sinfonia de Hanson, *Lamento de Beowulf*, para coro e orquestra, baseada no poema medieval inglês, é de 1925. Seguiu-se a *Romântica*, encomendada por Serge Koussevitzki, que a estreou em 28 de novembro de 1930, no 50º aniversário da Sinfônica de Boston. Muito chocado com o suicídio de George Eastman, em 1931, Hanson dedicou-lhe a sua única ópera, na qual começou a trabalhar logo depois. Ele fora procurado por Richard Stokes, ex-crítico do *New York Evening World* que, ao cabo de extensas pesquisas sobre o fanatismo puritano, o vínculo entre repressão sexual e demonologia, a morte como um misto de castigo e redenção, escrevera um libreto baseado na novela *The Maypole of Merry Mount*, de Nathaniel Hawthorne, e o ofereceu ao compositor.

Hanson gostou do texto e escreveu *Merry Mount*, regida por ele mesmo, em versão de concerto, em 20 de maio de 1933, no auditório de Ann Arbor, no Michigan. Seu prestígio como compositor de música instrumental fez com que o Metropolitan de Nova York aceitasse a ópera para a temporada de 1933-1934. *Merry Mount* subiu à cena, em 10 de fevereiro de 1934, com um excelente elenco: Gösta Ljungberg (Marigold/Astoreth), Lawrence Tibbett (Bradford), Gladys Swarthout (Plentiful), Edward Johnson (Gower/Lucifer) e outros. A regência era de Tullio Serafin.

Em seu conto, Nathaniel Hawthorne baseou-se na crença que tinham os puritanos de que, perto da atual Quincy, no Massachusetts, o demônio mandara erigir, em 1625, um mastro em torno do qual eram celebradas as mais desregradas bacanais. Wrestling Bradford – papel na medida para o talento dramático de Lawrence Tibbett – é um pastor fanático e his-

térico, perseguido por pesadelos demoníacos. Ele está noivo da jovem puritana Plentiful Tewke; mas apaixona-se por Lady Marigold Sandys, a líder do grupo monarquista dos Cavaliers, e acredita que ela é o demônio Astoreth, que vê em seus sonhos recorrentes. Pratica cerimônias de adoração ao Diabo e participa de orgias rituais, na esperança de, com isso, conquistar o coração de Marigold.

Mas ela ama Gower Lackland, a quem foi prometida. Quando pedem a Bradford que celebre o noivado, ele recusa. Um pastor anglicano realiza o casamento. Os Cavaliers estão dançando alegremente, quando os puritanos, insuflados por Bradford, que acusa os anglicanos de blasfêmia, interrompem violentamente a festa. Bradford aproveita o tumulto para seqüestrar Marigold e levá-la para a floresta, onde lhe suplica que aceite o seu amor. Lackland segue-os, encontra-os, luta com o pastor e é assassinado. Nesse meio tempo, os índios atacaram o vilarejo dos puritanos e estão incendiando todas as casas. Atormentado por suas visões demoníacas de caráter sexual, recusando-se a separar-se de Marigold, mesmo depois de ela ter declarado que não o ama, e acreditando que, no outro mundo ela o amará, Bradford imola a ambos, trancando-se com a mulher amada na igreja a que os índios atearam fogo.

Num artigo para o *Musical Courier* (5.3.1932), o próprio Hanson assim descreve a sua ópera:

> *Merry Mount* é a história freudiana da gradual metamorfose do pastor de um rebanho puritano de um asceta rigoroso num fanático enlouquecido que, devido à violência de suas próprias emoções, deixa de ser um ministro de Deus e opta por transformar-se num servo de Satanás. A técnica harmônica usada para sugerir esse processo de mudança trabalha com a modificação dos temas que representam as emoções básicas que se agitam dentro da mente da personagem. O pano de fundo musical do pastor, portanto, muda gradualmente, de acordo com a mudança que se opera dentro da própria natureza do homem.

Na véspera do espetáculo, havia, na imprensa nova-iorquina, excitada especulação: a censura permitiria a transmissão, pelo rádio, dessa ópera ousada – que antecipa o *Anjo de Fogo* (1955) de Prokófiev, *The Crucible* (1961) de Robert Ward, e *Os Demônios de Loudun*

(1969) de Krzysztof Penderecki – e, em seu libreto, ostenta uma linguagem perigosamente livre para a época? No *New York Times* de 4 de fevereiro de 1934, um artigo não-assinado comentava:

> O chamado para o ensaio geral do ato I da ópera de Mr. Hanson encontrou todos os cantores se perguntando se a censura moderna aceitará o tom cru das palavras ditas ou cantadas pelos Pilgrim Fathers, quando se referem a seus perturbadores vizinhos, os Cavaliers de Quincy, Massachusetts. Vigorosas na denúncia, as personagens clericais não poupam suas palavras. Uma delas usa uma série de epítetos anglo-saxões conhecidos ao falar com Désirée Annable, mulher a quem ele descreve como "pecadora". Recriminada por esse homem furioso, ela não só confessa como promete emendar-se em termos raramente usados no teatro atual.

Apesar da evidente torcida de quem gosta de ver o circo pegar fogo, a ópera subiu à cena e, a julgar pelo título da resenha de Olin Downes no *New York Times* de 11 de fevereiro de 1934 – "Ovação Estrondosa... Recepção à Ópera de Hanson-Stokes é a mais Entusiástica em 10 Anos no Metropolitan" – a estréia foi um triunfo:

> Chamou a atenção, nessa ocasião, o caráter incomum da platéia. No lado social e musical ela foi excepcionalmente representativa. Mas tinha também um elemento que, no teatro lírico, não está presente com tal freqüência e com tanta força, pois essa era uma platéia mais reflexiva e conservadora do que é costumeiro encontrar na maioria dos locais de entretenimento público. Os que nem sempre patrocinam a ópera como um divertimento lá estavam. Ouviram e assistiram com seriedade e interesse especiais. É razoável acreditar que a reunião substancial desse tipo de público, dentro de um teatro lotado, foi o resultado da atração pela natureza do assunto tratado por Mr. Stoke.
> [E a isso] se acrescente que a récita foi repetidamente pontuada pelo aplauso. Depois do ato I, houve um especial rompante de aplausos para Lawrence Tibbett. Depois do II, Hanson e Stokes foram chamados repetidamente, recebendo da platéia a sua clara aprovação. O aplauso cresceu. Depois do ato II – a cena de Maypole – houve mais aplausos do que no I. E mais depois do III do que do II.

Embora cumprimentasse Stokes pelo "nó poderoso de drama" em seu libreto, e pelas "situações eficientes" que ele cria, Downes fez restrições ao libreto:

> A história está demasiado entulhada com episódios acessórios. [...] O principal defeito do texto reside na de-

sumanidade de Bradford. Ele não passa de um sádico enlouquecido e pervertido. Nossos pais fundadores puritanos, apesar de todas as críticas que lhes fazem hoje, eram muito mais do que isso. Tinham lados muito nobres; possuíam soberbo heroísmo. Seria necessário haver mais impulso e ação em conflito, e traços que nos dessem um pouco de alívio, para que pudéssemos acreditar nele.
> [...] A música é, às vezes, convencional e ruidosamente eficiente. Em outros pontos, não exibe nem originalidade nem adequação para o teatro. Seu ponto mais forte é a escrita coral. Mas isso também é pouco apropriado, no sentido da veracidade dramática, porque sabemos que os puritanos não cantavam coros elaborados assim.

Merry Mount é, essencialmente, uma ópera lírica, contendo escrita coral muito envolvente, como Downes não deixou de notar; árias bem trabalhadas, algumas delas com escrita modal; instrumentação muito viva, com o som até de máquina de vento e percussões orientais – Hanson tem o domínio virtuosístico da orquestra, típico de um grande sinfonista –; e, em particular, balés de ritmo muito brilhante. As *Maypole Dances*, coreografadas por Rosina Galli, fizeram – como o crítico do *Times* observou – com que a ópera fosse muito aplaudida. Fez enorme sucesso a cena do "Encontro Infernal", no ato III, a visão diabólica que Bradford tem, e que se encerra com um balé "iluminado com o fogo do inferno". Segundo Lawrence Gilman, do *New York Herald Tribune*:

> Os encantos satânicos do belo *corps de ballet* eram exibidos tão liberalmente que podia-se, quase, ouvir os suspiros de comiseração da platéia, tremendo de medo dentro de seus casacos de pele protetores.

O próprio compositor admitiu admirar muito o *Borís Godunóv*, de Mússorgski, no qual há uma personagem tragicamente solitária, e o coro, como personagem coletiva, desempenha papel fundamental. Foi muito favorável a crítica do *New York Times*, no qual se relata que Hanson e o elenco foram chamados cinqüenta vezes à frente do pano. Apesar disso, a ópera teve apenas quatro récitas no Met; e a falta de interesse do teatro em mantê-la no repertório fez com que não fosse mais apresentada. Mas *Merry Mount* foi levada em Philadelphia e no teatro de ópera do Brooklyn. Em 1955, a Eastman School a remontou e, transmitida pelo rádio, ela chegou a ser ouvida por dois milhões de pessoas. Beverly Sills e Brian Sullivan a cantaram com sucesso em San Antonio (1964) e Chatauqua (1976), sob a regência do próprio Hanson. Depois de reapresentações na Universidade de Oklahoma (1975) e na Eastman (1976), a partitura, que estava guardada nos Rodgers and Hammerstein Archives de Nova York, foi restaurada e editada por Gerhard Schwartz, o diretor da Sinfônica de Seattle, para uma encenação nessa cidade em outubro de 1996.

O selo Naxos tem, em sua série histórica, a gravação ao vivo da estréia no Met. O Mercury possui trechos da produção da Eastman School em 1976. A *Merry Mount Suíte*, que o próprio Hanson preparou em 1937, é ouvida regularmente em concertos sinfônicos – a gravação dessa suíte em quatro movimentos está disponível no selo Delos, com Schwarz e sua orquestra.

Formam um belo conjunto as sinfonias escritas por Howard Hanson:

* a *Terceira* (1938), glorificando o espírito pioneiro dos imigrantes suecos;
* a n. 4 *The Requiem* (1934), em memória de seu pai, ganhadora do Prêmio Pullitzer de música no ano seguinte;
* a n. 5 *Sinfonia Sacra* (1954), encomendada por Eugene Ormandy para a Orquestra de Philadelphia, que reflete as suas profundas convicções religiosas;
* a n. 6 (1968), encomendada por Leonard Bernstein para comemorar o 125º aniversário da Filarmônica de Nova York;
* e a Sea S*ymphony* (1977), com coro, baseada no poema de Walt Whitman, o mais americano dos poetas. Esse é, de resto, um autor com o qual Hanson tinha profunda identificação estética e ideológica, pois musicou *The Song of Democracy* (Philadelphia, 9.4.1957) e *The Mystic Trumpeter* (Kansas City, 26.4. 1970).

Nas décadas de 1930-1940, Howard Hanson recebeu inumeros prêmios e títulos honoríficos. Mas, com as mudanças muito radicais por que estava passando a linguagem musical, houve um momento em que a sua obra foi esquecida e, até mesmo, desprezada por aqueles músicos que não se lembravam do apoio muito liberal que ele sempre dera à evolução da pesquisa. Hanson nunca escondeu a amargura que sentia, nos últimos anos de sua vida, pelo ostracismo em que as suas composições tinham caído; e os seus detratores se surpreenderam com *Harmonic Materials of the Modern Books: Resources of the Tempered Scale*, o tratado que ele publicou em 1960, repertoriando as fórmulas harmônicas mais ousadas de seu tempo, e tabulando-as de acordo com suas potencialidades combinatórias e expressivas.

Tendo morrido em Rochester em fevereiro de 1981, Hanson não viveu o suficiente para assistir, desde o início da década de 1990, ao renascimento do interesse pela sua música, e ao lançamento das integrais de sua música instrumental, gravadas por Gerhardt Schwarz com a Sinfônica de Seattle (selo Delos), ou por Leonard Slatkin com a de Saint Louis (EMI Classic). Assim David Ewen descreve a sua música:

> Comparado a tantos alunos e contemporâneos seus, Hanson pode parecer ultrapassado. Mas seu romantismo assumido é tantas vezes perpassado pela energia de harmonias discordantes, escrita bitonal, ritmos dissimétricos e metros compostos, que tudo isso faz sua música ter uma fibra forte, que a situa solidamente na América do século XX.

Mais do que isso: Hanson, assim como Barber ou Bernstein, tem uma espontaneidade que dá a tudo o que escreve enorme poder de convicção.

Seymour

A última ópera americana montada por Gatti-Casazza foi *In the Pasha's Garden*, com música e libreto de John Lawrence Seymour, autor de operetas, renomado tradutor de peças francesas e russas para o inglês, e professor de literatura em Berkeley, na Universidade da Califórnia. No *Jardim do Paxá*, baseado em um conto de H. G. Dwight, estreou em 24 de janeiro de 1935, com Lawrence Tibbett (o Paxá), Helen Jepson (estreando no Met como Hélène), Frederick Jagel (Étienne) e Marek Windheim (Zümbül Agha), sob a regência do argentino Ettore Panizza, que também dirigia pela primeira vez naquele teatro.

Pelo *Jardim do Paxá*, Seymour recebeu o David Bispham Memorial Award. Elogiado por Yvar Mikhashoff, no *The New Grove Dictionary*, pelo "lirismo italianado e a complexa textura orquestral de suas peças", ele recebeu também honrarias do governo boliviano ao estrear, em La Paz, durante os Juegos Bolivarianos de 1977, a ópera de tema histórico *Ollanta, el Jefe Kolla*, com libreto em espanhol, sobre um líder nativo que se rebelou contra a dominação espanhola.

Mas a imprensa nova-iorquina, totalmente eletrizada pela estréia, naquela temporada, do soprano norueguês Kisten Flagstad, especializada em papéis wagnerianos, não prestou muita atenção ao *Paxá*. Preferiu a *Bohème* cantada junto com ele na primeira noite. E simplesmente se esqueceu de mencionar a ópera de Seymour quando, na terceira récita, o *triple bill* era formado pela imbatível dobradinha *Cavalleria/Pagliacci*.

Gruenberg

Embora tivesse nascido em Brest-Litóvsk, na Bielorrússia, Louis Gruenberg (1884-1964) foi levado ainda bebê para os Estados Unidos por seus pais, que se instalaram em Nova York, onde ele iniciou os estudos de piano com Adele Margulies. Continuou-os em Berlim com Ferruccio Busoni, que foi também seu professor de composição. Sob a orientação desse excepcional virtuose, estreou como solista de piano, em 1912, com a Filarmônica de Berlim.

Voltando para os Estados Unidos em 1919, dedicou-se exclusivamente à composição. A partir de 1923, foi um dos membros mais ativos da Liga dos Compositores Americanos, empenhando-se em especial na divulgação da música contemporânea, fazendo ouvir obras de Charles Ives, Edgar Varèse, Henry Cowell e Stravinsky. Em 1923, regeu a estréia americana do *Pierrot Lunaire*, de Schoenberg, que lhe forneceu o ponto de partida para o tipo de *sprechgesang* (declamação rítmica) que usa em sua ópera mais conhecida.

Um dos primeiros compositores a utilizar formas de jazz em suas peças sinfônicas – *Daniel Jazz* (1925), para tenor e oito instrumentos, ou *Jazzettes* (1926), para piano e vio-

lino –, Gruenberg foi professor de composição no Chicago Music College entre 1933-1936. É o autor de várias obras dramáticas:

- o musical *Signor Formica* (1910) e a ópera *The Witch of Brocken* (1912);
- *The Bride of the Gods* (1912), com libreto de Busoni, seu professor, encenada em Berlim, da mesma forma que o musical *Piccadillymädel* (1913);
- na volta para casa, os musicais *Roly-boly Eyes* (1919), *The Dumb Wife* (1923), *Hallo Tommy* (1924) e *Lady X* (1927);
- a bem-sucedida *Jack and the Beanstalk*, ópera para crianças baseada na história de Joãozinho e o pé de feijão, com libreto de John Erskine, diretor da Juilliard School, onde ela foi estreada em 19 de novembro de 1931;
- a ópera cômica *Queen Helena* (1936), revisada em 1938 como *Helena's Husband*;
- *Green Mansions*, ópera radiofônica transmitida pela CBS em 17 de outubro de 1937; em sua orquestra, Gruenberg utiliza numerosas percussões e um serrote tocado com arco de violoncelo; a ópera baseia-se no mesmo livro de que foi tirado um filme, para o qual Heitor Villa-Lobos escreveu a trilha sonora;
- *Volpone* (1945), baseada na mesma comédia de Ben Jonson que inspirou George Antheil;
- *The Miracle of Flanders* (1950), reconstituindo o estilo das *mistery plays* medievais, revisada em 1954 como uma ópera para a televisão;
- *The Delicate King* (1955);
- *A Night of Cleopatra*, baseada no conto de Th. Gautier que já inspirara Hadley; originalmente concebida como uma ópera para a televisão (1954); após diversos estágios de revisão, foi encenada no palco, em 1961, com o título de *Antony and Cleopatra* (apesar do nome, não confundir com a peça de Shakespeare que inspirou Samuel Barber).

O Metropolitan lhe encomendou *Emperor Jones*, encenada com tanto sucesso em 7 de janeiro de 1933, que a medalha David Bispham lhe foi concedida. Kathleen De Jaffa usou o mais possível, em seu libreto em prosa, o texto da peça em que Eugene

O'Neill[7] conta a história do negro Brutus Jones, ex-condenado que, fugindo para uma ilha das Índias Ocidentais, manipula os nativos e proclama-se seu imperador. Dizendo-lhes que tem o corpo fechado, e só pode ser morto pela bala de prata que traz dependurada ao pescoço, Jones explora sua crendice e trata-os de forma ditatorial, até que eles se rebelam. O cúmplice do imperador, o contrabandista Smithers, vem dizer-lhe que os gritos que ele ouve, à distância, são os do povo, que pede a sua cabeça. Jones responde que já tomou as suas providências: escondeu na floresta dinheiro e provisões que lhe permitam fugir para a Martinica e, ali, viver vida folgada.

Abdica ao trono, foge para a floresta, mas não encontra os seus tesouros no esconderijo onde os deixou. Aterrorizado pelos tambores do vudu, constantemente perseguido pelos espectros daqueles que mandou assassinar, assediado por um feiticeiro que realiza em torno dele uma dança infernal, percebendo que foi descoberto e será linchado, Jones se mata com seu talismã, a bala de prata que o tornava invulnerável. Na peça de O'Neill, Jones é morto pelos nativos. O final de De Jaffa é mais interessante: tirar a própria vida é a forma que Brutus encontra de exercer um desesperado controle sobre o seu próprio destino.

As peripécias da história são menos interessantes do que a evolução psicológica da egocêntrica personagem, à medida que O'Neill, muito influenciado pela leitura dos escritos de Carl Jung, mostra de que maneira seu inconsciente libera forças sombrias que o enchem de terror. O simbolismo opera em vários níveis, visual, auditivo e intelectual. A fuga de Jones para a floresta – cuja escuridão representa o medo que temos do desconhecido – espelha o esfarelamento gradual de sua psique. Até mesmo nos figurinos esse processo era descrito. O uniforme militar, cheio de galões dourados, que Lawrence Tibbett, o criador do papel, usava

no início, ia se esfarrapando até, no final, ele ter-se reduzido a um selvagem semi-nu, usando apenas uma tanga.

Jo Mielziner, o cenógrafo, na época com apenas 32 anos, e saindo do bem-sucedido trabalho para a estréia de *Merry Mount*, desenhou o imponente trono do Imperador Jones, ladeado por canhões e balas gigantescos – um símbolo fálico evidente –, mas também a vegetação fantasmagórica da floresta virgem, na qual os galhos e folhas transformavam-se em mãos e dedos assustadores. Mielsiner estava iniciando uma carreira que o faria projetar cerca de trezentos cenários para peças e shows da Broadway, entre eles *A Morte de um Caixeiro Viajante*, de Arthur Miller, e o musical *Guys and Dolls*, de Frank Loesser. Ele assim descreveu seu trabalho no programa da estréia:

> Na segunda metade da ópera, proponho-me a fazer sentir a mudança de cenário na floresta de três maneiras:
> 1) Fazendo mudar constantemente a luz que incide tanto sobre a vegetação quanto sobre Jones;
> 2) Com reflexos luminosos no fundo do palco que podem ir aumentando no decorrer da ação;
> 3) Com o uso de figurantes que não cantam, usando figurinos abstratos que sugiram plantas e animais de forma fantástica, como se eles fossem os "Medos Informes", as aparições de Jones. Ao ritmo dos tambores, eles poderão mover-se em grupo em direção às luzes fantasmagóricas, ou então desaparecer na escuridão do fundo.

Essa encenação de imagística tipicamente expressionista – muito influenciada pelos espetáculos teatrais e cinematográficos a que Gruenberg pudera assistir, nos anos de pós-guerra passados na Alemanha – era realçada por uma partitura cheia de dissonâncias, ritmos sincopados, riqueza de colorido das percussões utilizadas e total ambigüidade tonal. O crítico Olin Downes chamou a atenção para a forma como a ação era levada adiante pelos comentários do coro, "que grita e cantarola em ritmos e tonalidades conflitantes". Para frisar a metáfora de que, na peça, é circular o processo de passagem de Jones da degradação do presídio à falsa grandeza de um império e, daí, de volta à degradação da insanidade e do suicídio, Gruenberg colocou as percussões formando um semicírculo que, partindo do centro do palco, estendia-se para os dois lados. Os tambores representam as batidas do coração de Jones e, apoiados pelas ameaçadoras

---

7. A mesma peça inspirou o balé *Emperor Jones*, de Heitor Villa-Lobos, estreado em 1957 no Empire State Music Festival, com coreografia de José Limón. O selo Etcetera tem o registro da estréia, com o autor regendo a Symphony of the Air. Em 2003, tendo descoberto as partes de orquestra no arquivo do José Limón Institute, o venezuelano Jan Wagner fez, com a Sinfônica de Odense, na Dinamarca, a gravação lançada pelo selo Bridge.

Os cenários de Jo Mielziner para o *Emperor Jones*, de Louis Gruenberg, incluíam um trono com canhões de significado fálico, para o ditador interpretado pelo barítono Lawrence Tibbett.

dissonâncias do coro, pulsam mais depressa e mais alto à medida que ele se descontrola.

Toda a ópera é conduzida em recitativo melódico, ou numa espécie de *sprechgesang* adaptado às características do inglês, e que fica a meio caminho entre a fala e o recitativo. Isso faz com que o único cantabile da ópera adquira um relevo muito grande. No auge do pânico, pouco antes de se matar, Jones canta "It's a-me, oh Lawd, standin' in the need of prayer", um *spiritual* que Gruenberg encontrara no primeiro volume da antologia compilada por James Weldon Johnson[8]. Depois que Jones morre, os nativos se aproximam, cotucam seu corpo com baionetas, erguem-no nos ombros e levam-no embora[9]. O pano cai sobre o palco vazio.

O Imperador Jones deixou o público perplexo. Edward Ellsworth Hipsher chamou-a de "um monólogo desenvolvido com acompanhamento musical". Um espectador escreveu para o *Herald-Tribune* reclamando: "Como é que essa demonstração de insanidade pode ser encenada em um teatro como o Metropolitan? Gatti-Casazza, Gruenberg e o seu crítico deveriam ir parar na cadeia! E pensar que paguei US$ 5 para ver isso." Mas os críticos não tinham dúvidas quanto à importância da obra. W. J. Henderson comparou-a ao *Wozzeck*, de Berg, "mas não no sentido imitativo. A forma e o idioma de Gruenberg são muito pessoais." Leonard Liebling acrescentou:

> Esta é certamente a partitura mais singular, convincente e artisticamente poderosa escrita por um compositor americano. Vale por uma dúzia de importações estrangeiras modernas que o Metropolitan nos fez ouvir durante a década passada.

E para Olin Downes:

> *Imperador Jones* é a primeira ópera americana de um compositor cujo instinto dramático e intuição teatral parece infalível, e cuja técnica musical é caracterizada pelo

8. O fascínio de Gruenberg pela música religiosa afro-americana fez com que ele publicasse quatro volumes de *negro spirituals* harmonizados, e utilizasse essas formas em *A Song of Faith*. Essa peça para narrador, solistas, coro, orquestra e grupo de dança, dedicada à memória de Mahatma Gandhi, foi executada postumamente em Los Angeles, em 1º de novembro de 1981.

9. Existe a gravação dessa ária feita em 1934 por Tibbett e o maestro Wilfried Pelletier.

conhecimento muito completo dos recursos modernos e pelo domínio espontâneos de seus meios de expressão.

A ópera americana tinha ingressado definitivamente no século XX.

Na antologia *Toward an American Opera 1911-1954*, da New World Records (1978), há trechos da estréia; um disco da RCA, de 1965, continha trechos gravados durante uma apresentação na Universidade de Indiana. Há um vídeo da montagem na Ópera de Michigan em 1979. Além dessa montagem, houve reprises no Empire State Music Festival de 1959 e no American Music Theater Festival de 1984 – menos do que merece obra tão importante. Em abril de 1976, o *Imperador Jones* foi encenado na Ópera de Turim, na Itália.

Levando em conta a importância de *Emperor Jones*, é estranho que nunca tenha sido feita dela uma gravação integral. A obra de Gruenberg é, de resto, muito mal representada na discografia. Ele é o autor de cinco sinfonias. A n. 1, de 1919, revista em 1929, ganhou um prêmio de U$ 50 mil da RCA no ano seguinte, e foi estreada por Koussevitzky, à frente da Sinfônica de Boston, em fevereiro de 1934. Vale a pena mencionar também os poemas sinfônicos *The Hill of Dreams*, ganhador do Flagler Prize de 1921, e *The Enchanted Isle*, escrito para o Festival de Worcester de 1929; as duas séries de *Music for an Imaginary Ballet* (1929 e 1944), a *Serenade for a Beauteous Lady* (1935), os dois concertos para piano, o concerto para violino, e abundante música de câmara.

Giulio Gatti-Casazza foi o diretor do Met que mais óperas americanas encomendou, promovendo com isso compositores, cantores, cenógrafos e encenadores locais. Richard Stokes, o libretista de *Merry Mount*, resumiu os sentimentos desses artistas numa carta enviada ao empresário antes que ele voltasse para a Itália, em 1935:

> Enquanto outros discursavam e pontificavam em defesa da ópera americana, o senhor fez algo de muito mais simples e de mais heróico: colocou a serviço dela os enormes recursos do Metropolitan. Quando a ópera americana adquirir um valor equivalente à de outros países, o senhor será lembrado, com gratidão, como um de seus verdadeiros benfeitores.

A Era Johnson

No início da temporada de 1935-1936, Edward Johnson assumiu a direção do Metropolitan. Não possuía a mesma experiência de seu antecessor – na verdade, o nomeado deveria ser Herbert Witherspoon, mas este morreu antes de tomar posse –, e os anos em que esteve à frente do teatro foram muito difíceis, marcados pela Depressão e a II Guerra Mundial. Levando isso em conta, Johnson esforçou-se o quanto pôde e, em sua segunda temporada, estreou duas óperas de autor americano: *Caponsacchi*, de Richard Hageman, e *The Man Without a Country*, de Walter Damrosch (a respeito dessa última, ver o tópico sobre seu autor no capítulo *A Influência Wagneriana*).

Hageman

Richard Hageman (1882-1966) nasceu em Leeuwarden, na Holanda, filho do pianista Maurits Hageman, que lhe deu as primeiras noções de música e, em seguida, encaminhou-o para o Conservatório de Bruxelas, onde ele continuou os estudos com François-Auguste Gevaert e Paul de Greef. Regente auxiliar na Ópera de Amsterdã e acompanhador de Mathilde Marchesi em Paris, Hageman foi para os Estados Unidos em 1906, como acompanhador de Yvette Guilbert, e ali se instalou, ficando até o fim da vida (morreu em Beverly Hills, onde trabalhava para estúdios cinematográficos).

Hageman, hoje, é lembrado principalmente devido a canções como *At the Well* ou *Do Not Go, My Love* (com poema de Rabindranath Tagore). Mas é o autor de dois dramas líricos: *Caponsacchi* e *The Crucible* – cantada em Los Angeles em 4 de fevereiro de 1943 – esta última sobre o mesmo tema da ópera de Robert Ward. Dois anos depois de chegar aos Estados Unidos, ele começou a reger no Met, onde trabalhou regularmente até 1922, regendo ao mesmo tempo em Chicago e Los Angeles, e dirigindo o departamento de ópera do Curtis Institute, em Philadelphia. A partir de 1938, trabalhou em Hollywood como ator (*Rhapsody, The Great Caruso, The Fugitive*) e compositor (*She Wore a Yellow Ribbon, Fort Apache, Mourning Becomes Electra, Stagecoach*).

O libreto de *Caponsacchi* foi escrito por Arthur Goodrich, que o adaptou de *The Ring and the Book*, o poema narrativo em que Robert Browning imagina a descoberta, num sebo florentino, de um manuscrito em pergaminho contando o julgamento do nobre Guido Franceschini, acusado da morte de Pompilia, sua mulher, que fugiu com Caponsacchi, um padre que, por ela, abandonou o hábito. Com o libreto traduzido para o alemão como *Tragödie im Arezzo*, a ópera estreou no Stadttheater de Freiburg-im-Breisgau, em 18 de fevereiro de 1932, com muito sucesso: Hageman foi várias vezes chamado à cena aberta para o aplauso do público. *Caponsacchi* teve duas produções européias subseqüentes, antes de cruzar o Atlântico.

O Met pretendia encenar *Caponsacchi* na temporada de 1935-1936, mas as exigências de uma montagem trabalhosa fizeram com que ela fosse transferida para janeiro de 1937. Hageman estava sem sorte, porém, pois a ópera fora programada para a matinê do sábado, dia 30, em que as récitas são transmitidas pelo rádio. "Dificuldades radiofônicas inesperadas", como anunciou o *New York Times* de 31.1.1937, fizeram com que a estréia tivesse de ser transferida para 4 de fevereiro, "deixando a interrupção de uma semana inteira entre o ensaio geral e o primeiro espetáculo". Na verdade, o que acontecera fora um acidente infeliz: no ensaio dois dias antes do geral, Lawrence Tibbett, que faria o papel de Guido Franceschini e era conhecido pela intensidade de suas interpretações, provocara involuntariamente a morte de Joseph Starzini, membro do coro, ao apunhalá-lo com muita força, usando uma adaga de lâmina retrátil. O *Times* comenta:

Durante o ensaio geral, Mr. Tibbett não mostrou, em momento algum, sinais de tensão ou dificuldade. Sua compostura foi particularmente evidente no ato III e na cena do assassinato. A autópsia feita em Mr. Starzini, que morreu cinco horas depois de terminado o ensaio, revelou que a sua morte ocorreu devido a uma doença do coração. Mr. Tibbett e Mr. Starzini tinham sido amigos pessoais durante vários anos. O papel foi assegurado por Mr. Boris Godunoff [*sic*], outro membro do coro do Metropolitan Opera.

Mario Chamlee fez o papel-título, Norman Cordon era o papa Inocêncio XII, e a cantora Helen Jepson, candidata ao papel de atriz em Hollywood, criou Pompilia – embora estivesse sendo processada pelo Grand National Theater, por ter assinado um contrato de cinco anos com Samuel Goldwyn, dos estúdios Metro, mesmo tendo se comprometido a trabalhar com seu elenco (Jepson acabaria fazendo, em 1938, o musical *The Goldwyn Follies*, que foi um imenso fracasso – o que sepultou para sempre as suas ambições cinematográficas). Hageman regeu; a direção era de Désiré DeFrère e a coreografia, de George Balanchine. Fausto Cleva, ele também reputado maestro de ópera no Met daquela época, regeu o coro. A reação do público foi boa, tanto que *Caponsacchi* foi reprisada durante a temporada. Mas a crítica de Olin Downes, no *New York Times* de 5 de fevereiro, foi muito rigorosa:

> O libreto tem muitas personagens e episódios, mais do que a média dos compositores gosta de usar. A questão é apenas saber se esse material deu a Mr. Hageman a inspiração para um drama musical absorvente e eloqüente. O seu ponto de vista como compositor é eclético, como o demonstra a partitura, melodiosa e bem arquitetada, nos termos das convenções operísticas há muito tempo aceitas. Mr. Hageman não tem vergonha – e nem precisa ter – de tentar escrever uma ópera que seria apreciada pelo público. É o que a maioria dos compositores faz. Sua concepção do que agrada ao público não tem uma veia modernista no que se refere à harmonia ou à declamação melódica. Ele acredita nos números de conjunto, num bale brilhante (no qual utilize um tema folclórico italiano a ele sugerido por Arturo Toscanini), solos de padrões aceitáveis e sonoridades orquestrais brilhantes. [...]
>
> A ópera apresenta incidentes, mas não personagens, oferece melodrama, mas não estados de espírito. A música, para combinar com isso, é exteriorizada. Não há caracterização tonal, o que é algo que, hoje, exigimos do drama lírico. [...] Sonoridades bonitas e plausíveis emanam da partitura de Mr. Hageman, mas elas são singularmente destituídas de originalidade. Com todas as suas intenções e objetivos, a partitura não passa de um compêndio de estilos de outros compositores de ópera. Mas onde está o brilho de uma idéia? [...] É difícil levar a sério esse melodrama, e é surpreendente como o texto cantado em inglês – a maior parte do tempo enunciado com admirável clareza – pode ajudar a destruir a ilusão, se os versos não são poéticos ou convincentes. Tudo isso explica por que o aroma da poesia de Browning se desvaneceu!

Explica também o esquecimento em que *Caponsacchi*, inicialmente tão aplaudida na Alemanha, caiu após a estréia americana.

Logo depois chegou aos ouvidos de Johnson o sucesso que *Amelia al Ballo*, de Gian-Carlo Menotti, fizera ao estrear. Ele levou para o palco do Met, em 3 de março de 1938, a produção de Philadelphia, em que Ettore Panizza regia Muriel Dickson (Amélia), Mario Chamlee (o Amante) e John Brownlee (o Marido). Embora cantada em inglês, a ópera manteve seu título italiano, e não a tradução *Amelia Goes to the Ball*. O fim da década de 1930 e o início da de 1940 foi, para o Met, um tempo de austeridade, em que as verbas curtas permitiam apenas uma produção nova por temporada. Em 24 de novembro de 1941, inaugurou-se uma nova temporada; treze dias depois, Pearl Harbor foi bombardeada e os Estados Unidos entraram na Guerra. Durante a duração do conflito, *Madame Butterfly* foi removida do repertório, para não acirrar os ânimos antinipônicos (foi a época negra em que membros da comunidade de imigrantes japoneses foram removidos para campos de concentração fora dos grandes centros).

Animada com a resposta do público a *Amélia Vai ao Baile*, a direção do Met programou para 20 de fevereiro de 1942 a terceira ópera de Menotti, *The Island God*. Panizza regia um elenco excelente: Leonard Warren (Ilo), Astrid Varnay (Telea), Norman Cordon (o Deus Grego), Raoul Jobin (Luca). Mas *The Island God* teve as piores resenhas desde que o Met dera início ao *American Experiment*. A crítica achou a história tediosa e a música estática. Nem as melodias de corte pucciniano de Menotti provocaram maior entusiasmo dos ouvintes. Apresentada três vezes em companhia dos *Pagliacci*, e uma quarta acoplada a *La Bohème*, em todas as récitas *O Deus da Ilha* foi um fracasso. Depois da última apresentação, Menotti retirou a partitura e a destruiu (no tópico sobre Menotti, no capítulo "O Neo-realismo Americano", o leitor encontrará mais referências a essa ópera).

Rogers

Embora tivesse iniciado seus estudos de piano aos doze anos, com Arthur Farwell, a música não era, a princípio, a preocupação predominante do novaiorquino Bernard Rogers (1893-1968). Seu pai, homem muito culto, que o habituou desde cedo a amar a poesia e as artes plásticas, queria que ele cursasse arquitetura. Mas a intenção de Rogers era tornar-se pintor, atividade a que se dedicou a vida inteira como hobby. A opção pela música veio após o curso de composição que fez em Cleveland, com Ernest Bloch. A peça sinfônica *To the Fallen*, em homenagem às vítimas da I Guerra, resultado desses estudos, foi executada pela Filarmônica de Nova York em 13 de novembro de 1919, e valeu-lhe a Pulitzer Traveling Scholarship, para estudar no exterior: Rogers foi aluno de Nadia Boulanger em Paris, e de Frank Bridge em Londres.

O principal fruto desses estudos foi o oratório *The Raising of Lazarus* (1928), a respeito do qual comentou Howard Hanson:

Rogers usa as vozes de maneira intensamente lírica, muito diferente da maioria dos compositores contemporâneos. Isso é verdade não só em relação às passagens solistas, como a comovente "Canção de Marta", mas também no poderoso coral de conclusão. Aqui temos, com urgência dramática, a fusão do ritmo e dos coloridos vocais e orquestrais, numa linguagem ricamente diatônica.

Ao voltar aos Estados Unidos, em 1929, Rogers foi contratado pela Eastman School, de Rochester, onde deu aulas de orquestração e composição até 1967. Entre seus alunos estavam David Diamond, Dominick Argento, Robert Ward, Jack Beeson e William Bergsma. Para o compositor, as principais fontes de inspiração eram os assuntos bíblicos e esotéricos, e a grande pintura: as *Bodas de Emaús*, de Rembrandt, celebrada na *Sinfonia n. 3* (1937); ou as telas de Gustave Moreau, fonte de *The Dance of Salome* (1940). A música de Rogers era tonal, fundamente enraizada nas práticas e estruturas tradicionais, mas ele não hesitava em usar recursos de uma linguagem harmônica e rítmica complexa, e sonoridades pouco convencionais, para realçar a dramaticidade da escrita. Isso fica claro nos comentários de David Ewen à bem recebida execução da *Dança de Salomé*, em 2 de abril de 1942, pela Orquestra de Cleveland:

Um desusado conjunto de instrumentos de percussão, que inclui tam-tam, castanholas, vibrafone, xilofo-

ne, bigorna, além de outros instrumentos mais comuns, dão à obra uma sonoridade nitidamente oriental.

A mesma coisa acontece com *The Warrior*, a ópera que o Metropolitan estreou em 1947 (deve existir a gravação desse espetáculo, pois ele foi transmitido pelo rádio em rede nacional). Rogers já era o autor de *The Marriage of Aude* (Rochester, 22.5.1931), quando ganhou, em 1946, o primeiro prêmio do Alice M. Ditson Fund Contest, concurso patrocinado pela Universidade de Columbia para novas óperas americanas em um ato. Nos termos do regulamento, o Metropolitan tinha a opção de um ano para apresentar o primeiro colocado, e *O Guerreiro* foi programada para a temporada de 1946-1947.

O libreto de Norman Corwin, autor de roteiros para rádio em Boston, baseia-se na história de Sansão e Dalila (Juízes, XVI:16-23). Mas Corwin, em entrevista ao *New York Times* de 5 de Janeiro de 1947, dizia ter "escrito uma variação sobre um tema muito popular, desenvolvendo o caráter das personagens de forma livre, e fazendo a peça oscilar entre a luz de vela dos acontecimentos privados e os crus holofotes da celebração pública". Quanto a Rogers, ele estava fascinado, na época, pelo *Pelléas et Mélisande*, de Debussy; mas também pela tentativa de ressuscitar o *recitar cantando* da Camerata Florentina, com a qual a ópera nasceu, nos últimos anos do século XVI. "Não se trata de uma ópera convencional, com árias e recitativos", declarou ele a respeito dos *Guerreiros*. "A escrita vocal é *parlando*, quase o tempo todo, em estilo *song-speech*. A linha vocal submete-se estritamente ao texto, em vez de ser uma expansão melódica dele" (*New York Times*, 5.1.1947).

Na mesma reportagem, Edward Johnson explicava que o Metropolitan Opera Guild Production Fund estava destinado a permitir "a montagem de óperas novas e a encenação nova de obras antigas que, na origem, tivessem sido prejudicadas pela falta de dinheiro". Foi esse fundo o responsável pela estréia do *Guerreiro*, em 11 de janeiro de 1947, sob a regência de Max Rudolf, com Mack Harrell (Sansão) e Regina Resnik (Dalila). Infelizmente, o resultado não pareceu corresponder às aspirações de seus criadores, nem às esperanças de seus apresentadores. Em 12.1.1947, Olin Downes fazia, no *New York Times*, uma avaliação sucintamente demolidora da obra de Rogers:

Não é fácil e nem agradável escrever sobre a nova ópera americana, *The Warrior*, estreada ontem à tarde no Metropolitan Opera House e, simultaneamente, transmitida pelo rádio. Não há por quê não dizê-lo diretamente: esta é uma opera singularmente fraca e ineficiente, tão fraca e ineficiente, tão desprovida de inspiração ou intensidade dramática, que a gente se pega imaginando por quê um júri de autoridades eminentes concedeu a ela o Prêmio Alice M. Ditson; e por quê, mesmo com base nesse endosso, o Metropolitan tinha de encená-la.

No dia 19 de janeiro, Downes questionava o processo que levara a ópera de Rogers ao palco do Met:

O veredicto geral sobre *The Warrior* foi tão adverso que muitas pessoas – e entre elas este crítico e vários de nossos correspondentes – se perguntaram por quê uma obra tão visivelmente ineficiente e dramaticamente invertebrada teria ganho um prêmio e a distinção de ser encenada no Metropolitan. Há questões importantes, que têm menos a ver com uma estréia mal-sucedida do que com o projeto da opera nativa americana, e os meios mobilizados pelos comitês de premiação, as companhias de ópera, e outras instituições ligadas a esse assunto, para que produto tão desejável possa surgir.

[...] É perfeitamente verdade que as duas dezenas de óperas e balés nativos que foram produzidos na Broadway ou na Rua 39 não revelaram uma única obra que tivesse permanecido no repertório. É também verdade, e quem o sentiu agudamente foi Giulio Gatti-Casazza, que reinou no Metropolitan durante seu período mais brilhante, que esse teatro devia ajudar os compositores americanos candidatos a escrever óperas. No decurso de sua longa administração, Gatti-Casazza montou um total de dezoito óperas e balés americanos, não só mais numerosos como também com substância consideravelmente maior do que qualquer uma das magras peças ali encenadas desde que Gatti foi embora. [...] Não houve progresso no palco do Metropolitan, na última década, por causa da negligência predominante entre os americanos pela composição, e o fato de que a ópera americana, ali, não foi mais levada tão a sério quanto aconteceu nos tempos de Gatti-Casazza.

[...] Óperas americanas interessantes têm de ser encontradas. Não basta pegar a ópera americana mais próxima e aceitá-la porque isso é conveniente. A procura de novas obras deveria ser feita de maneira discriminada e com planejamento a longo prazo. [...] Há muito poucos lugares, no país, onde os compositores e libretistas americanos podem aprender o seu trabalho; por essa razão, o Metropolitan deve empenhar seus melhores cérebros na resolução desse problema; em fornecer o estímulo e a oportunidade para que jovens talentos enfrentem, de maneira nova, os desafios criativos do drama musical. O

mundo precisa muito de novas adições ao repertório de óperas que valham a pena. Esse é também um campo em que o compositor americano precisa urgentemente de experiência e expressão original.

Na estréia, *The Warrior* foi apresentada juntamente com o *Hänsel and Gretel*, de Humperdinck, numa nova tradução inglesa. A combinação era muito estranha; mas, naqueles tempos, era comum o Met fazer *double-bills* que, hoje, nos parecem incompatíveis, senão engraçadas. Óperas em um ou dois atos – *Salomé, Elektra, Pagliacci, Cavalleria Rusticana, O Galo de Ouro, Don Pasquale*, a cantata *Carmina Burana*, até mesmo *La Bohème*, que é maior, mas muito popular – eram candidatas a fazer dobradinha com os mais diversos títulos, dependendo dos artistas que estivessem disponíveis... e, em muitos casos, a congruência musical ia para o buraco. Vinte dias depois, *The Warrior* teve a sua segunda e última récita.

Os desejos de Olin Downes viriam a ser atendidos. As portas do Metropolitan voltariam a se abrir, nas gestões subseqüentes, para grandes títulos na história da ópera americana: a *Vanessa*, de Barber, e sua malfadada *Antony and Cleopatra* que – hoje se sabe – possui muito mais qualidades do que a princípio se acreditou; o *Mourning Becomes Electra* de Levy; mais adiante, *The Ghosts of Versailles*, de John Corigliano, e *The Great Gatsby*, de John Harbison; ou *A View of the Bridge*, de William Bolcom, cantada pela primeira vez em um outro teatro mas, depois, cumprindo o ritual de subir ao palco da principal casa de ópera americana. Sobre todas essas obras, o leitor encontrará informações nos capítulos reservados a seus autores.

Barber

Sua mãe, boa pianista, era irmã da famosa contralto Louise Homer. Samuel Barber (1910-1981) nasceu cercado de música, em West Chester, na Pensilvânia, e as primeiras aulas de piano lhe foram dadas por William Green. Por volta dos dez anos, fez sua primeira composição – a peça para piano *Sadness* –, tentou escrever uma ópera, *The Rose Tree*, e tornou-se organista na igreja de sua cidadezinha. Inscreveu-se, aos 14 anos, no recém-fundado Curtis Institute de Philadelphia, onde foi aluno de Isabelle Vengerova (piano), Rosario Scalero (composição), Fritz Reiner (regência) e Emilio de Gogorza (canto) – nos anos de estudante, chegou a se apresentar em público como um barítono leve. Nas classes de composição de Scalero, Barber foi colega de Gian-Carlo Menotti, que se tornou seu companheiro da vida inteira.

Na época em que a maioria dos compositores americanos tentava manter-se em dia com as tendências vanguardistas européias, Barber desenvolveu para si mesmo um idioma muito pessoal, lírico e de natureza romântica, que pode eventualmente incorporar traços modernos, mas mantém-se independente de qualquer corrente contemporânea. "Não há razão alguma para que a música seja difícil de entender para a platéia, não é mesmo?", perguntou, numa entrevista concedida no fim da vida. Essa envolvente linguagem, que torna a sua obra tão duradoura quanto a de Copland ou Gershwin – embora Barber não tenha a mesma intransigente preocupação com o "americanismo" –, chamou a atenção do público para a abertura *School for Scandal* (1933), inspirada na peça de Sheridan, ou para a *Music for a Scene from Shelley* (1935). A *Sinfonia n. 1* (1937), que compôs durante os estudos europeus do Prix de Rome, tornou-se a primeira peça americana a ser tocada no Festival de Música Contemporânea de Salzburgo.

Toscanini estreou, em novembro de 1938, duas de suas composições mais populares: o *Ensaio para Orquestra n. 1* e o *Adagio para Cordas*, orquestração do segundo movimento do *Quarteto para Cordas*. O *Adagio* tornou-se o cartão de visita de Barber e, por seu caráter sereno e meditativo, foi escolhido para a execução em cerimônias fúnebres como o enterro do presidente Roosevelt (1945) e da princesa Grace de Mônaco (1982). Convocado pela Força Aérea em 1942, ele compôs, por encomenda dos militares, a segunda sinfonia – estreada por Kussevitzki em Boston (1944) –, na qual havia instrumentos eletrônicos imitando o ruído de transmissões radiofônicas. Esse efeito foi eliminado na versão "desmilitariza-

da" – Ormandy, Philadelphia (1949). Ainda assim, insatisfeito com a obra, Barber descartou-a, retendo apenas o segundo movimento, que transformou no poema sinfônico *Night Flight* – Szell, Cleveland (1964).

Terminada a guerra, Barber e Menotti foram morar na Capricorn House, a casa que tinham comprado em Mount Kisco, no estado de Nova York. O teatro sempre o atraíra. Em 1946, ele escreveu para Martha Graham o balé *Medea*, que o produziu em versão revista com o título de *The Cave of the Heart*. Dessa partitura Barber extraiu duas peças orquestrais de grande sucesso: a suíte *Medea* e *Medea's Meditation and Dance of Vengeance*. A tentativa de modernizar o oratório foi feita nas belas *Prayers of Kierkegaard* (1954), para soprano, coro e orquestra. Um ano antes, ele tinha feito a primeira experiência operística com *A Hand of Bridge*, que Menotti, o autor do libreto, chamara de "a miniature opera" – e, de fato, esse sutil estudo sobre os níveis de consciência dura apenas nove minutos.

Dois casais – David e Geraldine, Bill e Sally – estão jogando bridge e, durante a partida, seus pensamentos afloram, entrelaçando-se de modo muito divertido àquilo que dizem uns aos outros. "Menos foi dito em óperas muito mais longas", comenta Peter Dickinson no *New Penguin Opera Guide*. A estréia foi apenas em 17 de junho de 1959, no Festival de Dois Mundos, de Spoleto, dirigido por Menotti. A essa altura, Barber já era o autor da bem-sucedida *Vanessa*. A gravação de *A Hand of Bridge* foi feita em 1960, pelo selo Vanguard (Neway, Alberts, Lewis, Maero/Golschmann).

Na época em que escrevia essa pequena ópera, Barber fizera contatos com Thornton Wilder, Stephen Spender e James Agee, à procura de temas que lhe agradassem para uma ópera. Chegou a pensar em *Streetcar Named Desire*, mas depois chegou à conclusão de que "a textura poética de Tennessee Williams não abre espaço para a música: os escritores têm de possuir o sentimento do palco lírico, sentir o cheiro do palco. É preciso ser um *habitué* de ópera, como Stendhal no Scala." Por isso, acabou recorrendo a Menotti, que lhe sugeriu um dos contos dos *Seven Gothic Tales* (1934), de Isak Dinesen. "Uma ópera não precisa ter ambientação americana para ser americana", disse Barber. "Além disso, a arte é internacional e, se uma idéia é inspirada, não precisa ter fronteiras". Menotti assim descreve essa história apaixonada, envolta em uma certa dose de negra ironia:

> É a história de duas mulheres, Vanessa e Érika, diante do grande dilema que todo ser humano enfrenta: lutar pelos próprios ideais a ponto de fechar-se à realidade, ou aceitar a solução de compromisso com aquilo que a vida oferece, às vezes até mesmo mentindo para si próprio, só para poder viver. Como um impassível coro grego, uma terceira personagem, a velha Avó, condena, com seu silêncio, a recusa, primeiro de Vanessa e depois de Érika, em aceitar a amarga verdade de que a vida não oferece solução, a não ser a de continuar lutando. Quando Vanessa, cheia do desejo de tomar a vida em seus braços, se dá conta disso, talvez seja tarde demais.

Autor de um libreto excelente, Menotti foi também o diretor da estréia no Metropolitan, em 15 de janeiro de 1958. Cecil Beaton[10] tinha desenhado belíssimos cenários e figurinos, e Dmitri Mitropoulos regeu um elenco espetacular, como o atesta a gravação no selo RCA: Rosalind Elias, Regina Resnik, Nicolai Gedda e Giorgio Tozzi. O papel de Vanessa tinha sido oferecido a Maria Callas, mas ela o recusou alegando que a ópera não tinha melodias; e não se podia esperar que ela se apaixonasse por um homem que tinha ido para a cama com o meio-soprano. Barber convidou Sena Jurinac, que aceitou; mas teve de cancelar semanas antes da estréia. Salvou-o Eleanor Steber, para quem, em 1948, Barber escrevera *Knoxville: Summer of 1915*, belíssima peça para voz e orquestra sobre um texto de *Death in the Family*, a novela de James Agee (de que ela fez a gravação). Steber aprendeu o papel em tempo recorde, e ainda interrompeu os ensaios, na fase final, para se casar (Barber e Menotti emprestaram-lhe a Casa Capricórnio, para passar a lua-de-mel). Apesar de todas essas dificuldades, sua interpretação foi simplesmente magistral. *Vanessa* deu a Barber o Prêmio Pulitzer de 1958.

10. Beaton estreara no Met em 1955, com os cenários e figurinos de *Soirée*, o balé de Britten sobre temas de Rossini. *Vanessa* foi a primeira ópera de um cenógrafo que faria produções lendárias de *Turandot* (1960) e de *La Traviata* (1966).

A crítica foi praticamente unânime em sua aprovação, No *New York Post* de 16 de Janeiro de 1958, Harriett Johnson descreveu a excitação do público:

> A platéia tornou-se progressivamente entusiástica, à medida que a noite avançava e, no final, expressava ruidosamente a sua aprovação. Bravos ensurdecedores, no final, forçaram um sem número de retornos do compositor, do libretista e de todo o elenco diante da cortina. Em si mesma, essa montagem de *Vanessa* é um triunfo para o teatro musical americano. A mais importante casa de ópera do país, após anos de desinteresse por nossos talentos nativos, homenageou Barber ao montar a sua ópera com uma *mise en scène* soberba. E o que dizer da música propriamente dita? Examinando-a com fria objetividade, os méritos intrínsecos de *Vanessa* mereciam todo esse trabalho? A resposta é um "sim" enfático, seja quais forem os aspectos da música de Barber que estivermos enfocando.
>
> [...] Quanto ao texto, este é, provavelmente, o melhor libreto [de Menotti], mais maduro, do ponto de vista da escrita, do que os que ele redigiu para as suas próprias óperas. Que, no futuro, eles produzam juntos outras obras de arte. Hoje em dia, talentos como os deles são raros.

No *New York Times* (16.1.1958), Howard Taubman fez eco a Ms. Johnson:

> Se você não se impacientar, *Vanessa* há de recompensá-lo. Começa de modo desanimador. O ato I tem pouco ou nenhum perfil musical. Barber, um de nossos compositores mais capazes, entra cautelosamente em sua primeira tentativa no campo da ópera, como um explorador cujo nome já está feito, mas inicia uma jornada perigosa, e amplamente divulgada, por um terreno que não lhe é familiar. Mas a confiança do compositor aumenta à medida que ele se dá conta de que não apenas está respirando nesse mundo estranho, mas foi totalmente absorvido por ele. Responde à aventura com segurança crescente. Solta-se, permite-se uma valsa, uma dança campestre, um hino, uma ou duas árias geniais. Na cena final, escreve um quinteto, uma cena de conjunto muito elaborada, carregada de emoção, que qualquer compositor moderno se orgulharia de assinar.

Desde a primeira récita, *Vanessa* foi um retumbante sucesso, e a excelência do elenco contribuiu muito para isso. Winthrop Sargeant afirmou que ela era "praticamente uma obra-prima no gênero", e Paul Henry Lang alertou: "A linha vocal impecável e a orquestração suntuosa hão de abrir os olhos dos europeus para o que está acontecendo nos Estados Unidos". Mas, no verão seguinte, ao tornar-se a primeira ópera americana a ser cantada no Festival de Salzburgo, no original inglês e com a produção e o elenco do Met, *Vanessa* não foi bem recebida como Lang previa. O *establishment* dodecafônico, que dominava a crítica germânica nessa época, reagiu violentamente à música "fora de moda" de Barber[11]. Só os cantores escaparam da crítica – e mesmo assim, foram censurados por terem cantado em inglês, em vez da tradução alemã. Um dos críticos chamou o libreto de "lamentável" e descreveu Barber como "o editor de uma antologia de velharias musicais". Outro disse que *Vanessa* era a prova de que a música americana era "irremissivelmente retrógrada.

Quando *Vanessa* voltou ao Met, na temporada seguinte, Taubman se perguntou, no *New York Times* de 8 de janeiro de 1959, se a crítica americana não tinha sido excessivamente indulgente. E concluiu que não:

> Os resenhadores europeus foram cegados pela xenofobia. Por acaso [*Vanessa*] é pior do que a *Escola para Esposas* de Rolf Liebermann, que recebeu recepção entusiástica desses mesmos críticos austríacos quando subiu à cena em Salzburgo? Claro que não. Na verdade, é uma obra muito melhor – e, graças a Deus, não se embrenha por um laborioso modernismo tão vazio quanto a moda – como é o caso do *Processo* de Gottfried von Einem, da *Tempestade* de Frank Martin, ou da *Lua* de Carl Orff, para citar apenas algumas das óperas recentes calorosamente recebidas na Europa – todas elas inferiores à *Vanessa*. Aparentemente, um dos problemas mais graves de *Vanessa* é ser americana. Afinal de contas, a ópera não é uma criação européia? Criatividade, nesse campo, vinda de nós, americanos materialistas, tem de ser coisa suspeita!

Em compensação, foi muito bem-sucedida a apresentação em italiano, em 1961, no Festival de Spoleto, dirigido por Menotti. Para a temporada de 1964-1965 – em que a ópera foi reprisada com Mary Costa, Rosalind Elias, Blanche Thebom, John Alexander e Giorgio Tozzi – Barber e Menotti a revisaram em três atos. Existe um vídeo da transmissão desse espetáculo, feita em 1979 pela série *Great Performances*, da PBS; e em 2003, após uma apresentação em Boston, ela foi gravada nesse

formato, por Gil Rose, para o selo Naxos, com Ellen Chickering, Ray Bauwens, Andrea Matthews, Marion Dry e Richard Conrad. Por razões econômicas, esse registro foi feito na Ucrânia. A versão em três atos, mais compacta, é dramaticamente eficiente; mas, na minha opinião, o original é musicalmente superior.

A ação passa-se em 1905, na casa de campo de Vanessa, "em um país do norte". Juntamente com a Baronesa, sua mãe, e Érika, sua sobrinha, Vanessa, "uma mulher de grande beleza", espera o retorno de Anatol, seu amante, que partiu vinte anos antes. Ela diz ter passado todos esses anos "praticamente sem respirar, para que a Vida não saísse de seu curso". Esse tempo todo, os quadros e os espelhos ficaram cobertos com panos. Quando o rapaz chega, Vanessa constata que ele se chama Anatol, mas é, na verdade, o filho de seu amante, que já morreu. Embora, na noite de sua chegada, Anatol tenha seduzido Érika, ele se torna cada vez mais ligado a Vanessa. Mas Érika está grávida e, durante o baile de Ano Novo, quando o noivado de Anatol com sua tia é anunciado, fica desesperada, sai correndo na neve durante a noite, e perde o bebê. Ela fala do que aconteceu à avó, mas esconde a verdade de Vanessa, e esta casa-se com Anatol. e vai embora com ele para Paris. Érika cobre os quadros e espelhos novamente. "De hoje em diante, não receberei mais visitas", diz ao mordomo. "Agora é a minha vez de esperar."

Quem é a personagem principal da ópera? Na verdade, Vanessa e Érika são personagens complementares e, para elas, o que importa – mais do que Anatol – é o amor em si e a espera, símbolo do desejo de atingir o inalcançável. "Você o ama?", pergunta-lhe a Baronesa. "Sim", responde Érika, "eu amo alguém que se parece com ele." Ela sabe que é um outro lado da *persona* de Vanessa: "Às vezes, sou a sobrinha dela", diz a Anatol, "mas a maior parte do tempo a sua sombra". Esses sentimentos sombrios e desesperançados são realçados pela ambientação soturna, pela paisagem coberta de neve que as cerca. "Must the winter come so soon?", pergunta Érika em sua primeira ária:

> *Night after night I hear the hungry deer*
> *wander weeping in the woods,*

---

11. O que continua acontecendo até hoje. Causou espécie aos ouvintes – e foi causa de polêmica na revista *Concerto*, de São Paulo – a forma desairosa como as notas de programa trataram o compositor, quando a Osesp incluiu em um de seus programas o *Concerto para Violino*, uma das mais belas páginas do repertório para esse instrumento, no século XX.

O compositor Samuel Barber, o libretista Gian Carlo Menotti e o soprano Eleanor Steber no papel-título de *Vanessa*, estreada no Metropolitan.

Cenários de Michael Yeargan para *Antony and Cleopatra*, de Samuel Barber, encenada pela Lyric Opera de Chicago em 1990.

and from his house of brittle bark
hoots the frozen owl.

(Noite após noite, ouço o veado faminto peregrinar choroso pelos bosques e, de sua áspera casa de casca de árvore, pia a coruja gelada.)

O grande encanto de *Vanessa* está não só num libreto extremamente bem construído, mas na facilidade com que a música passa da ação para a reflexão lírica, com que o arioso se expande em cantabiles muito melodiosos. Um dos mais belos é a ária com que Anatol seduz a sobrinha de Vanessa. A música, de vibrações puccinianas, traduz claramente cada sugestão do texto:

Outside this house the world has changed;
Time flies faster than before;
there is no time for idle gestures.
I cannot offer you eternal love
for we have learned today
such words are lies.
But the brief pleasure of passion, yes,
and sweet, long friendship.
Who can resist your gentle beauty, Erika?
Oh, how happy we could be together!
Do you know Paris and Rome
and Budapest and Vienna?
The velvet rooms for jeweled suppers,
the coast of Spain for solitude,
the gilded Grand Hotel for dancing,
the glass and marble stations for good-byes?
This we could share together, Erika,
if you accept my love
and, who knows,
my love might last forever, Erika.

(Fora desta casa, o mundo mudou. O tempo passa mais depressa do que antes; já não há mais tempo para gestos inúteis. Não posso te oferecer o amor eterno, pois hoje aprendemos que tais palavras são mentiras. Mas o breve prazer da paixão, sim, e a doce e longa amizade. Quem resiste à tua delicada beleza, Érika? Oh, como poderíamos ser felizes juntos! Você conhece Paris e Roma, Budapeste e Viena? As salas forradas de veludo para as ceias cobertas de jóias, a costa da Espanha para a solidão, os Grandes Hotéis dourados para os bailes, as estações cobertas de vidro e mármore para as despedidas? Isso nós poderíamos compartilhar, Érika, se você aceitasse o meu amor e, quem sabe, meu amor poderia durar para todo o sempre.)

Érika sabe quão inconsistentes são essas palavras pois, a elas, responde: "Como são frágeis as tuas ofertas! Eu gostaria de poder me cegar com teu amor; mas te vejo bem demais, bem demais". Essa consciência, contudo, não a impedirá de ceder a palavras tão sedutoras – e

à beleza da música que as envolve. Ao lado desses episódios líricos, há os de distensão cômica, providenciados pelo velho médico, e com um sabor folclórico. No ato II, ele relembra os bailes de outros tempos, e tira Vanessa para dançar ao som da canção tradicional "Under the willow tree", formando um trio com a tia e a sobrinha.

São muito eficientes as ligações orquestrais: o interlúdio entre os atos II e III e, especialmente, o magnífico intermezzo entre as duas cenas do ato IV, sintetizando as emoções muito fortes da conversa de Érika com a avó, e preparando-nos para a seqüência final, em que Vanessa e Anatol, já casados, vêm despedir-se da moça. É straussiano, de temperatura lírica comparável à do trio do *Cavaleiro da Rosa*, o quinteto "To leave, to break". A orquestra, com as intervenções solistas do oboé e da trompa, os ritmos cortantes e fragmentários, de pontuação stravinskiana, é uma verdadeira personagem. Ela comenta ironicamente as palavras do médico, com tremolos das cordas e escalas no pícolo, quando ele procura nos bolsos e pergunta: "Meu Deus, onde coloquei o meu discurso?" Dissonâncias interpretam a angústia de Vanessa, pois Anatol demora a chegar e ela se preocupa: "Eu morro se alguma coisa acontecer com ele." E é a orquestra quem adverte Érika do perigo que ela corre, quando Anatol lhe diz que Vanessa lhe permitiu passar a noite na casa.

No final do ato II, depois da ária com que Anatol tenta seduzir Érika, ouve-se o coro, fora do palco, cantando o hino "In morning light let us rejoice", na capela para onde a família se dirige. O tema recorrente da angústia de Érika surge como um contracanto cromático, que distorce a simplicidade diatônica do hino. É o momento em que ela diz: "Não, Anatol, a minha resposta é não. Que Vanessa fique com você, ela que esperou tanto tempo por tão pouco!"

Trabalhando com as formas operísticas tradicionais – árias, duetos, cenas de conjunto, interlúdios – Barber recorre a um idioma musical muito amplo que, dentro de uma moldura essencialmente lírica e melodiosa, encontra lugar, como dissemos, para a dissonância, para as referências folclóricas, e até mesmo para elementos parodísticos. O compositor opõe a alegria de Vanessa à tragédia de Érika super-pondo texturas instrumentais contrastantes, frases melódicas de metro diferente. Isso é particularmente eficaz na cena da festa: a grande orquestra no fosso, uma pequena orquestra de dança nos bastidores, e solistas de violino e acordeon no palco comentam a escalada do desespero da moça, ao ouvir a notícia do noivado da tia, até o momento em que ela sai correndo debaixo da tempestade de neve. A dança de camponeses, levemente modal, que se está ouvindo, vai se distorcendo, contaminada por intrusões politonais e bimétricas, até o acordeon ficar sozinho, com sua melodia melancólica, que relembra toda a dor da perda de Érika.

Barber foi o compositor escolhido para compor a ópera com que se inauguraria o novo prédio do Metropolitan, que custara US$ 50 milhões e está entronizado no Lincoln Center. A direção do teatro queria um super-espetáculo e, por isso, escolheu Franco Zeffirelli, não só para dirigir a ópera, mas também para colaborar com Barber na elaboração do libreto – a partir de uma sugestão do maestro Thomas Schippers. Essa função foi atribuída a Zeffirelli – que não tinha a experiência prévia de escrever libretos –, devido a seu sucesso com a direção de peças e filmes baseados em Shakespeare: o legendário *Falstaff* de 1964, no antigo Met; as bem-sucedidas filmagens de *A Megera Domada* e *Romeu e Julieta*. A escolha de *Antônio e Cleópatra*, de tema egípcio, e de Leontyne Price – a quem Barber dedicara as *Hermit Songs* – para criar o principal papel feminino, tinha a ver, naturalmente, com o desejo de criar um *operone* no estilo da *Aida*.

Compositor e libretista passaram três semanas comprimindo o texto de Shakespeare – cinco atos e 41 cenas –, num libreto de três atos, com dezesseis cenas. Não é fácil adaptar para o palco lírico uma peça que tem 35 personagens e se passa em Roma, em Alexandria, na Síria e no porto ateniense de Miseno. Zeffirelli manteve 24 personagens – inclusive as secundárias –, usou o coro para fazer comentários montados com frases de várias personagens, e preservou a maioria dos versos mais famosos de Shakespeare, embora aparando-os consideravelmente – os quatro versos da primeira intervenção de Antônio, por exemplo, resumem um monólogo de vinte versos. Também condensou alguns trechos: a seqüência em que Cleópatra questiona o casamento de Antônio com Otávia, a irmã de César, comprime duas cenas de Shakespeare.

É óbvio que Zefirelli concebeu, para o palco do Met, um *Antony e Cleópatra* no estilo dos filmes de ambientação antiga que o cinema hoollywoodiano popularizara no pós-guerra: *Sansão e Dalila* (1949), *Os Dez Mandamentos* (1956), *Quo Vadis* (1951), *Helena de Tróia* (1955), *Spartacus* (1960). A próxima ópera de Barber seria, portanto, um *grand-opéra*, na melhor tradição meyerbeeriana, com suas formas hiperbolicamente ampliadas pelas sugestões das *extravaganzas* cinematográficas: cenários grandiosos, incluindo uma pirâmide enorme no meio do palco; figurinos com toneladas de tule, camelos vivos no palco, centenas de figurantes... tudo a que a megalomania americana – e a do encenador – tinham direito. Harold Schonberg, no *New York Times*, disse que a montagem, "de escala cósmica, situava-se em algum ponto entre o Big Bang e a criação da Via Látea". Curiosamente, esse espetáculo estava sendo concebido na mesma época em que o fiasco estrondoso de *Cleópatra* (1963) – com o casal Elizabeth Tayler e Richard Burton, o mesmo da *Megera Domada* – assinalava o fim do ciclo dessas super-produções cinematográficas sobre temas da Antiguidade. O fracasso desse aborrecido monstrengo de quatro horas, em que tinham sido gastos US$ 32 milhões, quase levou a Twentieth Century Fox à falência.

Antônio e Cleópatra nasceu "sotto maligna stella". Antes mesmo da estréia, em 16 de setembro de 1966, a imprensa já reclamava que a ópera era de gênero totalmente obsoleto. Thomas Schippers regeria um elenco estelar: Leontine Price (Cleópatra), Justino Díaz (Charmian), Jess Thomas (Júlio César), Rosalind Elias (Charmian). Mas a bruxa estava solta. Uma semana antes da estréia, o palco giratório quebrou, e teve de ser movido manualmente por empregados do teatro vestidos de smoking – o que fez a platéia cair na gargalhada. A entrada triunfal de Cleópatra, saindo de dentro da pirâmide, falhou porque a engenhoca recusou-se a abrir. E para mal dos pecados, houve uma pane na iluminação nesse exato minuto, e miss Price fez sua entrada em cena no breu absoluto. Numa entrevista que deu a Peter Dickinson, da BBC, em 23 de janeiro de 1982, o soprano contou:

> Fiquei trancada dentro da pirâmide, na hora de minha primeira ária, porque houve um problema mecânico e ela não se abriu na hora certa. Não havia nada no mundo que fizesse aquela deixa dar certo. Eles estavam me vestindo dentro da pirâmide e aí, eu disse a eles: "Fecha o zipper dessa droga... não importa se ela serve ou não... e eu vou continuar cantando e sair daqui desse jeito mesmo".

A imprensa simplesmente massacrou o fracasso de um espetáculo cuja entrada custava US$ 250, e no qual o teatro investira uma fortuna em divulgação. E cometeu a injustiça de botar no mesmo balaio a música de Barber, sem se dar conta das qualidades que ela possuía. Desmond Shawe-Taylor, no *Sunday Times* de Londres, foi um dos poucos a reconhecer que "a música de Barber, na substância muito rica e, em diversos momentos, muito convincente, estava sendo submergida sob o excesso de purpurina de uma montagem desnecessariamente complicada". Harold Schonberg chamou a ópera de "grande, impressionante e vulgar". E Martin Bernheimer, no *Los Angeles Times*, escreveu: "A ópera é bem construída, teatralmente válida, e uma chatice."

A estréia de *Antony and Cleopatra* não foi o fiasco total que a crítica descreveu. Apesar de todos os acidentes de percurso, trechos como a ária de Cleópatra no ato I, e a cena de sua aparição no final desse ato, foram muito aplaudidas. O mesmo aconteceu em relação às árias de Antonio e Enobarbo no ato II. E todo o ato III comoveu a platéia. Houve quatorze *curtain calls* no fim do espetáculo. Mas a ferocidade da crítica deixou Barber destroçado. Foi embora para Spoleto, em companhia de Menotti e, só muito mais tarde, em outubro de 1971, falou a respeito da estréia numa entrevista a John Gruen, do *New York Times*:

> A produção nada tinha a ver com aquilo que eu tinha imaginado. [...] O Metropolitan fez uma montagem extremamente exagerada. [...] O que escrevi e concebi nada tinha a ver com aquilo a que se assistia no palco. Zefirelli queria cavalos, bodes e duzentos soldados, e os conseguiu; queria elefantes, o que, felizmente, não conseguiu. Em suma, tive muito pouco controle – praticamente nenhum... pois, na verdade, a direção estava de acordo com todas as idéias de Zeffirelli.

Autores como Richard Dyer, Peter Dickinson ou Barbara Heyman são da opinião que esse episódio afetou a vida do artista e agravou seu estado de saúde. Logo depois da ópera, Barber compôs o amargo ciclo de canções *Despite and Still*, que começa com as palavras: "A last song and a very last." Nos quatorze anos que lhe restaram para viver, não escreveu nenhuma outra peça de grande porte, e empenhou-se em revisar freneticamente a sua partitura mais ambiciosa. Compôs uma marcha fúnebre para preceder a última ária de Cleópatra, que Leontyne Price e Phyllis Curtin apresentaram várias vezes em recitais com orquestra.

Em 6 de fevereiro de 1975, a Juilliard School encenou uma versão revista da ópera, reescrita e dirigida por Menotti. Ele condensou mais o texto – as sete cenas originais do ato I transformam-se em quatro, por exemplo –, omitiu o balé e colocou o coro nas extremidades do palco, sem que ele participe ativamente da ação. Reduziu a importância do papel de César, cortou a figura do eunuco Mardian – e, com isso, desaparecem as frases em falseto escritas para Andrea Velis, que criou o papel –, e tornou Otávia uma personagem muda.

Desde o início, Barber preocupara-se com o fato de, numa história de amor, não haver um grande dueto amoroso. Menotti ampliou a ária "If this be love", de Cleópatra, no ato II; e, usando um texto de Beaumont and Fletcher, da tragédia *The Bloody Brothers*, inseriu o dueto do ato II, "Take, o take those lips away", em que se manifesta toda a arte barberiana do cantabile amplo e italianado. Barber aumentou as referências cruzadas dos temas recorrentes, elevou a tessitura de alguns cantores, para que a linha vocal ficasse mais brilhante, dando maior importância aos episódios líricos, em detrimento "desse papo de Rotary Club dos romanos, que não tem nada a ver com a palheta de Sam" – como disse na entrevista a Peter Dickinson.

Em 1983, dois anos depois da morte de Barber, Menotti dirigiu a apresentação do Festival de Spoleto, que foi gravada pelo selo New

World Records (Esther Hinds, Jeffrey Wells, Kathryn Cowdrick, Robert Grayson/Christian Badea). A montagem do Lyric Opera de Chicago, em 1991, com Catherine Malfitano e Richard Cowan, foi transmitida pela PBS e circula no Brasil em vídeo pirata. Esses documentos permitem reavaliar a injustiça cometida contra Barber na década de 1960.

A música estabelece uma distinção clara entre as cenas "romanas" – declamação enérgica e angulosa, melodias retóricas que, às vezes, recorrem deliberadamente ao "estilo hollywoodiano" com predomínio dos metais – e as cenas "egípcias": canto melismático, temas sinuosos, exóticos, cheios de sensualidade, harmonias cromáticas, efeitos delicados nas madeiras e nas percussões. O momento em que Antônio pede a mão de Otávia, por exemplo, é construído como uma grave e solene passacalha. Na música egípcia, por sua vez, são freqüentes marcações do tipo "sensuously" ou "with indolent motion".

A repetição de alguns versos-chave, citados literalmente de Shakespeare, permite a criação de motivos que são retomados e modificados ao longo do drama. Um dos mais importantes é o intervalo de nona, em tom menor, associado a Antônio, que surge quando Cleópatra o chama de "my man of men". É muito bonito o efeito do retorno desse motivo, na cena final quando, antes de morrer, Cleópatra diz, mostrando à criada Charmian a áspide que lhe morde o seio:

> Dost thou not see my baby at my breast
> that sucks the nurse asleep?
> As sweet as balm, as soft as air, as gentle...
> O Antony! Nay, I will take thee, too:
> why should I stay in this vile world?
> Now I feed myself with most delicious poison
> that I might sleep out this great gap of time,
> my man of men!

(Não vês o bebê em meu seio sugando a ama de leite para que ela dormeça? Doce como um bálsamo, suave como o ar, delicado como... Oh, Antônio! Não, eu te seguirei também: por que devo permanecer neste mundo tão vil? Agora me alimento com o mais delicioso dos venenos, para que possa adormecer longe desse vasto abismo de tempo, meu homem dentre todos os homens!)

Zeffirelli tinha previsto, já no original, finais de ato de efeito. No I, os romanos estão festejando, Enobarbo canta a sua bela ária "When first she met Mark Anthony", descrevendo o primeiro encontro da soberana egípcia com o general no rio Cidno e, em seguida, uma passagem orquestral descreve a visão de Cleópatra em seu barco, diante da qual Antônio exclama:

> Let Rome in Tiber melt
> and the wide arch of the ranged empire fall!
> I will to Egypt!
> In th'East my pleasure lies!

(Que Roma se dissolva no Tibre e o amplo arco do império organizado venha abaixo! Vou para o Egito! É no Oriente que está o meu prazer!)

Já o ato II tem um final discreto, *morendo*, quando Antônio, acreditando que sua amada morreu, atira-se sobre a sua espada e é levado por seus soldados. E é magnífica a conclusão do ato III, com o monólogo final de Cleópatra e o lamento de Charmian e do coro. Barber esteve sempre à altura dessas ocasiões climáticas.

A orquestração de *Antony and Cleopatra* que, pelo seu assunto, exige um som opulento, de grande orquestra romântica, é especialmente rica e variada. Mais do que na *Vanessa*, alguns motivos que surgem na orquestra são tão líricos, que são retomados pela linha vocal e se integram a ela, contribuindo para dar à partitura uma unidade de escrita maior. Quando necessário, porém, Barber sabe reduzir suas forças ao mínimo, como na cena do suicídio de Antônio, ao som de um *ostinato* de tambores e uma flauta solitária. Ele recorre inclusive às *ondes Martenot* para a fantasmagórica "music i'th'air" de que Shakespeare fala, quando os espectros surgem diante da tenda de Antônio (na gravação de Badea, é usado um sintetizador Moog).

Em Nova York, *Antônio e Cleópatra* não tinha sido reprisada desde a estréia. A oportunidade de a cidade lhe fazer justiça veio em abril de 2003, quando Steven Sloane, o diretor artístico da American Composers Orchestra, apresentou-a em forma de concerto, no Carnegie Hall, com Carol Vaness, Louis Otey e Neill Rosensheim.

O segundo Prêmio Pulitzer veio em 1962 com o *Concerto para Piano*, peça virtuosística de linguagem bastante moderna, assim como a *Sonata para Piano*, de 1949, criada por Vladímir Horowitz, em que há o uso incidental de uma série dodecafônica. De grande qualidade é também o *Concerto para Violino*, uma das peças mais gratificantes desse gênero escritas no século XX. Particularmente significativas, no conjunto da obra de Barber, são as peças vocais: *Dover Beach* (1931), sobre um poema de Matthew Arnold, para soprano e quarteto de cordas; *Knoxville: Summer of 1915* (1948), a partir do já mencionado texto de Agee; *Chamber Music* (1936) e *Nuvoletta* (1947), com poemas de James Joyce; ou as *Hermit Songs* (1953), sobre antigos poemas irlandeses, estreadas por Leontyne Price. Essas peças estão entre os melhores ciclos de canção concebidos em todo o mundo nas décadas de 1930-1950. A integral das canções de Barber, para o selo DG, com Cheryl Studer e Thomas Hampson, oferece a prova disso.

Embora as estruturas harmônicas de Barber permanecessem fundamentalmente tonais, esse grande melodista fez uso livre de técnicas cromáticas e da politonalidade, às vezes aproximando-se da atonalidade. Sua orquestração é rica sem perder a transparência. A escrita dos solos instrumentais costuma ser virtuosística, denotando conhecimento muito seguro da natureza de cada naipe, como o demonstra o *Capricorn Concerto*, de 1944, para flauta, oboé, trompete e orquestra de cordas. A escrita dessa peça comprova a habilidade contrapontística de Barber, enraizada num sólido conhecimento da música barroca. Um belo estudo sobre a obra desse artista é feito por Barbara Heyman em *Samuel Barber: the Composer and his Music* (Oxford University Press, 1992).

Durante 1975 e 1990, houve várias mudanças de direção no Met. Nessa época, começou a ascensão de James Levine ao poder. Nunca antes o Metropolitan confiara um regente uma posição oficial. Entre 1975-1981, a liderança do Met foi dividida por um "triunvirato" – Anthony Bliss (diretor executivo), Levine (diretor musical) e John Dexter (diretor de produção). Este último retirou-se em 1981, deixando a direção nas mãos de Bliss (agora gerente geral) e de Levine. Em 1985, Bruce Crawford assumiu a gerência geral e

Levine foi promovido a diretor artístico. Esse período tem sido chamado de *the "Levine Era"*, pois nele a personalidade da companhia foi moldada pela do maestro. Embora desde 1990 a direção do Met esteja nas mãos de Joseph Volpe, era do maestro titular que vinham emanando, todo esse tempo, as diretrizes artísticas do teatro. Isso explica a polêmica surgida, principalmente na imprensa americana, entre 2002-2003, diante da possibilidade de Levine abandonar o seu cargo de *chief conductor*. Ainda mais por ser russo o principal candidato à sucessão: o *chief guest conductor* Valiéry Guérguiev, diretor da Ópera do Maríinski/Kírov de São Petersburgo (teatro sucateado e em crise, ao qual a sua administração dinâmica devolveu o status de uma das maiores casas de ópera européias).

Desde 1883-1884, um terço das temporadas do Met incluiu óperas americanas, num total de 33 obras executadas, 22 das quais foram estréias. No quadro abaixo, quando aparecem dois números em determinada gestão, o primeiro é o de títulos americanos ouvidos; e o segundo, o de primeiras audições. Quando há apenas um número, trata-se de estréias:

1910-1935 – Giulio Gatti Casazza (14 – 13)
1935-1950 – Edward Johnson (5)
1950-1972 – Rudolf Bing (7 – 3)
1972-1975 – Schuyler Chapin[12] (1)
1975-1990 – Anthony Bliss/Bruce Crawford/ James Levine (1)
1990 em diante – Joseph Volpe (7 – 3).

Os primeiros esforços do Met no sentido de estimular a composição de operas nativas foram aclamados entusiasticamente mas, infelizmente, dos 19 títulos montados entre 1910-1950, só *Amelia al Ballo* conseguiu manter-se no repertório – o que é injusto, pois a nossa perspectiva atual nos dá condições de perceber que muitas delas teriam ótimas chances junto ao público, caso retornassem à cena. O período 1950-1990 foi o que viu menos óperas americanas no palco do Met. Mas das nove obras

12. Quando Bing se aposentou, o sueco Göran Gentele foi escolhido para sucedê-lo; mas morreu em um acidente de automóvel antes de tomar posse e, em seu lugar foi nomeado S. Chapin.

apresentadas, uma delas – *Vanessa* – tornou-se um grande clássico. O caso de *Antony and Cleopatra*, como dissemos, é excepcional, pois devemos sua reavaliação à versão revista do Festival de Spoleto. O mesmo aconteceu com as remontagens de Seattle e da New York City Opera, que lançaram novas luzes sobre *Mourning Becomes Electra*.

Óperas estreadas em outros palcos ganharam muito destaque ao chegar ao Met: *The Telephone, Susannah, Four Saints in Three Acts*, e a tardiamente incorporada *Porgy and Bess*. Desde a década de 1990, o teatro voltou a dar atenção maior aos compositores nacionais. *Os Fantasmas de Versalhes, O Grande Gatsby* e *O Panorama Visto da Ponte* serão seguidos, em 2004-2005, por novas encomendas: *An American Tragedy*, de Tobias Picker, e *The First Emperor*, de Tan Dun – que é um compositor chinês mas, da mesma forma que outros estrangeiros, está produzindo originalmente para um palco americano.

O Negro na Ópera Americana

O *Imperador Jones*, de Louis Gruenberg, foi a primeira ópera a fazer subir ao palco do Metropolitan personagens negras – mas assim mesmo porque eram brancos maquiados os cantores que interpretavam a ópera baseada na peça de Eugene O'Neill. Os preconceitos de cor muito arraigados da sociedade americana fizeram com que só em janeiro de 1955 uma cantora negra – a fabulosa Marian Anderson – se apresentasse no palco do maior teatro nova-iorquino, e assim mesmo fazendo o papel de Ulrica, a feiticeira do *Baile de Máscaras* que, segundo o politicamente incorretíssimo libreto de Somma, é "dell'immondo sangue dei negri". E é escandaloso pensar que uma das mais geniais criações operísticas americanas, o *Porgy and Bess* de George Gershwin – que, para falar a verdade, encheria de orgulho o repertório lírico de qualquer país do mundo –, só estreou no Met em 6 de fevereiro de 1985.

A comunidade negra americana, porém, não deixou de dar, desde muito cedo, sua contribuição à vida musical do país, que ajudou a construir e no qual sempre teve vida tão difícil. Em 10 de setembro de 1928, o Palm Garden Theater, – que ficava na Rua 52 e, portanto, no circuito da Broadway – levou à cena *Voodoo*, de Harry Lawrence Freeman, a primeira ópera de grandes proporções escrita por um autor negro. Na virada do século XIX-XX, as platéias negras eram relegadas a pequenos tea-

tros de bairro, e havia interditos tão pesados quanto absurdos, como o que permitia a exibição de cenas de amor entre atores negros nas comédias, mas as proibia em textos sérios. A situação começou a mudar quando a companhia dos *Coloured Players* encenou três peças de tema negro, em 1917, no Madison Square Garden. Em seu livro *Black Manhattan* (1930), James Weldon Johnson, famoso autor de letras de canção da época, afirma: "Essas três peças jogaram por terra as tradições estereotipadas que se referiam às limitações histriônicas dos atores negros". Antes disso, eram poucos os teatros destinados à comunidade negra.

Nos primeiros anos do século XX, o Harlem foi o centro de um movimento de intelectuais – poetas, músicos, escritores vindos de diversas partes do país – que desejavam chamar a atenção do público, dos empresários e dos editores de Nova York para a importância da cultura afro-americana. O Harlem que, como diz J. W. Johnson, "começou holandês, tornou-se irlandês, judeu e, depois, negro", converteu-se no centro da chamada *Harlem Renaissance*, empenhada em chamar a atenção dos americanos para a riqueza do acervo cultural dos antigos escravos; a tradição dos contadores de histórias, os *negro spirituals*, as canções de trabalho, as danças rituais, as formas de canto que vão dar origem ao *blues*; os ritmos e técnicas de execução que estão na base do jazz; os moldes embrionários de teatro musical que vão contribuir de modo decisivo para o desenvolvimento do musical americano.

Durante a Renascença do Harlem, aos escritores como Weldon Johnson, Zora Neale Hurston ou o poeta Langston Hughes – criadores de uma literatura em que afirmavam orgulhosamente os valores específicos da comunidade negra –, vieram juntar-se pintores como Loïs Mailou Jones, William Johnson ou Palmer Hayden, e grandes expressões da voz popular na música: Louis Armstrong, Duke Ellington, Eubie Blake, Bessie Smith, Gladys Bentley. O Cotton Club, o Savoy Ballroom, o Apollo Theater tornaram-se *hot spots*, e a sociedade branca nova-iorquina acorria a eles, noite após noite, pois estavam na moda esses "exóticos entretenimentos". O escritor e fotógrafo branco Carl van Vechten, vindo de Iowa, foi um dos mais ativos promotores de artistas negros, muitos dos quais eram seus amigos. Suas constantes visitas ao Harlem lhe forneceram a inspiração para a controvertida novela *Nigger Heaven*, de 1926.

Weldon Johnson conta que Aaron Copland freqüentava os clubes do Harlem; e George Gershwin "era visto sentado no chão, de boca aberta com o brilho virtuosístico e a ilimitada capacidade de improvisação dos músicos negros". É desnecessário frisar o quanto a cultura negra americana contribuiu para o desenvolvimento da música e da ópera no mundo inteiro. Em *Black Music and the Harlem Renaissance* (1990), Samuel Floyd observa:

> Da mesma forma que artistas plásticos modernistas como Picasso, Matisse ou Brancusi recorreram à arte negra como uma das bases para a sua criação, também Copland, Stravínski, Virgil Thomson e outros tomaram de empréstimo técnicas de execução e métodos de escrita que eram de origem afro-americana.

Para Gershwin, por exemplo, o jazz era uma fonte de inspiração tão poderosa, que impregna não só as canções de cabaré ou os musicais destinados à Broadway, mas também as grandes peças de concerto, a *Rhapsody in Blues*, o *Concerto em Fá*, o *Americano em Paris*, ou a inimitável *Porgy and Bess*. Era, aliás, uma época em que os escritores de teatro americano abriam-se ao riquíssimo acervo da cultura negra. Três quartos do imenso elenco de sessenta personagens, no melodrama *Lulu Belle*, de David Belasco eram de atores negros. *Emperor Jones* e *All God's Chillun Have Wings*, de Eugene O'Neill; *They Shall Not Die*, de John Wexley; ou *In Abraham's Bosom*, de Paul Green, que ganhou o Prêmio Pulitzer em 1927, eram a prova de que a herança negra não podia ser desdenhada.

Mas a fortaleza da música clássica – como o demonstra o caso de Marian Anderson – sempre mostrou-se inexpugnável para os negros nos Estados Unidos. Cantoras como Marie Selika e Sissieretta Jones fizeram muito sucesso em suas excursões pela Europa; mas nunca conseguiram subir em um palco de ópera de seu país. Eram obrigadas a limitar-se a concerto em salões paroquiais de igrejas ou em teatros de bairros negros pois, como dizia Sissieretta Jones, "a minha cor lutava contra mim".

Em sua biografia do empresário James Henry Mapleson – o diretor da Academia que dominava a vida operística de Nova York antes da construção do Metropolitan –, Harold Rosenthal conta que ele ficou muito impressionado ao ouvir Marie Selika num teatro de bairro negro em Philadelphia. Mapleson admite: "Não era possível cantar melhor", ao comentar a interpretação da Ária da Sombra, de *Dinorah* (Meyerbeer) e do "Je veux vivre" de *Roméo et Juliette* (Gounod). Mas pensar em contratar Selika para apresentar-se em seu teatro nunca lhe passou pela cabeça. Mapleson tinha plena consciência de que os esnobes freqüentadores da Academia nunca aceitariam uma cantora negra num de seus espetáculos. Basta lembrar que o Metropolitan surgiu, em 1883, porque a Academia, dominada pela *crème de la crème* da aristocracia nova-iorquina, recusava-se a vender camarotes aos "novos-ricos", os Morgan, os Rotschild, brancos como eles mas, com freqüência, de origem judaica, e "emergentes", de fortuna recente.

Diante disso, não restava alternativa aos artistas negros senão formar companhias próprias, que se apresentavam em teatros segregados. A mais antigas delas é a Colored Opera Company, que surgiu em Washington em 1872, e realizava espetáculos de um nível de qualidade muito bom. Na capital funcionou também a Theodore Drury Opera Company, que chegou a encenar *Carmen*, *Aida* e *Fausto*. Em Nova

York, a Lexington Opera House esteve ativa entre 1910 e 1915. Antes de Harry Freeman, houve precursores: John Thomas Douglas e Louisa Mars, autores de operetas; Edmond Dede, nascido em Nova Orleans em 1827 – da *Sultan d'Ispaha*, desse último, com libreto em francês, sobreviveu apenas uma ária, que o mostra muito influenciado pela escola romântica italiana[1].

Na área do musical, é claro, a interpenetração era mais fácil. *Green Pastures* (1930), de Marc Connelly, com elenco exclusivamente negro, teve imenso sucesso. Weldon Johnson diz que "a peça era tão simples e, ao mesmo tempo, tão profunda, tão próxima da terra e, ao mesmo tempo tão espiritualizada, que qualquer ator a consideraria um teste mais difícil do que a maioria dos clássicos consagrados". Antes de *Verdes Pastos*, a face do musical tinha sido profundamente modificada por *Showboat* (1927), de Jerome Kern, com sua poderosa história de miscegenação, suas melodias extremamente expressivas – entre as quais "Old man river", cavalo-de-batalha do repertório de Paul Robeson – e sua criativa dramaturgia musical. Tudo isso cria as condições para que possa desenvolver-se o trabalho de Freeman e outros compositores negros que operam no campo da música séria.

Freeman

A Cleveland em que Harry Lawrence Freeman (1869-1954) nasceu era uma cidade próspera, sede da Standard Oil, da Otis Steel e, desde 1870, suas ruas eram iluminadas com lâmpadas elétricas. Filho de um carpinteiro bem-sucedido para os padrões da época, Harry tornou-se organista da igreja de seu bairro aos dez anos de idade, e teve condições de estudar teoria com J. H. Beck e piano com E. Schonert

1. Elise Kirk cita, entre os precursores de Freeman, Lucien Lambert (1858-1945), o autor de *Le Spahi* (1897), que ela cita erradamente como *La Spathi*. Isso me parece muito estranho, pois Lambert era francês, aluno de Dubois e Massenet; em 1914 instalou-se no Porto, em Portugal, onde ficou até o fim da vida. Não encontrei qualquer referência a ele ter excursionado pelos Estados Unidos. *Le Spahi, poème lyrique em quatre actes* estreou em Paris em 18 de outubro de 1897.

e Carlos Sobrino. Foi o primeiro compositor negro a dirigir, em Minneapolis, em 1907, obras sinfônicas que compusera. Além de dar aulas na Universidade Wilberforce, de Chicago (1902-1904), e na Salem School of Music (1910-1913), reservadas à comunidade negra, fundou e dirigiu, no Harlem, a Freeman School of Music (1911-1922).

O "bairro delicioso" para o qual Freeman levou Carlotta, sua mulher, e Valdo, o filho pequeno, nos primeiros anos do século XX ainda não tinha o ambiente pesado e perigoso em que se convertera quando ele morreu, aos 84 anos, no início da década de 1950. Segundo Arthur Davis, historiador da cultura negra, os moradores do Harlem tinham muito orgulho de seu bairro, e "nunca saíam à rua impropriamente vestidos". Bons tempos eram aqueles em que os jovens juntavam-se nas esquinas não para traficar drogas, mas para ver passar Fats Waller, Roland Hayes ou Florence Mills, que se apresentavam nas boates da esquina da Rua 135 com a Sétima Avenida. No Lafayette Theater, da Rua 132, Ethel Waters, Fletcher Henderson ou Eubie Blake cantavam regularmente, e Duke Ellington era artista habitual do Cotton Club. O jazz não era o único tipo de música ouvido no Harlem. Desde 1925, a Sinfônica do Harlem fazia ouvir obras de Beethoven, Weber e Mendelssohn.

Freeman foi um dos primeiros afro-americanos a compor sistematicamente música clássica, poemas sinfônicos, canções, peças corais. Foi o autor de uma peça de teatro, um "drama racial" – cujo texto se perdeu – a respeito de um delinqüente juvenil branco que é tomado sob a proteção de uma família negra, para escapar de um pelotão de linchamento, regenera-se e acaba tornando-se um juiz respeitado. Mas a ópera era o que mais o interessava e, delas, Freeman escreveu uma grande quantidade, que o fizeram ser chamado de "o Wagner de cor", não devido ao estilo de sua música, mas porque tinha a ambição de construir, com seus dramas líricos, grandes painéis da vida negra.

No início da carreira, Freeman compôs *The Martyr* (Denver, 1893) e *Valdo* (Cleveland, 1906), que deveriam fazer parte de uma tetralogia sobre a história da escravidão nos Estados Unidos (mas as duas óperas seguintes ficaram inacabadas). Na fase da vida, entre 1940-1944, empenhou-se em um projeto igualmente ambicioso: a trilogia *Zululand*, baseada no romance *Nada, the Lily*, de Henry Rider Haggard. Chegou a terminá-la – a redução para piano tem 2.150 páginas – mas *Chaka, The Ghost-Wolves, The Stone Witch* e *Umslopogaas and Nada* nunca foram encenadas. Algumas de suas obras, porém, chegaram a ver a cena: *African Kraal* (Wilberforce, 1903), *The Tryst* (Nova York, 1911), *The Prophecy* (Nova York, 1912), *Vendetta* (Nova York, 1923), e o balé *The Slave*, com coro, dançado no Harlem em setembro de 1932. Quanto a *Zuluki* (1898), *The Octoroon* (1904), *Athalia* (1916), *American Romance* (1927), usando formas de jazz; *Leah Kleschna* (1930), *Uzziah* (1931) e *Allah* (1947), não tenho informação de que tenham sido estreadas.

Autor de seus próprios libretos, Freeman gostava de melodramas ultra-românticos, cheios de amor, ciúme e vingança, ambientados em lugares exóticos: o México, o Egito, a África, o Oriente ou rincões remotos dos Estados Unidos. Embora suas histórias sejam freqüentemente repetitivas e dispersivas do ponto de vista da construção dramática, a linguagem musical romântica, temperada por um substrato folclórico forte e fazendo uso de melodias recorrentes, é persuasiva. A escrita coral de suas partituras, em especial, é competente: Freeman tinha um bom domínio das texturas polifônicas.

Voodoo, a primeira ópera de autor negro a ser transmitida pelo rádio – a WGBS de Nova York, em 20 de maio de 1928 – é um *grand-opéra*. Mas Freeman, ao mesmo tempo que é fiel ao modelo romântico parisiense, transfere para ele as formas do blues, do jazz, do *spiritual*, e dos cânticos rituais de magia negra. Há balés, como na ópera francesa, mas as danças são o *cakewalk*, o tango, a *clog dance*. Em vez da linha mais contínua de narrativa musical com *leitmotive*, ele prefere, aqui, números fechados, árias em forma de *ballad*, e harmonias mais simples. Na verdade, essa mistura de estilos populares casa bem com a história um tanto ingênua, passada numa plantação de algodão, perto de Nova Orleans, logo depois da Guerra Civil, e jogando com triângulo amoroso, ciúmes, feitiçaria e assassinato.

Até jornais de Baltimore, Cincinnati e Syracuse noticiaram o espetáculo do Palm Garden, admitindo a sua novidade. O crítico do *New York American* chamou *Voodoo* de "uma tentativa de provar que o negro americano tem condições de criar uma arte com características próprias". Robert Garland, do *New York Times*, disse, referindo-se à escrita às vezes áspera de Freeman: "Você pode até não gostar de *Voodoo*, mas ela não vai te aborrecer em momento algum". E o comentarista do *New York Sun* considerou "naturais e corretas as dissonâncias, até mesmo quando elas não chegam a ser bonitas". *Voodoo* tinha sido escrita em 1913, mas teve de esperar até 1928 para ser representada – e assim mesmo porque, na Europa, os compositores de vanguarda, como Ernst Krenek, estavam fazendo amplo uso da música de inspiração afro-americana. Os Estados Unidos ainda não estavam prontos para aceitar uma ópera séria que contivesse uma forma de arte considerada *low class*: o jazz. Essa era uma lição que Scott Joplin também teria de aprender.

Joplin

O "Rei do Ragtime" nasceu em Texarkana, na fronteira do Texas com o Arkansas. Era filho de um ex-escravo que tocava bem violino e banjo de ouvido. Sua mãe trabalhou duro para sustentar os sete filhos, depois que o marido a deixou. Scott Joplin (1868?-1917) aprendeu o piano sozinho, em casa. Tinha habilidade para reproduzir os estilos musicais negros do fim do século: o *patting Juba*, os *spirituals*, os *shouts and hollers*, os *ring plays* e as canções de trabalho dos plantadores de algodão. Impressionado com seu talento, Julian Weiss, alemão que ensinava piano em sua cidade, propôs-se a dar-lhe aulas de graça. Aos 17 anos, Scott foi para St. Louis, onde ganhava a vida tocando *jig-piano* – a forma precursora do *ragtime* – nos cabarés do "bairro da luz vermelha".

A realização da Feira Mundial de Chicago atraiu-o para essa cidade em 1893. Logo estava viajando de uma cidade para a outra com o Texas Medley Quartett, que ele mesmo fundara, e no qual tocavam dois de seus irmãos.

Em 1894, mudou-se para Sedalia, no Missouri, e inscreveu-se nos cursos de composição e contraponto do George Smith College, faculdade segregada para negros. Fazendo parceria com o editor John Stark, começou, a partir de 1895, a publicar canções e marchas que logo começaram a agradar muito ao público.

Seu primeiro grande sucesso foi *The Maple Leaf Rag* (1899), assim chamado devido ao Maple Leaf Club, salão de dança muito freqüentado. O que ganhou com a venda dessa peça lhe permitiu instalar-se definitivamente em St. Louis e dedicar-se apenas à composição. O Chopin do *ragtime* aperfeiçoou a técnica de escrever miniaturas para piano de grande refinamento, melodiosas, contrapontísticas, harmonicamente coloridas. Mas Joplin sempre ambicionou escrever peças de maiores proporções. Os títulos de algumas de suas composições demonstram o desejo que tinha de lhes dar respeitabilidade: *Sycamore: a Concert Rag* e *Chrysanthemum: an Afro-American Intermezzo*, ambas de 1904, *Sugar Cane: a Ragtime Classic 2 Steps* e *Leaf Rag: a High Class Rag*, de 1908, ou a *Reflection Rag: Syncopated Musings* (1917).

Bem aceito no campo do entretenimento ligeiro – o único setor em que um músico negro podia fazer sucesso –, Joplin ambicionava também ser reconhecido como autor de música séria. Em 1902, pagou de seu próprio bolso a encenação do balé *The Ragtime Dance*, com a duração de vinte minutos; mas a reação do público foi muito fria. No ano seguinte, o *St. Louis Globe-Democrat* anunciou que ele estava "lutando assiduamente com uma ópera" – *A Guest of Honor*, que a Scott Joplin's Rag-Time Opera Company encenou divulgando-a como "a única genuína *rag-time opera* jamais composta". Mas a falta de público a fez ser retirada de cartaz após a primeira récita e a partitura desapareceu.

Isso não fez Joplin desanimar. Mudou-se para Nova York em 1907 e, enquanto continuava a compor canções e números de dança, e a ensinar, escreveu o libreto de *Treemonisha*. Publicou-a em 1911, pagando a edição de seu próprio bolso e, em maio de 1915, financiou uma única récita no Lincoln Theater, do Harlem, em Nova York, com acompanhamento de piano; mas o público não se interessou

por ela. Sofrendo de sífilis, Joplin ficou muito abalado com o fracasso de sua ópera. Valdo Freeman conta que, uma vez, seu pai e ele o encontraram caído na rua. Tinha sido assaltado e os ladrões o deixaram sem o casaco, na soleira de uma porta. Freeman, que o conhecia bem, deu-lhe seu sobretudo e, ajudado por Valdo, carregou-o para casa. Totalmente insano, Joplin foi internado, em março de 1917, num hospital de Nova York, onde morreu no dia 1º de abril. Falava-se de uma comédia musical que estaria escrevendo quando morreu, mas essa partitura não foi encontrada.

Treemonisha passa-se na década de 1880, nas plantações do Arkansas, num cenário muito semelhante ao da infância do próprio compositor. O casal de escravos Ned e Monisha deseja um filho que possa ensinar a seu povo "a aspirar a coisas mais altas". Um dia, eles encontram uma menininha abandonada debaixo de uma árvore que os escravos consideram sagrada: é por isso que ela é chamada de Treemonisha. Educada pela família de brancos para quem seus pais adotivos trabalham, Treemonisha transforma-se em uma moça inteligente e corajosa, que entra em conflito com os traficantes de drogas, exploradores da ignorância, boa-fé e superstição dos negros da região. Os traficantes a seqüestram, mas ela é libertada por seu amigo Remus, que se disfarçou de espantalho. Ele a encontra no momento em que seus raptores vão atirá-la num ninho de vespas assassinas. Os criminosos, no final, são presos. Mas quando o povo começa a espancá-los, Treemonisha surge e diz:

You will do evil for evil
if you strike them now.
Just give them a severe lecture,
and let them freely go.

E Remus acrescenta:

Never treat your neighbours wrong,
by causing them to grieve.
Help the weak if you are strong,
and never again deceive.

(Se baterem neles agora, estarão pagando o mal com o mal. Passem neles uma reprimenda bem severa e deixem-nos ir livres. – Nunca tratem mal os seus vizinhos, fazendo-os se lamentar. Ajude os fracos, se você é forte, e nunca mais engane ninguém.)

Scott Joplin foi o autor de *Treemonisha*, encenada em Houston, em 1982, com Carmen Balthrop no papel-título, Ken Hicks (Andy) e Walter Turnbull (Remus).

O povo aclama Treemonisha como a líder de sua comunidade. A moral da história é que a educação pode salvar as pessoas de serem manipuladas por gente sem escrúpulos, e a harmonia vem do trabalho solidário. A forma como Treemonisha leva o seu povo da superstição e ignorância até a consciência de que pode ser resgatado pelo saber faz dessa ópera uma espécie de ingênua mas simpática *Flauta Mágica* americana, cruzada às formas extrovertidas da antiga *harlequinade*.

São poucos os números da ópera escritos em estilo de *ragtime*. Um dos melhores trechos desse gênero é a cena final "A Real Slow Drag" – "Dance slowly, prance slowly, while you hear that pretty rag" –cantada e dançada por toda a companhia, com a escrita sincopada que é a marca registrada de Joplin. Funciona igualmente bem "Marching onwards, marching to the lovely tune", que contém o sentido final do conto. Há números atraentes, mas o libreto é ingênuo e, no conjunto, a ópera, de caráter mais mítico do que melodramático, contém longas passagens estáticas, o que prejudica o seu rendimento teatral. Em todo caso, é muito grande a unidade que Joplin consegue, ao utilizar formas que vêm da tradição italiana, combinando a elas estilos musicais americanos.

Por estar falando de coisas que conheceu profundamente na infância – afinal, como Monisha, sua mãe se matou de trabalhar para dar aos filhos uma educação –, Scott Joplin torna muito verossímil a caracterização de suas personagens. É instintivo o uso que ele faz de temas recorrentes a partir de motivos que aparecem na abertura. O tema de Treemonisha, que será associado mais tarde à idéia da liberdade do seu povo, reaparece em momentos chaves como o número 15 (O Resgate) e o 21 (O Retorno de Treemonisha). Sombrio e ameaçador, o tema dos bandidos marca o número 14 (O Ninho das Vespas) mas, transposto para tonalidade maior, integra-se à dança final de regozijo. Parece provir dos comentários que o pianista fazia, durante a exibição de filmes mudos, a técnica de usar acordes descendentes de sétima diminuída toda vez que a situação é potencialmente perigosa.

Para as personagens principais – Ned (baixo), Treemonisha e sua mãe (sopranos), Remus (tenor) –, Joplin escreve linhas líricas amplas e quentes. É muito expressivo o recitativo melódico de Monisha na narrativa de como criou a filha (Treemonisha's bringing up, ato I n. 8). É de um cantabile sinuoso a cavatina que constitui a *aria di sortita* da personagem-título. O monólogo de Ned, "When villains ramble far and near" (ato III, n. 24) é uma das árias mais interessantes escritas para a voz de baixo, nos Estados Unidos, no início do século. E o mesmo se pode dizer de "Wrong is never right" (n. 22), a ária de linhas muito italianadas que Remus canta para reforçar a mensagem da ópera. O vilão Zodzetrick, que canta num estilo declamatório muito sinuoso, é um barítono agudo que parece anunciar o Sportin' Life de *Porgy and Bess*.

O coro tem papel destacado. O acompanhamento sincopado de "The Corn-huskers", no ato I, é um dos procedimentos prediletos de Joplin. "We're going around" tem uma estrutura de pergunta e resposta típica dos desafios de cantador popular. Escrevendo no *New York Times* em 13 de fevereiro de 1972, Harold Schonberg disse que "um dos maiores finais de ato do teatro musical americano" é "Aunt Dinah has blow'd de horn", a canção de trabalho com que se encerra o ato II. No dizer de Schonberg, esse número "atinge o espectador com a força de uma explosão, pois é exultante, tem balanço e um tempero harmônico maravilhoso. É música de verdade."

O "Rei do Ragtime" começou a ser redescoberto depois que, em 1971, Vera Brodsky Lawrence publicou os dois volumes da *Collected Works of Scott Joplin* (New York Public Library). No ano seguinte, a voz de Treemonisha, defensora *avant la lettre* das modernas causas dos direitos civis, fez-se finalmente ouvir no palco. Como a orquestração original de Joplin tinha se perdido, J. T. Anderson preparou a apresentação em forma de concerto, no Memorial Arts Center de Atlanta, em 28 de janeiro de 1972. Robert Shaw regeu o espetáculo, de que participaram Alpha Floyd, Louise Parker, Simon Estes e Seth McCoy.

Em agosto do mesmo ano, o compositor William Bolcom preparou a orquestração ouvida no Wolf Trap Park, perto de Washington. A popularidade de Joplin cresceu realmente quando sua música foi usada, em 1974, como trilha sonora do filme *Golpe de Mestre*, com Robert Redford e Paul Newman. Naquele ano, sua canção *The Entertainer*, de 1904, foi o best-seller nas vendas de discos. Com base nessa fama, Gunther Schuller fez nova instrumentação de *Treemonisha*, para cordas reduzidas, sopros, piano, percussão e bongô, ouvida no Miller Outdoor Theater, do Hermann Park de Houston, em 23 de maio de 1975. Frank Corsaro dirigiu o espetáculo; Franco Colavecchia desenhou os cenários e figurinos, baseando-se nos quadros da pintora primitiva negra Rosemare; e Louis Johnson foi o coreógrafo. A produção de Houston viajou para o Kennedy Center, de Nova York, e de lá para a Broadway, onde ficou dois meses em cartaz. Ali foi gravada pelo selo DG (Balthrop, Allen, Rayam, White-Schuller), num álbum que circulou no Brasil, naquela época. Em 1976, a importância de Scott Joplin foi reconhecida por um Prêmio Pulitzer póstumo.

Os aspectos rituais da cultura negra americana, trazidos da África pelos escravos, ou importados para os Estados Unidos via Haiti, fascinaram os dramaturgos americanos das décadas de 1920-1930. Além do sucesso de *Imperador Jones* de Eugene O'Neill, do *Taboo* (1922) de Mary Wiborg, de *Earth* (1927) de Em Jo Bashe ou *Deep River* (1926) de Frank Harling, fez furor a eletrizante versão "vodu" do *Macbeth* (1936), transposta por John Houseman para o interior dos Estados Unidos, dirigida por Orson Welles, com música incidental de Virgil Thomson. Esse interesse pelo que constituía uma espécie de mitologia americana, de rendimento dramático muito interessante, na medida em que envolve necromancia, fórmulas mágicas, adoração de serpentes e outras práticas arcanas, não demorou a passar das peças de teatro escritas por brancos para as óperas de compositores negros – e uma delas foi *Tom-Tom* (1933), de Shirley Graham, difícil de montar, pois exigia um elenco de quinhentos figurantes.

Johnson

Aluno da Juilliard e da Universidade do Sul da Califórnia, Hall Johnson (1888-1970) foi regente de coro e autor de *spirituals*. Contando a história do aparecimento da New Day Pilgrims – uma seita de magia branca equivalente à nossa umbanda, que se opunha às práticas de feitiçaria do vodu tradicional – Hall escreveu uma única ópera, *Run, Little Chilun* (Corre, Filhinho), também estreada em 1933, obtendo resenhas muito favoráveis do *New York Times*. A mistura de diálogo falado, canto, dança e recitativos entoados à maneira dos cânticos de terreiro de macumba torna a partitura muito interessante. *Negro spirituals* conhecidos, como "Amazing Grace" ou "Done Written down-a My Name", são costurados na música. O título da ópera vem da letra de uma dessas canções: "Run, little chillun, cause de devil done loose in de lan'!" (Corre, filhinho, que o diabo está à solta neste mundo!). Ouçam as palavras do próprio Johnson, no libreto, a respeito da Dança Orgiástica dos Peregrinos, a que se assiste no ato II:

> É impossível descrever a cena com palavras, porque ela logo se transforma em música, mais do que em qualquer outra coisa. Há sussurros nos contrabaixos, gemidos e, depois, o som vai aumentando aos poucos. Há grunhidos, soluços, gritos – tudo isso deslizando sobre uma base harmônica, enquanto a voz do Velho Jones [o pastor da seita] ergue-se acima do conjunto, dirigindo a Deus a sua prece: "Estende a mão sobre os Teus filhos antes que seja tarde demais".

White

Primeiro músico negro americano a ir estudar na Europa, Clarence Cameron White (1880-1960) nasceu em Clarksville, no Tennessee, de pais muito cultos. Ambos se conheceram durante o curso superior no Oberlin College. O Dr. White era médico e sua mulher era professora de literatura. Clarence fez seus estudos musicais na Universidade Howard de Washington, e no Conservatório Oberlin. Ensinou violino no Conservatório de Washington, fundado em 1903, uma escola particular exclusivamente gerida por músicos negros. Virtuoses como Fritz Kreisler e Jascha Heifetz incluíram com freqüência, em seus programas, peças para violino de Clarence White. Sua *Elegia para Violino e Orquestra* (1954) ganhou o Benjamin Award. Antes disso, sua única ópera publicada, *Ouanga*, tinha recebido a Medalha David Bispham em 1932.

Ouanga, palavra do dialeto crioulo que significa "feitiço", é o resultado da viagem que White fez ao Haiti – ainda sob ocupação americana – no início da década de 1930. Tendo ganho o Harmon Award, o compositor visitou o país em companhia de seu libretista, o escritor negro John Matheus. Ambos queriam familiarizar-se com a história, a cultura e os estilos musicais do país, pois tinham decidido evocar, em sua ópera, a figura de Jean-Jacques Dessalées que, em 1804, lutou contra a dominação francesa e proclamou a independência do Haiti, coroando-se imperador. A versão que oferecem da história tem a liberdade da recriação romanesca, pois o verdadeiro Dessalines não tinha simpatia pelo vodu que, na sua opinião, prejudicava a disciplina militar. Ao tornar-se imperador, proibiu os rituais de magia, mandou fuzilar seus praticantes mais fervorosos e, com isso, atraiu o ressentimento dos sacerdotes, que apoiaram os conspiradores responsáveis pelo seu assassinato.

Levada com sucesso em várias cidades americanas, *Ouanga* marcou época quando a National Negro Opera Company a apresentou em Nova York, em versão semi-encenada, em 27 de maio de 1956. Foi a primeira vez que uma organização de músicos negros subiu ao palco do Metropolitan (um ano depois de Marian Anderson ter cantado ali). *Ouanga* reflete não apenas a luta dos compositores negros para encontrar um lugar ao sol, no mundo da ópera séria, mas também a dos cantores de cor, que iam aos poucos conquistando posições importantes no palco operístico americano. Fundada por Mary Cardwell Dawson em 1941, a National Negro Opera Company tinha levado *Aida, Falstaff* e *La Traviata* em teatros de Pittsburgh, Chicago, Washington e no Madison Square Garden, de Nova York. Uma de suas estrelas era o barítono Robert McFerrin, contratado pelo Metropolitan logo após Marian Anderson. Em *Ouanga*, o papel de Dessalines era cantado pelo baixo-barítono McHenry Boatwright, reputado intérprete de Porgy. E o de Defilée, a mulher do imperador negro, pelo soprano dramático Juanita King. No Metropolitan, o contralto Adelaide Boatner criou o papel da aterrorizante Mougali, a sacerdotisa

do culto de vodu. Quando a ópera foi reapresentada no Carnegie Hall, Carol Brice fez enorme sucesso nessa parte muito difícil.

Embora basicamente composta no idioma pós-românticos comum à maioria dos compositores americanos desse período, *Ouanga* tem um estilo mais variado do que o das óperas de Freeman, pois incorpora efeitos politonais, frases com intervalos paralelos à maneira de Debussy, melodias pentatônicas ou usando a escala de tons inteiros, para sugerir a ambientação primitiva do Haiti, ou dissonâncias para temperar as cenas de frenesi produzido pelas práticas mágicas. *Ouanga* leva também, sobre as óperas de Freeman, a vantagem de contar com um libreto excelente, escrito por um romancista de talento, que dá forma dramática muito fluente a uma história de conflito entre amor e missão heróica, entre o poder masculino e a capacidade feminina de sacrificar-se em nome de superar a velha ordem e substituí-la pela tentativa de criar um mundo novo. Essa será uma tarefa desde o início carregada de perigos. Um dos momentos mais emocionantes da ópera é o final do ato I, em que Dessalines diz à sua mulher:

> *I had a vision that warned me to shun vain glory and tyrannical ambition, to hold steadfast to the ancient heritage of the Ouanga, to beware of the new order of things and of the bloody strife which will surely follows.*

Usando o tema que caracteriza seu amor pelo marido e percorre toda a ópera, Defilée responde:

> *Dessalines, all day I have caressed you in my thoughts, and now when night and darkness come, my heart is torn by terrors wild and distraught.*

(Tive uma visão que me advertiu que renunciasse à glória vã e à ambição tirânica, que me mantivesse fiel à antiga herança da Ouanga, que temesse a nova ordem das coisas e a luta sangrenta que certamente há de se seguir.//Dessalines, o dia inteiro te acariciei em meus pensamentos e, agora, que a noite e a escuridão vêm, meu coração é dilacerado por terrores selvagens e perturbadores.)

E o ato se encerra com "O love of my life", uma ária que dá grandes possibilidades interpretativas ao barítono, na qual Dessalines fala da serpente sagrada de Dambala[2] e a compara ao feitiço da Ouanga: "da mesma forma que a cobra rasteja pelo chão, ela tenta enroscar-se em nós e sufocar nosso coração".

Embora a tradição haitiana descreva Defilée como louca, "uma mulher de quem as crianças riam e para a qual os cães latiam", Matheus pretende retratá-la como a figura redentora da heroína operística, forte, sempre pronta a apoiar o marido. A Defilée da ópera é uma mulher muito lúcida, que tem consciência de que os obstáculos à mudança não estão em coisas exteriores, mas enraízam-se em características profundas da alma haitiana. Isso fica muito claro em "You can no more", a sua grande ária do ato II – cujo texto, contendo colorida evocação da natureza tropical, oferece à música boas possibilidades descritivas:

> You can no more pay for some favors than you can atone for the dead or stop the Ouanga. Listen to the drum beats. Can you destroy the wind or stop the rain and the sea, Dessalines? The palm trees dance in the breezes, like tall mulatto women before the sacred altar. The mahogany trees rustle like the skirts of the mamaloi. The rains beat upon the banana leaves like the hands of the beater on the small drums. The ocean pounds upon the shores of the Cape with the rhythm of the big drums. We are children of the forests. You cannot kill the jungle in us. Ah!, Dessalines, you cannot smother the Ouanga rhythm lurking in your own bosom.

> (É tão difícil você pagar certos favores que te fizeram quanto levar aos mortos a paz ou pôr fim à Ouanga. Ouça o bater dos tambores. Você pode destruir o vento ou parar a chuva e o mar, Dessalines? As palmeiras dançam à brisa, como as mulatas altas diante do altar sagrado. Os pés de mogno farfalham como a saia das mamaloi[3]. A chuva bate nas folhas de bananeira como as mãos do tocador do tamborzinho. O oceano choca-se com a costa do Cabo com o ritmo do tambor grande. Somos filhos da floresta. Você não pode matar a floresta dentro de você. Ah!, Dessalines, você não pode sufocar o ritmo da Ouanga que rasteja dentro de seu próprio peito.)

A saga de Dessalines tem contornos dramáticos tão fortes que, na mesma época de

2. A Damballah Wedo é a principal divindade do vodu. Enroscando-se a Ayida, a sua mulher, ela surge no céu sob a forma do arco-íris. No vodu, como na macumba brasileira, existe o fenômeno do sincretismo entre as divindades pagãs e os santos do cristianismo: Damballah Wedo, por exemplo, é identificado com São Patrício, de quem se diz que expulsou as serpentes da Irlanda, fazendo-as atirar-se ao mar.

3. As feiticeiras do vodu.

Ouanga, inspirou outro compositor negro americano.

Still

Filho de um regente de banda de Woodville, no Missouri, que morreu quando ele era menino, o "decano dos compositores afro-americanos", William Grant Still (1895-1978), mudou-se com a mãe para Little Rock, no Arkansas. Ali, ela tornou-se professora no curso colegial, e casou-se de novo com um homem muito culto, que estimulou a vocação musical do enteado levando-o para assistir operetas, presenteando-o com discos de ópera e apoiando-o quando decidiu estudar música. William iniciou o curso de Ciências na Universidade de Wilberforce, mas aprendeu oboé e clarineta sozinho, formou com seus colegas um quarteto de cordas em que tocava violino, e fez arranjos para a banda da escola.

Logo abandonou, pela música, o plano de ser médico. Trabalhou com bandas que tocavam em salões de dança e escreveu arranjos para William Christopher Handy, chamado de "o pai do blues". Foi procurado também por Paul Whiteman, Sophie Tucker e Artie Shaw, e fez trabalhos para a Columbia e a Warner Brothers, escrevendo trilhas para filmes. Mas Still não queria limitar-se ao âmbito da música popular. Com uma pequena herança recebida do pai, inscreveu-se no Conservatório Oberlin, estudou composição com George Andrés, teoria com F. J. Lehmann, e violino com Maurice Kessler.

Fez também cursos particulares com Chadwick – que se recusou a cobrar pelas aulas, ao ver que ele não tinha condições de pagar – e com Edgard Varèse (1923-1925). A influência desse compositor modernista transparece nas dissonâncias de *From the Land of Dreams* (1924) – para três solistas e conjunto de câmara, em que as vozes são usadas como instrumentos da orquestra – e da também camerística *Darker America*, do mesmo ano, muito elogiada pela crítica do *Musical Courier*, quando Eugene Goosens a regeu em Nova York em 28 de novembro de 1926.

Em breve, porém, Still abandonou a escrita puramente "modernista", ou melhor, passou a combiná-la com uma linguagem mais romântica, que ia buscar seu material em fontes étnicas e populares. Aplicou esse novo estilo em dois balés:

- *La Guiablesse*[4] (1927), roteiro de Ruth Page baseado em um conto de Lafcadio Hearn, que se passa na Martinica; estréia: Festival de Música Americana de Rochester, em 5 de maio de 1933, sob a regência de Howard Hanson, coreografia de Thelma Biracree;
- *Sahdji* (1930), balé coral, libreto de Alan Locke e Richard Bruce, baseado em uma lenda tribal africana; estréia: 22 de março de 1931, em Rochester, também com Hanson e Biracree. Segundo Paul Kresh, da *Stereo Review*

> Não deve haver nesse balé uma só nota de música africana autêntica e, no entanto, essa colorida partitura canta todo o mundo que, cheia de força de persuasão, avança rumo a seu enérgico desenlace.

Logo depois de receber o Harmon Award de 1928, entregue a quem desse contribuições importantes à cultura negra americana, Still iniciou a *Afro-american Symphony* (1930), tentativa de criar um estilo de música negra que, ao invés de citar material folclórico, reinventasse as melodias e ritmos nos moldes das canções e danças tradicionais, e demonstrasse o fato de que "o blues, considerado uma forma musical de baixa extração, poderia ser elevado ao mais alto nível musical". Um tema de blues, exposto pelo corne inglês, domina todo o primeiro movimento. Cada um dos movimentos tem como epígrafe versos do poeta negro Paul Laurence Dunbar, para sugerir as emoções que os animam. Leopold Stokowski pronunciou-se elogiosamente a respeito dessa peça. E Howard Hanson, que estreou a sinfonia em 29 de outubro de 1931, disse a respeito do compositor:

> Still trouxe uma nova voz para a música, uma voz cheia de lindas melodias, ricas harmonias, ritmos contagiosos e cores brilhantes. Sua música está profundamente enraizada nas tradições do passado e fala diretamente ao homem comum. Quem a ouve, não precisa de tábuas analíticas, cartas sismográficas ou computadores digitais. Precisa apenas de ter mente e coração sensíveis.

4. Corruptela de *diablesse* (diabinha), no *patois* da Martinica.

No estilo da *Sinfonia Afro-americana*, Still escreveu obras poderosas: *Kentucky* (1936), para piano e orquestra; o balé *Lennox Avenue* (1937), para narrador, coro e piano; a cantata *And They Linched Him on a Tree* (1940), para narrador, contralto, coro e orquestra; as *Pages from Negro History* (1943), *In Memoriam: The Colored Soldiers Who Died for Democracy* (1944) e *Archaic Ritual* (1946); além de quatro outras sinfonias (1937-1970).

Sua primeira ópera foi *Blue Steel* (1935), com libreto de Carlton Moss e Bruce Forsyth. Jazz, *negro spirituals* e outras formas de música religiosa negra são metabolizadas pela linguagem pessoal do compositor, para contar a história de um operário negro de Birmingaham, em conflito entre as tradições de vodu recebidas de seus ancestrais africanos e os modernos valores americanos. Em 1939, Still casou-se com a escritora Verna Arvey, que seria, mais tarde, a autora de seus libretos. Sua primeira missão, porém, seria colaborar no texto da ópera mais famosa de seu marido.

Troubled Island foi escrita pelo grande poeta Langston Hughes, cuja peça *Mulatto* (1935) foi a primeira de autor negro a conseguir ficar vários meses em cartaz num grande teatro da Broadway. Também autor do libreto de *Street Scene* (1947), para Kurt Weill, Hughes estava, havia muito tempo, apaixonado pela história de Jean-Jacques Dessalines. Ele a explorara na peça *Drums of Haiti* (1935), revista em 1938 com o título de *Emperor of Haiti*. Procurara Clarence White, oferecendo-lhe um libreto sobre esse tema. Mas o autor de *Ouanga* preferira Matheus, pois este tinha um interesse maior pelos estudos da magia negra e seu papel na cultura haitiana. Still aceitou musicar *Troubled Island*; mas como, na fase final do trabalho, Hughes não conseguisse encontrar uma forma de terminar o trabalho que o satisfizesse, Verna Arvey veio em seu auxílio e terminou o texto.

A ópera se inicia diante de uma refinaria de açúcar abandonada. Dessalines, sua mulher Azelia, seu velho amigo Martel e outros escravos esperam pelos sacerdotes do vodu. Estes vêm lhes dizer que chegou a hora de lutar pela liberdade e que Dessalines foi escolhido líder da rebelião contra o homem branco. Vários anos depois, Dessalines, agora imperador, enfrenta várias dificuldades em seu reino. Vuval, o seu secretário, escarnece dele por querer construir escolas para todas as crianças haitianas. A Martel, Dessalines diz que gostaria de reinar sobre um país em que os negros, totalmente isolados dos brancos, pudessem ser livres; mas seu amigo lhe diz que o Haiti deve ser a terra da igualdade, da liberdade tanto para os negros quanto para os broncos.

Dessalines divorciou-se da negra Azelia, e casou-se com Claire, uma linda mulata clara, a quem coroou imperatriz. Mas Claire está apaixonada por Vuval e, juntos, eles planejam derrubar o imperador e fugir para Paris. Azelia, sempre fiel ao marido que a abandonou, tenta avisar a Dessalines o perigo que ele corre, mas é impedida pelos homens de sua guarda. Um banquete é servido no palácio e a corte assiste a um balé, com danças típicas do Haiti. Quando os tambores que acompanhavam a dança se calam, ouvem-se outros tambores distantes, na floresta: é a população que está se rebelando contra o governo.

Dessalines é levado pela sua guarda até uma aldeia de pescadores, onde Vuval o mata com um tiro pelas costas. Azelia é a única que vem chorar por ele, após a sua morte.

Troubled Island tem vínculos maiores com a real história de Dessalines. Defilée – aqui chamada de Azelia – é, como na realidade, a mulher com quem o líder rebelde se envolveu, mas depois rejeitou. E Claire, de extração social mais alta, com quem ele se casou, de fato se envolveu com o chefe dos conspiradores, contribuindo para que o marido seja assassinado. O sumo-sacerdote do vodu e a sacerdotisa do culto de Dambala desempenham papel importante na história, mas não existe, como no texto de Matheus, a ligação visceral do imperador com a magia negra. Na verdade, como mostra Darwin Turner em *Black Drama in America* (1971), Langston Hughes vê a ascensão e queda de Dessalines de um outro ângulo:

O problema da peça não é apenas a luta contra os brancos, mas também a maneira pela qual Dessalines deixa-se corromper pelo desejo do poder e a ambição do luxo. Além disso, a rivalidade entre os negros e os mulatos do Haiti [que se consideravam superiores] contou muito para a sua queda. Ao descrever a excessiva preocupação dos haitianos com as distinções baseadas em cor,

classe e cultura, Hughes estava advertindo os afro-americanos a respeito das divisões destrutivas que tais preconceitos podem criar.

Composta em 1937, *Troubled Island* só foi encenada em 31 de março de 1949 pela New York City Opera. No *New York Times*, Olin Downes escreveu:

Há muita coisa que é generosamente melodiosa nesta ópera, muita coisa que garante o movimento dramático no palco, o suficiente de arquitetura operística para fazer da ópera, no conjunto, um espetáculo muito absorvente.

Como as demais obras de Still para o palco, *Troubled Island* – que recebeu, no ano da estréia, o prêmio da Associação Nacional dos Compositores e Regentes Americanos – é basicamente tonal, usando dissonâncias apenas quando a situação dramática o exige. Tem amplas proporções e estilo bastante eloqüente. São, principalmente, óperas de contorno melódico muito flexível, com grandes gestos líricos, acessíveis a todo tipo de público. Além de ter o gosto da grande ária muito trabalhada, o senso teatral de Still dava-lhe a capacidade instintiva de atingir a platéia[5].

As mesmas características marcam *A Bayou Legend*, montada pela Jackson University em 15 de novembro de 1974, e reprisada em Los Angeles em 13 de fevereiro de 1976. No elenco estavam John Miles (Bazile), Juanita Waller (Aurore), Barbara Conrad (Clothilde) e Robert Mosley (Leonce). *Uma Lenda Bayou* foi transmitida pelo canal de televisão PBS em 15 de junho de 1981 e, portanto, deve existir dela um vídeo. Verna Arvey conta uma lenda do século XIX, da região de Biloxy.

O jovem Bazile, sonhador e idealista, apaixona-se por um espírito, a donzela Aurore, que lhe diz ter sido sua namorada numa outra vida. Uma garota de sua comunidade, Clothilde, que o ama, inventa que está grávida dele. Mas é rejeitada, porque Aurore revela a Bazile que a gravidez é falsa. Cheia de ciúme, Clothilde

5. O Departamento de Estado fez, para distribuiçâo institucional, uma gravação da ópera, que pode ser obtida com o William Grant Still Music, 4 S. San Fancisco Street, Suite 422, Flagstaff, AZ 86001-5737; telefone: 520-526-9355.

William Grant Still, um dos mais notáveis compositores negros americanos, é o autor de *Troubled Island*, passada no Haiti.

denuncia-o como feiticeiro, e Bazile é linchado. Na verdade, a morte liberta-o para poder unir-se a Aurore. Leonce, o rapaz que sempre apoiou Clothilde porque a ama, dá-se conta do que ela fez, abandona-a e a moça tem de enfrentar uma vida solitária. Há nessa partitura abundância de melodias cantabile, de texturas orquestrais coloridas e bem cuidadas. A projeção do drama e das emoções é espontânea e sem afetação.

Foi muito bem recebida também, em 1992, a montagem de *Costaso*, ambientada durante a colonização espanhola. O governador Felipe Armona está apaixonado pela mulher de seu ajudante de ordens, Ramón Costaso. Para afastá-lo, manda-o procurar, no deserto, uma mítica cidade toda feita de ouro. Nessa partitura, situada no século XVIII, Still faz utilização muito curiosa do recitativo seco – em momentos como o do ato II em que Costaso e seu companheiro Manuel percebem ter sido traídos por Armona – ou de uma forma livre de ária *da capo*. A mais interessante elas é "The Song of the Desert", cantada no final da ópera por Armona, que persegue seu rival no deserto, para ter certeza de que ficou livre dele, perde-se ali, e acaba sendo vítima de sua própria armadilha.

Para Still, a melodia vinha antes da preocupação com a harmonia, o ritmo ou a dinâmica – e isso o situa numa tradição de vocalidade que ele próprio reconhecia e foi apontada por um crítico como John de Mers ao fazer a resenha de *A Bayou Legend* no *Sunday Advocate* de novembro de 1974:

> As enormes exigências vocais impostas por Still fazem desta ópera um país das maravilhas lírico, profundamente enraizado nas tradições americanas, mas compartilhando com as obras-primas da escola italiana ou francesa o amor pela melodia suntuosa.

Composta em 1962, depois da comédia em um ato *Minette Fontaine*, de 1958, mas só encenada em Nova York em 3 de dezembro de 1977, *Highway n. 1, U.S.A.*, também em um ato, tem um caráter diverso das óperas maiores, em três atos. Com libreto de Verna Arvey, é um drama verista concentrado, com apenas quatro personagens, coro e orquestra reduzidos. Estreada na Universidade de Miami, em 11 de maio de 1963, é tonal, com uma linguagem densamente cromática, e as linhas vocais oscilam entre o *conversational style* em graus conjuntos – usando notas contíguas – e frases muito líricas, à maneira da ópera pós-pucciniana.

Bob e Mary deram duro e sacrificaram-se muito para que Nate, o irmão de Bob, pudesse fazer o curso superior. Bob fez à sua mãe, no leito de morte, a promessa de que cuidaria do irmão caçula até ele ter-se firmado financeiramente. Mary sonhava com a vida melhor que poderiam ter assim que Nate se formasse, mas – como ela explica à sua tia Lou – isso já aconteceu há um ano, e Nate continua inerte, sem nada fazer para arranjar emprego, e vivendo às custas deles. Bob tem dúvidas, inclusive, se algum dia ele terá um trabalho regular. Uma manhã, depois que Bob sai, muito desanimado, Nate se levanta, vem para a cozinha e começa a fazer propostas a Mary. Ela a princípio ri e, depois, o rejeita, dizendo-lhe que ama o marido. Ele tenta tomá-la à força, é esbofeteado, perde a cabeça e a esfaqueia. Os gritos de Mary atraem Bob: ele percebe o que aconteceu mas, achando que a mulher está morta, assume a culpa para proteger o irmão. Mas Mary recobra a consciência e denuncia o cunhado como seu agressor. Ao ser levado preso, Nate pede a Bob que o ajude; mas ele lhe vira as costas, ajoelha-se ao lado de Mary e lhe diz que agora, sim, eles terão o futuro melhor que ela esperava.

Fácil de encenar e escrita numa linguagem atraente para alunos de canto ou grupos amadores, *Highway n. 1 U.S.A.* foi encenada, depois da estréia em Miami, pelo West Virginia College (1967) pela Opera South (1972 e 1989) e pelo grupo negro National Opera Ebony (1977). Mas não é, como *Costaso*, uma peça destinada a elenco exclusivamente negro – na verdade, apenas *Troubled Island* e *A Bayou Legend*, em toda a obra de Still, pedem cantores de cor. Ele não desejava restringir-se a fontes de inspiração de origem étnica, pois sentia que, na sua formação, os elementos africanos e europeus tinham igual importância – e dispunha-se a assimilar o melhor das duas culturas, tanto o blues e o folclore negro quanto a politonalidade do Grupo dos Seis ou alguns aportes moderados da vanguarda das décadas de 1920-1930. É muito clara a sua profissão de fé, citada por David Ewen:

Durante anos, tornou-se moda escrever desse ou daquele jeito, e quem não seguisse a moda era desprezado. Torciam o nariz à sua música, chamada pejorativamente de popular, e de reacionária. Muitas pessoas pareciam estar à procura de um Messias, que lançaria luz sobre o panorama musical, e cada vez que alguém ousava dizer algo diferente, recebia um cala-boca do grupo dominante. Fórmulas musicais eram freqüentemente usadas pelos compositores como a base para a sua criação. O intelecto precedia as emoções e, embora o intelecto seja realmente necessário para a criação musical, ele deve ser sempre subordinado à inspiração. Mesmo quando alguns desses compositores falavam ou escreviam a respeito de inspiração, ela não estava muito visível em suas obras. [...] O público sente intuitivamente essas coisas todas pois, afinal de contas, é o público quem faz o julgamento final daquilo que sobreviverá ou não. Ele não gosta de ser forçado, recusa-se a ser intimidado. Da mesma forma que a centelha da liberdade brilha no coração das pessoas, no mundo inteiro, sejam elas livres ou oprimidas, da mesma forma o amor pela beleza está lá dentro de todos os que escolhem o que vale e o que não vale a pena nas artes.

Escritas nos últimos anos da década de 1970, essas palavras poderiam estar na boca dos compositores que, nos anos de 1990, deram a grande virada contrária ao pós-serialismo, optando pela fusão das conquistas de vanguarda com o tonalismo livre. Por outro lado, Still oferece um exemplo alternativo e complementar ao trabalho feito por Harry Freeman ou Clarence White. Todos eles foram a base da qual partiram destacados compositores negros recentes: Mark Fax, Ulysses Kay, Shirley Graham, Arthur Cunningham, Clarence Jackson, Lena McLin, Emory Taylor.

Mas é a um branco, de origem judaica, com a formação de compositor popular – embora impregnado da experiência musical negra, pois freqüentou assiduamente os clubes e festas do Harlem no auge de sua Musical Renaissance – que se deve a presença mais efetiva do negro no palco de ópera, não só nos teatros de Nova York, mas nos do mundo inteiro.

Gershwin

Purcell, Mozart, Schubert, Bizet – a esse grupo de gênios, que a História da Música perdeu demasiado cedo, junta-se o de George Gershwin (1898-1937), vítima de um tumor cerebral com apenas 38 anos de idade. Mas o legado desse filho do imigrante russo Jakob Gérshovits – registrado, na certidão de nascimento do cartório do Brooklyn, onde nasceu, como Jacob Gershvin – é tão grande que, durante muitos anos, em 11 de junho, dia de sua morte, grandes concertos em sua memória eram realizados no Lewisohn Stadium de Nova York.

A carreira de George Gershwin começou cedo. Aos 16 anos, ele já trabalhava em lojas de música, demonstrando ao piano as partituras procuradas pelos fregueses. Os estudos, em compensação, foram muito irregulares. A algumas lições de piano com Ernest Hutcheson e Charles Hambitzer, seguiram-se aulas de harmonia com Edward Kilenyi e Rubin Goldmark. A vida profissional muito intensa não lhe deixava muito tempo livre para os estudos; mas, mesmo depois de ter consolidado seu prestígio como um dos maiores compositores populares dos Estados Unidos, Gershwin continuou a tomar aulas particulares. Foi aluno de contraponto de Henry Cowell e Wallingford; e, em seus últimos anos de vida, recorreu a Joseph Schillinger, na busca de sistematizar os conhecimentos adquiridos ao longo da carreira.

Ao visitar Paris, procurou Maurice Ravel, pedindo-lhe aulas de composição; e o músico francês que, em obras como o *Concerto em Sol* ou a ópera *L'Enfant et le Sortilège*, sofre visível influência de sua música, respondeu que nada tinha a lhe ensinar. Gershwin fez o mesmo pedido a Igor Stravínski. O russo lhe perguntou quanto ganhava por ano com os musicais que escrevia; e, ao ouvir a resposta, lhe respondeu: "O senhor é que tem de me ensinar como fazer isso."

O sucesso também veio cedo. Gershwin tinha apenas 19 anos ao escrever *Swanee*, canção em que já se afirma sua facilidade para a invenção melódica e rítmica: vendeu mais de um milhão de exemplares da partitura, e a fábula de 2.250.000 discos. Mas não o abandonava a ambição de fazer também carreira como compositor sério: a encantadora *Lullaby* para quarteto de cordas é de 1920, quando George estava com 22 anos. A essa altura, já tinha dado os primeiros passos, na Broadway, como autor de musicais: *La-La Lucille!* (1919), *A*

Dangerous Maid (1921) e *Our Nell* (1922), em colaboração com William Dally.

Mas a primeira experiência importante no campo do teatro musical é uma ópera, ambientada no bairro negro. *Blue Monday*, com libreto de E. Ray Goetz e G. de Sylva, passa-se num bar, à noite, e conta a história de uma mulher que atira no marido, erroneamente convencida de que ele está prestes a abandoná-la para ir morar com outra mulher. *Segunda-feira Triste* foi concebida como parte da revista *Scandals of 1922*, de George White, encenada no Globe Theater de Nova York, em 28 de agosto de 1922. Ópera verista em um ato, essa história de ciúme, mal-entendido e assassinato é obra de um compositor ainda inexperiente, de inspiração desigual e técnica teatral um tanto crua. Mas, como tudo em Gershwin, a melodia dos números individuais é bonita (a melhor delas reaproveita a melodia do *Lullaby* de dois antes). Com toda a sua irregularidade, porém, *Blue Monday* é importante por constituir a primeira experiência de Gershwin com a forma da ópera, toda cantada e com recitativos.

Segunfa-feira Triste foi ouvida apenas na noite da estréia, e eliminada no espetáculo seguinte. Com o título de *135th Street*, foi encenada separadamente em outras ocasiões (há uma versão abreviada da ópera no filme *Rhapsody in Blue*, que faz a biografia romanceada do compositor). Foi também apresentada em forma de concerto. O selo EMI tem a gravação de Burton, Hopkins, Sharp, Woodley-Alsop, 1993. Em 1999, o selo italiano Aura lançou a versão de Marc Andreae (Haskin, Williams, Washington, Bazemore, Thomas, Russell), realizada com a Orquestra da Suíça Italiana. Esse disco traz também a execução, pelo pianista François-Joël Trollier, de oito improvisos que Gershwin gravou entre 1926-1928, transcritos por Artis Wodehouse; e de trechos da trilha sonora para o filme musical *Delicious*.

Rhapsody in Blue é, de resto, o título da mais famosa peça instrumental de George Gershwin, marco da utilização das formas jazzísticas numa peça de concerto, e modelo para compositores das mais diversas nacionalidades que, na década de 1920, enriqueceram sua palheta sonora com a adesão à música americana de origem negra. Estreada no Aeolian Hall, em 12 de fevereiro de 1924, sob a regência de Paul Whiteman, a *Rhapsody* foi orquestrada pelo compositor Ferde Grofé, devido ao pouco tempo de que dispunha Gershwin para preparar o concerto, em que se apresentou como solista. Originou-se daí a lenda que ele não tinha conhecimentos suficientes de instrumentação – o que é falso.

De fato, tendo às vezes de produzir, muito rapidamente, os musicais que lhe eram solicitados, Gershwin recorria à ajuda de assistentes. Mas isso acontecia também, no século XIX, com grandes compositores como Rossini, de quem Michele Carafa foi, em diversas ocasiões, o ajudante[6]. Além disso, Gershwin sabia muito bem orquestrar, como o demonstram seus musicais mais importantes e, principalmente, o refinado tratamento instrumental de sua ópera *Porgy and Bess*.

Veio de Londres a encomenda de *Primrose*, que ali estreou no Winter Garden Theatre, em 11 de setembro de 1924. O libreto era de George Grossmith e Guy Bolton; as letras das canções, de Desmond Carter e B. G. de Sylva. Pela primeira vez, surgem, num musical escrito por George, letras da autoria de seu irmão Ira (1896-1983). Depois de trabalhar uns tempos no caixa de um banho turco de que seu pai era co-proprietário, Ira Gershwin começara, em 1918, a carreira de letrista na Broadway, a princípio usando o pseudônimo de Arthur Francis, pois era grande o preconceito anti-semita no mundo do entretenimento, naqueles anos de fim da I Guerra. Mas em 1923, usara pela primeira vez seu nome verdadeiro no musical *Be Yourself*.

Primrose só foi ouvida pela primeira vez nos Estados Unidos, em forma de concerto, numa apresentação de 15 de maio de 1987, na Biblioteca do Congresso. Passada numa casa de campo à beira do Tâmisa, conta a história de dois casais jovens mas inseguros que, por causa disso, desentendem-se constantemente. Primeira peça de Gershwin a ter sido publicada pela editora Chappell & Co., *Primrose* não tem

---

6. Ver *A Ópera Clássica Italiana*, desta coleção.

o ritmo característico de suas comédias musicais. Mas é muito interessante por demonstrar a capacidade que Gershwin tem de captar a atmosfera rural inglesa, e de escrever uma música mais suave, em que se reconhece sua familiaridade não só com as operetas de Gilbert e Sullivan, como também com a obra de autores britânicos sérios como Frederick Delius e Vaughan Williams.

Depois de *Sweet Little Devil* (1924), vem *Lady, Be Good!*, primeiro grande musical de George e primeira colaboração importante com seu irmão Ira que, daí em diante, vai tornar-se o letrista oficial de suas obras para o teatro. Parte inalienável da arte gershwiniana, Ira colaborou também com outros músicos: Vernon Duke (*The Ziegfeld Follies of 1936*), Kurt Weill (*Lady in the Dark*) ou Jerome Kern (*Cover Girl*).

O libreto de Guy Bolton e Fred Thompson para *Lady, Be Good!*, estreada no Liberty Theater de Nova York, em 1º de dezembro de 1924, conta as tramóias de um casal de irmãos empobrecidos, que se mete numa série de trapalhadas, na tentativa de recuperar o nível de vida perdido. Fred e Adele Astaire criaram as personagens centrais, nesse espetáculo muito bem cuidado, de que participavam o duo de piano Arden & Ohman, e Cliff Edwards ("Ukelele Ike"), o popular tocador de ukelele, o instrumento havaiano. Algumas canções desse show ficaram muito famosas: "Lady, be good!", "The half of it, dearie" e "Fascinating rhythm". A conhecida "The man I love" estava prevista para fazer parte do musical; mas foi cortada durante a apresentação prévia, de teste, realizada em Philadelphia. No selo Nonesuch (1992) há a gravação de Morrison, Teeter, Maguire, Alexander-Stern.

Além de *Tell Me More* e *Song of the Flame*, em colaboração com Herbert Stothart, 1925 assistiu, em 3 de dezembro, à estréia de uma obra muito importante na carreira de Gershwin. Tocado pelo próprio compositor, o *Concerto em Fá* estreou com a Filarmônica de Nova York, regida por Walter Damrosch, demonstrando com que desenvoltura ele transitava da área clássica para a popular e, mais ainda, com que habilidade sabia fundir as formas de uma e de outra. Dias depois da primeira audição do *Concerto*, em 28 de dezembro, o Liberty Theater assistiu a *Tip-Toes*, com libreto de Guy Bolton e Fred Thompson.

"Tip-Toes" Kaye é o nome da diretora de uma companhia de vaudeville que excursiona pela Flórida. A turnê foi um fracasso, estão todos sem um tostão, e sem condições de voltar para Nova York. "Tip-Toes" finge, então, ser uma mulher muito rica, tentado encontrar um pretendente milionário que lhe tire o pé da lama. Ela não arranja um homem endinheirado e sua artimanha acaba sendo descoberta; mas, nesse processo, o que a atriz trambiqueira descobre é o amor verdadeiro. "Looking for a boy", "That certain feeling" e "Sweet and low-down" são as canções mais famosas desse musical, cujo papel título foi criado por Queenie Smith. O selo Evergreen tinha uma gravação feita um ano depois da estréia (Dickson, Kearns-Monmouth).

Guy Bolton, dessa vez ajudado por P. G. Wodehouse, popular autor britânico de romances humorísticos, foi o autor de *Oh Kay!*, cujo papel central foi escrito para a cantora Gertrude Lawrence. Howard Dietz colaborou com Ira nas letras das canções. Estreado no Imperial Theater, em 8 de novembro de 1926, *Oh Kay!* passa-se durante a Lei Seca. Inclui um falso casamento, por razões práticas, entre pessoas que acabam se apaixonando de verdade, disfarces e os habituais qüiproquós herdado da comédia de vaudeville. Além de canções muito conhecidas como "Maybe", "Clap yo' hands" e "Someone to watch over me", a partitura inclui jóias menos conhecidas: "Dear little girl" e "Fidgety feet". A gravação da Nonesuch, feita em 1994 na Opera de St. Luke, tem um bom elenco: Upshaw, Ollman, Cassidy-Stern.

É muito original a história de *Strike up the Band* que, na versão original – a do Reade's Broadway Theater, de Long Branch, em Nova Jersey (29.8.1927) – foi um fracasso. George Kaufmann imagina uma guerra entre os Estados Unidos e a Suíça, tendo como motivo a importação de queijo. Para a apresentação em Nova York, no Times Square Theater, em 14 de janeiro de 1930, Morrie Ryskinf revisou o libreto e a acolhida foi bem melhor. Agora, a razão para o conflito é a fabricação de chocolate; e a guerra, na verdade, não passa de um sonho das personagens.

Strike the Band é historicamente importante, pois mostra Gershwin voltando-se para um estilo mais de opereta do que de musical: os diálogos são menos abundantes, há numerosas cenas de conjunto e finais de ato extensos. A preferência do público voltou-se para a balada "Soon" e a cínica canção-título. Na primeira versão, Gershwin reaproveitou "The man I love", que tinha sido cortada de *Lady, Be Good*. Na segunda, introduziu "I have a crush on you". A gravação de 1990, do selo Nonesuch (Luker, Barrett, Graae, Chastain-Mauceri), traz a versão reconstruída de 1927, à qual foram acrescentados trechos da versão revista de 1930.

Em *Funny Face*, dois grupos planejam roubos: os amigos de uma garota querem recuperar o diário dela, cheio de revelações comprometedoras, de que o tutor da moça se apoderou; e uma gangue de assaltantes planeja levar jóias. Por acaso os objetos roubados caem em mãos trocadas, e isso é o pretexto para diversas confusões. Fred e Adele Astaire criaram os papéis principais nessa comédia imaginada por Fred Thompson e Paul Gerard Smith, que o público adorou ao vê-la no Alvin Theater, em 22 de novembro de 1927. *Funny Face* marcou tanto o musical americano que, em 1957, Astaire participou de uma versão filmada, ao lado de Audrey Hepburn. Nesse, porém, o título é o mesmo, as canções de Gershwin são utilizadas, mas a história foi totalmente reescrita. Além da canção-título, são cativantes "S wonderful", "He loves and she loves" e "My one and only". Embora de grande qualidade, "How long has this been going on?" foi cortada quando *Funny Face* foi levada fora de Nova York, em 1928. A Biblioteca Smithsonian possui uma compilação de números gravados na estréia e no espetáculo do ano seguinte, com Astaire e o próprio Gershwin.

No mesmo ano de 1928, em que o prolífico George apresentou *Rosalie* (em colaboração com Siegmund Romberg) e *Treasure Girl*, Walter Damrosch regeu, em 13 de dezembro, com a Filarmônica de Nova York, outra de suas melhores peças sinfônicas: *An American in Paris*. Evocando o passeio de um turista americano pelas ruas da capital francesa, e descrevendo musicalmente tudo de interessante que seus olhos maravilhados contemplam durante a caminhada, *Um Americano em Paris* inspirou o sensacional balé coreografado e dançado por Gene Kelly, inserido no filme homônimo de Vincent Minelli.

Show Girl, de 1929, é contemporânea de um projeto que não chegou a se concretizar. Nesse mesmo ano, Gershwin assinou com o Metropolitan um contrato para fornecer-lhe uma ópera baseada na peça *O Dybbuk*, de Shlomo An-ski. Mas desistiu ao saber que os direitos da peça já tinham sido vendidos ao italiano Lodovico Rocca[7]. Perdeu-se assim a oportunidade de ver de que forma o grande músico judeu-americano trataria esse clássico do teatro iídiche. Mas, ao mesmo tempo que pensava em compor uma ópera – idéia que só realizaria anos depois – Gershwin não abandonava os musicais da Broadway, que lhe traziam fama e fortuna. É exatamente isso, um pretexto para uma peça bobinha, mas cheia de *standards* inspiradas – "I got rhythm", "Bidin' my time", "But not for me", "Embraceable you" – a história do milionário que, em visita ao Arizona, apaixona-se por uma jovem funcionária do correio. O Alvin Theater não tinha mais mãos a medir. A estréia de *Girl Crazy*, com libreto de Guy Bolton e John McGowan, em 14 de outubro de 1930, foi um espetáculo de altíssimo nível. O prestigiado comediante Willie Howard fazia o papel central. Várias futuras celebridades da big-band dos anos de 1930-1940 tocavam na orquestra. E as duas estrelas femininas eram Ginger Rogers e Ethel Merman – esta última estreando na Broadway. As canções de *Crazy Girl* ficaram tão populares que, em 1992, a Broadway encenou uma colagem intitulada *Crazy For You*, misturando-as a outras canções de Gershwin. Em 1990, John Mauceri fez, para o selo Nonesuch, a gravação do original (Luft, Blazer, Carroll, Gorshin).

O processo político americano é o alvo da sátira em *Of Thee I Sing*, levada à cena no

7. Ver *A Ópera Italiana Após 1870*, desta coleção.

Music Box, de Nova York, em 26 de dezembro de 1931. George Kaufman e Morrie Ryskind descrevem uma campanha eleitoral, em que o candidato a presidente é eleito por ter defendido o verdadeiro amor e a livre distribuição de pão de milho. Formalmente, é uma das peças mais estimulantes de Gershwin, e um passo importante rumo ao domínio da forma operística. Os extensos finais de *Of Thee I Sing* combinam solos, recitativos e cenas de conjunto, de uma maneira que lembra as operetas de Gilbert e Sullivan. Em vez do *potpourri* habitual, o que a abertura oferece é uma peça cuidadosamente refletida, estruturada como a síntese musical da ação. "Wintergreen for president", "Love is sweeping the country", "Who cares?" e a canção-título são os números de maior sucesso. O Prêmio Pulitzer foi concedido a esse musical; mas só aos autores do texto, o que excluiu a música de Gershwin. Em 1986, Michael Tilson Thomas gravou, para a CBS, um álbum duplo com a música de *Of Thee I Sing* (McKert, O'Hara, Gilford) e também de *Let 'Em Eat Cake* (ver mais adiante).

Encomendada por Serguêi Kussevítski, que a regeu em 29 de janeiro de 1932, com a Sinfônica de Boston, a *Rhapsody n. 2* não foi bem sucedida, pois está longe de ter o frescor e a força de persuasão da anterior. Também a *Cuban Ouverture* (Nova York, 16.8.1932) não está entre as obras sinfônicas de melhor rendimento de Gershwin. Era uma fase atribulada, em que ele hesitava em enfrentar o ambicioso projeto de uma ópera de grande porte, e isso se reflete na irregularidade de *Pardon My English*, estreada no Majestic Theater, em 20 de janeiro de 1933. Foi uma produção problemática. Mãos anônimas fizeram, no libreto de Herbert Fields, diversos retoques que só serviram para tornar mais confusa essa história, ambientada em Dresden, envolvendo um comissário de polícia que está à caça de ladrões internacionais de jóias, um caso de cleptomania, e um casamento interrompido pelo seqüestro da pessoa errada. O musical foi um fracasso. Mas a partitura é uma das mais ricas de Gershwin. Nela estão canções como "The Lorelei", "My cousin in Milwaukee", "Isn't it a pity?", e duas valsas superpostas num ousado arranjo contrapontístico (mais tarde, elas foram publicadas como as *Duas Valsas em Dó*

Maior, para piano). Ouvindo a gravação de 1993, para o selo Nonesuch (Walker, Nicastro, Katt, Cullum-Stern), percebe-se que o músico já está inteiramente pronto para o grande desafio do fim da vida.

O mesmo acontece com *Let 'Em Eat Cake* (Imperial Theater, 21.10.1933). Kaufman e Ryskind tentaram repetir a sátira política de *Of Thee I Sing*. A personagem central pertence a um grupo de radicais que derruba o governo dos Estados Unidos e, em seu lugar, instala um regime totalitário. A conclusão era menos hábil do que a da peça precedente, e o sucesso de crítica e de público não se repetiu. Mas *Let 'Em Eat Cake* é o musical cujo estilo mais se aproxima da ópera que viria a seguir: há elaboração muito maior do desenvolvimento temático; e a técnica de transições é muito mais característica da ópera do que de um musical ou mesmo de uma opereta. Um dos números, "All the mothers of the nation", já tem aquele recorte melódico expansivo que encontraremos nos melhores momentos líricos de *Porgy and Bess*. Mesmo tendo um estilo de canção *standard* que o tornou muito popular, *Let 'Em Eat Cake* oferece páginas surpreendentes: uma cena de conjunto como "Mine", cuja construção contrapontística exibe grau de elaboração superior à do musical comum, como pode ser verificado na já citada gravação de Tilson Thomas (Kert, McGovern, Gilford, Garrison) para o selo CBS-1987.

Tudo está pronto para que desabroche o último grande fruto da criação gershwiniana. Em 14 de janeiro de 1934, quando ele executa em Boston as *Variações para Piano e Orquestra*, sobre o tema de sua canção *I Got Rhythm*, já iniciou a composição da obra em que vinha pensando desde meados da década de 1920.

Nascido em Charleston, na Carolina do Sul, Edwin DuBose Heyward (1885-1940) baseou-se em uma notícia de jornal para escrever o romance *Porgy*, publicado em 1925. O artigo falava de Samuel Smalls, um aleijado que esfaqueara a mulher com quem vivia e tentara fugir da polícia no carrinho puxado por um bode em que se locomovia – razão pela qual era conhecido como *Goat Sammy*. Usando suas lembranças de infância – entre elas a do grande furacão de 1911 –, Heyward criou uma versão totalmente estilizada da personagem real. "Porgy, uma criatura de minha imaginação", escreveu na introdução ao romance, "nasceu de minha contemplação da tragédia real, e profundamente comovente, de Smalls. Ele é a forma como um homem branco vê, do outro lado da muralha da cor, um verão de aspirações, amor e coração partido."

Uma noite de 1926, durante a apresentação-teste de *Oh, Kay!* fora de Nova York, Gershwin leu *Porgy* e sentiu imediatamente que ali havia o tema para uma ópera. Escreveu a Heyward, pedindo-lhe a autorização para extrair dele um libreto. O romancista concordou e ofereceu-se para fazer o trabalho ele mesmo. Pediu-lhe apenas que esperasse até encerrar-se a temporada da peça que sua mulher Dorothy e ele tinham extraído do romance. Estreada no Theater Guild, em 1927, sob a direção de Rouben Mamoulian, a peça fez enorme sucesso, sendo apresentada 367 vezes. À encenação, Mamoulian incorporara diversos *negro spirituals*, que davam ritmo e clima ao desenrolar da ação.

Muito ocupado com outros projetos, entristecido pela morte de seu pai em 15 de maio de 1932, Gershwin foi adiando a realização do projeto, até Heyward lhe escrever, em 1932, advertindo que recebera do cantor Al Jolson a proposta de comprar os direitos da peça e transformá-lo num musical em que ele faria o papel principal, a ser escrito por Jerome Kern e Oscar Hammerstein II. Como Heyward andava muito necessitado de dinheiro, Gershwin não se opôs a que os direitos fossem vendidos a Jolson. Em 9 de setembro de 1932, escreveu ao romancista:

> Se você vê nessa oferta a possibilidade de ganhar algum dinheiro rápido de Jolson, não vejo por quê isso prejudicaria uma versão posterior, com elenco inteiramente negro.

E em 14 de outubro de 1932, tendo o escritor estranhado a sua decisão:

> Não creio que Jolson esteja pensando numa versão operística. Tenho quase certeza de que isso não está nos seus planos. Tomei essa atitude porque não quero impedi-lo de ganhar algum dinheiro, imediatamente, com a sua propriedade, e também porque não acredito que isso seria prejudicial à idéia de escrever uma versão operística séria.

Heyward, porém, insistiu em que fosse ele o autor da adaptação, "pois não consigo visualizar um Porgy com ares de *minstrel singer*, com a cara toda pintada de preto". Finalmente, em novembro de 1933, o contrato foi assinado e iniciou-se a colaboração na montagem do libreto. Os sete anos de espera não tinham sido em vão. Durante todo esse tempo, germinara em Gershwin a idéia de compor uma verdadeira ópera e, à idéia de Heyward de utilizar diálogo falado para ligar os números, ele opôs a decisão de escrever recitativos e ariosos. A partir de 1933, Gershwin fez algumas visitas a Charleston, para absorver a ambientação do livro. A mais importante dessas viagens foi a do verão de 1934, em companhia de seu primo, o pintor Henry Botkin.

Alugando um chalé na Folly Island, a 20 km de Charleston, George freqüentou as igrejas, cabarés e salões de baile dos negros, e observou o trabalho dos *gullahs*, população paupérrima e marginalizada. Em suas reminiscências a respeito dessa época, Heyward escreveu, mais tarde:

> Os negros *gullah* orgulhavam-se muito do que chamavam "shouting", um complicado padrão rítmico de batidas dos pés e das mãos, que faz o acompanhamento dos *spirituals* e é, indubitavelmente, uma sobrevivência africana. Nunca me esquecerei da noite em que, de repente, George entrou na roda e começou a fazer o "shouting" junto com eles. E todos ficaram deliciados quando ele abafou a banca, passando para trás o "shouter" deles. Acho que era o único branco americano capaz de fazer uma coisa dessas.

O próprio Gershwin relembra, numa carta de 5 de novembro de 1934:

> Começo a terminar a cena da tempestade com seis orações diferentes cantadas simultaneamente. É mais ou menos o mesmo efeito do que ouvimos aquela vez, em Hendersonville, do lado de fora da Holy Rollers Church.

Nessa carta de 5 de novembro, ele já faz referência ao fato de Ira ter sido convocado para ajudar Heyward na redação do texto de alguns dos números, dando-lhes sua marca inconfundível. É do irmão de George a letra de "There's a boat dat's leaving soon for New York" e da cínica "It ain't necessarily so", ambas cantadas por Sporting Life. Heyward é o autor de "Summertime", "My man's gone now" e "A woman is a sometime thing". Libretista e letrista escreveram a quatro mãos as palavras de "I got plenty o' nutting", "Bess, you is my woman now", "It takes a long pull to get there", e outros números.

Na fase final da composição, Gershwin testou os números já escritos, revisando-os cuidadosamente em função das vozes e da personalidade cênica dos artistas que escolhia. A procura mais minuciosa foi a do barítono que faria Porgy. Em 1934, o crítico Olin Downes disse a George que deveria ouvir um cantor que pertencera ao elenco da companhia negra do Mecca Temple Theater, na Rua 55. Ao saber, porém, que esse artista dava aulas na Universidade de Washington, Gershwin o recusou, "porque não queria um professor universitário cantando em sua ópera". Mas havia um ano que ele corria de um *night club* para outro, e já ouvira uma centena de barítonos, sem que nenhum deles lhe agradasse. Pediu, portanto, a Todd Duncan que fizesse uma audição para ele. O relato que o próprio Duncan faz do encontro com Gershwin[8] é tão fascinante, que vale a pena citá-lo, mesmo sendo longo:

> Eu não estava muito interessado porque, para mim, George Gershwin era o autor de canções para os cabarés da Tin Pan Alley, portanto alguém abaixo da dignidade de alguém que ensinava numa universidade em Washington. Por isso lhe disse que não poderia ir naquele domingo, pois prometera cantar numa igreja. Desdenhei aquele homem maravilhoso que, mais tarde, eu viria a reverenciar. Disse que só poderia ir no domingo seguinte. Assim, fui a Nova York e me dirigi para seu apartamento, à uma da tarde. Ele veio pessoalmente à porta e perguntou: "Onde está o seu acompanhador?" Eu não conhecia os costumes de Nova York e respondi: "Acompanhador? O senhor não sabe tocar?" Ele piscou, meio sem jeito. "Se o senhor não sabe tocar, eu toco para mim mesmo." Finalmente, ele disse: "Vou tentar tocar para o senhor. Vou tentar."
>
> Pus uma partitura na estante do piano. Tinha trazido várias coisas. "O que é isso?", ele perguntou. "É uma antiga canção clássica italiana, *Lunge dal caro bene*". Ele perguntou "Como?!" e, achando que não tivesse entendido o italiano, traduzi o título para ele. George me contou, mais tarde: todos os negros que faziam audições para ele cantavam *Glory Road* ou *Old Man River* e, de repente, lá estava aquele cantor negro que aparecia com uma antiga canção clássica italiana. Mas era o que eu conhecia e era daquilo que gostava. Não estava fazendo pose. Estava apenas sendo eu mesmo.

8. Recolhido por Robert Kimball e Arthur Simon em *The Gershwins* (1989).

> Cantei os primeiros oito compassos e ele me disse: "Quero olhar para o seu rosto enquanto você canta." Fui para o outro lado do piano e ele ficou olhando para o meu rosto enquanto eu cantava – já tinha memorizado a partitura em tão pouco tempo. Cantei os mesmos oito compassos, ele me parou e perguntou: "Quer ser o meu Porgy?" Respondi: "Não sei. Preciso ouvir a sua música." Ele deu uma risada: "Acho que podemos dar um jeito nisso. Você voltaria no próximo domingo e cantaria para outras pessoas?" Respondi: "Não tenho condições. Até que gostaria, mas não tenho como pagar outra viagem para cá." Ele me perguntou: "De quanto você precisa? Quanto é que isso custaria?" – "Custaria de 35 a 40 dólares." – "E você aceitaria isso de mim?" Assinou um cheque dizendo: "Aceite isso, por favor. Te espero domingo que vem à mesma hora".

Duncan voltou no domingo seguinte, a princípio achou a música horrível mas – ele próprio o admite – "quando mais ele tocava, mais bonita a música ficava". Ao chegar em "I got plenty o' nuttin'", Gershwin lhe disse: "Ouça com cuidado, pois essa é a sua grande ária. É ela que vai torná-lo famoso". Porgy de fato imortalizou o obscuro professor universitário. E também a Anne Brown, a primeira Bess, uma garota de 22 anos que acabara de se formar na escola Juilliard. Ruby Elzie (Serena) e Warren Coleman (Crown) tinham experiência tanto na ópera quanto no musical. Para o papel de Sporting Life, Gershwin fez questão de selecionar John Bubbles, famoso comediante e cantor de vaudeville. O compositor J. Rosamond Lawyer, muito respeitado por Gershwin, fez uma pontinha como o advogado Frasier.

George era amigo de Otto Kahn, presidente da comissão diretora do Metropolitan, e este lhe ofereceu a possibilidade de duas récitas no grande teatro. Mas os irmãos Gershwin chegaram à conclusão de que era trabalho demais para a ópera ser apresentada apenas duas vezes. Houve um ensaio geral, em forma de concerto, no Carnegie Hall, para convidados. Em seguida, um espetáculo-teste, no Colonial Theater de Boston, em 30 de setembro de 1935. A estréia nova-iorquina foi no Alvin Theater, em 10 de outubro. Mamoulian dirigiu a produção, na qual tinham sido investidos US$ 70 mil. A regência era de Alexander Smallens. O espetáculo ficou 124 noites em cartaz, o que, para os padrões dos musicais da Broadway, era considerado um fracasso; mas é um sucesso sem precedentes no caso de uma ópera que, em média, tem uma dezena de récitas apenas.

As resenhas foram contraditórias. Os críticos teatrais gostaram das canções, mas se aborreceram com os recitativos. Os críticos musicais admiraram os coros, mas acharam que as canções eram banais e "sensacionalistas". O pior foi a intelectualidade negra ter acusado a ópera de assumir "um tom paternalista do tipo Pai Tomás" e de ser escrita num dialeto "falsificado". Em seu livro *Lyrics on Several Occasions*, publicado em 1954, Ira Gershwin comentou a questão do uso, no libreto, das formas dialetais negras:

> Não importava muito se o dialeto era exato ou não, considerando a música estilizada e característica. Tudo de que se precisava era da sugestão de um toque regional. Se o artista assim o preferisse – por cultura pessoal ou retidão racial – poderia ter enunciado as palavras de modo formal, ao invés de coloquial. E isso não teria feito a menor diferença. [...] Acredito que algumas pessoas bem intencionadas exageram um pouco ao insistir em elevar às alturas johnsonianas uma discussão gramatical que deve ser deixada no nível do dialeto.

No conjunto, a maioria dos críticos da época foi da opinião de que o mais belo produto do teatro lírico americano não convencia como ópera. Num artigo fundamental publicado em 1987, no *Journal of the American Music Society*, Charles Hamm mostrou que *Porgy and Bess* é uma ópera, sim, e para isso contribuem, inequivocamente, as passagens cortadas antes da estréia em Nova York (como a partitura tinha sido publicada pela editora Chappell no início de 1935, antes do espetáculo no Alvin Theater, todos esses trechos estavam preservados). A idéia errônea de que *Porgy* foi concebida como um musical deve-se à produção de 1941 – posterior à morte do compositor – em que o elenco e o coro foram reduzidos, a peça foi encurtada de três para dois atos, foi feito um arranjo para um conjunto menor, e muitas das passagens musicais de transição de um número conhecido para outro foram substituídas por diálogo falado. Mais do que qualquer argumento de exegeta, porém, contam as palavras do próprio Gershwin, en entrevistas dadas ao *New York Times*, que faço questão de citar extensamente. Em 21 de julho de 1935, ele disse:

> Esta será a minha primeira *grand opera*. É toda cantada, à exceção de umas poucas falas entregues a quatro personagens secundárias brancas. É uma ópera de números, como a *Carmen*, por exemplo, com solos, duetos e coros; mas é tanto uma ópera sinfônica quanto uma ópera de canto. Acredito ter conseguido, nas melodias, um verdadeiro sabor americano, e tentei preservar as inflexões da fala negra nas seções que correspondem ao recitativo. Não há material folclórico negro tomado de empréstimo, mas eu compus uma série de *spirituals* originais.

E em 20 de outubro, acrescentou:

> Desde a estréia de *Porgy and Bess*, vêm me perguntando com freqüência por que ela é chamada de *folk opera*. A explicação é fácil: *Porgy and Bess* é um *folk tale* – um "conto folclórico". Por isso, naturalmente, suas personagens cantam *folk music*. Quando comecei a trabalhar na música, decidi não usar material folclórico autêntico, porque queria que a partitura fosse uniforme. Por isso, escrevi meus próprios *spirituals* e *folksongs*. Mas a música é em estilo folclórico, daí a designação. No entanto, como Porgy and Bess trata da vida negra na América, traz à forma operística elementos que nunca apareceram na ópera. Adaptei o meu método para utilizar o drama, o humor, a superstição, o fervor religioso, a dança e a irreprimível força de ânimo da raça. Se, ao fazer isso, criei uma nova forma, combinando ópera e teatro, essa nova forma surgiu naturalmente do material que eu tinha à minha disposição.
>
> A razão pela qual não submeti esta obra aos patrocinadores usuais da ópera nos Estados Unidos, é que eu esperava ter desenvolvido algo que atrairia o grande público, e não apenas uma elite culta. Sou da opinião de que a ópera deve ser um entretenimento – que ela deve conter todos os ingredientes do entretenimento. [...] é verdade, escrevi canções para *Porgy and Bess*, sim. Não me envergonho em momento algum de escrever canções, desde que elas sejam boas. Em *Porgy and Bess*, dei-me conta de que estava escrevendo uma ópera para o teatro e, a meu ver, sem canções, ela não seria nem teatral nem um entretenimento. Mas as canções estão inteiramente dentro da tradição operística. Muitas das óperas de maior sucesso do passado têm canções. Quase todas as óperas de Verdi têm o que chamamos de *song hits*. E que melhor exemplo do que a *Carmen*? Ela é quase que uma coleção de *song hits*.

Na década de 1950, uma produção de grande sucesso, da qual participavam Leontyne Price e William Warfield, seu marido na época, restituiu alguns dos cortes, mas ainda manteve o formato de uma opereta em dois atos. O registro de trechos desse espetáculo, feito em 1963 pela RCA, foi lançado no Brasil, pela editora Abril, no início da década de 1970, numa coleção de discos vendida em banca de jornal. As gravações integrais de Maazel e DeMain (ver Discografia) foram o primeiro passo no sentido de devolver à obra a sua esta-

George Gershwin, o grande autor de canções e de musicais, escreveu *Porgy and Bess*. Abaixo, a montagem de 1995 da Houston Grand Opera, com Stacey Robinson (Crown), Marquita Lister (Bess) e Alvy Powell (Porgy).

tura de verdadeira ópera, atitude seguida na tardia estréia de *Porgy* no Metropolitan e na encenação do Festival de Glyndebourne, que também resultou em uma gravação.

Na noite de 6 de fevereiro de 1985, James Levine regeu um elenco encabeçado por Grace Bumbry e Simon Estes, em que havia também Charles Williams (Sporting Life), Gregg Baker (Crown), Bruce Hubbard (Jake), Florence Quivar (Serena), Priscilla Baskerville (Lily), Myra Merritt (Clara). As cenas de dança foram realizadas pelo Dance Theater of Harlem, a principal companhia negra americana de balé. No *New York Times* do dia 8, Donal Henahan escreveu:

> Provavelmente, desde a estréia em 1935, nunca a história de Catfish Row e de seus habitantes foi encenada de forma tão impressionante, tão bem cantada e tão cuidadosa em sua aderência às intenções originais do compositor. [...] O elenco era rico em boas vozes e em artistas que podiam atuar de modo convincente enquanto cantavam. [...] Bumbry e Estes transformaram "Bess, you is my woman now" em algo parecido com um dueto de Verdi, sem distorcer a natureza da música. Bumbry sustentou vários pianíssimos agudos de modo muito bonito e, em geral, captou o estilo vocal de Gershwin de forma mais natural do que seria de se esperar de uma diva treinada na ópera.

Porgy and Bess foi reprisada na temporada seguinte, e nas de 1989-1990 e 1990-1991, num total de 54 récitas, e contribuiu para aumentar o número de cantores negros do Met, devido à necessidade de satisfazer a exigência do Gershwin Estate de que, nos Estados Unidos, a ópera seja interpretada exclusivamente por artistas afro-americanos. Para esse fim, a cada vez, era contratado um coro especial. E dos cantores que participaram dessas récitas – Roberta Alexander, David Arnold, Marvis Martin, Robert Mosley, Bernard Thacker, Arthur Thompson, Veronica Tyler – alguns voltaram em outras encenações.

A ação se passa em Charleston, na Carolina do Sul, no pátio de Catfish Row, em outros tempos uma mansão elegante, agora convertida em um cortiço. É sábado à noite e a nossos ouvidos chegam os sons de um piano desafinado tocando blues; da jovem Clara cantando para seu bebê a maravilhosa "Summertime"; e de um grupo de homens jogando cartas no pátio. O marido de Clara, o pescador

Jake, também canta para acalmar o bebê ("A woman is a sometime thing"), enquanto os jogadores aclamam a chegada de Porgy, o aleijado, que vem em seu carrinho puxado por um bode. Junta-se ao jogo o mal encarado Crown, que chega acompanhado de Bess, a sua mulher. Crown se mete numa briga com Robbins, acusando-o de trapaça; quando este protesta, esfaqueia-o e foge, deixando para trás a mulher, a quem Porgy dá guarida.

Durante o velório de Robbins, de que todo o cortiço participa, aparece um policial que está investigando a morte de Robbins. Ele acaba levando sob custódia, para interrogatório, o vendedor de mel, Peter. Serena lamenta a morte de seu marido ("My man is gone now") e Bess encabeça o grupo no spiritual "Leavin' for the promised land", que dá ao ato um encerramento triunfal.

Várias semanas depois, enquanto Jake e os outros pescadores preparam as suas redes, Porgy fala de como se sente feliz, pela primeira vez na vida, ao lado de Bess: "I got plenty o' nuttin'". Vinhetas da vida no cortiço se sucedem: a comerciante Maria impede o traficante Sporting Life de vender *happy dust* (o pó da felicidade) aos moradores do local; Frasier, um advogado de porta de cadeia, vem se oferecer para fazer o divórcio de Bess e Crown; e aparece um branco cheio de boas intenções, Archdale, interessado em ajudar Peter a sair da cadeia. Estão todos se preparando para ir ao piquenique da igreja, mas Bess diz preferir ficar com Porgy, que canta para ela a apaixonada "Bess you is my woman now". Mas o aleijado e Maria a convencem a unir-se ao grupo que vai passear e se divertir.

Durante o piquenique, na ilha de Kittiwah, Sporting Life expõe a sua filosofia cínica. Abordada por Crown, que está escondido na ilha, Bess perde o barco de volta. Crown tenta convencê-la a voltar, ela recusa, mas não consegue opor resistência a seus modos violentos. Jake e seus companheiros, que saíram para pescar, ouvem os gritos de socorro de Bess, e a encontram num estado delirante, depois de uma semana passada na ilha. Peter volta da prisão e, junto com sua mulher Lily, reza com Serena e Porgy pela recuperação de Bess. O tempo passa, ouvimos os pregões dos vendedores de morangos, mel, caranguejos; finalmente Bess desperta, diz ao aleijado que quer ficar com ele ("I loves you, Porgy"), e este lhe assegura que não precisa mais temer Crown. Uma tempestade violenta se abate sobre o cortiço.

Todos se reuniram em casa de Clara para pedir a ajuda de Deus contra o furacão. Até Crown aparece, chocando a todos com sua irreverência. Mas ele é o único que acompanha Clara quando o barco de Jake aparece vazio no cais, e ela corre para ver o que aconteceu. Os outros continuam rezando. A noite caiu e os vizinhos de cortiço ainda estão pedindo a Deus por Jake, Clara e Crown, enquanto Bess toma conta do bebê da mulher do pescador. Crown aparece, tenta mais uma vez convencer Bess a acompanhá-lo, ela resiste, Porgy vem defendê-la e mata o rival. Como ninguém ajuda o policial que veio pedir informações sobre a morte de Crown, ele intima Porgy a acompanhá-lo à delegacia para identificar o corpo.

Bess fica muito angustiada com a possibilidade de Porgy ser preso e ela ficar sozinha. Sporting Life joga com esse medo, oferecendo-se para levá-la para o norte, onde ela iniciará vida nova. Ela recusa, mas toma a droga que o traficante lhe oferece, e acaba cedendo. Porgy volta ao cortiço, todo feliz por ter conseguido safar-se da cadeia, e descobre, desesperado, que Bess não está mais lá. Os vizinhos lhe contam que a mulher foi embora para Nova York, em companhia de Sporting Life, e Porgy decide-se a ir atrás dela, para trazê-la de volta. O pano cai no momento em que ele está iniciando a sua jornada: "Oh Lawd, I'm on my way".

A caracterização de personagens é muito segura. No livro, ao voltar a Catfish Row e descobrir que Bess foi embora, Porgy fica muito deprimido, mas nada faz. A peça e a ópera têm um final mais positivo, mas ambíguo: não sabemos se o aleijado será capaz de encontrar a namorada em um formigueiro humano como Nova York. Mas isso não importa: o que conta é a evolução psicológica do homem que, através do amor, descobriu em si forças insuspeitadas. Sentimos o drama do deficiente físico sozinho, frustrado e carente, no dramático recitativo do ato I, em que ele diz "when Gawd make cripple, He meant him to be lonely" (Quando Deus fez o aleijado, destinou-o a ser solitário). Mas sentimos a virada em "I got plenty o' nuttin'":

De guys wid plenty o' plenty
got a lock on de door
'fraid somebody's agoin' to rob them
while they's out amaking more.
What for? I got no lock on de door.
Dey can steal de rug from de floor,
dat's okey wid me,
'cause de things dat I prize
like the stars in de sky
all are free.

(Os caras que têm muita coisa botam uma tranca na porta de medo que alguém os roube enquanto eles estão na rua ganhando mais. Pra quê? Não tenho tranca na porta. Podem puxar meu tapete, eu não me importo, porque as coisas a que dou valor, como as estrelas no céu, são todas livres.)

As personagens não são monocrômicas. Apesar de sua natureza apaixonada, Bess tem atração pelas drogas e um componente masoquista que não a deixa libertar-se de relações abusivas – primeiro com Crown e, depois – nós o adivinhamos mais do que vemos – com Sporting Life. Essa fragilidade da mulher é visível na cena do reencontro com Cross, em que, embora ela lhe diga "I livin' wid Porgy, now, na' I livin' decent", não consegue resistir à violência dos desejos do ex-amante. Mas a sinceridade de seu afeto por Porgy transparece nos dois belíssimos duetos, de temperatura lírica pucciniana: "Bess, you is my woman now" (II, 1) e "I loves you, Porgy" (II, 2), em que ela pede "don't let him take me, don't let him handle me". É brilhante o efeito de contraste entre a linha vocal legato, sustentada e emocionalmente efusiva de Bess, e o contraponto agitado, entrecortado, de Porgy:

What you think I is, anyway,
to let dat dirty houn'dog steal my woman?
You got a home now, honey,
an' you got love.

(Quem você acha que eu sou, afinal, para deixar esse cachorro sujo roubar a minha mulher? Agora você tem uma casa, meu bem, e tem um amor.)

O mesmo cuidado transparece na forma como Gershwin delineia Serena, Clara, Jake. Ser o vilão encarregado de uma linha vocal sombria e ameaçadora não impede Crown de ter um momento de descontração na bem-humorada "Redheaded woman" – a que responde o coro, em estilo de *spiritual*: "Lawd, don't you listen to dat Crown, Lawd!" Nas mãos de Gershwin, Sporting é menos o sinistro traficante da peça, e mais o "humorous dancing villain", um sujeito "que a gente sabe que é ruim, mas de quem consegue gostar", como o descreve o próprio compositor. Seu "It ain't necessarily so" é um grande momento de distensão cômica. Quanto ao detetive, a Frasier ou a Archdale, é perfeita a decisão de só lhes dar diálogos falados: eles são corpos estranhos, não pertencem ao universo negro dos moradores de Catfish Row.

Com *Porgy and Bess*, Gershwin demonstra possuir a capacidade de descrever musicalmente as emoções de suas personagens, e também de acomodar, em sua primeira experiência com cantores de treinamento clássico, as características de sua escrita às possibilidades de seus intérpretes. E essas qualidades intuitivas são muito mais importantes do que as técnicas acadêmicas com as quais ele não estava familiarizado. O gênio do grande autor de canções chegou aqui a seu apogeu: cada número de *Porgy* é mais inspirado do que o outro. "Summertime" é simplesmente uma das mais belas árias de toda a História da Ópera. Além disso, cada uma delas adapta-se perfeitamente à situação dramática em que surge e, em geral, escapa ao formato tradicional da *standard* com 32 compassos.

Pode ser que algumas das passagens de ligação entre os grandes números sejam mais laboriosas do que inspiradas; mas todas elas cumprem a sua função de maneira muito eficiente. Texturas e ritmos diferentes são habilmente contrastados, e alguns motivos recorrentes, ligados a Porgy, Crown, Sporting Life ou o "pó da felicidade", são usados de forma a amarrar a partitura. O gracioso "Summertime", cheio de calor e encanto quando Clara o canta, no início da ópera, para seu bebê, assume um tom de elegia para a moça desaparecida durante o furacão, quando Bess o repete, no começo do ato III – imediatamente antes da cena violenta em que Crown é morto por Porgy. Em alguns casos, essas recorrências desempenham papel musicalmente mais amplo. Nos solos de Porgy durante a cena 1 do ato I, já existem as sementes da música que ele canta no II: a estrutura harmônica de "I got plenty o' nuttin'"; o recorte melódico de "Bess, you is my woman now". Os elementos jazzísticos que caracterizam a vida dos moradores de Catfish Row transformam-se, com um tom melancólico, na barcarola que acompanha Jake e seus amigos, quando eles saem para pescar no início de II, 3. Na ária final de Porgy, quando ele desembrulha o vestido vermelho que comprou para Bess, com dinheiro ganho em um jogo na cadeia, o motivo que se ouve na orquestra é o de seu confiante "I got plenty o' nutti'". E quando a sua linha vocal torna-se angustiada, pois ele tem dúvidas se será ou não capaz de encontrar Bess lá no norte, a orquestra o tranqüiliza fazendo soar a melodia de "Bess, you is my woman now".

A cena entre Bess e Crown, escrita por DuBose Heyward sob a forma de diálogo falado, foi transformada por Gershwin numa virtuosística seqüência de recitativo e arioso, culminando no dueto "What you want wid Bess?" Os contrastes rítmicos e vocais que fazem de "My man is gone now" uma ária extremamente difícil, são obra de um mestre consumado. Na verdade, a cena 2 do ato I, em que está esse solo famoso, é um exemplo de como se alcança a unidade através da diversidade: as passagens corais, a expressividade do recitativo, as duas árias com coro – "My man is gone" culminando numa virtuosística escala ascendente que põe à prova a habilidade técnica da solista – combinam-se para criar uma das mais lancinantes descrições musicais da dor humana.

O coro vai além da função de criar cor local ou comentar a ação: mostra como a comunidade responde, num nível emocional muito profundo, àquilo que acontece com os moradores do cortiço. O coro junta-se ao lamento de Serena pelo marido morto; alegra-se com o otimismo de Porgy; tenta aplacar o espírito de Clara. Suas freqüentes interjeições, em resposta aos recitativos, mostram como as pessoas estão integradas dentro do espaço em que vivem. No padrão de pergunta-e-resposta com que respondem, em antífona, a uma ária como a de Sporting Life, está refletida a experiência de Gershwin ouvindo os cânticos de igreja em Folly Island. E a passagem mais virtuosística de toda a obra é, na cena da tempestade, a superposição de seis orações diferentes, expressando de maneira extraordinária o medo primitivo, arraigado na alma daquele povo simples, diante da ameaça dos elementos naturais.

No *New Penguin Opera Guide*, Jon Alan Conrad escreve:

> Apesar de algumas imperfeições menores, *Porgy* é a ópera americana mais bem-sucedida e cheia de vida. Um dos grandes enigmas musicais do século XX é imaginar o que Gershwin teria podido escrever, depois dela, caso tivesse vivido além dos 38 anos.

Ouçamos também as palavras de Elise Kirk em *American Opera*:

> Hoje, podemos ter perspectiva e encarar a obra tal como ela realmente é: uma história intemporal, que cruza as fronteiras raciais e trata de emoções profundamente humanas. *Porgy and Bess* tem toda a mecânica da ópera – intriga, encenação, ária, recitativo. E o mais importante: tem a criatividade, a caracterização, o suspense, o sentimento, o melodrama e uma partitura repleta de idéias musicais belíssimas. É ópera de verdade, e muito mais. *Porgy and Bess* é a perene doação de Gershwin para o seu país, um legado raríssimo que pôs a ópera americana no mapa da vida cultural do mundo inteiro.

São as seguintes as gravações disponíveis de *Porgy and Bess*:

CBS-Sony, 1951 – Camilla Williams, Inez Matthews, June Mc Mechen, Helen Dowdy, Avon Log, Lawrence Winters, Eddie Matthews, Warren Coleman-Lehman Engel;

Decca-London, 1975 – Leona Mitchell, Florence Quivar, Barbara Hendricks, Barbara Conrad, François Clemmons, Willard White, Arthur Thompson, McHenry Boatwright-Lorin Maazel;

RCA-BMG, 1976 – Clamma Dale, Wilma Shakesnider, Betty Lane, Carol Brice, Larry Marshall, Donnie Ray Albert, Alexander Smalls, Andrew Smith-John DeMain;

EMI-Angel – Cynthia Haymon, Cynthia Clarey, Harolyn Blackwell, Marietta Simpson, Damon Evans, Willard White, Bruce Hubbard, Gregg Baker-Simon Rattle.

Todas as gravações têm elencos de ótimo nível: o Porgy fabuloso de Lawrence Winters, a Bess sedutora de Clamma Dale, a Clara muito feminina de Barbara Hendricks, a Serena tocante de Florence Quivar. Maazel, muito equilibrado, não enfatiza demasiado os elementos populares da partitura, embora também não deixe de lhes dar atenção – é uma leitura, em todo caso, mais refletida do que a de sir Simon Rattle, caracterizada por extremos de andamento ou de dinâmica. Na verdade, do ponto de vista da regência, a versão mais satisfatória é a de John DeMain, resultado de uma bem-sucedida montagem na Broadway, em que vários cortes foram abertos. É necessário citar pelo menos dois importantes discos de trechos: da remontagem de 1942, que preserva a interpretação de Todd Duncan e Anne Brown, criadores de Porgy e Bess; e o já citado, com Leontyne Price.

EXPERIMENTALISMO

urante os *Roaring Twenties*, todos os intelectuais americanos corriam para Paris. Faziam o obrigatório curso de piano com Nadia Boulanger; freqüentavam a *côterie* de Jean Cocteau e do Groupe des Six; sentavam-se, nos cafés da Place du Tertre, à mesa de Pablo Picasso ou Amedeo Modigliani; discutiam, com os iconoclastas dadaístas e surrealistas, as formas de libertar a arte de seus moldes tradicionais. E peregrinavam pelo salão de Gertrude Stein (1874-1946), a escritora californiana tão radical no que escrevia quanto na forma de viver. "Se você teve a sorte de viver em Paris quando era jovem", disse Ernst Hemingway, "pelo resto de sua vida, onde quer que vá, você a levará consigo, pois Paris é uma festa móvel."

Nessa "movable feast" estourando de criatividade, Gertrude Stein encontrara o desejo de libertar a arte da carapaça romântica, cuja semente fora depositada, desde o final do século XIX, por artistas como Erik Satie e os simbolistas. A poesia de Stein, com sua economia verbal, e seu hábito cubista de encarar os objetos dos mais diversos ângulos, tinha muito em comum com as peças epigramáticas do autor das *Gymnopédies*, e compartilhava do mesmo humor que o fizera intitular suas peças *Embriões Dissecados* ou *Três Prelúdios em Forma de Pêra*. Satie era, de resto, um ponto de referência para os experimentalistas americanos. Seu balé *Parade* é a fonte de inspiração

do *Ballet Mécanique* (1926), de Georges Antheil, para dois pianos, piano amplificado, bigorna, xilofones, tambor, campainha e dois motores de avião – cuja estréia foi mais um daqueles *scandales* de que a história da música parisiense está cheia.

Foi em 1925 que Virgil Thomson conheceu Gertrude Stein. Ele achava que a poeta "consumia as pessoas como se fossem chá com bolinhos"; mas ficou fascinado com ela. Juntos, produziram a pedra fundamental do experimentalismo americano, a ópera *Four Saints in Three Acts*, cujo humor *tongue in cheek* já começa no título, pois a peça é em quatro atos, há bem mais do que quatro santos no elenco, e as palavras, a maior parte do tempo, não significam rigorosamente nada – a menos que você possa me explicar o que quer dizer

Santa Teresa numa tempestade em Ávila pode chover e neve quente e calor isto é a água é quente o rio não é quente o sol não é quente e se ficar é chorar se ficar se ficar se tiver de ficar se chorar e ficar se chorar e ficar se chorar e ficar Santa Teresa meio dentro e meio fora de casa.

Estreada em Hartford, no Connecticut, em 8 de fevereiro de 1934, por um grupo chamado "The Friends and Enemies of Modern Music", *Quatro Santos em Três Atos*, captando desenvoltamente a técnica steiniana de abstração verbal, constitui um marco no desenvolvimento da arte americana, e é o primeiro exemplo da chamada ópera "não-narrativa".

Thomson

Compositor eclético, que nunca se filiou a qualquer sistema, mas sempre esteve aberto aos movimentos de vanguarda, Virgil Garnett Thomson (1896-1989) já estava familiarizado com a poesia de Stein e a música de Satie, antes mesmo de ir para Paris, pois fora apresentado a elas por Foster Damon, seu professor em Harvard. Como a criação desses dois artistas, a sua é enganadoramente simples, fruto de uma consumada habilidade técnica que resulta em melodias muito diretas e em uma estrutura harmônica extremamente lógica.

Nascido em Kansas City, Thomson não tinha estímulos artísticos na família. O pai, empregado do correio, era o que se chama de *tone-deaf*, uma pessoa "surda para os sons", totalmente indiferente à música. Mas a musicalidade de Virgil era tão visível que, menino ainda, começou a aprender piano com a prima, Lela Garnett, e outros professores locais, de pouca competência. Um recital de Paderewski que ouviu aos onze anos o fez, como ele dizia, "ficar guloso por música". Organista substituto da Igreja Batista do Calvário, esteve, desde a infância, em contato com formas nativas de música – hinos de igreja, baladas populares, música de salão – de que sua obra estará sempre impregnada.

Orientado por Robert Leigh Murray, o tenor da igreja, estudou piano com Moses Boguslawski, Rudolf King e Geneve Lichtenwalter, que aprimoraram sua técnica intuitiva e mal trabalhada. Aulas de harmonia com Gustav Schoettle e de órgão com Clarence Sears completaram sua formação. Depois da I Guerra Mundial, de que participou no 129º Regimento de Artilharia de Campo – que tinha o futuro presidente Harry Truman como seu comandante –, decidiu tornar-se músico profissional e, para isso, inscreveu-se em Harvard. Ali, o substrato nativista de sua música fundiu-se muito naturalmente à influência da vanguarda francesa, com a qual ele se identificou. Isso aconteceu no contato com Damon, e também com os membros do Harvard Glee Club, animado por Archibald Davison, com o qual Virgil excursionou pela Europa em 1921.

Thomson foi o primeiro aluno não-graduado de Harvard a receber a bolsa da Associação John Knowles Paine, para estudar com Nadia Boulanger na École Normale de Musique, de Paris. Mas manteve-se independente tanto da linha neo-clássica que ela esposava, quanto do serialismo ao qual, na década de 1920, aderiam muitos dos jovens compositores. Em *The State of Music*, publicado em 1939, ele dirá:

> Quando fazíamos música que era simples, a fúria dos interesses investidos no modernismo flamejava como um tanque de gás. [...] Acabei sendo considerado um filhote de cão desgracioso, um frívolo charlatão, um competidor desonesto e um mau caráter.

De volta aos Estados Unidos, Thomson estudou composição com Rosario Scalero em Nova York, e regência com Chalmers Clifton. Depois, decidiu voltar a Paris, onde ficaria quinze anos, instalado numa loja do 17 Quai Voltaire, adaptada em apartamento. Às *rencontres du Vendredi soir* que organizava, para comer, beber e falar de música, compareciam seus amigos do Grupo dos Seis – Milhaud, Auric, Honegger, Poulenc – mas também Jean Cocteau, Scott Fitzgerald, André Gide, Pablo Picasso e, principalmente, Gertrude Stein. Sob a influência desse grupo, Thomson escreveu, em fevereiro de 1926, a irônica *Sonata da Chiesa* para clarineta, trompete, viola, trompa e trombone. E, em abril, "Susie Asado", a primeira canção com texto de Stein.

Virgil já tinha iniciado, em 1927, a partitura dos *Quatro Santos*, que seria orquestrada em 1933, quando compôs, sobre poema de Stein, *Capital Capitals* (1928), um diálogo entre quatro cidades da Provença, para quatro vozes masculinas e piano, em que já comparece o estilo da ópera. Utilizou também melodias sacras na *Symphony on a Hymn Tune*, de 1928, que invoca a atmosfera rural americana do século XIX de uma forma muito aparentada à de Charles Ives em sua *Terceira Sinfonia*. Thomson conta que, para obter a mesma "disciplina da espontaneidade" que reconhecia no texto dadaísta de Stein, sentava-se ao piano e improvisava, tocando e cantando, até perceber que encontrara a forma adequada. Para libreto tão deliberadamente incongruente, Thomson escreveu, ao invés da partitura modernista que se poderia esperar – dissonante, politonal –, melodias diatônicas, de estrutura harmônica quase rudimentar, reminescentes da música de igreja americana, mas sempre com um tom irônico, *tongue in cheek*. "Eu me perguntava se uma peça tão impregnada de um jeito anglicano de cantar (de Gilbert e Sullivan à Oração da Manhã, e vice-versa) tinha condições de se sustentar." A audição privada da versão para canto e piano, em Paris, o convenceu de que sim.

Depois de uma apresentação em versão de concerto, em Ann Arbor, em 1933, a ópera foi estreada, em 8 de fevereiro do ano seguinte, no Wadsworth Atheneum, de Hartford, com um elenco todo negro – um ano antes de *Porgy and Bess*. A direção era de Maurice Grosser; os cenários, feitos de papel celofane, de Florine Stettheimer; a coreografia, de Frederick Ashton e John Houseman. Em *Prepare for the Saints*, Steven Watson descreve esse primeiro espetáculo:

> No início de fevereiro de 1934, uma cortina de veludo vermelho abriu-se lentamente, na sala intimista do teatro subterrâneo Wadsworth Atheneum. Depois de uma prolongada rufar de tambores, o palco começou a encher-se de cantores negros envergando vestimentas ricamente coloridas. Colocando-se em poses estudadas sob as árvores copadas e os arcos de estilo hispânico, esses *ersatz* de santos do século XVI começaram a cantar:
>
>> To know to know to love her so
>> Four saints prepare for saints
>> It makes well fish
>> Four saints it makes well fish.

Os 299 membros da platéia que ouviram essas palavras, ao som das vigorosas cadências da orquestra, não poderiam usar medida convencional nenhuma para avaliar o que estavam vendo e ouvindo. Até mesmo o título da opera – *Quatro Santos em Três Atos* – os induzia em erro, pois havia mais de uma dúzia de santos, e quatro atos. E nada do que se seguiu ao coro de abertura oferecia uma sombra sequer de sentido. O libreto não contava uma história coerente, a encenação e os figurinos eram profundamente excêntricos, e a maioria dos versos não tinha pé nem cabeça. O cenário de celofane, brilhantemente iluminado para sugerir o céu dependurado em cristais brilhantes, desafiava a comparação com qualquer coisa que a platéia tivesse visto antes. A música era demasiado ingênua, demasiado simples e demasiado americana para uma ópera. E, no entanto, quando a cortina baixou, no final, muitos estavam em lágrimas ou aplaudiam freneticamente. Mais tarde, eles se deram conta de que a sua extravagante reação era tão inexplicável quanto a ópera que tinham acabado de ver.

Após uma semana de lotação esgotada em Hartford, *Four Saints* foi levada em 21 de fevereiro de 1934 para a Broadway, onde teve sessenta récitas. E no fim desse ano, recebeu a David Bispham Medal. Numa carta de 18 de fevereiro ao *New York Times*, Carl van Vechten tinha preparado os nova-iorquinos para a forma como deviam assistir à ópera de Thomson e Stein:

> Uma expressão favorita, no jargão dos críticos, é a de que você só extrai de uma obra de arte o que é capaz de levar a ela. Mas estou certo de que estará cometendo um erro quem levar a uma récita de *Four Saints in Three Acts* algo mais do que a recepção passiva e um completo relaxamento da percepção. Talvez um leve fervor religiosos ajude, ou o desagrado com a ópera em geral, ou a preferência por cantores negros, ou o entusiasmo pela prosa coruscante de Gertrude Stein. Quanto a mim, acredito que o melhor a fazer, é tomar o seu assento, no teatro em que *Four Saints in Three Acts* estiver sendo levada, sem esperar ou desejar ou antecipar nada, sem nada ter na mente, a não ser a curiosidade de descobrir o que vem a ser essa forma que libretista e compositor, coreógrafo e cenógrafo trabalharam tão conscientemente para criar.
>
> [...] Portanto, se você relaxar em sua cadeira, e deixar que as palavras de Gertrude Stein, a música de Virgil Thomson, as criativas marcações de Frederick Ashton e os cenários extraordinários de Florine Stettheimer mergulhem em sua consciência, e brinquem como quiserem com as suas emoções, talvez, para a sua própria surpresa, você descubra que está gostando dessa estranha obra de arte, gostando muito, para dizer a verdade. Quero também dizer que há tanta coisa para ver e ouvir na primeira vez, que é só a partir da segunda audição que você começará a se dar conta da completa medida desse miraculoso drama musical, cuja aparente simplicidade é inteiramente enganosa. Se, por outro lado, você não gostar nem um pouco, é porque *Four Saints*, por um outro desses milagres, chega ao teatro não manquitolando, mas caminhando orgulhosamente e carregando estandartes. Em outras palavras, a execução de *Four Saints*, do ponto de vista da libretista e do compositor, é tão perfeita quanto é humanamente possível.

Em *Virgil Thomson: His Life and Music* (1959), Kathleen Hoover comenta:

> Pela coerência, alta qualidade e laboriosa preparação de todos os elementos constituintes, [o espetáculo]

O compositor Virgil Thomson e a libretista Gertrude Stein foram os criadores de *Four Saints in Three Acts*, montada em Hartford com os famosos cenários de celofane desenhados por Florine Stettheimer (abaixo).

demonstrava, como só os balés de Diáguiliev o tinham conseguido, que o ideal wagneriano da obra de arte total, despido de sua parafernália vitoriana erótico-filosófica, ainda podia ser realizado. E essa íntima união das artes era obtida pelos meios mais difíceis: tudo nela era de desenho contemporâneo. Seu brilhante artesanato não era poluído por nenhuma das facilidades que, no jargão do teatro lírico, são chamadas de "tradição". O cenário era o que a *pop art* tem de mais imaginativo. Papel celofane, cristal, penas, conchinhas, renda e cores brilhantes, como o palco americano nunca tinha visto antes, juntaram-se para confeccionar essa Espanha visionária. A iluminação trazia ao palco a alvorada, o clarão do meio-dia, o entardecer e a luz radiosa do Paraíso. Os cantores, assumindo posturas orgulhosamente estilizadas, poderiam ter posado como modelos para El Greco ou Zurbarán. Os dançarinos misturavam a gestos de balé clássico atitudes de abandono que tinham em si uma ingênua santidade. E a partitura conseguia a espantosa proeza de transcender os limites do libreto: suas melodias e impulso rítmico tornavam aceitável o texto enigmático, parecendo ler em suas entrelinhas, evocando a força mística e a alegria instintiva de pessoas que escolheram devotar a sua vida a missões que não são deste mundo.

Não há como descrever a história de uma ópera em que as cenas nem foram numeradas em ordem consecutiva e podem ser mudadas de posição – o que abre ao encenador possibilidades variadas. Depois de a música ter sido orquestrada, Grosser escreveu um roteiro para aquilo que chamou de "uma quase-ópera e, ao mesmo tempo, um espetáculo coreográfico". A ação passa-se na Espanha do século XVI e as personagens principais são Santa Teresa de Ávila – representada por duas cantoras vestidas da mesma forma – e Santo Inácio de Loyola. Não sei se ajudam muito as rubricas de Grosser, no roteiro:

O primeiro quadro passa-se em Ávila, no começo da primavera. Há um muro e uma árvore. Santa Teresa II está sentada debaixo da árvore, pintando flores em enormes ovos. No segundo quadro, Santa Teresa I está sendo fotografada por St. Settlement que tem nas mãos um grande pombo. [...] No quinto quadro, absolutamente imóveis, Santa Teresa II e Santo Inácio olham para um quadro-negro. Ela está sentada e ele de pé, com o braço em torno de seu ombro.

Diz Virgil Thomson, na apresentação que fez da ópera para a gravação da RCA:

O fato de [Santa Teresa e Santo Inácio] não se terem conhecido não nos parecia uma inconveniência. Miss Stein gostava desses santos porque eles eram espanhóis. Eu gostava deles porque eram santos e eram poderosos. Ela tinha viajado muito pela Espanha, gostava de suas

paisagens e de sua gente. Eu fui educado no Missouri, entre batistas sulistas, e fora organista de igreja na juventude. Meu pano de fundo, minha nostalgia era a música sacra, o canto gregoriano, as cantigas de escola dominical. Por isso, Gertrude Stein e eu fizemos uma ópera sobre a paisagem espanhola e a vida religiosa.

Sto. Inácio, Sta. Teresa e Sto. Estevão são coadjuvados por outros "santos": St. Settlement, St. Chávez e St. Plan. Um Compadre e uma Comadre intervêm para fazer, sobre a ação, comentários de estudada falta de lógica. A certa altura do ato III, marinheiros e jovens, acompanhados de castanholas, entoam um tango em que há tudo, menos santidade. O coro enfrenta quebra-línguas que desafiam sua capacidade de memorizar o texto:

Between thirty five and forty five between forty five and thirty five as then when they were forty five and thirty five when they were forty five and thirty five...

(Entre trinta e cinco e quarenta e cinco entre quarenta e cinco e trinta e cinco como quando eles eram quarenta e cinco e trinta e cinco quando eles eram quarenta e cinco e trinta e cinco...)

Farrapos de cantochão medieval, hinos protestantes, madrigais da Renascença ou oratórios haendelianos são comentados por uma orquestra de 25 músicos em que, aos instrumentos convencionais, juntam-se saxofone tenor e contralto, címbalo, tambor militar, acordeom, e um harmônio que dá à música um tom todo americano. Thomson dizia que concebera a ária de Sto. Inácio, "Pigeons on the grass alas", como uma visão do Espírito Santo – e ela tem a forma de um hino de igreja com ritmo sincopado a partir da célula longa-breve da palavra "pigeon" (o que é uma irreverência pois, em inglês, a pomba da paz é chamada de "dove"). Mas o humor, na ópera, é brincalhão, e nunca grosseiro ou sacrílego. E, como dizia Grosser: "Não se deve tentar interpretar literalmente as palavras do libreto. Mas não se deve tampouco cair no erro oposto de pensar que elas não significam absolutamente nada".

É de Elise Kirk o comentário:

A sátira que Thomson faz do *grand-opéra* arrasta-nos irresistivelmente com sua graça de movimentação, beleza das vozes, elegância do material musical. Se o texto não faz sentido enquanto libreto de ópera, a música também não. É uma colagem, um caleidoscópio de estilos e sons musicais que, da mesma forma que as palavras, constituem um drama único, não encontrado em qualquer ópera, antes ou depois. Thomson tinha verdadeiro gênio para compreender a importância da prosódia ou do ritmo da linguagem, um talento que muitas vezes faltava aos operistas americanos. Ele escolheu linhas melódicas, progressões harmônicas e rítmicas que aderiam estreitamente às sílabas, palavras, frases e estrofes de Stein, de forma a dar ao texto uma continuidade que ele não tinha. É a mesma sensação de estrutura e lógica que, na ópera não cantada em inglês, é fornecida pela música até mesmo a quem não entende a língua.

E é de John Cage o conselho de que, para gostar de *Four Saints*,

é preciso pular de cabeça no mundo irracional de onde ela surgiu, o mundo no qual o óbvio e o ilógico são uma coisa só, em que o sorriso e a metáfora poética se casam para gerar a comédia. E, como no caso de qualquer outra obra-prima da alta comédia, ela não deixa rastros. Não sobrecarrega a memória, porque eleva o espírito.

A apresentação de *Four Saints* na Broadway fez furor e gerou moda. A loja de departamentos dos Gimbel Brothers a usou como tema para uma campanha de liquidação de roupa masculina: encheu as suas vitrines de enfeites de celofane e, num estandarte como o que os santos negros carregavam na ópera, escreveu: *4 Suits in 2 Acts* (Quatro Ternos em Dois Atos). Quanto à ópera em si, ninguém sabia muito bem o que dizer dela. A resenha de Olin Downes, no *New York Times* de 21 de fevereiro de 1934, é típica de um conservador que não entende muito bem o que está se passando:

Um público brilhante, um público de conhecedores, que incluía os mais seletos espíritos da poesia moderna, da música e do teatro, reuniu-se a noite passada, no Teatro da Rua 44, para aplaudir e, no final, aclamar até ficar rouca, a primeira apresentação nesta cidade da ópera *Four Saints in Three Acts*. [...] Na verdade, a obra foi julgada, por esses eleitos, uma obra-prima, uma perfeita obra-prima. E disso já se sabia desde a estréia em Hartford, no dia 7 de fevereiro. Sabia-se que a ópera era a respeito de nada em especial, daí o seu encanto e a sua beleza grave. Sabia-se que o cenário era de celofane. O rumor de que os figurinos dos negros[1] também eram de

1. No original, Downes usa aqui a palavra *Negroes*; ao citar sua resenha, Steve Walton coloca, depois dela, um cauteloso [*sic*], pois a palavra, hoje – numa época em que, para a população de cor, usa-se a expressão *Afro-American* – é absolutamente pejorativa e politicamente incorreta.

celofane, embora desaprovados em Hartford, acrescenta outra perspectiva de algo novo e chocante. E um dos maiores profetas da nova era, escrevendo com mão trêmula e vapor saindo de seus sapatos, não chegou a afirmar que a originalidade de concepção só era igualada pela de *Pelléas et Mélisande*? E um dos últimos participantes da produção não proclamou, em perfeito Steinês, ao ouvir pela primeira vez a partitura de Thomson: "This opera should do the Metropolitan"? ("Esta ópera deve ir para o Metropolitan"). Debussy e o pobre velho Met foram enterrados, a noite passada, enterrados sob gritos de alegria e hosanas de aclamação à nova aurora do drama lírico.

Três noites depois da estréia em Nova York, o elenco de *Four Saints* aparecia num excerto de três minutos da ópera, no programa *March of Time*, ao vivo dos estúdios da Wabc. A transmissão começou às 8:30 da noite; depois, os quarenta membros do elenco foram enfiados em táxis e escoltados pela polícia até o teatro, para a récita daquela noite, que começava às 8:50. Passaram-se 39 anos desde a apresentação na Broadway. Em 20 de fevereiro de 1973 realizou-se a primeira das doze récitas dos *Quatro Santos*, no Mini-Met (atual Mitzi Newhouse Theater), instalado no Lincoln Center Forum, onde funcionou por pouco tempo a efêmera tentativa de dotar o Metropolitan de um teatro de câmara, semelhante ao Piccola Scala.

Roland Gagnon regia o elenco misto – Betty Allen, Benjamin Matthews, Barbara Hendricks, Clamma Dale, Hilda Harris, Arthur Thompson – todos eles se iniciando na companhia. A direção e coreografia eram de Alvin Ailey. Havia dificuldades para a produção: o Lincoln Center Forum era um teatro de arena, com o público disposto de três lados. A orquestra ficava nos balcões acima e atrás do palco, e os cantores viam o regente em um monitor de televisão (razões pelas quais, provavelmente, não foram muito longe as tentativas de ali fazer ópera). Apesar disso, uma vez mais *Four Saints* foi um grande sucesso. No *New York Times* de 22 de fevereiro, Harold Schonberg escreveu:

Os Bartóks e Prokófievs e Hindemiths e Coplands, em seu dia, mostraram seu modernismo através de uma cortina de dissonâncias. Esse era o estilo vanguardista aceito na época. Nisso, aparece Mr. Thomson, que decidiu ser vanguardista às avessas. Compôs uma ópera de teclas brancas que parece ter saído de Satie; uma ópera de canções folclóricas e melodias de hinos americanos, com mais cadências plagais do que a gente consegue ouvir num ano inteiro de ir à igreja no domingo; uma ópera em que quase não há dissonâncias. E, no entanto, ela foi considerada "moderna".

Ela ainda mantém o seu charme. *Four Saints*, como *The Mother of Us All*, ocupa um lugar especial na História da Ópera. Pode ser que se trate de uma peça preciosista e de uma beleza artificial. Mas ela possui uma doçura e beleza peculiares. Significa tudo e não significa nada. O ouvinte é mergulhado em um mar de palavras e de associações de frases, e se exaspera com as repetições, ao mesmo tempo que se encanta com elas; e pode irritar-se com os jogos de palavras, porque não consegue decidir-se se eles têm um significado profundo, ou se não passam de pura pirataria. E, no entanto, a maldita coisa funciona.

A música é delicada e brincalhona, de um jeito como a gente nunca encontra em ópera. Só Mr. Thomson poderia ter dado conta dessa sofisticada conversa fiada: ele sempre soube como cotucar o ouvinte e criar paradoxos provocantes. Com seu jeito amalucado de ser, *Four Saints in Three Acts* é mais ousado do que as óperas de Prokófiev, óperas ou os concertos de Bartók – e isso faz parte do *Thomson paradox*. Além disso, é também, infelizmente, verdade que, sem a poesia de Gertrude Stein, a sua música não seria nada.

Apesar dessa boa recepção inicial, *Four Saints*, que não oferece grandes oportunidades à exibição canora, foi raramente retomada. Thomson trabalha de uma forma que desafia a categorização estilística. Extensas passagens linearmente monofônicas são justapostas a citações de música religiosa de diversos períodos, de música folclórica americana, de canções infantis etc. O selo RCA tem a versão condensada que o próprio Thomson gravou em junho de 1947 (Robison-Wayne, Greene, I. Matthews, E. Matthews, Holland). No selo Nonesuch, há a versão completa de 1982 (Dale, Bradley, Allen, Quivar, Matthews-Thomé).

Quatro Santos chamou a atenção da Broadway para o nome de Thomson. Vieram, logo em seguida, outras partituras concebidas para o palco:

- a música incidental para o *Macbeth* com elenco todo negro, dirigido por Orson Welles (Lafayette Theater, 9 de abril de 1936);
- para *Hamlet* estrelado por Leslie Howard (10 de novembro de 1936);
- e para *Antony and Cleopatra*, tendo Tallulah Bankhead no papel-título feminino (10 de novembro de 1937);

- o balé *Filling Station*, com roteiro de Lincoln Kirstein – Ballet Caravan, Hartford, 6 de janeiro de 1938 –, o primeiro bailado de tema americano a fazer grande sucesso;
- além das trilhas para os documentários *The Plough That Broke the Plains* (1937) e *The River* (1938), de Pare Lorenz, convertidos mais tarde em suítes sinfônicas de grande popularidade (a gravação RCA de *Four Saints* traz, em anexo, a suíte de *The Plough* gravada em 1946 por Leopold Stokowski).

Com a ocupação alemã da França, Thomson tinha voltado aos Estados Unidos, fazendo de seu apartamento, no Chelsea Hotel de Nova York, um local de encontros para intelectuais, semelhante a seu salon parisiense do Quai Voltaire. Ao suceder Lawrence Gilman no *New York Herald Tribune*, Thomson tornou-se um dos críticos mais brilhantes na história do jornalismo americano, e ajudou a fundar, em 1941, o New York Music Critics Circe que, até 1965, distribuiu prêmios às obras mais importantes estreadas naquele ano.

Uma encomenda da Fundação Alice M. Ditson, da Universidade de Columbia, o fez retornar a Paris, depois da II Guerra Mundial, para discutir com Stein o libreto de uma nova ópera. Pediu a ela um tema histórico americano do século XIX, e Stein sugeriu uma ópera sobre Susan B. Anthony, a pioneira do feminismo. *The Mother of Us All* foi a última coisa que escreveu – ela morreu pouco antes da estréia da ópera. Desta vez, Thomson teve de trabalhar depressa, pois teve apenas sete meses para preparar a partitura, estreada no Brander Matthews Hall, da Universidade de Columbia, em 7 de maio de 1947. Os compositores Jack Beeson (pianista repetidor) e Otto Luening (regente) participaram do espetáculo, montado por estudantes de canto e jovens profissionais. Grosser fez a montagem, criando cenários e figurinos que reproduziam, pelo colorido e pelas texturas, os primitivos daguerreótipos da época, pintados a mão. *A Mãe de Todos Nós* tem atraído muito os grupos universitários. Segundo Peter Dickson, no *New Penguin Opera Guide*, teve cerca de duzentas encenações dessa natureza nas décadas de 1950 a 1990.

A ação e a música são mais contínuas aqui, pois é necessário contar de forma clara – embora não exatamente linear – a campanha de

Anthony pelo voto feminino. A experiência de Thomson como autor de trilhas sonoras para cinema tem evidente influência sobre esta partitura. Thomson disse ter querido fazer de *The Mother of Us All*

um daqueles livro de recordações vitorianos, com seus hinos religiosos e marchas espevitadas, suas baladas sentimentais, valsas e cirandas, uma recordação de todos os sons e tipos de melodia que, um dia, formaram a música da América rural.

A combinação desses elementos nacionalistas com as técnicas bitonais e polirrítmicas recebidas do contato com o Grupo dos Seis aproxima a linguagem de Thomson com a de um grande pioneiro americano, que nunca compôs ópera: o Charles Ives da *Sinfonia n. 3* ou de *Three Places in New England*.

O feminismo de Susan B. Anthony reflete-se no de Gertrude Stein. O relacionamento da poeta com Alice B. Toklas, sua companheira da vida inteira, ecoa o de Susan com Anna Howard Shaw, a militante que, na ópera, aparece como sua constante colaboradora. A grande galeria de personagens justapõe, com a liberdade anacronística típica de Stein, figuras históricas de épocas diferentes – a maioria das quais sem relação direta com Anthony – dotadas, às vezes, de personalidades imaginárias. Elas parecem dirigir-se à platéia, mais do que uma à outra, e são enigmáticas, tem um distanciamento que lhes é dado pelo libreto – mas a música as torna vivas, cada vez que vêm até o proscênio. Cada uma delas se expressa com uma linguagem que a caracteriza: nobre e solene quando se trata dos presidentes Ulysses Grant e Andrew Jackson; com tons marciais levemente pomposos quando descreve o advogado Daniel Webster. São muito duras e angulosas as linhas cantadas pelo capitalista Anthony Comstock, inimigo ferrenho do reformismo. À *socialite* Lillian Russell, que aparece com chapéu de plumas, longas luvas e envolta num casaco de pele, é confiada uma valsa sofisticada. E são ritmicamente desengonçadas as frases do tenor característico que faz Thaddeus Stevens, adversário político de Andrew Jackson, "homem grosseiro e sem tato".

Lembram muito o Compère e a Commère dos *Quatro Santos* os narradores, Gertrude S.

e Virgil T., representando a libretista e o compositor, que conduzem a ação e a comentam. O humor peculiar de Stein não está ausente. John Adams, o tenor que romanticamente faz a corte a Constance Fletcher – autora de best-sellers contemporânea de Stein –, diz a ela que não pode ajoelhar-se a seus pés, para declarar seu amor, "because my knees are not kneeling knees" (porque meus joelhos não são do tipo que serve para se ajoelhar). Angel More, estranha figura de mulher, metade personagem real, metade fantasma, tem asinhas de anjo saindo das costas de seu vaporoso vestido cor-de-rosa. E quando Daniel Webster, enlevado, canta: "When my eyes shall be turned to behold for the last time the sun in heaven..." (Quando meus olhos voltarem-se para contemplar pela última vez o sol no céu...), Stein tem um daqueles seus repentes deliciosamente ilógicos, ao fazer Susan B. e o coro exclamarem: "I hate mice" (Odeio ratos).

A personagem tratada de forma mais direta e realista é Susan. Além de cantar linhas melódicas generosamente líricas, apoiadas em sonoridades orquestrais muito calorosas, ela se expressa de modo claro, sem se perder nos labirintos metafóricos da poesia steiniana. É o caso da bela ária "I enter a tabernacle", em que fala de sua missão:

I was born a believer in peace. I say fight for the right, be a martyr and live, be a coward and die.

(Nasci acreditando na paz. Eu digo lute pelo que é direito, seja uma mártir e viva, seja covarde e morra.)

Ou então em "Men have kind hearts but they are afraid", o longo monólogo em que, no início do ato II, cena 2, ela compara a atitude do homem e da mulher diante da vida:

They fear women, they fear each other, they fear their neighbour, they fear other countries and then they hearten themselves in their fear by crowding together and following each other, and when they crowd together and follow each other they are brutes, like animals who stampede, and so they have written in the Word male in the United States constitution, because they are afraid of black men, because they are afraid of women, because they are afraid... Women often have not any sense of danger, after all a hen screams frightfully when she sees an eagle, but she is only afraid for her children, men are afraid for themselves, that's the real difference between men and women.

(Eles temem as mulheres, temem uns aos outros, temem o vizinho, temem outros países e, depois, encorajam-se uns aos outros, em seu temor, reunindo-se e seguindo uns aos outros, e quando se reúnem e seguem uns aos outros são como feras, como uma manada de animais que estoura, e é por isso que escreveram a palavra *masculino* na Constituição dos Estados Unidos, porque têm medo dos negros, têm medo das mulheres, porque têm medo... Freqüentemente as mulheres desconhecem a sensação do perigo, afinal de contas a galinha grita, quando vê a águia, pois está com medo por causa de seus filhotes, os homens sentem medo por si mesmos, essa é a verdadeira diferença entre homens e mulheres.)

No epílogo, assiste-se à inauguração de um busto de Anthony no Congresso mas, em sua última ária, construída como um típico *revival hymn*, o fantasma de Susan se pergunta se a luta valeu a pena:

But do we want what we have got? I was a martyr, all my life, not to what I won but to what was done. Do you know because I tell you so, or do you know... do you know? My long life... my long life...

(Será que queremos o que conseguimos? Fui a mártir, toda a minha vida, não do que venci, mas do que foi feito. Você sabe porque te contei, ou você sabe...você *sabe*? Minha longa vida, minha longa vida...)

E o dó agudo em pianíssimo, em "know", seguido do murmúrio que faz as últimas palavras irem morrendo aos poucos, dá à ópera um final encantatório. No *Herald Tribune*, Francis Perkins chamou a atenção para a clareza com que o texto é tratado musicalmente:

À habilidade de Thomson em escrever as melodias deve-se o fato de que não se tem dificuldade alguma em compreender o texto. Thomson mostrou notável capacidade de apresentar, de modo lírico e flexível, as palavras inglesas. A sua música apóia e frisa o texto. A partitura, no conjunto, exibe domínio excepcional do problema, às vezes constrangedor, de escrever recitativos e declamações líricas em inglês.

O selo New Worl Records tem a gravação de Raymond Leppard, feita em Santa Fé em 1976 (Dunn, Godfrey, Lewis, Atherton, Booth). Ao comentar esse disco para a revista *High Fidelity*, Conrad Osborne chamou *A Mãe de Todos Nós* de "uma das seis ou oito obras do teatro musical americano que têm verdadeira estatura artística e comprovado apelo popular". Dessa ópera Thomson extraiu uma suíte sinfônica estreada em 17 de janeiro de 1950, em Knoxville, no Tennessee.

O único Pulitzer Prize para uma trilha sonora de filme foi concedido a Virgil Thomson por *Louisiana Story* (1948), o belíssimo documentário de Robert Flaherty, descrevendo, do ponto de vista de um menino de doze anos de idade, o impacto, sobre a vida de uma família de fazendeiros de fala francesa, de um projeto de exploração de petróleo na região em que eles vivem. A trilha trança brilhantemente temas autênticos de canções e danças, extraídos dos *French Folk Songs* compilados por Irene Therese Whitfield. A suíte orquestral, estreada por Eugene Ormandy, com a Orquestra de Philadelphia, em 26 de novembro de 1948, é outra das peças instrumentais de Thomson freqüentemente programadas em concertos sinfônicos. O mesmo acontece com os poemas sinfônicos *The Seine at Night* (1947) – "retrato noturno de Paris visto da ponte do Louvre" –; *Wheatfield at Noon* (1948) – variações sobre um tema com as dozes notas da escala cromática organizadas em quatro tríades sucessivas –; e *Sea Piece with Birds* (1952), pintura sonora do vôo dos pássaros sobre as ondas do mar.

Uma das obras mais significativas, na fase final da carreira de Virgil Thomson, é *Lord Byron*, com libreto de Jack Larson, encomendada pela Fundação Kussevítzki para o Metropolitan, que a recusou. O Juilliard American Opera Center a estreou, em 13 de abril de 1972, no Lincoln Center, com Grayson Hirst (Lord Byron), Lenus Carlson (Thomas Moore), Walter Hook (John Hobhouse), Frederick Burchinall (conde Gamba), Carolyn Val-Schmidt (Augusta Leigh), Lynne Wickenden (Lady Byron), Hari Katz (Teresa Guiccioli) e outros. A cena 2 do ato III consistia apenas de um longo bale, coreografado na estréia por Alvin Ayley, e depois cortado pelo próprio Thomson nas versões revistas da partitura – que é tonal, muito lírica, com acompanhamento orquestral elaborado, tecido com mão de mestre.

Em Londres, em 1824, o decano da Irlanda se recusa a deixar que Lord Byron, morto na Batalha de Missolonghi, lutando pela independência da Grécia, seja enterrado no Poet's Corner, da Abadia de Westminster. John Murray, seu editor, seu amigo Thomas Moore, Annabela, a sua mulher, Augusta Leigh, sua meio-irmã, mesmo tendo tido problemas com o poeta em vida, aliam-se na tentativa de demover o decano de sua proibição. Moore e Murray revelam que Byron deixou um volume de memórias, para ser publicado postumamente. Mas o editor é da opinião que, por seu conteúdo escandaloso, elas farão muito mal à imagem de Byron. Enquanto eles discutem se devem ou não publicar o manuscrito, trazem uma estátua de Byron que John Hobhouse, seu melhor amigo, quer doar à Abadia. Quando a estátua é descoberta, adquire vida, e Byron, com seu bandolim a tiracolo, desce do pedestal cantando uma ode a Londres.

Examinando a estátua, Annabela lamenta não ter sido capaz de salvar o marido dele mesmo; e Augusta Leigh lamenta a perda de sua beleza. Lady Byron e Hobhouse imploram a Moore que destrua as memórias; mas ele diz que só o fará depois de lê-las. Abre o pacote com o manuscrito, e assistimos, em flash-back, a vários episódios da vida do poeta.

Numa festa em casa de Lady Melbourne, ele é cortejado por várias jovens e, ao mesmo tempo, escarnecido pelos rapazes, por causa de seu pé aleijado. Apresentam-no a Miss Annabela Milbank, sobrinha de Lady Melbourne, com a qual ele virá a se casar. Ela lhe diz que gostaria de recuperá-lo para uma vida virtuosa, e ele responde que já é tarde demais.

Em outra festa, Lady Melbourne vem recriminá-lo: sua meio-irmã, Augusta Leigh, está visivelmente grávida, e já não é mais possível conter o escândalo, pois todos sabem do afeto que eles têm um pelo outro. Lady Melbourne o faz ver que chegou a hora de ele contrair matrimônio, e Byron sai da festa em companhia de Miss Milbank.

Na noite anterior a seu casamento, Lady Byron fala à sua tia e a Augusta dos planos que tem de reformar o marido. Enquanto isso, na despedida de solteiro, os amigos de Byron, inteiramente bêbados, fazem o casamento de mentira de Hobhouse com ele, e o poeta confessa o desagrado que experimenta, ao pensar em casar-se com Miss Milbank.

Alguns anos depois, o casal foi visitar Augusta, e Annabela, que está grávida, vai deitar-se mais cedo. Os dois irmãos, sozinhos, ficam cada vez mais carinhosos um com o outro. Começam a se beijar e são surpreendidos por Lady Byron. O marido a ridiculariza,

mas ela ainda tenta fazê-lo esquecer seus desejos proibidos. Byron tenta convencer Augusta a ir embora com ele para o continente europeu; mas ela cede aos argumentos da cunhada, e partem, deixando-o sozinho. Ele parte para a Itália, onde vive um tórrido romance com a condessa Teresa Guiccioli.

De volta à Abadia, embora os amigos italianos de Byron estejam dispostos a levar o corpo para ser enterrado em seu país, chega-se a um acordo com o decano, depois que Hobhouse atira num braseiro as folhas condenatórias das memórias. A ópera termina com uma cena em que os grandes poetas ingleses – Milton e Dryden, Gray, Thomson, Spenser, Johnson e Shelley – acolhem a sombra de Byron, e cantam para ele um madrigal, enquanto o levam para repousar eternamente no Poet's Córner.

Depois da estréia, a ópera foi bem recebida nas Contemporary Series de 1973, na New York City Opera, onde foi também semi-encenada em 1985. Na *Musical America*, Patrick Smith declarou, na época da apresentação na Juilliard:

> A música de Thomson continua tão bem-sucedida quanto em suas primeiras óperas – camaleônica, fluente, muito "conservadora", incluindo uma série de pastiches, mas coerente e intensamente lírica.

No *New Yorker*, Andrew Porter foi da opinião que:

> Thomson tem o dom de ser simples; as suas notas ficam exatamente onde devem estar, no lugar certo. Mas essa simplicidade não é desprovida de elaboração: é cuidadosa, refinada, depurada por um processo que não destruiu o seu charme.

Ao contrário das experiências teatrais anteriores, *Lord Byron* tem as ambições de um *grand-opéra*, e o libreto de Jack Larson possui intriga de contornos bem definidos, com base em episódios da vida do poeta. São passados em revista momentos da vida de lord Alfred, seus primeiros sucessos como poeta, seu casamento frustrado, a paixão pela meio-irmã, a decisão de abandonar a Inglaterra e ir viver no continente, até o arco se fechar e a ópera terminar como começou.

A linguagem musical de *Lord Byron* afasta-se do primitivismo estudado dos *Quatro*

Santos. É tradicionalista sem ser fora de moda, e possui atrativos melódicos inegáveis, especialmente na seqüência de balé e nos interlúdios orquestrais, executados com muito refinamento. Em *Lord Byron*, já existem traços pré-minimalistas, na forma como Thomson trabalha com células melódicas e rítmicas que sugerem elementos de música folclórica americana. Ele inclui também um certo número de pastiches de época e cita melodias conhecidas, como "Auld Lang Syne", "Believe me if all those endearing charms!", a alemã "Ach, du lieber Augustin" e o hino *La Marseillaise*. Para conhecê-la, existe uma gravação: Koch International Classics, 1992 – Jeanne Ommerle, D'Anna Fortunato, Matthew Lord, Richard Zeller-Frederick Bolle (ao vivo, em forma de concerto, no Festival de Monadock de 1990).

É importante mencionar, nos últimos anos, outros trabalhos de Thomson feitos para o palco:

- a música incidental para *The Grass Harp*, de Truman Capote, dirigida por Alfred Lunt, com Audrey Hepburn e Mel Ferrer (18 de fevereiro de 1954);
- e para as montagens de John Houseman, no American Shakespeare Festival, de Stratford, em Connecticut, estreladas por Alfred Drake e Katherine Hepburn: *King John* e *Measure for Measure* (1956), *Othello, The Merchant of Venice* e *Much Ado About Nothing* (1957).

Virgil Thomson publicou *The State of Music* (1939), *The Musical Scene* (1945), *Virgil Thomson: an Autobiography* (1966), *Music Reviewed 1940-1954* (1967) e *American Music Since 1910* (1970).

Não é necessário frisar o papel desempenhado pelo jazz americano, desde a década de 1920, como um elemento fertilizador do melodrama, abrindo novas dimensões à ópera expressionista, neo-realista ou do movimento da Nova Objetividade. Embora ainda imerso no idioma do Neo-romantismo, o *Porgy and Bess* de Gershwin demonstrara as possibilidades da inserção, na linguagem operística, de recursos jazzísticos. E isso influencia decididamente o Ernst Krenek de *Jonny spielt auf*, o Kurt Weill das peças politizadas escritas em

colaboração com Bertolt Brecht, o Darius Milhaud de *Le Boeuf sur le Toit*, o Stravínski da *Histoire du Soldat*.

Os compositores europeus fascinaram-se com os sons do jazz: as *blues notes* (as terças e sétimas rebaixadas das tonalidades maiores), as síncopes, a técnica rítmica de *call-and-response*, os coloridos novos da instrumentação, os glissandos de trombone, a tessitura elevada dos solos de clarineta, os metais em surdina, a voz inconfundivelmente sensual e plangente do saxofone. Tudo isso enriqueceu a palheta de uma orquestra que enveredava pelos caminhos novos da música bitonal, politonal ou, às vezes, já se liberando do conceito de tonalidade. Havia também tudo o que no jazz há de teatral, intensidade, excitação, bravura – ingredientes que sempre foram fundamentais para a ópera. Jazz era equacionado à vida moderna, a forma mais adequada de expressar as modificações vertiginosas por que estava passando o estilo de vida do século, na fase posterior à I Guerra Mundial, que pusera definitivamente ponto final no século XIX.

Embora nada tenha que justifique essa denominação, foi por esse motivo que *The Immigrants* (1914), de Frederick Converse, foi chamada de "a jazz ópera" – porque constitui "uma distorção do convencional", como dizia o próprio autor, ao contar o destino trágico de um grupo de italianos que vem aos Estados Unidos em busca de esperança, para encontrar favelas, pobreza, humilhação e, no final, assassinato. "O Liberty, when will you cease to destroy the souls that seek you?", pergunta a personagem central, no final da ópera, olhando para a estátua na entrada do porto de Nova York (Ó Liberdade, quando deixarás de destruir as almas que te procuram?).

O "jazzed style", enquanto expressão das formas mais tortuosas da vida moderna, marcou profundamente obras pioneiras das primeiras décadas do século, que chocaram público e empresários por sua ousadia. O Metropolitan recusou tanto *The Padrone* (1912), de George Chadwick, quanto *A Little Girl at Play: a Tragedy of the Slums* (1918), porque "o assunto era inadequado e o libreto demasiado sinistro" – ou seja, próximos demais de uma realidade que a elite preferia ignorar, para poder integrar-se a uma temporada de gala. *A Light of St. Agnes* (1925) – estrelada por Rosa Raisa e cantada com sucesso em Nova York, Chicago e Paris – assim como *Deep River* (1925), ambas de Frank Harling, descrevem aspectos da vida em Nova Orleans. Em *American Opera and Its Composers* (1934), Edward Ellsworth Hipsher assim a descreve:

> A partitura inclui saxophones, banjo, xilofone e um coro cantando *a bocca chiusa*, com efeitos jazzísticos para realçar os coloridos orquestrais e dar maior realismo à caracterização dramática. Melodias folclóricas crioulas percorrem a partitura e canto modal acentua o sombrio misticismo subjacente à história. Direções cênicas ocasionais ("à la fox trot"), bem como as apimentadas melodias de *ragtime* que sugerem o ambiente dos sórdidos *salloons* da Louisiana, caracterizam a "jazzy life" da protagonista [seu estilo de vida intenso, agitado, "moderno"] e seu relacionamento tempestuoso com um amante alcoólatra que a maltrata.

Em Chicago, Mary Garden, a criadora de Mélisande, foi a estrela de *Camille* (1930), a versão jazzística na qual Hamilton Forrest quis modernizar a peça de Alexandre Dumas filho de que saiu a *Traviata* de Verdi. Passada na Paris contemporânea, a ópera incluía um fox-trot, uma rumba e a canção "La Parisienne" em estilo de blues. "Hoje em dia", afirmou Forrest, "se quisermos representar a moderna cultura americana, é ao jazz que temos de recorrer". Ironicamente, além de se passar na França, essa ópera que visava a representar o que a cultura americana tinha de mais *up to date* era cantada em língua estrangeira pois, para atender ao pedido de Mary Garden, que encomendara a partitura, o libreto fora escrito em francês.

Nas mãos de autores como George Antheil e Marc Blitzstein – que tinham estado na Europa e convivido com a ebulição vanguardista dos anos de 1920 – o jazz tornou-se também um instrumento de protesto nos anos difíceis da Depressão e da II Guerra. As óperas desse período eram freqüentemente experimentais e iconoclastas. Com sua mistura de canto e fala, novas técnicas de encenação e partituras escritas de forma muito pouco convencionais, levaram os críticos e o público a se perguntar se, afinal de contas, eram óperas ou um outro tipo novo de representação teatral.

Antheil

Uma das figuras mais curiosas da vida musical americana, chamado "the bad boy of American music", George Carl Johann Antheil (1900-1959) causava sensação por toda parte onde ia. Filho de uma família de imigrantes alemães instalados em Trenton, na Nova Jersey, iniciou os estudos musicais com Constantine von Sternberg, em Philadelphia. Mas seu principal professor de composição foi o suíço Ernst Bloch, com quem se aperfeiçoou em Nova York, e a quem idolatrava. Já nas peças escritas na adolescência, adotava a posição irreverente de combinar formas populares e estruturas eruditas.

Quando foi para Berlim, em 1922, dar recitais de piano, Antheil surpreendeu a audiência ao misturar ao repertório tradicional peças de sua autoria, cheias de acordes não resolvidos, dissonâncias muito agressivas, e com títulos provocadores – *Sonate Sauvage, The Airplane Sonata, Sonatina: the Death of the Machines* ou *Fireworks for the Profane Walkers* –, que lembravam os de Erik Satie. No ano seguinte, trocando Berlim por Paris, aderiu entusiasticamente à vanguarda das *années vingt*, e encontrou em James Joyce e no poeta Ezra Pound ardorosos defensores de suas idéias pouco convencionais. Antheil foi o primeiro aluno americano da legendária Nadia Boulanger que, nos anos seguintes, seria a mentora de toda uma geração de artistas inconformistas vindos dos Estados Unidos.

Nessa fase, obcecado como muitos outros pelas novidades da industrialização, obteve seu grande *succès de scandale* com o *Ballet Mécanique*, composto originalmente como trilha sonora para o filme de Fernand Léger do mesmo nome. Usando oito pianos, pianola e percussões que incluem bigorna, sinos, buzinas, a peça estreou em Paris em 19 de junho de 1926, regida por Vladímir Golschmann. *Balé Mecânico* leva ao extremo as características inovadoras de *Les Noces*, de Stravinski, e a irreverência de *Parade*, de Satie, já apresentando texturas e um tratamento rítmico obsessivo que antecipam o minimalismo do final do século XX. Como acontecera com a *Sagração da Primavera*, muita gente ficou chocada com as sonoridades ásperas e as dissonâncias in-

Caricatura do experimentalista George Antheil, tocando um "piano a vapor".

Cenário de Ludwig Stievert para o último ato de *Transatlantic* (1930), de George Antheil, estreada na Alemanha.

termináveis. Mas o poeta Ezra Pound viu na peça "a aurora de uma nova era musical, em que o som das máquinas, do trabalho, das fábricas pode se organizar numa vibrante forma artística típica do século XX."

Antheil, porém, não visara à reprodução dos ruídos industriais – da forma como o faz Mossolóv em sua *Fundição do Aço*. Pretendia criar uma peça musical abstrata, com material sonoro baseado exclusivamente na noção de ritmo. Chamou a seu procedimento de *time-space*, explicando que desejava utilizar os sons da mesma forma que um pintor modernista dispõe cores e formas sobre a tela. Do ponto de vista programático, dizia, a sua intenção era "advertir a época em que estou vivendo quanto à beleza e, ao mesmo tempo, o perigo de sua filosofia inconscientemente mecanicista."

A culminação desse período de *enfant terrible* foi a execução do *Balé Mecânico* no Carnegie Hall de Nova York, em 10 de abril de 1927, sob a regência de Eugene Goosens. Largamente discutida na imprensa, pois empregava oito pianos, um enorme conjunto de percussões, e um motor de aeroplano, fazendo um ruído infernal, foi condenada por aqueles que não viam no espetáculo senão sensacionalismo barato. A reprise moderna desse espetáculo, na mesma sala, em 20 de fevereiro de 1954, usou um motor de jato ainda mais barulhento. Mas, a essa altura, público e crítica encararam aquilo como mera curiosidade de um passado polêmico. Foi grande o sucesso, porém, no Festival de Holanda, em 1976; e quando a Filarmônica do Brooklyn a executou em 1981, Nicholas Kenyon escreveu, no *New York Times*:

> Sua brutalidade e ingênuo senso de excitação fazem dela uma pintura de pesadelo da tecnologia completamente descontrolada – uma versão das estruturas sonoras de Edgard Varèse supremamente despidas de sofisticação.

Antes de decidir-se por um estilo mais estável, enraizado no folclore americano, que haveria de caracterizá-lo até o fim da vida, Antheil teve uma fase de namoro com o neo-classicismo stravinskiano. Voltou para Berlim, onde estava no auge o entusiasmo pela *Zeitoper* (a "ópera de nosso tempo"), com mistura de jazz e linguagem clássica, detonado pela estréia do *Jonny spielt auf*, de Ernst Krenek.

Aceitou um emprego no Berlin Stadttheater, e planejava, a princípio, escrever uma comédia romântica, sobre um triângulo amoroso, intitulada *Glare*. Mas desistiu dessa idéia e, em vez dela, produziu uma sátira aos modismos americanos, que descreveu, à sua protetora, a milionária Mary Louise Bok, como "a grande ópera americana, a peça de que os Estados Unidos vêm falando há tanto tempo, e pela qual esperam ansiosamente".

O furor com que *Transatlantic* foi recebida, ao estrear na Ópera de Frankfurt, em 25 de maio de 1930, quase realizou essa profecia. Passada durante uma campanha para as eleições presidenciais americanas, *Transatlântico* tem personagens alegóricas com nomes homéricos: Heitor Jackson, o candidato do Partido Demopublicano; Helena, mulher moderna e emancipada; Ájax Marjon, um industrial corrupto que usa o poder do *big money* para manipular os políticos. Leo, o inescrupuloso tesoureiro da campanha de Heitor, e sua namorada Gladys, são a versão moderna dos astuciosos criados da comédia clássica, sempre cheios de truques.

Como nas *Zeitopern* de Krenek, Weill e Hindemith, eram mostrados vários elementos da vida contemporânea: telefone, rádio, datilógrafas trabalhando no escritório da campanha; uma tentativa de suicídio na Brooklyn Bridge e uma cena de amor num luxuoso *living-room* de Manhattan, decorado em estilo *Art Déco*; a visita a um *speakeasy* – bar clandestino dos tempos da Lei Seca – em que todos os gângsteres vestem-se a rigor; um comício, bebedeiras e pouca-vergonha nas festinhas dadas pelos cabos eleitorais. E até mesmo uma ária cantada por Gladys dentro da banheira, seqüência parodiada de uma cena de *Neues vom Tage* (Notícias do Dia), a sátira de Hindemith, estreada dois anos antes.

Para a Alemanha da época, às voltas com uma crise econômica muito aguda, o jazz representava a vida trepidante de um país jovem, vertiginosamente industrializado, onde tudo estava sendo construído de novo. Os ritmos sincopados do "Jazz Chorus", que surge logo no início da ópera, vão marcar a declamação do Narrador que liga uma cena à outra. O tango também era visto como uma dança sensual, inebriante, um ritmo capaz de perturbar profundamente os sentidos. O "tempo di tango" exposto desde a cena 2 do ato I, vai reaparecer todas as vezes que se falar de sedução ou da agressividade sexual masculina.

Transatlântico era uma ópera muito difícil de montar. Para o ato IV, que compreende 28 cenas curtas, o cenógrafo Ludwig Sievert construiu um cenário de dois andares, dividido em quatro espaços diferentes, e tendo no centro uma tela de projeção, pois Antheil considerava indispensável o uso de filmes para estabelecer a continuidade entre esses segmentos que se desenrolavam rapidamente. Os cantores passavam de um espaço para o outro mediante escadas que efetuavam a conexão dos espaços inferiores – à direita o quarto de Ájax num hotel e, à esquerda, o seu escritório – com os superiores, um banheiro "muito chique, moderno e brilhante", e um quarto de hospital. A iluminação transferia a ação de um lugar para outro enquanto, na tela, apareciam slogans, manchetes de jornal ou cenas de filme, às vezes em câmara lenta. Nesse sentido, *Transatlântico* tem pontos em comum com uma outra ópera que também utiliza, precocemente, recursos multimídia, *Os Três Desejos*, de Bohuslav Martinů.

Era um espetáculo muito audacioso mas, também, muito dispendioso e, por isso, nenhum outro teatro se animou a encená-lo. A estréia americana só ocorreu em outubro de 1981, no Encompass Music Theatre, de Trenton, na Nova Jersey, e assim mesmo numa versão muito reduzida. Só em 18 de abril de 1998 a Ópera de Minnesota se animou a montar *Transatlântico* em sua forma original. Antes disso, ela tinha sido encenada em alemão, em 1987, na Ópera de Bielefeld. Dessa partitura, em que o opulento estilo orquestral straussiano mistura-se a influências de Stravínski e Kurt Weill, com reminiscências de jazz, música folclórica americana e hinos do Exército da Salvação, não existe registro discográfico. Num CD da Albany Records, há apenas a transcrição para piano do tango tocado no ato I, cena 2.

Depois dessa primeira ópera, Antheil pensou em *Mr. Bloom and the Cyclops*, baseado no *Ulisses* de James Joyce. Mas era uma idéia tão ambiciosa e de realização difícil, que não

passou de alguns esboços fragmentários. Voltou para casa em 1933 e, enquanto tentava inutilmente que *Transatlantic* fosse montada em Nova York, começou a trabalhar numa nova ópera, *Helen Retires*, tratamento moderno dado ao mito da Antiguidade por John Erskine, o presidente da Juilliard School of Music. Frederick Kiesler fez cenários e figurinos muito inovadores para a estréia no auditório da escola, em 28 de fevereiro de 1934. Mas o compositor foi o primeiro a reconhecer que a ópera foi "um fiasco gigantesco".

Desgostoso com o fracasso, Antheil mudou-se para Hollywood, onde ficou até o fim da vida, dedicando-se a escrever trilhas sonoras para o cinema. Mantinha também, num dos jornais de Los Angeles, uma coluna de consultório sentimental e, juntamente com a atriz Heddy Lamarr, pesquisou um controle remoto para torpedos. Em 10 de junho de 1941, eles deram entrada no pedido n. 2.293.387, de patente para "um sistema secreto de comunicação, envolvendo o uso de ondas de diversas freqüências, especialmente útil no controle remoto de engenhos dirigíveis, como os torpedos"; mas não se sabe se a engenhoca Antheil-Lamarr chegou a ser usada pela marinha de guerra americana. Esse Proteu das artes redigiu ensaios sobre endocrinologia, para uma revista de divulgação científica, e escreveu alguns livros:

- o romance policial *Death in the Dark*, publicado em Londres, em 1940, com o pseudônimo de Stacey Bishop;
- um volume de ensaios políticos, *The Shape of the War to Come*, publicado anonimamente em 1940;
- e a autobiografia *Bad Boy of Music* (1945), um saboroso retrato do mundo musical Americano e europeu.

Na década de 1950, Antheil voltou à ópera com partituras de um estilo neo-romântico, de melodias ricas e bem desenvolvidas, harmonias de texturas elaboradas, e estrutura polifônica, a léguas de distância das ousadias de início de carreira, influenciadas pelo tipo de música que se escrevia na época para o cinema. Seu objetivo, agora, era "uma linguagem musical que fosse acessível e fácil de compreender para as platéias de todos os teatros

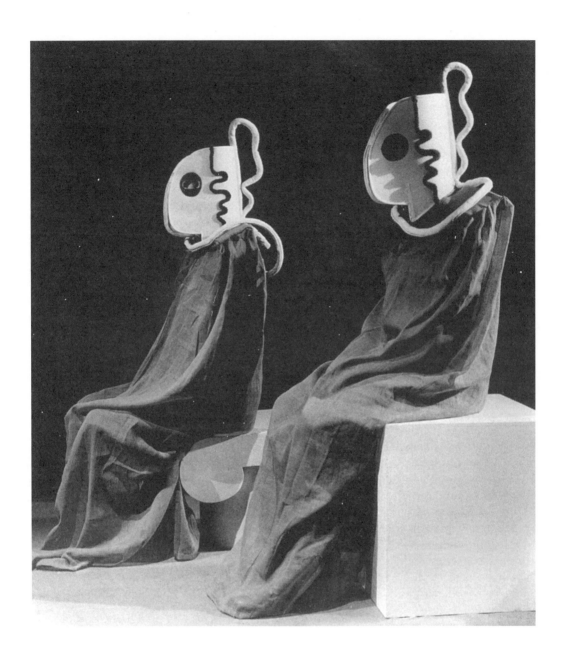

Figurinos de Frederick Kiesler, para a estréia de *Helen Retires*, de G. Antheil, na Juilliard School of Music, em 1 de março de 1934.

americanos". *The Brother* e *Venus in Africa*, ambas de 1954, e *The Wish*, escrita em 1956, são comédias leves em um ato, quase musicais. A cantata cênica *Cabeza de Vaca* foi transmitida postumamente, em 10 de junho de 1962, pela rede CBS de televisão.

A obra mais interessante e elaborada dessa fase final é *Volpone*, baseada na longa comédia de Ben Jonson, com mais de quatro horas de duração, se for encenada na íntegra. Antheil e seu libretista, Albert Perry, condensaram a peça às proporções de uma ópera cômica bem ágil, de que não estão ausentes elementos originários da Broadway. Mas *Volpone* trabalha também com toda a tradição bufa que, saindo do *Falstaff*, passa por Wolf Ferrari, os italianos americanizados Vittorio Giannini e Giancarlo Menotti, ou o italiano Nino Rota. Em certo sentido, talvez seja a sua obra cênica mais interessante. A estréia foi em Los Angeles, em 9 de janeiro de 1953. A respeito dela, declarou Antheil:

> Tentei compor um novo tipo de ópera, cujo estilo é influenciado pelo ritmo que o público deseja, pois seu gosto foi educado – ou corrompido – pelo cinema e, depois pela televisão; ou seja, uma ópera que seja menos estática no palco.

Concordava nesse ponto com o compositor Constance Lambert que, na mesma época, afirmava:

> Para o século XX, os filmes têm o impacto emocional que a ópera tinha para o XIX. Griffith é o nosso Puccini e Cecil B. De Mille é o nosso Meyerbeer.

Valeria a pena reavaliar, mediante o disco, obras como *Volpone* e *Transatlântico*. *The Life and Music of George Antheil* (UMI Research Press, 1983), de Linda Whitesitt, é o estudo mais substancioso sobre a carreira desse músico singular.

Pound

Como na poesia, é muito peculiar o nicho ocupado por Ezra Loomis Pound (1885-1972) na História da Ópera. Embora a sua produção lírica tenha sido pequena, o autor dos *Cantos* merece inclusão neste capítulo, pois a sua ativi-

dade musical é característica da efervescência intelectual dos anos 1920-1930, e do ecletismo dos artistas que trabalharam nesse período. Como George Bernard Shaw, Pound também promoveu concertos e escreveu crítica musical[2]. A arte dos trovadores provençais o interessava particularmente e, estimulado por seu amigo Arnold Dolmetch, ele fez pesquisas a respeito das melodias com que esses poetas se acompanhavam ao alaúde, quando declamavam.

George Antheil, cuja obra ele tinha defendido e analisado em seu pouco ortodoxo *Tratado de Harmonia*, o ajudou na escrita de sua primeira ópera, *Le Testament de Villon*, baseado no poema escrito entre dezembro de 1461 e março de 1462 pelo grande poeta francês do século XV, durante seu aprisionamento em Meung-sur-Loire, por ordem do bispo de Orleans. Nesse texto – ao qual pertencem as suas *ballades* mais brilhantes: a *Pour Prier Nostre-Dame*, a *Des Dames du Temps Jadis*, ou a *De la Belle Heaulmiere* – Villon passa em revista a sua vida dissoluta e medita sobre o declínio físico e a aproximação da morte.

O estilo quase monódico da escrita vocal e a inspiração relativamente limitada do compositor amador restituem o sabor da música trovadoresca, ao mesmo tempo que antecipam certas características de escrita dos compositores minimalistas do futuro. Duas canções da ópera foram executadas, em 1924, num concerto realizado em Paris. Dois anos depois, uma versão mais completa, mas ainda assim com cortes, foi ouvida na Salle Pleyel, também em versão de concerto. A ópera completa foi transmitida pela BBC em 1931. Em 1965, o Festival de Spoleto a encenou sob a forma de um balé. A montagem tal como Pound a imaginara foi feita em 1971, no Western Opera Theater de Berkeley, na Califórnia (desse espetáculo, existe uma gravação no selo Fantasy). Em 1932, Pound fez uma segunda experiência operística com *Cavalcanti*, baseada na vida e na obra do poeta italiano Guido Cavalcanti – salvo engano, essa partitura permanece inédita.

---

2. A íntegra de seus trabalhos nessa área foi compilada por R. Murray Schafer em *Ezra Pound and Music: the Complete Criticism* (Fabwer, 1978).

O NEO-REALISMO AMERICANO

Paixões violentas, intrigas melodramáticas, contrastes emocionais extremos, momentos de alta tensão sucedendo-se muito rapidamente: essas características básicas do Verismo italiano, que teve sua fase privilegiada entre 1890 e as primeiras décadas do século XX, nós as reencontraremos no movimento neo-realista, que será bem forte na ópera americana das décadas de 1940-1950, e até mesmo depois disso. O neo-realismo reflete a preocupação – típica dos anos tensos de pós-guerra, marcados pela Guerra Fria e a campanha anticomunista – com a visão crítica da realidade, flagrante na literatura da época: John Steinbeck, Sinclair Lewis, Erskine Caldwell, John dos Passos. E da qual o cinema de pós-guerra oferece também exemplos notáveis.

Por trabalhar com personagens comuns em situações críticas, porém prosaicas, numa linguagem que o vincula ao legado do Verismo italiano, Gian-Carlo Menotti é usualmente apontado como o protótipo do Neo-realismo americano. Mas antes dele, já havia elementos incipientes nas obras dos nativistas: a *Natoma* (1911), de Herbert, a *Shanewis* (1918) ou a *Witch of Salem* (1926), de Cadman. É cruamente verista a ambientação de *The White Bird* (1924), de Ernest Carter, uma sombria história de crime que se passa num acampamento de caça nas montanhas Adirondack. O mesmo acontece nas óperas dos músicos que trataram dos problemas de adaptação do estrangeiro ao Novo Mundo, ou da forma como essa comunidade era explorada pelo crime organizado: *The Immigrants* (1914), de Converse, ou *The Padrone* (1912), de Chadwick.

Antes da geração de Steinbeck e Caldwell, já havia, na literatura americana, precursores como Bartley Campbell, William Dean Howells ou William Gillette, cujas personagens ainda tinham comportamentos que as ligavam à tradição do melodrama romântico, mas eram gente simples, de extração burguesa ou pertencentes às classes pobres, transitando em ambientes reais meticulosamente descritos. Marco do teatro naturalista americano é *Margaret Fleming* (1890), de James Herne, recusada por todos os teatros, pois seu autor, discípulo de Zola, discutia, sob o ângulo da denúncia social, assuntos tabu: infidelidade, gravidez de uma mulher solteira, nascimento de uma criança ilegítima. *Margaret Fleming* foi um sucesso de escândalo quando Herne a montou com seus próprios recursos.

Outro autor importante, nesse processo de remodelar o melodrama, ambientando-o em cenários novos, tipicamente americanos, é David Belasco, cujas peças inspiraram duas das óperas de Puccini. Uma delas é *The Girl of the Golden West* (1905), cujas personagens, na moldura do faroeste – do país na fase da expansão territorial –, são um bandido fugitivo, uma mulher dona de *saloon*, capaz de enfrentar os homens de maneira decidida, e um xerife desprovido de escrúpulos.

Antes mesmo de Herne e Belasco, Steele McKaye já tinha feito imenso sucesso com *Hazel Kirke* (1880), cuja intriga também ainda está presa aos clichês melodramáticos românticos: os efeitos, sobre a vida familiar, da expulsão de uma jovem que deu um "mau passo". Mas as personagens pertencem à classe trabalhadora e, em vez da artificiosa retórica das peças românticas, expressam-se numa linguagem quotidiana, coloquial – o que também acontece com as criaturas de Belasco. "Na verdade", diz Gary Richardson em *American Drama from the Colonial Period through World War I* (1993),

a retirada do material melodramático de seu universo formal tradicional força o espectador não só a reconhecer a existência desses elementos, mas também a se dar conta de que intensidade emocional não é propriedade exclusiva do melodrama, mas pode também estar presente em formas mais terra-a-terra de teatro.

Não se pode esquecer, nesse contexto, a importância da influência do cinema, para o qual migram, dentro de uma moldura realista, os grandes clichês do melodrama. Muitos jovens compositores trabalharam em Hollywood, fornecendo trilhas sonoras para essa nova forma de arte dramática, e absorvendo a lição de mestres europeus como Erich Wolfgang Korngold – um grande operista –, Max Steiner, Miklós Rózsa, Dmitri Tiomkin ou Franz Waxman, que os grandes estúdios tinham trazido para os Estados Unidos. Falando da estrutura de cenas curtas de seu *Volpone*, George Antheil dizia ter criado "um novo tipo de ópera, influenciada pelo ritmo que o público hoje deseja, pois seu gosto foi educado – ou corrompido – pelos filmes e, agora, pela televisão; ou seja, uma ópera que é menos estática no palco". Segundo o compositor inglês Constant Lambert, "os filmes têm, no século XX, o impacto emocional que a ópera tinha no XIX. D. W. Griffith é nosso Puccini, e Cecil B. DeMille é nosso Meyerbeer".

De fato, nas obras dos músicos aqui abordados – abrangendo amplo leque, que vai do veterano Gian Carlo Menotti, que se aproxima dos setenta anos, até o contemporâneo Jake Heggie, com pouco mais de quarenta –,

é freqüente percebermos a técnica de narrativa cinematográfica permeando a estrutura da ópera (e também a da televisão, para a qual vários esses autores vão escrever óperas). Mas tentemos, antes disso, traçar o panorama da vida americana no período que vai do final da II Guerra Mundial ate o final do governo Eisenhower.

Os Estados Unidos Pós-Roosevelt

Terminado o mandato de Franklin Roosevelt, seu vice, Harry Truman, elegeu-se presidente, no pleito de 1948, com base na plataforma do *Fair Deal*. Assumindo a liderança da luta contra o comunismo, a Doutrina Truman propôs, em 1947, ajuda econômica e militar aos países que aceitassem opor-se à expansão dessa ideologia. A primeira manifestação dessa política é o Plano Marshall, que reconstrói a Alemanha Ocidental e o Japão, atraindo esses dois países para a esfera de influência americana. Em seguida, com o Programa dos Quatro Pontos – extensão do intervencionismo da Doutrina Monroe –, Truman proclamou a responsabilidade americana em defender a democracia em escala mundial. Essa política teve várias conseqüências:

- o apoio, entre 1947-1949, ao rei Paulo, da Grécia, para que reorganizasse seu exército e lutasse contra a guerrilha comunista, que proclamara a república no norte do país;
- a ajuda ao governo turco, com armas e créditos, defendendo-o contra as pretensões soviéticas à devolução dos territórios de Kars e Ardahan;
- a ajuda ao xá Mohamed Reza Pahlevi, do Irã, contra a política de nacionalização do petróleo tentada, em 1951, pelo primeiro-ministro Mohamed Mossadegh, que forçara o soberano a exilar-se no exterior; tropas americanas ajudaram Pahlevi a voltar a Teerã e derrubar o governo de Mossadeg; desse ponto em diante, o xá viu-se convertido no "gendarme do Golfo Persico", defensor máximo dos interesses americanos nessa área;
- a Guerra da Coréia: os Estados Unidos intervieram, em apoio ao governo sul-coreano

de Syngman Rhee, quando o sul da Coréia, dividida ao termino da II Guerra, foi invadido, em 26 de junho de 1950, pelas tropas da Coréia do Norte, lideradas por Kim Il Sung (a guerra terminou com o Armistício de Panmunjon, em 27 de julho de 1953);

• e o Pacto do Pacífico (ANZUS), assinado com a Austrália e a Nova Zelândia, visando a barrar a expansão comunista na Oceania.

No plano interno, essa é uma época de progressivo endurecimento. Apesar do veto presidencial, foi aprovada pelo Congresso, em 1947, a Lei Taft-Hartley, que declarou ilegais as greves nos setores considerados fundamentais (saúde, transporte, educação). O Executivo passou a ter o direito de proibir a paralisação do trabalho em determinados períodos. Foi eliminado o monopólio dos sindicatos na representação dos trabalhadores e eles ficaram proibidos de apoiar os partidos políticos. Em 1951, a Emenda 22 à Constituição limitou os mandatos presidenciais a dois períodos de quatro anos.

A derrota dos nacionalistas na China e a perda do monopólio nuclear, após a primeira explosão atômica soviética, desencadearam uma psicose anticomunista, que se manifestou nos processos contra dirigentes do PC: intelectuais de esquerda, como o escritor Alger Hiss; ou cidadãos estrangeiros suspeitos de espionagem, como o casal Ethel e Julius Rosenberg, condenado à cadeira elétrica apesar de nunca ter-se podido realmente provar se eles trabalhavam para a URSS. Em conseqüência, multiplicaram-se as campanhas internacionais de condenação à intolerância política americana.

A psicose do *red scare* (temor vermelho) chegou ao auge, na década de 1950, com a "caça às bruxas" do maccarthismo. Em 1951, o senador Joseph McCarthy criou o Comitê de Investigação das Atividades Antiamericanas, para apurar a suposta infiltração subversiva nos meios de comunicação e na área das artes e espetáculos. O maccarthismo provocou denuncias, perseguições, prisões, suicídios, e o aparecimento das infames "listas negras", que impediam o trabalho dos intelectuais suspeitos de esquerdismo – forçando-os muitas vezes a recorrer a testas-de-ferro, que surgiam como os autores dos roteiros de cinema, por exemplo, dos escritos feitos pelos autores da *blacklisted*. Apesar da oposição presidencial, o Congresso votou, em 1950, a Lei McCarran-Nixon, que tornou obrigatório o registro de todas as organizações comunistas ou que simpatizassem com ideologias de esquerda. E em 1952, a Lei MacCarran-Walter impôs restrições à imigração de estrangeiros suspeitos de idéias subversivas.

Paralelamente, uma comissão de inquérito demonstrava que os sindicatos estavam infestados de gângsteres. Em 1954, a Federação Americana do Trabalho (AFL) expulsou as associações de portuários, caminhoneiros, padeiros e donos de lavanderias, que estavam sob o controle direto do crime organizado. Em 1955, dando prosseguimento a esse processo de saneamento sindical, a AFL fundiu-se com o Congresso das Organizações Industrias (CIO), formando a AFL-CIO, o maior sindicato do mundo em numero de associados.

Menotti

Durante pelo menos vinte anos, e sobretudo na atribulada fase do pós-guerra, Gian Carlo Menotti foi um dos mais aclamados autores de ópera dos Estados Unidos, devido a seu senso dramático natural, enraizado na tradição italiana da primeira metade do século XX, a sua facilidade melódica – dentro de um idioma deliberadamente conservador – e à habilidade para criar situações e caracterizar suas personagens (além de escrever seus próprios libretos, ele é o autor de um excelente texto, o da *Vanessa*, de Samuel Barber).

Sexto de uma família de dez filhos, Menotti nasceu em 1911, na cidade italiana de Cadegliano, às margens do Lago Lugano. Seu pai era um importador-exportador que enriquecera fazendo negócios com a América do Sul. A mãe cantava, tocava piano, tornou-se pintora aos 62 anos e, dois anos mais tarde, aprendeu sozinha a tocar violão. Gian Carlo herdou seu talento musical; ela foi sua primeira professora de piano. A música era presença constante na vida do menino, devido aos saraus organizados pela família. Neles, desde cedo, Gian Carlo tocava para acompanhar as apre-

sentações de teatro de marionetes feitas juntamente com Pier Antonio, seu irmão mais velho – data daí seu interesse pelo teatro. Pier
Antonio e ele escreviam as peças, desenhavam
os cenários e os figurinos para os bonecos.

A paixão pelo teatro aumentou a partir dos
dez anos, quando a família mudou-se para
Milão. Gian Carlo detestava a escola regular –
"uma grande chatice" –, rejeitava o tradicio-
nalismo do ensino no Conservatório Verdi,
onde fazia composição, harmonia e piano, e
aprendia mais assistindo aos espetáculos no
Scala do que lustrando os bancos escolares.
Aos onze e doze anos, respectivamente, escreveu duas pequenas óperas, *La Morte di Pierrot*
e *La Piccola Sirena*, esta última baseada no
conto de Andersen. As duas partituras foram
mais tarde destruídas por ele.

Tornara-se um menino problema, abandonara a escola de música e ligara-se a ambientes sofisticados milaneses, que adulavam aquele menino precoce e bonito, fazendo-lhes mais
mal que bem. A sra. Menotti ficou viúva quando ele estava com quatorze anos. Precisou ir à
Colômbia, para pôr em ordem os negócios do
marido, que tinham ficado desorganizados.
Depois, decidiu mudar-se para os Estados
Unidos, seguindo a sugestão de Toscanini,
amigo da família, que a aconselhara a afastar
Gian Carlo das influências prejudiciais mila-
nesas, e a inscrevê-lo no Curtis Institute, de
Philadelphia. Com uma carta de recomendação do maestro Tullio Serafin, o rapaz procurou
o professor de composição Rosario Scalero, e
tocou para ele algumas de suas composições.
Scalero concordou em aceitá-lo, desde que
prometesse levar o curso a sério. Menotti prometeu. E conta:

> Numa tarde chuvosa, despedi-me de minha mãe na
> estação da Broad Street. Pela primeira vez na vida fiquei
> sozinho, sem família nem amigos. Lembro-me de meu
> terror. E para piorar as coisas, eu não falava uma só pala-
> vra de inglês.

A solidão durou pouco. Nas classes de
Scalero, Menotti conheceu Samuel Barber, que
se tornou seu companheiro para a vida inteira.
Não podia haver duas pessoas mais diferentes: Barber era descendente de anglo-saxões,
reservado, estável, equilibrado; e Menotti era
um europeu excêntrico e temperamental. A

influência da família muito culta de Barber,
com quem ele passou a morar, foi benéfica para
controlá-lo um pouco. E Menotti apresentou
ao amigo os costumes, as idéias, a cultura européias. Em compensação, Barber o fez apaixonar-se pela música de Brahms e, principalmente, de Schubert, "que me ensinou a me
expressar com simplicidade".

Juntos, eles viajaram pela Itália e a Áustria. Em Viena, hospedaram-se em casa de uma
baronesa tcheca que tomou-se de amores pelos dois rapazes e sempre os entretinha com as
histórias dos bailes que freqüentava, quando
era jovem e bonita. Menotti conta que, em seu
quarto, a baronesa tinha uma inacreditável pen-
teadeira de porcelana, extravagantemente de-
corada com fitas, flores e pequenos cupidos, e
esse móvel improvável lhe parecia ser a cara
daquela mulher idosa e gordíssima, que co-
mia sem parar, falando sempre das festas luxuosas em que brilhava com sua beleza, suas
jóias e seus inúmeros maridos e amantes. As
histórias dessa mulher lhe deram a idéia para
o libreto de *Amelia al Ballo*.

O texto original é em italiano – e sob essa
forma a ópera foi gravada, em 1954, por Nino
Sanzogno, com Margherita Carosio, Rolando
Panerai, Giacinto Prandelli e Enrico Campi (o
registro original da Angel é hoje distribuído
em CD pelo selo Testament). Mas *Amelia* foi
estreada em inglês, em 1º de abril de 1937,
com alunos do Curtis Institute. A tradução de
George Mead intitulava-se *Amelia Goes to the
Ball*. Entusiasmando-se pela partitura, a fundadora do Curtis, Mary Curtis Bok, a propôs a
Fritz Reiner para formar programa duplo com
Le Pauvre Matelot, de Darius Milhaud. A princípio, Reiner recusou, pois não queria apresentar a peça de um estreante desconhecido
ao lado da obra de um músico consagrado.
Mas, na noite da estréia, *Amelia* foi muito mais
aplaudida do que *O Pobre Marinheiro*.

O prelúdio orquestral muito vivo – com
uma seção central de estilo sentimental, citando a melodia do trio "Chi può saper" – denota a influência das comédias de Wolf-Ferrari (em
especial *Il Segreto di Susanna*). Amélia, a
mulher jovem e bonita de um homem rico, está
se preparando para o primeiro baile da estação, e canta com a Amiga um dueto em que
elas dizem que nada, nem mesmo o amor ou a

honra, tem importância quando uma mulher está se arrumando para ir a uma festa. Quando Amélia já está quase pronta, o Marido aparece anunciando que já não vão mais ao baile, e pede para falar com sua mulher em particular.

Ao pedido de explicação de Amélia, o Marido declara que encontrou, numa de suas gavetas, a carta de um amante que se assina Bubi. Exige saber quem é o amante, ela se recusa a dizer, eles chegam finalmente a um compromisso: Amélia dirá o nome se ele prometer levá-la ao baile em seguida. O marido concorda, mas fica enfurecido quando a esposa revela que o amante é o morador do andar de cima. Vai levá-la ao baile, sim, mas só depois de dizer uma palavrinha ao vizinho; e sai empunhando uma pistola. Isso a preocupa muito. Se os dois homens se metem a brigar, quem a levará ao baile? Pela varanda, pede ao amante que desça e, enquanto o espera, canta a melodiosa romança "Vola intanto l'ora insonne", na qual pergunta por que o céu não ajuda as mulheres:

> Noi da Te si vuoi ben poco.
> L'uom chiede mari e monti,
> noi una piuma, un vezzo, un niente. [...]
> Non poter, nè gloria invoco,
> solo un ballo, un semplice ballo.

(Nós queremos muito pouco de Ti. O homem pede coisas e loisas, nós, só uma pluma, uma bobaginha, uma ninharia. [...] Não invoco nem poder, nem glória, só um baile, um simples baile.)

O Amante desce por uma corda, entra no quarto. A princípio pensa em ficar e enfrentar o Marido. Depois, ao saber que ele está armado, decide fugir; mas é tarde demais: sons de passos se aproximam. Ele se esconde. O Marido chega, frustrado, concorda em ir ao baile mas, ao ver a corda dependurada do lado de fora, procura pelo Amante, encontra-o, aponta-lhe a pistola, mas... a arma nega fogo. "É a minha vez", diz o Amante, arregaçando as mangas. O Marido pede que ele seja razoável, os dois sentam-se para conversar e, na romança "Fu di notte", o vizinho conta como ficou conhecendo Amélia. Terminada essa narrativa, as três personagens dirigem-se ao público num trio:

> Chi può saper
> quale è il torto e la ragione? [...]

> Nessuno sa dove viene e dove va,
> conscio del mister
> che il mondo è un miraggio
> e un'eco il pensier.
> Che dunque hai tu in testa
> se non sogni e capricci?

(Quem pode saber o que está certo ou errado? [...] Ninguém sabe de onde vem e para onde vai, consciente do mistério de que o mundo é uma miragem e o pensamento um eco. O que tens na cabeça senão sonhos e caprichos?)

Amélia finalmente pergunta: "Per l'ultima volta, al ballo m'accompagni?" E quando o Marido responde: "No! sei molesta come una mosca!", ela fica furiosa: "Oh! Questa me la pagherai colla tua testa!" Pega um vaso, quebra-o na cabeça dele e, ao vê-lo estendido no chão, começa a gritar por socorro. Durante o animado interlúdio orquestral, chegam os vizinhos, os policiais e um simplório Chefe de Polícia, que fica muito ofendido ao ouvir dos moradores do prédio que o "cadáver" ainda está respirando. Amélia, lisonjeando o Chefe de Polícia ao chamá-lo de General, acusa o Amante de ser um ladrão, e ele é levado preso, enquanto carregam o Marido para uma ambulância. Quem levará Amélia agora ao baile? O Chefe de Polícia, é claro. Ele se oferece galantemente e enquanto sai, triunfalmente, levando-a pelo braço, "splendidamente abbigliata e felicissima", o coro conta a moral da história:

> Gioite, Amelia al ballo andrà.
> La mia favol' ha morale.
> È tutta qua:
> se donna vuole andare al ballo,
> al ballo andrà.

(Alegrem, Amélia irá ao baile. A minha fábula tem moral. Ei-la aqui: se a mulher quiser ir ao baile, ao baile ela irá.)

Nessa fábula simples, em que o baile simboliza aquilo que, por seus próprios meios, a mulher sempre consegue, Amélia é a única personagem de verdade. Só ela tem um nome; os outros são fantoches que gravitam à sua volta, estereótipos que representam diversos tipos de atitude masculina em relação a essa figura fútil, doidivanas, tudo o que quiserem, mas sedutora, profundamente feminina. A música é assumidamente diatônica, na mesma linha do que, na mesma época, Nino Rota fazia com *Il Cappello di Paglia di Firenze*. É cativante a facilidade melódica de Menotti em uma ária como "Amelia cara, gioia adorata", em que o Marido declara seu amor por ela – e cujo tema vai reaparecer em pontos importantes da ação. "Vola l'intanto l'ora insone", que várias cantoras anexaram a seu repertório, é uma ária na grande tradição vocal italiana. E é igualmente deliciosa a romança "Fu di notte, come in sogno", em que o Amante conta como se conheceram. Ou seja, *Amelia* é uma daquelas óperas que oferece boas chances a cada um de seus intérpretes principais; e até mesmo às secundárias: a Amiga no dueto "La notte è troppo breve"; e o Chefe de Polícia em "Perchè affligersi tanto?", em que ele se apresenta como a solução para o insolúvel problema da protagonista.

Amélia Vai ao Baile pertence à estirpe das óperas curtas do início do século XX – como *O Segredo de Susana*, de Wolf-Ferrari, *A Hora Espanhola,* de Maurice Ravel, *Die Abreise*, de Eugen d'Albert, ou *Alexandre-bis*, de Bohuslav Martinu – em que as relações homem-mulher são vistas de um ângulo de suave ironia. E em que a lição subjacente é *carpe diem* (e *noctem* também). Óperas, em suma, em que triunfa a vida em si mesma, o prazer de viver.

O nome de Menotti como operista firmouse, em 3 de março de 1938, com a apresentação de *Amelia* no Metropolitan, como o demonstra a entusiástica resenha de Olin Downes no *New York Times* de 4 de março de 1938:

A Metropolitan Opera Company encenou, a noite passada, uma obra leve de um jovem músico que inicia, de forma extremamente brilhante e divertida, a sua carreira como compositor lírico. Há algo aqui, como temos de admitir com pesar, que ainda não se materializou num compositor americano nato: música dramática, música vocal. A flexibilidade e a espontaneidade da partitura são inatas. O recitativo, às vezes falado e às vezes cantado, não faz a língua inglesa soar estúpida ou fútil na boca dos cantores. Mr. Menotti fez coisas estupendas com as formas tradicionais.

A música é genuína porque é fundamentalmente italiana na textura e no espírito. A maneira é um direito de nascença do compositor. Para ele, é natural e instintivo escrever dessa maneira, de modo claro, espontâneo, melodioso e bem-humorado. Isso é interessante: os números fechados, os temas, atraentes e, às vezes, divertidos, por causa do texto ou da maneira como a música é escrita, são as páginas que menos chamam a atenção. O que é fascinante é a continuidade do tecido musical, a ágil pontuação tonal do que está acontecendo, a caracte-

rização hábil, a capacidade de combinar todos os elementos musicais em movimentos de conjunto que são tão alegres, e procedem diretamente do grande trunfo arquitetural da ópera leve italiana, o finale concertado.

Na noite da estréia, após *Amelia* foi cantada a *Elektra* de Strauss. Nas seis récitas seguintes, o *Galo de Ouro* de Rímski-Kórsakov – cantado em inglês – forneceu companhia mais compatível à comédia.

A música de Menotti era tão viva, tão extrovertidamente cantabile, que o sucesso de *Amelia Goes to the Ball* trouxe consigo a primeira encomenda de uma ópera especialmente escrita para o rádio. *The Old Maid and the Thief* (A Solteirona e o Ladrão) foi transmitida pela NBC em 22 de abril de 1939, e encenada em Philadelphia em fevereiro de 1941. As possibilidades da ópera radiofônica, que depende muito da imaginação do ouvinte e de sua capacidade de visualizar as cenas, são limitadas. É preciso, às vezes, usar narradores que expliquem a ação, ou redigir sinopses a serem lidas antes de cada ato, como acontece, regularmente, nas transmissões radiofônicas de óperas padrão. Para *A Solteirona e o Ladrão*, que Menotti chamou de "uma ópera grotesca em 14 cenas", há uma breve descrição de cada cena "destinada às transmissões de rádio apenas".

Numa pequena cidade interiorana, no final da década de 1930, miss Pinkerton toma chá em casa de sua vizinha, a solteirona miss Todd, e lhe fala das ultimas noticias. Nisso, Bob, um mendigo, bate à porta dos fundos e é atendido por Laetitia, a empregada. Quando a visita vai embora, patroa e empregada, ansiosas por companhia masculina, o convencem a ficar. Tratam-no com comida e conforto, e dizem à vizinhança que se trata de um parente de miss Todd que, por estar adoentado, não pode receber ninguém. No dia seguinte, através de miss Pinkerton, a solteirona fica sabendo que a descrição do fugitivo da prisão, à solta na cidade, corresponde à de Bob. Mas continua a dar-lhe abrigo e chega até mesmo a roubar pequenas quantias, para poder lhe oferecer todo o conforto que ele reclama.

Passa-se uma semana, Laetitia e miss Todd acalentam sonhos de romance e casamento, mas o hóspede nada quer além dos bons-tratos que elas lhe dão. Certo dia, Bob ameaça ir embora se elas não lhe trouxerem bebida alcoólica. Para a aflita solteirona, não há alternativa senão roubar a loja de bebidas. Mas, depois do roubo bem-sucedido, miss Pinkerton vem dizer-lhes que a polícia decidiu vasculhar todas as casas. Ao ser informado do perigo que corre, Bob afirma ser um mero pedinte, nada ter a ver com o fugitivo da penitenciária e nem com os roubos que as duas cometeram por causa dele. Furiosa, miss Todd ameaça entregá-lo à polícia.

Enquanto a patroa vai até a delegacia, a empregada o convence de que não tem outra saída senão fugir com ela, levando o carro e outros objetos de valor da patroa. Ao voltar, sem ter tido a coragem de denunciar o homem pelo qual sente-se atraída, miss Todd encontra a sua casa depenada pelos dois "traidores". Tem uma crise de fúria, esbraveja e acaba desmaiando, sob o triunfante olhar de censura de miss Pinkerton.

Falando dessa óperazinha, de que era admirador, o cineasta Alfred Hitchcock declarou:

Menotti combina, nela, o senso teatral de quem está escrevendo uma peça popular com um vocabulário musical pucciniano, com um amor italianado pela fluidez da linguagem e um interesse por personagens verdadeiramente humanos. O resultado é uma de suas óperas mais acessíveis.

Essa deliciosa brincadeira foi encenada em São Paulo, no Sesc Ipiranga, em junho de 1999, sob a direção de Caio Ferraz. Existe dela, no selo Turnabout, uma gravação de 1979.

A boa acolhida dada a *Amelia* e *The Old Maid*, que faziam Menotti ser chamado de "the new Rossini", encorajou o Met a montar sua terceira ópera, a tragédia *The Island God*. Escrita em italiano com o título de *Ilo e Zeus*, ela foi cantada em 20 de fevereiro de 1942, na tradução inglesa de Fleming McLeish.

Ilo e sua jovem mulher Telea, fugindo da perseguição de seus inimigos, atingem uma ilha desabitada do Mediterrâneo, onde ele dá vida, mediante artes encantatórias, à estátua de pedra de um deus que exige a restauração de seu templo. Ilo dedica-se a realizar esse trabalho mas, com isso, negligencia Telea, e ela se consola nos braços de Luca, jovem pesca-dor surgido não se sabe de onde. Ilo descobre o casal de amantes e os expulse da ilha; mas, ao ficar sozinho, dá-se conta de que a divindade nada pode fazer para aliviá-lo da dor provocada por suas paixões humanas. Acusando o deus de crueldade, ele morre de dor.

O elenco da estréia, conduzido por Ettore Panizza, era excelente: Leonard Warren (Ilo), Astrid Varnay (Telea), Norman Cordon (o Deus), Raoul Jobin (Luca), John Carter (Pescador). Mas isso não impediu o público – que esperava uma nova comédia – de achar a ópera aborrecida, e a crítica de fazer dela uma avaliação demolidora. *O Deus da Ilha* foi apresentada três vezes em companhia dos *Pagliacci*, muito mais aplaudidos do que ela; e foi um verdadeiro desastre ao ser ouvida junto com *La Bohème*. Depois dessa quarta récita, Menotti retirou a partitura, declarando ter chegado à conclusão de que o assunto era demasiado heróico para o tipo de música que ele escrevia: "Foi nessa época que me dei conta de que o primeiro dever do artista é ter consciência de suas limitações. Minha veia, decididamente, não era heróica."

Ao que tudo indica, Menotti destruiu a partitura dessa terceira ópera; mas, antes de fazê-lo, concordou em que se preparasse, para uso em concertos sinfônicos, uma suíte com seus episódios instrumentais. Deprimido com esse fracasso, isolou-se na Casa Capricórnio, que Barber e ele tinham comprado em Mount Kisco, no estado de Nova York, e dedicou-se por algum tempo à música sinfônica – um belo *Concerto para Piano* (1943) escrito para Rudolf Firkušný – e ao balé: escreveu o roteiro e a música de *Sebastian* (1944), ambientado em Veneza no século XVII e coreografado por Edward Caton. Quatro anos se passariam antes que ele voltasse ao palco lírico e, desta vez, para um novo sucesso.

A idéia para o libreto de *The Medium* lhe viera em 1936, durante a viagem à Áustria com Barber, quando Menotti assistiu, em Viena, a uma sessão espírita. Essa ópera em dois atos foi um triunfo ao estrear, no Brander Matthews Theater da Universidade de Columbia, em 8 de maio de 1946, com Marie Powers no papel título. E foi muito bem recebida pela crítica, tanto nos Estados Unidos, onde Winthrop

Sargeant a chamou de "um melodrama sinistro, ao mesmo tempo um *thriller* de gelar a espinha e uma ópera de verdade", quanto no exterior. Em Paris, Jean Cocteau escreveu:

> Menotti fez de peças, óperas e de óperas, peças. Foi capaz de encontrar, em sua admirável *Médium*, um estilo vocal que eleva o ordinário e o quotidiano à categoria do drama lírico.

Havia um motivo para o entusiasmo de Cocteau: a ópera de Menotti correspondia a muitas das propostas que ele próprio fizera, enquanto mentor do Grupo dos Seis, e que Francis Poulenc realizaria, mediante uma linguagem que tem mais de um ponto em comum com a do ítalo-americano, em *Les Mamelles de Tirésias* ou *La Voix Humaine*. Entusiasmo que a crítica do *La Bataille* ecoou:

> A *Médium* foi uma verdadeira revelação. Há nela uma atmosfera absolutamente mágica e um senso psicológico de intensidade dramática que raramente encontramos. Ela é um momento muito importante no teatro lírico contemporâneo.

No dizer do próprio Menotti, a *Medium* é "a tragédia de uma mulher apanhada entre dois mundos, o da realidade, que não consegue compreender inteiramente, e o do sobrenatural, em que não consegue acreditar". Madame Flora é uma impostora que se faz passar por médium. É ajudada, em seus truques, pela filha Monica e por Toby, o empregadinho mudo; mas não lhe agrada de forma alguma o relacionamento amoroso de Monica e Toby, a quem maltrata sempre que pode. Naquela noite, ela é visitada pelo casal Gobineau, clientes habituais, e pela viúva sra. Nolan, que está vindo pela primeira vez. A sra. Nolan parece reconhecer a filha morta, que a médium invocou; mas a seção é interrompida, porque Madame Flora fica histérica ao sentir na garganta uma mão gelada. Suspeita que Toby tenha sido o responsável pela brincadeira de mau-gosto e, como ele não pode responder às suas acusações, espanca-o cruelmente. Flora bebe muito para controlar a angústia. No final, vítima aterrorizada de sua própria fraude, ao ver uma sombra agitar-se na escuridão, atira em Toby, que estava escondido atrás de uma cortina.

Há um vivo contraste entre a figura violenta e temperamental de Flora, a doçura in-

defesa de Monica, e a ingenuidade de Toby que, com sua mímica, parece um Pierrô de *Commedia dell'Arte* transposto para uma realidade que ele parece não compreender. Predomina na *Médium* um recitativo melódico muito dramático, de toques puccinianos. Apenas Monica canta: a melodiosa "Mummy, Mummy dear, you must not cry for me", quando faz o papel da filha morta da sra Nolan; ou a canção modal "Black Swan", de sabor cigano, com que tenta acalmar a mãe. Seu momento mais comovente é, no início do ato 2, a cena em que acaricia Toby, espancado pela mãe. Falando como se fossem dele as suas palavras, ela diz:

> Monica, Monica, can't you see
> that my heart is bleeding for you?
> I loved you, Monica, all my life.

(Não vê, Mônica, que meu coração está sangrando por você? Eu te amei toda a minha vida, Mônica.)

Depois, acariciando a cabeça machucada de Toby, e erguendo o seu rosto, para que possa olhá-lo nos olhos cheios de lágrimas:

> Toby, I want you to know that you have
> the most beautiful voice in the world.

(Toby, quero que saiba que você tem a voz mais bonita do mundo.)

O lirismo de suas melodias, perfeitamente diatônicas, contrasta com as dissonâncias, que vão se tornando cada vez mais acentuadas, à medida que aumenta o pavor de Madame Flora por ter abusado do direito de tocar em coisas do sobrenatural que, agora, podem a estar ameaçando. Flora expressa-se num arioso livre, de caráter declamatório, que tem seu momento mais impressionante em "I'll make you talk", quando ela interroga o surdo-mudo, chicoteando-o cruelmente. Menotti usou um conjunto de quatorze instrumentistas, incluindo um duo de pianos; mas o quinteto de cordas pode ser expandido, caso se deseje uma orquestra de câmara de som mais encorpado. Há um uso marcante da celesta e do xilofone como instrumentos solistas e, no monólogo final de Flora, "Afraid? Am I afraid?", as intervenções dos violinos parecem apontar para o uso que Bernard Herrmann fará dos instrumentos de corda, na cena famosa do assassinato no chuveiro, em *Psicose* (1960), de Alfred Hitchcock. Existe da *Médium* um vídeo com Regina Resnik e Patricia Neway; no selo Cedille, há a gravação de Lawrence Rapchak, feita em 1996 na Ópera de Chicago (Castle, Bedi, Ragains, Landis, de Graaff).

Sentindo a necessidade de um *lever de rideau* para a *Médium*, Menotti compôs, em 1946, uma comédia leve, de tom diametralmente oposto ao da sombria ópera que a acompanha. *The Telephone or L'Amour à Trois* foi estreada no Heckschner Theater de Nova York, em 18 de fevereiro de 1847 e, em programa duplo com *The Medium*, alcançou 211 récitas no Ethel Barrymore Theater, da Broadway, na temporada 1947-1948. Ben quer pedir Lucy em casamento, mas nunca consegue falar com ela pois, a todo momento, a moça está dependurada no telefone. Depois de várias tentativas infrutíferas, a solução é ir à cabine telefônica do outro lado da rua, e ligar para ela (hoje em dia, bastaria usar o celular e telefonar para ela do sofá ao lado).

Depois de uma típica abertura de ópera bufa, bem efervescente, segue-se uma partitura bastante ligeira, que usa em modo de paródia vários estilos musicais imediatamente reconhecíveis. As conversas de Lucy ao telefone formam um colar de mini-árias muito contrastante. A primeira delas, "Oh, Margaret, it's you", de formato mais elaborado, tornou-se peça independente de recital. Do *Telephone*, existem as seguintes gravações:

Decca, 1992 – Farely, Smythe-Serebrier;
Nuova Era, 1993 – Banks, Ricci-Vaglieri;
Albany, 1994 – Ommerle, Holmes-S. Rodgers Radcliffe – ao vivo no Queens College de Flushing, NY.

Como acontecia freqüentemente com os compositores do Verismo, a leitura de uma notícia de jornal – a história de uma mulher européia que se suicidara, porque não conseguia o visto de entrada para os Estados Unidos – sugeriu ao imigrante Gian Carlo, vindo de um país que sofrera muito nas mãos do Fascismo, a idéia para a ópera seguinte. *The Consul* foi estreada no Shubert Theater de Philadelphia, em 1º de março de 1950. Em Nova York, onde subiu ao palco em 15 de março do mesmo ano, com Patrícia Neway (Magda), Marie Powers (a Mãe), Cornell McNeill (John Sorel) e Gloria Lane (a Secretária), a peça ficou oito meses em cartaz. Para *The Herald Tribune*,

esse novo drama musical, além de uma partitura sensacional, traz uma mensagem que é tão oportuna quanto a próxima sessão das Nações Unidas, que é tão urgente quanto a luta ideológica de vida e morte pela qual o mundo inteiro passa atualmente.

De fato, *O Cônsul* tocava em um problema candente para a época. O McCarron Act tinha acabado de fechar as portas do país a todos os estrangeiros cujas convicções políticas fossem consideradas inadequadas. Essa história de negação da liberdade, de espera interminável, de medo, frustração, desconfiança, tocava uma corda muito sensível em todos aqueles que tinham consciência da contradição que havia em os Estados Unidos apregoarem ser "the home of plenty and opportunity" e, ao mesmo tempo, negarem asilo a gente oprimida de outras terras, por motivos políticos discutíveis. A força de sua temática, associada à dramaticidade da música, conquistou para *O Cônsul* o posto de uma das óperas mais importantes do repertório americano. Com ela, Menotti ganhou o Prêmio Pulitzer e o prêmio do Círculo de Críticos de Teatro. O libreto foi traduzido em uma dúzia de línguas e a ópera foi cantada em mais de vinte países diferentes.

Em Milão, porém, *O Cônsul* provocou manifestações de protesto do Partido Comunista, que acusava Menotti de ser reacionário, pois fizera em sua ópera um retrato de pesadelo da Rússia stalinista. E os patriotas italianos também protestaram, denunciando o "entreguismo" de um artista que renunciara à sua identidade mediterrânea (na verdade, Menotti nunca abandonou a sua naturalidade italiana), elegendo domicílio permanente nos Estados Unidos. Em 1972, ao ser programada para apresentação no Maggio Musicale Fiorentino, *O Cônsul* viu-se de novo no epicentro de um terremoto político: o compositor de vanguarda Luigi Nono, militante ortodoxo do PCI, recusou-se a permitir que sua ópera *Intolleranza* fosse encenada na mesma temporada, pois a de Menotti era "o esquálido produto da guerra fria e do anti-sovietismo". Nada disso empanou, porém, o fascínio que a obra exercia sobre as platéias.

Em 1961, *O Cônsul* tornou-se a primeira ópera a ser exibida pelo sistema *pay-per-view*, na televisão. Nessa época, Jack Gould, do *New York Times*, elogiou a "habilidade consumada com que a eloqüência e a beleza dessa obra são realizadas na telinha"; e disse que Patrícia Neway cantando "To this we've come" ficaria como "um dos momentos antológicos na história da televisão americana". Muito marcante foi também a montagem do Lyric Opera de Chicago, em 1996, dirigida por Robert Falls e tendo Barbara Daniels no papel de Magda. Essa encenação, ambientada nos dias de hoje, mostrou o quanto é atual a história do *Cônsul*, da qual existem as seguintes gravações:

Decca, 1950 – Neway, Powers, McNeill, Lane, McKinley, Lishner-Lehman Engel (a gravação da estréia nova-iorquina).

Chandos, 1999 – Bullock, Otey, Kreitzer, Austin, Livengood-Richard Hickox, ao vivo no Festival de Spoleto.

Em algum lugar da Europa central, após a II Guerra, a polícia secreta está à procura de John Sorel, devido às suas posições políticas, contrárias ao regime totalitário do país. Ele é forçado a fugir, para pôr-se em segurança, deixando para trás a mãe idosa, Magda, sua mulher, e o filho recém-nascido. Magda terá de apelar para a ajuda do consulado de seu país, de modo a conseguir unir-se ao marido. Antes de sair, porém, John lhe avisa que, quando alguém jogar uma pedra em sua janela, ela deve ligar para Assan, o vidraceiro, que terá instruções a lhe passar.

No consulado, a Secretária atende friamente aos que apresentam pedidos de visto. O de um certo Mr. Kofner foi recusado porque as fotografias não eram do tamanho regulamentar. A uma mulher italiana – desesperada, pois sua única filha está doente, e foi abandonada, com um bebê pequeno, pelo soldado com quem fugiu de casa – a Secretária responde que é necessário preencher os formulários, e esperar um ou dois meses pelo visto. Magda chega, pede para falar com o Cônsul, e ouve da Secretária que ele não pode receber ninguém, pois está muito ocupado. O mágico, Nika Magadoff, tenta em vão hipnotizar a Secretá-

ria. O ato se encerra com um concertato muito lento, em que todos sugerem, com mímica, o que significa ficar ali esperando, dia após dia, sem a menor esperança de ser atendido.

Em casa, Magda tem um sonho em que vê John com a Secretária, a qual ele apresenta-lhe como sua irmã, e seu filho aparece morto. Acorda assustada, com o barulho da pedra na janela, tenta ligar para Assan, mas a polícia chega e lhe diz que ela poderá partir se entregar os amigos e cúmplices do marido. Magda expulsa-os de sua casa, e fala com Assan, de quem fica sabendo que John está escondido nas montanhas, e só sairá do país depois de ter certeza que ela poderá acompanhá-lo. Magda manda-o dizer ao marido que ela já conseguiu os documentos, pois sabe que só assim o convencerá a salvar a própria vida. Quando desligam, a avó lhe diz que a criança não resistiu às privações, e morreu. As duas choram pensando em John, que nunca mais verá o filho.

No consulado, a Secretária descobriu que, além de a sra. Anna Gómez ter passado três anos em um campo de concentração, seu marido continua preso, em paradeiro desconhecido. Com visível contentamento na voz, lhe diz que nada pode fazer por ela. E quando a sra. Gómez protesta, responde que seu caso é apenas um, em meio a muitos outros parecidos. Magda pede para passar à frente, na fila, e o Mágico lhe diz que esta é a sétima vez que vem ao consulado e não pode lhe ceder a vez. Põe em transe todos os que estão esperando, até que a Secretária, aborrecida com essa interrupção em sua rotina, manda-o parar. Ao lhe dizerem de novo que não pode ver o Cônsul, Magda irrompe numa denúncia da burocracia e da indiferença do sistema contra o sofrimento do indivíduo. De má-vontade, a Secretária entra na sala do Cônsul e volta dizendo que ele receberá Magda quando tiver terminado de atender uma pessoa muito importante. Essa pessoa é o chefe do serviço secreto. Ao vê-lo, Magda desmaia.

Mesmo sabendo que o prédio fechará dentro de poucos minutos, Magda continua esperando para falar com o Cônsul. Vê aparecer Vera Boronel, mulher a quem a Secretária dá a boa notícia de que seus documentos chegaram. Enquanto elas os estão esperando, entra Assan com a notícia de que John soube da morte do

Gian Carlo Menotti, o autor de *The Consul*, aqui mostrada em montagem de 1996, da Lyric Opera de Chicago, com Barbara Daniels (Magda Sorel) e Emily Golden (a Secretária).

filho, e está voltando para buscar a mulher e a mãe. Magda dá a Assan um bilhete que, segundo ela, o convencerá a não se arriscar, e sai com ele. A Secretária está se preparando para ir embora quando John entra, com expressão aterrorizada. Ela lhe diz que sua mulher acaba de sair. A polícia chega e, quando a Secretária protesta que prisões não podem ser feitas dentro do consulado, eles a acalmam, dizendo que John os está acompanhando de espontânea vontade. A Secretária diz a John que vai ligar para a sua mulher.

O telefone de fato toca no apartamento de Magda mas, ao voltar, ela encontrou a sogra morta, e decidiu suicidar-se. Enquanto se prepara, tem uma alucinação em que vê as figuras do consulado desfilarem diante dela, acompanhadas por John e a sogra, que usa um fantasmagórico vestido de noiva. O telefone toca de novo, mas o gás já a deixou aturdida. Magda ergue a mão, tenta atender, não consegue. Desfalece em sua cadeira. O telefone continua tocando.

Ainda hoje é chocante a situação kafkiana em que se encontra Magda, esbarrando na frieza da burocracia, impedida de falar com o Cônsul, que nunca aparece, mas paira todo o tempo sobre a ação, como uma divindade longínqua e indiferente. É inútil o apelo que ela faz à Secretária que, no consulado, lhe pede uma lista de documentos impossível de ser providenciada:

> Papers! Papers! Papers!
> But don't you understand?
> What shal I tell you
> to make you understand?
> My child is dead,
> John's mother is dying,
> my own life is in danger.
> I ask you for help.

E recebe como resposta:

> Your name is a number...
> your hopes will be filed.
> Come back next week.

(Documentos! Documentos! mas você não entende? O que devo dizer para que compreenda? Meu filho morreu, a mãe de John está morrendo, a minha própria vida está em perigo. Estou pedindo a sua ajuda.//Seu nome é um número... suas esperanças serão protocoladas. volte na semana que vem.)

Menotti falava de uma situação que muitos conterrâneos seus tinham vivido, tentando escapar do Fascismo. Ele próprio fora procurado pelo representante do Ministério da Cultura italiano, com a informação de que a montagem de *Amelia al Ballo* na Itália estava na dependência de ele filiar-se ao Fascio como membro honorário. Por esse motivo, a ópera só foi encenada no Scala em 1954, na versão de Sonzogno que mencionamos na Discografia. O assunto de sua primeira ópera de grande porte – obter um passaporte para sair de um Estado policial – tem certos paralelos com a história da *Tosca*. E é obviamente pucciniano o toque lírico de "Now lips, say good-bye", na cena 1. E é de um cantabile nitidamente mediterrâneo, com a ênfase que o insere na tradição verista, o monólogo em que explodem a dor, a raiva e o desespero de Magda:

> To this we come:
> that men withhold the world from men.
> No ship nor shore for him who drowns at sea.
> No home nor grave for him who dies on land. [...]
> If to men, not to God, we now must pray,
> tell me, Secretary, tell me,
> who are these men?...
> who are these dark archangels? [...]
> Oh, the day will come, I know,
> when our hearts aflame
> will burn your paper chains!
> Warn the Consul, Secretary, warn him!
> That day neither ink nor seal
> shall cage our souls.

(Chegamos a esse ponto: homens roubando o mundo de outros homens. Nem barco nem praia para quem se afoga no mar. Nem morada nem túmulo para quem morre em terra firme. [...] Se é aos homens, e não a Deus, que devemos rezar, diga-me, Secretária, diga-me, quem são esses homens [...] quem são esses negros arcanjos? [...] Ah, o dia virá, eu sei, em que nossas cadeias de papel hão de arder em nossos corações em chamas! Avise ao Cônsul, Secretária, avise a ele! Nesse dia, nem a tinta nem os carimbos conseguirão engaiolar as nossas almas.)

Menotti mostra-se capaz de lançar mão de recursos de linguagem muito variados, que vão dessas passagens assumidamente sentimentais ao tom alucinatório da valsa em 6/8 que acompanha o suicídio de Magda, passando pela marcha em 5/4, de construção muito pedante, associada à polícia secreta. Os *tremolos* das cordas combinam-se ao xilofone para criar um clima irreal na cena da alucinação de Magda ("Oh God, forgive me. I never meant to do

222

this."), antes que ela morra. A mulher italiana que não consegue se fazer entender, e tem de ser ajudada pelo sr. Kofner; ou as intervenções do mágico, que hipnotiza as pessoas na sala de espera e as faz dançar, introduzem momentos de humor irônico, que fazem contraponto com o tom sombrio da narrativa. Mas essa distensão nunca dura muito, pois é opressiva a situação em que estão mergulhadas as personagens. O próprio mágico sugere a Magda a idéia do suicídio ao lhe dizer: "You want to sleep. Breathe deeply."

The Consul é um dos mais perturbadores testemunhos sobre a situação de um mundo que, mal saído da luta contra o nazi-fascismo, continuava sufocado pela paranóia da guerra fria. Àqueles que o acusaram de ter escolhido uma forma ultrapassada – era a época em que estava na moda considerar a ópera uma coisa fora de moda –, Gian Carlo Menotti respondeu com a *Note on the Lyric Theatre*, publicada no *Herald Tribune* (e reproduzida integralmente no folheto que acompanha a gravação da Decca). Confessando-se desconcertado com essa atitude, explicou que, para ele, o teatro lírico era a mais satisfatória e desafiadora das formas, "a última cidadela da liberdade artística para o escritor que deseja ver suas obras interpretadas tal qual as criou". Ópera, na sua opinião, era a legítima descendente do nobre e antigo teatro grego, que combinava a música, a dança e a palavra falada para obter um efeito dramático mais poderoso.

Um compositor contemporâneo, diz Menotti, não pode apenas amarrar umas as outras uma série de árias, como tinham feito alguns de seus colegas no passado. O grande desafio é o recitativo, "o instrumento lógico da ação, que o compositor tem de fazer funcionar teatral e musicalmente". E esse é, certamente, um dos trunfos do *Cônsul*, uma declamação melódica extremamente fluente que, ao mesmo tempo, reproduz as inflexões naturais do diálogo falado, e tem uma extrema variedade musical.

O prestígio angariado com o *Cônsul* fez vir nova encomenda da NBC, uma ópera de Natal – a primeira a ser escrita especificamente para a televisão –, que foi ao ar em 24 de dezembro de 1951[1]. A lembrança do quadro *A Adoração dos Reis Magos*, de Hyeronimus Bosch, sugeriu a Menotti a idéia para o libreto de *Amahl and the Night Visitors*, a história do menino aleijado cuja cabana fica pertinho da manjedoura onde Cristo nasceu. Sentado do lado de fora da choupana, onde mora com sua mãe, Amahl vê uma estranha estrela, muito brilhante, que surgiu misteriosamente no céu. Depois, três estrangeiros ricamente vestidos vêm bater à sua porta, pedindo hospitalidade. Durante a noite, a Mãe fica tentada com os objetos preciosos que os reis carregam, tenta roubá-los, é surpreendida, e segue-se grande confusão. Na tentativa de acalmar os visitantes, Amahl oferece a sua muleta como presente, e é miraculosamente curado – o primeiro milagre do Menino. Os reis perdoam a mãe, que tentou roubar apenas porque é pobre, e Amahl parte com eles em busca de Jesus.

Desde a estréia, com Chet Allen (Amahl) e Rosemary Kuhlman (a Mãe), *Amahl e os Visitantes da Noite* tem sido regularmente retransmitida, nos Estados Unidos, na véspera de Natal. A ópera, devido a seus números curtos e melodiosos, e a partitura utilizando orquestra reduzida, tem grande apelo para o público jovem e é uma das favoritas dos grupos amadores. Menotti insiste apenas que o papel de Amahl seja feito por um menino, e não por um soprano.

A popularidade dos *Visitantes da Noite* deve-se ao fato de nela estarem presentes todos os ingredientes que Menotti sabe manipular tão bem: fantasia, humor, sofrimento, compaixão e amor – no sentido mais amplo da palavra. O amor da mãe pelo filho, a capacidade do rico e poderoso de colocar-se na pele do pobre, o amor de Deus pela sua criatura. A fragilidade física da personagem central, unida a uma força instintiva e intrínseca, torna a história muito atraente. É extremamente tocante o momento em que Gaspar, cheio de pena pela mulher que tentou roubar porque seu filho passava fome, lhe diz:

---

1. A Rádio Ministério da Educação, do Rio de Janeiro, fez a transmissão em áudio dessa estréia, direto dos estúdios da NBC. Embora sem entender uma palavra de inglês, e conhecendo quase nada de ópera, guardo uma lembrança nítida e comovida desse programa, que ouvi aos sete anos de idade.

Oh woman, you may keep the gold.
The child we seek doesn't need our gold.
On love alone he will build his kingdom.

(Mulher, pode ficar com o ouro. O menino que procuramos não precisa de nosso ouro. Ele construirá seu reino sobre o amor apenas.)

Assim como é cheia de bom-humor a cena em que batem três vezes à porta, Amahl vai atender e, espantadíssimo porque, a cada vez, vê aparecer um rei diferente, volta correndo para dizer à mãe: "Mother, mother, come and see if you see what I see!" E a melodia de ritmo quebrado claudica, imitando o jeito laborioso como o menino capenga pela choupana, com sua muleta.

Uma das páginas mais bem-sucedidas dessa ópera curta, em que as idéias têm de ser expressas de forma clara e sintética, é o quarteto em que os reis e a Mãe falam de uma criança que tem grande significado em suas vidas:

Os REIS:
Have you seen a child the color of wheat,
the color of dawn?
His eyes are mild, His hands are those of a King,
a King he was born.
Incense, myrrh and gold we bring to His side,
And the Eastern Star is our guide...

A MÃE:
Yes, I know a child the color of wheat,
the color of dawn.
His eyes are mild,
his hands are those of a king,
as king he was born.
But no one will bring him incense or gold,
though sick and poor and hungry and cold.
He's my child, my son, my darling, my own.

(Vocês viram um menino da cor do trigo, da cor da aurora? Seus olhos são suaves. Suas mãos são as de um rei, e um rei ele nasceu. Incenso, mirra e ouro trazemos para o seu lado, e a estrela do leste é o nosso guia.../Sim, conheço um menino da cor do trigo, da cor da aurora. Seus olhos são suaves, suas mão são as de um rei, pois rei ele nasceu. Mas ninguém lhe trará incenso ou ouro, por mais doente e pobre, faminto e com frio que ele esteja. É meu menino, meu filho, meu querido, tudo o que tenho.)

A RCA tinha a gravação da estréia, regida por Thomas Schippers; há também, em áudio e vídeo, no selo That's Entertainment, o espetáculo de 1978 no Covent Garden (Haywood, Rainbird, Dobson, Maxwell, Watson-Syrus). Do rádio, *Amahl* passou ao palco – Bloomington, Indiana e New York City Center, ambos

os espetáculos em fevereiro de 1952 – e foi levada ao exterior. Em 1953, Leopold Stokowski regeu, no Maggio Musicale Fiorentino, a primeira de uma série enorme de encenações na Europa, Ásia e América do Sul.

A atração pelo desconhecido e o sobrenatural que há na *Médium*, a religiosidade simples do *Amahl* são indícios do papel importante que o sentimento religioso ocupa no pensamento de Menotti. Lugar conflituoso, porém, pois à formação católica muito rígida recebida em Cadegliano, seguiu-se a ruptura com a fé tradicional a partir do momento em que Gian Carlo foi morar em Milão; processo acentuado pela imigração para os Estados Unidos, que contribuiu ainda mais para o desenraizamento das origens européias. A isso juntem-se a noção de pecado e culpa – conseqüência inevitável, num homem em cuja alma, apesar de tudo, a formação católica está muito arraigada, das pressões sociais devido a seu comportamento homossexual assumido, numa época em que isso era inaceitável para a consciência puritana americana.

No inverno de 1951, Menotti estava viajando pela Apúlia, e soube que, na cidadezinha de San Giovanni Rotondo, morava o padre Pio da Pietrelcina, capuchinho a quem atribuíam milagres, e de quem se dizia que recebia os estigmas de Cristo na cruz. Padre Pio era um objeto de veneração para o povo da região, que peregrinava até seu vilarejo para vê-lo e tocar as feridas ensangüentadas em suas mãos. Menotti foi vê-lo, na esperança de discutir com ele as suas dúvidas religiosas. Mas ficou muito chocado ao ser rejeitado, numa linguagem muito desbocada, pelo capuchinho que viu em suas perguntas apenas a curiosidade de um intelectual entediado, em busca de diversão. Esse foi o ponto de partida para o libreto de *The Saint of Bleecker Street*.

Tarde de Sexta-feira Santa no apartamento de Assunta, na Rua Bleecker, do bairro italiano de Little Italy, em Nova York. Vizinhos esperam para ver Annina, menina doentia a quem atribuem o poder de curar. Disso eles tentam convencer Maria Corona, a dona de uma banca de jornais, que tem um filho mudo e não acredita na santinha. A discussão entre eles é interrompida pelo vigário do bairro, Don

Marco, que traz Annina para a sala. Ela tem uma visão da Paixão de Cristo que a deixa prostrada; e em suas mãos surgem os estigmas da crucificação. Os vizinhos tentam histericamente tocar as feridas, mas são impedidos por Michele, o irmão de Annina, que os expulsa. A Don Marco, o agnóstico Michele diz que as visões da irmã são alucinações, produto de sua mente doentia. "Onde está a presença de Deus", ele pergunta, "se a humanidade está atolada em pobreza, fome e doença?"

Tempos depois, em setembro, num terreno vazio entre dois prédios, Annina está ajudando sua amiga Carmella a fazer uma roupinha de anjo para coroação, enquanto a amiga lhe conta que ficou noiva de Salvatore. Annina narra um sonho em que São Pedro veio lhe falar da felicidade que ela terá no paraíso. Maria Corona vem avisar que estão perseguindo Michele, porque ele proibiu sua irmã de participar da festa de San Gennaro. Michele aparece e diz à irmã que ainda há de levá-la para um paraíso na terra, onde reina o amor humano. Mas vem seguido por um bando de homens que o espancam e amarram na cerca; em seguida, carregam nos ombros, em triunfo, a aterrorizada Annina. Desideria, a amante de Michele, vem soltá-lo e, aos prantos, beija-o apaixonadamente.

No mês de maio seguinte, estão comemorando o casamento de Carmela e Salvatore em um restaurante. Desideria, que a comunidade rejeita, por causa de seu assumido relacionamento sexual com Michele, vem lhe pedir que dê provas de seu amor, entrando com ela no salão onde a festa está sendo realizada. Don Marco tenta pacificar a irritação de Michele e a hostilidade dos convidados. O rapaz diz a eles, em tom desafiador, que estão presos entre o mundo velho e o novo, sem pertencer a nenhum deles, mas escravizados por suas convenções. Sozinha com Michele, Desideria o acusa de estar apaixonado pela irmã, e este, enfurecido, a apunhala e foge. Quando Annina vem rezar por Desideria agonizante, ouvem-se as sirenes dos carros de polícia se aproximando.

Annina está esperando por Michele, que combinou encontrar-se com ela diante da banca de jornais de Maria Corona, numa estação de metrô. O rapaz vem na companhia de Don Marco. Annina lhe conta que está prestes a ordenar-se freira. A Michele, que reage horrorizado, Maria diz que todos estão predestinados: ela sabe disso porque lê o horóscopo nas revistas que vende. Michele implora a Annina que o ajude a fugir; mas ela responde que, agora, ouve apenas a voz de Deus, e pode salvar sua alma com orações, mas não a sua vida. Michele a amaldiçoa e vai embora.

Uma semana depois, Annina está à espera da autorização da Igreja para tornar-se freira. Quando a carta chega, as mulheres do bairro a ajudam a vestir-se como noiva. Ela se prostra no chão de bruços, com os braços estendidos, formando uma cruz, freiras a cobrem com um manto negro e iniciam a sua investidura. Michele entra subitamente e suplica à irmã que volte ao mundo secular. Mas já é tarde demais: Annina se ergue, dá alguns passos com as mãos estendidas para Don Marco, depois cai inanimada nos braços de Carmela. Don Marcos coloca em seu dedo a aliança, sinal da unidade da noiva de Cristo com seu esposo celestial. Michele vai embora, derrotado, mas erguendo ainda o punho, numa raivosa atitude ainda de desafio.

A reação da crítica, quando *A Santa da Rua Bleecker* estreou no Broadway Theater, em 27 de dezembro de 1954, foi muito discordante. De um lado, havia os que a consideraram "a melhor ópera americana desde *Porgy and Bess*", creditando a Menotti ter "insuflado vida nova ao formalismo da ópera, iluminando-a com a sua fé". Do outro, os que condenavam o ecletismo de linguagem da ópera, e consideravam vulgares passagens como a canção de tom popular "Hai l'occhio nero della quaglia", o brinde que um tenor, acompanhado pelo coro, canta para Carmela e Salvatore no início do ato II (os que levantavam essas objeções eram os mesmos que tinham rejeitado, no *Cônsul*, o uso da canção popular "Tu reviendras", cantada por Mabel Mercer, que o rádio está tocando no início da ópera).

Desorientados por uma ópera cujo estilo não se coadunava com o das peças normalmente encenadas nos teatros da Broadway, alguns críticos simplesmente deram de ombros, qualificando-a de "melodrama sensacionalista" e "Pucciniesque pastiche", sem se dar conta de que ela revitalizava o Neo-realismo america-

Amahl and the Night Visitors (1951), de G. C. Menotti, com Chet Allen e Rosemary Kuhlman, criadores dos papéis de Amahl e sua mãe na televisão NBC.

The Saint of Bleecker Street, de Menotti, na Ópera de Washington, com John Stephens (o Padre), Gail Dobish (Carmela) e Maryanne Telese (Annina, a santinha).

no, fazendo-o partir do naturalismo estrito das primeiras cenas, para desaguar no tom simbólico do final. O próprio Menotti insistiu nos elementos mais profundos, intemporais e independentes da caracterização geográfica, dizendo que a ação poderia se ambientar em qualquer lugar, e não só na Little Italy, porque o tema é de caráter bem mais amplo:

> The Saint of Bleecker Street é a respeito de fé e dúvida, e esse é o ponto mais importante. O amor entre Annina e Michele é apenas uma metáfora para as duas vertentes de minha própria alma. Uma delas acredita, enquanto a outra duvida sempre. A minha teoria é a de que, se você realmente tem fé, isso é um dom – fé é uma coisa que você tem ou não tem –, e se você tem o tipo de mente que duvida de tudo, nunca há de acreditar realmente. É por isso que não há reconciliação no final. Annina e Michele amam um ao outro porque, no fundo, eu gostaria muito de acreditar mas, ao mesmo tempo, não consigo renunciar ao meu outro lado, que é lógico. E esse é o verdadeiro tema da ópera.

Será realmente isso?, pergunta-se Joel Honig no ensaio de introdução à ópera na gravação de Richard Hickox. Ou em *The Saint* temos a possibilidade de entrever algo de muito secreto no processo criador do artista? Ao lado desse lado conflituoso do sentimento religioso, não haveria, no amor proibido de Michele pela irmã – perseguido e desaprovado pela pressão externa, assim como o era o de Toby por Mônica, na *Médium* – algo de mais sombrio e perturbador: um aceno ao "unnatural love" de que, mesmo tendo-o assumido abertamente, o Gian Carlo agnóstico, mas de arraigada formação católica, sentia-se culpado? Essa é uma conjectura que de fato não é inválida, ao refletirmos sobre o significado mais amplo da ópera.

Do ponto de vista melódico, Menotti considerava *A Santa* "um avanço em relação ao Cônsul". *A Santa* é uma ópera em ampla escala, com extenso uso do coro – ausente da obra anterior –, orquestra grande e predominância do cantabile sobre o recitativo melódico. Nela, os poderes de caracterização musical de Menotti chegam a seu ponto mais maduro. Fica muito bem delineado, em termos de contornos melódicos e construção harmônica, a oposição entre Michele, autoritário, impositivo, e Annina, frágil, enfermiça; mas ambos, cada um a seu modo, muito firmes em suas posições.

Uma das cenas mais envolventes no teatro de Menotti é o monólogo de Annina, "Ah, sweet Jesus, spare me this agony", na primeira cena do ato I, em que ela tem a visão do caminho para o Calvário ("Oh blinding sight! Oh pain! Oh love!"):

> The whole world can see the Son of God,
> sweet Jesus standing there.
> His palm is now held open.
> Those hands, that gave us all,
> by us are to be pierced.
> Soldier, soldier, have mercy on Him.
> For He alone is your Saviour.
> The nail is held in place.
> The huge hammer is raised... ah!

(O mundo inteiro pode ver o Filho de Deus, o doce Jesus ali de pé. Suas palmas estão abertas. Aquelas mãos, que nos deram tudo, vão ser transpassadas por nós. Soldado, tem piedade d'Ele. Pois só Ele é teu Salvador. O prego já está firme no lugar. Erguem o enorme martelo... ah!)

E, ao desfalecer, horrorizada com o que vê, surgem em suas mãos os estigmas sangrentos do Cristo. Suas emoções são descritas pela orquestra, que explora o tema associado à sua espiritualidade, ouvido desde o início da ópera – um motivo condutor que vai reaparecer em vários momentos climáticos.

Outro monólogo muito bem construído é o de Michele, na cena do restaurante (ato II). Numa típica ária para tenor lírico *spinto*, que leva o cantor, no final, a um heróico dó agudo, Michele expressa todo o ressentimento represado durante anos:

> I know that you all hate me.
> For you, I always was the rebel and the cursed one.
> Since I was a child you've always hated me,
> because I never asked for love, only understanding.
> What right have you to judge me?
> Look at yourselves!
> Although you made this land your home,
> you live like strangers.
> You are ashamed to say: "I am Italian".
> And for such little gain
> you sold your noble, ancient dreams.
> I cannot smile at your contentment,
> nor share your little island of defeat.
> I do want to belong, belong to this new world.
> I don't want to be told:
> "You foreigner, go back to where you have come from!
> You foreigner, go back to your old home".
> My home... Where is my home?

*They tell me that the Italian shore blooms like a
garden.
They tell me that nowhere the sea's so blue,
that towns are built of stones older than sorrow,
where men still live, yes, poor but proud.
Perhaps if I could see just once that sad, sweet
country,
I would be proud to say: "I am Italian",
and would forget your eyes.*

(Eu sei que vocês me detestam. Para vocês, sempre
fui o rebelde e o amaldiçoado. Vocês me detestaram, desde que eu era criança, porque eu não pedia amor, apenas
compreensão. Que direito vocês têm de me julgar? Olhem
para vocês mesmos! Embora tenham feito deste país o
seu lar, vivem como estrangeiros. Têm vergonha de dizer: "Sou italiano!" e por tão pouco venderam seus mais
nobres e antigos sonhos. Não posso sorrir para o seu contentamento, nem compartilhar a sua ilhazinha de derrota. Quero pertencer a este mundo novo. Não quero que
me digam: "Estrangeiro, volte para o lugar de onde veio!
Estrangeiro, volte para o seu antigo lar!" Meu lar?... Onde
é o meu lar? Dizem-me que as praias italianas florescem
como jardins. Dizem-me que em nenhum outro lugar o
mar é tão azul, que as cidades são construídas com pedras mais antigas do que a própria dor, e nelas os homens
vivem e morrem ainda, sim, pobres mas orgulhosos. Talvez, se eu pudesse ver uma só vez esse país doce e triste,
eu sentiria orgulho em dizer; "Sou italiano!"; e esquece-
ria os olhos de vocês.)

Nas palavras de Michele ressoam, certamente, problemas pessoais do próprio Menotti.
Na verdade, *A Santa* é a ópera em que ele se
coloca mais, onde mais revela seu íntimo. É
também a ópera em que faz do coro a utilização mais variada, para criar cor local, sugerir
o sentimento místico entranhado da comunidade italiana, mas também para fazer a ação
avançar. Da *Santa*, há duas integrais disponíveis:

RCA, 1955 – Ruggiero, Poleri, Lane, Di Ger-
lando, Lishner-Thomas Schippers;
Chandos, 2001 – Melinek, Richards, Stephen,
Bindel, Zeltser, Farruggia-Richard Hickox,
ao vivo no Festival de Spoleto.

Em 1956, o renome que o *Cônsul* e a *Santa* lhe tinham dado fez vir da Elisabeth Sprague
College Foundation a encomenda de uma peça
coral. O resultado foi uma das peças mais originais de Menotti, a "fábula madrigalesca" *The
Unicorn, the Gorgon and the Manticore or The
Three Sundays of a Poet*. Existe a gravação
completa, no selo Newport Classics, feita em
1997 por Donald Teeters. No disco da Testament com *Amelia al Ballo*, Thomas Schippers

rege os seis interlúdios orquestrais que unem
um ao outro os madrigais. Menotti inspirou-
se no *Amfiparnasso* (1957), a comédia
madrigalesca de Orazio Vecchi[2], para escrever uma peça de caráter alegórico, em que os
animais imaginários simbolizam as três fases
da vida: a juventude (o Unicórnio), a maturidade (a Górgona) e a velhice (a Manticora[3]).
Exatamente como no modelo proto-barroco,
a peça compõe-se de doze madrigais cantados
pelo coro e acompanhados por um grupo de
nove instrumentistas, enquanto atores fazem
a mímica correspondente. Menotti não concebeu sua fábula como um balé; mas foi assim
que o New York City Opera a estreou e, desde
então, ela tem sido apresentada como um bailado.

A introdução, "There once lived a man in
a castle", fala de um poeta com hábitos excêntricos e um comportamento pouco ortodoxo.
A Dança do Homem no Castelo leva ao primeiro madrigal, descrevendo o passeio de domingo à tarde, no parque, em que os burgueses, aparatosamente vestidos, se exibem uns
para o outros, e as damas conversam polida-
mente, trocando os piores mexericos a respeito
de suas melhores amigas. A aparição do Homem do Castelo, puxando o Unicórnio por uma
corrente prateada, provoca comentários mal-
dosos de todos os passantes, que riem dele por
sair à rua em companhia de animal tão estranho. A Dança do Homem com o Unicórnio
evoca toda a elegância e agilidade da juventude.

No quarto interlúdio, o Conde, o mais respeitável dos passantes, quer consolar sua
mulher, porque ela está triste. Promete-lhe ve-
ludos venezianos, peles tártaras e anões espanhóis; mas a única coisa que ela realmente
deseja é um unicórnio – ou seja, o retorno da
juventude. Ele lhe promete que trará o animal
na manhã seguinte; todos os cidadãos os invejam, e fazem o mesmo quando eles aparecem no parque puxando pela rédea um
unicórnio. Estão todos passeando com seu
unicórnio, e arregalam os olhos quando vêem
o Homem do Castelo aparecer em companhia

2. Ver *A Ópera Barroca Italiana*, dessa coleção.
3. A Manticora, animal imaginário, possui cabeça
de homem, corpo de leão e cauda de escorpião.

de uma Górgona horrível. Perguntam-lhe o que aconteceu ao Unicórnio, e chamam-no de louco quando ele responde que o matou. Como pode ter trocado animal tão belo por essa besta horrível?

A Condessa, em segredo, envenena o seu unicórnio e, no sétimo madrigal, diz ao marido que ele morreu porque andava muito doente. Além disso, unicórnios tornaram-se banais demais: todo mundo tem o seu. Agora ela quer uma Górgona. O marido recusa, os dois brigam, ela chora, ele não resiste às suas lágrimas. A situação se repete: ao vê-la puxando a Górgona os respeitáveis burgueses se apressam em ir comprar a sua. Todos ficam, uma vez mais, de olhos esbugalhados quando o Homem do Castelo aparece com a Manticora – outro animal imaginário, símbolo da velhice –, e decretam que ele ensandeceu de vez quando o ouvem contar que matou a sua Górgona.

É claro que a Condessa apunhala, em segredo, a sua Górgona e corre a dizer ao marido que ela fugiu. Este responde que pode presenteá-la com meia dúzia de Górgonas porque, agora que todo mundo tem uma, seu preço no mercado baixou muito. Mas a mulher tem uma crise de fúria: agora, o que quer é uma Manticora. Nova briga, nova crise de choro, o Conde fraqueja outra vez e, no domingo seguinte, todos morrem de inveja, e o parque se enche de gente puxando manticoras pela cordinha.

No entanto, no décimo-primeiro madrigal, a ausência do Homem do Castelo é notada. Todos correm à sua morada, para verificar se ele matou seu último e mais terrível bicho de estimação. E encontram-no no leito de morte, sendo velado pelo Unicórnio, a Górgona e a Manticora. Antes de morrer, o Homem do Castelo tem tempo, no último madrigal, de passar-nos a moral da história:

Oh, foolish people
who feing to feel
what other men had suffered,
you, not I, are the indifferent killers
of the Poet's dreams.

(Ó gente estúpida que finge sentir o que outros homens realmente sofreram, vocês, e não eu, são os assassinos indiferentes dos sonhos do Poeta.)

Por trás de sua superfície amável de fábula, *O Unicórnio* vem carregado de ironia. Nela está embutida a sátira à vaidade e necessidade de status de um mundo que vive de modismos; que primeiro se indigna e rejeita as inovações artísticas, depois as incorpora da forma mais vulgar, banalizando-as. É também uma peça muito original, na medida em que vai buscar, no fim do século XVI, uma das manifestações precursoras da ópera, adaptando-a à realidade contemporânea. O pastiche das formas musicais proto-barrocas desempenha papel de destaque. Mas Menotti assimila de forma muito espontânea esse idioma do passado, insuflando nele um tom inequivocamente pessoal. Apoiada num acompanhamento instrumental econômico e epigramático, a escrita coral é extremamente elaborada. E os interlúdios são miniaturas camerísticas de finíssimo artesanato.

Maria Golovin foi encomendada, em 1957, pela NBC, para representar a ópera americana na Exposição Internacional de Bruxelas, onde foi muito bem recebida em 20 de agosto de 1958. Passa-se numa cidade européia não-determinada, "poucos anos depois de uma guerra recente". Um prisioneiro de guerra, que a mulher já dava por morto, é libertado, volta para casa, e a encontra vivendo com um rapaz cego, fabricante de gaiolas para pássaros. A mulher volta para o marido. O amante cego tenta inutilmente matar o rival. Maria afasta-se dele mas, por piedade, o mantém na ilusão de que conseguiu separá-la do outro homem. Mandado pela *Saturday Review* para fazer a cobertura da estréia na Bélgica, Irving Kolodin escreveu:

Do prelúdio muito atmosférico ao desenlace, dramaticamente muito eficiente, as idéias são fortes e novas. Além disso, o fluxo de inspiração de Menotti é canalizado para áreas nas quais ele ainda não tinha navegado antes, e ele o faz mediante diálogos num arioso em forma de conversação, enquanto a orquestra subjacente carrega a corrente melódica.

O entusiasmo não foi o mesmo quando a Broadway abriu a temporada de *Maria Golovin* em 5 de novembro de 1958. No *Herald Tribune*, Walter Kerr chamou-a de "melodrama desmazelado e fora de moda, com simbolismo que, quando não é confuso, é demasiado óbvio". Depois de cinco récitas, a direção do teatro decidiu retirá-la de cartaz. A NBC, que pagara por ela, mandou-a ao ar (no selo RCA, existia a gravação desse programa); mas a reação da crítica não foi melhor. Donald Mintz, no *New York Times*, decretou: "As personagens não crescem como indivíduos, e giram em círculos, presas à armadilha emocional em que foram colocadas." Anos mais tarde, a versão revista foi levada em Washington (22.1.1965), cercada uma vez mais de um desdém que a ópera efetivamente não merece.

Menotti foi o primeiro compositor italiano, desde Verdi, a receber uma encomenda para um teatro francês. Da mesma forma que no caso de *Amelia al Ballo*, escreveu em italiano um libreto que, traduzido para o francês, com o título de *Le Dernier Sauvage*, subiu à cena do Théâtre de l'Opéra-Comique em 21 de outubro de 1963, tendo no elenco Mady Mesplé (Kitty) e Gabriel Bacquier (Abdul).

A história de *Le Dernier Sauvage* confirma o lugar de seu autor como um astuto observador dos costumes de seu país de adoção. Kitty Scattergood é uma estudante de antropologia da Universidade de Vassar que, em companhia de seu pai, vai para a Índia em busca das origens do homem pré-histórico. É bem recebida pelo marajá de Ragaputana, cujo filho mais velho, Kodanda, apaixona-se por ela. Mas Kitty recusa-se a desposá-lo enquanto não tiver terminado o seu experimento. De olho no casamento milionário da filha com o herdeiro de um potentado oriental, o velho Scattergood paga a Abdul, um empregado do palácio, para fingir que é um homem selvagem, que vive na floresta em estado de total primitivismo. Kitty o "captura", durante uma expedição à selva, e leva-o consigo para casa.

Introduz Abdul – que, apesar de pobre, é um homem inteligente e sensível – à sociedade de Chicago, durante um sofisticado coquetel. Depois o leva ao atelier de um pintor de vanguarda. Horrorizado com a superficialidade da vida burguesa no Meio-Oeste americano, Abdul foge para a Índia. Mas Kitty apaixonou-se por ele e segue-o. Os dois decidem ir morar na caverna onde a antropóloga o encontrou, o que não agrada nem um pouco a Scattergood ou ao marajá e seu filho. Mas diante da firme resolução do casal, têm de se resig-

nar. No final, no momento em que os dois estão se mudando para a caverna, chegam os criados do palácio trazendo todo o tipo de bugiganga eletro-doméstica para o seu conforto. Nem ali eles estarão livres da chamada vida moderna.

Em suas *Letters from Paris*, para *The New Yorker*, o escritor Jean Genêt comentou, em 2 de novembro de 1963:

> *Le Dernier Sauvage*, um *opéra-bouffe* de Gian-Carlo Menotti, estreou oficialmente esta semana no Opéra-Comique, encomendada por seu diretor, o compositor Georges Auric, como parte de seu projeto de levar sangue novo e sonoridades musicais mais frescas, espanando o pó de seu repertório e de seu palco. O libreto, também escrito por Menotti numa veia satírica, é elaborado e muito divertido, especialmente para os americanos, melhor equipados para apreciar com que alegria eles são caricaturados. [...] No conjunto, a platéia pareceu divertir-se imensamente. Mas os críticos não, pois já tinham elegido Menotti como seu bode expiatório. Em suas resenhas da ópera de Menotti, foram eles quem agiram com selvageria.

Genêt referia-se principalmente à crítica de *Le Figaro*, que tinha chamado a ópera "une misère". Mas o compositor tornara-se extremamente conhecido com seus grandes títulos, e Rudolf Bing decidiu abrir para *The Last Savage* as portas do Metropolitan, em 23 de janeiro de 1964, numa tradução de George Mead. Era uma fase de ouro do teatro, do ponto de vista vocal, como o demonstra o elenco: Roberta Peters (Kitty), Morley Meredith (Scattergood), Ezio Flagello-Donald Gramm (o Marajá), George London-Walter Cassel (Abdul), Lili Chookasian (a Maharani), Nicola Gedda-John Alexander (Kodanda), Teresa Stratas (a serva Sardula). Thomas Schippers regeu, a direção era do próprio Menotti, Beni Montrésor assinava os luxuosos cenários e figurinos.

No *New York Post* de 25 de janeiro de 1964, Harriett Johnson opinava:

> Embora musicalmente *The Last Savage* esteja anos-luz distante das grandes comédias operísticas – *Die Meistersinger, Der Rosenkavalier, Le Nozze di Figaro* – é inegável o seu valor como entretenimento. Só isso já é uma realização muito saudável, nestes tempos em que muitos de nossos sábios musicais parecem estar convencidos de que música tem de ser dolorida para ter valor. [...] Ao longo da peça, Menotti põe a nu, com sátira bem-humorada mas mordente, uma cachoeira de besteirol con-

temporâneo, que tem a ver com os hábitos, as idéias, os conceitos das pessoas, dos arroz-de-festa dos coquetéis elegantes aos freqüentadores das vernissages de pintores de vanguarda, passando pelos compositores "eletrodo-decafônicos".

Johnson faz, porém, restrições musicais à obra:

Há pouco, entretanto, de verdadeira inspiração e invenção musical. E aqui fica a pergunta: o que terá acontecido a Menotti? Ele secou melodicamente ou sua inspiração emagreceu por ele ter espalhado a sua atividade para todos os lados? Seja qual for a resposta, ele ainda emerge como um grande homem de teatro. Mas o triunfo, aqui, é do libretista, não do compositor.

As opiniões da imprensa parisiense foram ecoadas, em 31 de janeiro, pelo *New York Times*:

Para se tornar verossímil, *The Last Savage* precisa de um público mais bem disposto do que o compositor pode esperar conseguir em toda a Cristandade. [...] Menotti move-se pela música como um barco de tropas que tenta fugir dos torpedos: para frente e para trás, de um lado para o outro, passando do triunfo ao fracasso com grande agilidade. Mas nada do que ele escreveu desde 1955 pode se igualar ao gênio de *The Saint of Bleeker Street* ou *The Consul*. À exceção de uma ou duas árias agradáveis, há muito pouco no *Savage* que justifique a grande reputação de seu compositor. A música poderia ter sido escrita em qualquer momento depois de 1850, e o libreto poderia ser melhorado por qualquer pessoa a quem dessem quinze minutos e um lápis.

Em 19 de janeiro de 1964, quatro dias antes da estréia do *Último Selvagem*, tinha sido publicada pelo *New York Herald Tribune* uma longa conversa de Menotti com Eric Salzman, que vale a pena citar extensamente, pois ela expõe muito bem os sentimentos de um artista que "não se desculpa por pensar mais no público do que nos críticos, nem por continuar a compor música que seja *listenable and singable*:

Observo com enorme suspeita todas essas tentativas modernas de inventar linguagens novas. A linguagem é válida quando falada e enriquecida pelo uso; um grande artista pode enriquecê-la, mas não recriar algo inteiramente novo. Veja bem, música dodecafônica é interessante – admiro a sua disciplina – mas é uma linguagem secreta, para um grupinho pequeno. Quem se importa com o esperanto? Beckett e Ionesco, por mais que seja difícil o seu conteúdo, usam a língua falada comum, compreensível para todos. Pois bem, eu gosto de usar a lingual falada comum da música.

[...] Falemos de dissonância: eu a acho uma coisa ousada, artisticamente válida. Mas se falamos de doçura, parece que é uma coisa ruim. Mas secura, acidez, severidade... está bem, isso é interessante, mas cansativo. Doçura, graça, humor, simplicidade? Tudo isso desapareceu da música atual. Pois bem, *The Last Savage* é um esforço para conferir uma certa nobreza à doçura e à graça: esta é, do início ao fim, uma ópera inteiramente consonante.

Mas confessou sentir-se também à vezes inseguro:

Sofro do grande mal contemporâneo: o miniaturismo. Isso é o que mais me assusta e que mais critico em minhas próprias óperas. Minhas melodias são curtas: estou sempre sacrificando as grandes linhas às grandes explosões e às pequenas surpresas. Verdi tinha a coragem de ser vulgar e de sacrificar o detalhe à grande linha. As suas linhas melódicas se movem, respiram. Isso é o que eu gostaria que vocês fossem capazes de ouvir na minha música.

The Last Savage foi reprisada na temporada de 1964-1965, num total de dezesseis récitas. *L'Ultimo Selvaggio* foi bem recebida ao ser ouvida em Veneza, no final de 1964, com o libreto em sua forma original. Mas é claro que *O Último Selvagem* desagradou tanto àqueles que eram o alvo da sátira impiedosa quanto àqueles que consideravam fora de moda a forma de ópera bufa francesa, com música muito leve e números fechados interligados com diálogo falado – embora temperados com um sabor de Broadway que é tipicamente americano. Em *Opera in the Twentieth Century*, Ethan Madden chega a dizer que *The Last Savage* é "um fiasco de proporções antiamericanas", o que parece uma tremenda tolice, hoje que se pode lançar sobre a ópera um olhar desapaixonado.

Seja como for, desgostoso com a acolhida morna de público e crítica, Menotti não praticou, por algum tempo, a ópera de grande porte, preferindo peças menores e de realização econômica menos onerosa:

- *Labyrinth*, ópera para televisão transmitida pela NBC em 3 de março de 1963 – sem o mesmo sucesso de *Amahl*;
- *The Death of the Bishop of Brindisi*, cantata dramática encomendada pelo Festival de Maio de Cincinnati, onde foi muito aplaudida em 18 de maio de 1963;
- *Martin's Lie*, ópera infanto-juvenil, ambien-

tada na Inglaterra medieval, encomendada pelo Festival de Bath; encenada na Inglaterra em 3 de junho de 1964, foi transmitida pelo canal de televisão CBS, em 24 de janeiro de 1965; em ambos os casos, agradou bastante ao público a que se destinava; o selo Chandos a gravou em 1996;

• e a também infantil *Help, Help, the Globolinks!*, em um ato, de 1968. Ela se inicia com um comunicado do rádio, inspirado no famoso programa de Orson Welles sobre *Guerra dos Mundos*: "Atenção! Atenção! Um importante comunicado da polícia. Fiquem calmos, por favor, objetos voadores desconhecidos, vindos de outro planeta, e criaturas estranhas e perigosas, identificadas como os Globolinks, desembarcaram na Terra. Várias regiões de nosso país já estão sob o controle dele. Fiquem atentos e relatem à polícia local qualquer incidente fora do comum."

Os aliens conseguem atravessar portas e paredes, mas ficam paralisados de susto ao ouvir instrumentos musicais e, dessa forma, são derrotados. Seguindo o exemplo do sueco Karl-Birger Blomdahl, o autor de *Aniara*[4], Menotti usa música eletrônica pré-gravada para representar os aliens, e música acústica para os seres humanos. No selo Newport Classics, há uma gravação de 1998, regida pelo autor.

Só em 1970 Menotti voltou à ópera de grande porte com *The Most Important Man*, produzida pelo New York City Opera em 12 de março de 1971. O nome da África do Sul não é pronunciado, mas era evidentemente nela que Menotti pensava ao situar, num país africano onde se pratica uma política segregacionista, a história do cientista negro que desenvolve uma fórmula capaz de torná-lo extremamente poderoso. Ele se recusa a entregar a fórmula aos dominadores brancos, e prefere destruí-la antes de ser morto, a tiros,

pelos policiais que têm ordem de prendê-lo. A crítica foi impiedosa com o libreto e com a música. Harold Schonberg, no *New York Times*, decretou: "*O Homem Mais Importante cheira mais a novela de televisão do que à ópera*". E para George Morvshon, da *Musical America*, "a partitura parece manteiga de amendoim: é pasteurizada e inteiramente descartável".

Tanta hostilidade amargurou Menotti. Nos últimos anos, a crítica o vinha acusando de ter-se congelado numa postura que não permitia renovação, de estar se repetindo, de sacrificar a substância musical ao efeito teatral (Puccini também foi alvo de ataques semelhantes por parte de um musicólogo como Joseph Kerman). Ao fazer sessenta anos, ele escreveu uma carta-aberta ao *New York Times*, na qual deixava extravasar seu ressentimento:

> Não conheço outro artista que tenha sido tão sistematicamente demolido pela crítica. Até mesmo os que defendem a minha música o fazem (com duas ou três exceções) de maneira condescendente ou como se pedissem desculpas. Recentemente, um crítico nova-iorquino muito conhecido escreveu que se sentia "envergonhado" por gostar de minha música. Se os insultos que a maioria de minhas óperas tiveram de suportar, nos últimos anos, fossem reunidos em livro, ele seria tão aterrorizador quanto o *Malleus Maleficarum*[5].

Chegou a falar seriamente em abandonar o teatro musical. Mas mudou de idéia quando o IX Congresso Internacional de Ciência Antropológica e Etnológica, a se realizar em Chicago, lhe encomendou uma nova ópera. *Tamu-Tamu* despertou entusiástica reação da platéia na noite de 5 de setembro de 1973. Mas nos jornais os toques de orientalismo da música foram chamados de *fake*, e escreveu-se: "A bobajada de alguns momentos mais mundanos de *Tamu-Tamu* compromete a seriedade de alguns segmentos mais dramáticos e filosóficos."

The Hero não teve melhor fortuna. Encomendada pela Lyric Ópera de Philadelphia para comemorar o bicentenário dos Estados Unidos, essa comédia, produzida em 1º de junho de 1976, tampouco foi bem recebida. O mora-

---

4. *Aniara: en Revy om Människan i Tid och Rum* (Aniara: um Relato sobre os Homens no Tempo e no Espaço) é uma ópera de ficção científica de K.-B. Blomdahl (1916-1968), com libreto de Erik Johann Lindergren, baseado no poema épico *Aniara* (1956), de Harry Edmund Martinson, estreada na Ópera de Estocolmo em 31 de maio de 1959.

5. O *Martelo da Maldade*, famoso livro de bruxaria do fim da Idade Média.

dor de uma cidadezinha do interior dormiu durante dez anos, e está a ponto de bater o recorde de maior tempo de sono, o que trará à localidade fama e potencial de exploração turística. Mas é despertado por um beijo de sua namorada, e tem de enfrentar a conspiração de seus vizinhos, que querem fazê-lo adormecer de novo, para que o recorde seja quebrado. "Musicalmente, parece que foi Menotti quem dormiu pelas décadas afora", disse Robert Jacobson, em *Opera News*, "pois a sua linguagem não progrediu nada desde *Amelia al Ballo*." Confortado pela reação do público, Menotti não pareceu se importar muito. Enquanto escrevia a infantil *The Egg*, montada naquele mesmo ano de 1976, disse numa entrevista, a respeito do *Herói*:

> É uma sátira gentil e bem-humorada à ambição da sociedade contemporânea e àqueles líderes que, para proteger seus próprios interesses, escolhem o medíocre e glorificam o inócuo: o homem que está adormecido e, com isso, não tem condições de aborrecer ninguém.

De fato, ao longo do texto há alusões a uma série de coisas típicas da vida contemporânea: pop art, fascínio pelos restaurantes caros e de cardápio exótico que estão na moda, o escândalo Watergate e suas gravações manipuladas, promessas vazias dos políticos, e vai por aí afora.

O filão da ópera infanto-juvenil era atraente: permitia a Menotti trabalhar com público jovem, coisa de que sempre gostara, além de se empenhar na missão de formar platéias para o futuro. Além disso, esse era um setor em que a crítica, por considerá-lo "menos sério", não o submetia às mesmas cobranças. A linguagem tradicionalista de Menotti convinha naturalmente à composição de obras que precisavam ter apelo muito direto, que as tornassem facilmente compreensíveis para seus espectadores. Depois do *Herói*, vieram *The Trial of the Gipsy* (1978), *Chip and His Dog* (1979), *A Bride from Pluto* (1982) e, no mesmo ano, a mais bem-sucedida delas, *The Boy Who Grew Too Fast*, sucesso tão grande quanto o de suas óperas sérias da década de 1950.

Muito típica das preocupações didáticas de Menotti é *Uma Noiva Vinda de Plutão*, na qual uma nave espacial, vinda desse planeta, cai no quintal da casa de Billy, o filho mimado de um alfaiate. Nela encontra-se a Rainha de Plutão, que viaja pela galáxia à procura de um marido, e escolheu Billy. Se ele se casar com a Rainha, pode ter tudo o que quiser, exceto o seu coração e sua alma, que terão de ser substituídos por aparelhos eletrônicos. A princípio tentado, o menino acaba recusando a proposta e, através dessa experiência, reavalia o seu comportamento e muda de atitude.

Menotti dedicou-se também à direção de ópera. Em 1958, tinha fundado em Spoleto, na Itália, o Festival de Dois Mundos, destinado a promover a colaboração artística ítalo-americana. Em 1977, expandiu as atividades desse evento no Spoleto U.S.A. Festival, que se realiza em Charleston, na Carolina do Sul. Supervisionou pessoalmente esses dois festivais, até 1993, data em que foi nomeado diretor artístico da Ópera de Roma. Não abandonou de todo, porém, a ópera destinada ao público adulto.

Em 1979, Beverly Sills faria cinqüenta anos, e estava se preparando para retirar-se do palco. Menotti recebeu da Ópera de San Diego a encomenda de *La Loca*, cujo papel-título Sills criou nesse teatro, em 3 de junho, e no New York City Opera, em 16 de setembro. A primeira ópera de Menotti a basear-se num episódio histórico do século XV, e a ter personagens reais, e não saídos de sua imaginação, *La Loca* é a história da rainha Juana de Castela. Filha de Fernando II e Isabel, ela enlouquece progressivamente, em conseqüência das traições de que é vítima por parte do pai, do marido e do filho, que querem assumir o controle do trono. Juana acaba sendo encarcerada num convento, acusada de ter ficado inteiramente insana, e ali passa os cinqüenta últimos anos de sua vida. Menotti insistiu que o mesmo barítono cantasse os papéis do pai, do marido e do filho, porque

> Juana amava simbolicamente, nos três, o mesmo homem, até descobrir, finalmente, que o único amor infinito é o amor de Deus. Se você foi abençoado com o amor divino, esse é o único amor realmente puro e o único que nunca te trai.

Ou seja, uma vez mais, na história da Rainha Louca que, sentindo a razão lhe fugir, devido às decepções com os homens de sua vida, refugia-se na devoção e na vida em um convento, encontramos o sinal das preocupações do compositor com as grandes questões místicas e metafísicas, sobretudo na forma como elas se cruzam com as relações humanas e servem de saída para seus conflitos. Mas a crítica, que andava quieta nos últimos tempos, voltou à carga com força total. Harold Schonberg, no *New York Times*: "Até mesmo entre as óperas de Menotti, *La Loca* é fraca: é quase uma caricatura de seu estilo derivado de Puccini." E Hubert Saal, no semanário *Newsweek*:

> O libreto é pouco plausível, vulgar e insípido. A música consiste em longos trechos de recitativo seco, esparsamente orquestrada, com oásis ocasionais em cujas águas Verdi, Puccini ou Prokófiev já beberam antes dele.

Mas essas farpas já não o incomodavam mais, até porque, apesar de toda a animosidade da imprensa, ele continuava sendo procurado pelos teatros e os artistas. Plácido Domingo foi o cantor para quem Menotti escreveu o papel central de *Goya*. Concebida, de início, para a televisão, foi transmitida em 1986, com Domingo e Victoria Vergara no papel de Cayetana, a Duquesa de Alba, por quem o pintor se apaixona – e existe, portanto, em vídeo. *Goya* foi revista, em 1991, para a apresentação de palco no Festival de Spoleto (gravação no selo Nuova Era, com De Guzmán, Daner, Hernández, Wentzel-S. Mercurio). A versão livre da vida do pintor espanhol é o veículo para uma reflexão sobre o papel do artista e sua responsabilidade para com a sociedade. São muito fortes as seqüências em que Goya se dá conta de que está ficando surdo – e os silêncios, na música, sugerem esse processo de forma muito apropriada. É Menotti dá melhor safra à cena final, em que os quadros do pintor adquirem vida e dançam em torno de seu leito de morte, para atormentá-lo, como se fossem os seus *Caprichos*.

Depois de *Goya*, vieram a comédia *Giorno da Nozze* (1988), a infantil *The Singing Child* (1993) e a adulta *Gloria* (1995). Tirada de um episódio do Gênesis, a sua última ópera, *Jacob's Prayer* (1997), trata da eterna luta da vida contra a escuridão total, um problema

que, à beira dos 90 anos, tornou-se muito vivo; mas que ele encara de forma muito serena. Em dezembro de 2001, ao visitar Nova York para assistir à transmissão da montagem inglesa de *Amahl*, em seu 50º aniversário da estréia, Menotti concedeu uma entrevista ao *New York Times*, em que disse:

> Ainda luto com o anjo. Mas ele ainda não me feriu. O combate continua. Mas a luta, você sabe, é cheia de altos e baixos. [...] Não escrevo mais óperas, porque as coisas não me incomodam mais. Não sinto mais raiva de nada. Não estou apaixonado. Não resolvi o meu problema com a fé nem a minha relação com a Igreja. As interrogações continuam todas aí. Mas elas já não me incomodam tanto assim.

É importante que mencionemos também algumas das obras não-operísticas de Menotti, nas quais ele revela a mesma comunicabilidade com o público, fruto da mistura de lirismo e senso de teatro que sempre o caracterizou:

- o poema sinfônico *Apocalypse*: Pittsburg, 19 de outubro de 1951;
- o *Concerto para Violino*: Philadelphia, 5 de dezembro de 1952, com Efrem Zimbalist e Eugene Ormandy;
- os *Canti della Lontananza*: Elisabeth Schwarzkopf, 19 de março de 1967;
- o *Concerto Tríplice*: American Symphony, Leopold Stokowski, 6 de outubro de 1970;
- *Landscapes and Remembrances*, cantata baseada em poemas do próprio Menotti sobre a sua chegada à América e o processo de adaptação à vida americana: Sinfônica de Milwaukee, 14 de maio de 1976;
- a *Sinfonia n. 1* em lá menor, de 1976 (Philadelphia-Ormandy);
- e *The Halcyon*, outra obra autobiográfica, evocando sua juventude: Philadelphia, Eugene Ormandy, 4 de agosto de 1976.

No ensaio *A Renaissance Man of Theater* (ver Bibliografia), de 1998, Paul Wittke fez um percuciente perfil do compositor:

> Quem conhece Menotti logo percebe que não só o homem é o emblema de seus muitos talentos – músico, libretista, empresário, diretor de teatro – mas também que a obra e o homem são indissolúveis. E que, por trás do homem facilmente acessível e de exasperante vitalidade, há uma pessoa muito reservada.

Menotti é a ação em repouso – ou vice-versa. Sua mente agilíssima, o humor sempre tingido com um traço de cansaço com o mundo, a irreverência e o jeito sempre amistoso não escondem a melancolia subjacente e as profundas reservas de sensibilidade em estado puro. Ele sabe discutir com toda a franqueza os altos e baixos de seus problemas, preconceitos, amores e ódios. Não posa de santo (o que certamente não é) nem de homem sábio (o que é mais do que imagina). Parece dilacerado entre dois mundos, sua fantasia febril e a realidade antipoética que o cerca. Idealista, realista na vida e na obra, Menotti é o exemplo dos problemas que enfrentamos em nosso dia a dia.

Não quero endeusar Menotti. Ele é tão falível quanto nós. Mas é também dotado de uma sensibilidade que nos permite ver-nos a nós mesmos mais claramente. Feliz – ou infelizmente – poucos carregam esse fardo, de trazer à superfície o que há no fundo de nós. Não por acaso, Orfeu, o deus da música, foi decapitado pelas bacantes, por causa de seus dons; e mesmo sem cabeça, ele continuou a cantar. Não por acaso, em 1990, Menotti escreveu a peça orquestral For the Death of Orpheus, pois o significado do mito de Orfeu é a força dominante por trás de sua obra.

Mas isso não faz dele uma pessoa hiperbólica, pois Gian Carlo é ardente, divertido, generoso, disposto a ceder tudo àqueles que sabem manipulá-lo (o que não é difícil). Não é um esnobe, embora goste da fama e popularidade de que desfruta. Passou a maior parte de sua vida nos Estados Unidos, mas não perdeu o sotaque, nem a mente internacionalista de um homem sofisticado que vive entre dois mundos (ou mais). Ainda é um europeu e um cosmopolita no melhor sentido da palavra.

As óperas de Menotti são na aparência simples: a facilidade com que ele atinge a sensibilidade da platéia levou alguns críticos a suspeitar de sua seriedade e a acusá-lo de efeito fácil (mas Puccini também foi vítima disso). Seu artesanato esconde, nas comédias sobretudo, a profundidade da reflexão: Amelia al Ballo, por exemplo, é muito mais do que a historinha irresponsável de uma mulher que quer ir ao baile a qualquer preço. Nenhuma das óperas desse experimentado contador de histórias trata apenas de um assunto: há sempre um subtexto, muitos meandros antes da solução final. Sem faltar o grande instante dramático de virada, com o qual Menotti – digno seguidor de Puccini – manipula a nossa emoção: a pedra que quebra a janela no Cônsul; a bala com que Donato mata Maria Golovin; o terrível momento de silêncio quando Goya percebe que está ficando surdo; a cena em que a Médium açoita Toby.

Não há muita violência em suas óperas: apenas no Cônsul, na Santa, em Martin's Lie, Maria Golovin, O Unicórnio, La Loca e Goya morrem personagens. Mas há muitas personagens fisicamente deficientes ou em situação marginal: o surdo da Médium, o cego de Maria Golovin, o aleijado de Amahl, o amante engaiolado do Último Selvagem, o diretor de conservatório seqüestrado pelos globolinks, o poeta incompreendido do Unicórnio. As mulheres têm melhor destino, mas não é fácil a vida de Mrs. Sorel no Cônsul; de Annina, a estigmatizada da Santa; de Joana a Louca, a rainha aprisionada; ou da infeliz Duquesa de Alba de Goya. Já as crianças, ele ama e compreende instintivamente; sem ser infantil, tem sua franqueza e audácia, e por isso foram tão bem-sucedidas as seis óperas que lhes dedicou – Amahl, The Boy Who Grew Too Fast, A Bride for Pluto, Chip and His Dog, Help! Help! the Globolinks e The Egg – barômetros da afeição do público infanto-juvenil por ele.

Feito o balanço da longa carreira de Gian-Carlo Menotti, verificaremos que ele foi o responsável por diversos breakthroughs (aberturas de caminho) na ópera de seu país de adoção. A Solteirona e o Ladrão foi a primeira ópera escrita para o rádio. Depois de Porgy and Bess, foi ele quem firmou o pé da ópera séria na Broadway com A Médium, O Telefone, O Cônsul, A Santa de Bleecker Street e Maria Golovin. Amahl e os Visitantes da Noite foi a primeira ópera escrita para a televisão e, até hoje, é a mais freqüentemente transmitida na telinha. O Labirinto é a primeira ópera que só pode ser levada na televisão, pois usa recursos que a impedem de ser transplantada para o palco. Le Dernier Sauvage foi a primeira ópera, desde o Don Carlos, encomendada por um palco francês a um compositor estrangeiro. Menotti foi também o único compositor que ganhou simultaneamente, e duas vezes, o New York Drama Critics Award e o Prêmio Pulitzer, pelo Cônsul e pela Santa de Bleecker Street.

A Influência de Menotti

O estilo de ópera curta e fácil de montar, com histórias atraentes e linhas vocais extremamente cantabile, praticado por Gian Carlo Menotti, exerceu grande influência. Em sua biografia do compositor, J. Gruen cita uma declaração de Ned Rorem:

Depois do sucesso da *Médium*, todo compositor americano se disse: "Se Menotti pode, eu também posso." Em meados da década de 1940, todo mundo estava compondo ópera feito doido. Só que ninguém conseguia fazer do jeitinho que Menotti fazia. Encanto e graça. A própria essência da arte italiana, da qual a música de Menotti está impregnada, não são qualidades fáceis de encontrar num americano.

Apesar disso, o exemplo de Menotti foi amplamente seguido. Um dos resultados mais bem-sucedidos é *La Grande Brétèche*, de Stanley Hollingwood (nascido em 1924), composta para o canal de televisão da NBC e estreada em 1957. O libreto, do próprio compositor, tem a concisão e a força de um conto de Edgar Allan Poe; a música, tonal, mas com eventual uso de dissonâncias, frisa de forma muito eficiente as peripécias da ação e torna-a aparentada a certos dramas neo-românticos de início de século, como a *Mona Lisa* de Schillings ou a *Tragédia Florentina de Zemlinsky*. Ao perceber que seu marido voltou para casa antes do que esperava, a Condessa esconde o amante em seu closet. Depois de fazê-la jurar sobre o crucifixo que não o está traindo, o Conde chama seus empregados e manda emparedar o armário. Na manhã seguinte, a Condessa está completamente insana – o que vale a Hollingwood a possibilidade de terminar sua ópera de 45 minutos com uma cena de loucura que rende homenagem a Lucia, a Ofélia, a Elvira, a todos os seus grandes modelos do passado.

Proliferaram também os *workshops* em universidades, muitas vezes graças à colaboração de músicos emigrados, vindos da Europa antes ou durante a II Guerra. No início da década de 1950, esses grupos formados no âmbito do ensino superior estavam numa relação de dois para três, quanto às organizações profissionais, e cumpriam papel de destaque formando cantores, compositores, e platéias habituadas a procurar produções novas e nativas, em vez de se limitarem a assistir ao tradicional repertório dos grandes mestres estrangeiros.

Óperas de câmara em um ato, com elenco reduzido, iniciando-se nesses workshops universitários, alcançavam os teatros da comunidade. Precursoras desse trabalho tinham sido Eleanor Freer e H. H. Beach, duas figuras muito interessantes de mulheres compositoras.

Freer

Nascida em Philadelphia, Eleanor Freer (1864-1942) estudou canto, em Paris, com Mathilde Marchesi, e composição, com Benjamin Godard. Ao voltar para os Estados Unidos, ensinou canto no Conservatório Nacional de Música, de Nova York mas, ao casar-se, em 1891, com Archibald Everest, foi com ele para Leipzig, onde moraram até 1899. Depois, instalaram-se em Chicago, onde ela fez estudos de teoria com Bernard Ziehn.

Nessa época, Chicago já era um centro de atividade musical tão intenso quanto Nova York, e em todos os gêneros: a banda de jazz de King Oliver fazia música popular de alto nível no Royal Gardens; John Alden Carpenters apresentava todo um repertório ousado com a Sinfônica de Chicago, de que era o titular; e na Chicago Ópera era comum ver grandes estrelas como Mary Gardens. Dentro desse quadro cultural, Eleanor Everest Freer desempenhou papel importante não só como compositora, mas também exercendo papel filantrópico, de defensora das óperas compostas por autores americanos. "Ela moveu verdadeira guerra", disse sua biógrafa, "uma revolução incruenta a favor deles, sacrificando seu próprio trabalho, seu tempo, energia e dinheiro."

Quando o cantor David Bispham morreu, Freer criou a Opera in Our Language Foundation, para promover a ópera americana, missão na qual o grande barítono se empenhara a vida inteira. Em 1924, a fundação tornou-se a American Opera Society of Chicago, tendo Freer como sua presidente. Ela criou a David Bispham Memorial Medal e, até sua morte, em 1942, premiou mais de cinqüenta autores de óperas cantadas em inglês, entre eles Cadman, Herbert, Deems Taylor, Carr Moore, Cameron White, Virgil Thomson, Antheil, Gershwin e Douglas Moore.

As óperas que Freer compôs são de um tipo muito especial: ciclos de canção encenados, em que a teatralidade é criada a partir da relação entre a música, o colorido da prosódia e a imagística nos poemas. Ela é a autora de mais de 150 canções, entre elas os ciclos *Five Songs to Spring, Six Songs to Nature* e, principalmente, *Sonnets from the Portuguese*, baseado nos poemas de Elisabeth Barrett Browning. Esse foi o ponto de partida para uma ópera muito delicada, *The Brownings Go to Italy* (1934), em que Freer retrata a lua de mel de Elizabeth com Robert Browning, em Veneza.

Todas as suas óperas são em um ato, com não mais do que quatro cenas. O estilo é sempre tonal, com alguns cromatismos e visíveis influências do Impressionismo. A maioria dos libretos foi escrita por ela mesma, e Freer tem predileção por temas lendários, históricos ou romanescos. São peças concebidas para a encenação em lugares modestos – teatros pequenos, clubes de arte comunitários, auditórios de escola – com poucos cantores e orquestra reduzida. Citemos, entre outras, *The Legend of the Piper* (South Bend, Indianápolis, 1924), *Massimiliano, the Court Jester* (Lincoln, Nebraska, 1924), *A Christmas Tale* (Houston, 1929), *Joan of Arc* (Philadelphia, 1929), *Frithiof* (Chicago, 1931, em forma de concerto), *A Legend of Spain* (Milwaukee, 1931). Documento importante para conhecer a vida musical de Chicago em seu período é a autobiografia de Eleanor Everest Freer, *Recollections and Reflections of an American Composer*, publicada em 1929.

Beach

Assim como Everest Freer, que já tinha 57 anos ao escrever a primeira ópera, Mrs. H. H. Beach (1867-1944) também chegou tarde ao teatro musical: estreou no palco aos 65 anos. Amy Marcy Cheney nasceu em Henniker, no New Hampshire, de uma família muito culta, com raízes que remontavam às origens coloniais do país. Estudou piano com Ernest Perabo e Carl Baermann, e harmonia com Junius Hill; estreou como pianista em 1883 e, dois anos depois, aos 18 anos, casou-se com o Dr. H. H. Beach, cirurgião em Boston. Ele era 25 anos mais velho, mas o casamento foi feliz e, em homenagem a isso, ela adotou o nome profissional de Mrs. H. H. Beach.

Suas primeiras experiências de composição foram modestas: algumas peças para piano. Mas em 1891, embarcou num projeto ambicioso, o da *Missa em Si Bemol Maior*, que foi estreada pela Haendel and Haydn Society, de Boston, em 18 de fevereiro do ano seguinte – a primeira obra composta por uma mulher executada por essa associação. Foi excepcional o sucesso, em 1896, da *Sinfonia Gaélica*, sobre temas folclóricos irlandeses, tocada pela Sinfônica de Boston. Isso consolidou seu prestígio e assegurou o interesse do público pela *Sonata para Violino*, que ela estreou em 1897 com Fritz Kneisel; e principalmente pelo *Concerto para Piano*, de que ela foi a solista em 6 de abril de 1900. Essa pioneira das mulheres compositoras americanas excursionou pela Alemanha entre 1910, data da morte do Dr. Beach, e 1914; os concertos em que ela apresentou suas próprias obras chamaram a atenção pela novidade de se tratar de uma mulher e vinda do Novo Mundo, mas também por sua música apresentar um nível de qualidade comparável ao dos músicos europeus.

Ao morrer, em 1944, Mrs. H. H. Beach deixou inédita uma ópera, *Cabildo*, que é um excelente veículo dramático para cantores jovens e para a encenação em teatros modestos – tanto que foi estreada em Athens, na Geórgia, em 27 de dezembro de 1945, pelos estudantes de música da universidade local. E na fase em que os *workshops* operísticos tornaram-se muito freqüentes, foi retomada algumas vezes por grupos estudantis ou amadores. *Cabildo* conta, de forma livre, um episódio histórico: a prisão e fuga do pirata Pierre Lafitte do Cabildo de Nova Orleans, durante a Guerra de 1812. É uma peça muito viva, temperada pela citação de temas folclóricos crioulos, e com um uso de motivos recorrentes que mostra Beach familiarizada com a ópera européia pós-wagneriana. Além dessa peça, ela compôs, na área vocal, as cantatas *The Minstrel and the King*; *Festival Jubilate*; *The Chambered Nautilus, Canticles of the Sun*; *Christ in the Universe, The Rose of Avontown, Sylvania, The Sea Fairies*.

Os movimentos operísticos estudantis e comunitários que surgiram em toda parte, do que era liderado por Arnold Franchetti em Hartford, até o de Dallas, no Texas, de que Carl

A compositora Amy Marcy Beach tinha 65 anos ao escrever a sua primeira ópera.

Venth era o animador, foram responsáveis pelo início da carreira musical de diversos compositores. Mas a ópera curta não se limitava a ser uma forma de *Gebrauchsmusik* – a "música funcional", para servir à sociedade, como a definira Paul Hindemith. Tinha uma vida própria, que atraía músicos de primeiro plano, como veremos, mais adiante, ao falar de *Down in the Valley* (1948), de Kurt Weill, ou *Second Hurricane* (1937), de Aaron Copland. São óperas curtas em que ressoam os temas folclóricos, os ritmos de baile em celeiro, os hinos de igreja, escritas numa linguagem que as torna acessíveis a intérpretes jovens e a todo tipo de platéia.

Óperas em um ato têm também a vantagem de poder formar programas duplos. A semelhança temática – ambas falam de dificuldades no casamento – fez com que fosse muito bem-sucedida, em 1958, a reunião de *Trouble in Tahiti*, de Leonard Bernstein, com *Tale for a Deaf Ear*, de Mark Bucci. Outro *double bill* muito marcante foi o da *Medium* de Menotti com *The Devil and Samuel Webster*, de Douglas Moore, duas maneiras diferentes de ver as crendices, superstições e temores que envolvem a relação do ser humano com o outro mundo, esta com a visão irônica das tradições folclóricas, aquela com a dramaticidade típica do melodrama italiano. Com sua maneira oposta de contrapor fantasia e realidade, ambas tornaram-se pilares do repertório americano. E *O Diabo e Daniel Webster* revelou o nome de um operista que viria a ter grande importância.

Moore

Em 1640, Thomas Moore veio de Connecticut para Long Island, e ali fundou Southold, o mais antigo povoado de colonização inglesa no estado de Nova York. Dele descendia a família de Douglas Stuart Moore (1893-1969), que viveu, durante nove gerações, em Cutchogue, onde o compositor nasceu e manteve residência até o fim da vida. Os pais de Douglas eram intelectuais, editores da *Ladies World*, uma das mais antigas revistas femininas do país, e estimularam desde cedo seu interesse

por música. O menino detestava a rotina dos exercícios de piano, mas sentia-se intuitivamente atraído pela composição: suas primeiras canções datam de 1910, e baseiam-se em poemas de Archibald McLeish, de quem foi colega e amigo na Hotchkiss School de Long Island.

Em Yale, onde foi estudar literatura, Moore seguiu as aulas de harmonia de David Stanley Smith e escreveu a música incidental para uma apresentação estudantil da peça *Quentin Durward*, que chamou a atenção de Horatio Parker. Este o convidou a freqüentar suas aulas de composição, e convenceu-o a seguir a carreira de músico. Alistando-se na Marinha durante a I Guerra, Moore escreveu, para distrair seus companheiros, várias canções (algumas delas com letras apimentadas). *Destroyer Life* faz parte, até hoje, do repertório dos marujos.

Depois, vieram os estudos em Paris: uma primeira fase, em 1919, com Vincent d'Indy, na Schola Cantorum e, depois do casamento com Emily Bailey, uma segunda fase, em 1920, com Nadia Boulanger. Organista do Museu de Arte de Cleveland e do Adelbert College, Douglas Moore fez estudos suplementares de composição com Ernest Bloch, que resultaram na primeira partitura instrumental, *Four Museum Pieces* (1922), a orquestração de obras originalmente escritas para órgão. A amizade com o poeta Vachel Lindsay despertou nele o interesse pela exploração de cenas da vida americana, e isso se revela em sua primeira obra orquestral de grande sucesso, a suíte *The Pageant of P. T. Barnum* (1926). Essa evocação da vida do grande empresário circense, para o qual até o soprano Jenny Lind se apresentou, constitui um brilhante painel da vida americana na década de 1890.

Moore sentia-se magnetizado pelo teatro. Mas chegou a ele passo a passo. Associou-se, em 1925, ao Teatro Laboratório de Nova York e, para esse grupo, escreveu a música incidental de *Much Ado about Nothing* (1927), de Shakespeare, e do drama *The Road to Rome* (1928), de Sherwood Anderson. Impressionadíssimo com essas partituras, Paul Rosenfeld se perguntou, em seu *An Hour with American Music*, publicado em 1929, se Moore não era "o compositor mais competente e de bom gosto de música incidental para teatro, dentre todos os que hoje estão em atividade nos Estados Unidos". Professor na Universidade de Columbia de 1926 até 1962, muito estimado por seus alunos, foi nesse quadro de atividades acadêmicas que Moore escreveu outras grandes peças de inspiração americana – o poema sinfônico *Moby Dick* (1928), a *Abertura sobre uma Melodia Americana* (1931) –, e fez suas primeiras experiências operísticas.

Oh Tennessee (1925) ficou inédita, e *Jesse James* não chegou a ser terminada (em ambas era evidente a opção pela temática americana, a ocupação do território, a mitologia do faroeste). A bolsa recebida da Guggenheim em 1934 permitiu-lhe licenciar-se da universidade e dedicar à composição de *White Wings*. Philip Barry adaptou para ele a sua peça sobre os protestos dos varredores de rua, no início do século. Acostumados ao transporte puxado a cavalo, que exigia uma limpeza pública muito trabalhosa, eles se rebelaram contra a aparição dos primeiros automóveis nas cidades, temendo que o tipo mais "limpo" de veículo acarretasse desemprego para a sua classe.

Essa ópera sobre o conflito entre os velhos hábitos e a chegada do progresso – um tema que, hoje, mais do que nunca, é candente – ficou pronta em 1935. Mas só estreou em 9 de fevereiro de 1949, montada pelo departamento de ópera da Julius Hartt School of Music, em Hartford, Connecticut. Allen Bole, no *New York Times*, considerou-a "encantadora, cheia de colorido e de agradável *nonsense*". Na opinião desse crítico, Moore tinha escrito "uma partitura inteligente e agradável, de conteúdo tradicional, mas nunca aborrecida".

Esse julgamento favorável deve-se, talvez, ao fato de, nos quatorze anos que se passaram entre a composição e a estréia de *Asas Brancas*, o nome de Moore ter começado a se impor. Em 1937, o contista Stephen Vincent Benèt, famoso por suas narrativas de um sabor regional na linha de Mark Twain, adaptara para ele a comédia *The Headless Horseman* (1937), extraída do conto de Washington Irving. Depois, condensando um de seus contos mais famosos, Benèt preparara o libreto de *The Devil and Daniel Webster*, seu primeiro grande sucesso no palco. O público que, em 1949, foi assistir a *White Wings* ainda tinha nos ouvidos

os aplausos do *Diabo e Daneil Webster* e, por isso, já estava predisposto a receber com agrado esse trabalho anterior. O mesmo aconteceu, em 1949-1950, com duas óperas infantis: *The Emperor's New Clothes* (A Roupa Nova do Imperador), e *Puss in Boots* (O Gato de Botas), cujos libretos R. Abrashkin extraíra de Hans Christian Andersen e Charles Perrault.

Estreada no Martin Beck Theater de Nova York, em 18 de maio de 1939, *O Diabo e Daniel Webster* passa-se na Nova Inglaterra, na década de 1840. O próspero fazendeiro Jabez Stone está para se casar com Mary, a beldade do lugar, por quem sempre esteve apaixonado. Ao pegar o violino para começar a quadrilha, o rabequeiro contratado para tocar no baile comenta que, hoje, é como se o próprio demônio tivesse se apoderado de seu instrumento. É o que basta para fazer surgir Scratch[6], homem sinistro, que se apresenta como advogado em Boston, e diz ter vindo cobrar uma dívida. Na verdade, Scratch é o próprio Diabo a quem, dez anos antes, Stone, na maior penúria, vendeu a alma, em troca da riqueza que lhe permitiria casar-se com Mary. Stone é a própria imagem do sonho americano. É ele quem diz: "I want clothes from a city store, and a big, white house with a big front door" (Quero roupas de uma loja na cidade e uma casona branca com uma grande porta fronteira).

As coisas estão mal paradas para Stone. Mas, felizmente, Daniel Webster – figura real, grande advogado, que chegou a ser secretário de Estado americano – está por perto, e é contratado para enfrentar Scratch no tribunal. Este forma um júri com almas danadas, a pior escória da humanidade que, depois de morta, foi parar no fundo do inferno:

> There's Blackbeard Teach, the pirate Fell,
> Smeet, the strangler, hot from hell.
> Dale, who broke men in the wheel,
> Morton of the tarnished steel.

(Aqui estão Teach o Barba-negra, o pirata Fell, o estrangulador Smeet quentinho do inferno. Dale, [o carrasco], que quebrou os homens em sua roda de torturador, Morton, com seu aço manchado [de sangue].)

6. O nome de Scratch ("arranhar") é uma brincadeira: refere-se ao som áspero do violino do rabequeiro, que o invocou ao ser tocado.

Mas a retórica de Webster comove até os condenados. Ele alega que, se Stone se vendeu ao Diabo, foi por amor a Mary. E, indo mais além, fala de um tema fundamental da ideologia americana – o direito de todo homem à liberdade –, coisa com a qual sabe que vai tocar o coração desses pobres diabos mortos na cadeia:

> Freedom is the bread and the morning
> and the risen sun.
> It was for freedom
> that we came in the boats and the ships.
> Have you forgotten this?
> Have you forgotten the forest,
> the rustle of the forest,
> the free forest?

(Liberdade é o pão, a manhã, o sol que se ergue. Foi buscando liberdade que viemos para cá, nos barcos e nos navios. Já se esqueceram disso? Já se esqueceram da floresta, o farfalhar da floresta, a floresta livre?)

Ouvindo essas palavras, o júri de condenados dá ganho de causa a Stone. Scratch é tocado da cidade ao som do coro, que celebra algumas coisas muito simples e características do *American way of living*:

> We'll drive old Scratch away!
> He can't come here for his codfish balls!...
> Pie for breakfast, pie!
> Apple, pumpkin, mince and raisin...
> New England's pride.

(Vamos expulsar o velho Scratch! Ele não pode vir aqui nos passar a perna!... Torta no café da manhã, torta! De maçã, de abóbora, carne moída e passas... o orgulho da Nova Inglaterra.)

Os números fechados – a dança de celeiro do início, o dueto de Mary e Jabez em forma de balada popular – são interligados por diálogo falado, mas isso não faz de *O Diabo e Daniel Webster* um musical do tipo Broadway. Ao contrário, pela substância musical e o equilíbrio entre fala e canto, esta *folk opera* vincula-se à tradição do *opéra-comique* e do *singspiel*. Há um entrelaçamento muito hábil de recitativo, arioso, canto formal e diálogo falado com ou sem acompanhamento orquestral. Em tudo ela está inserida na tradição da ópera cômica americana. Possui os elementos característicos do melodrama: o par de namorados, o herói, o vilão, o *happy ending*. E o gosto pelo sobrenatural vincula-a à antiga *har-lequinade*. O estilo de Moore é simples, mas cheio de energia e de um tipo de ingenuidade popular que é perfeitamente adequada para o tema. Em junho de 1953, a ópera foi transmitida pela CBS e, portanto, deve existir a cópia em vídeo. O selo Newport Classic tem a gravação de 1995 (Guyer, Steele, Stephens, Woods-Patterson).

O libreto de Arnold Sundgaard para *Giants of the Earth* condensa o romance de O. E. Rölvaag sobre a instalação dos primeiros imigrantes norueses no Dakota. "Encontrei de tudo nesse livro", disse Moore, "um tema tipicamente americano, o da aculturação do estrangeiro em nossa terra, com um tempero norueguês que me agradou muito. O livro tem drama, impulso rítmico, toques de humor." Para *Gigantes da Terra*, que estreou no Brander Matthews Theater, da Universidade de Columbia, em 28 de março de 1951, Moore escolheu a estrutura formal de ópera em grande escala, que lhe permitia a inserção de árias com cantabile opulento, cenas de conjunto, passagens corais e danças orquestradas com muito brilho. "Moore escreveu com toda a desenvoltura e indo direto ao ponto", disse Olin Downes no *New York Times*. Há momentos em que a orquestra assume o papel narrativo, traça pequenos poemas sinfônicos. Um belo exemplo é o prelúdio, com solo de trompa – que ganhou independência como peça de concerto –, no qual o compositor evoca a imensidão da planície onde a ação vai se desenrolar.

Horace Austin Warner Tabor possuía uma pedreira em Vermont quando, na década de 1850, ficou sabendo da corrida do outro no Colorado. Vendeu o que tinha e correu para lá, em companhia de Augusta, sua mulher, de família respeitável da Nova Inglaterra. Durante vinte anos foi mal-sucedido; e Augusta o sustentou, administrando uma pensão, uma padaria e um armazém. A sorte veio quando Tabor comprou parte da mina de prata Little Pittsburg, em Leadville, e começou a ganhar dinheiro. Em 1879, ele adquiriu a promissora Matchless Mine e, em breve, estava ganhando US$ 100 mil por mês.

Quando Augusta insistiu em levar a vida frugal de sempre, e recusou-se a mudar para a mansão de US$ 40 mil que Horace comprara em Denver, ele começou inevitavelmente a afastar-se dela. Foi aí que conheceu Elizabeth Doe. Nascida em Oshkosh, no Wisconsin, Elizabeth casara-se com Harry Doe, filho do prefeito de sua cidade, e fora com o marido para Central City, no Colorado, cuidar da mina Fourth of July, de propriedade do sogro. Apesar dos esforços de Elizabeth, a quem os mineiros deram o apelido de Baby, Harry era um homem fraco, foi à falência, deu para beber, e a mulher o abandonou.

Aos vinte anos, no auge da beleza, Baby Doe tinha o mesmo gosto de Horace por luxo. Tornaram-se amantes e ele a instalou no Hotel Clarendon, de Leadville, depois no Windsor, de Denver. Embora Augusta se recusasse a aceitar o divórcio, Tabor mobilizou suas relações políticas, conseguiu a separação em Durango, e casou-se com Baby em Saint-Louis. Mas a sociedade de Denver recusou-se a aceitar a nova Mrs. Tabor, em solidariedade à primeira mulher.

Tabor concorreu a um posto no Senado, em 1883. Não ganhou, mas preencheu durante um mês a vaga de suplente. Levou Baby consigo para Washington – eles gastaram US$ 300 mil durante o mês passado na capital – e, lá, para tornar seu casamento respeitável, Horace casou-se novamente com Baby, diante de um padre católico, em presença de políticos, diplomatas e do presidente Chester Arthur. Todos eles fizeram declarações públicas indignadas, ao descobrir que Tabor era divorciado. Sem se preocupar com isso, Horace levou Baby de volta para Denver, instalou-a numa casa luxuosíssima... mas ninguém aceitou o convite para visitá-los. Baby Doe nunca haveria de conquistar um lugar na sociedade.

As dificuldades começaram em 1893, quando o padrão ouro passou a substituir a prata na cunhagem de moeda. Em 1896, depois de ter em vão investido na campanha de William Jennings Bryan à presidência, com base na plataforma "Free Silver", Tabor foi à falência. Todos esperavam que Baby Doe o abandonasse. Mas ela continuou ao lado do marido quando ele teve de trabalhar como operário, ganhando US$ 3 por dia. Horace morreu em 1899, sem um tostão. Mesmo depois disso, fiel à promessa que lhe fizera de nunca vender a proprie-

dade, Baby continuou em Matchless Mine. Sua filha, Silver Dollar, se prostituiu e tornou-se alcoólatra. Baby transformou-se numa figura folclórica em Leadville, vagando pela cidade em andrajos e tentando vender às pessoas ações de uma mina que estava esgotada.

Ao ler, em 7 de março de 1935, a notícia de que a viúva do ex-Rei da Prata tinha sido encontrada morta, aos 81 anos, na cabana de sua mina, congelada de frio, Douglas Moore percebeu o potencial operístico dessa história. Mas, ocupado, na época, com *White Wings*, nada fez de imediato com a idéia. Só voltou a ela em 1953, quando Donald Oenslager, da Central City Opera Association, do Colorado, lhe encomendou uma ópera de tema americano, a ser financiada pela Fundação Kussevítzky da Biblioteca do Congresso. Foi Oenslager quem lhe sugeriu que o assunto fosse a vida de Horace Tabor e suas relações com Augusta e Baby Doe.

John Latouche, com quem havia tempos Moore queria colaborar, preparou-lhe o libreto de *The Ballad of Baby Doe*, estreada na Ópera de Central City em 7 de julho de 1956. Emerson Buckley regeu o espetáculo dirigido por Hanya Holm e Edwin Levy. O elenco original incluía Walter Cassel (Tabor), Dolores Wilson (Baby) e Martha Lipton (Augusta). Depois da bem-recebida estréia, Latouche e Moore discutiram algumas revisões, entre elas a inclusão da cena de jogo do ato II e da ária de Baby "The fine ladies walk with their heads held high", no ato I. Latouche terminou os textos novos pouco antes de morrer, inesperadamente, de um ataque cardíaco, aos 39 anos, em agosto de 1956.

Quando o New York City Opera decidiu, em 1958, realizar uma temporada especial de óperas americanas, patrocinada pela Fundação Ford, escolheu *A Balada de Baby Doe* como espetáculo inaugural. O maestro Julius Rudel ligou então para Cleveland, onde morava, na época Bervely Sills sugerindo-lhe que se candidatasse ao papel. A princípio – conta a própria Sills –, ela não quis, ofendida por ter ouvido dizer que Moore e Buckley a achavam "grandalhona demais" para o papel. O próprio Buckley telefonou, então, insistindo que ela fosse a Nova York para a audição. Teimosa e provocadora, Sills apareceu usando "o par de sapatos de salto mais alto que encontrei na Bergsdorf, e um chapéu de mink da minha mãe, que devia me fazer parecer ter dois metros de altura". Cantou a "Willow Song" do ato I, e Moore, "such a dear, sweet man", ergueu-se de seu lugar e veio em sua direção, de mãos estendidas: "Miss Sills, you *are* Baby Doe." Em 1999, para comemorar os 70 anos dessa grande cantora, o selo Deutsche Grammophon relançou a gravação do espetáculo de 26 de março de 1958, originalmente comercializado pelo selo Heliodor. Nela, Sills, ao lado de Cassell e Frances Bible (Augusta), faz de Baby Doe um dos principais papéis de seu repertório. Além dela, há também, no selo Newport Classic, a versão comemorativa da estréia, ao vivo na Central City Opera House (Grissom, Krueger, Steele, Blaisdell-Moriarty).

Nas cenas iniciais da ópera, assistimos ao encontro de Horace e Baby e à forma como ele se declara à bela jovem ("Warm as the autumn light"). Em I, 3, ao descobrir o caso que o marido mantém, Augusta Tabor decide destruir esse relacionamento. Na Cena da Carta ("Dearest Mama"), já tínhamos visto que Baby estava decidida a por fim à aventura com um homem casado. Mas, ao ser desdenhosamente tratada por Augusta, num encontro que elas têm no saguão do Hotel Clarendon ("I knew it was wrong"), resolve ficar ao lado do amante.

Tabor separa-se da mulher e, durante o período muito curto, de apenas um mês, em que exerce a função de suplente de senador em Washington, casa-se com Baby. Apenas as mulheres dos embaixadores estrangeiros estão presentes, pois as esposas dos políticos americanos se recusaram a comparecer. O próprio pastor, escandalizado, não quer celebrar o casamento, quando lhe dizem que Tabor é divorciado. Só não o faz porque o presidente Chester Arthur em pessoa veio assistir à cerimônia ("And I'll show you something else").

Dez anos depois, em 1893, os amigos de Augusta esnobam Baby, no baile do governador, no Windsor Hotel de Denver, como vêm fazendo todos esses anos. O que realmente surpreende Baby é Augusta vir procurá-la. Engolindo seu orgulho, Augusta veio avisar que o padrão prata está desabando. Baby tem de conseguir que Tabor venda as minas antes de ficar arruinado. Horace chega, ouve só o fim da conversa, não entende as intenções da ex-mulher ("Augusta, what are you doing here?"), exige que ela se retire, e pede a Baby que lhe jure nunca tentar vender a Matchless Mine.

Dois anos depois, num jogo de pôquer, Horace, que está em dificuldades financeiras, pede ajuda a seus antigos sócios, e estes o tratam com desprezo. Em "Turn tail and run", Tabor lhes diz que está apoiando a campanha de William Jennings Bryan para a presidência, e este tem uma plataforma de estímulo ao livre comércio da prata. De fato, no verão de 1896, Bryan vem discursar na Matchless Mine ("Good people of Leadville"), e faz promessas animadoras aos mineiros. Mas é derrotado nas eleições de novembro daquele ano. Mrs. McCourt, a mãe de Baby, visita Augusta e pede-lhe que ajude Horace. Mas a ex-sra Tabor está magoada demais e responde que nada pode fazer.

Em abril de 1899, Horace, idoso e doente, visita o palco do Tabor Grand Theatre, que ele mesmo mandara construir. Não é reconhecido pelos empregados, e lembra-se da noite de inauguração, em que recebeu uma placa de ouro. Em suas visões ("The cattle are asleep"), revê Augusta como uma figura que profetizava seu declínio, e tem a premonição do final degradante que terá sua filha Silver Dollar, obrigada pela pobreza a se prostituir ("Come down, moonshine, what will tomorrow bring?"). Invoca a única coisa que nunca lhe falhou, e Baby Doe aparece ("Horace, they told me you were ill"), real em meio às suas alucinações. Ela canta, para o marido agonizante, uma canção de ninar ("No one can divide us"), que se transforma numa vibrante declaração de amor. As luzes diminuem, assiste-se à passagem dos anos, e a última imagem é a de uma mulher encanecida, que perambula na neve na Matchless Mine. Baby canta para seu passado, para seu amado, um comovente monólogo, a que Sills, na gravação, dá acentos realmente dilacerantes:

> Always through the changing
> of sun and shadow, time and space,
> I will walk beside my love
> in a green and quiet place.
> Proof against the forms of fear,
> no distress shall alter me.
> I will walk beside my dear

clad in love's bright heraldry. [...]
Passion fades when joy is spent,
lust is lure for gold and crime,
beauty's kiss is transient,
love alone is fixed on time.
Death cannot divide my love,
all we sealed with living vows.
Warm I'll sleep beside my love
in a cold and narrow house. [...]
As our earthly eyes grow dim,
still the old song will be sung.
I shall change along with him
so that both are ever young.
Ever young.

(Mudando com o sol e a sombra, o tempo e o espaço, andarei ao lado de meu amor, num lugar verdinho e calmo. Prova contra as formas do medo, nenhuma angústia há de me alterar. Andarei ao lado de meu querido, vestida com a alva e nobre veste do amor. [...] A paixão se extingue quando a alegria acaba, a luxúria é isca para o ouro e o crime, o beijo da beleza é transitório, só o amor fica imóvel no tempo. A morte não pode dividir tudo o que selamos com nossos votos vivos. Cálida dormirei ao lado de meu amor, numa casa fria e estreita. [...] Por mais que os nossos olhos terrenos escureçam, ainda cantaremos a antiga canção. Mudarei junto com ele para que nós dois continuemos jovens. Sempre jovens.)

No artigo "About *The Ballad of Baby Doe*", publicado em julho de 1956 na revista *Theatre Arts*, John Latouche comenta:

O grande problema de escrever uma ópera sobre tema histórico é como transformar seres humanos de verdade em personagens de teatro. A partir do momento em que entram para os livros de história, as pessoas parecem querer permanecer lá. Quanto mais famosas são, menos parecem querer adquirir vida no palco.

A solução para isso foi ter feito da *Balada de Baby Doe*, antes de mais nada, uma grande história de amor. Tudo o que se refere aos sentimentos de Horace por Baby, à mágoa de Augusta, seu ressentimento contra a rival, sua fidelidade apesar de tudo ao homem que a abandonou, e ao inarredável afeto de Tabor e Baby um pelo outro, suscita o que há de melhor na inspiração melódica de Moore. As cenas mais convincentes da ópera são os duetos – de amor, de confrontação, de descrição da relação psicológica entre os seres. E desde os ariosos para Tabor e Augusta que, no ato I, Moore contrapõe à brilhante valsa cantada por Baby, sabemos que ele sempre usará o estilo musical acertadamente para caracterizar as suas personagens. Enfeitada com coloratura

que leva a soprano a um ré agudo, a Canção do Salgueiro, que Baby canta no ato I, tem um laivo agridoce, antecipador do tom profético da Canção da Prata, na cena do casamento: "Gold is the sun, but silver lies hidden in the core of dreams" (O ouro é o sol, mas a prata permanece escondida no coração dos sonos).

Baby Doe é uma das grandes personagens da ópera americana – eu diria até da ópera mundial. Está certa do que quer, e é capaz de enfrentar o desprezo de uma sociedade hipocritamente puritana, e de abrir mão da riqueza e do luxo – de que gostava tão sinceramente – para ficar ao lado do homem que ama. Nas mãos de uma boa cantora-atriz, como Beverly Sills, pode ser uma bela criação. Mas Augusta também é uma figura trágica fascinante. Em "Augusta, how can you turn away?" (II, 4), ela reconhece que ainda ama Horace, quer ajudá-lo, mas não consegue. "Devo morrer na prisão de minha solidão", diz ao concluir essa ária, em que a música opulenta de Moore traduz sua angústia de forma muito expressiva.

Mas *A Balada de Baby Doe* é também uma grande ópera histórica, realizada com o entusiasmo e o vigor poético de um filme de John Ford. O ambiente do Colorado no auge do ciclo da prata, o clima de politicagem de Washington no final do século XIX, o retrato do declínio de Leadville são mostrados de uma forma que deve sua força tanto à veracidade e precisão da música quanto às virtudes do bom libreto de Latouche.

Concessão à "música funcional" é a brincadeira que Moore e Sundgaard fizeram em março de 1958 com *Gallantry or A Soap Opera*, estreada no Brander Mathews, de Columbia, em programa duplo com *The Boor*, de Dominick Argento. "Não temos nada contra a novela de televisão", dizem eles no prefácio ao libreto. "Nossa paródia é uma forma afetuosa de reconhecer as razões pelas quais a novela é tão popular junto ao público." Inspirando-se em *Young Doctor Malone* – precursora, na década de 1950, de séries de TV atuais como *E.R.* ou *Scrubs* – Sundgaard imaginou um triângulo amoroso, num grande hospital, entre um cirurgião, o Dr. Gregg, a enfermeira Lola, que ele vive cantando, e Donald, o fun-

O soprano Bervely Sills como Baby Doe, um de seus maiores papéis, na montagem de *The Ballad of Baby Doe*, de Douglas Moore, no New York City Opera.

cionário da administração pelo qual a moça está realmente apaixonada.

A Garota Propaganda – não nos esqueçamos de que a ópera é de uma época em que televisão era feita ao vivo, e essa figura, hoje esquecida, ainda existia – anuncia, na ária "Morning, noon and noon and night Lochinvar will bring delight", que a novela *Gallantry* é patrocinada pelo sabonete Lochinvar, "the soap of silken supremacy", e pela cera para carros Billy Boy, "the waxy wax that spells relax". No capítulo de hoje, Lola resiste às propostas do médico e, durante uma operação de apêndice, impede que Donald seja vítima do ciumento bisturi do Dr. Gregg. No fim do capítulo, as duas linhas da ação convergem: assim que Donald e Lola se dão conta de que não podem confiar no Dr. Gregg, a Garota Propaganda os interrompe, providencialmente, anuncia o próximo capítulo para o dia seguinte mas, antes, pede ao famoso cirurgião Dr. Gregg que diga algumas palavras sobre as virtudes do sabonete Lochinvar. E a peça termina com um quarteto em que os três atores, saindo fora de suas personagens, unem-se à Garota para celebrar as qualidades do produto patrocinador.

No prefácio ao libreto, Moore e Sundgaard escrevem, sobre a novela de televisão e a intenção que tiveram, ao compor essa bem-humorada mini-ópera:

Na novela, as virtudes tradicionais estão sempre à beira da derrota e os vícios fundamentais estão sempre a ponto de triunfar. Essa dramática justaposição de vilania e virgindade, vamos dizer assim, é a base para um suspense aparentemente infindável. No entanto, esse cabo-de-guerra universal do bem contra o mal nunca é inteiramente resolvido nas novelas de televisão, assim como tampouco o é na vida real. O amanhã existe com a única finalidade de solucionar o dilema de hoje que, por sua vez, fornece a semente para o episódio de amanhã. *Gallantry* homenageia a força e a durabilidade dessa arte que se auto-perpetua.

Levando em conta que muito dessa definição pode ser aplicada à própria ópera, *Gallantry* homenageia também a arte da qual saíram muitos dos clichês narrativos a que assistimos todas as noites na televisão. Transmitida pela CBS em 30 de agosto de 1972, essa ópera para três personagens e orquestra de câmara foi gravada em 1995, no selo Albany, por Stephen Rogers Radcliffe (Bishop, Wright Moore, Osborne). No disco, fazem-lhe companhia *O Telefone*, de Menotti, e *Hin und Zurück*, de Hindemith.

Uma encomenda do New York City Opera resultou em *The Wings of the Dove*, que Ethan Ayer condensou do romance homônimo de Henry James (estréia em 12 de outubro de 1961). Embora possa e costume ser encenada, *The Greenfield Christmas Tree*, de 1962, é mais uma cantata cênica do que uma ópera. A última obra de Moore para o palco destinou-se a comemorar o centenário da Universidade do Kansas. Para isso, Moore e seu libretista, William North Jayme, escolheram uma personalidade daquele estado: a ativista Carrie Nation que, no início do século XX, iniciou a campanha contra o alcoolismo, que teria como resultado a legislação proibicionista da Lei Seca. *Carrie Nation* estreou em Kansas em 28 de abril de 1966, e foi levada no New York City Opera em 28 de março de 1968 (o selo Desto tem o registro desse espetáculo).

Moore manteve, ao longo de toda a obra, um estilo tonal, consonante, lírico, eventualmente polimodal, enraizado na tradição germânica. Sua única concessão ao modernismo foram dissonâncias ocasionais, para efeito de contraste. A sua força está na espontaneidade com que capta, na construção melódica e nas seqüências rítmicas, o tom genuinamente americano das canções folclóricas, das marchas militares, dos hinos de igreja. É a música típica de quem declarava, na época de *O Diabo e Daniel Webster*:

Sinto que, hoje em dia, estamos todos demasiado conscientes do problema do idioma musical ou da estética. Todos nós, compositores, morremos de medo de estar sendo modernos de menos ou demais. Muitos de nós se preocupam em saber se nossa música reflete adequadamente a América, ou é internacional como se espera que seja, dependendo da facção a que se quer agradar. O ideal específico que eu tenho tentado alcançar é o de escrever música que não seja demasiado centrada nas questões de idioma e, ao mesmo tempo, reflita a qualidade exuberante da vida e da tradição no país em que vivo. [...] Se nos acontece de termos inclinações românticas, se gostamos de uma melodia bonita de vez em quando, se ainda temos aquele amor um tanto infantil por uma ambientação bem criada, por que não devemos admitir esse fato e criar música de que nós mesmos sejamos os primeiros a gostar?

Weill

Fugindo do anti-semitismo nazista, Kurt Weill (1900-1950) chegou aos Estados Unidos em 1935, e ali ficou até o fim da vida. O passaporte para a entrada no país foi a encomenda do sionista americano Meyer Weisgall da partitura para *The Eternal Road*, peça de teatro com números musicais intercalados, destinada a ser uma "musical response to Hitler". Boa parte da partitura, a partir de *Der Weg der Verheissung*, libreto em alemão escrito pelo romancista Franz Werfel, já tinha sido composta em Paris onde, depois de sair de Berlim, Weill parara para a sua última colaboração com o dramaturgo Bertolt Brecht, o balé cantado *Die sieben Todsünden* (Os Sete Pecados Capitais)[7].

O texto de Werfel foi traduzido para o inglês por Ludwig Lewisohn, com letras adicionais de Charles Adam. O espetáculo, porém, era de encenação muito trabalhosa, e só subiu à cena, no Manhattan Opera House, em 4 de janeiro de 1937. Como a música já estava praticamente pronta, Weill teve tempo de aceitar uma encomenda do esquerdista Group Theatre. *Johnny Johnson*, com libreto do pacifista Paul Green, foi o primeiro musical escrito nos Estados Unidos por Weill. Americano na temática, era alemão até a medula dos ossos do ponto de vista musical, e dava prosseguimento ao tipo de teatro politizado que ele tinha feito com Brecht na Alemanha. *Johnny Johnson* tem importância histórica considerável: por seu grau maior de elaboração, pode ser considerada a primeira "peça musical" americana, por oposição ao "musical" ou à "comédia musical" comum.

Lee Strasberg, o criador do Actor's Studio, dirigiu a estréia, em 19 de novembro de 1936. No elenco havia Lee J. Cobb, John Garfield – que em breve se tornaria vítima da caça às bruxas maccarthista – e Elia Kazan, diretor de *Sindicato de Ladrões* e *Viva Zapata*, figura controvertida por ter, mais tarde, denunciado membros do meio artístico ao Comitê de Atividades Antiamericanas. Ou seja, mal chega-

do à América, Weill já se juntara a seus iguais do ponto de vista político. E foi no acampamento de verão do Summer Theater que libreto e música foram concebidos, com participação de todos os artistas envolvidos no projeto, numa base de criação coletiva.

A ação situa-se em 1917. Uma demonstração pacifista, ao som da marcha "Peace, peace, peace", é interrompida pelo anúncio de que o presidente Wilson declarou guerra – e a marcha é repetida com as palavras "War, war, war", numa irônica demonstração de como a música pode ser indiscriminadamente utilizada para os mais diversos objetivos. Johnny Johnson, o americano típico, ingênuo, bem-intencionado, idealista, alista-se, tem uma conversa com a Estátua da Liberdade, prometendo-lhe que vai lutar pela paz, e embarca para a Europa. Fica horrorizado com o que vê nas trincheiras, faz amizade com um franco-atirador alemão, um oportunista inteiramente sem escrúpulos, mas não desiste de lutar pela paz. Joga gás hilariante numa reunião do Alto Comando Militar, disfarça-se de general e proclama o armistício. É preso, repatriado e trancafiado num manicômio. Nem assim desiste: dentro do hospício, cria uma Liga das Nações de que os internos participam; e tenta discutir os direitos dos pacientes com a direção. É lobotomizado e libertado, dez anos depois, pois já não oferece mais perigo. Inteiramente abobado, ganha a vida como camelô, vendendo brinquedos. Mas recusa-se a vender os que imitem armas ou material militar.

Boa parte dos números é constituída de paródias, recicladas de antigos sucessos de Weill (nessa época pouco conhecidos nos Estados Unidos): o tango do oficial de recrutamento; a ácida romança de Minny-Belle, a pérfida namorada de Johnny; um pastiche de música de faroeste. Mas há os habituais achados de orquestração de Weill: por exemplo, o acompanhamento de celesta e trombone na "Psychiatry Song", intensamente satírica. Os números escritos especialmente para o musical são dramaticamente muito poderosos: o dueto de Johnny com a Estátua da Liberdade; o "Lamento dos Canhões", que o coro entoa como uma elegia para os soldados que dormem nas trincheiras e estão condenados a morrer; a "Oração dos Capelões", em que a

---

7. A fase alemã da carreira de Kurt Weill, um dos grandes operistas da primeira metade do século XX, é estudada em *A Ópera Alemã*, desta coleção.

mesma melodia é cantada simultaneamente em inglês e alemão.

Há, nesse musical, Weill da melhor safra. A "Canção de Johnny", ouvida fragmentariamente ao longo de toda a peça, e só cantada integralmente no final, é uma das grandes melodias do compositor. Pode parecer estranho que Weill, conhecendo de perto o horror político em que a Europa estava mergulhando, tivesse aderido a um projeto que era de ideologia pacifista muito ingênua. Mas é possível que, recém-chegado aos Estados Unidos, e entusiasmado com as muitas possibilidades novas que o país lhe abria, ele acreditasse, naquela fase, que o governo americano tivesse condições de brecar rapidamente a ascensão do nazi-fascismo (não nos esqueçamos de que a ópera foi estreada antes da *Krystallnacht*, a eliminação da dissidência interna no Partido Nacional Socialista, que consolidou o poder absoluto de Hitler). Mas a partitura é da melhor qualidade. Existem dela duas gravações:

Heliodor, 1957 – Lear, Lenya, Meredith, Merrill, Stuart-Matlowski.

Erato, 1996 – Wilkinson, Santaniello, Lalli, Fortunato-Cohen.

A Estrada Eterna passa-se em época e lugar indefinidos. Sujeita à perseguição política, a comunidade judaica reúne-se na sinagoga, onde ouve seu Rabino ler trechos da Torá, para encorajá-la. Assiste também à discussão do Rabino com um Adversário, homem cínico e desiludido, que questiona as suas palavras. Ao debate se intercalam cenas da Bíblia, que ilustram o argumento do Rabino de que é na fé que os judeus encontrarão a força para resistir e sobreviver. A sinagoga é atacada por homens armados, que expulsam os judeus. Mas nem assim eles perdem a esperança num Deus que há de redimi-los.

A produção era espetacular e a peça alcançou 153 récitas. No elenco original, havia Lotte Lenya no papel de Miriam e da Feiticeira de Endor. O papel do jovem que, num momento crucial do drama, tem a visão da vinda do Messias, foi feito pelo futuro diretor de cinema Sidney Lumet. Mesmo assim, a montagem foi um retumbante fracasso financeiro. O interior da Manhattan Opera House fora demolido, para que se construísse a Estrada Eter-

na, que ascendia da entrada da sala até o fundo do palco, em quatro níveis; e nisso fora investida uma pequena fortuna. Mesmo nos dias em que se tinha casa lotada, a bilheteria não cobria as despesas imensas.

O fato de a partitura original ter sido desmembrada para inúmeras apresentações parciais, durante a guerra, visando à arrecadação de fundos para ajuda aos judeus deportados, fez com que *The Eternal Road* se tornasse um quebra-cabeças musicológico. Em 13 de junho de 1999, foi feita, no Städtische Theater de Chemnitz, na Alemanha, a versão reconstruída por Gerhard Müller (texto) e John Mauceri (música). Essa co-produção da Academia do Brooklyn e das Óperas de Israel e Cracóvia reduziu o original – que em Nova York ia de 8h da noite às 2h da manhã –, transformando uma peça de teatro com música incidental em uma quase-ópera (embora a música continue confinada aos episódios tirados da Bíblia; as discussões teológicas e políticas foram mantidas em diálogo falado).

Da mesma forma que aconteceria com *Lost in the Stars*, de 1949 (ver mais adiante), *The Eternal Road* sofre do fato de ter sido composta numa fase anterior à da radicalização da guerra (em 1937, a perseguição anti-semita já era muito intensa, mas a política de "solução final" ainda não tinha começado). Müller tentou remediar isso omitindo o aceno à possibilidade da reconciliação, no final da história, entre o profeta Jeremias e o "falso profeta" Ananias. Foi feita também uma modificação na última cena. Os soldados que entram na sinagoga são nazistas; o Adversário tenta fazer-se passar pelo Rabino, e é morto a tiros; e a comunidade é levada para o forno crematório, em vez de prosseguir sua ascensão Estrada Eterna acima. Não faltou quem chamasse essa solução de melodramática e apelativa; e ela é de fato insatisfatória, até mesmo porque a marcha escrita por Weill para o final não tem o caráter trágico que o novo desenlace exigiria.

Mas musicalmente *Eternal Road* é importante, por formar o elo entre o Weill dos *Sete Pecados Capitais* e da *Sinfonia n. 2* e o Weill dos espetáculos para a Broadway e da grande obra neo-realista que é *Street Scene*. Algumas das cenas de conjunto – a da Construção do Templo, por exemplo – lembram que Werfel e

Weill tinham, nessa obra, a intenção de escrever um equivalente contemporâneo para as *Paixões* de Bach. E se o episódio da decadência de Zedequias tem aquele jeitão canalha das óperas politizadas, que devem muito à música de cabaré dos anos de 1920, a cena de amor entre Rute e Booz já é, assumidamente, Broadway pura – e, nesse ponto, *Eternal Road* atesta a facilidade e rapidez com que Weill assimilou o estilo de teatro musical do país de adoção. Em 2003, a série *Milken Archive of American Jewish Music*, do selo Naxos, lançou a gravação de trechos da partitura, regidos por Gerard Schwarz (Christopher, Denolfo, Dent, Haumann, Maddalena, Rearick, Rideout, Volschlager). Esse registro dá razão a Rodney Milnes, para quem "a obra é mais do que a simples soma de suas partes".

Espanta até hoje a ousadia de *Knickerbocker Holiday*, cujo libreto foi extraído, pelo dramaturgo Maxwell Anderson – amigo de Weill desde a sua chegada aos Estados Unidos –, de um conto de Washington Irving: *The History of New York by Dietrich Knickerbocker* (1809). A cooperativa da Playwright's Company tentou atenuar um pouco essa sátira ao New Deal, em que Roosevelt é comparado a Hitler; mas as referências são claras. Roosevelt era deficiente físico devido à poliomielite; e o governador colonial holandês Peter Stuyvesant, a personagem principal, não tem uma perna. Além disso, ele promete aos cidadãos de Nova Amsterdam "strength through joy" – força mediante a alegria – um dos slogans da campanha de recuperação econômica do país com que Roosevelt reagia à Depressão que se seguiu à quebra da Bolsa.

O próprio Washington Irving aparece como narrador. É ele quem apresenta o governador Stuyvesant, mandado pelas autoridades holandesas para o Novo Mundo em 1647. "Eles têm mais duas horas de democracia e imbecilidade. E aí eu chego", diz Stuyvesant. O novo governador manipula a venalidade do Conselho de Nova Amsterdam, institucionaliza a corrupção, e planeja casar-se com Tina, a filha do presidente do conselho. Mas ela namora Brom Broek, que se opõe à podridão reinante no governo colonial. Stuyvesant manda sumariamente enforcá-lo, perguntando à platéia: "Se o homem é culpado, para quê, diabos, serve um tribunal?" Quando os cidadãos se rebelam, o governador manda que seus soldados apontem para eles os fuzis; e a ópera só não termina numa carnificina porque – imitando o final da *Ópera dos Três Vinténs* – o próprio Irving intervém, como um *deus ex machina*, e consegue um *lieto fine* de sardônico artificialismo.

Dado o contexto da intriga, justificam-se os pastiches que Weill faz das operetas de Gilbert e Sullivan. O Coro da Lua-de-Mel com os Políticos, em especial, é muito ácido. Mas há belas melodias, no típico estilo de Weill: "It was never you", na cena de amor de Tina e Brom; ou "September Song", que ficou muito popular. Estreando no Ethel Barrymore Theater, em 19 de outubro de 1938, com Walter Huston – o pai do cineasta John Huston – no papel principal, sob a regência de Maurice Abravanel, *Knickerbocker Holiday* ficou em cartaz sete meses e consolidou o prestígio de Weill. Mas nunca mais foi reapresentado depois disso, pois é um tanto constrangedor para as platéias americanas, e de interesse demasiado local para atrair o público europeu. No selo AEI, há cenas do espetáculo original (Huston, Madden, Brooks, Shackelton-Abravanel).

Lady in the Dark, com libreto de Moss Hart e letras de Ira Gershwin, foi o maior sucesso comercial de Kurt Weill nos Estados Unidos. Foi também a munição usada pelos patrulheiros de plantão para acusá-lo de ter-se vendido aos empresários da Broadway. Estreada em 23 de janeiro de 1941, no Alvin Theater, *Lady in the Dark* conta as dúvidas e traumas de Liza Elliot, editora de uma sofisticada revista de moda nova-iorquina. Liza recorre a um psiquiatra, porque não consegue decidir entre os homens de sua vida: o amante rico, que fundou a revista para ela, mas recusa-se a separar-se da esposa; o galã de Hollywood, que tem mais músculos do que cérebro – o papel foi, muito apropriadamente, criado por Victor Mature –; e o seu assessor de divulgação, com quem ela tem uma relação de amor e ódio, que lembra muito a de Béatrice e Bénédict na ópera de Berlioz (e com quem, é claro, ela ficará no final).

A banalidade da intriga, semelhante à de tantas comédias românticas, de ambientação sofisticada, produzidas por Hollywood nessa época, é transcendida pelo brilho das quatro extensas seqüências musicais auto-contidas, em cada uma das sessões com o psiquiatra. As elaboradas letras de Ira Gershwin estimulam a criatividade de Weill e, no clima onírico das seqüências em que o psiquiatra induz Liza a se lembrar do passado, há música digna da melhor ópera séria. Como a resposta para o trauma da personagem está numa canção que ela ouviu na infância, fragmentos dessa música vão aflorando, progressivamente, na memória da moça, em cada uma das consultas. E só na última nós a ficamos conhecendo integralmente, na hora em que, sendo capaz de cantá-la toda, Liza se liberta de seus recalques.

Weill usa com extrema habilidade a técnica de inserir números fechados dentro de uma trama musical contínua. São encantadoras as canções "This is new", de melodismo extremamente sedutor; "The Saga of Jenny" e, especialmente, "My ship", em que está a resposta para o trauma da personagem. Do ponto de vista cômico, "Tchaikóvski" é antológica, utilizando o tradicional silabato de ópera bufa. Esse quebra-língua, enumerando um monte de nomes arrevezados de compositores russos, foi o grande sucesso do comediante Danny Kaye no espetáculo de estréia. Liza Elliot foi escrito para Gertrude Lawrence e o papel, para funcionar, exige uma atriz de igual magnetismo. Há duas gravações de *Lady in the Dark*:

Columbia, 1961 – Stevens, Reardon, Green, Bridges-Engel (trechos);

TER, 1997 – Friedman, Cornwell, Dreyfus, Dunbar-Dorrell (completa).

Um respeitável cabeleireiro londrino faz, inadvertidamente, uma estátua de Vênus adquirir vida. Depois, tem de explicar essa situação insólita à sua noiva, vinda de família respeitabilíssima. A novela *The Tinted Venus* (1885), do humorista vitoriano F. J. Anstey (pseudônimo de Tyrone Guthrie), é uma versão cômica de *La Vénus de l'Île*, o conto fantástico de Prosper Mérimée[8]. O comediógrafo S. J. Perelman e o poeta Ogden Nash transferiram a ação de *One Touch of Vênus* para Nova York; con-

verteram o cabeleireiro original num barbeiro chamado Rodney; e a sua Vênus é muito mais sensual e fisicamente exigente do que a londrina podia ser, no século XIX. Invertem-se os tradicionais papéis do macho predador e da mulher tímida, e a intriga repousa sobre a pergunta: "Conseguirá Vênus seduzir o travado rapaz?" (ela consegue).

O libreto de Perelman é, no dizer de Rodney Milnes, "de um gosto deliciosamente duvidoso". E as letras de Ogden Nash – que se especializou em escrever poemas humorísticos revelando o lado insólito do dia-a-dia – são muito brilhantes e virtuosísticas, construídas sobre uma cascata de duplos sentidos. Neste musical – o mais próximo que Weill chegou do estilo Cole Porter – está uma canção que se tornou um clássico do *standard* americano: "Speak low". Mas este não é o único número digno de nota. O quarteto de barbearia "The trouble with women", tirado da malfadada *Happy End*, de 1929; a maliciosa valsa "Love shouldn't be serious" e a "Balada do Dr. Crippen" são páginas deliciosas.

Marlene Dietrich recusou o papel de Vênus, alegando que ele era de mau-gosto. Vantagem para Mary Martin, a quem o musical transformou numa grande estrela da Broadway (no selo AEI há trechos da montagem original, regida por Maurice Abravanel). Elia Kazan dirigiu e Agnes de Mille coreografou o espetáculo, que ficou quase dois anos em cartaz e, embora sem fazer justiça ao original, foi filmado, em 1948, com Ava Gardner no papel título. "Esse fascinante *jeu d'esprit* nunca foi encenado na Europa", comenta Rodney Milnes, "e o motivo é, para mim, um mistério impenetrável".

Tão grande foi o sucesso de *Um Toque de Vênus* quanto o fracasso de *Firebrand of Florence*. Edwin Justus Mayer condensou, no libreto, a sua peça *The Firebrand*, de 1924, livremente baseada nas *Memórias* de Benvenuto Cellini. Ira Gershwin escreveu lindas letras para essa tentativa de opereta, que já não agradou muito na pré-estréia, em Philadelphia – com o título de *Much Ado about Love* –, e foi um fiasco total, no Alvin Theater, em 22 de março de 1945. Emplacou apenas 43 récitas, o que é ridículo para um musical. O resultado

---

8. Fonte de inspiração para uma ópera de Schoeck; ver *A Ópera Alemã*, desta coleção.

talvez fosse diferente se Ezio Pinza tivesse aceitado fazer o papel, que lhe foi oferecido, do Duque de Florença. Além disso, o sotaque forte de Lotte Lenya a prejudicou, na criação da Duquesa.

Cellini tem um caso com sua bela modelo Ângela, que é desejada pelo Duque. E, ao mesmo tempo, não desdenha os favores da Duquesa que, com isso, quer vingar-se das infidelidades do marido. O artista vê-se, assim, metido em embrulhadas e, por pouco, não vai parar no cadafalso. A música é pomposa, apressadamente escrita e – o que é raro – a partitura não foi toda orquestrada por Weill. Há também uma falha básica de estrutura: a opereta começa com uma brilhante seqüência de música contínua, que dura vinte minutos, descrevendo a primeira das tentativas de enforcar Cellini, de que ele é salvo na última hora. Depois disso, à exceção de números isolados bonitos – "Sing me not a ballad" e "There'll be life, there'll be love", ambas cantadas pela Duquesa – nada há que se erga ao mesmo nível. Não há, que eu saiba, gravação de *The Firebrand of Florence*.

A idéia de transformar em ópera a peça *Street Scene*, de Elmer Rice, viera à mente de Kurt Weill em 1929, quando ele assistiu, em Berlim, à representação desse estudo da vida de gente pobre num cortiço de Nova York. Quando Rice ganhou o Pulitzer por essa "tragédia realista", John Anderson, do *Evening Journal*, disse que ela "converte banalidades em teatro de verdade, rico, absorvente, traçando o abrangente panorama da vida que está bem ali, a poucos passos dos bairros ricos de Nova York". Ou seja, *Cena de Rua* contém material potencialmente inspirador para um grande operista.

Durante os ensaios de *Johnny Johnson*, Weill tinha sido apresentado a Rice, de quem ficou amigo. A pedido dele, escreveu, em 1939, a música incidental para a peça *Two on an Island*. "Parecia-me um grande desafio encontrar a poesia inerente à voz do povo", disse Weill a respeito de *Street Scene*, "e fundir a minha música ao austero realismo dessa peça." Ele não era o único compositor interessado no projeto. Rice já recusara a oferta de Deems Taylor, que pretendia escrever a ópera para o Metropolitan; e o fez porque a sinopse de Taylor se afastava muito de seu texto.

Foi bem mais fácil para Weill assinar, em 1945, um contrato com Rice. Para um compositor alemão familiarizado com a técnica do *singspiel*, não havia problema algum em inserir trechos de diálogo falado dentro de uma ópera de tema sério. Em vez da fórmula européia do melodrama – texto falado com acompanhamento musical contínuo –, Weill preferiu a solução do *singspiel*, porque ela se aproximava mais do tipo de teatro musical a que estavam habituados os freqüentadores da Broadway.

O letrista convocado foi o poeta negro Langston Hughes, que já colaborara com William Grant Still em *Troubled Island*. Não foi uma parceria fácil, mas ambos a levaram muito a sério. Hughes levou Kurt ao Harlem, para ouvir os grandes músicos negros. E os dois passearam por Nova York, coletando pregões de vendedores ambulantes e cirandas de crianças que brincavam na rua. Depois da habitual pré-estréia, não de todo animadora, no Shubert Theater de Philadelphia, em 16 de dezembro de 1946, *Cena de Rua* subiu à cena no Adelphi Theater de Nova York, em 9 de janeiro do ano seguinte. Polyna Stoska, do New York City Opera, fazia Anna; Norman Cordon (Frank) e Anne Jeffreys (Rose) eram cantores do Metropolitan; e Brian Sullivan (Sam) viria a pertencer ao elenco desse mesmo teatro, e seria um bom intérprete de *Lohengrin*. A ópera teve 148 representações – o que é pouco para um show da Broadway; mas superou até mesmo as 126 récitas de *Porgy and Bess*.

A crítica, como sempre, não soube muito bem como encaixar, nas categorias com que estava habituada a trabalhar, uma peça que se equilibra na corda bamba entre o musical e a ópera séria. Chamaram-na de "musical dramático", de *folk opera*. Mas, de modo geral, concordaram em que era uma obra de "selvagem realismo", um "melodrama da Manhattan de hoje em dia, que tem características universais e intemporais" (frases de críticas de Howard Barnes e Douglas Watt, publicadas no *Herald Tribune* e no *New York Daily News*).

Ao cair de uma noite de junho, os moradores do cortiço se queixam do calor úmido – "Ain't it awful the heat" –, o que permite a

Street Scene, de Kurt Weill, modelo da ópera de estilo verista que já foi chamada de "Manhattan melodrama". A montagem é da New York City Opera.

Weill apresentá-los um a um aos espectadores: o negro que trabalha como Zelador do prédio; Mrs. Jones, a prostituta que se encarrega de difundir as fofocas a respeito de Anna Maurrant, que está tendo um caso com Mr. Sankey, o leiteiro; o tímido e estudioso Sam Kaplan, que está apaixonado por Rose, a filha dos Maurrant; o pai de Sam, Abraham, velho agitador socialista aposentado, e sua irmã, Shirley, professora solteirona; Mr. Buchanan, cuja mulher vai ter o primeiro filho. E finalmente o casal Maurrant: Frank, caladão e reacionário, eletricista em um teatro; e Anna, corroída pelo tédio do casamento, de que fala, desiludida, em sua grande *aria di sortita*, de empostação muito lírica:

> Folks should try to find a way to get along together,
> a way to make the world a friendly, happy place.
> I don't know – it looks like something awful happens
> in the kitchen where women wash their dishes.
> Day turn to months, months turn to years,
> the greasy soap-sud drown our wishes.
> I never could believe that life
> was meant to be dull and grey.
> I always will believe
> there'll be a brighter day.

(As pessoas deviam tentar encontrar um jeito de viver juntas, um jeito de transformar o mundo num lugar amigável e feliz. Não sei... parece que algo de horrível acontece na cozinha, onde as mulheres lavam seus pratos. Os dias transformam-se em meses, os meses em anos, e nossos desejos se afogam em sabão engordurado. Nunca acreditei que a vida tivesse sido feita para ser tediosa e cinzenta. Sempre acreditarei que há de existir um dia mais claro.)

O caso de Anna com o leiteiro é o segredo de Polichinelo. Todos sabem dele, menos o marido. Mas mesmo Frank já começa a desconfiar. Outro grande momento, nesse ato I, é o Sexteto do Sorvete – paródia evidente do sexteto da *Lucia di Lammermoor* –, que serve de interlúdio cômico, de distensão após o atormentado desabafo de Anna. Mr. Fiorentino, o imigrante italiano, inicia o número em seu inglês macarrônico:

> When I go into the drug-store,
> ah eet is da wonderful spot...
> There doctor, sailor or worker
> can sit on a little round seat-a
> and buy from the soda jerker
> a million good thing to eat-a.
> Ah, spumoni!

(Quando entro na lanchonete, ah que lugar maravilhoso... Lá, médico, marinheiro, operário podem sentar-se num banquinho alto, e comprar, da máquina de refrigerantes, uma porção de coisas boas para comer. Ah, spumoni!)

Fiorentino compara a casquinha do sorvete à Estátua da Liberdade. Mesmo tratando-se de um número cômico e parodístico, há nele um travo amargo, pois a estátua, a primeira coisa que todo imigrante vê, quando entra no porto de Nova York, é um símbolo da enganosa esperança de ter uma vida nova na *land of equal opportunity*, onde todo mundo pode comprar sorvete na lanchonete chique... mas, por aí pára a igualdade.

Jenny, a filha de Mrs. Hildebrand, volta de sua festa de formatura e é cumprimentada por todos num alegre concertato. Por trás desse júbilo, porém, há uma nota triste: todos sabem que Mr. Hildebrand abandonou a família e, no dia seguinte, sua mulher e filhos serão despejados por não terem podido pagar o aluguel. Quando Maurrant vai se encontrar com os amigos no bar, as fofocas recomeçam à toda. Sam faz os vizinhos se calarem, lamentando-se de sua pobreza em "Lonely house". Rose chega em companhia de Harry Easter, homem casado que é seu colega de trabalho, e tem a intenção de instalá-la num apartamento, como sua amante. Harry tenta-a com a envolvente "Wouldn't you like to be on Broadway?", e Rose responde com "What use would the moon be?", em que mostra ter sonhos românticos, da mesma forma que a mãe antes dela. Ao ver Maurrant, que volta bêbado do bar, Easter bate prudentemente em retirada. Nisso, a mulher de Buchanan entra em trabalho de parto, e é Anna quem corre a ajudá-la.

Contrastando com os anseios românticos de Rose, o que Mae, a filha de Mrs. Jones, espera de Dick, seu namorado, é pragmático, material e a curto prazo (o dueto "Moonface, starry-eyed", que eles cantam, tem um enérgico ritmo de *jitterbug*). Em compensação, no longo dueto "Pain! Nothing but pain!", de longas linhas líricas, Sam e Rose sonham com a possibilidade de fugir para um lugar onde haja uma vida melhor; e, no texto, surge uma alusão ao poema "In the dooryard fronting an old farmhouse", de Walt Whitman.

Na manhã seguinte, o cortiço é despertado pelo ruído das crianças brincando na rua. Buchanan agradece a Anna pela noite que passou à cabeceira de sua mulher. Frank vai para o trabalho, depois de rejeitar rudemente o pedido de Rose de que seja mais delicado com a mãe. Anna manda Willy, o filho menor, para a escola; e Rose conta a Sam como tem sido importunada pelas cantadas de Easter. Uma vez mais, eles falam em fugir juntos. Mas são interrompidos por Easter, que veio buscar Rose para acompanhá-la a um velório.

Aproveitando que todos saíram, Anna convida Sankey a subir até seu apartamento, no momento em que os oficiais de justiça estão chegando para despejar os Hildebrand. Mas Frank, desconfiado, voltou para casa sem avisar e, apesar de seus gritos, Sam não consegue alertar Anna de que o marido está subindo. Ouvem-se tiros, Anna sai correndo e, quando Rose volta para casa, vê a multidão carregando sua mãe para uma ambulância, ao som do concertato "The woman who lived up there". Indiferentes aos ferimentos em Anna e à morte de Sankey, os oficiais de justiça continuam providenciando o despejo dos Hildebrand.

Frank é preso e, antes de ser levado pela polícia, diz a Rose que matou sua mãe por ciúme e medo de perdê-la. A multidão se dispersa, deixando Sam e Rose sozinhos. Ela lhe diz que vai embora, mas recusa-se a deixar que ele a acompanhe. A tragédia de seus pais a marcou tanto que ela não quer se comprometer com ninguém. Deixa Sam desconsolado. Dois candidatos ao apartamento de que os Hildebrand foram despejados vêm visitá-lo. Os vizinhos vão saindo para a rua, reclamando que o calor úmido está sufocante, repetindo as mesmas frases e gestos do início da ópera. A vida continua, sempre igual.

Street Scene tem extraordinário brilho técnico. Weill confere colorido, encanto e força teatral à prosa intencionalmente corriqueira de Elmer Rice. À acusação que já foi feita de que as letras de Langston Hughes são banais, deve-se responder que elas têm um tom deliberadamente coloquial e desadornado, que se coaduna perfeitamente com os diálogos de Rice. *Street Scene* alinha-se com *Louise, Wozzeck* ou *Porgy and Bess* no retrato extremamente sincero e cheio de compaixão da classe pobre, presa numa armadilha que é o cortiço, e tentando escapar dela de diversas formas diferentes: Mae e Dick com droga e sexo; Anna com o adultério, como uma forma de anestesia; Sam com o estudo, na tentativa de melhorar de vida; Frank embrutecendo-se com a bebida.

Rose, a personagem mais complexa e tocante, chega a pensar seriamente em aceitar a proposta de Easter, como uma forma de escapar da máquina de moer carne que é a vida no cortiço. Sam, para ela, representa o sonho do amor idealizado. Mas Rice-Hughes e Weill recusaram-se a fazer, para essa Traviata de cortiço, a concessão ao final feliz, que seria de se esperar num espetáculo destinado aos teatros da Broadway. Weill não consegue tampouco transformar o desastre material num triunfo da transcendência espiritual, como o Janáček da *Jenůfa*. Sam e Rose são totalmente triturados pelas engrenagens dessa máquina infernal. Mas a forma musical com que Weill descreve cada um dos moradores do cortiço está impregnada de compaixão, de indignação, e não é nem um pouquinho condescendente ou maniqueísta. A única exceção, a única personagem retratada com cores exclusivamente negras, é a prostituta, Mrs. Jones, mau caráter comparável à Leocádia Begbick de *Mahagonny*, ou à Frau von Luber de *Silbersee*. Essas mulheres impiedosas, que são infelizes e, por isso, querem ver todo mundo se estrepar à sua volta, representam, para Weill, o que há de pior na natureza humana.

É elegante e virtuosística a forma como o compositor maneja um elenco de 36 cantores, ao quais se juntam os figurantes: camelôs, policiais, pára-médicos, pessoal da mudança. E como ele passa desenvoltamente do número cantado para o diálogo falado, do melodrama para o recitativo acompanhado, da ária solista para a cena de conjunto. As frases que abrem e fecham *Street Scene* – "Ain't it awful the heat? Don't know what I'm gonna do" – sintetizam a alienação profunda em que se encontram esses pobres seres; dá a medida da desesperança de sua condição. *Cena de Rua* é uma das obras mais perturbadoras de Kurt Weill, o humanista, o militante das grandes causas de direitos humanos. Há duas gravações para se conhecer essa ópera magnífica:

Decca, 1990 – Barstow, Réaux, Mackillop, Dickinson, Hadley, Ramey-John Mauceri. That's Entertainment, 1991 – Ciesinski, Kelly, Bullock, Dickinson, Bottone, Bronder, Van Allan-Carl Davis (vídeo do espetáculo na English National Ópera).

Há trechos de *Cena de Rua* gravados em discos do selo Columbia de 1937 e 1947, e no da CDS Masterworks de 1987. Em cópia pirata, circulam vídeos de transmissões da PBS em rede nacional: o espetáculo montado pela New York City Opera em 27 de outubro de 1979; e o da Houston Grand Opera, de 1994. Tem sido boa a carreira no palco dessa obra genial: ela teve remontagens importantes na Universidade do Tennessee (maio de 1976); no Instituto de Música de Cleveland (junho de 1976); na Universidade da Flórida (agosto de 1981); na Ópera de Chautauqua (1985), no Marin Community College da Califórnia (1986), na Ohio Light Opera (1990), na New York City Opera (1978, 1979 e 1990), na Houston Grand Opera (1994), em Ozarks e San Benedetto, no Illinois (1995). Apresentações de relevo fora dos Estados Unidos foram as da English National Opera (outubro de 1989), do Banff Center for the Arts, do Canadá (março de 1990) e a do Festival de Verão de Bielefeld, na Alemanha (1990).

Além de escrever trilhas sonoras para o cinema – *Blockade* (1938) e *Where Do We Go From Here?* (1945) – Weill fez, em 1947, uma experiência com a ópera séria de tema regional americano. Inicialmente concebida como uma peça radiofônica, *Down in the Valley* foi retirada pelo compositor antes mesmo de ser transmitida. Ele a revisou e apresentou no palco, no auditório da Universidade de Indiana, em Bloomington, em 15 de julho de 1948. Mas a forma dessa *folk opera*, com libreto de Arnold Sundgard, continua traindo as suas origens radiofônicas: há um coro, com um narrador, contando a história e interligando as cenas, curtas e com freqüentes mudanças de tempo e de lugar.

Brack Weaver, o típico rapaz americano, foge da cadeia, na véspera de ser executado, pois quer passar as últimas horas de vida com Jennie Parsons, a sua namorada. Juntos, revi-

vem sua história de amor. Brack envolveu-se numa briga, em um baile de celeiro, com o agressivo Thomas Bouché, que estava bêbado e o agrediu, pois estava também apaixonado por Jennie. Brack tomou a faca com que ele o agredia, apunhalou-o e, por isso, foi condenado à morte. Quando acabam de rememorar essa história triste, os dois se despedem, imaginando a vida feliz que poderiam ter tido juntos. Está amanhecendo, e Brack afasta-se, indo entregar-se às autoridades.

Há o inequívoco tom melancólico de Weill nessa historiazinha simples, cuja partitura é unificada pela canção folclórica de que a ópera tira seu nome, e que é repetida em diversos momentos pelo coro. Há cinco melodias autênticas do Kentucky na partitura: a canção-título, "The Lonesome Dove", "The Little Black Train", "Hop Up My Ladies" e "Sourwood Mountain". Mas elas recebem tratamento harmônico transparente e sinuoso, de caráter impressionista, que lembra bastante a música de Delius. As cenas de *flashback*, musicalmente contínuas, são interligadas por melodramas ou diálogo falado. É uma partitura de tom deliberadamente sentimental, com uma simplicidade de escrita que aponta para os intérpretes estudantes aos quais foi destinada. De *Down in the Valley*, existem a gravação Adler, da RCA (Bell, McGraw, Smith, Jacquemot, 1950); a versão Gundlach, da Capriccio (Davidson, Acito, Collup, Mabry), lançada em CD e vídeo; e diversas cópias em vídeo de transmissões da ópera pela televisão:

- a da Unitel-Channel Four européia, regido por Carl Davis no final da década de 1980;
- a produção amadora universitária, do Tarrant County Jr. College, em 1982;
- a apresentação de concerto da Pro Arte Orchestra, regida por sir Charles Mackerras;
- três transmissões da BBC de Londres: 12.12.1952; 6.5.1955 e 29.8.1961;
- a da Rádio e Televisão do Norte da Alemanha, em 31.1.1958, regida por Gerhard Maasz;
- a da CBC-F (12.4.1953); e a da NBC Opera Company regida por Peter Herman Adler (14.1.1950).

Esta é uma das peças preferidas dos grupos amadores universitários: de 1950 à remontagem do Lyric Opera of Kansas City, em 1995, enumeram-se 52 montagens em *workshops* de faculdade e teatros de todo o país.

A única colaboração de Weill com o conhecido libretista de musicais Alan Jay Lerner – temporariamente separado de seu parceiro Frederick Loewe – foi *Love Life*, estreada no Teatro da Rua 46 em 7 de outubro de 1948. O espetáculo, muito bem cuidado, foi dirigido por Elia Kazan, e conseguiu respeitável carreira de 252 apresentações, com muito boa resposta do público. Mas coincidiu com uma greve da Ascap, a organização responsável pelos direitos autorais. Em conseqüência disso, a partitura não foi editada – o manuscrito está em mãos da Fundação Kurt Weill, de Nova York – e nunca foi feita gravação.

A história de um típico casamento americano é vista, do início até a ruptura, ao longo de várias etapas da história americana. Susan e Sam casam-se e montam sua casa em 1791. As fases de sua vida de casados se estendem pela Revolução Industrial, a Guerra Civil, a Depressão e o New Deal. Os estágios de lenta desintegração de seu relacionamento são interligados por *vaudevilles*, em que se fazem ácidos comentários às pressões econômicas e sociais que solaparam o casamento. O finale, num estilo de *minstrel song*, acena para a solução dos mal-entendidos e a reconciliação de Sam e Susan.

Muito à frente de seu tempo, essa visão crítica do sistema de valores americanos está mais próxima do humor sardônico de Stephen Sondheim do que dos amáveis musicais de Rodgers e Hammerstein. A partitura, muito exuberante, tem o tipo de humor mordente que associamos às comédias do Weill berlinense, embora o idioma musical seja integralmente americano. Os números que se tornaram mais populares são "Susan's Dream", "Progress", "Green-up Time" e o coro "That's economics... but awful bad for love".

Os acontecimentos subseqüentes na África do Sul, onde o *apartheid* mostrou um dos aspectos mais repugnantes da segregação racial, enfraqueceram muito o final conciliatório de *Lost in the Star*, que se baseia na novela *Cry the Beloved Country* (1948), do sul-afri-

cano Alan Paton. Desde o princípio, pareceu à elite intelectual negra que essa "tragédia musical" traçava um retrato demasiado condescendente do problema sul-africano – tanto que o baixo Paul Robeson recusou-se a fazer o papel principal. Foi substituído pelo barítono Todd Duncan, o criador de Porgy. Maxwell Anderson foi de novo o libretista da última ópera de seu amigo Weill, a ela acrescentando algum material de *Ulysses Africanus*, um musical que ambos tinham planejado, anos antes, e ficara inacabado.

Mais uma peça de teatro com abundante acompanhamento musical do que um típico musical da Broadway, *Lost in the Stars* foi estreada no Music Box Theatre de Nova York, em 30 de outubro de 1949 – seis meses antes da morte prematura do compositor. Todd Duncan, Inez Matthews, Frank Roane, Sheila Guyse e outros pertenciam ao elenco da Playwrifhts' Company. O espetáculo foi dirigido pelo cineasta Reuben Mamoulian.

O reverendo Stephen Kumalo vai a Johanesburgo, à procura de seu filho Absalom que, envolvendo-se em um assalto, entrou em pânico e matou um branco acidentalmente. Depois, constatou-se que a vítima era um liberal, favorável a reformas que abrandassem a discriminação. Absalom é julgado e sumariamente condenado à morte. Seu julgamento e execução põem à prova a fé do reverendo. Depois da morte de Absalom, seu pai e o do rapaz branco assassinado se encontram, se reconciliam, e *Perdido nas Estrelas* termina com a visão de uma África do Sul renascida, em que as relações inter-raciais possam ser mais justas.

Foi muito criticado o tom sentimental da canção-título, havendo quem veja nela um dos raros casos em que Weill cedeu a pressões comerciais. Apesar das deficiências do libreto, a gravação de Julius Rudel (selo Music Masters, 1992, com Woodley, Pindell, Clarey, Hopkins) demonstra que *Lost in the Stars* não deve ser negligenciada. A última peça de Weill possui qualidades inegáveis, a começar pela orquestração para uma orquestra de doze instrumentistas, que Virgil Thomson considerou "uma verdadeira obra-prima". Os números corais e cenas de conjunto, em especial, são de alta qualidade: "Fear", "Murder in Parkwold", "Cry the Beloved Country", "Train to

Johannesburg" e "Gold", esta última sobre um texto de caráter muito cínico que, cortado na estréia, foi restaurado por Rudel em sua gravação. Quanto à música que acompanha os diálogos falados, no estilo de melodrama, ela é de nível comparável ao de *Street Scene*.

O selo Decca tinha um álbum de 1949 com o elenco da estréia. Há trechos da peça com a Orquestra de Saint Louis num disco de 1993 do selo Music Masters. Em video, existe uma produção de 1974 do American Film Theatre. David Drew fez uma suíte de concerto com a música de *Lost in the Stars*, executada em outubro de 1988 pela American Composer's Orchestra. Apesar das ressalvas feitas à peça, ela teve importantes reprises: Karamu Theatre (abril de 1956), Chatham College e New York City Opera (1957), Washington (1972), Western Spring (abril de 1980), New Haven (abril de 1986), The York Theatre Company (março de 1988) e Boston Lyric Opera (janeiro de 1992). No exterior, a última obra de Weill para o palco foi apresentada na Ópera de Nüremberg em maio de 1961, e no Festival de Brighton, na Inglaterra, em maio de 1991.

Ao morrer precocemente, de um ataque cardíaco, Weill estava trabalhando com Sherwood Anderson numa adaptação do *Tom Sawyer* – teria sido fascinante ver de que forma eles colocariam no palco lírico a obra-prima de Mark Twain. De 1951 até a estréia na Broadway em novembro de 1979, fez enorme sucesso o espetáculo *A Kurt Weill Cabaret*, com o qual Martha Schlamme e Alvin Epstein correram o país, apresentando-o em teatros, centros comunitários, *nightclubs* e auditórios de escolas e universidades. Outra grande homenagem ao compositor foi *Berlin to Broadway*, coletânea de suas melhores canções, que triunfou off-Broadway a partir de 1º de outubro de 1972.

Não é muito fácil de definir o lugar exato, dentro da História da Ópera, de Kurt Weill, sem dúvida alguma um dos maiores compositores para teatro do século XX. Banido do palco pelos nazistas, visto com desconfiança pela crítica contrária às suas posturas de esquerda, Weill foi vítima também dos preconceitos de quem acha que, no fim da vida, ele "se vendeu" à Broadway. Quem formula esse tipo de acusação esquece-se, porém, que o autor de *Mahagonny* trouxe uma resposta inovadora à questão: o que fazer com a ópera depois de Wagner? Enquanto Strauss prolongava o legado romântico, Schönberg rompia com o tonalismo, Busoni e Hindemith optavam pelo neoclassicismo, e compositores como Schreker ou Zemlinsky levavam aos extremos da exasperação expressionista o decadentismo neo-romântico, Weill encontrava para esse problema uma resposta extremamente fértil e pessoal.

O caminho adotado pelos compositores acima citados levava a uma complexidade musical crescente, a uma estética que afastava a ópera cada vez mais do público comum, muitas vezes restringindo-a a uma seleta platéia de iniciados. Data daí a separação cada vez mais acentuada entre a música popular e a chamada música clássica (ou erudita), em termos que teriam sido impensáveis nos tempos de Haendel ou até mesmo de Verdi. Quanto a Weill, muito antes de emigrar para os EUA, ele já tinha optado por escrever para o grande público. Em que pesem os elementos expressionistas ou neoclássicos que há em *Dreigroschenoper* ou em *Mahagonny*, é a ele que se deve a transformação da canção popular, ou de cabaré, numa forma muito elaborada de arte.

Nos Estados Unidos, Weill voltou-se para a música popular e folclórica americana, da mesma forma que o tinha feito em seu próprio país. De resto, estava sendo absolutamente coerente ao escrever, em 1949: "A canção popular americana, nascida do folclore, é a base do teatro musical americano, da mesma forma que a canção popular italiana está na raiz da ópera daquele país" – afirmação que poderia ter feito também a respeito do *singspiel* de sua terra natal. Quem o acusa de ter optado pela música puramente comercial prefere ignorar que Weill colaborou, nos Estados Unidos, com radicais que viriam a ter sérios problemas durante o maccarthismo. Ele próprio, de resto, os teria tido se vivesse mais tempo. Esquecem-se também de que seus musicais ou *folk operas* estão cheios de preocupações políticas e sociais.

A colaboração com Bertolt Brecht interrompeu-se no momento em que este tornou-se um marxista ortodoxo, disposto a fazer vista grossa aos excessos stalinistas em nome da pureza ideológica. Mas obras como *Cena de Rua* demonstram que Weill não tinha renunciado à postura de humanismo militante. Seu teatro esteve, até o fim, voltado para o combate da intolerância, do preconceito, da miséria e da injustiça. E isso era feito com um idioma que seduzia as platéias mais diversas – no momento exato em que uma vanguarda radical (a mesma que torceu o nariz mais tarde à sua música) alienava boa parte desse público com partituras cada vez mais rarefeitas. Numa entrevista que concedeu ao *New York Times* em 1940, Weill sintetizou sua estética ao dizer:

> Nunca concordei com a distinção que se faz entre música "séria" e música "ligeira". Para mim, existe apenas música boa e música ruim.

Afirmava isso num país onde um artista como Gershwin era a confirmação desse ponto de vista. E continuava:

> Schönberg dizia que compunha para um tempo que viria cinqüenta anos após a sua morte. Mas os grandes mestres do Classicismo escreveram para seus contemporâneos. E foram compreendidos por eles. Quanto a mim, é para hoje que escrevo. Não ligo a mínima para essa história de compor para a posteridade.

E foi muito bem-sucedido nesse sentido, pois várias de suas composições – do "Mack the Knife", escrito ainda na Alemanha, ao "Speak Low", criado na pátria de adoção – adquiriram status de grande favorita do público, a ponto de, às vezes, nos esquecermos quem as escreveu. Isso não significa, porém, que Weill tenha escolhido o caminho da facilidade. Sua escrita é sempre extremamente inventiva e, ao contrário do que acontecia comumente na Broadway, era ele quem fazia pessoalmente a orquestração de suas canções e seqüências de dança. No volume dos *Cambridge Opera Handbooks* dedicado à *Dreigroschenoper*, David Drew mostra como, por trás de melodias aparentemente acessíveis, existe muitas vezes uma complexa técnica serial.

Kurt Weill mostrou que o teatro popular pode ser extremamente sério e, nesse sentido, plantou uma semente que, no futuro, haveria de dar frutos tão saborosos quanto o *West Side Story* de Leonard Bernstein. Deixou um exemplo em que haveriam de mirar-se os mais inesperados seguidores pois, em 1993, numa entrevista a respeito de sua ópera *The Cave*, que estava para estrear, o minimalista Steve Reich o apontou como uma das influências sobre o seu trabalho, "pois estamos vivendo numa época em que, felizmente, a fronteira entre a arte elevada e o que está acontecendo na rua é cada vez mais tênue."

Essa influência, de resto, foi imediata. Suas idéias de esquerda, imagística satírica, habilidade em combinar música e diálogo falado, e em fundir música popular com a tradição operística, foram determinantes para moldar o estilo de um compositor como Marc Blitzstein.

Blitzstein

Menino prodígio nascido em Philadelphia, Marc Blitzstein (1905-1964) apresentou-se como pianista, pela primeira vez, aos cinco anos de idade, diante da orquestra de sua cidade e, aos sete, tocou com ela o *Concerto da Coroação*, de Mozart. Fez seus estudos no Curtis Institute, onde foi colega de Barber, Menotti e Lukas Foss, nas aulas de composição do italiano Rosario Scalero. Em 1926, fez a obrigatória peregrinação a Paris, para estudar com Nadia Boulanger. Dali, seguiu para Berlim, onde foi aluno de Arnold Schönberg. Na capital alemã, teve o primeiro contato com as óperas de Weill-Brecht, pelos quais, desde então, teria profunda admiração. É dele a tradução inglesa e adaptação da *Threepenny Opera* (1954), até hoje encenada nos Estados Unidos, por grupos amadores, com muita freqüência.

O viés político predominou na obra de Blitzstein, após o retorno para casa, não apenas na produção operística, mas também em peças como o oratório *The Condemned* (1930) ou o poema sinfônico *Freedom Morning* (1943), estreado em Londres durante o período de guerra que passou na Inglaterra, convocado pelas Forças Armadas de seu país. A Fundação Ford tinha acabado de lhe encomendar uma ópera sobre a história de Sacco e Vanzetti, quando ele morreu, durante uma viagem de férias a Fort-de-France, na Martinica. Na noite de 22 de janeiro de 1964, Marc Blitzstein envolveu-se, em um bar, numa discussão política que degenerou numa briga com um grupo de homens. Um deles acertou-lhe uma porretada na cabeça, provocando uma hemorragia cerebral, à qual ele não resistiu.

É muito interessante a história da estréia de *The Cradle Will Rock* (O Berço Há de Balançar), uma *play in music* composta em 1936, com libreto do próprio Blitzstein, sobre a necessidade de sindicalização dos operários da indústria. A peça tinha sido aceita pelo Federal Theater Project mas, depois de pronta, foi considerada subversiva e recusada. O diretor Orson Welles e o produtor John Houseman decidiram montá-la como independentes; mas o teatro em que trabalhavam negou-lhes o uso da sala, e eles foram proibidos de encenar o texto em qualquer outro palco. A solução foi alugar o Venice Theater, de Nova York, um velho auditório que estava desativado, anunciar um outro espetáculo e, na noite de 16 de junho de 1937, esperar a platéia na porta do teatro de onde tinham sido expulsos, encaminhando-a para a outra sala.

Como a letra da lei dizia que não podiam "subir a palco algum" para representar *The Cradle Will Rock*, cantores e atores sentaram-se na platéia, junto com o público e, dali, caminhavam até a beira da cena, sem subir nela, quando recebiam sua deixa, No palco, o próprio Blitzstein acompanhava-os ao piano. A ópera chegou a 19 récitas, dessa maneira. Ao ser apresentada na Broadway, o crítico Winthrop Sargeant, do *New York Times*, decretou que, "por nenhum critério de definição estética", *O Berço Há de Balançar* podia ser considerada uma ópera: "no máximo tem de ser deixada à Broadway (caso a Broadway a queira)". A Broadway a quis, sim, e o álbum da MGM (Stanton, Da Silva-Blitzstein), lançado em 1939, contém a primeira gravação a ser feita de um espetáculo montado num dos teatros desse grande circuito, com o elenco original. Em 1999, Tim Robbins rodou um filme a respeito desse episódio singular na história do teatro americano, reconstituindo-o com algumas liberdades de ficção. Com o título de *O Poder Vai Dançar*, esse filme, em que o papel de Blitzstein é feito por Hank Azaria, já foi exibido no Brasil, inclusive pela TV a cabo.

Dedicada a Bertolt Brecht, *The Cradle Will Rock* é um exemplo típico de teatro épico, não-aristotélico, muito marcado pela ideologia esquerdista de *agitprop* (agitação e propaganda) que prevalecia na época. Organiza-se em dez cenas curtas, ilustrando vários aspectos da vida americana. Suas personagens são caricaturais e, com freqüência, os atores saíam de seus papéis para vir falar diretamente com a platéia. Os protagonistas centrais dessa alegoria política, passada numa cidade imaginaria chamada Steeltown, são uma prostituta, um ativista sindical, e um certo "Mr. Mister", líder do Comitê da Liberdade, integrado por "cidadãos bem pensantes". O berço do título é o da liberdade – como os americanos gostam de pensar de seu próprio país –, prostituída pelas forças repressivas do poder econômico e da imobilidade social.

"Eu queria falar da classe média, da forma como os intelectuais, os profissionais liberais e os comerciantes estavam sendo tratados pelo grande capital", disse Blitzstein. Cada cena aborda, portanto, uma forma de injustiça social. O elemento unificador é a forma como Mr. Mister usa o dinheiro para corromper as pessoas. Embora as cenas sejam autocontidas, o tom apaixonado da ópera vai criando um efeito cumulativo que explode, no coro final, de protesto:

> *No wonder those stormbirds*
> *seem to circle around you!*
> *Well, you can't climb down*
> *and you can't sit still.*
> *That's a storm that's going to last*
> *until the final wind blows...*
> *and when the wind blows...*
> *the cradle will rock!*

(Não é de se espantar que esses pássaros ameaçadores pareçam estar voando à sua volta. Bem, você não consegue descer e nem ficar parado. Está é uma tempestade que vai se prolongar até o vento final soprar... e quando o vento soprar... o berço vai balançar!)

É de Aaron Copland a opinião de que Blitzstein

foi o primeiro compositor americano a inventar um idioma musical vernáculo que se torna convincente, se você o ouve nos lábios do homem da rua. Essa não é uma realização de pequena importância pois, sem ela é inconcebível a verdadeira ópera nacional.

Lillian Hellman não acreditava que sua peça, *The Little Foxes*, escrita em 1939, se prestasse à adaptação operística. Teve atritos sérios com Blitzstein, durante a fase de preparação do libreto, que ele mesmo escreveu, pois não concordava com algumas de suas opções dramatúrgicas. E, no entanto, depois que *Regina* estreou, em 31 de outubro de 1949, no Teatro da Rua 46, dirigida por Cheryl Crawford, teve de admitir:

> *Regina* é, para mim, a mais original e mais ousada das óperas americanas. O tema de minha peça não parecia apropriado para uma ópera – embora só Deus saiba o que é o tema adequado. Mas a força da música delineia de maneira espetacular os traços negativos de minhas personagens; e a doce tristeza das melodias faz as personagens positivas parecerem ainda melhores.

Jane Pickens (Regina) e William Wilderman (Horace) eram os cantores da estréia. Brenda Lewis, a criadora do papel de Birdie, a cunhada, cantou o papel-título na gravação de 1953, documentando a montagem de Herman Shumlin no New York City Opera, regida por Samuel Krachmalnik. Ao montar o seu libreto, Blitzstein extraiu elementos não só da peça, mas também do roteiro que Hellmann preparou para o excelente filme de William Wyler, realizado em 1941, com Bette Davis e Herbert Marshall. Mas não incorporou à ópera a personagem criada por Hellmann para a versão cinematográfica: David, o namorado de Alexandra.

No curto prólogo – que se passa na varanda da casa dos Giddens, em Bowden, no Alabama, durante a primavera de 1900 – já temos uma idéia da personalidade áspera de Regina Giddens: ela chama a atenção de sua filha Alexandra que, junto com Addie, a governanta, e Cal, o mordomo, está despreocupadamente cantando um *spiritual* (o trio "Stand where the angels stand").

Naquela mesma noite, Regina está oferecendo um jantar a Marshall, homem de negócios nortista, com quem pretende assinar um contrato. Estão presentes os dois irmãos de Regina, Ben e Oscar Hubbard; Birdie, a mulher de Oscar; e Leo, o filho deles. Depois que Marshall se retira, os três irmãos põem-se a discutir a parte que cada um deles terá no negócio. A parte de Regina depende da aprovação de seu marido, o banqueiro Horace Giddens, atualmente internado no Hospital John Hopkins, de Baltimore, para tratar de uma doença do coração. Regina planeja mandar Alexandra buscá-lo. Ao mesmo tempo, tem a intenção de casar a filha com Leo, de modo a deixar o dinheiro na família. Birdie ouve a conversa, conta para Alexandra, e Oscar, furioso, a esbofeteia.

Uma semana depois, na sala de estar da casa dos Giddens, à noite, Regina está muito ansiosa, porque Alexandra e o pai ainda não voltaram de Baltimore. Sente-se também excitada, pois está preparando um grande baile para recepcionar Marshall. Oscar discute com Leo a possibilidade de que ele se apodere de algumas ações pertencentes ao tio, em cujo banco trabalha. Horace chega, muito cansado, e Regina que, nos últimos tempos andava muito afastada dele, simula saudade e contentamento em revê-lo, dando-lhe a impressão de que quer se reconciliar. Mas o marido logo se dá conta de que ela o trouxe de volta apenas para que assine a autorização do negócio com Marshall, e recusa.

Durante o baile, os convidados não escondem o ódio que sentem pelos Hubbards, de cujas maquinações muitos deles foram vítimas. Em sua cadeira de rodas, Horace pede ao gerente do banco que, na manhã seguinte, lhe traga o cofre em que guarda seus documentos, pois pretende mudar seu testamento. Birdie, uma vez mais insultada pelo marido, é consolada por Addie. Regina flerta abertamente com um dos convidados, para vingar-se da recusa de Horace em concordar com o negócio. Leo entrega ao pai as ações que pegou no banco, e este informa a Marshall que o negócio está acertado. Este deixa Regina perplexa ao se despedir, chamando-a de "cara sócia". Enquanto os convidados dançam um alegre galope, Regina, enfurecida, diz a Horace que espera que ele morra.

Na tarde seguinte, está chovendo, e Horace, a filha e Birdie estão tomando vinho e comendo doces, em companhia de Addie e Cal. Eles cantam o Quinteto da Chuva ("The falling of friendly rain"), contendo versos que podem servir como metáfora da ação:

> *Some people eat all the earth,*
> *some people stand around*
> *and watch while they eat.*

Joan Diener-Marre e George Gaynes, na montagem da *Regina*, de Marc Blitzstein, feita em 1977 pela Ópera de Michigan.

(Algumas pessoas devoram a terra, algumas pessoas ficam por perto, olhando enquanto elas a devoram.)

Um pouco embriagada, Birdie confessa, no elaborado arioso "Mama used to say", como perdeu a felicidade que tinha, nos tempos em que morava em Lionnet, na plantação da mãe. Ela procura, no alcoolismo, o consolo para a solidão, e a forma de suportar a vida com o marido. Num dos momentos líricos mais comoventes da ópera, adverte a Alexandra:

> Don't love me,
> because in twenty years
> you'll be just like me,
> trailing after them like me.

(Não goste de mim pois, daqui a vinte anos, você estará igualzinha a mim, arrastando-se atrás deles como eu.)

Regina aparece, e Horace lhe mostra o seu cofre: ele sabe que Leo roubou as ações. Regina o irrita, deixa-o descontrolado e ele tem um ataque do coração. Ela nada faz para ajudar o marido, até ele perder os sentidos. Só depois chama Addie e Cal, e manda carregar Horace para seu quarto. Enquanto eles o levam, Leo, Oscar e Ben chegam, vêem o cofre e percebem que o roubo das ações foi descoberto. Regina desce do quarto, lhes diz que está a par do que fizeram e, se Horace morrer, a quota maior dos lucros será sua. Alessandra e Addie descem também: pela sua expressão, fica claro que Horace morreu. Regina chantageia os irmãos e o sobrinho – se não aceitarem as suas condições, ela os porá na cadeia –; e eles são forçados a aceitar.

Sozinha com a mãe, Alessandra a enfrenta: diz-lhe que sabe de tudo e decidiu ir embora, recomeçar sua vida longe da família. Não quer ser nem uma predadora como a mãe e os tios, que devoram a terra; nem uma pessoa passiva, como Birdie, que se limita a ficar por perto e assistir. Prefere ir embora. "E se eu disser não?", pergunta Regina. "Diga, Mamãe", responde a filha, "diga, por favor, e veja o que acontece." Enquanto ela vira as costas e sai, os empregados negros estão cantando, lá fora: "Is a new day a-coming? Certainly, Lord."

Blitzstein escreve uma ópera de números, interligados por diálogo falado, e recorre a diversos estilos diferentes de composição – *spiritual*, música de salão vitoriana, *ragtime*, árias de formato operístico tradicional –, com acompanhamento sinfônico elaborado, unificados por uma maneira muito pessoal de organizar todo esse material de procedências diversas. São muito eficientes os contrastes utilizados em momentos climáticos: a melodia de doçura brahmsiana com que Regina chantageia o irmão; a valsa muito sensual que se ouve quando ela está se deixando cortejar na frente do marido; ou a exuberância da dança que emoldura as suas palavras cheias de ódio: "I hope you die!" E, fazendo a voz ascender a um dó agudo: "I'll be waiting!" Num texto escrito para o álbum de 1953, Leonard Bernstein chamou a atenção para esse aspecto da ópera:

Ficamos tentados a imaginar que só as personagens simpáticas deveriam cantar dessa maneira. Mas não. A própria Regina, uma das personagens mais impiedosas da ópera americana, canta melodias extremamente suaves, exatamente nos momentos em que está sendo mais inescrupulosa e sem coração. O tratamento dado a essa personagem é tão civilizado, que isso resulta num verdadeiro achado teatral. Seria demasiado óbvio fazê-la cantar palavras ambiciosas, vindicativas e cheias de dureza de coração, com música bombástica! Devo dizer que essa é a técnica subjacente a toda a peça: mão de ferro em luva de pelica. E o perfume de magnólias envolvendo essa casa amaldiçoada, da qual exala o mal em estado puro.

Um dos achados de Blitzstein – inicialmente rejeitado por Hellman, que o achava "demasiado sentimental" – é o uso do *spiritual*, no trio inicial e no coro final, para abrir e fechar a ópera. O calor que "Stand where the angels stand" transmite nos faz sentir que ainda há sentimentos humanos na casa. E o tom esperançoso de "Certainly, Lord" dá sentido especial à solidão monstruosa de Regina, sobretudo quando, contra essa luminosa melodia, Alessandra pergunta: "Qual é o problema, Mamãe? Você está com medo?"

No selo Columbia, havia a versão da New York City Opera, de 1953 (Lewis, Carron, Brice, Hecht-Samuel Krachmalnik). Para a encenação de 1992 na Scottish Opera, Tommy Krasker e John Mauceri fizeram nova edição da partitura, restaurando trechos que tinham sido eliminados na montagem da Broadway. Essa gravação existe no selo Decca (Ciesinski, Réaux, Kuebler, Noble, Maddalena-Mauceri).

A edição Krasker-Mauceri foi retomada no New York City Opera, em outubro de 2003, sob a regência de J. Mauceri, dirigida por Charles Newell, com cenários de John Culbert, tendo Caterina Malfitano no papel-título.

Copland

Embora seja o autor de apenas duas óperas, Aaron Copland (1900-1990) – um dos mais importantes compositores americanos do século XX, já descrito como "o músico por excelência dos Estados Unidos" – tem uma produção representativa para o palco, que dotou de balés de enorme sucesso. Como Stravínski, Copland conquistou público amplo com uma série de bailados americaníssimos tanto pelo tema quanto pela música: *El Salón México* (1936), *Billy the Kid* (1938), *Rodeo* (1942) e *Appalachian Spring* (1944). Essas partituras, e as que ele escreveu para o cinema, mostram-no capaz de se comunicar mediante material muito simples, que molda de forma extremamente pessoal.

Nascido no Brooklyn, onde foi aluno da Boy's High School, Copland iniciou muito cedo os estudos de piano com Victor Wittgenstein e Clarence Adler, e de harmonia e contraponto com Rubin Goldmark. Sua primeira peça publicada, *The Cat and the Mouse: Scherzo Humoristique*, de 1920, denota forte influência de Debussy. No período 1921-1924, foi para Paris, estudar com Nadia Boulanger. Data daí o seu comentário de que "há dois tipos de músico: o que é irremediavelmente compositor de ópera" – Rossini, Verdi, Wagner, Puccini – "e o que vive se debatendo se deve ou não escrever uma ópera". O futuro haveria de demonstrar que Copland pertencia a essa segunda categoria. E, portanto, não se deve estranhar que as duas óperas compostas por ele estejam inseridas na fase intermediária de sua carreira, em que se envolveu com a temática folclórica, o que, segundo ele mesmo dizia, lhe permitia "cultivar uma espécie de naturalidade musical".

No retorno aos Estados Unidos, a sua múltipla atividade de pianista, compositor, conferencista e animador de várias sociedades artísticas atraiu a atenção de Serge Koussevitzky que, em 1925, executou sua *Music for the Theater* com a Sinfônica de Boston e, dois anos depois, o apresentou como autor e solista do *Concerto para Piano* – que escandalizou os assinantes mais conservadores da orquestra, pois era uma das primeiras peças eruditas americanas a incorporar formas de jazz. Nesse meio tempo, também Walter Damrosch tinha regido, com a Filarmônica de Nova York, a sua *Sinfonia para Órgão e Orquestra*, tendo Nadia Boulanger como solista. O reconhecimento veio com as grandes obras de tema americano e de caráter patriótico, oportuníssimas para o momento em que se implantava o *New Deal*, com o qual o governo Roosevelt tentava tirar o país da crise aberta em 1929 pela quebra da Bolsa. Além dos balés já citados, escritos entre 1936-1944, mencionemos duas obras de 1942:

- o *Lincoln's Portraits*, para narrador e orquestra, usando trechos dos discursos e das cartas do presidente, obra que teve apresentações famosas, em que o texto era lido pelo secretário de Estado Adlai Stevenson, ou pela primeira-dama Eleanor Roosevelt;
- e a *Fanfarra para um Homem Comum*, popularíssima até hoje, integralmente incorporada à *Sinfonia n. 3*. É dessa época a sua primeira experiência operística.

O regente Lehman Engel foi quem sugeriu a Copland que escrevesse uma ópera em condições de ser cantada pelos alunos da Henry Street Settlement Music School. *The Second Hurricane*, com libreto original do poeta e crítico de balé Edwin Denby, estreou ali em 21 de abril de 1937. Engel era o regente e a direção cênica foi assegurada por um estudante chamado Orson Welles. Muito influenciado pelo conceito hindemithiano da *Gebrauchsmusik* (música funcional), *O Segundo Furacão* é descrito como uma "peça-ópera", com três papéis falados, sete solistas, e diálogos interligando os trechos cantados, e deve muito à tradição americana do musical.

O próprio Denby faz o resumo da ação: "Um aviador pede ao diretor de um colégio que escolha voluntários para ajudar as vítimas de uma inundação. O diretor indica quatro rapazes e uma moça. Mas o avião em que viajam entra em pane, e eles são obrigados a descer um um lugar deserto, perto de um grande rio.

Desembarcam a carga, e o avião vai embora, em busca de ajuda. Assim que ficam sozinhos e têm de cuidar de si mesmos, os jovens começam a se desentender. Aparece um menino sozinho e amedrontado. Os jovens brigam por causa da comida, enquanto o coro dos pais, no palco, comenta a ação, e o coro dos alunos responde. Os seis estudantes decidem partir em direções diferentes, à procura da cidade mais próxima. É nesse momento que o furacão volta com toda a força. No final, eles ficam contentes em reencontrar uns aos outros, e são salvos por um avião de resgate."

A moral, um tanto óbvia, mas bastante típica da América que ainda luta para sair da recessão, é descrita no epílogo: trabalhar junto, numa base igualitária, traz a felicidade e a liberdade. A acolhida à ópera não foi unânime. Virgil Thomson admirava a música, mas achava o final inconclusivo – o que é verdade – e apontava também os diálogos não-realistas como um fator que entra em choque com a natureza muito terra-a-terra da história. Benjamin Britten gostou muito da partitura, quando Copland a tocou para ele, em 1938; e a apresentou em seu festival de The Maltings Snape em 8 de junho de 1980. Existe, no selo Sony, a gravação feita por Bernstein com os alunos da New York High School of Music and Art.

Era incansável a atividade de Aaron Copland. Além de uma obra enorme, que abrange todos os gêneros – inclusive trilhas sonoras para clássicos do cinema como *Of Mice and Men* (1939), *Our Town* (1940) ou *The Heiress* (1948), que lhe valeu o Oscar de melhor música no ano seguinte –, ele participou, durante muitos anos, da direção da League of Composers, de Nova York; organizou com Roger Sessions os Copland-Sessions Concerts (1928-1931), destinados à divulgação da música contemporânea; fundou o Festival de Yaddo; deu aulas no Berkshire Music Center, de Tanglewood, de que foi também diretor (1957-1965); e colecionou uma quantidade invejável de prêmios e títulos honoríficos – entre eles o Prêmio Pulitzer de 1945 por *Appalachian Spring*. À fase mais intensa de sua carreira pertence a segunda ópera.

Para Copland, a ópera sempre foi problemática, a ponto de ele a chamar de *la forme fatale*.

A dificuldade básica, no palco lírico, é o fato de haver tantos imponderáveis, a começar pelo desagrado que me traz estar pessoalmente envolvido nas emoções privadas dos intérpretes. Uma voz profundamente emocionada faz meus cabelos se arrepiarem. Depois, é difícil encontrar um libretista profissional. Não temos, neste país, pessoas que nada mais façam senão escrever libretos de ópera. Infelizmente, não é comum os libretistas saberem grande coisa a respeito de música. Acho que eles escreveriam libretos melhores, se tivessem uma idéia do que a música há de fazer com as suas palavras[9].

Em 1952, Richard Rodgers e Oscar Hammerstein II entraram em contato com Copland, por meio da Liga dos Compositores, encomendando-lhe uma ópera para a televisão. O libreto de *The Tender Land* foi escrito por Horace Everett – pseudônimo de Erik Johns –, baseado em *Let Us Now Praise Famous Men* (1939), de James Agee. Embora a ópera tivesse tudo para ser filmada, inexplicavelmente a NBC a rejeitou, e *A Terra Suave*, na sua forma original em dois atos, foi estreada no New York City Center, em 1º de abril de 1954, num programa duplo com *Amahl e os Visitantes da Noite*, de Gian-Carlo Menotti. Ambas foram regidas por Thomas Schippers e dirigidas por Jerome Robbins, que estreava nessa atividade. Rosemarie Carlos (Laurie), Jean Handzlik (sua mãe) e Adele Newton (sua irmã Beth) também estavam cantando pela primeira vez no New York City Opera (NYCO).

Tanto o compositor quanto o libretista estavam descontentes na época da estréia; a recepção não de todo favorável ao espetáculo do New York City Center os decidiu, no ano seguinte, a fazer uma revisão. *The Tender Land* reestreou no Laboratório de Ópera do Conservatório de Oberlin, no Ohio, em 20 de maio de 1955. A gravação de trechos, durante uma apresentação de 1965 em forma de concerto, ajudou a obra a ser mais conhecida. Em 1975, ela foi finalmente televisionada (devendo, portanto, existir um vídeo dessa apresentação). O bicentenário americano, em 1976, encorajou várias encenações, em especial a do Bronx Ópera Company, no Hunt College. Em 1987, a reprise de Newhaven, na qual foi utilizada uma versão reduzida da orquestração, alcançou 50

9. Declarações feitas a Vivian Perlis, autora de *Copland Since 1943* (Nova York, St. Martin's Press, 1989).

récitas. A produção de 1990, em Plymouth, foi gravada pela Virgin Classics (Comeaux, Hardy, Jette, Dressen, Bohn, Lér-Brunelle). Mas quando esse mesmo espetáculo foi levado ao Festival de Aldenburgh, na Inglaterra, a opinião da crítica foi a de que, como no *Segundo Furacão*, o final da história é mal resolvido e pouco convincente. O charme da música de Copland, apesar disso, tem garantido à ópera montagens regulares nos Estados Unidos. No ano seguinte, Copland fez uma revisão, dividindo a ópera em três atos, O selo Virgin Classics lançou, em 1990, a gravação ao vivo de um espetáculo montado em Plymouth no ano anterior.

The Tender Land passa-se na década de 1930, numa fazenda do Meio-Oeste, na época da colheita. Nela moram o Avô, a Mãe e Laurie, que está terminando o colegial. Dois trabalhadores itinerantes, Martin e Top, vêm procurar serviço, e são contratados, embora o avô desconfie deles. Laurie, entediada com a vida na fazenda, apaixona-se por Martin e pensa em ir embora com ele, como uma forma de se libertar. Percebendo que levar Laurie consigo vai significar ter de levar uma vida assentada, Martin sai às escondidas, de madrugada, com seu colega, antes que ela acorde. Ao ver que foi abandonada pelo namorado, Laurie resolve deixar a fazenda de qualquer forma, dizendo: "I am ready for leaving like this harvest is ready to be gathered in" (Estou pronta para ir embora, da mesma forma que esta safra está pronta para ser colhida).

Típica da fase em que Copland estava muito envolvido com pesquisas folclóricas, *The Tender Land* tem melodias construídas em estilo popular e cita duas canções autênticas que o compositor recolhera no ciclo *Old American Songs*. Embora a partitura esteja cheia de lirismo, de escrita vocal sonora e melodias brilhantemente orquestradas, é opinião geral que o libreto de Everett não é dramaticamente muito persuasivo, o que faz Elise Kirk dizer:

> O resultado é que a ópera parece uma paisagem com figurinhas pintadas, em vez de um drama com seres humanos vivos e comoventes. Contam-nos coisas a respeito dessas pessoas, mas raramente compartilhamos os seus sentimentos.

É à música que se devem as raras ocasiões em que as personagens têm destaque maior:

ao oboé, fagote e clarineta que fazem comentários bem-humorados às atitudes dos dois trabalhadores itinerantes; ao glockenspiel que sugere a atraçao de Laurie pelo misterioso e o desconhecido, quando um dos rapazes lhe diz: "We've been everywhere... would you like to go there?" (Estivemos por toda parte... você também gostaria de ir até lá?). Essas técnicas criam atmofera; mas não chegam realmente a constituir momentos de teatro. No *New York Times* de 3.5.1987, porém, o crítico Will Crutchfield fez da música uma avaliação positiva, ao resenhar uma produção do Long Wharf Theater:

> A música tem aquela melodiosidade das melancólicas planícies abertas, que desperta em nós o sentimento da América rural. O quinteto, no final do ato I, reúne de forma bem-sucedida atmosfera e caracterização, e constrói um clímax bem forte. Quando, a essas virtudes, somamos o fato de que esta é uma obra cheia de ressonâncias para os cantores americanos, é fácil concordar que *The Tender Land* merece ser revivida.

Copland é, basicamente, um compositor enraizado no sistema tonal, mas aberto à experiência com diversos tipos de técnica. Tempera a sua música essencialmente diatônica com dissonâncias; enriquece as texturas com o uso de síncopes e combinações polirrítmicas, e opta por um construtivismo muito austero numa peça como as *Variações para Piano* de 1930, que orquestrou em 1957. No *Quarteto para Piano*, de 1950, usou uma fórmula modificada da técnica dos doze tons. E em *Connotations*, que Leonard Bernstein lhe encomendou, para a inauguração da sala da Filarmônica, no Lincoln Center em 23.9.1962, usou integralmente a escrita dodecafônica.

Para conhecer Copland e a música americana de seu tempo, são preciosos os livros que ele escreveu: *What to Listen for in Music* (1939); *Our New Music* (1941), republicado em 1960 na versão ampliada *The New Music*; *Music and Imagination* (1952) e *Copland on Music* (1960). A musicóloga Vivien Perlis organizou toda a sua documentação biográfica nos dois copiosos volumes do *Copland* publicados, entre 1984-1992, pela editora Marion Boyars; e que são complementados pelo excelente estudo de Howard Pollack, *Aaron Copland: The Life and Work of an Uncommon Man* (Faber, 2000).

Nabókov

Primo do romancista Vladimir Nabókov, o autor de *Lolita*, que também emigrou para os Estados Unidos, o compositor Nikolái Nabókov (1903-1978) – cujo prenome, nos Estados Unidos, era grafado Nicolas – nasceu em Lúbtcha, no distrito bielorrusso de Novogrudók. Seus primeiros estudos foram em São Petersburgo. Depois da Revolução, foi para Yalta, na Criméia, onde teve aulas com o vanguardista Vladímir Rébikov[10]. Em seguida, foi para Berlim, aperfeiçoar-se com Ferruccio Busoni. Finalmente, mudou-se para Paris, onde cursou literatura na Sorbonne e ficou conhecendo Serguêi Diáguiliev. Em 1928, este lhe encomendou, para Les Ballets Russes, o balé-cantata *Ode*[11], bastante influenciado pela música de Ígor Stravínski, de quem era muito amigo.

Imigrando para os Estados Unidos em 1933, Nabókov deu aulas no Wells College e no Conservatório Peabody, de Baltimore. Entre 1952-1963, foi secretário-geral do Congresso para a Liberdade Cultural e, de 1963 a 1968, o diretor artístico do Festival de Música de Berlim. Eram muito apreciadas as conferências sobre estética que, no início da década de 1970, ministrava nas universidades de Buffalo e Nova York.

A primeira ópera de Nabókov, com libreto do poeta inglês Stephen Spender, é *The Holy Devil*, estreada em Louisville, no Kentucky, em 18 de abril de 1958. Revista e expandida, no ano seguinte, com o título de *Der Tod des Grigorij Rasputin* (A Morte de Grigóri Raspútin), foi bem recebida em Colônia em 27 de novembro de 1959. O tema, muito forte, da influência do monge Grigóri Raspútin sobre a tsarina Aleksandra, devido à inexplicável capacidade que o monge tinha de estancar as hemorragias do tsarévitch, que era hemofílico, sempre fascinou os compositores. Em 1988, a New York City Opera apresentou o *Rasputin* de Jack Reise; e em novembro de 2003, Mstislav Rostropóvitch regeu, na Ópera de Los Angeles, *Nicholas and Alexandra*, de Deborah Dratell, na qual a personagem do monge foi interpretada por Plácido Domingo. Prova da atração exercida por essa personagem é o fato de, na mesma época, ter sido levado em Helsinque o *Raspútin* de Einojuhani Rautavaara, tendo Matti Salminen no papel-título.

A ópera de Nabókov é extremamente eclética: combina traços do Tchaikóvski de *Mazeppa* com o Mússorgski do *Borís Godunóv*. Mas incorpora também elementos da canção popular francesa e do *ragtime* americano, temperados com ingredientes seriais.

O libreto de *Love's Labours Lost*, baseada na comédia de Shakespeare, foi escrito por W. H. Auden (como de hábito, o nome de seu companheiro, Chester Kállman, aparece como co-autor; mas, como no caso dos libretos escritos para Stravinski ou Henze, o texto é apenas do famoso poeta inglês). Planos para a estréia em Edimburgo ou em Berlim não foram bem-sucedidos. *Trabalhos de Amor Perdidos* estreou no Théâtre de la Monnaie, de Bruxelas, em 1973. Dentro de um libreto muito bem escrito, as passagens mais convincentes são aquelas em que Nabókov toma como modelo o neoclassicismo da *Carreira do Libertino*, de Stravínski.

Para o palco, além de *Ode*, Nabókov produziu também os balés *Union Pacific* (1934), *The Wanderer* e *Vie de Polichinelle*, ambos de 1966. Há um elemento místico marcante em suas três sinfonias – *Symphonie Lyrique* (1930), *Sinfonia Bíblica* (1941) e *A Prayer* (1968) –; na música incidental para o *Samson Agonistes* de Milton (1938); e nos oratórios *Job* (1933) e *Vita Nuova* (1951), este último baseado em Dante. Sua música é de caráter cosmopolita, incorporando as principais tendências da vanguarda européia, em especial a politonalidade. Há forte sabor folclórico eslavo nas obras de tema russo, como os ciclos de canções *The Return of Pushkin* (1948) e *Five Poems by Anna Akhmatova* (1964). Nicolas Nabókov deixou um bem-humorado testemunho autobiográfico em seus dois livros *Old Friends and New Music* (1951) e *Bagázh: Memoirs of a Russian Cosmopolitan* (1975).

---

10. Ver *A Ópera na Rússia*, desta coleção.

11. O balé baseia-se no poema *Ode ou Meditação Noturna sobre a Majestade de Deus, Revelada pela Aurora Boreal*, escrito em 1751 por Mikhaíl Vassílievtch Lomonóssov (1711-1765), o primeiro grande nome do Classicismo literário russo.

Schuman

A paixão de William Howard Schuman (1910-1992) pelo basebol lhe inspirou a sua única ópera, *The Mighty Casey*, contando a vida de um jogador do qual era fã quando menino. Com libreto de Jeremy Gury, baseado no poema *Casey at the Bat*, de Ernest Thayer, a ópera foi estreada pelo Moss Music Group, em Hartford, no Connecticut, em 4 de maio de 1953, com Danny Scholl, Elise Rhodes, George Irving, Rufus Smith, Nathanial Frey e outros. É uma partitura tonal, com elementos de jazz e canção popular, com linhas vocais muito livres, no estilo da canção *standard* de musical americano.

Mudville, o time de Casey, enfrenta o Centerville na finalíssima do campeonato estadual. Para o desânimo de seus fãs, Casey parece não estar bem mas, no último minuto, vira o jogo e dá a vitória à sua equipe. Essa *basketball opera* sempre agradou muito ao público americano todas as vezes que foi reapresentada, geralmente no âmbito universitário: West Texas (1956), Northeast Louisiana (1956), St. Lawrence (1958), UCLA (1958), Contemporary Concerts de Chicago (1961), Universidade de Minnesota (1962), Hartford Theatre (1965 e 1981), Wilkes College (1970), Manhattan School of Music (1981), Glimmerglass Opera (1986 e 1989), American Chamber Opera de Nova York (1989) e Stockton Opera, da California (1990). Há uma gravação de 1994 no selo Delos Internacional. Em 1976, *The Mighty Casey* foi convertida em uma cantata *Casey and the Bat*, e apresentada pela primeira vez no Kennedy Center de Washington, em 6 de abril. "A ópera não é apenas sobre a minha paixão juvenil por baseball", disse Schuman. "É sobre minha juventude."

Talvez nem fosse necessário registrar neste livro obra operística tão reduzida, se Schuman não fosse um dos maiores sinfonistas americanos do século XX. Suas dez sinfonias, estendendo-se de 1936 a 1976 – a *Décima* foi escrita para comemorar o bicentenário dos Estados Unidos –, caracterizam-se por uma música cheia de tensão emocional, criada mediante poderosos ritmos dissimétricos, e complexas estruturas contrapontísticas, saturadas com dissonâncias,
mas sem perder as referências tonais básicas. Melodias e ritmos americanos são usados com freqüência em suas sinfonias, mas Schuman é essencialmente um cosmopolita, que explora todas as técnicas colocadas à sua disposição pela música contemporânea. A *Nona*, estreada pela Orquestra de Philadelphia em 1969, intitula-se *Le Fosse Ardeatine* e é um tributo aos civis romanos massacrados pelos nazistas, nos arredores de Roma, durante a II Guerra.

Além das sinfonias, Schuman é o autor da popular *American Festival Overture*, estreada pela Sinfônica de Boston e Serge Koussevitzky, em 1939; do *Concerto para Violino* (1950) dedicado a Isaac Stern; o *New England Triptych* (1956); da *Song of Orpheus* (1962), para violoncelo e orquestra; e de vasta obra coral. Schuman foi aluno de Max Persin (harmonia) e Charles Haubiel (composição). Ensinou no Sarah Lawrence College (1936-1945), dirigiu o setor de publicações da editora G. Schirmer Inc. (1945-1952), foi presidente da Juilliard School of Music (1945-1962) e do Lincoln Center (1962-1969). Entre os numerosos prêmios que recebeu, está o primeiro Pulitzar conferido a um compositor, em 1943, pela *Sinfonia n. 5 para Cordas*.

Ward

A estréia do *Panorama Visto da Ponte* de William Bolcom, baseada na conhecida peça de Arthur Miller, reavivou o interesse por *The Crucible* (O Caldeirão das Bruxas), da década de 1960, adaptada de outro dos dramas mais importantes de Miller. Seu autor, Robert Eugene Ward (1917-1994), foi aluno de Howard Hanson e Bernard Rogers na Eastman School de Rochester. Depois, aperfeiçoou-se com Frederick Jacobi (composição) e Albert Stoessel (regência) na Juilliard School, onde ensinou de 1946 a 1956. Ward foi também vice-presidente e editor da Galaxy Music Co.; e professor na North Carolina School of Arts.

O tema da feitiçaria já tinha sido explorado, na ópera americana, por Cadman em *A Witch of Salem*, de 1926, e Hanson em *Merry Mount*, de 1933. Em sua peça *The Crucible*, escrita em 1953, Arthur Miller retomou a história dos processos de feitiçaria da década de

1690, como uma forma de denunciar a caça às bruxas da Era MacCarthy. É uma tragédia sinistra sobre o ódio e o uso da religião como instrumento da luta pelo poder, da mesma forma que, naqueles anos sufocantes de pós-guerra, o espantalho do comunismo servia de pretexto para uma ciranda de delações e condenações que levavam a prisões, à lista negra, ao desespero, ao suicídio. O mundo do século XVII evocado por Miller é tão insano e despido de compaixão quanto o da América dos anos 1950, agitada por uma tempestade de ódio que gerava monstruosidades como a Ku Klux Klan ou o maccarthismo.

The Crucible, tanto a tragédia de Miller quanto a ópera dela derivada, são a respeito do senso-comum transformado na principal vítima da batalha contra a histeria de massa. Ambas denunciam a falta de sentido que há em condenar aqueles que fazem, sob tortura, a falsa confissão de que tem pacto com o Demônio (ou com uma ideologia exótica), e em condenar à morte – ou ao ostracismo social – aqueles que insistem em proclamar a sua inocência. Tanto a peça quanto a ópera giram em torno da adolescente Abigail Williams, sexualmente frustrada e obcecada pelo fazendeiro John Proctor. Este é visto com maus olhos pelos "bem-pensantes" da comunidade de Salem, pois não concorda com os processos sobre feitiçaria que, no fundo, não passam de um recurso para eliminar desafetos. Como John Proctor se recusa a comprometer sua integridade pessoal, Abigail acusa-o de tê-la envolvido em práticas diabólicas, e ele é condenado à morte juntamente com sua mulher, Elizabeth, a quem quis permanecer fiel, e que se manteve a seu lado até o fim.

Ao receber da Ford Foundation a encomenda de uma nova ópera para o New York City Opera, Ward já era o autor da comédia *He Who Gets Slapped* (1956), que tivera aceitação moderada ao estrear com o título original de *Pantaloon*. Escolheu como tema a tragédia de Miller, e confiou a redação do libreto ao violista Bernard Stambler, seu colega na Juilliard, homem possuidor de vastos conhecimentos de literatura inglesa e italiana.

No século XVII, a cidade de Salem foi tomada por uma onda de histeria devido ao medo que a comunidade, fanaticamente puritana, tem das práticas de magia negra. Abigail, jovem muito bonita e de comportamento sensual, teve no passado um envolvimento físico com o fazendeiro John Proctor. Mas ele rompeu com a garota, pois ama a mulher. Para vingar-se, Abigail acusa de feitiçaria a escrava Tituba, que pretence aos Proctor. Durante o julgamento, presidido pelo hipócrita juiz Danforth, denuncia Elizabeth, a mulher de Proctor, como cúmplice da escrava na prática de artes mágicas. Quer, assim, afastá-la, na tentativa de recuperar John. Mas este permanece leal à esposa, que o perdoa mesmo depois de ele admitir, diante do tribunal, para desmascarar as maquinações de Abigail, que cometeu adultério com a jovem. Manipulados por Danforth, os jurados não acreditam em Proctor e o condenam à morte, juntamente com Tituba e outros acusados. Procurado na cadeia por Abigail, John recusa-se a assinar a falsa confissão que lhe permitiria ser posto em liberdade. Prefere enfrentar a execução com dignidade.

Stambler manteve o texto de Miller, condensando-o a partir da versão original do texto, em cinco cenas. Mas acrescentou textos seus, ou reescreveu os de Miller, versificando-os, cada vez que foi necessário construir uma cena de conjunto. A respeito desse trabalho, Ward comentou, numa entrevista concedida em julho de 1986:

> Normalmente, uma peça é feita de frases curtas, embora à vezes haja monólogos e outros segmentos mais longos. Como um libreto tem em média dois terços do tamanho da peça, é preciso cortar muito. Trabalhar com dramaturgos contemporâneos pode ser problemático, pois eles não gostam muito de que um terço de sua obra-prima seja amputada. A esse respeito, Arthur Miller foi desusadamente compreensivo. Ele próprio pensou, ao começar a estudar o tema dos processos de Salem, que essa história se prestaria mais a um libreto de ópera do que a uma peça.

De modo geral, os cortes feitos por Stambler foram hábeis. É de se lamentar, porém, que tenha desaparecido a cena do ato I em que a personalidade tortuosa de Abigail é claramente delineada – seu corte atenua muito a forma como a moça tenta se vingar de Proctor por ter sido sexualmente rejeitada. Ward continua:

Ao determinar os cortes, a primeira coisa a fazer é evitar repetições. Em seguida, determinar se há personagens que podem ser fundidas. Na peça, havia vários juízes e queríamos encarná-los em um só [Danforth], para podermos fazer dele uma personagem mais elaborada. Há um xerife e um bailio que puderam ser convertidos numa só figura; e o grupo de jovens enfeitiçadas foi reduzido a um sexteto feminino que desempenha papel importante na cena do julgamento. Em seguida, é preciso procurar os pontos, na peça, que podem se transformar numa cena de conjunto, num trio, numa ária. Esses são os pontos em que o libretista tem de intervir com uma linguagem poética específica.

Exemplo típico do chamado *American neo-classic style*, de caráter basicamente tonal e muitas referências à música folclórica e à tradição litúrgica protestante, *The Crucible* estreou no State Theater em 26 de outubro de 1961. O aplaudidíssimo elenco que a criou – Chester Ludgrin (John Proctor), Frances Bible (Elizabeth), Patrícia Brooks (Abigail), Norman Treigle (reverendo Hale), regidos por Emerson Buckle – foi praticamente o mesmo que a gravou, em 1963, para o selo Albany (no disco, Treigle é substituído por John Macurdy). Em 1962, *O Caldeirão das Bruxas* ganhou o Pulitzer e o prêmio do Círculo de Críticos Musicais de Nova York. Existe um vídeo de uma apresentação de 1964, na Kentucky Opera, regida pelo próprio autor.

Em 1985, Ward preparou uma versão reduzida da orquestração para um espetáculo na Ópera de Chicago. *The Crucible* vem sendo regularmente montada em várias cidades americanas: o espetáculo importante mais recente foi o de Tulsa, em 1995. Foi encenada em alemão, em Wiesbaden; e o governo coreano a escolheu como a ópera de gala, na comemoração do 40º aniversário da libertação do país do domínio japonês. O próprio Ward ficou muito satisfeito, quando ela foi traduzida em japonês – "uma língua muito interessante para cantar, cheia de belas vogais" –, para uma apresentação na Ópera de Osaka.

Em seus escritos, Ward deplorou a tendência contemporânea – que exemplificava citando o *Wozzeck* de Berg – de deslocar a ênfase narrativa dos cantores para a orquestra. Em suas obras, a linha vocal sempre tem importância preponderante, de uma forma que o vincula à tradição italiana do melodrama. No *New Penguin Opera Guide*, Peter Dickinson afirma, a respeito do *Crucible*, que "o uso de um tipo de escrita vocal *parlando* muito expressiva sustenta a tensão dramática da peça"; mas considera menos eficiente "a mistura de música folclórica americana com um tipo de lirismo pucciniano". A audição da gravação Buckley não lhe dá razão. É justamente dessa fusão que resulta um dos momentos mais satisfatórios da ópera: o final do ato I, quando todos se regozijam porque o reverendo Hale conseguiu arrancar uma "confissão" de Tituba, a escrava vinda de Trinidad, suspeita de invocar o Diabo. Acima da voz dos anciãos da cidade, entoando um salmo de ritmo muito marcante, ergue-se a voz de Abigail, em contraponto, entoando, numa vibrante pulsação de 7-8, o tema da ária "For much in the world seems Devil's work" (Porque muita coisa neste mundo parece coisa do Diabo), cantada por Hale no início do ato I.

Ward é freqüentemente muito feliz nos números em que deixa expandir-se essa inspiração italianada que parece desagradar a Peter Dickinson. Um dos melhores exemplos disso é o caloroso dueto do ato IV, em que Elizabeth mostra-se disposta a acompanhar o marido até na morte, se necessário. Todo o ato III, em que se encontra a cena do tribunal, é de grande força, desde a ária com que Danforth pede "Open Thou my lips, oh Lord", até o ponto culminante, em que Proctor ameaça Mary Warren, uma das supostas adoradoras do Diabo, que o acusa de feitiçaria: "I'll tear your tongue from your head". Agarrando-a pela garganta, ele a atira no chão e grita:

> Now Hell and Heaven grapple on our very backs,
> and all pretense is ripped away... And the wind will blow,
> God's icy wind!

(Agora o Inferno e o Céu vão grudar-se às nossas costas e toda simulação será arrancada... E o vento há de soprar, o gélido vento de Deus!)

É de gelar o sangue o efeito do melisma na palavra *blow*, levando o barítono a um sol sustenido no último *wind*. É de resto muito virtuosístico o controle da prosódia de Ward, que sabe trabalhar com o sentido das palavras, encontrando para elas tratamentos muito expressivos, e fazendo-as recortar-se contra um acompanhamento orquestral rico em coloridos. Puccini não é a única influência que ocorre, quando ouvimos *The Crucible*. A opulência straussiana no uso da orquestra também está presente. E não se pode deixar de lado o impacto de uma forma muito americana de arte musical: a trilha sonora cinematográfica. Em determinados momentos – por exemplo a passagem do ato III que descreve a chegada dos juízes, jurados e público à sala onde será montado o tribunal – a música de Ward faz pensar na forma como Alex North ou Bernard Herrmann escrevem para cinema.

O estilo abertamente neo-romântico de *The Crucible* entusiasmou a crítica na época da estréia. Eles sentiam que essa era uma característica muito própria da maneira americana de se expressar operisticamente. Harold Schonberg afirmou:

> Certamente nenhum dos jovens compositores europeus pensaria em musicar um libreto com as harmonias convencionais que Mr. Ward utilizou. De um modo geral, os compositores de ópera europeus, à exceção de Poulenc, estão ligados ao dodecafonismo e às suas derivações.

Pode parecer estranho – e Ward não deixou de ser condenado por isso – que, na década de 1960, ele não escrevesse, para contar uma história de possessão demoníaca, música tão dissonante quanto os *Demônios de Loudun*, de Penderecki, por exemplo, que estreou em 1969. Reescutado, porém, mais de quarenta anos depois de ter sido escrito, *O Caldeirão das Bruxas* demonstra extrair sua força exatamente de uma música profundamente sentida, que Ward concebe com bom-gosto, senso de teatro, e da maneira mais sincera, sem qualquer concessão às tendências vanguardistas de seu tempo. *The Crucible* envelheceu menos do que outras contemporâneas suas de maior ousadia de concepção – e nesse grupo coloco *Os Demônios de Loudun*, de Penderecki. E disso pareciam saber os críticos da época. David Watt, no *New York Times*, chamou-a de "a mais impressionante demonstração de que a ópera americana chegou à maturidade". E Winthrop Sargeant não teve mãos a medir: "Se uma ópera melhor foi escrita desde os tempos de Strauss e Puccini, eu não a ouvi"[12].

12. Citado por Andrew Drummond em *American Opera Librettos* (1973).

Embora não tenha produzido nenhuma outra ópera de sucesso tão grande quanto o de *The Crucible*, Robert Ward estreou outras obras dramáticas, sobre temas americanos ou não, às quais aplicou o mesmo idioma abertamente tonal, com o cruzamento de recursos mais modernos, mas não de forma agressiva, temperando-o também com acentos folclóricos nítidos. *The Lady from Colorado* (1964) é uma ópera de faroeste, de números muito melodiosos, vários deles com o feitio de canção popular; revista em 1994 como *The Lady Kate*.

Claudia Legare (1973) tem libreto de Bernard Stambler, transpondo para Charleston, após a Guerra Civil, a ação da *Hedda Gabler*, de Ibsen. A estréia foi na Ópera de Minnesota em 14 de abril de 1978, com Barbara Brandt, Vern Sutton, John Brandstetter, Carl Glaum, Susan Chastain e outros. Ward e Michael Ching a revisaram em março de 1978, preparando uma versão alternativa para piano, clarineta, trompa e cordas. Fiel ao chamado *American neo-classical style*, a partitura incorpora a melodia de algumas canções da Guerra Civil.

George Lowndes e Claudia, a sua mulher, estão voltando da lua-de-mel – viagem em que Lowndes aproveitou para fazer negócios, visando à reconstrução pós-Guerra Civil. Claudia está entendiada com a vida que leva ao lado do marido, e tem saudades do passado e de seu pai, o falecido general Legare. Há coisas irresolvidas, nesse passado, de que ela não consegue se livrar. Daphne Grayson, velha amiga de Claudia, vem a Charleston à procura de Orlando Beaumont, da mesma cidade que elas, e que hoje está trabalhando com George nos planos de reconstrução do Sul. Orlando não concorda com a estratégia de George de retornar ao sistema agrário: é partidário da industrialização, no que é apoiado por outro sócio, o coronel Blagden. Este tenta seduzir Claudia, mas é rejeitado.

Num momento em que Orlando consegue ficar a sós com Claudia, descobrimos que é ele o homem com quem, no passado, ela teve um envolvimento amoroso. Nunca o esqueceu mas, quando Orlando lhe faz a proposta de reatarem, ela recusa. No reencontro de Orlando com Daphne, Claudia propõe um brinde, e o rapaz, que vem tentando combater o alcoolismo, aceita – com isso, volta a beber. À noite, na apresentação das idéias para a reconstrução, Orlando expõe brilhantemente os seus planos. Mas depois se embriaga, sai à rua e perde a única cópia de seu manuscrito. George o encontra e entrega a Claudia que, num acesso de frustração emocional, o atira ao fogo. Confessa ao marido o que fez e, para aumentar seu espanto, anuncia que está grávida.

A Orlando, que vem em busca de seu manuscrito, Claudia diz que sua possibilidade de sucesso está definitivamente perdida. Entrega-lhe um revólver e diz que a única saída, agora, é "a glorious end". No dia seguinte, fica sabendo que Orlando morreu, não por suicídio, mas acidentalmente, durante uma briga num bordel. Essa notícia sórdida parece por um ponto final em suas ligações com o passado. Claudia prepara-se para iniciar uma nova vida.

Existe um vídeo do espetáculo de 1978 em Minnesota. *Claudia Legare* foi levada com muito sucesso, em 1981, no Festival de Verão do Arts Theatre Company, pertencente à Universidade de Duke. Depois dela. Ward ainda compôs:

• o típico drama neo-romântico *Abelard and Heloise* (1982);
• e as comédias *Minutes till Midnight* (1978) e *Roman Fever* (1993). Desta última, em 2003, saiu uma gravação na série *Opera Theater Recordings*, lançada pela Manhattan School of Music, contendo produções da própria escola.

Inicialmente intitulada *The Secret Weapon*, a sátira política *Minutos Até a Meia-Noite* tem libreto de Daniel Lang. A estréia foi na Greater Miami Opera – a atual Florida Grand Opera –, em 4 de junho de 1982, com Thomas Stewart, Henry Price, Claudia Cummings, Evelyn Lear, Richard Cross e outros. Nessa ópera de estilo eclético, que o crítico Andrew Porter disse ser "muito lírica, com sugestões de pop music e reminiscências de Puccini, Hindemith, Richard Rodgers e Kurt Weill", um cientista americano, Emil Roszak, descobre a forma de controlar a energia cósmica. É chamado à Casa Branca, onde lhe pedem que fabrique a "bomba cósmica", pois o governo quer usá-la como um instrumento de barganha com o "inimigo". Roszak volta a seu laboratório para completar a fórmula, mas sua consciência é despertada por uma série de acontecimentos: um ataque do coração; a morte de Chris, seu aluno preferido, durante uma passeata pacifista; e visões que ele tem, no hospital, do que seria um holocausto nuclear. Rozsak decide, então, que a população deve ter o direito de optar por seu próprio destino, e publica a fórmula em *The International Physicists Journal*, esperando que, com isso, traga ao mundo "um amanhã melhor". Existe a gravação pirata de trechos dessa ópera, executados, em setembro de 1987, pela Sinfônica da Carolina do Norte.

No domínio da produção não-operística, Robert Ward é o autor de algumas obras apreciáveis: o *Concerto para Saxofone* (1984), o *Raleigh Divertimento*, para quinteto de sopros (1987) e, principalmente, as cinco sinfonias (1941-1976). A de n. 2, de 1947, foi premiada pela Ford Foundation. E a de n. 5, *Canticles of America* (1976), devido a seu sincero conteúdo patriótico – ela utiliza solistas e coro cantando poemas de Walt Whitman e Longfellow – foi muito bem acolhida. Um bom estudo sobre sua obra foi feito por K. Kreitner em *Robert Ward: a Bio-Bibliography*, publicado em 1989 pela Greenwood Press.

Kay

Sobrinho do legendário trompetista de jazz Joe "King" Oliver, o compositor negro Ulysses Kay (1917-1995) pertencia a uma família de Tucson, no Arizona, de ricas tradições musicais. Muito cedo aprendeu a tocar piano, violino e saxofone. Foi aluno de Howard Hanson na Eastman Rochester e freqüentou as aulas de Hindemith em Tanglewood – pelo menos até ser forçado a interrompê-las para fazer o serviço militar na Marinha. Depois da guerra, terminou os estudos em Columbia, onde foi muito encorajado por William Grant Still, o decano dos compositores afro-americanos.

Entre 1948 e 1964, Kay escreveu treze trilhas sonoras para filmes de cinema ou de televisão. Mas as duas primeiras óperas, *The Boor* (1955) e *The Juggler of Our Lady* (1956), ambas em um ato e baseadas em obras de Tchékhov, demoraram muito para ser encenadas: *The Juggler* só subiu ao palco em 1962, e *The Boor* precisou esperar até 1968. Certos setores admiram a música de Kay exatamente pelos mesmos motivos que a fazem ser massacrada por outros: ela é deliberadamente tonal, com melodias muito ricas, vivas, alegres, orquestradas de maneira brilhante.

Essas qualidades reaparecem na divertida comédia em um ato *The Capitoline Venus*, de 1971. Mais eclético é o estilo de *Jubilee*, encomendada em 1976 para a comemoração do bicentenário americano. Nela, texturas dissonantes, cuidadosamente dosadas, misturam-se ao habitual estilo diatônico de Kay, e às freqüentes citações de *negro spirituals*, hinos religiosos e melodias imitadas do folclore. Como *Jubileu* foi transmitida pela televisão em rede nacional, deve existir dela a cópia em vídeo. As mesmas características comparecem em *Frederick Douglas*, composta em 1983, mas só encenada em 1991. Entusiasmada reconstrução de episódios da vida do líder reformista negro, essa ópera é um belo exemplo de obra enraizada nas mais sólidas tendências do Neo-realismo teatral americano.

Foss

Nascido em Berlim, em 1922, o judeu Lukas Foss fugiu para Paris, em 1933, devido à crescente ameaça do nazismo. Em 1937, emigrou para os Estados Unidos, onde estudou no Instituto Curtis de Philadelphia, por sugestão de Barber e Menotti, com os quais fizera amizade. Estudou também com Hindemith e Kussevítzki – este ofereceu-lhe o posto de pianista da Sinfônica de Boston. A cultura folclórica do país de adoção o fascinou desde cedo. Em 1944, a cantata *Prairie*, com texto de Carl Sandburg, estreada por Robert Shaw, então em início de carreira, trouxe-lhe o prêmio dos críticos do *New York Times*.

As óperas de Foss pertencem à fase inicial de sua carreira, antes que ele optasse pela indeterminação tonal, colagem de estilos diversos e apelo à improvisação, que caracteri-

zam as suas obras maduras. *The Jumping Frog of Calaveras County*, em um ato, com libreto de Jean Karsavina baseado no conto de Mark Twain, demonstra essa empostação tradicional, na linha do Neo-realismo de Menotti, mas com nítido sabor regional americano – por exemplo na canção de estilo folclórico "Oh, don't you remember sweet Betsie from Pike", cantada pelo Tocador de Guitarra – já que a ópera se passa numa cidade do faroeste. Estreada em Bloomington, na Universidade de Indiana, em 18 de maio de 1950, ela subiu à cena em Nova York três semanas depois, e foi cantada em Colônia, na Alemanha, em 1956.

A história é simples: uma aposta de quarenta dólares que o Forasteiro faz com Smiley, dono de Dan'l Webster, a mais famosa rã saltadora do condado de Calaveras, na Califórnia. Não só o estranho seduz Lulu, a beldade local, como, na hora do desafio, a rã não salta e ele embolsa o dinheiro da aposta. Furiosa, a população de Calaveras o expulsa:

> *If you show your face*
> *in this town again,*
> *we'll tar and feather you*
> *and draw and quarter you*
> *and string you up*
> *and ride you on a rail*
> *and truss you up*
> *like a Christmas goose.*
> *Next time it'll be the noose!*

(Se você mostrar a cara de novo nesta cidade, vamos te cobrir de pixe e penas, vamos te arrastar, te esquartejar, te amarrar na linha do trem, te embrulhar como um peru de Natal. Da próxima vez vai ser o laço da forca!)

Assim, eles podem proclamar "Daniel, a rã, vencedora e ainda a campeã do condado de Calaveras!"

Foss escreveu sua *folk-opera* para sete cantores e orquestra de câmara: violino, viola, violoncelo, contrabaixo – um de cada –, mais sopros, tímpanos e piano. Lulu é criação do compositor. A essa personagem, de comportamento muito assumido, cabe a ária melodicamente mais atraente da partitura:

> *It may be the way I was raised,*
> *it may be my natural bent,*
> *I've been never able to stand*
> *the thought of a womanless gent. [...]*
> *The thought of a womanless man*

makes me so lonesome myself.
I do for him all that I can. [...]
There's some who will say it's a sin,
and still, when a lonely man asks,
I like to invite him right in!

(Deve ser a forma como fui criada, deve ser minha propensão natural, nunca consegui tolerar a idéia de um cara sem mulher. A idéia de um homem sem mulher me faz sentir também muito solitária. Faço por ele tudo que eu posso. Há quem diga que é um pecado mas, quando um homem solitário pede, gosto de convidá-lo a entrar!)

O Forasteiro tem também um bom momento com o seu desavergonhado "Credo":

Each time I hit a town,
I do the same:
I shake some sucker down
and jump the blame.
Find me a woman
and give her the eye,
then thank ye kindly, Ma'm,
and it's goodbye!
Sometimes it fails me,
sometimes it works.
But this time, by golly,
I'm having me the works!

(Cada vez que chego numa cidade nova, faço a mesma coisa: depeno um boboca e dou o fora. Encontro uma mulher, arrasto a asa pra ela e, depois, muito obrigado minha senhora!, e adeuzinho. Às vezes é uma furada, às vezes dá certo. Mas desta vez, eu juro, vou me dar bem!)

Foi acrescentada também a figura do Tio Henry, que funciona como o árbitro da aposta e – na gravação de Richard Auldon Clark (Newport Classic, 1996) –, como narrador, lendo trechos do conto de Twain para interligar as cenas.

Após o sucesso de *Amahl and the Night Visitors*, de Menotti, na televisão, a NBC encomendou a Foss uma nova ópera; e ele optou por *Griffelkin*, o conto dos irmãos Grimm que sua mãe lhe contava, quando ele era criança. Com libreto de Alastair Reed, essa ópera "para crianças da minha idade" (ele tinha 33 anos quando a compôs) foi transmitida em 6 de novembro de 1955, e encenada em Tanglewood em 6 de agosto de 1956. Em 2004, foi lançada a gravação do Boston Modern Orchestra Project, regida por Gil Rose (Dry, Colton, Browder, Iwama, Baty).

Griffelkin é um diabinho que, ao fazer dez anos de idade, e mandado à terra para pôr em prática as suas artes diabólicas: "Você tem de prometer que fará uma má ação por dia e vai ser sacana, mesquinho, horrível", lhe diz a Avó, dando-lhe um frasco de líquido mágico, que lhe permitirá virar o mundo de pernas para o ar. As tentativas que Griffelkin faz de usar o líquido mágico não dão muito certo; mas ele conhece uma Menina que lhe pergunta se, com aquela beberragem, pode curar a mãe dela. Em contato com a família da garota, o capetinha descobre a vida e a morte, o sofrimento mas, também, a beleza e alegria de viver. Punido por ter gasto as últimas gotas de líquido mágico salvando a vida da Mãe, ele é devolvido ao Inferno, julgado, e a Avó o condena a transformar-se num ser humano e a viver na superfície. Ele reencontra a Menina e seu irmão e vai experimentar a aventura de ser mortal.

Estruturalmente, *Griffelkin* é uma ópera bufa neo-clássica, seguindo o modelo do *Rake's Progress* (1951), de Stravínski, com sinais de influência da escrita contrapontística, tonalmente livre, de Hindemilh. Na ária da Avó, "You have learnt to bewitch", Foss cita o tema da *Sonata em Dó Maior KV 545*, de Mozart. Percebo também referências a uma ópera de autor tcheco que tinha ficado muito popular nos Estados Unidos: a *Schwanda o Gaiteiro*, de Jaromír Weinberg, que também mistura, em sua história de caráter folclórico, demônios e seres humanos.

O idioma é acessível, com ritmo vivo, harmonicamente variado, e rico do ponto de vista do colorido orquestral, contrapondo as texturas claras e luminosas da Terra, aos tons sombrios do Inferno (em especial na cena do julgamento de Griffelkin). Descrição musical diferenciada é usada para cada personagem: cordas e sopros no registro agudo evocam o deslumbramento do diabinho com a beleza do mundo; instrumentos de madeira reforçam o registro de contralto da Avó; melodias saltitantes caracterizam a Menina e seu irmão; e a música da Mãe é a mais lírica, a mais "humana" e melodiosa.

Exemplos do talento de Foss para a sátira são abundantes. Ele faz retratos muito divertidos das três Donas de Casa, fofoqueiras e assustadas; do agitado Dono da Loja, sempre correndo de um lado para o outro; da Estátua a que Griffelkin dá vida: a sua *patter-song* –

273

ária com silabato bufo – "People stare at me through the water I'm wearing", tem um acompanhamento que imita o som da água do chafariz no centro do qual ela fica. Muito interessantes são os glissandos que imitam os rugidos dos leões de pedra, que Griffelkin anima jogando neles algumas gotas de seu líquido mágico. A perseguição policial, no finale do ato II, combina a correria de um filme mudo dos Keystone Cops com o crescendo de uma comédia rossiniana – culminando no momento em que, usando seu líquido, Griffelkin faz todo mundo, menos ele, congelar. E os melhores momentos, do ponto de vista da densidade musical, estão no ato III, quando o diabinho diz "I've begun to be good" e reconhece: "I'm afraid I've been a very poor devil".

Em 2003, Foss declarou que *Griffelkin* era a sua composição favorita e a peça que desejava assistir ao comemorar seus oitenta anos. Compareceu, portanto, em Boston, à encenação que resultou na gravação de Gil Rose.

Foss já tinha assumido o cargo de professor de composição na Universidade da Califórnia, sucedendo a Schoenberg, e estava muito envolvido com as atividades do Improvisation Chamber Ensemble, que fundara em 1957, quando escreveu, para o Festival dos Dois Mundos, o monodrama *Introductions and Goodbyes*, com texto de Menotti. Essa peça de nove minutos, para barítono e coro, porém, é tonal, não apresenta traços das experimentações a que Foss já estava se dedicando, e é o bem humorado monólogo de um anfitrião, descrevendo os convidados que compareceram ao coquetel que ele está oferecendo. Estreada em Spoleto em junho de 1960, já tinha sido muito aplaudida, na pré-estréia, em 6 de maio, com a Filarmônica de Nova York e Leonard Bernstein.

Floyd

O ambiente em que se passa a maior parte das óperas de Carlisle Floyd é muito semelhante ao de Latta, na Carolina do Sul, onde ele nasceu, em 1926, filho de um pastor metodista. Desde menino, Carlisle conheceu pregadores itinerantes que vinham às cidadezinhas do cha-

mado Cinturão da Bíblia, para *revival meetings* que mobilizavam a religiosidade fervorosa, mas fundamentalista, hipócrita e freqüentemente discriminatória, dessas pequenas comunidades.

Demonstrando vocação precoce para o piano, Carlisle foi levado para a Universidade de Syracuse, em 1945, por seu professor, Ernst Bacon, que lhe insuflou o interesse pela pesquisa folclórica. Após a graduação, em 1949, Floyd aperfeiçoou-se com Sydney Foster e com o famoso virtuose tcheco Rudolf Firkušný. Foi chefe da cadeira de piano na Universidade da Flórida entre 1947-1976. Desde então é professor de composição na Universidade do Texas e co-diretor do Houston Opera Studio.

Baseada em um conto que ele próprio escrevera, *Slow Dusk*, sua primeira experiência operística, foi encenada em 2 de maio de 1949, com alunos da Universidade de Syracuse, em Nova York. Tonal e lírica, com algumas harmonias mais contemporâneas que nela se insinuam, e constantemente alusiva ao idioma folclórico americano, essa partitura já prenuncia com clareza o que vai ser a linguagem floydiana da maturidade. Toda a ação passa-se na varanda de uma casa de fazenda nas Carolinas. A garota Sadie está firmemente decidida a casar-se com Micah, o filho dos vizinhos, embora sua tia Sue e seu irmão Jess oponham-se a essa união, pois a família dela pertence à seita dos Disciples, e a do rapaz, à dos Truelight, dois grupos religiosos rivais naquela região do país.

Micah vem procurá-la, pede-a em casamento e Sadie aceita. Micah sai para a pesca, e a garota vai contar à tia que decidiu casar-se com ele. A cada razão que a tia lhe dá para não querer o casamento, ela se torna mais desafiadora e agressiva. Acaba se retirando, irritada. Quando volta, contam-lhe que Micah se afogou durante a pescaria. Sadie jura eterna fidelidade à sua memória, e se conforma com a idéia de que nada mais lhe resta senão levar a vida opaca de todas as mulheres daquele lugar.

Por suas características simples e seu estilo direto, essa obra de juventude de Carlisle Floyd tornou-se uma das prediletas dos grupos estudantis, e foi encenada em várias universidades americanas. Existe o vídeo de uma dessas montagens, a da Universidade do Tennessee, em 1974. Mas foram inúmeros, também os grupos profissionais que a encenaram: American Savoyards (1958), Pittsburgh (1961), Scottsdale (1962), Atlanta (1964), Opera Repertory Group (1967), Oregon (1972), Richmond (1975), Saint Louis (1983).

The Fugitive (1951), encenada uma única vez na Universidade da Flórida, foi retirada pelo próprio autor, insatisfeito com o resultado. Esses dois trabalhos de aprendizagem precederam a ópera a que Carlisle Floyd deve a sua fama. Ele conta que nunca tinha lido o livro apócrifo da Bíblia em que é narrada a história de Susana e dos Anciões, antes de um colega seu da Universidade da Flórida lhe sugerir, em 1953, que transferisse esse episódio para as montanhas do leste do Tennesse. A idéia lhe agradou, pois tinha pontos em comum com o que fizera em *Slow Dusk*: a ambientação rural; a interferência das crenças religiosas na vida das pessoas, uma personagem que deseja – neste primeiro caso, inutilmente – rebelar-se contra a modorra de uma vida sem perspectiva; a violência subjacente a tudo o que acontece naquela região (em *Slow Dusk*, não chega a ficar claro se o afogamento de Micah foi realmente um acidente, ou se o irmão de Sadie não terá "dado um jeito" nele, para impedir o casamento).

Mas a oferta desse amigo, professor de inglês, de preparar para ele o libreto, não vingou. Floyd decidiu então escrevê-lo ele mesmo. E conta:

Comecei a compor escrevendo as duas árias de Susannah – "Ain't it a pretty night" do ato I e a semifolclórica "The trees of the mountain", do II – uma prática que nunca mais repeti. [...] Quando penso no tempo e no esforço que gasto, hoje, para compor uma ópera – geralmente dois a três anos –, sinto-me um pouco constrangido e até mesmo culpado por ter terminado *Susannah* em seis meses e meio (três dos quais levei para orquestrá-la). Só posso dizer que isso era fruto da impetuosidade e da autoconfiança de um jovem de 28 anos, que ainda não tinha reputação a perder, e certamente muito pouca experiência como compositor de ópera. Como pianista, com muitos anos de estudo e carreira, eu me considerava, sem falsa modéstia, um profissional. Como compositor, era um neófito que ingressava num mundo fascinante mas, para mim, ainda desconhecido, guiado apenas pela convicção de que tinha condições de escrever palavras e música para o teatro.

Susannah estreou no auditório da Universidade da Flórida, em Tallahasee, em 24 de fevereiro de 1955. Foi tão bem-sucedida, que Phyllis Curtin, a criadora do papel-título – tendo a seu lado o competente baixo-barítono Mack Harrell, como o reverendo Olin Blitch – empenhou-se em conseguir que a ópera fosse levada em Nova York. Um "jovem regente profissional que, na época, tinha considerável influência" – Floyd não revela seu nome – foi da opinião de que a ópera era de interesse demasiado regional e "não faria sucesso em mais do que um ou dois estados sulistas". Ainda assim, Curtin conseguiu fazer o papel-título de *Susannah* no New York City Opera, em 1956, com Norman Treigle, uma das estrelas desse teatro, substituindo Harrel, sob a regência de Erich Leinsdorf. O sucesso foi retumbante. Com *Susannah*, Floyd ganhou o Prêmio do Círculo de Críticos de Nova York, o Guggenheim Fellowship de 1956, e a citação de mérito da Associação dos Compositores e Regentes Americanos em 1957. Ao ser aplaudida na Exposição Internacional de Bruxelas, em 1958, sob a regência de Julius Rudel, *Susannah* demonstrou que aquele jovem regente estava redondamente errado. Esta é uma opera americana que viaja perfeitamente bem. Aliás – além do antigo registro monofônico da estréia –, a gravação disponível dessa ópera "demasiado regional" foi feita pela Radio France, em co-produção com a Ópera de Lyon:

Virgin Classics, 1994 – Studer, Hadley, Ramey, Chester, Jones-Kent Nagano.

Susannah foi representada mais de setecentas vezes, por grupos professionais e amadores. Na temporada de 1965-1966, integrou, ao lado da *Cenerentola*, da *Butterfly* e da *Carmen*, o repertório da National Company, o elenco do Met em turnê que, entre 20 de setembro de 1965 e 12 de junho de 1966, apresentou-se em 55 cidades dos Estados Unidos e do México. *Susannah* foi cantada em dezesseis grandes cidades americanas, além da Cidade do México e Guadalajara. Marilin Niska-Mary Munroe (Susannah), Vern Shinall-Arnold Voketaitis (Olin Blitch), Chris Lachona-Robert Bennett (Sam) revezavam-se no elenco.

A bem cuidada produção de 1993 da Chicago Lyric Opera foi levada, em 31 de março de 1999, para o palco do Met, com Renée Fleming (Susannah), Samuel Ramey (Olin

Blitch), Jerry Hadley (Sam) e John McVeigh (Little Bat), sob a regência de James Conlon. Na *New York Magazine* de 19 de abril de 1999, Peter G. Davis torceu o nariz:

A esta altura, é mais ou menos inútil falar mal da *Susannah* de Carlisle Floyd, embora ainda haja quem desaprove o seu sucesso, queixando-se de que ela não passa de melodrama barato e música apelativa. Mas, desde que a ópera estreou em condições humildes, em Tallahassee, na Flórida, já foi montada mais de 230 vezes aqui e na Europa. Até o Metropolitan inclinou-se, finalmente, ao inevitável, importando a produção de 1993 do Lyric Opera de Chicago. O compositor não tinha mais de vinte anos quando escreveu esta peça, e nenhuma de suas óperas subseqüentes, nem mesmo *Of Mice and Men*, aproximou-se remotamente de *Susannah* em termos de popularidade, o que significa que Floyd, em vez de tornar-se o Puccini americano, como alguns esperavam, é agora o nosso Mascagni: o compositor de uma ópera só, que teve sucesso no início da carreira, escreveu muitas outras coisas, mas nunca mais descobriu o pote de ouro no pé do arco-íris.

O julgamento de Peter Davis é injusto e preconceituoso em relação tanto a Floyd quanto a Mascagni. Mas vejamos como ele prossegue:

Os europeus têm problemas com *Susannah*, em parte porque a intriga lhes parece incompreensível. Como pode uma garota bonita e ingênua, mesmo na região rural do Tennessee, cair no ostracismo social e se arruinar simplesmente porque os anciãos da igreja a espiaram nua, tomando banho? Até mesmo na história bíblica apócrifa em que a ópera se baseia, Susannah é defendida pelo profeta Daniel e os anciãos são castigados. Mas é claro que isso não leva em conta a nossa queda para as caças às bruxas – afinal de contas, a ópera foi escrita nos dias das investigações maccarthistas, em que suspeita e acusações eram suficientes como comprovação de culpa. Sim, isso podia acontecer aqui, como qualquer platéia americana reconhece, assim que vê *Susannah*. Talvez Floyd, que escreve seus próprios libretos, não tenha manipulado o assunto com grande sutileza; às vezes, seus efeitos teatrais podem parecer um tanto artificiais; mas a sua honestidade dramática se reafirma, cada vez que ela é representada.

A partitura tem o apelo de uma inocência que Floyd parece ter perdido, à medida que seu artesanato operístico se sofisticou. Seu ouvido para os ritmos da linguagem do vale é impecável, e a partitura está cheia de sinuosas melodias de quadrilha e hinos religiosos dos *revival-meeting* nos Appalaches – todos originais, aliás, e não material folclórico tomado de empréstimo. E, no entanto, apesar dessa superfície atraente, a música permanece mais ilustrativa do que verdadeiramente dramática. A esse respeito, *Susannah* sofre quando comparada à obra com a qual mais se parece, escrita poucos anos antes: o *Peter Grimes*, de Benjamin Britten, em que há preocupações e situações semelhantes, mas que pertence a um autor capaz de escrever uma obra-prima operística depois da outra.

O público não deu a menor importância ao desprezo do crítico pela ópera de Floyd. As sete récitas tiveram lotação esgotada, confirmando tanto a importância de *Susannah* quanto a excelência do elenco reunido para revivê-la.

Uma segunda-feira de julho em New Hope Valley, nas montanhas do Tennessee. Dança-se a quadrilha e as mulheres dos anciãos da igreja falam mal de Susannah Polk, porque ela é jovem, bonita e cheia de vivacidade ("aquele rosto bonito deve esconder alguma coisa ruim"). A maledicente Mrs. McLean prevê um mau fim para ela e seu irmão Sam que, segundo elas acreditam, leva vida dissoluta. Recepcionam o reverendo itinerante Olin Blitch, a quem falam da moça, e ele promete rezar por sua alma. Depois une-se à dança, tentando estar sempre perto da bela jovem.

Little Bat McLean, que adora Susannah, apesar da desaprovação de seus pais, acompanhou-a até em casa. Susannah está muito alegre, encanta-se com a beleza da noite, e sonha com o dia em que poderá deixar o vale e conhecer o mundo lá fora. Little Bat foge quando Sam chega. Susannah está tão feliz que faz o irmão dançar com ela no pátio da casa.

Na terça-feira seguinte, Susannah está tomando banho no riacho perto de sua casa. Os anciãos, em busca de um lugar para fazer o batismo comunitário, escondem-se entre as árvores e a observam, sem que ela os veja. Incapazes de admitir que a desejam, condenam seu comportamento como pecaminoso e decidem denunciá-la à comunidade. À noite, no piquenique no adro da igreja, todos já sabem o que aconteceu e condenam Susannah, dizendo que ela tem de confessar publicamente o seu pecado, caso contrário será expulsa da congregação. Ao chegar, trazendo comida para o piquenique, Susannah é repelida. Vai embora, confusa e amargurada, ao lhe dizerem que não é benvinda. Little Bat procura Susannah em sua casa e lhe conta que, por ter sido vista nua no riacho, ela agora é considerada uma ameaça para o povoado. À beira da crise histérica, confessa que seus pais o forçaram a acusá-la

Phyllis Curtin, Norman Treigle e Eb Thomas, na montagem da *Susannah* de Carlisle Floyd, feira em 1958 pela New York City Opera.

de tê-lo seduzido. Incrédula e apavorada, Susannah procura a ajuda de Sam; mas este lhe diz que nada pode fazer, pois ninguém acreditará em sua palavra.

Sexta-feira de manhã. Susannah tornou-se o alvo da maledicência de toda a comunidade e os anciãos estão exigindo dela um ato público de contrição. Isso a deprime tanto, que ela começa a se perguntar se não é realmente culpada. O reverendo Blitch pede-lhe que assista à reunião da igreja aquela noite. Vendo a sua relutância, Sam a aconselha a comparecer, para demonstrar a todos que não sente medo. Ele próprio vai sair da cidadezinha, esta noite, numa caçada. Durante a reunião, Blitch convoca os pecadores: eles devem vir até o altar e arrepender-se de seus pecados. Em meio a uma atmosfera cada vez mais pesada, diz a Susannah, sentada sozinha no fundo da igreja, que ela deve vir à frente e buscar a redenção para seus erros. Susannah levanta-se e começa a avançar pelo corredor central mas, no meio do caminho, dá-se conta do que está fazendo e, com um grito de repulsa, sai da igreja correndo.

Uma hora depois, Blitch vai procurar Susannah em casa e pede que ela se arrependa. A moça protesta que é inocente mas, incapaz de convencê-lo, começa a soluçar. Blitch a consola, aproxima-se dela, põe o braço em torno de seu ombro, é dominado pelo desejo e arrasta-a para dentro de casa. Exausta demais para resistir, dominada pela autoridade do reverendo, ela se deixa levar. Sozinho na igreja, na manhã seguinte, Blitch se arrepende do que fez. Susannah, de quem falavam tão mal, era virgem, e ele a seduziu. Chama à igreja os anciãos e suas esposas, e tenta convencê-los da inocência da moça, sem se implicar. Mas eles não se deixam persuadir e zombam de sua credulidade. Sozinho com Susannah, o reverendo lhe pede perdão. Ela se limita a rir amargamente, e vira-lhe as costas, deixando-o atormentado.

Ao cair da tarde, Sam volta da caçada, ligeiramente bêbado, e Susannah, sem poupar detalhes, lhe conta que Blitch a seduziu. Quando a irmã entra em casa, Sam, cheio de raiva e sentimento de culpa, pega a espingarda e vai em direção ao riacho, onde Blitch está batizando os fiéis. Ouve-se um tiro ao longe, e Little Bat vem correndo dizer a Susannah que seu irmão matou o pastor e fugiu. Os moradores do vilarejo estão vindo procurá-la. Quando chegam, cheios de ameaças, Susannah os enfrenta com um revólver, trata-os com o máximo desprezo, e os faz ir embora. Vendo que Little Bat ficou por ali, Susannah lhe pede que venha dar-lhe um beijo. Ele se aproxima, ela lhe dá um tapa na cara, e ri com escárnio vendo-o afastar-se balbuciando. Numa orgulhosa atitude de desafio, Susannah fica sozinha, parada diante da porta de casa.

Na narrativa bíblica, a casta Susana é defendida pelo profeta Daniel, que desmascara as mentiras dos anciãos e os faz serem punidos. Na narrativa de Floyd, Daniel é substituído por Olin Blitch, que cede ao mesmo desejo que os anciãos sentiram por Susannah e – o que é pior –, como é jovem e impetuoso, não hesita diante da satisfação da luxúria. As personagens ganham em complexidade. Blitch porque vive o conflito entre a carne e o espírito. Susannah porque é a vítima da incompreensão e da hipocrisia de uma comunidade teocrática atrasada, ainda existente em bolsões da América rural, na fase pós-II Guerra, lugares aonde sequer haviam chegado a eletricidade e a água corrente.

Num outro plano, a ausência do final feliz corresponde a uma outra intenção do autor: Floyd vê, na história da moça, perseguida pela intolerância e a cegueira religiosa de seus conterrâneos, uma metáfora do que os Estados Unidos estavam vivendo, na década de 1950, com a caça às bruxas do macccarthismo. A suspeita, a idéia de que a denúncia bastava como comprovação de culpa, a constatação de que o "temor vermelho" servia de desculpa para eliminar desafetos ou afastar concorrentes de trabalho, permeava toda a vida americana, e era particularmente grave no mundo das artes. Assim como Robert Ward, em *The Crucible*, Floyd via Susannah como a vítima das meias-verdades, das táticas de difamação e suspeitas que já eram meio caminho andado para a condenação.

Na época em que *Susannah* foi estreada, a descoberta de que o senador Joseph McCarthy era um tremendo corrupto tinha posto fim a quatro anos de reino do terror. Mas a visão do que tinha se passado à sua volta – como o aponta Peter Davis na crítica citada – impressionara fundamente Carlisle Floyd durante a gênese de sua ópera. O fato de o público ter entendido a mensagem subjacente ao libreto foi, sem dúvida alguma, uma das razões para a maneira calorosa como *Susannah* foi acolhida. Mas este não é o único motivo. Ao lado de seus valores ideológicos positivos, a ópera de Floyd tinha uma qualidade nacional – que a coloca na mesma linhagem da *Tender Land*, de Copland, da *Baby Doe*, de Douglas Moore, do *Crucible*, de Robert Ward, de *Down in the Valley*, de Weill –, na qual o público se reconhecia plenamente.

Susannah é uma *folk opera* e trabalha com um estilo de linguagem e de colorido melódico e rítmico que tem sabor regionalista inegável. Mas os elementos exclusivamente americanos – a quadrilha, os hinos religiosos, as baladas típicas da região dos Appalaches – se integram numa partitura de escrita contínua, com linguagem operística tão universal, que a ópera pode perfeitamente, como já vimos, ser apreciada pelo público europeu ou de qualquer outro continente. O idioma musical de Floyd é aquilo que o *New Grove Dictionary of American Music* descreve como "eclectic, conservative, well-crafted and stageworthy" (eclético, conservador, de bom artesanato, e fácil de encenar). Mas não se tome essa avaliação num sentido depreciativo. Tanto o libreto – linear e descomplicado – quanto a música optam por uma forma direta de expressão, sempre a serviço da eficiência dramática.

Floyd não chega sequer a ser um melodista memorável como Barber, Menotti ou Bernstein. Na verdade, a ópera tem poucos momentos de canto realmente elaborado, como "Ain't it a pretty night?", em que Susannah deixa perceber, em embrião, as características de personalidade que, no final da ação, desabrocham em revolta e capacidade de enfrentar a incompreensão da coletividade. Nessa canção, cheia da esperança de um dia conhecer uma vida melhor, bem como na elegíaca "The trees on the mountain" – que já foi comparada à "Canção do Salgueiro" da Desdêmona verdiana –, estão os dois eixos musicais do papel da protagonista. Mas *Susannah* é mais uma ópera de cenas de conjuntos, de grandes blocos dramáticos bem coordenados, do que de números isolados.

Isso não significa que esses grandes momentos de canto não existam. Blitch praticamente fala, ou declama, numa espécie de arioso muito sóbrio, sobretudo em suas pregações. Mas é quando o vemos sozinho consigo mesmo, depois de ter seduzido Susannah, "pela primeira vez despido de suas bravatas e de sua conversa fiada evangélica", como o descreve Floyd no libreto, "aterrorizado pela imagem que ele próprio difunde de um Deus vingativo", que ele tem seu grande momento de canto:

Hear me, O Lord, I beseech Thee.
I have called upon Thee all night in vain. [...]
It's a horrible thing I have done.
Fergive the weakness of my flesh, O Lord,
an' condemn me not to the eternal fire
fer my sin against Thee an' the woman.
She was untouch'd, O Lord!
She was untouch'd befo' her young body
was defil'd by me hands, defil'd by me lust. [...]
Leave me not with this weight
o' sin oppressin' me an' condemn me not
to the fire of hell.

(Ouve-me, Senhor, eu te imploro. Chamei-Te a noite inteira em vão [...] Perdoa a fraqueza de minha carne, Senhor, e não me condena ao fogo eterno pelo pecado contra Ti e a mulher. Ela era intocada, Senhor! Era intocada antes que seu corpo jovem fosse corrompido pelas minhas mãos, corrompido pela minha luxúria [...] Não deixa que o peso deste pecado me oprima e não me condene ao fogo do inferno.)

Blitch não é apenas o arquétipo do fundamentalista impiedoso, como o reverendo Dimmesdale da *Letra Escarlate*, de Nathaniel Hawthorne, ou o juiz Danforth do *Crucible*, de Ward. É uma figura trágica, complexa, que tenta sinceramente desfazer o mal que causou; mas esbarra na intolerância que, no início, ele próprio ajudou a alimentar. A chave para a compreensão da história é oferecida por Sam na ária com que se encerra o ato I, na qual ele explica à irmã que a perseguição de que é vítima nada tem a ver com ela. É simplesmente uma manifestação típica do comportamento humano:

It's about the way people is made, I reckon,
an' how they like to believe what's bad.
How short they are in lovin' kindness.
It must make the Lord sad.
They don't know it ain't what you feel that counts
but what you do about it.
So instead they take it out on you.
It must make the good Lord sad.

(Acho que é o jeito como as pessoas são feitas e como elas gostam de acreditar que certas coisas são ruins. Eles não sabem amar direito. Isso deve deixar o Senhor muito triste. Eles não sabem que o que importa não é o que você sente, mas a forma como você age a respeito. É por isso que jogam a culpa em você. Isso deve deixar o Senhor muito triste.)

À maneira de um coro grego totalmente equivocado, os anciãos e suas esposas, tendo à frente a malévola Mrs. McLean, assistem ao que se passa à sua volta e interpretam o que vêem de forma distorcida e preconceituosa. No ato II, é de grande efeito teatral a seqüência que se passa na igreja. O animado coro "Are you saved from sin" é seguido, após o sermão de Blitch ("I'm fixin' to tell y' 'bout a feller I knowed"), pela exortação a que Susanna avance ate a frente do templo ("Come sinner, tonight's the night"). E o canto da comunidade vai crescendo, de forma hipnótica, até ser interrompido pelos gritos da moça que, ao cair em si, sai correndo da igreja.

Uma característica interessante do Floyd libretista – que o aparenta a um poeta como Luigi Illica – é a preocupação que tem em descrever, em seus textos, os gestos, as expressões, as emoções de suas personagens, dando instruções muito claras aos cantores. Quando Susannah se ergue e avança para a frente da igreja, ele diz que "em sua face lê-se uma mistura de medo, espanto e protesto". Ao apresentarnos Sam, anota: "Deve ficar imediatamente aparente que o vínculo entre irmão e irmã é de lealdade, calor e ternura." E quando Blitch nos é mostrado arrependido, "suas mãos apertam-se firmemente uma contra a outra, e esse gesto enfatiza a sua sinceridade desesperada". Como outros escritores que preferiram escrever seus próprios libretos – de Wagner a Alban Berg, de Leoncavallo a Menotti –, Floyd acredita que palavras e músicas devem nascer juntas, como resultado de um mesmo impulso criador. E mais: "Um libreto de ópera deve fazer algum comentário sobre a vida contemporânea e os problemas humanos intemporais" – o que corresponde exatamente àquilo que *Susannah* é.

A criação de Carlisle Floyd é uma das grandes personagens da ópera americana, uma mulher a princípio frágil que, mediante o sofrimento, amadurece e adquire força para enfrentar seus oponentes – embora se torne, como

diz a rubrica do libreto, "a prisioneira solitária de um inexorável exílio auto-imposto". Ela se parece muito com a personagem-título de *Emmeline*, a ópera de Tobias Picker[13], que não se dobra à condenação da comunidade por algo de que não tem culpa. Susannah cresce progressivamente, ao longo da ópera, e assume uma espessura heróica. Ela é uma *outcast*, traço que tem em comum com outras personagens de Floyd. Em vez de deixar-se abater, ergue a cabeça e não perde a dignidade.

Assim é também Heathcliff, a atormentada figura central de *Wuthering Heights*, baseada no romance de Emily Brontë. Floyd a compôs por encomenda da Ópera de Santa Fé, onde a ópera estreou em 16 de julho de 1958, com Robert Trehy, Phyllis Curtin, Regina Sarfaty e Loren Driscoll nos papéis principais. A crítica considerou a música desigual e derivativa, e o libreto, cheio de clichês. Fazendo no texto e música drásticas revisões, Floyd reapresentou *O Morro dos Ventos Uivantes* no New York City Opera, em 9 de abril de 1959. Dessa vez a recepção foi bem melhor. Robert Sabin, da revista *Musical America*, julgou-a "bem sucedida e profundamente comovente". O crítico do *New York Times* a chamou de "calorosa e sincera... a obra de um autor cuja vocação é verdadeiramente o teatro lírico".

A ação passa-se no norte da Inglaterra, o prólogo em 1835, o restante da ópera entre 1817-1821. Lockwood, inquilino de Heathcliff, abriga-se de uma tempestade em Wuthering Heights. Isabella, a mulher de Heathcliff, traz-lhe livros, para ajudá-lo a passar o tempo. Entre eles, está o diário de Catherine Linton. Quando Lockwood o abre, o espectro de Cathy aparece chamando por Heathcliff. Ao ouvir o que Lockwood lhe conta, Heathcliff fica transtornado, e sai sob a tempestade à procura de Cathy.

Num recuo de quinze anos, vemos Earnshaw, o pai de Cathy, e seu irmão Hindley, discutindo a posição em Wuthering Heights do jovem Heathcliff, o menino de rua que Earnshaw adotou e trata como filho. Com ciúmes do carinho do pai por esse rapaz, Hindley o reduz

13. Veja, a respeito desse compositor, o capítulo "Dentro do Sistema Tonal".

a um mero criado, depois que Earnshaw morre de um ataque do coração. Mas Cathy está apaixonada por Heathcliff, a quem jurou amor, e ambos rebelam-se contra a tirania de Hindley. Um dia, correndo na charneca com Heathcliff, Cathy torce o pé e é levada para a casa dos Linton, onde é socorrida. Semanas mais tarde, tendo se recuperado, volta para casa e, agora, comporta-se como uma grande senhora e é muito sensível à corte que Edgar Linton lhe faz. Heathcliff, que se sente frustrado e humilhado na posição subalterna em que o mantêm, reage mal e joga uma taça de chá na cabeça de Edgar. Cathy acaba casando-se com o jovem Linton, mas logo percebe que cometeu um erro, e o diz a Nelly, sua confidente, por meio da qual fica sabendo que Heathcliff deixou Wuthering Heights. Desesperada, Cathy sai à noite, na tempestade, chamando por ele.

Três anos depois, Heathcliff, agora um homem rico, aparece de surpresa numa festa que Edgar e Catherine estão dando na Linton House. Desafia Hindley para um jogo de cartas, e este, desastradamente, perde Wuthering Heights para seu antigo criado. Heathcliff procura Cathy e pede-lhe que abandone o marido e vá embora com ele. Como ela recusa, pede a mão de Isabella, que está apaixonada por ele. A saúde de Cathy está declinando rapidamente, Heathcliff vem visitá-la, o amor dos dois se reacende com toda força, e ela morre em seus braços. Heathcliff sai correndo da casa, implorando ao fantasma de Cathy que o assombre, pois esta será a forma de ela nunca mais o abandonar.

Depois de Santa Fé, *O Morro dos Ventos Uivantes* foi apresentado também em Chautauqua (1959), na Flórida (1960) e pela Rittenhouse Opera Society (1973). Em 1984, os estudantes de canto da Universidade da Carolina do Norte fizeram com ela um extenso *workshop*, encerrado com uma bem cuidada encenação. É interessante comparar o tratamento – formalmente muito semelhante ao da *Susannah* – dado por Carlisle Floyd ao romance de Emily Brontë com o que ele recebeu das mãos de Bernard Herrmann e Lucille Fletcher (ver mais adiante, neste mesmo capítulo).

A personagem-título de *The Passion of Jonathan Wade* é da mesma cepa de Susannah ou Heathcliff. Encomendada pela Ford Foundation e estreada no New York City Opera em 11 de outubro de 1952, esta é a história de um oficial ianque de ocupação que, designado para trabalhar na Carolina do Sul após a Guerra Civil, vive o conflito entre o sentimento e o dever nos anos da Reconstrução. Aqui também, nobreza, integridade e idealismo são destruídos pelo ódio e a intolerância. As cenas melhores dessa ópera são as de caráter lírico, em especial o dueto de amor de Jonathan com a moça sulista por quem se apaixona, e da qual é afastado pelas pressões externas. O dueto situa-se no meio de uma festa de casamento para a qual Floyd escreveu música muito atraente – a ponto de Ross Parmente, do *New York Times*, ter dito: "As melodias são tão bonitas, que a gente chega a lamentar que *Jonathan Wade* não seja apenas uma história de amor, menos sobrecarregada com preocupações filosóficas e reflexões sobre a história do país."

Para os trezentos anos de criação do Estado da Carolina do Norte, Floyd escreveu *The Sojourner and Mollie Sinclair*, baseada em um episódio da história local. A estréia na Ópera de Raleigh, na capital do Estado, em 12 de dezembro de 1963, foi filmada pela NBC e transmitida em rede nacional de televisão, com bom resultado de público – existindo dela, portanto, a cópia em vídeo.

O conto de Robert Louis Stevenson forneceu a base para *Markheim*, que Floyd dedicou a Norman Treigle, em agradecimento pela sua excepcional interpretação de Olin Blitch em Nova York. O grande baixo-barítono criou o papel na Ópera de Nova Orleans, em 3 de março de 1966.

A ambientação rural e o tema do homem mal adaptado à sociedade em que vive foram retomados em mais uma encomenda da Fundação Ford: *Of Mice and Men*, adaptada do romance de John Steinbeck, um clássico do Neo-realismo americano. Julian Patrick, Robert Moulson, Archie Drake, Carol Bayard e Harry Theyard cantaram na estréia, na Opera de Seattle, em 22 de janeiro de 1970.

Dois trabalhadores itinerantes viajam juntos e sonham em reunir dinheiro suficiente para comprar um pedaço de terra. George, o mais

Durante o ensaio: o diretor Harold Prince, o compositor Carlisle Floyd,
o regente John Demain e David Gockley, diretor da Ópera de Houston,
teatro onde estreou, em 1981, *Willie Stark*, de Floyd.

velho, é um homem inteligente e cheio de experiência. Ele explora a força e a enorme capacidade de trabalho de Lennie. Mas tem uma preocupação quase paternal com esse homem grandalhão e simplório, quase pobre de espírito. Tenta de todas as maneiras atenuar os atritos entre Lennie e Curley, o dono da fazenda. Incomoda-o também a forma como a mulher de Curley, bonita, jovem e leviana, faz o joguinho de sedução com seu amigo. Um dia, ela o provoca até ele querer acariciar-lhe os cabelos. Quando ela começa a gritar como se tivesse sendo estuprada, o brutamontes tenta desajeitadamente tampar-lhe a boca e, como ela se debate, sem querer, quebra-lhe o pescoço. Os dois amigos fogem, perseguidos pelos homens de Curley. Quando se vêem cercados, George prefere matar Lennie a deixar que ele seja linchado. Após um terno dueto, em que imaginam a fazenda que poderiam ter comprado com o dinheiro ganho trabalhando na fazenda, George o abraça e lhe dá um tiro na cabeça.

Ao cobrir a estréia de *Ratos e Homens* no Moore Theater, de Seattle, em 22 de janeiro de 1970, Robert Commanday, enviado pelo *New York Times*, foi da opinião de que a ópera significava considerável progresso formal em relação a *Susannah* e *Wuthering Heights*:

> Essa nova partitura tem mais fluidez rítmica do que as duas anteriores; um jogo acentuado de assimetrias e acentuações sempre cambiáveis; e texturas claras, produzidas pelo uso de coloridos orquestrais muito leves.

Trata-se, de fato, de uma composição de estrutura mais contínua, com uso maior de arioso do que de números fechados, e mais espaço aberto ao cromatismo, à dissonância, e às experiências com harmonias em quartos de tom. Todas as personagens são bem delineadas; mas o barítono e o tenor que fazem George e Lennie precisam de especial habilidade como atores, o que os têm tornado muito atraentes para os intérpretes. Ao lado de *Susannah*, esta é a ópera de Floyd que obteve maior número de remontagens. Ela foi levada em Central City e Kansas City (1970), Houston e Augsburg, na Alemanha (1973); Seattle (1976), Washington (1977); na Ópera de Michigan e no Festival de Wexford, na Inglaterra (1980); em Chautauqua (1983) e no New York City Opera (1983 e

1997); em Des Moines (1985), na Flórida, em Berkeley (1986) e numa importante remontagem do Chicago Opera Theater, em abril de 1988. Existem dela vídeos gravados em Berkeley, na Florida Grand Opera, e no Festival de Wexford, espetáculo transmitido ao vivo pela BBC de Londres em novembro de 1980.

Ao resenhar a remontagem de outubro de 2003, no New York City Opera, da produção dirigida por Rhoda Levine em 1997, Anne Midgette, do *New York Times*, tocou o dedo na ferida:

> Carlisle Floyd sabe escrever uma ópera. Historicamente, a crítica não tem amado loucamente o que ele faz. Mas seu idioma é claramente tonal e razoavelmente sofisticado, e ele expõe suas idéias em blocos amplos e sólidos: um gesto rítmico estabelece o tom para uma cena inteira; uma melodia é plantada de modo a poder ser trazida de volta mais adiante. O que a crítica tem achado simplista ou raso, as platéias acham eficiente e tocante. *Of Mice and Men* [...] é solidamente estruturada, sem excessos e com um impulso que nem todas as óperas de Floyd possuem. Ele monta as suas peças com a precisão de um mecânico, sabendo o que é necessário fazer para o motor funcionar. [...] Tudo, nesta produção, foi testado e soa verdadeiro. [...] Mr. Floyd, que escreveu seu próprio libreto, visa ao efeito dramático. Pode-se dizer que a cena final manipula os sentimentos da platéia mas, afinal de contas, isso não faz mesmo parte da tradição operística?

Nas comemorações do bicentenário americano, a Ópera de Houston encomendou a Floyd um título novo. Ele próprio escreveu, a partir do romance *A Mirror of Witches*, de Esther Forbes, ambientado em Massachusetts entre 1671-1673, o libreto de *Bilby's Doll*, estreada em 27 de fevereiro de 1976, com Catherine Malfitano, Jacques Trussel, Alan Titus, Samuel Ramey e outros. Tonal e lírica, mas com a presença de alguns elementos politonais e harmonias em quartos de tom, *Bilby's Doll* tem as habituais referências ao folclore americano.

O capitão da Marinha Jared Bilby trouxe da França uma moça órfã e a adotou, dando-lhe o nome de Doll. Jovem, bonita e desejada pelos homens – da mesma forma que Susannah –, Doll tem imaginação fértil e vive num mundo muito pessoal de fantasia. Enciumada com o carinho que Jared lhe dispensa, Hannah, a sua mulher, deixa-se envolver pela febre de caça às bruxas que varre a Nova Inglaterra nessa época, e denuncia Doll como feiticeira. Titus Thumb, que está se preparando para ser pastor, ama Doll e lhe propõe casamento, para salvá-la da perseguição. Mas ela não quer casar-se sem amor e, para dissuadir Titus, conta-lhe que, na França, seus pais foram queimados como feiticeiros, e por pouco ela mesma não teve o mesmo destino.

Incerta quanto a seu destino, Doll implora tanto a Deus quanto ao Diabo que lhe enviem um sinal. Shad, o filho do pastor, ouve-a falar e aparece para ela disfarçado de adorador do Diabo. Eles se casam e Doll abraça a feitiçaria, convencida de que esse é realmente o seu destino. Mais tarde, é presa, acusada de praticar a magia negra. Titus lhe pede que renuncie à feitiçaria e parta com ele. Doll responde que esta é a sua herança e seu destino, tanto que já desposou um demônio e está esperando um filho dele. Vai para a prisão e ali morre durante o parto.

Esta é mais uma alegoria do que faz a sociedade para se "proteger", eliminando o inconformista, o poeta, o rebelde – "aquele que opta pelo *underground* quando a sociedade é repressiva", como diz Floyd. A história de Doll, "a moça que se recusa a viver sem mágica em sua vida", é contada na partitura ao mesmo tempo mais romântica e mais dissonante de Floyd. Ele diz:

> Nunca fiz nada nem remotamente parecido. Eu queria escrever melodias suntuosamente românticas, porque assim é a personagem: Doll é arqui-romântica. Mas, ao lado disso, a necessidade de sugerir as coisas do além, o lado demoníaco da história, me fizeram optar por coloridos orquestrais bastante diferentes. Há um elemento exótico que é novo em minha música. A orquestra tem de assumir um papel semelhante ao que ela tem nas óperas de Wagner, para descrever aquilo que está se passando no palco.

Apresentada com sucesso na Ópera de Omaha em 1976, *Bilby's Doll* foi transmitida, em 1989, pela National Music Theater Network, devendo portanto existir dela um registro em vídeo. Assim como *Ratos e Homens*, esta é uma das óperas de Floyd que mereceriam a divulgação oficial em disco ou vídeo. A ambientação, de resto, permite ao encenador montagem muito criativa – como aconteceu com a ópera seguinte, amplamente divulgada pela televisão.

Para celebrar o 25º aniversário da Ópera de Houston, Floyd extraiu *Willie Stark*, a sua décima primeira obra para o palco, do romance *All the King's Men* (1946), de Robert Penn Warren, a história de um político oportunista e sem escrúpulos – imortalizado por Broderick Crawford num filme famoso, que tem o mesmo título do livro. Desta vez, Floyd trabalhou no libreto em colaboração com Harold Prince, que dirigiu não só o espetáculo de 24 de abril de 1981, em Houston, como também o filme preparado para exibição na série *Great Performances*, da televisão PBS, em 28 de setembro do mesmo ano. As três horas da ópera no palco foram reduzidas para duas no *TV-movie*, e Prince trabalhou com seis câmaras e técnicas de primeiro plano que, na sua opinião, incrementaram o ritmo da produção e aumentaram a interação da ópera com o público:

> Fizemos várias tomadas reversas, ou seja, não só filmamos o espetáculo do ponto de vista da platéia, mas também fomos para trás dos cenários e colocamos as câmaras ali, voltadas para o público, de modo a intensificar a sensação de que aquilo era uma obra cinematográfica. [...] Vejo Willie como um herói trágico, portanto construí os cenários de um ponto de vista mitológico. No palco, com freqüência, os cenários afogavam deliberadamente as personagens. No filme, retificamos isso com primeiros planos que aumentavam a intimidade entre os espectadores e as personagens.

Enviado a Houston pelo *New York Times*, para cobrir a estréia, o crítico Donal Henéan relatou:

> Floyd contou a história que, em Warren, é multidimensional, nos termos do estilo unidimensional da Broadway, cujo atrativo depende muito de seu sabor de reconstituição de época. Mas o fez de maneira bastante competente, numa partitura de instrumentação notavelmente econômica que, por vezes, faz-nos pensar em uma paródia de Britten ou de Menotti.

O libreto condensa em dez dias a ação do romance, que se passa em 1935, na capital de um dos estados do Sul, e centra-se nos acontecimentos que levam ao *impeachment* do governador Willie Stark (decalcado na figura real do político corrupto Huey Long). Governador com um jeito todo especial para a demagogia, Stark não hesita diante de quase nada para atacar seus inimigos políticos. O juiz Burden, pai de Jack um dos defensores mais idealistas de Stark, planeja oferecer seu apoio ao pedido de *impeachment* apresentado pela oposição. O que Jack não sabe é que, às escondidas, Stark está tendo um caso com a sua noiva, Anne Stanton. Contando com o apoio popular, o governador usa seus informantes para desenterrar no passado ações desabonadoras do juiz Burden.

Jack interroga o pai, e este admite os erros que cometeu em outros tempos. O filho lhe pede, então, que escolha entre a retirada de seu apoio ao *impeachment* ou a publicação de uma carta que o incrimina. Encostado na parede, o juiz se suicida com um tiro na cabeça. Dias depois, arrasado com a morte do pai, sentindo-se culpado por tê-la provocado, Jack recebe a notícia de que Willie e Anne vão se casar. Comparece à cerimônia na qual o governador vai pronunciar o discurso de vitória contra seus adversários. Quando ele começa a falar, avança até o palanque e mata-o com um tiro. A multidão atira-se sobre Jack e ele é linchado.

A partitura, basicamente melódica, utiliza recursos tradicionais – *leitmotive*, árias interligadas com recitativos – e incorpora elementos de música folclórica e jazz. Depois da estréia em Houston – onde foi reprisada em 1984 – teve importantes encenações no Kennedy Center de Washington (maio de 1981), na Shreveport Opera e na Charlotte Opera Association, da Carolina, ambas em outubro de 1985.

Floyd afirmou estar encerrando sua carreira como operista, ao estrear, em 14 de abril de 2000, no Wortham Center de Houston, uma ópera extraída do romance *Cold Sassy Tree* – nome da cidadezinha da Geórgia onde se passa a ação –, publicado por Olive Ann Burns em 1984. Dirigido pelo cineasta Bruce Beresford, o espetáculo foi regido por Patrick Summers, e tinha no elenco Dean Peterson, Patrícia Racette e John McVeigh. A ópera foi encenada também em San Diego, Austin e Baltimore.

A história é vista pelos olhos do neto da personagem principal, um rapaz de quatorze anos. Três semanas depois da morte de sua esposa, o próspero empresário Rucker Lattimore conhece Love Simpson, muito mais jovem do que ele, apaixona-se por ela e pede-a em casamento. Essa união provoca o desagrado de toda a família que, a princípio, hostiliza

Love abertamente, suspeitando, inclusive, que eles já fossem amantes antes da morte da esposa. Um dia, um ladrão entra em casa de Rucker, ele tenta reagir e é morto. No velório, ao descobrir que Love está grávida e traz no ventre o herdeiro dos Lattimore, a família muda de atitude e congratula-se com ela.

O entrecho água-com-açúcar do best-seller de Olive Burns requer um retorno ao estilo diatônico. A música é abertamente sentimental, mas adapta-se bem à natureza leve e romântica da história – por mais que o desenlace pareça forçado e pouco verossímil. Como sempre, as cenas líricas – em especial as que se referem ao envolvimento amoroso de Rucker com a jovem esposa – são as mais bem-sucedidas.

Herrmann

O nome do nova-iorquino Bernard Herrmann (1911-1975) está hoje indissoluvelmente ligado ao do cineasta Albert Hitchcock, assim como o do italiano Nino Rota o está ao de Federico Fellini. Mas um e outro tiveram carreiras independentes, e foram autores de óperas de interesse inegável.

Herrmann ganhou seu primeiro prêmio de composição aos treze anos, antes mesmo de ingressar no conservatório de sua cidade, para estudar com Philip James e Percy Grainger. Na Juilliard, fez composição com Bernard Wagenaar, e regência com Alfred Stoessel. Em 1934, foi contratado pelo Columbia Broadcasting System como compositor de trilhas sonoras para programas de rádio, e regente da série de concertos de verão da CBS Orchestra, nos quais apresentou programas muito ousados, empenhados em especial na divulgação da música de Charles Ives. Nessa época, conheceu Orson Welles e escreveu a trilha para vários dos programas radiofônicos do Mercury Theater, que ele dirigia.

Cidadão Kane (1940), a primeira das 61 trilhas sonoras que produziu para o cinema, é um clássico dentro de uma produção em que há trabalhos de grande originalidade, como *O Dia em que a Terra Parou* (1951), um dos primeiros casos de aplicação de música eletrônica no cinema, ou *Psicose* (1960), escrita só para cordas – é antológica a cena do assassinato no chuveiro, em que imagem e som unem-se para obter um efeito de gelar o sangue. Se usou só cordas em *Psicose*, Herrmann escreveu só para metais a trilha de *Cortina Rasgada*; e recorreu à serpentina, a predecessora oitocentista dos instrumentos de metal com válvula, para simbolizar o urro do animal pré-histórico em *Viagem ao Centro da Terra* (1959). É um virtuose da escrita orquestral o músico que, em 1947, tinha usado nove harpas para sugerir o brilho e a ondulação do mar em *The Ghost and Mr. Muir*.

Em 1945, Herrmann foi convidado a dirigir a Hallé Orchestra, em Londres. Nessa época, visitou a casa da família Brontë, juntamente com Lucille Fletcher, a escritora de romances de suspense com quem, na época, era casado. A obra e a personalidade de Emily Brontë o impressionavam muito desde que, dois anos antes, compusera a trilha sonora para *Jane Eyre*, dirigido por Orson Welles. Fletcher preparou o libreto de *Wuthering Heights*, adaptando apenas a primeira metade do *Morro dos Ventos Uivantes*, o romance de Brontë publicado em 1846. Fletcher situou em 1850 – cinqüenta anos, portanto, após a época escolhida pela romancista – a história da família Earnshaw, de Wuthering Heights, o casarão decrépito no meio de charnecas açoitadas pelo vento.

No prólogo, Mr. Lockwood está fazendo uma visita a seu locatário, Heathcliff, e tem de passar a noite em Wuthering Heights, onde ficou preso devido a uma tempestade de neve. De madrugada, ele acorda Heathcliff, assustado com um sonho que teve, em que apareceu para ele uma mulher chamada Cathy. Alucinado, Heathcliff sai correndo, no meio da tempestade, à procura de Cathy.

Vinte anos antes, Heathcliff, menino abandonado que Earnshaw, o pai de Cathy, acolheu e trata como um filho, é visto passeando com ela pela charneca. Hindley, o irmão de Cathy, despreza o órfão adotado, mas a moça sente-se atraída por ele. Ela é sensível, porém, à corte que lhe é feita pelo jovem Edgar Linton, e à sua criada Nelly confidencia que aceitou seu pedido de casamento, embora ame Heathcliff secretamente. Ouvindo a sua conversa com Nelly, Heathcliff foge de Wuthering Heights.

Três anos depois, Heathcliff, agora um homem rico, volta à região e vai visitar Cathy e Linton, com quem ela se casou. Por vingança, faz a corte a Isabella, a irmã de Edgar. Desarvorada, Cathy cai em um estado depressivo e fica muito doente. Heathcliff casa-se com Isabella, mas faz de sua vida um inferno. Agonizando, Cathy volta para Wuthering Heights e morre nos braços do homem que nunca deixou de amar. Ele, enlouquecido de dor, pede (as palavras são literalmente transcritas do livro de Emily Brontë:

Be with me always – take any form – drive me mad! Only do not leave me in this abyss, where I cannot find you! Oh God! I cannot live without my life! I cannot live without my soul!

(Fica comigo para sempre – toma qualquer forma – leva-me à loucura! Apenas não me abandona neste abismo em que não te posso encontrar! Meu Deus! Não sei viver sem minha vida! Não sei viver sem minha alma!)

Fletcher modificou a figura de Heathcliff, retratando-o como uma figura trágica e incompreendida, e não como "o homem orgulhoso, solitário e impiedoso" descrito pela autora. No livro, Brontë explica que ele "parecia um menino calmo e paciente, mas talvez tivesse se endurecido devido aos maus-tratos, e suportava as pancadas sem nem piscar ou derramar uma só lágrima". Toda a tensão interna da personagem está contida no monólogo do ato I, em que Fletcher – usando um poema da própria Brontë – o faz dizer:

I am the only being, whose doom no tongue would ask, no eye would mourn. I never caused a thought of gloom, a smile of joy, since I was born.

(Sou o único ser cuja perda não seria inquirida ou lamentada por ninguém. Nunca, desde que nasci, provoquei um sentimento triste ou um sorriso de alegria.)

A ópera termina com a morte de Cathy, o que reduz o caudaloso material narrativo a proporções condensáveis num libreto que tem prólogo e quatro atos, com cerca de 3h15 de duração. Um arioso em estilo *parlando* – que Herrmann chama de *heightened lyrical speech* – predomina nessa ópera escrita para grande orquestra, com oito papéis solistas. Inseridas nesse fluxo contínuo de narrativa, as poucas árias – com textos que Fletcher tomou emprestados aos poemas da própria Brontë – ganham luminoso destaque contra o fundo opaco da vida naquela região tristonha. No ato III, são particularmente delicadas "Now, art thou, dear, my golden June", cantada por Edgar, que ama Cathy; e a encantadora "Love is like the wild rosebriar", de Isabel, a irmã de Cathy. Saem, porém, do próprio livro as palavras do sonho que, no ato III, Cathy conta à governanta Nelly:

> I have dreamt in my life dreams
> that have stayed with me forever
> and have gone through and through me,
> like wine through water,
> and have altered the colour of my mind.
> I dreamt once that I was in heaven,
> and that heav'n did not seem to be my home.
> And I broke my heart with weeping
> to see the heath again.
> the angels flung me back to earth
> and Wuthering Heights, where I awoke
> sobbing for joy

(Sonhei, em minha vida, sonhos que ficaram comigo para sempre e me atravessaram como o vinho na água, alterando a cor de minha mente. Uma vez, sonhei que estava no céu e o céu não parecia ser meu lar. Parti meu coração de tanto chorar, com vontade de ver a terra de novo. E os anjos jogaram-me de volta à terra e aos Montes Uivantes, onde despertei soluçando de alegria).

Nesta que se tornou a ária mais conhecida da ópera, favorita dos sopranos em programas de recital, as palavras são realçadas por um comentário orquestral muito sugestivo. E no momento em que a ária chega a seu ponto culminante, o motivo associado a Cathy surge triunfante na orquestra e apóia, com uma explosão de coloridos harmônicos variados, a linha ascendente descrita pela voz do soprano.

Os ostinatos, que são uma marca registrada do estilo de Herrmann, comparecem com freqüência, para criar tensão dramática e a atmosfera inquietante da narrativa. Herrmann captou muito bem a musicalidade inerente ao texto de Brontë e a relação estreita – tipicamente romântica – entre as manifestações naturais, o sopro dos ventos, o movimentos das águas e das nuvens, e a variação dos estados de espírito humanos. Chegou a dizer que, em cada ato, "o canto é envolvido por um poema sinfônico que descreve a paisagem". Isso fica bem claro no dueto do ato I, "The crags are gleaming, the moor is arched with stars", em que Cathy e Heathcliff expressam os sentimen-tos um pelo outro descrevendo a paisagem que os cercam. As fontes de inspiração são claras: de um lado os compositores alemães – Wagner, Strauss, Mahler –, do outro Debussy e o inglês Delius. A transparência de texturas desses últimos, contraposta à opulência de escrita orquestral de matriz germânica, dão todo o encanto ao Noturno com que se encerra, no ato I, a cena do dueto, em que o tema apaixonado da trompa é cercado por comentários da harpa e das madeiras, enquanto Cathy e Heathcliff olham extasiados para o horizonte. Esse trecho musical é tão bonito que Herrmann o reutilizou na abertura de The Ghost and Mr. Muir.

No prólogo da ópera – como no filme de William Wyler – Fletcher retém a narrativa, feita por Lockwood, do momento em que a mão espectral de Cathy surge no vidro da janela, coberto de gelo, e ouve-se a sua voz dizendo "Let me in. Let me in." No ato I, faz-se um flash back até vinte anos atrás, para contar o que precedeu. No final da ópera, voltam o grito de Cathy e o angustiado "Cathy, at last!", de Heathcliff. Só que, ao invés de sair, desesperado, na tempestade de neve, à procura dela, como no prólogo, Heathcliff deixa-se cair de joelhos, junto da janela, vencido pelo desespero. Isso permite a Herrmann terminar a ópera com o mesmo material melódico usado no início, fechando o arco e dando-lhe unidade musical e dramática. Fica clara a idéia profundamente romântica – e de referências especificamente wagnerianas – do amor que só conseguirá realizar-se na eternidade.

O Morro dos Ventos Uivantes nunca foi apresentada em vida do autor. Em 1966, Herrmann dirigiu, à frente da Pro Arte Orchestra, uma gravação para o selo Pye Records (Beaton, Bainbridge, Bowden, Bell, Kitchiner) que, em 1971, passou a ser distribuído pela Unicorn-Kanchana. A estréia de palco, póstuma, foi na Ópera de Portland, no Oregon, em 6 de novembro de 1982. É uma pena que obra musicalmente tão arrebatadora, com personagens tão claramente delineados, uma das óperas americanas melhor realizadas, nunca tenha tido a importância que merece.

Além de Wuthering Heights, Bernard Herrmann escreveu duas óperas de Natal, para a televisão: A Christmas Carol (CBS, 23.12.1953) e *A Child is Born* (não tenho notícia de que tenha sido transmitida). Seus últimos anos de vida foram passados na Inglaterra. Mas ele voltou aos Estados Unidos, em dezembro de 1975, para gravar a trilha sonora de *Táxi Driver.* Morreu durante o sono, na véspera de Natal, logo após terminar a última sessão de estúdio. A obra não-cinematográfica de Herrmann inclui o poema sinfônico *The City of Brass* (1934); a *Sinfonietta* para cordas (1935); o *Noturno e Scherzo* (1936); a bela *Sinfonia n. 1*, estreada pela Filarmônica de Nova York em 1942; as cantatas *Moby Dick* e *Johnny Appleseed*, ambas de 1940; a *Aubade* para 14 instrumentos (1966) e o quinteto para clarinete e cordas *Souvenirs de Voyage* (1967).

Eis algumas das trilhas mais importantes dentre as que Bernard Herrmann escreveu para o cinema: *All that Money Can Buy* (Oscar de 1941), *Jane Eyre* (1942), *Anna e o Rei do Sião* (1946), *The Ghost and Mrs. Muir* (1948), *As Neves do Kilimandjaro* (1952), *Garden of Evil* (1954), *O Último Tiro* (1955), *O Homem do Terno Cinzento* (1956), *O Homem que Sabia Demais* (1956); *O Homem Errado* (1957), *A Viagem de Sinbad* (1958), *Um Corpo que Cai* (1958), *Viagem ao Centro da Terra* (1959), *Os Pássaros* (1963), *Fahrenheit 451* (1966). Um estudo muito cuidadoso sobre esse artista singular foi publicado em 1991, na Universidade da Califórnia, por Steven Smith, com o título *A Heart at Fire's Center: The Life and Music of Bernard Herrmann.*

Wallace

Embora nascido em Philadelphia, em 1960, Stewart Wallace mudou cedo para Houston, onde cresceu e fez seus estudos na Universidade do Texas. Instalando-se em Nova York, Wallace dedicou-se a um estilo realista de ópera, em que a paródia desempenhava papel muito importante. Em colaboração com o libretista Michael Korie, escreveu *Where's Dick?* (1989), cujo tema é a violência explícita e a sexualidade agressiva mostrada pelas histórias em quadrinhos contemporâneas. *Hopper's Wife* (1992) é ainda mais irreverente: Korie e Wallace imaginam o que teria acontecido se o pintor Edward Hopper se casasse com Hedda Hopper, a colunista de fofocas hollywoodianas. Na cena mais engraçada da ópera, a atriz Ava Gardner vem ao estúdio de Hopper e posa nua para um de seus quadros.

A enérgica fusão que Wallace faz dos ritmos e fórmulas da *pop music* e do musical da Broadway com o vocabulário tradicional da ópera neo-realista americana tem seus melhores resultados em *Harvey Milk*, em três atos, encomendada em co-produção por Houston, Nova York e San Francisco. Korie evoca, em seu libreto, a história real do judeu nova-iorquino que se tornou alto funcionário da prefeitura de San Francisco e foi o primeiro a ter a coragem de assumir publicamente a sua condição de gay. Em 1978, Harvey Milk e o prefeito George Moscone foram assassinados por Dan White, funcionário de extrema-direita, homofóbico e anti-semita, que se sentia ultrajado por um judeu gay ter sido promovido em seu lugar.

Harvey Milk estreou em Houston, em 21 de janeiro de 1995, com Robert Orth, Raymond Very, Gidon Saks, Bradley Williams e Juliana Gondek nos papéis principais. Depois da apresentação na New York City Opera (1995) e em Dortmund, na Alemanha (1996), Wallace fez uma revisão na partitura, para o espetáculo de San Francisco, no final de de 1996, modificando a orquestração e a cena final e dando peso mais heróico a Milk – especialmente em sua grande ária "The lies we told our mothers turned to shame" – porque, naquela cidade, Harvey tornara-se um mártir do movimento em defesa dos direitos homossexuais. A montagem de Christopher Alden, estrelada por Robert Orth (Harvey) e Raymond Very (White), foi exibida pela PBS e, portanto, existe em vídeo.

Ao iniciar-se o ato I, "The Closet", Dianne Feinstein, presidente do Comitê de Supervisão da Prefeitura de San Francisco, anuncia que o prefeito George Moscone e o funcionário Harvey Milk foram assassinados. O suspeito mais provável é o também funcionário Dan White. No palco do antigo Metropolitan de Nova York, o jovem Milk reflete sobre "the men without wives". Depois, passeando pelo Central Park, é preso por comportamento indecente e algemado. O rapazinho transforma-se no corretor de ações de 39 anos que, ainda algemado, simboliza, em Wall

Robert Orth (Harvey), Chuck Winkler, Bradley Williams e Randall Wong (o coro), na estréia de *Harvey Milk*, de Wallace, em 1995, na Ópera de Houston.

Street, o problema da identidade sexual reprimida. Scott Jones, ativista da causa gay e amante de Harvey, ridiculariza os seus medos e o desafia a enfrentar o problema de peito aberto. O ato termina no momento em que Harvey "sai do armário": joga fora as algemas e assume publicamente as sua condição de homossexual.

Ato II: "The Castro" – O bombeiro Dan White lamenta a transformação do velho bairro irlandês de San Francisco em The Castro, gueto assumidamente gay. Milk, agora, é um ativista dos movimentos em defesa das minorias. Candidata-se à prefeitura e perde. Um gay é espancado por homofóbicos, na rua, e morre. White e Milk são eleitos para o Comitê de Supervisores, o primeiro pelos conservadores, por condenar a comunidade homosexual; o segundo pelos progressistas, por defender a plataforma que prega a esperança no poder dos indivíduos de efetuar mudanças.

Ato III: "City Hall" – Milk e White entram em conflito a respeito de questões de interesse da comunidade. White vota contra as propostas de Milk favoráveis aos direitos dos gays e, quando elas são aprovadas, demite-se, numa crise de fúria. Depois, se arrepende e, com ajuda de um lobby de incorporadores imobiliários, tenta ser readmitido; mas Milk convence o prefeito Moscone a não aceitá-lo de volta. Para vingar-se, White entra armado na Prefeitura, e abate os dois com tiros de fuzil. A ópera termina com a vigília à luz de velas, ao longo de toda a Market Street, na noite dos assassinatos.

Mistura de fato e ficção, recitativo em tom de conversa entremeando-se a árias muito líricas, música de tom erudito e popular fundem-se naturalmente nessa partitura viva e envolvente, muito elogiada pelo crítico Bernard Holland, do *New York Times*, em suas matérias de 6 e 30 de abril de 1995. Uma das cenas mais delicadas – e corajosas –, na ópera, é o dueto de amor que Harvey canta, na cama, com o namorado, Scott Smith, "uma primeira vez, certamente, para a ópera do mundo inteiro", como assinalou Holland na crítica do *Time*. Wallace e Korie conseguem abordar um assunto polêmico e espinhoso com muito bom-gosto e de forma absolutamente respeitosa. No *Washington Post*, o compositor Mark Adamo chamou *Harvey Milk* de

uma realização surpreendente, um drama musical tipicamente americano, profundamente satisfatório para os olhos, os ouvidos e a mente. Pode não ser uma ópera para todos os tempos. Mas inequivocamente é uma ópera brilhante e comovente, na medida para o nosso tempo.

De *Harvey Milk* existe, no selo Teldec, a gravação ao vivo da versão revista de San Francisco.

Wallace abriu caminho para uma série de obras teatrais com um pé na ópera e outro no musical da Broadway que, durante a década de 1990, trouxeram para o palco os problemas da sexualidade e os dilemas criados pela epidemia de Aids:

• a mistura de tragédia e surrealismo, de elegia e humor que há na reflexão sobre o homossexualismo em *Angels in America* (1994);
• ou a moldura expressionista que Harold Blumenfeld dá a *Seasons in Hell* (1996), baseada na vida do poeta Arthur Rimbaud e em seu atormentado relacionamento com Paul Verlaine, que terminou numa tentativa de assassinato.

Livremente adaptada da *Bohème*, de Puccini, *Rent* (2001), de Jonathan Larson, é uma *rock ópera* – inteiramente cantada, sem diálogos falados – que se passa entre a boêmia artística muito jovem do Village e, retomando os esquemas veristas da década de 1890, retrata a sua vida e a da gente comum, de rua, em Nova York. Enorme sucesso de público na Broadway, *Rent* também mostra o universo sombrio, sob uma superfície descontraída e hedonista, dos gays, das lésbicas e dos travestis.

O Neo-realismo, a capacidade de tratar temas contemporâneos, de renovar o palco de ópera trazendo a ele situações de atualidade e assuntos polêmicos, são elementos cuja importância continua grande na ópera americana contemporânea. Prova disso é a estréia, à beira de encerrar-se o século XX, de *Dead Man Walking*, de Jake Heggie, um dos títulos mais promissores dos anos recentes.

Heggie

A música vocal sempre exerceu grande atração sobre Jake Heggie. Esse aluno de Ernst

Bacon, nascido em West Palm Beach em 1961, começou a escrever canções desde a adolescência e, em 1995, ganhou, com um ciclo de canções de estilo folclórico, dedicado a Frederica von Stade, o primeiro prêmio da Schirmer Art Song Competition. Mais tarde, fez muito sucesso com *On the Road to Christmas* e *Paper Wings*, sobre poemas escritos pela própria von Stade. Entre as cantoras para as quais compôs canções, encontram-se Susan Graham, Renée Fleming, Jennifer Larmore e Dawn Upshaw.

Após estudos de piano feitos no Conservatório de Paris, Heggie pretendia dedicar-se à carreira de concertista. Mas teve de renunciar a ela após um acidente na mão que sofreu em 1989. A partir de 1993, começou a trabalhar na Ópera de San Francisco, da qual tornou-se compositor residente em 1998. Para ela escreveu *Dead Man Walking*. O sucesso dessa opera fez com que Heggie recebesse de Houston a encomenda de *The End of an Affair*, programada para estrear em abril de 2004.

O libreto de Terrence McNally baseia-se em *Dead Man Walking: an Eyewitness Account of the Death Penalty in the US*, o livro de 1993 em que a irmã Helen Préjean CSJ relata a sua experiência como assistente espiritual de condenados no Corredor da Morte. McNally inspirou-se também no filme tirado desse bestseller. Dirigido por Tim Robbins e estrelado por Susan Sarandon, *O Destino de um Homem* recebeu o Oscar em 1995. A estréia da ópera, em 7 de outubro de 2000, na War Memorial Opera House, foi regida por Patrick Summers. Susan Graham, John Packard, Frederica von Stade e Theresa Hamm-Smith faziam os papéis principais. A gravação ao vivo da estréia foi lançada pelo selo Erato. "Homem morto a caminho" é a frase sinistra que o chefe dos carcereiros diz, quando o condenado sai da cela em que está preso, no corredor da morte, e é levado para a sala onde será executado.

Entre 1976, data em que a pena capital voltou a ser autorizada pela Suprema Corte americana, e a estréia da ópera de Heggie, 667 pessoas foram executadas nos Estados Unidos – 26 delas na Luisiânia, onde a história se passa. Joe De Boucher, o condenado, é uma figura de ficção: na verdade, ele é um amálgama de diversas pessoas reais com as quais a irmã

Préjean conviveu. Na noite da estréia, militantes contra a pena de morte fizeram uma vigília à luz de velas, na Van Ness Street, do lado de fora do War Memorial, à qual a irmã Helen veio juntar-se, depois que o espetáculo terminou.

Joseph De Rocher e seu irmão mais velho, Anthony, mataram um casal de namorados que estava, à noite, tomando banho em um lago e, depois, fazendo amor à luz dos faróis do carro do rapaz. Enquanto Anthony segurava e matava o moço, Joseph estuprou a moça e, depois, assassinou-a com facadas. Apanhados, foram condenados, Anthony à prisão perpétua, Joseph, à pena capital. A Irmã Helen Préjean, que trabalha com os sem-teto dos arredores de Nova Orleans, começa a corresponder-se com Joseph, que está no Corredor da Morte da penitenciária de Angola, à espera da injeção letal. A pedido do prisioneiro, vai visitá-lo, e Joseph lhe pede que seja seu guia espiritual. Colérico, arrogante, revoltado, ele recusa-se a assumir a culpa, declarando-se o tempo todo inocente e vítima de um erro judiciário.

Ao longo dos encontros com o condenado e seu irmão; com Howard e Jade Boucher, Owen e Kitty Hart, os pais destroçados das duas vítimas, que precisam de que lhes seja feita justiça; e também com Mrs. Patrick De Rocher, a mãe de Joseph, e seus dois filhos de dezenove e quatorze anos, a Irmã Helen faz a jornada através da dor, do rancor e dos conflitos – ela mesma sentindo-se, muitas vezes, incapaz de enfrentar a tarefa duríssima que se impôs. Nesses momentos de dúvida, recebe o apoio da Irmã Rose, sua colega de ordem. Pelo poder redentor da compaixão e da solidariedade, a Irmã Helen consegue fazer Joseph enfrentar serenamente a morte – e isso passa, necessariamente, por ele admitir a sua culpa e assumir a responsabilidade pelo que fez. A ópera termina com a cena explícita da execução de De Rocher.

Dead Man Walking é resolutamente tonal, melodiosa, com uma empostação lírica que não recua diante das acusações de que é conservadora – e, nesse sentido, enraíza-se numa tradição tipicamente americana. Mas recorre também a asperezas melódicas e harmônicas, sempre que isso é necessário. Heggie é um desses autores que não aderem a escolas: lança mão de todos os recursos disponíveis, em função do que quer contar. Seu gosto por contrastes o faz passar – no Prólogo, em que assistimos ao crime dos irmãos De Rocher – de um prelúdio de gosto pucciniano à canção popular "Watching you, every day", que está tocando no rádio do carro. Essa canção é interrompida brutalmente pela música dissonante e extremamente violenta que acompanha a cena do estupro e assassinato dos dois adolescentes. E opõe-se à doçura do *negro spiritual* "He will gather us around" que, na primeira cena do ato I, a Irmã Helen está cantando para as crianças de seu orfanato, que a acompanham alegremente, marcando o ritmo com palmas. Esse trecho inicial, muito forte em seus bruscos contrastes, já demonstra todo o instinto de Heggie para a expressão teatral.

A linguagem, absolutamente eclética, passa, segundo as necessidades dramáticas do texto, de recitativos dissonantes a árias melodiosas, num estilo que assimila as influências mais diversas, de Mússorgski a Ravel, de Janáček a Puccini e Britten. Não está ausente nem mesmo o tom dos musicais da Broadway, quando isso convém ao retrato da realidade americana. Numa passagem como a ária "A warm night", de Joseph, durante seu primeiro encontro com Helen, sente-se um eco do Gershwin de *Porgy and Bess*.

Mas isso não faz da ópera uma colcha de retalhos, devido à forma muito pessoal como Heggie, melodista nato, integra os aportes externos à sua linguagem. Numa ópera trágica, cheia de instantes comoventes, não faltam passagens engraçadas. A melhor delas – explorando de maneira cinematográfica uma situação muito comum na vida moderna, mas inusitada para um palco de ópera – é a da conversa da freira com o policial que a pára na estrada, por excesso de velocidade. A caminho de Angola, Helen está tão perdida em seus pensamentos ("Be careful, people have always told me"), que pisa demais no acelerador, e só se dá conta disso ao ouvir a sirene do carro de polícia (quantas vezes não vimos essa situação no cinema?). Ao pedir seus documentos e dar-se conta de que ela é uma freira, o oficial comenta:

MOTOR COP:
I never gave a nun no ticket before.

Gave a ticket to an IRS agent one time.
Got audited that year.
Tell you what: I'll let it pass this time.
My Mama's sick. Cancer. Say a prayer for her.

SISTER HELEN:
I will. [...]
Say a prayer for his Mama. Better write it down.

(Nunca multei uma freira antes. Uma vez multei um fiscal de imposto de renda. Naquele ano, me pegaram na malha fina. Vamos fazer uma coisa: desta vez deixo passar. Mamãe está doente. Câncer. Reze por ela.// Rezo, sim. [...] Rezar pela mãe dele. É melhor anotar isso.)

A cena é espontânea, bem desenvolvida, cheia de humor, e cria um momento benvindo de distensão, após o Prólogo e antes das cenas tensas que nos esperam ao chegarmos a Angola. *Dead Man Walking* oferece-nos muitas seqüências assim, cheias de simpatia pelo ser humano. Não é nem um pouco maniqueísta a visão de Heggie e McNally. De Rocher não é um mártir e nem sequer uma personagem simpática: é um criminoso que precisa, por meio de um penoso processo interior, compreender que, para alcançar a serenidade que lhe permita aceitar a morte, terá de admitir sua culpa – nós sabemos disso desde o início, pois a primeira coisa que vimos foi a cena brutal na qual Joseph trucidou o casalzinho de namorados. Os condenados, no Corredor da Morte, não são pobres vítimas, e sim homens temíveis e sem nobreza. George Benton, o diretor da penitenciária, fica dividido entre o desejo de se comportar de forma humana e a necessidade de manter a ordem dentro do presídio. E o capelão, Padre Grenville, confessa, desiludido, a incapacidade em atingir Joseph – e o desinteresse em continuar tentando. Quando diz:

Sister, Joseph De Rocher is beyond anyone's help.
I have tried to reach him and failed
(and I have a degree in psychology).
He still insists that he's innocent.
A man like that will never see the face of our Lord.
He will lie to you, insult you, call you dreadful names.
Everything but admit his guilt.
Do yourself a favor: go home now.

a Irmã Helen lhe responde:

Poverty ignorance and violent crime
are not strangers to the project
where we Sisters work.

We call our place Hope House,
not Bleak House.

(Irmã, Joseph De Roche já não pode mais ser ajudado. Tentei atingi-lo e fracassei (e olha que tenho um diploma de psicologia. Ele ainda insiste que é inocente. Um homem assim nunca verá a face de nosso Senhor. Ele vai mentir para você, te insultar, te dizer coisas horríveis. Tudo, menos admitir a sua culpa. Faça um favor a você mesma: volte para casa.//Pobreza, ignorância e crime violento não são coisas estranhas ao projeto em que as Freiras trabalham. Chamamos o nosso lugar de Casa da Esperança, e não Casa Soturna[14].)

Helen não perde a esperança no amor pelo próximo. Não recua diante de situações muito difíceis, como o encontro que promove, no estacionamento da penitenciária, entre a mãe do condenado e os pais das duas vítimas. Esse é talvez o momento mais lancinante da ópera. É terrível ouvir, ao pedido de clemência de Mrs. De Rocher: "I am a mother who is asking you to spare her son's life" (Sou uma mãe que lhes está pedindo para poupar a vida de seu filho), oporem-se as frases desesperadas do senhor Owen:

She's talking about the man who stabbed my
daughter.
She was just 17. He stabbed her over and over.
He stabbed her 37 times in the throat.
That was after he raped her.
We couldn't find her senior pin.
It was so buried so deep in the cuts.

(Ela está falando do homem que apunhalou a minha filha. Ela só tinha 17 anos. Ele a apunhalou várias vezes. Apunhalou-a 37 vezes na garganta. Isso depois de estuprá-la. Não conseguimos encontrar seu broche de ginasiana, de tão fundo que ele estava enfiado nas feridas.)

É um grande momento de teatro o torturado sexteto em que, à suplica de Helen para que eles tenham caridade cristã, Howard Boucher retruca:

You don't know what it's like
to bury your child and try
to find comfort anywhere.

(Você não sabe o que é enterrar o seu filho e tentar encontrar consolo em outra parte.)

Mas nos sabemos, ao ouvir essas palavras, que, em breve, será a mãe de Joseph quem terá de enterrar seu filho e ir buscar consolo sabe-se lá aonde.

14. Há aqui uma alusão ao título do romance famoso de Charles Dickens.

Senso de teatro é uma característica marcante de Jake Heggie, e isso se sente na força como constrói uma seqüência como a do final do ato II. A prisão foi o cenário do *Fidélio* ou da *Casa dos Mortos* de Janáček; e a morte é um tema constante no domínio lírico. Mas raras vezes a morte, personagem banal do nosso quotidiano, no mundo cada mais conturbado em que vivemos hoje, nos foi jogada na cara, num palco de ópera, de forma tão sórdida e prosaica. A morte está presente desde o assassinato selvagem com que a história começa, até a execução com que se encerra. Execução aberta, de frente para o público, em quase total silêncio, pois até a música, numa hora dessas, parece incapaz de expressar a angústia da situação. Mas Helen consegue que, na hora em que o diretor lhe pergunta se tem algo a declarar, Joseph crie a coragem de dirigir-se aos pais de suas vítimas:

I wanna ask the parent's forgiveness for what I did.
I did a terrible thing takin your children from you.
And I would just like to say that I hope
you get some relief from my death.

(Quero pedir aos pais o perdão pelo que fiz. Fiz uma coisa terrível ao tirar de vocês os seus filhos. E queria dizer: espero que a minha morte lhes traga algum alívio.)

Antes de morrer, ele olha para a Irmã Helen e, finalmente, é capaz de dizer: "I love you." O silêncio é rompido apenas pelo ruído da máquina da morte, injetando em suas veias o conteúdo dos três frascos, e do monitor de batimentos cardíacos que vai parando aos poucos. Depois, a música volta, para dizer a palavra final. Ouvimos a voz de Helen entoando, como um símbolo da vitória do amor, o mesmo *negro spiritual* "He will gather us around", com que a ópera começou. Há um inegável aceno à esperança em suas palavras: "Ele nos reunirá à Sua volta, você e eu. De alguma forma, ele nos reunirá à Sua volta."

Ao lado da *Thérèse Raquin* de Tobias Picker, e da *Florencia en el Amazonas*, de Daniel Catán, *Dead Man Walking* é uma das coisas mais gratificantes acontecidas no campo do drama lírico, na virada dos séculos XX-XXI. Cantadas na soleira de um novo milênio, essas obras mostram que a ópera, tal como o público a amou nestes mais de quatrocentos anos, está mais viva do que nunca.

Os EUA entre 1952-1974

Durante o governo do general Dwight Eisenhower, eleito em 1952 e reeleito em 1956, firmou-se a noção de que era permanente o antagonismo EUA/URSS e de que cabia aos americanos lutar pela desestabilizaçao do bloco socialista. A "libertação" dos povos sob influência comunista seria feita através da aliança com regimes de direita – Coréia do Sul (1953), Formosa (1954), Japão (1960) – e do apoio a governos pro-americanos em todo o mundo, mesmo quando se tratava de ditaduras militaristas. A ameaça comunista fez surgir nos Estados Unidos o "complexo industrial-militar", aliança entre o Pentágono e os grandes fabricantes de armamentos, responsável, no pós-guerra, pela intensificação da corrida armamentista. Depois da Guerra da Coréia, os Estados Unidos interferiram nas crises de

- Formosa (1955) – a China bombardeia as ilhas de Quemoi e Amoi; os americanos defendem a China Nacionalista e as Ilhas Pescadores;
- da Hungria (1956) – o Pacto de Varsóvia invade o país para derrubar o regime reformista de Imre Nagy, colocando no poder o prosoviético Janos Kadar; os Estados Unidos ofereceram asilo, em sua embaixada, ao cardeal Jozsef Mindzsenty e ajudam a fuga de muitas das cem mil pessoas que saem do país;
- e do Canal de Suez (1956) – invasão israelense da Faixa de Gaza e da península do

Sinai para protestar contra a nacionalização do canal, decidida pelo presidente egípcio Gamal Abdel Nassar; os EUA, a URSS e a ONU interferem para por fim à intervenção militar franco-britânica.

A escalada da Guerra Fria, daí resultante, levou à formulação, pela URSS, da tese da "coexistência pacífica", forçando o secretário de Estado John Foster Dulles a assumir atitude mais conciliadora. Em 1960, as visitas do vice-presidente Richard Nixon à URSS e à Polônia, e do primeiro-ministro soviético Nikita Khrushtchov aos Estados Unidos representaram uma pausa na política militarista, que teria continuidade nos governos de John Kennedy, Lyndon Johnson e Richard Nixon, apesar dos conflitos localizados em vários pontos do mundo. Em 1960, a nacionalização das empresas americanas pelo governo de Fidel Castro – que tomara o poder em Cuba em 1959, imprimindo a seu regime caráter nitidamente pró-soviético – tornou tensas as relações com esse país. Nessa mesma época, a viagem de Eisenhower ao Oriente Médio deixou patente a extensão do antiamericanismo no mundo inteiro.

No plano interno, a censura oficial do Senado pôs fim ao terror maccarthista. Em resposta à acusação internacional de que o papel de defensor da democracia, que o país queria assumir, era contraditório com a política de discriminação, foram adotadas medidas de integração racial. Mas a lei de 1954, que obrigava a integração nas escolas e transportes públicos, provocou boicotes no sul, causando a intervenção em Little Rock, no Arkansas, em 1967 – na mesma época em que o Senado aprovava, por 72 votos a 18, a Lei de Defesa do Direito de Voto dos Negros.

John Kennedy, o candidato democrata eleito em 1960, com 50,1% dos votos, cercou-se de tecnocratas, entre eles o secretário de Estado Dean Rusk, o da Defesa, Robert McNamara, e o embaixador na ONU, Adlai Stevenson. O aumento do orçamento estatal e a expansão industrial financiaram o programa de intervenção nos países em desenvolvimento e nos projetos espaciais e de rearmamento. A política externa, visando à contenção do comunismo, aumentou o arsenal nuclear e convencional dos Estados Unidos, e procurou respeitar o direito dos aliados a participar de decisões que afetassem a estratégia do bloco capitalista (mas a proposta de uma "associação atlântica" com a Europa Ocidental criou atritos com a França que, em 1965, retirou-se da parte militar da OTAN). Foram criados programas de ajuda ao Terceiro Mundo – o Peace Corps e a Aliança para o Progresso – com o objetivo de "realizar a revolução pacífica na América Latina"; mas, muitas vezes, essa cooperação serviu de canal indireto para a intervenção disfarçada. 1962 foi um ano de crises internacionais:

- a declaração de que os Estados Unidos não permitiriam a intervenção soviética na guerra civil do Congo, em apoio ao comunista Patrice Lumumba que, após obter a emancipação da Bélgica, em 28 de junho de 1960, enfrentava as facções dos conservadores Joseph Kasavubu e Moise Tshombe;
- a participação na guerra do Laos; e o aumento para 15 mil do número de conselheiros militares enviados em apoio ao pró-americano Ngo Dinh Diem que, em outubro de 1955, destronara o imperador Bao Daí e proclamara-se presidente do Vietnã do Sul; em conseqüência disso, a oposição a seu regime organizara-se na Frente Nacional de Libertação (FNL) e no exército vietcong; tem início o processo que levara à guerra do Vietnã;

- a crise cubana: decreto do embargo comercial e ruptura das relações diplomáticas (1961); patrocínio da frustrada tentativa de desembarque de exilados cubanos e mercenários treinados pela CIA, em Playa Girón, na Baia dos Porcos (abril); pressões para que a OEA expulse Cuba da organização (janeiro de 1962); ameaça de ataque nuclear à URSS diante dos sinais de que a URSS estava instalando mísseis na ilha, forçando o governo Khrushtchóv a retirar os armamentos.

A política econômica de John Kennedy entrou em choque com os sindicatos e os magnatas do aço, petróleo e armamentos. Segundo alguns autores, essas forças contrarias estariam por trás de seu assassinato, ocorrido em Dallas em 22 de novembro de 1963 – embora a Comissão Warren, que investigou o crime, tenha concluído ter sido Lee Harvey Oswald o único responsável por ele. Essa conclusão, entretanto, entrou em processo recente de reavaliação, sobretudo depois do filme *JFK: a Pergunta que Não Quer Calar* (1990), de Oliver Stone, levando à reabertura dos arquivos sobre o crime. Mas nunca se chegou a nenhuma resposta conclusiva.

O mandato de Kennedy foi terminado por seu vice, Lyndon Johnson, eleito em 1964, derrotando o ultraconservador Barry Goldwater. A doutrina Johnson, de combate ao comunismo, pregou a intervenção em países da área de influência dos Estados Unidos que corressem o risco de se tornarem comunistas, o que levou à interferência em assuntos internos da República Dominicana, em 28 de abril de 1965. O assassinato de Ngo Din Diem, em 1963, decidiu Johnson a intervir militarmente no Vietnã. Os 148 mil homens que o general William Westmoreland chefiava foram aumentados, até 1969, para 541 mil. Em janeiro de 1968, quando os vietcongs ocuparam Hue, Johnson mandou suspender os bombardeios e, em maio, iniciariam-se, em Paris, as conversações Hanói/Washington, ampliadas, no ano seguinte, com a participação de Saigon e da FNL. Mas essas conversações arrastaram-se, porque os Estados Unidos recusavam a exigência de Hanói de que as suas tropas fossem retiradas. Os protestos internacionais, a condenação por grupos de intelectuais e, sobretudo, os movimentos internos dos pacifistas criaram para Washington uma situação insustentável.

No plano interno, houve avanços sociais consideráveis. A marcha sobre Washington, em 28 de agosto de 1963, organizada pelo pastor negro Martin Luther King, reuniu milhares de pessoas numa passeata pacífica pela igualdade dos direitos civis, formalizada na lei de 2 de agosto de 1964, que proibiu todas as formas de discriminação. Mas a aprovação dessa lei provocou protestos e distúrbios em todo o país. A revolta dos guetos negros de Los Angeles, estimulada pelos militantes do grupo Panteras Negras, foi violentamente reprimida pela polícia em agosto de 1965. A situação foi tornada ainda mais volátil pelos assassinatos de Martin Luther King – Memphis, no Tennessee, em 4 de abril de 1968 – e do senador Robert Kennedy, candidato à indicação democrata para as eleições presidenciais (Los Angeles, 5 de junho de 1968).

Derrotando o democrata Hubert Humphrey, o candidato republicano Richard Nixon acelerou as conversações de Paris sobre o Vietnã. Mas seu governo assistiu à fase mais intensa da guerra. Desde maio de 1964, os Estados Unidos tinham começado a bombardear as regiões controladas pelo movimento comunista *Pathet Lao*, para destruir a Trilha Ho Chi Minh, dentro do território laociano, usada pelos norte-vietnamitas para transportar tropas e suprimentos para os vietcongs. Ao mesmo tempo, a máquina de guerra americana apoiava o exército real laociano, de Suvanna Phuma, contra os esquerdistas – situação que só teria fim com um acordo assinado em 21 de fevereiro de 1973. Mas em maio de 1970, com o pretexto de destruir "santuários" comunistas, o presidente Nixon, de comum acordo com o general Lon Nol, que derrubara o rei do Camboja, príncipe Norodom Sihanuk, ordenou bombardeios maciços às áreas cambojanas ocupadas pelo Khmer Vermelho. Decidiu ainda ataques de intensidade sem precedentes a Hanói (março, outubro e dezembro de 1972), em represália pela tomada de Quang Tri pelos vietcongues. Esse foi o período de maiores arbitrariedades cometidas pelos americanos no Sudeste Asiático: bombardeios com napalm e armas químicas – entre elas o desfolhante artificial agente laranja, de efeito cancerógeno – e atrocidades como o massacre da aldeia de Mi Lay.

Negociado pelo secretário de Estado Henry Kissinger e pelo chanceler norte-vietnamita Le Duc Tho, o acordo de Paris só foi obtido em 27 de janeiro de 1973, estabelecendo o cessar-fogo, a retirada das tropas americanas, a convocação de eleições gerais no Vietnã do Sul e a libertação dos prisioneiros de guerra (595 americanos, 26 mil sul-vietnamitas e quatro mil membros da FNL). Os Estados Unidos perderam 45.941 homens, tiveram 300.635 feridos e 1.811 desaparecidos em ação (durante muito tempo afirmou-se que ainda havia homens presos em vários locais do Sudeste Asiático). Não há estatísticas seguras sobre as baixas vietnamitas, mas sabe-se que elas ultrapassaram 180 mil.

Enquanto isso, no plano externo, a doutrina Kissinger decretou o fim da política de blocos e o advento de uma nova ordem internacional baseada na multipolaridade das alianças – princípio que levou Nixon a aproximar-se da China, que visitou de 21 a 28 de fevereiro de 1972. Foi também à URSS, entre 22 e 30 de maio do mesmo ano, lançando as bases para acordos sobre desarmamento. Em seu segundo mandato, Leonid Brejnev visitou Washington – 17 a 25 de junho de 1973 – onde assinou acordos de limitação das armas estratégicas. Esse período de distensão Leste/Oeste contrastou, entretanto, com a crise interna provocada pelo Caso Watergate.

Durante a campanha para as eleições de 1972, assessores de Nixon tinham sido surpreendidos instalando escutas na sede democrata, no edifício Watergate, em Washington. A investigação, autorizada diante da campanha liderada pelo *Washington Post*, revelou o envolvimento de colaboradores diretos do presidente, que foram demitidos e processados. Em 8 de agosto de 1974, diante das provas crescentes de que, ao contrário do que sempre afirmava, Nixon não só tinha conhecimento como autorizara a escuta clandestina, ele renunciou à presidência, antes de ser votado um *impeachment* ao qual não teria condições de sobreviver. Foi sucedido por seu vice, Gerald Ford – cuja primeira medida foi assinar uma anistia para todos os crimes que ele pudesse ter cometido.

Em Busca de Caminhos Novos

Se Samuel Barber já foi descrito como um conservador, na linha de Puccini ou Richard Strauss, outros compositores seus contemporâneos afastaram-se da tradição neo-romântica e buscaram formas mais modernas de se expressar, ancoradas no Expressionismo da década de 1920, no atonalismo de Schönberg e Berg, na linguagem muito pessoal de Janáček, nas inovações de Stravínski, no teatro politizado de Kurt Weill. Em *The Visitation*, de 1966, por exemplo, Gunther Schüller combina serialismo e música de jazz, para adaptar ao plano dos conflitos raciais americanos a fantasmagoria kafkiana de *O Processo*.

Os libretos tornam-se mais filosóficos e preocupados com questões psicológicas, muitas vezes embrenhando-se pelos mecanismos sombrios da repressão, da loucura e da explosão descontrolada de violência. Já não há mais lugar, entre esses criadores, para os assuntos de caráter folclórico. É em Strindberg, O'Neill, Pirandello que eles vão buscar inspiração, como é o caso das óperas escritas por Marvin Levy, Hugo Weisgall, ou da *Miss Julie* de Ned Rorem. O estudo de uma personalidade patológica em processo de desagregação caracteriza a *Lizzie Borden*, de Jack Beeson. O mesmo interesse em investigar os meandros da psicologia humana marca duas das óperas encomendadas pelo Metropolitan entre o fim da década de 1950 e meados da de 1960: a *Va-nessa* (1958), de Barber; e *Mourning Becomes Electra* (1967), de Marvin Levy[1]. Será, de resto, o fim de uma fase de relacionamento do Met com a ópera americana. Vão se passar 25 anos antes que, em 1991, estréie uma nova ópera americana encomendada por ele: *Os Fantasmas de Versalhes*, de John Corigliano.

Levy

Aluno de composição de Philip James na Universidade de Nova York, e de Otto Luening na Universidade de Columbia, Marvin David Levy, nascido em Passaic, Nova Jersey, em 1932, ganhou em 1960 o Prix de Rome e uma bolsa da Guggenheim para aperfeiçoar seus estudos na Itália. Anterior à ida para Roma, *Riders to the Sea*, de 1954, baseada na peça de John Mylinton Synge (1902) – musicada também por Ralph Vaughan Williams – foi um trabalho de estudante que nunca chegou a ser encenado.

Levy é o autor de música instrumental mas, desde cedo, demonstrou maior afinidade com o teatro musical. Em sua escrita adota um estilo modal de caráter expressionista, combinando-o livremente com linhas atonais, de harmonias dissonantes cuidadosamente equi-

---

1. Houve uma quarta, a ópera sobre Sacco e Vanzetti encomendada a Blitzstein; mas ela ficou inacabada com a morte prematura do compositor.

libradas com frases diatônicas, tornadas bem dinâmicas pela pulsação rítmica nervosamente dissimétrica.

Em 1960, logo após ter estreado três óperas em um ato – *Sotoba Komachi* (Nova York, 7.4.1957); *The Tower* (Santa Fé, 2.8.1957) e *Escorial* (Nova York 4.5.1958), esta última baseada na peça do belga Michel de Ghelderode – Levy procurou os curadores do legado de Eugene O'Neill, pedindo-lhes a autorização para adaptar *Mourning Becomes Electra*. Mas ainda não era um músico de prestígio suficiente para que a família do dramaturgo se interessasse em conceder-lhe os direitos sobre uma de suas peças mais importantes.

No final da década de 1920, estimulado pelo sucesso da torrencial *Strange Interlude*, que dura cinco horas – e que lhe valera o Prêmio Pulitzer – Eugene O'Neill concebeu o projeto de uma trilogia baseada na *Orestíada* de Sófocles, três peças a serem representadas em dias sucessivos. Os produtores o convenceram da inviabilidade desse espetáculo, e ele concordou em escrever uma só enorme tragédia em três partes, estreada em 1931. O espetáculo começava às 5h da tarde, havia uma pausa para o jantar, e a peça terminava à meia-noite.

Em janeiro de 1964, quando a Fundação Ford fez a Levy a encomenda de uma ópera para a primeira temporada do Metropolitan em sua nova sede, no Lincoln Center, Carl van Vechten, do conselho diretor do teatro, promoveu um encontro do compositor com Carlotta O'Neill, a viúva do dramaturgo. Ela finalmente consentiu em ceder-lhe os direitos, advertindo-o, porém: "Condensar essa peça vai ser um trabalho e tanto. Mas confio no seu entusiasmo para dar conta do recado." Desse "trabalho e tanto" foi encarregado Henry Butler, durante muito tempo diretor de cena no Metropolitan. Butler reduziu as seis horas do épico original a um libreto de ópera viável, e deu a cada ato o título das três partes da peça de O'Neill: *The Homecoming* (A Volta para Casa), *The Hunted* (Os Perseguidos) e *The Haunted* (Os Possuídos). Levy compôs a música em Roma entre 1962-1964. Em 1964, houve uma leitura pública do ato I e a direção do Met anunciou a estréia para 1967. Mas os autores estavam insatisfeitos com o ato I, e pediram a ajuda do cineasta grego Michael Ca-

coyannis, cuja *Electra*, baseada em Sófocles e estreada por Irene Papas, tinha feito enorme sucesso nas telas. A revisão satisfatória sugerida por Cacoyannis fez com que ele fosse convidado para dirigir o espetáculo de estréia. Evelyn Lear, Marie Collier, Sherrill Milnes, John Reardon e John Macurdy foram os criadores de *O Luto Convém a Electra*, em 17 de março de 1967, sob a regência de Zubin Mehta.

As opiniões se dividiram. De um lado, Paul Hume, no *Washington Post*, chamou-a de "a melhor ópera americana a ter chegado ao palco do Met [...]; os sons criados por Levy são de uma beleza rara na ópera americana." Harriet Johnson do *New York Post* celebrou "a música assustadora, que passa pelas palavras cortantes do libreto de Butler, como se fosse um vento gelado"; e Alfred Frankenstein, do *San Francisco Chronicle*, chegou a dizer que a ópera de Levy era "melhor do que o *Peter Grimes* de Britten, em parte porque tem um dos melhores libretos de nosso tempo". De outro lado, porém, os críticos do *New York Times* foram desfavoráveis. Para Donald Henehan, a partitura era "moderna como são modernos os móveis de certos hotéis de luxo, que copiam modelos escandinavos". E Harold Schonberg foi da opinião que Levy tinha ficado aquém do que a peça pedia: "tema tão forte exigiria um compositor do nível de Wagner ou Berg".

Elogiar a excelência do elenco foi uma unanimidade, como o fez Schonberg em 19 de março de 1967:

> Lá estavam Miss Collier e Miss Lear, como um lince e uma pantera, cuspindo ódio uma na outra. Ambas mulheres bonitas e intensas, ambas figuras cênicas de impor respeito, dando a impressão de estar respirando morte, de serem movidas por forças que não podem controlar.

Quem se lembra da cena de confrontação de Electra e Clitemnestra, no filme de Cacoyannis, pode perfeitamente imaginar o que o cineasta extraiu, no palco, dessas duas grandes cantoras-atrizes. Mas as recriminações prendiam-se sobretudo à partitura de Levy. Vale a pena citar extensamente a resenha de Winthrop Seargeant no *New Yorker*, em 20 de março de 1967, pois ela resume bem a opinião da época:

A música de Levy não acrescenta muita coisa ao drama. É escrita num idioma pós-straussiano, sem as fluidas passagens líricas que Strauss sempre produzia nos momentos de clímax (é na *Electra* que estou pensando). De um modo geral, a partitura é ambígua no que se refere à tonalidade, embora contenha pouca ou nenhuma escrita realmente dodecafônica. É quase sempre convulsiva e, às vezes, simplesmente barulhenta. Mas há formas melhores de enfatizar o melodrama operístico do que atulhá-lo de cacofonia.

Levy é um compositor sério, que merece ser tratado com respeito. Sua música não é vanguardista e tenho a certeza de que as suas intenções foram as mais nobres possíveis. Mas ele foi evidentemente afligido pelo medo de parecer fora de moda, de ser acusado de escrever clichês. Esse medo levou-o a destruir quase todos os momentos de genuíno lirismo que a ópera poderia ter. Mas há também algumas passagens de inspiração real. Em cada caso, entretanto, Levy se permite apenas um ou dois compassos de melodia inspirada e, depois, mata a sua própria inspiração com ruídos de um ou outro tipo.

Há até *leitmotive* nesta ópera – um, em especial, que notei, era uma idéia musical breve, consistindo de uma tercina seguida de uma nota sustentada que, claramente, referia-se à maldição que cai sobre a família Mannon. Poderia ter sido a assinatura da ópera, como o é o aterrorizante tema de Agamêmnon na ópera de Strauss. Mas ele nunca assume real importância e logo é esquecido. Geralmente, a música é neutra, desagradavelmente neutra. Não há climaxes, nem momentos em que ela contribua com grande coisa para o drama. O trabalho de Levy é uma boa tentativa, mas não decola. O que há para atrair a atenção do espectador é de O'Neill, e não dele.

Mas, de um modo geral, a recepção no Met foi boa, e a ópera foi reapresentada na temporada seguinte, num total de dezoito récitas. A acolhida mais fria dada a *Mourning*, quando ela foi encenada na Ópera de Dortmund, em 1969, fez Levy repensar o nível de dissonância da partitura, tão criticada por Sargeant, produzindo uma versão revista que enfatiza a vertente lírica. As desusadas exigências à orquestra também foram atenuadas, para que a ópera pudesse ser executada por efetivos menores. Essa segunda versão, estreada na Civic Opera House de Chicago, em 6 de outubro de 1998, é mais equilibrada e faz de *O Luto Convém a Electra* uma das tragédias líricas mais significativas do repertório americano. Os cantores, nessa ocasião, foram Lauren Flanigan, Cynthia Lawrence, Jason Howard, Brett Polegato e outros.

The Homecoming – Christine Mannon está esperando por Adam Bryant, capitão da Marinha pelo qual se apaixonou durante a ausência do general Ezra Mannon, seu marido, que partiu para a Guerra Civil. Lavinia, a sua filha, que descobriu a infidelidade da mãe, adverte-a que o pai deverá voltar naquela noite mesma. Jed, um velho empregado da propriedade, conta a Lavinia que Adam é o filho bastardo de um irmão de Ezra com uma jovem criada da fazenda. Ambos morreram amaldiçoando os Mannon por tê-los afastado da família. Lavinia, que também está apaixonada por Adam, acredita que ele se tornou amante de Christine para se vingar dos Mannon.

Quando fala à mãe de suas suspeitas, esta admite que é verdade. Adam vem procurar Christine, dá-lhe um frasco de veneno e se afasta. O general Mannon volta ao lar e, diante da casa, encontra-se com um grupo de vizinhos que ali o esperam para dar-lhe as boas-vindas. Entre eles, estão Peter Niles, que vem fazendo a corte a Lavinia, e Helen, a irmã de Peter, que ama Orin, o filho caçula dos Mannon (ele está ausente, e seu retorno também é esperado para daí a uns dias). Lavinia abre os braços ao pai mas, nesse momento, Ezra vê Christine à janela, vira as costas à filha, entra correndo dentro de casa, e a moça sente-se desprezada e publicamente humilhada. O general pede perdão à mulher pela frieza do casamento que lhe tem oferecido, e diz esperar que eles possam começar de novo. Christine responde que é tarde demais, o que faz Ezra acusá-la de querer vê-lo morto. Provocada, ela confessa que se apaixonou por seu sobrinho bastardo. Furioso com essa revelação, o general é tomado por fortes dores no peito. Pede seu remédio mas, no lugar dele, Christine lhe dá o veneno. Lavinia ouve o pai gritar, na agonia, que foi morto pela mulher.

The Hunted – Quando Orin volta, Lavinia tenta fazer dele seu aliado contra Adam e a mãe. Christine pede ao filho que confie nela, mas este responde que, se Adam entrar na casa de seu pai, ele o matará. Lavinia coloca o frasco de veneno sobre o corpo do pai e, depois, pede ao irmão que chame Christine. Ela grita de susto ao ver o veneno. Lavinia pede a Orin que saia, enquanto Christine suplica a Deus que a castigue, mas poupe Adam.

No convés de seu navio, Adam, escravizado pelo amor de Christine, despede-se do mar. Quando a amante chega, ele a leva para a sua cabine. Lavinia e Orin, que seguiram a mãe,

Evelyn Lear (Lavinia) e Marie Collier (Christine) na estréia de *Mourning Becomes Electra*, de Marvin David Levy, no Metropolitan Opera House.

espionam o casal à luz do luar, e ouvem Christine contar que a sua filha sabe do assassinato do pai. Adam concorda em fugir com ela daí a alguns dias. Quando Adam acompanha Christine até a saída do navio, Lavinia e seu irmão escondem-se na cabine, e o matam assim que ele volta.

Do lado de fora do barco, Christine ouve Orin dizer que matou Adam. À beira da loucura, ela delira que está nos braços do amante, e volta correndo para casa. Ao se aproximarem da mansão dos Mannon, Lavinia e Orin ouvem o som de uma pistola. A moça diz que a justiça foi feita.

The Haunted – Após um ano de viagem pelo exterior com Orin, Lavinia volta para casa. Relembra ao irmão que foi para esquecer o passado que eles se ausentaram por tanto tempo. Peter e Helen vêm recebê-los. Orin pede para falar com Helen em particular. Peter o chama, depois dessa conversa e, cada vez mais encantado com a beleza de Lavinia, pede-lhe a mão de sua irmã em casamento. Enquanto isso, Helen mostra a Lavinia o envelope com um manuscrito que Orin lhe entregou, e pede-lhe que a ajude a salvar seu irmão de si mesmo. Lavinia retoma o envelope, pede a Helen que se afaste e, chamando Orin, que está devastado pelo sentimento de culpa, obtém dele a confissão de que entregou à vizinha um relato dos crimes dos Mannon. Orin diz à irmã que tem muito medo de perdê-la, e chega a ameaçá-la com medidas legais para que ela não aceite o pedido de casamento de Peter. finalmente, cruzando a fronteira da sanidade, tenta fazer amor com ela. Horrorizada, Lavinia ordena que ele morra e a deixe livre. Orin tranca-se no escritório de Ezra e mata-se com um tiro da pistola do pai.

Depois que ele morre, Peter garante a Lavinia que há de se casar com ela o mais rápido possível, para que possam deixar para sempre aquele lugar amaldiçoado. Ela o abraça mas, no auge da paixão, chama-o de "Adam". Peter compreende, finalmente, a quem ela sempre amou. Percebe também que Orin estava tentando advertir Helen a respeito dos negros segredos de sua família. Lavinia o manda embora, pede a Jed que feche as venezianas de todas as janelas e, invocando os fantasmas dos Mannon, prepara-se para encerrar-se viva na mansão convertida em uma tumba.

Embora uma parte muito pequena do caudaloso texto de O'Neill tenha sido retida no libreto de Butler, um crítico como George Hall é da opinião que Levy soube captar bem as paixões intensas e incontroláveis da saga mitológica de adultério, assassinato e vingança, que o dramaturgo americano transpôs para uma propriedade da Nova Inglaterra, no término da Guerra Civil. É muito forte o desenho da personalidade de Lavinia Mannon – a Electra da história de O'Neill –, assim como sua confrontação com a mãe, Christine, que ela odeia. No artigo da revista *Opera News*, de outubro de 1998, em que comentava a versão revista da obra, Joel Honig afirmava que, mesmo quem critica a peça e a ópera pela crueldade de seus assassinatos em série, reconhece a força das angulosas linhas vocais de Levy e a vivacidade com que seu comentário orquestral envolve a narrativa.

É inegável também a riqueza de coloridos obtidos de uma orquestra imensa, na qual, além de uma infinidade de instrumentos de percussão – tam-tam, címbalos suspensos, bandolim, blocos de madeira, castanholas, triângulos, vários tipos de sino, chicote, bongo, além dos címbalos e tambores tradicionais – há uma banda no palco e, no fosso, dois teclados eletrônicos (Kurzweil K2000 com Orchestral-ROM Update). Para enfrentar as texturas espessas desse comentário orquestral, Levy recorre a vozes pesadas – dois sopranos dramáticos e um lírico, tenor heróico, barítono dramático, baixo-barítono –, numa linha que não deixa de remeter à *Elektra* de Richard Strauss. Mas os críticos referiram-se também, com freqüência, ao exemplo de Benjamin Britten, seguido pelo compositor em sua música ao mesmo tempo conservadora e moderna, áspera e angulosa mas, também, à vezes, delicada e evocativa.

Numa entrevista que deu quando a ópera foi transmitida pelo rádio, em 1º de abril de 1967[2], Levy contou ter tido a atenção inicialmente atraída por uma frase da peça de O'Neill: "How death becomes the Mannons" (Como a morte cai bem aos Mannon). A melodia com que essa frase foi musicada tornou-

---

2. Gravação que existe nos Arquivos Rodgers & Hammerstein da emissora WQXR-FM.

se um tema recorrente que ecoa em vários momentos climáticos da peça. O mais importante deles é o final da primeira cena do ato I, em que o amante de Christine diz, referindo-se ao marido assassinado: "May the soul of Ezra Mannon rest in peace and burn in hell" (Que a alma de Ezra Mannon descanse em paz e queime no inferno).

A música dá a Lavinia destaque muito maior na ópera do que na peça – e a interpretação de Evelyn Lear contribuiu para enchê-la de vibração. Sua cena mais impressionante é a final: depois que o irmão expia, com o suicídio, a culpa por ter matado a mãe e seu amante, e por ter desejado incestuosamente a própria irmã, ela se resigna a trancar-se na mansão da família e a ser atormentada, o resto da vida, pelos espectros de todos os que morreram à sua volta. "I am bound to you", diz ela aos fantasmas, num monólogo que se encerra num longo sol sustenido sustentado, envolto em uma melodia de contorno muito expressivo.

A possibilidade de reavaliar *Mourning Becomes Electra* foi dada, em 2003, pela remontagem da Opera de Seattle e, em 2004, pela do New York City Opera. Em ambas, graças à perspectiva no tempo, a ópera foi muito bem acolhida pelo público. Comentando a apresentação de New York City Opera em março de 2004, Anthony Tommasini, do *New York Times*, afirmou:

> *Mourning Becomes Electra* não deixa de ser irregular. Em alguns pontos, a música torna-se melodramática, embora a história, encharcada de recriminações familiares, assassianto, suicídio e incesto, peça por isso. No entanto, cada vez que a música de Levy ameaça derrapar, algo de interessante ou de chocante acontece. Na revisão de 1998, para Chicago, ele limpou o que chamava de "o verniz negro", a complexidade excessiva. A música ainda está impregnada de soturno expressionismo. Mas a versão revista conta também com linhas vocais floridas, que podem ser líricas ou torturadas, de acordo com a necessidade dramática. *Mourning Becomes Electra* é o tipo da ópera contemporânea que merece um futuro.

Depois de *Mourning*, o Metropolitan encomendou a Levy uma nova ópera. Mas em 1978, quando *The Balcony*, baseada na peça de Jean Genêt, ficou pronta, a direção do teatro tinha mudado, e a nova administração não aprovou a escolha do texto desse *écrivain maudit*. Levy retirou a partitura e, em 1989, retrabalhou-

a como um musical intitulado *The Grand Balcony*, que foi encenado na Broadway.

Além das óperas, Marvin Levy é o autor do oratório de Natal *For the Time Being* (1959); do *Serviço Sagrado* escrito em 1964 para a Sinagoga da Park Avenue; de uma sinfonia (1960), um concerto para piano (1970) e diversas peças de música de câmara. É importante assinalar seu papel como administrador. Desde o retorno aos Estados Unidos, Levy dirigiu a American Opera Society de Nova York. A partir de 1989, assumiu a direção da Fort Lauderdale Opera e, em 1994, foi responsável pelas negociações que levaram à fusão desse grupo com a Greater Miami Opera, para formar a atual Florida Grand Opera.

Weisgall

A família de Hugo Weisgall (1912-1997) era de Ivancice (ex-Eibenschütz), na Moravia. Mas emigrou para os Estados Unidos em 1920, quando ele tinha oito anos, e instalou-se em Baltimore. Eram pessoas muito cultas e seu pai tinha sido cantor de ópera profissional antes de se tornar chazan de sinagoga. Entrando para o Conservatório Peabody, de Baltimore, aos quinze anos, Weisgall estudou teoria musical com Louis Cheslock. Depois, teve aulas particulares com Roger Sessions, em Nova York (1932-1941), e aperfeiçoou-se com Rosario Scalero no Curtis Institute de Philadelphia, onde foi também aluno de regência de Fritz Reiner. Convocado durante a II Guerra, estreou a sua *Abertura em fá maior* em Londres, nos concertos do Henry Wood Proms. Depois da guerra, dividiu o trabalho de composição com cargos administrativos: designado reitor do Seminary College of Jewish Music em 1952, ensinou também na Juilliard School e no Queens College.

As suas primeiras óperas, *Night* e *Lilith*, não chegaram a ser encenadas. *The Tenor*, baseada em uma peça de Frank Wedekind, subiu à cena em Baltimore em 11 de fevereiro de 1952. Há um hábil emprego de citações do *Tristão e Isolda* para contar a história de Gerardo, *Heldentenor* vaidoso e mulherengo. As mulheres, para ele, não passam de objetos de prazer. Quando Helena, sua atormentada amante, suicida-se diante dele no camarim, Gerardo apenas passa indiferentemente por cima do corpo, porque o que está à espera dele é mais um espetáculo e, em seguida, as fãs, que não pedem outra coisa senão entregar-se a seu ídolo.

O Tenor faz parte daquelas manifestações literárias da virada de século – como as peças de Schnitzler –, profundamente marcadas pelas teorias freudianas. Como a *Miss Julie*, de Strindberg, musicada por Ned Rorem, o drama de Wedekind oferece situações muito interessantes para a exploração operística. Mas esta ainda é uma ópera de aprendizagem, em que Weisgall tende à reprodução dos modelos europeus, e ainda não sabe dominar perfeitamente a caracterização de personagens. O resultado é que, nessa obra de início de carreira, é mais forte a vertente da paródia de humor negro, do que a da discussão aprofundada da fragilidade humana.

Strindberg foi o autor adaptado em *The Stronger*, ópera de câmara com a duração de 25 minutos, estreada de forma improvisada, com o autor ao piano, em Lutherville, Maryland, em 9 de agosto de 1952. Só mais tarde Weisgall teve condições de reapresentá-la, com orquestra reduzida, em programa duplo com *Purgatory*, ópera em um ato, de texturas dodecafônicas, usando o texto de W. B. Yeats e escrita para tenor e soprano, e duas personagens mudas (Biblioteca do Congresso, Washington, 17 de fevereiro de 1961). *O Mais Forte* tornou-se a ópera mais popular de Weisgall e, hoje em dia, é comum vê-la em programa triplo com *Purgatório* e a comédia *Will You Marry Me?*, de 1989.

The Stronger é um monólogo para soprano dramático, em que uma mulher encontra-se, durante um coquetel, com a amante do marido. Tenta, inutilmente, obter da outra, que a ouve em silêncio, informações que lhe permitam entender por que motivo o marido a preferiu. Quem é o mais forte do título? Provavelmente o marido, que não aparece em cena, mas é uma presença constante, na medida em que exerce total controle dos sentimentos das duas mulheres. A música de Weisgall combina todos os recursos possíveis de escrita para frisar a oscilação dos sentimentos da personagem.

O Ditson Fund da Universidade de Columbia encomendou *Six Characters in Search of an Author*, para ser cantada no New York City Ópera em 26 de abril de 1959. Após duas temporadas no repertório, ela sumiu de cartaz, até ser reprisada pelo Lyric Opera de Chicago em 1990. Transmitida, nessa época, pelo National Public Radio, foi gravada pelo selo New World Records. Além da música muito adequada de Weisgall, a crítica apontou, a essa altura, a adaptação excepcional do texto, feita pelo dramaturgo irlandês Dennis Johnston, que eliminou a maior parte dos diálogos de teor filosófico, permitindo assim às personagens que adquirissem perfil dramático sucinto e de grande variedade prismática. Embora não seja uma ópera fácil de assimilar à primeira audição, *Six Characters* é uma das obras mais intrigantes produzidas nos Estados Unidos no final da década de 1950. No libreto, Johnston transforma a companhia de teatro falado do drama de Pirandello em uma companhia de ópera de um teatrinho italiano de província.

O ensaio dessa ópera é interrompido pela aparição de seis pessoas: pai, mãe, o filho deles, e os três filhos ilegítimos da mãe. Dizendo pertencer a uma ópera inacabada, estão à procura de um compositor para terminá-la. Como a ópera em que estão trabalhando não lhes interessa muito, toda a equipe se empenha em resolver o problema das seis personagens. O diretor e a companhia tentam assumir o controle da obra; mas as profundas disfunções emocionais das personagens – que vivem problemas de incesto, prostituição, violência, assassinato e suicídio – interferem a todo momento, provocando choques emocionais com os intérpretes e prendendo a todos na armadilha daquele mundo neurótico.

O conceito bergsoniano do contraste entre as formas imutáveis das coisas e o aspecto fluido da vida, em constante metamorfose – idéia já presente no *Art Nouveau/Jugendstil,* e também nas obras de Strindberg ou Wedekind, que Weisgall tinha escolhido como fontes anteriores de inspiração – é muito forte também na obra de Luigi Pirandello. Em *Seis Personagens à Procura de um Autor* – escrita em 1921 e encenada em Nova York pela primeira vez em 1931 – o tema é a fronteira estreita entre a realidade e a ilusão. Na peça, a existência estática e monocrômica da equipe de produção serve de pano de fundo para a vida multifacetada de seis personagens, obcecadas por seus problemas pessoais, e à procura de uma figura semelhante a Deus, que os organize numa história que tenha lógica e razão de ser. O resultado é uma tragédia em que uma das crianças suicida-se e a outra morre acidentalmente, por afogamento. Weisgall dedica especial atenção aos meios utilizados para caracterizar musicalmente, de forma muito diversificada, cada um desses complexos indivíduos. Num artigo sobre a ópera, publicado no *The New Yorker* de 16.7.1990, Andrew Porter disse:

A partitura pode ser comparada a uma encenação cuidadosa, mas que não tenta explicar, amplificar ou ornamentar: é misteriosa, poética, melodramática, brutal, divertida, em proporções pirandellianas. A invenção do compositor é precisa, seu artesanato, muito seguro. O resultado combina, em doses estranhas, mas exatíssimas, paixão e distanciamento.

A platéia experimenta esses arroubos de paixão e esses momentos de distanciada frieza numa sucessão muito rápida pois, como na peça-dentro-da-peça de Pirandello, a ópera-dentro-da-ópera de Weisgall move-se num ritmo muito rápido, às vezes de tirar o fôlego. Com a psicologia móvel e irisada das seis personagens contrastam os caracteres estáticos da equipe de produção: o Diretor, o Contra-Regra, o Ponto, o Acompanhador e – como se trata de uma ópera – os cantores que farão os papéis das personagens, quando eles conseguirem que um compositor termine a partitura. Dentre eles, destaca-se o Soprano Coloratura, papel muito virtuosístico que, na estréia, foi criado por Beverly Sills.

Trabalhando com o cromatismo pós-bergiano e mudando constantemente os centros tonais, de modo a criar uma instabilidade harmônica que corresponda à agitação psicológica das personagens, Weisgall dá-lhes um tipo de lirismo tão cálido, que eles se destacam nitidamente das demais figuras, unidimensionais, cujas linhas melódicas são mais fragmentadas e de um estilo declamatório que, com raras exceções – o Soprano Coloratura, por exemplo –, não tem grandes expansões de cantabile. Às personagens cabem as árias ou ariosos mais cativantes. É apaixonada a linha melódica que acompanha o Pai quando, no ato III, ele canta:

What a misfortune for a Character
to have been born with limbs,
and parts and human passion
and then denied existence in a work of art.

(Que infelicidade, para uma personagem, ter nascido com membros, partes e paixões humanas e, depois, ver-se negado o direito de existir numa obra de arte.)

No ato II, a Enteada canta "A Quiet Room", uma ária *da capo* cuja reprise acaba truncada pois, uma vez iniciada, ela vai derrapando, e sendo gradualmente distorcida por gravitações tonais que tornam sua harmonia muito imprecisa. No ato III, ela começa de novo a cantar parte dessa ária e, quando o Baixo a elogia pela maneira como a interpreta, diz: "É, mas já ouvimos antes, e não gosto de reprises." A isso o Pai responde: "A nossa vida está cheia de reprises."

As cenas de conjunto, em geral cantadas pelas personagens, são polifonicamente ricas e, em alguns casos, lembram a variedade de textura da comédia italiana pós-*Falstaff*: o Mascagni de *Le Maschere*, o Wolf-Ferrari das comédias goldonianas. Em contraste, ao coro incumbem passagens homofônicas, muitas vezes *a cappella*, contendo comentários distanciados e de efeito satírico. No final, muito dramático, o menino afoga a irmãzinha, que está brincando na fonte e, em seguida, mata-se com um tiro. Apavorado, o diretor diz: "Fechem o livro. Acabou!" A resposta é uma gargalhada escarninha da Enteada, que vem do escuro. O diretor pergunta: "O que é isso. Há alguém aí?", e o coro entoa, em latim, um trecho da *Missa de Réquiem*, enquanto a luz se extingue lentamente no palco vazio e a orquestra, no momento mais dramático da partitura, explode numa peroração de estilo deliberadamente verista. Pergunta Elise Kirk:

Estará Weisgall nos dizendo que a arte da ópera nos permite ver-nos como realmente somos, encontrar dentro de nós as emoções apaixonadas escondidas debaixo das máscaras superficiais que envergamos na vida quotidiana?

Este é um final poderoso e trágico. Mas esta ópera baseada em Pirandello, para a qual Weisgall inspirou-se muito nas arlequinadas da

Commedia dell'Arte, tem também seus momentos de comédia de humor negro. Começa com o Mezzo cantando um arioso atonal e de caráter expressionista, sobre um porco que pertencia a Santo Antônio. E o Acompanhador comenta: "Mesmo com as notas certas, é ruim demais." Ao longo de toda a ópera, Weisgall capta bem a mistura de tragédia e humor que há no texto de Pirandello, fazendo os registros mudarem rapidamente do sério para o bufo. Numa das cenas capitais da peça, a da sedução do Filho, surge de repente a figura sinistra de Mme Pace, a dona de um bordel – e o Contra-regra, num scherzo acompanhado pelo pizzicato das cordas, comenta: "Isso não passa de um truque tolo."

Venus and Adonis (1980), de proporções camerísticas, adapta a peça de André Obey[3] inspirada pelo poema narrativo de Shakespeare, e é uma partitura apaixonada, de contornos sensuais muito nítidos. Já *Nine Rivers from Jordan* (Nova York, 9.10.1968) é uma ópera de grandes proporções, recorrendo a técnicas de encenação provenientes do cinema, e discutindo episódios ocorridos durante a II Guerra do ponto de vista de suas implicações éticas. Por envolver lembranças pessoais do compositor, é uma obra vibrante de indignação e um manifesto pacifista. Weisgall escreveu ainda *Jenny or The Hundred Nights* (1976), a partir de uma peça de teatro Noh de Yukio Mishima, cuja ação transferiu para o século XIX. *Athaliah* (1964) e *Esther* (1993), ambas baseadas em textos de Racine, estão marcadas, de um lado, pela preocupação do autor com as questões morais e, do outro, com a tradição bíblica, sobretudo como ela se reflete na grande literatura do século XVII.

Esther foi apresentada pela New York City Opera, em 3 de outubro de 1996, com Lauren Flanigan, Robynne Redmon, Joyce Castle, Eugene Perry, Allan Glassman e outros. Fez parte de um ciclo dedicado a figuras femininas marcantes, que incluía *Marilyn*, de Ezra

Laderman, e *Griffelkin*, de Lukas Foss (adaptando para o palco uma ópera de 1995, originalmente escrita para a televisão).

A jovem judia Esther foi levada para o harém do rei Xerxes. Seu tio, Mordecai, descobre que há planos de um atentado contra o soberano e o adverte do perigo, o que faz Xerxes ficar muito grato a ele. Cheio de inveja do favor de que Mordecai passou a desfrutar, o primeiro-ministro Haman resolve destruí-lo e ao povo judeu. Como não sabe que Mordecai é judeu, Xerxes concorda com o plano de Haman. Mas apaixona-se por Esther e promete satisfazer um desejo seu. Percebendo que o destino de seu povo está em suas mãos, ela revela ao rei que é judia, pede compaixão para seu povo e o castigo de Haman, que deve ser executado, juntamente com seus dez filhos. Como o seu decreto anterior contra os judeus não pode mais ser revogado, Xerxes ordena que lhes sejam dadas armas, para que se defendam dos homens de Haman. Este é derrotado, enforcado, Xerxes nomeia Mordecai seu primeiro-ministro e toma Esther como esposa.

A crítica foi unânime em reconhecer que a obra de Weisgall, com libreto de Charles Kondek, era a mais bem-sucedida das três. Foi apontado, em especial, o agudo senso de caracterização do autor por meios especificamente musicais: as melodias amplas e líricas da protagonista, o estilo solemente declamatório de Haman, e as linhas angulosas e irregulares de Zeresh, a mulher de Haman. O coro, nessa ópera, desempenha papel fundamental: é ele, como personagem coletiva, quem motiva Esther e a impulsiona a agir.

A linguagem musical é muito pessoal: há elementos seriais que nunca chegam a ser inteiramente atonais, pois centros tonais claros ajudam a restabelecer a estabilidade harmônica, apesar das dissonâncias utilizadas sempre com finalidades dramáticas precisas. O efeito vincula *Esther* à estética do período expressionista. A escrita vocal tem prosódia muito fluida.

Andréa Broido e David Trombley, membros do Opera Ensemble de Nova York, cantaram, em 8 de março de 1989, sob a regência de Donald Johnston, a estréia de *Will You Marry Me?*, comédia em um ato que Charles Kondek

---

3. O francês André Obey é o autor de *Le Viol de Lucrèce*, adaptada tanto por Ottorino Respighi em sua última ópera, *Lucrezia*, quanto por Benjamin Britten em *The Rape of Lucretia*.

adaptara da peça *A Marriage Has Been Arranged*, de Alfred Sutro. Essa peça curta ilustra a veia ligeira de Weisgall, não tão hábil quanto nos assuntos sérios mas, assim mesmo, capaz de produzir uma partitura ágil, com alguns momentos engraçados.

Na varanda de um clube, durante uma festa, um solteirão rico, mas vulgar, diz a uma jovem que a família de ambos tem planos para que eles se casem. Ofendida com a maneira à queima-roupa como ele lhe dá aquela notícia, a jovem recusa. Os dois discutem e, durante a briga, descobrem que ambos estiveram apaixonados por alguém e foram abandonados. O homem confessa que quer se casar apenas para evitar os aborrecimentos trazidos por uma quebra de promessa, e diz estar disposto a desposar quem ela lhe indicar. A mulher finge lhe contar a história de uma amiga que foi abandonada pelo namorado, mas ele percebe que é dela mesma que a moça está falando e, subitamente, parece muito interessado. Reconciliando-se e sentindo que estão se interessando um pelo outro, os dois já estão fazendo planos para a lua-de-mel na hora que saem da varanda.

Diz Nicholas Slonimsky a respeito de Weisgall:

> Sua música constitui o exemplo típico do modernismo esclarecido mas inofensivo; ele é um mestre de todos os idiomas musicais, sem se ligar a nenhum deles. Em suas obras, nunca deixa de executar o que tencionava; e é por essa razão que a platéia, de um modo geral, aceita bem a sua música, ainda que não aconteça o mesmo com a crítica.

É mais equilibrada a opinião de Gerald Hall no *Penguin Opera Guide*:

> Weisgall trouxe consigo, para os Estados Unidos, a reverência pela tradição européia. Pouca coisa, em sua produção, revela lealdade cultural em relação ao país que o adotou. Onde o seu patriotismo artístico se revelava era na firme convicção de que ópera podia ser cantada em inglês, e em sua crença no poder da educação musical. Sua música é, com freqüência, mais rigorosa e tecnicamente brilhante do que a de seus colegas, e isso, juntamente com a base intelectual sólida de muitas de suas obras, pode ter sido a causa para o lento processo de apreciação pelo público. Por outro lado, o seu impulso teatral é forte, e o seu estilo, que se adapta cuidadosamente a cada um de seus temas, sem com isso perder a sua própria identidade, é altamente gratificante. No que tem de melhor, a música de Weisgall combina complexidade e

substância. Embora não seja o compositor americano de ópera mais famoso de seu período, a qualidade de sua produção pode, a longo prazo, elevar a sua fama e reputação acima do nível atual.

Kurka

Filho de imigrantes tchecos, Robert Kurka (1921-1957) nasceu em Cícero, no Illinois. Foi aluno de violino de Kathleen Parlow e Hans Letz; e estudou composição com Otto Luening e Darius Milhaud. Morreu prematuramente, de leucemia, e não chegou a assistir à estréia de sua única ópera, *The Good Soldier Schweik*, no New York City Center, em 23 de abril de 1958, diante de uma platéia que reagiu perplexa a certos aspectos, na época insólitos, da partitura. "Onde estão as cordas?", perguntou um crítico, estranhando a orquestra de dezesseis instrumentos, em que há apenas sopros e percussões.

Schweik fez muito mais sucesso na Alemanha ao ser cantada, no ano seguinte, em Dresden e na Komische Oper de Berlim (numa montagem famosa de Walter Felsenstein). Depois disso, foi melhor recebida em casa e, em 1997, o *Metropolitan Opera Guide* dizia que, "à exceção de Philip Glass, poucos compositores americanos, desde Virgil Thomson, reuniram séqüito tão fiel de seguidores". Várias produções foram realizadas: uma delas é a de abril de 2001, do Chicago Opera Theater, sob a regência de Alexander Platt, em Ravinia, no Illinois, gravada pelo selo Cedille Records. Foi muito bem recebida, em 2003, a apresentação da ópera no festival da companhia Glimmerglass Opera, em Cooperstown.

O Bom Soldado Schweik baseia-se num dos livros mais conhecidos da literatura tcheca: a popularíssima novela antimilitarista de Jaroslav Hašek (1883-1923) que, deixada incompleta, só foi publicada depois de sua morte. Famoso, na boêmia intelectual de Praga, pela sua irreverência e senso de humor – foi ele quem sugeriu a criação do PPMLL, o Partido do Progresso Moderado nos Limites da Lei –, Hašek desertou do exército austríaco e se alistou nas forças tchecas que lutavam, na Rússia, ao lado das tropas bolcheviques. Em 1918, inscreveu-se no Partido Comunista e serviu como comissário no Exército Vermelho. Em 1921, voltando para Praga, deu início à sua novela, que não conseguiu terminar, pois sua saúde estava minada pelo alcoolismo.

Schweik tem sido interpretado de várias maneiras: como o "zé-povinho" que usa de esperteza para lutar contras as imposições absurdas do regime; como o patriota tcheco que ridiculariza o opressor austríaco; ou simplesmente como uma figura anárquica de marginalizado social. Na verdade, há nele um pouco de cada uma dessas categorias. O que faz a riqueza da obra de Hašek – e a torna muito adequada para uma ópera cômica – é a ambivalência do anti-herói. Ao fim e ao cabo, Schweik é o homem comum que consegue sobreviver a uma hecatombe como *La Grande Guerre*, com seus nove milhões de mortos. Como o *Pasqualino Sette Bellezze* do filme de Lina Wertmüller, ele é um testemunho do amor que o ser humano tem pela vida, e da capacidade que possui de preservá-la, até mesmo nas situações mais ingratas. Talvez não seja coincidência o fato de Hašek, o criador desse quixotesco eterno sobrevivente, ter nascido em Praga no mesmo ano que Franz Kafka (1883); e de ambos terem morrido com apenas um ano de diferença (Kafka em 1924). E é perfeitamente possível imaginarmos Joseph K., a caminho do Castelo, cruzando com o bom soldado Schweik na Ponte Carlos.

Kurka colaborou, na redação do libreto, com Lewis Allan. Este é, na verdade, o pseudônimo do letrista Abel Meeropol, famoso por ter escrito o texto de *Strange Fruit*, canção denunciando a prática do linchamento; e também por ter adotado os filhos de Julius e Ethel Rosenberg, depois da execução desse casal acusado de espionagem. Meeropol teve de assinar o libreto com pseudônimo pois, na época, estava na lista negra do maccarthismo – fase amarga na história americana, de que encontramos ecos inequívocos na ação da ópera. De formato basicamente neoclássico, mas incorporando folclore, jazz e ritmos militares, a música de Kurka sofre influências variadas, que assimila de forma bastante pessoal: a do teatro político de Kurt Weill, em que tem muito peso as formas da música berlinense de cabaré; a do Stravinski da *Histoire du Soldat*; e a de seu mestre Darius Milhaud. Mas há também duas outras influências a registrar:

- a da estrutura episódica, de cenas curtas e auto-contidas, do *Wozzeck,* de Alban Berg, utilizada com muita habilidade por Kurka-Lewis;
- e a do irreverente pacifismo da *Comédia na Ponte*, de Bohuslav Martinů – com a qual Kurka estava familiarizado, não só por causa de suas origens tchecas, mas também porque essa ópera fez muito sucesso ao ser cantada nos Estados Unidos em 1951.

A mistura de marcha dissonante e música lírica da abertura descreve a vida em Praga na véspera da guerra. Um Prólogo, que se apresenta como "um cavaleiro do Reino da Boêmia", começa a apresentar a ópera falando tcheco. Depois, percebe que está diante de uma platéia americana, desculpa-se, e recomeça em inglês. Descreve o bom soldado Schweik: "Homem comum, o tipo do qual é fácil gostar. Franco e sincero, reto como uma régua. Modesto, simples, mas nunca se deixa enganar." A voz de um pequeno jornaleiro o interrompe, anunciando o assassinato do arquiduque Ferdinando, em Sarajevo. A I Guerra Mundial vai começar.

Em seu apartamento, quando a faxineira, Frau Müller, comenta com ele que Ferdinando foi morto, Schweik pergunta: "Que Ferdinando? Conheço o que cata lixo e aquele outro, que bebeu loção para cabelo por engano." Schweik vai à taverna de Palivec, vizinha à sua casa, e ali é interrogado por Bretschneider, agente secreto a paisana. Suas demonstrações de lealdade ao imperador são tão exageradas que o espião, desconfiado, o prende e leva-o à delegacia, onde os policiais dançam ao som de uma música estridente. Schweik fica tão impressionado com a lista de acusações que lhe fazem, que confessa tudo e é levado para a prisão – onde os condenados, entre os quais está Palivec, cantam um *blues* proclamando sua inocência. Schweik elogia os benefícios das inovações recentemente introduzidas no sistema penitenciário, e os guardas, certos de que está louco, decidem mandá-lo ao psiquiatra.

No hospício, após a "Pantomima do Comportamento Peculiar", encenada pelos internos, Schweik entoa o elogio da vida nesse tipo de instituição: "When you're in here, you can do anything, you are free to laugh and dance and

sing...". Segue-se um *furiant* – a dança folclórica tcheca, de ritmo muito vivo –, do qual todos os pacientes participam. Dois médicos
examinam os reflexos de Schweik e, quando
ele canta o sentido lamento "Who will go to
the war when it comes?", convencem-se de que
ele é pobre de espírito, e deixam-no ir embora. De volta à casa, ele diz a Frau Müller que
foi convocado e está disposto a servir, apesar
de sofrer de reumatismo: "À exceção das pernas, sou carne de canhão das mais aceitáveis
e, numa hora dessas, em que o país mais precisa de nós, até os aleijados têm de assumir
seu posto!" O ato I termina com uma burlesca
parada em que Schweik, numa cadeira de rodas, brandindo no ar suas muletas, é aclamado
entusiasticamente pela multidão.

O prelúdio ao ato II, tocado pelas percussões, sugere a marcha de um exército que tenta manter o passo mas, aos poucos, vai sendo
vencido pelo cansaço e o desânimo. O reumatismo levou Schweik à enfermaria do acampamento, onde os soldados cantam, descrevendo as auto-mutilações que se infligiram, na
tentativa de serem dispensados. Depois de examinar ceticamente o reumatismo de Schweik,
o médico canta a sarcástica ária "We know how
to cure your ills":

Sabemos como curar todos os seus males de maneira muito científica. Todos os espertinhos que encontramos reagem muito bem ao tratamento quando você
faz neles três lavagens intestinais por dia.

Chega a baronesa von Botzenheim, ben-
feitora que visita os hospitais militares, lou-
vando o patriotismo dos soldados feridos e trazendo para eles todo tipo de guloseimas. Ao
ver a voracidade com que eles se atiram à comida, o médico diz que isso prova estarem em
perfeitas condições de lutar, e entrega-os todos à prisão militar. Ali, Schweik entoa a delicada canção "I always thought the army was
the place to settle down", acompanhado pela
ode à vida militar cantada pelos outros presos:

No exército, a gente tem um diabo de uma vida
infernal! Se uma bala me pegar, mande a medalha para a
minha mulher.

Mais tarde, na capela da prisão, o capelão
Otto Katz os recrimina por seus pecados, e

Schweik chora de arrependimento. A aparente devoção daquele soldado faz com que Katz
o contrate como seu ordenança – trabalho de
curta duração, pois o religioso logo o perde,
num jogo de cartas, para o tenente Henry
Lukash. Mas ao voltar para casa, no dia seguinte, Lukash se arrepende do negócio que
fez, pois Schweik lhe conta que abriu a gaiola
do canário, "para promover as melhores relações deste com o gato"; e este, naturalmente,
"engoliu-o de uma bocada só, até a última
peninha da cauda". Por causa disso, Schweik
expulsou o gato de casa, e substituiu-o por um
cachorro – que é enorme e atira-se sobre
Lukash, sujando todo o seu uniforme. Em seguida, Schweik informa ao tenente que Katy,
a sua amante, "chegou de mala e cuia, dizendo que veio para ficar" e, agora, está dormindo
em seu quarto. Mas ele não deve se preocupar:

Percebi que o senhor não queria se envolver, e man-
dei chamar o marido dela pois, assim, eles resolvem as
coisas lá entre eles.

Katy aparece, e o romântico trio "Henry,
darling, my sweetest boy" é interrompido, primeiro pelo cão, que se atira sobre a moça; depois, pelo coronel Kraus von Zillergut, o dono
do animal, que vem buscá-lo; e, finalmente por
Wendel, o marido de Katy, à procura dela – e a
cena culmina num hilariante sexteto (em que
o sexto cantor é o cão!). Katy, fugindo do marido, corre para a rua, perseguida por Wendel
e o cachorro. Antes de ir atrás deles, o coronel, furioso, ordena a Lukash e a Schweik que
sigam para a frente de batalha.

Mas os infortúnios de Lukash não termi-
nam aí. No trem que os leva para a frente de
batalha, Schweik zomba de um careca: "Um
médico escreveu, uma vez, que a queda de cabelo indica perturbação mental". Este, na verdade o general von Schwarzburg em viagem
secreta de inspecção da tropa, recrimina Lukash
por deixar seu ordenança ter comportamento
tão inadequado. O tenente chama a atenção de
Schweik que, ao lhe fazer uma continência elaborada, esbarra sem querer na alavanca de
emergência e faz o trem parar. O chefe do trem
surpreende Schweik com a boca na botija, a
mão ainda na alavanca, e leva-o preso.

No terraço de um café, numa cidadezinha
perto da frente de batalha, Lukash está escre-

vendo um bilhete para sua próxima candidata a namorada ("Dear madam, even though we've never met"); e o tom lírico da carta é interrompido, a todo momento, pelos comentários lúbricos que ele mesmo faz, em tom de jazz. Schweik aparece na porta do café, fazendo Lukash estremecer de horror. Apesar disso, confia a carta ao ordenança, dizendo-lhe que a entregue a Mme Kákonyi, "e a ninguém mais", na Rua Soprony n. 16. Porém, a caminho do endereço de Mme Kákonyi, Schweik encontra-se com seu velho amigo Voditchka, que o convence a vir tomar um trago na taverna do Carneiro Vermelho – onde eles cantam as vantagens de uma "boca-livre" e dançam uma endiabrada polca.

Finalmente, já meio cambaleantes, resolvem ir entregar o bilhete galante. Mas é o sr. Kákonyi quem abre a porta e, desconfiado, arranca a carta das mãos de Schweik. A luta pela posse do envelope transforma-se em uma enorme confusão, pois gente que passava na rua resolve intervir. Quando a briga chega ao auge, Schweik dá um jeito de recuperar a carta, coloca-a na boca, mastiga-a e engole.

Numa trincheira, Lukash agradece a Schweik por ter dado sumiço na carta, e ordena-lhe que vá patrulhar a linha de frente. A cena transfere-se para uma paisagem devastada, com troncos de árvore calcinados, pela qual passa um grupo de soldados esfarrapados, cantando em coro "No sound of drums when they come", sobre a falta de sentido de morrer na guerra. Schweik surge em companhia do sargento Vanek que, irritado com a sua moleza, deixa-o para trás e continua a patrulha sozinho. Depois da ária "I'll take a quiet road", de tom delicadamente pastoral, o bom soldado Schweik observa: "Para observar os pássaros e as borboletas, não vou precisar de pistola." Joga a arma fora e, como Carlitos, na cena final de *Tempos Modernos*, dirige-se, de mãos no bolso, pela estrada que se perde no horizonte, até sumir na distância. Volta o Cavalheiro da Boêmia que tínhamos visto no início. Dirigindo-se à platéia, ele fala o epílogo:

Schweik, Schweik, where did he go?
He just disappeared, that's all we know.
Some say they saw him, at a much later day,
sipping a drink at a little café.
And others will swear he was seen on the street
and lost in the crowd before they could meet.
Schweik, Schweik, the good soldier Schweik,
the kind of fellow that fellow men like.
In one place or other he's sure to be found.
I wouldn't be surprised if he's somewhere around.

(Schweik, Schweik, onde é que ele foi? Sumiu do mapa, é tudo o que a gente sabe. Há quem diga que o viu, tempos depois, tomando um drinque num pequeno café. Outros juram que o viram na rua, mas ele se perdeu na multidão antes que pudessem se encontrar. Schweik, Schweik, o bom Schweik, o tipo do cara de quem seus semelhantes gostam. Em algum lugar ele há de ser encontrado. Eu não ficaria surpreso se ele andasse por aí.)

Além dessa ópera originalíssima – que faz lamentar a morte ter interrompido tão cedo a obra de um músico com evidente senso de teatro – Kurka é também o autor de duas sinfonias; do *Concerto para Violino*; do *Concerto para Dois Pianos, Trompete e Orquestra de Cordas*; da *Balada para Trompa e Cordas*; e de vasta música de câmara, peças para piano, peças corais.

Rorem

A paixão, desde muito cedo, pela música para piano de Debussy e Ravel marcou os estudos musicais de Ned Rorem, nascido em Richmond, Indiana, em 1923. Aluno de Leo Sowerby em Chicago, Rorem estudou também com Bernhard Wagenaar e Aaron Copland (composição), além de Virgil Thomson (orquestração).

Morou no Marrocos de 1949 a 1951, e isso deixou um sabor exótico em alguns de seus recortes melódicos. Mudou-se para Paris permanecendo até 1957; teve aulas com Honegger, e fez amizade com Poulenc, Auric e Cocteau. É grande a influência dos modernistas franceses, especialmente nas canções, que constituem a parte mais interessante de sua produção: ele é considerado o mais importante autor de *art songs* de sua geração. Rorem tem uma sensibilidade natural para promover o encontro entre a linha vocal e a prosódia do texto – muitos deles de poetas franceses, língua cujas sutilezas de dicção domina perfeitamente. São muito elegantes também as canções que esse convicto autor de música diatônica – que não se privou de discretos namoros com a música atonal – escreveu sobre poemas ingleses e americanos. No selo Naxos, há um excelente panorama da *art song* de Rorem, em que o compositor acompanha ao piano o soprano Carole Farley.

Devido a seu interesse predominante pela canção, a ópera ocupa papel relativamente secundário na produção de Rorem; e suas obras para o palco são em pequena escala. A única exceção é *Miss Julie*, com libreto de Kenward Elmslie, a partir da peça de August Strindberg (1888). Originalmente em dois atos, foi estreada no New York City Center em 4 de novembro de 1965, com Marguerite Willauer (Julie), Donald Gramm (John), Elaine Bonazzi (Christine), Richard Krause (Niels) e outros. Uma versão revista, em um ato, foi apresentada em 1979 no Lyric Theater de Nova York. O selo Painted Smiles lançou, em 1980, uma seleção de trechos ao vivo desse espetáculo. O Newport Classics tem a gravação ao vivo de uma apresentação na Manhattan School of Music, em 1990 (Fried, Sarris, Torre, Blackburn/Gilbert).

Em 1880, na ausência do Conde, seu pai, Julie está dando uma festa na propriedade de campo da família, para celebrar a chegada do verão. Insatisfeita com a vida sufocante que leva, e com Niels, o noivo aborrecido que lhe impuseram, ela seduz John, o cavalariço de seu pai, diante de Christine, a noiva desse empregado da casa. John a possui mas, depois, como a mulher que realmente lhe interessa é a noiva, ele a despreza. Percebendo que o fosso social e financeiro entre eles faz com que não passe de uma fantasia a idéia de fugirem juntos, e irem passar a lua-de-mel às margens do Lago de Como, Julie rouba a navalha de John, vai para o jardim, e se mata.

A concentrada peça de Strindberg, um estudo muito sombrio das diferenças sociais e do efeito da repressão sobre o comportamento sexual dos indivíduos, exigiria uma caracterização musical mais forte, e um ritmo dramático mais intenso do que o que Rorem consegue dar à sua obra (nesse sentido, a versão em um ato é superior à original). As cenas líricas são muito bonitas e a orquestração é sempre bem cuidada. Mas o libreto de Emslie é muito palavroso – um pecado em que ele não incorre no de *Lizzie Borden*, escrito para Jack Beeson (ver mais adiante). E a falta de dinamismo em

determinadas passagens sempre constituiu uma barreira ao real sucesso da ópera.

Para o palco, Rorem escreveu também *Cain and Abel* (1946); *A Childhood Miracle* (1951); *The Robbers* (1958); *Bertha* (1968); *Three Sisters Who Are Not Sisters* (1968); *Fables* (1971) e *Hearing* (1977), todas em um ato. Digna de menção especial é *Bertha*, escrita em 1968 com libreto de Kenneth Koch, baseado numa peça de sua própria autoria, e estreado no Alice Tully Hall, de Nova York, em 26 de novembro de 1973, com Beverly Wolff no papel-título. A ópera é escrita para acompanhamento de piano, e seis solistas – soprano, tenor e três baixos – revezam-se nos dezesseis papéis de apoio ao mezzo que cria o papel de Bertha, rainha norueguesa enlouquecida, que manda decapitar seu tutor, acusando-o de traição, dissolve o Conselho da nobreza, declara uma guerra absurda contra a Escócia, e morre durante uma de suas crises de insanidade. Falando da ópera, disse Rorem:

> Em estilo, o texto, com seu tom pseudo-elizabetano, satiriza as peças de Shakespeare sobre os reis da Inglaterra; quanto ao assunto, com seu retrato desvairado da monarquia absoluta, ele satiriza a barbárie civilizada contemporânea. *Bertha* pode ser interpretada por um elenco imenso, ou por um grupo pequeno de cantores. Levando em conta a ironia com que as situações grandiosas são representadas, e o fator anti-retórico de o acompanhamento ser feito apenas por um piano, considerei a economia a palavra de ordem. Por esse motivo usei apenas seis solistas para fazer os dezesseis papéis.

Retomada em alguns teatros universitários ou de conservatório, *Bertha* foi bem recebido quando a Wolf Trap Opera Company de Vienna (VA) a montou, em 1984. O selo Newport Classics tem gravações do *Milagre da Infância* e das *Três Irmãs que Não São Irmãs*, ambas feitas ao vivo num programa duplo de 1994.

Fora do domínio da ópera e das canções, vale a pena mencionar as três sinfonias (1951-1959) de Ned Rorem – gravadas por José Serebrier para o selo Naxos, com a Sinfônica de Bornemouth –, os três concertos para piano (1950-1970), a *Sinfonia para Madeiras e Percussão* (1957), *The Poet's Requiem* (1957), os poemas sinfônicos *Eagles* (1959) e *Assembly and Fall* (1975); e a *Air Music* (1975), encomendada para comemorar o centenário da Sinfônica de Cincinnati, e que lhe valeu o Prêmio Pulitzer no ano seguinte. De opiniões muito polêmicas e invariavelmente franco quanto a seu comportamento de homossexual assumido, Rorem é um escritor prolífico e sabe fazer com graça, irreverência – e freqüentemente indiscrição – a sua autobiografia. Seus livros são documentos curiosos para conhecer os bastidores da vida musical americana. Ele publicou *Paris Diary* (1966), *New York Diary* (1967), *Critical Affairs* (1970), *The Final Diary* (1974), *Pure Contraption: a Composer's Essays* (1974) e *Essays and a Diary* (1983).

Beeson

Aos doze anos, entusiasmado com as transmissões radiofônicas do Metropolitan de Nova York, o estudante de piano Jack Hamilton Beeson (1921), que morava em Muncie, no Indiana, resolveu dedicar-se à composição de ópera. Nos seis anos seguintes, Jack Beeson escreveu três libretos, para os quais compôs alguns fragmentos de música. Seus estudos foram feitos com Howard Hanson, na Eastman School of Music. Entre 1944-1945, ele teve também aulas particulares com Béla Bartók em Nova York.

Resultado da experiência prática adquirida no Columbia University Opera Workshop, *Jonah* foi a sua primeira ópera (1950), com libreto que ele próprio escreveu. Beeson conseguiu encenar, em 1957, com recursos próprios, *Hello Out There*, cujo libreto extraíra de uma peça de William Saroyan. Essa ópera, a primeira de uma série que toma como inspiração aspectos típicos da vida americana, marca o início de sua carreira como compositor. Há dela, no selo BCD, uma gravação feita na época da estréia. Seguiu-se o primeiro sucesso, *The Sweet Bye and Bye*, cantada no Juilliard Concert Hall de Nova York, em 21 de novembro de 1957. Kenward Emslie é o autor do libreto dessa sátira a uma das mais típicas manias americanas: as seitas evangélicas.

A líder de uma dessas seitas, Lifeshine Flock, é a Irmã Rose Ora Easter, venerada pelos crentes seus seguidores, que vêem nela uma criatura de irrepreensível pureza, inacessível às vis tentações da carne. Não sabem, porém,

que Rose é a amante de Billy, gângster cheio de lábia. Um dia, os dois fogem, levando US$ 30.000 do caixa da igreja. A ópera mostra as tentativas infrutíferas de Mother Rainey, mãe adotiva de Rose e criadora da seita, de fazê-la voltar, pois sua ausência está fazendo um negócio extremamente lucrativo dar com os burros n'água. O uso de hinos religiosos tradicionais e o pastiche da música popular da década de 1920 tornam muito colorida essa denúncia da hipocrisia religiosa e da exploração comercial da crendice alheia. É uma das peças dramaticamente mais concisas de Beeson. O selo CRI tem uma gravação feita em 1972 no Kansas City Lyric Theater.

Em 1965, Beeson foi nomeado professor na Universidade de Columbia, cargo que exerceria até 1988. No ano em que assumiu essa função, produziu a sua obra mais conhecida: *Lizzie Borden*, estreada no City Center of Music and Drama, de Nova York, em 25 de março de 1965. No selo CRI, existe uma gravação de 1979, no New York City Opera, com o elenco da criação: Brenda Lewis no papel principal, Herbert Beatty e Ellen Faull como o pai e a madrasta, Ann Elgar (Margaret, a irmã mais nova) e Richard Fredericks (Jason). Anton Coppola é o regente.

O libreto de Kenward Emslie teve como ponto de partida um roteiro sugerido a Beeson por Richard Plant, professor de alemão emigrado para os EUA, cujos pais tinham-se suicidado, durante a II Guerra Mundial, para escapar da perseguição nazista. Plant reconstitui um fato real que causou sensação em 1892: a história da respeitável professora de uma escola dominical em Fall River, Massachusetts, processada – e absolvida por falta de provas – pela acusação de ter assassinado o pai e a madrasta com um machado. Esse crime escabroso inspirou livros, a peça *Nine Pine Streets*, estrelada por Lilian Gish, e o balé *Fall River Legend*, de Agnes de Mille.

Elmslie é o autor do libreto para duas obras que estrearam no New York City Opera com apenas oito meses de diferença, e cujo tema é aparentado. Na *Miss Julie* de Ned Rorem, a personagem criada por Strindberg reage à vida sufocante que leva, entregando-se ao rapaz que trabalha no estábulo de sua casa; depois, suicida-se ao dar-se conta de que, para ele, aquilo não passou de uma aventura sexual sem conseqüências. Quanto a miss Borden – embora nunca considerada oficialmente insana –, ela é vista, pelo libretista e o compositor, como o caso típico da mulher oprimida pelo ambiente em que vive e que, devido a ele, mergulha numa forma selvagem e autodestrutiva de loucura.

Beeson chamou de "a Family Portrait in Three Acts" a história dessa solteirona dilacerada por suas relações com o pai, um banqueiro avarento e insensível, e com Abigail, a madrasta cruel e mesquinha, que desconta nela suas próprias razões para sentir-se frustrada. É cruel a forma como, no início da ópera, Andrew humilha a filha, que está dirigindo um ensaio do coral da igreja, ao recusar-lhe dinheiro para fazer uma doação às obras de caridade da igreja. Ele não tem tampouco, consciência da mágoa que causa a Lizzie, ao fazer desaparecer de casa, a pedido de Abigail, tudo o que lembra Evangeline, a sua primeira esposa.

Na sua versão, Elmslie inventou a figura de Jason MacFarlane, o atraente capitão da Marinha pelo qual Margaret, a irmã mais nova de Lizzie, está apaixonada. A personagem-título, solteirona e, aos 32 anos, condenada a não se casar mais, sente-se atraída por Jason, bonito e jovem. E fica humilhadíssima quando a Jason, que veio pedir a mão de Margaret, Andrew pergunta, em tom zombeteiro, por que ele não prefere a mais velha. Lizzie fica mortificada e frustrada pois, de forma muito sincera, Jason dá a entender que não tem interesse algum por ela. A caçula, inteiramente concentrada na paixão pelo namorado, não dá a mínima para o que acontece com Lizzie, e nem se dá conta de que a irmã mais velha está literalmente implodindo.

Quando percebe que Margaret está se preparando para fugir com Jason e casar-se às escondidas, já que Borden recusou a permissão para o matrimônio, Lizzie fica num estado delirante. Coloca o vestido de noiva de sua mãe, fantasiando que é ela quem vai casar-se com Jason. Surpreendida por Abbie, que zomba dela, ameaçando contar ao pai o que ela fez e, depois, a trata como criada, dando-lhe a ordem de pôr a mesa para o jantar enquanto ela faz a sesta, Lizzie pega o machado dependurado na parede, e entra no quarto da madrasta.

Sai, daí a pouco, com o vestido todo manchado de sangue e, com um ar sonâmbulo, sobe as escadas rumo ao quarto do pai.

Elmslie eliminou a figura da empregada dos Borden, que tinha com Lizzie uma relação homossexual. Num debate sobre a ópera, em julho de 1996, na New York State Historical Society, o próprio Jack Beeson mostrou os jornais de Fall River que, na época do processo, noticiaram o fato de Abigail tê-las surpreendido nuas na cama. Evitar o risco de um escândalo poderia ter sido a causa para o crime. Mas isso reduziria o crime a uma motivação concreta que eliminaria a idéia, dramaticamente mais rica, do desmoronamento psicológico causado pela repressão. É muito mais interessante o móvel do crime – não mostrado explicitamente em cena, mas sugerido quando Lizzie aparece em cena com o vestido banhado em sangue – ser atribuído ao processo de loucura por que ela está passando.

Desde a primeira cena, sente-se o ambiente pesado em que Lizzie vive. Assim que a ópera começa, vemos Borden recusar-se a comprar um vestido novo para a filha, mandando-a ir buscar, no baú do sótão, alguma roupa antiga de sua mãe que possa ser reaproveitada. Na ária de Margaret, "In the garden the flowers wither and die", essa Crisótemis de subúrbio expressa a necessidade de liberdade que tem. Mas a ela, jovem e bonita, ainda resta a esperança de conseguir sair de casa, ao casar-se com Jason. A balada que Abigail, vestida com um requinte que nega às enteadas, canta no início do ato II, acompanhando-se num harmônio que tem uma tecla quebrada, mostra-a igualmente presa a uma situação sem saída; e de tal forma absorta em sua própria desesperança, que fica totalmente indiferente ao destino das filhas de seu marido.

Dilacerante é, no ato II, a ária "I'll breathe water", de Lizzie. Esse lamento segue-se à seqüência impiedosa em que Andrew Borden zomba da filha: ela é quem deveria casar-se com Jason mas, aos 32 anos, não encontrará mais homem algum que a deseje. A alienação de Lizzie fica clara durante o virtuosístico quinteto do ato II: embora aparentemente ela participe da conversa com a família, na sala de visitas, sua linha de canto a isola, fechando-a dentro de um mundo impermeável à presença dos outros.

Phyllis Pancella na cena de loucura da *Lizzie Borden* de Jack Beeson, na montagem de 1996 da Glimmerglass Opera.

A ópera tem um final de grande concentração dramática, eficiente pela sugestão, mais do que pela exibição explícita da tragédia. Depois do crime cometido nos bastidores, Lizzie senta-se imóvel, na sala de visitas e, lá de fora, vem o coro dos meninos aos quais, no início da ópera, ela estava ensinando hinos de igreja. É zombeteiro o canto das crianças, e isso adiciona um toque surrealista de humor negro ao caráter quase irreal da cena, dominada pela total loucura em que a personagem mergulhou.

O caráter de Lizzie tem tudo para que Beeson o transforme num papel de meio-soprano muito forte, excelente oportunidade para uma cantora-atriz de talento. A necessidade de expressar as tensões emocionais explosivas em casa dos Borden faz com que o nível de dissonância, nessa partitura, seja maior do que nas óperas precedentes – como no caso dos monólogos de Lizzie em estilo de *speech-song*, com um colorido atonal muito forte. Isso contrasta com as harmonias simples e as melodias derivadas de hinos religiosos, valsas, baladas de salão e canções folclóricas. Os timbres orquestrais entrelaçam-se às linhas de canto, e estão presentes diversos *leitmotive* que vão se empilhando, à medida que o processo de loucura de Lizzie se acentua.

Um crítico como George Hall tende a considerar o resultado um tanto sem sutileza. Mas admite que Beeson possui a capacidade para desenhar claramente o perfil de suas personagens e de fazer de *Lizzie Borden* um espetáculo teatralmente fluente. Isso ficou demonstrado, em 1996, na montagem que John Conklin fez para a Glimmerglass Opera. Ficou famoso o cenário que imaginou, com paredes que vão progressivamente se fechando em torno da personagem, refletindo as primeiras palavras de seu monólogo de loucura: "Walls! Walls! All these many walls!" No programa do espetáculo, Rhoda Levine, que o dirigiu, escreve:

Acho que esta é uma ópera bem contemporânea, pois trata de questões muito atuais: como nos transformamos uns aos outros em vítimas; como frequentemente fazemos chegar aos outros mensagens ambíguas; como nos recusamos a ouvir o que os outros estão dizendo. Quando o pai acaricia os ombros de Lizzie, não sabemos por que o está fazendo. Ele lhe está mandando – e a nós também – uma mensagem que não está clara. Mas cada um deles tem certeza do que quer, e é isso que cria a tensão, o atrito, a motivação para a história. [...] A ópera ajuda a platéia a entender como era o papel da mulher na sociedade vitoriana. Naquela época, era inconcebível que uma mulher com o status social da família Borden cometesse crime tão hediondo[4]. Naqueles dias, a mulher era vista como "o anjo da casa".

A interpretação de Lizzie por Phyllis Pancella, que levou a loucura da personagem a extremos teatrais e vocais, e a de Abigail por Sheri Greenwald foram muito responsáveis pelo enorme sucesso que a ópera fez na recriação de Glimmerglass. Além da gravação do selo CRI, havia no RCA Red Seal um registro hoje fora de catálogo. No selo Desto há uma gravação de 1972. Em 22 de janeiro de 1967, uma filmagem da ópera foi exibida pela rede de televisão WNET; existe, portanto a documentação em vídeo. *Lizzie Borden* foi muito bem recebida ao ser cantada em Haia, em 1992.

A comédia sentimental *My Heart's in the Highlands* é de 1970. E de cinco anos depois, a bem acolhida comédia *Captain Jinks of the Horse Marines*, com libreto de Sheldon Harnick, baseado numa peça de Clyde Fitch (1902), autor muito popular nos primeiros anos do século XX. Seu tema é a história do Casanova colhido em sua própria armadilha.

Captain Jinks não é um militar: esse é o apelido de um bem-sucedido advogado nova-iorquino, que leva vida dissoluta, e faz muito sucesso com as mulheres. Seu amigo Charlie faz com ele uma aposta: Jinks não será capaz de seduzir Aurelia Trentoni, a famosa soprano, cujo empresário, Mapelson, andou contando aos repórteres que ela só se envolve com homens riquíssimos. Ao conhecer Aurelia, Jinks não só se sente imediatamente atraído por ela, como percebe que, ao contrário do que disse Mapelson, ela é uma artista dedicada e uma mulher muito solitária. Consegue um encontro com ela depois que a livra de um compromisso embaraçoso com a puritana Liga das Senhoras Inimigas da Literatura Francesa.

---

4. E esse é, muito provavelmente, o motivo pelo qual os juízes preferiram inocentar Lizzie, alegando insuficiência de provas. Condená-la teria significado aceitar que, por trás da fachada impecável de sua sociedade, havia tensões perversas e inaceitáveis.

Envergonhado com a aposta que fez, Jinks tenta inutilmente convencer Charles a desistir dela. Tentando ser gentil com Aurelia, oferece dinheiro a um oficial da alfândega, para facilitar a liberação de sua bagagem; mas para sua tristeza – e gáudio de Charlie – é preso por tentativa de suborno de um funcionário público. Paga fiança para ser solto, mas terá, assim mesmo, de passar diante do juiz – coisa que a cantora ignora.

Enquanto isso, preocupado com a possibilidade de que Aurelia abandone a carreira, caso aceite o pedido de casamento de Jinks – de quem está secretamente noiva – Mapelson pede ajuda à mãe do rapaz. Esta, durante um ensaio da *Traviata*, converte-se num Germont de saias, e vai procurar a soprano, para pedir-lhe que desista de seu filho. Aurelia promete pensar nisso se Mrs. Jinks, que nunca foi à ópera na vida, concordar em assistir, aquela noite, à estréia da *Traviata*.

Ao mesmo tempo, acompanhado por Charlie, Papai Belliarti, tio e professor de canto de Aurelia, vai procurar Jinks. O invejoso Charlie mostrou-lhe o documento da aposta, e está acusando Jinks de ser um caça-dotes, interessado apenas na fortuna da cantora. O advogado tem de admitir que a assinatura é dele. Sem nem querer ouvir suas explicações, Belliarti o proíbe de voltar a ver Aurelia. Atarantado, ele se esquece de que tem de ir ao tribunal. A cantora, abalada pela conversa com a mãe do noivo, chega a pensar em cancelar o espetáculo mas, depois, decide-se a cantar.

Jinks e seu amigo Willie escondem-se na suite de Aurelia, no hotel. Ela volta muito abatida. O espetáculo foi um enorme sucesso, mas ela está tão triste que não quis ir à festa em sua homenagem. Jinks surge diante dela, conta exatamente tudo o que aconteceu, e pede perdão por seu comportamento estúpido. Ela o recrimina pela arrogância de sua aposta e pelos sofrimentos que lhe infligiu. Mas, ao dar-se conta da profundidade de seu remorso, perdoa. Um policial vem procurá-lo, para prendê-lo por não ter comparecido ao tribunal. Desempenhando, pela segunda vez na noite, o papel de Violetta Valéry agonizante, Aurelia convence o policial de que Jinks não foi ao tribunal, pois estava cuidando de um ataque que ela teve, de uma antiga doença dos pulmões.

De repente, toda a festa entra pelo quarto adentro. Mrs. Jinks, a quem a interpretação de Aurelia na *Traviata* comoveu muito, dá aos jovens a sua benção. Mapelson e Belliarti entendem que a felicidade dos dois é mais importante do que qualquer outra coisa. Charlie é publicamente humilhado por ter ganho a aposta da forma mais inglória possível. E todos cantam celebrando os poderes do amor e da música.

Captain Jinks of the Horse Marines estreou no Lyric Theater de Kansas City em 20 de setembro de 1975. É uma ópera de música tonal e melodiosa, cujas árias e numerosas cenas de conjunto são interligadas por arioso ou recitativo. A orquestra é muito colorida, mas usada com discrição e transparência. Uma personagem central como a cantora de ópera é um prato cheio para o compositor, não só pela possibilidade que tem de explorar isso em termos canoros, mas também porque lhe permite mostrar o lado pitoresco da vida nos bastidores, de uma maneira que se inspira, em tom de paródia, em óperas como *Adrianna Lecouvreur*, por exemplo.

O pastiche é, de resto, um dos aspectos mais saborosos dessa partitura: o da *Traviata*, evidentemente, é o mais visível. Mas o libreto de Harnick, misturando sentimentalismo e bom-humor em doses bem calibradas, oferece a Beeson personagens bem desenhadas e verossímeis, e faz um retrato muito irônico dos costumes e opiniões da respeitável sociedade nova-iorquina na década de 1870 – exemplo disso é a preconceituosa liga de senhoras que detestam a literatura francesa, considerada libertina. Devido a seu argumento, *Captain Jinks* é uma ópera de texturas mais leves do que *Lizzie Borden* ou mesmo *The Sweet Bye and Bye*, e tem no ritmo ágil a sua qualidade mais interessante. Em 1976, o selo RCA lançou a gravação da estréia. Há também uma seleção de trechos num disco da Desto Records, do fim da década de 1970.

Sheldon Harnick é também o autor do libreto de *Dr. Heidegger's Fountain of Youth*, adaptado do conto *Dr. Heidegger's Experiment*, de Nathaniel Hawthorne. A estréia foi no National Arts Club, em 17 de novembro de 1978, com Alfred Anderson, Carol Wilcox,

Judith Christin, Grayson Hirst e Robert Shiesley. Escrita para orquestra reduzida – quinteto de cordas, pícolo e flauta, duas clarinetas baixas, harpa e percussão –, a partitura começa dodecafônica, torna-se absolutamente tonal a certa altura, depois reverte ao dodecafonismo.

O Dr. Heidegger convidou quatro amigos muito idosos – o coronel Killigrew, Reuben Waterford, a viúva Rachel Lockhart e a solteirona Hannah Moody – a vir à sua casa testar uma nova descoberta. Mostra-lhes um frasco que, conforme diz, contém água da Fonte da Juventude. Derrama uma gota dessa água numa rosa murcha, e ela readquire vida. Impressionados, os amigos concordam em beber o filtro, e sentem-se imediatamente mais novos. Mas suas antigas emoções rejuvenescem-se também.

Rachel Lockhart volta a ser a namoradeira da juventude e flerta com Killigrew e Waterford, que reagem apaixonadamente, como faziam quando rapazinhos. Hannah Moody, que tinha sido apaixonada por Reuben, experimenta os mesmos sentimentos de rejeição de antes. Os dois homens começam a lutar por causa de Rachel e, acidentalmente, derrubam o frasco de água. A rosa murcha e os quatro amigos começam a envelhecer. Os quatro decidem partir em busca da Fonte da Juventude, mas o Dr. Heidegger recusa-se a acompanhá-los, dizendo que se sente grato por ter deixado para trás, com a idade, todos os delírios e inquietações da imaturidade.

Funciona muito bem o contraste entre a parte contemporânea da história e o episódio do passado – portanto, num estilo diatônico mais "antigo" –, como se pode constatar pela gravação de Thomas Martin, feita para o selo CRI em 1990. Antes disso, por suas características, que a tornam muito apropriada para montagens estudantis, *Dr. Heidegger* tinha sido reprisada pelo Opera Studio de Cincinnati (1979) e, em 1981, sucessivamente, pela companhia Bel Canto Opera, o Young American Artists Program e o Festival de Lake George.

Beeson é também o autor de *Cyrano* (1990) e dos monólogos cômicos *Sorry, Wrong Number* e *Practice in the Art of Elocution*, ambos de 1999.

Dentro do Sistema Tonal

No texto de apresentação que escreveu, em 1985, para a contracapa de um disco com trechos do *Candide*[1] de Leonard Bernstein, o diretor de teatro Harold Prince, responsável por memoráveis encenações de ópera e de musical, afirma:

> Tem havido, de meados da década de 1970 para cá, um movimento de *cross-over*[2] no teatro musical, trazido por dois fenômenos curiosos. O musical da Broadway que, durante tantos anos, ganhava disparado a corrida, passa por um momento de crise devido aos custos proibitivos, mas também devido à necessidade de encontrar novos rumos musicais. A ópera, vista, durante esses mesmo anos, como uma forma artística de museu, está sendo revitalizada, ganhando novas platéias, obras novas, e um interesse renovado nela como tipo de teatro.

É, de fato, o que se observa na primeira metade da década de 1950: o esforço para romper as barreiras entre "sério" e "popular". No Metropolitan, Rudolf Bing tentava renovar a programação, trazendo diretores de teatro falado para encenar seus espetáculos. Não estava muito interessado em óperas contemporâneas, desde que, em 1953, *The Rake's Progress*,

---

1. Trata-se do disco do selo New World Records, com uma seleção de cenas da montagem de 1982 no New York City Opera (Eerie Mills, David Eisler, John Lankston/John Mauceri).
2. Designa-se pela expressão *cross-over* (cruzamento, fusão) a tendência a combinar formas eruditas e populares; ou ao hábito de artistas da área erudita fazerem também repertório popular.

de Stravínski, fora um fracasso de público. Só em 1958, com a *Vanessa* de Barber, tentaria a encomenda de uma ópera nova. Mas trouxera elementos da Broadway para dentro de seu aristocrático teatro, com o *Fledermaus* dirigido por Garson Kanin, com letras de Howard Dietz; com a *Périchole* de Offenbach encenada por Cyrill Ritchard; com a *Bohème* que H. Dietz traduzira para o inglês.

Na Broadway, por sua vez, *Kiss Me Kate, Brigadoon, South Pacific, Candide, The King and I* e *My Fair Lady* tinham um cuidado de construção e um refinamento de escrita musical que os aproximava da ópera. E o New York City Opera abria suas portas a espetáculos originalmente criados na Broadway: o *Cônsul* de Menotti, a *Regina* de Blitzstein, o *Show Boat* de Jerome Kern, mais tarde a *Street Scene* de Kurt Weill, muito mais tarde *Candide* de Bernstein. Na Broadway, músicos como Menotti, Weill, Blitzstein, Bernstein, Sondheim tentavam passar mensagens sérias, na moldura do espetáculo comercial. Esta era uma época em que as pessoas sensíveis aos ideais da revolução russa chocavam-se com a realidade atroz do stalinismo; uma época em que as tentativas de descobrir uma alternativa ao capitalismo selvagem esbarrava na caça às bruxas do Comitê de Investigação sobre as Atividades Antiamericanas (Huac), do senador Joseph McCarthy. Havia muita coisa séria para passar ao público. Uma das formas de driblar a censura, naqueles tempos que nada deviam à Inquisição espanhola, era enxertar habilmente as críticas no contexto aparentemente inócuo e despreocupado dos musicais.

Não é tarefa fácil, em um livro como este, definir limites exatos entre ópera e comédia musical – assim como nunca foi fácil fazê-lo entre a ópera e a opereta –, pois ambas podem possuir canto contínuo; e ópera também pode apresentar diálogo falado interligando as partes cantadas, como é o caso do *opéra-comique* francês ou do *singspiel* alemão. Ambas podem ter texturas instrumentais sinfônicas ou camerísticas. E ambas, como mostrou Maria Verdino-Süllwold[3], podem basear-se em roteiros muito complexos ou em historinhas deliberadamente simples. Assim como o musical tomou de empréstimo elementos da ópera – a importância dramatúrgica do texto, a grandiosidade da música, a profundidade da análise de conflitos, a supressão da necessidade de que a temática seja sempre leve ou cômica – a ópera também foi buscar no folclore, no jazz ou na música popular ingredientes que expandissem o seu campo de expressão.

Esse é, de resto, um processo de troca comum a toda a história do gênero, como o mostramos em outros volumes desta coleção. Assim como a *opera seria* metastasiana, na segunda metade do século XVIII, importou o finale extenso da ópera bufa, como uma forma de resolver o problema da continuidade musical, a comédia também trouxe, do domínio sério, a orquestração mais elaborada, as árias de corte mais virtuosística. Num país como os Estados Unidos, em que o musical sempre teve importância muito grande, era inevitável que ocorresse essa convergência e que, da mesma forma que a ópera incorporava formas provenientes da Broadway, as peças escritas para esse tipo de teatro e público adquirisse uma maior densidade de escrita instrumental e vocal. É desusada, para os padrões de composição do musical, a extensão de duas oitavas exigidas do tenor que faz o papel-título no *Fantasma da Ópera*, de Andrew Lloyd Webber, ou as exigências de coloratura impostas à intérprete de Christine – que, na peça, é uma cantora de ópera.

3. Ver Bibliografia.

Musicais como *Kiss Me, Kate, O Violinista no Telhado* ou *My Fair Lady* situam-se nessa fronteira estreita entre os dois gêneros. São obras que têm muito em comum com duas figuras singulares da vida musical americana: o maestro, compositor e animador cultural Leonard Bernstein; e o letrista e compositor de musicais Stephen Sondheim. Mas esses dois artistas inserem-se num grupo mais amplo e caleidoscópico da prática operística nos Estados Unidos: a dos autores que não abandonaram os limites do sistema tonal. Podem até tê-lo enriquecido com aportes de diversas tendências experimentais contemporâneas, das quais se servem sem, no entanto, filiar-se a elas de forma exclusivista.

É o que acontece com outros autores não especificamente vinculados ao musical ou à sua intersecção com a ópera, cuja obra passaremos em revista neste capítulo. Dominick Argento, Thomas Pasatieri, Lee Hoiby, Tobias Picker trazem perspectivas novas à ópera americana, retrabalhando o tradicional, pois possuem uma sensibilidade romântica, que se expressa mediante harmonia funcional, ritmos amplos e regulares, melodias diatônicas enraizadas no cantabile italiano. Antes, porém, é preciso determo-nos na obra de um precursor, nascido nos Estados Unidos mas de origem italiana e, portanto, como Gian Carlo Menotti, um dos vasos comunicantes para que a tradição operística peninsular se instale e se desenvolva em terras americanas.

Giannini

Poeta e autor de canções, que fugira da Toscana por razões políticas, o avô de Vittorio Giannini (1903-1966) exilou-se nos Estados Unidos e instalou-se em Philadelphia, onde ele nasceu. O pai, de quem herdou o nome, era tenor no Metropolitan, e foi a primeira voz masculina a ser registrada em discos de fonógrafo, na década de 1890. A mãe era violinista, e a irmã um ano mais velha, Dusolina Giannini, um soprano muito conhecido. Com as aulas de violino que teve com a mãe, desde a infância, Vittorio ganhou uma bolsa para o Conservatório Verdi, de Milão, onde ficou quatro anos – e ali, aos quatorze anos, fez a primeira tentativa de escrever uma ópera.

Aperfeiçoou-se na Juilliard com Rubin Goldmark (composição) e Hans Letz (violino). Suas primeiras obras, todas premiadas – o *Quarteto de Cordas* e o *Quinteto para Piano*, ambos de 1930 –, mostram-no um tradicionalista com grande admiração por Brahms e Fauré, dotado de senso melódico de evidentes raízes mediterrâneas. Isso se manifesta claramente na *Sinfonia In Memoriam Theodore Roosevelt* (1936), encomendada para homenagear esse presidente, e na *IBM Symphony* (1939), escrita para a cerimônia de inauguração do novo prédio dessa empresa. O caminho para a sua ópera mais importante – e também a sua composição de maior prestígio – foi pavimentado por:

- *Lucedia*, libreto do próprio Giannini, estreada em 10 de outubro de 1934, na Ópera de Munique;
- *The Scarlet Letter*, cujo papel principal foi cantado por Dusolina na Ópera de Hamburgo, em 2 de junho de 1938; se a ópera de Damrosch baseada em Nathaniel Hawthorne está sob o signo wagneriano, a de Giannini é um produto típico do pós-Verismo italiano, com nítida influência de Zandonai, Montemezzi, Respighi e Wolf-Ferrari.
- *Beauty and the Beast*, encomendada pela NBC e visando o público jovem, tem qualidades líricas e de fantasia que a fizeram ser muito bem acolhida na primeira transmissão, em 24 de novembro de 1938; logo em seguida, ele compôs, para a mesma emissora,
- *Blennerhasset* – 24 de novembro de 1939 – marcada pela mesma facilidade para escrever melodias sedutoras e construir cenas de conjunto muito flexíveis, que se enraízam na tradição pós-verdiana: a que, partindo do *Falstaff*, prossegue com o Mascagni de *Le Maschere*, ou o Wolf-Ferrari das comédias goldonianas. É exatamente o estilo que faz o encanto das óperas de Menotti – ou da melhor obra de Giannini, a comédia shakespeareana *A Megera Domada*.

A NBC-TV lhe fez a encomenda dessa ópera, cujo libreto, de elegância primorosa, ele próprio escreveu, em colaboração com Dorothy Fee, usando o texto de Shakespeare, e inserindo nele material extraído dos sonetos ou de *Romeu e Julieta*. Thor Johnson regeu a estréia em 31 de janeiro de 1953, no auditório do Cincinnati Music Drama Guild. A ópera recebeu o prêmio do Círculo dos Críticos de Música, ao ser transmitida pela NBC, em 13 de março de 1954. Bem-sucedidas apresentações no New York City Opera e na Grand Opera de Houston (abril e agosto de 1956) precederam a montagem de 1963, no Kansas City Lyric Theater, da qual foi feita a gravação pela Composers Recordings Inc. (CRI). Regida por Russell Patterson, ela tem Mary Jennings, Adair McGowen, Lowell Harris e Catherine Christensen nos papéis principais.

O jovem e rico Lucentio, que veio estudar em Pádua, presenciou uma discussão entre o mercador Baptista e suas filhas, Katharina e Bianca. O pai disse que não permitirá o casamento da doce e amável caçula – cortejada por Grêmio e Hortensio – antes que a primogênita se case. Mas o gênio terrível de Katharina afugenta todos os pretendentes. Lucentio se apaixona por Bianca e combina com seu criado Tranio trocar de roupa e de identidade; assim, ele tentará obter o emprego de tutor da moça que deseja. Lucentio e Tranio discutem seus planos num trio vivíssimo com Biondello, outro criado do jovem rico.

Chega a Parma, acompanhado de seu criado Grumio, um amigo de Hortensio chamado Petruchio. Ele está à procura de uma moça casadoura de bom dote. Hortensio propõe apresentá-lo a Baptista como candidato à mão de Katharina. Em troca, Petrucchio o sugerirá como professor de música de Bianca, para que ele possa ficar mais próximo da garota. Grêmio e Hortensio não acreditam que Petrucchio seja capaz de enfrentar o mau humor da megera mas, numa ária brilhante, ele diz ser capaz de resisitir a feras, tempestades e batalhas; por isso não teme a língua ou os chiliques de uma mulher. Baptista recebe amavelmente os rapazes, a quem diz que suas filhas só se casarão por amor. Numa de suas crises de fúria, Katharina quebra o alaúde na cabeça de Hortensio, disfarçado de professor de música. Num dueto explosivo e cheio de dinamismo, Petrucchio faz a corte a Katharina. Todos se espantam quando ele diz que vai voltar, no domingo, para casar-se com ela. Katharina responde que é mais fácil ele ser enforcado do que ela aceitar o pedido de casamento.

Grêmio e Hortensio estão cortejando Bianca, quando Petrucchio e Grumio irrompem na casa, luxuosamente vestidos, chamando por Katharina. A megera aparece, enfurecida, esbofeteia Grumio e rasga o colete de seu patrão. Petrucchio e o criado fazem-lhe uma serenata grotesca e vão beber à sua saúde na taverna. Em contraste, é muito terna a cena de amor entre Bianca e Lucentio, que se apresentou a ela como um tutor chamado Cambio. Quando Bianca admite que o ama, Lucentio lhe revela a sua verdadeira identidade.

Protestando contra todos os domésticos da casa de seu pai, Katharina acaba concordando em vestir-se para as bodas; mas Petruccio não aparece. Baptista recebe uma mensagem dele dizendo que teve de cuidar de negócios, mas estará na igreja ao meio-dia em ponto. Só que não esperará um minuto mais. Baptista exclama que não haverá mais bodas; mas Lucentio, sabendo que, se Katharina não se casa, ele nunca conseguirá unir-se a Bianca, pede-lhe que volte atrás. Uma cena de conjunto, em que as personagens falam de seus sentimentos, precede o momento, antes do meio-dia, em que todos vão para a igreja.

Petrucchio e Katharina se casaram. Agora, ele está sendo mais agressivo com a megera do que jamais ela foi com qualquer pessoa. Só que o faz de maneira aparentemente tão bem humorada, que ela não tem como protestar. E toda a criadagem foi instruída sobre a forma como deve tratá-la. Um alfaiate veio trazer vestimentas novas para Katharina. Petruccio ridiculariza o chapeuzinho pelo qual ela se encanta e, quando sua mulher diz que ficará com ele ou não aceitará vestido algum, Petruccio ordena ao alfaiate que leve todas as roupas embora. Servem o jantar e, antes que Katharina possa começar a comer, seu marido critica a comida, ordena que seja mandada de volta para a cozinha, e sai da sala num rompante.

É melancólica e pensativa a ária em que Katharina admite ter, finalmente, encontrado quem conseguisse enfrentá-la. Furtivamente, Bianca e Lucentio entram na sala, contam a Katharina que casaram-se em segredo e pedem-lhe que os ajude. Ela os esconde minutos

antes que apareça Vicentio, o pai de Hortensio, que está a caminho de Pádua. Para complicar as coisas, chegam Baptista, os criados Tranio e Biondello, e um ator que foi contratado para fazer o papel de Vicentio. Resulta disso, é claro, enorme confusão; mas, como sempre acontece na comédia clássica, as identidades trocadas são restabelecidas. Diante do inevitável os pais perdoam, aceitam e abençoam o amor dos filhos. Katharina finalmente admite que está apaixonada por Petruccio; e este jura amá-la para sempre.

Desde o efervescente Prelúdio, fica clara a natureza peninsular da inspiração de Giannini: *A Megera Domada* é, assumidamente, uma ópera italiana cantada em inglês. Para um texto de grande beleza – pois o libreto preserva cuidadosamente as palavras do próprio Shakespeare –, Giannini compôs uma música alegre, muito fluente, cheia de contrastes e clímaxes bem dosados, com cenas de conjunto que traem sua derivação pós-verdiana, e árias curtas, ágeis, de muita inventividade melódica. É preciso o equilíbrio entre voz e orquestra. Declamação flexível, equilibrando-se desenvoltamente entre recitativo e arioso – devendo tudo, portanto, à *parola scenica* do *Falstaff* –, faz a ação avançar rapidamente. Mas Giannini tem um instinto que lhe mostra naturalmente onde deve introduzir pausas, para que as personagens cantem "num estilo sentimental que não tem vergonha nenhuma de ser antiquado", como disse Howard Taubman ao comentar, no *New York Times*, o espetáculo do New York City Opera, de 13 de abril de 1956.

São muito bem-sucedidos, no ato II, do ponto de vista da inspiração melódica, a ária em que Katharina admite estar cedendo ao charme de Petrucchio, e o trio que, em seguida, ela canta com a irmã e o namorado, com quem ela se casou secretamente. A cena de conjunto em que, aos olhos de toda a família, a megera reconhece estar finalmente apaixonada pelo marido, é uma feliz fusão da técnica italiana do concertato com a empostação melódica tipicamente americana do musical. E, superada a agressividade auto-imposta, o dueto de amor com que a ópera se encerra, se inicia de forma enlevadamente serena e culmina numa triunfal celebração do amor finalmente encontrado. Sem pretensão alguma a ser inovadora, *A Megera Domada* é o típico produto da sensibilidade ítalo-americana, responsável por uma audição das mais gratificantes.

Além de *The Taming of the Shrew*, Vittorio Giannini é o autor de outras obras musicais para o palco:

- *The Medead*, monodrama para soprano e orquestra baseado em Eurípedes, estreada por Irene Jordan em Atlanta, na Geórgia, em 20 de outubro de 1950;
- *The Harvest*, tragédia verista, de desejo, ciúme e assassinato, ambientado numa fazenda do Meio-Oeste em 1900; libreto de Karl Flaster; estréia no Lyric Opera de Chicago em 25 de novembro de 1961;
- *Rehearsall Call*; encomendada em 1951 pela Juilliard School of Music; essa ópera bufa – com libretto de Francis Swann e Robert Simon, adaptada da peça homônima de Swann – só foi encenada, com os alunos da escola, em 15 de fevereiro de 1962;
- e *The Servant of Two Masters*, que Bernard Stambler adaptou de *Arlequim Servidor de Dois Patrões*, de Carlo Goldoni. Encomendada pela Fundação Ford, foi encenada postumamente pelo New York City Opera, em 9 de março de 1967, com Eileen Schauler (Beatrice); Donna Jeffrey (Clarissa), Patricia Brooks (Smeraldina), Frank Porretta (Florindo), Charles Hindsley (Silvio), Raymond Myers (Truffaldino), Michael Devlin (Pantalone), David Smith (Doctor Lombardi) e Nico Castel (Brighella). Forte cromatismo insinua-se na linguagem neo-romântica de Gianninni, nesta elegante peça goldoniana que trabalha com os estereótipos da *Commedia dell'Arte* de forma a fornecer ao compositor excelentes oportunidades cômicas e sentimentais.

Clarissa planeja casar-se com seu bem-amado Silvio, mas seus planos são perturbados pela chegada de Beatrice, disfarçada como um homem a quem a mão de Clarissa tinha sido prometida, mas de quem se sabia que morrera havia muitos anos. Na verdade, Beatrice assumiu esse disfarce para tentar descobrir onde está o seu namorado desaparecido. Truffaldino, seu, sempre faminto e em busca de um bom jantar, coloca-se também a serviço de Florin-

do que, mais tarde, vai-se descobrir ser o homem pelo qual Beatrice está procurando. As tramóias de Truffaldino acabam fazendo com que Florindo e Beatrice se reencontrem e reatem, assim retirando todo impedimento à união feliz de Clarissa e Silvio. A recompensa de Truffaldino sera o noivado com Smeraldina, de cuja loja passará a tomar conta, o que lhe valerá também uma forma de ascensão social. A qualidade desta partitura, confirmada pelas resenhas de Harold Schonberg e Douglas Watt no *New York Times* (10.3.1967), colocam-na no mesmo nível da *Megera Domada*, tornando-a, portanto, candidata a um resgate discográfico.

Autor de obras vocal-sinfônicas apreciáveis – o *Canticle for Christmas* (1951), para barítono, coro e orquestra; o *Canticle of the Martyrs*, comemorando, em 1957, o 500º aniversário de fundação da Igreja Ortodoxa Morávia –, Vittorio Giannini foi presidente da North Carolina School of Arts, em Winston-Salem; e em 1966 foi nomeado diretor de um projeto de formação de repertório, pelo U. S. Office of Education. Mas ocupou esse posto por pouco tempo pois, em 28 de novembro, foi encontrado morto na cama, em seu apartamento de Nova York.

Bernstein

Compositor eclético de música clássica e para a Broadway, regente, pianista, escritor, conferencista, animador cultural, dono de um dos mais belos legados discográficos da história da gravação – em que setor Leonard Bernstein (1918-1990) foi mais brilhante? O ensaio "Why don't you run upstairs and write a nice Gershwin tune?", de seu delicioso livro *The Joy of Music* (1959), mostra-o como ele era, homem sem preconceitos, aberto a todo tipo de música, e capaz de, em todos os gêneros, obter resultados encantadores, seja no exuberante último movimento da *Serenata* inspirada no *Banquete* de Platão, seja nas deslumbrantes canções de *West Side Story*, eterno sucesso do palco e da tela de cinema.

A asma crônica e as constantes mudanças de sua família, que impediam o menino nascido em Lawrenceville, no Massachusetts, de criar raízes, fizeram de Lenny uma criança introvertida, solitária, medrosa, que buscava refúgio na música: as canções populares que ouvia no rádio, os cânticos religiosos da sinagoga. Estudos iniciais de piano com Frieda Karp prosseguiram, no Conservatório da Nova Inglaterra, em Boston, com Susan Williams e Helen Coates, grande influência em sua vida artística. Helen dizia: "Ele era assustadoramente talentoso." Lenny afirmava: "Foi a música quem me transformou, do menino doentio e assustado, em quem qualquer um batia, no menino mais desenvolvido da classe, que corria mais rápido, pulava mais alto, mergulhava melhor do que qualquer outro."

Diplomando-se na Boston Latin School, em 1935, ele fez contraponto, teoria e história da música, em Harvard, com Walter Piston e Edward Burlingame Hill, além de continuar o piano, privadamente, com Heinrich Gebhard. A estréia como regente foi em 21 de abril de 1939, em Harvard, dirigindo a música incidental que compusera para Os Pássaros de Aristófanes. Logo em seguida, Dmitri Mitropoulos o viu regendo uma apresentação de The Cradle Will Rock, de Blitzstein, e o aconselhou a dedicar-se à direção de orquestra. Numa fase difícil em que o recém-formado Bernstein não achava trabalho em Nova York, foi Mitropoulos quem veio em seu auxílio, recomendando-o para uma bolsa no Curtis Institute de Philadelphia, onde ele estudou regência com Fritz Reiner, orquestração com Randall Thompson, leitura musical com Renée Longy e piano com Isabelle Vengerova. Estudos posteriores, em Tanglewood, com Kussevitski, fizeram com que se tornasse um protegido desse maestro.

Vieram as primeiras composições: a Sonata para Clarineta (1942), o irônico ciclo de canções I Hate Music: Five Kid Songs (1943), e a Primeira Sinfonia "Jeremias", não-premiada no concurso do Conservatório da Nova Inglaterra, para o qual foi escrita. Em agosto de 1943, Artur Rodzinsky o escolheu como seu assistente na Filarmônica de Nova York. E em 14 de novembro, tendo Bruno Walter ficado doente, Bernstein regeu seu primeiro concerto à frente dessa orquestra, no qual havia inclusive a estréia do Tema Variações e Finale de Miklós Rózsa. Esse concerto de domingo à tarde, transmitido pela rádio para o país intei-

ro, fez o nome de Leonard Bernstein da noite para o dia.

Em 28 de janeiro de 1944, como regente convidado da Sinfônica de Pittsburgh, ele conduziu a estréia de Jeremiah tendo Jennie Tourel como solista. O neoclassicismo da Sonata para Clarinete e o neo-romantismo exaltado de Jeremias contrastam com os ritmos de jazz e o colorido orquestral moderno de Fancy Fress, o balé coreografado por Jerome Robbins, um dos grandes triunfos do Ballet Theater de New York, em 18 de abril de 1944. A carreira de regente desenvolveu-se rapidamente: em 1951 iniciou-se sua longa associação com a Filarmônica de Israel; em 1953, ele se tornou o primeiro maestro americano a reger no Scala (a Medea de Cherubini); e em 1958, foi nomeado titular da Filarmônica de Nova York, da qual foi o diretor artístico até 1969 (recebendo, em seguida, o título vitalício de "laureate conductor").

Fora do domínio lírico, é vasta e variada a produção de Leonard Bernstein como compositor:

- a Sinfonia Age of Anxiety (1949), para piano e orquestra, baseada no poema de W. H. Auden, usando jazz, linguagem neo-romântica, harmonias dissonantes e traços dodecafônicos, mas unificando-os graças a uma forma muito pessoal de escrever;
- a Sinfonia Kaddish, para coro misto, soprano, narradora e orquestra, dedicada ao presidente Kennedy, assassinado pouco antes da estréia em 10 de dezembro de 1963; dentro da escrita basicamente tonal, aparecem recursos dodecafônicos e extenso uso da percussão (o coro, inclusive, marca o ritmo batendo as mãos); na versão revista de 1976, a sinfonia foi reescrita para narrador homem e soprano. Fiel à atitude, típica do judaísmo, de o Homem assumir uma atitude de cobrança e desafio em relação a seu Criador, o belo texto do próprio Bernstein faz o narrador invocar o Senhor do Universo, "santificado, solitário, desiludido", propondo-se a consolá-lo por ter criado, à Sua imagem, um mundo tão frágil, infeliz e imperfeito. O Homem acusa Deus de não acreditar nele, de ter feito com a criatura uma barganha que é uma mentira, e lhe diz: "Vós também sois vulnerável. Foi Vosso o primeiro

erro." Mas, após um longo percurso de angústia, revolta e desespero, reafirma a aliança com o Eterno, dizendo-lhe: "A aurora é gelada, mas chegou o amanhecer. [...] Oh Pai, Senhor da Luz... juntos sofremos, juntos existimos, e eternamente nos recriaremos"[4]. Pela sua espiritualidade e originalidade de concepção, essa peça pós-mahleriana, que cruza sinfonia e oratório, é uma da mais comoventes e originais peças do século XX.

• a *Serenata* para violino, cordas e percussão (1954), inspirada pelo trecho do *Banquete*, de Platão, em que os filósofos discutem a natureza do amor;

• os *Chichester Psalms* (1965), escritos para um festival na catedral de Chichester, na Inglaterra, e executados no Vaticano, em 23 de junho de 1973, em homenagem ao 10º aniversário do papado de Paulo VI;

• *Songfest* (1977), ciclo de doze canções para seis cantores e orquestra, sobre poemas de diversas épocas, cobrindo trezentos anos de literatura e história americana, e refletindo autobiograficamente problemas de Bernstein como artista e ser humano; estreado em Washington, em 11 de outubro de 1977, por Mstislav Rostropóvitch;

• e, entre outras peças, a trilha sonora de *On the Waterfront* (1954), o filme de Elia Kazan com Marlon Brando, Eva Marie Saint e Karl Marlden que, no Brasil, intitulou-se *Sindicato de Ladrões*; trilha que recebeu o Prêmio Anual da revista *Downbeat*.

O sucesso do balé *Fancy Free* fez vir o convite do Adelphi Theater, na Broadway, para que Bernstein escrevesse um musical baseado numa idéia de Jerome Robbins: as aventuras e a descoberta do amor durante as 48 horas de licença que três marinheiros passam em Nova York. O libreto de *On the Town*, estreado em 28 de dezembro de 1944, foi escrito por Betty Comden e Adolph Green. Nele está a famosíssima canção "New York, New York", celebrizada também pela bem-sucedida versão filmada do musical, com Gene Kelly. Foram muito apreciadas as seqüências de dança coreografadas por Jerome Robbins. Há duas gravações disponíveis:

DG, 1992 – von Stade, Daley, Hampson, Ollman-Tilson Thomas.

TER, 1995 – Kaye, Criswell, Masterson, Freeman-Owen Edwards.

O próprio Bernstein é o autor do libretto da agridoce comédia de costumes *Trouble in Tahiti*, estreada em 12 de junho de 1952 no auditório da Brandeis University, em Waltham, no Massachusetts, em programa duplo com a *Ópera dos Três Tostões* adaptada em inglês por Marc Blitzstein – o que não a beneficiou, devido à comparação desvantajosa com a recém-redescoberta obra-prima de Kurt Weill. Mas essa primeira ópera de Bernstein foi mais tarde reavaliada na justa medida, sobretudo depois que ele a integrou na versão revista intitulada *A Quiet Place* (ver mais adiante). Se, na versão original, não chega a ser bem desenvolvida a sátira à monotonia da vida no subúrbio, já está aparente, nesta peça de 45 minutos, com sete cenas, o essencial das virtudes de Bernstein como dramaturgo.

Depois que um trio de cantores de jazz louva a felicidade da vida no subúrbio, assistimos à mal-humorada conversa, durante o café da manhã, entre Dinah e Sam, um casal cujo casamento já está se esfacelando com a rotina. No escritório, Sam enfrenta problemas no trabalho enquanto, na terapia, Dinah conta ao psiquistra – que não aparece – a sua frustração na vida conjugal, e a vontade que tem de fugir para um "jardim de sonho", um "lugar tranqüilo". Ao meio-dia, o casal encontra-se por acaso na rua. Ambos mentem sobre compromissos já assumidos, para não terem de almoçar um com o outro; e, logo em seguida, arrependem-se do que fizeram.

À tarde, no vestiário do clube, Sam se vangloria de uma partida de handball que ganhou; e Dinah vai ao cinema ver "uma fita horrorosa" chamada *Trouble in Tahiti*. O marido e a mulher evitam ir ver a peça de que o filho participa, na escola. À noite, os dois tentam falar de seus problemas, mas desistem, e resolvem ir ao cinema – acabam indo ver o mesmo filme ruim a que Dinah assistiu de tarde.

Oscilando entre momentos cômicos e outros em que consegue sugerir a profunda tris-

---

4. A tradução aqui utilizada é a do maestro John Neschling, para a primeira audição nacional do *Kaddish*, que ele regeu à frente da Orquestra Estadual de São Paulo, em 27 de novembro de 2003.

teza da situação vivida por suas personagens, Bernstein reúne habilmente as formas operísticas tradicionais às canções populares americanas, que funcionam bem para caracterizar o clima contemporâneo e prosáico da ação. Existia, no selo Columbia, a gravação com o elenco da estréia, também disponível, em vídeo, numa versão da ópera filmada para a televisão. Em 2003, saiu um registro ao vivo da Manhattan School of Music, na série *Opera Theater Recordings*.

Um papel para a muito popular Rosalind Russell era o alvo visado pelo Winter Garden, de Nova York, ao encomendar a Bernstein o musical *Wonderful Town*, ali estreado em 25 de fevereiro de 1953. A história de duas irmãs que mudam do Ohio para o Greenwich Village e, depois de muitas peripécias ligadas à estranheza com que encaram a vida muito permissiva da cidade grande, encontram o sucesso e o amor, baseia-se na peça *My Sister Eileen*, de Joseph Fields e Joseph Chodorov. Os próprios Field e Chodorov escreveram o libreto; as letras das canções são de Betty Comden e Adolph Green. *Cidade Maravilhosa* foi muito bem recebida pelo público e ficou quinhentas noites em cartaz. As canções mais interessantes são as destinadas a Ms. Russell. A gravação do selo EMI foi feita em 1998 por sir Simon Rattle (Criswell, McDonald, Hampson, Barrett).

Proibida em Paris, queimada publicamente em Genebra, colocada pela Igreja no *Index Librorum Proibitorum*, a novela *Candide*, de Voltaire, publicada em 1759, é até hoje o seu livro mais estimado pelos leitores. Sátira do conceito leibniziano de que tudo está bem no melhor dos mundos, *Candide* traça a jornada de seu herói do otimismo total até a completa desilusão com a maldade do mundo, terminando com a descoberta de uma forma nova de otimismo, modesto, limitado, mas maduro, e baseado no auto-conhecimento e na tolerância.

Em janeiro de 1949, logo após Jerome Robbins ter sugerido a Bernstein que escrevessem uma versão moderna da história de Romeu e Julieta, ambientada em Nova York, o compositor conheceu Lillian Hellman, pois estava envolvido na produção da *Regina* de Blitzstein, baseada na peça *The Little Foxes*, dessa escrito-

ra. Foi provavelmente nessa época que Hellman lhe propôs escreverem um musical baseado no *Candide* de Voltaire. Em julho de 1951, o romancista Dashiell Hammett, companheiro de Hellman, foi condenado a seis meses de prisão, por ter-se recusado a revelar ao Comitê de Atividades Antiamericanas (Huac) o nome dos criadores de um fundo de fiança para intelectuais processados sob a acusação de serem comunistas. Esse acontecimento reforçou, em Hellman e Bernstein, a certeza de que o romance de Voltaire funcionaria como uma denúncia indireta da caça às bruxas maccarthista.

Certeza que se solidificou em setembro de 1951: no mesmo mês em que Lenny casou-se com a atriz cubana Felicia Montealegre, o roteirista cinematográfico Martin Berkeley acusou a escritora Dorothy Parker e o casal Hammett-Hellmann, diante do Huac, de serem comunistas. Convocada a depor pelo Huac, Hellman escreveu a célebre carta em que declara: "Não posso e não quero recortar a minha consciência segundo a moda deste ano." Bernstein sentiu o problema na carne quando, em setembro de 1953, uma récita de *Wonderful Town* foi cancelada, porque o jornal esquerdista *National Guardian* comprara um dos lances do teatro, que pretendia vender para arrecadar fundos de pagamento de fiança.

Em 1954, ele começou a trabalhar na partitura de *Candide*. Mas o fez lentamente, pois estava compondo a música incidental para *The Lark* – a adaptação de *L'Alouette*, de Jean Anouilh, preparada por Hellman (estréia em novembro de 1955) – e já começara *West Side Story*, baseada na sugestão de Robbins. Mas concentrou-se nela em março do ano seguinte e, após pré-estréias em Boston (29 de outubro) e New Haven (novembro), *Candide* chegou a Nova York em 1º de dezembro de 1956, no Martin Beck Theater. Teve 73 récitas, o que é muito mais do que uma ópera nova costuma alcançar – mas em termos de um espetáculo da Broadway, foi um fiasco.

Havia tudo para a ópera dar certo: história divertida, aventuras extravagantes, cenários pitorescos, belas melodias – entre elas a da abertura pseudo-rossiniana, talvez a peça de concerto mais executada de Bernstein; ou uma ária como "Glitter and be gay", que entrou para o repertório dos recitais de coloratura. Mas

Richard Wilbur, o principal letrista – auxiliado por Dorothy Parker e John LaTouche –, admitiu ter sido "teimoso e literário demais". E Tyrone Guthrie, o diretor, comentou: "A minha direção tinha a falta de graça de um trem cheio de carga tentando subir uma ladeira escarpada. Era como se Rossini e Cole Porter estivessem fazendo um arranjo a quatro mãos do *Crepúsculo dos Deuses*."

De 1957 a 1971, *Candide* foi submetido a diversas revisões, mais ou menos felizes, para as diversas encenações que recebeu (Andrew Porter faz o levantamento dessas idas e vindas em *Candide: an Introduction*, no folheto da gravação Deutsche Grammophon, regida pelo próprio Bernstein em 1991). Em 1973, foi preparada a versão compacta, em um ato, apresentada em 18 de dezembro no Chelsea Theater do Brooklyn: ela tinha novo libreto de Hugh Wheeler, nova orquestração de Hershy Kay, novas letras de Stephen Sondheim, direção de Harold Prince, regência de John Mauceri (o selo CBS tinha em Lp excertos dessa apresentação). Em 1982, a mesma equipe Prince-Wheeler-Mauceri expandiu a ópera em dois atos, para a bem recebida encenação no New York City Opera (dela também existe a gravação em áudio e vídeo). Mas ambas distorciam o *Candide* original: árias apareciam no lugar errado, ou confiadas à personagem errada; e não se tinha levado em conta a recorrência de refrões, a estrutura emocional básica, que se reflete na estrutura musical. Como acontecera antes com *Porgy and Bess*, os cortes, compressões e arranjos tinham feito a ópera perder seu significado original.

Bernstein não participara de nenhum desses arranjos. Em 1987, ele juntou-se à equipe de Mauceri para retrabalhar todo o material existente. Preservou o que considerou ter sido, ao longo dos anos, um aperfeiçoamento; e restabeleceu tudo o que, na sua opinião, ficava melhor na forma original. Wheeler já morrera e teve de ser substituído por John Wells. Essa nova versão estreou na Scottish Opera em 1988. E em dezembro de 1989, foi gravada em Londres, em versão de concerto (CD e vídeo), pelo próprio Bernstein, com excelente elenco: Jerry Hadley, June Anderson, Christa Ludwig, Nicolai Gedda, Della Jones, Kurt Ollmann. No papel do Dr. Pangloss, estava

Adolph Green, o letrista e ator cômico da Broadway com quem Bernstein já colaborara. A narração e os comentários de Bernstein tornam esse espetáculo particularmente delicioso. E como foi uma das últimas gravações do músico, morto em 14 de outubro de 1990, fica como um testamento do artista exuberante, cheio de vida, que Lenny sempre foi. Diz Mauceri, a respeito dessa nova versão, que ela "devolve muito de Voltaire ao texto de Wheeler":

> O lamento de Candide é colocado onde o compositor queria que ele ficasse, perto do começo da ópera[5]. [...] "We are women", escrito para a encenação de Londres[6], é restaurada pela primeira vez em mais de trinta anos. "Nothing more than this", escrita na década de 1950, é restaurada e devolvida a seu devido lugar. A "Canção das Risadas de Martin", de 1971, é a restauração mais importante. A partir da cena da chegada a Veneza, a música flui, agora, sem a interrupção de diálogo falado, até o glorioso final.

Sobrinho ilegítimo do barão de Thunder-ten-Tronck, Candide mora em seu castelo, na Vestfália. É tratado com desprezo pela baronesa e seu filho, o vaidosíssimo Max; mas está apaixonado pela prima Cunégonde, que parece retribuir a seus sentimentos. À sua maneira, Candide é feliz ("Life is happiness indeed [...] Life is absolute perfection"). O tutor dos jovens, o filósofo Pangloss, lhes ensina que tudo vai pelo melhor, no melhor dos mundos ("We have learned and understood: everything that is, is good"). Um dia, vendo Pangloss, atrás dos arbustos do castelo, dando a Pâquette, a jovem criada do palácio, uma lição muito intensa de filosofia, Candide decide fazer o mesmo com Cunégonde, é surpreendido pela família e expulso do castelo, condenado a errar sem destino ("My world is dust now").

Forçado a se alistar no exército búlgaro, Candide tenta desertar; mas é capturado, espancado, e tem de presenciar, na guerra dos búlgaros contra os ábaros, a invasão da Vestfália e a destruição do castelo de Tunder-ten-Tronck. Todos são massacrados, inclusive

---

5. O corte feito em 1956 é infeliz, porque é nele que aparece, pela primeira vez, o tema de Cunégonde, motivo recorrente em toda a ópera.

6. No Saville Theatre, em 30 de abril de 1959; na verdade, Mauceri se engana, pois essa polca cantada por Cunégonde e a Velha fez parte da versão de concerto apresentada em Nova York em 1968.

Cunégonde, após ser violentada várias vezes. Candide canta um lamento ("Cunegonde, is it true?"), enquanto procura seu cadáver. Totalmente sozinho, o rapaz dá as poucas moedas a um mendigo com nariz de metal, devastado pela sífilis... é Pangloss, que contraiu a doença com Pâquette, sobreviveu ao massacre, e continua inarredavelmente otimista: "Você não me ouvirá falar com rancor ou ressentimento daquilo que me enrugou as faces".

Um mercador lhes propõe ir com ele para Portugal. Quando chegam a Lisboa, a cidade é destruída por um terremoto em que morrem trinta mil pessoas; eles são presos, acusados de ter ofendido o Grande Inquisidor, e condenados a ser queimados num auto-da-fé. Pangloss é enforcado, Candide é flagelado mas, em sua segunda meditação, continua afirmando: "Meu mestre me disse que os homens são uma espécie amorosa, e olhem para mim, eis-me maltratado e triste. Os homens devem ter uma bondade que não consigo ver. A culpa é minha. A culpa é minha".

Enquanto isso, na França, uma misteriosa beldade conquistou o coração do rico judeu Don Issachar e do cardeal-arcebispo de Paris. Issachar vai vê-la nas terças, quintas e no dia de seu Sabbat; o cardeal, na quarta, sexta e no seu dia santo – embora as vezes eles discutam, no fim de semana, as suas tradições. A beldade misteriosa – que é Cunégonde, como vocês já devem ter percebido – reclama, em "Glitter and be gay", de ter sempre de estar alegre e bonita, pois isso lhe rende jóias e presentes. E admite, cinicamente: "Observem como escondo bravamente a vergonha horrível".

Tendo chegado a Paris, Candide se espanta, no dueto "You were dead, you know", ao reconhecer, na bela e misteriosa mulher, a sua namorada, que também escapou do massacre. O encontro dos dois é interrompido pela Velha, a governanta de Cunégonde: ela vem anunciar a chegada do judeu e, depois, do cardeal. Na confusão que se segue, Candide os apunhala por engano. O cardeal é solenemente enterrado na catedral; o judeu é jogado no esgoto mais próximo; e os três, acusados por sua morte, são obrigados a fugir para Cadiz, levando as jóias de Cunégonde.

A Velha lhes conta a sua história: filha ilegítima de um papa polonês, foi violentada por um capitão pirata, sobreviveu a vários motins raciais, passou anos como escrava de diversos senhores turcos e, durante o assédio de uma cidade, cortaram-lhe uma nádega para cozinhá-la e dar de comer aos sitiados. Distraídos com a história da Velha, não percebem a aproximação de bandidos, que os assaltam; e eles perdem tudo. Para consolá-los, a Velha canta um tango, "I am easily assimilated", em que fala da facilidade com que se adapta às mais diversas situações, aconselhando-lhes ter a mesma flexibilidade para amoldarem-se às dificuldades da vida.

Tentando melhorar de vida – pois afinal de contas ainda acreditam estar no melhor dos mundos –, o casal e a Velha vão para Buenos Aires (sem saber que, no mesmo navio, disfarçados de escravos, estão Max e Pâquette que – por que é que vocês ainda se espantam? – também sobreviveram à chacina em Thundertem-Tronck. O governador de Buenos Aires, Don Fernando d'Ibarra y Figueroa y Mascareñas y Lampurdos y Souza, apaixona-se por Max mas, ao perceber seu erro, transfere os sentimentos ternos para Cunégonde, a quem canta a serenata "Poets have said love is undying". Cunégonde e a Velha celebram, na polca "We are women", o triunfo da feminilidade e a conquista de uma pessoa importante como o governador.

Candide, que tinha sido mandado pela Velha para a floresta, fugindo dos policiais que o perseguiam pela morte do cardeal, arranja um criado fiel, o mestiço Cacambo. E com ele chega a uma aldeia onde há mulheres amantes de macacos, e canibais que comem jesuítas. Acabam encontrando um acampamento de jesuítas cujos superiores – Max e Pâquette disfarçados – os convidam a juntar-se à procissão de penitentes ("Come, heathens of America, see the new domains of God"). Ao reconhecer Max, Candide lhe diz que sua irmã está viva e pretende casar-se com ela. Max fica indignado, pois Candide é socialmente inferior. Os dois brigam, o herói o apunhala por acaso, mata-o e foge floresta adentro.

Três anos depois, Cunégonde e a Velha estão cansadas da vida de riqueza que levam no palácio de Don Fernando, pois este nunca cumpriu a promessa de casar-se com a moça. Na floresta, Candide e Cacambo encontram uma caverna que os leva ao Eldorado, com suas fontes de água de rosa e suas ruas calçadas de pedras preciosas, em que até a poeira é de ouro. Não há Palácio da Justiça; apenas o Templo do Saber, onde se adora o Deus Único. É a terra sonhada por Pangloss, diz Candide na Balada do Eldorado; mas ele não está feliz porque não tem Cunégonde e, carregando, no dorso de carneiros com pêlo de ouro, sacos cheios de pedras preciosas, vai embora.

Mas os carneiros atiram-se, um a um, em precipícios, até que só lhe sobram dois. Com medo de voltar a Buenos Aires, onde pode ser preso, Candide manda Cacambo, com um dos carneiros, procurar sua amada. O herói segue viagem e chega à colônia holandesa do Suriname, onde conhece Martin, um pessimista de carteirinha. Este lhe mostra um escravo negro, de quem o proprietário do canavial mandou cortar uma mão e um pé, e lhe diz: "Este é o preço do açúcar que comemos na Europa." Às idéias de Pangloss com que Candide lhe responde, Martin retruca: "Se a natureza dos falcões sempre os fez comer as pombas, o que o faz pensar que um dia os homens deixarão de ser a presa uns dos outros?" e proclama seu pessimismo na ária "I have no words to describe the vanity of life".

O traiçoeiro holandês Vandenderdur oferece a Candide, em troca do segundo carneiro, um barco, o *Santa Rosalía*, no qual ele poderá ir para Veneza, pois Cacambo lhe avisou que Cunégonde ali se encontra. Feliz, Candide embarca com Martin; mas o navio naufraga e o pessimista se afoga. Reencontrando no oceano o seu carneiro, Candide o coloca numa jangada que passa, na qual estão cinco reis destronados. Com eles está Pangloss, milagrosamente ressuscitado – por que não? – e, na Barcarola dos Reis, eles prometem viver humildemente, a serviço de Deus e do Homem, se conseguirem chegar à terra firme. Chegam a Veneza, na época do Carnaval, e os cinco reis decidem ganhar a vida modestamente, jogando no cassino.

Em Veneza, Candide descobre que Pâquette é a dona do mais famoso bordel da cidade; Max é um chefe de polícia corrupto; Cunégonde usa seu charme, no cassino, para fazer os homens jogarem; e a Velha cuida da alavanca, debaixo da mesa de roleta, que faz a roda parar onde ela deseja. Na ária "What's the use", a Velha diz: "Sempre fui esperta e hábil em enganar, trapacear, essas coisas. [...] Mas de que adianta? É meu empregador quem recolhe os lucros, e só recebo uma ração quotidiana de spaghetti enquanto ele se empaturra com trufas e bolos." Candide fica enojado e entristecido com o que vê – "Is this the meaning of my life, the sacred truth I treasured? – e passa vários dias sem falar.

Com o dinheiro que lhe resta, compra um sítio nos arredores de Veneza. Cunégonde envelhece e está ficando mal-humorada. O humor da Velha não é nem um pouco melhor. Pangloss vive se lamentando, pois tem saudade da universidade alemã. Pâquette já não consegue mais ganhar dinheiro com a profissão que escolheu. Max vive inteiramente à toa e, de vez em quando, ao longe, eles vêem, empaladas sobre os muros da cidade, a cabeça dos políticos corruptos que foram apanhados com a boca na botija. Candide continua calado. O coro entoa a "Canção do Bem Universal":

> *Life is neither good nor bad.*
> *Life is life and all we know.*
> *Good and bad, and joy and woe*
> *are woven fine, are woven fine.*
> *All the travels we have made,*
> *all the evils we have known,*
> *even paradise itself,*
> *are nothing now, are nothing now.*

(A vida não é boa nem má. A vida é a vida, nós todos sabemos disso. Bem e mal, alegria e tristeza estão intimamente entrelaçados. Todas as viagens que fizemos, todos os males que conhecemos, o próprio paraíso, nada são hoje.)

De repente, Candide decide voltar a falar. Eles não são mais o que eram, nem desejam voltar a sê-lo. Não se amam mais como se amavam antes, mas gostam um do outro como são hoje. A Cunégonde, diz: "Você foi uma boba e eu também. Mas case-se comigo e vamos tentar, antes de morrer, dar algum sentido à vida". Juntos, eles proclamam:

> *We're neither pure nor wise nor good;*
> *we'll do the best we know.*
> *We'll build our house and chop our wood,*
> *and make our garden grow.*

(Não somos nem puros, nem sábios, nem bons; vamos fazer o melhor que pudermos. Construiremos a nossa casa, cortaremos a nossa lenha e cultivaremos nosso jardim.)

Il faut cultiver notre jardin: essa é a lição de sabedoria que Voltaire dá às suas personagens, no final da novela. Depois que todos retomam essas palavras num finale triunfante, o Dr. Pangloss avança até o proscênio e, com seu eterno ar didático, pergunta à platéia: "Any questions?"

Candide é um musical, uma opereta, uma ópera cômica? Essa é uma típica questão de lana caprina! Não nos perguntamos isso a respeito da *Flauta Mágica*, do *Comte Ory*, da *Belle Hélène* ou da *Noiva Vendida*. Elas são o que são, e pronto! Talvez *Candide* se aproxime mais do conceito clássico de opereta, pela elegância e a variedade das formas que utiliza, pela riqueza de referências cruzadas que há em seu sistema de motivos recorrentes, e pela liberdade com que Bernstein faz alusão aos estilos do passado. Por outro lado, como não pensar no *Don Carlos* durante a cena do auto-da-fé? E em "Glitter and be gay", com sua coloratura e ritmo de valsa, perpassa a alusão a coisas como a "Ária das Jóias" do *Fausto*. E o que me dizem da paródia ao estilo dodecafônico que há no dueto da Velha com Cunégonde, no palácio de Buenos Aires, interrompido de tempos em tempos pelo "Silêncio!" do Governador?

O gênio de Bernstein mostra-se aqui em sua forma mais juvenil, alegre, espirituosa. O gosto de brincar com a música, com os ritmos saltitantes de 5/4, 5/8 e 7/4, com os andamentos que mudam repentinamente, está presente o tempo todo: na borbulhante abertura; na *écossaise* da cena de conjunto "Bon Voyage", do ato II; no tom canalha do tango da Velha; ou nos ecos da *Manon* que perpassam a Cena da Casa de Jogos, em Veneza. Ao lado disso, há emoção verdadeira nas árias de Candide, que caracterizam muito bem sua retidão de caráter e a progressiva desilusão com "o mais feliz dos mundos". A "Balada do Eldorado", no ato II, que retém as palavras originais do libreto de Lillian Hellmann, e em que ele descreve um lugar tranqüilo e sem conflitos, é de uma pureza clássica – Andrew Porter diz, e com razão, que essa ária pode ser posta lado a lado com "Cet asile aimable et tranquille", do *Orfeu* de Gluck.

Mas, principalmente, *Candide* é atravessado, de uma ponta à outra, pelo sentimento humanitário de Leonard Bernstein: a compreensão e a compaixão que ele manifesta por sua personagem-título enquanto símbolo de toda a humanidade, perplexa por este não ser o melhor dos mundos que deveria ser, e eternamente à procura de uma resposta para as suas indagações.

Iniciado durante o processo de gestação de *Candide*, interrompido, retomado e finalmente estreado no Winter Garden Theater em 26 de setembro de 1957, *West Side Story* teve, apenas, sucesso moderado em suas primeiras apresentações. Só com o filme de 1961, em que Nathalie Wood emprestava silhueta inesquecível a Maria, e Rita Moreno era uma Anita eletrizante, é que a peça, levada a platéias muito amplas, começou a se impor e ganhou uma popularidade que nunca mais decresceu. Só a partir desse momento começou-se a perceber a originalidade extraordinária de uma composição – não corro risco algum ao afirmar que é o maior dos musicais americanos – que tem um nível de elaboração muito alto, integra perfeitamente teatro, canto e dança, e traz para o palco da Broadway uma história de final trágico de extraordinário efeito dramático. O libreto é de Arthur Laurents e as letras das canções de Stephen Sondheim. A orquestração é do próprio Bernstein, auxiliado por Sid Ramin e Irwin Kostal. Do musical, Bernstein extraiu a suíte das *Danças de West Side Story*, que se tornou uma festejada peça de concerto.

O Prólogo dançado mostra o conflito entre duas gangues adolescentes rivais, no West Side: a dos Jets, liderados por Riff, americanos, há muito tempo estabelecidos no bairro, e cheios de preconceito contra estrangeiros; e a dos Sharks, de imigrantes porto-riquenhos, liderados por Bernardo. Durante um baile comunitário, o ex-Jet Tony conhece Maria, a irmã de Bernardo. Apaixona-se por ela e vai vê-la, à noite, em sua casa: o encontro dos dois, às escondidas, na escada de incêndio do prédio, é um belo equivalente da Cena do Balcão de *Romeu e Julieta*. Enquanto isso, no terraço do prédio, as mulheres porto-riquenhas falam zombeteiramente das "vantagens" de se morar nos Estados Unidos, e os Jets combinam uma briga contra seus rivais Sharks.

Tony vai procurar Maria em seu trabalho e troca com ela votos de fidelidade. Ele tenta reconciliar os Jets e Sharks mas, sem querer, deixa que seu amigo Riff seja morto. Furioso, perde a cabeça e mata Bernardo. Toda feliz, à espera do retorno de Tony, Maria se choca com a notícia de que ele matou seu irmão. Encontrando-o, consegue perdoá-lo, e eles decidem fugir juntos. Tony vai se esconder com os Jets, que estão assustados com o rumo inesperado que os acontecimentos tomaram. Quando Anita, a noiva de Bernardo, chega com um recado de Maria para Tony, eles a tratam com tanto desrespeito, que a moça, ofendida, diz-lhe que Chino, destinado a casar-se com Maria, apunhalou-a ao saber que ela estava namorado um estrangeiro. Desesperado, Tony vai enfrentar os Sharks, e é morto. Jets e Sharks estão a ponto de se massacrar, mas Maria intervém: os dois lados saíram perdendo com essa guerra absurda. Que pelo menos a morte de Tony sirva para reconciliá-los. Jets e Sharks erguem nos ombros o cadáver de Tony, num gesto que acena com a esperança para o futuro.

Ajudado pela ressonância universal do tema de *Romeu e Julieta*, Bernstein leva adiante, com *West Side Story*, os esforços que vinha fazendo, em *On the Town* e *Wonderful Town*, para renovar o musical, dando-lhe maior consistência. Mais ainda do que nas peças anteriores, *West Side Story* mobiliza recursos sinfônicos que o tornam atípico, se comparado a grandes exemplos do gênero como *Oklahoma* ou *Guys and Dolls* – o que explica a perplexidade com que o público da estréia o recebeu. Mas é em *West Side Story* que vamos encontrar a semente de musicais quase-ópera, de insólitas características para a Broadway, como o *Sweeney Todd*, de Sondheim. Na verdade, a grandeza da obra está em romper inteiramente as barreiras entre os dois gêneros: um dueto como "A boy like that... I have a love", entre Maria e Anita, poderia perfeitamente estar numa partitura de ópera séria.

Na verdade, é numa sala de ópera que o musical encontra condições ideais para ser montado. Na estréia, a orquestra mal cabia dentro do fosso do Winter Garden, e a necessidade de bailarinos muito treinados para as cenas de dança criou dificuldades para os dançarinos de que se dispunha na epoca. Uma gravação como a que foi feita com José Carreras, regida pelo proprio Bernstein, demonstra que só um verdadeiro tenor lírico consegue fazer justiça aos si bemóis de uma canção como "Maria". Por outro lado, a peça apresenta, para os cantores líricos normais, grandes dificuldades: vozes empostadas não dão conta de um número como "Gee, Officer Krupke", em que os Jets, na rua, zombam do policial que os interpelou; e um trecho esfuziante como "America" ("I like to be in America!") fica muito melhor interpretado descontraidamente pelos atores-cantores da Broadway.

Esse é o problema que está na base da dicotomia proposta por essa obra múltipla, que faz a síntese perfeita entre a exaltação lírica – "Tonight" ou "Somewhere" – e a desenvoltura do tom popular: "Jet Song" ou a tensa "Cool" do ato II. Quantas verdadeiras cantoras líricas capazes de fazer bem "I feel pretty" conseguem sugerir, no palco, a adolescente que Maria é? Esse é um problema que aflige também as intérpretes de Mimì ou de Cio-cio San. Mas, na ópera, já nos acostumamos, em nome da boa voz, a aceitar que as cantoras não tenham o *physique du role* (uma excelente Lucia como Joan Sutherland não era exatamente uma *teenager*). Mas, habituados a interpretes que tem aparência física atraente, os freqüentadores de musical tem mais dificuldade em aceitar cantoras cenicamente menos convincentes.

Seja como for, musicalmente, a partitura de *West Side Story* é de incrível refinamento, com acordes construídos a partir de instáveis quartas aumentadas – e isso inclui "Cool" –, e uma extrema variedade rítmica. Para se ter uma idéia do grau de elaboração a que Bernstein chega, citemos o que diz David Patrick Stearns em sua apresentação da peça no álbum DG:

"Something's coming" e "Maria" baseiam-se no mesmo motivo de três notas (ré-sol sustenido-lá) ouvido inicialmente, em 'Who knows?', e transformado em mi bemol-lá-si bemol quando Tony, no final, diz o nome de Maria. A segunda nota desse tema, de um nível de quarta elevada, dá um tom especial de eloqüência e sabor – uma apojatura ansiosa, que solicita alívio urgente – às palavras de Tony, que se sente irresistivelmente atraído por Maria. Ao introduzir, como prenúncio sombrio, a célula germinal de "Somewhere" nos últimos compassos de "Tonight", Bernstein quer dar a entender que, ao mesmo tempo que estão começando o seu relacionamento, os dois jovens já estão selando o seu destino trágico. E ao inserir a lírica e resignada "I have a love" dentro da ardente e amarga "A boy like that", que a precede e está tematicamente deslocada em relação a ela, o compositor faz com que a música já reflita a fatídica mudança no comportamento de Anita, da qual vai depender o prosseguimento da trama.

Esses são procedimentos de construção muito mais típicos da ópera do que do musical. E sua presença em *West Side Story* caracteriza a natureza ambígua dessa obra-prima, que tem um pé firmemente plantado em cada gênero. Para conhecê-la, existem as seguintes gravações:

CBS, 1957 – Lawrence, Rivera, Kert-Goberman (trechos);

DG, 1985 – Te Kanawa, Carreras, Troyanos, Ollmann, Horne-Bernstein;

TER, 1995 – Olafimihan, O'Connor, Burgess, Manuel, Warnford-Owen Edwards.

Naxos, 2003 – Morrison, Eldred, Cooke, San Giovanni, Dean-Kenneth Schermerhorn.

Existe também em circulação, no Brasil, o vídeo do filme tirado do musical.

Encomendada para a inauguração do Kennedy Center for the Performing Arts, de Washington, e baseada na liturgia da Missa católica, com o acréscimo de textos de Stephen Schwartz e do compositor, *Mass* estreou em 8 de setembro de 1971. Essa estilizada "theater piece for singers, players and dancers", centrada na figura do Celebrante – vestido de blue-jeans – e de suas dúvidas íntimas, usa a celebração do ritual católico como moldura para a exploração das fontes e da natureza da fé e do amor por Deus. O Celebrante personifica a juventude, o clero, o homem comum, o Cristo e, depois do *Kyrie*, canta, acompanhando-se na guitarra elétrica, "A Simple Song", um hino de louvor a Deus.

As forças sociais e pessoais que se encontram à volta do Celebrante são representadas de forma musicalmente muito ecléticas. A guerra do Vietnã, o assassinato dos Kennedy e de Martin Luther King, a perseguição aos pacifistas são temas que se sucedem na discussão do papel que a religião tem a desempenhar num mundo dilacerado pelo ódio e a violência. A certa altura, o Celebrante, desencantado com a religião, enlouquece e quebra os vasos sagrados. Mas a esperança, o amor e a paz acabam levando de vencida a frustração e a falta de crença.

No final, o coro infantil desce ao auditório e, cantando um hino reconciliatório, toca os espectadores e convida-os a tocarem-se uns aos outros, num sinal de que a reconciliação e a comunicação são possíveis. A partitura é um amálgama de temas em estilo folclórico, hinos de igreja, rock, melodias que lembram o estilo dos musicais, e uma complexa trama rítmica que evoca as composições de Stravinski ou de Charles Ives. No fosso, ficam as cordas e as percussões; no palco, há uma banda de blues, um grupo de rock e o órgão; auto-falantes transmitem a música de fitas pré-gravadas e, no final, a voz do próprio Bernstein diz: "The Mass is ended. Go in peace!" A gravação regida por Leonard Bernstein, com Alan Titus no papel central, foi lançada pela CBS em 1971, e está hoje no catálogo Sony.

O maior insucesso comercial de Bernstein, no circuito da Broadway, foi o musical *1600 Pennsylvania Avenue* – o endereço da Casa Branca –, com libreto de Alan Jay Lerner, cantado em 4 de maio de 1976. A idéia, muito interessante, era a de mostrar a vida na sede do governo americano, em diversas presidências, do ponto de vista terra-a-terra da criadagem negra. Mas a produção tomou o controle da montagem das mãos de Lerner e Bernstein, e introduziu na peça modificações infelizes, que não refletiam os desejos de seus autores. Steven Wadsworth, que viria a ser o libretista de *A Quiet Place*, comenta:

A principal razão para o fracasso de *1600 Pennsylvania Avenue* foi a Máquina da Broadway que, nos últimos vinte anos, tinha-se voltado impiedosamente para emplacar os *big hits* e não estava mais nem um pouco interessada em promover a evolução do musical americano. De certa forma, Bernstein foi traído pela Broadway, que já não era mais um ambiente aberto à criação, e sim uma máquina registradora para trazer muita grana aos bolsos dos empresários.

A reprise de 1992, em Bloomington, no Indiana, reverteu ao material original, mas a montagem fez sucesso apenas local. Em 1998, Kent Nagano lançou, pelo selo DG, a gravação da *White House Cantata* (Anderson, Hendricks, Tarver, Hampson), que utiliza a maior parte da música.

A Quiet Place, estreada no Jones Hall de Houston em 17 de junho de 1983, foi concebida como a continuação e o reaproveitamento de *Trouble in Tahiti*. O espetáculo, regido por John DeMain e dirigido por Peter Mark Schifter, recebeu críticas extremamente negativas. Estimulado por John Mauceri, que estivera envolvido no projeto de revisão de *Candide*, Bernstein e seu libretista, Stephen Wadsworth, refundiram inteiramente a partitura. A nova versão, regida por Mauceri no Scala de Milão em 19 de junho de 1984, e reapresentada no Kennedy Center de Washington no mês seguinte, foi muito bem recebida. Em abril de 1986, Bernstein regeu a versão de Viena, gravada ao vivo pelo selo DG (Morgan, White, Ludgin, Brandstetter, Crafts).

O libreto retoma a história da família, anos mais tarde, após a morte de Dinah em um acidente automobilístico. Wadsworth diz, a respeito da experiência de trabalhar com Bernstein:

> Nós dois queríamos escrever a respeito de perda, dor, luto e da capacidade da família de se unir para superar a tragédia. Lenny tinha perdido a mulher, Felicia Montealegre, dois anos antes, de câncer. Eu tinha perdido Nina, a minha irmã, um ano antes, num acidente de carro. Essas coisas pesavam muito em nossas almas.

Os amigos de Dinah estão reunidos no velório: seu irmão Bill, sua melhor amiga, Susie, seu analista e o médico da família, com a mulher. Sam chega com sua filha Dede, casada com o canadense François. Fragmentos de conversa revelam aos poucos as circunstâncias da morte de Dinah e o que aconteceu à família. Dede e seu irmão Junior moram em Quebec com François, que foi amante de Junior antes de se casar com Dede. Junior tem um histórico de perturbação mental e há vinte anos não vê o pai, que também não conhece o genro, de quem de antemão não gosta.

Os presentes homenageiam Dinah com leituras e reminiscências: o médico lê trechos dos *Provérbios* e sua mulher, versos de Elizabeth Barrett Browning; Bill e Susie relembram passagens da vida da morta; Dede tenta ler um poema de Khalil Gibran, mas começa a chorar, e François tem de terminar por ela. A chegada de Junior interrompe momentaneamente a cerimônia, mas as leituras recomeçam sem que ninguém fale com ele. Depois, todos vão embora e, sozinho pela primeira vez com os filhos, em tantos anos, Sam explode ("You're late, you shouldn't have come") e, num longo monólogo, põe para fora trinta anos de raiva reprimida. Dede, Junior e François falam de suas relações difíceis com os pais no trio "Dear Daddy", interrompido pelo *blues* "Hey Daddy, you drivin' me batty", em que Junior agride o pai. Sam e o filho vão às vias de fato, a tampa do caixão voa longe, Sam sai furioso, a filha e genro o acompanham. Sozinho, desarvorado, Junior acaricia angustiado o caixão da mãe.

Em casa, à noite, Sam lê o diário de Dinah e, em flash-back, surge a primeira parte de *Trouble in Tahiti*. Dede vem visitar o pai e eles tentam timidamente se reaproximar. No quarto ao lado, François recrimina Junior por seu comportamento no velório, e isso desencadeia um surto psicótico durante o qual o rapaz dá a entender que ama e precisa do pai. François o acalma e consola, depois, exausto, vai ao encontro, na varanda da casa, de sua mulher, que está eufórica por ter conseguido reaproximar-se do pai. Eles reafirmam seu amor no dueto "There's so much, too much". Sam vai ao quarto onde o filho está dormindo, tenta beijá-lo, mas não consegue. Suas memórias se reacendem e assistimos à segunda parte do flashback de *Tahiti*.

No dia seguinte, Dede está passeando no jardim da mãe, hoje descuidado, sente sua presença, e fala com ela. Junior acorda bem humorado, relembra o passado com a irmã e, com a chegada de François, pensam no momento em que se conheceram, dez anos antes. Sam os ouve e chega à conclusão de que, em vez de hostilizar o genro, é melhor abrir-lhe os braços. Os filhos estão pensando em ficar uns tempos com o pai, todos se alegram com essa perspectiva. Mas uma divergência tola os irrita de novo, Junior joga longe o diário da mãe e, com ele, parecem ir embora as esperanças de reconciliação. Mas eles param, olham para as páginas do diário espalhadas no chão, lembram-se da mãe ("My heart shall be thy garden"), concluem que, por mais que isso seja difícil, precisam aprender a se comunicar. E estendem as mãos uns para os outros.

A Quiet Place não é um musical. No dizer de Wadsworth, é "uma verdadeira ópera americana de música contínua, uma peça de teatro musical que se propõe a honrar tanto a tradição da Broadway quanto a da musica séria". Assim Leonard Bernstein descreveu *Um Lugar Tranqüilo*:

Queríamos escrever uma ópera sobre típicos americanos de classe média e não uma ópera folclórica e regional, nem um *grand opéra* de estilo europeu ou um *singspiel* pop sentimental, como a maioria dos shows da Broadway. Queríamos escrever uma ópera de linguagem americana, do jeito que os americanos falam, e que não fosse algo tomado de empréstimo a Viena ou a Milão. Precisamos de mais óperas sobre temas americanos: a nossa cultura é rica, nossas comunidades são pequenos mundos e, agora que estamos amadurecendo, após termos atravessado a desilusão do Vietnã, do escândalo Watergate e da revivescência do conservadorismo, é grande a dor que sentimos, e ela precisa ser posta para fora criticamente.

A partitura cria uma rede de *leitmotive* baseados, em grande parte, nos temas de *Tahiti*. *A Quiet Place* começa, por exemplo, com o mesmo acorde de encerramento de *Tahiti*, um "cluster" (cacho de acordes) com todas as notas do tema principal da primeira ópera, que será retomado como motivo condutor na segunda. As imagens do primeiro libreto e o tratamento jazzístico da música são reelaborados, na continuação, em especial no que se refere à caracterização de Junior, cuja loucura é retratada com fragmentos extraídos da ópera inicial, como se ela fosse resultado do desajuste dos pais na fase da formação de sua personalidade.

A Quiet Place tenta retratar os ritmos nervosos e fragmentados da vida contemporânea americana e as maneiras como isso se manifesta até mesmo no modo de se expressar. Bons exemplos disso são a valsa muito agitada ("Fantastic! Great!") que Dede canta ao chegar ao velório; e seu dueto sussurrado com Susie, durante o qual ouve-se nas cordas, *cantando*, o tema do sonho de Dinah na ópera anterior. Esse tema do sonho tem outras aparições marcantes, quando Dede põe um antigo vestido da mãe ("What do you see, Daddy?") e faz Sam lembrar-se da esposa ainda jovem. Ou quando sugere à família, no ato III, a idéia de uma preciosa intimidade compartilhada que

eles deixaram perder-se. Um papel especial de comentarista é reservado ao coro que, em momentos climáticos, recita textos clichê de "sabedoria popular", com conselhos de senso comum: "God has its ways", na cena do velório, para consolar os familiares do absurdo da morte; "The path of truth is plain of safe", no ato II, no auge dos desentedimentos familiares. E o coro participa, também, em regozijo, da reconciliação final. Cada vez que aparece, esse coro, externo à ação, marca um ponto importante: o trauma do acidente e da morte desencadeando velhas tensões reprimidas; a sensação de que pode haver uma cura para as feridas emocionais; a cicatrização prometida na cena final.

Bernstein usa de forma muito virtuosística a orquestra grande, conciliando-a com o estilo camerístico da primeira parte, e raramente permanecendo por longos segmentos numa linguagem claramente tonal: na verdade, comuta agilmente do diatônico para o cromático ou o atonal, no esforço para sugerir a própria instabilidade emocional da vida moderna. Toda a peça utiliza uma quantidade relativamente pequena de material temático, que se desenvolve a partir de uma determinada célula básica até que, a um determinado trecho, corresponda outro, num jogo espelhado de simetrias e ecos. Postumamente, foi preparada uma suíte orquestral da ópera, executada em 1991.

Sondheim

De família muito próspera, o nova-iorquino Stephen Sondheim, nascido em 1930, iniciou os estudos musicais na instituição privada em que fazia o curso regular e, aos quinze anos, compôs um musical para ser encenado por seus colegas de escola. Também na Williams School, em que se graduou *magna cum laude* em 1950, foi o autor de shows – roteiro, letra e música – para as atividades do centro acadêmico. Em busca de aperfeiçoamento, estudou com Milton Babbit em Princeton mas, embora adquirisse, com esse compositor, o domínio de sofisticadas técnicas vanguardistas, nunca renunciou à propensão natural pelas melodias tonais e por um estilo de teatro que está a meio caminho entre a ópera e o musical. Sua primeira experiência na Broadway foi em 1957, ao escrever a letra das canções de *West Side Story*, para Leonard Bernstein, e de *Gypsy* para Jule Styne.

Sondheim já era o autor de *Saturday Nights* (1954), de acolhida moderada, quando emplacou seu primeiro grande sucesso, a ficar dois anos em cartaz. *A Funny Thing Happened on the Way to the Forum*, com libreto de Burt Shevelove e Larry Gelbart, inspira-se em comédias do romano Plauto, e foi levada no Alvin Theater de Nova York, em 8 de maio de 1962. Farsa de ritmo muito rápido, vaudevillesco, sobre os esforços do escravo Pseudolus – que é também o narrador – para obter a liberdade, *Uma Coisa Engraçada Aconteceu a Caminho do Fórum* foi um dos grandes papéis de Zero Mostel. Além da gravação da estréia (selo Capitol), sua interpretação está documentada no filme que foi feito a partir do musical. Inovador é o fato de que, ao invés de se integrarem à ação, como é costumeiro no musical, as canções – entre elas "Comedy Tonight" e "Lovely", que se transformaram em *big hits* discográficos –, constituem uma interrupção na narrativa e formam comentários diretamente dirigidos à platéia.

George Purth escreveu o libreto de *Company* (Alvin Theater, 26 de abril de 1970), peça que propõe inovações formais no musical americano. Em vez de serem executadas pelos atores-cantores que participam das cenas, as canções são interpretadas por aqueles que observam, de fora, e comentam essa crônica da dificuldade do relacionamento pessoal numa cidade grande, na qual a análise dos estados de espírito é mais importante do que o próprio enredo. Embora a conclusão da história não chegue a ser realmente satisfatória, *Company* apontou caminhos que viriam a ser muito férteis em obras posteriores do próprio Sondheim, ou de seus seguidores. No selo CBS, havia a gravação da estréia (Jones, Barrie, Stritch-Hastings).

As possibilidades apontadas em *Company* foram expandidas em *Follies* (Winter Garden, 4 de abril de 1971). No libreto de James Goldman, um grupo de vedetes que, no passado, costumava apresentar-se anualmente em uma revista chamada *Follies*, reúne-se, juntamente com seus maridos, para relembrar os velhos tempos. O que deveria ser um encontro nostálgico faz, na realidade, aflorarem problemas que elas tiveram, a vida inteira, umas com as outras ou com os companheiros. E esses problemas tornam-se mais difíceis de aceitar na medida em que a realidade é comparada com um passado idealizado, que lhes é trazido pelas reminiscências comuns. No fim, numa seqüência onírica, cada uma das ex-vedetes expõe, cantando e dançando, sua fantasia reprimida ou irrealizada.

A peça é estruturada, portanto, como um musical com roteiro elaborado, ao qual se intercalam números soltos típicos de revista (as lembranças de cada uma das veteranas). O finale é a versão surrealista e idealizada de uma das *Follies* que elas passaram anos fazendo. Na opinião de John Alan Conrad, *Follies* é uma das peças mais comoventes de Sondheim, e a partitura pode ser considerada uma das mais ricas que ele escreveu. Em 1998, o selo TVT lançou uma versão integral da obra, restabelecendo as partes ocasionalmente cortadas, e incluindo todas as canções alternativas compostas para determinadas encenações (McKechnie, Hoty, Robert, Guittard-Tunick).

Ouvida uma única vez, em 1974, na piscina da Universidade de Yale, cantada pelos estudantes do Yale Repertory Theatre, *Frogs* só voltou a ser cantada integralmente de novo em 2001, quando a Nonesuch fez a gravação regida por Paul Gemignani (Lane, Stokes Mitchell, Gaines). O libreto de Burt Shevelove adapta a comédia de Aristófanes.

Preocupado com a má qualidade do teatro atual, Dionísio está decidido a ir ao Hades, em companhia de seu criado Xanthias, para buscar George Bernard Shaw. "Dizem que a arte imita a natureza. Se Shaw voltar à terra, talvez a natureza aprenda a imitar a arte." Apesar das tentativas dos sapos de impedir sua viagem, ele chega ao Hades, onde fica sabendo que há um bom grupo de seguidores seus, os "dionisíacos", um "bando muito alegre de homens e mulheres que levavam uma vida mansa, gostavam muito de teatro, e nunca chegavam atrasados ao espetáculo".

Dionísio janta com Plutão e consegue a permissão de falar com Shaw, que se revela ainda mais amargo do que ele esperava: aceita voltar à terra, mas tem pouco respeito pela platéia, "servil, submissa e vaidosa!. Shaw vê com desprezo seu colega Shakespeare, "um homem que sabe dizer as coisas de maneira maravilhosa, só que não tem nada a dizer". Shaw e Shakespeare começam a discutir, Dionísio invoca as musas e os faz calar, depois propõe-lhes um desafio. Eles vão falar das mulheres, dos homens, da força da vida – e ambos citam trechos de sua própria obra. Mas quando o tema é "a vida e a morte", Shakespeare cita a canção de *Cimbelino*: "Fear no more the heat o'th'sun, nor the furious winter's rages".

Observando as reações de seus seguidores, Dionísio se decide: "Sinto muito, Bernard, você perdeu." E quando Shaw protesta "Eu trato das grandes abstrações: consciência, virtude, integridade", Dionísio lhe responde: "Mas não é um poeta." Convence Plutão a deixá-lo levar Shakespeare de volta e, para grande espanto dos sapos, os dois cruzam de volta o Estige, rumo à terra. Contra o "Brek-kek-kek ko-ax ko-ax" dos sapos, a peça termina com as eufóricas invocações de "Evohe! Alalai!" das bacantes, quando o deus do vinho apresenta Shakespeare à sua nova platéia:

> *Dionysos, bring the sound of poets*
> *in a blaze of words*
> *to a heedless earth.*
> *Dionysos, bring the taste of wisdom*
> *in a feast of words*
> *to a hungry earth.*
> *Dyonisos, bring a sense of purpose,*
> *bring the taste of words,*
> *bring the sound of wit,*
> *bring the feel of passion,*
> *bring the glow of thought*
> *to the darkening earth.*

(Dionisio, traz o som dos poetas, com todo o brilho das palavras, para um mundo descuidado. Dionísio, traz o sabor da sabedoria, num festim de palavras, para uma terra faminta. Dionísio, traz um sentido de objetivo, traz o sabor das palavras, traz o som da sabedoria, traz a sensação da paixão, traz o brilho do pensamento para a terra que se escurece.)

Um dos mais belos filmes de Ingmar Bergman, *Sorrisos de uma Noite de Verão*, rodado em 1955, inspirou o libreto de Hugh Wheeler para *A Little Night Music*. Esta é uma das partituras mais surpreendentes de Sondheim, estreada no Shubert Theater de Nova York, em 15 de abril de 1975.

O advogado Fredrik Egerman sente-se frustrado, pois a jovem e linda Anne, com quem acabou de se casar, age de forma tímida e assustada, e recusa-se a permitir que o casamento seja consumado. Fredrik acaba voltando a procurar a atriz Désirée Arnfeldt, de quem foi amante. Mas ela está, atualmente, envolvida com o Conde Carl-Magnus, cuja mulher, Charlotte, é uma das melhores amigas de Anne. Por sua vez, Henrik, o filho do primeiro casamento de Fredrik, sente-se muito infeliz, pois o seu projeto de dedicar-se à vida sacerdotal e manter-se casto não o impede de sentir violenta atração sexual pela exuberante criada Petra, e de experimentar sentimentos proibidos pela jovem madrasta.

Todas essas personagens se reúnem na casa de campo de Désirée, que as convidou para ali passar o fim de semana. Depois de uma série de confrontações desagradáveis, tentativas de sedução, desencontros e decepções, os pares se reorganizam de acordo com as suas afinidades naturais: Anne entrega-se a Henrik, a quem amava em silêncio desde o início, e foge com ele; Carl-Magnus e Charlotte se reconciliam; Fredrik e Désirée sobram e se consolam um com o outro. E a linda Petra fica com o irresistível criado da casa de campo, que a fez descobrir os três sorrisos do verão – o do sol que se põe; o da noite que atinge o seu pináculo; e o da luz que volta a surgir no céu, de manhãzinha – símbolo do ciclo sempre renovado da vida, e da esperança que ele traz consigo.

Concebido como uma comédia de costumes oitocentista, o roteiro de *Sommarnattens-lände* é a obra mais bem-humorada e luminosa de Ingmar Bergman, um filme encantadoramente poético, cuja essência Sondheim soube captar perfeitamente na música desta quase-ópera. Um grupo de cantores, a que Wheeler deu o nome de *Liebeslieder Quintet* (o quinteto das canções de amor), interliga as seqüências com canções que comentam o que se passou e preparam o próximo segmento. Essa peça de época, muito estilizada, trata com humor e delicadeza uma série de temas contemporâneos: os desejos reprimidos, as expectativas desencontradas, a necessidade de remediar a carência emotiva e sensual. A partitura é exuberante, com momentos a que a valsa dá um brilho de opereta straussiana. Nela está uma das mais conhecidas canções de Sondheim: "Send in the Clowns". No selo CBS – hoje integrado ao catálogo da Sony – havia a gravação de Johns, Cariou, Gingold, Elliott, Guittard- Hastings, feita na remontagem de 1979.

Pacific Overtures tem libreto de John Weidman, com material adicional de Hugh Wheeler, e foi cantada no Winter Garden em 11 de janeiro de 1976. Apresentada por um Recitante, no estilo muito formal de uma peça de teatro Kabuki, *Pacific Overtures* mostra como cidadãos japoneses de diversas classes sociais reagem à chegada do Comodoro Perry a seu país. O tema da obra é o conflito étnico e cultural, a partir da forma como os japoneses tentam relacionar-se com os americanos e outros estrangeiros, depois de o governo japonês ter decidido abrir-se à influência estrangeira. As vinhetas muito estilizadas que retratam esse conflito, são unificadas por algumas personagens estereotipadas que as passam de uma para a outra.

Esse é um tema candente para o mundo de pós-guerra. No final, há um salto no tempo – e também uma modificação brusca no estilo, que passa a ser o da música oriental americanizada –, para mostra que, na atualidade, os problemas mudaram apenas na aparência. Como no teatro Kabuki, o elenco é todo masculino. Na montagem original, os atores-cantores eram asiáticos: a RCA tinha a gravação de trechos desse espetáculo (Shimono, Sato, Mako-Gemignani). Na versão completa da English National Opera, gravada em 1987 pelo selo TER, o elenco é masculino, mas com intérpretes ocidentais (Angas, Booth-Jones, Rivers-Holmes).

O musical mais estranho de Sondheim, e aquele cujas formas mais se confundem com as da ópera, é *Sweeney Todd the Demon Barber of Fleet Street*. O libreto de Hugh Wheeler baseia-se na peça do inglês Christopher Bond, adaptada de um melodrama gótico escrito em 1847. O espetáculo dirigido por Harold Prince teve 550 récitas no Uris Theater de Nova York, onde estreou em 1º de março de 1979. Depois, *Sweeney Todd* foi montada, em 1984, pelo New York City Opera, com dois conhecidos cantores de ópera, Timothy Nolen e Rosalind Elias, nos papéis principais. Esse espetáculo excur-

sionou por todo o país, e foi gravado em vídeo pelo Home Box Office. Na montagem inglesa do Manchester Library Theatre, em 1989, o famoso barítono Peter Glossop interpretou o papel-título que, na estréia, tinha sido feito por Len Cariou, típico ator-cantor de musical. A inclusão de *Sweeney Todd* na temporada de 2004 do New York City Opera reconheceu a qualidade verdadeiramente operística deste espetáculo inicialmente concebido para a Broadway.

A ação passa-se em Londres no século XIX. Um criminoso deportado volta à Inglaterra para vingar-se do juiz Turpin que, condenando-o, deixou sua família na mais negra miséria. Ajudado pela padeira Mrs. Lovett, sua antiga vizinha, retoma a profissão de barbeiro, com o pseudônimo de Sweeney Todd. Um dia, o juiz Turpin vem a seu salão e, por pouco, Sweeney não consegue cortar a sua garganta enquanto o barbeia.

Frustrado por ter perdido essa oportunidade, decide expandir as suas atividades de assassino: transforma-se num temível assassino em série, e fornece a carne de suas vítimas para que, com elas, Mrs. Lovett faça tortas, que passam a ser muito procuradas. Todd encontra sua filha Johanna e convence-a a servir de isca para atrair Turpin à sua loja. Consegue finalmente cortar a garganta do juiz, mas tem de matar também uma mendiga que entrou no salão, pedindo esmola, exatamente no momento em que ele realizava a sua vingança. Só depois descobre que aquela mulher em andrajos era a sua própria esposa, a quem supunha morta. Esse melodrama brutal termina com a morte de Sweeney e Mrs. Lovett, corroídos pelo remorso.

Trata-se da obra mais ambiciosa de Sondheim, com pouquíssimos diálogos falados, seqüências musicais longas, muito trabalhadas, e entrelaçadas umas às outras por um denso sistema de motivos recorrentes (alguns deles são transformações do tema do *Dies Irae*). As cenas de conjunto têm um grau de elaboração muito elevado; e um papel de destaque é reservado ao coro, que emoldura a ação cantando a "Balada de Sweeney Todd". Para Sondheim, esse *musical thriller*, cheio de violência e insanidade, é uma metáfora sobre o que a vida moderna pode fazer ao homem, desumanizan-

Rosalind Elias e Timothy Nolan no *Sweeney Todd* (1979), de Stephen Sondheim, montado pelo New York City Opera em 1984.

do-o. Não é dado tratamento unidimensional às personagens, pois Todd é mais uma vítima impotente, que o sistema tritura em sua máquina de moer carne, do que um vilão sinistro. E o próprio juiz, embora tenha destruído a família do réu, estava apenas obedecendo à lógica implacável do sistema penal.

Sondheim é o primeiro a admitir a influência da música de cinema sobre a estrutura dessa obra, cujos limites entre ópera e musical são muito tênues. "Quando escrevi *Sweney Todd*, pensei como se fosse Bernard Herrmann... e lá veio essa música cheia de dissonâncias irresolvidas, que deixa a platéia num permanente estado de suspense." No selo RCA, há a gravação da estréia com Lansbury, Rice, Cariou, Garber-Gemignani.

A partir de 15 de dezembro de 2003, Paul Gemignani regeu a bem recebida montagem londrina da Royal Opera House, dirigida por Neil Armfield, e tendo como principais intérpretes Thomas Allen e Robert Tear. Em seus comentários, a crítica inglesa frisou o caráter de quase-ópera desse insólito musical.

O libreto de George Furth para *Merrily We Roll Along* (Alvin Theater, 16 de novembro de 1981) baseia-se na peça do mesmo nome de George Kaufman e Moss Hart. Quase nenhuma das promessas que três amigos fizeram, a si mesmos e uns aos outros, foi cumprida. Ao longo de suas vidas, eles falharam em praticamente todos os seus objetivos. O que torna muito comovente a retrospectiva dessas existências frustradas é o fato de a história ser contada de trás para diante. Quando a última cena da peça mostra o encontro dos três, jovens, cheios de esperança, recém-saídos da faculdade, já sabemos que seus bem intencionados planos nunca se concretizarão. Esta é a obra de Sondheim que mais atraiu os grupos amadores: vários deles a produziram, desde a estréia e, para viabilizar esses espetáculos, libretista e compositor fizeram, no texto e na partitura, algumas adaptações. O selo RCA tem a gravação da estréia (Walton, Price, Morrison-Gemignani).

No ato I de *Sunday in the Park with George*, o libreto de James Lapine inspira-se na vida do pintor Georges Seurat e em como, obcecado pela criação artística, ele negligencia a vida pessoal para procurar, na realidade parisiense, as personagens e situações com as quais construirá sua grande tela *Un Dimanche Après-Midi à l'Île de la Grande Jatte* (o primeiro ato termina com um *tableau vivant*, reproduzindo no palco essa tela famosa). No ato II, a ação é transferida para a atualidade, em Nova York, e vemos George, o bisneto do pintor, na busca do mesmo ideal artístico de seu antepassado, mas em luta com problemas e conflitos de outra natureza.

Domingo no Parque assinala uma evolução estilística na obra de Sondheim: as canções, muito numerosas, fundem-se umas nas outras, mediante recitativos que substituem os diálogos falados, e criam longos blocos de música contínua. Apesar de seu tema um tanto esotérico e do estilo desusado com que foi escrito, *Sunday in the Park* agradou muito ao público do Booth Theater, quando a peça estreou, em 2 de maio de 1984. O espetáculo manteve-se em cartaz na Broadway durante um ano e meio e, em 1985, a partitura ganhou o Prêmio Pulitzer (um dos raros concedidos a um musical).

Quatro histórias da carochinha muito conhecidas se combinam no libreto de James Lapine para *Into the Woods* (Martin Beck Theater, 5 de novembro de 1987). Para ficarem livres da maldição de uma bruxa, que os condenou à esterilidade, um padeiro e sua mulher têm de conseguir a vaca de João, o do pé de feijão, o capuz de Chapeuzinho Vermelho, a cabeleira de Rapunzel e os sapatinhos de vidro de Cinderela. Tudo parece acabar bem, no fim do ato I, quando eles obtêm tudo de que precisam e a maldição é removida. Mas o ato II vai mostrar as conseqüências destrutivas do que fizeram.

Essa fábula amarga sobre o reverso da moeda dos grandes sonhos humanos leva adiante as experiências iniciadas com *Domingo no Parque*: blocos maiores de música contínua integrando canções às vezes muito curtas e, neste caso, orquestradas de forma camerística. Apesar de sua temática difícil, *Dentro do Bosque* agradou muito e foi um dos musicais de Sondheim que mais tempo ficaram em cartaz. No selo RCA, há a gravação da estréia

(Peters, Gleason, Zien, Westenberg-Ge-mignani).

Em compensação, por ser muito polêmico, *Assassins* atingiu apenas o público restrito do Playwrights Horizons, o teatrinho off-Broadway em que estreou em 27 de janeiro de 1991. John Weidman retrata os homens que mataram – ou tentaram matar – presidentes americanos. Abandonando o estilo contínuo das duas obras anteriores, Sondheim opta por cenas faladas, interligadas por um narrador que canta em estilo folclórico. E na peça em prosa, intercala canções com estilo de revista, utilizando diversos moldes populares tradicionais: a marcha, o hino religioso, o *cakewalk*, o *ragtime*, a *guitar ballad*, o quarteto de barbearia. Algumas das cenas são a recriação dos fatos históricos; outras promovem o encontro imaginário de figuras de épocas diferentes: a confrontação, por exemplo, de John Wilkes Booth, o assassino de Abraham Lincoln, com Lee Harvey Oswald, acusado de ter matado John Kennedy. O resultado é um painel, em tom de pesadelo, dos aspectos mais violentos da história americana. A gravação da estréia está no selo RCA (Garber, Mann, Hadary, Cassidy-Gemignani).

Em 1981, o diretor italiano Ettore Scola filmou *Passione d'Amore*, baseado no romance *Fosca*, escrito em 1863 por Igino Ugo Tarchetti, membro do movimento milanês da *Scapigliatura*. O roteiro desse filme foi adaptado por James Lapine em *Passion*, em um ato. Estreada no Plymouth Theater de Nova York em 9 de maio de 1994, com Marin Mazzie (Clara), Jeremy Shea (Giorgio), Donna Murphy (Fosca), Gregg Edelman, William Duff-Griffin, Linda Balgord e outros, ela ficou em cartaz até 7 de janeiro de 1995, tendo 280 récitas.

No final do século XIX, o soldado Giorgio apaixona-se por Clara, mulher casada de extraordinária beleza. Removido para um posto numa cidadezinha distante de Milão, ele torna-se a idéia fixa de Fosca, a neurótica prima de seu capitão. Fosca é uma mulher muito feia e de saúde precária, a quem Giorgio trata com gentileza, porque tem pena dela, e porque compartilha seu interesse por literatura. Mas não esconde dela que não retribui de forma alguma os sentimentos amorosos que ela lhe declara da forma mais apaixonada. Nem mesmo as tentativas explícitas de afastá-la fazem o amor de Fosca por ele diminuir. Giorgio volta para Milão, acaba dando-se conta de que, em seu relacionamento com Clara, falta a paixão que Fosca lhe devota integralmente, e separa-se da amante bonita. Volta para Fosca e, depois que ela morre, literalmente consumida pela intensidade de sua paixão, sente o quanto tem saudades dela, e reflete sobre o que essa mulher desgraciosa lhe ensinou a respeito da verdadeira natureza do amor.

Apesar das pequenas porções de diálogo falado, *Passion* é mais uma ópera de câmara do que um musical. Dramaticamente muito econômica, está centrada nas três personagens principais – há apenas um grupo de criados e soldados que forma o coro, como pano de fundo –, e possui uma estrutura contínua tão amarrada, que praticamente não abre espaço para o aplauso entre uma canção e outra. À ação intercalam-se, sob a forma de duetos, as cartas trocadas por Clara e Giorgio. Fosca é uma das personagens mais trabalhadas do teatro de Sondheim, e exige uma cantora com qualidades excepcionais de atriz. Função muito importante, no decorrer da narrativa, é a desempenhada pelo tema de Fosca – e de sua paixão –, com contornos reiterativos que traduzem a sua obsessão amorosa. É muito bonito o efeito obtido na cena final, em que esse tema forma a base do dueto entre o fantasma de Fosca e Giorgio, devastado pela dor de tê-la perdido.

Passion revelou-se particularmente adequada para a adaptação à televisão. Foi muito feliz a transmissão, pela Public Broadcast Corporation, no ano seguinte ao da estréia, com Donna Murphy e Jeremy Shea, que tinham criado Fosca e Giorgio no palco. Os primeiros planos das expressões fisionômicas, a técnica de câmara lenta para enfatizar determinados momentos climáticos, a fotografia em sépia para os *flashbacks* e a superposição das imagem de Fosca e de sua bela e elegante rival milanesa deram à música de Sondheim e ao texto de Lapine um realce suplementar. Existe um vídeo dessa transmissão, da série American Playhouse. Além dele, existem de *Passion*:

a gravação integral com o elenco da criação (selo Angel, 1994);

trechos em um disco de 1994, da Varese Sarabande, com obras de Sondheim;

e um vídeo-disco da ABC-Image, lançado em 1997.

Passion teve encenações muito elogiadas no Queen's Theatre de Londres e no Sinature Theatre de Arlington (1996). Foram muito bem recebidas pela crítica a a apresentação em versão de concerto no BBC Hippodrome Theatre, de Londres, em 1997, e a remontagem, na Broadway, no ano seguinte, com a DiCapo Opera Company.

Sondheim não orquestra a sua própria música, mas conta com a ajuda de colaboradores fiéis, como Paul Gemignani e Jonathan Tunick, que o acompanharam ao longo de sua carreira, e trabalham sob sua estreita orientação. O compositor lhes comunica o exato *feel* que quer dar a cada uma de suas partituras. Em *Sondheim Broadway's Musicals* (1993), Stephen Banfield fala da "música transparente, capaz de envolver o público como um perfume", que ele pediu a Tunick para *A Little Night Music*. Na canção "In Buddy's eyes", de *Follies*, quando a personagem está falando da incompreensão do marido, Sondheim sugeriu a Tunick que usasse madeiras; mas quis que recorresse ao som aveludado das cordas quando a ex-vedete fala de si própria. E em determinado momento muito trágico de *Sweeney Todd*, disse a seu orquestrador que queria "o som assustador e inquietante de um órgão ouvido, à noite, num cemitério".

Sondheim tem também seus libretistas de preferência, mas é sempre ele o autor das letras de suas canções, nas quais exibe ora uma simplicidade muito espontânea, ora uma complexidade de conceitos e construção maior ainda do que a de letristas como Moss Hart ou William Gilbert, famosos por seu virtuosismo. A música de Sondheim está apoiada no uso freqüente de temas recorrentes, e em invenções rítmicas ou de textura vocal-instrumental, que estabeleceram padrões novos para as partituras apresentadas na Broadway. Ele escreve com freqüência extensas cenas de conjunto ou, como vimos, blocos de cenas interligadas por recitativos, em vez de diálo-gos falados, o que dá espessura operística a muitos de seus musicais. Embora não trabalhe explicitamente com as categorias vocais do canto lírico, as suas partituras não são fáceis e oferecem aos intérpretes desafios que fazem delas peças inseridas no âmbito mais da ópera do que da comédia musical.

Lewin

A família de Franz Lewin era de Breslau (a atual Wróclaw, na Polônia), onde ele nasceu em 1925. Eles emigraram para os Estados Unidos em 1940, quando Franz já estava com quinze anos. Ali, adotando o nome americanizado de Frank, iniciou os estudos musicais com Felix Deyo, no Conservatótio de Baldwin (L.I.). Foi também aluno de Jack Frederick Kilpatrick e Hans David, aperfeiçoou-se com Roy Harris e Richard Donovan, além de seguir os cursos de Paul Hindemith em Yale – onde ensinou, depois de formado, entre 1971-1992.

Para os Princeton Community Players, Frank Lewin escreveu, em 1958, o musical *It's Cultural*, com libreto de A. Munroe Wade. Em 1975, juntamente com Easley Blackwood e Elliot Kaplan, produziu para a Ópera de Minnesota, com libreto de Robert Karmon e Louis Phillips, a ópera em dois atos *Gulliver*, baseada no livro de Jonathan Swift. Fora do domínio operístico, Lewin é o autor:

• dos ciclos vocais *Innocence and Experience* (William Blake), *Variation on Greek Themes* (Edwin Arlington Robinson), *Phoenix* (William Carlos Williams) e *She Walks in Beauty* (Byron), para vozes femininas e conjunto de câmara;

• dos Salmos *133, 134, 137* e *148* para solistas, coro, orquestra; das cantatas *Seasons* (Thomas Nashe) e *Music for Early America* (encomendada por Mrs. Lyndon Johnson e estreada na Casa Branca em 1965) e da *Mass for the Dead*, de 1969, em memória de Robert Kennedy;

• do poema sinfônico *Evocation* (1960), comemorando o décimo aniversário da Sinfônica de Princeton; do *Concerto para Gaita*, e do *Concerto sobre Temas da Silésia*, para viola e orquestra;

- da música incidental para *The Trojan War Will Not Take Place* (Jean Giraudoux), *Theater of the Soul* (Nikolái Evrêinov), *Summer and Smoke* (Tennessee Williams), *The Knight of the Burning Pestle* (Beaumont and Fletcher), *The Tempest, Twelfth Night, The Taming of the Shrew, As You Like It, A Midsummer's Night Dream* (Shakespeare), *Blood Wedding* (Federico García Lorca), *Thieves Carnival* (Jean Anouilh), *Leonce and Lena* (Georg Büchner) e para as estréias de *Caesar at the Rubicon* (Theodore H. White, 1971) e *Streets of Gold* (Tom DeTitta, 1992);
- da música de fundo para os espetáculos históricos ao ar livre[7] escritos e produzidos por Kermit Hunter: *Beyond the Sundown, Conquistador, Dust on Her Petticoats, The McIntosh Trail*; e também *Blue Jacket* (W. L. Mundell), *Trumpet in the Land* (Paul Green), *The White Savage* (Joseph Bonamico and Mark Durbin), além de trilhas sonoras para o filme *The Plot Against Harry* (Michael Roemer), mais de quarenta documentários para televisão e a série *The Defenders*.

Lewin é também o autor do importante estudo *The Soundtrack in Non-theatrical Motion Pictures*, publicado em 1958.

A ópera mais conhecida de Frank Lewin é *Burning Bright*, projeto iniciado em 1967, mas só encerrado em 1989. Ele próprio adaptou a peça de teatro extraída por John Steinbeck de sua novela homônima. O altivo e um pouco arrogante Joe Saul, trapezista em um circo, deseja muito ter um filho, ao qual possa transmitir as tradições de sua família. Muito apaixonada por ele, a sua mulher Mordeen, muito mais jovem, sabe que Joe é estéril; mas está decidida a satisfazer o seu sonho a qualquer preço e, por isso, deixa-se engravidar por

Victor, o assistente do marido no número de trapézio. Depois que o menino nasce, o verdadeiro pai reclama a sua posse, quer que Mordeen vá embora com ele, e isso provoca violenta confrontação entre os dois homens. É a moça quem decide a questão, ao dizer ao marido: "He's but a tool – we needed him. He served. That's all." (Ele era apenas uma ferramenta – precisávamos dele. Ele serviu. E pronto). Diante disso, Victor decide afastar-se.

Para dar à ação um caráter americano amplo, Lewin a ambienta, durante os nove meses em que a história se passa, em três locais diferentes – um circo no Meio-oeste; uma fazenda que Joe comprou na Pennsylvania, e onde Victor é seu empregado; e um navio ancorado no porto de Nova York. Incorpora também à partitura, de estilo deliberadamente diatônico, material de várias origens étnicas – melodias folclóricas irlandesas e escocesas, baladas dos Appalaches, temas regionais americanos e havaianos –, que estão na base do legado musical comum do país. A composição é eclética, jogando com o estilo banal da música de circo no ato III; apelando para dissonâncias nos momentos de crise do ato II, em que a ambientação rural sugere a Lewin acentos que deixam clara a influência de Copland; e se encerrando, no ato III, com um dueto de amor de opulência straussiana.

Estreada em 5 de novembro de 1993, em Yale, *Burning Bright* foi gravada pelo selo Composers Guild, de Nova Jersey, e lançada em 2000. A reprise, dirigida por Karen Tiller em 21 julho de 2003, no Festival de Nova Jersey, fez muito sucesso. Regida por Patrick Hansen, teve no elenco Todd Thomas (Joe Saul), Indira Mahajan (Mordeen) e Adam Klein, muito elogiado como Victor. Segundo Gilbert Mott, da revista *Opera News*, "a obra tem impulso narrativo e paixão, e usa um idioma tonal cheio de riqueza harmônica e colorido". Robert Morsberger, colaborador de *The Steinbeck Newsletter*, publicada pela fundação dedicada a estudos sobre a obra desse escritor, chegou a dizer que *Burning Bright* "funciona melhor como ópera do que como novela ou peça de teatro". E Kurt Oppens, ao cobrir a estreia para a revista alemã *Opernwelt*, referiu-se elogiosamente às "passagens em arioso e aos cantabiles de estilo folclórico, que se

7. O *Historical Outdoor Drama* é uma forma de teatro tipicamente americana, criada por Paul Green, em 1937, em Manteo, na Carolina do Norte, com *The Lost Colony*. Até 1997, Green tinha escrito cinqüenta grandes peças de tema histórico, para exibição em teatros ao ar livre, para públicos populares, sobre a história, as lendas e os mitos da região onde a peça está sendo montada; elas combinam texto falado, canções, dança e trechos instrumentais, usando também recursos tecnológicos do tipo "espetáculo de som e luz".

fundem numa música adequadamente escrita para as vozes".

Argento

Embora tenha composto muita música instrumental, as obras vocais constituem o centro da produção de Dominick Argento, nascido em 1927, em York, na Pensilvânia, de uma família de imigrantes italianos. Argento é um dos operistas mais importantes dos Estados Unidos, na fase de 1950-1990. Numa entrevista de novembro de 1992, concedida a Richard Rhoda, declarou:

> Ópera é sobre gente, e não sobre acontecimentos ou conceitos. Por meio da música, a personagem deixa de ser um estranho para nós. É o caso de Rodolfo e Mimi, que a música de Puccini faz se transformarem em pessoas de verdade. Quero que a minha obra tenha impacto emocional, quero comunicar-me com as pessoas, não ofuscá-las. Estou sempre pensando no meu público, como é que será que ele vai ouvir isso, o que será que isso vai significar para ele? A voz é a nossa representação da humanidade... a música começa onde o discurso pára.

Foi muito eclética a formação musical de Dominick Argento. Piano, ele tocava desde menino; mas instrução teórica formal só recebeu depois da II Guerra, em 1947, quando se desligou do exército e inscreveu-se no Conservatório Peabody de Baltimore, onde foi aluno de Nikolái Nabókov e de Hugo Weisgall. A bolsa que ganhou da Fullbright, em 1951, permitiu-lhe estudar com Luigi Dallapiccola, no Conservatório Cherubini de Florença. De volta aos Estados Unidos, freqüentou as aulas de Henry Cowell no Peabody e, depois, as de Howard Hanson, Bernard Rodgers e Alan Hovhaness na Eastman-Rochester. Não se pode imaginar combinação mais variada de tendências e influências, do dodecafonismo de Dallapiccola ao neo-romantismo de Hanson. Resulta daí um idioma extremamente pessoal, não-vinculado a qualquer escola ou modismo, e que usa os recursos musicais em função dos temas abordados.

Sua primeira experiência operística foi *Sicilian Limes* (Nova York, 1954), recebida friamente pelo público e retirada de cartaz por decisão do autor. Mas o título seguinte estava destinado a ser um durável sucesso. John Olon-Scrymgeour escreveu o libreto da ópera bufa *The Boor*, baseada na peça de Tchékhov. Destinada a uma orquestra de proporções clássicas – à qual foi acrescentado um piano – *O Rústico* estreou com muito sucesso na Eastman School Opera Theatre, em 6 de maio de 1957, cantada por Barbara Altman e William Duvall.

Uma viúva passou um ano chorando a morte do marido. Um dia, um vizinho de modos um tanto ríspidos vem procurá-la, para cobrar uma dívida que o marido deixara. Ela se recusa a pagar, e ele diz que não vai embora enquanto o débito não for saldado. A discussão torna-se cada vez mais acalorada, até que a viúva vai buscar as pistolas do marido e desafia o vizinho para um duelo. Muito impressionado com a sua coragem, ele a pede em casamento. A moça não pára de ameaçá-lo com as armas mas, a cada uma de suas palavras, vai ficando mais comovida e, no final, dizendo uma vez mais que vai lhe dar um tiro, cai em seus braços e o beija.

Com o estilo tonal e melodioso que será sempre a marca registrada de Argent, dentro da tradição pós-pucciniana a que se filia um músico como Menotti, *The Boor* exibe também, no tratamento dos diálogos, visível influência de Mússorgski – principalmente o do *Casamento*, baseado em Gógol e fazendo experiências sobre um arioso decalcado nas inflexões naturais da língua falada. *The Boor* é uma das óperas mais representadas de Dominick Argento. Logo depois da estréia, foi retomada pelo Opera Repertory Group, em 1962. Em seguida, como é fácil de montar, de audição extremamente prazerosa, e acessível para cantores jovens, foi feita em Scottsdale (1962); em Bremmerhaven, na Alemanha (1964); no Canadá (1970), na Nova Inglaterra (1974), em Fargo (1977), Manhattan (1979), Saint Louis e Central City (1980), Nova York e Midwest (1983), San Francisco, Charlotteville e Boston (1984), no Festival de Lake George (1985), em Oldenburg, na Alemanha (1988), e na Universidade de Michigan (1993). Existem dela dois vídeos: o do espetáculo de 7 de julho de 1964, no Stadttheater Bremerhaven; e o da montagem mais recente, na Opera North, em 1998.

No ano de *The Boor*, ao terminar o doutorado, Argento recebeu outra bolsa da Guggenheim e voltou para Florença. Ali, entre 1958-1961, trabalhou na comédia de tom regionalista *Colonel Jonathan the Saint*. Mas ela só viria a ser estreada em Denver, em dezembro de 1971. A essa altura, Argento já era um nome consolidado pois, dois meses antes, tinha estreado a sua primeira ópera importante. Ao voltar para os Estados Unidos, em 1961, foi nomeado professor de composição na Universidade de Minnesota. Três anos depois, em companhia de Olon-Scrymgeour, o libretista de *The Boor*, fundara a Center Opera – mais tarde rebatizada como The Minnesota Opera –, responsável, até o fim do século XX, pela estréia de mais de trinta óperas, muitas delas de compositores americanos. Para esse grupo, Argento escreveu *Christopher Sly* (1963) – baseada no prólogo do *Mercador de Veneza*, de Shakespeare, que também tinha inspirado Wolf Ferrari –, *The Mask of Angels* (1964) e *The Shoemaker's Holiday* (1967).

O primeiro grande sucesso foi *Postcard from Morocco*, cantada no Cedar Village Theater, de Minneapolis, em 14 de outubro de 1971. Esse espetáculo foi gravado pelo selo CRI (Brandt, Roche, Hardy, Marshall, Sutton-Brunelle). No libreto de John Donahue para *Cartão Postal do Marrocos*, a ação situa-se por volta de 1914, o que permite a Argento fazer paródias de canção popular, valsa vienense e, a certa altura, introduzir uma orquestra de café concerto tocando temas de Wagner. A descrição do cenário diz que ele se parece com "um cartão postal antigo, mostrando a estação ferroviária do Marrocos". Não há história, a bem dizer, apenas um grupo de personagens desiludidas que, encontrando-se umas com as outras na estação, tentam relacionar-se e procuram, num mundo confuso, respostas para as suas indagações pessoais. Como nos *Seis Personagens* de seu mestre Weisgall, as criaturas de Argento não têm nome; protegem sua individualidade por trás de designações genéricas.

O Homem com a Caixa do Cornetim traz sempre o instrumento consigo, "para o caso de ser necessário tocar música". O Homem da Bagagem Velha nunca coloca as coisas de que gosta dentro da mala, pois pode perdê-las ou ser rou-

bado. A Senhora do Espelho de Mão é muito vaidosa e, na ária de coloratura "I never travel without one", explica a necessidade que tem de contemplar sempre a própria imagem, para certificar-se de que continua bonita e atraente.

Para Argento, a intriga de teatro do absurdo de *Poastcard*, em que as pessoas vagam de uma estação para a outra, sem encontrar sossego, tem a ver com a jornada do Holandês no *Navio Fantasma*, "devido a uma maldição que é proferida não por forças sobrenaturais, mas pelos próprios seres humanos, incapazes de demonstrar caridade ou compaixão, amor ou compreensão pelos outros." A música, ora tonal, ora temperada por dissonâncias muito fortes, em função do desequilíbrio das personagens, é escrita para um conjunto de oito instrumentos, o que dá à ópera uma transparência muitas vezes reminiscente do neoclassicismo stravinskiano.

É muito importante a participação solista dos instrumentos, à maneira dos *obbligati* barrocos. Quando Mr. Owen – o único que tem nome – canta "Once when I was a young man", a ária em que descreve uma viagem de navio, começa desacompanhada. Depois, os instrumentos vão entrando, de forma descritiva, à maneira de uma trilha sonora cinematográfica. Imitam, por exemplo, o ruído do vento nas velas, quando ele diz "the ropes danced round the mast" (as cordas dançavam em torno do mastro). Ao contrário de um músico como Jack Beeson, que usa música culta e melodias de formato popular colocando-as lado a lado, Argento faz essa fusão do velho e do novo, do erudito e do folclórico em camadas polifônicas, que entrelaçam ironicamente os estilos contrastantes.

É muito forte o choque estilístico na cena em que os Cantores de Opereta entoam um típico *ländler* vienense rigorosamente diatônico enquanto, ao lado deles, em contracanto, Mr. Owens e a Senhora do Bolo cantam o dueto "Oh somewhere among my things", muito lírico, mas de linhas inteiramente atonais. Donahue não leva a conclusão alguma a história de seus sete viajantes, perdidos numa estação que pode, ou não, ficar no Marrocos. Só o que se sabe, no final da ópera, é que eles devem continuar viajando. Pelo menos é o que dá a entender Mr. Owen em sua última ária:

We sail this Summer morning, we sail new waters, uncharted seas with new stars on high and news seabeasts at our side. But do not fear! The boat is magical, made out of glass and ice. We sail through fire and clouds, for this is my ship. My ship! I am the captain of my ship!

(Velejamos nesta manhã de verão, velejamos por águas novas, por mares que não estão no mapa, com novas estrelas sobre nossas cabeças e novas feras do mar a nosso lado. Mas não temam! O barco é mágico, feito de vidro e gelo. Velejamos através do fogo e das nuvens, pois este é o meu barco. Meu barco! Eu sou o capitão de meu barco!)

Essa nave – símbolo de nosso corpo em seu humano trajeto – continuará o seu curso. Mas, quando o pano baixa, o público não terá tido resposta alguma sobre o destino dessas personagens que viu; e nem ao menos poderá definir onde fica a fronteira entre o sonho e a realidade.

Seguiu-se a fantasia psicológica *The Voyage of Edgar Allan Poe*, encomendada para comemorar o bicentenário da Universidade de Minneapolis, e encenada em 24 de abril de 1976. O libreto do ator e dramaturgo Charles Nolte – autor de *A Summer Remembered* e *Alexander's Death*, peças muito bem recebidas no início dos anos de 1970 – usa citações do próprio Poe para evocar, num texto de caráter fantasmagórico, os últimos dias de vida do poeta, em 1849. Num estado de excitação febril, porque sente que está perdendo seus poderes criativos, e ainda entristecido pela morte de Virginia, a sua mulher, dois anos antes, Poe embarca num navio que vai para Baltimore – o que, para ele, terá o significado simbólico de uma "viagem de descoberta". Seu agente literário, Griswold, assegura que a viagem foi bem programada, mas o médico que trata dele tem suas dúvidas.

Sozinho no cais, à espera do navio, Poe vê sair da escuridão uma embarcação fantasma tripulada por espectros. Eles o arrastam para dentro do barco, que desaparece na bruma. Durante a "viagem", Poe revive, de forma alucinada, a morte da mãe e a cerimônia de seu casamento. Ao longo desses delírios, Griswold reaparece sempre de forma ameaçadora. Disfarçado de sacerdote, acusa-o de ter querido a morte da mulher, para que a dor lhe servisse de inspiração. Poe nega, ajoelha-se ao pé do leito de Virginia morta e a faz reviver com o seu abraço. Embora lhe digam que não faça perguntas a respeito da terra misteriosa de além-túmulo, Edgar, como Orfeu, não resiste a pedir à mulher que a descreva. Virginia suplica-lhe que não o faça, o poeta insiste, a voz da mulher ergue-se em êxtase para descrever a terra desconhecida, de repente ela desfalece e morre de novo.

Poe é julgado, por esse crime, e o juiz é Griswold de manto escarlate e peruca. Louco de raiva, o poeta toma uma espada e avança contra o agente, que se transforma em sua imagem no espelho. Griswold lhe diz que ele foi julgado por sua própria alma, pelo ser secreto que existe dentro dele. Poe apunhala a imagem no espelho que, de braços abertos, recebe os golpes. No epílogo, o poeta está de volta ao cais, sozinho, ao amanhecer, e escuta a voz de Virginia cantando para ele. Cai morto. O médico entra e a Griswold, que encontra de pé ao lado do cadáver, explica que o poeta tinha desejado embarcar num navio que saía daquele porto na noite precedente. Mas Griswold lhe garante que nenhum barco partiu dali na noite anterior.

A Viagem de Edgar Allan Poe é uma das obras mais experimentais de Dominick Argento. Encenada em Gothenburg, na Suécia, em 1986, com cenários de John Conklin, foi muito elogiada pela crítica européia. Ao ser recriada, na temporada de 1990-1991, pela Lyric Opera de Chicago e pela Ópera de Dallas, acrescentaram-se projeções cinematográficas, que expandiram o lado simbólico e fantasioso do texto. Misturando em doses iguais música tonal e técnica dodecafônica, Argento consegue dar à *Viagem* um tom lírico muito especial. Até mesmo no que tem de mais dissonante, a partitura é muito melodiosa e perfeitamente adequada para a voz. Nela, tem grande importância a participação do coro, tanto dentro do palco quanto nos batidores. A produção da Lyric Opera de Chicago foi transmitida pela Chicago Fine Arts Network em 25 de maio de 1991 e, portanto, existe a gravação pirata. Há também um vídeo da produção de Minnesota, em 1976.

O próprio Argento escreveu o libreto de *A Water Bird Talk*, cruzando o texto da comédia em um ato *Os Males do Tabaco*, de Tchékhov, com citações extraídas de *The Birds of America*, de John James Audubon. Esse monodrama para barítono agudo (ou tenor dramático), com acompanhamento de orquestra de câmara, foi ouvido na Brooklyn Academy of Music, de Nova York, em 19 maio de 1977. Há duas gravações disponíveis, ambas de 1996: a Shirley Quirk-Watkins (Koch-Schwann) e a Sutton-Auldon Clark (Newport Classics).

O Conferencista apresenta seu assunto: sua mulher sugeriu que fizesse uma palestra beneficente; mas não sobre o tema de seu ensaio, *Escorpiões, Aranhas e Centopéias*, que considera repelente. Por isso, ele vai falar sobre pássaros aquáticos. Mas as referências à sua vida particular e às dificuldades de relacionamento com a mulher e as filhas vão se misturando à descrição da andorinha, do cormorão, do papagaio-do-mar ou do mergulhão, nesse monólogo que assume a forma de tema e variações: a introdução expõe o motivo e cada pássaro – acompanhado de slides tirados do livro de Audubon – corresponde a uma das variações. A mais interessante é a quarta variação, em que o Conferencista, abandonando o assunto, começa a falar de seu amor pela música – de que a mulher, é claro, não gosta nem um pouco:

Ah, I love music! At one time I was going to become a musician. Naturally, she doesn't. Like music, I mean. No birds ever sang for her. No string quartets. No operas for her. She won't even sing hymns in a church to save her own soul.

(Ah!, eu adoro música. Houve um tempo em que eu pensava em ser músico. Naturalmente, ela não gosta. De música, sabe?! Os pássaros não cantam para ela. Nada de quartetos de corda. Para ela, nada de óperas. Ela não canta hinos na igreja, nem mesmo para salvar sua alma.)

É grande a simpatia de Argento por essa figura cômica e patética que, aos poucos, vai fazendo o strip-tease da vida mesquinha que leva ao lado de uma companheira incapaz de compreender sua sensibilidade. Mas são impiedosas as exigências que o compositor faz ao intérprete: este tem de passar do *parlando* ao recitativo, e daí ao arioso e ao cantabile. No final, quando o Conferencista está falando da derrocada de seus sonhos, a cantilena assume torneados melódicos muito trabalhados. A explosão do projetor, superaquecido, é o símbolo do ponto próximo de ruptura, a que as confissões o levaram. Mas ele não é um herói, capaz de virar a mesa: não passa de um homem comum, como qualquer um de nós. Ao ver o que fez, sussura para a platéia, assustado:

She's coming back! If she should ask, please tell her that the Lect... that the "booby", that is, me, behaved with dignity. She's watching!

(Ela está vindo. Se perguntar, por favor, digam a ela que o Conf... que o "bobão", isto é, eu, comportou-se com dignidade. Ela está me espiando!)

Dito isso, termina a palestra da forma mais formal e cerimoniosa possível. Com suas pequenas proporções – dura apenas 45m – *A Water Bird Talk* é um estudo delicado da fragilidade humana. É aquilo que George Hall chama de uma experiência de "immaculate word-setting". É uma experiência de equilibrar-se na corda bamba entre o amargo e o engraçado, na qual Argento capta com toda habilidade o tom ambíguo do humor de Tchékhov.

Beverly Sills foi a cantora para a qual Argento escreveu o papel-título de *Miss Havisham's Fire*, cujo libreto John Olon-Scrymgeour extraiu de um dos episódios de *Grandes Esperanças*, de Charles Dickens. A história melancólica do envolvimento da solteirona miss Havisham com o jovem Pip foi concebida como uma revisitação moderna da ópera de belcanto romântica, com grande destaque dado à escrita ornamentada, em especial na extensa cena para o soprano com que a ópera se encerra. Apesar da interpretação de Sills, a ópera não foi bem aceita ao estrear no New York City Opera, em 1979. Muito melhor foi a acolhida à versão revista, de 2001, que James Robinson – o mesmo encenador de 1979 – dirigiu na Ópera de St. Louis, sob a regência de Beatrice Jona Afron.

Em 1978, pensando sobre uma ópera em um ato que pudesse formar programa duplo com *A Water Bird Talk*, Argento encomendou a Olon-Scrymgeour o libreto de *Miss Havisham's Wedding Night*, espécie de epílogo à ópera anterior. *A Noite de Núpcias de Miss Havisham* estreou no Tyrone Guthrie Theater, de Minneapolis, em 1º maio de 1981. A gravação existente no selo Koch-Schwann (Mabbs-Watkins) é a da apresentação de 1996 juntamente com *Uma Conferência sobre Pássaros Aquáticos*.

Um ponto em comum aproxima essas duas óperas aparentemente tão dessemelhantes: a humanidade do olhar não-voyeurístico que Argento lança sobre a intimidade de personagens frágeis – neste caso, uma mulher cuja insanidade, atravessada por relances de lucidez, é sugerida mediante uma linha vocal construída com requintes de ourivesaria. Estão presentes pastiches do estilo de canto romântico, no dizer de Argento, "um tributo à *folle d'amour*, tão comum na literatura do século XIX, e imortalizada nas óperas de Donizetti e de Bellini". O gosto do pastiche, da reconstrução de uma época por meio da referência a seus estilos musicais, é um traço marcante na arte de Argento, trave de sustentação de um ciclo como o belo *Six Elizabetan Songs*, de 1962, sobre poemas ingleses do século XVI.

Se, nas duas óperas dedicadas à Miss Havisham dickensiana o pastiche é o das grandes loucas do Romantismo, a imitação do estilo barroco dá sabor todo especial a *Casanova's Homecoming*. Com libreto do próprio Argento, *A Volta de Casanova para Casa* estréia em 12 de abril de 1985 na Ópera de Minnesota, com Vern Sutton (Lorenzo), Kris Root (Marcantonio), Julian Patrick (Casanova), Carol Gutknecht (Giulietta), Michele McBride (Barbara), Mark Jackson (Gabriele), Douglas Perry (Marquis de Lisle), Susanne Marsee (Bellino-Teresa), Elaine Bonazzi (Mme d'Urfé) e outros. A estréia desse espetáculo foi transmitida pela rádio de Minnesota e dele existe o registro pirata. Gravada pela PBS, a récita foi também transmitida, mais tarde, em rede nacional; há disponível, portanto, o documento em vídeo.

Ao voltar a Veneza, com 49 anos, após dezoito anos de exílio, Casanova é vítima de uma brincadeira de mau-gosto. Toda a cidade, apaixonada por um mexerico, se diverte ao saber que o famoso sedutor foi enganado: está tendo um caso com uma bela cantora de ópera que, na verdade, é um *castrato*, Bellino, vestido de mulher. O que ninguém sabe é que, na verdade, Bellino é uma mulher, Teresa, que teve de se passar por *castrato* para promover a sua carreira como cantora, já que esses artistas emasculados eram muito mais populares do que as sopranos de verdade. Casanova decide

virar o jogo. Com a ajuda de Teresa, faz de boba a rica e excêntrica Madame d'Urfé, que pratica magia negra e sonha em renascer como homem. Casanova fica com todo o dinheiro da velha que, em conseqüência de uma aventura noturna mal-sucedida, acaba morrendo. Mas é um homem muito hábil, consegue não ser incriminado pelas circunstâncias suspeitas que cercaram a morte da milionária, e vai embora com Teresa, com a qual viverá sua derradeira aventura e, quem sabe, sua primeira história de amor verdadeiro.

A mistura de humor e nostalgia banha uma partitura muito melodiosa, de corte neo-clássico, com árias, duetos e cenas de conjunto, em que há seqüências extremamente bem construídas. A mais virtuosística delas é a de teatro-dentro-do-teatro, quando Casanova vai assistir à ópera na qual a sua "cantora" é a estrela. Enquanto, no palco, desenrola-se uma *opera seria* de corte metastasiano, cuja música imita a do século XVIII, no camarote acontece outra linha de ação, composta de acordo com o idioma muito pessoal de Argento. E as duas linhas melódicas, de estilo contrastante, harmonizam-se com total desenvoltura.

Casanova foi muito bem recebida quando montada no New York City Opera e também no Stadttheater de Osnabruck, na Alemanha. Em julho de 2003, Stefano Vizioli fez, no Teatro del Giglio, de Lucca, uma aclamada encenação da ópera, ali levada em excursão pelo elenco da Cincinnati Opera School. Na revista *Opera Now* (nov.-dez. 2003), Juliette Giraldi comentou a beleza dos cenários – que incluíam a reprodução do claustro da igreja de San Micheletto, em Veneza – e a boa qualidade do elenco regido por Mark Gibson.

Grande divulgação na imprensa cercou a estréia de *The Aspern Papers*, encomendada pela Ópera de Dallas, e estreada no Fair Park Theater em 19 de novembro de 1988. A montagem muito cuidadosa de John Conklin contava com um elenco de primeira: Elisabeth Söderström (Juliana), Frederica von Stade (Tina), Neil Rosensheim (Aspern), Katherine Ciesinski (Sonia), Richard Stilwell (o Hóspede) e Eric Halfvarson (o empresário Barelli). O libreto do próprio Argento faz uma adaptação muito feliz da novela de Henry James, escrita em 1888. Esse espetáculo foi transmitido pela série *Great Performances*, da televisão pública americana, em co-produção com a WNET de Nova York, e existe dela, circulando no Brasil, uma cópia pirata. Além disso, há uma gravação pirata da transmissão radiofônica pela BBC, em 3 de junho de 1991.

A ação passa-se durante o verão de 1895, na casa que a ex-cantora Juliana Bordereau possui à beira do Lago de Como. O Hóspede aluga um cômodo nessa casa, dizendo que quer repousar alguns dias. Na verdade, ele é um musicólogo que está investigando o que aconteceu à partitura da *Medéia*, a ópera que o compositor Aspern estava escrevendo, no verão de 1835, quando morreu. Aspern era o amante de Juliana, para quem estava compondo a ópera, e foi vítima de um acidente naquela mesma casa. Para obter as informações que deseja, o Hóspede aproxima-se de Tina, a sobrinha solteirona de Juliana, e não hesita em tentar seduzi-la para atingir seu objetivo.

Por meio de Tina, o musicólogo fica sabendo o que aconteceu no passado – e vemos essas cenas em *flash-back*. Aspern apaixonara-se por Sonia, mulher muito mais jovem do que Juliana, que morava numa casa do outro lado do lago. À noite, atravessava o lago num bote, para ir a seu encontro. Ao descobrir que estava sendo traída, Juliana sabotou o bote e Aspern morreu afogado, durante a travessia. Da mesma forma que Medéia matou os próprios filhos, para vingar-se de Jasão, Juliana destruiu a partitura de Aspern, sua mais bela criação. O Hóspede não se convence muito com esse desenlace da história e, cercando Tina de atenções, a ponto de lhe propor casamento, arranca dela a verdade: a partitura não foi destruída; está guardada numa arca no quarto de Juliana que, envelhecida e corroída pela tristeza e o remorso, vem a morrer. Depois que se certifica da existência dos preciosos "documentos de Aspern", o Hospede não consegue mais esconder de Tina que não tem interesse algum por ela. Desesperada, a solteirona ateia fogo à partitura, e resigna-se a ficar encerrada na casa, condenada à eterna solidão.

A tripla seqüência de traições Jasão-Medéia, Aspern-Juliana, Hóspede-Tina forma um jogo de paralelismos que é muito eficiente do ponto de vista teatral. As referências à linguagem musical do passado nunca são gratuitas, e convivem naturalmente com o neo-impressionismo da partitura, muito influenciada pelas transparências típicas da música francesa de virada do século XIX para o XX. Argento transferiu a ação da novela de Veneza para o Lago de Como, por desejar que as imagens de calor, da água cercando a casa, contrastassem com a do frio das geleiras alpinas, vistas ao longe. "Snow and cypress, glacier and leaf", o verso cantado por Juliana no início da ópera, acompanhado de um motivo de doze notas que percorrerá toda a partitura, dá o tom dos sentimentos enregelados pela solidão, o remorso, a velhice ou – no caso do Hóspede – a falta de real envolvimento com seus semelhantes, que marca toda a ação. Funcionam muito bem, no caso da adaptação para o palco lírico, a transformação de Aspern de poeta em compositor; e a conversão das cartas de amor do texto de James numa partitura perdida. Do ponto de vista melódico e da escrita vocal, que requer grandes cantores, *The Aspern Papers* é certamente a obra mais gratificante de Dominick Argento. Além do espetáculo de estréia, houve apresentações muito bem-sucedidas em Cassel e Washington (1990) Estocolmo e Minnesota (1991).

Escrito para a Ópera de Washington, onde estreou em 1994, o libreto do próprio Argento para *The Dream of Valentino* trabalha com uma seqüência de *flashbacks* focalizando o grande ícone do romance e da sexualidade masculina, no cinema mudo da década de 1920, como uma vítima oferecida em holocausto no altar da ambição, da luxúria e da publicidade. A atmosfera antiquada da Hollywood dos velhos tempos é sugerida com o uso, na partitura, de *ragtime*, *fox-trots* e melodias que imitam a música para piano tocada nos cinemas, durante as seções de filme mudo. A cena inicial – a do enterro de Valentino – é muito forte: o funeral do ator é celebrado ao som de camadas superpostas de canções populares e segmentos da Missa de Réquiem.

De tempos em tempos, o rosto de Valentino é projetado em múltiplas telas que o distorcem e fragmentam, como se ele tivesse se transformado em um mosaico surrealista. Há momentos em que só o que se vê são seus olhos, enormes, hipnóticos. Essas imagens tornam-se *leitmotive* visuais, aos quais correspondem temas recorrentes musicais, unificando e ampliando o significado da história, que está sendo contada de trás para diante: a do ator de cinema que lutou, a vida inteira, para alcançar uma dignidade e um patamar estético que os tubarões da cinematografia, só interessados em dinheiro, sempre lhe recusaram. Não é à toa que, no final do ato I, um dos chefões do estúdio exclama:

> The hell with "actor"!
> Who gives a damn?
> Give me a face.
> All I want is a face!

> (Ao diabo com o "ator"! Quem se importa com isso? Dêem-me um rosto. Tudo o que quero é um rosto!)

Referindo-se à forma muito peculiar assumida por *O Sonho de Valentino*, disse John Conklin, o responsável pela elogiadíssima montagem da estréia:

> Não encontramos mais, hoje em dia, óperas de três ou quatro atos, como no século XIX. Hoje, em geral, a estrutura é a de cenas muito curtas. A forma musical e dramática da ópera está mudando e, por isso, a forma de representá-la tem de mudar também. De certa forma, acabei fazendo parte do processo de criação. *Valentino* é a respeito de imagens de cinema e da dicotomia entre a pessoa e a sua imagem. A personagem parece aprisionada na armadilha de seu próprio estereótipo, e foi isso que eu tentei usar como o procedimento visual para unificar a trama.

É muito variada a obra não-operística de Dominick Argento. Numa produção predominantemente vocal, merecem menção:

- o oratório *Jonah and the Whale* (1974);
- o ciclo *Song about Spring* (1950) para soprano e orquestra;
- o virtuosístico concerto para soprano e orquestra *Ode to the West Wind* (1956);
- as lindas *Six Elizabethan Songs* (1962) para voz e piano;
- a imponente rapsódia *The Revelation of St. John the Divine* (1966), para tenor, coro masculino, metais e percussão;
- os ciclos *Letters from Composers* (1968), para tenor e violão; *To Be Sung upon the Water* (1973), para voz, clarinete e piano; e *From the Diary of Virginia Woolf* (1974), para voz e piano (este último lhe valeu o Prêmio Pulitzer de 1975);

- os ciclos de canções orquestrais *In Praise of Music* (1977) e *Casa Guidi* (1985), sobre textos do diário de Elizabeth Barrett Browning (este último uma de suas obras mais comoventes, escrita para Federica von Stade);
- e as *Variations: The Mask of Night* (1966), com texto de Shakespeare, para orquestra, com solo de soprano no último movimento.

Pasatieri

Piano ele aprendeu sozinho, de ouvido, e os princípios básicos da composição, intuiu pois, antes de entrar, aos 16 anos, para a Juilliard School, onde foi aluno de Vittorio Giannini e Vincent Persichetti, o nova-iorquino Thomas Pasatieri, nascido em 1945, já tinha escrito quatrocentas canções. A essa altura, por correspondência, tinha convencido a venerável Nadia Boulanger a aceitá-lo como aluno, em Paris. Mas abandonou a idéia de ir aperfeiçoar-se ao piano com essa mestra. Preferiu as aulas de teoria e composição de Vincent Persichetti e Vittorio Giannini. Este último reconheceu seu talento dramático e o encorajou a escrever o libreto e a música de *The Trysting Place* (1964), a partir de um conto de Booth Tarkington – esforço adolescente logo descartado, mas que aguçou a vontade de continuar tentando. *The Flowers of Ice* (1965) também foi abandonada e ficou inédita.

Aos 19 anos, Pasatieri foi fazer o curso de Darius Milhaud no Festival de Aspen, no Colorado. Ganhou o prêmio do festival com o libreto e a música de *The Women*, estreada em 20 de agosto de 1965. "A reação da platéia foi tremenda", conta ele, "e isso me prendeu à ópera pelo resto da vida." Tendo ficado claro que era esse o gênero ao qual desejava dedicar-se, concluiu também que a melhor maneira de fazer isso seria a de filiar-se à tradição mediterrânea do belcanto – que tinha no sangue, pois é filho de imigrantes italianos –, da melodia diatônica e eufônica, da harmonia flexível, voltadas para a intensificação da vertente lírica do canto. Em duas óperas em um ato – a satírica *La Divina* (Juilliard School, 16.3.1966) e o melodrama verista *Padrevia* (Brooklyn College, 18.11.1967) – desenvolveu um estilo que se recusa a aderir às tendências em voga.

Foi bem recebido pelo público, mas desagradou muito à corrente mais intelectualizada da crítica, e aos compositores que esposavam uma linha vanguardista de escrita. Um deles chegou a chamar a música de Pasatieri de "um jorro de urina perfumada".

Nada disso perturbou Pasatieri ou o fez mudar de curso. Como Menotti ou seu mestre Giannini – vítimas também do mesmo preconceito – continuou a escrever óperas melodiosas, fiéis àquilo que sabe fazer. Em *The Penitentes*, sua primeira obra em três atos, a libretista Anne Howard Bailey conta a estranha história de uma seita religiosa de índios mexicanos, que escolhe um de seus membros para se imolar na cruz, como se fosse o Cristo. Composta em 1967, ela só conseguiu subir ao palco em Aspen, em 3 de agosto de 1974.

A essa altura, Pasatieri obtivera reconhecimento com o auto sacramental *Calvary*, baseado no poema litúrgico de W. B. Yeats. Cantada a primeira vez no Bellevue Theater, de Washington, em abril de 1971, a peça foi, em seguida, representada em diversas igrejas de todos os Estados Unidos. Anne Howard Bailey escreveu também o libreto para a ópera televisiva que tornou o nome de Pasatieri conhecido no país inteiro. Encomendada pela National Education Television, *The Trial of Mary Lincoln* evoca o processo em que a viúva de Abraham Lincoln foi declarada insana. A filmagem, transmitida pela rede da Televisão Educativa em 14 de fevereiro de 1972, usou recursos – *flashback, fade out*, voz *off* – que enriqueceram muito a expressão dramática, e aprofundaram a compreensão da psicologia da personagem central. Na resenha do *New York Post*, Harriet Johnson comentou:

> Pasatieri escreve melodias para serem cantadas. Tem conhecimento daquilo que a voz humana pode fazer e é sensível, em seu estilo, às suas necessidades e possibilidades. No *Julgamento de Mary Lincoln*, usa uma espécie de melodia infinita e de declamação melódica que impulsiona para frente a ação, à medida que as emoções crescem, levando-nos junto com elas. O fundo instrumental é também extremamente rico.

O sucesso de *Mary Lincoln* trouxe uma encomenda de Seattle: *Black Widow*, cujo libreto o próprio compositor extraiu de *Dos Madres*, a novela de Miguel de Unamuno.

Raquel, uma jovem viúva, é estéril, mas está obcecada pela idéia de que a única forma de obter a imortalidade é ter um filho. Acaba convencendo Juan, seu amante, que é jovem e muito rico, a casar-se com Berta, que está apaixonada por ele desde a infância, pois quer que Juan a engravide, de modo a que Berta lhe dê o filho que deseja tão desesperadamente. Quando a criança nasce, Raquel toma-a para si, apesar das súplicas de Berta. Juan, muito fraco, e dividido entre as duas mulheres, é destruído pelo conflito. Berta, que não tem a força de Raquel, perde a razão com a morte do marido e se refugia num retorno à infância. A ópera, num opulento estilo de belcanto, foi muito aplaudida ao estrear, em 2 de março de 1972, na Ópera de Seattle, com Joanna Simon-Nancy Deering (Raquel); Evelyn Mandac-Gloria Cutsforth (Berta); Theodor Uppman (Juan) e outros. O sucesso se repetiu em Lake George (Glen Falls), em 1972, e na Civic Opera de Atlanta (1981).

Veio então a ópera mais famosa de Thomas Pasatieri: *The Seagull* (A Gaivota), com libreto de Kenwood Elmslie. No jardim da propriedade campestre de Sórin, assistimos à estréia privada de uma peça de vanguarda escrita por Konstantín e estrelada por Nina, que ele ama – mas que está apaixonada por Trigórin, um bem-sucedido escritor. Este, por sua vez, está tendo um caso com Irina Arkádina, a mãe de Konstantín. Arkádina perturba a apresentação, humilhando o seu filho, que foge envergonhado. Masha, a filha de Shamráiev, um vizinho, confessa ao Dr. Dorn que está apaixonada por Konstantín. Durante um piquenique, esse rapaz aparece trazendo nas mãos uma gaivota que matou com um tiro, e a depõe aos pés de Nina. Amarguram-no o fracasso de sua peça e a frieza com que Nina responde a seus sentimentos. Afasta-se ao ver aproximar-se Trigórin que, por sua vez, tenta desviar-se da adoração de Nina.

À noite, durante o jantar em casa de Sórin, embriagada, Masha confessa a Trigórin que decidiu casar-se com Medvedenko, o mestre-escola. Trigórin deixa Arkádina sozinha com o filho, fazendo um curativo no ferimento que ele fez, na cabeça, ao tentar suicidar-se. Konstantín recrimina a mãe por seu envolvimento com Trigórin, demasiado covarde para aceitar seu desafio para um duelo e, o que é pior, cada vez mais envolvido com Nina. Encostado na parede por Arkádina, Trigórin concorda em ir embora imediatamente. Nina também anuncia que está indo para Moscou.

Vários anos depois, Arkádina e Trigórin voltam à casa de campo de Sórin. Masha está casada com Medvedenko e vive às turras com ele. Konstantín foi buscar a mãe e seu amante na estação, mas trata-os friamente. Nina chega de surpresa e Konstantín diz que ainda a ama. Mas ela continua apaixonada por Trigórin, mesmo ele a tendo abandonado, tempos atrás, para voltar aos braços de Irina. Sozinho, Konstantín joga na lareira o manuscrito de sua peça e sai da sala. O jantar terminou, o grupo está se reunindo para jogar uma partida de loto quando, do lado de fora, ouve-se um estampido. O Dr. Dorn vai investigar e volta tranqüilizando-os: foi apenas um frasco de éter que estourou. Depois, chama Trigórin a um canto e, baixinho, conta-lhe aquilo que Irina, apavorada, já tinha percebido: Konstantín acaba de se suicidar.

As peças de Tchékhov não são fáceis de adaptar para o palco lírico, pois possuem pouca ação externa e trabalham com os conflitos emocionais dentro das personagens e com a ambientação – geralmente a da província russa, com sua vida tediosa – que condiciona o comportamento delas. *A Gaivota* retrata a interação destrutiva de cinco personagens, indivíduos muito atormentados, cada um deles apaixonado pela pessoa errada. Para tornar mais intensas as relações entre elas, Pasatieri e Elmslie optaram por concentrar boa parte da ação em um só dia, seguida de um epílogo anos depois, o que a torna mais rápida. Expandiram também o papel de Masha, frisaram mais do que na peça o caráter incestuoso da relação de Madame Arkádina com Konstantín, e confiaram a essa personagem feminina um monólogo final, extremamente dramático, que coincide com o suicídio de Konstantín fora do palco.

Um elenco de primeira participou da estréia de *The Seagull*, na Ópera de Houston, em 5 de março de 1974: Catherine Malfitano (Masha); Michael Best (Medvedenko); Richard Stilwell (Constantine); David Rae Smith (Sorin); Frederica von Stade (Nina); Evelyn Lear (Irina Arkadina); John Reardon (Borís Trigórin) e outros. Apesar do nariz torcido dos críticos em revistas como *Opera News*, o sucesso de público se repetiu em Seattle (1976), Washington (1978), Atlanta (1980), Fort Worth (1982) e Boulder, no Colorado (1989). A criadora do papel de Madame Arkadina, Evelyn Lear, declarou, em entrevista à *Newsweek*:

> A maioria dos compositores modernos escreve contra os cantores, como se as nossas vozes fossem um clarinete. Tom compõe para as vozes. Ele não danifica o nosso instrumento.

A Gaivota fez tanto sucesso no Texas, que o prefeito de Dallas transformou 5 de março num feriado municipal, o "Pasatieri Day". Na coleção *Opera Theater Recordings*, em que a Manhattan School of Music documenta registros ao vivo de suas encenações, há uma gravação da *Gaivota* de Pasatieri.

Os atrativos canoros de suas partituras são o motivo pelo qual, apesar de todas as referências desairosas de uma certa crítica, as óperas de Pasatieri – assim como as de Dominick Argento – sempre atraíram cantores do porte de Evelyn Mandac, James Morris, Jennie Tourel, Theodore Uppman, Alan Titus ou Lili Chookasian. Além da *Gaivota*, em três atos, com números fechados interligados ora por recitativo, ora por diálogo falado, Pasatieri também teve boa acolhida com:

- a viva comédia *Signor Deluso*, baseada no *Sganarelle* de Molière, escrita por encomenda da Ópera de Greenaway, na Virginia, onde estreou em 27 de julho de 1974;
- *Ines de Castro*, com libreto de Bernard Stambler. Essa tragédia, baseada no conhecido episódio da história portuguesa do século XIV, comemorou o jubileu de prata da Ópera de Baltimore, Maryland. Após a pré-estréia em Aspen (1.4.1976), foi cantada ali em 31 de maio, com Evelyn Mandac (Ines), Richard Stilwell (D. Pedro), Lili Chookasian (Beatrix), James Morris (D. Afonso) e outros.

Ao casar-se com D. Constanza da Espanha, o príncipe D. Pedro fica conhecendo Inês de Castro, sua amiga de infância, pela qual se apaixona perdidamente. Depois da morte de Constança, pensa em casar-se com Inês, que já lhe deu dois filhos. Mas seu pai, D. Afonso, ordena-lhe que se case com a infanta de Navarra, para evitar novos conflitos entre Portugal e a Espanha. Desobedecendo as ordens do pai, Pedro casa-se em segredo com Inês. Jura-lhe que a fará rainha um dia; mas o pai ordena que Inês e seus filhos sejam mortos. Depois da morte de Afonso, Pedro pune os assassinos de forma extremamente cruel – manda arrancar o coração de um deles pelo peito, e o do outro pelas costas – e choca a corte mandando exumar o cadáver de Inês e fazendo coroar "a que depois de morta foi rainha". Apesar das restrições feitas ao estilo "pucciniano" de Pasatieri por críticos como William Bender (revista *Time*, 12.4.1976) ou Harold Schonberg (*The New York Times*, 1.4.1976), a ópera foi recebida com muito agrado pelo público. Mas não se tem notícia de outra montagem, após a de Baltimore.

- *Washington Square*, bem-sucedida adaptação do *Portrait of a Lady*, de Henry James, feita por Elmslie para a Ópera de Detroit, na época do bicentenário americano; estréia em 1º de outubro de 1976.

Pasatieri voltou a Tchékhov, em 1979, com *Three Sisters*, encomendada pela Ópera do Ohio. Aqui também teve muito boa acolhida de público, tanto nos Estados Unidos quanto na Rússia, onde a ópera foi cantada em 1988, no Moskóvski Muzikálnyi Teatr, traduzida para o russo. Há, no selo Newport Classics, uma gravação integral das *Três Irmãs*. Depois dela, o National Endowment for the Arts forneceu os fundos para financiar *Before Breakfast*. O libreto de Frank Corsaro adapta a tragédia em um ato de Eugene O'Neill sobre a mulher cujo comportamento torna o marido tão infeliz, que o leva ao suicídio.

O papel principal de *Antes do Café da Manhã* deveria ter sido interpretado por Beverly Sills. Mas a decisão desse soprano de retirar-se do palco obrigou a uma mudança de planos. Mesmo não cantando o papel, Sills insistiu em estrear a ópera, em 9 de outubro de 1980, no New York City Opera, do qual tinha assumido a direção. O dom instintivo da escrita vocal atraente, a capacidade de comunicar-se com a platéia desde a primeira audição, fucionaram aqui também, embora *Before Breakfast* seja mais dissonante porque, como diz o próprio Pasatieri: "A linguagem de O'Neill é tão ácida, que não há como musicá-la num estilo de belcanto." Na *Newsweek*, quando a ópera foi apresentada, Hubert Saal disse:

> Este compositor nasceu para escrever música dramática e vocal. Ela flui de dentro dele – para a orquestra, para as vozes – com um jorro melódico atrás do outro, às vezes tonal, às vezes atonal, mas sempre adequada às personagens que os estão cantando.

Aos colegas e críticos que o acusam de ser passadista, e de estar mas de olho nos expedientes comerciais do que na realização estética, Thomas Pasatieri responde:

> Quero me expressar da forma como as minhas obras funcionarem melhor, com música tonal ou dissonante. Porque escrevo música tonal, sou acusado de não ser sério. Na perspectiva da História da Música, o que significa ser vanguardista ou conservador? Na realidade, o que me interessa são as pessoas. Senão, para quê escrever óperas? Já que decidi ser um músico de teatro, o que vou escrever é aquilo que funcionar melhor *naquele determinado momento*. Antes de mais nada, tem de ser música boa; e música boa, em ópera, *é a que é bonita de cantar*. Escrevo para a platéia. Com a minha música, quero levar alegria a ela. Prefiro agradar a uma platéia de verdade a agradar a um grupinho rabujento de cinco compositores.

A ópera mais recente de Pasatieri é *Maria Helena*, de 1983. Ele é também o autor de duas sonatas para piano e algumas peças soltas para esse instrumento; mas o que o apaixona realmente é a música vocal. Nesse setor, merecem menção:

- o ciclo de canções *Héloïse et Abélard*, escrito para o casal de cantores Evelyn Lear e Thomas Stewart; estréia no Lincoln Center, de Nova York, em 11 de dezembro de 1971;
- *Rites de Passage*, para voz e cordas, texto de Lloyd Philips; Patricia Brooks, Fort Lauderdale, março de 1974;
- *Three Poems by James Agee*, Shirley Verrett, Lincoln Center, abril de 1974;
- *Permit Me Voyage*, texto de James Agee, Catherine Malfitano, Connecticut, 13 de abril de 1976;
- *Day of Love*, Frederica Von Stade, Lincoln Center, 25 de fevereiro de 1975.

Hoiby

Os estudos de piano que Lee Hoiby iniciou, em Madison, no Wisconsin, onde nasceu em 1926, foram continuados no Mills College, com o grande virtuose Egon Petri. Composição, ele fez no Curtis Institute, com Gian-Carlo Menotti, que deixou marca em seu gosto por obras dramáticas concisas, eufônicas e voltadas, basicamente, para o público amplo que cultua a ópera ligada à tradição italiana. Hoiby é o primeiro a admitir o débito para com o autor do *Cônsul:*

> Foi Menotti quem me encorajou a escrever para a orquestra (o que, a princípio, não me interessava muito) e a tentar a ópera (o que me interessava menos ainda). Quando resisti, ele começou a me pressionar e, para a minha grande surpresa, descobri que amava a orquestra e tinha jeito para o genero dramático. Sem a insistência dele, duvido que eu tivesse sequer tentado.

É muito clara a sua declaração feita em 1987, em entrevista a Michael Walsh, da revista *Time*:

> Sou um compositor pertencente ao *mainstream* e meu estilo nunca mudou. Eram muito dogmáticas as posições nas décadas de 1940-1950. Diziam para mim: "Você tem de inventar sons novos." Era como se me dissessem: "Você está autorizado a ter um jardim – mas só pode plantar cactus."

O prêmio de US$ 1 mil que Hoiby recebeu em 1957 do National Institute of Arts permitiu-lhe terminar dois trabalhos importantes: a música incidental para a peça *The Duchess of Malfi* (Phoenix Theater de Nova York, 19.3.1957); e a primeira ópera, *The Scarf* (O Xale), baseada em *A Feiticeira*, o conto de Tchékhov. Menotti promoveu a estréia do *Xale* no Festival de Spoleto, em 20 de junho de 1958, arrancando um comentário entusiasmado de Cyrus Durgin, do *Musical America*: "Apesar da natureza amorfa da história, *The Scarf* tem um tecido musical poderoso e grande força emotiva".

Em Tchékhov, a ambientação é camponesa, e a personagem é vítima do antigo costume dos casamentos arranjados. Forçada a casar-se com um homem que a maltrata, a jovem Miriam mata o marido ao conhecer um amante mais jovem. Hoiby e seu libretista Harry Duncan deram a Miriam uma motivação satânica, em que se vê a influência da *Médium* de Menotti. Na ópera, Miriam é uma feiticeira que, usando poderes sobrenaturais, fez surgir um homem jovem e atraente, com o qual espera compensar-se da vida opaca que leva com o marido. Esses poderes são simbolizados pelo xale vermelho que ela teceu para o amante em sua roca – cujo fio, em suas mãos, como nas das Nornas wagnerianas, torna-se a representação de um destino inescapável. Esse aspecto da ação torna-se muito claro na cena final: depois de ter utilizado sua força sobrenatural para estrangular o marido com o belo xale, Miriam se vê sozinha, numa noite de inverno. Cheia de medo pelo que fez, sentindo que seus poderes a desertam, chama em vão o amante. Uma das pontas do xale está em sua mão, a outra na do marido morto: aquilo que deveria ser a porta de saída para a liberdade torna-se, na verdade, a sua prisão.

A orquestra tem apenas 26 instrumentistas e é muito visível a influência de Menotti, a quem Hoiby ajudou na orquestração do *Consul,* do *Saint of Bleecker Street*, e de *Maria Golovin*. Particularmente interessante é o uso dos instrumentos *obbligati*. O motivo do marido é sempre entregue à celesta ou ao piano; e na ária central de Miriam, a sua perda progressiva de contato com a realidade é sugerida pelos floreios de uma flauta, em que há a evidente alusão à loucura de Lucia di Lammermoor. *O Xale* foi muito bem recebida quando Patricia Neway a estreou no New York City Opera, em 1959.

Foi boa também a acolhida a *Beatrice* (libreto de Marcia Nardi, baseado na peça *Soeur Béatrice*, de Maurice Maeterlinck), primeiro inaugurando a WAVE, centro de rádio e TV de Louisville, no Kentucky, em 23 de outubro de 1959; e, logo em seguida, encenada no palco da Ópera dessa cidade, em 30 de outubro.

Harold Schonberg, do *New York Time*, chamou de "simples, romântica, tradicional e cosmopolita" a partitura de *Natalia Petrovna* (libreto de William Ball baseado em *Um Mês no Campo*, a tempestuosa história de amor de Ivan Turguêniev). Ela foi ouvida pela primeira vez no New York City Opera, em 8 de outubro de 1964, com Maria Dornya (Natália), John

Reardon (Beláiev), John McCollum, Sandra Darling, Patricia Brooks, Jack Harrold, Muriel Greenspan, Richard Cross e outros. Houve reapresentações, em 1965, no New York City Opera e na Opera Society de Washington. A versão revista foi reestreada no Conservatório da Nova Inglaterra, em Boston, em janeiro de 1981, com o título original da novela de Turguêniev, *A Month in the Country*.

Na província de Isláiev, na Rússia Central, em 1850, Natália Petróvna ama Beláiev, o jovem tutor de seu filho. Sua paixão descontrolada afasta Rakítin, seu tímido amante, e enche de amargura Arkády, o seu marido. Nataália faz uma cena a Beláiev, acusando-o de estar apaixonado por Vera, a sua sobrinha. O rapaz, que nunca o confessou, mas também sente-se atraído pela mãe de seu pupilo, decide ir embora, para evitar o escândalo. Depois que ele parte, Vera, frustrada por tê-lo perdido, e irritada com o mau-humor de que Natália é tomada, aceita o pedido de casamento de Bolissóv, um vizinho. Até mesmo Lisaviêta, a dama de companhia da mãe de Arkády, resolve casar-se com o cínico médico da família. Natália, frustrada em suas intenções amorosas, fica sozinha, nada mais lhe restando senão cuidar do marido, do filho e da sogra.

Mas o primeiro grande sucesso de Hoiby foi a brilhante adaptação que o dramaturgo Lanford Wilson fez de *Summer and Smoke*, a peça de Tennessee Williams. O dramaturgo – sempre avesso à idéia de que suas peças fossem transpostas para o palco lírico – tinha ficado muito bem impressionado com *Natalia Petrova*, e com a música incidental que Hoiby escrevera, em 1964, para uma produção off-Broadway de sua peça *A Slapstick Tragedy*. Foi o próprio Tennessee quem procurou o compositor e lhe sugeriu *Verão e Fumaça* como tema para uma ópera. Foi a primeira vez que Williams concordou em ver uma de suas peças maiores serem convertidas em ópera. Mais do que isso: concordou com as alterações feitas por Wilson em seu texto, e permitiu que ele inserisse em *Summer and Smoke* cenas de *The Eccentricities of a Nightingale*, que escrevera em 1964.

Não é nada fácil adaptar para a ópera uma peça de um dramaturgo de universo tão peculiar quanto Tennessee Williams. O próprio Elmer Bernstein, autor da trilha sonora para a filmagem de *Summer and Smoke*, feita em 1961, dizia ter achado muito difícil encontrar o tom exato para retratar o equilíbrio delicado de personagens que estão na corda bamba entre o recatado e o sexualmente reprimido.

Alma Weinmiller, filha inibidíssima de um pastor do sul dos Estados Unidos, cuja esposa é totalmente desequilibrada, não sabe como exprimir os sentimentos que nutre pelo médico John Buchanan, seu amigo desde a adolescência. Ele também é um homem emocionalmente travado, e o duro conflito interno de dois amantes em potencial, que nunca encontram o meio de se libertar de seus recalques, fica claro nas últimas palavras de Alma: "Vim aqui para te dizer que não precisas ser um cavalheiro; mas o que ouço de ti é que preciso permanecer uma dama." Incapaz de se desbloquear ou de ser ajudada por ele nesse processo de libertação, Alma acaba aniquilando-se moralmente, num ato de desespero, quando se entrega ao primeiro homem que encontra, um caixeiro-viajante que se senta ao lado dela, num banco do parque da cidade, no lugar onde ela viu John pela primeira vez, quando era menina.

"Tentei compor música leve e furta-cor, para descrever o relacionamento entre as duas personagens principais", disse Hoiby, "dentro de uma moldura mais ampla de caracterização do sul, em que o tom de canção folclórica tem grande destaque". *Summer and Smoke*, encomendada pela St. Paul Opera Association, foi aclamada em 19 de junho de 1971, ao ser cantada por Mary Beth Peil (Alma), John Reardon (Dr. Buchanan), Alan Titus (o caixeiro-viajante), Sondra Harnes, Nancy Williams e Zoya Leporska. Raymond Ericson, enviado a Minnesota pelo *New York Times*, comentou:

O compositor escreve melodias para a língua inglesa tão bem quanto qualquer outro hoje, e é capaz de lhe dar um formato realmente musical. Usa bastante o recitativo melódico, mas faz de forma suave e natural a transição para o canto e, dele, de volta para a declamação; e trata as hesitações e silêncios de suas personagens de forma tão apaixonadas quanto os seus rompantes de canto.

Summer and Smoke ilustra a veia neo-romântica de Hoiby, cuja linguagem é deliberadamente conservadora. Mas também mostra a habilidade com que ele pinta os conflitos internos de suas criaturas. Um fantasmagórico motivo cromático está sempre associado a Alma. A moça mantém as tensões reprimidas sob instável controle, até o momento em que é dominada por "seu fantasma, seu duplo". Para sugerir essa idéia, Hoiby recorre a um sombrio tema cromático de quatro notas, extraído da canção *Der Doppelgänger*, de Schubert. Elas aparecem cada vez que a moça está passando por uma crise emocional.

Contrastando com o tema de Alma, que é fluido, com transparências impressionistas, o de John é decidido, impulsivo, construído sobre dois intervalos ascendentes de quarta. O inato senso melódico de Hoiby resulta no fluxo de longas linhas sinuosas, de filiação pucciniana, ora apaixonadas, ora muito melancólicas. Em uma passagem como "Eternity and Alma have such cool hands", Hoiby mostrase um operista muito sensível.

A versão original para o palco sofreu transformações quando, em 23 de junho de 1982, a Public National Broadcast televisionou a remontagem da Chicago Opera Theater. A expressiva direção de TV de Kirk Browning concentrou-se nas facetas torturadas do relacionamento entre Alma e John, e jogou com primeiros planos de suas expressões faciais, e planos de detalhe dos objetos que os cercam, dando ao espetáculo uma tensão intimista particular. Para a televisão, Hoiby teve de reduzir a orquestra de 56 para 26 instrumentistas, e de cortar cerca de vinte minutos, para que a ópera não excedesse duas horas. Esse formato camerístico lhe agradou e, mesmo tendo aberto, em representações posteriores, os cortes feitos para a televisão, manteve a escrita para a orquestra menor.

Além do video de Chicago, existe uma cena de *Summer and Smoke* gravada em um disco do selo New World Records. Depois da estréia, a ópera foi retomada, sempre com excelente resposta do público, no New York City Opera, em St. Paul, Minnesota, e em Rochester (1972); nas universidades de Wisconsin (1974), Boston (1975), Illinois (1976); no Festival de Lake George de 1976; em Chicago (1982); nas universidades do Tennessee, Cincinnati e no Hartt College of Music (1983); na Universidade do Texas (1985) e na de Wisconsin (1996).

Para a apresentação de março de 1989 na Universidade da Califórnia, em Long Beach, Hoiby acrescentou uma cena nova ao ato I, com música tirada de *Three Women: Scenes for Soprano, Saxophone, and Piano*, que compusera no ano anterior.

The Tempest (1611), de Shakespeare, está cheia de referências à música: contém indicações claras de onde devem ser inseridas canções, danças ou ritornellos instrumentais. E o texto dessas canções oferece ao compositor belíssimas chances para árias ou números de conjunto. Vinculada à tradição britânica do *masque*, essa maravilhosa criação do fim da carreira de Shakespeare solicita a música para ilustrar a cena da tempestade, as aparições dos espíritos ou a manipulação das pessoas mediante os poderes mágicos de Próspero. Na ilha mágica onde se passa a história, o sonho é sempre mais intenso do que a realidade – e isso é uma das matérias-primas de que a ópera é feita.

Mark Shulgasser escreveu o libreto da *Tempestade*, a ópera mais elegante e bem acabada de Hoiby, encomendada pela Des Moines Metro Opera, onde estreou em 21 de junho de 1986, com Constance Hauman (Ariel), Peter Van Derick (Próspero), Carol Sparrow (Miranda), Jacques Trussel (Caliban), Kenneth Shaw (Ferdinand) e outros. É uma ópera de números fechados, árias, duetos, cenas de conjunto, mas inseridos num tecido musical contínuo, com interlúdios que ligam uma cena à outra. No *New York Time*, John Rockwell falou da "opulenta beleza de uma música vocal estratosfericamente difícil". E Thor Eckert, do *Christian Science Monitor*, chamou-a de "uma ópera graciosa e eficiente, cujo objetivo principal é deixar os cantores cantarem".

Enquanto *Summer and Smoke* tem a fluência narrativa condizente com uma história contemporânea, *A Tempestade* opta pelo tom mais remoto e intemporal da fantasia poética, na mesma linha de tratamento que Benjamin Britten deu a seu *Sonho de Uma Noite de Verão*. Mais ainda do que as situações ou as personagens, diz Hoiby, foi a beleza das palavras de Shakespeare – aquilo que Shulgasser e ele chamam de "the great language" – o que o inspirou. "Alguns de seus versos são tão lindos, que me bastava lê-los, ou declamá-los, para me virem lágrimas aos olhos. Não há fundamento nenhum na idéia de que o inglês é difícil de musicar. A poesia dramática de Shakespeare é tão bonita que não há razão para que não se possa traduzi-la em música"[8].

Foram necessários cortes, naturalmente, para comprimir, num libreto viável, uma peça extremamente longa. E adaptações cuidadosas, para tornar inteligível, a um espectador americano moderno, a língua de um autor inglês do século XVI. Em alguns casos, porém, essa escrita, muito distante do espectador contemporâneo, é deliberadamente mantida. Hoiby cita, por exemplo, o trecho do final do ato II em que Ariel proclama a libertaçãos dos seres humanos do pecado, "numa linguagem retorcida, muito difícil". E acrescenta:

> Nós a usamos – e o resultado foi muito eficiente –, porque a sintaxe retorcida faz parte da caracterização de Ariel, um espírito que usa a linguagem de uma forma não-humana, não-realista. Tivemos de tomar muito cuidado com o planejamento estratégico de cada cena, para torná-las musicalmente coerentes e para refletir os diversos níveis de significado que Shakespeare colocou em sua sintaxe.

O próprio Shulgasser reconhece não ter sido fácil converter num libreto a "tumultuosa dramaturgia" de Shakespeare, com suas cenas curtas e numerosas, suas personagens que circulam rapidamente pela cena, suas transições feitas freqüentemente de maneira muito peculiar. Mas o movimento da ópera é fluente e há momentos em que a peça de Shakespeare parece cantar por si só. Leontyne Price apaixonou-se por "Be not afeared", a grande ária de Caliban no ato II, e com freqüência a incluía em seus recitais:

> Be not afeared,
> the isle is full of noises,
> sounds and sweet airs that give delight and hurt not.
> Sometimes a thousand twangling instruments will hum about mine ears; and sometimes voices, that, if I then had wak'd after long sleep, will make me sleep again.

> (Não tenha medo, a ilha está cheia de ruídos, sons e doces árias que deliciam e não ferem. Às vezes, centenas de instrumentos tilintantes sussurram em meus ouvidos;

às vezes, são vozes que, se eu tiver despertado após longo sono, me farão adormecer outra vez.)

Destronado, Prospero, o duque de Milão, foi colocado com sua filha Miranda em um navio que naufragou. Eles chegam a uma ilha mágica onde são servidos pelos espíritos antagônicos Ariel e Caliban. Próspero usa seus poderes mágicos para causar uma tempestade que provoca o naufrágio da embarcação em que viajam o rei de Nápoles e seu filho Ferdinando. Ariel faz com que o rei se conscientize da forma cruel como tratou Próspero, com quem ele se reconcilia. Ferdinando apaixona-se por Miranda. As arte mágicas fazem o navio emergir das ondas, todos embarcam nele, e Caliban fica como o único habitante da ilha.

Existe em vídeo a transmissão ao vivo, em rede com todo o Estado de Iowa, da última récita em Des Moines, no dia 11 de julho de 1986. O sucesso que *A Tempestade* fez em Des Moines confirmou-se na Lyric Opera de Kansas City (abril de 1988) e, principalmente, na remontagem em Dallas, em novembro de 1996, com belos cenários de Setsu Asakura e elogiada iluminação de Sumio Yoshii. Nessa época, a crítica destacou, em especial, a participação de Constance Hauman, criadora de Ariel. Com seu estilo assumidamente neo-romântico, Hoiby captou de forma muito mais precisa a visão fantástica e a densa imagística de Shakespeare do que John Eaton que, em 1987, estreou, em Santa Fé, uma versão da *Tempestade* com libreto de Andrew Porter, de estilo muito moderno: quartos de tom, dissonâncias, registros vocais artificialmente agudos e uso de recursos aleatórios. Mais cerebral do que lírica, a ópera de Eaton não tem a metade da força de persuasão da de Hoiby.

Em 8 de março de 1989, o Kennedy Center for the Performing Arts encenou *Bon Appétit!*, curiosa comédia em um ato escrita por Julia Child e Mark Shulgasser, baseada em um programa de culinária que a própria Child fazia na televisão em 1961. A partitura para esse texto, em que é apresentada de forma delirante uma receita de bolo de chocolate, é escrita para piano, quarteto de cordas e quinteto de sopros. Muito fácil de realizar, *Bom Apetite!* Foi apresentada também na Universidade da Califórnia

8. Declarações numa entrevista de 1996 com Elise Kirk.

Jacque Trussel (Caliban) e Constance Hauman (Ariel), na *Tempestade* de Lee Hoiby, montagem de 1996 da Ópera de Dallas.

(abril de 1989), na Ópera da Virgínia do Norte (março de 1998), na Ópera de Chicago (junho de 1998) e na Ópera de Madison (julho de 2000).

Assim David Ewen julga a produção desse compositor:

Seja qual for o meio que utilize, Hoiby é um romântico que tem uma postura tradicional assumida. Com Samuel Barber, a quem admira de forma desmedida, aprendeu a escrever linhas líricas e expressivas. Com Menotti, adquiriu o respeito pelas exigências do palco e aprendeu os recursos musicais com os quais se escrevem óperas cheias de poderoso impacto teatral.

O próprio Hoiby, em declaração citada por Ewen em seu *American Composers*, reconhece:

Amo a melodia. Para mim, música tem de cantar e dançar. Minha música é lírica, tradicional, de verdade. Vá lá que seja irremediavelmente fora de moda. Comecei a compor na época em que a revolução atonal estava a todo vapor. Hoje, o atonalismo é um recurso expressivo de utilidade limitada, e é compreensível que seus descobridores, num primeiro momento, tenham ficado desordenadamente fascinados por ele. Mas o que aconteceu foi que a grande premissa moderna de que a gente poderia fazer tudo o que quisesse, visando o efeito expressivo, acabou se transformando na tirania oprimindo quem se rebelasse contra esse princípio. Não só a tirania do serialismo, mas principalmente a idéia de que você pode fazer tudo o que quiser, desde que a sua música não lembre nada do que foi feito no século XIX. Bem, graças a Deus, isso hoje está chegando ao fim. Mas como foi dura a luta do compositor tonal em nossa época! O tempo há de colocar todas essas coisas em seu devido lugar. Mas muitas vezes, nessa trincheira, quando escrevia os acidentes da tonalidade na pauta, eu me senti como um verdadeiro *freedom fighter*.

Nas décadas de 1970-1980, aumentaram muito as encomendas de óperas visando o público infanto-juvenil – e essas obras sempre se caracterizam por um estilo leve a agradavelmente tonal, com melodias fáceis de memorizar e, com freqüência, de serem cantadas por por grupos amadores. Em 1982, Menotti escreveu duas óperas infantis: *Bride of Pluto* (1980) para o Kennedy Center, e *The Boy Who Grew Too Fast* para a Ópera de Delaware. Algumas das óperas curtas que enriqueceram o repertório, nessa fase, foram *The Fisherman and His Wife* (1970), de Gunther Schüller; *The Lion and Androcles* (1973), de John Eaton;

Something New for the Zoo (1982), de Lee Hoiby; *The Nightingale* (1982) e *Charlotte's Web* (1988), ambas de Charles Strouse.

Durante os anos de 1980, Susan Bingham escreveu o libreto e a música de mais de vinte óperas em um ato, destinadas ao público jovem. E em 1981, a platéia de Charleston, na Carolina do Sul, aplaudiu muito *The Mother*, de Stanley Hollingsworth, quando ele a juntou a duas óperas em um ato compostas anteriormente – *Selfish Giant* (Gigante Egoísta) e *Harrison Loved His Umbrella* (Harrison Gostava de Seu Guarda-chuva) – formando uma trilogia.

Schuller

Muito versátil, o novaiorquino Gunther Alexander Schuller, nascido em 1925, é trompista, regente, professor, compositor, músico de jazz e o formulador do conceito de *third stream music* (terceira corrente), que propõe uma via híbrida, de combinação dos recursos tradicionais da música erudita com os da escrita de vanguarda, somados aos do jazz. Seus livros *Early Jazz: its Roots and Developments* (1968) e *The Swing Era* (1989) são textos fundamentais para o estudo da história do gênero. E a ele se deve o resgate da *Treemonisha* de Scott Joplin, que reorquestrou e regeu em 1975, na sua primeira execução integral. É também o autor de um divertido livro autobiográfico, *Musings: the Musical Worlds of Gunther Schuller* (1986), que contém preciosas observações sobre os círculos artísticos americanos.

Além da ópera infantil *O Pescador e Sua Mulher*, Schüller escreveu *The Visitation*, em 1966, por encomenda da Ópera de Hamburgo. O libreto, dele mesmo, transfere para o âmbito das tensões raciais americanas o universo de pesadelo do *Processo* de Kafka. A personagem central, Carter Jones, é um estudante universitário negro que os brancos não aceitam; e ele é também rejeitado por sua própria comunidade, pois esta considera que o rapaz está abrindo mão de seus valores comunitários originais, para incorporar os da maioria branca. A personagem, vítima de sua própria sensualidade, é perseguida por crimes que nem tem a idéia de ter cometido. Levada a jul-

gamento diante de um tribunal que está decidido a condená-lo, termina sendo linchada.

O sonho de Jones com a história da escravidão nos Estados Unidos é interrompido por
três homens, que irrompem em seu quarto e
começam a revistá-lo. Encontram a foto de uma
mulher branca em seu guarda-roupa e o arrastam diante de um "inspetor", que se recusa a
dizer de quê ele está sendo acusado; mas o
adverte que "tome cuidado". A proprietária do
apartamento onde Carter mora lhe adverte que
evite miss Hampton, a vizinha: ela não goza
de boa reputação, pois "já foi vista saindo com
rapazes de cor". Carter encontra-se com miss
Hampton, fica muito impressionado com sua
beleza, e beija-a apaixonadamente.

Dois homens vão procurar Carter na far-
mácia em que trabalha, e o intimam a ir pro-
curá-los em um depósito vazio, fazendo vagas
ameaças do que pode acontecer, caso não com-
pareça. No depósito, Jones depara com um
grupo de homens liderados por um Funcionário Presidente, que o acusam de ter "a pretensão de considerar-se igual a eles". O negro tenta
defender-se, mas os homens zombam dele e o
mandam embora, de novo com ameaças vagas. Saindo dali, ele vai procurar Mr. Clairborne, secretário da Sociedade de Ajuda. Reconhece, em Mrs. Clairborne, uma das pessoas
que, na véspera, estavam no depósito. Ela lhe
diz que ali estava em companhia de Chuck,
filho do dono da siderúrgica local, tão poderoso que nem seu marido pode detê-lo. Poderá
ajudá-lo se, em troca, ele aceitar fazer alguma
coisa por ela. Sai com Chuck, que veio buscá-
la, e Clairborne, ao chegar, diz a Carter nada
poder fazer por ele, pois seu registro de advogado foi cassado já há algum tempo.

Na rua, Chuck e sua gangue perseguem
Carter, e a polícia, ao chegar, não faz nada. O
estudante vai falar com seu tio Albert, que o
aconselha a não procurar encrenca; mas lhe
recomenda um advogado. Este parece muito
familiarizado com o caso de Carter. Enquanto
o advogado examina seus autos, a sua empregada negra atrai o rapaz para a sala ao lado,
começa a acariciá-lo e, finalmente, o seduz.

Despejado de seu apartamento, despedido
de seu emprego, acusado de estupro da empregada, Carter vai falar com o dono de uma
boate. Este lhe diz que o máximo que ele pode

esperar é o adiamento indefinido de seu processo; mas isso não significará o fim dos aborrecimentos e do assédio. Desesperado, Carter
vai procurar um pastor negro, que também lhe
recomenda deixar de ser um encrenqueiro. Na
cena final, ele é na rua cercado por Chuck e
sua gangue, e espancado até a morte. A ópera
termina com uma elegia entoada pelo coro sem
palavras.

Schüller foi chamado cinqüenta vezes
diante das cortinas, para ser aplaudido, quando A Visita estreou na Ópera de Hamburgo em
12 de outubro de 1966. A crítica alemã não
poupou elogios a uma partitura em que, a linhas melódicas atonais e melodias em estilo
de gospel song, junta-se a citação do blues
"Nobody knows you when you're down and
out", ouvido primeiro na gravação de Bessie
Smith e, depois, retomado por uma banda de
jazz de sete músicos. Essa banda, de resto,
participa em diversos momentos, ao lado da
grande orquestra.

Foi menos entusiástica a acolhida em
Nova York, quando a companhia de Hamburgo cantou ali A Visita, em 28 de junho de 1967,
durante uma excursão. Alguns críticos disseram que a ópera não passava de uma peça de
teatro com música de acompanhamento e, apesar do efeito muito forte de seu tema e de algumas de suas situações, nenhuma personagem se destacava por ter sido caracterizada de
modo mais aprofundado. Foi melhor a reação
à primeira montagem americana (San Francisco, outubro de 1967) e à transmissão pela BBC-
TV, de Londres, em 1969. A Visita permanece
como um exemplo importante de tentativa de
adaptação à realidade americana do universo
de teatro do absurdo da novela kafkiana.

Mayer

O pai do nova-iorquino William Mayer,
nascido em 1925, era um corretor de investimentos, violinista amador, que desde pequeno o levava a concertos. A mãe, Dorothy
Ehrich, era uma conhecida autora de livros
infantis. Mayer começou a estudar piano, aos
sete anos, com George Morgan, continuou os
estudos com Richard Donovan e, após a erup-
ção da II Guerra, para a qual foi convocado,

dedicou-se a escrever canções populares, influenciado pela admiração que sentia por Jerome Kern. Mas as aulas com Roger Sessions, na Juilliard, e depois com Felix Salzer, na Mannes School of Music de Nova York, o orientaram para o domínio clássico.

A música de Mayer é essencialmente lírica, como na peça neo-impressionista *Two Pastels*, grande sucesso da Orchestra of America no Carnegie Hall, em 12 de fevereiro de 1961, sob a regência de Richard Korn. Há em sua música, com freqüência, um elemento rítmico forte, dentro de uma moldura tonal livre, com a convivência, dentro da mesma página, de um estado de espírito enlevado e outro satírico, irreverente, como aspectos opostos e complementares de uma mesma personalidade. Um dos melhores exemplos disso está em *Octagon*, o concerto para piano e orquestra que William Masselos e Leopold Stokowski estrearam em 21 de março de 1971, e que Robert Weinstein, no *Music Journal*, chamou de "peça estranhamente bonita, ousada, perturbadora, cuja faceta central é a rápida alternância entre o terno e o cortante, como um cristal que assume formas diferentes a girar diante de nossos olhos".

A afinidade de Mayer com a escrita para vozes aflora intensamente em *Spring Came Forever*, a cantata para meio-soprano, tenor, barítono, coro triplo e orquestra, que a New York Choral Society estreou em 16 de maio de 1975. Com poemas de James Stephens, Vachel Lindsay e citações do Cântico dos Cânticos, é uma peça que demonstra sua inata vocação para o canto. É de se estranhar, portanto, que ele tenha escrito pouco para o palco lírico. *One Christmas Long Ago*, de 1961, foi concebida para um espetáculo no Ball State Teachers College, de Muncie, no Indiana. E em 1979, uma bolsa do National Endowment for the Arts resultou em sua obra mais ambiciosa para o palco.

A Death in the Family, com libreto do próprio Mayer, é a versão operística, sensível e dramaticamente muito eficiente, de *All the Way Home*, adaptação para o palco que Tad Mosel fez do belo romance *Morte na Família*, a obra-prima de James Agee[9] (tanto Agee quanto

Mosel ganharam o Prêmio Pullitzer por esses trabalhos). Na série *Opera Theater Recordings*, lançada pela Manhattan School of Music, existe a gravação da estréia dessa ópera de Mayer, numa produção da escola em março de 1970.

Flagello

De origem italiana, o nova-iorquino Nicolas Oreste Flagello nasceu em 1928. Seus pais, estilistas de moda, eram um oboísta e uma cantora amadores de talento; seu avô materno, Domenico Casiello, tinha sido músico em Nápoles. Versões não comprovadas, atribuídas à família, dizem que ele começou a aprender piano com três anos de idade, e tocou em público pela primeira vez aos cinco. Disso não se tem certeza; mas sabe-se que Nicolas começou a estudar violino aos seis anos, com Francesco di Giacomo e, em 1945, tocou na All Youth American Orchestra, criada por Stokowski.

Na Manhattan School of Music, Flagello estudou com Harold Bauer, Hugo Kortschak, Hugh Ross e, principalmente, Vittorio Giannini, seu professor entre 1935-1950. Foi Giannini a mais marcante influência sobre o seu estilo, melodioso, eufônico, rico em cantabiles italianados, mas também dramaticamente tenso e moderno. Foi Giannini quem o convenceu a ir fazer o doutorado na Academia de Santa Cecília, em Roma, com Ildebrando Pizetti. Na volta aos Estados Unidos, Flagello ensinou composição na Manhattan School of Music até 1977; foi regente convidado da Lyric Opera de Chicago e da New York City Opera; e fez várias turnês como acompanhante ao piano de Tito Schipa, Richard Tucker e outros cantores.

O próprio Flagello não nega o seu vínculo com a tradição musical européia e afirma nunca ter desejado ser "um músico americano isolado dessas fontes". Numa declaração feita em 1982, ele afirmou:

> Nunca desejei ou precisei rejeitar ou rebelar-me contra esse legado. Por mais fora de moda que isso possa parecer, componho para me expressar, numa linguagem que é natural e contemporânea para mim e, acredito, compreensível para o meu público.

---

9. A página inicial de *Morte na Família* foi musicada por Samuel Barber na belíssima *Knoxville: Summer of 1915*, estreada por Eleanor Steber e Kussevítski em Boston, em 9 de abril de 1948.

Dentro de uma obra instrumental bastante extensa, que comporta sinfonias, várias peças concertantes e música de câmara, além do oratório *Passion of Martin Luther King* (1966) e do *Te Deum for All Mankind* (1968), destacam-se, na produção de Nicolas Flagello, as seguintes óperas, todas elas estreadas em Nova York e, em vários casos, dentro da própria Manhattan School:

- *Mirra* (1953), em três atos, da peça de Vittorio Alfieri; e *Wig*, do mesmo ano, em um ato, baseada em Pirandello; com libreto do próprio Flagello, são peças tonais, de recorte tradicional, com estruturas muito claras e um equilíbrio seguro entre as texturas vocais e um comentário sinfônico bastante elaborado;
- *Rip van Winkle* (1957), ópera infantil com texto do próprio Flagello;
- *The Sisters* (1958), em um ato, com libreto de Dean Mundy, estreada em 23 de fevereiro de 1961); John Gruen, no *New York Herald Tribune*, escreveu a respeito dessa ópera:

Nicolas Flagello possui o dom da escrita graciosa para as vozes. A sua música é melodicamente suntuosa e suas texturas orquestrais são de uma clareza de cristal. Ele sabe muito bem como sublinhar as situações dramáticas com sua música.

- *The Judgement of Saint Francis* (1959), com libreto de Armand Aulicino, estreada em 18 de março de 1966, que Winthrop Sargent, na *New Yorker*, chamou de "a mais vigorosa ópera nova que ouvi em muito tempo"; por ela, Flagello recebeu a Ordem de S. Pedro e S. Paulo, concedida pelo Vaticano;
- *The Pied Piper of Hamelin*, ópera infantil com libreto do próprio Flagello, estreada em 5 de março de 1970; esta é a sua partitura mais famosa, ainda hoje eventualmente remontada pelas companhias que se dedicam ao teatro musical para públicos jovens, graças ao frescor de suas melodias extremamente atraentes; em 2003, a Manhattan School of Music lançou, na sua série *Opera Theater Recordings*, a gravação de uma produção interna dessa ópera;
- *Beyond the Horizon*, ópera em três atos, estreada em março de 1983.

Strouse

Aluno de Aaron Copland, aperfeiçoou-se em Paris com Nadia Boulanger, o nova-iorquino Charles Louis Strouse, nascido em 1928, tem um treinamento técnico que lhe permitiria seguir carreira dentro da chamada "música séria". Mas, por temperamento e, também – como ele próprio diz –, por ter a noção muito clara de suas limitações, Strouse preferiu dedicar-se ao gênero leve, na fronteira entre o musical e a ópera cômica – sobretudo depois que conheceu o letrista Lee Adams, com quem passou a colaborar freqüentemente.

Michael Stewart escreveu o texto de *Bye Bye Birdie* (Martin Beck Theater, 14 de abril de 1960), sátira à maneira artificial de como a publicidade pega um rapaz, recentemente desligado do Exército americano, e o transforma num super-star do rock. As alusões discretas à carreira de Elvis Presley adicionam tempero especial à obra, que transformou Strouse em celebridade de um dia para a outro. A direção de Gower Champion contribuiu muito para o sucesso da estréia, documentada no selo CBS (Van Dyke, Rivera, Watson, Gautier, Lynde-Lawrence). Ficaram famosas as canções "Put on a Happy Face" e "The Telephone Hour", esta última escrita para o coro num estilo *fugato*, desusado para o gênero.

Nem todas as partituras de Strouse tiveram igual acolhida; mas *Golden Boy*, de 1964, é historicamente importante pela forma como insere o jazz numa peça escrita para a Broadway, assim como *Birdie* o tinha feito com o rock. O roteiro de *A Malvada*, e o conto *All About Eve*, de Mary Orr, no qual se baseara esse filme famoso na carreira de Bette Davis e Ann Baxter, serviram de fonte para *Applause*, cujo libreto é de Betty Comden e Adolph Green. A história da fã que se aproxima da grande atriz, conquista a sua confiança, torna-se seu braço direito e, depois, puxa-lhe o tapete, tomando o seu lugar, tem tudo para funcionar admiravelmente como tema para o teatro musical. Apoiado em excelentes letras de Lee Adams, Strouse compôs uma partitura que, na estréia, no Palace Theater, em 30 de março de 1970, cobriu-o com o aplauso do título – como o comprova a gravação de Bacall, Fuller, Cariou, Franklin-Pippin, no selo ABC.

Assim como Janáček baseou-se em tirinhas de jornal para compor *A Raposinha Esperta*, Strouse também buscou inspiração nas populares histórias em quadrinhos de *Little Orphan Annie*. Desta vez, foi Martin Charnin quem escreveu as letras para as canções inseridas no libreto de Thomas Meechan sobre a pequena órfã inabalavelmente bem-humorada, seu cachorro Sandy e o milionário que a protege. A opinião geral era de que o tema – muito próximo ao das óperas infantis de Strouse – era demasiado pueril para um teatro adulto da Broadway. Mas a reação inesperada do público, mantendo em cena por vários meses o musical estreado no Alvin Theater em 21 de abril de 1977, acabou fazendo com que Strouse escrevesse para ela uma continuação. Embora não igualasse a popularidade de *Annie*, foi satisfatória a carreira de *Annie 2: Miss Hannigan's Revenge* (1990), revisada em 1992 com o título de *Annie Warbucks*.

Numa linha que é essencialmente conservadora, mas sem radicalismos, pois aceita com naturalidade elementos bebidos em música de diversas tendências vanguardistas, estão também outros compositores que precisam ser estudados neste contexto. Numa geração um pouco anterior, encontramos Roger Sessions. O japonês Minoru Miki, a escocesa Thea Musgrave, o mexicano Daniel Catán, hoje radicados nos Estados Unidos, e os americanos William Bolcom, Conrad Susa, John Harbison, John Corigliano, Tobias Picker são contemporâneos de outros autores aqui discutidos, ou até mesmo mais jovens. Esses músicos ilustram uma tendência da música contemporânea, cujos primeiros sinais podem ser percebidos, desde o final da década de 1970, na obra de um compositor de vanguarda como o polonês Krysztof Penderecki.

Os músicos das últimas décadas do século XX – alguns dos melhores, e não apenas aqueles que optavam por um melodismo fácil, de sucesso comercial garantido – deram-se conta da crise do serialismo; do beco-sem-saída em que os deixava uma escrita musical para a qual parecia não estar sendo encontrada uma renovação sensível; e, mais do que isso, da situação de isolamento em que os deixava a prática de um idioma experimental que afas-

tava cada vez mais o grande público. Decidiram, por isso, uma mudança de rumo: um hibridismo que retoma o tonalismo sem, porém, abrir mão de recursos da música contemporânea, que podem ser muito enriquecedores do ponto de vista expressivo. Essa virada afetou de forma muito particular a ópera, o gênero em que, certamente – mais do que na música sinfônica ou de câmara –, vinha-se percebendo a atitude do público de voltar-se para as grandes obras do passado, raramente dando boa acolhida a composições recentes, que lhe pareciam de estilo inóspito e pouco atraente. É um fenômeno da década de 1990 a recepção calorosa da platéia, e o sucesso de venda em disco ou vídeo, de óperas como *Os Fantasmas de Versalhes* (1991) de John Corigliano; *Gawain* (1991) do inglês sir Harrison Birtwistle; *A View from the Bridge* (1999) de William Bolcom; *Emmeline* (1996) e *Thérèse Raquin* (2001) de Tobias Picker, *Sophie's Choice* (2003) do inglês Nicholas Maw, ou *Nicholas Alexandra* (2004) de Deborah Dratell ou *The Tempest* (2004), de Thomas Adès.

Sessions

As duas óperas escritas por Roger Huntingdon Sessions (1896-1985), figura de muito destaque na vida musical americana, tanto como compositor quanto como professor, gozam de boa fortuna crítica. Mas são mais respeitadas do que realmente encenadas com regularidade. Nascido no Brooklyn, Sessions foi aluno de Horatio Parker e, em seguida, em Cleveland, do suíço Ernst Bloch, que exerceu sobre ele influência considerável. Suas primeiras composições têm o estilo rapsódico e o gosto da politonalidade característicos de Bloch em sua fase americana. A melhor delas é a música incidental para a peça alegórica *Os Mascarados Negros*, de Leônid Andréiev, numa montagem de junho de 1923, no Smith College. Dela, Sessions extraiu a *Symphonic Suíte of the Black Maskers*, a primeira obra a chamar a atenção para seu nome na plataforma de concertos, quando Fritz Reiner a regeu, em 5 de dezembro de 1930, com a Sinfônica de Cincinnati.

Assistente de seu professor em Cleveland, Sessions passou, graças as bolsas da Guggenheim e da American Academy, dois longos períodos estudando na Itália. No intervalo entre eles, organizou com Aaron Copland, em Nova York, a série dos Copland-Sessions Concerts, que desempenharam papel muito importante na divulgação da música contemporânea. Professor em diversas instituições universitárias – as universidades de Boston, New Jersey, Princeton, Berkeley, além da Juilliard School of Music, de Nova York –, Sessions teve, entre seus alunos, músicos de orientação tão diversa quanto David Diamond, Paul Bowles, Leon Kirchner, Milton Babbitt e Hugo Weisgall.

Em 1947, durante o exílio americano, Bertolt Brecht soube que estudantes da Universidade da Califórnia pretendiam encenar a *Histoire du Soldat*, de Ígor Stravínski. Propôs então ao russo que musicasse a sua peça radiofônica *Verhör des Lukullus*, escrita em 1939, logo após a invasão da Polônia pelas tropas nazistas, e transmitida no ano seguinte pela Rádio Berna. Quando Stravínski recusou, alegando falta de interesse pelo tema político do texto, Sessions ofereceu-se para escrever a partitura, o que fez muito rapidamente, para que *The Trial of Luculus* pudesse ser cantada ao lado da *História do Soldado*, no auditório de Berkeley, em 18 de abril de 1947. Mas Brecht não gostou nem um pouco do resultado e, ao voltar à Alemanha, ofereceu a peça a Paul Dessau, cuja versão estreou em Berlim, em 1951[10].

Devido à onda do maccarthismo, que tornava suspeito um libreto baseado numa peça de Brecht, Sessions teve de esperar até 1966 para ver a ópera encenada em Nova York. Nessa ocasião, as resenhas foram entusiásticas, elogiando em especial a expressividade do estilo declamatório na linha vocal. *O Julgamento de Lúculo* é uma diatribe pacifista. Ao morrer, o grande general Lúculo é julgado, no outro mundo, por seus crimes contra a humanidade. Chama como testemunhas as figuras do friso carregando em seu cortejo funerário, pessoas que representam todas às classes sociais. O tribunal conclui que o rei derrotado, a rainha estuprada, as duas crianças que carregam as tabui-

nhas com os nomes das cidades que Lúculo arrasou são testemunhas de acusação, e não de defesa. A favor dele falam apenas seu cozinheiro, sempre bem tratado por esse gastrônomo famoso – é a ele que se deve a expressão proverbial "um festim de Lúculo" –, e um camponês que o elogia por ter introduzido na Itália o plantio da cereja. Mas os jurados concluem que isso é muito pouco para desculpar o homem, culpado pela morte de oitenta mil pessoas, e o condenam a ser atirado no vazio eterno.

Respondendo àqueles que o acusavam de ser tradicionalista ao dedicar mais atenção à linha vocal do que ao comentário orquestral, Sessions declarou:

> Ao musicar o texto de Brecht, fui guiado pela minha forte convicção de que, primeiro, a ópera pode voltar a ser, como foi no passado, um meio vital de expressão dramática; segundo, que música e drama são ingredientes essenciais, que devem ser fundidos num conjunto, no qual uma não é subserviente ao outro, e ambos são elementos essenciais de um conjunto indissolúvel; e, finalmente, que a ópera é, antes de mais nada, música vocal, e a caracterização torna-se estereotipada e unidimensional se for confiada principalmente aos instrumentos.

Em 1934, numa das temporadas passadas na Itália – momento em que se envolveu com o movimento esquerdista de repúdio ao regime fascista – Sessions fizera amizade com o poeta siciliano Antonio Borghese, que se propusera a escrever para ele um libreto. Ocupado com outros compromissos, o poeta só lhe entregou *Montezuma* em 1941. O compositor achou o texto demasiado longo e empolado; mas só pôde revisá-lo em 1952, após a morte de Borghese. Condensou a peça, mas não conseguiu modificar muito a linguagem demasiado ornamentada do siciliano, e nem alterou a mistura de inglês, latim, azteca e espanhol em que o libreto é escrito. A estréia foi na Deutsche Oper, da então Berlim Ocidental, em 19 de abril de 1964. Só em 30 de março de 1976 houve a estréia americana, em Boston.

A reação da crítica a essa obra ambiciosa, estilisticamente difícil de apreender à primeira audição, foi cautelosa. Escrevendo de Berlim para a revista *Musical América*, Heinz Joachim foi da opinião que

---

10. Ver o capítulo sobre Paul Dessau em *A Ópera Alemã*, desta coleção.

Montezuma é menos uma ópera do que teatro épico com música. Sem ação dramática, o material histórico é tratado de forma oratorial, como uma crônica monumental. Os sons ásperos e austeros da partitura complementam surpreendentemente os coloridos exóticos e a rigidez sacerdotal dos cenários.

E John Rockwell assim relatou, para o *New York Times*, a estréia em Boston:

A impressão predominante é a de que se trata de uma obra extremamente séria. O libreto trata, com a maior solenidade, da colisão entre duas culturas bárbaras, e da necessidade de um "contrato universal" que as concilie. A música de Sessions faz uma mistura de estilos deliberadamente ecumênica: o idioma básico é o tipo de serialismo muito pessoal pelo qual ele adotou, decididamente, ao abandonar o neo-classicismo de início de carreira. No que tem de melhor, a música não deixa de atingir uma grande platéia. Mas a um primeiro contato, parece retorcida, demasiado rígida e complexa.

Como no *Julgamento de Lúculo*, o tema de *Montezuma* é a futilidade da conquista[11]. A linguagem híbrida de *Montezuma* reflete o interesse de Sessions pelo dodecafonismo, ocorrido durante os vinte anos de gestação da ópera e, nesse sentido, a partitura constitui um divisor de águas na obra do compositor, pois elementos de escrita neoclássica, na linha do *Lúculo*, convivem com as dissonâncias de quem está namorando com a técnica de 12 sons. Densa do ponto de vista da orquestração, e usando escrita muito complexa, *Montezuma* depende, para obter unidade musical e efeito dramático, de freqüentes *ostinatos* melódicos e rítmicos.

Nas nove sinfonias, compostas entre 1927-1980, nos concertos para diversos instrumentos solistas, nas peças corais e orquestrais, Sessions desenvolveu uma linguagem poli-

11. Existe interessante parentesco temático, senão estritamente musical, com *The Royal Hunt of the Sun*, sobre a conquista do Peru por Pizarro, que o inglês Ian Hamilton escreveu em 1975, baseando-se na peça de Peter Shaffer. Na ópera de Hamilton, quando Hernán Cortés invade o México, no século XVI, reivindicando-o para o império de Carlos V, os astecas o tomam pelo deus Quetzalcoatl, por causa de sua pele clara, e lhe dão acolhida hospitaleira. O rei Montezuma percebe as verdadeiras intenções do ocupante, mas seu povo não lhe dá crédito e ele acaba sendo preso por ordem do general espanhol. Como continua a protestar, é acusado de traição e apedrejado pelos próprios astecas.

fônica muito compacta, rica em dissonâncias irresolvidas, mas com uma inequívoca tendência lírica. A complexidade de sua obra fez com que fosse, até bem recentemente, um músico mais analisado pelos musicólogos – em especial Andrea Olmstead em seu notável *Roger Sessions and His Music*, publicado em 1985 pela UMI Research Press – do que realmente programado em concertos. O Prêmio Pulitzer lhe foi concedido duas vezes: em 1974 pelo conjunto da obra; e em 1981 pelo *Concerto para Orquestra*.

Sessions é o autor de ensaios cheios de idéias muito férteis: *Musical Experience of Composer, Performer and Listener* (1950), *Harmonic Practice* (1951), *Reflections on the Music Life of the United States* (1952) e *Questions about Music* (1970) – reunidos por E. T. Cone, em 1979, na edição crítica *Roger Sessions on Music*.

Musgrave

Thea Musgrave, nascida em Barnton, perto de Edimburgo, em 1928, é escocesa e estreou parte significativa de sua obra na Grã-Bretanha. Reside, porém, nos Estados Unidos, desde 1970, data em que foi convidada para ensinar em Santa Bárbara, na Universidade da Califórnia. Suas óperas mais recentes foram criadas, a partir de 1979, no Center Theater, em Norfolk, na Virginia, que é dirigido por Peter Mark, o seu marido. Por esse motivo, é colocada neste volume dedicada aos Estados Unidos; mas é essencial que se fale também da produção inglesa, para que possamos compreender a evolução de sua linguagem na fase americana.

Tendo estudado na Universidade de Edimburgo e feito composição privadamente com Hans Gal, Musgrave foi aperfeiçoar-se no Conservatório de Paris. Durante os quatro anos que ali passou, teve também aulas particulares com Nadia Boulanger. Voltando para a Inglaterra, adquiriu sólida reputação, desde o início da década de 1960, como a autora de bem construídas peças orquestrais num idioma eclético, que combina serialismo livre com diversos recursos tradicionais ou modernistas. O palco a atraiu desde cedo: em 1953, Musgrave compôs:

- o balé *The Tale of Thieves*, baseado no *Pardoner's Tale* de Chaucer;
- e a comédia em um ato *The Abbot of Drimock*, com libreto de Maurice Lindsay, extraído de um dos *Tales of the Scottish Border*, de John Mackay Wilson (estréia em 22 de junho de 1958, em forma de concerto, com o Park Lane Ópera Group regido por Myer Fredman).

Desde então, elementos teatrais comparecem em suas obras para a sala de concertos – da mesma forma que, em meados dos anos de 1960, isso acontece nas composições de Luciano Berio, Karlheinz Stockhausen ou do inglês Maxwell Davies. Peças orquestrais ou de câmara, em que os solistas agem como verdadeiras personagens de drama, demonstraram que no palco encontra-se a verdadeira vocação dessa compositora. E ela o confirmou ao expandir numa ópera, em 1963, a música incidental que compusera, no ano anterior, para a peça *The Devil and John Brown*, de Ken Taylor, escrita para o canal de televisão da BBC.

A peça retrata os sofrimentos de um mineiro que, em 1835, ficou soterrado 23 dias, após o desabamento de uma mina de carvão em Ayrshire, foi resgatado ainda com vida, mas não resistiu e morreu pouco depois. O libreto de *The Decision*, escrito por Michael Lindsay, enriquece a ação da peça de Taylor com diversos episódios acessórios, narrados em *flash-back*, que retratam o relacionamento da personagem-central com os membros da comunidade em que vive.

A decisão de que fala o título deve ser tomada pelo capataz que supervisiona a mina. Esse homem odeia o mineiro soterrado, pois sabe que ele era amante de sua mulher. Mas tem de resolver se, contra todas as evidências de fracasso, ordena que as buscas prossigam até ele ter sido encontrado. Isso confere à sua personagem complexidade psicológica e considerável estatura dramática. Obviamente escrita sob a influência do modelo omnipresente de Benjamin Britten, *The Decision* ainda tem sinais de inexperiência, em especial na escrita da orquestra que, às vezes, sobrepõe-se um pouco às vozes. Mas já demonstra a habilidade com que Musgrave caracteriza as suas personagens. Em especial nas vigorosas cenas de multidão, é dramaticamente muito eficiente a forma como ela as faz se movimentarem. A estréia foi no Sadler's Well, de Londres, em 30 de novembro de 1967, regida por Leon Lovett.

A direção cênica da *Decisão* foi de Colin Graham, autor do roteiro para o bale *Beauty and the Beast* – baseado no conto infantil de Mme de Villeneuve –, dançado pelo Scottish Ballet Theatre, no Sadler's Wells, em 19 de novembro de 1969 (coreografia de Peter Darrell, regência de Kenneth Alwyn). Na revista *Dance and Dancers*, Noel Goodwin chamou a atenção para os elementos operísticos mobilizados por Musgrave nesse bailado, o que, a seu ver, confirmava a sua vocação para o teatro musical.

A segunda ópera de Thea Musgrave, em que sua voz individual já se definiu claramente, é da mesma fase de algumas de suas obras orquestrais mais felizes: os concertos para trompa (1971), viola (1973) e, logo depois dela, a bela *Space Play*. Composta para nove solistas, sem regente – na verdade, cada um dos músicos conduz os outros, de um movimento para o outro – a *Space Play* foi estreada pela London Sinfonietta em 11 de outubro de 1974, e tocada nos Estados Unidos, no Alice Tully Hall de Nova York, em 7 de outubro de 1975. É uma peça em que, no dizer de Max Lopert, do *Financial Times*, "os nove músicos encenam o conceito muito vívido e cuidadosamente realizado de que, com os instrumentos, pode-se também fazer comédia". Peter Davis, do *New York Times*, também chamou a atenção para o fato de que

o efeito de conjunto da peça é o de um roteiro teatral em que os nove instrumentistas são caracterizados mediante um diálogo contínuo, cheio de senso de humor, frescor lírico, e um civilizado intercâmbio de opiniões. É uma obra muito atraente, que daria muito prazer ouvirmos de novo.

Com libreto de Amalia Elguerra baseado no conto *The Last of the Valerii* (1874), de Henry James, *The Voice of Ariadne* é escrita para uma orquestra de treze instrumentistas, mais o operador de uma fita gravada, que projeta "de lugar nenhum" a voz da personagem-título – uma preocupação em ambientar espacialmente a sua música, que já estava presente nas peças de concerto anteriores. A fita foi preparada com a colaboração do compositor Richard Rodney Bennett. Musgrave regeu tanto a estréia em The Maltings, Snape, no Festival de Aldeburgh, em 11 de junho de 1974, quanto a primeira apresentação americana, no New York City Opera, em 30 de setembro de 1977. Ambas foram muito bem acolhidas pela crítica.

Escavações arqueológicas no terreno em que outrora foi a vila dos Valerii romanos, e onde, hoje, se encontra a mansão de seu descendente, o conde Marco Valerio, revelam o pedestal em que pousava uma antiga estátua (em Henry James, trata-se de uma estátua de Juno; na ópera, ela é transformada na de Ariadne). O velho jardineiro Gualtiero conta ao conde, à sua jovem esposa americana, e aos fúteis convidados dessa moça, a lenda da estátua:

Who finds her
and who wakes her from her sleep
shall find the happiness
she keepeth in her keep.

(Quem a encontra e a desperta de seu sono há de encontrar a felicidade que ela guarda em seu cofre.)

Desapontados, a Condessa e seus convidados se afastam. Mas o Conde, sozinho no jardim, ouve a voz desencarnada da estátua que o chama: "It is I who call, Ariadne… Theseus, return and find me" (Sou eu quem te chama... Teseu, volta e me encontra). O Conde vai procurar a história de Teseu e Ariadne em sua biblioteca, e volta a ouvir a voz da figura mitológica. Sente essa voz como um fio que se propõe a guiá-lo no labirinto de seu próprio passado, ajudando-o a compreender o seu destino.

Dias depois, num canto isolado do jardim, Gualtiero encontra-se com a marquesa Bianca di Bianchi, que lhe pergunta se são verdadeiros os rumores de que o conde e sua esposa estão se afastando. Gualtiero, que tem um respeito supersticioso pelas antigas lendas, lhe diz que o conde se apaixonou pela estátua inexistente de Ariadne. Bianca, apaixonada por Marco Valério, alegra-se com a idéia de que o casal pode separar-se; mas zomba das crendices do jardineiro. Este, horrorizado com seu sacrilégio, convida-a a vir ao jardim, à noite, presenciar a transformação ocorrida no Conde.

Encontrando-se com sua rival, Bianca lhe diz que o marido está indiferente a ela porque se apaixonou por outra mulher. A Condessa interroga o marido a esse respeito, mas só consegue irritá-lo e fazê-lo afastar-se mais. Um dos amigos americanos da moça, Mr. Lamb, secretamente apaixonado por ela, lhe diz:

There is a love that asks for nothing,
nothing except the loved one's joy.
It slakes its thirst
from the excess of the cup
when it runneth over.

(Há um amor que nada pede, exceto a alegria do ser amado. Ele mata a sua sede com o excesso da taça, quando ela transborda.)

E aconselha à Condessa permitir que o Conde a ame onde e da forma que quiser.

No jardim, Lamb presencia o Conde invocando a ajuda dos deuses pagãos e, a conselho de Gualtiero, fazendo a eles uma oferenda de seu próprio sangue. Lamb fica horrorizado com o extremo a que a obsessão de Marco chegou; e este se irrita por ver que o americano o está observando. Bianca também aparece, como prometera a Gualtiero, e Marco, furioso com sua intrusão, está pronto a expulsá-la, quando ouve a estranha voz no meio da noite. Tendo percebido que a forma de recuperar o marido é assumir a identidade da mulher mítica que ele está procurando, a Condessa subiu no pedestal vazio – como a Hermione do *Conto de Inverno* shakespeareano – e, fundindo a sua voz à da fita gravada, pede a Ariadne que venha ao encontro de seu marido e lhe dê seu amor. Marco passa a ver a mulher com outros olhos: descobre finalmente que ela é o seu fio de Ariadne. Absortos em seus próprios pensamentos, todos se afastam, e os amantes celebram a esperança e a nova liberdade que conquistaram.

A Voz de Ariadne consegue captar, numa partitura de clima nitidamente impressionista, toda a insólita poesia do texto de James. A escrita vocal para o casal central revela grande avanço em relação a *The Decision*: é muito bem-sucedida a combinação de dissonâncias nos momentos mais dramáticos e de melodias francamente tonais nas passagens líricas. O que funciona menos bem é o episódio acessório incluído por Elguerra à trama: o envolvimento da senhora inglesa, Mrs. Tracy, com o jovem Baldovino, ajudante de Gualtiero. Musgrave não demonstra, para o tom cômico, a mesma desenvoltura que para o sério. Mas, no conjunto, a partitura, equilibra-se elegantemente entre a escrita tonal e a atonal. Além da última cena, coroada por um bonito dueto de amor, é muito bem-sucedido o monólogo da Condessa que, depois da confrontação com Bianca, relembra os tempos do início do casamento, em que Marco e ela eram felizes, e reflete sobre as razões que levaram ao estranhamento – ficando claro que a voz de Ariadne é apenas um símbolo da necessidade de o casal reencontrar-se no emaranhado – o labirinto – de suas próprias emoções. Ópera muito envolvente, *A Voz de Ariadne* é o tipo de partitura que mereceria mais atenção dos encenadores e das gravadoras.

Mais tradicional do ponto de vista morfológico e de estrutura teatral, mas extremamente bem-sucedida como exemplo de ópera moderna em grande escala, capaz de atingir o público mais amplo, é *Mary Queen of Scots*, estreada no King's Theatre, durante o Festival de Edimburgo, em 6 de setembro de 1977. É a ópera mais conhecida de Musgrave: o selo MMG tem a gravação ao vivo da apresentação de 29 de março de 1978, no Center Theater de Norfolk, na Virginia, com Ashley Putman e Gary Busse, sob a regência de Mark Elder. A respeito da estréia escocesa, disse Harold Rosenthal, o editor da revista *Opera*:

> Raramente, desde *Peter Grimes* [de Benjamin Britten], me impressionei tanto com a primeira audição de uma obra contemporânea. Thea Musgrave tem o raro dom de saber criar personagens dramática e musicalmente viáveis, e de escrever música ao mesmo tempo original e acessível para qualquer tipo de público.

A própria Musgrave preparou o libreto a partir da peça *Moray*, de Amalia Elguerra, que lhe ofereceu todas as situações dramáticas fortes e conflitos entre personalidades típicas de uma grande ópera romântica. *Mary Rainha da Escócia* soa como uma ópera donizettiana do ciclo Tudor, vertida numa linguagem que, enraizada numa ópera como a *Gloriana* de Britten, leva adiante o estilo pessoal de Musgrave, equilibrando-se sempre na fusão do novo com o tradicional. Mesmo reduzindo

consideravelmente o número de personagens e episódios da peça de Elguerra, Musgrave ainda retém o essencial da ação. Esta decorre entre 1561, data em que Mary Stuart voltou para a Escócia como rainha, e 1568, quando foi presa por ordem de Elizabeth I, após o assassinato de seu meio-irmão bastardo James, o conde de Moray.

A ação gira em torno do casamento de Mary com seu jovem primo inglês Darnley; a nomeação do italiano Riccio, amigo de Darnley, como seu secretário; e as maquinações políticas do ambicioso Moray. Quando os lordes escoceses recusam-se a aceitar Darnley como príncipe consorte, Mary apela para o meio-irmão, pedindo-lhe que os pacifique. Mas, na verdade, Moray faz seus agentes convencerem Darnley a exigir ser coroado junto com a mulher, pois sabe que a aristocracia escocesa reagirá mal a essa idéia. Para vingar-se de Mary, que se opõe a seus planos de obter mais poder dentro do reino, Moray convence Darnley de que a esposa o está traindo com Riccio, e o faz matar o secretário na presença da rainha. Depois, acusa-a de cumplicidade na morte de Riccio, e ela é obrigada a fugir. Mas, antes que James chegue a tomar o poder, Mary volta, cercada de homens fiéis a ela, acusa o meio-irmão publicamente, e ordena que seja banido da Escócia. Enfraquecida pelo nascimento de seu filho, Mary recusa a proposta de seu conselheiro, Gordon, de refugiar-se no castelo de Stirling. Contra a opinião dele, deixa-se envolver pelo conde Bothwell e é seduzida por ele.

Moray descobre o relacionamento dos dois, e ataca Bothwell que, na luta, fica ferido, mas consegue fugir. Moray subleva a população, fazendo-a exigir a abdicação de Mary Stuart. A rainha foge para a Inglaterra, pensando em pedir asilo à sua prima Elizabeth. Enquanto ela escapa, Gordon assassina Moray – a morte que servirá de pretexto a Elizabeth para aprisioná-la no castelo de Fotheringay –; e seu filho, ainda bebê, é proclamado rei com o nome de James VI.

Mais tonal do que nas obras anteriores – embora com um uso sempre muito eficiente de dissonâncias para acentuar as passagens de dramaticidade forte –, a partitura de *Mary Queen of Scotts* exibe uma energia e uma economia técnica perfeitamente adequadas para a natureza do tema tratado. Nunca é decorativo ou apenas pitoresco o uso de material de época – cantochão, danças seiscentistas, música que imita as gaitas de fole escocesas –; ele está sempre relacionado com a situação dramática. Exemplo disso é o tenso baile do ato I em que, enciumado com a atenção que Mary dispensa a Darnley, Bothwell interrompe a música de estilo afrancesado que eles estão dançando, e dá início a uma impetuosa *reel* escocesa, à qual a rainha adere. Isso será motivo para que Darnley e Bothwell cheguem às vias de fato; e este último será banido, só voltando depois de o consorte fugir, para não ser punido pela morte de Riccio.

Musgrave confirma, em *Mary*, a habilidade para a construção de personagens, de que já tinha dado provas na *Decisão* e na *Voz de Ariadne*. A sua rainha da Escócia é uma das grandes figuras na galeria das personagens femininas contemporâneas, digna de ser comparada à Lucrécia ou à miss Wingrave de Britten. E é muito bem desenhado o contraste entre a sua personalidade apaixonada e basicamente honesta, apesar da aparente leviandade, e o caráter tortuoso, cheio de rancor, ambição e falta de escrúpulos, de seu meio-irmão que, ainda assim, sabe ostentar um poder de sedução que o torna mais perigoso. A respeito dessa ópera, escreveu Andrew Porter em *The New Yorker*:

> A primeira audição de *Mary* foi suficiente para que eu percebesse a facilidade com que Thea Musgrave resolve o problema de escrever uma ópera contemporânea e encontra as soluções adequadas para isso. Na segunda audição, percebi que me esquecia do planejamento cuidadoso, dos paralelos, das influências, para preocupar-me com a própria Mary, movimento a movimento, fato a fato, sentindo-me, ao mesmo tempo, encantado com a música, atento ao movimento das linhas melódicas, acalmado ou excitado pelos padrões sempre mutáveis da tensão harmônica, atraído pelo colorido da partitura. Há, nessa *Mary*, uma verdadeira qualidade visionária.

Thea Musgrave já estava definitivamente instalada nos Estados Unidos quando o Center Theater de Norfolk, na Virgínia – local de suas futuras estréias – levou à cena a ópera seguinte. Ela própria escreveu o libreto de *A Christmas Carol*, fazendo uma adaptação muito econômica do conto famoso de Charles Dickens (1843)

sobre o unha-de-fome Ebenezer Scrooge e as circunstâncias fantásticas que o levam, na véspera de Natal, a emendar-se de sua avareza. A compositora assim descreve o seu trabalho:

> A história segue muito de perto o original de Dickens. Um dos grandes desafios era encontrar um modo de incorporar tantas personagens de Dickens quanto possível, fazendo, ao mesmo tempo, da obra, um veículo viável para uma companhia de ópera. Um sistema de distribuição dos papéis pelos diversos intérpretes, fazendo-os cantar mais de um papel, permite reduzir o elenco a doze cantores. Dependendo das circunstâncias, esse elenco pode ser aumentado. Há seis figurantes opcionais e algumas crianças podem ser acrescentadas para fazer os órfãos, os meninos de rua, os cantores de hinos natalinos, ou os convidados na festa. Com esses meninos, pode-se formar o coro para o finale. Como eles não aparecem no palco, não há necessidade de figurino para eles.

Musicalmente, essa ópera – que foi concebida pensando também no público infanto-juvenil – prolonga a técnica de incorporar material da tradição a uma linguagem pós-tonal (mas aqui, por motivos óbvios, fazendo a balança pender mais para o lado diatônico). É interessante, por exemplo, o uso do *carol* (cântico natalino) "God rest you, merry gentlemen", que percorre os dois atos como um tema recorrente submetido a diversas metamorfoses. A estréia foi em 16 de dezembro de 1979, no Norfolk Center Theater, da Virginia, sob a regência de Peter Mark, com direção de David Farrar, tendo o barítono Frederick Burchinal no papel-título. Em 1981, *Conto de Natal* foi levado no Sadler's Wells, de Londres, e na State Opera of South Australia. No *Observer*, Peter Heyworth comentou:

> Cada um dos dois atos é habilmente construído de modo a abrir espaço para a reflexão, equilibrando as passagens líricas e a ação dramática. A mesma segurança de toque é aparente na música. A partitura ganha vida, desde o primeiro compasso, com a sugestiva evocação de uma nevoenta noite de inverno e, daí em diante, não há mais hesitações, nem passagens que se arrastam. [...] [Musgrave] fez um trabalho muito bom: duvido que alguém ouse, depois dela, usar de novo esse tema. [...] A beleza do libreto está no processo de simplificação que conservou o que a história tem de essencial, deixando à música a função de ilustrar as emoções. A motivação das personagens fica tão clara, que quase não se precisa das palavras.

O Paolo Soleri Theatre, de Santa Fé, no Novo México, foi o palco da estréia de *The Last Twilighti*, ópera coral baseada no poema

Men in New Mexico, de D. H. Lawrence. Langdon Young regeu a obra, encomendada pela Fundação Anthony Branch para o Festival do Novo México.

A própria Musgrave escreveu o libreto da ópera radiofônica *An Ocurrence at Owl Creek Bridge*, encomendada pela BBC, baseada no conto de Ambrose Bierce ambientado na Guerra Civil. A estréia, com a London Sinfonietta regida pela autora, tendo Jake Gardner no papel principal, foi transmitida em 14 de setembro de 1982. Mais tarde, a peça ganhou uma menção honrosa do Prêmio Itália. O diálogo falado representa papel importante no monólogo interior de Peyton Farquhar, agricultor do Alabama, capturado pelas tropas invasoras ianques. Segundo a própria Musgrave,

a história põe lado a lado o mundo "real" da ação (diálogo falado e efeitos sonoros) e o mundo "imaginário" (canto) de Farquhar, que está pensando, sentindo, lembrando. Mas a música orquestral é contínua, portanto, a obra foi concebida como uma verdadeira ópera, e não como uma peça de teatro dotada de música incidental.

Nos Estados Unidos, *An Ocurrence at Owl Creek Bridge* foi apresentada algumas vezes em versão de concerto e, na Ópera da Virgínia, foi encenada, sob a regência de Peter Mark, no ano seguinte ao da estréia radiofônica. Os sons pré-gravados da transmissão radiofônica não foram utilizados na versão de palco.

Musgrave inspirou-se numa história real para o libreto de *Harriet, the Woman Called Moses*, que o Center Theater encenou em 1º de março de 1985, sob a regência de Peter Mark, tendo Cynthia Haymon (Harriet), Ben Holt (Josiah) e Barry Craft (Preston) nos papéis principais. A personagem dessa ópera é Harriet Tubman, a escrava que, na década de 1850, fugiu da fazenda em que vivia, em Maryland, e ajudou cerca de trezentos outros negros a escapar para o Canadá através do caminho que ficou sendo conhecido como "the Underground Railroad" (a estrada de ferro subterrânea).

Adormecida na casa de Thomas Garrett, que a acolheu depois da fuga, Harriet sonha com seu povo escravizado, que clama "Moses! Moses! Lead us out of bondage!" Levada, no sonho, para o alojamento dos escravos, em que

viveu no passado, Harriet se vê cantando "Go down, Moses... Let my people go!" É açoitada por estar cantando esse *negro spiritual* proibido. O escravo Josiah a consola e eles confessam o amor que sentem um pelo outro. Preston, o filho do Velho Mestre, dono da fazenda, tem pesadas dívidas de jogo e, para poder pagálas, pede ao pai que venda alguns de seus homens no mercado de escravos de Deep South. Ao saber que o Velho Mestre concordou, Josiah foge. Harriet, que foi seduzida à força por Preston, não quer ficar sob sua dominação e, ao ter a notícia de que o Velho Mestre teve um ataque do coração, foge também. Escondida na casa de Garrett, que protege os escravos fugidos, ela jura voltar para libertar o seu povo.

Harriet tem novo encontro com Josiah antes que ele seja preso, mandado para o Norte e, ali, finalmente, alforriado. Josiah vem buscar Harriet, e quer fugir com ela através da fronteira para o Canadá. Mas Preston não desistiu de se vingar deles: persegue-os, encontra-os, atira em Harriet; mas Josiah coloca-se diante dela e é ele quem recebe o tiro e morre. Harriet consegue escapar para o Canadá, de onde, em liberdade, organizará as expedições para retirar do território americano os escravos foragidos.

Num texto de 20 de agosto de 1984, assim Musgrave descreveu a sua escolha do tema:

A história de Harriet Tubman refere-se a uma mulher dotada com as raras qualidades de coragem e imaginação, que lhe permitiram vencer obstáculos aparentemente insuperáveis. Ela foi para o Canadá em busca da liberdade mas, depois, transformou-se na famosa guia da Underground Railroad, ajudando muitos outros escravos a escapar. Sua história é também o exemplo comovente do antiquíssimo conflito entre o bem e o mal. Abraham Lincoln o descreveu em termos muito diretos: "A escravidão é a eterna luta entre dois princípios que, desde o início dos tempos, estiveram face a face e continuarão sempre a lutar." Um deles é o direito comum de toda a humanidade; o outro é o direito divinos dos reis. A escravidão é o espírito que diz: "Trabalha, sofre, ganha o pão, e eu te devoro!" Não importa que forma ele assuma, é sempre o mesmo o princípio. O notável escritor inglês John Lilburne, do século XVII, disse isso de outra maneira: "Pois o que for feito a um estará sendo feito a todos." Num momento ou em outro, todos nós nos perguntamos: "Mas o que é que uma pessoa sozinha pode fazer?" Harriet Tubman é uma inspiração para aqueles, dentre nós, que desesperam da própria capacidade de fazer algo de positivo, para mudar alguma coisa no mundo em que vivem. À comunidade negra não faltam heróis e heroínas; mas Harriet Tubman certamente merece um lugar de destaque na história da luta da humanidade pelos direitos humanos. Estas são algumas das razões pelas quais eu, uma escocesa branca, resolvi escrever sobre a negra americana Harriet Tubman.

Mas há uma outra razão muito importante, que faz os compositores serem atraídos por temas que cruzam as fronteiras políticas e temporais, e se aventuram em paisagens diferentes e, às vezes, exóticas. Além de fazer de suas obras uma experiência emocionalmente satisfatória para o público, a maioria dos compositores quer frisar e enfatizar a natureza eterna dos conflitos e emoções humanos, que transcendem tempo e lugar. O artista está acostumado a mergulhar, em sua imaginação, nos sentimentos e vidas de pessoas muito diferentes deles mesmos e, apesar disso, impelidos e dominados pelas mesmas motivações. Harriet é toda mulher que ousou desafiar a injustiça e a tirania: ela é Joana d'Arc, ela é Susan B. Anthony, ela é Anne Frank, ela é Madre Teresa de Calcutá.

Aqui, com o mesmo rigor de *Mary Queen of Scots*, Musgrave cruza material melódico americano – *negro spirituals*, danças folclóricas, cantos de trabalho dos escravos, baladas sentimentais – à linguagem pós-tonal que sempre a caracterizou. Não permitir que questões "politicamente corretas" – feminismo, direitos humanos – atenuem a dureza das situações dramáticas faz *Harriet* resultar em teatro musical de grande força e com uma personagem central muito bem desenhada.

Harriet, na época da estréia, foi entusiasticamente analisada por Andrew Porter na revista *New Yorker* (25.3.1985), e por Will Crutchfield no *New York Times* de 24.2.1985. Encomendada conjuntamente pela Virginia Ópera Association e pelo Royal Opera Covent Garden, *Harriet* nunca chegou a ser encenada na Inglaterra (houve apenas, em 3 de março de 1985, a transmissão, pela BBC, da estréia em Norfolk – e, portanto, devem existir gravações pirata desse espetáculo). Para tornar a partitura acessível a companhias menores e de recursos reduzidos, Thea Musgrave preparou, em 1985, uma versão revista intitulada *The Story of Harriet Tubman*, um *narrated music-drama* em um ato, com seis cantores, três atores, um coro de oito vozes e um conjunto de câmara de nove instrumentistas, incluindo piano e sintetizador. A orquestração foi feita por Julian Grant. Nesse formato, a ópera foi reestreada em janeiro de 1993 na Mobile Opera, e montada subseqüentemente por diversas companhias universitárias e grupos amadores.

Plácido Domingo era o cantor cogitado para criar o papel-título de *Simon Bolívar*, conjuntamente encomendada em 1990 pela Los Angeles Music Center Opera Association e a Ópera da Escócia. A retirada de Domingo, porém, fez com que fosse cancelada a estréia em Los Angeles. Diante disso, também a Scottish Opera desistiu do projeto. Traduzida para o espanhol por Lillian Garrett-Groag, *Simon Bolívar* foi levada no Center Theater de Norfolk em 20 de janeiro de 1995, sob a regência de Peter Mark, com Stephen Guggenheim (Bolívar), Amy Johnson (Manuela Sáeñz de Thorne), Michael Lynn Galanter (Sucre), Douglas Nagle (gal Santander), Russell Cusick (gal Páez), Richard Lewis (Rodríguez e El Serrano), e outros. A audição inglesa de trechos, em forma de concerto, foi no Albert Hall, de Londres, em 26 de agosto do mesmo ano. *Bolívar* foi encenada no Stadtstheater Regensburg, também em 1995.

No ato I, uma série de cenas curtas interligadas culminam na libertação da América do Sul da dominação espanhola. No ato II, o sonho de Bolívar começa a desintegrar-se, pois fracassa o seu projeto idealista da união de todos os Estados latino-americanos. Bolívar acaba exilado e morre na pobreza, aparentemente esquecido. No epílogo, a ação é subitamente projetada para o século XX, na época de uma revolução. Ouve-se a voz de Bolívar falando de seu ideal de liberdade para os povos sul-americanos, e evocando o fardo que essa responsabilidade coloca sobre os ombros de quem se arrisca a assumir essa missão.

Obra épica inserida na tradição da grande ópera histórica que vem desde o *Ottocento*, esta versão da vida de Bolívar é mais fluente e bem-sucedida do que a hierática ópera homônima de Darius Milhaud, baseada na peça de Jules Supervielle, e cantada em Paris em 10 de maio de 1950. Assim Musgrave fala de sua personagem:

Cada geração precisa de seus heróis: pessoas que possam conceber um mundo novo e também tenham o carisma, o envolvimento com a causa e a capacidade de torná-la realidade. Embora, a seus próprios olhos, Bolívar não fosse bem-sucedido – "those who serve a revolution only plough the sea", canta ele a certa altura [quem serve a revolução está apenas arando o mar] – para nós ele é uma fonte de compreensão das dificuldades de alcançar o objetivo a que aspiramos. Mas sua luta não é em vão e, em algumas raras pessoas de nosso tempo, encontramos, renovada, a força de seu espírito. Contra as tempestuosas forças em luta na época, Bolívar surge como um idealista apaixonado, brilhantemente bem-sucedido como "El Libertador", mas incapaz de realizar o sonho de uma América do Sul unida. A formação desses ideais, seu carisma e paixões pessoais, e a sua capacidade de encontra fórmulas conciliatórias são parte de uma história que ressoa com significado renovado no mundo contemporâneo.

O entusiasmo de Musgrave com o tema e a personagem retratada reflete-se na força que ela consegue dar à "sua ópera mais forte, mostrando-a não só como uma grande compositora, mas também como uma escritora capaz de moldar, com toda segurança, um libreto que é uma bela peça de teatro", como disse Patrick Smith na revista *Opera News*. A essa altura da carreira, é muito grande o domínio que Musgrave tem da escrita para a grande orquestra, requerida pelas dimensões heróicas do assunto. Não se compreende por que motivo Plácido Domingo deixou de criar um papel que, por suas possibilidades teatrais e suas generosas linhas cantabile, seria muito adequado para seu tipo de talento. Por sua riqueza de inspiração e segurança técnica, *Simon Bolívar* é a ópera mais bem realizada de Thea Musgrave até aquela data.

Os trabalhos mais recentes de Musgrave são o melodrama *The Mocking Bird* e a ópera *Pontalba: a Louisiana Legacy*[12]. O primeiro, encomendado pelo grupo Musica Viva, de Boston, estreou no Tsai Performance Center, dessa cidade, em 3 de maio de 2002, com o barítono Randall Scarlata e um conjunto de seis instrumentos regido por Richard Pitman. A própria compositora preparou o libreto desse libelo antimilitarista, baseando-se no conto de Ambrose Bierce, a respeito do qual declarou:

Acredito que a guerra é um modo bárbaro e primitivo de acertar as inevitáveis diferenças entre as nações e povos, e os contos de Bierce mostram que, de todas as

guerras, a civil é decerto a mais devastadora. Bierce tem uma maneira quase jornalística de descrever os detalhes de lugar e situação, e isso convive com uma maravilhosa imagística poética; é esse estilo que dá às suas histórias o seu poder evocativo. Estamos em 1861 e deparamos com um soldado, o sargento Grayrock, fazendo a sua patrulha. Ele não sabe onde está e tem medo de ter-se perdido por trás das linhas inimigas. A imagem que volta à sua cabeça do *mocking bird*[13] traz-lhe a lembrança dos dias dourados de sua juventude, quando ele levava uma vida muito mais feliz.

No *Boston Globe*, Richard Dyer qualificou essa peça em um ato de "um verdadeiro catálogo do talento de Musgrave: a precisão do artesanato, o rigor da escrita de câmara, a clareza do libreto, a habilidade da escrita vocal, a verdade moral que transparece nesse apólogo.

Em 2000, Kathleen Babineaux Blanco, governadora da Luisiânia, sugeriu à Ópera de New Orleans que encomendasse uma ópera nova para comemorar, em outubro de 2003, o bicentenário da compra desse território pelos Estados Unidos. Robert Lyall, diretor artístico e regente titular do teatro, escolheu Musgrave e sugeriu a ela um libreto baseado em *Intimate Enemies: the Two Worlds of Baroness de Pontalba*, o livro em que Christina Vella conta a pitoresca história de Micaela Almonester, baronesa de Pontalba. Nascida em 1795, Micaela era filha do próspero Andrés Almonester, de origem espanhola, político, filantropo e talentoso arquiteto, responsável pela construção de prédios marcantes como a catedral de Saint Louis, o Presbitério e a sede do Cabildo.

Um matrimônio de interesse uniu Micaela, em 1811, ao francês Célestin, filho do barão de Pontalba. Mudando-se para Paris, a jovem viu-se exposta, desde o início do casamento, às maquinações do sogro, que desejava apoderar-se de seus bens, muito numerosos. Em 1835, vendo fracassar uma a uma as suas artimanhas, vencido pela resistência e astúcia da nora, o barão de Pontalba, num acesso de fúria, deu quatro tiros em Micaela e, ao ver o que fizera, voltou a pistola contra a própria cabeça. Ele morreu, ela não. Micaela voltou para Nova Orleans e, filha de arquiteto, em-

12. O material sobre *Pontalba* foi-me gentilmente enviado pela própria Thea Musgrave e seu marido, o regente Peter Mark, com os quais tive contato extremamente amistoso. Devo-o ao barítono Frederick Burchinal, amigo pessoal do casal, que me apresentou a eles. Burchinal esteve em São Paulo, em 2003, cantando o papel-título do *Falstaff*; agradeço a ele por essa ajuda.

13. O *mocking bird* (Mimus polyglottus), típica ave americana, deve seu nome de "ave zombeteira" à capacidade que tem de imitar o trinado das outras aves.

preitou, em 1851, a construção dos majestosos Pontalba Buildings, dois prédios de apartamentos na Jackson Square, que são um dos maiores testemunhos do estilo arquitetônico romântico da cidade.

No prólogo, passado em 1851, na casa dos Pontalba em Mont l'Évêque, na França, Micaela e Célestin relembram como se conheceram, em 1803, numa recepção em Nova Orleans. Célestin, trazido por Mr. Monroe – o advogado de Louise Almonester, mãe de Micaela, viúva recente –, fica encantado ao ouvir a jovem cantando uma canção espanhola. O barão de Pontalba chega, trazendo notícias que dividem as opiniões dos presentes: a Espanha devolveu à França a administração da Luisiânia. Pontalba está contente, pois o governo espanhol tinha fechado o Mississipi ao comércio por longo tempo. Com isso e os impostos altos, seus negócios tinham sofrido muito. Micaela e Célestin ficam indiferentes a esses problemas pois, entre eles, sentimentos amorosos estão nascendo.

Os Pontalba reagem de forma divergente à idéia da união dos jovens. O Barão está interessado na enorme fortuna da moça, que ajudará a compensar suas perdas nos negócios; mas a baronesa teme que essa moça de formação não-européia seja difícil de manejar. O Barão tem de viajar para a França, e pede à mulher que negocie cuidadosamente o dote. Célestin, que os ouviu, fica ofendido com o calculismo de seus pais, pois está genuinamente apaixonado por Micaela. E é retribuído, pois ela não dá ouvidos às advertências de Louise, preocupada com os maus presságios trazidos pelo estilo ave de rapina da Baronesa, ao negociar o dote.

Enquanto isso, as ruas de Nova Orleans se agitam com a notícia de que Napoleão vendeu a Luisiânia aos Estados Unidos por US$15 milhões. Mr. Monroe acalma as opiniões divergentes das pessoas, falando-lhes das imensas oportunidades novas que isso vai trazer. Para Micaela, é a hora de uma escolha difícil: ir morar com Célestin na França, deixando para trás todos e tudo que ama – e isso inclui os projetos deixados incompletos por seu pai, o grande arquiteto Andrés Almonester. Mas o amor vence, e seu canto apaixonado cruza-se com o de júbilo da população, celebrando a nova América.

O ato II passa-se anos mais tarde. Micaela sente saudades de casa ao ler a carta em que Louise fala de como é emocionante viver a realidade nova de um enorme país unificado. Escreve à mãe dizendo que o comportamento do marido mudou muito. Célestin tornou-se irritadiço e distante, diante das dificuldades financeiras por que os Pontalba estão passando. Louise, numa de suas cartas, fala do desafio que será reconstruir, de acordo com projetos do falecido marido, os prédios residenciais da Jackson Square, destruídos por um incêndio. Micaela propõe-se a voltar a Nova Orleans para ajudá-la, mas Mr. Monroe a adverte que não o faça sem a autorização do marido pois, do contrário, pode ser acusada de deserção do lar, perder o direito a seus bens e ver-se negado o acesso a seus filhos. Isso faz Micaela perceber que é uma verdadeira cativa em sua própria casa.

Em sonho, Micaela vê Louise descrevendo a beleza dos novos prédios ("Imagine an island of serenity in the midst of a bustling city"). Mas, quando ela pede ao marido que a acompanhe numa visita aos Estados Unidos, Célestin, muito relutante, revela que, devido às pesadas dívidas que contraiu em Nova Orleans, a família o forçou a assinar um documento entregando-lhe o controle de todo o seu dinheiro – inclusive do dote que ela lhe trouxe. Micaela ofende-se por ele não lhe ter dito que o Barão tem agora o controle total de seus bens, e ele a adverte de que o pai pode ser muito perigoso quando alguém se opõe ao que ele quer. Mas quando lhe diz que o Barão há de desaprovar certamente a idéia da viagem à América, Micaela responde que não tem medo dele.

Mr. Dupin, o advogado dos Pontalba, traz a notícia de que Louise morreu; e sugere que Célestin assine um documento trazido por ele, antes que essa notícia chegue aos ouvidos de Micaela. Pressionado pelo pai, Célestin assina. Durante uma recepção que os Pontalba estão oferecendo a seus convidados, todos ficam muito espantados quando Micaela anuncia que fará uma visita à América com sua família. O Barão fica furioso com essa decisão, tomada sem que ele fosse consultado, e ainda mais quando a nora acusa-o de ter roubado o dinheiro de seu dote, ameaça ir embora para os

Estados Unidos e contar a todo mundo que foi enganada por ele.

A tensão cresce ainda mais quando a Baronesa lembra ao marido que, pela lei americana, Micaela poderá processá-lo, e isso poderá significar a ruína definitiva. Pontalba acusa Célestin de dividir a família, e este, brandindo o documento que foi obrigado a assinar, responde: "Sim, uma família que mente e trapaceia!" Desesperado, o Barão vai procurar a nora, que está preparando as malas. Após violenta altercação com ela, dá-lhe quatro tiros. A Baronesa, horrorizada, acusa-o de ter arruinado a honra da família. Ao ver que perdeu o apoio do filho e da própria mulher, Pontalba, envergonhado, se suicida.

Micaela recupera-se lentamente. Em seus delírios, vê a sombra da mãe acenando para a visão de uma cidade nova, arquiteturalmente transfigurada. Ao melhorar, parte para Nova Orleans, apesar dos protestos do marido. Mr. Monroe conta-lhe que a mãe tomou medidas para proteger sua herança, e o tribunal americano decidiu que ela será a exclusiva possuidora dos bens deixados por seu pai. Agora, ela poderá realizar o sonho dos Almonester de revitalizar Nova Orleans.

No epílogo, Micaela é saudada pelo Prefeito e a multidão, no dia da inauguração dos Pontalba Buildings. Durante a cerimônia, ela diz a Mr. Monroe que agora pode voltar para a França e cuidar de Célestin: apesar da deslealdade do marido, os votos do matrimônio são sagrados e não podem ser esquecidos. Célestin de Pontalba está doente, com as faculdades mentais muito alteradas pelo sofrimento e as privações. Embora, para Micaela, ele tenha se transformado "numa concha vazia", e o seu amor, antes intenso, "hoje não passe de uma ficção", ela sabe que o marido precisa realmente de sua ajuda. A ópera termina com um tom ambíguo de celebração, mas também de melancolia e sacrifício pessoal.

O libreto da própria Musgrave cruza a história de Micaela Pontalba de Almonéster, que luta contra a opressão do casamento de interesse e se emancipa, com o pano de fundo histórico: a "Louisiana Purchase" e o momento crucial de expansão, em que os Estados Unidos estão começando a tornar-se uma grande

potência. *Pontalba: a Louisiana Legacy* estreou no Mahalia Jackson Theatre of the Performing Arts, situado no Armstrong Park de Nova Orleans, em 2 de outubro de 2003. A regência era de Robert Lyall; Yali-Marie Williams cantou o papel da baronesa Micaela, ladeada por Robert Breault (Célestin), Jane Gilbert (Louise), Jake Gardner (Pontalba), John Giraud (Mr. Monroe), Kathryn Day (a Baronesa) e outros.

Jay Lesenger, o diretor de um espetáculo no qual a Ópera de Nova Orleans investiu US$ 1 milhão, tinha assinado pouco antes, no mesmo teatro, uma celebrada montagem de *The Ballad of Baby Doe* – e, por seu tema histórico, a ópera de Moore tem muitos pontos de contato com a de Musgrave. Nas seqüências passadas em Nova Orleans, os cenários de Erhard Rom e os figurinos de Charlotte Lang fizeram a cuidadosa reconstituição do French Quarter durante o século XIX. Nas de Paris, reproduziram interiores do Hotel Pontalba, hoje residência oficial do embaixador americano na França. Musgrave tomou cuidados semelhantes com a partitura. Na primeira cena do ato I, por exemplo, ela citou um tema de *Sylvain*, a primeira ópera cantada em Nova Orleans, em 22 de maio de 1796.

Em 7 de outubro de 2003, Bernard Holland, do *New York Times*, escreveu:

> O problema de *Pontalba* não é musical. A partitura abriga três óperas diferentes em potencial e não consegue se decidir qual das três deseja ser. Para ser sincero, ela é o refém de fatos históricos que, embora relacionados, nunca se ajustam no arco convenientemente simétrico que constitui o *grand-opéra*. É uma ópera sobre a vasta aquisição que os Estados Unidos fizeram da França, e os efeitos posteriores à dominação espanhola? Centra-se na baronesa de Pontalba e nos muitos anos que ela passou na França, entre parentes ambiciosos e homicidas? Ou é sobre a cidade de Nova Orleans como, no final, ela parece decidir-se a ser?
>
> A vantagem é que Ms. Musgrave compõe para o palco com grande habilidade. Tem um senso instintivo de orquestração e bom ouvido para linhas vocais ágeis que respondem prontamente aos diversos movimentos que ocorrem no palco. As cenas de multidão e os números de conjunto são complexos, mas não se perdem em linhas embaraçadas; as melodias que se entrecruzam têm, cada uma delas, a sua própria história a contar.

No *Times-Picayune*, de Nova Orleans, Keith Marshall observou:

Pontalba não apresenta árias ou outras formas padrão de escrita vocal operística, mas há momentos de grande beleza lírica nas cenas entre Micaela e seu marido, Célestin de Pontalba, ou entre ela e sua mãe. A força da música de Musgrave está na orquestração, e o regente, Robert Lyall, soube extrair da Filarmônica da Louisiana todo o leque de emoções expresso pela compositora, fazendo brilhar os momentos mais intensos da ópera.

Miki

A fértil colaboração do japonês Minoru Miki – nascido em Tokushima, na província de Shikoku, em 1930 – com Colin Graham e o Opera Theater de St. Louis, no Missouri, exige que se inclua neste livro um músico que trafega desenvoltamente entre dois mundos e, por saber oferecer deles uma fusão muito pessoal, é o mais importante operista nipônico da atualidade. Miki estudou na Universidade Nacional de Tóquio e já era um compositor conhecido quando, na década de 1960, começou a trabalhar com instrumentos tradicionais de seu país. Criou o Ensemble Nipponia, para o qual escreveu peças combinando técnicas e instrumentos do Ocidente e do Oriente; e inventou um novo tipo de *koto*, a cítara japonesa, com 21 em vez de treze cordas, que tem sido amplamente usado em toda a Ásia.

Em suas óperas, Miki funde procedimentos de escrita ocidentais à moldura tradicional do teatro japonês. Depois de *Mendori Teishu* (O Marido Dominado), comédia de *kabuki* de 1963, e de *Kikimimi*, musical para crianças, de 1968, Miki escreveu a sua primeira grande ópera em 1975. *Shunkin-sho* (A História de Shunkin) baseia-se num conto de Junichiro Tanizaki, uma história de amor ambientada na Osaka do século XIX. O mundo sonoro da orquestra ocidental é usado para traduzir o ritmo lento e as texturas delicadas do *jōruri*, o equivalente japonês da *ballad opera* inglesa. Confessando-se pouco à vontade com a modalidade padrão de sua língua, Miki preferiu usar, no libreto, o dialeto *kansai*, de sua região natal, o que não impediu *A História de Shunkin* de ser executada em todo o Japão. Existe dela uma gravação de 1976 no selo Toshiba-EMI.

Muito bem recebida ao ser cantada, em 1990, no Festival de Savonlinna, na Finlândia,

Shunkin-sho fez vir, logo em seguida, uma encomenda da Inglaterra: *Ada: an Actor's Revenge*, fusão ainda mais vigorosa dos elementos de teatro ocidental com o caráter estático, de estatuaria, do *kabuki*. James Kirkup baseou seu libreto, escrito em inglês, no drama de Otokichi Mikami, da década de 1930, uma peça que, no Japão, teve diversas adaptações para o palco e foi filmada mais de uma vez. A orquestra de câmara ocidental utiliza o *koto*, o *shamisen* (alaúde) e percussões orientais.

A ação, ambientada no século XIX e enquadrada por um prólogo e um epílogo, conta a história de Yukinoje, no passado um populariíssimo *onnagata* (o ator que, no teatro japonês, especializa-se em fazer papéis de mulher). Ele rememora, com remorso, a missão que lhe foi imposta pela família de assassinar o senhor Dobe e também Kawaguchyia, o lugar tenente desse aristocrata, ambos responsáveis pela morte de seus pais. Ao realizar a sua vingança, Yukinoje causou acidentalmente a morte de Namiji, a filha do senhor Dobe, pela qual estava secretamente enamorado.

A música, de texturas atmosféricas muito ambíguas, presta-se muito bem a retratar as oscilações de temperamento de Yukinoje, em conflito entre o *giri*, a honra, o dever de vingar a morte dos pais, e o *ninjo*, os seus sentimentos pessoais. Kirkup e Miki prepararam duas versões diferentes da ópera, uma realista, e a outra estilizada, em que, após o prólogo, a personagem retira-se para um canto do palco e continua cantando, enquanto bailarinos representam a ação. Para a estréia em seu país, o libreto foi traduzido para o japonês e, nesse caso, Miki teve de fazer uma revisão na partitura, pois são muito estritas as convenções que regem a técnica de musicar um texto em japonês. Em seus trabalhos posteriores, o compositor passou sistematicamente a preparar versões alternativas em inglês e em sua própria língua.

Ada foi apresentada, em 11 de junho de 1981, no Loretto-Hilton Center de St. Louis, sob a direção de Colin Graham. Fascinado com a musica de Miki e a possibilidade de expandir as técnicas de encenação ocidentais, casando-as com as do Oriente, Graham escreveu para ele o libreto de *Jōruri*, baseado numa famosa peça de teatro de marionetes do século XVIII, escrita por Monzaemon Chikamatsu. Uma vez mais o choque entre o *giri* e o *ninjo* está na base dessa ópera, cantada em St. Louis em 30 de maio de 1985.

Shōjō é um famoso cantor de jōruri. Embora cego, é o diretor de uma importante companhia de marionetes. Otane, sua mulher, lhe é muito devotada, pois ele a salvou das mãos de um magistrado corrupto, ainda que isso lhe tivesse custado a visão. Durante o ensaio de uma nova peça, ao tocar a cabeça de mulher que tinha sido esculpida pelo jovem ator Yosuke, Shōjō percebe que a boneca tem os traços de Otane. Dá-se conta, assim, de que os dois jovens estão apaixonados um pelo outro. Escreve, então, uma peça de *jōruri* na qual dois jovens amantes fazem a peregrinação a uma cachoeira sagrada e desaparecem dentro dela, deixando o marido mais idoso sozinho para lamentá-los e contar sua história. Ao perceber que o marido sabe e, com isso, o ofenderam, Otane e Yosuke se suicidam, em desagravo à sua honra.

Em cada um dos três atos há um episódio de *kabuki* em que os pensamentos e as lembranças de Shōjō o visitam sob a forma de aparições sobrenaturais. Há também um *kyogen* (intermezzo cômico) em que os demais atores da companhia de bonecos zombam dos sofrimentos de seu patrão. Na orquestra ocidental de proporções clássicas, Miki inclui o *koto*, que tem papel predominante na abertura e no prelúdio ao ato II, o *shamisen* e o *shakuhachi* (flauta de bambu). Esses dois instrumentos tocam o comovente interlúdio que precede, no último ato, a cena do suicídio dos amantes.

A forma muito precisa como a música expressa traduz o choque entre o aspecto cerimonial, distanciado, da estrutura teatral japonesa, e a densidade das emoções experimentadas pelas personagens foi responsável pela boa acolhida que a ópera teve, em sua encenação americana.

Entre *Ada* e *Jōruri,* Miki produzira, em seu país, a ópera coral *Tōge no Mukō Ni Nani ga Aru-ka?* (O Que Há Por Trás do Desfiladeiro?), de 1983, na verdade mais uma cantata cênica do que realmente uma peça de teatro cantado.

O musical *Utayomizaru* (O Macaco Poeta), de 1983, aplicando à musica japonesa técnicas do teatro americano da Broadway, deu origem à criação do grupo Uta-za, destinado a montar peças de caráter bem popular, cantadas em dialeto. Para essa companhia, Miki escreveu:

- a peça de câmara *Hanazono nite* (No Jardim), de 1985, a que deu a designação de mini-ópera;
- e, depois de *Jōruri*, em 1989, o musical *Yomigaeru*.

Com *Wakashime*, de 1992, passado no século V, Minoru Miki tentou a forma do *grand-opéra* de tema histórico, inspirado – como ele próprio disse – na *Aida* de Verdi. A esse gênero pertence *Shizuka to Yoshitsune* (Shizuka e Yoshitsune), de 1993, relatando fatos reais ocorridos no século XII (dessas duas últimas, há gravações no selo japonês Camerata).

Para o grupo Uta-za, Miki compôs, em 1994, *Terute to Oguri* (Terute e Oguri), que também se passa durante a Idade Média nipônica.

Kasabira e *Sumidagawa* (O Rio Sumida), de 1995, formam um díptico camerístico de tragédia-comédia, baseado em textos do século XV, escrito para uma sala de Tóquio especializada em teatro *noh*. O *Rio Sumida*, de Juro Motomasa, é a mesma peça que, em 1964, inspirou *The Curlew River*, de Benjamin Britten.

Em seguida, novamente em companhia de Colin Graham, Miki envolveu-se em seu projeto mais ambicioso até esta data: a adaptação da primeira parte – os três primeiros volumes – do *Genji Monogatari*, o torrencial romance em seis volumes escrito, por volta do ano mil, pela aristocrata senhora Murasaki Shibiku. Ela conta as intrigas cortesãs do período Heian, vistas pelos olhos de Genji, filho de Aoi, a concubina favorita do imperador. Foi enorme o sucesso da estréia em 15 de junho de 2000, no Loretto-Hilton Center de St. Louis. No ano seguinte, Miki estreou em Tóquio uma versão revista e abreviada da ópera.

Genji se envolve ao mesmo tempo com Fujitsobo, a atual esposa favorita de seu pai, pela qual negligenciou Aoi; e com a jovem Murasaki (na ópera, ambas são interpretadas pela mesma cantora, para mostrar que são os pólos opostos da figura feminina pela qual

Genji se sente atraído). Rokujo, uma amante que ele abandonou quando se interessou por essas duas mulheres mais jovens e mais belas, vinga-se dele mandando matar Aoi, sua mãe, a princesa Fujitsobo e a senhorita Murasaki. E Kokiden, a mãe do herdeiro do trono, que teme o afeto do imperador por esse filho bastardo, consegue que ele seja exilado.

A música é de estilo muito sutil, caracterizando as personagens de forma refinada. Além da orquestra ocidental enriquecida com os costumeiros instrumentos japoneses, há no palco, em determinados momentos mais solenes, um conjunto de *gagaku*, a orquestra que toca a música tradicionalmente executada na corte japonesa.

Susa

A versatilidade de Conrad Susa, nascido em Springdale, na Pennsylvania, em 1935, o fez, desde muito jovem, estudar piano, órgão, flauta, oboé, clarinete e trompa. Uma bolsa da Universidade Carnegie-Mellon, de Pittbursgh, lhe permitiu fazer, com Nikolái Lopátnikov, estudos de composição que ele completou, na Juilliard School, com William Bergsma e Vincent Persichetti. Especialmente interessado na escrita vocal, Susa é o autor de cinco serenatas para diversas combinações de vozes e instrumentos, e de uma *Pastoral* para cordas com a intervenção de coro, com várias formações vocais diferentes.

A experiência de trabalhar como diretor artístico do Stratford Shakespeare Festival, na província canadense do Ontário, e de ter escrito trilhas para filmes e programas de televisão, deu a Conrad Susa muita desenvoltura para tratar as formas dramáticas. Além disso, ele tem o hábito de escrever suas obras teatrais em estreita colaboração com o diretor teatral e os cantores que vão criar a partitura, o que o faz beneficiar-se da prática acumulada por esses profissionais ao longo de suas carreiras. A música de Susa possui um estilo tonal eclético que não recusa qualquer tipo de recurso vanguardista, apela freqüentemente para a citação de autores conhecidos, e faz referência a idiomas populares toda vez que isso é apropriado. Principalmente, o desejo de Susa de tornar-se acessível ao público mais amplo faz com que escreva música de expressão muito clara, da qual, porém, não está ausente um grau considerável de sutileza.

O próprio Susa escreveu o libreto de *Transformations*, sua primeira ópera, baseando-se no livro de poemas, publicados em 1971, em que Anne Sexton fala das implicações sombrias que há por trás de conhecidas histórias de fadas: *Joãozinho e Maria, Branca de Neve, A Bela Adormecida* e outros. O público presente ao Cedar Village Theater de Minneapolis, em 5 de maio de 1973, aplaudiu calorosamente os dez episódios que integram essa ópera em dois atos, cantados por oito cantores que se revezam para fazer os diversos papéis, e oito instrumentistas – clarineta, trompote, trombone, viola, dois teclados e dois percussionistas – que fornecem um acompanhamento extremamente elaborado. Para cada um desses episódios, Susa escolhe como referência um estilo recente de música americana – Bing Crosby, Cole Porter, Ethel Smith, as Andrew Sisters –, incorporando-os à sua própria linguagem com muita elegância. A partitura incorpora citações de música do passado, em especial do último movimento da *Sinfonia n. 4* de Mahler, "A Felicidade no Céu". A ópera adapta dez dos dezesseis poemas de Sexton: *A Chave Dourada, Branca de Neve e os Sete Anões, A Serpente Branca, Hans de Ferro, Rumpelstiltskin, Rapunzel, Compadre Morte, O Músico Maravilhoso, Hansel e Gretel* e *A Bela Adormecida*. O próprio Susa escreve, a respeito de *Transformations*:

> Os poemas foram adaptados, com a autorização da autora, para enfatizar uma linha de intriga subjacente a todas as histórias, relacionada com uma feiticeira de meia-idade, que sai gradualmente de um pesadelo para transformar-se numa mulher jovem e bela.

Há dois vídeos de *Transformações*, ambos da Ópera de Minnesota: a de 1972, e a de 1978, transmitida pela PBS, em 14 de agosto desse ano. A ópera – que não visa o público infantil, devido à forma crítica, e freqüentemente cruel, como retrabalha os mitos constantes das historinhas da Carochinha – foi bem recebida em Kansas City (1974), na Eastman School of Music, Hidden Valley e Saint Louis (1977), nos festivais de Spoleto (1980) e Aspen

(1983), em Wolf Trap (1985), na Hartt School of Music (1988), na Flórida (1989) e no Center for Contemporary Opera de New York, em junho de 1996.

Também para a Minnesota Opera Co., que lhe tinha encomendado *Transformações*, Susa escreveu *Black River*, estreada em 1º de novembro de 1975, com Janis Hardy, Barbara Brandt, Margaret Smith, Michael Riley, John Brandstetter, Phil Jorgenson, Vern Sutton, e outros. Em 21 de fevereiro de 1981, o mesmo teatro encenou uma versão revista, expandida para incluir trechos de uma opereta composta por uma das personagens. Houve ainda uma remontagem em Saint Louis, em junho de 1994. O libreto dessa ópera de estilo eclético, com inúmeras referências a estilos populares de canção, é do próprio Susa e de Richard Street, a partir do romance *Wisconsin Death Trip*, de Michael Lesy.

A ação centra-se na vida e nas perdas de três mulheres de Black River Falls, no Wisconsin. Doze anos antes, o filho pequeno de Clara se afogou no Rio Negro. Naquela época, em memória dele, Clara começou a tecer uma grande colcha, que nunca termina, pois é perseguida pelas lembranças do filho, e tem de se anestesiar tomando um medicamento à base de cocaína. Sua enteada, Lucy, é infeliz porque está noiva de Ben, a quem não ama. Internada em um hospital estadual para doentes mentais, Pauline relembra com amargura os tempos em que era uma bem-sucedida cantora de ópera, e lamenta as circunstâncias que a fizeram afastar-se de seu único filho. Ben morre pouco depois do casamento e Lucy, que tinha começado a se apaixonar por ele, fica sozinha e grávida. Pauline reconcilia-se com o filho e este a leva embora de Black River Falls. Lucy também parte, na esperança de encontrar, em outro lugar, uma vida melhor. Clara termina a colcha, leva-a à beira do rio, onde o filho morreu, embebe-a em querosene, embrulha-se nela, e ateia-lhe fogo.

A música de *Rio Negro*, em que o elemento regionalista desenvolve papel muito importante, tem as linhas fortes e bem definidas condizentes a um drama verista sem muitas meias-tintas. A linha vocal consiste de um recitativo melódico acompanhando o ritmo da fala, com alguns eventuais cantabiles um pouco mais trabalhados.

O festival de verão patrocinado pela Pepsi Co., em colaboração com a Ópera de San Francisco, encomendou a Susa *The Love of Don Perlimplin*, que Richard Street e ele adaptaram da tragédia em versos de García Lorca. A estréia, em 2 de agosto de 1984, foi cantada por David Malis (Perlimplin), Ruth Ann Swenson (Belinda), Nancy Gustafson (a mãe) e Dolora Zajic (Marcolfa). De estilo acessivelmente tonal, melodias bem líricas e orquestração extremamente colorida, explorando os recursos de uma orquestra de proporções clássicas, e recorrendo a alguns elementos de criação da cor local hispânica, a ópera conta a história de Perlimplin, solteirão muito rico, persuadido por Marcolfa, sua governanta, a casar-se com Belinda, muito mais jovem do que ele.

Mas ela é bonita, sensual, e Perlimplin percebe que ela não vai demorar a arranjar um amante. Mas, agora, ele experimentou o amor e não suporta a idéia de que possa perdê-la. Disfarça-se como um jovem, envolto numa flamejante capa vermelha, aproxima-se dela e a seduz. Mas a lógica do *honor español* exige que ele mate o amante de sua mulher – que é ele mesmo. Perlimplin se mata, e Belisa, percebendo finalmente a profundidade do amor que o marido sentia por ela, transforma-se, de jovem leviana e sensual, em uma mulher amadurecida.

Essa ópera, cujo texto, de elevada qualidade poética, permite ao compositor números operísticos de alta temperatura lírica, foi reencenada com sucesso, em San Francisco, em março de 1985, e montadas pelos estudantes de canto das universidades da Flórida (março de 1985) e de Maryland (novembro de 1989).

Após *The Wise Women*, de 1993, Conrad Susa escreveu sua ópera mais conhecida. Philip Littel é o autor do libreto de *The Dangerous Liaisons*, baseado no famoso romance epistolar de Pierre Choderlos de Laclos (1782), filmado por cineastas como Roger Vadim, Stephen Frears e Miloš Forman. Adapta-se naturalmente à expressão operística a história da cruel aposta entre o visconde de Valmont e Madame de Merteuil, criados brilhantemente por Tho-

mas Hampson e Frederica von Stade, no espetáculo dirigido por Colin Graham no War Memorial Opera House, de San Francisco, em 10
de setembro de 1994. Havia, ao lado deles, um
elenco excelente: Renée Fleming (Madame de
Tourvel) Judithe Forst (Madame de Volanges),
Johanna Meier (Madame de Rosemonde), Mary Mills (Cécile de Volanges), David Hobson
(Chevalier de Danceny) e outros. Foi Graham
também o diretor da versão filmada que a PBS
exibiu, na série *Great Performances*, em 17 de
outubro de 1994, exemplo marcante do papel
que a televisão pode desempenhar como instrumento de difusão da ópera. Esse filme foi
exibido, em 1999, na TV a cabo brasileira, pelo
canal Multishow.

Irritada porque Gercourt, seu ex-amante,
ficou noivo de Cécile de Volanges – que está
secretamente apaixonada pelo Chevalier de
Danceny –, Madame de Merteuil decide vingar-se deles. Convence o libertino Valmont a
seduzir Cécile, arruinando assim a sua reputação e impedindo o casamento. A princípio
Valmont hesita, pois está envolvido com Madame de Tourvel, a quem tenta conquistar. Mas
aceita, no momento em que Merteuil lhe promete favores sexuais, se ele for bem-sucedido. Para começar, Merteuil manda chamar
Madame de Volanges, e lhe conta que sua filha andou trocando cartas de amor com Danceny; a mãe, indignada, pede ao jovem que se
afaste de Cécile. Em seguida, Merteuil, sabendo que Valmont a deseja, escreve-lhe uma carta contando, em detalhes, seus envolvimentos
físicos com vários homens – embora não men-
cione que um deles foi Danceny.

Valmont seduz Cécile; mas percebe que
está se apaixonando de verdade por Madame
de Tourvel que, finalmente, enamorada também, entrega-se a ele. Ao saber disso, Merteuil
exige de Valmont que rompa o relacionamento com ela. Valmont o faz de maneira tão cruel
que Tourvel fica emocionalmente devastada, e
decide refugiar-se em um convento. Ao vir
cobrar a promessa de Merteuil, Valmont a
encontra na cama com Danceny, e se dá conta
de que ela nunca teve a intenção de cumprir
sua parte no trato. Os antigos aliados declaram-se guerra mortal. Merteuil revela a Danceny que Cécile perdeu o filho que ia ter de
Valmont. O rapaz, alucinado de ciúme, desa-

fia o libertino para um duelo, e o fere mortalmente. Enquanto isso, no convento, Madame
de Tourvel cai seriamente doente, devido à depressão profunda em que o abandono de Valmont a fez cair.

Agonizando, Valmont pede a Danceny que
divulgue as cartas que ele trocou com Merteuil,
na qual todos os seus crimes são revelados.
Morre proclamando o seu amor por Tourvel
que, no convento, também sucumbe à doença,
não sem antes entregar a Madame de Volanges
uma caixa também contendo cartas que incri-
minam Merteuil – o que a faz cair em desgraça aos olhos da hipócrita sociedade setecentista
(no romance de Laclos, sua enorme beleza é
desfigurada numa epidemia de varíola, símbolo material, estampado em seu rosto, de seus
vícios e podridão moral).

Dangerous Liaisons fez, na estréia, enorme sucesso, recebendo elogiosas apreciações
de Leighton Kerner (*Village Voice*, 27.9.1994),
David Littlejohn (*The Wall Street Journal*,
15.9.1994) e principalmente James Oestreich
(*The New York Times*, 13.9.1994). Esses críticos foram unânimes em apontar, como também o faz Elise Kirk em *American Opera*, a
desesperada solidão em que se encontram os
participantes desse "elegante jogo de xadrez
sexual", e a impotência em assumir suas próprias emoções – Valmont e Mme de Merteuil
nunca conseguem reconhecer que, na realidade, estão apaixonados um pelo outro. *As Ligações Perigosa*, de Laclos, é a típica obra de
um representante da chamada fase de "Crise
de la Sensibilité", no final do século XVIII:
no retrato que ele faz da falência moral do mundo aristocrático estão claramente espelhadas
as tensões que, em 1782, já faziam sentir no ar
o grande terremoto que, dez anos depois, po-
ria fim a *l'ancien régime*.

Como é comum na ópera contemporânea,
Dangerous Liaisons tem uma escrita orquestral contínua, na qual vão sendo costurados
números de caráter muito variado, desde árias
para as personagens principais – as destinadas
a von Stade e Hampson, em particular, são
muito bem escritas – até cenas de conjunto de
textura refinada. Uma das melhores é o longo
sexteto do ato I, em que Susa, fiel à mais nobre tradição romântica de Donizetti ou Verdi,
consegue unificar de forma harmoniosa seis

linhas diferentes de expressão das emoções. Susa escreve de forma sensível para as vozes. E sua instrumentação, num estilo visivelmente neo-impressionista – como o de Argento em Asperjn Papers –, cria de forma evocativa a atmosfera decadente do *ancien régime* vivendo seus estertores, pois tem toda uma elegância perfumada que condiz com a descrição de um mundo ultra-aristocrático, de aparências antes de mais nada.

Bolcom

Aluno de Milhaud no Mills College de Oakland, e de Leland Smith em Stanford, William Bolcom, nascido em Seattle em 1938, foi aperfeiçoar-se com Olivier Messiaen no Conservatório de Paris e, ali, em 1965, ganhou um segundo prêmio de composição. Bolcom não tem preconceitos e, à escrita tonal, combina elementos de jazz, ingredientes seriais, colagem de citações de seus compositores favoritos e até mesmo elementos microtonais ou de música eletrônica. Frutos muito interessantes dessa técnica de mosaico é o *Concerto para Violino*, criado em Saarbrücken em 1984, ou a *Fantasia Concertante para Viola e Violoncelo*, do ano seguinte. Bolcom é um compositor que tem facilidade para trabalhar com formas grandes: seis sinfonias; o oratório *Songs of Innocence and Experience* (1984), sobre poemas de William Blake; vários ciclos de canções, entre eles *From the Diary of Sally Hemmings*, escrito para Florence Quivar em 2001. O gosto pelas citações se manifesta claramente no terceiro movimento da *Sinfonia n. 5*, de 1990, em que Bolcom combina a Marcha Nupcial do *Lohengrin* com o hino anglicano *Abide with me*, fazendo com eles jogos de contraponto. Essa sinfonia é uma elegia, num tom parecido ao do Berg do *Concerto à Memória de um Anjo*, em lembrança das pessoas do ambiente musical americano que morreram em conseqüência da Aids – e, nesse sentido, tem a mesma fonte de inspiração da *Sinfonia* de John Corigliano.

Em companhia de sua mulher, o meio-soprano Joan Morris, Bolcom tem feito um trabalho sistemático de resgate das formas de música semiclássica americana, que mistura formas pop e eruditas. Em 1974, eles gravaram para o selo Nonesuch o disco *After the Ball: a Treasury of Turn-of-the-Century Popular Songs* e, desde então, fizeram vinte discos em que Bolcom acompanha a mulher ao piano em canções dessa natureza. Além disso, trabalhando com Arnold Weinstein como letrista, Bolcom compôs cerca de cem canções de cabaré que tomam como modelo, de um lado, Kurt Weill e Bertolt Brecht, do outro as canções pós-rock de Jerry Lieber e Mike Stoller, por exemplo.

Para a Orquestra do Metropolitan, Bolcom escreveu, em 2003, o *Concerto Sinfônico* e, para a Filarmônica de Dayton, o poema sinfônico *Flight*, em comemoração ao primeiro vôo dos irmãos Wright. Na mesma época, trabalhava na comédia *Wedding*, baseada no roteiro de *O Casamento*, o filme de Robert Altman. Encomendada pelo Lyric Ópera de Chicago, que a tinha programado para a temporada de 2004, *Wedding* será o sétimo trabalho para o palco desse autor prolífico, que começou a carreira com *Dinamyte Tonite* (1963) e *Greatshot* (1969). Além disso, erm 1979, ele terminou a adaptação moderna da *Ópera do Mendigo*, de John Gay, que Milhaud, seu professor, iniciara em 1937.

A primeira obra importante de Bolcom para o palco é *Casino Paradise*, de 1990, sobre um tema que reaparece sempre em sua obra: a obsessão do homem moderno em ganhar dinheiro. O modelo óbvio é o teatro politizado de Kurt Weill, inclusive com a contaminação das formas líricas tradicionais pelas melodias e ritmos da canção popular. E há sobre Bolcom, nessa fase, a influência evidente do Leonard Bernstein de *Trouble in Tahiti* ou *Candide*.

O primeiro grande sucesso foi *McTeague*, estreada na Lyric Opera de Chicago em 31 de outubro de 1992, com um bom elenco: Ben Heppner (McTeague), Catherine Malfitano (Trina), Timothy Nolen (Marcus Schouler), e ainda Emily Golden, Patrick Denniston, William Walker e outros.

O libreto, de Arnold Weinstein e do cineasta Robert Altman, amigo de longa data do compositor, que dirigiu a montagem, baseia-se no romance naturalista de Frank Norris. O livro, publicado em 1899, transforma em ficção um

Frederica von Stade (a marquesa de Merteuil) e Thomas Hampson (o visconde de Valmont) na montagem de 1994, da Ópera de San Francisco, de *The Dangerous Liaisons*, de Conrad Susa, baseada na novela setecentista de Choderlos de Laclos.

Caterina Malfitano (Trina), Timothy Nolan (Marcus), Wilber Pauley (o agente lotérico) e Ben Heppner (McTeague) na montagem do Lyric Opera de Chicago de *McTeague*, de William Bolcom, baseada no romance naturalista de Frank Norris.

assassinato ocorrido em San Francisco, de que Norris fez a cobertura como jornalista. Em 1924, o romance de Norris foi filmado por Erich von Stroheim: *Greed*, muito valorizado pelas interpretações de Gibson Gowland e ZaSu Pitts, é a grande realização do cineasta alemão em seu período mudo americano. A confluência de uma grande obra literária e de um monumento do cinema americano tinha tudo para influenciar a trinca Bolcom-Weinstein-Altman.

Alternando *flashbacks* e ação no presente, o libreto reconstitui a história de McTeague, dentista prático que vai se instalar em San Francisco, onde fica conhecendo Marcus Schouler. Faz amizade com ele e, a seu pedido, trata Trina Sieppe, sua namorada. Mas quando lhe dá éter para anestesiá-la, fica excitado com sua beleza, beija-a, e a moça entrega-se a ele. McTeague pede-a em casamento e, a princípio, Marcus aceita a união de bom grado. O casal vive folgadamente, porque o consultório tem muitos clientes. Mas Marcus fica furioso ao pensar que era ele quem deveria estar compartilhando os cinco mil dólares ganhos por Trina na loteria.

Para se vingar, Schouler denuncia McTeague pelo exercício da profissão sem diploma. Este é proibido de trabalhar, fica na miséria, abandona a mulher, depois volta pedindo perdão. Mas o prêmio, nesse meio tempo, fez Trina ficar obcecada por dinheiro. Não quer revelar a McTeague por quanto vendeu os equipamentos do consultório e recusa-se a usar suas economias para ajudá-lo. McTeague a assassina e foge para o deserto do Death Valley com todo o seu dinheiro. Marcus o persegue, os dois se engalfinham e, na luta, o revolver dispara e perfura o cantil de Schouler. McTeague mata o ex-amigo; mas este, antes de morrer, consegue algemar-se ao dentista. McTeague fica com o dinheiro mas, incapaz de libertar-se daquele peso morto, vê-se condenado a morrer sob o sol calcinante do Vale da Morte.

É o típico argumento que permite a Bolcom trabalhar com um drama neoverista, no qual pode combinar elementos de diversas procedências. *McTeague* tem uma organização orquestral muito eficiente e uma escrita vocal eclética, que vai do recitativo melódico baseado no ritmo da fala até o cantabile tonal mais organizado, enxertando nos números *blues, rags, cakewalks* e outras formas de canto popular. No comentário orquestral há também formas fixas – a passacalha, por exemplo – como recurso para estruturar uma cena; e nos momentos mais líricos, a linha vocal de Bolcom se enraíza em Mascagni e Puccini. É característica, nesse autor, a mistura de tragédia e ironia. A ópera, iniciada com um saltitante "Golden Tooth Blues", que parece um número de opereta, se encerra com um número em forma de *blues* que frisa a total banalidade dessas personagens e de seus destinos.

Altman dirigiu a versão filmada, para a televisão, que encontra-se disponível em vídeo. Usando um narrador para ler trechos do livro de Norris, fazendo a ligação entre as cenas, Altman intercalou tomadas do filme de von Stroheim às cenas da ópera no palco. Mostrou particularmente como, nos detalhes de gesto e expressão facial, havia paralelos entre a direção que fizera no Lyric Opera e a concepção do grande cineasta do passado. Deu muita importância ao tema – de tons wagnerianos – do ouro como símbolo da ambição e da destruição do indivíduo; e isso desde a abertura da ópera, com a imagem do dente de ouro pendurado sobre a porta do gabinete dentário de McTeague. Dentro de cenários sépia, cor escolhida para sugerir o colorido de velhos filmes mudos, destacam-se alguns elementos intensamente dourados: a gaiola do canário de McTeague, o brilho das moedas que atiçam toda a avareza de Trina, os raios impiedosos do sol no deserto. A filmagem de *McTeague* por Robert Altman constitui um marco na história da transposição do drama lírico para a televisão.

A View from the Bridge também foi uma encomenda do Lyric Ópera de Chicago, e ali estreou em 9 de outubro de 1999. Não se trata da primeira adaptação operística da peça de Arthur Miller (no Brasil chamada de *Panorama Visto da Ponte*). Em 1961, Renzo Rosselini, o irmão do cineasta, tinha estreado em Roma a sua ópera *Uno Sguardo dal Ponte*, de que existe a gravação com Clara Petrella, Nicola Rossi-Lemeni, Giuseppe Valdengo, Oliviero de Fabritiis[14]. O próprio Miller dizia,

14. Ver *A Ópera Italiana Após 1870*, desta coleção.

em entrevista de 5 de agosto de 1999 ao *New York Times*:

> *A View from the Bridge*, com seu retrato muito pormenorizado da dissolução psicológica de um homem, sempre foi uma peça muito operística. A ópera precisa de paixões diretas e fundamentais, e minha peça, concebida como uma réplica moderna da tragédia grega, sempre teve esse objetivo.

Essa entrevista faz parte da série de oito matérias que, um mês antes da estréia, Bruce Weber, do *New York Times*, dedicou à produção do espetáculo. Além de falar com Miller, Weber visitou o estúdio do compositor – "Eu me senti como se ele tivesse me pegado de cuecas", disse Bolcom –, e acompanhou o processo de realização do espetáculo. "Ópera tem de ter sangue, tripas, carne viva", afirmou Bolcom, confirmando a sua veia verista. "Se isso não existe no libreto, não vale a pena compor música para ele". E descreveu o caminho para capturar musicalmente as personagens: "Você tem de imaginar a voz de cada uma delas, como se movimenta quando elas falam. Há uma linha musical específica que emana de cada frase." (4 de agosto de 1999). E Weinstein, no mesmo dia, descreveu o processo de adaptação da peça:

> Gosto de pensar que o libreto é uma forma de encontrar [na obra que o inspirou] aquilo que tem de ser assinalado, acentuado, expandido ou escondido. Você não [a] está apenas transcrevendo. Se fizer isso, o dramaturgo sai perdendo. Perde as suas nuances de linguagem, perde o prazer de descobrir o que se pode dizer de novo a respeito de sua peça. Foi esse o grande prazer de trabalhar com Miller. Ele não via sentido em simplesmente musicar a peça, como se fosse um ciclo de canções. Eu disse a ele: "Sua peça é forte o bastante para levar uma chacoalhada, e acho que ela precisa desse exercício." Corri em volta da coisa feito um cachorro, mordendo-a e arrancando dela, às bocadas, pedaços com os quais pudesse construir uma ária.

William Mason, diretor geral da Lyric Opera, descreveu os detalhes de arrecadação de fundos para o espetáculo. Weber entrevistou o principal patrocinador, Sidney L. Port, que explicou, em 11 de agosto, por que doara US$ 125 mil para a produção:

> Pulei no barco de *View from the Bridge* desde o início, sem nada saber sobre ela, porque Cathy [o soprano Catherine Malfitano] é minha cantora favorita, e porque Arthur Miller estava na jogada. Acredito nas pessoas. Acredito nos nomes. Para te dizer a verdade, foi só na noite passada que tive tempo de ler a peça.

A série de artigos, muito importante do ponto de vista da documentação do *making of* de um espetáculo de ópera no século XX, fala também com os cantores, o diretor, Frank Galati, o regente, Dennis Russell Davies, e descreve os ensaios técnicos e o ensaio geral, incluindo as modificações de última hora na partitura, e os ajustes cenográficos. No dia 8, véspera da estréia, houve um simpósio aberto ao público, em que os principais envolvidos – Bolcom, Weinstein, Miller, Mason, Davies e Galati – responderam às perguntas do público. Caterina Malfitano (Beatrice), Kim Josephson (Eddie), Gregory Turay (Rodolfo), Juliana Rambaldi (Catherine), Mark McCrory (Marco), Timothy Nolen (Alfieri) participaram, no dia seguinte, da criação de *A View from the Bridge*, assim comentada, no *New York Times* de 11 de outubro de 1999, por Anthony Tommasini:

> Miller diz que a peça está cheia de "grandes emoções em bloco". A complexidade das personagens nunca chega a ser totalmente explicada, e é por isso que alguns críticos consideram a peça uma obra envolvente, mas menor. Mas é exatamente essa falta de especificidade que tornou a peça adaptável ao tratamento operístico, pois a música pode preencher as lacunas entre esses grandes blocos de emoções. Miller encorajou seus colaboradores a cortar ou modificar suas frases, e a mudar o formato das cenas, sempre que isso fosse necessário para fazer da peça uma ópera.
>
> Mas óperas são lembradas – ou não – pela sua música. Bolcom disse que seu objetivo, nesta partitura, foi o de criar *grand opéra Brooklynized*, e isso ele consegue. Embora haja passagens atonais desenraizadas e sonoridades orquestrais em camadas densas que lembram Messiaen, a linguagem musical é essencialmente tonal e a escrita melódica, a despeito de todos aquele zig-zag de intervalos, é essencialmente lírica, como convém a uma obra contemporânea que evoca a sensibilidade de personagens de origem italiana.
>
> [...] A característica mais pronunciada da partitura é a sua ousada mistura de estilos. A tendência de Bolcom a incorporar as formas vernáculas da canção e da dança americanas às suas obras concertantes e às suas óperas sempre dividiu os críticos. Alguns acham esse procedimento vibrante e autêntico. Outros acham que é autoindulgente e superficial. Em *A View from the Bridge*, os estilos musicais que colidem são de espectro menos amplo do que em *McTeague*, e são harmonizados de modo mais sutil. [...] A música mais envolvente é a que surge quando a orquestra oferece um subtexto febril, ansioso, ao diálogo cantado entre as personagens.

Dito isso, do ponto de vista tanto dramático quanto musical, Bolcom parece demasiado fixado no objetivo de criar a grande ópera Brooklynizada. Freqüentemente, [A View from the Bridge] soa como "verismo italiano Bolcomizado". Há árias melífluas para o Rodolfo e a Catherine apaixonados, bem como uma espécie de apaixonado monólogo tipo Mamma Lucia para Beatrice. O momento mais abertamente verdiano é o monólogo do baixo, cantado por Marco. O coro dos vizinhos também poderia ter sido usado de forma mais penetrante. Há momentos em que os membros do coro ficam alinhados ao fundo e, em tom sinistro, entoam frases do tipo: "Eddie never knew he had a destiny", depois vão embora. Não poderia ser mais melodramático... Mas esses reparos, criticando a ópera pelo que ela não é, são menos importantes do que reconhecer a obra séria, habilidosa e freqüentemente cativante que ela consegue ser.

A ação se passa entre imigrantes italianos, na década de 1950, e é contada por Alfieri, advogado de porta de cadeia. Marco e Rodolfo, dois imigrantes ilegais, chegam ao Brooklyn e são alojados em casa de uma prima de Marco, Beatrice, casada com o estivador Eddie Carbone. O casal não tem filhos, mas adotou Catherine, filha da irmã de Beatrice, que está agora com 17 anos. Rodolfo começa a fazer a corte à garota e Eddie, que tem enorme atração sexual por ela, fica furioso. Alegando que Rodolfo é um sedutor barato e não a levará a sério, tenta impedir o namoro. Depois de uma noite de bebedeira, Eddie denuncia às autoridades a situação irregular dos dois imigrantes[15]; por isso, coloca-se numa situação de pária dentro da comunidade italiana, e é rejeitado pela própria família. Marco, que precisava trabalhar para mandar dinheiro à mulher e os dois filhos, deixados na Itália, vem lhe pedir satisfações. Os dois brigam e Eddie é esfaqueado.

O libretista Arnold Weinstein trabalhou não sobre o texto definitivo da peça, o de 1957, mais longo e elaborado, e sim sobre a versão original, de 1955, em um ato. Por ser mais concisa, ela se prestava melhor ao trabalho de compressão dramática que o libretista sempre tem de fazer. Assim como em *McTeague*, esta é uma ópera muito marcada pela tendência neo-realista, como não deixou de observar Anthony Tommasini; até mesmo por causa das linhas italianadas de cantabile que se insinuam

15. A sua atitude – denúncia movida por ciúme e desejo de vingança – é a mesma de Schouler em *McTeague*.

de vez em quando nas frases ásperas e dissonantes, e estão diretamente relacionadas à origem mediterrânea das personagens. O exemplo mais interessante é, no meio do ato I, a ária em que Rodolpho celebra a beleza de Nova York:

> I love the beauty of the view at home,
> the palazzos of Palermo, the cathedral dome.
> I've seen pictures of Milano and of Rome,
> but they don't compare to the New York lights.

(Gosto da beleza das paisagens lá em casa, os casarões de Palermo, a cúpula da catedral. Vi fotos de Milão e de Roma, mas nada se compara às luzes de Nova York.)

A canção, de melodia muito doce, e terminada com um longo pianíssimo, fala do prazer em comer as sardinhas sicilianas e laranjas bem maduras, em contemplar a beleza das fontes italianas ou o pico dos vulcões. Mas conclui que nada se compara ao brilho de Nova York, "a shiny dream from afar", que ele sempre teve e, agora, tornou-se realidade. Tommasini escreveu, no *New York Times*:

A canção oferece à platéia uma melodia tão cativante que ela poderia se transformar numa pop standard. Quando foi a última vez que uma ópera americana produziu uma melodia assim? Em *Porgy and Bess*?

O próprio Bolcom admite:

Ao escrever essa ária, fui muito influenciado por Harry Warren, autor de musicais famosos da Broadway, como *42nd Street*. Warren era de origem italiana – seu verdadeiro nome era Salvatore Guaragna – e, em algumas de suas canções mais conhecidas, como *I Only Have Eyes for You*, é visível o sabor de cançoneta napolitana. Por isso, "New York Lights" – ao contrário de uma canção como *New York State of Mind*, de Billy Joel, ou *New York, New York*, de John Kander e Fred Ebb – não nos dá o ponto de vista ufanista do americano celebrando a beleza de sua própria terra. É a típica música em que se expressa a sensibilidade do estrangeiro, de um siciliano que fala de Nova York como a cidade com a qual sempre sonhou e na qual, agora, está morando.

Durante a ópera, Rodolfo canta também *Paper Doll*, um sucesso dos Mills Brothers, de 1943. Ele o faz num estilo semi-operístico, que corresponde à forma como a personagem deve ter ouvido essa canção americana cantada, na Itália, quando era menino. Do jeito como é interpretada na ópera, *Paper Doll* parece estar sendo feita pelo típico tenor de churrascaria. A mesma canção é tocada de novo, no início do ato II, como uma espécie de rock instrumental muito áspero. Bolcom, ao piano na fita preparada para ser ouvida durante o espetáculo, diz ter reunido um grupo de músicos de Chicago para "criar o tipo de som rude dos conjuntos desconhecidos que, na década de 1950, faziam uma imitação barata dos grandes grupos dos anos 1930-1940, papagaiando o seu jeito de tocar."

A doçura melódica de páginas como "New York Lights" ou "Paper Doll" contrasta com a aspereza do diálogo que as cerca. Em alguns momentos, Bolcom usa um *parlato* visando a reprodução da dicção rude dos moradores de um bairro de imigrantes como Red Hook. Em outros, o estilo de belcanto se impõe naturalmente. O papel do coro é fundamental numa ópera que, como diz o próprio Arthur Miller, tem empostação de tragédia grega. Não apenas testemunha e faz comentários à ação. O coro representa também a pressão cada vez maior da comunidade imigrada sobre Eddie; a interferência dos vizinhos na vida das personagens. "Todo mundo sente, o tempo todo, o coro respirando em sua nuca", diz o compositor.

Retomando a praxe que era usual no melodrama italiano do século XIX, Bolcom escreveu cada personagem em função da tessitura específica dos cantores de que dispunha. As linhas melódicas italianadas que escreve para eles são envoltas em um comentário orquestral densamente cromático, com harmonias que dão à música textura contemporânea: ritmos de jazz, sons que evocam a música urbana nova-iorquina. Diz Tommasini:

> É como se os sons de Manhattan impregnassem Red Hook. Você ouve ecos da Broadway, uma cena de conjunto que lembra um *barbershop quartet*, tangos insinuantes e três versões da canção popular *Paper Doll*.

A View from the Bridge foi a 32ª ópera americana a ser encenada no Metropolitan. O envio do *Grande Gatsby*, de John Harbison, para o Lyric Opera de Chicago, em 2001, permitiu o intercâmbio e, em 5 de dezembro de 2002, parte do elenco da criação – Kim Josephson, Catherine Malfitano e Gregory Turay – apresentou-se no palco nova-iorquino, sob a regência de Davies, ao lado de Isabel Bayrakdarian (Catherine), Richard Bernstein (Marco) e John Del Carlo (Alfieri). Em 23 de dezembro de 2003, o *New York Times* publicou a resenha de Peter G. Davis:

> A possibilidade de repensar, revisar e remanejar uma ópera nova, para uma segunda apresentação num teatro de primeira linha, acontece com muito poucos compositores, hoje em dia. Por isso, William Bolcom pode considerar-se um homem de sorte. [...] *A View from the Bridge* estreou em Chicago, três anos atrás, com grandes fanfarras e crítica de um modo geral favorável; mas, em vez de ser engavetada e esquecida – esse é o destino da maioria das óperas novas, até mesmo as bem recebidas – a obra acaba de ser reprisada pelo Metropolitan Opera. A encenação do Met, dirigida por Frank Galati, com cenários de Santo Loquasto, é a mesma de Chicago, e o elenco sofreu poucas modificações. Mas Bolcom e seu libretista, Arnold Weinstein, aproveitaram da oportunidade para fazer, na ópera, alterações suficientes para justificar o que, agora, o compositor está chamando de "a versão de Nova York".
>
> Já havia muito o que admirar na primeira edição. A peça tinha sido habilmente adaptada para reter a estrutura densa do drama, e Bolcom a tinha dotado de uma partitura saborosa e teatralmente eficiente, num idioma eclético e acessível que sublinha a ação de modo eficiente, sem colocar-se no seu caminho. O que senti, tanto em Chicago quanto em Nova York, foi a falta de música que individualizasse as personagens, fosse além da superfície e cantasse com eloquência – algo deve estar errado com uma ópera cuja melodia mais memorável é uma canção popular tomada de empréstimo ("Paper Moon"), escrita em 1915. De uma forma que é daninha para a sua ópera, Bolcom nunca realmente encara de frente o problema de como retratar um herói tão desarticulado e inconsciente quanto Eddie Carbone, o trabalhador das docas do Brooklyn cuja atração fatal pela própria sobrinha acaba provocando a sua própria morte. Na ópera, é graças à interpretação esforçada de Kim Josephson que Eddie existe como uma figura com presença dramática forte; mas ele não tem uma definição musical que prenda a atenção.

Bolcom aparentemente reconheceu isso, e rearranjou, de certa forma, o papel de Eddie; mas, seja lá qual for o remanejamento que tenha feito, não parece ter acrescentado muitos detalhes, perspectiva ou visão nova a essa figura atormentada. A sua esposa, Bea, agora tem mais o que cantar, adições benvindas que preenchem a lacuna do dilema da mulher que se vê apanhada no meio de um conflito – emoções complexas a que Catherine Malfitano reage como se as captasse no ar. O fato de que a Marco (Richard Bernstein) e Rodolfo (Gregory Turay), os irmãos imigrantes que se tornam os instrumentos da morte de Eddie, caiba música mais interessante do que ao próprio Eddie, apenas desequilibra mais o centro de gravidade da ópera. Quanto à sobrinha, Catherine (Isabel Bayrakdarian), ela permanece como a típica *ingénue* de ópera, atraente mas convencional. Talvez o traço mais original da partitura, a demonstração clara de como a ópera pode acrescentar uma dimensão nova a um drama falado, é a multidão de vizinhos que comenta a ação, liderada pelo advogado Alfieri (John Del Carlo), um recurso que enfatiza o parentesco da peça com a tragédia grega. No conjunto, *A View from the Bridge* me dá a impressão de ser um honroso malogro.

Para a reapresentação no Metropolitan, em 2003, Bolcom escreveu duas árias novas: o monólogo em que Eddie tenta explicar a Alfieri por que Rodolfo não serve para Catherine; e "When am I gonna be a wife again?", em que Beatrice se lamenta da indiferença do marido em relação a ela. O autor explicou:

> Essas situações já estavam na peça. Elas ampliam e esclarecem dimensões que já estavam na matriz psicológica das personagens. Não criam coisas novas, apenas aprofundam o que já existia.

A estréia de *A View from the Bridge* foi gravada pelo selo Albany Records. Em 28 de dezembro de 2002, o maestro Walter Lourenção me convidou para comentar, nos estúdios da Rádio Cultura de São Paulo, a transmissão ao vivo da apresentação no Metropolitan. Existem, certamente, registros privados desse espetáculo circulando no Brasil.

Bolcom publicou, em 1973, em colaboração com Robert Kimbass, *Reminiscing with Sissle and Blake*, livro fundamental sobre a contribuição dos músicos negros Noble Sissle e Eubie Blake para a comédia musical americana. E editou, em 1984, os ensaios do compositor George Rochberg, *The Aesthetics of Survival: a Composer's View of the 20th Century*. Rochberg, responsável pela transferência, para o domínio da música, da técnica do "objet trouvé" comum nas artes plásticas – o procedimento que consiste em inserir na composição fragmentos de obras de outros compositores, das mais diferentes épocas – é um artista que influenciou muito Bolcom e seu gosto pela colagem.

Em 9 de março de 2003, sob a regência de Russell Davies, Bolcom estreou *Medusa*,

em um ato, encomendada pelo Carnegie Hall e a Orquestra de Câmara de Stuttgart. Escrito para Catherine Malfitano, esse monodrama, com libreto de Arnold Weinstein, captura os aspectos trágicos e aterrorizantes da lenda da Medusa, com uma atmosfera sinistra de pesadelo. O foco psicológico intenso permite ao compositor escrever uma partitura viva e colorida, que parece um cruzamento da *Tosca* com o *Erwartung* de Schönberg. A escrita vocal exige da cantora extrema flexibilidade, pois passa constantemente do recitativo melódico para o *Sprechstimme*, da frase falada para o canto operístico padrão. O acompanhamento, feito apenas pelas cordas, passa em revista todas as técnicas, tradicionais e contemporâneas, de composição para esses instrumentos.

Em 26 de junho de 2003, durante o Festival de Verão de Cincinnati, foi apresentado um programa triplo em que *Medusa* era precedida por *La Voix Humaine*, de Poulenc, e *Os Sete Pecados Capitais*, de Kurt Weill, as três interpretadas por Malfitano. A encenação foi de Nicholas Muni, diretor do festival, e a coreografia, de Lucinda Childs. Na revista *Opera Now* (nov.-dez. 2003), Charles Parsons fez a resenha entusiástica desse espetáculo.

Mollicone

Aluno de Gunther Schüller, Henry Mollicone – nascido em Providence, Rhode Island, em 1946 – é o autor de uma ópera de idioma tipicamente americano, capaz de extrair efeitos líricos de textura muito elaborada das forças reduzidas para as quais é composta: três cantores, flauta, violoncelo e piano. *The Face on the Barroom Floor* foi concebida de forma assim ultra-camerística para poder ser apresentada na Teller House, um bar famoso de Central City, a capital do Colorado. A ópera foi encomendada em 1978, pelos donos do bar, amigos de Mollicone, para comemorar o centenário de inauguração da casa. O libreto, do próprio compositor, explora o fato de que, no assoalho da Teller House, no centro da sala, há um rosto de mulher pintado.

Em *O Rosto no Assoalho do Bar*, um jovem casal, Isabelle e Larry, pergunta ao barman, Tom, o motivo para aquela decoração.

Tom começa a lhes contar a história de Madeline que, em 1878, na época da corrida do ouro, apaixonou-se pelo garçom do estabelecimento – que acabara de abrir suas portas – e, numa discussão com o marido enciumado, acabou sendo acidentalmente baleada. As personagens do presente representam as personagens do passado, estabelece-se entre elas um triângulo amoroso semelhante e, no final, num rompante de cólera, Larry puxa o revólver e atira em Isabelle. Ela cai morta sobre o retrato da mulher no chão.

Concentradamente verista, com uma atmosfera que lembra a de *Blue Monday*, a óperazinha em um ato de George Gershwin, *The Face* ganhou muito, atmosfericamente, por ter sido encenada exatamente no local em que a ação se passa. Desde 1978, *The Face* é encenada todos os anos na Teller House, na noite do aniversário do bar. Mas, por suas proporções reduzidas, presta-se muito bem às possibilidades dos grupos amadores e, por isso, foi apresentada em vários pontos dos Estados Unidos. Foi levada também, em 1983, no Festival de Edimburgo. O selo Composers Recordings tem o registro da montagem de 1980.

Nas décadas de 1980-1990, Mollicone produziu outras óperas em um ato: *The Starbird*; *The Mask of Evil*; *Hotel Eden*. A mais interessante delas é *Emperor Norton*, com libreto de John S. Bowman, sobre a figura real de Joshua Norton, o indivíduo que, no final do século XIX, tendo ficado insano porque o capitão Macondry, pai de Julie, sua namorada, opôs-se ao casamento dos dois, auto-proclamou-se imperador dos Estados Unidos. *Imperador Norton* foi ouvida pela primeira vez na Brown Bag Oper de San Francisco, em 14 de maio de 1981, com Evelyn de la Rosa, William Pell, Leslie Richards, e Thomas Woodman no papel-título. Escrita para trio de piano, violino e violoncelo, é a típica partitura neo-romântica na linha pós-straussiana.

Diana e Michael chegam ao teatro para participar da audição que escolherá os atores para uma peça sobre o Imperador Norton, e encontram-se com Marla, a autora – espantada que já estejam fazendo audições para a escolha do elenco, pois a peça ainda nem está terminada. Decide, porém, discutir com esses dois jovens algumas das passagens mais difíceis de seu texto. A peça se inicia com a morte do Imperador Norton numa rua de San Francisco. Um homem, vestido como um soberano do século XIX, sai dos bastidores, protestando que a cena não corresponde à realidade. Remonta-a tal como imagina que deva ser, usando Marla para fazer o papel de uma anciã que coloca uma aliança de noivado na mão do Norton agonizante. A autora se irrita com esse intruso que lhe impõe o conceito que tem de Norton.

A cena seguinte é a do encontro de Norton com Lola Montez, que faz a sua Dança da Aranha, enquanto Norton duela em defesa da sua honra. O intruso volta, dizendo uma vez mais que a cena é inexata. Convence Marla a deixá-lo encenar do jeito que gostaria, e converte a cena em um casamento, numa igreja, com Marla fazendo o papel da noiva. Diana e Michael se dão conta de que ele conhece muita coisa a respeito da vida do Imperador Norton, e lhe pedem que revele o seu segredo.

O intruso situa a cena final no cais de San Francisco. Ele próprio é Joshua Norton, Michael faz o papel do capitão Macondry, e Marla é a sua filha, Julie Macondry. Norton e Julie vêm anunciar ao capitão que estão investindo no mercado do arroz e pretendem se casar. Macondry se opõe a que eles entrem numa área financeira que é monopólio seu, e recusa a autorização para que eles se casem. Durante essa cena, Diana, Michael e Marla compreendem as razões que levaram Joshua Norton à insanidade, e por que ele criou um reino de fantasia dentro do qual escapou da miséria de seu dia-a-dia. Totalmente fascinada com a figura de Joshua, Marla pede-lhe que faça uma vez mais a cena do cais. Agora, ela aparece como a sua Imperatriz, integrada ao reino de fantasia, espiritualidade, arte e amor em que ele se refugiou.

Depois da estréia na Brown Bag Opera, *Emperor Norton* foi apresentada na Universidade da Carolina do Sul (1983), em Washington (1986) e em West Bay (1990).

Um roteiro redigido por Mollicone, Robert Darling e Judith Fein levou ao libreto de *Hotel Eden*, escrito por Feinstein. Essa seqüência de três pequenas óperas em um ato, baseadas no Livro do Gênesis e passadas em um hotel de uma cidadezinha americana, estreou na Ópera de San José, em 25 de novembro de 1989, com Dan Montez, Julia Wade, Rachel Louis, D'Anna Fortunato, Susan Gundunas, Kathleen Nitz e outros. A partitura, de estilo eclético – tonal, misturando elementos populares, jazz, soft rock, à linguagem clássica – é escrita para oito instrumentistas: flauta-pícolo, clarineta, trompa, violino, violoncelo, contrabaixo, piano-sintetizador e percussão.

Lilith – A história de um casal recém-casados e de como eles aprendem a conviver com a bagagem emocional que um deles trouxe para o casamento. Lilith, a mulher que, segundo a tradição cabalística, foi a companheira de Adão antes de Deus lhe dar Eva, aparece de surpresa, no hotel, interrompendo a lua-de-mel dos modernos Adão e Eva.

Mrs. Noah – Após um período de afastamento, um casal de meia-idade se reencontra e se reaproxima. O episódio parte da sugestão de que o Noé bíblico tinha sérios problemas com bebida. Na véspera da passagem de ano, no hotel, o marido de Mrs. Noah se embriaga, e ela, atraída pelo líder da banda que toca no salão de baile, deixa-o de lado. Está pensando em dançar a noite inteira, até as goteiras no teto lhe lembrarem que seu marido está lá fora, se ensopando num verdadeiro dilúvio. Sai correndo para procurá-lo. A água da chuva provoca um curto-circuito e apaga as luzes do hotel. Quando as lâmpadas de emergência acendem, vemos o casal voltando, enxugando um ao outro, e se reconciliando.

Sarah – É a história de um casal mais velho e de como eles tratam o legado que vão deixar para os outros. Na Bíblia, Sara, que não tinha filhos, concordou que Abraão engravidasse a sua escrava Hagar, que lhe deu Ismael. Depois, Sara teve Isaac e baniu Hagar e Ismael para o deserto. O episódio discute a maternidade adotiva e a forma como a chegada de filhos temporões afeta a vida dos pais. No passado, Abe teve um filho com uma governanta estrangeira que trabalhava para eles. Agora, Sarah, que já está idosa, descobre que está grávida. O casal tem de reexaminar a sua vida e decidir como vão conciliar o relacionamento desse novo filho com o seu meio-irmão.

Hotel Éden vai buscar no texto bíblico situações arquetípicas de comportamento humano – o ciúme do passado do companheiro; um relacionamento que resiste, afinal de contas, ao desgaste do tempo e das circunstâncias; a necessidade de constantemente adequarmos nosso estilo de vida às condições novas – para mostrar que elas são atuais e encontráveis no mundo contemporâneo.

Sheldon Harnick e Robert Darling são os autores do libreto de *Coyote Tales*, estreada na Lyric Opera de Kansas City, em 7 de março de 1998, com Michael Ballam, Brian Steele, Gregory Keil, Jane Gilbert e Karin Dunne Paludan, regida por Russell Patterson, e dirigida por Vincent Liotta. A ópera oferece uma tapeçaria dos mitos ligados à criação do mundo pelo Velho Coiote, comuns às tribos dos Crow, Okanagon, Karok, Klamok e Hopi. São cinco histórias descrevendo a natureza ambígua do Velho Coiote, que traz em si o bem e o mal, é um embrulhão sedutor, um homem que pode ser ao mesmo tempo muito generoso e totalmente sem escrúpulos – um arquétipo, portanto, de toda a humanidade, capaz de atos nobres e aspirações elevadas, mas também de ser egoísta e destrutivo.

O Velho Coiote cria o homem; tira do raio o fogo, e o dá à nação indígena; encanta-se com uma estrela no céu, inalcançável; e, na história principal, que ocupa todo o ato II, deseja uma linda donzela da tribo Oraibi, estupra-a, mas não consegue que ela o ame, pois a moça está apaixonada pelo herói Pavayoykyasi, da tribo dos Hopi, o "portador da umidade", que traz à Terra a chuva criadora da vida. Na forma de narrar essas histórias, Mollicone e seus libretistas são bem-sucedidos em captar a natureza discreta, avessa a arroubos emocionais, às vezes até taciturna do indígena americano. Mas isso não impede que, na cena final em que, tendo conquistado o coração da donzela, Pavayoykyasi canta com ela um dueto de amor, a música melodiosa de Mollicone tenha um instante de grande lirismo.

O libreto, ricamente poético, é divertido e, ao mesmo tempo, provoca a reflexão. A música, deliberadamente tonal, é eclética em sua construção, e opta por formas tradicionais, como as árias de Coiote: "Oh stars shining in the night", que ele canta para a estrela inalcançável, ou "How clever I am", com que se inicia o ato II. É muito bem realizada a forma pudica como Mollicone expressa os sentimentos de Pavayoykyasi e da donzela Oraibi, depois que Coiote a força a submeter-se a seus desejos.

No final de 2003, Mollicone estava trabalhando em nova ópera, intitulada *Gabriel's Daughter*, programada para estrear na temporada de 2004-2005.

Corigliano

A primeira encomenda de uma ópera feita pelo Metropolitan, desde *Antony and Cleopatra*, de Samuel Barber, foi *The Ghosts of Versailles*. Em 1980, o nova-iorquino John Paul Corigliano, nascido em 1938, assinou com o Met o contrato para uma partitura na qual trabalhou durante dez anos, e que foi estreada em 19 de dezembro de 1991. Foi um caso relativamente raro, no início da década de 1990, de ópera bem recebida tanto pelo público quanto pela crítica. Allan Kozinn chamando-a de "o maior sucesso do Met em diversas temporadas". Susan Elliott – "um triunfo!" – e Bill Zakariesen – "uma obra prima!" – não esconderam seu entusiasmo. E para David Patrick Stearns, *Os Fantasmas de Versalhes* foram "a prova de que uma ópera nova, de autor contemporâneo, pode atrair tanto o público quanto a mais espetacular das *Aidas*". Transmitida pela PBS em 14 de setembro de 1992, a ópera foi lançada em vídeo pela Deutsche Grammophon (Stratas, Quilico, Horne, Rosensheim, Kazaras, Hagegard-Levine), e essa fita teve uma vendagem surpreendente para uma partitura de nosso tempo.

Nascido numa família de músicos – seu pai, o violinista John Corigliano, foi o spalla da Filarmônica de Nova York – ele estudou com Otto Luening em Columbia, com Vittorio Giannini na Manhattan School of Music, e teve aulas particulares com Paul Creston. Foi roteirista de rádio, diretor assistente para os programas musicais de televisão na WQXR, de Nova York, e responsável pelo Departamento de Música da WBAI. Com um senso incisivo de ritmo, que se enraíza na tradição de Bartók e Prokófiev, a música de Corigliano é basicamente lírica e está firmemente ancorada no tonalismo, apesar das dissonâncias livres que se insinuam em sua escrita polifônica. A prática de escrever música incidental para peças de televisão e filmes – entre eles *Altered States* e *O Violino Vermelho* – deu-lhe um senso muito vivo de tempo teatral, já presente em sua primeira experiência dramática, *The Naked Carmen* (1970), uma fantasia multimídia a partir da ópera de Bizet, de que existe o registro no selo Mercury Records.

Em *Os Fantasmas de Versalhes* o libretista William Hoffman tomou como ponto de partida *La Mère Coupable* (1792), a terceira peça da trilogia de Fígaro escrita por Pierre-Augustin Caron de Beaumarchais. Segundo Hoffman, a história se passa em três mundos diferentes: "o da eternidade, habitado pelos fantasmas; o do palco, onde estão as personagens dramáticas; e o da história, onde estão os mortais, e as pessoas reais". A ópera representa "uma jornada do mais fantástico para o mais realista" e, com freqüência, as categorias se misturam, ou a ação se passa nos três planos simultaneamente.

Passado e presente confundem-se nessa visão fantasmagórica da história, em que o palácio de Versalhes é assombrado pelos fantasmas de seus antigos moradores. Eles são incapazes de encontrar a paz no além, pois ainda são perseguidos pela violência da forma como a Revolução Francesa os fez desabar de seus privilégios. Em particular, o fantasma de Maria Antonieta é constantemente atormentado pelas imagens da prisão, do julgamento e da guilhotina. É o fantasma de Beaumarchais – a quem, em vida, libretista e compositor atribuem um amor não consumado pela rainha – quem virá salvá-la. Numa ópera inspirada em sua peça *La Mère Coupable*, Pierre-Augustin recorrerá às suas personagens para ajudar a rainha a exorcizar o medo e a amargura.

Liderados pela Dama de Chapéu – que representa as glórias passadas da França – e pelo próprio rei, os fantasmas reúnem-se desdenhosamente para ouvir a nova ópera – para eles, apenas mais um divertimento cortesão. Maria Antonieta rejeita novamente as declarações de Beaumarchais: as circunstâncias assustadoras de sua morte ainda a perseguem, impedindo-a de qualquer emoção amorosa, até mesmo em relação ao marido. É convencida, porém, a permitir que seja encenada, em seu teatro particular, a ópera *Um Fígaro para Antonia,* que relata fatos ocorridos em casa dos Almaviva, vinte anos após o casamento de Fígaro com Susanna.

Almaviva agora é embaixador da Espanha na França. Fígaro é perseguido por vários credores, que fecha num armário, antes de contar ao público sua formidável história pessoal. Todos se divertem, exceto Maria Antonieta, e é enorme o contraste entre a energia dele e a depressão da rainha. Beaumarchais toma emprestado o colar de Maria Antonieta, e a jóia aparece agora nas mãos de Almaviva, que pretende vendê-lo por um milhão de libras ao embaixador da Inglaterra, durante a recepção em casa do embaixador da Turquia, para, com esse dinheiro, financiar a fuga da rainha para o Novo Mundo (Beaumarchais explica ao público que a história se passa no momento em que o rei Luís XVI já foi executado, mas a rainha ainda definha na prisão do Templo).

O dramaturgo apresenta as demais personagens: Rosina, a condessa Almaviva; Leon, o filho ilegítimo que ela teve com Cherubino, e que Almaviva recusa-se a reconhecer; Florestine, a filha ilegítima do conde com uma dama desconhecida, por quem Léon está apaixonado; e Bégearss, o vilão da história, um coronel irlandês, o maior amigo de Almaviva, a quem este promete a mão de Florestine. O conde ainda não sabe das ligações de Bégearss com os revolucionários.

As perguntas impertinentes de Fígaro a respeito do colar o fazem ser demitido. Bégearss está furioso com seu criado, Wilhelm, pois este não descobriu para quem Almaviva pretende vender o colar. O irlandês quer denunciar a família às autoridades e apoderar-se de Florestine, forçando-a a casar-se com ele. Vangloria-se do seu plano e exalta o Verme, símbolo do mal, como o rei de todas as bestas. Fígaro e Susanna ouvem a conversa dos dois e decidem relatá-la ao conde. Maria Antonieta compara a situação de Florestine à sua quando, ainda criança, chegou à França prometida ao rei – o que não agrada nem um pouco a Luís XVI.

Nos jardins dos Almaviva, Bégearss implora hipocritamente ao conde que perdoe a infidelidade de sua mulher, mas Almaviva não se deixa abalar. Comovida pelo relato que Rosina faz do dia em que foi seduzida por Cherubino, e de como, logo depois, o rapaz morreu na guerra, Maria Antonieta está a ponto de beijar Beaumarchais. São interrompidos pelo rei que, furioso, desafia o dramaturgo para um duelo. Mas será um duelo inútil, pois os fantasmas não podem morrer uma segunda vez. Maria Antonieta ri pela primeira vez, e os fantasmas se divertem, traspassando uns aos outros com a espada.

Na embaixada da Turquia, duelistas gigantes divertem os convidados do paxá. Léon declara-se secretamente a Florestine. Bégearss e seus homens tentam, em vão, prender Almaviva em flagrante delito, vendendo o colar da rainha ao embaixador inglês. Fígaro, decidido a evitar que seu amo seja denunciado por Bégearss, aparece fantasiado como uma dançarina turca da trupe de Samira, a cantora egípcia preferida do paxá. O criado fiel apodera-se do colar que está no bolso de Almaviva. Está sendo perseguido, quando entra em cena um grande conjunto de músicos turcos. E também um estranho admirador da ópera wagneriana, que questiona a natureza da ópera. Aproveitando a confusão, Fígaro foge da embaixada.

No ato II, Beaumarchais assegura à rainha que a arte pode mudar o curso da história. Seu único desejo é torná-la feliz, mesmo que isso lhe custe a sua alma imortal. Enquanto isso, Fígaro volta e, no quarto de Susanna, recusa-se a devolver o colar a Almaviva. Essa fuga do roteiro enche de medo o autor, o público e os Almaviva. Fígaro declara suas simpatias revolucionárias, ao exclamar: "Abaixo Maria Antonieta!"; e pretende usar o dinheiro para ajudar os Almaviva a fugir para Londres. Maria Antonieta acusa Beaumarchais de traição e mentira, desdenhando a sua declaração de que arriscou a alma por ela e a história e seu destino serão mudados por sua arte. Finalmente, a rainha se convence da sinceridade do dramaturgo. Apesar de suas súplicas, ele entra na ópera para enfrentar Fígaro, e colocar as coisas em ordem.

A história recomeça onde havia sido interrompida. Almaviva lembra a Rosina de que eles devem dar um baile naquela noite: sem dúvida, o último antes que a revolução os devore a todos. Rosina e Susanna comparam tristemente seus maridos de hoje com os amantes que desposaram, e deploram os anos que passaram e lhes roubaram a juventude. Maria Antonieta, tão comovida como todas as espectadoras, se retira. Perseguido por alguma sombra sem nome, Fígaro volta para Susanna. Antes que possa responder as suas perguntas, Beaumarchais se materializa na peça e exige que ele devolva o colar. Fígaro se recusa no momento exato em que a voz de Maria Antonieta é ouvida chamando por ele.

Fígaro e Susanna são levados por Beaumarchais ao templo do amor, onde a rainha os espera para solicitar a devolução do colar. Fígaro novamente se recusa a entregar a jóia, temendo ser vítima de uma espécie de magia negra. Maria Antonieta ordena então ao dramaturgo que coloque em cena seu julgamento – no qual Beaumarchais desempenha o duplo papel de juiz e seu principal acusador. Fígaro fica a tal ponto horrorizado por ver o fracasso da justiça que, finalmente, aceita ajudar a rainha. Instantaneamente, Maria Antonieta desaparece e Fígaro, Susanna e Beaumarchais se vêem transportados para as ruas de Paris, onde uma multidão de mulheres revolucionárias e seus filhos se agitam, instigados pelo sanguinário Bégearss, que os incita a invadir o baile de Almaviva e capturar os aristocratas. Fígaro e Beaumarchais decidem avisar os Almaviva e a rainha.

Os nobres de Paris reúnem-se uma última vez, assustados por seus próprios fantasmas. Léon entra no salão de baile à procura de Florestine, no momento em que o conde está quase se deixando convencer por Rosina a perdoar seu filho. A chegada de Bégearss e de sua quadrilha sanguinária os interrompe. A despeito das objeções de Beaumarchais e de Almaviva, Fígaro quer ajustar contas com Bégearss e salvar a família. Devolve-lhe o colar, o coronel o aceita em nome da revolução, mas dá um prazo a Almaviva até a manhã seguinte para lhe conceder a mão de Florestine. Na confusão geral, Susanna ajuda Fígaro e Beaumarchais a fugir, mas é capturada. Atendendo aos pedidos de Fígaro, Beaumarchais tenta utilizar seus poderes de mestre de marionetes para libertar a todos, mas falha. A rainha compreende que suas predições se realizaram e que Beaumarchais sacrificou seus poderes por amor a ela.

Após breve interlúdio, somos transportados para a prisão da Conciergerie. Os fantasmas, que compunham o público da ópera, estão aprisionados na vida real, e a família Almaviva está encarcerada com eles. Diante dessa situação difícil, o conde, compreendendo como a sua conduta de outrora foi vergonhosa, perdoa sua esposa e o filho dela: a família está assim novamente unida. Enquanto o fantasma de Maria Antonieta observa essa cena, ouvimos a verdadeira Maria Antonieta implorando a misericórdia de Deus para ela e seus inimigos.

Nas primeiras horas da manhã, Fígaro e Beaumarchais chegam para salvar a companhia. Investido por seu criador, a partir de agora, dos poderes de manipulação, Fígaro obtém, por meios escusos, as chaves da prisão. Mas a da cela da rainha está em poder de Wilhelm. Susanna organiza as mulheres: Wilhelm é seduzido, atacado e tiram dele a chave. A fuga, porém, é impedida por Bégearss, que vem reclamar sua noiva; mas é desmascarado por Fígaro e o vingativo Wilhelm, quando o colar é encontrado em seu poder. Bégearss e Wilhelm são levados pelos soldados revolucionários e a família Almaviva consegue fugir – não sem que antes Fígaro tenha devolvido o colar a seu criador. Beaumarchais despede-se de Fígaro, sua personagem preferida... e também de seus projetos de futuro pois, agora, ele acredita, Maria Antonieta nunca mais o amará.

Mas o fantasma de Maria Antonieta não permite que o dramaturgo a ajude a fugir. Diz-lhe que seu amor e sua arte a livraram da amargura e lhe ensinaram a aceitar seu destino. A Maria Antonieta real subirá ao cadafalso, enquanto ela, a fantasma, se entregará humildemente ao amor de Beaumarchais seu amor. A lâmina cai, a história se cumpre. Maria Antonieta e Beaumarchais estão livres na eternidade. Quando eles entram no jardim do palácio de Águas Frescas, o domínio da família Almaviva, local onde se passa a cena final das *Bodas de Fígaro*, fica claro que a eternidade a que tiveram acesso é a da transfiguração através da arte, que os eterniza.

Fantasmas e personagens literários reagem com a mesma complexidade emocional de seres humanos de verdade. A identidade musical que Corigliano atribui a cada um deles faz com que mantenham suas características ao passar de um plano para o outro. Os fantasmas se expressam com uma música atonal, dissonante, de sonoridades estranhas. As personagens de teatro expressam-se mediante uma linguagem antiquada, que inclui números fechados – árias, duetos – recitativos acompanhados pelo cravo, e pastiches das óperas de Mozart e Rossini que tratam de Fígaro. As cenas relacionadas com a revolução tem o tipo de lirismo e dramaticidade que remete a painéis históricos como o *Andrea Chénier* de Giordano. De forma mais geral, há também menção a vários estilos operísticos, que vão de Richard Strauss a Gilbert e Sullivan. Isso não forma, porém, uma salada disparatada, pois Corigliano é capaz de fundir todos esses elementos de maneira harmoniosa, integrando-os ao tom pessoal de sua escrita.

A melodia desempenha papel fundamental nos *Fantasmas de Versalhes*, seja nas transformações romantizadas do tema de "Voi che sapete", a ária do Cherubino mozartiano, seja num dueto em fluido estilo de balada americana, como "Give me back my stolen years", cantado por Susanna e a Condessa – e esse é um dos motivos da boa fortuna da ópera, pois o público reencontrou nela o prazer de ouvir canto, de certa forma perdido ao longo das experiências mais radicais da ópera contemporânea. Ao lado do lirismo das personagens positivas, há também os contornos sinistros de uma figura como Bégearss, o agiota que se faz passar por amigo de Almaviva, para chantagear a Condessa. O negro caráter de Bégearss, típico daqueles antigos melodramas que faziam a alegria do público americano – algo na linha da *Brazen Mask*, de Fawcett e Hewitt – se expressa na "Aria of the Worm", em que ele assume abertamente seu papel de vilão. Inevitável é lembrar-se, ouvindo-o falar de sua inata maldade, do "Credo" de Iago, no *Otello*.

Não poderia estar ausentes, numa ópera que assume sua atitude de referência constante à história do gênero, os *leitmotive* e as brincadeiras com Wagner. O tema de Maria Antonieta, que surge em seu lancinante monólogo "Once there was a golden bird", a acompanha por toda a ópera, lembra muito o motivo do Destino, no *Anel*. E durante a turbulenta Cena Turca com que se encerra o ato I, uma mulher

na multidão grita: "Isso não é ópera! Wagner, sim, é que é ópera!!" A Cena Turca, de resto, é uma homenagem aos temas otomanos que, do *Rapto no Serralho* de Mozart à *Italiana in Algeri* de Rossini, apaixonaram o público europeu, na virada dos séculos XVIII-XIX. Mas nessa esfuziante *turquerie*, a que Marilyn Horne deu destaque especial com sua interpretação da egípcia Semira e sua coloratura estratosférica, Corigliano insere também referências ao humor e ao gosto pelo espetáculo suntuoso que havia na *harlequinade*, tão importante nas origens da ópera americana desde a *Fashionable Lady* de James Ralph.

Marilyn Horne não foi a única responsável pelo brilhantismo da estréia dos *Fantasmas de Versalhes*. O espetáculo do Metropolitan reuniu, para a criação da ópera de Corigliano, um dos elencos mais estelares de sua história: Teresa Stratas (Maria Antonieta), Håkan Hagegård (Beaumarchais), Gino Quilico (Fígaro), Judith Christin (Susanna), Renée Fleming (Rosina), Graham Clark (Begearss), apoiados na regência elétrica de James Levine. A popularidade dos *Fantasmas* fez com que, em 2000, Corigliano extraísse dela uma suíte sinfônica intitulada *Phantasmagoria*.

A imprensa não soube muito bem como receber a ópera. No *New York Times* de 31 de dezembro de 1991, Bernard Holland sintetizou as reações de um dos campos:

> Tenho uma palavra para descrever *The Ghosts of Versailles*: subversivo. Subversão acontece quando se chega ao fundo de uma coisa e se vira essa coisa de cabeça para baixo. [*Os Fantasmas*] dá à ópera um saudável chute nos fundilhos, ao negar as nossas expectativas e ao nos fazer vê-las de pernas para o ar. A propaganda implícita da ópera não foi respeitada. [...] De uma maneira que teria feito Beaumarchais sorrir, *The Ghosts of Versailles* contraria o decoro e ridiculariza as regras do discurso civilizado. As paródias que Corigliano faz, com a cara mais séria do mundo, do estilo rococó, a expressão dos sentimentos mais elevados, são interrompidos por Hoffman para nos mostrar Fígaro sentado sem cerimônia na cadeira de balanço de seu patrão. Fígaro é o mesmo, a cadeira é a mesma, mas a justaposição é de efeito devastador.
>
> Vestir o século XX com roupagens mozartianas, zombar das mais respeitadas convenções operísticas como esses dois criadores fizeram é o trabalho de terroristas culturais. O que escreveram talvez seja menos uma ópera do que um ataque de comandos ao reduto operístico. São, talvez, mais crítica musical, do que música propriamente dita, como acontecia com as antióperas de Virgil

Thomson, duas gerações atrás. [...] Será que, um dia, serei capaz de levar *La Gioconda* a sério de novo?

A música de Corigliano, em *Os Fantasmas*, parece ter duas modalidades básicas, que são familiares para quem conhece suas outras obras. Uma delas é a paródia, contagiante na cena turca, menos bem-sucedida ao evocar Fígaro, cuja ária bufa parece mais Gilbert e Sullivan parodiando Rossini do que Rossini escrevendo a sua própria música. Fígaro, aqui, não é a figura contestadora da alta comédia setecentista, mas vê-se praticamente reduzido a uma figurinha brincalhona figurinha de comédia pastelão.

O outro estilo musical é o que visa a criar uma sensação de deslocamento, nostalgia e perda, tingida com um sentimentalismo pop que não teme às vezes parecer quase exagerado. Um dos temas, por exemplo, cantado pela primeira vez por Maria Antonieta, quando ela relembra a sua juventude, volta cada vez que ela se refere às coisas que perdeu. Outro motivo muito importante dentro da ópera consiste na transformação do tema da canção que, nas "Bodas de Fígaro", Cherubino escreveu para a Condessa. Nós o ouvimos a primeira vez que nos encontramos com essa personagem, e o escutamos de novo, tocado pela orquestra, quando Beaumarchais e a rainha se beijam, no final da ópera.

O momento mais eficaz da partitura talvez seja o quinteto do final quando, antecipando a morte próxima, as personagens ficam em uma espécie de animação suspensa, misturando no mesmo cânon o prazer de sentir novamente o amor e a saudade dos bons tempos perdidos. Essa evocação musical de um mundo que se foi para sempre é tornada pungente pelo tom mozartiano da música, que contrasta com os sinuosos glissandos e dissonâncias em quartos de tom das cenas fantasmagóricas. *Os Fantasmas de Versalhes* não é uma ópera sobre personagens ou ações, mas sobre sensibilidades. E onde isso fica muito claro é no final, quando Maria Antonieta pede ao dramaturgo que deixe a História como está, intocada. A História é o pesadelo do homem; a Arte é o seu refúgio.

Com todas as suas raízes européias, *The Ghost of Versailles* é realmente uma ópera americana? Essa discussão, surgida logo de-pois da estréia, é tão ociosa quanto discutir a que país pertence o Meyerbeer do *Crociato in Egitto* ou dos *Huguenotes*. Por terem sido escritas por um italiano naturalizado, e passarem-se na Espanha, *Goya* ou *La Loca*, de Gian-Carlo Menotti, deixam de ser óperas americanas? Seria tão tolo quanto pretender que a *Carmen* não é uma ópera francesa. Determinadas inflexões dessa música estão de tal forma enraizadas nas tradições do musical que só poderiam ter sido escritas por um americano. E embora ela trate de um tema ligado ao passado histórico e literário europeu, possui um tom, uma mistura de comédia e tristeza que a faz refletir claramente um estado de espírito moderno, da década de 1990. Na verdade, como diz Elise Kirk, "Corigliano e Hoffman criaram uma ópera sobre a forma como os americanos percebem a ópera, e essa talvez seja a mais mágica de suas realizações".

Harbison

Nascido em 1938, numa família muito intelectualizada de Orange, em Nova Jersey – o pai era professor de história em Princeton; a mãe escrevia para revistas literárias – John Harris Harbison demonstrou, desde cedo, versátil propensão para a música. Aprendeu piano, violino, viola, tuba e canto; e ao longo de sua carreira universitária, colecionou diversos prêmios musicais e literários. A bolsa que ganhou de Harvard permitiu-lhe aperfeiçoar-se em Berlim com Boris Blacher; e fez cursos com Roger Sessions e Earl Kim. A experiência como pianista de jazz, nos anos de estudante; de trabalhar com música barroca, com um coral que regeu na fase passada na Alemanha; e os ensinamentos seriais que recebeu em Princeton fundem-se no que Norman Lebrecht chama de "estilo eclético, que se adapta àquilo que Harbison está tratando".

Nas *Surabai Songs* (1982), para soprano e orquestra de câmara – sobre poemas de uma viúva indiana do século XVI, que se recusou a ser queimada na pira funerária do marido – há a marca visível de Messiaen: tema oriental; mistura de erotismo, misticismo, idéia da morte e atitude de desafio; além da forma de tratar a voz e os instrumentos, reminiscente

Marilyn Horne (Samira), em *The Ghosts of Versailles*, de John Corigliano, encenada pelo Metropolitan Opera House em 1991.

do *Quatuor pour la Fin des Temps*. Por outro lado, os *Quatro Salmos* (1999), encomendados pelo consulado israelense em Chicago, para comemorar o 50º aniversário de fundação do Estado de Israel, enraízam-se numa linguagem que concilia Bach e Honegger. Já as *Olympic Dances* (2000), coreografadas pelo grupo Pilobolus, combinam texturas atonais com melodias de exuberante diatonicismo. Isso dá uma idéia do ecletismo da linguagem de Harbison, um dos doze compositores americanos convidados, em 1994, a compor um *Réquiem* coletivo, em memória das vítimas da II Guerra Mundial. O projeto, sugerido por Helmut Rilling, foi executado em agosto de 1995, com o Stuttgart Bachchor e a Filarmônica de Israel.

Embora tenha-se, num primeiro momento, firmado como autor de música instrumental, a ópera era, desde cedo, um objetivo para Harbison, como ele revelou numa entrevista concedida na primavera de 2002[16]:

Eu ouvia as transmissões de rádio do Met desde criança e, assim, sabia um bocado de coisas sobre as óperas, antes de vê-las. Na verdade, construía cenários para elas em casa, mesmo não fazendo idéia de como deveriam ficar visualmente. Quando fiz onze anos, meu pai começou a me levar a Nova York, na época de meu aniversário, para assistir às óperas. A primeira que vi foi *As Bodas de Fígaro*, de Mozart, com Ezio Pinza e Bidu Sayão. A segunda foi *Tristan und Isolde* e fiz questão de assisti-la do princípio ao fim. Tivemos de dormir na estação porque, naquela época, não havia trem de Nova York para Princeton entre uma e seis da manhã. [...] Sempre planejei centrar a minha carreira na ópera mas, quando comecei como compositor, descobri que esse era um campo em que era virtualmente impossível entrar assim de saída.

A entrada nesse campo só viria no final da década de 1970. A música incidental para uma apresentação do *Mercador de Veneza* (1971) fez Harbison voltar-se para Shakespeare em sua primeira experiência dramática: *A Winter's Tale* (1979) em que, além de cantores e do coro, ele usa papéis falados e atores fazendo pantomima. "An emblematic ritual opera" foi a forma como descreveu sua segunda peça para o palco: *Full Moon in March* (1979), baseada na *dance-play* escrita por W. B. Yeats em 1935. Ela foi estreada em Cambridge, Massachusetts, pelo grupo Boston Música Viva, em 30 de abril de 1979 (existe, no selo Composer's Recordings, a gravação desse espetáculo).

Parecendo um cruzamento de Turandot com Salomé, a personagem central de *Lua Cheia em Março* é uma rainha bela e cruel, que oferece sua mão àquele que melhor souber expressar o seu amor em uma canção. Quem se candidata é o Criador de Porcos, e a rainha lhe diz, numa ária de gélida coloratura:

Remember through what perils you have come;
That I am crueller than solitude.
I am cruel as the winter of virginity.

(Lembre-se através de que perigos vieste até aqui; pois sou mais cruel do que a solidão. Sou cruel como o inverno da virgindade.)

Acreditando que o Criador de Porcos veio zombar dela, a rainha nem sequer lhe dá a possibilidade de cantar a canção que preparou, e manda executá-lo. Ordena que a sua cabeça seja espetada na ponta de uma lança, e inicia uma dança de sedução em torno dela (nesse ponto, o mezzo que faz a rainha é substituído por uma bailarina). Depois, num estado orgásmico de delírio, toma nas mãos a cabeça ensangüentada, beija-lhe os lábios, e aperta-a apaixonadamente contra o peito. Dois cortesãos comentam enigmaticamente:

What can she lack whose emblem is the moon?
But desecration and the lover's night.

(O que pode lhe faltar cujo emblema seja a lua? A não ser a profanação e a noite dos amantes.)

Esse sombrio conto de fadas "foi composto num estado de espírito não reflexivo", diz Harbison no prefácio ao libreto, "antes mesmo de qualquer esforço que eu tenha feito para absorver o que havia por trás das imagens". Talvez isso nem importe, pois a música pesadamente sensual que Harbison escreve corresponde ao perfume e ao colorido furta-cor da poesia de Yeats, muito aparentada à do Oscar Wilde de *Salomé* – e é inevitável, nesse caso, a influência de Richard Strauss. A ópera tem quatro personagens – a Rainha, o Criador de Porcos e os dois cortesãos – e é escrita para oito instrumentistas: três cordas, três sopros, percussão e piano preparado. Dissonâncias contribuem para criar o clima expressionista

16. Recolhida da Internet, em agosto de 2003, no site www.operaweb.

da obra; mas elas convivem com linhas vocais muito líricas, de amplo cantabile; e com ritmos de metros constantemente mutáveis, que dão à partitura um sabor stravinskiano. A beleza sonora e a elegância de estrutura fazem de *Full Moon in March* uma ópera cativante – a ponto de ter dado a Harbison o prestígio que lhe valeu, do Met, a encomenda da ópera com que seriam comemorados, em 1999, os 25 anos de James Levine como diretor artístico do teatro.

Harbison tinha iniciado, em 1979 – o mesmo ano de *Conto de Inverno* e *Lua Cheia em Março* – o libreto de *The Great Gatsby*, baseado no romance publicado por F. Scott Fitzgerald em 1925. Escreveu-o em colaboração com Murray Horowitz, e pôs-se a trabalhar na partitura. Mas o projeto foi retardado pela dificuldade em conseguir, dos herdeiros de Fitzgerald, a autorização para que a ópera fosse escrita. Em 1985, Harbison transformou o material já escrito no poema sinfônico *Remembering Gatsby*, depois incorporado à ópera como a sua abertura. Os obstáculos foram removidos quando James Levine o procurou, em 1993, e o contrato com o Met foi assinado.

Um dos monumentos da literatura americana, *O Grande Gatsby*, iniciado no verão de 1923 em Great Neck, Long Island, e terminado em Vallescure, na França, na primavera do ano seguinte, é o ponto culminante da obra de Fitzgerald, o cantor da "geração perdida" posterior à I Guerra. Em 1925, quando a Scribners and Son lançou o livro, Fitzgeral estava com 29 anos e no auge da maturidade como romancista. No entanto, esse grande best-seller foi de início mal recebido, e isso veio agravar a depressão do escritor com a doença mental de Zelda Sayre, a sua mulher, e com o fracasso da publicação do magnífico romance *Suave é a Noite*, em 1934. Problemas financeiros marcaram o final de sua vida, e Fitzgerald deixou inacabado um de seus melhores livros, *O Último Magnata*, ao morrer de um infarto em 1940, com apenas 44 anos.

Escrito numa prosa muito fluente, *O Grande Gatsby* é o retrato amargo e lacônico da bancarrota espiritual da próspera sociedade de Long Island. Fitzgerald é um moralista que põe o dedo na ferida de uma gente rica e indolente, cuja vida interior é pateticamente vazia. Jay Gatsby esconde a forma suspeita como, no passado, acumulou a sua riqueza, sob uma fachada amável de impecável anfitrião. Mas não escapa do tédio que há nessa vida aparentemente sedutora, na qual parece estar muito à vontade. Há um ponto positivo nele: o amor verdadeiro que nutre por Daisy Buchanan, de quem foi namorado quando jovem. Mas ela retribui seu amor apenas na medida em que ele não interfira na sua vida confortável de mulher casada, por mais que esse casamento seja frustrante e infeliz.

Reduzir um romance desse porte às proporções de um libreto de ópera não é tarefa fácil. Mas Harbison foi feliz ao criar, no palco lírico, a figura desse "semi-herói americano, o impostor social dono de uma biografia que ele mesmo inventou, um tipo de magnata que, nestes nossos tempos de *high-tech*, ainda preserva o seu fascínio". À revista *Opera News*, Harbison disse que

as personagens de *Gatsby* vivem no mundo dos sons de seu tempo – a música de rádio, os conjuntos de dança, a buzina dos carros, o som dos barcos anunciando a neblina em Long Island, a batida da música popular em meados da década de 1920. Esse mundo é recriado, na ópera, em parte mediante *pop songs* "de época", que inventei, e para as quais Murray Horowitz escreveu letras maravilhosas; em parte mediante metáforas musicais que, como as canções populares, participam da rede de motivos de toda a peça, mas têm relação menos literal com os sons daquela época e lugar.

Em 28 de novembro de 1999, a reportagem do *New York Times* perguntou: "But can his opera of *The Great Gatsby* compare with the likes of *Aida*?" (Mas a ópera tirada do Grande Gatsby pode se comparar com coisas como a Aida?). Respondendo a essa questão, Harbison comentou as dificuldades enfrentadas pelos compositores americanos ao se aventurarem no sagrado terreno de uma arte européia do século XIX:

Sempre me preocupou o momento de transição no musical, aquele em que você passa da fala para o canto – isso é muito mais difícil do que na ópera, em que se canta todo o tempo. Pensem na *Flauta Mágica*, por exemplo, onde isso acontece de vez em quando: mesmo com o gênio de Mozart, a coisa fica muito complicada. Mas aí, chega um cara como Irving Berlin, que pensou nesse problema durante 45 anos, e consegue fazer isso naturalmente, sem costuras. Berlin, Oscar Hammerstein, Gershwin, Hart, esses caras eram uns gênios. Na verdade, essa é uma das dificuldades que a ópera americana tem de enfrentar: o pessoal da grande comédia musical já se estabeleceu num nível muito elevado, que nós, da ópera, ainda não conseguimos atingir.

[...] Passei muito tempo pensando na platéia, muito mais do que o faria no caso de uma peça de concerto. Preocupei-me com o equilíbrio do canto e da orquestra, e em como usar o fosso da orquestra. Mas a minha preocupação maior era evitar aquela velha história de que, em determinado momento, a ópera meio que pára e alguém vem à boca de cena para cantar. Queria compor uma espécie de pano de fundo, como aqueles acordes curtos em Mozart ou os motivos de Wagner, um tecido contínuo contra o qual os cantores poderiam declamar. Preocupei-me um bocado, portanto, com a ambientação, a estética; mas, a partir do momento em que tive uma idéia do que a música deveria ser, senti-me bastante confiante.

O Grande Gatsby tem dois atos, divididos em quatro cenas no primeiro, e em seis no segundo. E é dotada de interlúdios que ligam uma cena à outra, dando continuidade à narrativa. *The Great Gatsby* estreou em 20 de dezembro de 1999, regida por James Levine e dirigida por Mark Lamos. Dawn Upshaw (Daisy), Jerry Hadley (Gatsby), Mark Baker (Nick), Susan Graham (Jordan), Lorraine Hunt-Lieberson (Myrtle), Richard Paul Fink (George) e Dwayne Croft (Nick Carraway) estavam no elenco. O Met tinha convidado, para desenhar cenários e figurinos, Ralph Lauren, o cenógrafo do filme. Diante de sua recusa, Jane Greenwood assumiu essa tarefa, com resultados muito elogiados na época. Não há gravação comercial disponível; mas deve circular no Brasil, na mão de colecionadores, o registro da transmissão radiofônica, ao vivo do Metropolitan, pela Rádio Cultura, em 1º de janeiro de 2000. Nessa ocasião, fui convidado pelo maestro Walter Lourenção a comentar o espetáculo.

No verão de 1922, o corretor Nick Carraway vai visitar sua prima, Daisy Buchanan, e o marido dela, Tom, na casa que eles têm em East Egg, Long Island, do outro lado da Baía de Manhattan. Lá encontra Jordan Baker, amiga pela qual Daisy gostaria de ver seu primo interessar-se. Quando Jordan menciona Jay Gatsby, o milionário vizinho de Nick em West Egg, Daisy parece muito constrangida. Ao ficar sozinha com Nick, Jordan lhe conta que

Tom tem outra mulher para os lados de Nova York. Tom leva Jordan para ver os pôneis com que joga pólo, e é a vez de Daisy aproveitar para contar ao primo que o marido a maltrata, e ela sente saudades da época em que era solteira e vivia em Louisville.

Tom sai com Nick e, no caminho para Nova York, força-o a parar na garagem de George Wilson, em um lugar chamado The Valley of Ashes. Tom manda George ir fazer uma compra, e dança ao som do rádio, com Myrtle, a mulher de George, deixando Nick muito embaraçado. Como Myrtle insiste em falar de Daisy, Tom fica irritado, dá-lhe um soco no nariz, que tira sangue, e vai-se embora.

De manhãzinha, Gatsby está no gramado de sua casa, de frente para a baía, olhando na direção da casa de Daisy. Estão preparando em sua casa uma festa à qual Nick e Jordan comparecem. Gatsby conversa com Nick e parece estar prestes a lhe pedir um favor, quando é chamado ao telefone. A festa está muito animada mas, lá fora, ouve-se o som de uma batida de automóvel. Todos vão ver o que aconteceu e, nesse momento, aparece Meyer Wolfshiem, com quem Gatsby tem negócios em Detroit e Philadelphia. Ele vem lhe dizer que as coisas não andam bem e as dívidas precisam ser pagas imediatamente. Irritado com as más notícias, Gatsby o manda embora e pode, finalmente, pedir a Nick que lhe arranje um encontro com sua prima. Sozinho, olhando mais uma vez para a casa de Daisy do outro lado da baía, Gatsby relembra a época em que se conheceram em Louisville, e mostra-se decidido a reconquistá-la.

Na casa de Nick, onde Gatsby e Daisy vão se encontrar – Jordan lhe conta como os pais de Daisy, que desaprovavam o namoro, a forçaram a casar-se com Tom quando Jay foi para a guerra. Ao se reverem, os dois antigos namorados sentem-se muito constrangidos. Depois, os antigos sentimentos retornam. Olhando para sua casa, do outro lado do gramado que a separa da de Nick, Gatsby já sonha com um futuro que os poderá ver ali reunidos.

O ato II se inicia com outra festa em casa de Gatsby, à qual estão presentes Tom Buchanan e sua mulher. O anfitrião tira Daisy para dançar, mas ela não se sente à vontade. Quando ele comenta com Nick que ela não está se divertindo, este lhe diz que o passado não pode ser repetido. Jay se afasta e Daisy vem pedir ao primo que distraía Tom, para que ela possa ficar sozinha com o dono da casa. Gatsby tenta convencer Daisy de que eles podem resgatar as chances perdidas na juventude. Quando Tom, que Nick não conseguiu distrair por muito tempo, encontra os dois, convida Gatsby a ir à sua casa no domingo.

Numa tarde de domingo excepcionalmente quente, Daisy e Jordan ouvem rádio, deitadas preguiçosamente em *chaises longues*, enquanto Nick e Gatsby tentam desajeitadamente conversar. Daisy desagrada ao marido flertando com Gatsby e, quando sugere que façam um passeio à cidade, para escapar do calor, Tom diz que quer dirigir o carro amarelo do milionário, e propõe que ele vá em seu cupê azul. Daisy prefere ir no carro dirigido por Gatsby, o que deixa Tom muito zangado – e ele o diz a Nick e Jordan.

Estão todos em uma suíte do Plaza Hotel, em Nova York, e os sons de uma festa de casamento, que está se realizando no salão de festa, relembram a Daisy as suas próprias bodas, em Louisville. Tom começa a provocar Gatsby, Daisy defende o ex-namorado e, insultado quando o milionário lhe diz que a mulher nunca o amou, Buchanan relembra todas as coisas que os unem um ao outro. Finalmente, pede que ela escolha com quem quer ficar. Indecisa, Daisy opta pelo marido e lhe diz que quer voltar para casa. Exultante, Tom lhe diz, num tom de desprezo, que pode voltar para Long Island com Gatsby, em seu carro amarelo, pois nada tem a temer.

Na garagem, Myrtle sente-se sozinha e com saudade de Tom. George, desconfiado e amargurado, trabalha na oficina. O casamento, para ambos, transformou-se numa armadilha, que os sufoca. Vendo aproximar o carro amarelo que, aquela tarde, estava sendo dirigido por Tom, ela sai correndo da garagem. Ouve-se o ruído de uma batida e, logo depois, Tom, Nick e Jordan, que estão voltando para Long Island, entram dizendo a Wilson que sua mulher foi morta por um motorista que a atropelou e fugiu. O corpo de Myrtle é trazido para dentro da garagem, Tom diz a George que o carro amarelo pertence a Gatsby, e o dono da oficina decide-se a ir atrás do culpado.

Na manhã seguinte, um caminhão de mudanças está levando embora os móveis de Gatsby. Jordan e Nick vêm procurar o milionário e, quando o rapaz o acusa de ter fugido do lugar do acidente, Jay lhe conta que Daisy estava ao volante na hora do atropelamento. Nick não sabe o que dizer a respeito dos sonhos de Jay, e se retira. Gatsby está olhando para a casa de Daisy, à espera do sinal que ela prometeu lhe fazer, de que pode ir a seu encontro, quando Wilson entra em sua casa e o mata com um tiro.

Na cena final, Nick e Jordan vêm para o velório de Gatsby. A relação deles não deu em nada e resolvem separar-se. Wolfshiem vem dar uma olhada na casa, para se certificar de que todos os móveis foram levados para pagar as dívidas. O pai de Gatsby, um homem idoso e simples, vem para o enterro, admira-se com o esplendor da casa em que o filho morava, e mostra a Nick o caderno no qual ele anotou todos os seus planos para o futuro. Chegam os *habitués* da casa de Gatsby, à procura de uma festa. Mas, ao verem que aquele dia não há nada, vão se embora. Nick e o pai de Gatsby são os únicos que assistem ao breve serviço fúnebre. Depois que o enterro sai, Nick fica sozinho, refletindo em tudo o que aconteceu. Do outro lado da baía, uma luz verde está acesa na casa de Daisy, para mostrar a Gatsby que ela o está esperando.

Com a música exuberante, de estilo popular, do início da abertura, que sugere o ambiente de festa, contrastam frases tensas, introduzindo o estado de espírito sombrio do que será, afinal de contas, uma "tragédia americana". Na coda, essas duas melodias parecem estar em conflito uma com a outra. Gershwin, o grande ícone musical dos *Roaring Twenties*, é a referência para números da primeira cena como o dueto canônico entre Daisy e Jordan; o arioso em que Tom expõe suas teorias sobre o declínio da civilização; ou a ária de cantabile muito melancólico em que Daisy revela a Nick a infelicidade com o marido. O material melódico do concertato, que põe fim à cena 1, no qual todas as personagens refletem sobre suas preocupações, permanece no interlúdio que leva à seqüência na garage de George Wilson. Nessa cena, há uma nítida diferença estilística entre a música tocada na orquestra e a que se ouve no rádio, ao som da qual Myrtle dança com Tom.

A figura rítmica que surge quando Tom dá um tapa em Myrtle permanece durante o interlúdio seguinte, e vai aos poucos se convertendo no canto do coro, com as primeiras pessoas que estão chegando à festa em casa de Gatsby. Ritmos populares da época, charleston, tango, servem de fundo à conversa entre Nick e Jordan a respeito do dono da casa. Harbison, que nos tinha mostrado a personagem em silêncio no início da cena, emprega a técnica pucciniana de retardar o momento em que finalmente ouvimos a sua voz. Antes disso, ouvimos outras personagens discutirem os sinais exteriores de sua prosperidade. E quando, finalmente, ele aparece, é numa conversa ociosa com Nick, que não sabe como ele é. Percebemos estar diante de um homem que, em meio a tantos convidados, sente-se sozinho e busca alguém com quem possa ter uma relação de amizade.

Durante toda a cena, a sofisticação do mundo de faz-de-conta em que aquela gente vive, expressa na colorida "música de festa", contrasta com a escrita prosaica, em recitativo melódico, com que é retratada a realidade terra-a-terra: os diálogos com Nick, ou o encontro de Gatsby com o sócio. É assumidamente tradicional o recurso de encerrar a cena com uma grande ária para tenor. Em "It's not too late", de estilo nostálgico, em forma de blues, precedida do recitativo "Everyone was here but the one that matters", Gatsby reafirma a decisão de reconquistar Daisy. E os tons contrastantes melancólico e incisivo estão presentes no interlúdio 3, que cria naturalmente o clima para o tom brincalhão da cena seguinte.

Num recitativo ágil, Nick e Jordan inventam apelidos ridículos para os convidados de Gatsby. Em seguida, num arioso de acompanhamento elaborado, ela lhe conta como os pais de Daisy se opuseram a seu casamento com Jay. Surge aqui uma célula melódica ligada ao nome de Daisy, que voltará outras vezes, como um tema recorrente. Um pizzicato agitado representa a inquietação de Gatsby quando ele chega: preocupado apenas em ver Daisy, nem consegue fixar a atenção no que Nick lhe diz. É interessante o efeito de um xilofone nervoso, interrompendo o silêncio constrangido dos ex-namorados que, de início, não

sabem o que dizer um ao outro. Vem finalmente o dueto com que o ato se encerra. Declaradamente romântico, de melodias envolventes, conta com participação grande da orquestra, cada vez que lhe cabe descrever emoções que as palavras parecem ser incapazes de exprimir. No clímax apaixonado, os dois encontram-se tão absortos um no outro, que nem percebem a presença de Nick.

O breve prelúdio ao ato II mostra que a atmosfera dramática está se adensando. Há um contraste entre a exuberante música gershwiniana da festa e o tom tenso dos recitativos de Tom e Daisy, quando chegam à casa de Gatsby. Toda a cena – à exceção de um breve momento mais lírico, em que Jay tenta convencer a ex-namorada de que é possível recapturar o passado – é conduzida nesse estilo de conversação, que ora é prosaica, ora assume os contornos artificiais da forma sofisticada de falar "em sociedade". O interlúdio retoma o tom sombrio e carregado de ameaças do início do ato, mas deságua no dueto preguiçoso de Daisy e Jordan, reclamando do calor – e que é simétrico em relação ao que elas cantaram no início do ato I.

Esta é uma cena de passagem, em que não há a necessidade de expansões líricas, nem de grandes cantabiles. Toda ela é em comentário orquestral contínuo, sobre o qual deslizam recitativos ágeis, em tom de fala. O interlúdio prolonga esse ritmo descontraído e se encerra com uma citação da Marcha Nupcial de Mendelssohn, em referência à festa de casamento que está se realizando no salão de festas do Plaza Hotel, em Nova York. Vocalmente muito gratificante para o soprano, pela sua melodia muito delicada, é o trecho em que Daisy se sente dividida entre as lembranças do tempo em que namorava Jay, e da época, no início do casamento, em que ainda experimentava sentimentos ternos pelo marido. A cena se encerra com um bem escrito trio, quando Jay e Tom pedem que ela decida com quem deseja ficar.

Um dos trechos de toda a partitura em que a música atonal é usada de forma mais explícita é o interlúdio entre as cenas três e quatro. Com traços de música "mecânica" em que está presente até o som da buzina do carro, descreve a viagem de volta a Nova York, mas também sugere a violência que se avizinha. Num arioso de linha vocal vizinha à do blues, com acompanhamento orquestral muito anguloso, de estilo áspero, Myrtle diz-se insatisfeita no casamento e com saudades de Tom. Há um pastiche deliberado do estilo gershwiniano nas palavras de Wilson, quando ele diz estar "sick and tired of her lies". Toda a cena é num recitativo *quasi parlato* muito rápido.

Outro belo momento para o tenor é a ária, de inflexões puccinianas, em que Gatsby espera pelo sinal de Daisy e relembra os tempos em que eram jovens e se conheceram, esperando que esse fio do passado possa ser reatado. A amplitude da ária contrasta com a forma bruscamente verista como Wilson aparece e o abate pelas costas, com um tiro. Depois disso, toda a violência que vinha se acumulando ao longo da ação explode, finalmente, no último interlúdio, de escrita tempestuosa, com escrita muito virtuosística para os instrumentos de metal. Na última cena ainda há momentos interessantes: o tocante encontro de Nick com o pai de Gatsby; a intrusão de uma música deslocadamente alegre, quando chegam os "amigos" do milionário, para verificar se hoje há festa; e a tristonha despedida de Nick e Jay. Esse trecho final, que pode soar como um anticlímax, depois da energia concentrada das cenas quatro e cinco, é uma coda deliberadamente melancólica, que corresponde à elegia feita, no romance, por Fitzgerald, a um mundo de fachada brilhante, que estava vivendo seus últimos momentos.

No *New Times* de 10 de janeiro de 2000, Peter Davis foi bastante entusiástico:

> Nem todo mundo gostou do *Grande Gatsby*, mas isso não é de se espantar, levando em conta a recepção fria, e com freqüência hostil, dada a muitas das óperas, que hoje nós amamos, quando elas eram jovens. Isso não é dizer muito, se considerarmos que foram poucas as óperas contemporâneas encenadas pelo Met no último meio século; mas *The Great Gatsby* me toca como a primeira ópera nova produzida pela companhia – pelo menos tanto quanto me lembro – que possui um efetivo potencial de sobrevivência (a última de que me lembro foi *The Rake's Progress*, de Stravínski, cuja estréia americana foi no Met em 1953, e todos sabem quanto tempo levou até essa obra-prima tornar-se uma ópera de repertório).
>
> O que me anima, neste caso, é que Harbison, como Stravinsky e virtualmente todos os outros compositores que escreveram óperas bem-sucedidas, assume a plena responsabilidade e toma todas as grandes decisões criativas. Porque a verdade é essa: na ópera, a música é o fator determinante e, no *Great Gatsby*, seja lá como for que se reaja a ela, é a música que dá o tom, define as personagens e conduz a ação dramática.

Previn

Nascido em Berlim em 1929, Andreas Georg Ludwig Priwin mudou-se com sua família, logo depois da II Guerra, para a Califórnia. Americanizando o seu nome para André Previn, estudou composição com Ernst Toch, Mario Castelnuovo Tedesco e Joseph Achron, em Los Angeles, e regência com Pierre Monteux, em San Francisco. Desde jovem fez nome como pianista, em recitais e apresentações de música de câmara; e também como arranjador e autor de música para filmes (cerca de quarenta entre 1949-1973).

A carreira de Previn como regente desenvolveu-se à frente das orquestras de Los Angeles, Pittsburgh e Houston, da Royal Philharmonic e da Sinfônica de Londres que, em 1993, o nomeou Conductor Laureate. Suas composições incluem um *Concerto para Piano* dedicado a Vladímir Ashkenázy, sonatas para violino e violoncelo e diversos ciclos de canção. Para a Broadway, compôs em 1969, o musical *Coco* e, para os palcos ingleses, *The Good Companion*, em 1974. *Every Good Boy Deserves Favor* foi uma experiência de *music-theatre*, para atores e orquestra, com texto de Tom Sheppard, estreada em 1976 pela Royal Shakespeare Company e a Sinfônica de Londres.

A primeira experiência de Previn com a ópera foi *A Streetcar Named Desire*, com libreto de Philip Littel. A peça de Tennessee Williams foi-lhe sugerida em 1994, por Lotfi Mansouri, diretor da Ópera de San Francisco. *O Bonde* subiu à cena no War Memorial Ópera House, em setembro de 1998, sob a regência do compositor – a gravação da estréia, com Renée Fleming, Elizabeth Futral, Rodney Gilfry e Anthony Griffey, foi lançada comercialmente pelo selo Deutsche Grammophon.

O "impacto destrutivo da sociedade sobre os seres humanos sensíveis e não-conformistas" era, segundo ele mesmo dizia, o tema central do universo dramatúrgico muito peculiar de Thomas Lanier Williams – que assinava com o pseudônimo de Tennessee, em homenagem ao estado onde nascera. *Streetcar Named Desire* arrebatou o Prêmio Pulitzer ao ser encenada, em 3 de dezembro de 1947, por Elia Kazan, com Jessica Tandy, Marlon Brando, Kim Hunter e Karl Malden (praticamente a mesma equipe que faria, mais tarde, o filme, tendo Vivien Leigh no papel de Blanche DuBois). O autor conta que o germe para a peça foi uma cena em que ele via "uma mulher solitária, sentada em uma cadeira, à luz do luar, esperando por alguma coisa... talvez o amor".

A cena, inicialmente intitulada *Blanche's Chair in the Moon*, desenvolveu-se lentamente, mudando de ambientação e de nome, até adquirir o título definitivo porque,

do meu apartamento, no terceiro andar da St. Peter Street, em Nova Orleans, eu via a esquina da Royal Street e um bonde chamado *Desejo*, que subia e descia, chacoalhando os alicerces das casas e lojas centenárias. E ouvia, seis quarteirões adiante, o barulho de um outro bonde, chamado *Cemitérios*, que passava na Rua do Canal. Eles me pareciam ter um significado simbólico qualquer, relacionado com a vida no Vieux Carré.

A convergência de morte e desejo explode na tragédia de Blanche DuBois e Stanley Kowalski – representantes, segundo Lyle Leverich, a biógrafa do dramaturgo, dos pólos opostos e em conflito na natureza do próprio Williams – "dois seres que não são nem bons nem maus, apenas são incapazes de se comunicar e de oferecer um ao outro a compreensão e a compaixão de que ambos necessitam". *Streetcar* é uma peça idealmente talhada para transformar-se numa ópera, pois muitos atores já frisaram a musicalidade da poesia nos solilóquios de Williams, "falando que é preciso dizê-los como se estivessem cantando".

De fato, vários compositores pediram a Williams a permissão para compor uma ópera baseada no *Bonde*, mas ele sempre a recusou. Em 1952, porém, gostou muito do balé usando a trilha sonora de Alex North para o filme de Elia Kazan. E ficou muito bem impressionado com a ópera que Raffaello de Banfield escreveu, em 1955, usando como texto a sua peça em um ato *Lord Byron's Love Letter*. Em 1964, quando Lee Hoiby compôs a música incidental para a mal-sucedida *Slapstick Tragedy*, Williams disse-lhe que poderia adap-

tar qualquer uma de suas peças, esperando que ele escolhesse *Streetcar* – mas Hoiby preferiu *Summer and Smoke*, com a qual tinha maior afinidade. Foi preciso esperar cinqüenta anos para que Renée Fleming desse vida, no palco lírico, à mais célebre personagem de Tennessee Williams.

Blanche DuBois chega, sem avisar, à casa de sua irmã Stella, em Nova Orleans. Eunice Hubbell, a vizinha do andar de cima, a deixa entrar; e Blanche olha com desagrado para o apartamento pequeno e modesto. Quando Stella chega, diz que deixou seu emprego de professora por razões de saúde e fala da situação penosa em que a família ficou, obrigada a se desfazer até do casarão que tinha no Mississipi. Stanley Kowalski, o marido de Stella, chega com seus amigos, Harold Mitchell, a quem chama de Mitch, e Steve, o marido de Eunice, com os quais pretende jogar pôquer mais tarde. Sozinho com Blanche, ele não hesita em tirar a camisa, dizendo que ela "não o vai achar um homem refinado". Quando pergunta à cunhada o que aconteceu com seu marido, ela simplesmente responde: "Morreu."

Stella fala da perda da mansão a Stanley e ele fica irritado, pois a lei lhe garante o direito a parte dos bens da esposa. Aproveitando que Blanche está no banho, examina sua mala, vê as roupas finas e jóias que ela tem, e diz à mulher que sua irmã leva uma vida perdulária. Quando Blanche aparece, mostra ao cunhado os documentos da hipoteca da casa e, constrangido, Stanley argumenta que está preocupado por causa da gravidez de Stella. As duas irmãs saem, para não atrapalhar o jogo de pôquer.

Quando voltam, Blanche conversa sedutoramente com Mitch, liga o rádio e chama-o para dançar. Stanley, que quer continuar a jogar, agarra o rádio e quer jogá-lo pela janela, mas é impedido por Stella. Os dois brigam, ele a esbofeteia, os amigos vão embora e Blanche arrasta a irmã para o andar de cima, em casa de Eunice. Sozinho no apartamento, Stanley começa a chamar por Stella, e ela acaba descendo e caindo em seus braços. Ao voltar para casa, na manhã seguinte, Blanche encontra a irmã com cara de felicidade, sequer prestando atenção às acusações que ela faz a Stanley de ser um bruto.

Semanas depois, Blanche está esperando Mitch e, para que ele a veja sob uma luz sedutora, deixa acesa apenas a sua lanterna chinesa ("Soft people have got to shimmer and glow"). Age de maneira insinuante com o rapazinho que vem cobrar pela entrega do jornal ("Don't you love those rainy afternoons"), o atrai para si ("Has anybody told you that you look like a prince?") e beija-o ("Come here, honey lamb, I would like to kiss you"), o que deixa o rapaz constrangido e o faz fugir. Quando Mitch chega, trazendo flores, Blanche exige que ele as entregue com exageradas demonstrações de cortesia. Saem juntos e quando voltam, ele lhe pede um beijo de boa noite, e Blanche o convida a entrar para um último drinque. Mitch confessa que falou dela à sua mãe, que gostaria de vê-lo casado, antes de morrer, e fala de solidão e da necessidade de encontrar o amor. No dueto "He was a boy when I was a very young girl", Blanche narra a história de seu marido: ela o namorou desde que tinha 16 anos; mas ele suicidou-se, depois de casado, quando ela descobriu seu homossexualismo.

Quatro meses depois, Mitch foi convidado para o aniversário de Blanche. Mas Stanley diz a Stella que contou ao amigo o que descobriu a respeito da cunhada: ela morava em um hotel suspeito, perto de um quartel, e foi despedida da escola por ter-se envolvido com um de seus alunos. Como Mitch não aparece, Blanche quer lhe telefonar. Stanley sente a necessidade de ficar de novo sozinho com a esposa ("Me and you, when we first met"); mas Stella se irrita porque o marido oferece uma passagem de trem de presente à sua irmã, para que ela vá embora. Protesta, Stanley lhe dá uns safanões, ela grita que está sentindo dores e precisa ser levada ao hospital.

Mais tarde, à noite, Blanche está sozinha, bebendo, e Mitch aparece. Diz ter-se dado conta de que ela nunca se deixou ver no claro, arrasta-a até a luz e acusa-a de ter mentido sobre a sua idade e o seu passado. Ela explode na climática ária "Real, you want real? I want magic!" Na rua, ouve-se a voz de uma florista mexicana que apregoa: "¡Flores! ¡Flores para los muertos!" Blanche diz a Mitch que a angústia de estar sempre cercada pela morte ("I used to sit there and Death was as close as you are") é que a impelia a ir procurar os jovens soldados, no quartel. Mitch tenta abraçá-la ("I don't mind your being older"), mas ela diz que não se entrega a ele antes de se casar, e expulsa-o histericamente. Continua a beber, tira da mala uma camisola de seda e sua tiara de pedras preciosas, e mergulha num pesadelo, em que se vê perseguida pela voz da Florista. Quando Stanley volta, com a notícia de que o bebê de Stella só vai nascer no dia seguinte, ela tenta lhe contar uma versão fantasiosa da conversa com Mitch ("He came back begging forgiveness"), mas o cunhado não acredita ("Take a look at yourself... What kind of queen do you think you are?"). A tensão entre eles cresce e, finalmente, Stanley a carrega para seu quarto e joga-a na cama.

Dias depois, a chorosa Stella está arrumando as malas da irmã, os homens estão jogando cartas, e Eunice adverte à vizinha que não deve acreditar no que lhe for dito por Blanche que, aparentemente, teve um esgotamento nervoso. Blanche aparece, fantasiando que está sentindo o cheiro do mar, e está morrendo num navio, assistida pelo charmoso médico de bordo, que lhe segura a mão ("I can smell the sea air"). Chegam o Médico e a Enfermeira: ao vê-los, Blanche, amedrontada, foge para seu quarto, é perseguida por eles, subjugada e levada gentilmente, pelo Médico, para o hospital. "Whoever you are", diz ela àquele desconhecido, com voz fragilizada, "I have always depended on the kindness of strangers" (Seja você quem for, sempre dependi da delicadeza dos estranhos).

John Allison, o autor de *The Pocket Opera Companion*, faz um julgamento um tanto severo de *Streetcar*:

A ópera pouco acrescenta à peça de Tennessee Williams em que se baseia; uma obra literária tão completa que não precisa ser embelezada. O libreto de Philip Littell adere fielmente à peça, e a música parece uma trilha sonora, que a ilustra mais do que conduz a ação. Há alguns momentos evocativos e Previn escreve melodias eficientes para os monólogos de Blanche, mas essa comovente história de sonhos perdidos e amores desencontrados, no Deep South, pede mais do que uma história que se limita a alinhavar, de forma competente, coisas tiradas aqui de Samuel Barber, ali de Aaron Copland.

Mesmo não tendo traços que a distingam como uma obra de gênio, a partitura de Previn é bem concebida, sobretudo no que se refere à precisa caracterização das personagens, pensadas em função das vozes específicas dos cantores que as iriam criar: Renée Fleming que, antes mesmo da estréia, já tinha popularizado a ária *I Want Magic* – esse é o título de uma coletânea de árias de ópera americana que ela gravou –, além de Elizabeth Futral, Rodney Gilfry e Anthony Dean Griffey, com quem Previn trabalhara anteriormente em montagens de óperas de Britten.

A ópera gira em torno da figura de Blanche ("foi a intensidade da interpretação de Marlon Brando que nos fez pensar que Stanley tem tanta importância quanto ela", diz Previn[17]). A ação centra-se nessa mulher triste, vulnerável, condenada à desventura, que a gente não sabe decidir se é moralmente reprovável ou uma vítima das circunstâncias infelizes de sua vida. A ela pertencem os momentos mais marcantes, em especial o longo monólogo sobre o marido morto. Isso não significa que as outras personagens não ganhem relevo e, nesse sentido, Mitch – homem sensível, inteiramente errado para Blanche, mas solitário e necessitado de encontrar quem o ame – é bem mais interessante do que Stanley. Previn demonstra instinto dramático também ao tomar certas decisões acertadas, entre elas a de não pôr em música o famoso grito de Stanley – "Stell-aahh!" – ao pé da escada, quando ele se sente totalmente desarvorado e pede à esposa, que maltratou, para voltar ao apartamento. "Nem o próprio Fischer-Dieskau seria capaz de cantar esse 'Stell-aahh!' de forma convincente", diz ele. "Philip Littell queria que eu o musicasse, mas respondi que não dava." Em compensação, sabe fazer de "I Want Magic" um grande *hit*, deliberadamente tonal num momento climático em que é necessário abandonar as dissonâncias com que se evoca a realidade torturada de Blanche, e recorrer ao diatonicismo para pintar as cores idealizadas de seu mundo interior.

Embora tenha estado, em várias fases de sua carreira, associado ao jazz, e a ação da peça se passe em Nova Orleans, Previn fez questão de não fazer do jazz uma presença dominante dentro da partitura, embora não recuse toques jazzísticos ocasionais em momentos precisos.

17. Na entrevista a Richard Dyer, do *Boston Globe*, reproduzida no folheto da gravação da estréia.

Interrompida, ocasionalmente, por árias ou duetos que se inserem dentro da textura contínua da música, a declamação recorre aos ritmos naturais da fala, dentro de uma linha de influência que remete naturalmente a Britten, mas reserva espaço ao lirismo à maneira de Barber, dois compositores de que Previn se confessa realmente devedor como modelos a seguir.

Catán

Embora nascido na Cidade do México, em 1949, e tendo estreado a primeira ópera na sua cidade natal, Daniel Catán Porteny é colocado aqui pelo fato de que, desde meados da década de 1990, tem estado vinculado à vida musical americana. Mesmo cantadas em espanhol, é para teatros americanos que suas óperas têm sido concebidas. Catán estudou filosofia na Inglaterra, na Universidade de Sussex. Durante essa época, para se sustentar, trabalhou como porteiro em Glyndebourne, e isso o fez decidir a dedicar-se à música e ao teatro. Após estudos em Southampton, aperfeiçoou-se em Princeton, com Milton Babbitt, entre 1974-1977. O resultado desses estudos foi *Encuentros en el Ocaso* (1980), que não chegou a ser estreada. Partes de sua primeira ópera encenada, *La Hija de Rappaccini*, foram compostas durante o período que passou, em 1987, trabalhando com a Welsh National Opera. Catán fez também uma viagem ao Japão, onde foi influenciado pela maneira oriental de combinar música e teatro.

Conservador por inclinação, Catán assimila recursos mais modernos aprendidos com seus professores e, nesse sentido, seu percurso assemelha-se ao de Tobias Picker. Incorpora também muitos dos maneirismos dos compositores vanguardistas das primeiras décadas do século – politonalidade e polirritmia, combinação de escalas ocidentais e orientais, namoro com a música na fronteira entre o clássico e o popular –, pondo esse idioma misto a serviço da atração que tem pelo "realismo mágico" da literatura latino-americana, tal como expresso, por exemplo, nos romances de Gabriel García Márquez, a quem dedicou sua segunda ópera. Ficam muito claras as suas opções no texto *Música y Poesia*, de 1989[18]:

> Sou herdeiro de uma riquíssima tradição operística. Na minha obra, pode-se escutar – e me orgulho disso – a dívida enorme que tenho para com compositores que vão de Monteverdi a Alban Berg. Mas, talvez, a maior de minhas dívidas é a de ter aprendido que a originalidade de uma ópera não consiste em rejeitar nossa tradição (o que equivaleria a valorizar cegamente a orfandade), e sim em assimilá-la profundamente, de modo a conseguir a mais íntima fusão entre o texto e a música escrita para ele.

Juan Tovar escreveu para ele, em 1983 – antes mesmo de sua ida a trabalho para o país de Gales – o libreto de *La Hija de Rapaccini*. Baseou-se na peça de teatro que, em 1956, Octavio Paz extraíra de *Rapaccini's Daughter* (1844), o romance de Nathaniel Hawthorne. A composição estendeu-se até 1989, e a ópera só foi estreada em 25 de abril de 1991, no Palacio de las Bellas Artes, na Cidade do México, com Encarnación Vasquez, Ignacio Clapes, Oscar Samano, Fernando de la Mora e Ellen Rabiner.

Em Pádua, na Itália, o misterioso Dr. Giacomo Rappaccini tem um amor tão patologicamente possessivo por Beatriz, a sua filha, que ministra a ela uma poção, feita com flores de seu jardim, que a torna venenosa. As flores murcham quando a moça as toca. Isso não impede Giovanni Guasconti, estudante de medicina, de se apaixonar por ela. Seu professor, o Dr. Baglioni, fornece-lhe um antídoto. Ao procurá-la, no jardim, para lhe dar o antídoto, Giovanni dá-se conta de que também está intoxicado; mas, por amor a Beatriz, dá-lhe todo o remédio. O Dr. Rapaccini adverte a filha que morrerá, se tomar o antídoto; mas Beatriz responde que isso será melhor do que ficar presa no jardim pelo resto da vida, vendo morrer tudo em que toca. Bebe a poção e desfalece, nos braços do namorado, ao pé de uma grande árvore, coberta por uma chuva de pétalas de flores. A rubrica, no final do libreto de Tovar, diz:

> La tragedia humana ha terminado. Sólo queda el jardín, el cual, poco a poco, se ilumina fantasticamente, transformando así la tragedia en lo único que la redime: la belleza.

18. Ver Bibliografia.

A elegância da declamação do *Pelléas et Mélisande*, a opulência orquestral straussiana e a a irrupção ocasional de linhas vocais de uma riqueza pucciniana parecem conjugar-se, nessa partitura muito evocativa. A crítica acolheu muito bem a graciosa técnica de escrita vocal de Catán, elogiou seu uso da orquestra e seu senso de teatro, eficiente dentro de uma forma de composição tradicional. Ao comentar a gravação da Naxos, o crítico Paul Shoemaker observou que

> a música da *Filha de Rappaccini* é ricamente dramática, de um romantismo pós-moderno sensualmente cromático, mesmo quando as linhas vocais são mais declamatórias do que cantabile. Além das características modernas da composição de ópera que são de se esperar, Catán admite ter influências de Alberto Ginastera e Karol Szymanowski. Além disso, a forma como escreve para as cordas, logo no início da ópera, nos traz à mente a música de sir Michael Tippett.

De fato, há momentos muito felizes: a ária "Unión de contrarios, armonía de universos", em que Beatriz fala de sua solidão e imagina o homem que poderia amá-la; o arioso "Esa rosa, ¿por qué me obsesiona?", em que Giovanni fala da perturbação que o amor traz a seu coração; ou o longo dueto de amor (ato II, 9), de linhas muito expansivas. E a cena final, em que Beatriz bebe o antídoto e se despede:

> *Ya dí el salto, ya estoy en la outra orilla. Jardín de mi infância, paraiso envenenado, árbol, Hermano, mi único amante, ¡cúbreme! ¡calcíname! Disuelve mis huesos y mi memória... Ya caigo, caigo hacia adentro y no toco el fondo de mi alma...*

traz um belo encerramento à ópera, arrematada por um poslúdio transfigurado, que faz pensar no da *Daphne*, de Strauss – também celebrando uma passagem e uma metamorfose liberadoras. Da *Filha de Rappaccini*, há três gravações disponíveis:

Naxos, 1991 – Vázquez, de la Mora, Suaste-Eduardo Diasmuñoz (trechos gravados no México).

Newport Classics, 1997 – Gorra, Jovanovich, Marshall, Rebolledo-Eduardo Diasmuñoz;

Manhattan School of Music, 2003 – o registro ao vivo da série *Opera Theater Recordings*, que documenta produções da própria escola.

O disco da Naxos vem com a cantata *Mariposa de Obsidiana*, sobre poema de Octavio Paz. No sincretismo religioso mexicano, as figuras pagãs de Teteoinán, a deusa mãe, e Itzpapálotl, a deusa da Terra, fundiram-se, desde o século XVI, com a devoção à Virgem de Guadalupe. Paz nos faz ouvir a voz de Itzpapálotl – "Mataron a mis hermanos, a mis hijos, a mis tíos" – lamentando ter sido aprisionada dentro da santa católica pois, no seu estado natural e pagão, ela oferecia ao mundo uma gama muito maior de experiências religiosas extáticas e telúricas: "En otros tiempos, cada hora nacía del vaho de mi aliento, bailaba un instante sobre la punta de mi puñal y desparecía por la puerta resplandeciente de mi espejito." A deusa carpe sua situação atual – "Estoy sola y caída, grano de maíz desprendido de la mazorca del tiempo" – e convida sensualmente o ouvinte:

Toma mi collar de lágrimas. Te espero en ese lado del tiempo en donde la luz inaugura un reinado dichoso. [...] Allí abrirás mi cuero en dos, para leer lãs letras de tu destino.

A cantata extraída desse texto belíssimo lembra a *Luonnotar* de Sibelius – o mesmo substrato mitológico, a mesma forma de contrapor uma orquestra cintilante às impiedosas exigências feitas à tessitura do soprano. Mas as sonoridades, a forma de construir a melodia têm o sabor centro-americano típico. *Borboleta de Obsidiana* – que não posso deixar de recomendar entusiasticamente ao leitor – é uma peça importante para a compreensão da obra de Catán, na medida em que seu tema, a transformação, está associado tanto à *Filha de Rappacini* quanto ao da ópera seguinte.

Em 5 de março de 1994, *La Hija de Rappaccini* foi representada com muito sucesso, no Civic Theater de San Diego, pelos mesmos cantores que a criaram no México. Gilda Mullette, no *San Diego Daily Transcript* (11.3.1994), Pam Dixon no *Daily Californian* (10.3.1994), Martin Bernheimer no *Los Angeles Times* (7.3.1994), Scott Duncan na revista *Opera Now* foram alguns dos críticos que se referiram a ela de maneira extremamente elogiosa. Em consequência desse entusiasmo, um grupo de teatro americano reuniu-se para encomendar a Catán uma nova partitura, a ser

cantada pelo elenco do Opera Studio de Houston – responsável por algumas das estréias americanas mais estimulantes dos últimos anos. A iniciativa partiu de David Glockey, o diretor da Grand Opera de Houston, que desejava uma peça cantada em espanhol, em atenção à comunidade hispânica dessa cidade, de importância crescente.

Catán procurou García Márquez, pedindo-lhe um libreto. Este recusou-se a escrevê-lo pessoalmente, mas recomendou a roteirista cinematográfica Marcela Fuentes-Berain, propondo-se a agir como consultor. O resultado foi *Florencia en el Amazonas*, com sugestões retiradas do romance *O Amor no Tempo do Cólera*, de García Márquez. Estreada no Wortham Center de Houston, em 25 de outubro de 1996, *Florencia* foi, em seguida, apresentada em Los Angeles, Seattle e Bogotá. O selo Albany Records tem a gravação da estréia, regida por Patrick Summers, com Patrícia Schumann no papel-título.

A ação passa-se nos primeiros anos do século XX. A cantora Florencia Grimaldi esteve ausente da América Latina durante vinte anos, fazendo carreira na Europa. Agora, viaja incógnita no barco *El Dorado*, que sobe o rio Amazonas, fazendo a viagem de Leticia, na Colômbia, até Manaus, onde vai dar um recital. Na verdade, ela está voltando à cidade na esperança de reencontrar Cristóvão Ribeiro da Silva, o grande amor da sua vida. Num longo monólogo, explica como, vinte anos antes, quando Cristóvão decidiu embrenhar-se na Floresta Amazônica, em busca da raríssima borboleta Musa Esmeralda, ela preferiu separar-se dele e embarcar para a Europa:

Enseñaste a mi cuerpo a sentir la pasión
y mi alma tomó forma entre tus manos.
De la pasión brotó mi voz,
como aquella mariposa que buscabas en la selva.
Me ofreciste eso y lo desprecié. [...]
Dijiste que me esperarías siempre,
que el amor liberaba y no me detendrías.
Me fuí, triunfe y olvidé mi promesa [...]
y destruí parte de mi alma.
Nunca había estado tan sola
Y tan rodeada de mentiras.
Supe que no podía seguir.
Tenía que regresar.

(Ensinaste a meu corpo a sentir a paixão e minha alma tomou forma entre tuas mãos. Da paixão brotou a minha voz, como aquela borboleta que procuravas na selva. Tu me ofereceste isso e eu o desprezei. [...] Disseste que me esperarias sempre, que o amor libertava e não me deterias. Fui embora, triunfei e esqueci a minha promessa [...] e destruí parte da minha alma. Nunca tinha estado tão sozinha e tão rodeada de mentiras. Soube que não podia prosseguir. Tinha de regressar.)

Há outros viajantes no barco. Arcádio, sobrinho do Capitão, deseja seguir a carreira do tio como uma forma de libertar-se e viver a aventura: "Volar, sentir en el pecho el empuje de los vientos, el retumbo de los truenos." A jornalista Rosalba está fazendo pesquisas para escrever a biografia de Florencia, mas não sabe que a cantora se encontra no navio. E o casal de meia idade, Paula e Álvaro, está indo a Manaus ouvir o recital de Florencia, na esperança de, com isso, reacender a chama de um casamento desgastado. Acompanha-os Riolobo, uma figura estranha que, a princípio, parece o faz-tudo da embarcação, mas depois revela ter relações misteriosas, quase sobrenaturais, com o rio e a floresta.

Enquanto Florencia reflete sobre seus motivos para fazer a viagem, enquanto Arcádio e Rosalba fazem amizade e trocam confidências, as tentativas de Paula e Álvaro de se reaproximar resultam em trocas de palavras amargas e ofensivas ("Así somos", diz ela em determinado momento, "la mezcla amarga de un mal vino!"). As diferenças entre os dois casais são frisadas pela Cena do Jogo de Cartas (I,7), em que Rosalba e Arcádio revelam-se parceiros harmoniosos (Rosalba: "La reina de diamantes ¿cómo lo adivinó? ¡puede leerme el piensamiento!"), ao passo que as desavenças do casal de meia-idade se acentuam e evidenciam (Paula: "Un tres de espadas ¡decapita a mi rey! ¿lo haces por molestarme?").

Florencia passa uma noite insone depois que o Capitão lhe diz que há muitos anos não se ouve falar de Cristóvão, o caçador de borboletas. De repente, em pleno mês de seca – "Pero esse río nunca há necesitado motivos ni razones", diz o Capitão – cai uma enorme tempestade de chuva cor de rosa. Riolobo pede a proteção dos deuses do rio. No meio do temporal, o Capitão é atingido por um raio, Arcádio tem de assumir o comando, e Álvaro cai dentro do rio.

Depois que a tempestade amaina, Florencia, atordoada, não sabe se está viva ou morta. Num longo e apaixonado dueto, Arcádio e Rosalba alegram-se por terem sobrevivido e declaram-se um ao outro:

ROSALBA: *¡Veo en ti una pasión que desconozco!*
ARCÁDIO: *Si alguna vez me llego a enamorar será de ti.*

(Vejo em ti uma paixão que desconheço!/Se alguma vez eu chegar a me apaixonar, há de ser por ti!)

Na ária "¿Hace quanto que no te digo que te quiero?", Paula lamenta a morte do marido, cujo corpo foi pescado no rio. Mas, de repente, Álvaro desperta da morte ("Una voz me llamó: brotó del amor."), e eles se reconciliam. Durante a tempestade, o caderno de anotações de Rosalba ficou ensopado e semi-destruído. Ao conversar com ela para consolá-la, Florencia fala dos sentimentos de La Grimaldi (ária "El amor no aprisiona, es un imenso mar") de um modo que faz a jornalista dar-se conta de ser ela a cantora cuja vida está pesquisando, e se extasia com isso.

Mas o barco está chegando a Manaus e recebe a mensagem de que nenhum passageiro pode desembarcar, pois a cidade está tomada por uma epidemia de cólera. Ao perceber que nunca mais verá Cristóvão, Florencia cai desfalecida. Mas, no longo monólogo final – um verdadeiro *Liebestod* tropical – seu espírito liberta-se do corpo:

Escúchame Cristóbal,
mi voz vuela hacia ti como un ave
y se cierne sobre el amor del mundo.
De ti nació mi canto, de entre tus manos
que, en sueños y despiertas, veneran mariposas. [...]
Te siento palpitar en las alas de cada mariposa
y en cada brillo verde, en el viento, en el agua,
en el fondo de la selva, en la vida o la muerte.
Te siento palpitar en el vuelo de mi canto,
en el aire suave.
Te siento en el aire, ¡Cristóbal!¡Cristóbal!
Te siento palpitar en el aire suave de mi canción.
Aquí, aquí, ¡aqui en mi canto!

(Escuta-me, Cristóvão, a minha voz voa para ti como uma ave e se cinge ao amor do mundo. De ti nasceu meu canto, das tuas mãos que, em sonhos ou despertas, veneram as borboletas. [...] te sinto palpitar nas asas de cada borboleta e em cada brilho verde, no vento, na água, no fundo da selva, na vida ou na morte. Te sinto palpitar no vôo de meu canto, no ar suave. Te sinto no ar, Cristóvão! Cristóvão! Te sinto palpitar no ar suave da minha canção. Aqui, aqui, aqui no meu canto!)

Soltando-se de seu casulo humano, Florencia transforma-se numa borboleta cor de esmeralda, que flutua livre sobre o barco, numa metamorfose mística, como se só em outro plano o seu amor pelo namorado pudesse se realizar.

Está clara, no libreto, a metáfora do barco como a representação da vida humana, viagem que tem um ponto de partida, mas da qual ninguém sabe onde e quando será o porto de chegada. O *El Dorado* mergulha no coração da floresta, no centro do universo, uma cratera profunda e misteriosa como a ferida do amor tentando cicatrizar-se. Está clara a constituição do elenco como um microcosmo das diversas atitudes humanas diante do amor: o casal jovem que tropeça literalmente na dádiva desse sentimento; a mulher que tenta, talvez tarde demais, reencontrar o homem que abandonou mas não esqueceu; o casal de meia-idade que esqueceu como amar, e tenta desesperadamente redescobrir como era essa emoção, quando estavam apaixonados. Está claro, convivendo com traços veristas típicos, o vínculo com o realismo fantástico de grandes autores latino-americanos como Alejo Carpentier e García Márquez: a figura insólita de Riolobos, que é antípoda e complementar à do Capitão, fazendo uma oposição fantástica a seu bom senso terra-a-terra; a inexplicável tempestade de água cor-de-rosa; a morte e ressureição de Álvaro pela força do amor; e, sobretudo, o final que rompe totalmente com a realidade, projetando a história numa dimensão mística e poética.

Mas o que faz de *Florência no Amazonas* uma ópera extremamente bem-sucedida é a sua qualidade músico-dramática. Tem razão Allen Runch, do *New York Times*, ao comentar a gravação de Patrick Summers:

> A ópera merece o sucesso que teve pois, em uma só palavra, é linda. Livre do sentimentalismo que, com freqüência, passa por beleza no mundo das baladas pop, das trilhas sonoras de filme e do neo-romantismo "disneyificado", *Florencia* possui a arte de ser bela justamente porque é uma ópera tradicional; e porque tem uma forma que, em seus melhores momentos, valoriza a graça, o artesanato e o lirismo, em detrimento da gratificação açucarada e imediata. Comparações com Puccini são inevitáveis e, para dizer a verdade, adequadas; mas, além disso, há muitos toques de impressionismo na partitura de Catán, a fluidez de Debussy, as cores vibrantes de

Ravel. Ela possui também aspectos sedutores para os ouvidos modernos: as marimbas, por exemplo, que com freqüência dão um sabor exótico, ou as percussões, que trazem complexos ritmos latinos. A ópera usa uma orquestra relativamente pequena, o que torna a instrumentação muito precisa e cheia de impacto: as cordas nunca predominam e cada instrumento está claramente articulado. A música é radiosa, sobretudo quando se expande em ondas sonoras que fazem as vozes flutuarem com iridescente colorido.

A escrita vocal de Catán, que acredita no lirismo da velha escola, adapta-se muito bem à fluência da escrita orquestral. Nesses tempos de óperas modernas com ginásticas vocais que, muitas vezes, são influência da Broadway, é uma delícia ouvir uma obra que nos oferece linhas de canto fluentes, de uma beleza pura e não-adulterada. Não importa se a música de Catán é inovadora ou não. Num mundo em que a definição de ópera foi ampliada para incluir obras como *Einstein on the Beach, The Cave*, e *Jackie O*, é um alívio encontrar alguém que ainda sabe escrever algo tão imensamente satisfatório. O arioso transforma-se em ária sem afetação, as vozes se entrelaçam num abraço amoroso, e nada parece fora de lugar. E a orquestra é muito bem-sucedida em sugerir constantemente a presença da água, seu fluir, sua relação com o tempo que passa, com a vida que se esvai. Em sugerir também os ruídos, os perfumes, o calor úmido da floresta na qual o barco se embrenha como um útero primal.

Foi elogiosa também a avaliação da revista *The Los Angeles Opera*:

> A música de *Florencia en el Amazonas* é das melhores já compostas neste século. Catán não cai na armadilha de pensar que a originalidade é um fim em si mesmo. Sua música capta o impressionismo evocativo do Amazonas e sua sensualidade e espiritualidade inerentes. É fortemente influenciada por Debussy e Ravel, mas sabe ir além desses modelos. Catán é, antes de mais nada, um compositor de ópera. Cria a ilusão da suspensão de tempo e espaço da mesma forma que Wagner o faz no *Tristão* ou no *Parsifal*. Não precisa de sons dissonantes, que ninguém jamais ouviu – ou ninguém jamais desejaria ouvir –, para criar um conjunto expressivo que é misterioso, intrigante... e opulentamente melodioso. Não é música à qual você tem de se dedicar para acabar gostando: ela é eminentemente audível. O pintor francês Eugène Delacroix dizia que a grande arte é "um artifício engenhoso que agrada e é expressivo". *Florencia en el Amazonas* ilustra muito bem essa definição.

A arte de Catán está, justamente, em saber utilizar, renovando-as, as formas tradicionais – o monólogo confessional, o dueto amoroso, a cena de conjunto (como o quarteto da Cena do Jogo de Cartas, cuja fonte de inspiração é evidente: o quarteto do ato III da *Bohème* que, na verdade, é construído como dois duetos contrastantes superpostos. Ou então o *morceau d'ensemble* na Cena da Tempestade, demonstrando que a ópera nada perdeu de seu interesse como um grande espetáculo de teatro que tem no canto a sua força motriz. As influências – Puccini e Richard Strauss, Debussy e Wagner – são evidentes e assumidas. No monólogo final, por exemplo, além da referência evidente ao *Liebestod*, sentimos, nas palavras finais – "Aquí, aquí, ¡aquí en mi canto!" – a reminiscência do último movimento da *Canção da Terra* de Mahler – mesmo porque ambas evocam o mesmo conceito de eternidade. Mas são, todas elas, influências que Catán assimila de maneira muito pessoal, incorporando-as a uma música cujo tom é individualizado, e de sabor nitidamente latino-americano.

Em maio de 2003, o VII Festival do Teatro Amazonas, dirigido por Luiz Fernando Malheiro, apresentou em Manaus uma versão compacta de *Florencia en el Amazonas*.

Eliseo Alberto Diego é o autor do libreto de *Las Bodas de Salsipuedes* – também chamada de *Caribbean Wedding*. Depois de uma pré-estréia durante um *workshop* na Universidade de Maryland, em fevereiro de 2001, a ópera foi estreada no Wortham Center, em 25 de outubro de 2003, sob a regência de Patrick Summers.

No mesmo dia em que Ulises e Chucho se casam com suas namoradas, Lucero e Magali, o ditador da pequena ilha caribenha de Salsipuedes sofre uma tentativa de golpe. Inadvertidamente, os recém-casados se encontram envolvido numa situação ao mesmo tempo absurda e de humor negro. Acidentalmente, descobrem uma conspiração, o que ameaça as suas próprias vidas. Contornadas essas dificuldades, os dois casais se reúnem, com seu amor reforçado pelos perigos que passaram. A orquestra, de tamanho médio – 45 instrumentistas, incluindo piano, marimba, harpa e diversas percussões caribenhas – fornece música viva e colorida para esse *dramma giocoso*, acentuada pelos ritmos das danças locais. A respeito dela, disse Catán:

> Considero a ópera cômica um gênero muito delicado. Hoje, ela é um desafio porque, neste século, a comédia não pode ser encarada da mesma forma que no século XVII. Nossa maneira de ver o mundo mudou e não somos mais os mesmos. É por isso que minha comédia terá muito de amargura.

Ganhador do Plácido Domingo Award de 1998, concedido pela Ópera de Los Angeles, Catán é o autor de apreciadas obras orquestrais e de câmara. No selo FCM há a gravação da premiada *En un Doblez del Tiempo*, com Eduardo Diasmuñoz e a Filarmônica da Cidade do México.

Picker

Desde criança, o nova-iorquino Tobias Picker, nascido em 1954, ouvia apaixonadamente a coleção de discos de 78rpm de sua mãe, a estilista e artista plástica Henriette Simon. Começou os estudos de piano aos oito anos e, desde cedo, demonstrou muita facilidade para a improvisação. Iniciou, em 1972, na Manhattan School of Music, estudos de composição com Charles Wuorinen, e de orquestração com John Corigliano. Aulas com Elliott Carter, na Juilliard, e com Milton Babbitt, em Princeton, ampliaram muito o seu contato com as formas mais arrojadas de escrita contemporânea, que condicionam o idioma de suas primeiras composições.

Porém, assim que se torna, em 1985, o compositor residente da Sinfônica de Houston, surgem os primeiros sinais de que sua linguagem está passando por modificações, buscando a conciliação entre o tradicional e a vanguarda. "Todas as peças orquestrais ou de câmara que compus nas décadas de 1970-1980", diz Picker, "estavam, na realidade, preparando o terreno para o tipo de drama musical que escrevo hoje, permitindo-me desenvolver a palheta narrativa." Isso já é muito visível em *The Encantadas*, para narrador e orquestra, a partir do relato que Hermann Melville faz de sua viagem às Ilhas Galápagos. Picker afirma que a extraordinária gravação dessa peça, feita com a participação de sir John Gielgud, o incitou a tentar a sorte com a ópera.

O ponto de virada é a brilhante *Sinfonia n. 2*, que Sergiu Comissiona gravou, em 1986, com a Sinfônica de Houston e o soprano Leona Mitchell. Oscilando entre o atonal e o diatônico, essa sinfonia se encerra com um poema de Goethe significativamente intitulado *Aussöhnung* (Reconciliação), acenando para o casamento de todos os tipos de escrita musical, em nome de uma maior expressividade e capacidade de comunicação imediata com o público. Picker acrescenta:

> Houve também o ciclo de canções *The Rain in the Trees*, para soprano, flauta e orquestra. Eu estava aprendendo a escrever para a voz humana. Mesmo o meu concerto para piano, *Keys to the City*, composto para comemorar os cem anos de construção da ponte de Brooklyn, ou o poema sinfônico *Old and Lost Rivers* contavam uma história.

A "reconciliação" com a música tonal era acelerada. E Picker estava se preparando para escrever uma ópera. Faltava-lhe apenas um assunto. Ele o encontrou em agosto de 1990, ao assistir, na PBS, a um documentário intitulado *The Sins of Our Mothers*, contando a história de Emmeline Mosher, nascida na década de 1820, em Fayette, no Maine. Sem saber, Emmeline tinha se casado com o filho que tivera na adolescência. Abandonada por todos quando a verdade foi descoberta, ela viveu o resto da vida em total ostracismo, e morreu em estado de absoluta pobreza.

Foi um caso de amor à primeira vista, diz Picker. "Um envolvimento visceral com as emoções e os sentimentos básicos de cada personagem que, em vários momentos, chegou a ser doloroso." O projeto concretizou-se em 1994: a Ópera de Santa Fé – cidade na qual Picker dirigia, desde 1987, o Festival de Música de Câmara – lhe encomendou a ópera baseada nesse episódio real. O libreto foi escrito pelo poeta J. D. McClatchy, a partir da versão romanceada da história, que Judith Rossner publicara em 1980. *Emmeline* teve acolhida extremamente positiva em 27 de julho de 1996, tanto que, no mesmo ano, foi levada no New York City Opera, onde o sucesso se repetiu. Foi igualmente favorável a resposta do público e da crítica, quando o selo Albany Records lançou, em 1998, a gravação da estréia: Racette, Peterson, Ledbetter, Owens, Langan-George Manahan.

Aos treze anos, Emmeline Mosher, filha mais velha de uma família numerosa e muito pobre, vai trabalhar numa fábrica de tecidos. Seduzida pelo filho do patrão, engravida e tem um filho, que os pais a obrigam a dar para adoção. Vinte anos mais tarde, fica conhecendo Matthew Gurney, jovem trabalhador da estrada de ferro. Apesar da diferença de idade – ela está agora com 33 anos –, Emmeline é uma mulher bonita, muito atraente e Matthew, apaixonando-se por ela, pede-a em casamento. Eles se casam, e só mais tarde a tia Hanna Watkins, irmã de Henry Mosher, o pai de Emmeline, descobre que Matthew é o filho que sua sobrinha teve na pré-adolescência. Horrorizado com o incesto involuntário, Matthew abandona a mulher; e tanto a família quanto a comunidade repudiam a "pecadora".

Essa história edipiana, transposta para o interior dos Estados Unidos, tem ressonâncias de tragédia. Assimilando de forma pessoal diversas influências – a de Copland, de Stravínski, de Bernstein e dos minimalistas –, Picker escreve uma música extremamente acessível, a que as platéias reagem sempre muito bem. Um dos elementos mais marcantes da partitura é o ritmo, a pulsação nervosa, que é a da própria história, encaminhando-se inexoravelmente para o desenlace trágico. Pulsação que atinge o ponto culminante na Cena da Revelação (II, 4), em que Emmeline finalmente entende o que lhe aconteceu. É muito expressivo o uso que Picker faz, nesse momento, do tema de "I know nothing", a ária do início do ato II, em que Emmeline fala à sua mãe do bebê que teve e nunca chegou a conhecer (ela achava que era uma menina e, sem saber como a criança tinha sido batizada, tinha-lhe dado o nome de Maryanne).

Não há realmente citações literais de melodias autênticas. Os hinos religiosos usados na peça e a música de caráter folclórico são livremente recriados por Picker. Há apenas a citação de um texto, "To cheerfulness inclining" (I, 7), a canção de trabalho das operárias da fábrica. Picker o encontrou na edição de dezembro de 1845 de *The Lowell Offering*, a revista publicada pelas *factory girls* da tece-lagem de Lowell. Mas a música escrita para esse coro é do próprio Picker pois, como ele mesmo conta, originalmente, era com um dos temas da *Flauta Mágica* que elas o cantavam. Na cena 3 do ato II, Picker reutiliza a música anteriormente composta para o salmo 23, *The Lord is my Shepherd*. Essa melodia, que já aparece nas cordas na música de transição entre as cenas 2 e 3 do ato II, retrabalha de forma livre um tema que, tradicionalmente, era usado nas sinagogas americanas para entoar esse salmo.

O ato I, iniciado com o enterro de mais um dos bebês dos Mosher, que não sobreviveu, termina com a cena do nascimento do filho de Emmeline, que não lhe permitem sequer ver. O ato II, aberto pela conversa de Emmeline com a mãe, a que já nos referimos, encerra-se com a solidão em que a personagem se vê, quando todos lhe viram as costas. Sobre os dois atos, paira a figura endurecida da tia Hanna, puritana, seca por dentro, uma mulher que os anos tornaram fria e impiedosa, como uma forma de se proteger contra a dureza da vida. É essa Kostelníčka do interior americano quem, no final do ato I, impede Emmeline de ver a criança recém-nascida:

> *A girl. A boy.*
> *What does it matter?*
> *A child born to sorrow.*
> *A child you'll never see.*
> *You... your mother, myself,*
> *made to eat the bread of wickedness*
> *and drink the wine of lust.*
> *The shame of this will beat*
> *in your heart forever.*

(Uma menina. Um menino. Que importa? Uma criança nascida para sofrer. Uma criança que você nunca verá. Você... sua mãe, eu mesma, feitas para comer o pão do vício e beber o vinho da luxúria. Essa vergonha pulsará para sempre em seu coração.)

É Hanna também quem põe em movimento a máquina infernal do destino, ao reconhecer o garoto que deu para criar. Ela o entregou a um fazendeiro de Massachusetts que mancava, casado com uma mulher ruiva:

> *I stole you from her when you were a baby*
> *And she – poor girl – no more than a child.*
> *You cursed boy... Emmeline is your mother!*

(Eu te tirei dela quando você era ainda um bebê e ela – pobre menina – pouco mais do que criança. Menino amaldiçoado... Emmeline é a sua mãe!)

Os atos I e II se espelham. Em ambos Emmeline ama o homem errado, primeiro por fraqueza e inexperiência, depois por carência afetiva. Também por um sentimento irrefreável que faz com que Matthew e ela se sintam atraídos um pelo outro e é – nós o descobrimos no final – o amor instintivo da mãe pelo filho. Mas a Emmeline jovem que, no passado, deixou-se manipular, cresceu e não se deixa mais derrotar pela sociedade sufocante em que vive. Isso torna o papel extremamente difícil, pois a mesma cantora tem de criar, no palco, a menina de 13 anos que ficou grávida por acaso, e a mulher de mais de trinta anos, vivida, amadurecida. Nesses anos todos, Emmeline passou pela experiência da descoberta do amor verdadeiro; e o dueto "Matthew! If you love me" (II, 1), que antecede a cena do casamento, é o momento melodicamente mais inspirado da ópera.

Emmeline ficará na mais total solidão, porque Matthew não terá a coragem de permanecer a seu lado, e o mundo em que ela vive é hipócrita, e não a perdoará por um crime de que ela não tem culpa alguma. Mas ela viveu intensamente o amor, e não se verga. Suas últimas palavras são:

> *Everything I want is gone.*
> *Everything that I've loved is gone.*
> *Doesn't it make a difference?*
> *Doesn't love make a difference?*
> *The night grinds the day into stars*
> *like a great machine.*
> *The night out there!*
> *God! Oh, God,*
> *it's the great machine,*
> *weaving the dark, near to far,*
> *grinding me up into stars.*

(Tudo que quero foi embora. Tudo que amei foi embora. Isso não faz uma diferença. O amor não faz diferença? A noite tritura o dia e o transforma em estrelas, como uma grande máquina. A noite lá fora! Deus, ó meu Deus, é a grande máquina tecendo a escuridão longe e perto, me triturando e me erguendo até as estrelas).

O final da ópera é intensamente triste, mas não negativo, pois as palavras do hino religioso que o coro entoa como pano de fundo a seu monólogo acenam com o perdão:

Anne Marie Owens (tia Hanna) e Patrícia Racette (Emmeline), na estréia, em
1996, na Ópera de Santa Fé, da *Emmeline* de Tobias Picker.

Fear thou not for I am with thee.
Be not afraid for I am thy God.
I will comfort thee, I will help thee.
Yea, I will uphold thee with my righteousness.
I will strengthen thee.
Yeah, I will strengthen thee.
Yea, I will uphold thee.

(Não tema, porque estou contigo. Não tema, porque sou teu Deus. Eu te confortarei e te ajudarei. Sim, eu te apoiarei com a minha justiça. Eu te fortalecerei. Sim, eu te fortalecerei. Sim, eu te darei o meu apoio.)

A forma como Tobias Picker resolve essa cena final situa-o como um dos grandes dramaturgos americanos recentes.

O sucesso de *Emmeline*, tanto em Santa Fé quanto em Nova York, trouxe a Tobias Picker várias encomendas. A primeira delas foi da Ópera de Los Angeles. É óbvia a lembrança da *Raposinha Esperta*, de Janáček, quando se pensa em *Fantastic Mr. Fox*, estreada no Dorothy Chandler Pavillion, em 9 de dezembro de 1998, com Gerald Finnley, Suzanna Guzmán, Louis Lebherz, Doug Jones, Jamie Offenbach. O libreto de David Sturrock, adaptado de um clássico da literatura infantil americana, o conto de Roald Dahl publicado em 1970, fala de tecnologia contra ecologia, de seres humanos estúpidos e grotescos – três fazendeiros que desrespeitam a natureza com suas máquinas modernas – e de animais astuciosos e leais, que fazem o que podem para defender seu habitat contra a agressão, tendo à frente o fantástico Sr. Raposa.

Boggis, Bunce e Bean, os fazendeiros mais ambiciosos do vale, estão furiosos com a Raposa, que vem roubando seus frangos, gansos e maçãs. Fazem uma emboscada na porta de sua toca e, quando o Sr. Raposa, apesar das advertências de sua esposa, resolve dar um passeio noturno, disparam contra ele, acertando a sua cauda garbosa e peluda. A Sra Raposa e os filhotes o tranqüilizam, pois ele teme que a mulher e as crias não o respeitem mais, agora que perdeu sua bela cauda; e o Raposa promete-lhes vingar-se dos fazendeiros. Enquanto isso, usando suas maquinas, Agnes a Escavadeira e Mavis o Trator, os fazendeiros planejam revirar a terra, destruindo a toca das raposas.

Para ajudá-lo em sua vingança, o Raposa chama a Fuinha, o Texugo e a Porca, uma sol-

teirona solitária que anda precisando de atividade. Ouvindo o ruído da escavadeira e do trator que se aproximam, o Raposa lhes conta seu plano.

À beira da toca, Agnes proclama a sua vontade de destruir tudo, e Mavis expressa a sua admiração por ela. As duas máquinas começam a cavar, e a orquestra descreve o estrago que elas fazem e o ruído dos animais que, atemorizados, fogem para a floresta. Bean acaba ficando dentro de uma enorme cratera aberta por Agnes. Quer permanecer ali, à espera do Raposa, e matá-lo quando vier tentar salvar o que escapou da destruição. Boggis e Bunce desistem e vão embora. Na floresta, os animais prometem ao Raposa ajudá-lo a reconstruir sua toca, e conseguem a adesão de Rita a Ratazana à sua vingança. Vão até a fazenda de Bean, onde o Raposa liberta o Porco-Espinho, que o fazendeiro mantinha preso em seu porão. Os filhotes do Raposa unem-se aos outro animais, e fazem a festa, caçando todos os frangos e gansos que podem pegar, além de levar toda a cidra que Bean estava guardando para fazer doce. A inauguração da nova toca é comemorada com um grande jantar, durante o qual a Porca solteirona fica conhecendo o Porco-Espinho – e ambos se encantam um com o outro. Enquanto isso, os fazendeiros e suas maquinas, sem saber que o Raposa se mudou, ficam esperando em vão que ele volte, à beira da cratera – "e pelo que eu sei, devem estar esperando até hoje".

Essa fantasia ecológica visa claramente o público infantil: o texto assume deliberadamente o maniqueísmo da história, sem preocupar-se com ambigüidades ou sutilezas, para passar a mensagem de que é necessário proteger o meio-ambiente e respeitar o equilibrio do homem com a natureza. E a música é buliçosa, com traços folclóricos, perfeitamente diatônica, abrindo grande espaço à paródia.

A segunda encomenda foi fruto do entusiasmo de Jonathan Pell, diretor artístico da Ópera de Dallas, ao assistir *Emmeline* em Nova York: "Acontece muito de os bons compositores de música para a sala de concertos não terem senso dramático e não saberem escrever uma obra que tenha impacto cumulativo", declarou ele. "O que me impressionou em *Emmeline* é que não se trata apenas de uma peça de teatro musicada, como acontece com tantas óperas contemporâneas".

Francesca Zambello dirigiu *Thérèse Raquin* em 30 de novembro de 2001, no Music Hall at Fair Park, de Dallas, sob a regência de Graeme Jenkins. Baseada no segundo romance de Émile Zola, publicado em 1866, a terceira ópera de Tobias Picker era uma co-produção dos teatros de Dallas, Montreal e San Diego, e tinha no elenco Sara Fulgoni (Thérèse), Gordon Gietz (Camille), Richard Bernstein (Laurent) e Diana Soviero (a mãe). O selo Chandos tem o registro da primeira récita dessa ópera, que confirmou o nome de Picker como um dos mais importantes operistas americanos da transição entre os séculos XX-XXI. Ele próprio conta como escolheu o assunto:

Um dia, em 1998, minha irmã estava espanando a estante de livros, e o exemplar de *Thérèse Raquin* caiu no chão. Ela o pegou para reler e, depois, me disse que ali estava o tema para a minha ópera seguinte. Tudo ali respira ópera. Cada página do livro é assunto para uma ópera.

Mas ao contrário de Zola, que dizia querer fazer, em relação às suas personagens, "o trabalho analítico que os cirurgiões fazem ao autopsiar seus cadáveres", Picker escolheu outra abordagem:

Eu me sentia tocado pelas emoções intensas das personagens. Para mim, não se tratava de cadáveres, mas de seres de carne e osso, vivendo conflitos extremamente graves. Para mim, é justamente "a fera que existe dentro deles", de que Zola fala, que os torna tão humanos. Eu queria que inspirassem compaixão e o público se apiedasse dessas pessoas perturbadas, identificando-se com elas.

Ou seja, Picker tomava um clássico do naturalismo francês para dar a ele um tratamento de caráter essencialmente neo-romântico – mas um neo-romantismo filtrado por lentes veristas. A história desse casal de amantes, na Paris operária da segunda metade do século XIX, que mata o marido da mulher e, depois, é roído pelo remorso, tinha exatamente aquilo de que Picker precisava:

O romance me permitiu escrever uma obra de conjunto, rica em contraponto. Eu queria personagens bem definidas, capazes de interagir umas com as outras em pé de igualdade. E transformando monsieur Michaud e seu filho Olivier em uma só pessoa, limitamos a sete os intérpretes e ganhamos em clareza no que se refere a relações muito complexas.

Ao libretista, o cantor e dramaturgo Gene Scheer, autor de canções muito respeitadas, Picker pediu um texto que tivesse cenas mais longas no ato I, e se precipitasse, no ato II, mediante cenas mais curtas, "para sugerir, com isso, uma descida cada mais rápida ao inferno". O conflito moral e dramático se reflete claramente no choque musical sobre o qual a partitura se estrutura. Todo o ato I, que se encerra violentamente com o assassinato de Camille Raquin, baseia-se num mundo harmônico e rítmico muito familiar – o da ópera herdada da tradição de início de século – mas que parece estar, a todo momento, prestes a se romper. No ato II, em que Thérèse e Laurent mergulham na culpa e no desespero, esse mundo musical organizado voou em cacos – da mesma forma que o deles ao optarem pelo crime –, e está tentando em vão reintegrar-se. As tensões dramáticas da história são, portanto, simbolizadas pela tensão entre um universo musical diatônico, conhecido e seguro, e outro, atonal, em que todos os valores foram questionados e as coisas precisam ser reinventadas. Diz Picker:

Essa tensão sempre esteve presente em minha música. Nas minhas primeiras obras, mesmo nas peças seriais mais complexas, é muito freqüente a música se resolver com um acorde perfeito maior. Nunca abandonei realmente essa linguagem que foi minha durante tantos anos – uma linguagem descoberta no espaço entre o tonal e o atonal. Nunca esqueci como esses mundos se ligam entre eles, por que e onde eles se encontram. Para mim, na verdade, esses dois mundos não estão separados, assim como o drama do ato II é a decorrência natural do que aconteceu no ato I.

O pintor Laurent vem terminar de pintar o retrato que lhe foi encomendado por Camille Raquin. Depois que termina seu trabalho, Laurent corre para o quarto do casal com Thérèse, a mulher de Camille, de quem tornou-se amante. Antes de fazerem amor, ela relembra sua infância monótona, quando era empregada dos Raquin e, desde aquela época, já prometida em casamento a Camille, sempre doentio. Dias depois, Madame Raquin, a mãe de Camille, dona de uma mercearia, está bordando em companhia de sua amiga, Suzanne Michaud. Chega um grupo animado – Olivier, o marido de Suzanne, Camille, Laurent e Grivet, um amigo da família – para comemorar o término do retrato e jogar dominó. Fala-se de um crime atroz cometido aquele dia. Durante o septeto do brinde, Laurent e Thérèse reafirmam o amor um pelo outro mas, ao ficar um instante sozinho com ela, o pintor lhe diz que não poderá mais vê-la, pois arrisca de perder o emprego se continuar saindo do escritório, à tarde, para encontrar-se com ela. Thérèse se declara pronta a qualquer sacrifício para não deixar de vê-lo.

No domingo, durante um passeio às margens do Sena, Camille se cansa e deita-se na grama para descansar. Thérèse e Laurent continuam o passeio, e ele lhe diz: "Were we rid of him, we could find release" (Se nos livrássemos dele, seria um alívio). Thérèse concorda em fazer o que o amante lhe pedir. Quando Camille acorda, Laurent o convence a dar um passeio de bote. No meio do rio, Laurent empurra Camille, ele se debate, morde-o no pescoço, mas cai na água e morre.

No ato II, Olivier, Suzanne e Grivet tentam convencer Laurent a se casar com Thérèse, de quem ele "salvou a vida". Afinal, já se passou um ano e eles farão o que for necessário para convencer Mme. Raquin de que essa será a melhor solução. No dia do casamento, Thérèse acorda muito assustada, pois teve mais um pesadelo com o assassinato. Suzanne tenta acalmá-la, dizendo-lhe que, para ela, será uma boa coisa casar-se com Laurent. Depois das bodas, Suzanne e Mme. Raquin preparam a câmara nupcial, enquanto Grivet e Olivier, meio bêbados, fazem uma brincadeira colocando urtiga entre os lençóis e cantam uma serenata para os noivos.

Sozinha em seu quarto, Thérèse canta a história da pomba de Noé e diz só desejar a paz, ao ver desvanecerem-se a dor e o medo que sente, desde a morte de Camille. Laurent vem procurá-la, ela o rejeita, os dois brigam e, quando Olivier e Grivet repetem a serenata à sua janela, acreditam, aterrorizados, estar ouvindo a voz de Camille junto da deles. Thérèse fica horrorizada ao ver, no pescoço de Laurent, a cicatriz da mordida de Camille. Quando o sol nasce, eles não pararam de discutir e a noite de núpcias foi um fracasso.

O fantasma de Camille aparece para a mãe e lhe conta toda a verdade. Mme. Raquin desmaia. Entrando na sala em que ela está, Thérèse e Laurent falam do assassinato sem se dar conta de que ela voltou a si. Ouvindo a sua conversa, ela os chama de assassinos, mas tem um derrame que a deixa muda e paralisada. Cinco meses se passam e ela continua viva, o que deixa Laurent furioso. Estão todos jogando dominó quando vêem a mão de Mme Raquin se mexer. Ela escreve "Thèrese and Laurent are... m", uma mensagem que ninguém consegue entender.

Laurent se irrita cada vez mais com as tentativas de Thérèse de pedir perdão à sogra, que não lhe pode responder. Isso produz uma briga terrível, em que eles se insultam e Laurent bate na mulher. Sai para comprar veneno, decidido a livrar-se dela. Thérèse, dominada pelo delírio, vai uma vez mais pedir perdão à velha, e tem a sensação de que a sogra lhe está pedindo para vingar Camille, matando Laurent. Quando o marido volta, Thérèse aproxima-se dele com um punhal mas, no último minuto, é em seu próprio seio que o enterra. Desesperado, Laurent bebe o veneno que destinava à mulher, e os dois morrem abraçados.

Os motivos condutores exercem, na ópera, papel de destaque. O primeiro deles, ouvido na inquietante melodia do prelúdio, percorre toda a obra e cria, de imediato, a sensação de que algo não vai bem na casa dos Raquin. O clima pesado, que a presença importuna da sogra só faz se adensar mais, parece clarear com a chegada de Laurent, homem alegre e cheio de energia sexual, contrário exato do hipocondríaco Camille. Conta a história da mocinha que veio assistir a seu trabalho:

"She watched me painting along the Seine.
She sat on the river bank, curled like a question mark",
she held her white bonnet on her lap,
its red, velvet ribbons fell across her legs.
She watched and smiled.
I saw but did not turn.
And painted and sang just loud enough for her to hear.

(Ela estava me olhando pintar à beira do Sena. Sentou-se à margem, encolhida como um ponto de interrogação, segurando o capuz branco no colo, as fitas de veludo vermelho caindo ao longo de suas pernas. Ela olhava e sorria. Eu vi mas não me virei. Continuei pintando e cantando alto o suficiente para que ela me ouvisse.)

Ao acompanhar essa narrativa, as cordas parecem estar pintando um quadro impressionista: sugerem, com seu tremular, a bruma de uma tarde quente de verão; desenham, com frases amplas, os grandes espaços abertos à beira do Sena, a léguas de distância da mercearia de Mme. Raquin e do casamento tristonho e sem amor do casal Raquin. Começamos a entender a situação de Thérèse quando ela fala a Laurent de sua infância:

> *My father left me here when I was three*
> *to be raised by my aunt.*
> *He never came back for me.*
> *My mother died, he left me here.*
> *He left me here to learn how to lie. [...]*
> *You will love Camille and you will take care of us.*
> *You will marry him and say thank you.*

(Meu pai deixou-me aqui, quando eu tinha três anos de idade, para ser criada pela minha tia. Nunca voltou para me buscar. Minha mãe morreu e ele me deixou aqui. Ele me deixou aqui para aprender a mentir. [...] Você vai amar Camille e tomará conta de nós. Você se casará com ele e agradecerá por isso.)

Essa ária, de tom comovente, tem melodia muito semelhante à daquela que Thérèse cantará, na cena 4 do ato II, ao voltar do casamento com Laurent, mostrando-nos que, faça o que faça, ela nunca será feliz. O desejo incontrolável de Thérèse por Laurent está, desde o início, carregado do pressentimentos de morte. Ela se declara a ele:

> *How can I say "I love you"?*
> *It feels like hate to me.*
> *The first time you came here*
> *You drove me mad.*
> *You knew you could have me.*
> *You knew that I moved round and round your chair*
> *Just to walk through your breath.*

(Como posso dizer "eu te amo"? Sinto como se fosse ódio. A primeira vez que você veio aqui, me deixou doida. Sabia que poderia me possuir. Sabia que eu rodava à volta de sua cadeira só para passar pelo seu hálito.)

Suas frases, nesse trecho, vêm acompanhadas do tema da ária de Camille, "Thérèse needs a change of scenery", na qual o marido explica à mãe que, no domingo, vão fazer o passeio a Saint Ouen, proposto por Laurent. Antes mesmo que essa idéia lhes tenha passado pela cabeça, paira sobre os amantes a idéia do crime, que será cometido durante esse passeio. A apaixonada frase ascendente do violino, transformação do tema de Thérèse, que ouvimos quando eles se aproximam do leito, voltará no fim da ópera, reforçada pelos metais, no momento exato em que Thérèse erguerá a lâmina do punhal para se matar. Êxtase amoroso e consumação na morte fundem-se, aqui também, dentro da mais nobre tradição operística romântica.

O número de conjunto mais elaborado da ópera é o septeto do ato I, iniciado pelas palavras de Mme. Raquin:

> *We'll recall when years have passed*
> *the ties which bind are those which last;*
> *a balm that soothest the dullest day*
> *and takes the fear of night away.*

(Quando os anos tiverem passado, vamos nos lembrar que os laços que unem são os que permanecem; um bálsamo que nos consola dos dias mais tediosos e leva embora o medo da noite).

Durante esse septeto, os apaixonados dão vazão a seus sentimentos:

THÉRÈSE
> *Say that we will be together again.*
> *We must find a way to be together.*

LAURENT
> *I want to spend ev'ry night with you.*
> *I would do anything to be alone with you.*

(Diga que ficaremos juntos de novo. Temos de descobrir um jeito de ficarmos juntos.//Quero passar todas as noites com você. Eu faria qualquer coisa para ficar sozinho com você).

Aqui também, os sombrios pizzicatos do contrabaixo e as interjeições deslocadas e nervosas dos violinos parecem prenunciar que o futuro está carregado de ameaças. Na cena 3, o tempo deliberadamente lento e o doce acompanhamento das cordas servem para mascarar a tensão dos amantes, prestes a matar o marido. São cheias de confiança no futuro as palavras de Thérèse, na ária "You were with me in my dreams tonight":

> *I belong to you, Laurent.*
> *I need you to endure.*
> *Come, draw me*
> *like the moon at night*
> *pulls the sea to shore.*
> *Never leave me.*

(Eu te pertenço, Laurent. Preciso que você dure. Vem, me arrasta como a lua, à noite, empurra o mar para a costa. Nunca me abandone.)

A suavidade da música de amor contrasta com a brutalidade da seqüência em que Camille é atirado dentro d'água. Se sedução é a palavra chave para explicar o ato I, culpa deveria ser o título para o II. À medida que o amor vai sendo destruído pelo remorso e o ódio, a tonalidade também vai sofrendo um processo de erosão. Na cena 2, quando Suzanne tenta consolar Thérèse, que teve mais um pesadelo, a melodia que a acompanha é a da confiante "Thérèse needs a change of scenery", de Camille, no ato I; mas os acentos constantemente deslocados, de 3-2 para 5-4, frisam a instabilidade da personagem e sua angústia incontrolável.

Picker chamou de "wedding night from hell" a cena da noite de núpcias frustrada. Embora Laurent tente envolvê-la em carinho na ária "Roses remind me of Vernon", algo se quebrou para sempre dentro deles pois, quando ele pede: "Let us begin it with a kiss", Thérèse responde: "Not now, not now. I am so cold, so terribly cold". E as frases angulosas das cordas e metais, e as batidas histéricas no xilofone sugerem que, para esse casal amaldiçoado, não há mais esperança.

Nem depois de morto Camille deixa de ser o homem frágil, sempre agarrado à barra da saia da mãe. A cena da aparição de seu fantasma, "Betrayed. Betrayed by those we loved", é um dos momentos mais fortes do espetáculo, particularmente comovente quando esse homem, que nunca foi amado por ninguém, pede, no auge da carência afetiva, aquilo que a mãe não pode mais fazer: "Touch me, Mother. Feel me." Os motivos superpostos que acompanham Mme. Raquin, quando ela desperta de seu sonho e compreende a verdade, são a combinação das primeiras frases do ato I e II, e isso faz uma espécie de síntese da ação até ali, que serve de pano de fundo para a sua confrontação com a nora e Laurent. O interlúdio, após o derrame que ela sofre, é violento, uma das melhores páginas instrumentais de uma partitura que revela em Picker um músico com grande domínio da orquestra.

A ópera encerra-se com uma grande cena para a protagonista, a ária "Never forgive me", que Thérèse canta para a sogra. Incapaz de responder, esta pode apenas olhá-la de forma acusadora. O final é conciso, brutal: agonizando nos braços de Laurent, Thérèse pede "Kiss me... kiss me", ao som do tema do dueto de amor nos violoncelos, como se Picker quisesse fazer deliberadamente a evocação do *Otello* verdiano. Uma explosão dos metais e dois sinistros pizzicatos do contrabaixo acompanham o gesto desesperado de Laurent, que se mata com o veneno destinado a Mme Raquin. Dramalhão? Por que não? Essa é também, afinal de contas, a matéria de que a ópera é feita.

A terceira encomenda feita a Tobias Picker veio do Metropolitan. Ele está escrevendo *An American Tragedy*, baseada no romance de Theodore Dreiser, popularizado pelo cinema em *Um Lugar ao Sol*, estrelado por Montgomery Clift, Elisabeth Taylor e Shelley Winters. *An American Tragedy* será estreada na temporada de 2005, sob a regência de James Conlon, dirigida por Francesca Zambello. No elenco estarão Susan Graham, Dolora Zajick, Patricia Racette, Nathan Gunn, William Burden, Clifton Forbis, Richard Bernstein, Kirstin Chavez.

Dratell

A presença de Plácido Domingo, criando o papel de Grigóry Raspútin, deu especial destaque à estréia de *Nicholas and Alexandra*, de Deborah Dratell, na Ópera de Los Angeles, no final de 2003. O nome da nova-iorquina Dratell – nascida no Brooklyn em 1956 – já estivera, de resto, em evidência naquele mesmo ano: é ela a autora de *The Festival of Regrets*, parte da bem-sucedida trilogia *Central Park* (ver as observações sobre esse tríptico em *A Vanguarda*, no tópico consagrado a Michael Torke, que também participou dessa obra coletiva).

A primeira ópera de Dratell, *Lilith*, com libreto de David Steven Cohen, foi escrita por encomenda da companhia Glimmerglass, para a qual a compositora trabalhava como regente, e teve uma pré-estréia em 1998. A récita inaugural foi no New York City Opera, em 11 de novembro de 2001, sob a regência de George Manahan. De origem judaica, Dratell escolheu como tema a lenda da Kabbalah sobre a existência de uma mulher misteriosa, chamada Lilith, que teria sido a companheira de Adão, antes de Deus lhe dar Eva como esposa. A ópera, de estilo tonal livre, usando ritmos e recortes melódicos de sabor judaico, foi muito elogiada devido à atuação do soprano Lauren Flanigan e da jovem *mezzo* estreante Dana Beth Miller, como as criadoras de Eva e Lilith. O texto de Cohen imagina o encontro das duas mulheres no velório de Adão – e a percepção que elas tem de que são, na realidade, a projeção de dois aspectos antagônicos e complementares do mesmo princípio feminino. Segundo Anne Bogart, a diretora do espetáculo, Dratell conta a história "em termos freudianos, como a saga de uma mulher que aprende a aceitar o lado mais selvagem e misterioso de sua própria sexualidade". No selo Delos, com a Sinfônica de Seattle regida por Gerhard Schwartz (1995), existe a gravação da *Lilith Suite: Sorrow Is Not Melancholy*, preparada pela autora antes da estréia da ópera.

Em 2000, a DaCapo Opera Company, de Nova York, apresentou o segundo trabalho de Dratell para o palco, escrito contemporaneamente com a peça em um ato que integra *Central Park*. Trata-se de *Marina Tsvetaeva: A Captive Spirit*, ópera de câmara em que Annie Finch evoca a vida dessa grande poeta russa do início do século XX. O marido de Tsvetáieva, Serguêi Efrôn, a quem ela amava apaixonadamente, teve de fugir para o Ocidente, pois aderira, após a Revolução, ao exército revoltoso dos Brancos, chefiado pelo general Kornílov. Marina ficou retida em Moscou, onde sua filha mais nova morreu durante a epidemia de fome de 1919. Em 1922, juntou-se ao marido no exterior, mas nunca conseguiu adaptar-se à vida fora da Rússia e, devido ao anticonvencionalismo de sua poesia, foi desprezada pela comunidade dos *immigrés* russos.

Em 1939, Marina voltou para a URSS, onde Serguêi a precedera dois anos antes. Ali, descobriu que a filha mais velha, Ariadna, fora mandada para um campo de concentração, e o marido fora executado por ordem das autoridades stalinistas. Tsvietáieva, que não se adaptara à vida no Ocidente, deparou com condições de vida ainda piores no retorno à pátria. Removida compulsoriamente para Ielabuga, na República da Tartária, durante a II Guerra, desesperada por não conseguir encontrar, ali, outro emprego senão o de faxineira, ela se enforcou em 31 de agosto de 1941.

Os episódios dessa vida trágica prestam-se naturalmente à exploração operística. E evidenciam a atração de Dratell pela história russa, em especial na fase das grandes perturbações sociais trazidas pela Revolução bolchevique. Na época da composição de *Um Espírito Cativo*, ela já se achava em contato com Nicholas von Hoffmann, para a redação de um libreto inspirado na vida do último tsar da dinastia Románov; de sua sincera paixão pela mulher, a princesa alemã Alexandra; e da tortuosa relação de ambos com o monge siberiano Grigóri Iefímovitch Raspútin, cuja ascendência sobre ambos prendia-se à estranha capacidade que ele possuía de fazer estancarem-se as hemorragias do tsarévitch Aleksêi, que sofria de hemofilia.

Os três tiveram final operisticamente violento, numa Rússia que se consumia nas labaredas de sua própria decadência, no melhor estilo *Götterdämmerung*. Raspútin foi assassinado, em 1916, por iniciativa do príncipe Iussúpov, assustado com o rumo que suas intervenções na vida política do país iam tomando. Convidado para uma ceia na adega do palácio de Iussúpov, em São Petersburgo, o monge foi envenenado. Como o veneno não bastasse para matá-lo, foi abatido a tiros. Mas só morreu quando os conspiradores aristocratas o afogaram, atirando-o nas águas geladas do rio Nevá. Um ano mais tarde, a família real foi sumariamente fuzilada em Iekaterinenburgo, perto dos Urais, para onde fora removida após a deposição da monarquia.

A intenção original de Dratell era a de fazer de Raspútin um baixo, na linha de um grande personagem histórico como o Boris Godunóv de Mússorgski. Mas, após ouvir trechos da ópera ainda em composição, Domingo propôs-se a fazer a estréia na Ópera de Los Angeles, que ele dirige, se o papel fosse escrito para tenor, de modo a que ele pudesse interpretá-lo. Dratell não hesitou, diante da possibilidade de ter um intérprete desse calibre na estréia de sua ópera. Ergueu a tessitura do monge e, em compensação, baixou a de Nicolau II, que foi criado pelo barítono Rodney Gilfry. Por que Domingo não quis cantar o papel do tsar, ao qual estão reservadas as cenas de amor pela esposa? A Matthew Gurewitsch, do *Los Angeles Times*, ele explicou:

> O papel de Nicolau II se estende ao longo de muitos anos. No início, logicamente, ele tem de ser um homem muito jovem. Quanto a Raspútin, ele sempre se fez cercar de mistério, e era um homem sem idade. Além disso, quando comentei, com um de meus assistentes em Los Angeles, a proposta de Débora Dratell de que eu fizesse o tsar, ele me perguntou se eu tinha ficado louco, pois a personagem de Raspútin é muito mais interessante.

Hoje, graças às pesquisas de Edvard Radzinsky em *The Rasputin File*, publicado em 2000, sabemos que o monge não era mais velho do que o tsar: nascera um ano depois dele, em 10 de janeiro de 1869. Mas a necessidade de criar a mística em torno de sua imagem de *stárets* – o ancião, a quem se respeita por sua sabedoria – fazia com que Grigóry criasse a impressão de que era muito mais idoso. De fato, a figura desse curandeiro com ares de santo, cujo comportamento era bestialmente sensual, desse beberrão com fama de asceta que, segundo suposições da época, teria sido amante da tsarina, oferece possibilidades muito boas a um cantor-ator como Domingo.

Mstislav Rostropóvitch, regente da estréia, assinalou o fato de a ópera tratar de um assunto "que não é apenas russo, mas cruza as fronteiras do nacional para o humano e o amplamente internacional, num nível profundo em que é capaz de atingir todo o público". Antes da estréia, ele contou:

> Embora tivesse nascido dez anos depois da Revolução, sempre senti o assassinato da família imperial como um fardo sobre os nossos ombros. Neste verão, cancelei todos os meus concertos para ir a Iekaterinenburg assistir à inauguração da bela Catedral do Sangue, que foi construída no local da chacina. E tive uma estranha sensação de alívio. Foi como se nós todos tivéssemos reconhecido um pecado comum. Ninguém mais discute, na Rússia, se o que aconteceu foi certo ou errado. Simplesmente apresentamos nossas desculpas a Deus.

Nicholas and Alexandra subiu à cena em 14 de setembro de 2003, no Dorothy Chandler Pavilion, da Ópera de Los Angeles, dirigida por Ann Bogart. Nancy Gustafson interpretava a tsarina, ao lado de Domingo e R. Gilfry; Jessica Rivera fazia a princesa Anastásia; e o cantor infantil Jonathan Price, o seu irmão, o

tsarévitch hemofílico. A resposta da crítica, entretanto, não foi entusiástica como se esperava. No *Los Angeles Times* do dia seguinte, Bernard Holland escreveu:

> Pensem nas possibilidades que essas história dá para cenas de conjunto contrapontísticas, para a expressão musical de vontades em conflito, para a descrição gráfica da revolução em andamento. Heróis e heroínas operísticos morrem de mortes famosas por serem lentas, e em que se alçam repetidamente da agonia só para cantar um pouco mais. O assassinato de Raspútin, na vida real, ficou conhecido por sua resistência ao veneno, às punhaladas e aos tiros, ou seja, neste caso, era uma cena de morte operística plenamente justificada. [...] Mas, uma hora depois de o espetáculo ter começado, começamos todos a nos perguntar – e, quando digo "nós", refiro-me a cantores, músicos, pessoal técnico e de palco, além do público – o que estávamos fazendo ali. Poucas vezes, em minha carreira, vi tanto tempo, energia e dinheiro gastos em uma ópera na qual tão pouca coisa acontece.
>
> Não critico Ms. Dratell pela simplicidade de sua linguagem tonal e modal. O que lamento é a sua recusa – ou incapacidade – em usá-la de forma interessante. A sua inspiração – e deslize constante – é a música litúrgica russa, com seu âmbito melódico limitado, seus contornos modais com resoluções de escala de tons inteiros, e seus finais de frase com invariáveis intervalos de terça maior. Cada cantor, com pequenas variações, entoa as mesmas linhas em tom de cantilena litúrgica. As harmonizações desse material são retomadas por um coro no palco e têm eco num outro coro, de baixos, que fica no fosso da orquestra.
>
> Mudanças de tonalidade são raras nessa música. A orquestração apóia-se principalmente em arpejos das madeiras, que simplesmente enfeitam as melodias que já tínhamos ouvido. Sente-se vontade de que haja um repente de variedade rítmica, um raio de luz vindo da orquestra, uma mudança métrica que traga alívio à quadratice inexorável da escrita. A orquestra, aliás, mal era audível, e não sei dizer se responsável por isso era a regência de Rostropóvitch, incerta e sem grande envolvimento, problemas acústicos da sala, ou simplesmente a música ela mesma.

Após reconhecer a boa qualidade dos intérpretes e o esforço feito por eles para dar verossimilhança a seus papéis, Holland concluía:

> Todos nós estamos sempre à espera de boas óperas americanas novas, mas *Nicholas and Alexandra* não ajuda muito. Todos nós celebramos o aparecimento de compositoras capazes de escrever peças cheias de substância – e sabemos que, hoje, há um bom punhado delas. Mas o espetáculo da noite passada não refletiu imagem muito boa da nova ópera americana.

Na época da estréia de *Nicholas and Alexandra*, Dratell já estava trabalhando com

Wendy Wasserstein – a libretista de *The Festival of Regrets* – num novo projeto: *Best Friends*, baseada na peça *The Women*, de Clare Booth Luce. Destinada a um elenco exclusivamente feminino, com a ação comentada por um coro masculino fora do palco, essa sofisticada comédia de costumes, já transposta para o cinema, passa-se no Upper East Side, e discute aspectos do comportamento feminino nas décadas de 1930-1940.

Liebermann

Tendo começado a estudar piano aos oito anos de idade, o nova-iorquino Lowell Liebermann, nascido em 1961, deu seu primeiro recital no Carnegie Hall, em 1976, tocando uma *Sonata para Piano* de sua composição. Graduou-se Doutor em Artes Musicais, em 1987, pela Juilliard, onde foi aluno de David Diamond e Vincent Persichetti.

Liebermann ocupa lugar de destaque no grupo nova-iorquino dos New Tonalists, que reage, ao mesmo tempo, contra a crise de esgotamento da música pós-serial, e contra o que acreditam ser as possibilidades expressivas muito limitadas do minimalismo. Isso os conduz à retomada da tradição, revitalizada pela passagem das diversas modalidades de vanguarda do século XX. "Não acredito no clichê de que a arte tem de refletir o nosso tempo", diz Liebermann, "e de que a nossa música tem de esfregar a cara do público na lama dessa época horrível em que estamos vivendo".

The Picture of Dorian Gray, a novela de Oscar Wilde, que o fascinara desde que a leu aos treze anos, forneceu a Liebermann o libreto para a ópera homônima, cantada na Salle Garnier de Monte Carlo em 8 de maio de 1996, com Jeffrey Lentz (Dorian Gray), John Hancock (Lord Henry Wotton), Gregory Reinhart (Basil Hallward), Korliss Uecker (Sibyl Vane) e outros. A estréia americana foi em 5 de fevereiro de 1999, no Marcus Center for the Performing Arts, Uihlein Hall, em Milwaukee, no Wisconsin. Linda Brovsky dirigiu o espetáculo, do qual há uma gravação no selo Albany (Hancock, Anderson, Thomsen, Mills, Irmiter, Shade, Kendall Garner-Steuart Bedford).

O pintor Basil Hallward mostra a Lord Wotton o retrato que acaba de terminar do jovem e belo Dorian Gray. Olhando o quadro, Dorian pensa em como será triste envelhecer, tendo diante de si a imagem de eterna juventude projetada pelo retrato; e diz que trocaria a sua alma pela possibilidade de reverter a passagem do tempo. A seu amigo Lord Wotton, ele confidencia o caso que está tendo com Sibyl Vane, atriz belíssima, mas de escasso talento. Após uma apresentação em que Sibyl esteve particularmente medíocre, Dorian não resiste, diz a ela que é muito má atriz, e a moça, envergonhada, suicida-se. No dia seguinte, Dorian nota que a expressão doce em seu retrato mudou e, agora, é cruel. Percebe que o retrato transformou-se no reflexo de sua consciência e decide escondê-lo no sótão.

Dezoito anos se passam, durante os quais Dorian leva uma vida dissipada, de bebida, mulheres, jogo; mas, miraculosamente, permanece jovem e saudável, como se o tempo não passasse para ele. Um dia, Dorian leva Basil ao sótão, e mostra-lhe a sua tela. Ao deparar com o segredo de Dorian, o pintor fica horrorizado. Discutem, Basil quer destruir o quadro, mas Dorian, para impedi-lo, o apunhala. Num bar de beira de cais, Dorian encontra-se com o irmão de Sibyl, que jurou vingá-la. Ele segue Dorian a uma caçada e, ali, é morto por um tiro que parece acidental. A Lord Wotton, Dorian diz que pretende regenerar-se; mas o amigo ri dele de forma zombeteira. Refugiando-se no sótão, Dorian dá-se conta de que é tarde demais para tentar mudar. Desesperado, esfaqueia o quadro. Atraídos por seus gritos de dor, os criados o encontram, velho e desfigurado, com o punhal enterrado no coração, caído aos pés do retrato, que o representa jovem e com uma beleza resplandescente.

Em *O Retrato de Dorian Gray*, não há árias fechadas e nem recitativos, e sim um arioso permanente, que contribui para dar à escrita muita fluência. A partitura baseia-se em variações sobre um tema de doze notas, que é usado de forma tonal, e não serial. Há doze cenas, cada uma delas na tonalidade de uma das notas da série cromática, o que faz com que a obra forme, na descrição do compositor, "uma grande passacalha" – estrutura para a qual ele se inspirou na *Volta do Parafuso*, de Benjamin Britten. Na opinião de George Hall da *New Penguin Opera Guide*

O resultado é fluente; mas Liebermann sofre do mal de não ser um melodista memorável e, por vezes, os ritmos são rígidos. As texturas orquestrais límpidas permitem que as palavras sejam ouvidas com nitidez, mas a impressão final é a de que a ópera é mais uma homenagem a Wilde, do que uma obra com forte identidade própria.

Dorian Gray foi bem recebida e teve algumas reprises. Em novembro de 2000, a Sinfônica de Dallas, para a qual Liebermann trabalhou como compositor-residente entre 1999-2001, estreou *Dorian Gray: a Symphonic Portrait*, construída sobre temas da ópera.

Um Caso a Parte: P. D. Q. Bach

Ele foi o filho menos talentoso de Johann Sebastian. Não se sabe ao certo se sua mãe era Maria Barbara ou Anna Magdalena; só o que se sabe é que ele cometeu a proeza de nascer em 1807 e de morrer em 1742. Não há a menor prova documental de que ele tenha visitado os Estados Unidos; mas, de outra forma, como poderia ter escrito uma de suas obras mais importantes, a cantata *Iphigenia in Brooklyn*?

P. D. Bach – permitam-me contar-lhes o segredo – não é, na verdade, filho do Kantor de Leipzig. Seu pai chama-se Peter Schikele, nascido não em Eisenach, mas na prosaica cidade de Ames, no Iowa, em 17 de julho de 1935. Esse autor de composições clássicas sérias ganhou enorme popularidade com as sátiras que atribuiu à hilariante figura que criou – ingressando, portanto, na linha de humorismo com música clássica feita por um compositor como Hoffnung, uma *entertainer* como Anna Russell, ou um conjunto de comediantes argentinos como *Les Luthiers*.

A família de Schikele mudou-se para Washington quando ele tinha oito anos e, na capital, ele se apaixonou pelo jazz satírico de Spike Jones. Nova mudança quando estava com doze anos, dessa vez para o Dakota do Norte, onde ele começou a fazer teatro, a estudar fagote e a se enfronhar nos mistérios do folclore e do rock. As primeiras composições vieram por volta dos vinte anos, durante os estudos superiores em Nova York.

P. D. Q. Bach, se quiserem saber, não nasceu em 1804, e sim em 1953. Brincando com um daqueles velhos gravadores de rolo, Schikele gravou no fagote todas as partes de madeira no primeiro movimento do *Concerto de Brandenburgo n. 2*. Gostando do resultado, e inspirando-se na *Cantata do Café*, uma das raras manifestações do bom-humor de Bach, escreveu a primeira paródia de música barroca, a *Santa Cantata*, que atribuiu a P. D. Q. (as iniciais desse Bach temporão são a abreviatura que se costuma colocar no final de um teorema que se acabou de demonstrar).

A partir de 1959, o autopromovido "Professor" Peter Schickele, e um grupo de amigos, começaram a fazer espetáculos de música clássica humorística na Juilliard de Nova York e no Festival de Aspen, no Colorado. O sucesso fez com que esse acontecimento se tornasse anual e, em 1965, Schikele apresentou, no Town Hall de Nova York, o seu primeiro concerto não-universitário. Nesse mesmo ano, lançou, pelo selo Vanguard Records, *The Music of P. D. Q. Bach* (1807-1742?), o primeiro de uma série de mais de vinte discos que foram sucesso de vendagem em todo o mundo. Logo depois, publicou a irresistivelmente engraçada *The Definitive Biography of P. D. Q. Bach* que, hoje, encontra-se na 11ª edição e, traduzida para o alemão, foi um best-seller na terra do verdadeiro Bach.

Entre 1990 e 1993, Schikele ganhou quatro Grammy Awards consecutivos, na categoria Melhor Álbum Cômico, por *P. D. Q. Bach: 1712 Overture and Other Musical Assaults*; *Oedipus Tex and Other Choral Calamities*; *WTWP – Classical Talkity-Talk Radio* e *Music for an Awful Lot of Winds and Percussion*, todos eles editados pela Telarc. Duas excelentes antologias dão uma visão de conjunto da obra de P. D. Q./Schikele: *The Ill-Conceived P. D. Q. Bach Anthology* (Telarc, 1998) e *The Dreaded P. D. Q. Bach Collection* (Vanguard, 2002).

Embora componha e grave peças sérias, assinadas com seu próprio nome e executadas por artistas respeitáveis; embora trabalhe como arranjador para artistas folk importantes, como Joan Baez e Buffy Sainte-Marie, é como o autor das obras de P. D. Q., e o responsável por seus discos, editados pela Vanguard e, mais tarde, pela Telarc, que Peter Schikele é conhecido. Se alguém ainda tem dúvidas sobre a importância de seu trabalho, basta dizer que, ouvindo suas composições, muitas pessoas não-familiarizadas com a música clássica tiveram a curiosidade despertada por conhecer os modelos em que ele se inspirava.

É impressionante, porém, o âmbito de realizações desse músico, se pensarmos que, além de manter P. D. Q. em atividade, ele tem extensa obra pessoal no campo sinfônico, coral, de câmara, vocal, escritas para orquestras de Washington, Saint Louis, Minnesota ou para grupos como os quartetos Audubon ou Lark String. Dentre as obras do próprio Schikele recentemente estreadas estão

- a *Sinfonia n. 2 The Sweet Season*, com a Saint Paul Chamber Orchestra regida por Stefan Sanderling;
- o *Concerto para Violoncelo e Orquestra In Memoriam F. D. R.*, com Paul Tobias e a Sinfônica de Pasadena com Jorge Mester;
- a *New Century Suite*, para quatro saxofones e orquestra, encomendado pelo New Century Saxophone Quartet e executada pela Sinfônica da Carolina do Norte;
- as *New Goldberg Variations* para violoncello e piano, com Yo Yo Ma e Emanuel Ax;
- a *Sinfonia n. 1 Songlines*, com a National Symphony com Leonard Slatkin, e reprisada pela Filarmônica de Nova York e a Orquestra de Cleveland;
- o *Concerto para Orquestra de Câmara*, no OK Mozart Festival, com Ransom Wilson;

- canções e música instrumental para *The Rivals*, de Sheridan, montada em Portland e Denver;
- além de várias peças escritas para pianistas, cantores e grupos de câmara: o Greene Jazz String Quartet, o Armadillo String Quartet, o Bassoon Brothers Quartet, o Chestnut Brass Company.

Exemplos interessantes da arte séria de Schikele estão em dois discos:

- um do selo Arabesque, em que o Lark Quartet toca o *Quinteto n. 2 para Piano e Cordas*, o *Quarteto n. 2 In Memoriam*, e o *Sexteto para Cordas*;
- o outro do selo Centaur, em que o Audubon executa o *Quarteto n. 1 American Dreams*, o *Quinteto n. 1 para Piano e Cordas*, e o *Quarteto n. 5 A Year in the Country*.

A incansável atividade de Peter Schikele o leva a fazer, desde janeiro de 1992, o programa *Schickele Mix*, da Public Radio International, ganhador do Prêmio Deems Taylor, da Ascap. Foi premiado também o ciclo *Condition of My Heart*, de canções sobre poemas de Susan Sindall, a sua mulher, a respeito de seus muitos anos de casamento. E foram muito freqüentadas as conferências que ele fez, em 1997, sob patrocínio da Smithsonian Institution. Entre as trilhas para filmes, documentários e programas de televisão que Schikele compôs, estão vários episódios de *Sesame Street* (Vila Sésamo).

A primeira experiência de P. D. Q. Bach com o palco lírico foi *The Stoned Guest*, "ópera em meio ato", com libreto do próprio compositor "laboriosamente editado por Peter Schikele", ouvida no Carnegie Hall em dezembro de 1967. O título faz um trocadilho com *O Convidado de Pedra*, de Aleksandr Dargomýjski[1]: o *Stone Guest*, aqui, está *stoned*, isto é, chapado até as orelhas de bebida ou de droga.

Perseguida por um desconhecido, Donna Ribalda perdeu-se na floresta. Encontra-se com

---

1. Composta entre 1866-1869, sobre a peça de Aleksandr Púshkin, deixada incompleta pela morte de seu autor; editada por Rímski-Kórsakov e César Cui; obra pioneira no uso da "melodia da fala" (ver A *Ópera Russa* desta coleção).

Carmen Ghia – brincadeira com a marca de automóvel Karmann Ghia – e, quando elas ouvem alguém se aproximar, decidem disfarçar Donna Ribalda como um homem. Aparece Don Octave que, ao remover a mascara, revela ser o perseguidor desconhecido. Donna Ribalda também remove o disfarce, vai recriminá-lo, mas percebe que o assaltante é seu próprio irmão. Querendo ambas atrair a atenção de Don Octave, Carmen e Ribalda entregam-se a um duelo vocal interminável, que os faz perderem-se definitivamente na floresta. São salvos por um cachorro São Bernardo que tem dependurado ao pescoço um tonelzinho vazio. Enquanto procura a explicação para o fato de o tonel estar vazio, o trio cruza com o pai de Carmen, Il Commendatoreador, que está num porre total. Com ciúmes da atração que Octave sente por Carmen, Ribalda a estrangula. Na tentativa de vingar a morte de sua amada, Octave tenta apunhalá-la, mas acaba acertando o punhal no próprio peito. Il Commendatoreador dá um tiro em Donna Ribalda e ajoelha-se ao lado de seu corpo. Erguendo-se dos mortos, o trio junta-se a ele e ao São Bernardo num finale apoteótico.

Embora ainda não revele P. D. Q./Schikele no auge do domínio de suas possibilidades cênicas, essa primeira ópera já contém os elementos básicos de seu teatro: paródia das formas da ópera barroca e clássica, de números fechados entremeados a recitativos com cravo; orquestra típica das óperas mozartianas, com sopros aos pares; e brincadeiras com os nomes dos registros: o São Bernardo é um *houndentenor* – trocadilho de *hound*, cachorro, com o *Heldentenor* wagneriano –; Carmen, um *mezzanine-soprano*; Ribalda, um *off-coloratura soprano*; Octave, um *bargain-counter tenor*; Il Commendatorero, um *basso blotto*. Existe a gravação do *Stoned Guest* com o grupo Heavy Opera, da University of Southern North Dakota on Hoople, a estranha escola onde o Professor Schikele é catedrático Vanguard (1970). Pittsburgh (1975), Bay Chamber (1976), Riverfree (1979), Delaware Valley (1980), Arkansas (1981), Charleston (1982), Baton Rouge (1984), Madison (1985), Santa Cruz (1992) e Erie (1993) foram algumas das cidades que aplaudiram essa "ópera em meio ato". Ela fez sucesso também na Eu-

ropa, ao ser cantada no London Summer Opera Theatre, em 1976.

Seguiram-se *Hänsel & Gretel & Ted & Alice*, de 1972 – cujo título faz referência a uma comédia de costumes da época, que satirizava a moda recente da troca de casais – e *A Little Nightmare Music* (1982). Schikele estava afiando as garras e se preparando para o pulo do gato, que viria no início da década de 1980, com a encomenda, pela Ópera de Minnesota, de uma obra de grande porte, uma "simply grand opera"! Uma vez mais, foi ele quem "editou de qualquer jeito" o libreto escrito pelo próprio P. D. Q. para a sua obra-prima, *The Abduction of Figaro*. Um grande elenco regido pelo próprio Schikele cantou, na noite de 24 de abril de 1984, a estréia do *Rapto de Fígaro*: Dana Krueger, Bruce Ford, Marilyn Brustadt, Lisbeth Lloyd, Michael Burt, Jack Walsh e outros. Na orquestra mozartiana, desta vez, intrometem-se instrumentos insólitos: o ukelele havaiano, a guitarra elétrica, a pedal steel guitar. E como se trata de um *grand-opéra*, não poderia faltar um *"corpse" de ballet*.

No palácio de seu senhor, o conde Alma Mater, Fígaro está de cama, gravemente enfermo. O criado Peccadillo tenta consolar a sua mulher, Susanna Susannadanna; e o próprio Fígaro, num esforço de moribundo, lhe pede: "Oh Susanna, oh don't you cry for me!" Mas ela está inconsolável, ainda mais que o médico, o Dr. Al Donfonso, não consegue descobrir do quê Fígaro está morrendo. Os lamentos de Susanna são interrompidos pela chegada de Donna Donna, furiosa, armada até os dentes, à procura de Donald Giovanni – "his name is Donald, but we call him Don for short" – que, após seduzi-la, prometendo-lhe casamento, simplesmente deu no pé.

Donald Giovanni chega ao palácio em companhia de seu criado Schlepporello, que reclama o tempo todo pelo compositor ter feito dele uma personagem muda, pois ele também queria cantar. E a isso Giovanni responde que o autor fez muito bem, pois ele o ouviu cantando no camarim, e a sua voz parece-se com a de uma mula. Ao reconhecer Giovanni, Donna Donna puxa da arma e ameaça matá-lo, se ele não cumprir sua promessa de casamento. De um dos baús com a volumosa bagagem de Donna Donna, sai de repente um pirata de tapa-olho, o Capitão Kadd, que anuncia estar seqüestrando o navio e levando-o para Cuba. Sobe na traseira da cama de Fígaro, os panos do dossel se enfunam como as velas de uma embarcação, o leito cruza o palco como se singrasse as ondas, e desaparece nos bastidores.

Para consolar a chorosa Susanna Susannadanna, todo o grupo lhe promete partir em busca de Fígaro e resgatá-lo. Seguem até o porto e embarcam em um belo navio, que naufraga assim que a âncora é recolhida. Sabe-se lá como, nossos heróis chegam a nado numa terra desconhecida onde, no jardim de um harém, encontram Opec – versão afrescalhada do Osmin do *Rapto do Serralho* – fiel servo do Pasha Shaboom. Donald e Pecadillo começam a arrastar a asa para duas moças do harém, até descobrirem que são Donna Donna e sua criada Blondie, que caem de novo em cima dos dois cobrando-lhes as promessas não-cumpridas.

O Pasha Shaboom recepciona seus hóspedes e, em homenagem a eles, pede às moças do harém que apresentem a *Dance of the Seven Pails* – dos sete baldes, brincadeira com os "seven veils" de *Salomé*. Subitamente, o Capitão Kadd passa com Fígaro e sua cama, perguntando: "Para que lado é Cuba?" As pessoas apontam na direção certa, e ele desaparece de novo. Pedindo um barco emprestado a Opec, o grupo continua a sua aventura, em perseguição ao pirata.

Chegam, agora, a uma ilha desconhecida, onde mora um velho casal de criadores de porcos, Papa Geno e Mamma Geno. Depois de contatos com a população local – um longo balé à la Busby Berkeley, com todos os clichês dos musicais hollywoodiano com temática latino-americana, inclusive a aparição de Carmen Miranda – Papa Geno dá a Kadd o mapa do tesouro que ele estava procurando. Descobre-se, finalmente, a razão de Fígaro sentir tantas dores nas costas: debaixo de seu colchão estava escondido o Falcão Maltês e, dentro dele, o segredo das jóias que o pirata desejava. O palco é invadido por piratas, valquírias e bailarinos cubanos, todos prontos para cantar o *grand finale*.

Mas quando Kadd abre o fundo falso do Falcão Maltês, as jóias não estão lá. Interrompe o espetáculo, chama na platéia o diretor do teatro, e diz-lhe que houve um sério erro de contra-regra. O responsável vem ao palco e garante que verificou o Falcão antes de a ópera começar. Nesse momento, Donald Giovanni se dá conta do que aconteceu: Schleporello escondeu as jóias, para pressionar o compositor a deixá-lo cantar. Não há como escapar dessas provação: Schickele tem de deixar que ele cante uma ária anteriormente prevista para Blondie... e ele o faz execravelmente, é claro! A ária é tão difícil que ele não consegue chegar ao fim... e a termina dançando sapateado. Aí, sim, a triunfal cena de encerramento pode ser entoada por todo o elenco.

Quando a ópera termina, a voz do próprio Schikele conta, no epílogo, o que aconteceu a cada personagem. O destino mais engraçado é o de Fígaro que, mudando-se para Paris, tornou-se o dono de um conhecido jornal.

Aclamada por John Rockwell (*The New York Times*, 30.4.1984), Michael Anthony (*The Los Angeles Times*, 28.4.1984) e Gary Lipton (*Opera News*, 14.4.1984) entre outros; aplaudidíssima no Central Pennsylvania Festival of the Arts de 1986 e de 1987, *The Abduction of Figaro* é realmente a obra mais bem acabada de P. D. Q. Bach – e isso pode ser comprovado mediante o vídeo da remontagem de dezembro de 1985 na Minnesota Opera, lançada pela VideoArts International.

A invenção melódica de Schikele é de primeira: árias como a de Peccadillo, no ato I, acompanhada pela *pedal steel guitar*; ou a de Blondie, no II, com um esfuziante *obbligato* de violoncelo, são exemplos do ponto de vista da escrita vocal virtuosística. *O Rapto de Fígaro* exige não só bons cantores, mas também excelentes atores, pois a caracterização cômica de cada personagem é muito bem feita – e nesse ponto, Jack Walsh, o Schleporello da estréia, é um primor em cena. A partitura evidencia a enorme cultura de Schikele, sua capacidade de abordar a tradição com um saudável bom-humor, e de combinar naturalmente música clássica e diversos estilos populares, mostrando os pontos de contato entre eles: por exemplo, a afinidade entre a ornamentação barroca e a improvisação jazzística, nos pirotécnicos voleios do violoncelo ao acompanhar a ária de Blondie. Mas, antes de mais nada, *The Abduction of Figaro* é divertimento da melhor qualidade – o tipo de comédia que não deixa a peteca cair, e é engraçada de uma ponta à outra.

Três outras peças em um ato complementam a obra cênica de P. D. Q.: *The Magic Bassoon* (1986), em que, à flauta, Schikele substitui o fagote, seu instrumento desde jovem; a mitológica *Oedipus Tex* (1988) – mitológica texana, é claro! – e o *Prelude to Einstein on the Fritz* (1989), a prova de que Mozart não é o único alvo das paródias. Quanto a Schikele *lui-même*, não é autor de ópera nenhuma... que eu saiba.

Os Estados Unidos de 1974 a 1979

pós a renúncia de Nixon, os Estados
Unidos passaram por uma fase de deterioração econômica, em decorrência da recessão mundial posterior à crise do
petróleo de 1973. No plano externo, realiza-
ram-se conversações com a URSS: o encontro
de Gerald Ford com Brejnev, em Vladivostók,
resultou num acordo para a limitação das armas estratégicas ofensivas. As tropas americanas foram retiradas do Sudeste Asiático em
abril de 1975. Mas acentuou-se o envolvimento
americano na crise do Oriente Médio, sendo
tomadas uma série de medidas – interferências
na política interna de diversos países – que,
durante o governo do democrata James Earl
(Jimmy) Carter, eleito em 3 de novembro de
1976, precipitariam o país em várias situações
de crise.

Jimmy Carter patrocinou, em setembro de
1978, a assinatura do acordo de Camp David
entre o Egito e Israel. E deu prosseguimento
às negociações sobre a limitação das armas
estratégicas, que levaram à assinatura do acordo SALT-2 (Viena, junho de 1978), não-ratifi-
cado, porém, pelo Congresso americano, devido à intervenção soviética no Afeganistão.
Carter reconheceu o governo de Pequim, em
dezembro de 1978, rompendo com o de Formosa. Mas deu mostras de indecisão no tratamento de questões fundamentais, como o
envolvimento americano na guerra civil libanesa. Sua política de direitos humanos foi re-

jeitada por países aliados, sob a alegação de
que interferia em seus assuntos internos. E, em
alguns casos, obteve efeito contrário ao desejado: foi o caso da ditadura militar argentina,
que se beneficiou do embargo comercial à
URSS, após a ocupação do Afeganistão, passando a fornecer cereais aos soviéticos. A ajuda americana deficiente à junta militar que tomou o poder em Manágua, após a derrubada
do regime ditatorial de Anastacio Somoza, de
certa forma empurrou a Nicarágua para a ór-
bita soviética. E o governo Carter foi particularmente mal-sucedido na forma como conduziu a crise iraniana.

Os distúrbios provocados, a partir de 1977,
pela campanha da cúpula religiosa muçulmana contra o regime monárquico iraniano fizeram com que, em 1º de janeiro de 1979, pressionado pelos Estados Unidos, o xá Mohamed
Reza Pahlevi transferisse o poder ao oposicionista moderado Chapur Bakhtiar e, no dia 16,
deixasse Teerã. Mas Bakhtiar não conseguiu
impedir que o líder religioso aiatolá Ruholah
Khomeini voltasse ao país (30.1.1979), e renunciou (1.2.1979) para impedir a guerra civil. Em 4 de novembro de 1979, em meio a
forte crise interna provocada pela divisão de
poderes e a escalada do terrorismo, fundamen-
talistas iranianos tomaram a embaixada americana e fizeram cinqüenta reféns, em protesto
contra a permissão dos Estados Unidos de que
Pahlevi entrasse em seu território para trata-

mento de saúde. Fracassaram as gestões diplomáticas, as medidas de pressão e até mesmo uma tentativa de resgate, em 24 de abril de 1980, que resultou numa constrangedora manobra aérea fracassada no deserto iraniano. Os 444 dias de seqüestro só terminaram em 20 de janeiro de 1981, com a mediação argelina.

Em 1991, surgiria, em Washington, a denúncia de que, enviando secretamente a Teerã o seu candidato a vice, George Bush, o candidato republicano às eleições presidenciais, Ronald Reagan, obtivera dos iranianos, em troca da promessa de lhes fornecer armas, o compromisso de só libertar os reféns após o pleito. Queria, com isso, prejudicar as chances de Carter se reeleger. O Irã necessitava dessas armas para proteger-se da agressão iraquiana. Apoiado pelos Estados Unidos, aos quais interessava desestabilizar o regime de Khomeini, o ditador iraquiano Saddam Hussein, que tomara o poder em 1979, denunciara, em setembro de 1980 o acordo de partilha das águas do Chatt-el-Arab, assinado com os iranianos. E no dia 21 desse mesmo mês, invadira o país vizinho, dando início a um conflito que só terminaria em 1989, com a derrota de Bagdá. Esse é um dos mais típicos exemplos da manipulação política que marca essa fase da história americana. Seria de curta duração, porém, como veremos mais adiante, a lua-de-mel de Saddam Hussein com Washington.

Os dois mandatos de Ronald Reagan foram marcados pela retomada do crescimento econômico, devido à política de juros altos, baixa nos impostos, e cortes nos programas assistenciais. Apesar dos protestos que geraram por parte dos setores liberais, essa política foi a responsável pela derrota nas urnas, em 1984, do democrata Walter Mondale. Em 30 de março de 1981, Reagan escapou de um atentado do desequilibrado mental John Hinckley Jr., no qual ficou seriamente ferido o seu assessor de imprensa, James Baker. Internamente, houve escândalos administrativos e divergências de gabinete, como a que levou, em 25 de junho de 1982, à renúncia do secretário de Estado Alexander Haig, substituído por George Shultz.

Externamente, Reagan assumiu posição agressiva no Golfo Persa, apoiando abertamente o Iraque. E aumentou a presença militar em Beirute – de onde as tropas foram obrigadas a sair, depois dos grandes atentados antimericanos de 1983, que deixaram 322 mortos. O plano de paz para o Oriente Médio, de 1982, que propunha a criação de um Estado palestino confederado à Jordânia, chegou a ser discutido por Yasser Arafat, da OLP, com o rei Hussein; mas foi rejeitado pelos radicais palestinos e por Israel. Houve repetidos incidentes com a Líbia, tendo como pretexto os direitos de navegação no golfo de Sidra; mas ligados também à rejeição americana da política líbia de apoio a movimentos internacionais de extrema-esquerda. No bombardeio de 14 de abril de 1986 a Bengazi e Trípoli, morreram 55 pessoas, entre elas uma filha do coronel Muamar Kadafi.

A política armamentista de Reagan foi responsável por desencadear, desde 1981, a maior onda de protestos pacifistas já registrada na Europa. Essa política fez expandir-se o movimento iniciado em dezembro de 1979, quando a Resolução Dupla da Otan decidira instalar mísseis de médio alcance nos países europeus aliados dos Estados Unidos. Grupos como *Os Cidadãos contra a Guerra Nuclear*, o *Sane* ou o *Ground Zero* – que em junho de 1982 reuniu 800 mil pessoas numa passeata em Nova York – exigiram negociações visando ao congelamento da pesquisa, produção e instalação de armas nucleares; respeito a todos os acordos de limitação da corrida armamentista firmados por governos anteriores; e mudanças na política de defesa. O alvo principal dos pacifistas era o projeto *Guerra nas Estrelas*, mundialmente criticado, que consistia em colocar no espaço um escudo protetor de mísseis. Adesão importante foi a da Conferência Episcopal americana que, em Carta Pastoral publicada em maio de 1983, condenou a política nuclear de Reagan, qualificando-a de "moralmente injustificável" – o que não atenuou, entretanto, o militarismo da Casa Branca.

Reagan alinhou-se com a Inglaterra durante a Guerra das Malvinas (abril a junho de 1982), quando o governo militar argentino tentou tomar essa colônia britânica no extremo sul do continente (a que os ingleses dão o nome de Falklands). E, em outubro de 1983, interveio em Granada, na América Central, para derrubar o governo de esquerda de Hudson

Austin. A política de se opor à expansão do comunismo nas Américas norteou o apoio de Reagan aos regimes de extrema-direita do Chile e da Bolívia, e a campanha contra os sandinistas da Nicarágua. Os Estados Unidos gastaram US$ 3 milhões no treinamento encoberto dos "contras" nicaragüenses, ajudando-os a colocar minas nos portos do país – ação condenada pela Corte Internacional de Justiça, de Haia. Em 30 de abril de 1985, foi revogado o Tratado de Amizade Estados Unidos-Nicarágua. Mas Reagan acabou sendo forçado a assumir postura menos agressiva, em conseqüência da atitude conciliatória de Mikhaíl Gorbatchóv, que assumira o poder na URSS em 1985; e dos progressos obtidos pelo Grupo de Contadora, que levaram, em agosto de 1987, à assinatura do Acordo de Esquipulas, propondo a negociação entre os governos e os grupos rebeldes da região.

O pior escândalo enfrentado pelo governo Reagan foi o "Irã-Contras". Em 6 de novembro de 1986, baseando-se numa denúncia publicada dois dias antes pela revista libanesa *al-Shiraa*, o jornal *Washington Post* revelou que, burlando regulamentos criados por ele próprio, o governo americano vinha fornecendo armas em segredo ao Irã, em troca da libertação de reféns em poder do grupo xiita *Jihad al-Islami*. E que o produto dessa venda ilegal revertia na ajuda clandestina aos "contras" nicaragüenses. Entendimentos secretos já tinham levado à libertação dos americanos padre Laurence Jenco (27.7.1986) e David Jacobsen (2.11.1986), quando o ex-presidente iraniano

Hashemi Rafsandjani revelou ao semanário *al-Shiraa* que o ex-assessor de Segurança Robert McFarlane tinha estado em Teerã, com passaporte falso, para negociar uma manobra que se estendia havia quatorze meses. Em 19 de novembro, Reagan assumiu a responsabilidade por esses contatos clandestinos e, no dia 25, demitiu os coordenadores do envio de armas, o tenente-coronel Oliver North e o assessor de Segurança Nacional, almirante John Poindexter. No mesmo dia, o secretário de Justiça, Edwin Meese, admitiu a ajuda ilegal aos "contras". A Comissão Tower, incumbida de apurar os fatos, inculpou Poindexter, McFarlane, North e Donald Regan, chefe da Casa Civil do governo. E em 1987, concluiu que o próprio Reagan contribuíra para ludibriar a opinião pública.

Essa série de escândalos forçou o presidente, irredutível quanto às questões de segurança durante o seu primeiro mandato, a manter, na fase final de seu governo, encontros com Gorbatchóv, que o levaram a renunciar à instalação na Europa dos mísseis de médio alcance e ao projeto *Guerra nas Estrelas*. Em 10 de abril de 1987, foram abertas negociações sobre mísseis de curto alcance. E em 15 de abril, foi assinado o acordo sobre o uso pacífico do espaço. Em Genebra, a discussão sobre a eliminação completa dos SS-20 soviéticos e dos *Pershing-2* e *Cruise* da Otan começou em 23 de abril. Em 24 de novembro, Shultz e seu colega soviético, Eduard Shevardnadze, anunciaram o acordo para a supressão de mais de mil mísseis de médio e curto alcance estacionados na Europa.

A Vanguarda

Serialismo, a partir do momento em que a revolução dodecafônica começa a ser divulgada nos Estados Unidos. Modalidades mais ou menos ousadas de atonalismo ou microtonalismo; mas também a vanguarda radical de um compositor como John Cage, que fez experiências com a música aleatória e o silêncio. Escrita eletrônica e suas combinações com a música acústica e instrumental. Cruzamentos do atonalismo com as técnicas propostas pelos minimalistas e, também – como é comum entre os músicos americanos –, as diversas possibilidades abertas pelo *crossover*, a fusão do clássico e do popular, com largo espaço aberto ao jazz lado a lado com as formas eruditas. Da veterana Louise Talma, nascida no início do século XX, até Mark Adamo, que tinha 36 anos ao estrear *Little Women*, traço, neste capítulo, o panorama da contribuição muito grandes dos Estados Unidos para o desenvolvimento da linguagem musical contemporânea.

Talma

Depois de um início de carreira neo-clássico tonal, marcado pelo gosto por texturas contrapontísticas elaboradas, a francesa Louise Juliette Talma (1906-1996), nascida em Arcachon, optou pelo serialismo – mas nunca abandonou inteiramente as melodias muito líricas de sua primeira fase, que incorporava habilmente às composições atonais. Seu pai era um pianista americano, e a mãe, Alma Cécile Garrigue, cantora de ópera. Dela, Louise Talma, órfã de pai ainda criança, recebeu as primeiras noções de piano. Imigrando para os Estados Unidos com a mãe, estudou teoria com George Wedge e composição com Howard Brockway, ganhando três vezes seguidas o Prêmio Isaac Newton Seligman por peças de câmara visivelmente inspiradas em Brahms, Skriábin e Debussy.

A ambição de ser concertista a fez estudar piano, em Paris, com Isidore Philip. Mas Nadia Boulanger, com quem fez composição, convenceu-a a dedicar-se exclusivamente a escrever música. Os primeiros resultados, após o retorno aos Estados Unidos, foram *The Hound of Heaven* (1938), com poema de Francis Thomson, e *In Principio Erat Verbum* (1939), ambos condicionados pela tendência ao misticismo que a levara, ainda na França, a abandonar o protestantismo de seus pais e converter-se ao catolicismo. Talma já era uma respeitada autora de ciclos de canções e do oratório *The Divine Flame* (1950), quando, sob a influência do serialista Irving Fine, deu uma guinada rumo às experiências de vanguarda. A *Sonata para Piano n. 2* (1952) reúne elementos tonais e atonais de forma muito hábil.

Sua única ópera representa o casamento da música dodecafônica com seu habitual lirismo diatônico. O dramaturgo Thornton Wilder escreveu para ela o libreto de *The Alcestiad*, o primeiro título de mulher compositora a ser estreada na Ópera de Frankfurt, em 1º de março de 1962. Vinte minutos de ovação seguiram-se ao término do espetáculo, e o enviado do *New York Times* escreveu:

> A partitura de Talma, que emprega freqüentemente a série de doze notas, apresenta radiosas curvas melódicas líricas, mas evita excessos românticos, lembrando muito Stravinski. O modernismo da música não obscureceu o texto; pelo contrário, em muitos pontos o iluminou, como no comovente dueto do ato II, em que Alceste se despede de seu marido Admeto.

Talma recebeu o Prêmio Marjorie Peabody, do Instituto Nacional de Artes e Letras, pela *Alcestíada*. Não compôs outra ópera, mas seu senso dramático, animado por intensa religiosidade, transparece em obras como:

- a cantata *All the Days of My Life* (1966);
- o oratório *A Time to Remember* (1967), para três coros e orquestra, sobre textos do presidente John Kennedy e citações da Bíblia;
- o tríptico *The Tolling Bell* (1969), para barítono e orquestra, com textos de Shakespeare, Christopher Marlowe e John Donne, sobre a vida e a morte;
- ou a belíssima *Voices of Spring*, para coro e cordas, em que Talma faz uma colagem de textos da Bíblia, de São Francisco de Assis e do poeta católico Gerard Manley Hopkins, para celebrar a alegria com que ouviu, no rádio, em 28 de janeiro de 1978, a notícia de que seria assinada a paz no Vietnã.

Carter

A posição do nova-iorquino Elliott Cook Carter Jr., nascido em 1908, como um dos mais importantes compositores da segunda metade do século XX, alicerça-se nas obras instrumentais e orquestrais que produziu a partir da década de 1950. Muito influenciado pelo populismo do New Deal, que permeou a música americana nas décadas de 1930-1940, Carter teve um início de carreira neo-clássico. Depois

de formar-se em Harvard, aperfeiçoou-se em Paris com Nadia Boulanger. Os contatos com a vanguarda americana vieram muito cedo, devido à sua amizade com Charles Ives, por quem sempre teve a mais irrestrita admiração. Ives o apresentou a experimentalistas como Henry Cowell ou Edgard Varèse. Ao visitar Viena com o pai, em 1926, Carter comprou todas as partituras de Schönberg, Berg e Webern que encontrou, e já tinha muita familiaridade com as técnicas atonais e dodecafônicas – além de ter analisado em Harvard o método polirrítmico de Skriábin –, antes de optar por uma escrita mais radical.

Na fase pós-Boulanger, Carter produziu para o palco peças de estampa neo-clássica, embora já temperadas com algumas ousadias vanguardistas:

- a música incidental para o *Philoctetes de Sófocles* (1933) e para a Mostellaria de Plauto (1935);
- e o balé *Pocahontas* (1939) do qual, no ano seguinte, extraiu uma suíte orquestral.

Partituras ainda ligadas às propostas neo-clássicas de Hindemith, mas já apresentando estruturas rítmicas muito complexas, são o oratório *The Bridge* e o *Concerto para Trompa*, ambos de 1937; e as peças corais *To Music* (1938) e *Heart Not So Heavy As Mine* (1938).

A mudança começa a ocorrer em 1946, com a *Primeira Sonata para Piano* (1946) e a *Sonata para Violoncelo* (1948), peças de construção métrica muito árdua, com mudanças de andamento e ritmo quase a cada dois compassos. No *Primeiro Quarteto de Cordas* (1951), que Virgil Thomson chamou de "quatro solos intrincadamente integrados", os executantes são absolutamente independentes um do outro. Essa grande obra do repertório de câmara do século XX foi premiada no Concurso Internacional de Liège, na Bélgica. A mesma individualidade dos executantes expandiu-se no *Segundo Quarteto*, de 1959, e no *Concerto Duplo para Piano, Cravo e Duas Orquestras de Câmara* (1961). Depois do segundo Prêmio Pullitzer, que lhe foi trazido pelo *Terceiro Quarteto de Cordas* (1971), Elliott Carter chegou à culminação de sua carreira com a *Sinfonia para Três Orquestras*, obra em doze movimentos que reconstrói em termos modernos a técnica barroca do concerto grosso. Foi um dos grandes sucessos da gestão de Pierre Boulez à frente da Filarmônica de Nova York, com a qual ele a estreou em 17 de fevereiro de 1977.

Aos 88 anos, Carter surpreendeu o mundo musical ao anunciar que estava escrevendo a sua primeira ópera. O crítico musical Paul Griffith escreveu para ele o libreto de *What Next?*, estreada em 16 de setembro de 1999, no Theater unter den Linden, de Berlim (a primeira audição americana foi em 25 de fevereiro de 2000, no Orchestra Hall de Chicago).

Depois de um acidente de carro de que ninguém saiu ferido, as seis vítimas discutem o relacionamento de umas com as outras e as circunstâncias que as levaram a estar ali, no momento da batida. Há uma série de confrontações de caráter psicológico mas, como nenhum dos conflitos chega a ser resolvido, a construção vaga das personagens permite a Carter tratá-las de modo quase abstrato, conferindo às suas linhas vocais um torneado praticamente instrumental. O resultado é típico do estilo carteriano em sua última fase: linhas melódicas sinuosas, intrincadamente trançadas umas nas outras, com riqueza de texturas polifônicas e mobilidade absoluta nas mudanças de andamento, ritmo ou estado de espírito. Não se trata de uma peça cuja dinâmica teatral seja muito intensa; mas é, sem dúvida alguma, do ponto de vista das relações com a voz com a orquestra, uma experiência fascinante.

Cage

O pai de John Milton Cage (1912-1992) era inventor. O filho, enquanto músico, seguiu a sua profissão pois, como dizia Arnold Schönberg, ele era "um inventor de gênio". Em qualquer um dos setores da criação musical a que tenha se dedicado – o dos sons e ritmos organizados, o da música aleatória, o das composições anarquicamente dadaístas, o da música eletrônica ou das produções multimídia – Cage sempre foi um inovador, cuja influência foi sentida e absorvida não só nos Estados Unidos mas em todo o mundo.

As primeiras composições dessa curiosa mistura de músico, escritor, artista gráfico e filósofo foram estritamente dodecafônicas: a suíte *Metamorfose* (1938), para piano, por exemplo. Depois, estimulado por Edgard Varèse, Cage começou a gravitar cada vez mais para as percussões, jogando com o contraste entre as combinações rítmicas e o silêncio. Em seguida, partindo das experiências de Henry Cowell com *clusters* (cachos de acordes) e a manipulação direta das cordas do piano – em peças como *The Banshee*, por exemplo, que o pianista executa ora no teclado ora puxando diretamente as cordas do instrumento – Cage criou o "piano preparado". A série das *Sonatas e Interlúdios* (1946-1948), um clássico da escrita heterodoxa para teclado, foi composta para um instrumento em cujas cordas são inseridos parafusos, porcas, pedaços de madeira, alfinetes, garfos e facas, que alteram de diversas maneiras o som de cada nota. As peças seguintes são cada vez mais anticonvencionais:

- *Living Room* (1940) é um quarteto para voz falada e percussões;
- *Third Construction* (1941), expandindo as experiências de Satie e Antheil, é uma peça para guisos, tambores, latas, sinos de rebanho, a gravação do rugido de um leão, címbalo, apito, gongo etc.;
- *Landscape n. 1* (1939) trabalha com osciladores de freqüência e um toca-discos que reproduz 78 rpms em diversas rotações diferentes;
- e *Landscape n. 4* exige 24 pessoas para operar doze rádios – duas por aparelho – misturando os sons de música e fala, a estática e demais ruídos numa organizada cacofonia (aí está a fonte de inspiração para os *Kurzwellen* que Karlheinz Stockhausen realizará anos mais tarde).

Criando o Projeto Música para Fita Magnética, Cage usou sons pré-gravados – ruídos da cidade e o assobio do vento – em *Williams Mix* (1952); e reuniu em *Fontana Mix* (1958) sons amplificados pelo microfone: grunhidos, tosse, o ruído feito ao engolir, ou ao esfregar o microfone numa superfície de vidro ou nas cordas de um piano. A influência oriental, que já se sentia desde as *Sonatas* para piano preparado, tornou-se mais marcada após a conversão de Cage ao budismo – o que o levou a abrir mão da responsabilidade sobre diversos aspectos do processo criativo. Usando as combinações aleatórias possibilitadas pelas figuras do *I Ching* (O Livro das Mutações), passou a se ver como "o fabricante da câmera que permite aos outros tirar fotos". O *Concerto para Piano*, por exemplo, que David Tudor estreou em Nova York em 15 de maio de 1958, consiste de 84 páginas diferentes de música, que o intérprete pode tocar, integralmente ou em parte, na ordem que quiser, até mesmo fazendo com que uma se superponha à outra (ele pode até mesmo bater nas cordas e na tampa do piano ou, deitando debaixo do instrumento, usar sua parte inferior como caixa percussiva).

O interesse de Cage pelo aspecto visual da execução como parte integrante da partitura já se manifestara em *Water Music*. Nessa peça de 1952, combina-se, aos sons de um rádio, o de água sendo derramada de um recipiente para outro[1]. Essa prática assumiu contornos especiais quando surgiu o conceito de *happening*, ou "acontecimento". A obra mais famosa dessa época, estreada em Woodstock em 29 de agosto de 1952, é *4'33"*. O título designa os quatro minutos e 33 segundos durante os quais os executantes – um solista, um grupo de câmara ou até mesmo uma orquestra inteira – devem ficar no palco, sem produzir som algum. Segundo Cage, a música faz-se dos ruídos e reações da platéia, incomodada com essa "antimúsica". No mesmo ano, Cage deu início, no Black Mountain College, a uma série de happenings de que os músicos participavam com atividades variadas e totalmente descoordenadas:

- *Theatre Piece*, de 1960, para violoncelista, bandeirolas japonesas agitadas por hastes de bambu, balões que eram estourados com agulhas, buzinas, sons eletrônicos e um homem envolto em plástico, que fica dependurado de cabeça para baixo, confirmou a noção de que toda execução musical implica senso de teatro.
- *HPSCHD* – consoantes da palavra "harpsichord", cravo – executada na Universidade de Illinois, em Urbana, em 16 de maio de

1969, é escrita para cravos amplificados por sete canais estéreos, manipulados ao acaso por 51 "músicos monaurais", servindo de trilha para a projeção de slides que podem ser abstratos ou hiper-realistas (um deles era a descida da *Apollo* na Lua).

Cage sempre se interessou pela relação entre a música e a palavra escrita – tinha predileção por textos de Gertrude Stein, Henry Thoreau, James Joyce. Em 1979, quando uma peça radiofônica lhe foi encomendada pela Westdeutscher Rundfunk, escreveu *Roaroratorio: an Irish Circus on Finnegan's Wake*, que consiste em diversos eventos sonoros superpostos, relacionados uns com os outros apenas no sentido de que ocorrem todos ao mesmo tempo. A necessidade de que o ouvinte se mantenha aberto a todas as possibilidades, de que esteja disposto a participar do processo criativo, e de que se adapte constantemente a novas formas e idéias já tinha sido firmemente estabelecida, nas obras anteriores, antes de Cage ter decidido voltar-se, no final da década de 1980, para o gênero operístico. Mesmo assim, sempre houve controvérsia quanto ao fato de se poder classificar como ópera a série das *Europeras*, que ele produziu entre 1985 e 1991, a partir de textos que selecionou no repertório operístico tradicional.

Partindo da experiência de Thomson-Stein com *Four Saints*, Cage pratica um estilo de ópera não-narrativa, que influenciará muito compositores como Philip Glass ou John Adams. Ao chegar a Frankfurt, para a estréia das *Europeras #1 e #2*, no Schauspielhaus, em 12 de dezembro de 1987, ele declarou, a respeito de suas anárquicas composições: "Durante os últimos 150 anos, os europeus mandaram as suas óperas para serem ouvidas pelos americanos. Agora, eu as estou devolvendo todinhas a eles."

De sessenta óperas famosas, que vão de Gluck a Puccini, Cage retirou árias que são confiadas aos cantores – dez na *Europera #1*, nove na *#2*. Eles as interpretam ao acaso, sem se preocupar com o que os outros estão fazendo, ou se o canto de um se superpõe ao do outro. São controlados por um cronômetro, que marca o tempo entre as árias de cada um, o momento em que ela deve começar e quando

---

1. Procedimento que o compositor chinês Tan Dun retomaria, no início do século XXI, em seu *Concerto para Água e Orquestra*, executado em São Paulo pela Filarmônica de Nova York sob a regência de Kurt Masur.

deve terminar, tenha o cantor chegado ou não ao final de seu número. Princípios semelhantes são aplicados às danças ou às projeções de imagens que constituem os cenários. Não há qualquer forma de sincronização consciente entre os diversos cantores, os bailarinos ou as imagens projetadas. No que chamou de "um circo de elementos independentes: música, roteiro, luzes, figurinos, cenários, ação", Cage trabalha com música pré-existente, num sistema de colagem, para que o processo de composição possa ser inteiramente separado do conteúdo.

As mesmas técnicas presidem à construção de *Europera #3*, "espessa, dramática e wagneriana", e *Europera #4*, "simples, agradável, mas elaborada e mozartiana". Ambas estrearam em 17 de junho de 1997, no Almeida Theatre, de Londres. A *#3* exige seis cantores, doze vitrolas tocando discos de 78 rpm e dois pianistas que acompanham os cantores em suas seleções (que podem ou não coincidir com o que se ouve nas gravações). A *#4* pede dois cantores, um gramofone de corda executando discos antiqüíssimos, e um pianista.

É mais complexa a organização da *Europera #5*, que foi executada na área do Departamento de Música, no campus da Universidade de Buffalo. Nessa ópera, que pode ser encenada tanto numa sala pequena quanto em uma cidade inteira, a área em que a ação se passa consiste de 68 quadrados – ou espaços delimitados, em que os seis cantores evoluem, indo de um para outro. O tamanho relativo desses 68 quadrados varia, naturalmente, em função da área total em que *Europera #5* é executada. A cada um dos cantores é permitido selecionar cinco árias – não há importância se a mesma ária é escolhida por dois executantes diferentes –; e eles a interpretam sem acompanhamento, sempre controlados pelo cronômetro, até atingirem o quadrado para o qual os envia, a cada momento, o roteiro previsto por Cage. Além disso, há um pianista que toca transcrições de árias famosas, e um gramofone que reproduz discos de grandes cantores do passado, Caruso, Gigli, Schipa etc. Pede-se aos cantores que usem máscaras de animal enquanto estão em silêncio, movimentando-se de um quadrado para o outro. Os cenários dependem das condições em que a ópera é montada, se num espaço grande ou pequeno; e, portanto – esse é um paradoxo tipicamente cageano – pode ter muita ou nenhuma importância.

Kirchner

Aluno de Schoenberg, Ernst Bloch e Roger Sessions, o nova-iorquino Leon Kirchner, nascido em 1929, incorporou de forma muito pessoal os ensinamentos – de natureza diversa – dos seus mestre, amalgamando-os num estilo que, segundo Aaron Copland, "vem carregado de impacto emocional e poder explosivo quase assustadores em sua intensidade". O material de sua peça mais importante – a *Música para Orquestra*, encomendada para comemorar o 125º aniversário da Filarmônica de Nova York – foi reaproveitado em sua única ópera, visivelmente influenciada pelas distorções e alto grau de tensão emocional do Expressionismo. Encomendada em 1959 pela Fromm Music Foundation, *Lily* tem libreto do próprio Kirchner, baseado na primeira parte do romance *Henderson, the Rain King*, de Saul Bellow. Insatisfeito com o resultado que obtinha, Kirchner interrompeu o trabalho e aproveitou a música já pronta em *Lily*, peça para quarteto de piano e cordas, quinteto de sopros e percussões, estreada em março de 1973. Só retomou a partitura da ópera durante 1975, quando trabalhava como compositor residente na Academia Americana de Roma.

Lily estreou em 14 de abril de 1977, na New York City Opera. Ao contar a história da viagem de autoconhecimento que o milionário americano Gene Henderson faz entre os nativos de uma tribo africana, Kirchner mistura sons eletrônicos ao dos instrumentos acústicos. Prolonga assim a experiência iniciada em 1966 com o *Quarteto de Cordas n. 3*, dedicada ao Quarteto Beaux-Arts, que o estreou em 27 de janeiro de 1967. Por essa peça, Kirchner tinha recebido, naquele ano, o Prêmio Pullitzer de Música. Comentando a estréia de *Lily*, Royal Brown na *Musical America*, escreveu:

> Kirchner produziu uma partitura profundamente expressiva, cujas tensões, criadas por meios exclusivamente musicais, atingem o ouvinte com impacto muito maior

do que o de qualquer simbolismo verbal ou cênico. Ele alterna, com grande desenvoltura, estados de espírito e atmosferas descritos musicalmente, mostrando uma sensibilidade expressionista que talvez só tenha paralelo na obra de Alban Berg.

Feldman

A total sobriedade e ausência de retórica da música de Morton Feldman (1926-1987) não fazia crer que um dia esse vanguardista chegasse à ópera. Aluno de piano de Vera Maurina-Press, Feldman estudou composição com Wallingford Riese e Stefan Wolpe. Desde jovem, sentiu-se atraído pelas idéias de vanguarda. Em 1950, no concerto da Filarmônica de Nova York em que Dmitri Mitropoulos regeu, sob protestos do público, a *Sinfonia* de Webern, Feldman conheceu e fez amizade com John Cage, impressionando-se com sua exploração quase ascética de eventos sonoros isolados. Juntou-se ao grupo de experimentalistas reunidos em torno de Cage; mas foi muito influenciado também pelos pintores expressionistas abstratos (Jackson Pollock, Philip Guston, Willem de Kooning), aos quais estava estreitamente ligado.

Feldman desejava usar os sons da mesma forma que esses abstracionistas usavam as cores, criando com eles formas, volumes e desenhos independentes do pensamento e da emoção. Chegou a desenvolver uma nova forma de notação, que captasse o que queria fazer com os sons, os silêncios, e a tentativa de fazer do intérprete um colaborador, devido aos processos aleatórios que empregava. Esses conceitos foram desenvolvidos nas *Projeções* (1951), série de cinco peças de câmara para diversas combinações de instrumentos, em que ele indicava a altura do registro, o tempo, a dinâmica (invariavelmente mf, p e ppp), deixando ao intérprete a escolha das notas a serem tocadas.

A primeira composição de Feldman para o palco foi o balé *Summerspace or Ixion*, coreografado por Merce Cunningham para o New York City Ballet, em abril de 1966. Só dez anos depois aceitou a encomenda da Ópera de Roma de escrever uma ópera para a temporada de 1977. Feldman pediu ao dramaturgo irlandês Samuel Beckett que lhe escrevesse o libreto. Este, a princípio, recusou, alegando não lhe agradar a idéia de que suas palavras fossem transformadas em canto. O compositor, porém, o convenceu ao lhe dizer que, ao serem cantadas, as palavras sofreriam distorções sonoras que as tornariam irreconhecíveis. Em novembro de 1976, Beckett enviou a Feldman, num cartão postal, um texto muito curto e absolutamente não-narrativo, que seria utilizado como o "libreto" de *Neither*:

To and fro in shadow from inner to outer shadow
From impenetrable self to impenetrable unself by way of
neither
As between two lit refuges whose doors once neared gently
close;
once turned away from gently part again.
Beckoned back and forth and turned away,
heedless of the way, intent on the one gleam or the other.
Unheard footfalls only sound
till at last halt for good, absent for good from self and
other.
Then no sound.
Then gently light unfading on that unheeded neither
unspeakable home

É muito difícil qualquer esforço de tradução deste texto, de estruturas não-lógicas. O que se segue é apenas a tentativa aproximativa – e reconhecidamente mal-sucedida – de dar ao leitor uma vaga idéia dele:

De um lado para o outro na sombra da sombra interior
para a exterior
Do ser impenetrável para o impenetrável não-ser por meio de
nenhum dos dois
Como entre dois refúgios acesos cujas portas um dia se
aproximaram
fechadas devagarzinho
E uma vez viraram as costas a devagarzinho separarem-
se outra vez
Acenando de um lado para o outro e voltando as costas
Sem se importar como, atento apenas a um vislumbre ou
outro do
som de passos que ninguém ouviu
Até que finalmente eles param de vez, ausentes de vez de
si mesmo e
do outro
Depois não há mais som
Depois devagarinho a luz não se apagando nesse não
percebido nem
nem outro
Lar do qual nem dá para se falar.

Nesse meio tempo, enquanto esperava que o texto chegasse, Feldman já começara a escrever a música e, à guisa de "rascunho" para a ópera, compusera uma espécie de cantata, *Elemental Procedure*, para soprano solista (sem texto, apenas com vocalise), coro e grande orquestra. Essa obra foi ouvida na Alemanha, em 22 de janeiro de 1977, com a orquestra e coro da Westdeutscher Rundfunk regidos por Lothar Zagrosek. A solista era Martha Hanneman – na época, o nome de casada do soprano Martha Herr que, a partir de 1978, radicou-se no Brasil e aqui vive até hoje. Residente em São Paulo, Martha Herr desenvolveu importante carreira como cantora de ópera, camerista e professora de canto. Foi ela também a escolhida por Feldman para criar, na Ópera de Roma, o monodrama *Neither*, regido por Marcello Panni e dirigido pelo artista plástico Michelangelo Pistoletto. Em entrevista que me concedeu, Martha Herr deu seu depoimento sobre a estréia da única ópera de Feldman, e seu relacionamento com esse compositor.

Inteiramente desprovida de ação, essa cantata cênica – que Andrew Clements, no *New Penguin Opera Guide*, afirma estar "remotamente relacionada com o *Erwartung* de Schönberg" – oferece apenas uma série de estados de espírito que se desenvolvem lentamente, de forma quase imperceptível, restringindo-se as linha vocais do soprano a um número limitado de notas, emitidas na região mais aguda do registro. O acompanhamento é escrito para orquestra muito grande, com um naipe de sopros muito extenso; mas a escrita, relata Martha Herr, é habilidosa, pois nunca a massa orquestral se sobrepõe ao que a solista canta em tessitura muito elevada.

Martha conta que o encenador Pistoletto a colocou sobre uma plataforma de mais ou menos um metro e meio, coberta por uma lona branca que se estendia por todo o palco, e possuía aberturas pelas quais passavam apenas a sua cabeça e braços. Todo o resto do corpo ficava escondido debaixo dessa lona, cujo peso a cantora tinha de suportar nos ombros, enquanto cantava. Nas primeiras récitas, havia um balé que ilustrava as palavras do poema; mas essa intervenção coreográfica teve de ser eliminada pois, segundo Martha Herr, cada vez que um bailarino pisava na lona, arriscava de desequilibrá-la e fazê-la cair da plataforma.

A reação da crítica e da vanguarda foi muito favorável; mas o público romano estranhou a música rarefeita e a falta de ação. Nas duas primeiras récitas, houve vaias bastante intensas. A terceira das cinco apresentações coincidiu com o dia de folga dos teatros de prosa, e a Ópera de Roma estava cheia de atores e atrizes, atraídos pela polêmica em torno dessa obra de vanguarda. Foram eles quem fizeram a platéia se calar, quando as vaias recomeçaram. Daí em diante, diz Martha, as récitas foram mais calmas e os espetáculos se normalizaram. "Mas Feldman ficou muito lisongeado por ter sido vaiado na Ópera de Roma", comenta a cantora. "Ele se sentia como se fosse Stravínski vaiado na noite da estréia da *Sagração*."

Quando *Neither* foi cantada em Nova York, em 21 de novembro de 1978, John Rockwell escreveu, no *New York Times*:

> A cantora não é nem uma personagem nem uma narradora; apenas o meio de expressão de uma mensagem espectral. A música de Feldman é mais uma meditação sobre uma idéia poética de isolada ambivalência do que o verdadeiro esforço de musicar palavras específicas, e consiste na reiteração de acordes mais ou menos estáveis. Freqüentemente há notas sustentadas que atravessam esses acordes. Às vezes, os acordes pulsam com dinâmicas mutáveis e, às vezes, seu caráter estático é alterado em busca do efeito dramático. O resultado é a alternância entre o que te cativa pela imobilidade – sobretudo à medida que a obra avança – e esses raros gestos teatrais.

Feldman ficou muito irritado quando Martha Herr veio para o Brasil. Na época, casada com o percussionista John Bowdler, que fora contratado pela Orquestra Estadual, ela o acompanhou no que pretendia ser uma estada de dois anos e, com o tempo, converteu-se em residência permanente. Feldman nunca lhe perdoou ter interrompido, nos Estados Unidos, a promissora carreira de intérprete especializada em música de vanguarda, que a ligava não só a ele, mas também a John Cage, George Crumb, Lukas Foss ou Robert Moran. Martha Herr não tem notícia de quem foi a cantora que ele convidou para fazer *Neither* na reapresentação americana – de que existe o registro no selo Col Legno, a que não tive acesso. Feldman sempre se recusou a lhe mandar material referente à ópera; mas, por meio de Michelangelo Pistoletto, ela conseguiu a documentação iconográfica e a gravação pirata, em fita, de sua apresentação em Roma, que me ofereceu gentilmente.

Ashley

A mistura de música acústica e eletrônica caracteriza a produção de Robert Reynolds Ashley, nascido em Ann Arbor em 1930. Sua intenção inicial era de preparar-se para ser pianista de concerto mas, desinteressando-se do repertório convencional, ele enveredou por caminhos de vanguarda ao fascinar-se com os estudos de psicoacústica e pesquisas sobre a fala, com os quais entrou em contato na Universidade de Michigan. Rejeitando os mecanismos das instituições oficiais de composição, edição, empresariado e gravação, Robert Ashley montou o seu próprio estúdio de pesquisa eletroacústica e dedicou-se a apresentações ao vivo de sua música.

Ligou-se ao grupo Once (1958-1966) – dedicado à pesquisa multimídia tanto no teatro quanto no cinema –, à União das Artes Sônicas (1966-1976) e ao Centro de Música Contemporânea do Mills College, na Califórnia, do qual foi o diretor de 1961 até 1981. Estreitamente ligado a Cage e influenciado por ele, Ashley foi pioneiro do gênero de evento musico-dramático a que se deu o nome de *performance art*.

As óperas de Ashley têm sido descritas genericamente como "peças para o teatro musical". A primeira delas, *In Memoriam... Kit Carson*, de 1963, escrita para a televisão – mas depois adaptada para o palco –, tem narração muito livre, confiada a oito grupos de cantores e de instrumentos. Seguiram-se, antes de seu título mais conhecido, *That Morning Thing* (1968), *Music with Roots in the Aether* (1976), para a televisão; *Title Withdrawn* (1976) e *The Lessons* (1981).

O libreto do próprio Ashley para *Atalanta (Acts of God)* baseia-se na lenda grega da paixão de Hippomenes por Atalanta, que jurara nunca se entregar a um homem, e a quem ele vence, numa corrida pela sua mão, distraindo-a com três maçãs de ouro. Mas a ópera – que o compositor descreve como "uma interpretação protopopulista e pré-pós-moderna do antigo mito" – é não-narrativa. No prefácio à partitura, Ashley explica:

> A música e os textos são compostos sob a forma de anedotas ou fábulas morais. Três desses episódios são confiados a vozes solistas na seção intitulada *Anecdote*. Esse é o núcleo da ópera e pode ser interpretado separadamente, como peça de concerto, com o título de *Canções de Atalanta*. Em torno das anedotas principais gravitam anedotas secundárias gravadas em fita, mas que podem também ser interpretadas ao vivo em diversas versões diferentes.

Atalanta é a primeira parte de uma trilogia que prosseguiu, em 1984, com *Atalanta's Strategy* e *Perfect Lives (Private Parts)*, escrita para televisão (dessa última, há o registro de 1987 na série *Impetus* do selo Lovely Music). Em 1991, Ashley apresentou nova tetralogia de óperas em um ato, intitulada *Now Eleanor's Idea*, da qual fazem parte: *Improvement (Don Leaves Linda)*, gravada pelo selo Nonesuch em 1992; *Foreign Experiences (Persuasion); Now Eleanor's Idea (Declamation)* e *eL-Aficionado*. Em 1997, compôs *Balseros* e, no ano seguinte, *The Immortality Songs*.

Em comparação com o prestígio adquirido por minimalistas como Philip Glass ou John Adams, a modéstia e o desinteresse pela exposição de sua obra ao público fez com que o trabalho de Robert Ashley permanecesse obscuro. Mas, como Cage, ele visou a mudar nosso sistema de referências no que se refere ao teatro musical e, nesse sentido, conseguiu ser muito provocador. Ashley insere-se numa categoria muito especial de compositores, pois a sobrevivência da maior parte de sua obra depende das apresentações ao vivo ou das gravações que ele mesmo faz, como um produtor de intransigente independência – discos que são de difícil acesso, pois circulam apenas em seu selo independente.

Eaton

Jazz, serialismo, música microtonal e eletrônica: são muito ecléticas as fontes formadoras do estilo de John Charles Eaton, nascido em Bryn Mawr, na Pensilvânia, em 1935.

Ele foi o primeiro compositor americano a utilizar o sintetizador em suas composições. Filho de um pastor protestante, Eaton começou a estudar piano aos sete anos com Anna Gish. Foi aluno de Milton Babbitt, Edward Cone, Earl Kim e Roger Sessions na Univeridade de Princeton. Ainda não tinha terminado o bacharelato ao compor o *Song Cycle on Holy Sonnets of John Donne* (1956), estreado por Bethany Beardslee; e a primeira ópera, *Ma Barker* (1957), com libreto de Arthur Gold sobre uma líder comunitária negra, em que formas de jazz unem-se às da linguagem dodecafônica.

Eaton venceu três vezes o Prix de Rome (1959-1961) e duas a bolsa da Guggenheim (1962 e 1965), para se aperfeiçoar na Itália. Em Roma, conheceu Paulo Ketoff, inventor do SynKet, o sintetizador portátil. A estréia, em 1º de março de 1966, das *Songs for R. P. B.* foi a primeira audição ao vivo de uma obra escrita para soprano e sintetizador. Seguiram-se o *Concerto para SynKet e Orquestra* (1967), *Thoughts on Rilke* (1966) e *Blind Man's Crazy* (1968), ciclos de canções para soprano e orquestra de sintetizadores. Nas suas óperas, Eaton combina freqüentemente os sons eletrônicos aos da orquestra de instrumentos acústicos.

Em fevereiro de 1969, a RAI Italiana transmitiu *Heracles*, a sua primeira tentativa de ópera em grande escala. Com libreto de Michael Fried, a história mitológica transformou-se numa obra de três horas e meia de duração, para solistas, grande orquestra e coro. Foi boa a acolhida nos Estados Unidos, quando *Heracles* inaugurou o recém-construído Musical Arts Center de Bloomington, no Indiana, em 15 de abril de 1972. Essa boa recepção fez Eaton ser escolhido pela PBS para escrever uma ópera destinada à televisão.

O libreto de Patrick Creagh para *Myshkin* baseia-se em *O Idiota*, de Dostoiévski. Transmitida em 23 de abril de 1973 e repetida diversas vezes em canais de todo o país, *Myshkin* foi escolhida pela Agência de Informação dos Estados Unidos para ser vista em exibição internacional, e calcula-se que 15 milhões de pessoas tenham assistido à exibição em 1975. Por essa ópera, Eaton recebeu o prêmio Peabody e o do Estado do Ohio, concedidos a quem se destaca por sua contribuição para a televisão. *Myshkin* utiliza a afinação em quar-

tos de tom para a orquestra de câmara e recorre aos sons eletrônicos como uma forma de frisar a flutuação da personagem-título da razão para a insanidade. Seu sucesso trouxe uma outra encomenda: a da ópera infantil *The Lion and Androcles*, para ser cantada por crianças. Estreada pela Sinfônica de Cincinnati em 1973 e transmitida várias vezes pela PBS, esta é, devido ao público a que se destina, uma obra alegre e diatônica, de melodismo mais acessível.

A ópera mais importante de Eaton é *Danton and Robespierre*, na mesma linhagem heróica do *Montezuma* (1964), de Roger Sessions, ou do *Antônio e Cleópatra* (1968), de Samuel Barber. Ela possui, além disso, pontos em comum, temáticos e de empostação dramática, com a *Morte de Danton* (1947), de Gottfried Von Einem, baseada na peça de Georg Büchner. O libreto de Patrick Creagh capta muito bem a atmosfera vulcânica da Paris revolucionária. Eaton obtém momentos teatrais de grande impacto, sobretudo na cena final, a da execução de Robespierre, em que, à colorida escrita orquestral e a um coro, cujas texturas vão do canto ao grito, juntam-se ásperos sons eletrônicos, para sugerir a queda da lâmina da guilhotina. Árias tonais, um dueto de amor muito lírico, passagens corais de grande complexidade polifônica convivem com a afinação da orquestra em quartos de tom e o uso de efeitos eletrônicos para realçar as passagens climáticas. Quando a ópera foi estreada em Bloomington, na Universidade de Indiana, em 21 de abril de 1978, sob a regência de Thomas Baldner, o crítico Andrew Porter escreveu, na revista *New Yorker*:

Apesar de toda a sua complexidade, a partitura de Eaton é acessível e fácil de compreender. Assim como Alban Berg, Eaton não teme os grandes gestos teatrais tradicionais e diretos: *ostinatos*, súbitos rompantes, uníssonos, firmes âncoras tonais contra graus variados de tensão e dissonância. Sua escrita orquestral é variada e muito colorida. Além disso – e o mais importante – *Danton* é uma ópera melodiosa, composta com o domínio de grandes gestos vocais líricos, que revelam a personalidade definida do autor, e são também muito gratificantes para o cantor.

Nas notas do programa da estréia, ao falar de sua ópera – da qual existe, no selo CRI, uma gravação feita em 1980 – Eaton afirma:

Na Revolução Francesa, encontrei, em embrião, quase todos os traços da sociedade moderna. Ao escrever *Danton e Robespierre*, eu certamente não me preocupava em criar uma *morality play*, nem uma peça a respeito de acontecimentos históricos do passado; mas estava me dirigindo a nosso próprio tempo, em termos que as platéias de hoje teriam condições de entender perfeitamente.

Patrick Creagh foi também o autor do libreto de *The Cry of Clitaemnestra*, versão livre da tragédia de Ésquilo, cantada em Bloomington em 1º de março de 1980 e, depois, levada ao Spring Opera Theater, de San Francisco, em 6 de março do ano seguinte. Os intérpretes da estréia foram Nelda Nelson (Clitemnestra), Eileen Martinez (Ifigênia), Robert Bork (Agamêmnon), Dan Brewer (Aquiles), Michael Johnson (Odisseu), Colenton Freeman (Egisto), Rebecca Field (Electra), Randall Black Orestes) e outros.

Escrita para orquestra de câmara, a instrumentação inclui dois pianos, um deles afinado em quartos de tom. A escrita tonal, atonal ou microtonal se alterna, de acordo com os efeitos dramáticos visados por Eaton: "a microtonal e atonal associada ao estado de extremo conflito psicológico, a tonal usada para representar a inocência e a pureza", segundo diz o compositor no programa da estréia. Efeito estranho é obtido com a fanfarra de instrumentos de sopro antigos: *stierhorn, crumhorn* e tambores de pele.

A ópera abre com um grito de terror. Clitemnestra teve mais uma vez o seu pesadelo recorrente: sonhou com Ifigênia, a filha que Agamêmnon sacrificou aos deuses anos antes. Acordando, tenta convencer Egisto, seu amante, a tratar melhor os seus filhos – o que leva a uma briga terrível entre eles, no decorrer da qual Egisto revela à rainha que seu marido tomou por amante, em Tróia, a princesa Cassandra, a profetisa filha de Príamo. Clitemnestra tem a visão da cena em Tróia: Agamêmnon pede a Cassandra que veja o futuro e ela enxerga uma mulher vestida com o manto de um rei. Esse manto há de ser a arma para a destruição de Agamêmnon. Desde esse momento, Clitemnestra começa a ter consciência do ato que vai praticar.

Enquanto isso, Electra e Orestes lamentam a situação em que se encontram, tiranizados por Egisto, que não hesita em assediar sexualmente a filha de sua amante. Clitemnestra tenta reconciliar a filha e Egisto; mas só consegue ter uma altercação violenta com Electra, que culmina no momento em que Egisto decide banir os príncipes do palácio. Lamentando a perda dos filhos, Clitemnestra cai num sono febril e, vendo o retorno de Agamêmnon, prevê em detalhes o seu assassinato. Ao acordar, ao som da fanfarra que anuncia o retorno do rei, ela sabe que é isso o que terá de fazer. Tendo nas mãos o manto real, vai ao encontro do marido, para cumprir o seu destino.

Na revista *Opera News*, John von Rhein assim comentou o espetáculo:

> A música realça a soturna austeridade do drama e lhe dá um foco intimista. A orquestra de câmara sugere, com seus comentários discordantes, todo o desespero das personagens, derramando sobre as linhas vocais o seu amargo licor, às vezes até mesmo às expensas da inteligibilidade do texto. Apesar disso, é envolvente o lirismo que está subjacente a essa escabrosa superfície, em especial na música de Clitemnestra e Cassandra, de tessitura agudíssima, que trança com a orquestra a sua magia encantatória.

Entusiasmado com o resultado de *Danton* e, sobretudo, de *Clytemnestra*, da qual fez cuidadosa análise no *Financial Times* de 18 de junho de 1980, o crítico Andrew Porter ofereceu-se para escrever o libreto da ópera seguinte. Estreada na Ópera de Santa Fé em 1985 – um ano antes da peça de mesmo nome de Lee Hoiby – *The Tempest*, muito fiel à ação da comedia de Shakespeare, tem as mesmas características das obras anteriores: sonoridades atonais e microtonais na orquestra, tessituras vocais extremas, um conjunto de instrumentos renascentistas contrapondo-se a um trio de jazz (o papel de Caliban é escrito para um típico cantor de jazz, na linha do Sportin' Life de *Porgy and Bess*). No centro da ação, cantando música basicamente tonal – embora com dissonâncias ocasionais – está Próspero, de quem depende o controle da alternância ou superposição das hierarquias musicais. Comparada à partitura de Hoiby, porém, a de Eaton, com sua linguagem ousadamente contemporânea, revela-se menos adequada para captar os estados de espírito muito delicados e peculiares da comédia shakespeariana.

Ao aceitar, em 1989, o cargo de professor na Universidade de Chicago, Eaton estreou ali, em 1989, *The Reverend Jim Jones*. Aqui, sim, o hibridismo anguloso de sua linguagem prestou-se muito bem a recriar o sinistro episódio do massacre de Jonestown. Havia a indicação de que ele planejava um *Rei Lear* mas, ao que tudo indica, esse projeto não foi levado adiante. Em vez disso, Eaton dedicou-se, desde o início da década de 1990, à composição de *theatre pieces*, obras de concerto para solistas e grupos diversos de instrumentistas: *Peer Gynt* (1992), *Salome's Flea Circus* (1992), *Don Quixote* (1996), *Golk* (1996) e *Travelling with Gulliver* (1997).

O Circo de Pulgas de Salomé causou sensação ao ser apresentada, em julho de 2003, no Centro para a Ópera Contemporânea, em Nova York. A clarinetista Jean Kopperud, vestida como uma executante de dança do ventre, fazia o papel da personagem bíblica a quem, no final da vida, envelhecida e decadente, não resta outra saída senão excursionar com um circo mambembe. A instrumentista alterna trechos tocados em seu instrumento com a declamação do texto num áspero estilo de *Sprechstimme*. E termina com uma versão grotesca da Dança dos Sete Véus, que culmina no momento em que o acompanhador arranca o ultimo véu com os dentes (a música de Eaton, de estilo fortemente expressionista, foi tocada, nesse espetáculo, pelo pianista Stephen Gosling).

Wuorinen

Serialista que expandiu o vocabulário dodecafônico incorporando a ele outras praticas, o nova-iorquino Charles Wuorinen, nascido em 1938, compõe desde os cinco anos de idade. E foi o mais jovem premiado do Pulitzer: recebeu esse prêmio em 1970, aos 32 anos, pela peça eletrônica *Time's Encomium*, encomendada pelo selo Nonesuch Records. Seu pai, Charles Peter Wuorinen, de origem finlandesa, era professor de História na Universidade de Columbia. Aluno de composição de Jack Beeson e Vladimir Ussachevsky, Wuorinen tinha quinze anos quando recebeu o prêmio da Filarmônica de Nova York para compositores jovens. E em 1956, completou suas duas pri-

meiras obras para orquestra, *Into the Organ Pipes and Steeples* e *Music for Orchestra*.

Extremamente prolífico, dono de um catálogo com mais de duzentas obras orquestrais, concertantes, de câmara e para solistas, Wuorinen tornou-se presença marcante dentro da música de vanguarda americana, graças a peças como a *Two-Part Symphony* (1978), o oratório *The Celestial Sphere* (1980) e, na década de 1990, a *Symphony Seven*, encomenda conjunta de quatro grandes orquestras americanas – Nova York, Boston, Chicago e Cleveland –, além de uma trilogia de peças instrumentais para o New York City Ballet, e do *Quinteto para Piano e Percussão*, dedicado à pianista Ursula Oppens. A importância de Wuorinen na vida musical americana se mede pelo fato de que, em 1975, foi a ele que Vera, a viúva de Ígor Stravínski, cedeu os últimos esboços do marido, para que os utilizasse em *A Reliquary for Igor Stravinski*, estreado no Festival de Ojai, na Califórnia, em 30 de maio de 1975.

Wuorinen foi também o primeiro compositor ao qual Christoph von Dohnányi encomendou uma peça (*Movers and Shakers*), ao assumir a direção da orquestra de Cleveland. E o primeiro a escrever para a New Worl Symphony, quando ela foi criada por Michael Tilson Thomas: *Bamboula Beach*, com base nas teorias de Benoit Mandelbrot sobre a aplicação da geometria fractal à música. Obras importantes de Wuorinen estão disponíveis nos selos Koch International Classics (*The Mission of Virgil* e a *Missa*) e Deutsche Grammophon (o *Relicário para Ígor Stravínski*). Em 1962, ele se tornou co-fundador do Group for Contemporary Music, dedicado a execução de música de câmara de novos compositores. À ópera, porém, ele chegou relativamente tarde: sua primeira experiência data do final da década de 1990.

Haroun and the Sea of Stories estava prevista para ser estreada no New York City Opera, durante a temporada de 2001-2002, sob a direção de Mark Lamos. Mas foi adiada, após o atentado de 11 de setembro de 2001, e transferida para o final de 2004, decerto para não açular sentimentos que, naquele instante, estavam em carne viva. O libreto de James Fenton baseia-se na obra de um autor muçulmano cujo nome ocupou por muito tempo as manchetes, ligado à arbitrariedade dos regimes islâmicos. *Haroun* é o romance infantil de Salman Rushdie, o escritor iraniano contra o qual, em 1989, o aiatolá Ruhollah Khomeini pronunciou uma *fatwa* (sentença de morte), por ele ter publicado, na Inglaterra, *Satanic Verses* (Versículos Satânicos), romance considerado blásfemo, ofensivo ao profeta Maomé. A *fatwa* autorizava qualquer muçulmano devoto a matar Rushdie, em nome da defesa da religião. Embora essa sentença tivesse sido suspensa posteriormente pelo governo iraniano, como condição para regularizar as relações diplomáticas com a Inglaterra, onde Rushdie vivia escondido, sob proteção policial, a vida do escritor não deixou de correr perigo, pois muitos muçulmanos radicais não aceitaram a revogação, decidida após a morte do líder religioso que a proclamara.

Haroun passa-se num mundo de faz-de-conta, livremente inspirado em Bombaim e na Caxemira. Diz Fenton, na introdução a seu libreto:

> Era uma vez, no país de Alefbey, uma triste cidade, a mais triste das cidades, cidade tão arrasadoramente triste que tinha esquecido até o seu próprio nome. Ficava à margem de um mar sombrio, cheio de "peixosos" – peixes queixosos, pesarosos –, tão horríveis de comer que faziam as pessoas sentirem na boca o gosto da mais pura melancolia, até mesmo quando o céu estava azul. Ao norte dessa triste cidade, havia poderosas fábricas nas quais a tristeza (assim me disseram) era literalmente fabricada e, depois, embalada e enviada para o mundo inteiro, que parecia sempre querer mais. Das chaminés das fábricas de tristeza, saía, aos borbotões, uma fumaça negra, que pairava sobre a cidade, como uma má notícia.

A ópera fala da luta entre a liberdade da imaginação e os poderes que se opõem a ela. "Qual é o sentido de se dar às pessoas liberdade de expressão e, depois, dizer-lhes que não devem utilizá-la?", pergunta Rushdie. "E o poder da palavra não é o maior de todos os poderes? Então, decerto, deve ter plenas garantias de exercício!".

Rashid al-Khalifa, o pai de Haroun, é um talentoso contador de histórias profissional, figura popular, muito solicitada em acontecimentos públicos. Mas Rashid Khalifa vivia tão ocupado, inventando e contando suas histórias, que nem reparou que Soraya, a sua mulher, já não cantava mais. Era um homem ocupadíssimo, o famoso Mar de Idéias, o grande xá de Blah. Com os ensaios e apresentações que tinha de fazer, vivia no palco, e acabou perdendo a noção do que acontecia em sua própria casa. Corria sempre pela cidade e pelo país inteiro, contando as suas histórias, enquanto Soraya ficava sozinha, tendo em cima da cabeça uma nuvem negra cada vez maior, uma enorme tempestade preparando-se dentro dela.

Um dia, sentindo-se negligenciada, Soraya deixa-se convencer por um vizinho a abandonar o marido e fugir com ele. Quando isso acontece, Rashid perde a confiança em seu próprio poder de narrador, e sente-se perseguido pela pergunta do filho: "Qual é a utilidade das histórias, se elas nem sequer são verdadeiras?" Rashid tem de discursar numa reunião convocada pelo sinistro político Snooty Buttoo, o Brilhantina, de moral duvidosa. Dois capangas, vestidos com calças amarelo-xadrez, vem lhe dizer que, se não aparecer com seu estoque usual de boas histórias, eles voltarão para lhe cortar a língua. Rashid fica desesperado e Haroun resolve salvar o talento do pai – projeto que o leva a viajar para um mundo exótico de gênios das águas, de pássaros mecânicos e criaturas fantásticas da mitologia persa, como os *gupis* e os *tchup'ualas*. Descobre que o Mar das Histórias, fonte de todos os contos, está sendo poluído pelo sinistro Kattam-Shud, o inimigo das histórias. Ao cabo de uma série de peripécias – que lembram a estrutura de óperas baseadas em contos de fadas, como o *Ruslan e Liudmila* de Glinka – Haroun consegue derrotar os poderes da treva e restaurar a felicidade de sua família e da cidade em que vive, e ela deixa de ser triste.

O livro infantil de Salman Rushdie é escrito num estilo efervescente, cheio de rimas internas e jogos de palavras, que Fenton tenta preservar em seu libreto, criando um mundo de fantasia que, no entanto, não perde o vínculo com as duras realidades políticas do mundo real – particularmente sensíveis para um escritor que sabe o que significa pagar, pelo direito de pensar, o preço de ter sua cabeça posta a prêmio. No programa da apresentação paulista (ver abaixo), o pesquisador Sérgio Casoy escreveu:

A narrativa está recheada de citações facilmente identificáveis pelos leitores que, como eu, pertencem à mesma geração de Rushdie, nascido em 1947. Haroun, o personagem principal, e seu pai, Rashid Khalifa, têm seus nomes derivados do legendário califa Harun al-Rashid, presente em um grande número de contos das *Mil e Uma Noites*, cujos heróis povoaram nossa imaginação quando crianças. Por meio dessas simples referências, o autor situa sua história, já nas primeiras páginas, no mesmo mágico mundo oriental habitado por Sinbad e Ali Babá. Nossas lembranças infanto-juvenis são reavivadas também em uma série de outras passagens. Tanto a viagem interplanetária de Haroun para Kahani, a segunda lua da Terra, quanto a expedição do exército *gupi* para resgatar a princesa e combater o sinistro Mestre do Culto, com seus líderes montados em cavalos mecânicos alados, parecem extraídas das excelentes tiras de quadrinhos desenhadas por Alex Raymond em seu *Flash Gordon no Planeta Mongo*[2]. Aqui e ali, o autor semeia as suas *private jokes*. Algumas são divertidas, como a citação de autores famosos, quando o Guerreiro das Sombras gagueja, dizendo "Gogogogol", ou tosse formando o som "Kafkafka". Outras têm um sabor mais amargo, como apelidar o pai de Haroun de "o xá do Blablablá", e batizar sua mãe, que abandonou o lar, de Soraya, o mesmo nome da esposa repudiada pelo xá do Irã. [...] A moral dessa fábula moderna, que emprega os desastres ecológicos e a poluição causada pela indústria como tristes metáforas, é mostrar como a alegria e a graça da vida dependem da liberdade de expressão, que deve ser conservada a qualquer custo. É uma mensagem de esperança.

À espera de que a ópera pudesse ser estreada, Wuorinen preparou dela uma versão compacta, a qual deu o título de *Haroun Song-Book*, estreada no Peter B. Lewis Theater, do Museu Guggenheim, de Nova York em 13 de outubro de 2002, com Michael Chiodli, Elizabeth Farnum e Emily Golden, acompanhados ao piano por Phillip Bush. Nessa ocasião, anunciou-se que a ópera subiria à cena no outono de 2004.

O *Livro das Canções de Haroun* foi apresentado no Brasil, em 4 de outubro de 2003, na residência de Bea e Pepe Esteve, na Chácara Flora, em São Paulo. A direção cênica era de Fernando Patau; os cenários e figurinos, de Christina Peters; ao piano estava Phillip Bush. Do elenco participavam Solange Siqueiroli, Denise de Freitas, Leon Williams, James Schaffner e José Galisa. A narração foi feita por Carlos Careqa. Após essa récita beneficente, o espetáculo foi aberto ao público, no dia 8, no

auditório do Colégio Santa Cruz, tendo Fábio Bezuti ao piano. No Caderno 2 de *O Estado de S. Paulo*, publiquei, nessa época, uma resenha do espetáculo na qual dizia:

> Interpretando uma partitura tecnicamente muito difícil, a soprano Solange Siqueiroli, como o menino Haroun – cuja parte exige dela coloratura muito árdua – e a mezzo Denise de Freitas, em quatro papéis pequenos, nos quais tem de recorrer a grande variedade de recursos vocais, foram as presenças dominantes em cena. Às duas deveram-se os momentos musicalmente mais envolventes do espetáculo. Tem também belo timbre e é bem projetada a voz do barítono Leon Williams, criador de Rashid-Khalifa, pai de Haroun [...]. Bastante maleável é a voz de tenor característico de James Schaeffner. Ele faz Kattam-Shud [...] e também o mago Iff, uma das figuras benéficas que, juntamente com o Pássaro Hoopoe – o baixo José Galisa, numa segura interpretação – vai aliar-se a Haroun em sua empreitada.

A esse equilibrado elenco crediantemos, basicamente, o sucesso da apresentação, pois a partitura de Wuorinen, de escrita serialista livre, é um tanto irregular. Tem passagens realmente interessantes: os sinuosos melismas de gosto oriental de "Zembla, Zenda, Xanadu", a canção de Soraya; o ritmo vivamente sincopado de um corinho como "Get on the bus", que remete à tradição americana do musical; o vigor de "War! War!", no final do primeiro ato; ou o quase tonalismo de um quarteto lírico como "Now the lagoon is blue", que faz acenos ao melodismo de Gershwin ou Cole Porter. Mas há, por vezes, longos trechos de arioso atonal repetitivo, sem muito senso de tensão dramática, que perderiam força sem a verve dos cantores que os interpretaram. Os intérpretes, sim, criaram momentos fortes no espetáculo, como o monólogo "I wish...what I wish?", de Haroun; ou a cena final, da reconciliação, delicadamente realizada por Solange e Denise.

Johnson

Parodiar a ópera sob todas as suas formas é a especialidade de Tom Johnson que, entre 1971-1982, foi crítico do *Village Voice*, defensor entusiasta da vanguarda e um dos primeiros a apoiar o trabalho dos minimalistas. Sua experiência no jornalismo musical está condensada em *The Voice of New Music: New York*

---

2. Inspiração à qual deve certamente ajuntar a de filmes hollywoodianos de aventuras orientais, como o clássico *O Ladrão de Bagdá*.

City 1972-1982, documento importante sobre a atividade da vanguarda nova-iorquina na virada das décadas de 1970-1980.

Nascido em Greeley, no Colorado, em 1939, Thomas Johnson foi aluno de Eliott Carter e Morton Feldman na Universidade de Yale. Seu primeiro trabalho, *The Four Note Opera* (1975), uma farsa não-narrativa em um ato, causou sensação e, até o início da década de 1990, tinha sido encenada em cerca de sessenta teatros de todo mundo, traduzida para nove línguas diferentes. Passada "em qualquer sala de ópera, na atualidade", tem texto deliberadamente desconexo, cheio de clichês e alusões à estrutura da própria ópera, e a música é toda construída sobre as notas lá, si, ré, mi. Termina com o suicídio coletivo dos cantores, que vão ficando imóveis no palco à medida que a música silencia. Técnicas semelhantes são usadas em *The Masque of Clouds* (1975) e *Five Shaggy-Dog Operas* (1978).

Mudando-se para Paris em 1983, Tom Johnson continuou a produzir ali as suas paródias. *Réservé aux Sopranos*, com texto em francês e não mais do que meia-hora de duração, mantém a técnica de fazer alusões à forma como a ópera é escrita, e usa seis cantoras a que dá os nomes de Dó, Ré, Fá, Mi, Sol e Lá. Cada uma dessas notas governa a tonalidade em que elas cantam. O texto em alemão de *Reimannoper* alinhava definições musicais extraídas do *Reimann Musikalisches Lexicon*. De pretensões maiores, *Una Opera Italiana* tem no elenco "sete intelectuais e vinte cantores", e é escrita para orquestra completa. Já *Trigonometry*, com um texto que se baseia numa seqüência de relações matemáticas, usa apenas quatro barítonos e quatro executantes de percussão. Nenhuma dessas peças tem enredo: elas não passam de brincadeiras com o venerável aparato de produção do gênero.

Lieberson

Muito influenciado, no início da carreira, pelo serialismo de Milton Babbitt, que foi seu professor de composição, o nova-iorquinho Peter Lieberson – nascido em 1946 – sofreu, no final da década de 1970, mutações estilísticas consideráveis, induzidas por sua conversão à modalidade tibetana do budismo. Princípios religiosos budistas inspiraram sua obra mais conhecida, o *Concerto para Piano*, de 1981, em grande escala e romântico no espírito, construído sobre uma série de doze notas, mas incorporando influências rítmicas de Stravínski e recortes melódicos típicos da música popular. O tema da transcendência espiritual marca todas as grandes obras orquestrais de Lieberson que, em 1988, abandonou o cargo de professor de composição na Universidade de Harvard, para tornar-se o diretor internacional do Centro de Treinamento Budista Shambala, de Halifax, na Nova Escócia.

Em 1992, por encomenda da Bienal de Munique, Lieberson escreveu *King Gesar* que, na realidade, não chega a ser uma ópera: corresponde, na realidade, àquilo que os alemães chamam de *Theatermusik*, peça para solistas e instrumentos em que elementos dramáticos estão presentes, mas não é necessariamente para ser encenada. Sua ópera mais conhecida é *Ashoka's Dream*, estreada em Santa Fé em 26 de julho de 1997. Dela participaram Kurt Ollmann (Ashoka), Claire Gornley (Lakshmi, sua primeira mulher) e, no papel de Trirashka, a segunda esposa do rei indiano, o meio-soprano Lorraine Hunt que, mais tarde, viria a se casar com o compositor, adotando o nome artístico de Lorraine Hunt-Lieberson. A regência foi de Richard Bardshaw.

O libreto de David Pennick conta a história do rei Ashoka, que se envolveu em batalhas sangrentas com os senhores feudais para unificar a Índia; e do processo de ascese por que ele passa, ao dar-se conta do alto preço de suas conquistas, em termos de vidas humanas. Iniciando um penoso processo de busca pessoal, Ashoka obtém a iluminação espiritual e transforma-se em um monarca compassivo e tolerante. Após a estréia, o crítico Craig Smith, do jornal *New Mexican*, comentou:

É raro para uma ópera, por mais bem executada que seja, conquistar a atenção da platéia à primeira audição. Isso é ainda mais raro no caso de uma ópera contemporânea. E raríssima é a obra que mantém seus ouvintes encantados em todos os níveis: o musical, o teatral, o espiritual. Do princípio ao fim, *O Sonho de Ashoka* é uma verdadeira *Gesamtkunstwerk* [obra de arte total, na definição wagneriana], experiência comovente e perturbadora. Nunca vi o público de Santa Fé tão atento.

A tentativa de Ashoka de compreender seu povo e trazer-lhe compaixão e paz oferecia muitas possibilidades a Lieberson, ao libretista Penick, e ao encenador Stephen Wadsworth. Mas também muitos perigos, pois a ópera cobre toda a vida do rei, e é preciso mostrar claramente as influências espirituais que condicionaram a transformação do monarca, sem cair no banalmente moralista. Ao mesmo tempo, é preciso traçar o pano de fundo claro da Índia na Antiguidade, sem se perder em minúcias de reconstituição histórica. A resposta foi concentrar-se no impacto da metamorfose de Ashoka sobre os que lhe estavam próximos. Assiste-se não só à luta interna do rei contra a vaidade e o orgulho do guerreiro, à sua tentativa de transformar a sensualidade em sabedoria, mas também a seu esforço, e o do mundo em que vive, para encaixarem-se um no outro.

A curva dramática, no ato I dessa meditação sobre o imperador da Índia, é extremamente bem construída. A transfiguração de Ashoka, no final da ópera, é realizada de forma convincente: a força de suas convicções espirituais reflete-se muito bem no texto e na música. A partitura muito transparente de Lieberson, rica em cores instrumentais, faz com que cada palavra do texto possa ser compreendida claramente. De cromatismo muito móvel, com freqüente emprego de técnicas seriais, *Ashoka* apela também para as formas tradicionais e, nessa construção híbrida, há momentos muito eficientes de música diatônica. O uso econômico, mas dramaticamente preciso, das percussões e sinos, as intervenções expressivas das madeiras graves e a utilização original da tuba e das trompas, caracterizam uma escrita camerística de grande variedade nas combinações timbrísticas.

Wadsworth fez uma recriação discreta da gestualidade típica do teatro indiano, integrando-a a impulsos rítmicos que vinham da música; e extraiu bom efeito cênico da dualidade sempre presente na história. Ashoka tem duas mulheres, Lakshmi e Trirashka, de características antagônicas, uma sensual, a outra sábia e experiente. Tem dois filhos e quatro ministros, que agem como dois pares de conselheiros com posições contrárias. O rei é mostrado como ele mesmo e como Girika, o condutor de sua carruagem, que funciona como seu alter-ego. E sua jovem esposa Lakshmi aparece tanto como a mulher sexualmente desejada quanto como Kali, a deusa da Morte – ou seja, como o símbolo da paz e do Nirvana alcançado.

Há poucos números fechados e realmente cantados na partitura. A maior parte dos monólogos é salmodiado à maneira das litanias tibetanas; e o tom predominante é introspectivo, com andamentos lentos, de uma forma que às vezes aproxima a música de Lieberson à da chamada *New Age*. Mas o uso extenso das percussões promove alguns momentos de explosão orquestral, especialmente nos interlúdios que ligam uma cena à outra, dando ao acompanhamento instrumental uma textura contínua.

Davis

O choque entre as comunidades branca e negra, examinado do ponto de vista de um artista afro-americano, tem sido o tema principal da obra de Anthony Davis, pianista de jazz e, ao mesmo, autor de composições visando a sala de concertos e o teatro de ópera. O pai de Davis – nascido em Paterson, Nova Jersey, em 1951 – foi o primeiro professor negro da Universidade de Princeton. E sua mãe descendia de uma longa linhagens de médicos ligados à Escola de Medicina da Universidade de Howard.

Inicialmente, Anthony queria fazer carreira como concertista; mas conta que parou para refletir quando um professor da Academia Phillips Exeter lhe disse: "Eu não sabia que negros tocavam música clássica." Foi a hora em que decidiu dedicar-se ao jazz, no qual tornou-se extremamente hábil. Formado pela Universidade de Yale, Davis deu aulas em Harvard e Cornell até 1998, data em que foi nomeado professor de composição em San Diego, na Universidade da Califórnia. Na década de 1970, fundou o octeto *Episteme* ("conhecimento" em grego), que vem dirigindo desde então. O grupo destina-se a explorar as formas do jazz, da pop music e da música não-ocidental, combinando-as às da vanguarda contemporânea. Quer também pesquisar as possibilidades da improvisação dentro da execução de música de câmara.

Influências de Duke Ellington, Bela Bartók e dos *ostinatos* da música balinesa de *ga-*

melan, pela qual Davis é fascinado, unem-se em sua primeira ópera *X: The Life and Times of Malcom X*, que tem uma estrutura relativamente tradicional, com os números habituais, mas usa formas de *swing*, *scat*, jazz e rap para musicá-los. O libreto de seu primo, o poeta negro Thulani Davis, a partir de um roteiro escrito por seu irmão Christopher, toca agressivamente numa questão polêmica: os eternos conflitos raciais americanos e as reações de movimentos rebeldes como o dos Panteras Negras. A luta pelo poder, dentro do movimento dos muçulmanos negros, entre Malcom X e seu mentor, Elijah Muhammad, é narrada de uma forma que conquista de imediato a atenção do espectador.

Malcolm vê-se dilacerado entre o destino e a auto-determinação. É mostrado como a vítima, desde criança, de uma situação injusta e opressiva, pois os preconceitos da comunidade branca causaram a morte de seu pai e a loucura de sua mãe. Numa seqüência cuidadosamente cronológica – os três atos passam-se em 1931-1945, 1946-1963 e 1963-1965 – são reconstituídas as etapas da vida da personagem: traficante de drogas, presidiário e, depois, seguidor de Elijah Muhammad, convertido ao islamismo e líder dos Black Muslims.

X: a Vida e a Época de Malcolm X foi extensamente discutida, em 1985, em dois *workshops* – o da Academia de Música do Brooklyn (maio) e o do American Music-Theater Festival (outubro) – antes de provocar grande impacto na estréia, em 28 de setembro de 1986, no New York City Opera. Faziam parte do elenco Ben Holt, Thomas Young, Priscilla Baskerville, Marietta Simpson e outros, sob a direção de Rhoda Levine, que o tinha assessorado na elaboração do libreto. O selo Grammavision tem a gravação da reprise de *Malcolm X*, em 1992.

A ópera se inicia em Lansing, onde o jovem Malcolm Little ouve, durante um comício presidido por Marcus Garvey, a notícia de que seu pai foi assassinado num conflito com brancos racistas. A mãe do rapaz perde a razão, a família Little se dispersa e Malcolm vai para Boston, onde é seduzido pela vida criminosa dos traficantes de drogas e das gangues de rua. Participa de um roubo, é preso e condenado.

Ao ser libertado, converte-se ao islamismo e adere ao movimento dos muçulmanos negros. Assistimos a seus conflitos com Elijah Muhammad, à sua carreira como pregador, a seu famoso comentário sobre o assassinato do presidente Kennedy: "America's chickens are coming home to roost" (as galinhas americanas estão voltando para casa para serem assadas no espeto).

Malcom rompe com Elijah, faz a peregrinação a Meca, adere ao islamismo ortodoxo – ocasião em que adota o nome de el-Hadj Malik el-Shabazz). Volta ao Harlem para participar dos distúrbios de 1964, funda a Organização da Unidade Afro-Americana, e é assassinado.

Menos satisfatória à simples audição, pois seus padrões rítmicos repetitivos, inspirados na música balinesa, podem tornar-se monótonos a longo prazo, *Malcolm X* ganha muito ao ser vista – existe o vídeo feito a partir de uma transmissão na TV –, pois Davis consegue manipular de forma convincente múltiplos ingredientes dramáticos e musicais. As linhas vocais são extremamente difíceis, devido à velocidade com que a metrificação muda, a cada poucos compassos. Influências do Bernstein de *Candide* e *West Side Story*, e do primitivismo do Stravinski da *Sagração* manifestam-se na orquestra; e dela passam para as extensas intervenções do coro, assumindo o caráter de encantações de ritmo hipnótico (por exemplo, na cena inicial em que, acompanhado pelas vozes solistas do Pregador e da militante Louise, o coro entoa em *ostinato*: "Africa's time has come! Africa's time has come!)"

O lirismo não é um elemento predominante em *Malcolm X*, cujas texturas são asperamente atonais. Mas há passagens de beleza amarga e desolada, como o dueto "Malcolm, who have you been?", cantado por Elijah e a personagem-título. Ou o arioso "An 'X' you must claim", em que Muhammad o convoca a assumir a missão que lhe está predestinada dentro do movimento, e que Malcom aceita, mesmo pressentindo que ser assassinado será o preço a pagar.

Na cena dois do ato I, em especial, há um belo contraste entre a ternura de Ella, a irmã de Malcolm, e a agressividade do rebelde Street e

Anthony Davis é o autor de *X: The Life and Times of Malcolm X*, estreada em 1986, pelo New York City Opera, com Thomas Young e Ben Holt, entre outros.

seus companheiros, que se expressam num frenético estilo pop. A cena é de construção notável, devido à sua rápida mudança de ritmo, colorido vocal e instrumental, e estado de espírito. Ella canta sinuosas melodias quase tonais ("Come with me, child"), enquanto os seguidores de Street usam um estilo improvisatório jazzístico, acompanhado por saxofone, vibra-harpa, piano e contrabaixos. Este é um dos melhores momentos da ópera: de um lado, a rapaziada salmodia, num tom obsessivo de rap, "The White man takes/while the White man breaks"; do outro, Ella responde, num cantabile gracioso, acompanhado pelas cordas:

> *Some men are strivers*
> *with dreams of their own;*
> *and some are believers*
> *who help a dream along;*
> *and some speak of prophecy,*
> *slavery of nations, visions and hope.*
> *They make the street their church,*
> *from a soap box perch.*

(Alguns homens são lutadores com seus próprios sonhos; outros são crentes que ajudam esses sonhos a avançar; e alguns deles falam de profecias, da escravidão das nações, das visões e da esperança. Eles fazem da rua a sua igreja, usando caixas de sabão como seu púlpito.)

Nessa partitura que combina a tradição clássica à contribuição popular, bom efeito é tirado da presença em cena de uma jazz band – flauta, duas clarinetas, percussão, violoncelo, contrabaixo, piano e bateria – que dialoga com a orquestra no fosso. Nos *workshops* e na noite da estréia, essa banda era a *Episteme*, fundada por Davis.

Under the Double Moon, com libreto de Deborah Atherton, é uma história de ficção científica de caráter mais poético e intimista, contada no estilo do teatro de sombras javanês. Musicalmente, tem a mesma forma dos *Wayang*, longa série de peças orquestrais que imitam o tipo de trilha sonora fornecida pelos *gamelan* aos espetáculos balineses de marionetes. *Sob a Dupla Lua* foi estreada na Ópera de Saint Louis, em 15 de junho de 1989, com Cynthia Clarey, John Duykers, Ai-Lan Zhu, Eugene Perry e Jake Gardner nos papéis principais. De clima impressionista, usando uma técnica declamatória que lembra a de Debussy no *Pelléas*, a ópera tem música basicamente

atonal, misturada a ritmos de blues e jazz. São freqüentes as utilizações de células rítmicas em *ostinato*, de uma forma que demonstra a influência dos minimalistas.

O planeta aquático Undine é habitado por seres humanos e pelos Gaxulta, que são humanóides anfíbios e fazem da água o seu habitat. Os gêmeos humanos Xola e Tarj, as duas personagens centrais, possuem poderes telepáticos. A Imperatriz da Federação dos Planetas, à qual Undine pertence, enviou um inspetor para seqüestrar os gêmeos, pois deseja utilizar seus poderes para prolongar a sua vida e seu reino. Um Gaxulta sai do oceano e avisa aos gêmeos que eles estão correndo perigo. Confessa que é ele o pai de ambos, e não, como eles pensavam, o pescador Krillig, marido de Kanaxa, sua mãe. Como Krillig a submetia a maus-tratos, Kanaxa fugiu dele, entregou-se ao Gaxulta e, pela força de seu amor por ele, começou a transformar-se em um ser anfíbio, como ele. Xola e Tarj vêem-se, assim, diante de uma escolha difícil: seguir sua mãe e seu verdadeiro pai no fundo do oceano, ou permanecer humanos e enfrentar o seu destino como tal. Apesar das tentações da vida em liberdade no oceano, o componente humano dos dois acabará vencendo. Além de Saint Louis, *Sob a Dupla Lua* foi encenada, também em 1989, na Ópera de Santa Fé.

O jazz também desempenha papel determinante na organização musical de *Tânia* (1993), em que Michael LaChiusa, o libretista, e Davis relembram, de forma muito despreconceituosa, o episódio do seqüestro da milionária Patrícia Hearst pelo Exército Simbionês de Libertação, ao qual ela acabou aderindo. No prefácio ao libreto, LaChiusa explica a escolha e o tratamento do tema de uma forma que se aplica a várias óperas sobre temas contemporâneos:

O que é relevante, nesta história, para mulheres, homossexuais, negros é a idéia de que a identidade é definida pela sua experiência. Mas quando você nega as suas experiências, que tipo de identidade passa a ter? Ou você encontra uma coexistência pacífica com essas experiências ou as enfia no fundo do armário, onde elas se transformam em um pesadelo com o qual, pelo resto da vida, você terá de encontrar um jeito de conviver.

Existe a gravação da estréia de *Tanya*. A reputação de Davis como operista consolidou-se, em 1997, com uma ópera que lhe tomou mais de dez anos de gestação. Na época da estréia de *X* em Nova York, Anthony e Thulani Davis já tinham começado a discutir a idéia de transformar em ópera a história da rebelião de 1837 no navio negreiro *Amistad*, e do processo que se seguiu (um episódio histórico que inspirou uma série para televisão já exibida no Brasil). Davis só terminou em meados de 1997 o drama estreado no Lyric Opera de Chicago em 29 de novembro de 1997. *Amistad* é a sua partitura mais ambiciosa, não só pelas proporções de *grand-opéra* que assume, mas também pela tentativa que ele faz de examinar o papel da mitologia africana e dos estilos musicais herdados dos ancestrais escravos, na formação da identidade cultural afro-americana.

Machover

À formação pós-serial recebida na Juilliard com Elliott Carter e Roger Sessions, Tod Machover – nascido em Mount Vernon, no estado de Nova York, em 1953 – juntou a experiência ainda mais radical adquirida como assistente de pesquisa do Institut de Recherche et de Coordination Acoustique-Musique (Ircam), criado por Pierre Boulez. Em Paris, Machover escreveu peças como *Soft Morning, City!* (1980), para soprano, contrabaixo e fita gravada, explorando a possibilidade de combinar instrumentos acústicos e eletrônicos. Em 1987, aplicou essas técnicas a uma ópera escrita para comemorar o décimo aniversário de fundação do Ircam, que a encenou.

Valis baseia-se na novela de ficção científica de Philip K. Dick, publicada em 1981: é o relato semi-autobiográfico das experiências místicas e paranormais de uma personagem, a que o romancista dá o nome de Horselover Fat. Composta para seis cantores, um executante de teclados e um percussionista, *Valis* utiliza todo um vasto conjunto suplementar de equipamentos eletrônicos, para criar um universo sonoro que é muito flexível, complexo e sugere um clima extra-terreno, aparentado ao de certas trilhas para filmes de ficção científica. O selo Bridge tem o registro da primeira execução da obra nos Estados Unidos, em 1988.

As possibilidades da tecnologia vão ainda mais longe em *Brain Opera* (1996), que Machover concebeu em colaboração com o diretor Peter Sellars. Nessa ópera aboslutamente não-narrativa, a platéia é convidada a tocar "hiper-instrumentos" especialmente projetados para esse fim e, usando-os, interagir com a partitura escrita por Machover, criando uma série de episódios aleatórios infinitamente mutáveis. Essa cadeia de improvisos que se agregam à partitura básica pode tornar-se ainda mais complexa se, ao público presente no teatro, agregarem-se outros participantes conectados à apresentação via Internet. Comparada com o grau de experimentalismo de *Valis* e *Ópera Cabeça*, é relativamente conservadora a moldura da ópera seguinte.

Sellars e Machover pretendiam continuar trabalhando juntos, e o diretor lhe apresentou um roteiro sobre os efeitos do assassinato do presidente Kennedy na vida de duas famílias de Dallas. Mas essa história, demasiado sombria e verista, não agradou ao compositor. Ele preferia um tema mais romântico, ligado a uma grande novela do passado. *La Peau de Chagrin*, de Balzac, e *Daniel Deronda*, de George Eliot, foram consideradas, antes de Machover se decidir por *Voskresiênie* (Ressurreição), de Liev Tolstói, autor pelo qual fora apaixonado em seus tempos de colégio. Laura Harrington, professora na MIT, escreveu o libreto. Por sugestão do regente Kent Nagano, a Ópera de Houston convidou Braham Murray, diretor do Royal Exchange Theatre, de Manchester, na Inglaterra, para dirigi-la.

O meio-soprano Joyce Didonato e o barítono Scott Hendricks, jovens e com o físico do papel, foram escolhidos para fazer os papéis dessa ópera em grande escala, com números fechados – árias, duetos etc. – mas, como diz o próprio Machover,

com estruturas mais amplas, em que se encaixam os números individuais, à maneira das óperas de Mozart ou Tchaikóvski. É no ato II, quando as personagens perderam tudo, que elas começam a expressar seus sentimentos calorosos e se humanizam novamente. Para mim, o grande desafio era escrever uma música que frisasse cada reviravolta na ação e demonstrasse como os sentimentos das personagens são conseqüência delas. Há muitos mini-números na ópera, mas as seções menores unem-se umas às outras para formar seções maiores. Ao escrever *Ressurreição*, ouvi muito Mozart, muita ópera russa – *Borís Godunóv, Ievguêni Oniéguin, A Dama de Espadas, Guerra e Paz*, e também *Da Casa dos Mortos*, de Janácek, além de Skriábin e Shostakóvitch, não para imitá-los, mas para ver como funcionava, neles, a expressão direta das emoções, a energia, a linha vocal forte.

Baseada no romance do conde Liev Tolstói publicado em 1899 – o mesmo que inspirou a ópera homônima de Franco Alfano[3] – *Resurrection* segue uma trilha modernista mais branda, embora à sua música mais melodiosa ainda se fundam dissonâncias e eventuais intervenções de sons eletrônicos nas passagens de maior dramaticidade. Mas há uma empostação nitidamente romântica na forma de contar a história do príncipe Dmitri Niekhliúdov que, ao ser chamado para participar do julgamento da prostituta Iekaterina Maslôva, acusada de ter assassinado uma colega de profissão, reconhece nela a outrora linda Iekaterina, serva de sua tia, a aristocrata Sofia Ivánovna. Dmitri a seduziu quando a moça era adolescente. Depois, simplesmente esqueceu-se dela. E esse foi o início do processo de degradação da jovem, expulsa pela patroa, quando esta descobriu que Iekaterina não era mais donzela, e obrigada pela penúria a se prostituir. Arrependido, o príncipe a acompanha à Sibéria e quer casar-se com ela. Mas Iekaterina prefere unir-se ao idealista Piotr Símonson, o prisioneiro que, a seu lado, vai dedicar-se a ajudar o próximo.

A jornada de autopurificação que a personagem faz, através do sofrimento e da humilhação, até renascer espiritualmente na missão de dedicar-se a mitigar o sofrimento alheio, é tratada com grande intensidade por Machover. Quando *Resurrection* foi apresentada em 2001 na Lyric Opera de Chicago, o crítico Lloyd Schwartz escreveu:

O que é mais excitante a respeito das peças de Machover é como elas são bonitas e comoventes, como melismas líricos e exóticos afloram a todo momento e, de forma cintilante, contrastam com as enérgicas texturas eletrônicas. A ópera tem uma construção dramática sem um só momento aborrecido, e oferece aos cantores oportunidades magníficas.

Na opinião do próprio compositor, "*Ressurreição* soa como a minha própria música,

3. Ver *A Ópera Italiana Após 1870*, desta coleção.

só que de uma forma diferente". Há sons eletrônicos gerados por três teclados, para oferecer às melodias dos instrumentos acústicos um reforço de colorido. A parte eletrônica não é pré-gravada; deve ser tocada junto com a orquestra: "Detesto tudo o que é mecânico", afirma Machover. Os sintetizadores fundem-se aos instrumentos acústicos de forma sutil, sofisticada e dramaticamente convincente. E são particularmente eficientes nos momentos em que se quer evocar o processo de desintegração espiritual das duas personagens centrais. Os números da ópera oitocentista – entre eles um elaborado sexteto, após a cena em que o príncipe decide abdicar das suas posses materiais –, e as referências aos cânticos litúrgicos russos integram-se bem ao estilo contemporâneo de recitativo. Na abertura, há uma alusão clara ao prelúdio da *Paixão segundo São Mateus*, de Bach, mas com um andamento enérgico, de modulações rápidas. E as personagens – até mesmo uma figura secundária, como a noiva prometida a Dmitri – são desenvolvidas de forma verossímil, como seres humanos de evolução complexa. No selo Albany, há a gravação da estréia em Houston, com Joyce DiDonato, Scott Hendricks, Raymond Very e Kerri Marcinko, sob a regência de Patrick Summers.

Machover gostou tanto da experiência de trabalhar no contexto de um grande teatro que, em maio de 2003, anunciou um novo projeto. Com libreto da romancista Leslie Epstein, pretende escrever, provavelmente para a temporada de 2004-2005, uma ópera baseada na fase em que Arnold Schönberg, exilado, viveu em Hollywood. "O tema será o choque e a coexistência da cultura séria com a popular", diz o autor.

Daugherty

Filho de um baterista profissional, que tocava em orquestras de música para dançar, Michael Daugherty – nascido em Cedar Rapids, no Iowa, em 1954 – também tocou instrumentos de teclado, desde cedo, em grupos de jazz e bandas de rock. Suas primeiras composições orquestrais foram escritas durante os anos em que estudou na Universidade do Texas e na Manhattan School of Music, com Earle

Brown, Jacob Druckman, Bernard Rands e Roger Reynolds. Interessou-se também por música eletrônica e feita com computadores. Estagiou no Ircam, em Paris e, durante algum tempo, aperfeiçoou-se, em Hamburgo, com György Ligeti.

A cultura popular americana sempre foi tema central na obra desse músico que, para sustentar-se, enquanto fazia o doutorado em composição, trabalhou muito tempo como pianista de boate. Daugherty explorou alguns dos ícones dessa cultura em *Dead Elvis*, para conjunto de câmara, ou em *Le Tombeau de Liberace*, concertino para piano e orquestra em memória desse pianista, famoso por suas vestimentas extravagantes e seu piano revestido de madrepérola. A paixão pelas histórias em quadrinhos o faz entronizar o Super-Homem como a personagem da *Metropolis Symphony* e do poema sinfônico *Bizarro*. Essa moldura de referência cultural, e suas conseqüências no plano musical, são a base para o melodrama que lhe foi encomendado, em 1995, pela Ópera de Houston.

O torturado relacionamento de Jacqueline Kennedy, do armador grego Aristóteles Onassis e da cantora Maria Callas é a base do libreto de Wayne Koestenbaum para *Jackie O*, estreada na Grand Opera de Houston em 14 de março de 1997. Outras personagens reais – a atriz Elizabeth Taylor, o artista plástico Andy Warhol e a princesa Grace de Mônaco – participam do enredo. A encenação se preocupa em reconstituir, numa linha ultra-realista, cenários e situações verdadeiras: um *happening* que se realiza em 1968 no estúdio de Warhol; uma recepção a bordo do *Christina*, o iate de Onassis; cenas passadas em casa do multimilionário, na ilha grega de Skórpios.

Daugherty descreveu o seu trabalho como "uma pop opera que explora a interrelação dos vários idiomas musicais associados com a cultura americana, seja a elevada, seja a mais popular". Há uma quantidade considerável de elementos de jazz, rock e canção popular entremeados à escrita pós-serial que está na base da formação de Daugherty, de tal forma que, à vezes, *Jackie O* parece estar mais próxima do musical do que da ópera propriamente dita. Os elementos operísticos tradicionais são raros e, de modo geral, referem-se – como seria de se esperar – à figura de Maria Callas. No retrato da relação de Onassis com Callas são utilizados ingredientes modais e pentatônicos com os quais Daugherty visa a sugerir as origens gregas de ambos. Diz George Hall, crítico da revista *Opera News*, a respeito dessa ópera.

De um modo geral, *Jackie O* se equilibra entre a sofisticação e o kitsch. As personagens são caracterizadas de uma forma que as faz parecer figurinhas de papelão, e o material musical é às vezes um tanto ralo; mas isso pode ser tomado como um comentário à superficialidade e vulgaridade do estilo de vida das pessoas nela descritas.

O espetáculo de estréia foi gravado ao vivo pelo selo Argo (Heaston, Lattimore, Novácek, Belcher, Owens-Larkin). Foi muito elogiada a apresentação francesa de Jackie O., para comemorar o 250º aniversário de fundação da Ópera de Metz, em 2 de fevereiro de 2003. Encenada por Danielle Ory, a diretora artística do teatro, que ressaltou os aspectos pop da composição, mas preservou a estatura trágica das personagens centrais, a ópera foi interpretada pelo soprano canadense Rayanne Dupuis, além de Jacques Catalyud e Patricia Fernández, sob a regência de Giuseppe Grazioli.

Lang

Aluno de Jacob Druckman na Universidade de Stanford, e de Hans Werner Henze na Alemanha, David Lang – nascido em Los Angeles em 1957 – sofreu a influência de músicos populares como Jimi Hendrix e Glenn Branca, além do punk rock e do rap. Em 1987, tornou-se, juntamente com Michael Gordon e Julia Wolfe, um dos fundadores do *New York Bang On A Can Festival* (Bata numa Lata), destinado à difusão das formas mais iconoclastas e ousadas de experimentação musical. Desde então, surgiram diversas encomendas de grupos de câmara e orquestras de diversas partes do país, conferindo-lhe, antes dos cinqüenta anos, a posição de uma das figuras de proa dentro do movimento da American New Music.

Lang descobriu o ensaio *The Seven Lamps of Architecture* (1848), do crítico de arte inglês John Ruskin, num sebo de Stanford, durante seu curso universitário. As qualidades que, no sétimo capítulo desse livro, Ruskin aponta como indispensáveis a todo aquele que queira criar a grande arte – Sacrifício, Verdade, Poder, Beleza etc. – formam o título das sete cenas do libreto que Manuela Hoelterhoff escreveu para ele, em 1994, baseado em episódios da vida do crítico. O título da ópera, *Modern Painters*, é o do primeiro livro de Ruskin, publicado em 1843, e centrado na figura de J. M. W. Turner.

Na ópera, John Ruskin é retratado como um apóstolo das formas mais puras de cultura, idealista, mas totalmente desprovido de senso prático. Seu casamento com a prima, Effie Gray, não se consuma porque, horrorizado, ele constata, na noite de núpcias, que o corpo feminino nada tem a ver com a beleza idealizada das estátuas gregas que venera. Frustrada, Effie busca consolo nos braços do melhor amigo de Ruskin, o pintor pré-rafaelista John Everett Millais, com quem se casa, depois de um divórcio penoso. Nesse meio tempo, Ruskin ficou obcecado com a beleza de uma menina de treze anos, Rose La Touche, a quem assedia. A mãe da garota vai pedir a ajuda de Effie e Millais, e a ex-Mrs. Ruskin, ainda ressentida, jura que fará um escândalo e levará John "às portas do inferno". A ópera mostra ainda o processo de loucura de Ruskin: na cena final, ele aparece tentando fazer uma conferência sobre estética para uma platéia de operários iletrados, e delirando a respeito de seus ódios e desejos frustrados. Um coro feminino, nos bastidores, deseja-lhe paz e serenidade para enfrentar a morte.

Pintores Modernos estreou na Ópera de Santa Fé, em 29 de julho de 1995, com François Le Roux no papel de Ruskin, e Mark Thomsen como Millais. As texturas econômicas e as repetições obsessivas – de matriz minimalista – da música de Lang, ancorada no atonalismo e na música pop, podem parecer inadequadas para assunto tão romântico. Mas a partitura serve surpeendentemente bem o texto de Hoelterhoff, muito irônico mas, ao mesmo tempo, cheio de compaixão pela inadequação humana de uma personalidade extraordinariamente complexa e contraditória. Segundo as críticas da época da estréia, em certos aspectos a música revela a influência de Copland e Bernstein.

Adamo

Crítico de música, poeta, ensaísta, compositor, Mark Adamo – nascido em Philadelphia em 1962 – formou-se em literatura na Universidade de Nova York, onde ganhou o prêmio Paulette Goddard Remarque de dramaturgia. Fez seus estudos musicais na Universidade Católica de Washington, onde também lhe foi concedido o prêmio Theodore Dresser de composição ainda antes de formar-se. Colaborador do *Washington Post* e da revista *Opera News*, Adamo também contribuiu com verbetes para *The New Grove Dictionary of Music and Musicians*.

Foi muito bem recebida, em março de 1995, sua primeira obra de grande porte, escrita para a Orquestra de Câmara Eclipse, ligada à Orquestra Sinfônica Nacional, de Washington, da qual ele é o compositor residente desde 1996. *Late Victorians*, para narrador, solistas e pequeno conjunto instrumental, usa poemas de Emily Dickinson e trechos de um ensaio de Richard Rodriguez. *Cantate Domino*, para soprano, coro duplo e percussão, também fez sucesso ao ser ouvida, em 1999, no Kennedy Center da capital americana. Em 2002, a Sinfônica Nacional estreou sua primeira peça para grande formação: *Three Angels – Concerto para Harpa e Orquestra*.

Uma encomenda de David Glockey, diretor do Opera Studio da Houston Grand Opera, levou Adamo a escrever o libreto e a música de *Little Women*, baseada no famoso romance de Louise May Alcott. Estreada em 17 de março de 1998, a ópera existe, num álbum do selo Ondine, ao vivo durante a reprise de 18 de março de 2000, com a regência e o elenco originais: Stephanie Novacek, Chad Shelton, Margaret Lloyd, Stacey Tappan, Joyce DiDonato, Daniel Belcher, James Maddalena-Patrick Summers. É a quinta vez que o popularíssimo livro de Alcott inspira o palco lírico. As anteriores foram:

• a ópera *Scenes of Little Women* (1920), de Evelyn Everett Freer;
• a opereta *Little Women*, de Geoffrey O'Hara (1930);
• o semi-musical *Little Women*, de Richard Adler, escrito em 1950 para a televisão;

• e dois musicais da década de 1950, usando o mesmo título, produzidos para a Broadway, ambos intitulados *Jo*.

Ao lado de Tom Sawyer, do Holden Caulfield de *O Apanhador no Campo de Centeio* ou da personagem central do *Portnoy's Complaint* de Philip Roth, Jo March é uma das raras protagonistas adolescentes da ficção americana. Jo vive o drama bem conhecido de todos nós: deseja paralisar o tempo, congelar o momento de perfeita felicidade que vive com suas irmãs. "Why can't we go just as we are?", pergunta a seu amigo Laurie, ao perceber que ele está se apaixonando por ela. Recusa-se a ser abandonada por suas irmãs, que estão crescendo e adquirindo vida própria. Resiste também a entregar-se à atração que sente pelo professor Frederick Bhaer – homem mais velho, que conheceu em Nova York, que a faz ler Schiller e Goethe, e lhe apresenta a filosofia e a música alemãs – pois isso significaria ter de reconhecer que é natural as coisas mudarem. Por menos que ela queira, Meg se casa e vai cuidar dos filhos; Amy vai estudar artes plásticas na Europa e, lá, casa-se com Laurie, que ela rejeitou; Beth morre de tuberculose. Sobra, para ser preservada, a casa onde a família morou; mas quase irreconhecível de tão mudada. O arco narrativo abre-se e fecha-se no sótão da casa dos March, em Concord, no Massachusetts, onde, no passado, as irmãs viveram a mais estreita cumplicidade. Ali, Jo terá de olhar de frente o seu destino.

O Prólogo passa-se em 1870. Jo já está com 21 anos, mas sente-se mais velha. Está escrevendo um poema, quando Laurie, seu amigo de infância que, em outros tempos, tentou namorá-la, vem à sua procura. Está voltando de Paris, onde se casou com Amy, a irmã mais nova da moça. Jo lhe pergunta se escolheu Amy para poder estar perto dela ou – pior ainda – para se convencer de que não era a ela que amava. Laurie lhe pergunta se não podem voltar a ter o relacionamento amigável de antes e Jo, irritada ("Couldn't I unbake the breads"), zomba da idéia de tentar impedir o tempo de mudar as pessoas. Num *flash-back*, voltamos ao passado, para que a ação nos mostre o que ela quer dizer com isso.

No mesmo sótão, dois anos antes, as irmãs Jo, Meg, Beth e Amy arrumam a roupa lavada, e brincam de "Truth or Fabrication" – joguinho inventado por Jô, e que revela várias coisas: é falsa a hostilidade de Amy em relação a Laurie; a história da luva perdida por Meg pode esconder um segredo; a devoção de Jo pelas irmãs é maior do que a sua ambição de chegar a ser uma escritora ou de encontrar um marido; a calma e o bom-humor de Beth podem transformar-se em irritação quando as outras se referem à sua saúde instável. Alma March, mãe das meninas, as chama para jantar e, na canção "Long may our comrades prosper well", elas reafirmam o afeto que sentem umas pelas outras.

Laurie conta a Jo que John Brooke, o tutor das moças, apoderou-se da luva de Meg, e a guarda como um talismã, símbolo dos sentimentos que nutre por ela e que, provavelmente, são retribuídos. Jo reage mal à idéia de que a irmã mais velha "esteja enchendo a cabeça com essa bobagem de namoro". Fica perturbada ao pensar que, em breve, Meg poderá deixar a casa e a família. Para ela, sejam quais forem os sentimentos da irmã por Brooke, as irmãs têm de permanecer juntas (soa aqui o tema de "Perfect as we are", que reaparecerá em vários momentos da ópera como um tema recorrente).

Semanas depois, num entardecer de outubro, John Brooke está acompanhando Meg para casa, e ela se propõe lhe ensinar a brincar de *rigmarole* – um jogo baseado na narrativa de uma história. A canção "There was a knight once", que ela canta para lhe dar um exemplo, espelha de tal forma seus sentimentos por ele que Jo, surpreendendo-os, expulsa Brooke, indignada; e repreende vivamente a irmã: "He's twenty-eight! He's got one foot in the grave!" Em casa, enquanto Meg improvisa, ao piano, o acompanhamento para versos do *Pilgrim's Progress* ("She is down need fear no fall"), Jo pede à família que a ajude a convencer Meg a desistir de Brooke. A irmã mais velha, citando o tema de "Perfect as we are", responde que, desde o início, pensava em afastar-se dele. Mas assim que diz isso, Brooke aparece e a pega de surpresa com a sua declaração de amor: "Marry me! I love you!" Jo recebe apoio inesperado da tia Cecília, glamurosa solteirona. Ela põe em dúvida as intenções de Brooke – "He knows you've got wealth in the family" –; mas, com isso, consegue apenas reforçar a decisão da sobrinha. Meg aceita o pedido de casamento de John. Todos, à exceção de Jo, que está morta de tristeza, cumprimentam o casal pelo noivado. A retomada do tema da unidade familiar, num interlúdio orquestral, expressa as emoções conturbadas de Jo.

Ela acusa Meg de tê-la abandonado, e a resposta da irmã – "Things change, Jo!" – a fere ainda mais. Separam-se, irritadas, ambas dizendo à outra que nunca a perdoará. Laurie tenta consolar Jo, mas ela o rejeita. Amy mostra a Laurie o retrato que acabou de terminar; mas ouve dele exatamente o contrário do que gostaria que o rapaz dissesse. Jo vai procurar consolo nos braços de Beth, que entende como ela se sente. As neves de outubro estão começando a cair.

No jardim dos March, no verão do ano seguinte, Amy está mostrando seus desenhos a Cecília, enquanto a mãe e Meg fazem os preparativos para o casamento. Alma e Gideon, ajudados por Beth, ensinam ao casal o juramento de fidelidade – "We stand together" – que eles próprios pronunciaram, anos atrás, quando se casaram. Laurie vem uma vez mais declarar-se a Jo: "It's time things change, Jo, between us". Mas ela, muito perturbada, resiste a essa confissão amorosa, ao som do tema de "Perfect as we are". Amy escuta a conversa da irmã com Laurie e, num sexteto, as reações dessas três personagens unem-se aos ecos do juramento de fidelidade que está sendo cantado no fundo.

Jo expulsa Laurie, irritada; ele, furioso, vai embora. Amy acusa a irmã de não ter coração e corre atrás dele. Ao som da melodia de sua ária no prólogo, Jo pensa que, se der tempo a Laurie e afastar-se dele, o rapaz deixará de ser o candidato a namorado que ela não deseja, e há de voltar a ser o amigo de quem ela sempre gostou. Entra dentro de casa, enquanto Beth, extenuada pelo calor e as emoções do dia, desmaia sentada ao piano. Meg pede ajuda, mas ninguém a ouve.

Um ano depois, Jo está tentando vender sua novela, *The Curse of the Coventries*, para Dashwood, o editor de *The Daily Volcano*, tablóide de Nova York que publica obras de ficção. Dashwood lhe oferece US$ 25 por uma versão abreviada do texto. Mas Jo insiste em US$ 30 e 2 exemplares gratuitos, para que os possa mandar às irmãs, em casa. De volta à pensão em que se hospedou, Jo começa a escrever à família, preocupada com as transformações radicais por que estão passando. Meg e Brooke enfrentam as dificuldades de ter de cuidar de um casal de gêmeos recém-nascidos. Laurie abandonou os estudos em Concord e foi para Oxford. Cecília pagou para Amy um curso de artes plásticas na Europa. E Beth continua recusando-se a aceitar que tem sérios problemas de saúde. A carta de Jo é interrompida por Frederick Bhaer, hospede da pensão, que ela acaba de conhecer. O rapaz vem convidá-la para jantar e, em seguida, ir à ópera.

A segunda cena do ato II passa-se simultaneamente na pensão, mais tarde, após a ópera; na sala de visita dos March, à meia-noite; e num gramado do campus de Oxford, no meio da tarde. Enquanto Bhaer e Jo discutem o que viram, Amy pergunta a Laurie, em Oxford, o que ele ainda sente por sua irmã. Beth, sozinha, admite para si mesma que está muito doente; e essa convicção se reflete na forma dissonante como se expressa ao piano. Jo pergunta a Bhaer o que pode ser mais expressivo do que o melodrama, e ele declama a *Canção de Mignon*, de Goethe ("Kennst Du das Land?"), traduzindo-a depois para o inglês ("Do you know the land?") – e, como na *rigmarole* de Meg, faz do poema uma declaração de amor. Jo fica comovida, mas a chegada de um telegrama da mãe a deixa muito ansiosa: Alma lhe diz que o estado de saúde de Beth piorou muito. Ela decide voltar correndo para Concord.

Quando Jo chega em casa, Beth pede à família que as deixe sozinhas. À irmã, que lhe fala de uma viagem à beira-mar, para restaurar sua saúde, pede que aceite a idéia de que sua morte é iminente – "Have peace, Jo" – e diz: "Você é tudo que Mamãe e Papai têm agora. Prometa-me que tomará conta deles." Adormece, e Jo cochila a seu lado. Quando acorda, Beth morreu. A orquestra encerra a cena com uma reminiscência da música associada à importância que a unidade familiar tinha para Jo.

Na primavera seguinte, ainda de luto, Jo está varrendo a varanda em frente da casa dos March, enquanto Cecília lê a carta em que Amy conta ser finalmente amada por Laurie, "loved beyond compare, loved beyond belief". Jo convence-se de que perdeu definitivamente Laurie; e Frederick Bhaer também, pois ele nunca mais lhe escreveu. Cecília conta ter decidido lhe deixar, de herança, todos os seus bens. Quando Jo lhe pergunta por quê, explica, no sinuoso minueto "You alone", que isso lhe dará condições de isolar-se das dores produzidas pelo sofrimento amoroso (o tema do minueto de Cecília é uma transformação da melodia de "Perfect as we are"). A visão que isso lhe traz de seu futuro a assusta, e Jo foge para o sótão, onde a vamos reencontrar no epílogo (ato II, cena 5).

"What endures?", ela se pergunta, e a mesma frase nas cordas com que a ópera começou nos leva de volta à primeira cena. Laurie aparece, como no prólogo, propondo que a amizade dos dois volte ao "perfect way it was". Desta vez, Jo responde: "Não podemos esperar que os velhos tempos felizes voltem atrás." Curiosamente, suas palavras deixam o rapaz aliviado. Jo relembra a mocidade das irmãs, e elas lhe aparecem, exatamente como eram naquela época – "Let me look at you" –, cantando com ela uma despedida, antes de desaparecerem para sempre. A porta do sótão volta a se abrir: agora é Frederick que veio procurá-la. "Is now the good moment?", pergunta. Estendendo-lhe a mão, Jo concorda: "Now is all there is."

Em *Notes on "Little Women"*, no folheto de apresentação da gravação Summers, Adamo escreve:

> Eu sabia o que Jo diria, no final, e como o cantaria. Sua jornada pela vida traz à mente o princípio budista de que uma lição não aprendida reaparece sempre, de formas diferentes, até que o peregrino compreenda o que ela lhe quer ensinar. Isso me sugeriu uma partitura em que, em meio a inflexões e coloridos variados, permanecesse claramente o teimoso motivo que caracteriza a resistência de Jo à mudança, lutando e, no final, cedendo à mudança, que aponta para a metamorfose. [...] Dessa forma, o tema da resistência de Jo e o tema da mudança de Meg, Laurie e dos outros, são escritos numa linguagem lírica de tonalidade livre. Com eles convive uma espécie de recitativo seco dodecafônico, áspero e tenso, desenvolvido a partir das doze notas da trompa no Prólogo. Dessa melodia sai também a exuberante seção *scherzando* do "Perfect as we are" de Jo, no prólogo. Esse longo solo, que retrata os sentimentos divididos de Jo, ao distorcer, com a intrusão de elementos dodecafônicos, a sua cantilena em lá maior, de longas linhas melódicas, exemplifica bem o que eu desejava nessa peça. [...] Quem, no pináculo de um momento perfeito, não desejou que o relógio parasse? Quem, entre nós, não temeu, combateu e, finalmente, perdoou a passagem do tempo?

Foi entusiástica a reação da crítica americana à estréia de *Little Women*. No *New York Times*, John Rockwell chamou-a de "obra-prima", enfatizando a naturalidade com que Adamo conduz a trama dessa sua primeira ópera. "Admiramos a complexidade de caráter de Jo mas, ao mesmo tempo, espantamo-nos com a crueldade de seu egoismo". A habilidade com que Adamo combina dodecafonismo e lirismo, "o modernismo não alienando o público e o tonalismo genuinamente vindo do coração", foi outro aspecto ressaltado por Rockwell. Exemplos muito claros disso são, não só as árias cantadas por Jo e suas irmãs, como também a cena em que Frederick declama para ela, primeiro em alemão e, depois, em inglês, a *Canção de Mignon* do *Wilhelm Meister*.

Opiniões semelhantes foram expressas por Alexa Ross, do *New Yorker* que, a respeito da habilidade dramatúrgica de Adamo, invocou a comparação com Benjamin Britten. No *New York Observer*, chamando a adaptação do romance de Alcott de "um drama poderoso, de fluência cinematográfica, que dá à história a dignidade docemente mítica de um velho álbum de fotos de família", Charles Michener disse que as melodias cantadas por Frederick Bhaer – de fato um dos momentos mais bem-sucedidos da partitura – "são a música que Brahms teria escrito, caso tivesse visitado a Nova Inglaterra". Raramente uma primeira apresentação de ópera nova colheu tal unanimidade de reações da crítica.

Outra encomenda da Houston Grand Opera Association resultou em *Lysistrata or the Naked Goddess* – que Adamo adaptou da comedia de Aristófanes –, estreada em 2003 no Cullen Theater, do Wortham Theater Center de Houston, sob a regência de Patrick Summers. Em dois atos cantados sem interrupção, esta ópera de câmara, escrita para 26 músicos, atualiza a comédia grega, refletindo sobre a relação entre atração física e poder. *Lysistrata* explora a clássica história das mulheres que se unem numa greve de sexo, para convencer seus maridos a abandonar uma guerra sem sentido. Ofendido, Orestes jura continuar a lutar até as mulheres terem recuperado a razão. Em tom de farsa, a ópera mostra como os dois lados lutam para vencer as batalhas sem perder a guerra – ou um ao outro.

Os EUA de 1988 até a Atualidade

Diversos acontecimentos que, alguns anos antes, teria sido impossível prever, e que se sucederam com vertiginosa rapidez, fizeram do final do século XX uma típica fase de transição:

- o esfacelamento da URSS e dos regimes comunistas;
- a fusão das duas Alemanhas, separadas desde o final da II Guerra;
- a unificação européia, formando uma nova superpotência;
- o desmantelamento da Iugoslávia, ao preço de uma guerra civil sangrenta, principalmente na Bósnia;
- a troca do conflito Leste-Oeste, após o fim do bloco soviético, e em conseqüência da globalização crescente, pelo conflito Norte-Sul, de características econômicas – países ricos x países do Terceiro Mundo – com contornos decerto ainda mais perversos do que o precedente;
- a posição de preponderância em que os Estados Unidos ficaram com o fim da confrontação Leste-Oeste, e com o papel que desempenharam organizando a reação ocidental contra Saddam Hussein na Guerra do Golfo – posição em parte neutralizada pela perda da hegemonia econômica diante da ascensão dos países asiáticos.

Eleito em 1988, George Bush encontrou um país que, tendo perdido a "guerra econômica" dos anos de 1980 para o Japão e a Alemanha, preparava-se para entrar numa nova fase de recessão. A prioridade dada ao setor militar, na gestão de seu predecessor, tinha sido responsável pelo déficit público e pela queda dos investimentos no desenvolvimento da tecnologia voltada para o setor civil, o que explica que os Estados Unidos estivessem sendo ultrapassados por economias mais competitivas. Por outro lado, a distensão praticada por Gorbatchóv na URSS tornava injustificáveis grandes gastos em armas e incentivava as negociações sobre desarmamento.

Internamente, Bush foi muito criticado devido à sua hesitação em questões consideradas fundamentais:

- a recusa de ajuda econômica a Gorbatchóv, o que talvez tivesse impedido a fragmentação da URSS (o líder soviético renunciou em 25 de dezembro de 1991 e, no dia 26, o Soviete das Repúblicas votou a dissolução da União das Repúblicas Socialistas Soviéticas, bem como a aprovação do Tratado de Alma-Atá, que criara a Comunidade dos Estados Independentes (CEI) – mas esta nunca chegou realmente a cumprir as finalidades às quais se destinava);
- a falta de condenação enérgica às tentativas soviéticas de impedir a independência da Lituânia;
- o não-cumprimento da promessa eleitoral de evitar o aumento dos impostos;

- a atenuação da posição contra a lei que propunha a legalização do aborto;
- e a recusa em adotar novas sanções contra a China.

Sem a ameaça comunista, o militarismo americano buscou novos inimigos nos traficantes de tóxicos, interferindo no combate a esse problema na Colômbia, Peru e Bolívia, e pressionando o governo desses países para que extraditassem os dirigentes dos cartéis de entorpecentes, que seriam julgados, com mais severidade, nos Estados Unidos. Ligada a essa questão está a intervenção de 18 de dezembro de 1989 no Panamá, para depor o general Manuel Noriega, acusado de vínculos com o tráfico de entorpecentes. Na verdade, a intervenção pôs fim também a uma situação arbitrária, criada pelo general Noriega com a recusa em empossar o oposicionista Guillermo Endara, vitorioso nas eleições de 8 de maio. Depois que Noriega, em 15 de dezembro, obteve plenos poderes da Assembléia panamenha e declarou o estado de guerra com os Estados Unidos, 24 mil soldados americanos invadiram o país e o levaram para Miami, onde foi julgado.

Esse mesmo papel de polícia do mundo foi desempenhado pelos Estados Unidos no caso da Guerra do Golfo. Em agosto de 1990, usando como pretexto a acusação de que o Kuweit – com o qual o Iraque tinha antigos litígios fronteiriços – praticava uma política de superprodução de petróleo, que fazia o preço do produto cair no mercado internacional, Saddam Hussein ordenou a invasão desse país e proclamou-o uma província iraquiana. Em 16 de janeiro de 1991, com a autorização do Conselho de Segurança da ONU, os Estados Unidos atacaram seu antigo aliado iraquiano, forçando-o à rendição incondicional em 27 de fevereiro. A resistência de Bagdá à exigência da ONU de fiscalização dos seus depósitos de armamento constituiria a semente para nova e drástica intervenção americana no Iraque, já no século XXI.

Confirmou-se, assim, uma característica da política externa americana já observada, anteriormente, nos casos do xá do Irã, do haitiano Jean-Claude Duvalier e do filipino Ferdinand Marcos: a de se desembaraçar de seus antigos aliados de extrema-direita, a partir do momento em que estes deixavam de atender a seus interesses estratégicos. No Golfo, Washington contou, pela primeira vez numa grande crise internacional, com o apoio da URSS. Além disso, pressionou o Japão e a Alemanha para que, abandonando a sua posição de neutralidade, fizessem o mesmo; mas apenas conseguiu que eles lhe oferecessem ajuda financeira.

No fim da intervenção no Golfo, os Estados Unidos gozavam de uma posição política internacional privilegiada. Mas a recessão econômica os fizera entrar em choque com os japoneses, que se recusavam a importar produtos americanos, alegando não serem eles competitivos. Foi um fiasco a viagem de Bush a Tóquio, em janeiro de 1992, para tentar obter o aumento da cota de importação. O mau resultado dessas negociações e a estagnação econômica provocaram a queda do prestígio do presidente, agravado pelo motim de Los Angeles, em 29 de abril de 1992. A indignação da comunidade negra, ao serem absolvidos os quatro policiais brancos que, em maio, tinham espancado, com pontapés e 56 golpes de cassetete, o motorista negro Rodney King, explodiu no maior distúrbio racial da história do país desde 1965: houve 58 mortos, quatro mil feridos, doze mil presos e prejuízos avaliados em US$ 1 bilhão.

Tudo isso se refletiu na campanha eleitoral. Em 3 de novembro de 1992, a vitória do democrata William (Bill) Jefferson Clinton, com 370 votos eleitorais e 43% do voto popular, pôs fim a doze anos de domínio republicano na Casa Branca. Os tratados internacionais firmados por Bill Clinton – entre eles o Acordo de Livre Comércio da América do Norte (Nafta), com o Canadá e o México, que entrou em vigor em 1994; e a renovação do Acordo Geral de Tarifas e Comércio (GATT) – favoreceram as exportações americanas. O desemprego caiu até 2000; e o Produto Interno Bruto cresceu. Mas o governo Clinton se desgastou com o escândalo Whitewater, de transações imobiliárias irregulares, em que o presidente e sua mulher, Hilary, teriam estado envolvidos, na época em que ele era governador do Arkansas. Resultado disso é o Partido Democrata ter perdido, pela primeira vez em quarenta anos, o controle das duas casas do Congresso, nas eleições legislativas de 1994. Essa mudança no equilíbrio do poder forçou Clinton, em 1996, a aceitar o corte de benefícios sociais dos desempregados. Em compensação, ele conseguiu o primeiro aumento do salário-mínimo desde 1991.

Fortalecido por índices econômicos favoráveis – queda nas taxas de inflação (3%), desemprego (5,1%) e déficit federal – Clinton se reelegeu em 1996. Mas os republicanos mantiveram a maioria nas duas casas do Congresso. As divergências entre os dois partidos, porém, não impediram um acordo para equilibrar o orçamento: de um lado, redução de gastos públicos; de outro, restituição de benefícios previdenciários aos imigrantes legais; aumento de verba para assistência da saúde da criança; e crédito estudantil para o combate aos índices crescentes de mortalidade infantil e violência entre os jovens. A crise financeira, que atingiu as economias asiáticas em 1997, não abalou os Estados Unidos: o país encerrou o ano com taxa de 3,8% de crescimento, 1,7% de inflação e desemprego abaixo de 5%.

Esse bom desempenho econômico, responsável pela popularidade do presidente, foi a causa de ele ter sobrevivido aos escândalos surgidos a partir de 1997: as denúncias de assédio sexual feitas por Paula Jones, ex-funcionária pública do Arkansas; e a revelação de que Clinton teria tido um envolvimento físico com Monica Lewinsky, ex-estagiária da Casa Branca. Fracassou, em 1998, o pedido de *impeachment* do presidente, apresentado pelos republicanos, com base nas conclusões da comissão de inquérito liderada pelo promotor especial Kenneth Starr.

No plano externo, o governo Clinton promoveu, em 1993, o histórico Acordo de Paz de Oslo, entre palestinos e israelenses. Embora os acontecimentos subseqüentes tenham sido muito atribulados, esse acordo permitiu a formação de um governo palestino e o início de negociações antes impensáveis. Aos ataques terroristas de agosto de 1998 contra as embaixadas americanas no Quênia e na Tanzânia, com saldo de duzentos mil mortos e dois mil feridos, os Estados Unidos responderam bombardeando alvos no Sudão e no Afeganistão, onde se afirmava estarem os campos de trei-

namento do grupo extremista muçulmano *al-Qaeda*, liderado por Osama bin Laden, que os americanos responsabilizavam pelas hostilidades. Embora tenham liderado, em 1999, a campanha da Otan de bombardeios à Iugoslávia, os Estados Unidos exerceram papel fundamental na mediação do tratado de paz que, em 1993, encerrou a Guerra da Bósnia.

Apesar desse saldo positivo, Clinton não conseguiu eleger seu sucessor. Ao cabo de um dos mais conturbados pleitos da história do país, devido a problemas na contagem dos votos da Flórida, o governador do Texas, George W. Bush (filho do ex-presidente Bush), foi eleito em novembro de 2000. Após uma década de expansão, a economia americana reduziu o crescimento: apenas 0,3% em 2001. As estatísticas revelaram a maior queda desde 1991 e foram vistas como a primeira indicação oficial de que a recessão poderia estar a caminho.

A crise foi acentuada pelo maior ataque terrorista da história do país: em 11 de setembro de 2001, aviões comerciais americanos, seqüestrados por dezenove extremistas do *al-Qaeda*, destruíram as torres gêmeas do World Trade Center, em Nova York, e uma das alas do Pentágono, o quartel-general das Forças Armadas, em Washington. Só não houve o planejado terceiro ataque, à Casa Branca, porque ele foi impedido pelos passageiros do terceiro avião seqüestrado. No total, três mil pessoas morreram. A recusa do regime Taleban, no poder no Afeganistão, em entregar Osama bin Laden – ex-aliado dos EUA na fase da luta contra a intervenção soviética naquele país – levou à coligação com a Gra-Bretanha, apoiada pela Otan, Rússia e China, que atacou o Afeganistão em 7 de outubro. Os bombardeios anglo-americanos ajudaram os rebeldes afegãos da Aliança do Norte a tomar Cabul (novembro), derrubar o Taleban e assumir o poder. Mas os Estados Unidos não conseguiram capturar bin Laden, e nem o mulá Mohamed Omar, líder do Taleban. Até o fechamento deste livro, o paradeiro de ambos continuava desconhecido e, de vez em quando, os canais de televisão do Oriente Médio exibiam vídeos contendo mensagem ameaçadoras do chefe do *al-Qaeda*. Durante o mês de outubro de 2001, cartas contendo a bactéria do antraz, que provoca uma doença respiratória potencialmente letal, apareceram em diversos pontos dos Estados Unidos. As cartas, despachadas do próprio território americano, mataram quatro pessoas e contaminaram quatorze outras. Apesar das denúncias de que o *al-Qaeda* estaria por trás disso, não foi possível comprovar o vínculo do terror biológico com os grupos extremistas muçulmanos.

Em conseqüência dos atos terroristas de setembro de 2001, a aviação, o setor mais atingido, demitiu cerca de cem mil empregados (a segunda maior companhia aérea do país, a United Airlines, pediu concordata em novembro de 2002). No segundo quadrimestre de 2002, o país registrou o maior déficit de desemprego desde 1996 (5,9%). Porém, contrariando as expectativas, a economia registrou bom desempenho em 2002: cresceu 5% no primeiro trimestre; 1,3% no segundo; e 4% no terceiro – mas os analistas viram esses resultados com precaução, sobretudo devido ao grande impacto, na economia, do escândalo das fraudes no balanço de grandes corporações. Em 2 de dezembro de 2001, a Enron, gigante do setor da energia, tinha quebrado, com uma dívida de US$ 15 bilhões. Em maio de 2002, a Merryl Lynch foi multada em US$ 100 milhões por maquiar seu balanço. Em julho de 2001, foi a vez da WorldCom – proprietária da brasileira Embratel – pedir concordata, após admitir fraudes fiscais. As quebras trouxeram consideráveis prejuízos financeiros para os cidadãos americanos que tinham investido as suas economias em ações dessas empresas.

Em janeiro de 2002, no discurso anual sobre o Estado da União, Bush denunciou o "eixo do mal" formado por Irã, Iraque e Coréia do Norte, acusando esses países de produzir armas de destruição em massa e de patrocinar o terrorismo internacional. O Iraque, antigo aliado americano, tornou-se o inimigo público n. 1. Em fevereiro, o secretário de Estado, general Colin Powell, declarou que os Estados Unidos estavam prontos a derrubar o governo de Saddam Hussein. Iniciou-se assim a campanha que levou, no início de 2003, à invasão do Iraque e à queda do regime de Bagdá. Saddam Hussein esteve desaparecido até dezembro de 2003, data em que tropas americanas o localizaram em um abrigo subterrâneo perto de Tikrit. Anunciou-se, então, que

ele seria entregue à justiça iraquiana, para ser julgado por seus crimes políticos. Para sustentar a guerra ao terror e investir em novas tecnologias, os Estados Unidos aumentaram seus gastos militares, aprovando, em agosto de 2002, um orçamento de US$ 355 bilhões para o exercício de 2003, o maior incremento das duas últimas décadas.

Em 20 de setembro de 2002, Bush divulgou *A Estratégia de Segurança Nacional dos Estados Unidos*, documento com as principais orientações da nova política externa americana, batizada de "Doutrina Bush" – o texto mais hostil de um governante americano desde o governo Reagan, de um tom que parece retornar à política do *big stick*, de Teddy Roosevelt. A palavra de ordem é atacar frontalmente "as ameaças à civilização" em todo o planeta, "agindo preventivamente, se necessário, para exercer o direito à autodefesa". A idéia de que a supremacia militar americana e o poder de coerção dos Estados Unidos são inquestionáveis já vinha sendo prenunciada pela posição unilateralista assumida pelo governo Bush:

• retirada do Tratado Antimísseis Balísticos (ABM), assinado em 1972 com a URSS, de modo a que os Estados Unidos pudessem desenvolver o programa da Defesa Nacional com Mísseis, uma rede de lançadores de foguetes capaz de destruir mísseis intercontinentais lançados contra o país;
• recusa em ratificar o Protocolo de Quioto (março de 2001), que propõe reduzir os gases causadores do aquecimento da atmosfera (efeito estufa), sob a alegação de que esse documento é prejudicial aos interesses econômicos dos Estados Unidos;
• recusa em ratificar o acordo de criação do Tribunal Penal Internacional, para julgamento de crimes contra a humanidade, de modo a impedir que militares americanos, envolvidos na guerra contra o terror, fiquem incursos nas sanções dessa corte; em vez disso, os Estados Unidos pressionaram os governos de vários países onde atuam militarmente a firmar acordos bilaterais, que os isentem das acusações do TPI.

Essas foram atitudes que intensificaram o antiamericanismo em todo o mundo. Mas, internamente, isso aumentou o prestígio de Bush, numa fase difícil, em que ele estava desgastado pelos escândalos contábeis das grandes corporações, e a economia americana, em desaquecimento, enfrentava a ameaça da unificação européia e da criação do euro, moeda forte em condições de competir com o dólar. Colocando o conflito com o Iraque no centro da agenda internacional, Bush empurrou o Partido Republicano à vitória, nas eleições legislativas de meio de mandato, tornando mais fácil a implementação de sua controvertida doutrina estratégica.

O Minimalismo

Na segunda metade da década de 1960, reagindo contra o serialismo, que consideravam "feio e didático", compositores nova-iorquinos propuseram o abandono da música atonal, aleatória, em favor de peças construídas com a repetição obsessiva de pequenas células melódicas, quase sem desenvolvimento, que progrediam de forma espiralada, por meio de modulações mínimas e quase imperceptíveis. Baseavam-se, por um lado, na arte dita *minimalista* de escultores como Don Judd ou Richard Serra, que procuravam utilizar o número menor possível de elementos, para obter o máximo de efeito; por outro, em técnicas austeras de estruturação e repetição encontradas na música indiana, balinesa ou de certos países da África.

A repetição é um elemento antiqüíssimo dentro da arte musical do Ocidente. A música medieval, o *stile concitato* de Monteverdi, as peças barrocas para teclado oferecem exemplos muito expressivos de melodias e células rítmicas iterativas. Em Beethoven ou Bruckner, a repetição é uma pedra-de-toque da escrita. Janáček extrai da repetição obsessiva de pequenos segmentos de frase efeitos dramáticos muito poderosos. E Carl Orff explora sistematicamente esse recurso no neoprimitivismo a que dá início com *Carmina Burana*.

Na moderna música americana, já há prenúncios do minimalismo na *Music for Marcel Duchamp* (1947), de John Cage; ou nas peças dodecafônicas, mas com repetições desusadamente longas, do início da carreira de La Monte Young. Mas é com *In C* (1964), de Terry Riley, *Come Out* (1966) ou *4 Organs* (1969), de Steve Reich, que vamos assistir ao aparecimento de peças baseadas na repetição sistemática e quase imutável de células tonais, de harmonia estática, em intonação justa. Música de imobilismo total, que parece protestar contra o ritmo turbulento da época vivida por esses jovens compositores, o minimalismo é de uma simplicidade que pode gerar a monotonia: acordes quebrados em vai-e-vem; figuras em *ostinato*, que geram movimento, mas trazem pouca variedade tonal ou timbrística; progressão harmônica hipnoticamente lenta que, em certos casos, gera sono pura e simplesmente.

Esse radicalismo minimalista evoluirá, porém, sobretudo nas óperas de Philip Glass, que permanecerá fiel ao princípio da repetição, mas tenderá a introduzir em suas frases mutações sutis, que o ouvido registra e, nos momentos climáticos da ação, garantem o efeito teatral. Embora não haja muito contraste nos níveis dinâmicos, o acúmulo de camadas de texturas, ritmos e coloridos instrumentais pode gerar piques dramáticos de tom muito sensual ou emotivo. Nas obras maduras de Glass, a aparição de instrumentos solistas *obbligati* – como o saxofone na *Sétima Canção* da "music theater" *Hydrogen Jukebox* – enfatiza o sentido das imagens do texto. "Ouvir a música de Philip Glass", diz Elise Kirk, "já foi comparado a contemplar uma tela moderna que, inicialmente, parece estática, mas metamorfoseia-se devagarinho à medida que o olhar concentra-se nela." Isso se deve àquilo que o próprio Glass chama de "processo aditivo e estrutura cíclica", bem ilustrado numa peça como o *Concerto para Violino*. Ele mesmo explica, em seu livro *Music by Philip Glass* (1987):

> Uma figura simples pode expandir-se e, em seguida, contrair-se, de diversas maneiras, mantendo a mesma configuração melódica geral mas, graças à adição (ou subtração) de uma nota, assumindo um formato rítmico muito diferente. A complexidade contrapontística surge com a superposição de dois ciclos rítmicos de duração diferente (um ciclo rítmico é um padrão fixo e repetido, de duração específica). Dependendo da duração de cada um dos ciclos, eles podem terminar juntos, de volta ao ponto de partida e, nesse caso, um ciclo completo se realizou.

Reich

Como a maioria dos minimalistas americanos, o nova-iorquino Steve Michael Reich – nascido em 1936 – decano dos compositores que participam dessa tendência, busca inspiração em fontes distantes da usual tradição clássica ocidental: música medieval (a escola de Lénin e Pérotin no século XIX); o jazz das décadas de 1950-1960; o *gamelan* javanês; a fragmentação rítmica e temática que há nas técnicas africanas de canto e percussão; e as cantilenas de parâmetros melodicos limitados com que os *chazan* de sinagoga entoam o texto sagrado. Depois de 1973, porém, Reich passou a usar os princípios do minimalismo dentro de um contexto harmônica e timbricamente mais rico, dando um passo em direção à harmonia e à orquestração ocidentais mais tradicionais.

A mãe de Reich, June Sillman Carroll, tinha sido letrista de musicais da Broadway. Steve conta que sua lembrança mais antiga é a de ouvi-la cantando canções populares, acompanhada ao piano pelo marido. Reich começou estudos de piano mas, ao ser chamado para participar de um recital de estudantes no Carnegie Hall, teve tanto medo que abandonou a música. Só voltou a ela aos 14 anos, sob a influência da descoberta do Stravínski da *Sagração da Primavera*, de Bach e do jazz de Charlie Parker e Miles Davis. Estudou percussão com Roland Kohloff – mais tarde o principal timpanista da Filarmônica de Nova York –, na Mamaroneck High School. E fez estudos de filosofia e música na Universidade Cornell, em Ithaca, no Estado de Nova York.

Estimulado por William Austin, seu professor de teoria musical, prosseguiu os estudos com Hall Overton e, depois, na Juilliard School, com Vincent Persichetti e William Bergsma. Foi também uma fase em que se apaixonou pela música do jazzista John Coltrane. No Mills College, seguiu os cursos de Darius Milhaud e Luciano Berio – e foi este último quem, percebendo a dificuldade que Reich tinha em aceitar o dodecafonismo, lhe perguntou: "Se é música tonal que você quer escrever, por que, então, diabos, não escreve música tonal?" Essa pergunta o tornou consciente do que realmente queria fazer, numa época em que tonalidade e estabilidade da pulsação rítmica estavam fora de moda, e em que era muito grande a patrulha do *establishment* vanguardista para que se considerasse o tonalismo totalmente obsoleto.

Em San Francisco, onde trabalhava no Tape Music Center, Reich criou, em 1963, um conjunto de cinco instrumentistas destinado a explorar a improvisação. Para esse grupo, escreveu *Pitch Charts*, peça em que todos tocavam as mesmas notas, mas escolhendo o ritmo de forma livre. Esse grupo não durou muito. Depois de sua dissolução, Reich, que dirigia um táxi para se manter, criou *Piano and Tape* (1964), combinando o som do instrumento com o das dez horas de gravação de sons de rua e de vozes dos seus passageiros. Em 1965, esse trabalho transformou-se na colagem sonora *Livelihood*. Datam do final da década de 1960 duas obras marcantes na história do experimentalismo americano:

* *It's Gonna Rain* (1965), retrabalhando eletronicamente as frases, palavras soltas ou meras sílabas do sermão de um pastor pentecostal sobre o dilúvio (gravação Columbia Masterworks de 1966);
* e *Come Out* (1966), manipulando, em termos sonoros, a frase "Come out to show 'em' " (Vem mostrar pra eles). Essa frase foi

gritada por um menino negro, ao pedir ao irmão mais velho que o protegesse da brutalidade policial, durante um motim no Harlem, aquele mesmo ano. A frase é gravada em uníssono, em dois canais; depois, um começa a se separar do outro, as duas vozes são ouvidas de forma canônica, em seguida, dividem-se em quatro, oito, dezesseis canais, até se transformarem numa cadeia sonora abstrata, que parece estar sendo produzida por instrumentos eletrônicos. Finalmente, assistimos ao processo de reconstrução da frase: os canais vão se reagrupando lentamente, até as palavras tornarem-se novamente compreensíveis (gravação da Columbia em 1967).

Foi a partir de 1968 que Reich começou a trabalhar com a música baseada na pulsação rítmica, como ele mesmo explica em seus *Writings about Music* (1974):

> Tive a idéia de que, se um certo número de notas isoladas pulsassem ao mesmo tempo, mas com relações de fase que mudassem gradualmente, daí resultaria um grande número de padrões musicais. Se as notas estivessem todas em fase, isto é, soassem ao mesmo tempo, um acorde pulsante seria ouvido. Se as notas fossem deslocadas lentamente até ficarem um pouquinho fora de fase, seria ouvida uma espécie de acorde quebrado ondulante, que mudaria gradualmente para um padrão melódico, depois outro, depois outro. Se o processo de mudança das fases fosse gradual, diferenças rítmicas graduais haveriam de se tornar claramente audíveis. Determinado padrão musical seria então ouvido, ao se transformar em outro, sem alteração de altura, timbre ou volume, e a música funcionaria com graduais mudanças no tempo.

Esses foram os princípios aplicados em *Pulse Music* (1969), para instrumentos eletrônicos; em *Four Organs* (1970), para quatro órgãos elétricos acompanhados de maracas. Foi o ponto de partida para obras mais arrojadas, como *Music for 18 Musicians* (1976), escrito para violino, violoncelo, clarineta, vozes femininas, piano, marimba e xilofone. Ou *Music for a Large Ensemble*, para orquestra, que Reinhardt de Leeuw regeu no Festival da Holanda em junho de 1979. Essas são peças que mostram Reich no apogeu de sua fase minimalista ortodoxa. Nessa época, ele estava seriamente enfronhado no estudo do *semar pegunlingan*, a música feita pelos *gamelans* da ilha de Bali, com um professor javanês, na

Sociedade Americana para as Artes Orientais; e das técnicas hebraicas de cantilena em sinagogas de Nova York (e também de Jerusalém, que visitou em 1977).

A década de 1980 assistiu à reaproximação de Reich das formas ocidentais de compor, no salmo *Tehilim* (1981) para coral, e na *Desert Music* (1984), para grande orquestra. O interesse em escrever para o teatro foi despertado nele pela segunda mulher, a artista plástica Beryl Korot, com quem se casou em 1976. Juntos, formularam o conceito da "documentary video opera": Reich manipula sonoramente as imagens filmadas pela mulher, explorando vozes amplificadas e sem vibrato, capazes de articular musicalmente frases decalcadas nos padrões rítmicos da fala quotidiana.

O primeiro projeto, *The Cave*, iniciado em 1989, foi estreado no Messepalast de Viena, em 15 de maio de 1993, e levado aos Estados Unidos em 13 de outubro do mesmo ano, na Academia do Brooklyn (o selo Nonesuch lançou, em 1994, uma gravação desse espetáculo, com Bensman, Beckenstein, Bassi, Ens-Hillier). O título da obra refere-se à Caverna dos Patriarcas, em Hebron, na margem ocidental do Jordão, sagrada tanto para judeus quanto para muçulmanos; símbolo, portanto, de reconciliação. Reich e Korot examinam essa herança religiosa comum fazendo a mesma pergunta a diversos entrevistados: "Para você quem são Abraão... Sara... Agar... Isaac... Ismael?" As diversas respostas, dadas por judeus, muçulmanos, americanos de diversas religiões, ou pessoas agnósticas, repartem-se ao longo dos três atos, e são postas em música executada por quatro cantores, quarteto de cordas, conjunto de madeiras, percussão e teclado. Todo esse material filmado, ao qual se juntam imagens da Palestina feitas em locação, é projetado em telas múltiplas, montadas em uma plataforma na qual ficam também os músicos.

Seguiu-se, a partir de 1995, um outro projeto: o de uma trilogia de "documentary video operas" intitulada *Three Tales*. A primeira parte, com a duração de meia-hora, chama-se *Hindenburg*, e conta a história do zeppelin que chocou-se contra o chão, no aeroporto de Lakehurst, em New Jersey, em 1937, e se incendiou. Foi apresentada em 23 de junho de 1997, na Staatsoper de Bonn, e levada pela primeira vez nos Estados Unidos em 26 de maio do ano seguinte, no Sottile Theater de Charleston, na Carolina do Norte.

A trilogia completa inclui *Bikini*, sobre as experiências nucleares de 1946-1956, no atol do Pacífico que leva esse nome, e o destino das pessoas que tiveram de ser retiradas do local; e *Dolly*, sobre a clonagem da ovelha que ganhou esse nome, na Escócia, em 1997. *Três Histórias*, foi mostrada integralmente no Hebbel Theater de Berlim, em 4 de janeiro de 2003. O enviado do *New Yorker*, Alex Ross, assim comentou o espetáculo:

> A obra desafia nossos preconceitos quanto ao que se pode colocar em um palco de ópera. No papel, *Three Tales* parece mais uma daquelas gororobas vanguardistas que só os iniciados conseguem decifrar. Mas é uma grande obra trágica, cujos sons e imagens nos perseguem por vários dias. Talvez a coisa mais perturbadora em *Three Tales* – não há um eco de Poe nesse título? – é que Reich parece estar carpindo uma catástrofe que ainda não aconteceu. É como se, no futuro, a mente superior de um robô muito sensível estivesse olhando para a época em que a raça humana começou a ser superada pelas máquinas.

Three Tales propõe-se a "fazer o balanço do debate sobre as questões físicas, éticas, religiosas e espirituais ligadas à expansão do desenvolvimento tecnológico". Utiliza também diversos avanços da técnica digital de filmagem e tomada de som, utilização de computador etc., para obter manipulação mais flexível do material filmado, que se projeta nas telas, e da maneira de comentá-lo musical e sonoramente. Com isso, liberta a estrutura musical da relação texto-comentário nota a nota, obtendo variedade maior de efeitos na elaboração do "music theater".

Enquanto *Hindenburg* é apresentado de maneira cronológica, com quatro cenas separadas por silêncios e obscurecimentos da tela, *Bikini* organiza-se em três blocos de imagem-música, num ciclo sem pausas, que se repete três vezes. Uma breve coda mostra o que aconteceu após as explosões. Intercalada a esses blocos, há a história da criação do mundo, contada no Gênesis, não cantada, mas declamada com acompanhamento de percussões e pianos – no dizer de Beryl Korot, "como se eles existissem em outra dimensão".

Hindeburg tem apenas uma entrevista; *Bikini* não tem nenhuma. *Dolly*, ao contrário, apresenta diversos fragmentos de entrevista com o Dr. James D. Watson, a sua equipe científica e diversas personalidades religiosas e comunitárias. Embora semelhante a *The Cave* no que se refere ao uso das entrevistas, *Dolly* conta com novos recursos técnicos. Um deles é o "som em câmara lenta", uma idéia que Reich tinha desde a década de 1960, mas só foi possível realizar mais tarde. Hoje, a tecnologia permite mostrar pessoas movimentando-se e falando em velocidade reduzida, sem que a tonalidade de suas vozes se altere. Outro recurso é o "congelamento sonoro", com o qual se consegue que uma única sílaba, ou uma única vogal ou consoante, se estenda por um longo tempo, deixando à sua volta o que Reich chama de "uma esteira audível de vapor sonoro, que se torna parte do conjunto harmônico".

Além disso, em *Dolly*, um robô falante desempenha papel importante. Duas versões da criação dos seres humanos, a bíblica e a suméria, são intercaladas de diversas maneiras nas entrevistas, que visam a apresentar as diferentes atitudes das pessoas, hoje em dia, em relação aos limites da ciência e da tecnologia.

Glass

Principal representante da chamada escola minimalista, Philip Glass – nascido em Baltimore, no Maryland, em 1937 – desenvolveu, a partir do trabalho de Young, Riley ou Reich, um estilo de escrita próprio e facilmente identificável: usa ciclos rítmicos característicos da música hindu, em que bebeu muitas influências, e outros recursos idiomáticos da música não-ocidental, combinando-os com estruturas abstratas de intervalos, harmonia funcional ocidental, práticas modulatórias reduzidas ao essential, e alguns ingredientes melódicos e rítmicos extraídos da música popular americana.

Philip Glass é também, desde a década de 1980, um dos compositores americanos mais executados em todo o mundo, devido à amplitude de sua área de ação: peças orquestrais e para balé, canções, óperas e demais composições teatrais, trilhas sonoras para cinema. Durante 1988, por exemplo, foram encenadas oito de suas obras para o palco, com música mais ou menos contínua (ou seja, relacionada com a noção muito ampla e nuançada que ele tem de "peça operística"). Como todo músico muito prolífico, Glass tem uma produção necessariamente desigual.

Filho do dono de uma loja de discos de Baltimore, e de mãe professora primária e bibliotecária, Glass começou a estudar violino aos seis anos. Descontente com o instrumento, trocou-o pela flauta, que aprendeu com Britton Johnson. Após um curso de harmonia com Louis Cheslock, inscreveu-se na Juilliard School, fez composição com William Bergsma e Vincent Persichetti, depois aperfeiçoou-se com Darius Milhaud em Aspen, no Colorado. Compositor-residente das escolas públicas de Pittsburgh, compôs, nessa primeira fase, diversas obras no estilo dodecafônico favorecido pelos professores da Juilliard. Mas, a despeito dos prêmios que recebeu por elas, não estava satisfeito com o que fazia: "Tinha chegado a um beco sem saída", dizia. "Já não acreditava mais na minha música."

Em 1965, com uma bolsa da Fullbright, foi estudar harmonia e composição com Nadia Boulanger. No ano seguinte, ficou conhecendo Ravi Shankar, o grande sitarista e compositor indiano, e este lhe pediu que o ajudasse a comunicar-se com os músicos franceses que participariam de um documentário a ser feito sobre a sua música. Trabalhando com Shankar e Alla Rakha, que habitualmente o acompanha à tabla, Glass enfronhou-se nos processos de escrita da música indiana. Em entrevista a Robert Jones, da revista *Musical America*, ele mesmo contou:

> A música oriental foi uma revelação, principalmente por causa do ritmo. Ao contrário da música ocidental, que divide o tempo como se estivesse cortando fatias de pão, a música não-ocidental toma pequenas unidades rítmicas e as junta para criar valores temporais mais longos.

Glass apaixonou-se de tal forma pela arte do Oriente, que fez viagens posteriores à Índia, Tibete e Tunísia, na tentativa de familiarizar-se com o novo mundo sonoro que descortinava. Optou por uma escrita modular e iterativa, como a da música indiana, baseada na repetição de pequenas células rítmicas. Depois, a essas combinações rítmicas, começou a acrescentar modulações harmônicas de grau mínimo. Em 1967, de volta aos Estados Unidos, criou um septeto, o Philip Glass Ensemble – saxofones, flautas, órgãos elétricos e um engenheiro de som –, desde então sob a regência de Michael Riesman. O PhGE apresentou-se pela primeira vez no Queens College, de Nova York, em 13 de abril de 1968, e foi o criador de suas primeiras peças minimalistas: *Piece in the Shape of a Square* (1968), *Music in Fifths* (1969), *Music with Changing Parts* (1970), *Music for Voices* (1972) e a fluvial *Music in Twelve Parts* (1974), com a duração de quatro horas – a estréia dessa peça, em Nova York, no dia 1º de junho de 1974, começou às 6h da tarde e terminou à meia-noite, com uma hora e meia de interrupção para o jantar.

A reputação de Glass como artista ampliou-se com a sua contribuição para a chamada "downtown scene" nova-iorquina, o grupo de artistas contra-corrente que, às formas artísticas convencionais – música, teatro, cinema, literatura, pintura e escultura –, combinava elementos tomados de empréstimo ao jazz, ao rock, ao rap, sem preconceitos quanto às fronteiras entre "culto" e "popular". Devido ao trabalho de JoAnne Akalaitis, a primeira mulher de Glass, com o grupo de teatro experimental Mabou Mines – primeiro em Paris, em meados da década de 1960, e depois em Nova York –, muitas de suas primeiras obras destinaram-se a acompanhar espetáculos de palco. A influência das tradições teatrais não-ocidentais, em especial o *Khatikali* indiano, o *Nô* e o *Kabuki* japoneses –, levou à colaboração cada vez mais estreita entre escritores, cenógrafos, diretores, atores e músicos. Foi nessa época que Glass conheceu Robert Wilson, um dos diretores mais ousados do moderno teatro americano e, com ele, escreveu *Einstein on the Beach*, chamada de "ópera" mas, na verdade, correspondendo àquilo que Wilson chama de "teatro de imagens".

Einstein na Praia tem texto falado de Christopher Knowles, Samuel Johnson e Lucinda Childs. Estreada no Théâtre Municipal de Avignon, em 25 de julho de 1976, foi levada, pela primeira vez, nos Estados Unidos, pelo Metropolitan de Nova York, em 21 de novembro do mesmo ano. Por trás de sua concepção e realização, está a abordagem essencialmente visual, mais do que textual, que Bob Wilson tem do espetáculo. Glass responde musicalmente a uma série de imagens; esses blocos de imagens musicadas engendram outras imagens, que suscitam a música, e assim por diante. A descrição de Wilson como diretor-cenógrafo na verdade apenas sugere a importância de seu papel no processo criativo da obra.

A personagem principal de *Einstein*, segundo Glass e Wilson, é não apenas o físico alemão, mas também a ciência e a tecnologia. Com as óperas seguintes sobre Gandhi e o faraó egípcio *Akhnaten*, *Einstein* forma uma trilogia a respeito de figuras históricas marcantes e suas relações com problemas humanos de grande importância – ciência e guerra, paz, liberdade de pensamento e religião –, que estão inter-relacionados. Como não há narração e nem caracterização de personagens no sentido normal do termo, não é possível fazer uma sinopse da ação. Movimentos coreografados de várias maneiras – e não apenas nas passagens relacionadas ao conceito tradicional de dança – são mais importantes do que o próprio texto. Além disso, como sempre acontece nas obras de Bob Wilson, há ligação estreita entre a estrutura dramática e a encenação.

Como Einstein era violinista amador, ele é representado não por um cantor, mas por um homem idoso, que pontua o espetáculo, aqui e ali, com extensos solos de violino. A Teoria da Relatividade é sugerida por três imagens recorrentes: um trem em movimento, uma sala de tribunal e uma nave espacial. E também por imagens simbólicas, como a do lento eclipse de um relógio sem ponteiros, encoberto aos poucos por um largo círculo negro, que parece ter saído de um quadro de Salvador Dalí. No ato I, aparecem o trem, durante o dia, e a cena do tribunal. No II, a nave espacial flutuando acima de um campo de dançarinos, e também o trem, desta vez correndo dentro da noite. No III, o tribunal transformou-se em uma prisão, e a nave espacial aproximou-se dos dançarinos, ameaçando esmagá-los. No V, todas essas imagens convergem e, de certa forma, se fundem.

Há cinco ligações – Wilson as chama de *kneeplays*, "articulações" – entre o prólogo, os atos e o epílogo. A primeira *kneeplay* já está em andamento quando o público entra na sala. Esses episódios têm uma relação apenas tênue com a ação principal. Na montagem original, havia duas mulheres conversando, sentadas à direita do palco. Na *kneeplay* n. 4, apareciam deitadas em mesas de vidro, no centro da cena. E na n. 5, transformavam-se em um casal de namorados num banco de parque. Outras imagens serviam de contraponto à ação (ou inação) da ópera, mas todas elas tinham alguma relação com a idéia einsteiniana da relatividade.

Boa parte do texto é recitado ou consiste de sílabas solfejadas. Parte das palavras foi escrita por Christopher Knowles, um autista que Wilson conheceu quando trabalhou com crianças excepcionais. Nenhuma das imagens que há nesse texto tem qualquer relação com o tema central da ópera, e seu respeito pela gramática é intermitente. A única passagem em que Einstein ou a praia são mencionados é num texto de autoria de Lucinda Childs; e assim mesmo, para nos contar que o físico não gostava de ir à praia. Tudo isso insere *Einstein* na tradição não-narrativa americana que vem desde os *Quatros Santos* de Thomson-Stein.

A música não só é repetitiva como retém muito da ausência de desenvolvimento do minimalismo mais extremado. Predominam os processos ciclicamente rítmicos e aditivos das obras de Reich, por exemplo. Mas já emergem, ocasionalmente, sinais da abordagem melódica e harmônica mais desenvolvida que Glass adotará em óperas posteriores. Como diz Keith Potter, autor de *Four Minimalists: La Monte Young, Terry Riley, Steve Reich and Philip Glass* (2000):

> A impressão de que a gramática de uma tonalidade mais familiar está em processo de reinvestigação é reforçada, em particular, pelo uso de seqüências de acordes com movimento claramente definido nas linhas do baixo.

De uma obra difícil de apreender sem o suporte visual, existem duas gravações disponíveis:

O inovador Robert Wilson dirigiu e desenhou os cenários de *Einstein on the Beach*, a primeira ópera do minimalista Philip Glass.

CBS, 1979 – LaBarbara, Zukovsky, Childs, Sutton, Mann-Riesmann.

Nonesuch, 1993 – Beckenstein, Geissinger, Childs, Sutton, Johnson, Grib-Riesmann.

Logo depois de *Einstein*, o Festival da Holanda encomendou a Philip Glass uma obra vocal. *A Madrigal Opera*, escrita para quarteto vocal e um violino, não possui intriga linear, embora seus textos visem a captar musicalmente diversos estados emocionais. É a típica peça abstrata na qual a direção precisa dar uma feição cênica definida, como o fez Rob Malasch para a estréia em Amsterdam, em junho de 1980.

A trilogia sobre as personagens históricas prosseguiu, em 1980, com *Satyagraha: M. K. Gandhi in South Africa*. Usando textos do *Bhagavad-Gita*, a ópera tem libreto em sânscrito de Constance DeJong e do compositor. A estréia foi no Stadsschouwburg, de Rotterdam, em 5 de setembro de 1980; e a primeira apresentação americana foi em 29 de julho de 1981, no Artpark de Lewiston, no Estado de Nova York. "Política, violência e não-violência" é, no dizer do próprio Glass, o tema de *Satyagraha* – palavra indiana que significa "insistir na força da verdade", e é usada para definir a política de resistência pacífica proposta por Gandhi contra os colonizadores britânicos da Índia. O *Bhagavad-Gita* é o texto religioso sânscrito a que Gandhi aludia como o seu "dicionário de referência diária".

Depois de formar-se com grande dificuldade no curso de Direito, em Londres, Mohandas Gandhi tentou exercer a advocacia em Rajkot e Bombaim, mas não foi bem-sucedido. Aceitou então a oferta de uma firma muçulmana de ir trabalhar na África do Sul durante um ano. Estava viajando de primeira classe, num trem para Pretória, a capital do Transvaal, onde ia participar de um processo, quando em Maritsburg, na província de Natal, um branco protestou contra a presença de um "homem de cor" no mesmo vagão que ele. Chamou dois funcionários da estrada de ferro e, apesar da passagem de que Gandhi estava munido, ordenaram-lhe passar para o vagão de carga. Como ele se recusasse, um policial foi chamado, e Gandhi e sua bagagem foram atirados à plataforma da estação.

Esse episódio injusto foi um divisor de águas na vida de Mohandas. Em vez de apenas um ano, Gandhi ficou na África do Sul de 1893 a 1914, transformando-se finalmente num advogado de grande projeção. A ação da ópera cobre, como se tudo se passasse num um só dia, os acontecimentos que vão da chegada de Gandhi à África do Sul, em 1893, até a Marcha de New Castle, em 1913, que pôs fim ao movimento do *satyagraha* naquele país. No ato I, Gandhi assiste à rebelião dos operários que estão construindo a Fazenda Tolstói, e protestam contra a exigência do cartão de identificação para trabalhadores negros. No ato II, os obstáculos que a maioria branca cria à presença de Gandhi em Durban são atenuados pela intervenção da mulher do superintendente da polícia. O jornal *Indian Opinion* é fundado e distribuído. Numa cerimônia pública, os negros queimam seus cartões de identificação, pois o governo não cumpriu a promessa de repelir o *Black Act*, que os discrimina. No ato III, finalmente, os mineiros em greve de New Castle marcham, juntamente com as suas famílias, numa manifestação pacífica de protesto contra o preconceito racial.

Satyagraha difere sensivelmente de *Einstein na Praia* pela forma de conduzir a ação e de se estruturar musicalmente. Não se atém mais ao minimalismo ortodoxo das obras anteriores e, embora não apresente o desenvolvimento dramático convencional, está claramente centrado na narrativa da vida de Gandhi. A ópera tem uma seqüência de atos e cenas formando quadros. O uso do sânscrito é um elemento distanciador, nos termos do teatro épico brechtiano, pois encoraja a reflexão sobre o significado moral de cada cena, em vez de levar o espectador a se identificar emocionalmente com a dinâmica da narrativa. Isso é enfatizado pelo fato de as cenas biográficas não serem mostradas em ordem cronológica. Além disso, a presença de figuras históricas – o conde Liev Tolstói, o poeta indiano Rabindranath Tagore, e o militante de direitos humanos Martin Luther King – que aparecem em cada ato, demonstra a continuidade histórica da filosofia humanista pregada por Gandhi, o homem que disse: "A soma de tudo o que vive é Deus. Podemos não ser Deus, mas somos de Deus, assim como uma pequena gota d'água é do oceano".

No conjunto, a despeito de certos aspectos descontínuos, o enredo é fácil de compreender e as motivações das personagens são claramente expressas em números fechados – árias, duetos, trios, canto coral –, de uma maneira que se aproxima muito da expressão lírica tradicional. A tendência a uma construção mais melodiosa da linha vocal, que já se percebia em determinadas passagens de *Einstein*, aflora aqui, e é enfatizada por um tipo de relação voz-instrumento que dá às vozes um fluxo contínuo. Para conhecer *Satyagraha*, existe, no selo Sony, a gravação ao vivo no New York City Opera, em 1985 (Cummings, Woods, Liss, Perry, Macfarland, Reeve-Keene).

A leitura de *Moisés e o Monoteísmo* (1939), de Siegmund Freud, e do *Édipo e Akhnaten* (1960), de Immanuel Velikóvski, determinou a escolha da terceira personagem a integrar a trilogia: o faraó que, no século XIV a.C., tentou impor ao Egito a adoração do deus único – entidade abstrata representada pelo Sol, elemento comum à religião de todos os povos dominados pelos egípcios –; mas foi derrotado pela rebeldião insuflada pelos sacerdotes politeístas, temerosos de perder seus privilégios. Desta vez, Shalom Goldman associou-se à equipe de libretistas do compositor – integrada por Robert Israel e Richard Riddell –, ajudando-os com seus conhecimentos de línguas e religiões antigas. O libreto de *Akhnaten* reúne antigos textos egípcios e acádios, o Salmo 104 em hebraico, e frases tiradas dos guias turísticos de viagem ao Egito, publicados pelas editoras Fodor e Frommer. Há também uma narração feita na "língua da platéia" – em alemão, quando a ópera estreou na Kleines Haus do Württembergischer Stadttheater, de Stuttgart, em 24 de março de 1984; em inglês quando ela foi ouvida pela primeira vez nos Estados Unidos, no Wortham Theater Center, de Houston, em 12 de outubro do mesmo ano. Essa parte do texto deverá ser sempre traduzida na língua local, quando a ópera for apresentada em outros países.

Durante o prelúdio orquestral, o narrador lê citações dos Textos das Pirâmides, para situar a ação, que se inicia com os funerais de Amenhotep III, o pai de Akhnaten. Durante a sua coroação, ouve-se um hino em que são anunciadas grandes revoluções que estão por vir. O novo faraó ordena que o templo de Amon seja atacado; canta um dueto de amor com sua rainha, Nefertiti; e preside à inauguração da Cidade de Akhnaten, durante a qual entoa um "Hino ao Sol". É mostrado o progressivo afastamento do faraó e de sua família do mundo real, à medida em que ele se cerca de uma redoma de misticismo. Essa alienação permite ao Sumo Sacerdote de Amon conspirar com o general Horemheb para derrubá-lo e ser coroado em seu lugar. Na cena final, voltamos ao presente, e vemos turistas de várias nações visitando o que sobrou da Cidade do Sol. No epílogo, os fantasmas de Akhnaten e de seu séquito vagueiam, perdidos, em meio às ruínas.

Akhnaten leva adiante o tipo de experiência dramática iniciada com *Satyagraha*. Dramaticamente, está centrado numa figura humana exemplar, retratada de modo verossímil e simpático, apesar do elemento distanciador que é a escolha, para o cantor que a interpreta, do registro de contra-tenor (na montagem de David Freeman, preparada para Houston, e levada depois para o Coliseum de Londres em junho de 1985, Christopher Robson interpretava o papel de modo a frisar o aspecto hermafrodita que – dizem – o faraó exibia em suas estátuas; nenhuma delas, porém, sobreviveu à destruição).

Apesar do uso distanciador das línguas antigas, o crucial "Hino do Sol", no ato II, é cantado na "língua da platéia", porque esse é um momento em que Glass deseja a identificação emocional do público com a missão visionária de sua personagem. A seqüência das cenas é cronológica – o que não acontecia em *Satyagraha* –, mas pode ser tratada de forma ritualística e abstrata, como o fez Achim Freyer ao dirigir o espetáculo de Stuttgart. Freeman preferiu mostrar que o desenvolvimento da personalidade do protagonista tinha de ser acompanhado pelo desenvolvimento dramático.

Akhnaten tem um âmbito musical mais amplo do que a ópera que a precedeu. A organização harmônica é mais cromática, e mais sombria, com a predominância de modulações para tonalidades menores. A técnica, esboçada em *Satyagraha*, de paralelismos na estrutura de tonalidades e uso de *leitmotive*, amplia-se aqui. A orquestração tem refinamentos novos: não há violinos, o que concorre para o tom escuro da música, e para a natureza meditativa e introvertida dos hinos religiosos. Já os metais e percussões dão às vezes à música uma inflexão apropriadamente militarista. Um trompete *obbligato* acompanha, a maior parte do tempo, os solos do faraó (dando-lhes um colorido barroco, que casa bem com a utilização da voz de contra-tenor, e com os volteios belcantísticos que ela faz). Mas, no dueto com Nefertiti e no "Hino ao Sol", cordas bem encorpadas reforçam linhas melódicas de natureza muito lírica. Russel Davies rege a estréia de Stuttgart, preservada no álbum do selo Sony (Eswood, Vargas, Liebermann, Hannula, Hauptmann, Holzapfel, Warrilow).

Einstein, Gandhi e Akhnaten pertencem a uma fase, na música americana, em que são comuns as óperas centradas em figuras heróicas (ou anti-heróicas), nobres ou autodestrutivas, solidárias ou egoístas, compassivas ou dominadas por uma obsessão, mas sempre emblemáticas de uma postura do ser humano e, muitas vezes, servindo de instrumento para uma denúncia ou uma reivindicação de caráter social e humanitário. De *Harriet, the Woman Called Moses*, de Thea Musgrave, celebrando uma grande figura de mulher na luta antiescravagista, ao *Harvey Milk*, de Stewart Wallace, mártir da intolerância homofóbica, são muitos os ícones do comportamento humano, tirados da vida real ou da literatura, que fazem companhia à trilogia de Glass: o *Nixon in China* de John Adams, o *Malcolm X* de Anthony Davis, o *Valentino* de Dominic Argento, o *Goya* de Menotti, o *Willie Stark* de Carlisle Floyd, o *Mighty Casey* de William Schuman, a *Marilyn* de Ezra Laderman, a *Jackie-O* de Michael Daugherty, o *Frederick Douglas* de Ulysses Kay, o velho judeu inválido, vítima de terroristas em *A Morte de Klinghoffer* de Adams.

Política, cinema, a história da pintura, esportes, o artificialismo do jet-set, todos os setores da vida são trazidos para o palco lírico, renovando o espectro temático e o âmbito do interesse do músico por aspectos diversos da contemporaneidade. Há até uma ópera sobre uma pioneira da aviação – o *Clair de Lune* de Libby Larsen – e sobre uma exploradora: a Alexandra David-Neel em *Atlas*, de Meredith Monk.

Obra que retrata também uma figura singular, um pioneiro da fotografia, é a peça de "music-theater" *The Photographer*, que Glass escreveu durante a gestação de *Akhnaten*. Rob Malasch, que encenara *A Madrigal Opera*, colaborou com Glass no roteiro dessa "mixed media" em três partes, também encomendada pelo Festival da Holanda, e ouvida no Palácio Real de Amsterdam, em maio de 1982, sob a regência de Michael Riesman.

Edward Muybridge passou à história devido a seus estudos fotográficos do movimento de pessoas e de animais – em especial a seqüência do cavalo de corrida, apontada como passo importantíssimo na pré-história do cinema. E ficou tristemente famoso por ter assassinado brutalmente o amante – ou presumível amante – de sua mulher. *O Fotógrafo* utiliza cantores, atores e bailarinos, que representam contra um fundo de projeções das fotos mais conhecidas de Muybridge. O ato I é uma pequena peça com música incidental, contando o crime, o processo e a absolvição do artista, inocentado por um júri que lhe deu razão por estar defendendo a sua honra. O ato II é uma peça para violino e orquestra que acompanha a exibição de slides das fotos. E o ato III é uma *danse générale* de que participa todo o elenco. No selo Sony, existe a gravação feita por Riesman em 1893.

Glass interrompeu a elaboração do libreto de *Akhnaten*, em 1982, para preparar *The Photographer* juntamente com R. Malasch. Depois de terminada a trilogia, deu prosseguimento à parceria com Bob Wilson. Esse diretor projetava *the CIVIL warS: a tree is best measured when it is down* como um espetáculo previsto para durar um dia inteiro. Deveria ter cinco partes, a serem compostas por cinco autores diferentes. Planejava apresentá-lo na abertura das Olimpíadas de Los Angeles. Mas basta lembrar que foi John Williams – o autor da trilha de *ET* – o escolhido para compor a fanfarra de abertura desses Jogos Olímpicos, para entender por quê os organizadores do evento não demonstraram interesse algum em encenar uma obra de vanguarda que teria doze horas de duração. Apenas Glass, dentre os músicos consultados, permaneceu no barco.

A Ópera de Roma aceitou o ato V de *CI-VIL warS*, composto por ele, e o estreou em 22 de março de 1984, sob a regência de Marcello Panni – o mesmo regente de outra obra de vanguarda americana ouvida pela primeira vez nesse teatro, o *Neither* de Morton Feldman. O libreto de *a guerrA CIVIL: é mais fácil medir uma árvore quando ela está caída* inspira-se nas fotografias que Mathew Brady, o pioneiro do jornalismo fotográfico, tirou durante a Guerra da Secessão; e foi escrito, em latim e italiano, por Maita di Nascemi e Bob Wilson. São citados também textos de Sêneca, no original latino e na tradução italiana. "Não-narrativa, simbólica, metafísica, realista e metafônica", como a descreve Wilson, *a guerrA CIVIL* tem cenários que vão da Atenas antiga a uma nave espacial futurista. A ópera se inicia com uma invocação à paz entoada pela Mãe Terra, a Coruja da Neve e o presidente Abraham Lincoln. Seguem-se cenas de estrutura narrativa fluida, pelas quais desfilam o líder *risorgimentale* italiano Giuseppe Garibaldi; o general Robert Lee, líder sulista na Guerra Civil; o casal Lincoln, um octeto de deuses do Olimpo, e o herói mitológico Hércules com sua esposa, Alcmene.

Estilisticamente, a música de *CIVIL warS* assemelha-se à de *Akhnaten*. Aos arpejos no modo frígio e às constantes modulações de maior para menor juntam-se melodias de gosto tipicamente mediterrâneo, e grandes expansões líricas, presentes sobretudo nas intervenções corais e nos elaborados interlúdios orquestrais. Dennis Russell Davies fez, na Morgan State University, a gravação de 1995, existente no selo Nonesuch (Radvanovsky, Graves, Sabbatini, Zheng Zhou, Morschek, Wilson, Anderson).

Uma encomenda do American Repertory Theater levou, em 1985, a uma ópera infantil escrita a quatro mãos por Glass e Robert Moran. Arthur Yorinks baseou o libreto de *The Juniper Tree* na transposição, para cenário americano, de um dos contos dos irmãos Jacob Ludwig e Wilhelm Carl Grimm.

Um casal é muito feliz, mas não tem filhos. Quando a mulher finalmente consegue engravidar, morre no parto. O marido casa-se de novo e tem uma filha; mas sua segunda mulher morre de ciúmes da primeira esposa e, um dia, mata o filho do primeiro casamento, fazendo com ele um cozido, que serve ao marido. Convencida pela mãe de que foi a responsável pela morte do meio-irmão, a filha enterra seus ossos em torno de um pé de zimbro (ou junípero), e a alma do garoto entra em um pássaro que faz ninho na árvore. O pássaro voa até a oficina de três Artesãos, que o recompensam por seu belo canto dando-lhe uma corrente de ouro, sapatos vermelhos e uma mó de moinho. O pássaro dá a corrente ao pai, os sapatinhos à meia-irmã e, com a pedra, esmaga a cabeça da madrasta. Com isso, o garoto volta magicamente à vida, e a família vive feliz para sempre.

A estréia dessa peça, de texturas bem mais acessíveis, devido até mesmo à sua finalidade, foi em Cambrige, no Massachusets, em 11 de dezembro de 1985. A Houston Grand Opera e o American Music-Theater Festival de Philadelphia (ambos em 1986), os teatros de Omaha (1987), Wurzburg, na Alemanha (1988), Minnesota (1989) e Tulsa (1990) a montaram com tanto sucesso que, prevendo a boa acolhida a lhe ser dada em outros pontos do país, Glass e sua editora recusaram temporariamente a permissão ao pedido, apresentado pela BMG e a RCA, de lançar uma gravação.

The Descent into the Maelstrom (1986), é uma peça de *music theater* baseada num conto de Edgar Allan Poe. Desse autor é também o texto em que se inspirou Arthur Yorinks, para escrever o libreto da ópera de câmara *The Fall of the House of Usher*. Essa história sinistra de luxúria e incesto, ambientada num castelo que literalmente cai aos pedaços, foi cantada pela primeira vez em Cambridge, pela companhia do American Repertory Theater, em 18 de maio de 1988. O conto, impregnado de "sombre mélancolie", como dizia Debussy – que nunca chegou a terminar sua versão de *La Chute de la Maison Usher* –, fascinou poetas, dramaturgos e compositores, porque Poe – um dos escritores reivindicados pelos simbolistas como seu precursor – é um mestre na arte de sugerir muito e nada dizer às claras. A ação é real ou não passa de uma alucinação de personagens mentalmente desequilibradas? Quais são as relações exatas entre William, o narrador, seu amigo Roderick Usher, dono de uma mansão arruinada, e a irmã deste, a doentia Madelaine? Ela foi realmente enterrada viva pelo irmão, que temia ceder ao desejo pervertido que sentia por ela, ou é um demônio saído das profundezas infernais da imaginação das personagens, que vem, no final, buscar Roderick, enquanto a casa dos Usher desmorona à sua volta? A casa, propriamente dita, será um ser vivo, profundamente maligno, que literalmente devora seus moradores, sobre os quais desaba? Para nada disso há uma resposta clara. Incesto, homossexualismo, assassinato e, principalmente, sobrenatural impregnam cada minuto da ação. Mas tudo isso é real, ou não passa de delírio na cabeça dos espectadores?

Libreto com tais ingredientes convém perfeitamente ao estilo intensamente cromático e tonalmente instável, desenvolvido por Glass a partir de *Akhnaten*. Cai bem, ao conteúdo emocionalmente carregado do texto, dramaticamente muito condensado, a forma ambígua como Glass trabalha com as progressões tonais, a partir do uso insólito de um material harmônico familiar. Eis o julgamento que faz dela Keith Potter:

> Impregnada da estranhíssima introspecção do texto de Poe, para o qual Glass escreve música de considerável sutileza rítmica, *Usher* evolui, de certa maneira, no terreno ambíguo que fica entre a ópera convencional e o conceito abertamente modernista de *music theater*, embora fazendo justiça a uma narrativa de poder cumulativo que leva a um desenlace aterrador. Como resultado, esta é uma das melhores obras de Glass desde *Einstein*.

O acerto dessa avaliação pôde ser constatado por quem, em 6 de maio de 1991, assistiu à *Queda da Casa de Usher* quando ela foi encenada em São Paulo. O espetáculo realizou-se na Sala São Luís (atual Espaço Promon), dirigido por Harry Silverstein e com cenários de Gianni Ratto. Sob a regência de Thomas Toscano, estavam Steve Aiken, Jeffrey Francis, Patrícia Endo, e Francisco Campos. Num papel secundário, o da Múmia, estava o tenor Fernando Portari, então em início de carreira.

Depois da *Queda da Casa de Usher*, Glass escreveu, juntamente com a romancista

Doris Lessing, a adaptação de seu romance de ficção científica *The Making of the Representative for Planet 8*. Encomendada pelas óperas de Kiel, na Alemanha, e de Houston, *A Nomeação do Representante do Planeta 8* estreou na Grand Opera dessa cidade texana, em 8 de julho de 1988.

O Planeta 8, cuja população vivia em condições praticamente paradisíacas, mergulhou lentamente na Idade Glacial, e toda a vida que há nele está se extinguindo. A civilização extra-terrestre do planeta Canopus manda até o Planeta 8 uma delegação com a missão de ensinar a seus habitantes a aceitar a morte individual e física, e a desenvolver-se numa alma coletiva (o "Representante" do título) que há de sobreviver à destruição material. Não há grande evolução formal no *Representante do Planeta 8*: repetem-se aqui as características típicas de *Akhnaten* ou da *Queda da Casa de Usher*.

Encomendada pelo Festival da Baixa Áustria, em Donau, e pelo American Music Theater Festival, a peça de "music theater" *1000 Airplanes on the Roof* foi a primeira colaboração de Glass com o dramaturgo americano de origem chinesa David Henry Hwang. Escrito para ator (o texto é falado) e conjunto de câmara, *1000 Aeroplanos no Telhado* celebra os progressos da moderna aviação civil, e foi estreada no Hangar n. 3 do Aeroporto Internacional de Viena, em 5 de julho de 1988. No selo Virgin há a gravação feita nos Estados Unidos, no ano seguinte.

O próprio Glass conta como surgiu o trabalho seguinte, *Hydrogen Jukebox*. Depois de uma pré-estréia em forma de concerto, em Philadelphia, durante o American Music Theater Festival (29 de abril de 1990), essa peça de *music theater* foi encenada em Charleston, na seção americana do Festival de Spoleto (26 de maio do mesmo ano).

> Em 1988, aceitei um convite de Tom Bird, do Viet Nam Veteran Theater, para fazer uma apresentação em benefício de sua companhia. Encontrei-me por acaso com Allen Ginsberg [o poeta beatnik] na livraria St. Mark, de Nova York, e lhe perguntei se gostaria de se apresentar junto comigo. Estávamos na seção de poesia e, pegando um livro seu na estante, ele me mostrou *Wichita Vortex*

Sutra. Esse poema, escrito em 1966, refletindo o espírito antibelicista da época, me pareceu muitíssimo apropriado para a ocasião. Escrevi uma peça para piano para acompanhar a leitura de Allen, que se realizou no Schubert Theater, da Broadway. Allen e eu gostamos tanto dessa colaboração que começamos a discutir a expansão dessa apresentação em uma peça de *music theater* que preenchesse uma noite. Foi logo depois das eleições de 1988, e nem Bush nem Dukakis pareciam falar do que realmente estava acontecendo. E eu disse ao Allen: "Se eles não falam das questões realmente importantes, falamos nós".

A eles juntaram-se o cenógrafo Jerome Sirlin e a coreógrafa Ann Carlson. Escolheram dezoito poemas em que Ginsberg fazia o retrato de aspectos básicos da vida americana nas décadas de 1950 a 1980: o movimento contra as guerras da Coréia e do Vietnã, a revolução sexual, o namoro com as filosofias orientais, o despertar da consciência de que é necessário preservar o meio-ambiente. "No final da década de 1980", dizia Glass, "esses problemas já se integraram a nosso dia-a-dia, mas o poder da poesia de Allen conservava intacta a sua energia juvenil." Ann Carlson decidiu dar a cada um dos seis solistas o perfil arquetípico de um americano: a garconete, a mulher policial, o empresário, o pastor, a líder de torcida e o mecânico de automóveis. Ainda Glass:

No passado, quando eu tratava de questões sociais nas minhas obras para o palco, usava línguas incomuns, até mesmo obscuras: sânscrito em *Satyagraha*, egípcio arcaico em *Akhnaten*, latim em *CIVIL wars*, ou apenas números e sílabas em *Einstein on the Beach*. Em *Jukebox*, estava trabalhando com o vernáculo, que nós todos conhecemos. Para isso, nada melhor do que a poesia de Allen, porque ele inventou uma linguagem poética a partir dos sons e ritmos que ouvimos à nossa volta, uma linguagem americana que é lógica, sensual, às vezes abstrata, sempre muito expressiva. Juntar música e linguagem pode ter efeito muito poderoso: é literalmente unir os sentidos de uma forma que só a ópera sabe fazer. Para mim, há duas considerações, ao musicar um texto. Há as próprias palavras, que precisam ser cantadas da forma mais natural possível. No caso da poesia de Allen, eu estava muito atento a respeitar a música que já está latente nas palavras. Em seguida, há o ambiente musical em que as palavras estão imersas. No poema *Aunt Rose*, por exemplo, usei um ritmo de 5-8, numa seqüência de 1-2, 1-2-3, para descrever uma pessoa que manca ao andar. Essa é a única relação específica da música com as palavras. Um retrato musical não precisa ser um retrato completo. Se você der algumas indicações, os ouvintes preenchem as lacunas.

Ginsberg também descreveu a forma como via seu trabalho com Glass:

Philip Glass e eu visitamos a Índia em épocas diferentes e fomos influenciados pela música, a filosofia e as técnicas de meditação indianas – especialmente as do budismo, de que ambos somos adeptos. Nos propusemos, portanto, a criar uma obra que penetra simultaneamente em vários mundos psicológicos. A razão de ser última de *Hydrogen Jukebox*, o que está subjacente a ela, sua mensagem secreta, sua atividade secreta é aliviar o sofrimento humano, comunicando aos outros a consciência iluminada de certos temas, tópicos, obsessões, neuroses, dificuldades, problemas, perplexidades com que nos deparamos, nesse momento em que o milênio vai chegando ao fim. Portanto, este melodrama é um balanço do que está em nossas mentes, do que é tipicamente americano e do que pertence à esfera planetária. Ao construir o drama, tínhamos em mente o declínio do império, a Queda da América como um "império" e até mesmo, talvez, a perda do planeta dentro dos próximos cem anos. Fizemos a lista das coisas que queríamos cobrir: budismo, meditação, sexo, revolução sexual – no meu caso, a consciência do homossexualismo e a libertação gay – corrupção política nos mais altos níveis do império, arte, viagens, o encontro do Oriente com o Ocidente, ecologia, guerra e, é claro, paz e pacifismo.

O título *Hydrogen Jukebox* vem de um verso do poema *Howl* (Urro), de Allen Ginsberg: "...listening to the crack of doom on the hydrogen jukebox...", que o autor descreve como "um estado de tecnologia hipertrofiado, um estado psicológico em que as pessoas estão no limite de seu *input* sensorial em relação à *jukebox* do militarismo, aos ruídos de uma indústria cada vez mais barulhenta, a uma música que nos sacode até os ossos e penetra no sistema nervoso com o efeito que uma bomba de hidrogênio há de causar, talvez, um dia, lembrando-nos de que o apocalipse está próximo."

A história não é linear, mas os temas estão interligados. Da profecia da Queda da América, introduzindo o tema da guerra, centrado no conflito do Oriente Médio, passa para cenas muito subjetivas, de devaneio, em Calcutá (as filosofias contemplativas orientais como uma forma de refúgio contra os desvarios da civilização ocidental). O poema "Wichita Vortex Sutra", dueto cantado por Glass e Ginsberg, contém a declaração unilateral do fim das guerras. O Moloch industrializado e hiper-tecnológico consome o planeta, e a máquina transforma as pessoas em robôs hipnotizados. O antídoto para toda essa loucura é a meditação, voltar-se para o interior – entra aqui uma série de haikais de conteúdo zen –, e o retorno à unidade familiar (slides com imagens das tias Roise e Honey, do pai e da mãe de Ginsberg). A temática gay está presente na imagem do Green Automobile que percorre o país em busca de amor. As operações ilegais da CIA, o apoio ao tráfico de drogas e armas, com o qual se levantavam fundos para sustentar o movimento dos Contras na Nicarágua, as interferências na política interna de outros países são denunciados tendo por fundo a imagem de uma bandeira americana pegando fogo, enquanto os políticos se entregavam a uma dança frenética.

Após uma cena em que esqueletos dançam, depois de uma catástrofe nuclear, retornamos às origens mais primitivas da civilização (aborígenes num ritual pré-histórico, no deserto da Austrália). E a peça se encerra com "Father Death Blues: a Buddhist-American Threnody" – poema que Ginsberg escreveu na época da morte de seu pai –, sereno hino, para seis vozes *a cappella*, propondo a reconciliação e a paz. Para conhecer *Hydrogen Jukebox*, está disponível a gravação do selo Nonesuch, feita em 1993 por Martin Goldray (Futral, Eaton, Hart, Fracker, Purnhagen, Watson; Ginsberg, narrador e Ph. Glass ao piano).

À mesma categoria de *music theater* pertence *Itaipu*, "retrato sinfônico" para coro e orquestra, resultado do fascínio de Glass pelo Brasil. Encomendado pela Sinfônica de Atlanta, que a estreou, essa peça para orquestra, com grande participação das percussões (tambores, sinos tubulares, cinceros, tamtam, maracas, além dos instrumentos habituais e do piano), foi regida por Robert Shaw em 2 de novembro de 1989. À história da construção da hidrelétrica, na fronteira do Brasil e do Paraguai, junta-se a lenda guarani da criação do mundo e de como os deuses fizeram os primeiros homens – cantada, como é comum na obra de Glass, na língua desses indígenas. *Itaipu* é, principalmente, um hino às belezas naturais. Essa obra – de que há, no selo Sony, a gravação da estréia – foi adaptada por Gerald Thomas para a encenação no Brasil. Com o título de *Matogrosso*, foi apresentada no Tea-

tro Municipal de São Paulo, entre 19 e 22 de outubro de 1989, pela Dry Opera Company, formada para essa ocasião. Reunia cantores, atores e grande número de figurantes, sob a regência de Michael Riesman, o titular do Philip Glass Ensemble. A parte coral esteve a cargo do Coro de Câmara Pro-Arte (Carlos Alberto Figueiredo) e do grupo Canto em Canto (Elza Lakschevitz).

Em 1976, quando *Einstein on the Beach* foi apresentada no Metropolitan, um funcionário do teatro comentou com Glass que nunca tinha visto uma platéia assim, "uma galera hip, do tipo que a gente só encontra nos teatrinhos downton". E Glass respondeu: "Acho bom você tentar descobrir quem eles são porque, se quer que este teatro continue a funcionar daqui a 25 anos, eles é que vão ser o seu público." (relatado numa material do *New York Times* de 11 de outubro de 1992). Parecem ter levado a sério a recomendação do compositor pois, dezesseis anos depois, foi a ele que o Met encomendou *The Voyage*, para comemorar o 500º aniversário da chegada de Colombo à América. A essa altura, Glass não era mais um compositor de teatrinhos downton: tornara-se famoso no mundo inteiro e, por essa ópera, recebeu US$ 325 mil, o maior cachê já pago por encomenda dessa natureza[1]. O libreto de David Henry Hwang, baseado numa sinopse do compositor, contém uma alegoria da viagem de exploração como uma atividade da mente curiosa e da imaginação, mais do que a celebração do heroísmo dos navegadores. A ópera estreou no Metropolitan em 12 de outubro de 1992, o dia do Descobrimento da América, sob a regência de Bruce Ferden, com Timothy Noble no papel de Colombo, Tatiana Troyanos no da rainha Isabella, e Patricia Schumann no da Comandante da nave espacial. Dirigida por David Poutney, tinha cenários surrealistas de Robert Israel, incluindo uma pirâmide transparente, colocada aos pés de uma gigantesca cabeça da Estátua da Liberdade, que serve de plataforma de lançamento no ato I e, no Epílogo, transforma-se no leito de morte de Cristó-

1. Mais do que foi pago a Verdi pela *Aida* (US$ 225.000, segundo o cálculo de Elise Kirk, em valores aproximados de 2000).

vão Colombo. O texto aborda também o inevitável conflito de culturas diferentes e de compatibilidade difícil, como o explica Glass no texto de introdução do programa:

> *The Voyage* é a alegoria do espírito humano de exploração e do processo de deslocamento que ocorre quando culturas diferentes se chocam. O que leva as pessoas a viajarem? O que elas estão procurando? Personagens do futuro e do passado dão respostas diferentes a essas perguntas – e também o cientista que viaja por todo o universo sem sair de sua cadeira de rodas [o Cientista que aparece no Prólogo é inspirado na figura popular do físico Stephen Hawkings]. Cristóvão Colombo é um símbolo de todos esses viajantes eternos: Ulisses, Noé, o Holandês Voador – amaldiçoados ou encarregados de uma missão, sozinhos com uma idéia dentro de sua embarcação. Colombo representa todos esses viajantes, todos os que se sentiram impelidos a explorar e questionar.

No ato I, uma nave espacial alienígena cai na Terra nos tempos pré-históricos, durante a Era Glacial. Cada membro da tripulação recebe um dos cristais direcionais da espaçonave, e a instrução de que escolha o lugar e a época em que se imagina existindo, nesse planeta onde agora se encontra. Ao iniciar a jornada em direção a seu objetivo, a Comandante pensa nas possibilidades sensuais de seu futuro entre os nativos do novo planeta.

Na caravela que o leva em direção à América, Colombo relembra, no ato II, o bota-fora triunfal que recebeu, na corte da rainha Isabella. Há já um mês que estão em alto-mar, e Colombo considera os grandes riscos a que se expõe, atormentado pelas visões da rainha, provavelmente sua amante. Quando as suas obsessões atingem o clímax, os marinheiros vêm anunciar que avistaram terra.

O ato III passa-se em 2092. Dois arqueólogos gêmeos encontraram os cristais deixados pelos astronautas vindos do espaço exterior. Ao reuni-los, descobrem que os sinais emitidos por eles os colocam em contato com um outro par de arqueólogos, também gêmeos, fora da Terra. E assim começa uma nova viagem. O Epílogo mostra-nos Colombo deitado em seu leito de morte. O fantasma de Isabella vem procurá-lo: ela não se arrepende de ter explorado, em benefício do trono espanhol, as terras que ele descobriu. Colombo a rejeita e, ao morrer, antes que seu leito flutue em direção às estrelas, ele canta:

> *And if our human voyages*
> *are riddled sometimes with horrors,*
> *with pride, with vanity,*
> *with the mother's milk of cruelty,*
> *yet finally human evil*
> *does not deny the good*
> *of knowledge, of light, of revelation,*
> *of the hope that lo!, one day*
> *exploration will make obsolete*
> *even the sins of the explorer.*

(E se nossas viagens humanas são às vezes manchadas com horrores, com orgulho e vaidade, com o leite materno da crueldade, nem mesmo a maldade humana é capaz de negar o bem que há no conhecimento, na luz, na revelação, na esperança de que oh!, um dia a exploração torne obsoletos até mesmo os pecados do explorador.)

Embora reproduzindo, no conjunto, as caraterísticas das óperas escritas na década de 1980, *The Voyage* incorpora avanços técnicos e estilísticos, inclusive uma escrita cromática ainda mais elaborada do que a de *Akhnaten* ou *Usher*, andamento mais vivo, e maior flexibilidade métrica. A tendência de Glass a escrever para registros muito agudos exige dos intérpretes grande habilidade técnica, e concorre para dar à ópera certo caráter barroco – ainda mais que a caracterização das personagens é metafórica e elas sempre cantam voltadas para o público, sem interagir umas com as outras, até mesmo em cenas como o Epílogo, em que Isabella e Colombo estão dialogando. Isso enfatiza, é claro, o isolamento do explorador, obcecado com sua missão. Na cena três do ato III, um quarteto de astronautas canta o número "Alone in his or her solitude" e, depois, eles se despedem um do outro, de forma muito impessoal, falando em telefones instalados em seus capacetes.

Atendendo aos termos da encomenda, Glass desenvolveu muito as cenas corais, dando-lhes importância maior do que a que tinham em *Satyagraha*. Há também, nas melodias e ritmos da partitura, sinais do interesse que Glass vinha demonstrando pela música hispano-americana, desde os tempos de *Itaipu*. Hwang preocupa-se mais com o realismo psicológico do que os libretistas anteriores de Philip Glass. Mas seu texto, não-linear e com alta temperatura poética, permite ao músico manter um certo distanciamento em relação à narrativa.

A encomenda tinha seu lado problemático: a obra destinava-se a celebrar um aconte-

Philip Glass compôs, por encomenda do Metropolitan, para comemorar o 500º aniversário do Descobrimento da América, a ópera *The Voyage* (1992). Na foto, Patricia Schuman, no papel do Comandante da nave espacial.

cimento histórico que, hoje, é encarado de forma muito polêmica. Como a historiografia contemporânea questiona o papel "civilizador" da colonização espanhola, Glass e Hwang limitaram as aparições de Colombo ao ato II e ao Epílogo – quando, na verdade, ele se opõe ao ufanismo com que o espectro de Isabella encara o Descobrimento. Na ópera, Colombo é apenas o mais conhecido na galeria de "heróis" que percorre a ópera, desde o Cientista do Prólogo – que canta a ária "The Voyage lies where the vision lies" – até a multidão que, no final do ato III, reúne-se para assistir ao lançamento da nave que vai em busca do novo planeta. Com base nessas características, Potter conclui que

> The Voyage, apesar do contínuo jogo de Glass com a ambigüidade, presente em toda a sua produção madura, integra música, texto e teatro de forma a permitir uma real compreensão de Colombo como personagem histórica.

A reação da crítica foi pouco gentil. Num texto intitulado "Star Drek" (Entulho Estelar), publicado no *New York Times* em 26 de outubro de 1992, Peter Davis dizia:

> Como muitas das obras anteriores de *music-theater* deste compositor, [*The Voyage*] pode ser descrita como um cortejo de abstrações e estados de espírito, mais do que um drama com uma intriga que seja impulsionada pela música. [...] Levando em conta o orçamento generoso, poucos cenógrafos não se atirariam alegremente a um roteiro com possibilidades visuais tão boas; e Robert Israel respondeu entusiasticamente. Uma sala transforma-se numa nave e sai voando, cantores e corpos celestiais flutuam acima do palco, a elaborada corte de Isabella transforma-se num navio em alto mar, um foguete é lançado da cabeça de Miss Liberty, e refrigerantes jorram de uma máquina cósmica de vender Coca-Cola.
>
> [...] A estréia de *The Voyage* foi transmitida pelo rádio, e fico me perguntando o que os ouvintes, incapazes de ver o que estavam se passando, acharam da música. Bruce Ferden, que regeu, falou dos novos rumos harmônicos de Glass e do uso pronunciado que ele faz de dissonâncias. Para meus ouvidos, o que Glass faz é romper com a disciplina minimalista e adotar procedimentos mais convencionais. A sua música soa cada vez mais cansada e lugar-comum. *The Voyage*, levando adiante o processo de afastamento do minimalismo, é uma partitura de banalidade estupefaciente. Além disso, Glass escreve desajeitadamente para as vozes. As personagens da ópera virtualmente nada têm de interessante para cantar; a prosódia deslocada e a orquestração pastosa impedem que a maioria das palavras seja compreendida. [...] Os cantores parecem meros acessórios do cenário, objetos inanimados a serem manipulados por uma maquinaria musical pretensiosa, sem paixão nem atrativos.

> No entanto, ver *The Voyage* tão dispendiosamente encenada pelo Met sugeriu um paradoxo interessante. Glass andou um bom pedaço, desde os seus tempos de chofer de taxi, e definitivamente chegou. Mas, ao contrário de Colombo, viajou na direção oposta: do aventuroso novo mundo da experimentação nos teatrinhos de downtown para o confortável velho mundo do conformismo do Met.

Entre 1993-1996, Philip Glass dedicou-se a uma interessante trilogia cantada em francês, e baseada em três clássicos do cinema: os roteiros escritos pelo poeta Jean Cocteau para os filmes *Orphée, La Belle et la Bête* e *Les Enfants Terribles*, que ele mesmo dirigiu na década de 1940. Nas duas primeiras peças, o filme – sem o som original – é exibido num telão, enquanto os cantores, no palco, vestidos da mesma forma que os atores na tela, dublam o diálogo. A parte final da trilogia é uma "dance-opera", adaptada por Susan Marshall e o compositor.

Encomendada pelo American Repertory Theater, *Orphée* estreou em Cambridge, no Massachusetts, em 14 de maio de 1993. É muito original a versão moderna do mito de Orfeu imaginada por Cocteau, como uma parábola sobre a vida do artista, perseguido e incompreendido por seus colegas, que o ridicularizam porque invejam o seu sucesso, Orfeu é um poeta que acaba se vendo num estado de total isolamento. Todas as noites, enquanto dorme, Orfeu é visitado por uma misteriosa princesa, que se apaixonou por ele e vem velar o seu sono. Na verdade, ela é a Morte, que sai do espelho e vem postar-se ao pé de sua cama, vendo-o dormir. Por que o espelho é a porta para o outro mundo?, ele lhe perguntará mais tarde. E a Morte – a belíssima Maria Casarès no filme de Cocteau – lhe responderá: "Basta olhar-se no espelho e você me verá trabalhando."

Para tentar aproximar-se de Orfeu, a Morte leva Eurídice para o outro mundo. Inconsolável, o poeta arrisca-se a atravessar o espelho e a enfrentar todos os perigos do outro lado, para ir buscar sua amada. Diante disso, a Morte compreende que os sentimentos unindo Orfeu à sua esposa são tão fortes que – por amor a ele – deixa Eurídice voltar ao mundo dos vivos e os abençoa com o esquecimento:

saindo do espelho, não se lembrarão mais do que sofreram no outro mundo. Faz isso mesmo sabendo que, ao infringir a regra mais sagrada do Reino dos Mortos, expõe-se a um terrível castigo. A que punição horrenda – pior do que a pena capital, já que ela é a própria Morte – pode a Morte expor-se por amor? Causa espanto imaginar o que possa ser esse castigo.

O significado da lenda é claro: desprezado por todos aqueles que não são capazes de compreendê-lo, restam ao artista o Amor, pelo qual ele enfrenta tudo, e o namoro com a Eternidade, que lhe abre os braços e o ama mais do que a todas as coisas. As imagens belíssimas do filme e a alta qualidade poética dos diálogos de Cocteau fornecem ao operista material de primeira qualidade. Como a ópera deve ser cantada como trilha sonora do filme – projetado no palco durante a execução – *Orphée* tem uma dinâmica cinematográfica que a torna extremamente ágil.

É o mesmo o formato de *A Bela e a Fera*, também alegoria sobre a vida do artista e o processo criativo, estreada em Gibellina, na Sicília, em 21 de junho de 1994. Na entrevista que concedeu a Jonathan Cott a respeito da ópera – reproduzida no folheto da gravação Riesmann, no selo Nonesuch (Felty, Purhagen, Kuether, Martinez, Neill, Zheng Zhou, 1995) – Philip Glass afirma:

> Para mim, *La Belle* é o mais completo depoimento de Cocteau sobre a criação. É um conto de fadas, uma história de amor [...], mas o que mais interessa é o terceiro aspecto, a chave para a jornada que o pai faz floresta adentro. Ele chega a um castelo, um lugar mágico magnífico. O bosque parece abrir-se diante dele, mas a viagem transforma-se em uma jornada pelo inconsciente. É o artista indo para dentro de si mesmo. No castelo, vive uma criatura que é meio-homem meio-fera. Seus poderes mágicos vêm de cinco elementos: o espelho, a chave, a rosa, o cavalo e a luva. Quem conhece Cocteau sabe que, para ele, o espelho é a passagem, a entrada do outro-mundo, o mundo da transcendência. A rosa é a própria beleza; a chave, o método; o cavalo, a força, a determinação, a velocidade. Quanto à luva, ela representa a nobreza, o status do verdadeiro artista. Segundo Cocteau, o artista encarna toda a nobreza da humanidade. Arte exige coragem, força, determinação, visão transcendente da beleza, e um método. Mas por que ele está aprisionado no castelo? Porque só a visão do amor poderá salvá-lo. O filme é sobre a transformação do meio-homem meio-fera – aquilo que nós todos somos – no artista nobre e digno em que a Fera se transforma no fim. Antes

disso, a Fera sabe quem é, mas não consegue *ser* quem realmente *é*. Não é esse o estado em que estamos todos, ao tentar fazer nosso trabalho criativo?

Orfeu e *A Bela e a Fera*, devido à sua origem num roteiro de filme, têm narrativa seqüencial e diálogos construídos de maneira tradicional. Não há, porém, árias, nem duetos ou cenas corais, apenas recitativos muito ágeis, num ritmo de teatro falado. A idéia de trabalhar com a ópera como trilha sonora para o filme – com a vantagem de que os cantores ali estão, ao vivo, dobrando as personagens que representam e o público vê na tela – permite situações dramaticamente muito interessantes: a forma como a Bela se observa no filme, e torce por si mesma nos momentos difíceis; ou o modo como o barítono que faz a Fera cria um contraponto com a sua imagem na tela, sobretudo no momento da morte da Fera que, depois, renasce como o Príncipe. O fato de ter de acompanhar, com a música, o ritmo das frases faladas do filme faz com que esta trilogia contenha, dentre as óperas de Glass, o recitativo mais vivo, espontâneo e com mais variedade rítmica. Por seu rendimento teatral e pelo lirismo de que está impregnada, provavelmente *A Bela e a Fera* é a ópera mais satisfatória de Philip Glass.

Veio do grupo suíço Steps '96 a encomenda da terceira parte da trilogia. *Les Enfants Terribles*, adaptada por Glass e Marshall, e escrita para três pianos digitais, subiu à cena no auditório do Théâtre Casino, de Zug, em 18 de maio de 1996. Paul e Lise, os protagonistas da história – filmagem de uma peça de teatro do próprio Cocteau – vivem num mundo de imaginação tão complexo, que perdem inteiramente o contato com a realidade. Essa fábula sobre o poder transcendental da imaginação, como motor da criatividade, tem contornos quase surrealistas, que se prestam bem à forma da ópera-balé, em que quatro cantores e quatro bailarinos revezam-se na criação das personagens e das situações que elas vivem.

A poeta portuguesa Luísa Costa Gomes escreveu, em inglês, o libreto de *White Raven*, a ópera encomendada pela Comissão Nacional para as Comemorações dos Descobrimentos Portugueses, e estreada no Auditório Júlio

Verne, da Expo '98, de Lisboa, em 26 de setembro de 1998. Bob Wilson foi o responsável pela encenação desse *grand-opéra* em cinco atos, com quinze papéis solistas, coro duplo, papel falado para um narrador, e grande orquestra. No programa da estréia, assim Luísa da Costa Gomes descreve essa obra, que tem vínculos com *The Voyage*:

> A ópera trata dos descobrimentos ao longo do tempo, começando com as expedições do explorador português Vasco da Gama. A obra não se preocupa com a precisão histórica, fazendo, em vez disso, uma reflexão aberta sobre o conceito de descoberta (daquilo que não existe e, a partir de certo momento, passa a existir) e de começo (como diz Aristóteles: "Um começo não é aquilo que vem necessariamente depois de outra coisa, mas é aquilo depois do que é natural que outra coisa passe a existir"). O título *Corvo Branco* faz referência ao castigo que Apolo impôs a Cronis, transformando-o, de um corvo branco, em um corvo negro. Na ópera, o corvo surge como o mensageiro do infortúnio, o símbolo da inocência perdida que sempre vem como conseqüência inevitável de qualquer descobrimento.

The Marriages Between Zones Three, Four and Five veio dar prosseguimento à história de ficção científica baseada em *Canopus in Argos*, o romance de Doris Lessing. Sua estréia foi no Stadttheater de Heildelberg, que a tinha encomendado, em 10 de maio de 1997. *In the Penal Colony*, de 2000, baseia-se no conto de Franz Kafka. Mas, nesse meio tempo, Philip Glass e Bob Wilson tinham-se reunido para mais uma colaboração. *Monsters of Grace*, baseada na tradução inglesa que Coleman Barks fez dos poemas de amor de Jalaludin Rumi, o poeta místico turco do século XIII, estreou no Royce Hall da Universidade da Califórnia, em 15 de abril de 1998. Cenas de animação estereoscópicas, observadas através de lentes polarizadas especiais, intercalam-se a seqüências interpretadas por um grupo de cinco cantores. Com o implacável ritmo em câmara lenta, característico das produções de Bob Wilson, *Monsters* passa-se num cenário de casas que surgem dentre árvores copadas. Há as usuais imagens enigmáticas: por exemplo, um rapaz que atravessa o auditório montado em um monociclo, e desaparece repentinamente, ao cair dentro de um buraco. Projeções de imagens em primeiro plano – uma mão realisticamente cortada por uma faca; copos em cima de uma mesa, que desa-

parecem aos poucos, envoltos por uma bruma misteriosa – são tão grandes que o público tem a impressão de poder estender a mão e tocá-las. Nas cenas ao vivo, são coreografados com gestos lentíssimos os movimentos de uma mulher que derrama água dentro de um enorme aquário; de um homem que atravessa o palco empoleirado em pernas-de-pau, e assim por diante.

Às repetições arpejadas e cromatismos incessantes nas modulações, que tornaram-se marca registrada em anos recentes, Glass acrescenta técnicas persas de escrita para instrumentos de corda tangida e percussão, que conferem o tempero oriental à música escrita para os versos de Rumi. É a sua partitura mais econômica: nos trechos ao vivo, a partitura utiliza apenas três instrumentos de sopro.

A ópera mais recente de Philip Glass, *The Sound of a Voice*, estreou no Loeb Drama Center, de Cambridge, no Massachusetts, em 16 de junho de 2003, regida por Alan Johnson e dirigida por Robert Woodruff. O libreto de David Henry Hwang baseia-se no cruzamento de situações extraídas dos filmes *O Império dos Sentidos*, de Nagisa Oshima, e *Duplo Suicídio*, de Masahiro Shinoda, com a coletânea *Kwaidan: Weird Tales*, em que Lafcadio Hearn reúne narrativas populares japonesas de fantasma. Nas duas partes da peça – *The Sound of a Voice* e *The Hotel of Dreams* – a mesma história é contada duas vezes, de maneiras e em épocas diferentes. Um homem vai ao bordel mantido por uma feiticeira, decidido a destruí-la, para libertar os homens que ela aprisiona com sua magia. Mas a mulher o seduz com sua ternura. Apaixonado por ela e incapaz de realizar o seu plano, o homem decide morrer junto com a bela mulher, para libertá-la também da maldição de seu feitiço.

A primeira parte, de estilo rigorosamente minimalista na música e no estilo de encenação, trabalha com o lado mítico da história, explorando seus elementos simbólicos e a oposição entre homem e mulher, luz e sombra, som e silêncio, vida exterior e interior. A música, muito esparsa, é executada por um conjunto de câmara: violoncelo, flauta, um *pip'a* (o alaúde chinês) e percussões, entre as quais também tam-tam, blocos de madeira e castanholas.

Na segunda parte, ambientada na atualidade e acompanhada por uma orquestra maior, no estilo minimalista que caracteriza a fase mais atual do compositor, o homem é Yamamoto, escritor muito idoso. Yamamoto visita a casa de má reputação gerida por uma alcoviteira kafkiana, que fornece garotas muito jovens, drogadas com ópio, a homens que tenham problemas de insônia. A dona do bordel o apresenta a uma garota pela qual o ancião se sente perigosamente atraído. Pressentindo o que há de acontecer, Yamamoto foge do bordel, decidido a exorcizar a experiência escrevendo um livro. Mas não consegue se libertar da sedução da jovem prostituta, e volta ao bordel decidido a morrer a seu lado.

Gostando-se ou não do que ele faz, é preciso admitir que Philip Glass representa o impulso inovador do artista americano e trouxe público novo à ópera, fazendo com que sua música fosse ouvida da sala de concertos à discoteca, do teatro de ópera ao estádio esportivo. Campeão de vendagem de discos, Glass emplacou cem mil exemplares da gravação de *Einstein on the Beach* entre 1979 e 2000; e a *Low Symphony*, baseada em temas de Brian Eno e David Bowie, vendeu duzentos mil discos entre 1993-1996. O compositor, que atendeu a encomendas de Roma, Lisboa, Heidelberg – e também do Scala, para o qual escreveu o balé *The Witches of Venice* –, exerceu, com a qualidade eufórica e a propulsão enérgica de sua música, grande influência sobre muitos músicos de seu tempo, dentro ou fora dos Estados Unidos. Ao proclamá-lo o Músico do Ano na *Musical America* de 1985, Robert Jones observou: "Se ele é um novo Messias musical ou um anti-Cristo sonoro é coisa a ser discutida; mas seu impacto sobre o mundo da música é coisa passada em julgado".

Moran

Desde o curso básico Rober Moran – nascido em Denver em 1937 – sabia que desejava ser um compositor de ópera. Após estudos em Viena, a partir de 1957, com Erich Apostel, que o iniciou no sistema dodecafônico, Moran seguiu os cursos de Darius Milhaud e Luciano

Berio no Mills College, tendo Steve Reich como colega. A partir da década de 1960, enveredou por um caminho de experimentalismo radical na linha cageana, com *Smell Piece*, para frigideiras com comida e conjunto de câmara; *39 Minutes for 39 Autos*, de que participaram cem mil pessoas, no centro de San Francisco, em 29 de agosto de 1969; e *Hallelujah*, criação coletiva com o concurso de 75.000 moradores de Bethlehem, na Pensilvânia. A primeira experiência de Moran com o palco lírico foi *The Juniper Tree*, a ópera infantil de que falamos no trecho deste capítulo sobre Philip Glass, em companhia de quem ele a escreveu, em 1985. Depois, vieram:

• *Desert of Roses, libreto de* Michael John LaChiusa baseado em *La Belle et la Bête*, o conto infantil de Charles Perrault. Composta para orquestra de proporções clássicas, com três sintetizadores e um duplo conjunto de percussões. Encomendada por Houston em colaboração com a Ópera de Bielefeld, na Alemanha, estreou na Grand Opera de Houston, em 14 de fevereiro de 1992, com Jayne West (a Menina), John Stephen (o Monstro), Kelly Anderson (o Pai), Stella Zambalis, Heidi Jones, Patricia Johnson e Eric Perkins.

Terminada a Guerra Civil, um oficial do exército ianque transforma-se num monstro, devido ao sentimento de culpa por todas as crueldades e destruição por que foi responsável. É condenado a viver numa prisão no deserto, onde belas rosas nascem da areia. Um viajante está passando por ali, e é convidado por um anfitrião invisível a alojar-se na casa do monstro. De manhã o viajante colhe no jardim uma rosa para a sua filha. O monstro ameaça matá-lo, a menos que a menina aceite vir viver com ele. Ela o faz para poupar a vida do pai, sente-se ligada ao monstro, mas não chega realmente a amá-lo. Quando o monstro lhe permite que vá visitar a família, suas ambiciosas irmãs roubam o anel que ele lhe deu. A menina se dá conta da natureza interior do amor e da beleza. Passa a amar genuinamente o monstro que, dessa forma, é redimido de sua culpa. William Albright em *Opera News* (julho de 1992), Graeme Kay em *Opera Now* (maio de 1992) e Edward Rothstein no *New*

York Times (21.2.1992), fizeram avaliações muito positivas dessa ópera.

- *From the Towers of the Moon*, libretto de M. J. LaChiusa baseado em *Haguya-hime*, a lenda japonesa da visita que a Deusa da Lua faz à Terra, disfarçada como uma menina que é adotada por um casal de camponeses. Vários aristocratas, entre eles o Imperador, tentam seduzi-la mas, incapaz de encontrar entre os humanos o amor verdadeiro, ela retorna para o céu. A estréia foi na Ópera de Minnesota em setembro de 1992. No selo Argo há uma suíte em quatro movimentos, para quarteto de cordas, intitulada *Music from the Towers of the Moon*.

- *Night Passage*, libreto de James Skofield, composta para o Coro Masculino de Seattle, que a estreou em abril de 1995, sob a regência de Dennis Coleman. Segundo relatos da época, na véspera da prisão de Oscar Wilde, condenado por homossexualismo, seiscentos homens, temendo que uma "caça às bruxas" fosse começar, abandonaram carreiras, famílias, amantes, propriedades, e fugiram de Londres, tomando o barco de Dover para Calais. A narrativa "viaja" em vários níveis, ao sabor dos monólogos interiores das personagens, algumas representadas por solistas que se destacam do coro, outras cantadas coletivamente – uma delas foi interpretada por dez barítonos, a outra por quinze tenores. Essa *Travessia Noturna* marcada pelo medo se encerra, de manhã, quando o sol começa a nascer, e os passageiros, olhando a costa francesa, encaram esperançosos o novo dia, antevendo um futuro sem repressão. Muito apropriada para uma época de luta pela afirmação do "orgulho gay" e pela luta contra os preconceitos causados pela epidemia de Aids, esta foi uma peça recebida com muito entusiasmo pelo público. Foi retomada pelo Coro Masculino Heartland, de Kansas City, e pelo Coro Masculino Gay de Los Angeles.

- *Remember Him to Me: an Opera*; encomendada em 1997 por Marianna Collins, "como um presente para um amigo". Esta é uma peça não-narrativa, de dez minutos, usando um poema de Gertrude Stein sobre a amizade. Escrita para coro masculino, piano a quatro mãos e percussão, pode ser encenada com coreografia, pantomima, projeções de slides, etc. Em julho de 2003, *Lembre-se de Mim* foi incluída por Michael Milenski no espetáculo *Seven Small Operas*, apresentado na Long Beach Opera. Junto com ela, foram cantadas as três *opéras-minute*[2] de Darius Milhaud, e versões encenadas do ciclo *Don Quichotte à Dulcinée*, de Ravel, e do madrigal *Lagrime d'Amante al Sepolcro dell'Amata*, de Monteverdi. Nessa ocasião, *Remember* foi executada por dois pianos, e o coro foi reduzido a um quarteto de vozes masculinas: dois tenores, um barítono e um baixo.

A ópera mais conhecida de Moran é *The Dracula Diary*, encomendada pelo Houston Opera Studio. Com libreto de James Skofield, foi encenada em 18 de março de 1994, no Lillie and Roy Cullen Theater, do Wortham Center de Houston. Embora apenas seis cantores tenham se revezado nos diversos papéis, em outras produções as personagens podem ser cantadas por um número maior de artistas. O selo Catalyst tem a gravação desse espetáculo, regido por Ward Holmquist (Knoop, Maddalena, Very, Sikon, Grove, Chioldi).

A ação se passa no século XVIII. O Empresário entra numa catedral, interrompe o Monge que está cantando o "Domine Jesu Christe" da Missa de Réquiem, e pede-lhe para se confessar. E a história é contada em *flashback*. Ainda jovem, ele descobriu, num convento, uma camponesa de voz belíssima, subornou a Madre Superiora para que ela lhe permitisse tirar a moça do noviciado e transformá-la numa grande cantora e, como achava que ela tinha uma voz angelical, deu-lhe o nome artístico de Ângela.

Durante a lição de canto, assustada com o espelho que o Empresário quer usar para fazê-la treinar os gestos e as expressões faciais, Ângela o deixa cair e ele se quebra. O Empresário a leva para a sua casa. À meia-noite, acorda de um pesadelo horroroso, e vê Ângela em seu quarto, dizendo que está com medo da lua. Encantado com a sua beleza, abre-lhe os

---

2. Sobre estas peças, ver *A Ópera na França*, desta coleção.

braços. Ela se aconchega e morde-o no pescoço. Ângela se torna uma celebridade internacional. Na sala de ensaios, dois cortesãos estão discutindo o seu sucesso e os escândalos que seus romances suscitam, quando ela entra com o Tenor e o Empresário. Vem ensaiar uma cena em que Nêmesis mantém-se velada diante de Menippo, esperando para vingar-se dele por tê-la transformado em um arbusto de mirto. O Empresário sente-se cansado, desconfiado quanto às intenções do Tenor e dos cortesãos, e não deixa que eles acompanhem Ângela a seu camarim, depois do ensaio.

Na cena seguinte, vemos simultaneamente o consultório do Médico, a quem o Empresário foi consultar, devido a seu cansaço, e o camarim de Ângela, onde o Tenor lhe faz a corte. O Empresário diz ao Médico que quer protegê-la dos vícios do mundo da ópera, da má-sorte e da epidemia de peste que os tem perseguido durante a turnê. Ângela está com fome e, atraindo o Tenor para trás de um biombo, nutre-se com seu sangue. São interrompidos pelo Empresário que, enciumado, expulsa o Tenor. Implora o afeto de Ângela, mas ela responde que nada tem a lhe oferecer.

O Empresário pede à cigana Zorina que lhe dê um filtro para despertar o amor de Ângela. Zorina percebe que ele está sendo perseguido pelos não-mortos; mas como o Empresário ainda consegue beijar o crucifixo, isso significa que não está de todo perdido. A cigana lhe dá um livro escrito pelo próprio Conde Drácula, para que ele o estude e descubra como se proteger dos vampiros. O Empresário o lê, sim, mas tentando descobrir nele a forma de proteger Ângela do Mal que, na sua opinião, é encarnado pelo Tenor. No final de um espetáculo, Zorina vem procurá-lo nos bastidores, para buscar o livro e alertá-lo que a loucura já está tomando conta dele. Obcecado pelo ciúme, ele rejeita a advertência, e Zorina o amaldiçoa, certa de que está a caminho de tornar-se um não-morto. Quando o Tenor sai do palco, o Empresário o apunhala e esconde o cadáver em um baú.

Na festa após o espetáculo, os convidados vampiros discutem as delícias do medo e o tédio da mortalidade. Pedem a Ângela que cante e ela inicia "Here's to the night and to the beating heart", uma típica *drinking song* de vampiro. O Empresário entra, trazendo nas mãos o punhal ensangüentado, e ajoelha-se a seus pés, dizendo-lhe que o fez por causa dela, para defendê-la da maldade do Tenor. Ela olha para a porta; o Empresário acompanha seu olhar e, na soleira, vê o Tenor rindo dele. Os convidados caem na gargalhada enquanto o Empresário foge horrorizado.

De volta ao confessionário, o sacerdote lhe dá, como penitência, renunciar ao amor de Ângela, abandonar o teatro e entregar-lhe o diário de Drácula. O Empresário ajoelha-se aos pés da imagem da Virgem e, diante dele, surge Ângela com um vestido vermelho, assumidamente vampiresca. O confessionário explode: dele saem o Tenor, a empregada de Ângela e o Confessor. Cantando o "Et expecto ressurrectione mortuorum", eles o cercam. Várias outras figuras vestidas de negro se aproximam e, quando Ângela exclama "Ite missa est!", eles respondem "Deo gratias!" e inclinam-se sobre o Empresário.

O Diário de Drácula é uma ópera narrativa de estrutura tradicional. Escrita para uma orquestra de câmara de dimensões setecentistas, à qual são acrescentados sintetizadores e elevado número de percussões (vibrafone, tambores, tam-tam, sinos tubulares, marimbafone, címbalos suspensos, blocos de madeira e harpa tocada com arco de violoncelo), *Dracula Diary* oferece árias, duetos, trios e cenas de conjunto. E o caráter repetitivo de algumas cenas fiéis à técnica minimalista é mitigado pela variedade rítmica. Cenas de andamento pausado contrastam com outras de tempo muito vivo e agitado. Teatralmente, é uma ópera que poderia perfeitamente ter sido musicada com um idioma tradicional – e, nesse sentido, difere muito dos trabalhos de Glass, Reich, Adams (ou do próprio Moran).

É evidente a intenção – explicitada por Skofield no texto de apresentação do CD da Catalyst – de parodiar as praxes e clichês da ópera barroca; e nisso o compositor é bastante bem-sucedido. Diz Skofield:

A ópera de câmara desfrutou de um merecido lugar especial no repertório do século XX. Uma companhia que talvez não disponha dos recursos para montar *Turandot* pode, em geral, fazer uma honesta *The Rape of Lucretia* [de Britten]. O que Robert Moran e eu quisemos fazer, no *Diário de Drácula*, foi usar os efetivos de uma ópera de câmara, mas o vocabulário de um *grand-opéra*.

Nesse sentido, a ópera lembra, de certa forma – pelo seu neo-barroquismo e pelas suas características de música escrita para poucos instrumentos, que soa como se orquestra fosse grande –, a *Ariadne auf Naxos* de Richard Strauss. A cena do ensaio é cantada em italiano: escrita em inglês por Skofield, foi traduzida por William Berger. O libretista diz ter-se baseado na *Vida de Apolônio de Tyana*, a única obra da Antiguidade em que se encontra referência a uma vampira chamada Iamia. Estruturalmente muito virtuosística é a montagem paralela dos diálogos no consultório do Médico e no camarim de Ângela, construídos como um ágil quarteto. E "Mother Night is dark and cold", da cigana Zorina, na cena seis, a faz surgir como uma versão minimalista da Ulrica verdiana.

Na cena três, após a ária "Oh, what a hideous dream it was", que ele canta referindo-se ao pesadelo que teve, a moça entra em seu quarto, parecendo assustada ("Não consegui dormir porque a lua me olhava pela janela"), ele a chama para deitar-se em sua cama. Quando ela se prepara para mordê-lo no pescoço, soam vários relógios desencontrados, formando uma trama rítmica complexa, criando o que Moran chama de um "muro de som" de efeito muito inquietante. Este pode ser, na minha opinião, um recurso inspirado no uso que Ravel faz dos relógios em seqüências rítmicas diferentes, no prelúdio a *L'Heure Espagnole*[3].

Adams

Tomando o minimalismo rigoroso de La Monte Young e Terry Riley como ponto de partida, John Coolidge Adams – nascido em Worcester, no Massachusetts, em 1947, e portanto dez anos mais jovem do que Philip Glass – tornou-se a figura central da segunda geração de compositores ligados a essa tendência, devido à maneira como incorporou, a uma obra cujos fundamentos permanecem minimalistas, narrativa, caracterização e outros aspectos da ópera tradicional.

Como Glass, ele associou à formação clássica convencional ingredientes vindos do jazz, do rock e das músicas não-ocidentais. Sua escrita tornou-se cada vez mais experimental a partir de 1972, quando trocou a costa leste pela oeste, para ensinar no conservatório de San Francisco. Mas, ao mesmo tempo, interessou-se sistematicamente por estilos e técnicas dramáticas do século XIX e início do XX. É natural que, desse hibridismo, tenha resultado um estilo operístico fiel à vanguarda mas, ao mesmo tempo, atento a determinadas tradições da ópera e do oratório. A plena maturidade de Adams coincide com o momento em que, fazendo minimalismo, ele não recusa uma base narrativa clara – e, nesse sentido, vai ainda mais longe do que Philip Glass.

Shaker Loops, de 1978, para septeto de cordas, já indica que o estilo de Adams vai se orientar para uma escrita que mantém a repetição obsessiva, mas não recusa a emotividade expressiva, e agrega alusões, ou até mesmo citações diretas, de outros tipos de música. Adams não tem, como Reich ou Glass, predileção por teclados ou percussões afinadas, e sua preocupação com contornos melódicos definidos, progressão harmônica e metrificação regular é ainda maior do que nas óperas de Glass.

A chegada de Adams à ópera deu-se mediante a sua colaboração com o diretor Peter Sellars, que lhe propôs como tema, para um primeiro trabalho, a visita do presidente Nixon à China, em fevereiro de 1972. A princípio, Adams não acreditou na idéia – "não conseguia imaginar Richard Nixon cantando no palco" – mas sentiu-se atraído pelas experiências iconoclastas de Sellars que, aos trinta anos, ficara famoso pela irreverência de sua montagem da trilogia Mozart-Da Ponte: as *Bodas de Fígaro* que se passavam num escritório da Torre Trump; o *Don Giovanni* ambientado no Harlem, entre traficantes e drogados; e o *Cosi fan Tutte* cujo cenário era uma lanchonete de beira de estrada ironicamente chamada Despina's.

O libreto de *Nixon in China* foi escrito por Alice Goodman, e o coreógrafo Mark Morris desempenhou papel importante na preparação do espetáculo, estreado no Brown Theater do Wortham Center, em Houston, em 22 de outu-

---

3. Ver *A Ópera na França*, desta coleção.

bro de 1987. Como essa produção foi televisionada pela PBS, existe dela o vídeo. A gravação disponível é a de Eddo de Waart, feita em St. Luke em 1988 (selo Nonesuch, com Page, Sylvan, Hammons, Maddalena).

Uma reprodução do avião *Spirit of '76* foi montada no palco pela cenógrafa Adrienne Lobell, para mostrar, no ato I, o desembarque de Richard e Pat Nixon, e do secretário de Estado Henry Kissinger, no aeroporto de Pequim. A primeira entrevista com Mao-tse Tung é dificultada pela maneira filosófica e metafórica com que o inescrutável líder chinês se expressa. Mas, no banquete, à noite, a comida e a bebida fazem os dois lados relaxarem e se comunicarem melhor. A grandiosidade da cena e os sentimentos eufóricos provocados em Nixon fazem-no exclamar:

> *It's like a dream. And suddenly the picture freezes, as if the hold button had been pressed on a VCR.*

(Parece um sonho. E, de repente, a imagem se congela, como se tivessem apertado o botão de pausa do vídeo.)

No dia seguinte, Pat é levada para um passeio pela capital. Fazem-na visitar uma comuna, uma fazenda de criação de porcos e uma clínica de acupuntura, e a sua reação é cantar uma lírica ária falando da saudade que sente da terra natal. Enquanto isso, Nixon é convidado a assistir a uma apresentação do balé *O Destacamento das Mulheres Vermelhas*, presidido pela sra Mao, espetáculo típico da arte politizada chinesa, fruto da Revolução Cultural. Desse momento em diante, realidade e ficção se confundem, pois Kissinger é chamado para fazer o papel principal no balé.

O ato III consta apenas de uma longa cena, na última noite que a delegação americana passa na China, durante a qual as principais personagens refletem sobre o que aconteceu e o significado que aquilo terá para eles, não como figuras políticas, mas como seres humanos individuais. É muito curioso o momento em que Nixon conta à mulher o que aprendeu jogando pôquer:

> *I had a system. Five-card study*
> *taught me a lot about mankind.*
> *Speak softly and don't show your hand*
> *became my motto.*

(Eu tinha um sistema. O estudo das cinco cartas me ensinou um bocado sobre a humanidade. O meu lema passou a ser fale baixinho e não mostre seu jogo.)

A ópera se encerra com uma "moral da história" cantada pelo primeiro-ministro Chu En-lai:

> *How much of what we did was good?*
> *Everything seems to move beyond*
> *our remedy. Come, heal this wound.*
> *At this hour nothing can be done.*
> *Just before dawn the birds begin.*
> *The warblers, who prefer the dark,*
> *the cage-birds answering. To work!*
> *Outside this room, the chill of grace*
> *lies heavy on the morning grass.*

(Quanto daquilo que fizemos foi bom? Tudo parece mover-se fora do alcance de nossas soluções. Venham, sarem nossas feridas. A esta hora, nada pode ser feito. Logo antes da aurora, os passarinhos começam. Os pássaros canoros, que preferem o escuro, e os pássaros engaiolados respondem a eles. Ao trabalho! Fora deste quarto, o frio orvalho da graça cai pesadamente sobre a relva da manhã.)

O libreto de Alice Goodman é gracioso, poético, muito elegante ao equilibrar o retrato sério com a fina caricatura (por exemplo a de Henry Kissinger, baixo bufo trapalhão que, a todo momento, pergunta: "Estou perdido...por favor, onde fica o toalete?"). Goodman é especialmente bem-sucedida em seu multifacetado retrato de uma personalidade complexa como a de Richard Milhous Nixon, capaz de iniciativas muito corajosas no plano da política externa, mas forçado a renunciar devido a seu torpe envolvimento com o caso Watergate. Em entrevista a Andrew Porter (*The New Yorker*, 30.11.1987), Goodman disse:

> Pensei muito no amor de Nixon pela História e, apesar de tudo, em sua crença na paz e no progresso. Fiquei cada vez mais convencida de que cada personagem na ópera tinha de ser o mais eloqüente possível. A qualidade heróica da obra como um todo seria determinada pela eloqüência com que cada personagem exporia os seus argumentos. [...] Nixon era uma pessoa emocionalmente reprimida e socialmente desajeitada, mas tinha uma noção muito aguda do papel que representava na história. Na ópera, fiz com que falasse ou cantasse com uma combinação de grandiloqüência pomposa e de coloquialismo cru, traço dele do qual não tínhamos conhecimento, até surgirem as fitas relacionadas com o caso Watergate.

A partitura de *Nixon na China* deixa clara a tendência de Adams a incorporar as alusões

A primeira cena de *Nixon in China* (1987), de John Adams: a chegada o presidente americano em Pequim.

estilísticas – ao Romantismo, em especial – e, às vezes, citações propriamente ditas (trechos que lembram Richard Strauss ou Debussy). Há, aqui, de uma forma que não encontramos em Glass, a preocupação em relacionar música, incidente dramático e caracterização de personagem – em especial numa cena como a do balé, no ato II, em que é preciso expressar a distância cultural entre os dois grupos de personagens; a estranheza com que, de início, os americanos reagem a formas artísticas com as quais não estão familiarizados; e a forma um tanto surrealista como Kissinger, assim que solicitado, se integra à realização do balé. À linguagem "clássica", Adams associa elementos americanos – jazz e música pop – e descreve o seu idioma como "intensamente americano, sem *chinoiserie*". Usa um quarteto de saxofones, por exemplo, num estilo Glenn Miller, sempre que quer mostrar o lado sonhador do casal Nixon. Dá a Mao-tse Tung ásperas harmonias de rock pauleira e, associando-se ao tom caricatural do libreto de Goodman, escreve para a figura traiçeira e rancorosa de Mme Mao uma coloratura vertiginosa, inspirada na Rainha da Noite de Mozart, pelo qual diz sentir verdadeira veneração. Nancy Malitz, ao falar de *Nixon* no número de outubro de 1987 da revista *Opera News*, cita sua declaração:

> Acredito que você pode descascar as camadas e encontrar, sob a superfície, uma série de relações muito complexas. Complexidade que pode tomar muitos rumos diferentes. Uma emoção complexa, uma atmosfera, uma ambiguidade tonal são, para mim, muito mais interessantes do que qualquer um desses ritmos abstrusos ou dessas experimentações atonais que tenho visto à minha volta desde que era menino.

A ênfase nos protagonistas como pessoas de verdade, dentro de uma ópera que poderia facilmente transformar-se em um desfile de quadros coloridos sobre acontecimentos políticos, é claramente demonstrada no último ato. É aqui também que encontramos uma outra expansão do estilo de Adams: o abandono da repetição sistemática minimalista, em favor de um estilo mais lírico e harmonicamente desenvolvido, de andamentos muito vagarosos, mas sensível à flutuação emocional do texto. A música adere ao texto de Goodman de maneira livre e fluente, mediante uma linguagem

harmônica mais sutil e variada do que a que foi empregada nos dois primeiros atos.

Em 7 de outubro de 1985, o navio italiano *Achille Lauro*, que fazia um cruzeiro turístico pelo Mediterrâneo, foi seqüestrado por terroristas palestinos. O mundo inteiro se chocou com a morte de um dos reféns, o idoso judeu americano Leon Klinghoffer, atirado ao mar, no dia 9, juntamente com a sua cadeira de rodas. Foi esse o episódio escolhido por John Adams para a sua segunda ópera, encomendada por um *pool* de teatros internacionais: as óperas de Bruxelas, Glyndebourne (onde ela nunca foi apresentada), Lyon, Los Angeles, San Francisco e a Academia do Brooklyn. Praticamente a mesma equipe de *Nixon na China* participou da criação de *The Death of Klinghoffer*: a libretista Alice Goodman, o diretor Peter Sellars, o coreógrafo Mark Morris, vários dos cantores da ópera anterior. George Tsypin desenhou os cenários e Dunya Ramicova os figurinos.

Iniciada em 1989, numa época em que os Estados Unidos ainda enchiam de armas os arsenais de Saddam Hussein, *A Morte de Klinghoffer* foi estreada no Théâtre de la Monnaie, em Bruxelas, em 19 de março de 1991, em plena Guerra do Golfo, o que a fez tornar-se o alvo de discussões acaloradas. O espetáculo da Ópera de Lyon, em 13 de abril, regido por Kent Nagano (Friedman, Sylvan, Maddalena, Felty, Hammons), foi gravado pelo selo Nonesuch. A estréia americana, na Academia do Brooklyn, em 5 de setembro, foi cercada de polêmica, pois o libreto viu-se acusado de anti-semitismo. Esses debates se reacenderam, em maio de 2003 – logo depois da invasão do Iraque pelos Estados Unidos –, ao ser anunciado o lançamento do filme dirigido pela inglesa Penny Woolcock, com uma encenação nova de Bob McGrath, mais realista, sem o aspecto abstrato da montagem de Sellars.

O Coro dos Exilados Palestinos ("My father's house was raised in ninety forty-eight") e o Coro dos Exilados Judeus ("When I paid off the táxi I had no money left") formam o Prólogo. O Capitão conta o seqüestro do *Achille Lauro*, logo depois da saída de Alexandria. Um dos terroristas, Mahmud, vigia o Capitão, enquanto seus companheiros discutem as reivindicações a fazer. À espera da permissão para entrar no porto sírio de Tarus, os passageiros são reunidos no convés. Os palestinos não se põem de acordo quando ao que exigir e, no meio da altercação, um deles atira em Leon Klinghoffer. O Capitão chega a um acordo com os extremistas: retornarão a Alexandria, onde lhes será permitido desembarcar. O corpo de Klinghoffer é atirado ao mar, e só depois da chegada ao porto o Capitão conta à mulher da vítima, Marilyn Kinghoffer, o que aconteceu a seu marido.

A Morte de Klinghofer é uma ópera épica e trágica, sem os traços de amável paródia presentes em *Nixon*. O andamento da narrativa e a apresentação são também menos naturalistas. Preocupado em enfatizar meditações fluidas e atemporais, o libreto alinhava uma seqüência de monólogos intercalados com intervenções corais, o que dá à ópera uma feição de oratório. Afirmando ter buscado inspiração na tragédia grega, no *ta'ziyeh* persa, no *wayang-wong* javanês, "todos eles de tema religioso e com múltiplas camadas de significado", John Adams confessa que o seu modelo principal foram as *Paixões* de Bach,

extraordinárias em sua maneira complexa de superpor as camadas, nas quais você tem dois extratos principais, o da narrativa e o do comentário. A narrativa, por sua vez, subdivide-se em duas camadas, a da história que está sendo contada pelo Evangelista e a palavra dos próprios participantes. E esta última camada também se subdivide na das perguntas e respostas dos indivíduos, e na das exclamações da multidão. O comentário, por sua vez, oferece duas divisões, uma complexa, a outra simples: aquela com árias e coros de poesia elaborada e textura musical muito inventiva; esta com hinos cujas palavras e melodias são familiares para a congregação desde a infância. E essas duas categorias podem se misturar quando o hino da congregação é superposto a um coro ou a uma ária. Parte do tempo ficamos atentos à narrativa mas, às vezes, a história pára e pedem-nos que reflitamos sobre o seu significado.

É essa alternância entre narrativa e reflexão que Adams procura capturar na *Morte de Klinghoffer*, com mais ênfase na segunda, é claro, pois cenas como a tomada do navio pelos terroristas ou o assassinato do velho refém não nos são mostradas explicitamente. Enquanto os acontecimentos ligados ao seqüestro e à morte de Klinghoffer desenrolam-se no presente, as reminiscências do Capitão e dos passageiros estão no passado, e os coros, de tom oracular e metafísico, estão fora do tempo. "Você tem a sensação constante de aproximação e distanciamento", diz Adams. "Às vezes é como se estivesse no convés, sob o sol causticante, com o resto dos passageiros. Logo em seguida, é como se estivesse lendo a respeito desses acontecimentos em um livro muito antigo."

À exceção de "Hagar e o Anjo", no início do ato II, os coros de judeus e palestinos sempre vêm aos pares. O dos Exilados Palestinos, no Prólogo, faz alusões ao famoso "Va pensiero", do *Nabucco*, de Verdi – e é curioso que uma peça associada ao desterro dos judeus na Babilônia seja, aqui, vinculada à situação idêntica de perda da sua terra vivida pelos palestinos. O Capitão é a personagem com a qual o público pode se identificar mais. Adams afirma ter-se inspirado, para compor essa personagem, em Marlow, o narrador da história no *Lord Jim*, de Joseph Conrad. Escrito para James Maddalena, o criador de Nixon, esse papel tem em comum, com o do presidente americano, "o fato de que ambos tendem a supervalorizar a sua própria capacidade de controlar os acontecimentos que os cercam". Desde a sua primeira ária, "It was just after one fifteen", dotada de um *obbligato* de oboé, à maneira bachiana, a figura do Capitão se impõe aos olhos do público. À exceção dele, porém – ao contrário do que acontecia em *Nixon* – Goodman, Adams e Sellars não se preocupam em caracterizar agudamente as outras personagens, pois o que lhes interessa é concentrar a atenção nas questões políticas ali discutidas, fazendo a platéia questionar suas próprias idéias pré-concebidas (motivo pelo qual foi desencontrada a reação ideológica do público à ópera, quando ela chegou aos Estados Unidos).

Musicalmente, *Klinghoffer* dá prosseguimento àquilo que Adams fizera no último ato de *Nixon in China*. Ocasionalmente, surgem empréstimos a uma linguagem mais popular, tratada em estilo minimalista estrito – é o caso de "I must have been hysterical", a ária da Dançarina Inglesa no ato II. Mas, de um modo geral, a música é reflexiva, melodiosa, e recorre à estruturação contrapontística e também à dissonância em grau maior do que em peças anteriores de Adams – e, nesse sentido, funciona como um divisor de águas na carreira do compositor.

Ainda está presente uma abordagem virtuosística da orquestração, ajudada, na produção do Théâtre de la Monnaie, pelo sistema de distribuição do som amplificado. Uma dimensão especial foi acrescentada ao espetáculo, na montagem, pelo uso de imagens em primeiro plano, projetadas em vídeo. Ainda mais do que *Nixon*, é com *A Morte de Klinghoffer* que Adams, em sua maturidade, se distancia do minimalismo ortodoxo. Já chamado de "neosensualismo", o estilo de Adams é de um cromatismo de amplo fôlego, e até mesmo as figurações minimalistas do acompanhamento orquestral, coloridas pelo som do piano e dos sintetizadores, criam para a ópera uma moldura pantonal. Essas figurações – terças num movimento de balanço, harmonias verticais repetidas, arpejos oscilantes – conferem à ação impulso dramático inegável. Na expressão feliz de Elise Kirk, "como as contas repetitivas de um rosário, enfatizam a espiritualidade tanto da forma quanto do texto". Isso é particularmente sensível em "You embraced them", o lamento de Marilyn Klinghoffer no final da ópera. Acordes obsessivos, como se fossem a batida do coração da viúva, tornam-se cada vez mais intensos, até as cordas iniciarem a melodia consoladora que sustenta suas últimas palavras: "They should have killed me... I wanted to die" (Eles deviam ter me matado também... eu queria morrer). E de fato, Mrs. Klinghoffer não estava mais viva quando a ópera estreou.

O trabalho que Peter Sellars fazia com a população carente de Los Angeles e o desejo de John Adams de afastar-se do modelo da ópera em grande escala, que praticara até então, levou-os, em 1994, a optar, em sua colaboração seguinte, por uma *songplay* que assume a forma de *rock-opera*. O libreto de June Jordan para *I Was Looking at the Ceiling and Then I Saw the Sky* conta os efeitos do terremoto de Los Angeles, em 1994, sobre sete jovens de uma comunidade pobre e multicultural. Para o espetáculo de estréia, que foi em 11 de maio de 1995, na Universidade da Califórnia, em Berkeley, Sellars encomendou desenhos, a serem usados como cenários, a vinte artistas de rua, grafiteiros de Los Angeles, San Francisco e San Diego.

A história de *Eu Estava Olhando para o Teto e Aí Vi o Céu* trança episódios relacionados a três casais: o pregador negro David, que está tentando seduzir Leila, psicóloga que faz aconselhamento de problemas sexuais; Consuelo, imigrante ilegal vinda de San Salvador, e Dewain, ex-líder de uma gangue de rua; Mike, jovem policial branco, em início de carreira, e Tiffany, jovem âncora de um programa da TV local. Dewain é preso por um crime que não cometeu, e Rick, advogado recém-formado, filho de um casal de refugiados vietnamitas ("boat people"), tenta sem sucesso defendê-lo no tribunal.

Depois do terremoto, Leila dá-se conta de que realmente ama David e quer ficar com ele. Mike resolve assumir que é gay, e Tiffany, que fez para seu canal a cobertura do julgamento de Dewain, consola-se nos braços de Rick. Dentro de sua cela com as paredes derrubadas pelo terremoto, Dewain encontra uma forma de liberdade sexual; mas recusa-se a ir embora com Consuelo, que está sendo deportadas para El Salvador. Quando o dia nasce, através do teto destruído das casas, vê-se a amplidão do céu, numa imagem simbólica de esperança.

Um corte vertical na sociedade americana contemporânea e em seus problemas – brancos, pretos, imigrados integrados ou não à comunidade, marginalidade, homossexualismo, arbitrariedade da justiça – é feito nesta história, em que o terremoto tem o significado simbólico de algo que "chacoalha" literalmente a vida das personagens e força-as a dar uma guinada. Decidido a voltar as costas ao que chamou de "opera-house opera" (expressão que poderíamos traduzir como "opera visando os grandes teatros"), praticada em *Nixon* e *Klinghofer*, Adams deu a *Ceiling-Sky* empostação totalmente diferente, enfatizando as formas de origem popular, em detrimento das estruturas "cultas". Swing, Gospel, rock e rap são reinterpretados e integrados à estrutura formal de uma ópera inteiramente cantada, e composta para uma banda de oito instrumentos que fica no palco: saxofone, clarineta, guitarra e baixo elétricos, bateria, piano e dois teclados eletrônicos. Comentando o resultado, diz Keith Potter:

Os imponentes cenários para a estréia da *The Death of Klinghoffer*, do minimalista John Adams.

Se o produto final, comparado às obras anteriores, tem horizontes mais limitados, do ponto de vista tanto musical quanto dramático, a obra também ocupa seu lugar entre diversas tradições cênicas muito fortes do século XX, pois encontra suas raízes na *Dreigroschenoper* de Kurt Weill, no *Porgy and Bess* de Gershwin, na *West Side Story* de Bernstein, assim como na *opera-rock* americana.

A gravação disponível é a do próprio Adams, feita em 1996 para o selo Nonesuch (McDonald, McElroy, Yang, Teek Ens).

O Théâtre du Chatelet, em Paris, assistiu, em 15 de dezembro de 2000, à estréia de *El Niño*, mais um oratório cênico do que uma ópera. Nos Estados Unidos, *O Menino* foi cantado em versão de concerto, no Davies Symphony Hall de San Francisco, em 11 de janeiro de 2001. Para contar a história do nascimento e dos primeiros anos de vida do Cristo, Adams montou textos em inglês, espanhol e latim, tirados de diversas fontes: poemas de Rosario Castellanos, Gabriela Mistral, Hildegard von Bingen, Sóror Juana Inés de la Cruz, Rubén Darío e Vicente Huidobro; uma canção de Natal da Idade Média inglesa; trechos dos mistérios medievais *The Play of the Annunciation* e *The Wakefield Mistery Play*; citações do *Christmas Sermon* de Martin Luther King; passagens da Bíblia, do *Livro de Haggai*, e de dois livros bíblicos apócrifos, o *Evangelho da Infância de Cristo* e o *Evangelho do Pseudo-Mateus*. A peça, contendo 24 números separados, é escrita para narrador, solistas, coros adulto e infantil, e grande orquestra, com a inclusão de sintetizador e duas guitarras elétricas.

À ação ao vivo, Sellars fazia contraponto, na versão encenada do Châtelet, com um filme mudo realizado por ele mesmo. A Virgem Maria é feita ora pelo soprano, ora pelo mezzo que também serve de Narradora. O barítono reveza-se nos papéis de José, Deus, Herodes e do Narrador. Três contra-tenores e três bailarinas (estas últimas aparecendo também, com muito destaque, no filme mudo) participam ativamente da ação, ao mesmo tempo que, distanciando-se, fazem comentários a ela. O coro também funciona ora como personagem ora como comentarista.

A Anunciação e a Natividade são evocadas, na Parte I, mediante o poema *La Anunciación*, de Rosario Castellanos, que serve de espinha dorsal. A ele vêm somar-se diversas outras citações. A Parte II conta a visita dos Três Reis Magos a Belém, a decisão de Herodes de perseguir o Menino, e a fuga da Sagrada Família para o Egito. Têm muita importância, nesse segmento, duas histórias tiradas do *Evangelho do Pseudo-Mateus* – "Jesus e os Dragões" e "A Palmeira" – nas quais há a premonição dos milagres que Jesus há de fazer no futuro.

Embora composta para grandes efetivos vocais e instrumentais, *El Niño* não tem a empostação operística das obras do início da carreira. Como Haendel no *Messias*, Adams deixa que as vozes individuais representem mais de uma personagem ou, em determinadas situações, faz das figuras-chave uma composição coletiva: a Virgem Maria e o anjo Gabriel, dominantes na Parte I, são às vezes representados pelas duas cantoras e pelos três contra-tenores. Dançarinas, coros, solistas narram e representam um drama que oscila constantemente da ação para o modo contemplativo e reflexivo. Em contraste, a Parte II é mais dramática e, pela própria natureza da história que narra, incluindo ameaça, perseguição e fuga, seus episódios têm efeito cumulativo de maior impacto.

Musicalmente, *El Niño* é uma experiência estilística multidimensional, muito mais ampla do que o musical rock de *Ceiling-Sky*, e com mais variedade até mesmo que *Nixon* e *Klinghoffer*, pois a presença dos poemas espanhóis faz Adams explorar a possibilidade de incluir ritmos e recortes melódicos de origem hispano-americana. Este oratório cênico mostra-o também muito atento à ilustração musical da oscilação das emoções e aos problemas colocados por escrever música para textos em línguas diferentes, o que significa afastar-se significativamente dos modelos minimalistas estritos. O selo Nonesuch tem a gravação Kent Nagano de *El Niño* (Dawn Upshaw, Lorraine Hunt Lieberson, Willard White), premiada com a medalha de ouro da revista francesa *Diapason*.

Em maio de 2003, foi anunciado que Pámela Rosenberg, a diretora da Opera de San Francisco, encomendara a Adams e a Alice Goodman um título novo, a ser estreado no War

Memorial, sob a regência de Donnald Runnicles, na temporada de 2005-2006. O Lyric Opera de Chicago participará da montagem, em regime de co-produção. Peter Sellars foi convidado para dirigir a nova ópera que, com o título provisório de *Doctor Atomic*, terá como personagem o físico J. Robert Oppenheimer, o pai da bomba atômica. Oppenheimer e sua mulher Kity, Edward Teller e sua mulher Mici, e o general Leslie Groves, responsável pelo campo de Alamogordo, onde a primeira bomba nuclear foi testada, serão algumas figuras reais que aparecerão no libreto. "Considero-me feliz por ter sido o escolhido", disse Adams ao *New York Times*, "pois a história tem enorme potencial dramático e musical. Espero estar à altura de suas possibilidades."

A ópera abordará não só o processo de pesquisas que levou à explosão da bomba-A, no deserto do Novo México, em 16 de julho de 1945, como também as objeções de consciência que Oppenheimer opôs à fabricação da bomba de hidrogênio, muito mais poderosa, e a rota de colisão em que ele entrou com o presidente Truman, de quem veio a autorização para que a nova arma fosse desenvolvida. Em 1953, no auge do maccarthismo, Oppenheimer foi acusado de simpatizar com os comunistas. Continuou como diretor do Instituto de Estudos Avançados de Princeton até morrer, de câncer na garganta, em 1967. Mas foi afastado do centro de pesquisas nucleares e do processo de tomada de decisões políticas a esse respeito.

A Presença Feminina

Desde a década de 1960, óperas compostas por mulheres deixaram de ser menos incomuns do que no passado – em que já havia casos pioneiros. Em *American Operas: a Checklist* (1992), Edith Boroff enumera mais de cem óperas escritas e produzidas por compositoras desde o pós-guerra. Muitas delas, obras de câmara criadas no âmbito universitário, ou peças visando o público infantil. Mas o movimento feminista estimulou a atividade nesse campo também, para a qual contribuiu muito a fundação, em 1976, da American Women Composers (AWC), organização que permitiu a montagem de muitos títulos em sa-

las de porte. A única ópera escrita por uma mulher a ser encenada pelo Metropolitan tinha sido *Der Wald* (O Bosque), da inglesa Ethel Smyth, em 1902. Em 1977, *The Voice of Ariadne*, de Thea Musgrave, tornou-se a primeira ópera de mulher compositora, desde então, a ser montada por uma grande companhia, o New York City Opera. E a *Alcestiad* de Louise Talma, grande sucesso em Frankfurt, foi a primeira ópera de uma americana a triunfar no exterior.

No que se refere à produção feminina recente, enquanto algumas dessas artistas trilham o caminho do respeito à tradição, outras procuram rumos novos em termos de som e imagem – e é por este motivo que colocamos aqui estas observações, pois ao movimento minimalista estão ligadas duas figuras muito representativas: Meredith Monk e Libby Larsen. Mas há outras compositoras às quais é necessário também fazer referência:

- Margaret Garwood (nascida em 1927) – Orquestradora muito habilidosa, cuja palheta sonora combina influências de Richard Strauss e Debussy, mas também de Stravinski, é a autora de seus próprios libretos. Sua ópera mais conhecida é *The Trojan Women* (1969), versão da tragédia de Eurípedes a que o olhar feminino dá uma intensidade toda especial. Do conto de Nathaniel Hawthorne também utilizado por Daniel Catán, do qual falamos no capítulo "Dentro do Sistema Tonal", Garwood extraiu *Rappaccini's Daughter* em 1983.

- Julia Smith (1911-1989) – A um estilo basicamente tonal, adiciona dissonâncias, melodias com sabor jazzístico, e harmonias que vêm da influência recebida do Grupo dos Seis francês. Sua primeira ópera, *Cynthia Parker*, estreada em 1940 na sua Denton natal, no Texas, trata de um conflito entre brancos e índios no século XIX. É a autora das óperas infantis *The Gooseherd and the Goblin* (1947) e *The Shepherdess and the Chimney Sweep* (1967), das peças para o público adulto *The Stranger of Manzano* (1947), *Cockcrow* (1954) e, principalmente, da bem-sucedida *Daisy* (Miami, 1973), cuja personagem é Juliette Gordon Low, fundadora das bandeirantes, o equivalente feminino dos escoteiros.

- Victoria Bond (nascida em 1945) – É a autora de peças vocais e instrumentais, e de uma ópera, Travels (1995), inspirada pelas *Viagens de Gulliver*, de Jonathan Swift, mas tendo como tema subjacente a procura de si mesmo na jornada pela vida afora.
- Vivian Fine (nascida em 1949) – As óperas não-narrativas da década de 1970 encontram um exemplo muito estimulante em *The Women in the Garden* (1977). O libreto baseia-se no encontro imaginário entre as poetas americanas Emily Dickinson e Gertrude Stein, a romancista inglesa Virginia Woolf e a bailarina irlandesa Isadora Duncan. O que as une é a forma como têm coragem de falar de si mesmas uma para outras, revelando um traço em comum – a timidez, a dificuldade de estar no mundo – muito forte até mesmo em pessoas que, como Stein ou Duncan, a escondiam sob a capa de atividades que as faziam parecer deliberadas e agressivas. Em 1996, Fine associou-se a Sonya Friedman, premiada roteirista de documentário, para produzir a ópera de câmara em um ato *Memoirs of Uliana Rooney*. Usando recursos multimídia, Friedman e Fine contaram a história fictícia de uma compositora americana que, da década de 1920 até os dias de hoje, luta para ser reconhecida em sua carreira, em um mundo dominado pelos homens. Tendo muito de autobiográfico, *Memórias* de Uliana Rooney é, ao mesmo tempo, meditativa e agressivamente feminista, lírica e acidamente satírica.
- Laurie Anderson (nascida em 1947) – Efeitos multimídia são da predileção não só de Meredith Monk e Libby Larsen, mas também dessa cantora e compositora, conhecida por suas experiências com jazz e rock progressivos, ou por seus controvertidos espetáculos teatrais, aos quais alguns representantes da crítica conservadora negam o nome de "ópera". Participante do grupo experimentalista "Soho loft team", ao qual se integravam, no início da década de 1970, Philip Glass, Steve Reich, e a coreógrafa Lucinda Childs, Anderson é a autora de peças de grandes proporções, não-narrativas no sentido estrito, combinando texto falado, canto, música, dança, filmes e projeções de slides (que ela mesma prepara). A mais conhecida é *United States Parts I to IV*, um épico de seis horas de duração, estreado em Amsterdã em 1982, e levado, no ano seguinte, com acolhida polêmica, na Academia do Brooklyn.

Monk

Embora associada, no início de sua carreira, aos minimalistas, a nova-iorquina Meredith Monk – nascida em 1943 – funde essa base com uma série de outras técnicas, provenientes de seu amplo campo de experiências: ela trabalhou como coreógrafa e realizadora de filmes, além de cantar, apresentar-se ocasionalmente como pianista e dançarina, e também dirigiu peças de teatro.

A primeira experiência teatral de Meredith Monk – *Juice: a Theater Cantata in 3 Installments* (1969) – é uma obra radicalmente experimental, típica do que se fazia na década de 1960. Misturando personagens reais e legendárias, representadas por 85 cantores, o espetáculo se iniciava na rampa construída por Frank Lloyd Wright para o Museu Guggenheim. Dali, o público era convidado a seguir até um pequeno teatro vizinho. E o encerramento era no próprio loft onde Monk morava na época. Desde o início, Monk designava como "ópera" espetáculos teatrais que nem remotamente os espectadores tradicionais do gênero considerariam operísticos. Em *Quarry: an Opera* (1976), a própria Meredith aparecia, no centro do palco, deitada numa cama, sonhando, enquanto à sua volta desenrolavam-se cenas ao vivo, evocando o Holocausto.

Filmes desempenham papel importante em *Atlas* – que originalmente deveria chamar-se *Ghost Stories* –, obra narrativa em larga escala, produzida por Monk visando uma sala de teatro tradicional, a Grand Opera de Houston, onde a obra estreou em 22 de fevereiro de 1991 (no selo EMC há a gravação feita, no ano seguinte, pelo Ensemble Meredith Monk). Como em outras peças suas, o tema é a busca, o rito de passagem, representado sob a forma de uma viagem física que é também uma jornada espiritual: a procura de si mesma efetuada pela exploradora Alexandra Daniels, personagem livremente inspirada na figura da francesa Alexandra David-Néel. "*Atlas* ilustra a perda da capacidade de se maravilhar, de se encantar com o mistério, mas também a possibilidade de redescobrir tudo isso", diz a autora.

Parte I: *Clima Pessoal* – Alexandra, aos treze anos, rebela-se contra o comodismo da felicidade doméstica em companhia dos pais, e parte numa viagem de descoberta do mundo e de si mesma.

Parte II: *Viagem Noturna* – Confundindo-se com sua personagem de 23 anos, Meredith – autora também do libreto – mostra como Alexandra passa por vários países e conhece diversas etnias diferentes, em companhia de duas companheiras de viagem que, na realidade, são representações de seu alter-ego.

Parte III: *Luz Invisível* – Alexandra volta para casa, sempre em companhia de suas parceiras silenciosas, para fazer o balanço de sua experiência de vida.

Monk usa pouquíssimo texto, e improvisações sobre sons fantasmagóricos – melismas vocais, acordes corais etéreos, tríades hipnoticamente repetidas, coloratura sobre sobre fonemas isolados –, junto com ritmos de jazz e música folclórica, para "ultrapassar as limitações do intelecto e falar diretamente à alma". Na estréia em Houston, a partitura era executada por dezoito cantores, entre os quais a própria autora, e dez instrumentistas, com o uso de instrumentos acústicos e sintetizadores. Há muito pouca ação; mas a combinação de pantomima, filmes e a rica variedade de efeitos vocais não-verbais consegue sugerir, com uma mistura de humor e lirismo, as situações básicas. Depois de Houston, *Atlas* foi apresentada no American Music Theater Festival (junho de 1991); no Hebbel Theater de Berlim, e no Festival de Avignon, na França (julho de 1991).

Em 1983, Meredith Monk compôs, com libreto de Ping Chong, a ópera de ficção-científica *The Games*, ambientada em uma nave que viaja rumo um sistema estelar distante, no qual os jogos infantis mais simples foram transformados em rituais místicos elaborados. A partitura, escrita para vozes e sintetizadores, combina a organização dramática de uma ópera mozartiana com os procedimentos vanguardistas usuais na sua obra.

A própria Monk é a autora do libreto de outra ópera de ficção científica, de texturas rigorosamente minimalistas e desenhos melódicos muito simples e um toque de canção infantil, escrita para orquestra de câmara. *Magic Frequencis* (1999) conta a história de três extra-terrestres que vêm à Terra e ficam fascinados com o que descobrem sobre a vida quotidiana em nosso planeta. Monk retoma o clássico procedimento de lançar um olhar crítico sobre nossa maneira de nos comportarmos, tomando emprestado o ponto de vista do outro, do estrangeiro, que se espanta com tudo o que vê.

Larsen

Ex-cantora de música popular, Libby Larsen – nascida em 1950 – percebe a voz humana como uma ferramenta lírica, cuja expressão pode ser associada aos recursos tecnológicos, para criar o que ela chama de "música visual". Formada em técnicas de roteiro para cinema, Larsen tem a consciência de como, hoje em dia, o cinema e a televisão condicionam os hábitos do público de teatro. Em entrevista a George Heymont, do *Bay Area Repórter*, em julho de 1990, ela declarou:

Acho que os filmes modificaram a percepção que temos de como as emoções se desenrolam dentro de um ser humano. Para as platéias jovens, a forma como o teatro convencional expressava o amor, o ódio, a nobreza de sentimentos ou a maldade já não faz mais muito sentido. A televisão permite que se experimente a emoção de modo rápido e intenso. É por isso que eu quero trabalhar com aquilo que poderíamos chamar de o "novo proscênio", em que um olho ou uma boca podem ser mostrados em primeiro plano, de forma a suscitar imediatamente forte reação emocional.

Essas idéias de Larsen foram postas em prática em *Frankenstein: The Modern Prometheus*, encomendada pela Ópera de Minnesota, e ali estreada em 12 de julho de 1990, com Steven Tharp (Dr. Victor Frankenstein), Elizabeth Comeau (Elisabeth) e Christian Swenson (a Criatura). Existe um vídeo dessa produção. Dois enormes monitores de televisão foram colocados dos lados do palco, para transmitir, em seqüências independentes, primeiros planos de coisas que estavam acontecendo no palco, em especial as expressões fisionômicas e certos gestos dos cantores. Ao mesmo tempo, projeções em um telão posto no fundo da cena mostravam o que o monstro estava pensando, vendo ou lembrando. Escadas de corda dependuradas no teto, diversos níveis de cenário e objetos suspensos em camadas superpostas, ajudavam a criar o clima insólito requerido para a ação. Enquanto os acessórios do cenário em que a ação se passava ao vivo eram pretos e brancos, os filmes eram em cores, sugerindo a idéia de que o monstro era mais real – e mais moderno – do que seu criador.

A novela de Mary Shelley, escrita em 1830, fala de um cientista visionário, que quer criar o homem perfeito. Em vez disso, porém, o que cria é um monstrengo que, além de destruir tudo o que lhe é mais caro, não consegue amar, pois é o fruto de um pensamento frio, racional e sem emoção. Larsen assim explicou o que pretendia ao adaptar esse livro:

Em *Frankenstein*, centrei-me no relacionamento do Dr. Frankenstein com a Criatura, mantendo-me bem próxima da ação no livro. Ambas as personagens representam, para mim, questões muito mais amplas e intemporais, em especial o problema crucial de até onde podemos levar a pesquisa científica sem temer as conseqüências. [...] No telão, vemos as coisas como o monstro as enxerga, e elas são muito diferentes do que vemos no palco. Quanto à minha música, pus a orquestra debaixo do palco, e não no fosso. Fiz a mixagem do som e todos os cantores usavam microfones. Fiz isso porque queria representar o monstro com muitos elementos, especialmente a guitarra elétrica e o sintetizador. A amplificação me permitia fazer ouvir, às vezes, sons tão suaves como o de um sussurro, aquele tipo de pequeno gemido que a pessoa dá quando está desarvorada e quer se consolar ou se dar coragem.

Frankenstein é escrita para quarteto de madeiras, dois instrumentos de metal, três percussionistas, quinteto de cordas, múltiplos teclados e um coro que fica nos bastidores. Larsen usou também um sistema digital para manipular o sintetizador Akai AXBO, "um velho aparelho que eu usava na época em que cantava em conjuntos de rock and roll" O médico é um tenor dramático, "uma voz forte e atlética", para a qual são escritas linhas vocais nervosas e fragmentadas. Sua noiva, Elisabeth, de dezoito anos, é cantada pelo tradicional so-

prano lírico de ópera, "porque ela é uma personagem vitoriana típica". Larsen afirma também ter oscilado da música tonal para a dodecafônica de acordo com as necessidades dramáticas, "porque é sempre o teatro que deve condicionar o estilo da música". Em entrevista concedida na época da estréia, a compositora admitiu ter tido em mente o formato das novelas ou dos seriados levados na televisão – decerto pensando na possibilidade de que sua ópera fosse transmitida por esse meio de comunicação – ao estruturar as quatorze cenas de que *Frankenstein* se compõe:

Escrevi a peça de tal forma que cada cena tem de seis a doze minutos, e a cada doze minutos alguma coisa acontece que justifica a interrupção. Em outras palavras, a exposição é muito diferente da ópera tradicional.

A parte mais importante dos efeitos visuais de *Frankenstein* foi obtida com a figura do monstro, muito alto, magérrimo, pálido como um lençol e desengonçado como um Arlequim de filme de terror – deliberadamente reminiscente da figura do Sonâmbulo no *Gabinete do Dr. Caligari*, o filme expressionista de Robert Wiene. Mesmo perplexos diante de determinadas ousadias do espetáculo, os críticos concordaram em que Larsen produzira uma obra cheia de imaginação, misturando cinema e arte de forma criativa.

Libby Larsen tem um vasto catálogo no qual, além de muitas obras instrumentais – entre as quais cinco sinfonias – e abundante produção coral, incluindo uma grande missa (a *Missa Gaia: Mass for the Earth*, de 1992), estão as seguintes óperas:

Moon Door, espetáculo de *music theater* com bailarinos, projeção de slides, música orquestral e gravada em fita (1976, revista em 1980);
Silver Fox, ópera infantil com libreto de John Olive (1979);
Tumbledown Dick, libreto em dois atos de Vernon Sutton, baseado na peça de H. Fielding (1980);
Clair de Lune, libreto de Patrícia Hempl, ópera de câmara (1984);
The Beauty and the Beast, libreto de Ellen Lane e Libby Larsen baseado no conto de Perrault, para solistas, narrador e coro (1990);

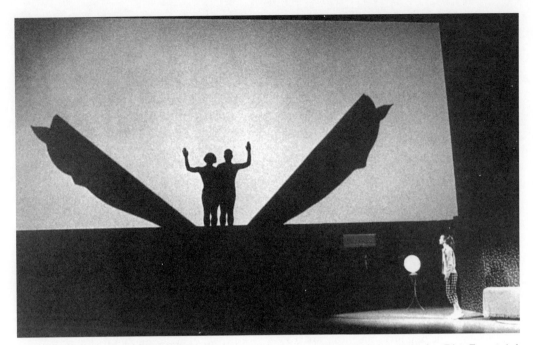

No *Atlas* (1991), de Meredith Monk, montado em Houston, a jovem antropóloga Alexandra (Dina Emerson) é apresentada a seus guias espirituais.

A compositora Libby Larsen, autora da ópera minimalista *Frankenstein*.

A *Wrinkle in Time*, libreto em um ato de Walter Green baseado em um conto de Madeleine L'Engle (1991); nessa ópera de ficção-científica, destinada ao público infantil, um avião cai numa dobra do tempo e vai parar em outro planeta. A partitura inclui fita pré-gravada e sintetizador. Empenha-da em soar de forma reconhecivelmente americana, Larsem escreve linhas vocais decalcadas nos ritmos mais descontraídos do inglês falado;

Mrs Dalloway, libreto em dois atos de Bonnie Grice, baseado no romance de Virginia Woolf (1993);

Eric Hermannson's Soul, libreto em três atos de Chas Rader-Shieber, baseado no conto de Willa Cather, encomenda da Ópera de Omaha – estréia em novembro de 1998 –, a sua obra teatral de mais sucesso, ao lado de *Frankenstein*. Eric Hermannson, de origem norueguesa, apaixo-nado por música e dança, torna-se evan-gélico e a igreja exige que ele abandone o violino. O efêmero envolvimento com Margaret Elliot, mulher bonita e refina-da da Costa Leste, que está de passagem pela sua cidade, lhe demonstra que o amor pode trazer à vida uma alegria maior do que todo o resto. Depois que Margaret tem de ir embora, Eric conclui que seu amor à música é maior do que qualquer princípio religioso, e volta a tocar e a dançar.

Barnum's Bird, libreto de Bridget Carpenter, ópera coral de câmara (2000);

Dreaming Blue, libreto da compositora, ópera coral infantil (2002).

Libby Larsen é também uma das renova-doras do ciclo de canções americana, com acompanhamento de piano ou de orquestra. São numerosas e de muito boa qualidade as suas contribuições para o gênero. Entre eles, vale a pena citar:

Lulu's Funeral, para solista e piano prepara-do, poemas de Kusano Shimpei (1976);

Cowboy Songs, soprano, poemas de Belle Star, Robert Creeley e autores anônimos do faroeste (1979);

Before Winter, barítono, textos de Arthur Mampel (1982);

In a Winter Garden, soprano, tenor e orquestra de câmara, poemas de Patrícia Hempl (1982);

Me (Brenda Ueland), soprano, textos de Bren-da Ueland (1987);

Sonnets from the Portuguese, soprano e con-junto de câmara, poemas de Elizabeth Barrett Browning (1991);

Beloved, Thou Hast Brought Me Many Flo-wers, meio-soprano, poemas de Elizabeth Barrett Browning, Hilde Doolittle, Rilke e Shelley (1994);

Mary Cassatt, meio-soprano, trombone solis-ta, orquestra e projeção de slides, tendo como texto as cartas da líder feminista Mary Cassatt (1994);

Margaret Songs, soprano, poemas de Willa Cather e Libby Larsen (1996);

Chanting to Paradise, soprano, poemas de Emily Dickinson (1997);

Love Songs, soprano, tenor, mezzo, contralto e coro, poemas de Muriel Rukeyser, Jeanne Shepard, Bessie Smith, Willa Cather e Angelina Weld Grimke (1997);

Late in the Day, soprano, poemas de Jeanne Shepard (1998);

Love After 1950, meio-soprano, poemas de Rita Dove, Julie Kane, Kathryn Daniels, Liz Lochhead e, Muriel Rukeyser (2000);

Try Me, Good King: Last Words of the Wives of Henry VIII, soprano, textos de Catarina de Aragão, Ana Bolena, Jane Seymour, Ana de Clèves, Katherine Howard e Katherine Parr (2000);

Hell's Belles, meio-soprano, textos de Talulah Bankhead, Billy Jean King, Gertrude Stein e nursery rhimes (canções infantis) anô-nimas do século XIX (2001);

If I Can Stop One Heart From Breaking, so-prano, contralto, coro, e orquestra, poe-mas de Emily Dickinson (2001);

Jazz at the Intergalactic Nightclub, tenor, po-emas de Thomas McGrath (2001);

De Toda la Eternidad, soprano, poemas de Soror Juana de la Cruz (2002).

Libby Larsen é co-fundadora do American Composers Forum; foi compositora-residente da Orquestra de Minnesota; e escreveu várias obras instrumentais encomendadas por maes-tros como Neville Marriner, Leonard Slatkin e Zubin Mehta.

A esse quadro de mulheres compositoras, acrescentemos a referência a duas artistas pertencentes à comunidade negra: Julia Perry (1924-1979), que ganhou o prêmio da Academia Americana de Artes e Letras, em 1964, por *The Selfish Giant*; e Dorothy Rudd More, nascida em 1954, cuja ambiciosa *Frederick Douglas*, baseada em acontecimentos na vida desse líder negro ocorridos entre 1844-1863, é um *grand opéra* estreado pela Opera Ebony, de Nova York, em 28 de junho de 1985. Existe um vídeo dessa ópera, que foi elogiada por seu vigor, nobreza e lirismo.

Torke

A revista *Grammophone*, em agosto de 1996, a chamou de "a música mais otimista, alegre e animadora a surgir recentemente". As composições de Michael Torke – nascido em Milwaukee, no Wisconsin, em 1966 – têm feito sucesso por toda parte, sobretudo depois que, em 1988, ele assinou um contrato de exclusividade com o selo Argo, para a divulgação de sua obra. Basta dizer que *Javelin*, uma "olimpíada sonora", escrita em 1994 em homenagem aos jogos de Atlanta, foi lançada simultaneamente – o que é muito raro no caso de peças contemporâneas – em duas gravações diferentes: a da Sinfônica de Atlanta com Yoel Levi (Argo), e a da Boston Pops com John Williams (Sony).

Um dos autores mais admirados e versáteis da segunda geração de minimalistas, Torke começou a estudar piano aos cinco anos de idade, foi aluno de Christopher Rouse e Joseph Schwantner na Eastman School of Music (1980-1984), e de Jacob Druckman em Yale (1984-1985). No Festival de Tanglewood de 1984, Gunther Schüller regeu a sua *Ceremony of Innocence*, para grande orquestra. Nessa época, também, Torke escreveu *Ecstatic Oranges* e *Yellow Pages*, as primeiras das várias peças em que faz a experiência sinestésica de relacionar sons e cores (a estréia foi com a Sinfônica do Brooklyn, em 1985, sob a regência de Lukas Foss).

Num curto espaço de tempo, obras de Torke, voltadas para a exploração de um vivíssimo colorido instrumental, e temperadas por traços pop muito bem integrados à estrutura do minimalismo livre, estavam sendo executadas por orquestras dos Estados Unidos e da Europa. A extroversão dessa música tem feito também com que ela atraia muitos coreógrafos. Ulysses Dove, do Alvin Ailey Dance Theater; James Kudelka, do San Francisco Ballet; Jiří Killian, do Balé da Holanda; Glen Tetley e Peter Martins, do New York Ballet, são alguns dos artistas que converteram as partituras desse compositor em espetáculos de dança.

A música vocal ocupa papel preponderante na produção de Torke. Em *Four Proverbs* (1993), para soprano e conjunto de câmara, ele manipula as palavras da mesma forma que o faz com as células temáticas nas obras instrumentais, criando uma relação simbiótica entre língua e música. Essa técnica é levada adiante em *Book of Proverbs*, para soprano, barítono, coro e orquestra, estreado por Edo de Waart, em setembro de 1996, no Festival da Holanda.

A ópera de câmara *The Directions*, com libreto do próprio compositor e duração de apenas 11 minutos, estreou em Creta em 1986, e lhe valeu a bolsa do National Endowment for the Arts. Referências à história de *Madame Bovary* são identificáveis em *King of Hearts*, com libreto do próprio Torke e do diretor teatral Christopher Rawlence, que montou o espetáculo. As complexas relações entre dois colegas professores, Antoine e Helen, e o namorado da moça, Charles, formam o nó da intriga. Concebida para o Canal 4 da televisão inglesa, que a transmitiu em 1995, *Rei de Ouros* foi adaptada por Rawlence para o palco, no Festival de Aspen de 1996. Musicalmente, a ópera cruza alusões à *Lucia di Lammermoor* com a utilização de formas típicas dos musicais da Broadway.

Em 24 de julho de 1999, o Glimmerglass Festival produziu, no Alice Busch Opera Theater, de Cooperstown, no Estado de Nova York, a ópera em um ato *Strawberry Fields*, agridoce libreto de A. R. Gurney sobre Adeline, mulher muito idosa que, numa ensolarada tarde de verão, está sentada em um banco do Central Park. Atingida de demência senil, Adeline acredita estar num teatro, esperando o início de um espetáculo de ópera. Um estudante se aproxima, puxa conversa, conta-lhe que um grupo de jovens vai organizar uma homenagem a John Lennon, no memorial a ele, ali ao lado. Na mente perturbada de Adeline, a cerimônia confunde-se com uma ópera de Verdi. O filho da senhora vem procurá-la, tentando convencê-la a ir com ele (na verdade, a família se prepara para colocá-la em um asilo). Adeline recusa, pois não quer perder o espetáculo. O filho usa o telefone celular para pedir ajuda à irmã. Nesse meio tempo, em seu delírio senil, a velhinha confundiu o estudante com seu falecido marido. Quando a filha de Adeline chega, com um enfermeiro e uma cadeira de rodas, já é tarde demais: ela está morta. Foi embora, embalada pela música e as lembranças.

Com apenas meia-hora de duração, a ópera toca em um dos temas mais sérios da vida contemporânea – o que fazer de nossos idosos? – e consegue ser, ao mesmo tempo, engraçada, comovente e cheia de respeito e compaixão pelo que a condição humana tem de mais frágil. David Ann Miller, o regente da estréia, gravou *The Strawberry Fields*, em março de 2004, para o selo Albany, com Joyce Castle no papel principal.

Central Park

A ópera de Torke faz parte de uma trilogia intitulada *Central Park,* estreada no New York City Opera em 12 de novembro de 1999, e integrada por óperas em um ato de três compositores contemporâneos. *Campo de Morangos* foi transmitida, em janeiro de 2002, pela rede de televisão PBS, juntamente com suas companheiras:

The Festival of Regrets, de Deborah Dratell e Wendy Wasserstein;
e *The Food of Love*, de Robert Beaser e Terrance McNally.

Existe, portanto, a gravação em vídeo desse espetáculo. São três óperas de estilos contrastantes – o minimalismo de Torke por oposição ao tonalismo livre de Drattell e Beaser –, mas que têm, como elemento unificador, o cenário do parque: um oásis de verdura no centro da cidade, cercado de prédios, de onde as pessoas podem observar, de longe, na segu-

rança de seus apartamentos, a beleza natural, sem se importar muito com os dramas quotidianos de quem ali passeia.

Em *Festival of Regrets*, com que a trilogia se abre, vemos o encontro de uma mulher com o seu ex-marido. Ela ainda se sente amargurada pelo divórcio mas, como é o dia do Rosh-Hashaná, o ano novo judaico, ela se lembra do ritual que consiste em atirar migalhas de pão na água corrente, como um símbolo de que todos os ressentimentos estão sendo jogados fora e a vida recomeça – sentimento que se sintetiza na frase "It's last year's pain. It's floating away", com que ela expressa seu desejo de perdoar, esquecer, seguir adiante. Na partitura de Dratell, temas judaicos, de caráter religioso e folclórico, representam papel de destaque.

Depois de *Strawberry Fields*, vem a mais sombria e desesperançada das três óperas: *The Food of Love*, um monologo excepcionalmente interpretado pelo soprano Lauren Flanigan. Ela criou a figura da mãe solteira sem-teto que, em vão, pede ajuda aos passantes para encontrar abrigo para seu bebê. Mas as pessoas estão preocupadas com seus próprios problemas, vão embora indiferentes; afastam-se constrangidas ou incomodadas; às vezes até param, com pena, mas nada podem – ou querem – fazer, e seguem seu caminho. A solidão da personagem e a negligência do mundo que a cerca estão expressos em seu lamento: "You all pretend you are not in the same park with us" – como se pudéssemos fingir que não estamos todos no mesmo barco. É o momento em que fica mais clara a metáfora da erosão dos valores humanos, na cidade grande, pela tensão dos problemas urbanos. Escrevendo a respeito da trilogia, disse Arthur Lazere, no *New York Times*, em janeiro de 2002:

O formato em um ato está para a ópera de grande porte assim como o conto está para o romance. Embora as conexões entre essas três obras se somem para criar a ressonância do conjunto, cada uma delas é, essencialmente, um esboço, com pinceladas rápidas no tema e nos estados de espírito, não oferecendo o aprofundamento emocional das óperas longas, que têm mais espaço para desenvolver as personagens de forma complexa. Mas são obras inteligentes, secas e sem pieguice, representadas com convicção por cantores muito competentes, e formam uma noitada muito gratificante de teatro musical.

Na época da transmissão de *Central Park* pela PBS, o Lincoln Center Theater estava programando um *workshop* a respeito da nova ópera de Torke, *House of Mirth*, com libreto de Gurney, baseado no romance homônimo de Edith Wharton, a ser dirigida por Mark Lamos. O Balé do Canadá tinha encomendado, para a primavera de 2004, o balé *The Italian Straw Hat*, baseado na mesma comédia de Labiche que inspirou o *Cappello di Paglia di Firenze*, de Nino Rota. A encomenda desse balé, a ser coreografado por James Kudelka, veio após o sucesso de *The Contract*, resultado da primeira parceria de Torke com esse coreógrafo.

Outros Títulos, Outros Autores

Reúno aqui diversas óperas recentes, de autores cujo prestígio ainda é menor mas que, nem por isso, deixam de merecer a referência. Muitas dessas peças têm proporções camerísticas, visando a facilitar as condições de encenação em teatros menores, e por companhias amadoras ou semi-profissionais. Obras didáticas, espetáculos visando o público infantil, óperas inspiradas em episódios históricos, lendas, textos literários tradicionais ou contemporâneos, narrativas realistas ou de caráter simbolista e alegórico, um leque de assuntos que vai do esporte à ficção científica – a variedade temática demonstra o interesse em renovar os assuntos abrigados pelo palco lírico. Chama a atenção uma característica típica da música praticada nos Estados Unidos: a quantidade de obras escritas por mulheres. Além disso, o simples volume de títulos aqui reunidos, todos eles compostos da década de 1990 para cá, e muitos deles já no século XXI, são a prova de que a ópera americana é um organismo vivo, cheio de promessas para o futuro. Este capítulo oferece também uma idéia dos modos de produção que tem permitido o aparecimento continuado de novas óperas:

• o sistema de encomendas pelos grandes teatros – um dos mais ativos, nesse sentido, tem sido o Grand Opera de Houston, no Texas. O Metropolitan tem óperas encomendadas a Tobias Picker e Tan Dun, programadas para 2005 (ver o capítulo sobre esse teatro). E em 11 de dezembro de 2003, a Associated Press anunciou que, para a mesma temporada, a Ópera de Washington, atualmente dirigida por Plácido Domingo, tinha encomendado ao compositor Scott Wheeler e ao libretista Romulus Linney uma ópera que se intitulará *Democracy: an American Comedy*. Passada em Washington na década de 1870, essa história de uma viúva que se apaixona por um senador, e de uma jovem fotógrafa que ama um pastor episcopal, baseia-se no romance *Democracy*, de Henry Adams. Neto do presidente John Quincy Adams, bisneto do presidente John Adams, e autor da conhecida novela autobiográfica *The Education of Henry Adams*, esse historiador e romancista traça, em seu livro, rico painel da vida política americana na segunda metade do século XXI. As duas personagens femininas do romance, desiludidas com o excesso de ambição de seus companheiros, acabam por abandoná-los. A ópera de Wheeler será criada por jovens cantores ligados ao Domingo-Cafritz Young Artist Program.

• os *workshops* constantes nos departamentos de música das universidades, e também iniciativas como a do New York City Opera que, anualmente, realiza a série *Showcasing American Composers*, na qual diversas obras novas são apresentadas integral ou parcialmente;

- o trabalho dos diversos festivais e também dos centros comunitários ou ligados a instituições religiosas – como é o caso da Primeira Igreja Unitária de Albuquerque, no Novo México –, que usam a ópera como um instrumento didático para discutir, junto do público jovem, sérios problemas sociais contemporâneos, mas também como meio de formar novas platéias;
- o estímulo dado à produção operística por organizações como Opera America – com sede em Washington –, que fornece a seus afiliados informação e ajuda técnica ou administrativa. Criada no início da década de 1970 e ajudada por recursos da Andrew W. Mellon Foundation, a Opera America colabora no esforço de arrecadar fundos para as produções de 197 companhias a ela afiliadas, em 48 Estados americanos e sete províncias canadenses. Por esse motivo, o leitor encontrará, nesta lista, obras de autores canadenses de expressão inglesa que, por suas ligações com o ambiente musical americano, podem, a grosso modo, ser acolhidas no contexto deste volume.

Em junho de 2003, a Opera America reuniu-se em St. Louis, para fazer o balanço de suas atividades: as pressões econômicas e a redução nas doações, que a forçam a repensar suas estruturas (um tópico foi o "Planejamento Estratégico em Tempos de Penúria"); e o fato de que é necessário adaptar-se às novas platéias e ao eventual preconceito que elas possam ter contra a ópera, ainda vista por muitos como um gênero elitista. Nesse sentido, a adaptação da *Bohème* de Puccini, feita pelo cineasta australiano Baz Luhrmann na Broadway, foi apontada como uma tentativa de aproximação desse novo publico. E Kevin Smith, diretor da Ópera de Minnesota, relatou que, para a estréia americana de *The Handmaid's Tale*[1], foi feita extensa campanha publicitária que não mencionou a palavra "ópera", visando com isso a atrair adeptos de novas formas teatrais e admiradores da romancista Margaret Atwood.

1. A ópera *Tjenerindens Fortælling* (A História da Criada), do dinamarquês Poul Ruders, estreada em Copenhague em 6 de março de 2000, com libreto de Paul Bentley baseado no romance de Margaret Atwood. A respeito dela falaremos em *A Ópera Contemporânea*, desta coleção.

- *Abel Gance in New York* (música: Eric Salzman; libreto: François Godin); estréia em outubro de 2002, em Montréal, pelos grupos Chants Libres e Compagnie Lyrique de Création; criação prevista para os Estados Unidos entre 2003-2004.)

Convidado por seu colega americano David Wark Griffith, o grande diretor cinematográfico francês Abel Gance visita Nova York em 1921. Mas o amor de sua vida, Ida Danis, acaba de morrer, numa epidemia de gripe, aos 27 anos. Destroçado pela dor, desarvorado diante do barulho e do movimento da cidade, Gance não consegue pensar nas propostas de trabalho de Griffith, nem reagir ao interesse da americana Helen Channing Pollock, que se apaixona por ele. Em seus devaneios, imagina-se vivendo a lenda de Orfeu e descendo aos Infernos para buscar Eurídice-Ida. Mas o outro mundo é o subterrâneo do metrô de Nova York e Eurídice é Helen que, ao encontrá-lo vagando, perdido, leva-o de volta às luzes brilhantes da cidade à noite. Gance deixa-se momentaneamente enfeitiçar pela sedução de Helen; mas é a americana quem, no final, compreende que tem de deixá-lo voltar para casa e enfrentar os seus fantasmas.

Escrita para quarteto de cordas e uma banda de jazz que inclui piano, clarineta, saxofone, guitarra-banjo, contrabaixo e bateria, a ópera utiliza técnicas tradicionais européias e elementos da música popular americana para expressar a oposição, num libreto escrito ao mesmo tempo em inglês e francês, entre a morte e a vida, o velho e o novo, a arte e o comércio, a ação e a contemplação – em suma, entre duas visões diferentes do mundo. Cada personagem é representada por dois cantores (ele próprio e seu duplo no mundo do sonho); Gance é o único que representa seu papel nos dois planos.

- *Across Spoon River* (música e libreto: Marguerite Clarke; estréia em 5 de outubro de 2002 no Theatre in the Park da New Salem Village, em Illinois).

Experiência de *music-theater*, de estilo tonal, usando poemas da *Spoon River Anthology* de Edgar Lee Masters. Partitura escrita para oito cantores que se revezam com oito atores, e um conjunto de quarteto de cordas, flauta, oboé e fagote.

• *Ainadamar* (música: Ernesto Golijov; libreto: David Henry Hwang; estréia no Festival de Tanglewood, agosto de 2003).

Ópera de câmara em um ato, de linguagem híbrida, cruzando o idioma tonal a dissonâncias eventuais, e utilizando elementos do folclore hispânico, hispano-americano, caribenho, além de ingredientes de música kletzmer e íidiche, ligados às origens judaicas leste-européias do compositor. No elenco da estréia estavam Kelley O'Connor (Lorca), Amanda Forsythe (a jovem Margarida), Dawn Upshaw (Xirgú adulta), Robert Spano (Ramón Ruiz Alonso), regidos por Stefan Asbury. A ópera foi apresentada em programa duplo com *Rages d'Amour*, de Robert Zuidam (ver esse título). A encenação de ambas foi feita por Yew Chew.

A ação passa-se em um teatro de Montevidéu, na década de 1960. Enquanto espera para entrar em cena, no que será a sua despedida do palco, a grande atriz catalã Margarida Xirgú relembra a época em que conviveu com Federico García Lorca e colaborou com ele na criação de suas peças. Xirgù vai representar *Mariana Pineda* e pensa em como estreou o papel no histórico espetáculo de 1927, com cenários de Salvador Dali, que fez a fama do dramaturgo. Sente-se também obcecada pela morte trágica do poeta, fuzilado pelos franquistas durante a Guerra Civil, pois sente que poderia tê-la evitado. O título da ópera vem do nome que os mouros davam ao local onde ele foi morto: "Ainadamar", a Fonte das Lágrimas. A seqüência do assassinato do poeta é encenada com um tom deliberadametne verista que, na opinião do crítico Alex Ross, do *New York Times*, relembra a *Tosca*. Segundo Leslie Stanton, biógrafo de Lorca, ao saber da notícia de sua morte Xirgù estava representando *Yerma*, e trocou a última frase da peça – "Fui eu que matei meu próprio filho" – por "Foram eles quem mataram o meu filho!"

Golijov mistura, à sua música, sons pré-gravados de água, ruídos da natureza e tiros de fuzil (para a cena do fuzilamento). A partitura funde, à linguagem pessoal do autor, de tonalismo livre, traços de flamenco e rumba, além de temas das peças folclóricas pesquisadas e harmonizadas por Lorca, que também era musicólogo – entre elas a balada "¡Qué día tan triste en Granada!".

Nascido em La Plata em 1961, Ernesto Golijov tornou-se conhecido, em 2000, com *La Pasión de San Marcos*, um drama da Crucificação cantado e dançado que fez enorme sucesso ao ser apresentado em Boston, o que conduziu à encomenda dessa ópera pela direção do Festival de Tanglewood. Segundo Alex Ross:

> Suas obras despertam enorme entusiasmo na platéia, porque revivem os poderes elementares da música: possuem ritmos que fazem o corpo balançar, e melodias que grudam na memória. Golijov não possui a precaução intelectual que faz os compositores de hoje em dia confinarem suas melodias quase tonais dentro dos limites de figurações dodecafônicas: ele as deixa, pelo contrário, flutuar em pleno ar.

É tão entusiástica a resenha de Ross à estréia de *Ainadamar* que vale a pena citá-la de forma mais extensa, pois ela aponta, em Golijov, um nome para o qual vale a pena estar atento.

> A ópera começa com sons pré-gravados que já nos apresentam traços do mundo de Lorca. Primeiro você ouve água gorgolejando, decerto o som da fonte de Ainadamar. Depois, galope furioso, que evoca o som violento de cascos de cavalo, que o poeta ouvia em seus pesadelos. Um achado brilhante é os percussionistas tomarem essa batida, com sons de tambores e palmas, reminiscentes do flamenco, num ritmo expansivo de 4-6-12. Esse ritmo acompanha um coro de seis vozes femininas entoando a balada de abertura de *Mariana Pineda*: "How sad it was in Granada – The stones began to cry." Quando Xirgú relembra a sua juventude, o furor do flamenco dá lugar a uma rumba, fazendo-nos entrar num clima lânguido de fim de verão, como se o tempo estivesse suspenso.
>
> O papel de Lorca é feito por uma meio-soprano bonita e jovem, referência talvez à sexualidade do poeta – que, uma vez, imaginou uma versão de *Romeu e Julieta* na qual Julieta seria representada por um rapazinho de quinze anos, com todas essas provocações, Lorca não temia explorar os clichês tradicionais da cultura hispânica. Como dramaturgo, sabia que os clichês podem soar como trovões, se forem ditos com a intonação correta. Golijov, da mesma forma, investe ardentemente nos traços mais familiares da música hispânica. Melhor do que os seus predecessores europeus que estilizavam o exotismo – pensem, por exemplo, em Bizet e suas castanholas – Golijov sabe que o "som espanhol" é uma mistura complexa de influências européias, árabes e hebraicas, e lança mão de todas elas com grande habilidade.
>
> O funcionário fascista Ramón Ruiz Alonso condena Lorca numa cantilena sinuosa que se parece mais com um chamado de muezzin à oração do que com uma sau-

dação franquista. O poeta, chamado por Ruiz Alonso de "maricón", é fuzilado numa espécie de recriação fantasmagórica da Crucificação, que alusões ao canto gregoriano tornam muito solene. Golijov chega a transformar em música o som dos fuzis que poem fim à vida de Lorca's life, convertendo o metralhar das balas em um balé para percussões eletrônicas.

No encerramento da ópera, Xirgù aceita o papel de sobrevivente, pois isso lhe permitiu, através de sua arte, manter viva a poesia de Lorca. Ela canta "I have done my best to keep you alive, to pay for my crime: the crime of living," entra no palco para representar *Mariana Pineda*, e cai morta. [...] É difícil pensar em algo que possa ser cortado nessa partitura, pois ela é de beleza sensacional, de uma ponta aa outra. Os momentos culminantes da tomada de consciência de Xirgú do sentido que teve a sua vida ocorrem em suas passagens orquestrais de mágico crescendo, a primeira intitulada "Delirious Sunset", a segunda, "I Am Liberty."

O próprio Golijov conta ter ouvido seguidamente a *Daphne* de Richard Strauss quando estava trabalhando em sua ópera; em especial a sublime Cena da Transformação, em que a ninfa se transforma em um loureiro. Embora não haja semelhanças entre a música de *Daphne* e a de *Ainadamar*, sente-se o parentesco no ofegante clímax polifônico que dá lugar a uma distensão de extrema serenidade. Na coda, Golijov pede que os metais improvisem livremente sobre um dó maior, criando um *ostinato* estranho em cima do qual o coro, em surdina, repete o lamento do início. [...]

Apesar da ovação recebida por Golijov, não faltaram os vanguardistas que saíram do teatro resmungando que ele tinha ludibriado a platéia com recursos fáceis. O compositor triunfou não porque escreva numa linguagem acessível – qualquer um pode alinhavar superficialmente acordes agradáveis de ouvir –, mas porque possui entranhada convicção do que está fazendo. A sua sinceridade é um gesto de vanguarda.

• *Alhambra Motel* (música: Stephen Weinstock; libreto: Jonathan Levi, livremente baseado em *A Guide for the Perplexed*, de Arthur Jennings; estréia no auditório da Riverside Church de Nova York, no final de 2002).

A ação passa-se em Granada, na noite de 2 de agosto de 1492, poucas horas antes da expulsão dos judeus, e de Colombo começar sua grande viagem cruzando o Atlântico. Oito meses decorreram desde que Fernando e Isabel conquistaram o Alhambra, a Fortaleza Vermelha dos mouros. O sul da Espanha foi, durante quinhentos anos, o local de convivência de três comunidades que escreveram grande poesia, construíram palácios e exploraram as estrelas. Agora, está entrando numa nova fase. Contra esse pano de fundo histórico, o judeu Yosef namora a católica Zaida, e ambos procuram um jardim mágico, um Éden no qual seu amor possa abrigar-se da hostilidade do mundo exterior. Sua busca, iniciada no Alhambra, termina quinhentos anos depois, no Alhambra Motel, à beira do deserto da Califórnia, num mundo que não deixou de ser preconceituoso e inóspito.

Usando a forma do "mistério" medieval – e por isso mesmo concebida para a encenação dentro de uma igreja –, essa parábola sobre os valores comuns ao judaísmo, ao cristianismo e o islamismo, e ao mesmo tempo sobre aquilo que faz as três grandes religiões entrarem em conflito, tem um estilo neo-tonal muito acessível, a que se misturam, nas cenas finais, contemporâneas, sons de rock. O autor cita, na partitura, o *Kol Nidre* e outros cânticos hebraicos, o *Te Deum* católico e canto gregoriano, cantilenas muçulmanas de melismas tipicamente orientais, além de ritmos ciganos e de música flamenco.

• *The Alien Corn* (música: Thomas Benjamin; libreto: Roger Brunyate, baseado no conto de Somerset Maugham; estréia em 2002 no auditório Miriam Friedberg, do Conservatório Peabody de Baltimore).

Embora seus pais desejem que ele faça carreira na política, George Bland prefere ir estudar piano na Alemanha. Deseja também retomar contato com suas origens judaicas, renegadas pela família quando imigrou para a Inglaterra e decidiu assumir a identidade britânica. Peça tonal, escrita para orquestra de câmara, *The Alien Corn* mantém, dentro da escrita contínua, números identificáveis: árias, duetos, diversas cenas de conjunto. Há, na partitura, referências a estilos populares de composição.

• *Al-Phonsine (Il Traviato)* – (libreto e música de *Vittorio Furgeri* livremente baseado na Dama *das Camélias de Alexandre* Dumas filho; estréia em Nova York em 2003).

Escrita em estilo politonal, para orquestra de câmara e conjunto de rock, esta partitura, a meio caminho entre a ópera e o musical – Furgeri chama-a de *musical theater* – mostra os últimos anos de vida de Al, jovem homossexual vítima da Aids. Al fica obcecado pela figura de Alphonsine Duplessis, a cortesão parisiense que inspirou a Dumas filho a sua peça (1847), fonte de inspiração para a *Traviata* de Verdi. Como ele, Alphonsine deu-se conta de que estava mortalmente doente no momento em que se apaixonou de verdade. No auge dos delírios de Al, dominado pelo medo de morrer, é a personagem da *Traviata* quem ganha vida para vir fazê-lo tomar consciência da gravidade de seu estado e, ao mesmo tempo, prepará-lo para aceitar o fim. Há, evidentemente, na partitura, referências à ópera de Verdi e ao estilo de canto do século XIX.

• *Alternate Visions* (música: John Oliver; libreto: Genni Gunn; composta com auxílio do Opera America Grant for the Development of New Works, para produção em Montreal, onde estreou em 2003, e também nos Estados Unidos).

Escrita para cinco instrumentistas (teclados, sintetizador, samplers e computador), essa pop-ópera – chamada por seus autores de *entertainment-music theater* – trata de um tema bem moderno: o encontro de um homem e uma mulher pela Internet. Ambos são solteiros, têm dificuldade em encontrar companhia, trocam mensagens por algum tempo, depois decidem encontrar-se pessoalmente. Vão a um single's bar de estilo high tech, cada um deles acompanhado de um amigo ("in case he-she is a jerk" – para o caso de ele(a) ser um(a) babaca"). No último minuto, se acovardam, e mandam o amigo como se fosse eles. As quatro personagens se apresentam com os papéis trocados e, a partir daí, seguem-se diversos qüiproquós divertidos. A música, neo-tonal, está cheia de referências a estilos contemporâneos de canção popular.

• *Androcles and the Lion* (libreto e música: Philip Hageman, baseado na comédia de George Bernard Shaw; estréia em maio de 2001, no workshop do New York City Opera).

O cristão Ândrocles, fugindo dos legionários romanos, encontra um leão ferido e tira de sua pata um espinho que o fazia sofrer. Mais tarde, é preso e levado para o Coliseu, junto com um grupo de cristãos que inclui Lavínia, patrícia convertida apaixonada por um capitão da guarda pretoriana, e o lutador Ferrovius.

O leão mandado para devorá-lo, aquele a quem Ândrocles ajudou, o reconhece e lambe a sua mão, agradecido. Impressionado, o Imperador perdoa a todos os cristãos e, no finale, todos cantam um hino à solidariedade. Existe uma gravação da pré-estréia, em versão de concerto, na Northwestern University, em 1994.

• *Animal Tales* (música: Robert Johnson; libreto: George Plimpton, baseado nas cartas recebidas pelo Dr. Edmund Rawff, responsável por uma coluna de aconselhamento sobre cães em um jornal do Meio-oeste; estréia em Nova York, 2003, num *workshop* do American Opera Project).

Ópera de câmara bem recebida pelo público jovem. A partir das histórias sobre cachorros, Plimpton criou episódios divertidos a respeito de diversos bichos de estimação – gato, papagaio, peixe, sapo, porco – e suas relações com seus donos e com o veterinário que cuida deles.

• *Another Accident* (libreto e música: Alan Stringer, a partir de um conto de Agatha Christie; estréia em 2003, no auditório da Primeira Igrejá Unitária de Albuquerque, no Novo México).

De linguagem moderna, misturando recursos híbridos, tonais e atonais, a ópera assume o formato de uma suíte barroca para cravo, acompanhando os cantores. Um detetive aposentado reconhece uma mulher absolvida, anos antes, por falta de provas, da morte do pai, que foi considerada acidental. Desconfia que, agora, ela está planejando matar o marido para receber o seguro, e a adverte que outro "acidente" não deverá acontecer. A mulher o envenena e, uma vez mais, a justiça conclui ter-se tratado de um acidente. Existe o vídeo da estréia.

• *The Araboolies of Liberty Street* (música: Ronald Perera; libreto: Constance Congdon, baseado no conto de Sam Swope; estréia em 3 de março de 2002 no Baby Grand Theatre, anexo à Grand Opera de Wilmington, no Delaware).

Ópera em um ato, para piano e percussão, com linguagem tonal livre, patrocinada pelo programa educacional da Manhattan School of Music. As crianças da Rua da Liberdade se unem e conseguem convencer os pais a não se oporem a que uma família estrangeira, de hábitos exóticos, mude para o seu bairro, extremamente conservador. Uma parábola sobre tolerância e respeito da diversidade, construída de modo deliberadamente simples, para poder ser encenada por grupos amadores ou escolares. Existe o vídeo da estréia.

• *The Arc* (música: Stephen Weinstock; libreto: Sarah Schlesinger; parabola bíblica, sobre o Dilúvio, fazendo o cruzamento de ópera – à maneira das *church parables* de Britten – e de *music theatre*; combina melodias tonais muito líricas e ritmos mais incisivos, de caráter popular; cantada em 2003 na Riverside Church, de Nova York).

A ação centra-se no período de 120 dias passados dentro da arca, após o Dilúvio, e antes que a terra firme apareça. Descreve os conflitos entre os seres humanos e os animais e as tensões provocadas pelo confinamento. À beira da perda da fé e de uns voltarem-se violentamente contra os outros, o ramo de oliveira e o arco da Aliança trazem a esperança da salvação. Trabalhando com elementos musicais multiculturais – modos e escalas de diversas procedências – e propondo-se, também, a ser encenada por elencos multirraciais, a ópera trata da tensão, no mundo contemporâneo, causada pela dificuldade da convivência entre comunidades diferentes.

• *The Architect* (música: David MacIntyre; libreto: Tom Cone; estréia na Ópera de Vancouver em 11 de junho de 1994, com Gloria Parker, Valdine Anderson, John Fanning e André Clouthier).

Ópera para cordas, harpa e percussão, de texturas contemporâneas, mas fundindo-as com linhas melódicas bastante líricas.

Na Vancouver contemporânea, Sandra, uma bem-sucedida arquiteta, descobre estar sendo vítima da ação maliciosa de duas pessoas que ela considerava suas melhores amigas. Embora esteja no auge da carreira, decide romper com todos os seus laços pessoais e profissionais, dando rumo novo à sua vida. MacIntyre é também o autor de *Humulus the Mute* (1977) e *Heartland* (1987).

• *Armagrosso* (música: Manuel González; libreto: Pedro Rojas Peterson, baseado em *O Padrinho Morte*, dos irmãos Jakob e Wilhelm Grimm; estréia no Teatro Nacional de Porto Rico, em novembro de 2000; projeto patrocinado pela organização Opera America, exibido simultaneamente nos Estados Unidos, no workshop de 2001 do New York City Opera).

Tema também explorado em *Smrt Kmotřička* (Comadre Morte), do tcheco Rudolf Karel e de Stanislav Lom, *Armagrosso* conta a história do homem muito pobre, pai de doze filhos, que sai à procura de um padrinho que o ajude a criá-lo. Recusa Deus e o Diabo, mas aceita a Morte. Quando o menino cresce, o padrinho o leva à floresta, mostra-lhe uma erva mágica e diz: "Vou fazer de você um médico famoso. Quando eu estiver à cabeceira de um paciente seu, dê-lhe essa erva e ele será curado. Mas se eu estiver no pé da cama, é sinal de que o paciente é meu e você nada poderá fazer para salvá-lo. Mas nunca use a erva contra a minha vontade." Um dia, o médico, rico e famosíssimo, é chamado a cuidar do rei. A Morte está no pé da cama, mas ele dá a erva assim mesmo ao monarca e o salva. A Morte fica muito descontente, mas resolve dar-lhe uma segunda chance. Ao ser chamado para cuidar da filha do rei, vê de novo a Morte no pé da cama, mas a moça é tão linda que ele a salva. Furiosa, a Morte arrasta-o para o subterrâneo e mostra-lhe as velas que correspondem à vida de cada ser humano. A dele é pequenina e está prestes a se consumir. O Médico pede-lhe que poupe a sua vida, mas a Morte deixa propositalmente a vela cair, e o afilhado expira em seus braços.

Não tão otimista quanto a versão tcheca – em que o rapaz, ajudado pelo pai violinista, que vai para o outro mundo em seu lugar, de braço dado com a Morte, consegue escapar e casa-se com a princesa – a ópera de González, misturando idioma tonal com alguns recursos atonais, dá tratamento sério ao conto dos Grimm.

• *Arthur Snatchfold* (libreto e música de Alan Stringer, baseado no conto de E. M. Forster; estréia em 1992 no auditório da Primeira Igreja Unitária de Albuquerque, no Novo México).

Ópera de estilo tonal e neo-romântico, com acompanhamento apenas de violoncelo e piano: durante dias passados no campo, em casa de Trevor Donaldson, o entediado sir Richard Conway tem um relacionamento sexual efêmero com Arthur, jovem empregado da propriedade do amigo. Tempos depois, em Londres, no clube que freqüentam, Donaldson conta a Conway ter participado do julgamento de um rapaz acusado de ter-se prostituído em sua fazenda. Conway, cheio de vergonha, mas sem coragem de se identificar, reconhece-se no parceiro que o jovem preferiu proteger no tribunal, levando a culpa sozinho; e se dá conta de que, para o rapaz, o envolvimento foi mais profundo do que para ele próprio. Existe o vídeo da estréia.

• *The Awakening* (música: James Stepleton; libreto: Andrew Joffe, baseado no romance homônimo de Kate Chopin; estréia no New Ópera Theater de Washington em 2003).

Ópera de câmara em um ato, de estilo tonal, muito melodiosa, ambientada na Luisiânia na década de 1890. O "despertar" a que o título se refere é o de uma jovem mulher casada da alta sociedade franco-créole, atormentada por desejos sexuais e amorosos que não consegue compreender nem realizar.

• *Ballymore* (libreto e música de Richard Wargo, baseada no romance *Lovers*, de Brian Friel; estreada pela Skylight Opera Company em 29 de janeiro de 1999, no Cabot Theatre de Milwaukee, Wisconsin, sob a regência de Richard Carsey).

Escrita para orquestra de quinze instrumentistas, com sons pré-gravados de instrumentos típicos irlandeses, reminiscentes dos canto dos *sean-nos*, os cantores de baladas tradicionais, é na primeira parte uma ópera muito lírica, de tom alegre, embora com elementos subjacentes às vezes sombrios; e, na segunda, uma comédia de humor negro, temperada por ritmos de dança, hinos de igreja e sons de sino, que se combinam para dar a cor local da cidadezinha de Ballymore, onde a ação se passa.

A primeira parte, *Winners*, descreve as últimas horas de vida de Meg e Joe, que se amam muito mas – eles não o sabem – estão destinados a morrer, no final daquele dia, num acidente de barco. Dois cantores de balada contam a história do casal, fazendo-nos sentir como é fugaz, diante da possibilidade da morte, até mesmo a felicidade mais intensa. Na segunda parte, *Losers*, Andy e Hannah, um casal de meia-idade, tenta reavivar seu relacionamento amoroso, em meio a uma série de dificuldades práticas. O pano de fundo é a mudança na vida de uma comunidade profundamente religiosa, devota de Santa Filomena – para a qual todas as noites reza o rosário –, no momento em que o Vaticano decide retirar essa personagem irlandesa de seu Cânon dos Santos (o que realmente aconteceu no final da década de 1960).

• *Balseros* (música: Robert Ashley, libreto: María Irene Fornés, cantado em inglês e espanhol, baseado em entrevistas com 25 *balseros*, cidadãos cubanos que fugiram em balsas e chegaram aos Estados Unidos; estréia no Colony Theater da Florida Grand Opera, Miami, em 16 de maio de 1997).

Ópera de câmara encomendada pela Florida Grand Opera em colaboração com o Miami-Dade Community College e a South Florida Composers Alliance. Escrita minimalista, de harmonias estáticas e ritmos hipnóticos, para dois percussionistas, sintetizadores e sons pré-gravados. As linhas vocais, misturando fala e canto, usam melodias repetitivas e em *ostinato*, "pulsando como as ondas do mar", diz o autor.

Os narradores são um casal cubano-americano e eles contam, em espanhol, a história dos balseros, dezessete pessoas que estão numa jangada e contam, trançando-as umas às outras, 36 histórias que foram um único fio narrativo. A ópera divide-se em quatro seções básicas: *A Jangada* – a construção da embarcação e as providências que são tomadas para que ela possa enfrentar o mar; *A Partida* – o momento de decisão em que os viajantes saem para o mar aberto; *O Mar* – sua vastidão e perigos, e o desafio psicológico que significa enfrentá-los; e *O Resgate* – a chegada de um barco que salva as pessoas, exaustas após semanas de luta contra a sede e a fome; as lembranças dos familiares que ficaram para trás; as dificuldades com a burocracia do governo americano mas, ao mesmo tempo, a esperança de uma vida nova.

• *Bandanna* (música: Daron Hagen; libreto: Paul Muldoon, livremente baseado no *Othello* de Shakespeare; estréia no Teatro de Ópera da Universidade do Texas, em 25 de fevereiro de 1999).

Ópera de estilo musical eclético, com referências constantes ao folclore mexicano (à orquestra juntam-se piano, harpa e uma banda de mariachis); escrita tonal, mas com elementos contemporâneos. Jake e Cassidy serviram no Vietnã com Miguel Morales e são seus ajudantes numa pequena cidade do Novo México, onde ele é chefe da polícia. Jake, que faz jogo duplo guiando imigrantes ilegais que desejam atravessar a fronteira, está furioso, pois Morales promoveu Cassidy para o cargo que ele desejava ocupar. Para vingar-se, Jake decide, com a cumplicidade de Emily, a sua noiva, convencer Miguel de que Mona, a sua mulher, está tendo um caso com Cassidy. O ciúme faz Miguel balear Cassidy, estrangular Mona e se suicidar. Existe a gravação da estréia, lançada em 2001 pelo selo Arsis Audio., com William Lewis, Paul Kreider, Kerry French, Edward White Jr., Diane Rae Schoff e Daniel Terrazas.

• *The Bandit Queen* (música: Shirish Korde; libreto: Sonya Friedman, baseado em fatos reais; prevista para produção em 2004; houve uma pré-estréia em julho de 2002, na Lowell House, da Universidade de Harvard, durante um *workshop*; em 2003, foi divulgada uma gravação de áudio desse espetáculo).

Ópera de estilo dodecafônico, com forte influência da música oriental (o autor é de origem indiana). A jovem Phoolan Devi, de casta muito baixa, moradora de uma aldeia nas ravinas da Índia Central, foi forçada pelos pais a se casar aos onze anos. Fugiu do marido, foi presa por um grupo de bandidos e violentamente estuprada. Com o tempo, tornou-se a chefe desses bandoleiros, famosa pela compaixão com que tratava as mulheres, e a forma impiedosa como castigava os homens, sobretudo os de alta casta. Cercada pela polícia, ela se entregou, mas os protestos das classes baixas foram tão violentos que o governo viu-se obrigado a libertá-la. Phoolan concorreu ao Parlamento, foi eleita e, lá, lutou pacificamente pelos direitos humanos, até ser assassinada,

em julho de 2001, por matadores profissionais contratados por mandantes nunca identificados. Phoolan Devi foi chorada por toda a nação.

• *Beast* (libreto e música de Lannette Lind, variação da história da Bela e a Fera; depois de uma primeira apresentação no auditório Pittman, da Universidade de Raleigh, na Carolina do Norte, em 2002, a autora decidiu-se a revisar a ópera, para expandi-la, de dois atos, com orquestra de câmara, para três atos, com orquestra completa).

Muito lírica e usando um idioma tonal, *Beast* é a história de amor entre uma jovem e um homem que se vê como uma fera. No princípio, ela sente mágoa e ressentimento contra aquele homem rude, e ele se alegra com a idéia de que porá fim à sua solidão e trará a seu jardim uma presença feminina redentora. Mas essa alegria é destruída por seu alter-ego, que lhe relembra o quanto ele é feio. A ópera mostra como a moça se acostuma com o homem feio e, depois, chega a amá-lo de verdade; e como ele aprende a se aceitar como é. No final, o fato de ter sido amado de verdade é o suficiente, e ele se sente capaz de permitir que ela volte para sua família.

• *Beast and Superbeast* (música: Jorge Martín; libreto: Andrew Joffe, baseado em quarto contos de Saki (H. H. Munro): *The Interlopers, Sredni Vashtar, The Mappined Life* e *Tobermory*; estréia na American Chamber Opera Company, de Bethesda, em 21 de junho de 1996, com Bethany Reeves, Jessica Marsten, Lynn Norris, Lisa Pierce, Daniel Rawe, Pamelia Phillips, Thomas L. Honnick, Keith J. Richard, Gustavo Camps, David Stoneman, Leslie Churchill Ward).

Ópera de música tonal, muito lírica e acessível, mas também utilizando eventualmente recursos de influência oriental para efeito de caracterização de ambiente. Em *The Interlopers*, dois homens que passaram a vida em litígio pela posse de um bosque vêem-se, subitamente, presos sob uma imensa árvore que desabou. Não conseguem matar uma ao outro, têm, pela primeira vez, a oportunidade forçada de conversar, descobrem que têm muito em comum, e decidem ser amigos. Mas, antes que possam ser encontrados pela equipe de resgate, são descobertos por um bando de lobos famintos. *Sredni Vashtar* é um menino indiano doente, tratado cruelmente pela prima, que o impede de brincar. Em segredo, ele arranja um furão como animal de estimação. Apesar de sua força e selvageria, o bicho gosta do garoto, que o reverencia como se ele fosse uma divindade natural. Um dia, a prima descobre que o menino brinca com o animal no barracão onde a família guarda suas ferramentas. Vai lá, para castigá-lo, mas é morta pelo feroz furão. *The Mappined Life* é a história da menina que, tendo ido fazer uma visita ao zoológico, torna-se subitamente consciente de como a vida besta que ela e a tia levam é semelhante à dos animais, confinados dentro de suas jaulas. *Tobermory* é o nome do gato dos Blemleys. Um dia, eles convidam os seus vizinhos para um *garden party* em sua casa de campo. Entre os convidados, aparece um tal de Mr. Opeen, homem muito estranho, que afirma ter ensinado Tobermory a falar. A princípio, todos acreditam que aquilo não passa de uma brincadeira. Mas ficam horrorizados quando o gato não só começa a falar como revela todos os detalhes comprometedores da vida da família a que assistiu aqueles anos todos. Quando eles decidem que o gato tem de ser sacrificado, Tobermory, assustado, foge. Transformados em bestas ferozes, os seus donos, que sempre o tinham tratado com carinho, perdem o verniz de civilização, e resolvem partir numa caçada ao gato. De repente, o mordomo vem anunciar que Tobermory foi morto, numa briga com outros gatos. Recuperando o comportamento polido, como se nada tivesse acontecido, os Blemleys anunciam a seus convidados que está na hora de servir o chá. *Tobermory* foi apresentada isoladamente, em 1997, no Lake George Opera Festival.

• *Belladonna* (música: Bernard Rands; libreto: Leslie Dunton Downer, baseado livremente no *Banquete* de Platão; estreada em 29 de julho de 1999, na Wheeler Opera House, durante o Festival de Aspen, sob a regência de David Zinman; a obra foi encomendada para comemorar o 50º aniversário desse festival).

Ópera de câmara (orquestra com dezessete instrumentistas); música de estilo atonal, mas com algumas linhas vocais eventualmente melodiosas. Um coro fora de cena faz comentários em estilo gregoriano, com texto em latim. Há, na partitura, algumas citações de temas de Bach, Beethoven e Wagner.

Cinco mulheres reúnem-se, durante um jantar de Páscoa, para falar de amor, traição, solidão. Agatha Liu é uma feminista de origem chinesa muito masculinizada. A professora Cynthia Reid é alcoólatra, ensina literatura, e está apaixonada por um de seus alunos. A Drª. Marina Rojas-Harper tem uma clínica de medicina alternativa, destinada às mulheres com problemas de fertilidade, mas onde também faz abortos. Brittany Peters é uma cantora de ópera para quem os fãs são a coisa mais importante do mundo. E Susanna está se preparando para tomar os votos como freira. Elas falam de seus medos, desejos, fantasias ou experiências reais associadas com o amor. Essas reflexões têm por pano de fundo os acontecimentos da Semana Santa: a ação divide-se em "The Last Supper", "Temptation", "Solitude", "Betrayal", "Accusation and Trial", "Execution", e "The Resurrection", alternando um tom ora engraçado, ora comovente. De suas conversas participam o espírito de personagens reais do passado: Sóror Juana de la Cruz, Katelyn Mattson, a rainha Elizabeth I e a tsarina Catarina a Grande, as ativistas Emma Goldman e Rosa Luxemburg e Joana d'Arc. Foram feitas gravações de vídeo e áudio da estréia pela European American Association.

• *Bellinis's War* (música: Steven Paxton; libreto: William Wenthe, baseado no romance *Italian POWs in a Texas Church*, de David Mace Williams; estréia em 20 de outubro de 2001 no Allen Theatre da Universidade Tecnológica do Texas).

Em três atos, com elenco de dezesseis cantores e coro, *A Guerra de Bellini* é escrita num estilo eclético, característico das tendências operísticas mais atuais, para orquestra e coro, com harpa, guitarra elétrica e percussão. Durante a II Guerra Mundial, um grupo de prisioneiros de guerra italianos é mandado para um campo de internamento, numa região isolada do Texas, onde são tratados da maneira mais rigorosa possível por um comandante atacado de excesso de zelo. A arte faz com que eles se aproximem e tornem-se amigos do vigário da igrejinha de Santa Maria, no povoado texano de Umbarger. A "guerra de Bellini" a que o título alude é o conflito interior do jovem capitão americano entre os princípios militares, que exigem dele não confraternizar com o inimigo, e a consciência de que o sentimento humano deve ser posto acima desses conceitos. No final, vence a amizade que o vigário lhe oferece.

• *Black Wings* (música: William Harper; libreto: Theodore Shank; prevista para ser estreada em 2004 no UCSD Theater de La Jolla, na Califórnia; ópera pop com elenco misto, de cantores negros e brancos).

Inspirada na vida de Bessie Coleman, a primeira mulher negra a pilotar aviões pequenos, essa ópera, escrita num idioma que mistura jazz, blues, música folclórica e rock, passa-se no Texas em 1922. Cody, caubói branco que se entedia no campo, vê passar um bimotor que some no horizonte, fazendo um ruído estranho. Daí a pouco, aparece Bessie, jovem negra vestida de piloto, trazendo na mão uma lata de gasolina. À noite, depois de ter conseguido reabastecer seu aparelho, Bessie tem a visão de Moselynne, seu mentor espiritual (que se expressa como um cantor de gospel). Aparecendo nas nuvens, ele lhe ordena que ensine seu povo a voar e que encha o céu com a música das asas negras. Levando Cody com ela, Bessie vai para Chicago. Lá, ele se embrenha nos caminhos suspeitos do crime organizado, e ela passa a se dedicar às acrobacias aéreas, com os aviões que consegue alugar, decrépitos e mal cuidados – enfrentando a hostilidade dos homens, pilotos veteranos da I Guerra, que têm preconceito contra mulheres aviadoras. Quando está prestes a realizar o sonho de Moselynne, ela é vítima de um acidente, devido à má conservação de seu aeroplano alugado. Mas uma menina que seguia extasiada as suas acrobacias está firmemente decidida a seguir seu exemplo quando crescer. A ópera termina com a apoteose de Bessie no outro mundo, onde é recebida por Moselynne e as figuras alegóricas das Dead Aviatrixes que, durante a ação, a inspiraram, com seu canto de sereia, a sempre superar seus próprios limites.

• *Blue Opera* (música e libreto: Nancy Binns Reed; estréia: Reunion Music Society, em 17 de outubro de 1997, com Beverly Cosham (Eurídice), Michael Houston (Orfeu), Peter Ferko (D. Giovanni), Karen Mercedes (Medéia), Steve Metzger e outros).

Ópera de câmara (oboé, trompete, percussões e fita pré-gravada), em linguagem mista: erudita – tonal, atonal, modal –, jazz, popular.

Na Ilha dos Abençoados, o paraíso mitológico grego, no ano 2000. Orfeu perdeu a voz e é obrigado a declamar como os modernos cantores de rap. Ele sonhou com uma flor azul cuja fragrância seria capaz de lhe restituir a voz. Desce as escadas douradas do céu em direção ao Limbo, em busca dessa flor. Ali, os três dragões que no passado puxavam a carruagem de fogo de Medéia o aconselham a descer mais, até o Inferno. No círculo superior do Inferno, ele encontra Medéia e Don Giovanni, que estão pedindo liberdade condicional e o direito de subir até o Limbo, mas sua apelação é negada. Orfeu encontra a flor, recupera a voz mas, nesse meio tempo, Medéia e Don Giovanni passaram a conversa em Eurídice, que veio também descendo as escadas, cantando um blues e procurando pelo marido. Eles a levam para os círculos inferiores do Inferno, atravessando os Sete Infernos, cada um com um estilo diferente de música, progressivamente selvagem e caótico. Os dragões chamam Orfeu e ele mergulha pelos Sete Infernos abaixo, para salvar uma vez mais a amada. Encontra-a no Sétimo Inferno e canta maviosamente para que seja lá qual deus, pedindo-lhe que o liberte e à sua mulher. Orfeu, Eurídice, Medéia, D. Giovanni e uma porção de outros condenados são arrebatados num turbilhão e levados para o Limbo. Existe o vídeo da transmissão do espetáculo, em fevereiro de 1998, pelo canal 10 de Fairfax County.

• *The Blue Hotel* (música e libreto de Brian Clarence Hulse, baseado em um conto de Stephen Crane; estava à espera de uma encenação em 2004).

Melodiosa, de estilo densamente cromático, com empostação verista forte, é uma ópera de câmara escrita para piano, clarinete e contrabaixo. O dono de um hotel em Nebraska, no final do século XIX, tem problemas com um hóspede paranóico, sempre assustado com os perigos da região fronteiriça americana. Durante um jogo de cartas, após ter bebido muito, esse forasteiro puxa briga com o filho do proprietário e lhe dá uma surra. Vangloria-se de sua vitória, irrita com isso um outro hóspede do hotel, e este mata-o com um tiro.

• *Bok Choy Variations: a Tale from the Red Dust* (música: Evan Chen; libreto: Fifi Servoss, baseado em um livro de Servoss, Chen e Eric Simonson; diálogos adicionais de Keith Huff; estréia na Ópera de Minnesota, em 10 de junho de 1995, com Jason Ma, Christine Toy, Alan Muraoka, Edmund Eng e outros).

Ópera de estilo híbrido, fundindo melodias tonais, com elementos de jazz e folclore grego e americano, a recursos de escrita de vanguarda (inclusive com o uso de instrumentos eletrônicos); eventual presença de escrita minimalista.

Ambientada entre 1967-1989, em Xangái, na Grécia, em San Francisco e Nova York, conta a história de quatro rapazes chineses que, descontentes com a Revolução Cultural de Mao Tsetung, sonham em mudar para os Estados Unidos. Fazem o pacto de permanecerem amigos a vida inteira, e de se encontrarem em Nova York daí a dez anos. Da Wei, que sonha em ser concertista de piano, apaixona-se por May, apesar da oposição da mãe da moça. Para protestar contra a exigência de ter de se submeter a um teste sobre a vida de Mao, Da Wei sai da universidade. Infeliz por ter perdido May, angustiado com a opressão política à sua volta, concorda em fazer um casamento de conveniência e ir para a Grécia com Sophia, uma bolsista grega que também foi expulsa da universidade por ter aderido a esse protesto. Mas sente-se infeliz na Grécia e vê seus planos de tornar-se músico escapando de suas mãos. Embora o ame, Sophia se dá conta de que deve deixá-lo livre para que realize seus sonhos.

Da Wei vai para San Francisco, onde se encontra com seu amigo Zhang Guo, agora ligado a uma gangue de contrabandistas integrada por imigrantes chineses. Desiludido, solitário, alienado, recebe a visita de Sophia, que vem pedir o divórcio. Billy, um músico de jazz, estimula Da Wei a usar a sua música como uma forma de enfrentar o passado. Um dia, os quatro amigos se encontram em Nova York. Fong abriu um restaurante; Lee é pintor e faz retratos das pessoas na rua, em Times Square; Zhang Guo está pensando em voltar para a China; e Da Wei, a duras penas, conseguiu terminar o conservatório. Todos se sentem frustrados por terem perdido os vínculos com a terra natal e não terem criado laços novos com o país de adoção. Da Wei fica sabendo que May acaba de separar-se de Fong. Ao procurá-lo para perguntar se é verdade, Fong lhe diz que May e Zhao voltaram para a China, e que Lee foi assassinado, na rua, por um homem que queria roubar os trocados que ele ganhava pintando seus retratos. Da Wei decide voltar para San Francisco, enfrentar os fantasmas do passado, e terminar as suas *Bok Choy Variations*, peça para piano que nunca conseguira concluir. A ópera de Chen recebeu, na revista *Opera News* de outubro de 1995, uma avaliação favorável de Michael Anthony.

• *Bonhoeffer* (música: Ann Gebuhr; libreto: Robert Hatten; estréia em 19 de maio de 2001, no Moores Opera House de Houston, sob a regência de Robert Linder.)

Ligados ao Studio de Ópera da Universidade Batista de Houston, Gebuhr e Hatten evocam a figura de Dietrich Bonhoeffer, o pastor e teólogo alemão que participou da conspiração para matar Hitler. Baseando-se em cartas, jornais da época e entrevistas com amigos e membros da família de Bonhoeffer ainda vivos, Hatten mostra a luta pacifista desse pastor luterano e o conflito interior para justificar, à luz da fé e da defesa dos direitos humanos, a ação violenta contra o ditador. A personalidade de Bonhoeffer vai sendo revelada através de seu relacionamento com a noiva, Maria von Wedermeyer, com o amigo Eberhard Bethge, e com o cunhado, Hans von Dohnányi. Após um Prólogo na prisão, seqüências de *flash-back*, de tom onírico, reconstituem experiências anteriores à sua prisão pela Gestapo: ele agiu como agente duplo, para a *Abwehr*, de modo a conseguir informações que ajudassem a *Operação Sete*, encarregada de ajudar quatorze cidadãos judeus a fugir para a Suíça. Concentram-se no ato II as cenas que mostram a confrontação entre a fé e o patriotismo, em meio às pressões a que seus relacionamentos pessoais são submetidos, devido às privações da guerra, aos interrogatórios e à tortura na prisão. A ópera termina com o último sermão de Bonhoeffer, antes de ser enforcado por ordem direta de Hitler.

Escrita para orquestra de cordas com flauta, oboé, trompete e piano tocando sempre como solistas *obbligati*, além de percussões, a partitura é de estilo bastante acessível, ora de um atonalismo expressionista de violência rítmica brutal, ora recorrendo ao diatonicismo, nas cenas mais interiorizadas e de caráter lírico ou poético. Em outubro de 1999, durante um seminário na Penn State University sobre Bonhoeffer e a questão da validade de se responder com violência à prática do mal, a ópera recebeu uma apresentação em forma de concerto. Existe uma gravação, em selo independente, de trechos da ópera com o elenco da estréia (Douglas Yates, Dalma Boronkai, Russ Clark, Joshua Wilson-R. Linder).

• *Borgia Infami* (música: Harold Blumenfeld; libreto: Charles Kondel, baseado em *Borgia: Geschichte einer Familie* (1928), de Klabund – pseudônimo de Alfred Henschke – e no drama *Lucrèce Borgia*, de Victor Hugo).

A vida, os amores e os crimes dos Borgia são evocados nessa versão contemporânea de um *grand-opéra* para grande orquestra, centrado na figura de Rodrigo, que se transforma no corrupto papa Alexandre VI; em seu filho Cesare, cuja sede de poder foi imortalizada no *Príncipe*, de Maquiavel; e na bela Lucrécia, filha de Rodrigo, duquesa de Ferrara, suspeita de ter sido a envenenadora dos inimigos de sua família. A ação alterna os fatos históricos relatados por Klabund à versão ficcional hiper-romântica de Hugo. Lucrécia teve um filho ilegítimo, fruto de um possível incesto com o papa, seu pai. Separado dela ao nascer, o menino transforma-se em um oficial virtuoso, que odeia a corrupção dos Borgia mas, ao mesmo tempo, deseja apaixonadamente encontrar sua mãe. Lucrécia manteve contato com ele todo o tempo, à distância, escrevendo-lhe anonimamente. Mas ao envenenar os amigos do filho, que são hostis à sua família, ela o mata

também, acidentalmente. Desesperada, revela-lhe sua verdadeira identidade, apunhala-se e morre junto com ele. Essa é também a trama da *Lucrezia Borgia* de Donizetti.

Borgia Infami propõe-se a restaurar, em termos modernos, os grandes clichês operísticos do melodrama romântico: grandes números fechados, árias, duetos, trios, e um elaborado sexteto; cenas de efeito, entre elas um auto-da-fé; um brinde interrompido pelo canto fúnebre de uma procissão de monges; seqüências líricas alternando-se a momentos cômicos, de tom offenbachiano; e uma bem construída cena em que Lucrécia vai rezar, no convento, tendo ao fundo um coro feminino, cuja música é inspirada na compositora medieval Hildegarde von Bingen. Na cena inicial, o libreto pede que o encenador reproduza, no palco, a tela em que Pinturicchio representou a coroação de Rodrigo Borgia.

• *The Boy from Deerfield* (música e libreto: Martin Halpern, baseado na peça de Robert Lowell extraída do conto *My Kinsman, Major Molineux*, de Nathaniel Hawthorne; estréia em 21 de maio de 2000, com a companhia "The Lark Ascending", da Jane Street, em Nova York).

Ópera de câmara em um ato – quinteto de cordas e percussão, com acréscimo de flauta, oboé, clarinete e fagote –, tonalmente livre, com amplo uso de cromatismo, mas dotada de centros tonais claros. Um ingênuo rapaz do interior vai a Boston, na véspera da Revolução Americana, procurar um parente rico e poderoso, na esperança de que ele o ajude. O que encontra é uma cidade dividida por conflitos políticos violentos. Quando finalmente localiza o parente rico, ele caiu nas mãos de inimigos, que o torturam e lincham sob seus olhos.

• *The Brothers Grimm* (música e libreto: Dean Burry, baseado em contos dos irmãos Grimm; estréia em 30 de abril de 2001 durante a excursão americana da Canadian Opera School).

Ópera de câmara em estilo híbrido tonal-atonal. A pedido de Brentano, o seu editor, os irmãos Wilhelm e Jacob Grimm conversam com os habitantes de sua cidade e recolhem as histórias de tradição oral que eles conhecem. Mas, com sua imaginação muito viva, transformam historinhas banais em brilhantes contos de fadas. São especialmente interessantes os seus encontros com duas velhas solteironas, as senhoritas Wild e Viémann, detentoras de um rico repositório de tradição oral.

- *Caroline or Change* (música: Jeanine Tesori; libreto: Tony Kushner; estréia em 30 de novembro de 2003 no Newman Theater, do conjunto The Joseph Papp Public Theater, no East Village de Nova York, dirigida por George Wolfe, sob a regência de Linda Twine).

Ópera de câmara de estilo híbrido, misturando a linguagem erudita com a popular, tem como personagem central Caroline Thibodeaux, empregada negra que, em 1963, trabalha para o clarinetista judeu Stuart Gelmann, na Luisiânia. A ação centra-se nas relações afetivas de Caroline com o menino Noah, cuja mãe morreu de câncer pouco antes. A distância que separa as classes sociais, a questão dos preconceitos e o efeito que isso tem sobre os laços emocionais são a causa da "mudança" anunciada no subtítulo. Como pano de fundo, surgem fatos marcantes da história americana, entre eles o assassinato do presidente Kennedy. A história é tratada com uma mistura de realismo – inspirado nas narrativas urbanas de contistas como William Maxwell ou Peter Taylor – e de fantasia: participam da ação a Máquina de Lavar, o Secador de Roupa, e o Rádio (esse representado por um trio feminino que canta no estilo de The Supremes), símbolos da relação da empregada com seus empregadores, e da forma "utilitária" como eles a vêm. No *New York Times* de 1.12.2003, Ben Brantley descreveu a partitura de Tesori como "uma colagem pós-moderna que cita um pouco de tudo, do [grupo de rock] Motown a Mozart, com isso conseguindo captar, de forma hábil, as oscilações e flutuações dos padrões de pensamento de personagens pertencentes a mundos diferentes".

- *Cassandra* (música: Ian McAndrew; libreto: Gordon Portman, cruzando situações da *Ilíada* de Homero, do *Agamêmnon* de Ésquilo e da *Eneida* de Virgílio; estréia em 25 de maio de 2003 no auditório da St. Anne's Anglican Church, de Toronto, no Canadá).

Ópera de câmara – nove instrumentistas: quinteto de cordas, oboé, fagote, trompete e cravo – de estilo serial e escrita contínua, mas com a inserção de árias, duetos e um sexteto. Apolo oferece a Cassandra o dom da profecia em troca de entregar-se a ele. Mas quando a princesa troiana vê as imagens de carnificina e destruição que esperam o seu povo, fica tão horrorizada que recusa as carícias do deus e diz-lhe que quer voltar atrás em seu trato. Furioso, Apolo a amaldiçoa: ela conservará a capacidade de prever o futuro, mas ninguém acreditará nela. Todo o desenrolar da ópera mostra as conseqüências catastróficas dessa decisão: o rapto da rainha espartana Helena, o ataque grego a Tróia, a queda dessa cidade, a captura de Cassandra por Agamêmnon, o assassinato desse rei pela mulher, Clitemnestra, quando volta para casa, e a morte da própria Cassandra nas mãos de Clitemnestra.

- *The Cat Lover* (música: Roberto Pace; libreto: Ann Greene; segunda parte de uma trilogia projetada pelo American Opera Project, a se intitular *Scenes of the American Life*, estreada isoladamente no outono de 2000, no auditório do Bard College, em Nova York).

Ópera de câmara com formas jazzísticas, escrita para piano-sintetizador, contrabaixo, trompete, sax alto e percussão). Além de ter tido vários relacionamentos mal-sucedidos, Leonia, que se sente muito sozinha na cidade grande, fica muito frustrada ao descobrir que é alérgica ao pêlo de seu gato persa. Tem uma união infeliz com James, que casou-se com ela para tampar o buraco deixado por Jane, sua antiga namorada; fica muito deprimida e acaba morrendo. Ergue-se do caixão para ter um breve envolvimento com o irmão de seu analista, que é ator de filmes pornográficos. Depois, conclui que seu destino é mesmo a solidão.

- *A Celebration of the Human Voice* (música: Linda Bouchard; libreto da compositora e de Richard Armstrong, o diretor do espetáculo, baseado em trechos de *El Libro de los*

Abrazos, de Eduardo Galeano; estréia na primavera de 2001 no Margaret Greenham Theater, do Centro para as Artes de Banff, no Canadá).

O livro de Galeano constrói estruturas mais amplas a partir de fragmentos de histórias ou perfis de personagens. Segundo os seus autores, "o processo de criar uma estrutura de *music theatre* a partir dessa rica fonte requer a capacidade de tentar novas abordagens de encenar, pronto a montar e remontar o espetáculo durante os ensaios. As descobertas feitas nesse estágio são incorporadas ao texto e à partitura e, por sua vez, tentadas de novo." Compositora e libretista declaram-se adeptos do "complexo processo de colaboração que se estabelece nos *workshops*, especialmente no que diz respeito à síntese entre a abordagem composicional e as práticas de representação".

• *Chauvin* (música: Malcolm Hill; libreto: John Deethardt Jr.; *grand-opéra* sem previsão de estréia até meados de 2004).

De linguagem conservadora e trabalhando com grandes formas, o melodrama trata da figura de Nicolas Chauvin, de cujo nome derivou a expressão "chauvinismo", usada para designar o patriotismo exagerado, a valorização ufanista das coisas e costumes de seu próprio país. Tendo conhecido e sido elogiado por Napoleão, Chauvin percorre o país, sentindo-se investido de uma missão sagrada, para pregar a todos a grandeza da França. Mas, ao mesmo tempo, sente-se culpado por abandonar a família em nome de seu suposto dever patriótico. Finalmente, vence a monomania: Chauvin se separa da esposa e dos filhos, para mergulhar de cabeça em seu incerto futuro.

• *Chéri* (música: Michel Dellaira; libreto: Susan Yankowitz, baseado no romance homônimo de Colette; estréia em 28 de janeiro de 2002 no Clark Theater, do Lincoln Center, por iniciativa do Center for Contemporary Opera).

Ópera de câmara de estilo tonal, com árias e diversas cenas de conjunto inseridas no comentário orquestral contínuo. Léa de Lonval, uma cortesã envelhecida, vive há seis anos com Chéri, seu amante jovem e bonito. Quando ele anuncia que decidiu casar-se com uma jovem de sua idade, essa Marechala da *belle époque* aceita com muita nobreza uma coisa que – ela sabia – mais cedo ou mais tarde seria inevitável. Tarde demais, os dois ex-amantes se dão conta de que o relacionamento deles era muito mais profundo do que eles imaginavam ou conseguiam expressar.

• *Children* (música: Gerald Cohen; libreto: Charles Kondek, baseado no *Gênesis*; em 2004, estava em processo de composição, sob patrocínio do American Opera Project).

Ópera de câmara – orquestra de dezesseis instrumentistas – contando a história bíblica da esterilidade de Sara, a mulher de Abrão. Para que seu marido tenha um herdeiro, ela permite que a escrava Hagar conceba dele um filho, Ismael. Mas o relacionamento entre as personagens se altera quando Sara engravida e tem Isaac. Novas tensões são criadas e elas se vêem forçadas a tomar decisões difíceis a respeito de suas vidas e a de seus filhos.

• *Cleo* (música: Bruce Trinkley; libreto: Jason Charnesky; forma a terceira parte da trilogia intitulada *Ever Since Eden*).

De linguagem pós-romântica, com traços de opereta européia e citações de *negro spiritual*, passa-se durante a filmagem de *Cleopatra* com Elizabeth Taylor e Richard Burton. Eddie Fisher, marido da atriz na época, irrompe no estúdio, exigindo que Elizabeth escolha entre ele e Burton. Perde a parada, pois é o ator inglês que ela prefere.

• *Closing Time* (música: Kenneth LaFave; libreto: Robert Kastenbaum; estréia em abril de 1999 no auditório do Pima Community College, em Tucson, no Arizona).

Cabaret opera, de música tonal com elementos de *blues*, passada no fim da noite, em um bar decadente do centro da cidade. A *jukebox* está tocando uma canção popular chamada "A Chance for Love". O barman anuncia que está na hora de fechar, e os desalentados freqüentadores concordam que, para eles todos, cuja vida é frustrada e sem esperança, está mesmo na hora de fechar a conta. Estão fazendo o pacto de pôr fim à vida juntos, quando surge a Mulher Misteriosa e canta para eles um blues que descreve a morte de forma tão sórdida, que eles concluem ser melhor continuarem vivos. Existe a gravação da estréia em CD e vídeo.

• *Coemeterium* (música e libreto de Vittorio Furgeri, baseada no poema *Um Cemitério no Coração de Roma*, de Enrica Guarnieri, descrevendo a cripta dos capuchinhos; pronta em meados de 2003, mas ainda não encenada).

Peça de *music theater* escrita para conjuntos de sopros e percussão, banda de jazz e banda de rock, numa linguagem que vai do modal e politonal ao inteiramente atonal. Coreografia, poesia e música se unem nessa reflexão sobre o fascínio do ser humano pelo macabro e o espetáculo da morte. Participam da ação os Visitantes da cripta (atores-dançarinos), uma estranha Princesa (soprano), um Monge (tenor) que representa o conflito entre o físico e o metafísico, e os Seguidores de Satã (coro), que negam os valores humanos e espirituais, promovendo, por puro desespero, as forças do mal. No final, é a Morte quem triunfa como realidade inexorável, mas trazendo com ela a serenidade que vem da aceitação mística das leis universais a que todos estamos sujeitos.

• *The Coyotes and the Rabbits-Los Coyotes y los Conejos* (música e libreto bilíngue: Hector Armienta; estreada em novembro de 1999, apresentada no auditório de várias escolas de San Francisco).

Ópera infantil, de objetivos didáticos, com acompanhamento de piano, de estilo tonal, com utilização de temas inspirados no folclore mexicano. A história é contada – em inglês e espanhol – por Chiquita e Banana, dois coelhos matreiros, mas bem intencionados. O jovem coiote Scrawny decidiu aprender a ler, mas seu primo Loco, que veio visitá-lo, lhe diz que isso é uma coisa que um verdadeiro coiote nunca faria. Suas tentativas de levar Scrawny de volta ao "bom caminho" têm resultados muito desastrados. No final, o coiote compreende que a ignorância de Loco só lhe faz mal, e a educação é o instrumento para uma vida melhor.

• *Cymbeline* (música e libreto: Christopher Berg, baseado na peça de Shakespeare; es-

tréia em 12 de junho de 2001, no auditório da Greenwich House Music School).

Obra em grandes proporções, de estilo muito eclético, utilizando técnicas musicais e de encenação de várias épocas da História da Ópera. Cimbelino, rei da Bretanha, baniu Posthumus Leonatus, o nobre com quem sua filha, Imogene, tinha-se casado secretamente. A rainha, sua madrasta, desconhecendo a condição matrimonial de Imogene, quer forçá-la a casar-se com seu filho de um primeiro casamento, assim assegurando para ele a sucessão do trono. As manobras do italiano Iachimo, que faz Posthumus duvidar da virtude de Imogene, e os esforços de Cimbelino para reconciliar-se com seus dois filhos formam a espinha dorsal do libreto.

• *Dance with the Devil* (música e libreto: Randall Shinn; em 2004, o autor estava à procura de um teatro interessado na montagem).

Ópera de estilo verista, com escrita tonal, mas com a utilização de *ragtime*, hinos sacros e melodias de gosto popular. A ação passa-se entre 1906-1913. Abigail Stone canta no coro da igreja em que seu pai, Elias, é pastor. Ele e a avó, Hanna, a educaram, depois que a mãe fugiu, abandonando a família. Helen, uma cantora de ópera, ouve-a cantar e oferece-se para darlhe aulas. Elias recusa; depois, ao surpreender Abby em um baile, a deserda. Ela vai morar com Helen, torna-se sua amante e transforma-se numa cantora respeitada. No leito de morte, Hanna lhe pede que volte e cuide do pai, mas ela recusa. Abby vai procurar o pai, para perguntar se pode assistir aos funerais da avó. Ele a chama de prostituta e pervertida e, diante da defesa que a filha faz do estilo de vida que leva, a apunhala. Em seguida, arrependido, suicida-se. Abby morre nos braços de Helen.

• *Daphne at Sea* (música: Charles Norman Mason; libreto: Sally M. Gall; estréia em 13 de abril de 2000 no Southern College Theatre, em Birmingham, no Alabama).

Composta num idioma híbrido, combinando o tradicional e o moderno, trata do poder da música para despertar nas pessoas lembranças do passado e trazer a promessa da esperança no futuro. Jenny e Gabriel estão noivos, mas Daphne, a mãe da moça, é contra o casamento por razões que não sabe explicar. Eles a levam num cruzeiro, para tentar desanuviar-lhe as idéias e criar condições de discutir com ela, de modo razoável, as suas razões para não gostar de Gabriel. Mãe e filha envolvem-se numa briga acalorada, durante a qual Jenny percebe que as objeções tem a ver com a infelicidade de Daphne no casamento. A mãe irrita-se tanto na discussão com a filha, que perde os sentidos. Ao recuperar a consciência, ouve uma música que ninguém mais ouve. Dá-se conta, aos poucos, de que estava enganada quanto ao passado e acaba aprovando o casamento da filha com Gabriel. O catalisador dessa decisão foi a estranha melodia que só ela ouve e é a forma de sugerir a sintonia com o passado que ela consegue restabelecer. Existe a gravação da estréia em vídeo e CD (Mildred Allen, Robin Lee Mozer, James Seay-Thomas Gibbs).

- *A Dark and Stormy Night* (música e libreto: Philip Hagemann; estreada em janeiro de 1997 na convenção da National Opera Association, em Dallas).

Comédia de câmara predominantemente tonal. Bill Blank, professor universitário, sofre de bloqueio como escritor porque – como ele diz – nada em sua vida tediosa o inspira a escrever. A inspiração baterá à sua porta sob a forma de três estranhas criaturas que podem não passar de criações da sua imaginação: uma dama que parece uma poetisa do século XIX; um homem grande e desajeitado que lembra a Criatura construída pelo Dr. Frankenstein; e um estudante alemão chamado Octavian von Herren-Hosen, e que parece saído do libreto do *Cavaleiro da Rosa*.

- *Death of Virgil* (música: Michael White; libreto: Thom Sokoloski, baseado no livro de Hermann Broch; estréia em 25 de novembro de 1999, no Theater Center de Toronto).

Peça de *music theater* para *mezzo*-soprano, quatro bailarinos e música eletroacústica pré-gravada, a partir do poema em prosa de 1945, em que Broch descreve a transfiguração mística da realidade no "momento intemporal" que precede a morte do poeta romano.

- *The Death of Isaiah Robb* (música: Frederick Frahm; libreto do compositor, montando trechos de poemas de Walt Whitman, Herman Melville, Ambrose Bierce, Stephen Crane e William Cullen Bryant; pronta em 2004, à espera de encenação).

Ópera de câmara para cordas e harpa (ou piano), basicamente tonal, mas com soluções harmônicas típicas das primeiras décadas do século XX; números fechados interligados por recitativo desacompanhado. Passada durante a Guerra Civil americana, é a história do jovem Isaiah Robb que se alista, morre em combate, passa pelo Purgatório e chega ao Paraíso. A história é narrada em um Prólogo, um Interlúdio e um Epílogo cantado por um Bardo, o poeta Walt Whitman. A peça foi concebida de forma a poder ser encenada com recursos mínimos, ou apresentada em forma de concerto.

- *Different Fields* (música: Mike Reid; libreto: Sarah Schlesinger; "a football opera" com pré-estréia no New Victory Theater, de Nova York, em 8 de fevereiro de 1996, e estréia em 25 de abril de 1996, na Ópera de Memphis, em colaboração com o programa educacional do Metropolitan Opera Guild).

Ópera de câmara, incluindo sintetizador, com linguagem tonal, bastante melodiosa, influenciada pela música pop, country e folclórica.

Aaron James, jogador profissional de futebol, faz amizade com um garoto órfão chamado Casey. James é um jogador inveterado e está sendo chantageado a perder intencionalmente uma partida, em troca do pagamento de suas dívidas de jogo. O proprietário do time descobre o que está acontecendo e propõe esconder isso do público. Mas James, aconselhado por Casey, resolve confessar o que fez de errado e pedir para ser retirado desse jogo.

- *The Discontented Housewife* (música e libreto: James Nathaniel Holland; à espera de estréia em 2004).

Escrita para cordas, flauta, clarineta, trompa e piano, em estilo serial, dissonante e com elementos de jazz. Margaret, dona de casa maltratada pelo marido, tenta lidar com a perturbação emocional causada por essa situação.

Uma reflexão, conduzida em tom de farsa, sobre poder, dominação e a dificuldade de assumir o controle de sua própria vida.

• *Divertissement* (música e libreto: Alan Stringer; pré-estréia em 1992, no auditório da Primeira Igreja Unitária de Albuquerque, no Novo México; estréia em 1997 na Manhattan School of Music, de Nova York).

Ópera de câmara de números fechados, com acompanhamento de violoncelo e piano, concebida para poder ser executada em auditórios pequenos, com recursos modestos. O amor se manifesta de diversas maneiras, no decorrer de uma só noite. Uma avó leva para a neta um ursinho de açúcar cândi. O cachorro da menina come o ursinho e sua doçura o faz cantar uma serenata para a lua. A frieza da lua é derretida pelo canto do cachorro, e seus raios fazem brotar uma flor cujo pólen embriaga uma abelha – e ela sai pelo mundo afora, apaixonada por todos os que encontra. O latido do cão e a luz da lua despertam a avó, ela volta a visitar a neta trazendo outro ursinho de açúcar cândi, e a história começa de novo.

• *Dr. Selavy's Magic Theatre or The Mental Cure* (música: Stanley Silverman; libreto: Richard Foreman, letras: Tom Hendry; estréia no Arts Center de Lenox, Massachusetts, em 12 de agosto de 1972).

Music theater com a duração de 69 minutos, no que o autor chama de *absurdist pop-style*: citações e paródias de musicais da Broadway, óperas de Kurt Weill, oratórios de Haendel, e do estilo belliniano de belcanto. Não há diálogos ligando os números cantados, que vão das canções de ninar ao rock.

Inspirada pelas visões surrealistas de Marcel Duchamp, a peça gira em torno da suposta cura de um paciente, numa clínica completamente aloprada. O Dr. Selavy é uma alusão à Rose Sélavy, personagem típica dos poetas surrealistas. Há cinco cenas de caráter absolutamente fantástico, cada uma mais sem pé nem cabeça do que a outra e, no final, declara-se o doente curado de uma doença que nunca foi devidamente identificada. Essa produção típica do Teatro do Absurdo foi descrita pelo autor como "algo dentro da tradição de Artaud, Beckett e do *Committee to Reelect the Presi-*

dent... executado a várias mãos por Marcel Duchamp, Soupy Sales, Mack Sennett, Busby Berkeley, o elenco de *Hair*, Julius Monk e Sigmund Freud". O fato de ter sido resenhada, no *New York Times*, por Donal Henahan, Clive Barnes, Stephen Rubin, Harold Schonberg, John Rockwell e Mel Gussow atesta o interesse despertado por essa obra, de que o selo United Artist tem a gravação, feita em 1975. Há também, na New York Performing Arts Library, um video disponível.

• *The Doll's House* (música: Stephen Eddins; libreto: Vincent de Tourdonnet, baseado no conto de Kathryn Mansfield; estréia em 7 de junho de 2003 no Factory Theater de Toronto, no Canadá).

Farsa de humor-negro, montada como uma paródia de filme mudo (o acompanhamento é com um piano que soa como o dos cinemas antigos). Na Inglaterra eduardiana, as irmãs Isabella e Kezia brincam com sua casinha de bonecas, e a brincadeira vai ficando cada vez mais sinistra, porque elas representam a crueldade com que os ricos humilham a sua criadagem. No final, muito alegres, ambas sonham com o dia, nem tão distante assim, em que terão a sua própria casa e os seus empregados.

• *Dora* (música: Melissa Shiflett; libreto: Nancy Fales Garrett, baseado no caso clínico descrito por Siegmund Freud em *Fragmento de Análise de um Caso de Histeria*; estréia em 4 de abril de 2002, no Annex Theater da companhia La MaMa, de Nova York).

Escrita para uma orquestra de quatorze instrumentistas (incluindo piano e guitarra amplificada), combina recursos tradicionais e modernos, a linguagem usual na ópera americana, com várias referências à música erudita e popular de Viena na virada do século. O pai de Dora leva-a ao consultório de Freud, esperando que o psiquiatra seja capaz de curar seus sintomas de histeria e consiga convencê-la a ser mais amistosa com o casal K. No passado, Dora foi muito amiga dos K., mas, agora, acusa Herr K. de tentar seduzi-la, e imagina que, como o seu pai é amante de Frau K., a está usando para oferecê-la ao amigo, como uma forma de obter que ele feche os olhos às escapadelas da mulher. Freud acredita no que Dora lhe conta, mas diz-lhe o que seus sonhos revelam: que ela deseja entregar-se não só a Herr K., mas também à sua mulher. Diante disso, Dora interrompe a análise. Existe a gravação em CD da estréia dessa ópera que a crítica considerou fascinante (Nita Baxani, Jeffrey Picon, Karla Simmons, Katharyn Wright, Peter Lurie-Douglas Anderson).

• *Dracula: The Opera* (música e libreto: Paul Ziemba, baseado no romance de Bram Stoker; estréia em 28 de abril de 2000, no Harlem Center Theater, em Amherst, Nova York).

Ópera de estilo neo-romântico, com três números de balé intercalados. Jonathan Harker chega ao castelo do conde Drácula, na Transilvânia, para negociar com ele o aluguel de uma abadia medieval na Inglaterra, para onde o vampiro pretende viajar. As noivas de Drácula, sedentas de sangue, assediam Jonathan. O conde vai para a Inglaterra, em busca de seu grande amor, há muito tempo perdido. Mina Murray, a noiva de Jonathan, e sua amiga Lucy, encontram-se em Londres com o sinistro Renfield, fugido de um asilo de loucos, e é ele quem as adverte que Drácula está a caminho. Nesse meio tempo, Lucy apaixona-se pelo jovem Arthur mas, num momento em que ele a deixa sozinha, Dracula entra em seu quarto, morde-a no pescoço e ela morre. Mais tarde, Arthur, o Dr. van Helsing, caçador de vampiros, e o Dr. Seward, seu assistente, encontram Lucy ressuscitada e convertida em uma morta-viva. Cheio de dor, Arthur concorda em enfiar uma estaca no coração da namorada, para salvá-la. Duas semanas depois, Drácula é o convidado de honra no baile em casa dos Whitby, onde se encontra com Seward e van Helsing, e fica conhecendo Mina, que o deixa encantado. Lisonjeada por ser o alvo da sedução de um aristocrata romeno, Mina rompe o noivado com Jonathan. Mas van Helsing está atento, consegue emboscar o conde e enfiar em seu peito a estaca que destroi os vampiros. Mortalmente ferido, Drácula se despede de Mina, cancela a maldição que lançara sobre ela, e morre. Existe um vídeo da estréia (Thomas Witakowski, Heide Guay, Richard Bystron, Andrea Todaro, James Carrubba, Ian Michaelski, Kenneth Schlimgen, Alfonzo Tyson-Ivan Docenko.)

• *The Dreamkeepers* (música: David Carlson Libretto: Aden Ross; encomendada pela Ópera de Utah para comemorar o centenário de criação do Estado, estreou em 13 de janeiro de 1996, com Juliana Gondek, Debria Brown, Tonio di Paolo e Brian Montgomery).

De escrita tonal, neo-romântica, acrescenta à grande orquestra instrumentos típicos dos índios Ute (tambores, flautas), usa efeitos sonoros pré-gravados, e faz a manipulação eletrônica de instrumentos acústicos.

Ela, jovem da tribo dos Ute, volta a reserve para visitar a avó, uma poderosa curandeira, que está morrendo. Encontra-se com Adam, o médico de quem antes foi namorada: eles se separaram por causa de desentendimentos pessoais e culturais. Sloane, o agente do governo americano para a reserva, sente-se atraído por Ela, tenta fazê-la renuciar à sua identidade nativa, e faz-lhe propostas, na esperança de afastá-la de Adam. Este, descontente, separa-se uma vez mais de Ela e, logo depois, tem um grave acidente de automóvel que o deixa inconsciente. A medicina indígena americana exige que o curandeiro entre em transe e procure, no Grande Espírito do Mundo, a alma da pessoa que está inconsciente. A avó está demasiado doente para ajudá-la; portanto, Ela tem de empreender sozinha essa jornada espiritual, durante a qual, para salvar Adam, ela terá de enfrentar e superar todos os preconceitos e obstáculos com que seu povo deparou, durante os últimos duzentos anos. No selo New World Records, há uma suite sinfônica de *The Dreamkeepers*.

• *The Edge of Glory* (música: Emory Waters; libreto: Mary Ann Waters; estréia em 30 de abril de 2000 no auditório da High School de Petersburg, na Virgínia).

Ópera de estilo neo-romântico, de música muito lírica: a textura orquestral é contínua e, nela, inserem-se diálogos em estilo arioso, árias e diversos números de conjunto. O libreto reconstitui fatos reais na vida da família negra Tibbs, que viveu em Petersburg no período da Reconstrução, após o término da Guerra Civil. O ato I passa-se em 1883; o ato II retoma os acontecimentos dez anos depois, em 1893. Uma das personagens é a importante cantora negra Sissieretta Jones, ligada aos Tibbs por laços de parentesco. Existe uma gravação da estréia (Lisa Edwards-Burrs, Chiquita Cross, Kayce Berry, Johnnella Edmonds, Patrick McCoy, Matthew Duckery, Harold Haughton).

- *Eve's Odds* (música: Bruce Trinkley; libreto: Jason Charnesky, baseado no *Gênesis* e na tradição talmúdica; ato I da trilogia *Ever since Eden*, estreada em fevereiro de 2000 na convenção da National Opera Association em Cincinatti).

Ópera de câmara de estilo neo-romântico, com inflexões de opereta européia e traços de música de origem africana. Eva é tentada pela serpente e come a maçã. Adão fica dividido entre Eva e Lilith, sua primeira mulher – um anjo bom e um anjo mau representam seu conflito interior – até que é Eva quem decide por ele. Embora escrita para a audiência adulta, pode também ser cantada para públicos jovens. Foi concebida de maneira simples, de modo a poder ser montada em auditórios escolares ou paroquiais.

- *Ever since Eden* (música: Bruce Trinkley; libreto: Jason Charnesky).

Trilogia de óperas em um ato centrada em escolhas feitas por mulheres famosas: Eva, Dido e Elizabeth Taylor como Cleópatra. As duas primeiras partes, *Eve's Odds* e *Golden Apple*, foram finalistas na Chamber Opera Competition de janeiro de 1999. Estreada na convenção da National Opera Association em fevereiro de 2000, a trilogia é conhecida também como *A Triumph of Women*. Cada ato pode ser representado separadamente, ou pode ser formado um programa com apenas dois dos três atos.

- *Exorcism* (música: Janis Dunson Wilson; libreto: Harry Reid; foi terminada na primavera de 2001, mas não há notícia de que tenha sido estreada).

Ópera de câmara tonal, com largo uso de cromatismo. Durante uma greve de mineiros, o seminarista Patrick, filho de um dos trabalhadores, engravida Emma, a filha solteirona do dono da mina. Este o expulsa da cidade. A dor faz Emma perder a criança e, aos poucos, a razão. Já ordenado, Patrick volta para expiar seu sentimento de culpa, e a forma que encontra de exorcizar Emma é tomar para si a loucura de que ela estava possuída.

- *Facing South* (música: Linda C. Smith; libreto: Don Hannah; estréia em abril de 2003 na Ópera de Toronto, no Canadá).

Ópera de câmara – orquestra de cordas com flauta, clarineta, trompa, vibrafone, percussão e três vozes femininas usadas de forma instrumental – de estilo híbrido, juntando tradição e recursos modernos de escrita. Em 1897, o explorador Robert Edmund Peary, que acreditava ter atingido o Pólo Norte, leva seis membros de uma família esquimó Inuit da Groenlândia para a sua casa em Nova York. Eles não resistem à mudança, morrem e, como forma de levantar fundos para novas explorações do Ártico, Peary manda seus despojos para o American Museum of Natural History. O único sobrevivente do grupo é Minik, um adolescente que fica horrorizado ao se dar conta de que o esqueleto de esquimó que está no museu é o de seu pai. Mas, alegando os interesses superiores da ciência, nem Peary e nem o presidente Theodore Roosevelt, com quem Minik vai falar, dão atenção a seu pedido de que a ossada do pai lhe seja devolvida, para que possa lhe dar funerais decentes.

- *Faith* (música e libreto: Michael Ching, baseado no conto de ficção científica de James Patrick Kelly; estréia em 24 de abril de 1999, no City Auditorium de Concord, durante o Festival de New Hampshire).

Ópera de câmara muito lírica, de estilo basicamente tonal, com acompanhamento de violino, violoncelo, flauta, teclado e percussão. Recém-divorciada, Faith põe um anúncio no jornal, na tentativa de encontrar um novo companheiro. Uma das respostas vem de um homem misterioso, Gardiner Allen. Como seu nome sugere, ele tem poder mágico sobre as plantas, fala com elas, e consegue que façam coisas estranhas. Explorando o tema da aceitação da alteridade, a ópera mostra como Faith a princípio rejeita Gardiner, depois começa a acostumar-se com seu excêntrico talento e, finalmente, apaixona-se por ele. A ópera faz uma interessante homenagem ao filme *Plan 9 fram Outer Space*, freqüentemente citado durante a ação.

- *Firebird Motel* (música: David Conte; libreto: David Yezzi; estréia em 28 de novembro de 2003, na Thick House, de San Francisco).

Ópera de câmara em um ato, para conjunto de cinco músicos e fita gravada, em estilo tonal bastante acessível, com visível influência de Gershwin, Barber e Stephen Sondheim. Ivan, recepcionista do "Firebird Motel", no deserto de Mojave, sofre ainda com a morte misteriosa de Julie, a sua namorada, cujo fantasma o atormenta e impede de levar vida normal. Ele fica conhecendo Corina, que tem um relacionamento destrutivo com o policial Trooper – responsável, como se ficará sabendo no fim, pelo acidente em que Julie morreu. Quando Nova, antiga residente do motel, dá um revólver a Corinna, para que ela se defenda, Ivan percebe que não quer ver repetir-se um episódio infeliz do passado, decide sair de sua imobilidade, assumir que ama Corinna e agir para salvá-la. No *New York Times*, Ben Finane escreveu:

> Conte luta com os recitativos e nem sempre consegue oferecer melodias vocais atraentes. Sua força real consiste na música instrumental com que preenche o espaço entre os diálogos. Ele demonstra um jeito real para evitar as cadências de modo convincente e prolongar as frases musicais, com isso sustentando poderosamente a tensão do melodrama. [...] O texto de David Yezzi é elegante em sua tranqüila simplicidade. Ele estabelece de saída um tom anti-sentimental, com a primeira ária de Nova, "We who were born here and those who end up here can't live in other places." Sabe desenhar habilmente as personagens, tanto o caráter ameaçador de Trooper ("Don't keep me waiting/I hate to wait") quanto a solidão de Ivan ("At night all I have is my radio/It's all I need to know"). Com essas declarações prosaicas contrastam bem reflexões mais etéreas, como o "It's almost peaceful, this waking oblivion", de Corinna.

- *Fireworks* (música: Kitty Brazelton; libreto: Billy Aronson; estréia em julho de 2001, em Nova York, patrocinada pelo American Opera Projects).

Farsa de estilo misto – tradicional-vanguardista – sobre exploradores intergaláticos que descem num típico parque de cidade americana, no feriado de 4 de Julho, e se espantam com toda a agitação da festa ao ar livre. A chegada dos extra-terrestres desencadeia uma série de reações, equívocos e qüiproquós mais rápidos e barulhentos do que os fogos de artifício que explodem, aquele dia, no céu. No final, triunfa um conceito que deve ser comum a todo o universo: o de democracia.

- *The Floating Box: a Story in Chinatown* (música: Jason Kao Hwang; libreto: Catherine Filloux; estréia em 27 de outubro de 2001 na Asia Society de Nova York).

Depois da morte do pai, Yee-Wa – que se naturalizou americana e adotou o nome de Eva – enfrenta o silêncio da mãe e tenta arrancar dela a verdade sobre seu passado. Dentro de uma caixa usada para guardar fotografias, cartas e recortes velhos, encontra a pista para os segredos que sua mãe vinha guardando, as relações do pai com o submundo do crime em Chinatown. A música, com o cruzamento de influências do Ocidente e do Oriente, mistura sonhos e lembranças à realidade prosaica.

- *Flórida* (música: Randall Eng; libreto: Donna DiNovelli; estréia em maio de 2002 no workshop *New York City Opera's Vox, Showcasing American Composers*).

Ópera de estilo contemporâneos, com fortes elementos de jazz. As linhas vocais são ora muito líricas, ora angulosas e com muita propulsão rítmica. A mãe de Flórida Fandango, de dezesseis anos, é assassinada, e a comunidade suspeita que a garota seduziu o namorado, para que ele cometesse o crime. Seus vizinhos, os Redwood, agem como testemunhas, afirmando ter assistido a tudo da varanda de sua casa. Mas o júri acaba concluindo não dispor de provas suficientes para condená-la, e todos vêem isso como mais uma prova de que a sedução de Flórida se exerce sobre todo mundo. A história é narrada de forma extremamente estilizada, oscilando entre o verismo e a farsa surrealista.

- *The Forest Diamond* (música: Bruce Trinkley; libreto: Jason Charnesky; estréia em 15 de outubro de 1999 no Eisenhower Auditorium da Penn State University).

Basicamente tonal, escrita para conjunto de piano, flauta, clarineta, contrabaixo e percussão, com referências a ritmos e melodias africanas da tribo djamebe, ao calipso, ao folclore latino-americano, ao reggae e aos *negro spirituals*. A Mãe Oceano promete a quatro casais, pelo mundo afora – na Califórnia, África, China e no Caribe –, conceder-lhes o que desejam: de um deles deverá nascer o 6.000.000.000º habitante da Terra. Ao comparar seus desejos, esses quatro casais concluem que compartilham a mesma preocupação com o futuro da humanidade.

- *A Fleeting Animal* (música: Erik Nielsen; libreto: David Budbill, baseado em sua peça *Judevine*; estréia em 20 de outubro de 2000 no City Hall Arts Center de Montpelier, no Vermont).

Ópera de câmara de estilo eclético – elementos tonais e atonais, blues, jazz, folclore do Québec etc. –, escrita para quarteto de cordas, clarineta, piano e percussão. A ação passa-se na década de 1970 em Judevine, cidadezinha muito pobre do norte de Vermont. Ao sabor das estações, seis personagens que são figuras típicas do povoado, vão contando a história malfadada de amor entre Tommy, ex-soldado no Vietnã, e Grace, mãe solteira, mais velha do que ele. Misturando humor e tristeza, a ópera está cheia de simpatia pelas personagens desse amargo retrato contemporâneo da Nova Inglaterra rural. Há uma gravação com o elenco da estréia (Joseph DiSalle, Lisa Jablow, Simon Chauss, William Beeman, Ann Fitch, Eric Brooks, Michael Henderson).

- *Floyd Collins* (música: Adam Guettel; libreto: Tina Landau e o autor; estréia: American Music Theater Festival, em 9 de abril de 1994, com Steven Lee Anderson, Trent Bright, Scott Coulter, Jason Danieley, Kent Faulcon, Theresa McCarthy, Mary Beth Peil e outros; revista para apresentação pelo grupo Playwrights Horizons, em fevereiro de 1996).

Ópera de câmata para piano, trio de cordas, rabeca, harmônica de boca, guitarra, banjo e percussão. Tonal, muito cromática e com alguns efeitos dissonantes; utiliza amplamente as formas da *bluegrass music* (melodias do folclore rural para banjo e rabeca).

Em 30 de janeiro de 1925, Floyd Collins ficou preso dentro de uma caverna que estava explorando em Barren County, no Kentucky. Apesar do rochedo que barrava a sua saída, ele conseguia comunicar-se com o exterior. Um repórter do *Louisville Courier-Journal* chegou até ele, entrevistou-o, e fez de Collins uma celebridade, que atraiu vinte mil curiosos às proximidades da caverna. Mas nada de realmente concreto foi feito para salvá-lo, pois às autoridades locais não interessava perder aquela "atração turística". Collins morreu dentro da caverna dentro de duas semanas. No selo Nonesuch, há a gravação de 1996 do espetáculo produzido pelo grupo Playwrights Horizons.

- *Frida* (música: Robert Rodríguez; libreto: Hilary Blecher e Migdalia Cruz; estréia no American Music Theater, em 7 de abril de 1991; revisada em 1993, com Helen Schneider [Frida Kahlo], Marc Krause [Diego Rivera], Karen Hale, Alba Quezada e outros).

Ópera de estilo eclético com a utilização de temas folclóricos mexicanos, valsa, tango, e jazz da década de 1920. Efeitos especiais de colorido são obtidos com a inclusão, na orquestra tradicional, de saxofone contralto, flugelhorn, acordeon, piano e guitarra.

A ópera faz o retrato interior de Frida Kahlo, a pintora que superou os terríveis problemas de saúde resultantes de um acidente de ônibus, casou-se com Diego Rivera, e tornou-se uma das mais ilustres artistas plásticas do México. Houve reapresentações no American Repertory Theatre (setembro de 1992), na Academia de Música do Brooklyn (outubro de 1992), na Houston Grand Opera (junho de 1993), e em San Antonio (outubro de 1995).

- *Game Misconduct* (música: Leslie Uyeda; libreto: Tom Cone; estréia em 11 de agosto de 2000, no Vancouver Playhouse Theatre, na Colúmbia Britânica, Canadá).

Ópera de câmara escrita para cinco instrumentistas (clarineta-saxofone, piano-teclados, violino, violoncelo, percussão), de estilo contemporâneo, com muitas dissonâncias, mas apresentando centros tonais claros. As personagens dessa ópera, passada durante as finais de um campeonato de hockey entre o Canadá e os Estados Unidos, são fãs desse jogo. Larry foi, durante vinte anos, vendedor de sanduíches e refrigerantes no estádio e teme ficar sem emprego pois, depois dessa última partida, o local será demolido. Ren é o pai do goleiro do time canadense, envolvido com Blossom, que gosta do que o jogo tem de mais agressivo. O casamento de Snake e Sylvia, já de meia-idade, se sustentou por muito tempo graças ao interesse comum dos dois por esportes; mas agora está declinando, porque ele ainda é um fã ardoroso, enquanto ela está começando a perder o interesse pelo jogo. Hugo veio de fora, está visitando Vancouver pela primeira vez, e entra em contato com Trish, que está começando a descobrir o jogo, e Rita que, embora muito jovem, é há muito tempo torcedora ferrenha. A "morte súbita" com que esse último jogo se encerra corresponde ao que acontece às vidas dessas pessoas, que se entrelaçaram: seja qual for o resultado, as coisas não serão mais as mesmas nem para o time e nem para os seus fãs.

- *Gawain and the Green Knight* (música: Richard Peaslee; libreto: Kenneth Cavander, baseado no poema medieval inglês *King Arthur and the Knights of the Round Table*; estréia em maio de 1999, em Nova York, sob patrocínio do American Opera Projects).

Inicialmente encomendada pelo Lincoln Center Institute, como uma peça de teatro com música, transformou-se, mediante fundos arrecadados pelo American Opera Projects e a Jaffe Family Foundation, numa ópera completa, de estilo tonal. Ao cruzar com o monstruoso Cavaleiro Verde, sir Gawain aceita impulsivamente um desafio que o coloca em perigo mortal. Depois o medo o faz agir de uma forma que o leva a trair seu conceito de honra e de dever. A partir de uma das mais enigmáticas histórias do ciclo arturiano, a ópera faz uma reflexão interessante sobre o valor básico que é a defesa da vida, conduzindo o espectador, através de uma série de reviravoltas, a um desenlace imprevisível. É interessante a comparação com o *Sir Gawain*, do inglês sir Harrison Birtwistle, pelos pontos de contato entre as duas obras, mas sobretudo pela forma pessoal como os dois autores abordam a mesma fonte lendária.

- *Gertrude Stein Invents a Jump Early On* (música: William Banfield; libreto: Karren La Londe Alenier, adaptado de sua peça do mesmo nome, com citações de poemas de Getrude Stein; estréia em 2002 no Encompass New Opera Theatre, de Nova York).

Ópera em três atos com orquestra reduzida (piano, trio de cordas, trompete, trombone, tuba e percussão), em estilo moderno, com bastante uso de jazz. O ato I passa-se em 1908, durante a festa realizada por Picasso, em seu estudio do Bâteau Lavoir, em homenagem ao *dou+nnier* Henri Rousseau, o pintor primitivo, durante a qual Gertrude Stein tem uma séria briga com seu irmão Leo, causada por divergências a respeito de sua maneira de escrever. No ato II, Gertrude, já famosa, e sua amante Alice B. Toklas estão viajando de carro, em 1935, pela costa da Califórnia, de Los Angeles a Oakland: é a época da triunfal turnê de conferências que ela fez, nos Estados Unidos, entre 1934-1935. O sucesso desencadeia nela o impulso criativo e Gertrude decide ir a Oakland, rever o local de sua infância. No ato III, Gertrude e Alice estão no sul da França, enfrentando os problemas da ocupação, durante a II Guerra (as cinco cenas abrangem os anos de conflito). No final, coincidindo com o segundo dia da entrada dos aliados na França, o jornalista americano Eric Sevareid se encontra com Stein e a convence a repensar as causas da ruptura com Leo, o que faz fechar-se o arco narrativo.

- *The Gift of the Magi* (música: David Conte; libretista: Nicholas Giardini, baseado num conto de O'Henry; estréia em 7 de dezembro de 1997, no Hellman Hall do Conservatório de San Francisco).

Ópera em um ato de estilo tonal e lírico, com recitativo moldado nas inflexões do inglês americano falado. É a história famosa de Jim e Della, casal jovem e pobre que, na véspera de Natal, quer se dar presentes que expressem seu amor, mas não têm um tostão. Della vende a um cabelereiro seus belos e longos cabelos, e compra uma corrente de ouro para o relógio que Jim herdou do pai. Mas ele empenha o relógio para poder comprar um lindo pente de tartaruga que enfeite a cabeleira da esposa. Resta esperar, diante dessa comovente demonstração de amor recíproco, que os cabelos de Della voltem a crescer e Jim ganhe com que resgatar o relógio na loja de penhores. As aventuras do casal se refletem nos gestos de Maggie, a amiga impetuosa e supersticiosa, e de Henry, o mentor de Jim, homem ríspido mas muito sentimental. O coro, fora de cena, comenta os desencontros dessa vida.

• *Gladiator on Horseback* (música e libreto: Carrol Bailey; inicialmente intitulada *Hernando de Soto*; em 2004 ainda não tinha sido estreada).

Atualização em três atos do modelo tradicional do *grand-opéra*, com música contínua, na qual se inserem números que são clichês: brinde, *preghiera*, uma canção andaluza, danças espanholas (seguidilla e farándola), canções de trabalho da época da colônia e cânticos e danças indígenas. A música é tonal e o tema é o da viagem do explorador espanhol De Soto pelo território americano. Foi originalmente escrita para um conjunto de tamanho médio mas, em 2003, Bailey a estava retrabalhando para grande orquestra.

• *The Golden Ticket* (música: Peter Ash; libreto: Donald Sturrock, baseado no conto de fadas moderno *Charlie and the Chocolate Factory*, de Roald Dahl; estréia em forma de concerto em Manchester, na Inglaterra, em fevereiro de 2001; encenação nos Estados Unidos prevista para 2004).

Tonal mas com o uso de texturas polirrítmicas complexas, foi descrita por sir Simon Rattle, que a regeu. como "the perfect family opera". O selo Music Link International tem trechos da versão de concerto (Gerald Finley, Jennifer Smith-Rattle). A BBC programou a transmissão da filmagem para televisão dessa ópera de autor americano composta com o apoio do National Endowment for Science, Technology and the Arts da Grã-Bretanha.

• *The Golden Touch* (música: Richard B. Evans; libreto: Maryrose Wood; estréia em fevereiro de 2001 no International Institute of Vocal Art de Nova York).

Ópera de câmara, de estilo leve e lírico, revisitando de forma irreverente a lenda do rei Midas. Sentindo-se negligenciada pelo pai, cuja única preocupação é amontoar tesouros, a princesa Marigold alia-se a uma estranha Birthday Fairy, para lhe dar uma lição. A princípio Midas fica encantado com o dom de transformar em ouro tudo o que toca. Mas entra em pânico quando abraça a filha e ela se transforma em uma estátua dourada. No final, ele descobre qual é realmente o seu mais precioso tesouro.

• *Golden Apple* (música: Bruce Trinkley; libreto: Jason Charnesky, baseado na *Eneida*, de Virgílio; inicialmente chamada de *Dido Decides*, pertence à trilogia *Ever Since Eden*).

Virgílio está tendo problemas para escrever seu poema épico, a *Eneida*. Flora, a sua serva, dá-lhe uma poção mágica que permite ver o passado. Ele descobre que nem a Dido nem o Enéias reais se pareciam com as figuras heróicas da lenda. A comédia surge do choque entre a arte e a realidade.

• *The Golden Ass* (música: Randolph Peters; libreto: Robertson Davies, baseado no *Asno de Ouro*, de Lúcio Apuleio, escritor do século II; estréia em 13 de abril de 1999, no The Hummingbird Centre for the Performing Arts, de Toronto, com Judith Forst, Kevin Anderson, Rebecca Caine, Theodore Baerg, Raymond Aceto e outros, sob a regência de Richard Bradshaw, dirigida por Colin Graham).

Valorizada pelo excelente libreto do famoso romancista canadense Robertson Davies, esta ópera cômica tem idioma híbrido, misturando clássico e moderno, com uns toques de opereta à Gilbert Sullivan, jazz e o musical de Bernstein e Sondheim.

O hedonista Lúcio, cuja vida é dedicada aos prazeres da carne, é também fascinado pelas artes mágicas. Um dia, errando a mão, é acidentalmente transformado em um asno. Entende, então, como é dura a vida de um animal: apanha, morre de fome, vê-se obrigado a participar de atos ilegais e a enfrentar os estranhos apetites sexuais de uma feiticeira. Acaba, finalmente, recuperando a forma humana e, dando-se conta que nem a carne nem o espírito sozinhos contêm o segredo da vida, arrepende-se da vida de dissipação que levava, e torna-se sacerdote de Ísis. A ópera recebeu boas resenhas de Andrew Porter (*Times Literary Supplement*, 30.4.1999) e dos principais críticos canadenses.

- *The Gospel at Colonus* (música: Bob Telson; libreto: Lee Breuer, a partir de *Édipo em Colona*, de Sófocles, incorporando também citações de *Édipo Rei* e *Antígona*; Breuer dirigiu a estréia na Academia de Música do Brooklyn, em 8 de novembro de 1983, com Morgan Freeman, Isabell Monk, Carl Lumbly, Carl Williams, Jevetta Steele, Robert Earl Jones e os grupos musicais Five Blind Boys of Alabama, J. J. Farley and the Original Soul Stirrers, J. D. Steele Singers, The Colonus Messengers, Wesley Boyd's Gospel Music Workshop Choir).

Ópera que toma emprestadas formas do musical e do *music theater*, fundindo narração, partes faladas e números cantadas. Escrita para guitarra e baixo elétrico, piano, órgão eletrônico, bateria, sintetizador, piston, trombone, saxofones. Usa pequenos grupos vocais de gospel e um coro grande. A linguagem funde a *American gospel music* com jazz, rock e pop.

A história é encenada pelos fiéis de uma igreja Pentecostal negra, no interior dos Estados Unidos. Após vagar durante anos com sua filha Antígona, sofrendo e expiando os pecados involuntários de sua juventude, Édipo chega a Colonus, que lhe foi prometida como o lugar sagrado onde ele poderá repousar. Mas os moradores do local o rejeitam. Ismene, sua filha mais nova, descobre onde ele está e traz até ele o Profeta, para que o abençoe. Dessa forma, será também abençoada toda pessoa sobre a qual ele impuser as mãos. O Profeta lhe pede que ore aos deuses que um dia ofendeu. Teseu, o rei de Atenas, ouve a sua oração e, comovido com a história, lhe dá acolhida em Colonus. Ao saber disso, Creon tenta fazê-lo voltar a Tebas, mas Édipo recusa. Creon tenta levar Antígone e Ismene à força, mas é impedido por Teseu. Polinice, o filho mais velho de Édipo, vem pedir a sua benção, mas é rejeitado. Ao morrer, Édipo transmite a Teseu toda a sabedoria de vida que acumulou em seus anos de peregrinação. O sermão final pede à congregação que não chore mais, pois Édipo encontrou a redenção. Existem gravações dos espetáculos montados na Houston Grand Opera (Warner Brothers, 1984) e na Broadway, em Nova York (Elektra/Nonesuch, 1988). A série Great Performances da PBS transmitiu, em 8 de novembro de 1985, a montagem do James A. Doolitle Theater, existindo portanto o vídeo. Em agosto de 1990, foi feita a montagem mais recente, no Goodman Theatre de Chicago.

- *GT-3017* (música: Richard Faunce; libreto: Sidney B. Smith; à espera de estréia em 2004).

Ópera de câmara para solistas, coro e dançarinos, basicamente tonal e de feição neoclássica, mas com uso de bitonalismo. Larry e Laura, dois caixeiros viajantes do planeta "Quality", viajam até o planeta "Equality", para vender todo o tipo de artigo e de utensílio, além de seguros e outros bens. A comédia surge da diferença de estilo de vida, filosofia política e visão do mundo entre os dois planetas, gerando situações polêmicas, que levam à reflexão.

- *Guest from the Future* (música: Mel Marvin; libreto: Jonathan Levi; estréia em agosto de 2004 no Fisher Center for the Perfectionement of the Arts, do Bard College, em Annandale-on-Hudson, Estado de Nova York).

Ópera de câmara – orquestra de doze músicos – de estilo híbrido, tonal-atonal, mas basicamente melodiosa, a partir de um fato real: em novembro de 1945, o filósofo e diplomata britânico Isaiah Berlin, de origem russa, fez uma visita noturna, não-autorizada, à poeta russa Anna Akhmátova. Esse encontro legendário, muito marcante para Akhmátova, é celebrado em seu *Poema sem Herói*, em que Berlin é chamado de "o hóspede do futuro". A ópera discute os motivos pelos quais o regime stalinista poupou Akhmátova, numa época que a perseguição aos intelectuais fez tantas vítimas, e celebra liricamente a intensidade platônica da emoção amorosa, no encontro de um jovem pensador de 35 anos com uma mulher de 50, um dos grandes gênios da poesia no século XX.

• *Healing* (música: Sally Reid; libreto: Chris Willerton; estréia em 2002 no workshop de ópera da Abilene Christian University).

Ópera de câmara de estilo contemporâneo, para oito instrumentistas: flauta, oboé, clarineta, saxofone, tuba, contrabaixo, percussão e sintetizador. Em 1910, na cidade de Syracuse, Estado de Nova York, a cirurgiã Dr.ª Alison James luta contra o preconceito masculino e a burocracia do hospital, tentando encontrar um sentido para a sua vida na luta para mitigar o sofrimento de seus pacientes. Ela descobre que seu inimigo maior não é a morte, que atinge a todos os seres humanos, mas a dor psíquica, que pode ser minorada pela solidariedade e a compaixão.

• *Hearts on Fire* (música: Roger Ames; libreto: Laura Harrington, estréia no The New Music-Theater Ensemble [atual Nautilus Music-Theater], em 11 de maio de 1995, com Susan Lambert-Eilene Wisniewski; Ruth MacKenzie, Bradley Greenwald e James Bohn).

Ópera de câmara escrita para guitarra elétrica e teclados. Tonal, misturando fala a canto e recitativo; em alguns pontos, uso de *Sprechstimme*.

Claire, uma garota de dezessete anos, tem um namoradinho de sua idade, Tom. Mas ela se sente ligada a um misterioso homem mais velho, Simon Rivers, o qual – ela sente de maneira instintiva – tem a chave para explicar os bloqueios emocionais de Mae, a sua mãe. Descobre-se, ao longo da ação, que no passado o marido de Mae matou seu amante e, depois, se suicidou. Claire vai reencenar a história de vida de sua mãe, de modo a poder modificar o final, livrando assim a família do círculo de dor e frustração em que está presa.

• *The Heights* (música e libreto: Joan Crowell, baseado livremente na *Tempestade* de Shakespeare; pronta em 2003 à espera de estréia).

Ópera em cinco atos, de estilo híbrido – tonal-atonal, usando também recursos minimalistas – para grande elenco e coro, mas conjunto instrumental reduzido: dois pianos, viola, violoncelo, contrabaixo, flauta, oboé, clarineta, fagote, marimba e percussão. Um grupo de *beautiful people*, que está a caminho de um coquetel, fica preso no elevador durante um blecaute. Depois, o elevador sobe sem parar até a cobertura, onde um homem estranho e recluso, o Dr. Kronus, mora com as duas filhas e dois empregados: April, uma autista, e Blackie, um psicopata. O Dr. Schleim, que estava no elevador, ajudado por Blackie, enche de drogas as bebidas e canapés servidas às pessoas, pois quer distrair o Dr. Kronus e examinar os seus arquivos. Blackie é cúmplice dele, pois tem a esperança de passar a mão no dinheiro que o Dr. Kronus guarda no cofre, e fugir. Enquanto esses dois tramam, Margo, a filha mais nova de Kronus, apaixona-se por Cliff Somers, o âncora de TV que faz parte do grupo. No final, os misteriosos poderes do Dr. Kronus fazem o bem triunfar sobre o mal.

• *Hildegirls Electric Ordo Virtutum* (adaptada pelas cantoras Lisa Bielawa, Kitty Brazelton, Eve Beglarian e Elaine Kaplinsky da "moralidade" *Ordo Virtutum*, de Hildegard von Bingen, compositora alemã do século XIX; estréia em 1998 no Clark Studio Center, em montagem de Grethe Barrett Holby, durante o Lincoln Center Festival).

As cantoras-compositoras Bielawa, Brazelton, Beglarian e Kaplinsky – três sopranos e uma mezzo – modernizam, cada uma à sua maneira, as quatro partes da *Peça da Virtude*, da abadessa von Bingen, combinando a música original com o idioma contemporâneo – instrumentos acústicos e eletrônicos, música eletracústica pré-gravada – explorando o choque, e o reencontro, entre a forma de se expressar no século XII e no XX.

• *The Hill* (música: Frank Ferko; libreto: Sally M. Gall; em 2004 ainda não tinha sido estreada).

Ópera de câmara em um ato, de tom simbolista, escrita num idioma que oscila entre o tonal e o modal. Jovens esperam, no topo de uma colina, diante de uma mansão que parece vazia, pois seu proprietário desapareceu. O líder desses jovens entrou na mansão e não mais foi visto. Apesar das advertências enigmáticas de um estranho Músico que os acompanha, o melhor amigo do líder aceita o convite de uma misteriosa Mulher para entrar na casa. Lá dentro, ela lhe diz que seu amigo morreu. Louco de dor, ele deseja a morte também, e isso lhe é concedido. Mas o amor que tiveram um pelo outro sobrevive e há de reverberar eternamente nas cordas da harpa do Músico.

• *Hotel Nigredo* (música: Nic Gotham; libreto: Ann-Marie MacDonald; estréia no Tapestry Music Theatre, do Canadá, em 13 de maio de 1992, com Shari Saunders e Jonathan Whittaker).

Ópera de câmara para piano, clarineta, clarineta baixa, contrabaixos (um acústico, o outro elétrico) e percussão. A partitura usa ritmos e harmonias jazzísticas e recorre à sonoridade dos instrumentos graves para criar a atmosfera sombria e inquietante da história. A linha vocal oscila entre um recitativo que visa a reproduzir os padrões naturais da fala, e linhas líricas muito cantabile. Há uma abertura de corte tradicional e as seqüências dialogadas são às vezes interrompidas por árias e duetos. No final da peça, há um trecho muito dramático acompanhado em dueto pelo piano e a percussão.

Raymond, especializado em cirurgias do cérebro, chega a um hotel decrépito, cuja dona, Sophie, inteiramente louca, parece saber muita coisa a respeito dele. Ela o coloca no misterioso quarto n. 7, onde ele vai explorar os mais negros recessos de sua mente, acertando as contas com um passado de criança que passou uma infância inteiramente sem amor. Existe a gravação da ópera transmitida, em 1992, pela Canadian Broadcasting Company. A respeito de seu libreto, escreveu Ann-Marie McDonald:

O termo "nigredo" significa a "noite negra da mente". Vem de um modelo psicológico de desenvolvimento pessoal, baseado nos estudos de Jung sobre alquimia. Usualmente desencadeado por uma experiência traumática, o estado de "nigredo" refere-se àquele período de desespero que é parte integral da condição humana e um pré-requisito para a iluminação. No modelo junguiano, o estágio seguinte a ser experimentado é o do "albedo", o relance de *insight* que nasce da experiência de "nigredo" e é o seu exato oposto. O terceiro estado, o de "rubedo" – ligado à idéia de vermelho – representa a integração ao dia-a-dia do conhecimento adquirido através da oposição enter nigredo e albedo.

• *Huck Finn* (música e libreto: Brian Hulse, baseado no romance de Mark Twain; pré-

estréia em outubro de 2001, num *workshop* de ópera do Wellesley College de Nova York).

Ópera em três atos, de estilo tonal e regionalista sobre as clássicas aventuras do menino branco e do escravo negro fugido, numa jangada descendo o rio Mississipi; seis cantoras se revezam para fazer dez papéis.

• *The Imp of the Perverse* (música: Alice Ho; libreto: Michael O'Brien; pré-estréia num workshop em junho de 2002; estréia no outono de 2003, por iniciativa do Tapestry New Opera Project, de Toronto, dirigido por Wayne Strongman).

Em 1849, Edgar Allan Poe é encontrado morto, em Baltimore, em circunstâncias misteriosas. A ópera passa em revista a sua vida dissoluta e a sua arte, tentando entender a natureza trágica desse grande gênio, reivindicado pelos simbolistas como um de seus precursores.

• *Inanna's Journey* (música: Randolph Peters; libreto: Margaret Atwood, baseada em lendas sumérias; estréia prevista para a temporada de 2004-2005 da Canadian Opera Company).

A deusa Inanna desce ao mundo subterrâneo, na tentativa de colocar sob seu comando as forças infernais. É derrotada e condenada ao sacrifício mas, quando vêm resgatá-la, os deuses infernais exigem que ela designe um substituto para o holocausto. Inanna aponta seu próprio marido mas, para que o equilíbrio do universo não se rompa, a irmã dele se oferece para ser sacrificada.

• *The Inseparables* (música e libreto: Martin Halpern; completa em meados de 2003, mas sem previsão de estréia).

Ópera de câmara de estilo densamente cromático, mas sem ser atonal, a respeito da relação de amizade e ódio do pintor Paul Cézanne com o escritor Émile Zola. O balanço desse relacionamento tortuoso é desencadeado por um sonho que Cézanne tem, no dia em que Zola morre – num acidente com o encanamento de gás que, hoje, vem sendo constantemente contestado (já se levantou a suspeita de que tenha sido um assassinato por motivos políticos, ligado ao envolvimento do escritor na defesa do capitão Alfred Dreyfus). No clímax da ópera, Cézanne imagina o reencontro – que não houve – com o amigo, depois de longo e amargurado afastamento.

• *Iron Road* (música: Chan Ka Nin; libreto: Mark Brownell e letras de canções de George K. Wong; estréia em abril de 2001, no Elgin Theatre, de Toronto, sob patrocínio do Tapestry New Opera Project).

Grand-opéra fundindo o estilo ocidental ao da ópera chinesa (a orquestra, de 37 instrumentistas, inclui instrumentos chineses: *erhu, yangqin* e *guzheng*). Em 1886, operários chineses são contratados para construir o trecho final e mais difícil da Canadian Pacific Railway. O contador chinês Lai Gwan e sua irmã Ah Lum, que imigraram para a América do Norte em busca de fortuna, têm seu destino trançado ao de James Nichols, o capataz da empreiteira, cuja ambição da vida inteira foi realizar a união dos dois extremos do Canadá por uma grande estrada de ferro. Amor, desentendimento e morte violenta cruzam o caminho de pessoas que as diferenças culturais e as circunstâncias como elas se encontraram tornam incompatíveis.

• *Joshua's Boots* (música: Adolphus Hailstork; libreto: Susan Kander; estréia em 11 de junho de 1999, no Center of Contemporary Arts, de St. Louis, sob a regência de Stephen Mager, com apresentação também na Lyric Opera de Kansas City, responsável pela encomenda).

Ópera de câmara em um ato – seis instrumentistas apenas: violino, violoncelo, flauta, clarineta, piano, percussão –, de estilo tonal, incorporando *negro spirituals*, hinos de igreja, canções de caubói. Durante o século XIX, Joshua, um adolescente negro, foge descalço de sua casa no Missouri, depois que o pai é linchado pela multidão, por um crime que não cometeu. Vai para em Dodge City onde, nessa época, um quarto dos caubóis era negro. Tem de lutar duramente, enfrentando o preconceito, mas acaba se tornando um ótimo caubói, o que lhe vale ganhar belas botas com enfeites de prata, símbolo máximo da realização nesse tipo de trabalho.

• *The Last Words of Dutch Schultz* (música: Eric Salzman; libreto: Valeria Vasilevski, baseado em fatos reais; estréia no International Opera Centrum de Amsterdam, em 12 de dezembro de 1997, com Theo Bleckmann e Valerie Nicolosi).

Peça de *music-theater* para formação de câmara: violino parte em *scordatura*, parte com afinação normal, tuba, teclados, percussão; presença de vários elementos populares (quarteto de barbearia estilizado, swing, ragtime etc.); à percussão são incorporados os antigos recursos da Foley Table of Acoustic Sound Effects, hoje em desuso.

O texto baseia-se nas declarações do gangster Dutch Schultz – chamado de o Inimigo Público n. 1 –, feitas enquanto ele agonizava em um hospital de Newark, após ter sido baleado por uma gangue rival em meados da década de 1930. Durante o interrogatório, toda a vida de Dutch passa diante de seus olhos: ele fala com sua mãe, revê seus primeiros contatos com a gangue, assiste a um filme intitulado *Speak Easy*, com acompanhamento de um swing tocado pelo violino em scordatura. Aparecem imagens da época da Lei Seca, e de sua namorada cantando numa boate clandestina. Uma a uma as pessoas à sua volta vão se retirando, à medida que as suas forças desaparecem. No final, ele morre sozinho. Existe, em áudio e video, a documentação da estréia em Amsterdam. Em abril de 2000, foi feita uma apresentação em forma de concerto, na Greenwich House de Nova York.

• *The Little Prince* (música: Rachel Portman; libreto: Frederick Wright, baseado em Le Petit Prince, de Antoine de Saint-Exupéry; estréia em 3 de junho de 2003 no Wortham Center, de Houston, sob a regência de David Lowe).

Bernard Holland, do *New York Time*, chamou de "um exercício na arte do equilíbrio entre o fantasioso e o nonsense, o senso de realidade do mundo adulto e a nostalgia da infância vista de longe", essa adaptação do poético livro de Saint-Exupéry, encomendada pela Grand Opera de Houston. O estilo tonal muito gracioso de Portman, inteiramente adequado ao tema, tem texturas transparentes que lembram as do impressionismo inglês – Delius,

Vaughan Williams –, mas também melodias que ligam-se à tradição do músical americano. Anunciou-se o provável lançamento, pelo selo Ondine, de uma gravação com o elenco da estréia (Nathaniel Irvin, Kristin Reiersen, Teddy Tahu Rhodes, Jon Kolbet, Laquita Mitchell, Marie Lenormand, Joshua Winograde, Scott Scully, Aaron Judisch and Ethan Watermeier-James Lowe).

• *Livstegn* (Signs of Life – libreto e música de Wayne Siegel, estreada em Estocolmo, em tradução sueca, em 1994).

Ópera multimídia, com linguagem de vanguarda, para nove músicos, quatro cantores e sistema interativo de computador, que interage com os executantes, criando efeitos sonoros, musicais e de imagem, além de projeções de vídeo num grande telão.

Uma base terrestre submergiu nas águas, sob uma espessa camada de gelo, em Europa, uma das luas de Júpiter. Os cientistas da base exploram o oceano em busca de sinais de vida. O libreto explora o tema da relação cada vez mais íntima entre o homem e a máquina.

• *Loss of Eden* (música: Cary John Franklin; libreto: Michael Patrick Albano; estréia em junho de 2002 no Loretto-Hilton Center, de St. Louis).

A história real de Charles e Anne Morrow Lindbergh. A ópera trata do custo da fama, evocando o seqüestro e o assassinato do filho de Lindbergh que, em 1927, fez a travessia aérea do Atlântico. Discute o direito à privacidade e a exposição ao público da dor pessoal.

• *The Lost Dauphin* (música e libreto: Gordon Parmentier; estréia em 19 de maio de 2000 no Weidner Center for the Performing Arts, de Green Bay, no Wisconsin, sob a regência de Miroslav Pansky).

Ópera em três atos envolvendo, além de solistas e orquestra, dois coros duplos e um conjunto folclórico de índios Oneida, com dezesseis membros. O folclore indígena desempenha papel importante nessa partitura de estilo neo-impressionista. No início da década de 1820, o missionário Eleazer Williams, da igreja Episcopal, acompanha os índios da tri-

bo Oneida do Estado de Nova York até a reserva que lhes foi cedida pelo governo, em Green Bay, no Wisconsin. Ali, chamado de Lazar pelos índios, cria uma missão, instala uma escola e, à medida que seu prestígio aumenta, a sua ambição cresce: ele sonha em mover a tribo mais para oeste, juntá-la a outras nações indígenas e criar um império pele-vermelha, do qual ele próprio seria coroado imperador. Seus planos assumem proporções maiores quando a revista *Harper* publica um artigo sobre o "Delfim perdido": durante a Revolução Francesa, aristocratas leais à coroa teriam conseguido tirar da prisão da Conciergerie, em Paris, o pequeno Louis, filho do rei Luís XVI e de Maria Antonieta, levando-o para os Estados Unidos e entregando-o a um certo Thomas Williams, de St. Regis, no Estado de Nova York. Esse era o nome do pai de Eleazer Williams.- Lazar se convence de que é o delfim, escapado da morte. O imperador Luís Felipe chega a mandar aos Estados Unidos o seu filho, príncipe de Joinville, para investigar. Lazar fica muito excitado com a notícia, mas seus planos são abortados pelo governo americano e a ala dissidente dentro da própria nação Oneida. Ele é expulso da missão, volta para Nova York arrasado, e morre pouco depois, deprimido e na miséria. O mistério de sua identidade permanece irresolvido.

• *Louis Riel* (música: Harry Somers; libreto: Mavor Moore e Jacques Languirand, escrito em inglês, francês e utilizando frases em latim e dialeto mestiço franco-indígena). Encomendada pela Floyd S. Chalmers Foundation para comemorar o aniversário da descoberta do Canadá, foi estreada em 23 de setembro de 1967, pela Canadian Opera Company, com Bernard Turgeon, Joseph Rouleau, Cornelius Opthof, Roxalana Roslaf, Patricia Rideout e Mary Morrison.

Ópera de linguagem híbrida: mistura a escrita tonal e serial ao estilo de canções populares e folclóricas; recorre a elementos de música eletrônica, e tem, às vezes, longas árias de melodia muito lírica, sem acompanhamento.

Chamado de "John Brown dos mestiços", Louis Riel é visto, dependendo do lado em que os historiadores se encontram, como um traidor ou um mártir, um criminoso ou um santo. Esse defensor dos *métis* canadenses, filhos de colonizadores franceses com as índias, acreditava estar sendo inspirado por Deus ao pregar o uso da força para obter justiça. A ópera começa em Fort Garry (a atual Winnipeg), em 1869. Aos 25 anos, Riel está profundamente envolvido na defesa dos métis contra o governo do Ontário, estimulando o ideal de criação de uma nação independente. Como governador provisório da região, ele manda executar Thomas Scott, o representante do governo. É obrigado a fugir para Montana, de onde volta ao Canadá para liderar a revolta armada dos métis. Derrotado, é julgado e, em 1885, condenado por alta traição – ironicamente, o mesmo motivo pelo qual mandara matar Thomas Scott. A ópera foi muito bem recebida não só pela crítica canadense como pela americana: Raymond Ericson no *New York Times* de 25.9.1967. Existe, no selo Centrediscs, a gravação da turnês da Canadian Opera Company em Washington (23.10.1975). Em vídeo existe a transmissão da estréia, feita pela Canadian Broadcasting Company.

• *Louis' Trumpet* (música: Evelyn Swensson; libreto da compositora e de Joseph Robinette and Evelyn Swensson, baseado em *The Trumpet of the Swan*, de E. B. White; estréia em 4 de março de 2000 na Grand Opera House de Wilmington, no Delaware).

Ópera cômica em estilo de músical – mas inteiramente cantada –, para orquestra de câmara. Louis é um cisne de Montana que nasceu mudo. Seu pai voa até uma loja de música e rouba para ele um trompete, com o qual o jovem cisne aprende a se comunicar. Louis fica amigo de um menino que lhe sugere ir para Boston, onde ele arranja emprego num conjunto de cisnes que tocam num barco, durante passeios pelo rio. Ganha dinheiro também tocando no zoológico de Philadelphia e em uma boate de Nova Jersey. Acaba conhecendo uma bela cisne fêmea com quem se casa e volta para Montana, muito bem de vida. Existe um vídeo com o elenco da estréia (Angela Bates, Cal Brackin, Gordon Braun, Heidi Bretz, Bethany Brindley, Keith Clouser, Cathy Coin, Carol Denenberg, Peter Domingo e outros).

• *Love's Comedy* (música: Kim D. Sherman; libreto: Rick Davis, baseado numa peça de Ibsen; em 2003, estava à espera de ser estreada).

Ópera tonal em três atos, de tema sentimental. Na Noruega da década de 1860, o poeta Falk declara-se desiludido com o amor e o casamento. Conta com o apoio de Svanhild, jovem e cheia de força de vontade, decidida a levar a vida livre das pressões sociais. Só não contam com o fato de que vão apaixonar-se um pelo outro – o que não é fácil, porque o ego super-inflado do poeta não lhe permite admitir que o amor o pegou de surpresa. O teste final vem quando um homem jovem, bonito e muito rico pede a mão de Svanhild. O clímax da ópera é formado pela difícil escolha com que a moça se depara – mas com um desenlace que o leitor já pode imaginar.

• *Luke and Sarah* (música: James Domine; libreto: James Murphy; terminada em 2003; a estréia provavelmente seria com a Sinfônica de San Fernando Valley e solistas e coro do Pierce College, no Colorado).

Ópera de estilo regional americano: melodias para rabeca e banjo, hinos de igreja, temas de quadrilha etc. O casal de namorados Luke e Sarah pertencem, cada um, aos clãs rivais dos McBeams e dos McDaniels, inimigos de morte devido a uma rixa pelos direitos de comercialização dos produtos agrícolas do vale entre os moradores dos povoados de montanha. Essa comunidade rural de hábitos arraigados está também em conflito com a industrialização, e os grupos de fora que querem explorar os recursos minerais e florestais da região. Apanhados em meio a todas essas forças em conflito, Luke e Sarah serão, como Romeu e Julieta, as vítimas involuntárias do ódio e da cobiça.

• *Lulu, le Chant Souterrain* (música: Alain Thibault; libreto: Yan Muckle, baseado livremente na peça *A Caixa de Pandora*, de Frank Wedekind; estréia em 10 de fevereiro de 2000 na Usine C. de Montréal, no Canadá).

Ópera-techno para soprano, ator e trilha eletracústica. Lulu é um arquétipo mítico, como Don Juan e Fausto e, graças à ópera de

Berg, uma das figuras emblemáticas mais poderosas do século XX. Compositor e libretista tentam distanciar-se da tradição teatral e operística, para avaliar o que a personagem ainda significa para o século XXI. A mulher dominada pelas suas paixões sensuais é colocada no contexto do mundo contemporâneo, em que as noções de bem e de mal já não são mais as mesmas das primeiras décadas do século XX. Mas será que o mundo mudou tanto assim? Poder, desejo, solidão, desavoramento, violência continuam a ser realidades universais, ainda que vestidos com roupagens novas.

• *Lunare* (música: Max Giteck Duyker; libreto: Howard Kingkade; encomenda do grupo Proto-type, de Nova York, especializado em performances multi-disciplinares; estava sendo preparada para encenação no início de 2004).

Ópera de ficção científica, para orquestra de câmara, misturando o idioma erudito, rock e jazz. Imagens paralelas à da encenação do palco serão projetadas em telões.

A ópera conta o processo de loucura de um jovem rei, que perde a razão após testemunhar os horrores da guerra intergalática.

• *Madame Mao* (música: Bright Sheng; libreto: Colin Graham – que também dirigiu o espetáculo – estréia em 20 de julho de 2003, na Ópera de Santa Fé).

Nascido em Xangai em 1955, Bright Sheng sofreu agudamente as conseqüências da Revolução Cultural. Aos 15 anos, foi enviado para a província de Qinghai, na fronteira com o Tibete, para trabalhar como pianista e timpanista de um grupo de canção e dança folclóricos. Isso o colocou em contato com o rico acervo étnico da antiga Rota da Seda, ponto de cruzamento das relações mercantis do Mediterrâneo com o Leste da Ásia, experiência que ele desenvolveu nos estudos no Conservatório de Xangai, quando pôde voltar à sua cidade em 1978; e no Queens College e como aluno de Leonard Bernstein em Columbia, depois que emigrou para os Estados Unidos em 1982.

Começando e terminando com a cena de seu suicídio na prisão, a ópera reconstitui, combinando as técnicas de *flash-back* e narrativa convencional, o percurso da atriz Jiang Qing; o ódio pelo pai, que a abandonou; a experiência traumática de ser seduzida e enganada por um produtor de cinema; o momento em que ela conhece o líder revolucionário Mao Zedong e casa-se com ele; o poder absurdo que assume durante a Revolução Cultural, como a chefe do chamado Grupo dos Quatro; e a queda em desgraça após a morte do marido. Jian Qing enforcou-se na prisão, em 14 de maio de 1991. Jiang é interpretada por duas cantoras, um soprano coloratura durante sua juventude e um mezzo na maturidade; e freqüentemente as duas aparecem lado a lado, no palco, comentando a ação, as intenções, as idéias e as traições da personagem.

A música de Sheng combina traços de influência ocidental com os elementos trazidos de sua formação oriental. O estilo declamatório da linha vocal, com freqüentes subidas para o extremo do registro agudo, decalca-se nas técnicas de canto da ópera chinesa. É muito eficiente, do ponto de vista dramático, o uso recorrente da canção de ninar, de que Jiang se lembra, quando jovem. Ele retorna, no final, como o tema do coro que comenta, após a morte de Mao, a condenação de sua esposa à prisão perpétua. Duas seqüências de Ópera de Pequim são usadas: no ato I, para mostrar as fantasias da jovem Jiang, que quer ser amada e tornar-se uma atriz famosa; no II, para sugerir toda a carga de amargura e ressentimento que a fez usar seu desmedido poder político como instrumento de vingança: além de eliminar os membros do Politburo que se opõem a ela, Jiang manda assassinar seu antigo amante, o produtor de cinema, e a atriz pela qual ele a trocou.

Sheng e Graham tratam Madame Mao como um caso clássico de psicopata, embriagada pelo poder, destruída pelo próprio excesso de seu exercício descontrolado, mas absolutamente incapaz, no final, de arrepender-se das monstruosidades que cometeu. Professor de composição na Universidade de Michigan, em Ann Arbor, desde 1995, Shen justificou a escolha do tema dizendo: "Sua vida foi muito dramática, quase mitológica. Jiang Qing arruinou milhões de vidas. Mas, de certa forma, é responsável pelo que sou hoje e pelo fato de eu ter-me tornado músico."

• *Madame Puccini* (música e libreto: Michael Pratt; terminada em 2003, à espera de estréia).

Ópera de câmara – orquestra de treze instrumentos – deliberadamente tonal (inclusive com a influência voluntária do estilo pucciniano de composição). As infidelidades repetidas de Giacomo Puccini fazem Elvira, sua mulher, imaginar um caso entre o marido e a empregada adolescente, Doria, da família Manfredi, de Torre del Lago, que ela contratou para ajudar no serviço da casa, quando seu marido sofreu um grave acidente de carro. Elvira demite Doria e a calunia de tal forma que, envergonhada, a menina se envenena com arsênico, e morre após prolongada agonia. Depois de sua morte, a família exige a autópsia, constata sua virgindade, e processa Elvira. Só depois que ela é sentenciada à prisão por indução ao suicídio é que Puccini oferece 12.000 liras aos Manfredi para que retirem a acusação. Os fatos são reais e Doria foi a inspiradora da figura de Liù, a escrava que, na *Turandot*, sacrifica-se por amor ao príncipe Calaf.

• *The Magic Shop* (música: Stefania de Kenessey; libreto: Elisabeth Frischauf, baseado na peça homônima que Richard France adaptou do conto de H. G. Wells; estréia em 13 de outubro de 2001, no Vital Theatre Company, de Nova York).

Ópera de câmara – conjunto de seis instrumentos – de estilo tonal e muito melodioso. Em seu décimo aniversário, o pai de Amy a leva para escolher seu presente. Numa ruazinha lateral do Greenwich Village, encontram a Loja Mágica do misterioso Mr. Biggs, onde todos os truques podem tornar-se realidade. Amy escolhe uma boneca de tamanho natural e, ao chegar em casa, ela transforma-se numa menina de verdade, a companhia de carne e osso que faltava na vida daquela criança solitária.

• *The Man in the Black Suit* (música: Eve Beglarian; libreto da compositora e de Grethe Holby, baseado no conto homônimo de Stephen King; estréia em Nova York, na primavera de 2001, promovida pelo American Opera Project).

De estilo contemporâneo, é uma ópera de câmara em um ato, com parte da música pré-gravada.

• *Le Manuscrit Trouvé à Saragosse* (música: José Evangelista; libreto: Alexis Nouss, baseado no livro homônimo do autor franco-polonês Jean Potocki; a versão em inglês, *The Manuscript Found in Saragossa*, foi preparada para a apresentação da ópera nos Estados Unidos; estréia em 22 de novembro de 2001, na Salle Pierre Mercure, de Montreal, sob os auspícios da Société de Musique Contemporaine du Québec e da organização Opera America).

Em estilo contemporâneo, mas com referências à música espanhola e mourisca do século XVIII. Alfons van Worden, capitão do regimento belga de guardas do rei da Espanha, encontra-se, durante uma viagem a Madri, com duas princesas mouras. Elas lhe revelam que ele é descendente da ilustre família Gomélez, e está destinado a realizar grandes feitos. Para isso, porém, terá de enfrentar duras provações. Num castelo misterioso, ele ouve as histórias mirabolantes de um judeu cabalista inteiramente louco. Enquanto o cabalista disputa a sua alma com Velásquez, um matemático racionalista, o capitão van Worden vê-se envolvido numa série de situações fantásticas e cômicas, ao longo das quais encontra as pessoas mais inacreditáveis.

• *Mario and the Magician* (música: Harry Somers, libreto: Rod Anderson, baseado na novela de Thomas Mann; estréia na Canadian Opera Company, em 19 de maio de 1992, com um grande elenco de 31 cantores, encabeçado por Theodore Baerg, Marcia Swanston, Matthew Elek, Laura Bertram e Benoît Boutet.

Ópera de estilo híbrido, tonal mas com a inserção de procedimentos de escrita contemporânea, a escrita vocal oscilando entre recitativos ríspidos e longas linhas muito líricas. Os corais e cenas de conjunto são freqüentes e há extensos momentos com acompanhamento orquestral ininterrupto.

Stephan, um escritor, está fazendo uma conferência sobre totalitarismo, e usa como exemplo as férias que passou na Itália. Chegou com sua mulher e dois filhos a Torre di Venere, e hospedou-se no Grand Hotel, no quarto contíguo ao ocupado pelo Principe e a Principessa. Stephan e sua família são obrigados a tomar as refeições em seu quarto e a ficar isolados em relação aos outros hóspedes, por serem estrangeiros. Klara, a filha de Stefan, começa a tossir, e a Principessa exige que eles sejam mudados de quarto, de medo do contágio. Diante disso, Stephan decide mudar de hotel. No dia seguinte, eles vão à praia. Um menino italiano chuta o castelo de areia de Klara, deixando-a com o rosto e os cabelos todos sujos. Quando ela corre para a água, para se lavar, a família é presa, pois ela desrespeitou as regras estritas de uso de roupa de banho, e foi acusada de ir à praia seminua. Na prefeitura, eles se encontram com o mágico Cipolla, que distrai as pessoas com os seus truques. Cipolla faz Klara e seu irmão Franzl dançarem ao som do hino fascista. Diante disso, Stephan recusa-se a participar do espetáculo. Cipolla chama então Mário, garçon do Grand Hotel, hipnotiza-o, fazendo-o acreditar que ele é Silvestra, a mulher que Mário ama em segredo. Mário beija Cipolla e, ao se dar conta do que fez, fica tão envergonhado que, puxando o revólver, mata o mágico. Em sua conferência, Stephan usa essa história como um exemplo da manipulação das pessoas e da forma que se tem de reagir. *Mário e o Mágico* foi transmitida em 17 de outubro de 1992 pelo programa *Saturday Afternoon at the Opera*, da Canadian Broadcasting Company, existindo portanto o vídeo.

• *Mary Shelley* (música: Allan Jaffe; libreto: Deborah Atherton; terminada em 2003, a espera de encenação).

Escrita para orquestra pequena – quarteto de cordas, piano e quinteto de sopros – é tonal, com harmonias jazzísticas que se prendem à experiência do autor nessa área. Linhas vocais ritmicamente complexas, mas de caráter lírico. A ópera conta a evolução artística de Mary Shelley antes e depois da criação de *Frankenstein*. Começa em 1814, quando Mary Wollstonecraft Godwin conhece Percy Bisshe Shelley, e termina em 1823, depois da morte do poeta por afogamento. A criação da figura do Monstro corresponde ao sentimento de es-

tranheza da própria artista; reconhecê-lo como reflexo dela mesma e aceitá-lo faz parte de seu processo de maturação humana e estética.

• *The Merchant and the Pauper* (música: Paul Schoenfield; libreto: Maggie Stearns, baseado no conto íidiche *O Mercador e o Pobretão* [1809] do Rabbi Nachman de Bratislava; estréia em 17 de junho de 1999, no Loretto-Hilton Center de St. Louis).

Ópera em dois atos, alegoria da saída dos judeus do Egito e da promessa da vinda do Messias, apresentada como uma história fantástica, reminiscente da *Flauta Mágica*. Quando a mulher do pobretão é raptada e o rico mercador a traz de volta, a virtude de ambos é posta à prova, mas ambos resistem às suspeitas e são recompensados com filhos: ele com um menino, e ela com a menina mais linda que Deus pôs na Terra. Os jovens são prometidos um ao outro, mas vêem-se afastados por uma série de peripécias mirabolantes: o pobretão descobre que é filho do imperador, e sobe ao trono após sua morte. Transformada em princesa, sua filha é raptada pelos piratas; e o filho do mercador é exilado para uma ilha exótica. Mas como aquilo que Deus criou para viver junto não pode ser separado, no final eles se unem e sobem ao trono para governar o mundo. A linguagem com que é narrado um conto de fadas dessa natureza é necessariamente tonal e muito lírica.

• *The Midnight Angel* (música: David Carlson; libreto: Peter Beagle, a partir de seu próprio conto *Come, Lady Death*. Em co-produção com a Glimmerglass Opera e com Sacramento, foi estreada em 1º de junho de 1993, na Ópera de Saint Louis, com Elaine Bonazzi, Christine Abraham, John Stephens, Tracey Wellborn e outros).

Ópera de escrita minimalista, com melodias tonais, gratificantes para os cantores. A crítica detectou influências de Stravínski, Barber e Menotti; há também procedimentos inspirados na música cinematográfica de um autor como Bernard Herrmann.

Na Londres de 1907, Lady Neville é uma viúva que está envelhecendo e sente-se entediada, amargurada, cada vez mais desencantada com a vida. Decide despedir-se da vida com um último grande baile, e chama a Morte como convidada de honra. O círculo de pessoas com quem ela convive inclui um mordomo que a trata de forma paternal, um sobrinho totalmente dependente dela, uma sobrinha noiva de um pedante rapaz de sangue azul, um poeta, um oficial cansado de tudo, e sua amante. A Morte aparece no baile logo após a meia-noite, disfarçada como Angeline, uma jovem de beleza excepcional. Dança com todos os convidados e convence-os a contar-lhe seus sonhos e suas frustrações. Quando diz que tem de ir embora, todos lhe pedem que fique. Concorda, com a condição de que um deles a substitua no papel de Morte. Como não há voluntários, ela vai de um em um discutindo a sua escolha. Todos têm uma razão para recusar. Quando chega a vez da anfitriã, Lady Neville percebe que Angeline é ela mesma em sua juventude. Um beijo sela a troca de papéis. Depois de Saint Louis, *O Anjo da Meia-Noite* foi encenado pela Glimmerglass Opera em Sacramento.

• *The Mill Girl* (música e libreto: Judith Lane; estréia em abril de 1997 pela Children's Opera Company de Ossining, no estado de Nova York).

Ópera infantil de comentário instrumental contínuo, mas com números muito melodiosos inseridos na trama. Na década de 1840, uma menina trabalha quatorze horas por dia no moinho de algodão de Lowell, no Massachusetts. Esforça-se para aprender a ler e escrever, e acaba liderando uma greve para obter a redução do horário de trabalho para dez horas. A ópera mostra os primórdios, nos Estados Unidos, da luta contra o analfabetismo e das reformas na legislação trabalhista.

• *The Miraculous Staircase* (música e libreto: Alan Stringer, baseado numa lenda mexicana; estréia em junho de 1996 no Kimo Theater de Albuquerque, no Novo México).

Ópera tonal e neo-romântica para cantores, dançarinos, e um conjunto de violoncelo, oboé, flauta, trompa, órgão e sinos. Todos os carpinteiros consultados disseram ser impossível construir, do jeito que Madre Magdalena o deseja, a escada que leva ao coro da capela de seu convento. Como tem de ajudar a popu-lação do povoado, ameaçada do cólera, Madre Magdalena não tem tempo de conversar com o novo carpinteiro, que lhe garante ser capaz de construir a escada como ela quer. Quando a madre volta, a escada ficou pronta e está linda. Só quem ficou triste foi Manuela, a menina muda, pois com o bondoso carpinteiro ela conseguia se comunicar. Quando Magdalena pergunta por ele, Manuela recupera a fala, diz seu nome: "José", e a freira compreende que o carpinteiro miraculoso era o próprio São José, que assim a recompensara por sua bondade e coragem ao tratar dos enfermos.

• *Moby Dick* (música: Solomon Epstein; libreto do compositor e de Joyce Sparer Adler, baseado no romance de Hermann Melville).

Ópera em três atos e 24 cenas (10-10-4), usando dois coros, um dos marinheiros, o outro para comentar a ação de fora da cena. Escrita mista tonal-atonal-politonal-modal; os cânticos dos marinheiros, usando palavras do próprio Melville, reproduzem o estilo musical popular do século XIX. Por razões dramáticas, a ação concentra-se na fase final do romance, da caça à baleia branca. O papel de Queequeg é expandido para que ele ofereça o equilíbrio teatral, ficando em posição intermediária entre Ishmael e o capitão Ahab. Monólogos de caráter meditativo, contendo as reflexões de Ishmael ou de Pip, servem de interlúdio entre os blocos de cenas. O coro, externo à ação, comenta o que está acontecendo – e fornece o colorido das vozes femininas a uma ópera em que só há personagens masculinas. Ao coro cabe também narrar certos episódios do romance de Melville que não podem ser representados visualmente. Além disso, ele serve como um elemento a mais da orquestra, cantando em vocalize, nas seqüências em que os instrumentos fazem o retrato músical da natureza. Papel importante é desempenhado, dentro de uma orquestra de proporções normais, pelo solo de órgão.

• *Mom Sings an Aria* (música: Alan Stringer; libreto do compositor e de Alan Yaffe, baseada em um conto de seu irmão James Yaffe; em 2003 estava à espera de ser estreada).

Comédia de estilo eclético, çom uso de música folclórica judaica para caracterizar a figura da Mãe. Um detetive da seção de homicídios vai jantar com a mulher, sexta-feira à noite, em casa de sua mãe. No passado, ela tivera ambições musicais para seu filho, mas elas não deram certo. Agora, enquanto discutem e encenam, durante a refeição, o último caso do detetive – um assassinato ocorrido no *standing room* do Metropolitan – Mamãe conta suas histórias de cantores de ópera, e não desiste de falar de seus planos frustrados de fazer do filho um cantor. No final, é a Mãe judia quem fornece ao filho as pistas para resolver seu caso.

• *The Money Tree* (música: David Garner; libreto: Daniel Cohen; estréia em 30 de junho de 2000 em Nova York).

Ópera em um ato, para piano e orquestra de câmara, tonal mas com influências de jazz, sobre o dramaturgo Bill Sauer, em início de carreira, que luta, juntamente com sua mulher Lucy, para pagar as contas no fim do mês. A comédia brinca com uma idéia fantástica: o que aconteceria à vida do jovem casal se, de repente, uma árvore que dá dinheiro brotasse na varanda de seu pequeno apartamento? A ópera tem afinidade com certas comédias românticas cinematográficas. Existe um vídeo da estréia.

• *Mrs. Satan* (música: Victoria Bond; libreto: Hilary Bell; pré-estréia em forma de concerto, em 2003, no workshop do New York City Opera; estréia em 2004 no Center for Contemporary Opera de Nova York).

Ópera de estilo basicamente tonal sobre a figura histórica de Victoria Woodhull, mulher muito livre, que se apresenta à rígida sociedade nova-iorquina do século XIX, como médium e editora de uma revista em que defende idéias feministas e é advogada do amor livre. Victoria quer também exercer uma atividade essencialmente masculina, a de corretora de ações, e chega a pensar em candidatar-se à presidência. A princípio, as pessoas se divertem com suas excentricidades e não a levam muito a sério. Mas quando ela ousa expor um escândalo sexual em que está envolvido um poderoso líder religioso, todos passam a vê-la como Mrs. Satan em pessoa.

• *Murder in the First Degree* (música e libreto: Solomon Epstein, baseado na peça que Dan Gordon extraiu de seu próprio romance; pronta em 2003, à espera de estréia).

Nesta ópera em dois atos, de estilo híbrido – tonal-atonal, com elementos de jazz e música regional americana –, são acrescentados à orquestra padrão saxofones alto e soprano, piano, contrabaixo amplificado, bateria de jazz e alguns efeitos sonoros pré-gravados. Baseia-se em acontecimentos reais, em San Francisco, entre 1938-1942. Johnny Bowes, preso em Alcatraz por um crime que não cometeu, é tratado sadicamente pelos guardas da penitenciária. Eles o colocam em confinamento, na solitária, durante três anos, o que o faz enlouquecer. Sua primeira atitude, ao ser devolvido ao convívio dos outros presos, é cortar a garganta de um companheiro de penitenciária, usando o cabo de uma colher. Trezentos presos e os guardas da prisão testemunham o assassinato, no refeitório da prisão. No julgamento de Johnny por assassinato, o advogado Henry Davidson espanta a todos ao acusar os guardas de Alcatraz de responsabilidade pelo crime: pela tortura, eles converteram Johnny em uma verdadeira arma assassina, sem controle de si mesma. O júri declara Johnny culpado de homicídio involuntário – o que lhe dá uma pena de três anos de cadeia –, acusa os guardas de Alcatraz de crime contra a humanidade, e apresenta ao juiz uma petição para que a penitenciária seja submetida a uma investigação federal. De volta a Alcatraz, Johnny é de novo atirado na solitária e, antes que Henry possa pedir à corte a sua transferência para outra prisão, ele morre, mas não sem antes rabiscar a palavra "vitória" na parede da cela em que está confinado. Em parte como resultado desse caso, em 1963 o procurador-geral Robert Kennedy ordenou que Alcatraz fosse desativada como instituição penal. Por sua temática contemporânea, Murder in the First alinha-se com uma ópera recente como *Dead Man Walking*, de Jake Heggie.

• *The New Adam* (música: Omer Avital; libreto: Alan Roland; pronta em 2003, à espera de estréia).

Ópera de câmara de estilo contemporâneo, utilizando torneados melódicos arábicos e andaluzes, e formas de jazz. O libreto explora a antiga profecia cabalística de que há de surgir um novo Adão, como símbolo de espiritualidade renovada. A ação passa-se no século X, no califado de Córdoba, durante a Idade de Ouro judaica. O califa Ahmed quer fazer de Córdoba um paraíso na terra. Seu médico, Joachim ben Israel, sonha em fazer surgir, com rituais cabalísticos, o novo ser que seja a fusão de Adão e Eva – ou seja, a perfeita união dos contrários. E Sa'ida, a mulher do califa, quer atingir o êxtase espiritual através das técnicas de dança sufi. Os três são ameaçados pela Morte, que se apresenta disfarçada como um Grande Caballero espanhol. Tentando defender-se da Morte, eles sabotam, sem querer, os esforços um do outro. O novo Adão terá de esperar por uma outra era.

• *No Easy Walk to Freedom* (música e libreto: *C*handler Carter; estréia em 17 de novembro de 2000 no auditório da Riverside Church de Nova York e, logo em seguida, apresentada no teatro da Hofstra University, em Hempstead, Estado de Nova York).

Ópera de câmara – orquestra com doze instrumentistas – de estilo tradicional, com o uso extenso de melodias e ritmos sul-africanos. A vida de Nelson Mandela é contada desde a sua prisão em 1963 até a libertação em 1990. A ópera termina com a sua eleição, em 1994, para a presidência da África do Sul. As diversas cenas são ligadas por bailarinos que interpretam danças típicas do sul da África.

• *Nosferatu* (música: Randolph Peters; libreto: Marilyn Gronsdal Powell, baseado em um conto de Thomas Sokoloski; estréia na Canadian Opera Company, em 8 de dezembro de 1993).

Ópera de estilo híbrido, misturando melodias tonais com seções atonais de caráter fortemente expressionista; há *leitmotive* ligados às principais situações dramáticas; ao acompanhamento orquestral junta-se a gravação de um cerimonial fúnebre em um templo do Nepal.

No prólogo, Camilla tem o sonho recorrente de um navio sobre um mar de areia, indo para um oásis que, na realidade, é uma miragem. No ato I, os cidadãos de Demeter estão comemorando a construção de uma represa. O arqueólogo Tomas e Josef, o filho dos donos da taberna local, são os únicos a protestar pois, para que a represa fosse construída, muita gente pobre foi desalojada de suas casas e levada para um campo de internamento que passou a ser conhecido como a Aldeia da Vergonha. Camilla aparece, querendo saber quem é o proprietário de um colar que está usando. Nzbana, uma mulher da Aldeia da Vergonha, reconhece no colar o nome de Nosferatu, o vampiro, e foge assustada, levando Josef consigo. Camilla convence Tomas a levá-la até a Aldeia, pois Nzbana é a única que lhe poderá dizer quem é o dono do colar. Enquanto isso, Nzbana barganha com Nosferatu: trará até ele Camilla, se prometer que protegerá os sem-terra. Ao chegar à Aldeia, Camilla acompanha Nzbana até onde Nosferatu está. Nesse meio tempo, a dona da taberna descobre o cadáver de seu marido, que Nosferatu matou, e acreditando tratar-se de uma vingança dos sem-terra, conclama os habitantes de Demeter a castigá-los.

No ato II, Nosferatu interroga Camilla a respeito do colar. À medida que ela lhe descreve a morte de sua mãe, Nosferatu perceba que ele é a filha cujo contato tinha perdido. Diz-lhe isso e pede que ela beba o sangue de Josef para obter a verdadeira compreensão, disponível somente para aqueles que têm a vida eterna. Deixa-a sozinha, para tomar sua decisão, e mata vários cidadãos de Demeter, só poupando Tomas porque Nzbana lhe pede que assim o faça. Mas Tomas tem de dizer aos cidadãos de Demeter que Nosferatu os matará a todos, se não deixarem em paz os sem-terra da Aldeia da Vergonha. Todos se retiram do campo.

Camilla recusa-se a matar Josef para adquirir a vida eterna. Luta com seu pai e o mata. Nzbana pede que ela assuma o papel de defensora da Aldeia, mas Camilla recusa. Ouvem-se os gritos da multidão furiosa, que se aproxima. Tomas aparece, muito ferido: tentou impedi-los, mas os cidadãos de Demeter invadiram a Aldeia e massacraram todos os sem-terra. Nzbana foge, Tomas morre, e Camilla fica sozinha, para enfrentar as conseqüências de seus atos. *Nosferatu* foi transmitida, em 20 de fevereiro de 1994, pelo programa Two New Hours, da CBS; existe, portanto, a gravação pirata. Em versão revista, ela foi apresentada pela Ópera de Manitoba, em fevereiro de 1996.

• *O.T.* (música e libreto: Mirta de la Torre Mulhare, numa adaptação contemporânea do *Othello* de Shakespeare; estréia no outono de 2003, no Wesley Auditorium de Chevy Chase, MD).

Basicamente tonal, mas pontuada às vezes por harmonias mais livres, e apresentando traços de música tipicamente americana, popular ou folclórica, é escrita para pequeno conjunto instrumental: piano, violino, violoncelo, contrabaixo, flauta, oboé, trompete, trombone e percussão. O senador Owen Theodore Hulligan, de origem irlandesa, candidato a governador, está apaixonado pela jornalista negra Mona. John, amigo de infância de O. T., furioso porque ele o preteriu, escolhendo Charlie, advogado especializado na defesa dos direitos da minoria, para um alto cargo na justiça, decide vingar-se, e convence-o de que Mona e Charlie são amantes. Ciúme patológico, intriga, desejo de vingança e final trágico levam adiante essa versão do *Othello* com os papéis étnicos invertidos, tendo por pano de fundo toda a agitação de uma campanha política. Como as intenções da autora são satíricas, elementos cômicos fundem-se à tragédia.

• *Odysseus and Ajax* (música e libreto: Martin Halpern, baseado no *Ajax* de Sófocles: prevista para estréia em 2004-2005).

Ópera de câmara de música cromática, mas não atonal, passada no acampamento grego, às portas de Tróia, durante o último ano da guerra. O libreto centra-se na loucura, recuperação e suicídio de Ajax, e na atitude compassiva que Odisseus, inspirado pela sabedoria da deusa Atena, tem em relação à perturbação mental desse companheiro.

• *Oh Pilot!* (música: Nic Gotham; libreto: Banuta Rubess; estréia prevista para 2004 sob patrocínio do Tapestry New Opera Project).

Ópera de estrutura músical contínua, apresentando elementos músicais multiétnicos, escrita para piano, violino, violoncelo, saxofone soprano e percussão. A alegoria barroca do

Pilgrim's Progress (A Viagem do Peregrino) é transferida para um moderno aeroporto. O setor de Desembarques é um lugar cheio de expectativas; o de Embarques é um lugar de dor mas também de alívio. Entre um extremo e outro, desenrola-se a aventura da viagem pela vida, descrita mediante quatro histórias diferentes, separadas mas com pontos eventuais de intersecção. A voz no alto-falante, que dá os avisos sobre o funcionamento do aeroporto, funciona como um *deus ex machina*. Acima, no céu, circulam muitas coisas misteriosas, mas nós nunca as vemos.

• *The Orphan of Zhao* (música: Stephin Merritt; libreto: David Greenspan, baseada na peça clássica chinesa do século XIII; estréia em 27 de julho de 2003 na Fiorello H. La Guardia High School).

Merritt, compositor de canções populares, conhecido por sua coletânea *Magnetic Fields: 69 Love Songs*, foi convidado pelo diretor Chen Chi-Zhen a escrever a música para a história do general Tu An-Gu, que chacina trezentos membros do clã rival dos Zhao, e de Cheng Ying, o médico da família, que consegue salvar a vida do herdeiro. Este, crescendo, há de vingar os seus parentes. Usando instrumentos orientais – *pip'a* (alaúde), *jinghu* (rabeca de duas cordas), harpa chinesa – combinados à orquestra ocidental, Merritt faz o que Jeremy McCarter, no *New York Times*, qualificou de "escrever canções que bebem em tradições disparatadas e, no entanto, mantêm um estilo perfeitamente reconhecível".

• *Orpheus Descending* (música: Bruce Saylor; libreto: J. D. McClatchy, baseado na peça de Tennessee Williams; estréia na Lyric Opera of Chicago, em 10 de junho de 1994, com Victor Benedetti, Juliana Rambaldi, Stephen Morscheck, Terese Fedea e outros).

Ópera de câmara para quatro madeiras, seis metais, nove cordas, harpa e percussão. Música tonal, muito lírica, com texturas densamente cromáticas e utilização de *leitmotive*.

A ação passa-se no armazém de secos e molhados de uma cidadezinha do Sul. O empregado da loja, Val, ex-cafetão que está tentando iniciar vida nova, envolve-se com Lady, mulher sombria e depressiva, filha de um imigrante italiano, casada com Jabe, o dono do armazém. Lady é perseguida pelas lembranças da morte de seu pai, assassinado por vigilantes locais, que detestavam estrangeiros. Carrega o sentimento de culpa por um envolvimento amoroso anterior que a obrigou a fazer um aborto às escondidas. E sente-se entediada no casamento com Jabe, que trata-a mal e está doente, com câncer. Apaixona-se por Val, pelo qual outras mulheres da cidade sentem-se atraídas. Entre elas estão Carol, jovem e sedutora, que tenta avisá-lo do perigo que está correndo; e a visionária Vee, mulher do xerife da cidadezinha. No leito de morte, Jabe descobre a infidelidade da mulher. Ao mesmo tempo que percebe estar grávida de Val, Lady fica sabendo, acidentalmente, que Jabe fazia parte da gangue que assassinou seu pai. Num acesso de fúria, Jabe sai da cama e mata a mulher a tiros de espingarda. Val foge, mas o xerife e um grupo de vigilantes o perseguem, cercam-no e ateiam fogo ao lugar onde ele se escondeu, fazendo-o morrer queimado. Sobra apenas o casaco de pele de cobra que Val usava. Carol pega-o para ela, como um simbolo de que o ciclo da vida continua. *Orpheus Descending* foi muito elogiada por Paul Griffiths na revista *The New Yorker* (10.7.1994) e por Deborah Seabury Holloway na *Opera News* (junho de 1994).

• *Our American Cousin* (música: Eric Sawyer; libreto: John Shoptaw; em 2003, estava à espera de ser estreada).

Ópera em estilo tonal livre, com a combinação de árias, cenas de conjunto e passagens de música contínua, para solistas, coro e uma orquestra que pode ter de quatorze a 24 músicos. Os atores do Ford's Theater, entre os quais está John Wilkes Booth, reúnem-se nos bastidores. Estão tensos: o espetáculo dessa noite terá de ser bem cuidado, pois terão um convidado muito especial na platéia. Isso faz com que surjam bate-bocas entre eles. A atriz principal, Laura Keene, restaura a ordem e, quando o pano se abre, apresenta à platéia o presidente Lincoln. A peça que estão encenando é uma comédia e o público reage alegremente. Durante a situação mais romântica, ouve-se de repente um tiro. Lincoln cai ferido, a platéia entra em pânico, Booth é preso pela guarda.

Laura Keene fica sozinha no palco, sem entender direito o que aconteceu.

• *The Outcasts* (música e libreto: Noa Ain; estréia na Opera Ebony, em 17 de junho de 1990, com Gail Hadani, Blanche Foreman, Andre Solomon-Glover, Harry L. Burney e Novella Nelson; reapresentada em versão revista, na Houston Grand Opera, em 3 de junho de 1994).

Ópera de câmara escrita para violoncelo, contrabaixo, saxofone, sintetizador e percussão. De linguagem tonal livre, incorporando elementos de gospel music, jazz, pop, rock, New Age e folclore africano e do Oriente Médio.

Ar, a sacerdotisa de Moab, lamenta a perda de sua filha Ruta, capturada pelos judeus. A moça, que conseguiu escapar, aparece de repente, correndo pelos campos de trigo, perseguida pelos inimigos. Boaz, a quem os campos pertencem, a protege e, fascinado pela sua beleza, pede para ouvir a sua história. Os moabitas tinham prendido dois judeus de Belém, Naomi e seu filho Gideon, que deveria ser imolados à deusa Inanna, no festival do sacrifício. Mas a pedido de Ruta, sua mãe desobedeceu à vontade de Inanna e poupou os judeus, permitindo que eles vivessem entre os moabitas, desde que aceitassem a suas leis. Ar permite que Ruta e Gideon passem uma noite juntos: eles se apaixonam e querem se casar. Apesar da oposição de Naomi, são unidos numa cerimônia moabita.

Aos poucos, a bondade da nora vence a desaprovação de Naomi, que começa a ensinar a Ruta os princípios do judaísmo. Sentindo-se ameaçados, os moabitas, com aprovação de Ar, matam Gideon, na esperança de que, dessa maneira, Ruta retorne aos costumes de seu povo. No funeral do marido, Ruta acusa Ar de assassinato, e diz que, de agora em diante, Naomi é a sua mãe. Vai com ela para Belém, mas ambas são presas, porque os judeus desaprovam o fato de Naomi ter aceitado viver entre idólatras. Boaz oferece proteção às duas mulheres, afeiçoa-se por Ruta e pede-a em casamento. Ela responde que primeiro precisa pedir permissão ao espírito de Gideon. Invoca-o, no alto da montanha, e Gideon lhe diz que pode contrair novas núpcias, desde que não se case apenas com um judeu, mas com todo o povo judeu. Ruta volta, pede para converter-se ao judaísmo e, depois disso, casa-se com Boaz. Depois da estréia, a ópera foi reapresentada em 1990 pela Hebrew Arts School, em 1994 pela Houston Grand Opera e, em 1995, pela New Jersey State Opera.

• *The Other Wise Man* (música: Stefania de Kenessey; libreto: Peter Wallace, baseado no conto de Henry van Dyke; encomenda da Sinfônica de Cingapura; estréia em 9 de dezembro de 2000, no Empress Music Hall, da Cidade de Cingapura).

Ópera de estilo tonal, fábula sobre o poder redentor das boas ações. O libreto explora a história apócrifa de que houve um quarto Rei Mago, Artaban, que vendeu todos os bens materiais que possuía para, com o dinheiro, comprar pedras preciosas que queria ofertar ao Menino. Durante a viagem para Belém, ele vai encontrando pessoas em situação paupérrima, e dá-lhes, uma a uma, as suas pedras. Com isso, vai se atrasando. Quando consegue chegar à Palestina, é o dia da crucificação e, ao entrar em Jerusalém, ele tem no bolso apenas a última de suas pérolas. Pensa em usá-la para salvar o Cristo, mas não resiste à tentação de, com ela, comprar a liberdade de uma menina escrava. Morre com a sensação de que falhou em relação ao Salvador, mas com a certeza de que serviu a humanidade. Existe a gravação com o elenco da estréia (Samuel Hepler, Sahoko Sato, Danielle Herman, David Kwah-Bart Folse).

• *Out of the Rain* (música: Michael Ching; libreto: Hugh Moffatt; estréia em 25 de setembro de 1998, na Ópera de Delaware, seguida de apresentações em Memphis e Kansas City).

Ópera com acompanhamento de piano (com percussão opcional), de escrita contínua, e um arioso permanente que se expande às vezes em árias ou cenas de conjunto de estilo tonal. Destinada à apresentação em auditórios escolares, trata de problemas dos jovens: quatro personagens ilustram o relacionamento difícil com os pais, o drama da gravidez, aborto e suicídio entre adolescentes, e as conseqüências trágicas da epidemia de Aids. Há um video da estréia (Michael Eberhard, Stephanie Santer, Kim Robson, Gary Seydell).

• *Pacamambo* (música: Zack Settel; libreto: Wajdi Mouawad, adaptando a sua própria novela; estréia em dezembro de 2002 em Toronto).

Ópera infantil para soprano, flauta, percussão e música eletracústica. Depois de três semanas desaparecida, Julie é encontrada no porão, com seu cachorro, ao lado do cadáver da avó. Na conversa com a psicóloga, que quer descobrir o motivo para esse comportamento, descobrimos as aventuras oníricas que a menina viveu no país imaginário de Pacamambo, cuja história lhe foi contada pela avó antes de morrer.

• *Paranoia: a Psycho-Opera* (música: Stephen Eddins; libreto: Phillip Lopate, baseado em seu conto *We Who Are Your Closest Friends*; estréia em 27 de março de 1998 na Universidade de Michigan, em Ann Arbor).

Ópera de câmara de estilo irreverentemente eclético, misturando canto e diálogo falado, surrealismo, melodrama romântico, jazz e clima de filme de terror. Comédia de humor negro explorando a insegurança dos indivíduos em relação às pessoas mais importantes de sua vida: o(a) Melhor Amigo(a), o(a) Namorado(a), o ex-Marido ou a ex-Mulher, o Analista. O libreto faz com que você, o espectador, seja a personagem central. Ao longo do diálogo, os outros vão te revelando que montaram uma conspiração para te fazer infeliz, não te amando tanto quanto você esperava deles, nem te deixando de mão de vez. Expressam a opinião mais honesta e mais chocante a seu respeito e, depois, numa série de seqüências de pesadelo, unem-se em pares românticos impensáveis: o seu Analista com o seu(sua) Namorado(a), seu Namorado com seu Ex-Marido, sua Mãe com seu Melhor Amigo. Depois reúnem-se todos para ouvir a gravação da sua última seção de análise, e rir dela às gargalhadas, zombando das coisas mais intimas que você revelou. Existe uma gravação da estréia.

• *Paris and Oenone or Did the Trojan War Take Place?* (música: Philip Hagemann; libreto: Sally M. Gall, a partir de um roteiro escrito por Gall, Hageman e Murray Rosenfeld; estréia em 10 de janeiro de 1999 na

Manhattan School of Music, de Nova York, durante a convenção da New Opera Association).

Ópera de câmara em um ato, de estilo predominante tonal e lírico, com árias e cenas de conjunto inseridos na escrita músical contínua. O príncipe troiano Páris está vivendo com Oenone, ninfa das aguas, quando Zeus o encarrega de ser o árbitro, entre as três deusas, no caso do pomo da Discórdia. Prevendo que Páris vai entregar a maçã a Helena e tendo a visão de todos os distúrbios que isso trará em conseqüência, Oenone pede a Apolo que a ajude a conservar o amor de Paris. Inspirado pelo deus da música, Páris decide ficar ao lado de sua bela ninfa... ou não? A história é contada de uma forma encantadoramente ambígua, que nos deixa em dúvida quanto ao que realmente aconteceu. Existe um video da estréia.

• *Patience and Sarah* (música: Paula Kimper; libreto: Wende Persons, baseado no romance histórico de Isobel Miller; estréia em 8 de julho de 1998 no John Jay College Theatre, de Nova York).

Ópera em três atos, de estilo tonal, com muita influência folclórica. Passada no Connecticut, em 1816, conta a história do envolvimento da pintora Patience White com a jovem Sarah Dowling, que não escondia seu comportamento masculinizado e vestia roupas de homem. Segundo Robert Hilferty, da revista *Opera News*, Kimper e Persons dão tratamento muito delicado à história do amor verdadeiro entre duas mulheres, que têm a coragem de enfrentar a moral puritana da época.

• *A Place to Call Home* (música e libreto: Edward Barnes, baseado em entrevistas com rapazes que vieram do México, de El Salvador, do Vietnã e do Cambódia, para estudar em Los Angeles; estréia na Los Angeles Opera em 2 de março de 1992, com alunos da Birmingham High School de Van Nuys, na Califórnia).

Ópera em um ato, para piano, sintetizador e percussão. Existe em duas versões, para profissionais e para amadores (de forma a poder ser feita em montagens escolares. Partitura de estilo tonal, bastante acessível, contando a história de quatro estudantes estrangeiros e de seus esforços para adaptar-se ao estilo de vida numa grande cidade americana de população multiétnica; e das soluções diferentes que cada um deles encontra.

• *Poe 2, Hawthorne 1: Three One-Act Operas* (música: David Bernstein; libreto: Charles Kondek, baseado nos contos *Ilbrahim* e *The Tell-Tale Heart*, de Edgar Allan Poe e *A Method for Madness*, de Nathaniel Hawthorne; estréia em 5 de novembro de 1999 no Paul Daum Theatre da Universidade de Akron).

Ópera de câmara de estilo contemporâneo, com mistura de música tonal e atonal. *Ilbrahim*, para oito solistas, é uma história de intolerância religiosa na Nova Inglaterra puritana; *O Coração Revelador*, monodrama para barítono, é o clássico conto fantástico de crime, sentimento de culpa e loucura; *Um Método para a Loucura*, escrita para onze solistas e orquestra, é uma farsa sobre um grupo de loucos que assume a direção do asilo.

• *Queenie Pie* (música: Duke Ellington e Maurice Peress; libreto: George C. Wolfe, baseado num conto de Duke Ellington; estréia no Zellerbac Theater de Philadelphia, em 18 de setembro de 1986, durante o American Music-Theater Festival, com Teresa Burrell, Larry Marshall, Patty Lolley, Lillias White e outros).

Encomendada pelo WNET Opera Program como uma peça para a televisão, em que o próprio Ellington apareceria como o narrador, foi composta entre 1971-1974, mas ficou inacabada. Maurice Peress a terminou, como uma "street opera", com a ajuda de George David Weiss (letras suplementares) e do filho de Duke, Mercer Ellington (orquestração e regência da estréia). Tonal e no típico estilo jazzístico de Duke Ellington. A linha vocal mistura o recitativo operístico tradicional com as modalidades scat e rap de declamação.

Depois de treze anos consecutivos como a rainha da beleza do Harlem, Queenie está ameaçada de perder para Cafe O'Lay, mais jovem e com pernas mais bonitas. Durante uma extensa seqüência de sonho, Queenie vai a uma ilha mágica, onde espera encontrar a fonte da eterna juventude. Ali, descobre o amor, e aprende a aceitar o envelhecimento. Volta à realidade, abdica alegremente à coroa de rainha da beleza, e vai embora com Lil Daddy, pelo qual se apaixonou. Depois do espetáculo em Philadelphia, Queenie Pie foi reapresentada, em novembro de 1986, no John F. Kennedy Center for the Performing Arts e, em dezembro de 1993, na Academia de Música do Brooklyn.

• *Un Racconto Fiorentino* (música e libreto em italiano: Louis Gioia, baseado num conto do *Deccameron*, de Giovanni Boccacio; inicialmente chamada *Un Conto dal Rinascimento*; estréia em 13 de outubro de 2000 no Alice Tully Hall do Lincoln Center, em Nova York).

Ópera em três atos, tonal, num estilo diretamente inspirado no Verismo italiano do início do século XX.

Carlo, rei de Nápoles, ajudou os guelfos floretinos a derrotar os rebeldes gibelinos, favoráveis ao imperador da Alemanha. Agora, ao reivindicar o título de administrador de Florença, Carlo dá asilo em Nápoles a alguns refugiados gibelinos expulsos pelo Conselho florentino. Matteo, o chefe dos gibelinos exilados, foi proibido de se aproximar de Ginevra, a filha do intendente do rei Carlo, pela qual está apaixonado. Durante as festividades de maio, Ginevra é eleita pelos cidadãos para representar o papel de Vênus. Ela, por sua vez, escolhe Matteo para fazer o papel de Marte, esperando que seu pai honre o costume tradicional de permitir, ao par que representou esses papéis, casar-se na época da colheita. Matteo confia a Ginevra seu plano de organizar um ataque contra os guelfos vitoriosos; mas a moça não consegue guardar o segredo. Ao saber do plano, Carlo ameaça punir os exilados. Seu conselheiro lhe diz que deve tentar reconciliar guelfos e gibelinos, como o papa pediu. Carlo promete imunidade aos exilados se eles renunciarem aa insurreição e o seguirem a Florença, onde ele pedirá ao Conselho que lhes restitua as propriedades confiscadas. Promete também preparar bodas esplêndidas para Matteo e Ginevra. Os gibelinos concordam e a ópera termina com um hino jubiloso: "Firenze, tornan i figli tuoi!" Existe no selo Newcastle a gravação da estréia (William Fleck, Charles Robert Stephens, Ravil Atlas, Elizabeth Blancke-Biggs, David Robinson,

Méléna Marras, Richard Lewis, Steven Fredericks, Graham Fandrei, David W. Jackson, Ann Hoyt).

• *Rages d'Amour* (música e libreto: Robert Zuidam; estréia no Festival de Tanglewood, em agosto de 2003, em programa duplo com *Ainadamar*, de Ernesto Golijov).

Ópera de câmara em um ato, de linguagem contemporânea, contando a história de Joana a Louca, rainha de Castela, de seu amor obsessivo pelo marido, o infiel Felipe o Belo, e de como ela perde definitivamente a razão depois que ele morre. O libreto é escrito em francês e espanhol arcaico, e em latim. A ação passa-se na cela de Tordesillas onde Joana ficou encerrada 46 anos, e é constituída de *flashbacks* que demonstram seu processo de enlouquecimento. A personagem é representada por três cantoras que, a princípio, cantam em uníssono e, depois, à medida que Joana se desintegra mentalmente, cantam de modo cada vez mais enarmônico. A respeito dessa ópera, escreveu Alex Ross, no *New York Times*:

No clímax da ópera, que toma como modelo o amor doentio de Salomé por João Batista, Joana agarra-se ao cadáver decomposto de Felipe, num abraço desesperado. Pode soar sinistramente interessante, mas não é: a música é fantasmagoricamente solene e estática, ela própria um tanto cadavérica. Zuidam demonstra possuir um artesanato impecável, mas abusou de certos truques de escrita da música do século XX, por exemplo os roucos arpejos da clarineta baixa que vêm da *Sagração da Primavera*. O problema é que essas referências intelectualmente gratificantes não traziam em si nenhuma especificidade dramática ou carga emocional forte. A sensação frustrante de distanciamento não foi ajudada pelo fato de que o papel de Joana foi dividido por um trio de sopranos – Lucy Shelton, Rochelle Bard e Amy Synatzske – que, individualmente, tinham lindas vozes mas, ao cantarem juntas, como uma espécie de comitês de divas, nunca estavam em sincronia. Em compensação, os estudantes de Tanglewood, regidos por Stefan Asbury, tocaram com extreme virtuosismo.

Na revista *Opera Now*, de nov.-dez. 2003, Karyl Charna Lynn comentou o espetáculo de Tanglewood:

A música é fantasmagoricamente melodiosa, fundindo linhas vocais líricas tonais e atonais, num estilo medieval que, às vezes, deixou a platéia em transe. Para uma ópera sobre paixão, porém, a música transmitia apenas os gemidos do sofrimento e da insanidade, sem chegar a nos fazer sentir o fervor e a intensidade da obsessão de Joana. Um coro de monges impelia a ação adiante, à maneira do coro grego, com cânticos quase-gregorianos.

- *The Rape of the Lock* (música e libreto: Deborah Mason, baseado no poema heroicômico de Alexandre Pope; pronta em 2003, à espera de estréia; na primavera de 2003, uma seleção de trechos do *Rapto do Cacho* foi apresentada no *workshop* do New York City Opera).

Espetáculo dividido em cinco "Cantos", imitando o estilo dos *masques* ingleses do século XVI. Escrita no que seria uma versão contemporânea da música barroca inglesa, tomando como ponto de partida a de Henry Purcell e seus contemporâneos. A ação segue de perto a estrutura zombeteira do "mock-heroic epic poem" de Pope, e o libreto conserva muito de seus suntuosos pentâmetros iâmbicos. O tema é a batalha dos sexos. Num sonho, o elfo guardião de lady Belinda, Ariel, a adverte que deve tomar muito cuidado com seu inimigo, o "Homem". Ariel conjura os seus elfos, ordenando-lhes que vão a Hampton Court, para proteger lady Belinda – e em especial às suas saias. Lições sobre o "Correto Uso da Caixa de Rapé" e sobre "O Regulamento do Leque" são publicados em *The Spectator*, o jornal editado na época por Addison e Steele. Belinda desafia o Barão para um jogo de cartas (vivamente encenado por dançarinos). Derrotado, o Barão, para se vingar, rouba um cacho dos cabelos de Belinda e vanglora-se dele no café – local de reunião elegante que acaba de entrar na moda. Depois de uma visita ao Subterrâneo – a Caverna do Tédio – e de uma série de peripécias cheias de flertes e de esnobismo, o Barão é derrotado por Belinda, que joga nele a caixa de rapé; e o rapaz perde de vez a pose, pois é dominado por tremendos e orgásmicos espirros.

No *New York Time*, John Rockwell escreveu, a respeito dos trechos da ópera apresentados no New York City Opera:

> *The Rape of the Lock*, a primeira ópera de Deborah Manson, apresenta a poesia de Pope vestida com música maravilhosamente suntuosa, de textura contrapontística intrincada e enérgica. Para mim, foi a mais grata surpresa de toda a série e, se o City Opera souber fazer as coisas, logo o nome de Ms. Mason será comentado em todo o país.

- *The Raven King* (música: Mervyn Burtch; libreto: Mark Morris; estréia em agosto de 1999, no Eric Harvie Theatre de Banff, na província canadense de Alberta).

Ópera infantil para cantores adultos e crianças, coro infantil, piano a quatro mãos e orquestra infantil de percussões (como a proposta por Carl Orff em seus *Lehrwerke*). Um espetáculo de *music theatre* contemporâneo, com a linguagem adaptada às possibilidades de acesso do público infantil. Numa ilha mágica, um grupo de animais liderado pelo Rei Corvo enfrenta um Mago. Ele traz consigo três seres humanos: a menina Mirelda e seu irmão e irmã mais velhos. A luta pelo controle da ilha acaba em empate e em reconciliação: animais e seres humanos terão de conviver harmoniosamente no mesmo espaço. Nesse meio tempo, as crianças cresceram e também já não aceitam mais a influência do Mago. Este tem de se consolar com a idéia de que ainda lhe resta controlar a noite e os seus mistérios.

- *Red Emma* (música: Gary Kulesha; libreto: Carol Bolt, baseado na vida da ativista de esquerda Emma Goldman; estréia pela Canadian Opera Company, em 28 de novembro de 1995, no Du Maurier Theatre de Toronto).

Ópera para orquestra de câmara – dez instrumentos mais um sintetizador –, em números interligados por recitativo ou arioso; linguagem tonal, melodiosa, com amplo espectro de coloridos instrumentais extraídos da pequena orquestra. Kulesha tem habilidade para escrever longas linhas líricas e muito cantabile com passagens atonais e dissonantes, quando a situação dramática assim o exige.

Emma Goldman, com vinte anos, chega a Nova York no final do século XIX. Cheia de idealismo, acredita nos dogmas do anarquismo, a que adere a maioria dos esquerdistas da época. Fica conhecendo Alexander Berkman e Johann Most, os dois principais líderes do movimento, e envolve-se intimamente com um e depois com o outro. Aos poucos dá-se conta de que seu idealismo é mais profundo e intransigente do que o daqueles que a cercam. O tema da ópera é o processo de conscientização de Emma e a convicção – incomum para uma mulher da década de 1890 – de que não basta ficar no plano teórico: é preciso passar à ação, caso se queira que as coisas mudem.

- *Requiem* (música: Ken Valitsky; libreto: Kathy Acker; pronta em 2003, à espera de estréia sob o patrocínio do American Opera Projects).

Espetáculo para cantores e atores, de estilo contemporâneo, com o uso de instrumentos acústicos ao vivo e trilha pré-gravada de instrumentos eletrônicos. Versão moderna da história de Electra ambientada no próspero Upper East Side nova-iorquino. A ação se inicia na sala de espera de um hospital, na década de 1970: o pai de Electra sofreu um infarte, ocasionado pelos distúrbios de uma família desajustada. A ópera trata de relações familiares distorcidas, e investiga a possibilidade de converter o mal e a doença em forças positivas, em vez de deixar que todos mergulhem no pesadelo da destruição, da vingança e da morte.

- *River of Women-Río de Mujeres* (música e libreto: Hector Armienta, contando a história real de sua avó, Paula López; pronta em 2003, à espera de ser estreada).

Ópera de câmara de estilo contemporâneo, mas com elementos tonais, incorporando melodias e ritmos folclóricos mexicanos. Na década de 1930, em San Antonio, no Texas, uma mulher deseja escapar da vida sufocante que leva em seu povoado à beira do rio, mas encontra, para isso, obstáculos nos costumes ancestrais de sua família. No final, renuncia a seus sonhos para defender a vida de sua filha, que está sendo reclamada por La Llorona, a figura mítica que, para os mexicanos, representa o espírito do rio.

- *Roman Fever* (música e libreto: Alan Stringer, baseado num conto de Edith Wharton; estréia em 1993 no auditório da St. Andrew's Presbyterian Church, de Albuquerque, no Novo México; encenada em 1996 na Manhattan School of Music, de Nova York).

Ópera de câmara de estilo tonal, com acompanhamento de violoncelo e piano. Viúvas ambas, as sras Ansley e Slade voltam a Roma onde, na adolescência, foram apaixonadas pelo mesmo homem. Agora, estão de férias, acompanhando as suas filhas. Depois que as garotas saem para um encontro com italianos jovens, bonitos e casadouros, as tensões das duas, havia muito tempo represadas, vêm à tona. Elas descobrem que o plano imaginado por Mrs. Slade, no passado, para separar Mrs. Ansley do homem que ambas amavam teve um resultado irônico. Na realidade, Bárbara, a brilhante filha de Mrs. Ansley, é a filha natural do marido de Mrs. Slade, o homem que as duas amavam.

- *Rosalinda* (música: Jorge Garrido-Lecca; libreto: Patsy L. Paul; sob patrocínio do Hispanic-American Lyric Theater, estréia em 13 de fevereiro de 1998 no Wertheim Performing Arts Center, da Florida International University; reapresentada nesse mesmo local em 22 de novembro).

Ópera de estilo tonal, muito lírico, que mistura traços veristas e românticos. A dançarina Rosalinda apaixona-se pelo oficial britânico Barry, justo antes do início da I Guerra. Mas ele morre durante o conflito e Rosalinda erra de um emprego para outro, até tornar-se dançarina de cabaré em Paris. Vive com Philippe, seu parceiro de dança, mas não é feliz. Uma noite, depois do espetáculo, durante uma briga por motivo de ciúme, Philippe a apunhala do lado de fora do cabaré. Ela é levada, agonizante, para o pronto-socorro de St. Lazare, onde são atendidos criminosos, prostitutas e mendigos. Num sonho, Barry aparece, jovem e bonito como no dia em que partiu para a guerra. Num sussurro, ela conta o quanto esperou por ele. Barry a consola, dizendo-lhe que veio buscá-la como prometeu. Começa a desaparecer e, morrendo, Rosalinda lhe estende os braços como se o acompanhasse para o outro mundo.

- *Rostam* (música e libreto: Donald C. Dilworth, baseado no *Shah-Nama* (Livro dos Reis), poema épico do persa Ferdaussi, escrito no século XI; pronta em 2003, à espera de ser estreada).

Ópera contemporânea, de linguagem atonal e escrita contínua; mas de harmonia funcional em determinados momentos e com uma construção rítmica muito variada. Zal, o pai de Rostam – herói mítico popular do Irã – foi abandonado no alto de uma montanha. Quando cresce e se casa, sua mulher quase perde a criança, mas Rostam é salvo pelas artes mágicas de Simorgh, que o retira de dentro do ventre da mãe (o primeiro caso de cesariana de que se tem notícia). A ópera relata suas batalhas e o episódio infeliz da luta contra Sohrab, seu filho, que ele não reconhece, pois ambos foram separados quando o menino nasceu. Sohrab é derrotado e morto pelas mãos de seu próprio pai.

• *Ruth* (música e libreto: Philip Hagemann; pronta em 2003, à espera de estréia).

Ópera de câmara de estilo basicamente tonal, com árias, duetos e números de conjunto inseridos dentro da escrita contínua, contando a história bíblica do casamento de Ruth com Booz.

• *S* (música: Ronald Perera; libreto: Constance Congdon, baseado na novela de John Updike, de 1988; existe em duas versões, para orquestra de câmara – dois pianos e-ou sintetizador, mais percussões – ou para orquestra completa incluindo sitar indiana; em 2003 estava à espera de ser estreada).

Ópera em dois atos, de estilo contemporâneo, com o uso de ragas indianas. "S." é Sara Worth, uma senhora de Boston que abandona a vida confortável com o marido médico e a filha, e vai para um *ashram* (um templo hinduísta) no Arizona, mantido por um líder religioso indiano chamado Arhat. Nas cartas e fitas gravadas que manda aos borbotões para a família e os amigos, conta a sua ascensão, dentro do *ashram*, e as surpresas que tem ao descobrir quem é, na verdade, o pilantra que lidera o tempo. Sátira irreverente a um aspecto curioso da cultura americana na década de 1980: a busca das religiões alternativas e a facilidade com que as pessoas deixavam se enganar por charlatões, que lhes prometiam a felicidade no outro mundo.

• *Sacco e Vanzetti* (música e libreto: Anton Coppola; estréia em 16 de março de 2001 no Carol Morsani Hall, do Tampa Bay Performing Arts Center, em Tampa, na Flórida; espetáculo supervisionado pelo diretor cinematográfico Francis Ford Coppola, irmão do compositor).

Ópera com um prólogo e dois atos, para grande elenco, escrita para orquestra de 56 instrumentistas e uma banda de cinco músicos no palco. Estilo híbrido, fundindo tonal-atonal, e com referências a estilos populares americanos da época dos fatos narrados. A ópera reconstitui o polêmico julgamento dos imigrantes italianos Nicola Sacco e Bartolomeo Vanzetti, acusados de roubo e duplo assassinato em Boston, e sumariamente condenados – apesar da maré de protestos que o processo suscitou –, provavelmente porque pertenciam a um grupo anarquista. Até hoje não há resposta para a questão da culpa ou da inocência de Sacco e Vanzetti, e há quem questione a lisura do tribunal. Coppola diz não ter tentado dar uma resposta a esse problema que, até hoje atormenta a consciência americana, e sim apresentar as circunstâncias e as personalidades envolvidas nessa tragédia. Exemplo muito persuasivo de reflexão sobre um acontecimento marcante na história dos Estados Unidos.

• *Sade* (música: E. Scott Wilkinson; libreto: James Skofield; em 2003 estava pronta à espera de ser estreada).

Ópera de câmara em dois atos, de estilo híbrido, tonal-atonal, com o uso de recursos minimalistas e pastiche ocasional de música do século XVIII. Skofield, o libretista do *Dracula* de Robert Moran, evoca de forma livre a figura do escritor "maldito" François-Alphonse-Donatien, o marquês de Sade, visto por uns como um monstro infame, por outros como um gênio perturbador, em cuja obra revelam-se aspectos insuspeitados da sensibilidade humana, antes mesmo do advento da psicanálise. A ópera preocupa-se menos em reconstituir os fatos da vida de Sade do que em fazer o retrato multifacetado de um indivíduo que, antes de mais nada, tinha a capacidade camaleônica de assumir várias personalidades durante uma vida longa e perigosa.

• *Sadie Thompson* (música e libreto: Richard Owen, baseado no conto *Rain*, de Somerset Maugham, na peça extraída dele para a Broadway e no roteiro do filme feito para Hollywood; estréia no auditório da Golden Fleece Opera, de Nova York, em novembro de 1997).

Ópera em três atos, com a estrutura tradicional do melodrama italiano, mas soluções harmônicas contemporâneas; usa elementos de *ragtime* para caracterizar a época. Em 1919, um grupo de viajantes fica preso em uma ilha muito quente do sul do Pacífico, devido à quarentena de uma epidemia de cólera: os Davidson, casal de missionários, o Dr. McPhail com sua mulher, e Sadie Thompson, prostituta de espírito muito livre, que está fugindo da polícia de Honolulu, que a procura para forçá-la a cumprir uma sentença em San Francisco. Davidson decide-se a salvar a sua alma, e Sadie aceita seus ensinamentos, pois vê, na possibilidade de seduzi-lo, a perspectiva de uma vida melhor – mas também fica muito desconcertada com o que ele lhe diz. Davidson apaixona-se por Sadie, que vê como uma figura de Maria Madalena e, na noite anterior a ela ser deportada, entrega-se a ela. Depois, culpado, envergonhado, confuso, se suicida. Sem ter tido notícia da morte de Davidson, Sadie volta, na manhã seguinte, a ser como era: quando vêm buscá-la, ela comenta, com desdém, que todos os homens não passam de porcos. A apresentação da Golden Fleece Opera foi transmitida pela TV a cabo Time-Warner em maio-agosto de 1998 e fevereiro de 2000, existindo, portanto, o vídeo.

• *Sara McKinnon* (música: *R*andall Shinn; libreto: Mark Medoff; estréia em 24 de abril de 2003 no auditório da Universidade do Colorado, em Boulder, CO).

Ópera de escrita tonal-modal, com referências a regionalismos americanos. A inglesa Sara McKinnon, educada na Índia, muda-se para os Estados Unidos após a morte dos pais. Casa-se com um policial de Kansas e ele aceita um posto de xerife em Vida Nueva, no Novo México, logo no final da Guerra Civil. É morto a tiros na noite em que chegam à cidade, e Sara convence as autoridades de Vida Nueva que é capaz de levar à justiça Florentino Ralston e seu bando, os responsáveis pela morte de seu marido. A prefeitura a nomeia xerife de Vida Nueva. A ópera descreve o seu relacionamento com a cidade; com Florentino, que a deseja; com Mr. Singh, guerreiro sikh imigrado da Índia, que se torna seu mentor; e com Felipe, o jovem médico que se torna seu amigo e aju-da-a a livrar-se da capa defensiva de cinismo e redescobrir o amor. Essa curiosa ópera de faroeste termina, é claro, com a prisão de Ralston e seus capangas.

• *The Satin Cloak* (música e libreto: Martin Halpern, baseado em um conto hassídico do Rabbi Nachman de Bratislava, do século XVIII; estréia em 22 de junho de 2001, no 78th Street Theatre Lab, de Nova York).

Ópera de câmara em dois atos – orquestra: violino, viola, violoncelo, flauta, clarinete, fagote, percussão –, de estilo tonal, com amplo uso de cromatismo. Parábola sobre o relacionamento do ser humano com a divindade: a história de um sapateiro muito humilde, de sua devotada mulher, do amigo deles, *bon vivant* e irresponsável, e de um misterioso mensageiro mandado a eles pelo "Soberano do invisível e do inescrutável".

• *The Scarlet Princess* (música: Alexina Louie; libreto: David Henry Hwang, baseado em uma peça de teatro Kabuki; estréia em 2002 no The Hummingbird Centre for the Performing Arts de Toronto, no Canadá).

Ópera em dois atos de estilo contemporâneo, tonal-atonal-modal, com elementos de influência oriental. O sacerdote Seigen reconhece na princesa Sakura a reincarnação de um rapaz que tinha sido seu amante. Eles tinham um pacto de suicídio que Seigen traiu. A princípio, a princesa não tem consciência de que é a reincarnação do rapaz, e leva a vida como se fosse senhora de seus atos. Mas o público, que tem conhecimento do que aconteceu antes, percebe de que forma as suas ações estão ligadas ao passado e, no presente, cumprem a missão de destruir Seigen, obedecendo assim à lógica do destino.

• *To Scratch an Angel* (música e libreto: Ari Frankel, inspirado na vida e morte do escritor italiano Primo Levi; em 2003 estava à espera de estréia; trechos da ópera foram executados em 15 de maio de 2001, no workshop do New York City Opera).

Em três atos, de estilo simbólico, combinando tonalismo e modalismo com recursos contemporâneos. As personagens, como na ópera do início do Barroco, são alegóricas: a

Música, o Mensageiro, a Melancolia, a Sorte, a Esperança, o Desespero e o Amor (este último representado por uma dançarina). A Música pede ao Mensageiro que cuide de Primo; mas a Melancolia diz que ele está condenado, coisa com a qual a Sorte não concorda. A Esperança impede o coro – que representa a Cultura e a Civilização – de entregar-se ao Desespero e deixar-se morrer. Em sua biblioteca, incapaz de comunicar-se com o Amor, que é mudo e só sabe dançar à sua volta, Primo relembra as circunstâncias difíceis da morte de seu pai. Em seguida a um diálogo de surdos com o Mensageiro, ele se decide, com otimismo, a enfrentar o Desespero; mas a Saúde o ameaça. O Mensageiro quer ajudá-lo, tentando convencer a Melancolia a afastar-se dele. Mas o caminho que se abre à frente de Primo, e que ele terá de seguir sozinho, é desolado, inóspito, e ele só terá a Música para acompanhá-lo.

• *The Secret Cave* (música e libreto: Judith Lane, baseado no livro infantil *Twenty and Ten*, de Claire Huchet Bishop; estréia em março de 2001 pela Children Opera Company de Ossining, no estado de Nova York).

Tonal e de estrutura músical contínua, mas com algumas progressões harmônicas de estilo contemporâneo. A história de um grupo de ginasianos franceses que, durante a ocupação, na II Guerra, escondem meninos e meninas judeus dos nazistas.

• *The Seduction of a Lady* (música e libreto: Richard Wargo, a partir da peça *The Good Doctor*, de Neil Simon, baseada em uma peça de Tchékhov; estréia na Florida State University Opera, em 7 de março de 1985, com Joseph Evans, Pamela South e David Barron.

Ópera de câmara tonal, em forma de *Konversationstück* – com arioso permanente em tom de conversação –, acompanhada por piano, violino e violoncelo.

Piotr Semiônovitch é um experiente sedutor de mulheres casadas, e explica a sua técnica a Nikolái que, achando-a divertida, encoraja-o a ir em frente, sem saber que, desta vez, a mulher visada é a sua, Irina, jovem candidata a cantora de ópera. Nikolái fala à sua mulher das opiniões que Peter tem sobre o amor, estimulando a sua curiosidade e fazendo-a sentir-se atraída por ele. Irina concorda em encontrar-se com Piotr no parque mas, quando este vê-se confrontado com a responsabilidade de destruir o casamento de Nikolái, de quem é amigo, recua. Muito afetado por essa mudança em seus sentimentos, ele jura nunca mais assediar uma mulher casada. Mas é exatamente nesse momento que passa diante dele um jovem casal cuja mulher é muito atraente...

O sucesso da estréia a fez ser reapresentada no Lake George Opera Festival (outubro de 1985), pelo Califórnia Opera Ensemble (1990), a Ópera de Chautauquua (1990 e 1993), a Academy of Vocal Arts Theatre (1996 e 1997), o DiCapo Opera Theatre e o Skylight Opera Theatre, ambos em 1998.

• *Seijo* (música: Stan Hoffman; libreto: Melanie Grimes, baseado num *zen koan* (enigma didático Zen) de origem chinesa; pronta em 2003, à espera de ser estreada).

Ópera de câmara em dois atos – escrita para trio de cordas, flauta, clarinete e percussão, de estilo híbrido tonal-atonal, predominando o tom lírico. Uma jovem e seu primo acreditam que seus pais prometeram que eles se casarão um com o outro quando atingirem a idade adequada. Mas os pais têm outros planos e isso leva a diversas complicações, mas também a uma solução inesperada.

• *Shak: an Irreverent Day of Wm. Shakespeare* (música e libreto: Karen K. Shirer; à espera de estréia em 2003).

Opereta em dois atos, no estilo das de Gilbert e Sullivan, tonal e misturando canto e diálogo falado. Acompanhamento de teclados. A peste de 1593 força o fechamento dos teatros londrinos. Shakespeare fica sem trabalho e, através de seu amigo lord Essex, é apresentado a Henry of Southampton, de quem espera ajuda. Mas eles estão apenas querendo divertir-se às custas de Will, enquanto planejam roubar o ouro de um galeão espanhol. Para isso, necessitam de informações que têm de ser obtidas com a própria rainha Elizabeth e, ao mesmo tempo, precisam despistar um espião espanhol. História fantasiosa, com intrigas românticas.

• *Shining Brow* (música: Daron Aric Hagen; libreto: Paul Muldoon; estréia na Madison Opera, em 21 de abril de 1993, com Michael Sokol (no papel de Frank Lloyd Wright), Carolann Page, Barry Busse, Kitt Reuter Foss e Bradley Garvin).

Ópera de estilo politonal, escrita para grande orquestra, com um trio de piano, violino e violoncelo no palco. Usa citações e alusões musicais, a autores clássicos e a estilos populares. Cada personagem é identificada por um motivo com centro tonal definido e instrumentação característica: a figura de Frank Lloyd Wright está ligada a uma tercina em si bemol maior, tocada pelas madeiras.

Shining Brow, tradução da palavra gaélica Taliesin, é o nome que o arquiteto Frank Lloyd Wright deu às casas que construiu para si mesmo no Wisconsin e no Arizona. A ópera refere-se a alguns dos anos mais tumultuados na vida de Wright, de 1903 a 1914. As cenas mudam rapidamente, do Cliff Dweller's Club, em Chicago, onde Frank rompeu com seu mentor, Louis Sullivan, para o local de uma construção no Oak Park, daí para Berlim, e depois para Taliesin, onde aconteceram alguns dos eventos mais trágicos na vida de Wright. A ópera retrata o relacionamento do arquiteto com Mamah Cheney, uma de suas clientes, que abandona Edwin, o marido, por causa dele. Esse envolvimento é complicado pelo fato de Catherine Wright recusar-se a dar o divórcio ao marido. Durante uma visita a Sullivan, em Chicago, o arquiteto fica sabendo que Julian Carleton, seu mestre de obras, enlouqueceu, matou sete pessoas a machadadas – entre elas Mamah – e depois ateou fogo a Taleisin. Depois se suicidou, bebendo ácido hidroclorídrico. A ópera se encerra com a decisão de Wright de reconstruir Taliesin em memória de Mamah Cheney. Depois da estréia em Madison, *Shining Brow* foi encenada no Florida Southern College Festival of Fine Arts (fevereiro de 1994), e na Ópera de Chicago (1997).

• *Snow Leopard* (música: William Harper; libreto: Roger Nieboer; estréia na Ópera de Minnesota, em 1989, com o New Music Theater Ensemble; reapresentação em versão revista: 6 de novembro de 1991, com os mesmos intérpretes).

Music-theater para nove vocalistas acompanhados por sintetizadores. Escrita vocal de linhas longas e cantabile, fundindo os procedimentos tradicionais da música clássica à influência pop americana: gospel, rock, rap; citações de *negro spirituals* nos corais. O libreto utiliza sugestões extraídas do *Livro Tibetano dos Mortos*, e divide-se em sete seções: The Office; Tibet; The Office Reconstructed in Tibet; The Trial; The Bardo; The River e Black Wing. Um engenheiro civil americano foi secretamente contratado pelo governo chinês para projetar uma gigantesca hidrelétrica no Tibete. Ali, ele fica conhecendo um oleiro budista, e tem a visão de sete misteriosos espíritos que o forçam a reexaminar a sua maneira ocidental e pragmática de ver as coisas, dando-se conta das conseqüências devastadoras, no plano ecológico, do trabalho que está realizando. Jogando com seu típico senso ocidental de justiça, os espíritos denunciam seus planos, o submetem a um julgamento, obtêm que ele questione tudo o que fez na vida até aquele momento, rejeitam a sua apelação e decidem que ele seja executado. Nesse ponto, o oleiro anuncia o início de uma jornada de reconstrução interior, que o levará a renascer espiritualmente.

• *Song of Majnun* (música: Bright Sheng; libreto: Andrew Porter, baseado no poema islâmico *Layla e Majnun*, de Nizami; estréia na Lyric Opera de Chicago, em 9 de abril de 1992, com Rodrick Dixon, Yan Yan Wang, Jonathan Oehler, Beverly Thiele, Julia Bentley e outros).

Tragédia lírica de estilo tonal e escrita contínua. Majnun – cujo nome em árabe significa obcecado – apaixona-se por Layla, mas os pais da moça já a destinaram ao rico ibn Salam. Frustradíssimo, ele enlouquece por amor. Seu pai lhe sugere que faça uma peregrinação, mas isso não o ajuda a tirar Layla da cabeça. Quanto à moça, muito infeliz também e sem esperança de fazer seus pais mudarem de idéia, se mata, deixando para a mãe uma mensagem, na qual lhe pede que não impeçam Majnun de visitar o seu túmulo. Durante o seu funeral, Majnun aparece e canta para Layla uma lancinante canção de amor. O autor do libreto, Andrew Porter, é um dos nomes mais importantes da crítica de ópera nos Estados Unidos.

• *The Spurt of Blood* (música e libreto: Andrew Toovey, baseado em um texto de Antonin Artaud [1925]; estréia em agosto de 1998 em The Banff Centre for the Arts, Canadá).

Ciclo de canções encenado, com acompanhamento de violoncelo, clarinete, tuba e percussão. Linguagem ultra-moderna, jogando com contrastes: ora explosões dissonantes de ruído, ora cascatas de ornamentação feitas pelo contra-tenor a partido de palavras sem sentido, para os quais Artaud inspirou-se nos rituais místicos dos índios mexicanos Tarahumara, feitos mediante a ingestão de alucinógenos (ervas como o peiote). A peça tenta captar os aspectos contraditórios da personalidade de Artaud, jogando com o rosto bonito, ascético, espiritualizado, que ele tinha quando jovem (tal como Dreyer o mostrou, como um dos juízes da *Paixão de Joana d'Arc*), e também com a imagem do fim da vida, do homem desdentado e decrépito, que passou anos confinado num hospício. Os textos de Artaud, que ora mostram o devoto do cristianismo, ora o ateu que blasfema, defende a ação polítca mais anárquica e violenta, e busca aniquilar-se no excesso sexual, visto como a fonte última de todos os males da humanidade. Partindo de uma frase do próprio Artaud, o espetáculo pretende demonstrar que "a música não precisa ser retórica em seus gestos, e sim espelhar o drama das palavras."

• *St. Joan of Arc* (música: Rubyana T. Carilli; libreto: James K. Gerth; em 2003, à espera de estréia).

Ópera em um ato misturando linguagem tonal-atonal; politonalidade e ritmos complexos. A orquestra inclui três pianos, três tímpanos, tambores, sinos de rebanho, crótalos, címbalos antigos, máquina de trovão, tam-tam. Joana está imóvel no centro do palco, cercada pelas personagens da sua vida. Dançarinas oferecem lírios e rosas ao rei Carlos e ao Guardião da prisioneira. Tendo falado com Deus, Joana lidera o exército francês numa batalha vitoriosa. Volta carregando um soldado inglês agonizante. Explica que não foi Deus quem criou os inimigos, e envolve o corpo do soldado em seu estandarte. Capturada pelos ingleses, vai a julgamento, sabendo que sua sorte está selada. Sozinha em sua cela, Joana é vigiada pelo Guarda, que se sente atraído por ela, e a protegeu dos ataques no tribunal e do assédio dos condenados na prisão. Ela sabe que sua hora chegou e a fumaça que se ergue da pira assume a forma de uma pomba, simbolizando a ascensão da alma pura de Joana ao céu. O Guarda, vendo-a pronta para o martírio, lamenta a falta que Joana lhe fará na terra.

• *Star Things* (música: Robert Ceely; libreto: Elisabeth Gatineau; em 2003, à espera de ser estreada).

Ópera em dois atos de estilo contemporâneo, para orquestra de câmara com o acréscimo de fitas pré-gravadas e imagens de vídeo. Sátira de um problema típico da busca americana da cultura alternativa: a exploração que espertalhões fazem da crendice alheia. A viúva rica Lucy cai sob a influência do "Doctor" Sam, líder espiritual que planeja convencê-la a financiar a construção de uma casa de repouso para os seguidores de sua seita, a Unaria Society, que alega estar preparando o mundo para uma nova era, quando uma raça de extraterrestres desembarcar na terra. Lucy vai com Charlotte, sua secretária, e Peter, o namorado dela, para um local no deserto que Sam afirma ser um santuário. Ali, eles prepararão a pista de desembarque, e o ritual de boas-vindas para a hora em que a espaçonave de outro planeta chegar. Com eles está Susan, uma jovem que ganha a vida confessando os seus pecados em programas evangélicos na televisão. Ela afirma ter sido seqüestrada por extra-terrestres, e quer convencer Charlotte de que é a filha que, no passado, ela perdeu. Apesar das advertências de Molly Begay, moradora do lugar, e do ceticismo de Charlotte e Peter, Lucy participa, com a Unaria, dos rituais. Dá tudo errado: para alguns observadores, foi um desastre mortal; para outros, uma experiência espiritual transfiguradora.

• *Strange Fruit* (música: Chandler Carter; libreto: Joan Ross Sorkin, baseado na novela homônima de Lillian Smith (1944); em 2003, estava à espera de ser estreada).

Ópera em três atos, com música de estilo contemporâneo, muito influenciada por melodias e ritmos de origem africana e o folclore do sul dos Estados Unidos. Numa cidade segregada da Geórgia, na década de 1920, a jovem negra Nonnie Anderson apaixona-se pelo branco Tracy Deen. Ed, o irmão mais velho de Nonnie, volta do norte para convencê-la a ir embora com ele. A mãe de Tracy pede ao pastor que convença o filho a entrar para a sua igreja e a casar-se com sua antiga namorada, dos tempos de escola. Ao descobrir que Nonnie está grávida e Tracy planeja abandoná-la, Ed o mata e foge para o norte. Big Henry, empregado em casa de Tracy e seu amigo de infância, é linchado no lugar de Ed.

• *Sub Pontio Pilato* (música: Erling Wold; libreto: James Bisso; estréia em 6 de abril de 2003, no ODC Theater, de San Francisco, com o Paul Dresher Ensemble).

Ópera de estilo misto, tonal-atonal, para solistas, coro e conjunto de dez instrumentos. Arrependido do papel que desempenhou no processo e condenação de Cristo, e angustiado pelas demonstrações de que os deuses estão ausentes e silenciosos, Pôncio Pilatos se suicida e desce ao inferno, onde é julgado. Vê-se confrontado com a história, é humilhado de várias maneiras, mas finalmente é redimido pela sua compreensão do que o Cristo realmente significou para o mundo. Em sua concepção, lembra o *Processo de Lúculo*, de Brecht, músicado por Roger Sessions e, mais tarde, por Paul Dessau. Existe a gravação da estréia, com Kerry Walsh, Laura Bohn, Micah Epps, Ken Berry, Steve McKearney-Paul Dresher.

• *A Sunny Morning* (música: Alan Stringer; libreto do compositor e de Jerry Benbow, baseado na peça *Mañana de Sol*, dos irmãos Quintero; estréia em 1998 no Kimo Theater, de Albuquerque, no Novo México).

Ópera em um ato, para piano, dois violinos, violoncelo, clarinete, e contrabaixo, de estilo tonal, com números claramente definidos e música com bastante influência espanhola. Os idosos Doña Laura e Don Gonzalo, acompanhados de seus jovens criados, vão passear num parque de Madri, num domingo de manhã. O mal humorado Gonzalo briga com Laura porque ela se sentou em "seu" banco. Mas, como não há outros bancos livres, ele se vê obrigado a sentar-se ao lado dela. Na conversa, descobrem que, no passado, foram loucamente apaixonados um pelo outro. Mas nenhum dos dois se arrisca a revelar a própria identidade, de medo que o outro o ache velho demais. Mas ambos fazem planos de voltar ao parque na manhã seguinte... Existe o vídeo da estréia.

• *Supper at Emmaüs* (música e libreto: Chandler Carter, baseado no episódio contado por Lucas no *Novo Testamento*; em 2003, estava à espera de ser estreada).

Ópera de câmara em dois atos, de estilo tonal, com diversas citações que vão de Bach à música popular. Modernização do episódio do *Evangelho*, transpondo para uma superpovoada cidade americana, numa noite de inverno cheia de neve, o encontro que os discípulos de Emaús têm com o Cristo, fora de Jerusalém, na tarde do primeiro dia de Páscoa. Nesta adaptação, o encontro é com diversas figuras típicas do mundo de hoje: um sem-teto, uma mãe solteira, um estudante desnorteado – para no final chegarmos à conclusão de que todos eles são o Cristo ressuscitado.

• *Susannah Martyn* (música: Catherine Reid; libreto: Judith Lane, baseado na história real de uma ancestral da libretista; em 2003 estava à espera de estréia).

Ópera de câmara em dois atos, de estilo tonal, com uso de temas e ritmos de origem negra e folclórica. Susanna Martyn é uma parteira de Amesbury, no Massachusetts, que em 1669 é acusada de feitiçaria. O libreto retrabalha fatos reais como ficção, mostrando as provações físicas e espirituais por que a personagem passa.

• *Sweat* (música e libreto: Brian Hulse, baseado num conto de Zora Neale Hurston; em 2003 à espera de estréia).

Ópera para duas personagens com acompanhamento de piano, tonal, com elementos de jazz. Sykes e Delia são um casal negro cuja união está inteiramente desgastada. Ao chegar em casa, ele fica irritado ao vê-la cantando enquanto lava roupa para fora – ela lhe responde que o trabalho para os brancos é o seu ganha-pão. Sykes a provoca, brincando com um chicote. Isso a faz dizer que o chicote lhe lembra uma cobra, animal de que tem horror. O marido responde que ela é magra demais e sem atrativos. Por que não vai embora? Assim, ele poderá trazer, para morar com ele, uma namorada que arranjou e que é muito mais gostosa. Para mudar de assunto, Delia lhe pergunta o que traz na caixa que tem nas mãos. Sykes diz que lhe trouxe um presente. Ao abrir a caixa, Delia dá um grito de horror: há uma cobra viva lá dentro. Eles têm uma briga feia, deixam vir à tona toda a raiva reprimida de muitos anos, até que Delia se cansa e se cala. Sykes vai se deitar. Quando está dormindo, Delia coloca a caixa em cima da cama. Com um sorriso, abre a tampa.

• *Tartuffe* (música e libreto: Kirke Mechem, a partir da comédia de Molière; estréia sob patrocínio do American Opera Project, na Ópera de San Francisco, em 27 de maio de 1980, com John Del Carlo [Tartuffe], Thomas Hammons [Orgon], Susan Quittmeyer [Elmire], Edward Huls [Damis], Rebecca Cook [Mariane], Robert Tate [Valère], Evelyn de la Rosa [Dorine], Leslie Richards [Mme Pernelle] e Renée De Jarnatt [Flipote], regida por David Agler).

Ópera cômica tonal, de típica linhagem pós-verdiana – com visível influência das comédias goldonianas de Wolf-Ferrari e das óperas de Vittorio Giannini. São constantes as referências a Beethoven e Wagner, às óperas de Richard Strauss, e ao Stravínski neoclássico do *Rake's Progress*. É muito bom o domínio que Mechem possui da escrita vocal em estilo de conversação: recitativos ágeis, espontâneos, fluentes, intercalados aos números cantados, em que são freqüentes as cenas de conjunto, com grande valorização do cantabile e das longas linhas melódicas que colocam a voz em evidência. A partitura original é escrita para uma orquestra de proporções clássicas; mas existe uma partitura alternativa com orquestração reduzida: flauta, oboé, clarineta, fagote, trompa, trompete, trombone, quinteto de cordas.

Orgon, rico burguês, abrigou em sua casa o oportunista Tartuffe, e sua mãe, Mme. Pernelle, recrimina a todos por não viverem à altura dos padrões morais muito exigentes desse "santo homem" Elmire, a segunda mulher de Orgon, tenta em vão reconciliar a família.

Mariane e Damis, os filhos de Orgon, pedem a Elmire que os ajude a convencer Orgon a manter a sua promessa de permitir o casamento da filha com Valère, seu namorado. Quando Orgon volta para casa, Dorine, a empregada, tenta lhe dizer que sua mulher esteve doente, ele só se interessa em saber onde está Tartuffe; e desconversa quando Elmire lhe fala da promessa a Mariane. À filha, ele diz que ela deverá se casar com Tartuffe. Dorine, que os está ouvindo, cai na risada, pois acha que ele está brincando, ridiculariza Tartuffe, irritando Orgon, que se retira. Dorine está encorajando Mariane a resistir à vontade de seu pai, quando Valère chega. Mariane e ele começam a discutir a respeito de Tartuffe e se desentendem. Dorine os reconcilia e, junto com eles, planeja uma estratégia para impedir os planos de Orgon e Tartuffe.

Dorine combina um encontro de Tartuffe com Elmire. Tenta livrar-se de Damis, mas ele insiste em esconder-se para assistir à conversa. Os ares de santidade de Tartuffe desaparecem assim que ele fica sozinho com Elmire, à qual ele faz propostas. Elmire promete nada dizer ao marido se ele convencer Orgon a deixar que Mariane se case com Valère. Damis sai de seu esconderijo e, apesar das garantias de Elmire de que quer apenas endireitar as coisas e evitar um escândalo, jura que vai contar a todo mundo o papel duplo desempenhado pelo hipócrita. Quando Orgon chega, Damis denuncia Tartuffe; mas o santarrão defende-se tão habilmente, que o pai, acusando o filho cegamente de "tentar estigmatizar a pureza do nome desse santo homem", o expulsa de casa. Ameaça casar Mariane com ele aquele dia mesmo; mas Elmire apela ao bom-senso de ambos, não deixando de fazer Tartuffe entender que o melhor, para ele, é cumprir o trato que fez com ela. Mas Tartuffe está certo de sua posição, e manipula Orgon, fazendo com que ele lhe legue a casa e todos os bens que possui.

Elmire finalmente convence Orgon a testemunhar com os próprios olhos a traição de Tartuffe. Esconde-o debaixo da mesa, dizendo-lhe que deve sair quando ela lhe fizer um sinal tossindo. Chama o vilão e finge estar muito atraída por ele, até o momento em que, expressando o desprezo pela religião, Tartuffe manifesta o desejo que sente por ela e pede para "saborear um terno favor". Apesar da frenética tosse de Elmire, Orgon só sai de seu esconderijo quando Tartuffe começa a falar mal dele. Mesmo desmascarado, o hipócrita mostra o documento de doação que Orgon lhe fez e se retira dizendo: "Vamos ver quem terá de ir embora!" Orgon ainda está defendendo o impostor, quando é interrompido por um oficial de justiça (Damis disfarçado) que, acompanhado por Tartuffe, vem despejá-lo de sua própria casa. Encontrando resistência, eles saem para buscar a polícia; mas Damis dá um jeito de voltar e revelar à família o seu estratagema. Vai ao encontro de Tartuffe, e volta com ele pedindo a prisão de Orgon. Uma fanfarra anuncia a chegada de um enviado do rei (Mariane disfarçada), que traz a ordem de prisão para... Tartuffe! O "enviado do rei" enumera os crimes do impostor e dá-lhe a escolha entre fugir do país ou ir para a cadeia. O hipócrita foge e Orgon, admitindo ter sido um completo imbecil, pede perdão à mulher e oferece a mão de Marianne a Valère, para o regozijo geral.

Dessa bem-sucedida comédia, existe uma gravação pirata ao vivo da estréia em San Francisco, alegremente temperada pelas risadas da platéia. Há também dois vídeos, de espetáculos na Ópera de St. Paul, Minnesota (1984) e na de San José (1986). *Tartuffe* foi muito aplaudida em suas apresentações no Festival de Lake George (1982), em St. Paul (1984), Baton Rouge (1987), Eugene (1988), Pittsburg (1988), San José (1986). A encenação mais recente, muito elogiada, foi a da Opera North, no Vermont, em agosto de 1996.

• *Tess* (música e libreto: Matthew Harris, baseado no romance *Tess of the d'Urbervilles* e em poemas de Thomas Hardy; em 2003 à espera de ser estreada; trechos foram apresentados, em 2000, no workshop do New York City Opera).

Ópera em três atos, tonal, com referências ao folclore inglês e à música popular da virada do século XIX-XX. Os pais da camponesa Tess a mandam trabalhar em casa do rico Alec d'Urberville, que abusa dela, a engravida e manda-a de volta para seus pais. Anos depois, tudo parece superado, pois ela se casou com Angel Clare, que a ama e trata bem. Ao descobrir seu passado, porém, o marido a abandona. A essa altura, arrependido da forma como se comportou, Alec a procura e pede perdão. O "herói" e o "vilão" mudaram de papel? Tess vê-se dividida entre esses dois homens e o conflito leva a um final trágico.

• *This is Therapy?* (música e libreto: Barry Drogin; em 2003 estava à espera de ser estreada; foi composta, com o título inicial de *The Psychoterrorists*, como uma possibilidade de programa duplo com *Trouble in Tahiti*, de Leonard Bernstein, podendo ser cantada pelos mesmos intérpretes).

Comédia em dois atos, de estilo tonal. A autora resume a história da seguinte maneira: "Rapaz encontra moça, briga com a moça, vai fazer terapia junto com a moça e por pouco não perde a moça."

• *The Thunder of Horses* (música: Cary John Franklin; libreto: Michael Patrick Albano, livremente baseado na lenda dos Blackfoot sobre a criação dos cavalos; estréia na Ópera de Saint Louis, em 10 de junho de 1995, com Lester Lynch, Katie Vagnino, Devon Barnes e um conjunto de doze crianças).

Ópera infantil para flauta, percussão e uma banda Orff tocada por crianças. Tonal, acentuadamente rítmica, com algumas citações de temas nativos americanos.

Dois irmãos indígenas, Long Arrow, que é surdo, e sua irmã Willow Flower ficaram órfãos e estão sozinhos no mundo. Willow Flower é adotada, mas Long Arrow é abandonado pela tribo. É encontrado vagando pela campina por Heavy Runner, grande guerreiro dotado de poderes mágicos, que lhe devolve a audição. Heavy Runner leva-o para sua casa, e a esposa, uma mulher raivosa e mau-humorada, os recebe muito mal. Heavy Runner volta a usar seus poderes mágicos para remover a raiva do coração da mulher, e ela também passa a gostar do menino.

Um dia, Heavy Runner desafia Long Arrow a fazer uma coisa que ninguém antes conseguiu: encontrar os Espíritos guardiães do misterioso animal, o Pono-Kamita. Durante a sua jornada, Long Arrow descobre um lago em que mora uma linda menina. Ela leva o índio e o apresenta ao Velho, seu pai. Este conta a Long Arrow como outros homens de sua tribo não tiveram coragem de aceitar o convite para entrar no lago e, com isso, perderam a possibilidade de ganhar o maior presente jamais dado: o Pono-Kamita. Para fazer jus a ele, Long Arrow terá de viajar durante três dias, sem olhar para trás, para os animais que o estarão seguindo. Se os olhar, eles desaparecerão. Long Arrow faz a longa viagem de volta à tribo, resistindo à tentação de olhar para trás. Chega à aldeia e é aclamado, pois traz para seu povo um bem sem preço: cavalos selvagens que, domesticados, vão se transformar numa ajuda inestimável para a tribo. Depois de Saint Louis, a ópera foi ouvida em Madison (1996) e Washington (1997).

• *The Tibetan Book of the Dead* (música: Ricky Ian Gordon; libreto: Jean-Claude van Itallie, condensando sua peça *The Tibetan Book of the Dead or How Not To Do It Again*; estréia no Houston Opera Studio, em 31 de maio de 1996, com Jonita Lattimore, Frank Hernandez, Eric Owens, Nicole Heaston, John McVeigh, Jill Grove, Gabriel Gonzalez e Beth Clayton).

Ópera para orquestra reduzida, de estilo eclético, com elementos de música popular americana. Baseada em um dos livros sagrados mais reverenciados do mundo, reconstitui a jornada épica da alma de um agonizante – representada por um soprano – ao longo de uma série de etapas espirituais e emocionais, rumo ao renascimento. O espetáculo foi transmitido pela emissora KUHF-FM de Houston e, portanto, deve existir a gravação pirata.

• *Titus Andronicus* (música e libreto: Ian McAndrew, reduzindo o texto do próprio Shakespeare; em 2003, estava ainda à espera de estréia).

Ópera em três atos, de estilo tonal, baseada na primeira tragédia de Shakespeare a fazer sucesso, e também a mais sangrenta e perturbadora de suas peças. Em 400 d.C., tendo derrotado os godos, o general Tito Andrônico imola aos deuses Alarbo, o filho mais velho de Tamora, a rainha vencida. Embora seu nome tenha sido escolhido pelos tribunos do povo para ocupar o trono, Tito, para evitar a guerra civil, concorda com as pretensões do ambicioso Saturnino, filho mais velho do falecido imperador. Proclama-o sucessor, jura-lhe fidelida-

de, e concorda quando ele pede em casamento a mão de sua filha Lavínia. Mas ela está noiva de Bassiano, o irmão de Saturnino, e foge com o namorado. Para demonstrar sua fidelidade, Tito chega a matar Múcio, seu filho mais jovem, que apoiou o rapto da irmã.

Humilhado, o novo imperador pede a mão de Tamora, e coroa-a imperatriz. Para vingar-se de Tito Andrônico pela morte de seu primogênito, Tamora – insuflada por seu amante, o mouro Aaron – pede a seus outros dois filhos, os libertinos Chiron e Demétrio, que matem Bassiano, durante uma caçada, e violentem Lavínia. Eles o fazem e, para não poderem ser denunciados, cortam as duas mãos e arrancam a língua da moça. Quinto e Márcio, filhos de Tito Andrônico, são acusados da morte de Bassiano e condenados à morte. Aaron leva a Tito a mensagem de Saturnino: o imperador poupará a vida de seus filhos se, em troca, o general lhe mandar uma de suas mãos. Andrônico concorda, Aaron corta-lhe a mão mas, o que o general recebe de volta são as cabeças decepadas de seus filhos. Horrorizado com a crueldade de Saturnino, Lúcio parte em busca dos príncipes godos, aos quais se alia para atacar Roma.

Um dia, escrevendo na areia com um bastão, Lavínia consegue revelar ao pai o nome de seus agressores. Este mata os dois filhos de Tamora e, convidando o casal imperial à sua casa, para um jantar de reconciliação com o inimigo, serve-lhes um empadão feito com a carne dos estupradores de sua filha. Quando revela a Tamora que ela acabou de comer seus próprios filhos, segue-se um espantoso massacre, em que Tito, Lavínia, Tamora e Saturnino são mortos. O povo e os dois exércitos reconciliados aclamam Lúcio imperador. Aaron é condenado a ser enterrado no chão e ali morrer de fome. Nas mãos de Lúcio, fica o filho bastardo que Tamora teve de Aaron. Embora Shakespeare não o mostre explicitamente, talvez o perdão de Lúcio, deixando a criança viver, ponha fim ao ciclo de vingança, ódio e morticínio.

• *Faith* (música e libreto: Michael Ching, baseado no conto de ficção científica de James Patrick Kelly; estréia em 24 de abril de 1999, no City Auditorium de Concord, durante o Festival de New Hampshire).

Ópera de câmara muito lírica, de estilo básicamente tonal, com acompanhamento de violino, violoncelo, flauta, teclado e percussão. Recém-divorciada, Faith põe um anúncio no jornal, na tentativa de encontrar um novo companheiro. Uma das respostas vem de um homem misterioso, Gardiner Allen. Como seu nome sugere, ele tem poder mágico sobre as plantas, fala com elas, e consegue que façam coisas estranhas. Explorando o tema da aceitação da alteridade, a ópera mostra como Faith a princípio rejeita Gardiner, depois começa a acostumar-se com seu excêntrico talento e, finalmente, apaixona-se por ele. A ópera faz uma interessante homenagem ao filme *Plan 9 from Outer Space*, freqüentemente citado durante a ação.

- *The Trial of Standing Bear* (música e libreto: Jane Hill; pré-estréia em 12 de novembro de 1999, num workshop da Benson High School de Omaha, Nebraska).

Ópera de câmara com um prólogo e dois atos, de estilo híbrido, tonal-atonal, usando elementos de música indígena. Em 1877, a tribo dos Poncá foi removida, por ordem do governo, do Nebraska para uma reserva em Oklahoma, causando 158 mortes. Cumprindo uma promessa que fizera a seu filho no leito de morte, o chefe índio Standing Bear (Urso de Pé) fez, em 1879, uma viagem a pé de 500 milhas, para visitar o cemitério da tribo. Como saíra da reserva sem permissão, foi preso e julgado. Esse processo é um marco na história da luta indígena pelos seus direitos essenciais dentro da sociedade branca.

- *Trilogy of Poe* (música: Vittorio Furgeri, usando os poemas The *Raven, Annabel Lee* e *The Bells*, de Edgar Allan Poe; estréia em 2003 no Harry Warren Theatre do Brooklyn, em Nova York).

Drama coreográfico de câmara em três atos, de estilo modal-politonal, para solistas, narrador, coro e dançarinos. No *Corvo* e em *Annabel Lee*, os protagonistas são representados simultaneamente por um cantor-narrador e um(a) dançarino(a). A atmosfera febril dos poemas de Poe é sugerida por recursos musicais e coreográficos que sugerem o clima onírico, às vezes francamente de pesadelo. Em *The Bells*, os recursos músicais e de dança representam cada um dos climas emocionais descritos pelo texto: os sinos de celebração, de triunfo militar, de luto etc.

- *Trouble the Water* (música e libreto: Arthur Rosen; em 2003, estava à espera de ser estreada).

Ópera-oratório de estilo contemporâneo, para conjunto de seis instrumentos, contando a história das *Freedom Rides*: em 1961, grupos de ativistas da não-violência tomaram ônibus das empresas interestaduais Trailway e Greyhound, e viajaram para o extremo Sul dos Estados Unidos, onde enfrentaram cara-a-cara os agressivos opositores da Boynton Decision – a decisão da Suprema Corte que garantia a integridade e os direitos civis de todos os viajantes – brancos, negros ou de outras etnias – que viajassem em ônibus intermunicipais ou interestaduais, pelas auto-estradas do país (ou que procurassem restaurantes ou lanchonetes nas paradas de ônibus). Os *Freedom Riders*, membros do *Congress of Racial Equality*, depararam com violência cada vez maior à medida que se embrenhavam no *Deep South*, e a brutalidade atingiu o ponto culminante quando os adeptos do *Student Non-Violent Coordinating Committee* vieram juntar-se a eles. Mas a ação do SNCC e dos *Freedom Riders* espalhou-se e passou a ter apoio de amplos setores da sociedade. *Trouble the Water* – que poderia ser livremente traduzido como *Faça Marola*, isto é, aja de forma a perturbar as pessoas – celebra um dos momentos mais importantes do Movimento pelos Direitos Civis, nos Estados Unidos da década de 1960. Ao lado do boicote dos ônibus em Montgomery – a decisão de parte da população branca de não mais usar os ônibus que discriminavam a comunidade negra –, o movimento dos *Freedom Rides* é uma das demonstrações mais importante do que pode a força de vontade da população, quando está a serviço da causa certa.

- *Twelfth Night* (música: David Amram; libreto: adaptação do texto de Shakespeare por Joseph Papp; estréia no Lake George Opera Festival, em 1º de agosto de 1968, com Marcia Baldwin, Carolyn Heafner, Sean Barker, Robert Falk, William Brown e outros).

Ópera de escrita tonal, misturando pastiches da música elizabetana com o típico estilo modal da escola americana enraizada no folclore.

Olivia apaixona-se por Viola, sem saber que ela está disfarçada de rapaz para aproximar-se de Orsino, que faz a corte a Olivia. Mais adiante, essa moça será também cortejada por Sebastiano, o irmão de Viola, que escapou de um naufrágio. Ao lado da ação sentimental, desenvolvem-se as intrigas das personagens cômicas, Sir Andrew Aguecheek, Sir Toby Belch e Malvolio, o mordomo de Viola. Depois de Lake George, *Twelfth Night* foi encenada no workshop de ópera do Hunter College (1969), na Ópera de Pensilvânia (1981), e no estúdio de ópera da Universidade Reimann, de Nova York (1986).

- *Twilight Voices* (música: Stan Hoffman; libreto: Darlene LeFaive; estréia em 10 de setembro de 1999, em Chaspen Opera Theater, em Bellevue, no estado de Washington).

Ópera em dois atos de música tonal-modal. Em 1921, na Casa di Riposo pei Musicisti – o asilo criado por Verdi, em Milão, para artistas idosos –, cinco cantores lutam contra a deterioração física e mental, o medo da morte, a vergonha pelos fiascos do passado, as lembranças do amor não-retribuído. Anna e Carlo que, na juventude, sentiram-se muito atraídos um pelo outro, mas casaram-se com outras pessoas, têm agora a possibilidade de recuperar o tempo perdido. A notícia de que seu colega Enrico Caruso morreu em Nápoles vem fazê-los entender que, apesar dos pesares, estar vivo é o mais importante, e nunca é tarde para ter esperança. Existe um vídeo com o elenco da estréia (Ellen McLain, Louise Marley, Stephen Wall, John McEvoy, Glenn Guhr-Charles Long).

- *Voodoo on the Bayou* (música: Wendy Mae Chambers; libreto da compositora e de Steve Glass; em 2003, estava à espera de ser estreada).

Ópera de câmara em dois atos, de estilo tonal, com elementos populares e folclóricos (orquestra com extenso grupo de percussões tocado por oito instrumentistas). Marie Laveau foi a mais famosa *voodoo queen* de Nova Orleans, na virada dos séculos XIX-XX. O libreto trabalha com fatos reais, mas também com todas as lendas que se acumularam em torno dessa figura carismática.

- *Wake for Don Corsino* (música e libreto: Alan Stringer, baseado num conto do frei Angelico Chávez; estréia em 1992 na First Unitarian Church de Albuquerque, no Novo México).

Ópera em três cenas, com acompanhamento de harpa ou piano e dois violoncelos. Durante o velório de Don Corsinio, os camponeses o vêem mexer no caixão. Fogem apavorados, não sem antes ter levado tudo o que conseguem carregar. Inteiramente desperto, ele tem a visão de sua falecida esposa, que lhe aparece como Santa Bárbara. Pela mulher, fica sabendo que foi dado por morto porque teve um ataque, ao sentir-se culpado por ter causado a morte dela. Ela lhe garante-lhe que ele nada teve a ver com seu falecimento, e encoraja-o a casar-se de novo. Quando os camponeses retornam, encontram-no vivo e fagueiro.

- *What's Going On?* (música e libreto: Richard Dubelski; estréia em 12 de agosto de 1998, no Margaret Greenham Theatre, do Banff Centre for the Arts, no Canadá).

Ciclo de canções para quatro cantores, viola, trompete e percussão, baseado em entrevistas com imigrantes, desempregados, um policial, um vendedor ambulante. Usando a técnica do *objet trouvé*, o autor faz uma colagem que fornece um retrato da vida na cidade grande. Foi levada à França, em 1999, numa excursão do Banff Arts Festival.

- *Where Angels Fear to Tread* (música: Mark Lanz Weiser; libreto: Roger Brunyate, baseado na novela de E. M. Forster; estréia em fevereiro de 1999 no Peabody Conservatory of Music de Baltimore).

Ópera de câmara de estilo tonal, com recitativos e números de formato variado. Lilia Herriton, jovem viúva inglesa, visita a Itália e casa-se com o italiano Gino Carella. Mas morre ao dar a luz a um bebê. Seus cunhados Philip e Harriet Herriton, e a sua amiga Caroline Abbott, vem à Itália, pretendendo adotar a criança. A ópera se desenrola a partir das experiências de vida desse grupo no país: comédia, romance, até mesmo tragédia, mas principalmente auto-conhecimento.

- *Why I Live at the P. O.* (música: Stephen Eddins; libreto: Michael O'Brien, baseado no conto de Eudora Welty; em 2033, estava à espera de ser estreada).

Ópera de câmara em um ato, com prólogo e epílogo, de estilo eclético, incorporando folclore rural do Mississippi na década de 1940, gospel, big band etc. A ópera é um retrato cômico de uma excêntrica família sulista nos anos de 1940. A vida pacata de Sister, funcionária do correio de China Grove, no Mississippi, é abalada pelo retorno de Stella-Rondo, a sua irmã, após breve casamento com o namorado que ela roubou da mais velha. A rivalidade entre as duas irmãs se reacende. Com mentiras e insinuações, Stella-Rondo vira a mãe, o pai e o tio contra Sister. Exasperada, ela reúne tudo o que tem e vai morar na agência de correio, onde pode ficar em paz.

- *The Wild Boy* (música e libreto: Solomon Epstein, baseado num fato real; em 2003, estava a espera de ser estreada).

Ópera em um ato, de estilo tonal até a metade e dissonante, com muitos efeitos de percussão na segunda parte. Relata o encontro histórico do Dr. Jean-Marc Itard, do Institut pour l'Education Spéciale, de Paris, com Victor, o menino selvagem encontrado na floresta de Aveyron, nos arredores da capital, em 1805. Itard tenta fazê-lo usar os brinquedos pedagógicos que ele mesmo inventou; mas o garoto foge, correndo pela sala. Itard chama dois ajudantes, que amarram Victor a uma cadeira. O menino se debate até cansar-se e ador-mecer. Cai num devaneio em que se vê de volta à floresta. Desamarrando-se, dança, lem-brando-se do sol e dos animais que eram seus companheiros. Terminado o sonho, está de novo amarrado à cadeira, e Itard volta para re-começar a lição. Coloca os brinquedos peda-gógicos em cima da mesa e solta Victor. Le-vantando-se da cadeira, o menino lembra-se dos passarinhos na floresta e, pulando pela ja-nela, tenta voar. O Dr. Itard corre até a janela e olha, horrorizado, para o corpo que se estatelou três andares abaixo.

- *Wild Indian* (música: Leif Jordansson; libreto: Theodore Shank, baseado em uma peça de sua autoria; em 2003, estava à espera de ser estreada).

Ópera de câmara em dois atos, para quarteto acústico com marimba, guitarra, banjo, bandolim e teclado; música de estilo folclórico indígena. Conta os cinco anos finais da vida de Ishi, o último dos índios da tribo Yahi a vi-ver em estado primitivo. Em 1911, ele foi le-vado para San Francisco. Mistura reminiscên-cias que ele tem do massacre de seu povo com imagens da fase que passou sendo literalmen-te exibido como uma curiosidade, no Museu de Antropologia, até morrer de melancolia e depressão por ter sido afastado de seu habitat natural. O antropólogo Dr. Kroeber quer que Ishi mantenha seus costumes primitivos e o jovem secretário chinês do professor tenta ajudá-lo a se adaptar ao novo mundo. A jovem antropóloga assistente de Kroeber fica dividi-da entre o patrão e o secretário, pelo qual se sente atraída.

- *The Yellow Wallpaper* (música: Catherine Reid; libreto: Judith C. Lane, baseado no conto de Charlotte Perkins Gilman; em 2003, estava à espera de ser estreada).

Ópera de câmara em sete cenas, para cor-das, piano, flauta, oboé, clarineta e fagote, de estilo tonal. Em 1890, o marido médico de uma jovem escritora diagnostica nela uma "depres-são nervosa temporária" e receita uma "cura de repouso". Proibida de escrever, ela fica ob-cecada com o papel de parede amarelo de seu quarto, e acaba arrancando-o com as próprias mãos, para fazer desaparecer as figuras hor-rendas que vê subindo pela parede. A ópera descreve um processo perturbador de descida ao inferno da loucura.

- *York of the Lewis and Clark Expedition* (mú-sica: Bruce Trinkley; libreto: Jason Char-nesky, baseado nos diários dos exploradores Merriwether Lewis e William Clark; estréia no outono de 2002, no Eisenhower Audito-rium, de Penn State).

Ópera em dois atos, de estilo híbrido, con-tinuação da cantata *The Last Voyage of Captain Meriwether Lewis*, dos mesmos autores, que se passa na noite da morte de Lewis. A ópera centra-se na figura de York, o escravo de William Clark, o único afro-americano que participou da expedição Lewis-Clark ao Ártico.

• *Young Goodman Brown* (música e libreto: Alan Stringer, baseado no conto de Nathaniel Hawthorne, estréia em 1988 na St. Thomas of Canterbury Episcopal Church de Albuquerque, no Novo México).

Ópera de câmara em três cenas – escrita para quarteto de cordas, clarineta e órgão –, de estilo misto, usando material folclórico. Numa aldeia puritana, Brown diz a Faith, sua mulher, que tem de fazer uma viagem. Na floresta, encontra-se com Scratch, o diabo, que lhe fala do poder que tem sobre os habitantes da Nova Inglaterra. Temendo por sua mulher, Brown concorda em seguir o demônio a uma reunião, onde vê os principais lideres de sua comunidade se entregando a rituais satânicos. Consegue voltar para casa são e salvo e reencontrar-se com Faith; mas agora sabe que não pode confiar em mais ninguém.

• *Vera of Las Vegas: A Nightmare Cabaret Opera in One Act* (música: Daron Hagen; libreto: Paul Muldoon; estréia: Thalia Theater do Centro de Ópera Contemporânea de Nova York, em 3 de julho de 2003, montagem de Charles Maryan).

Ópera experimental, misturando música de vanguarda e tradicional, com traços muito fortes de jazz. Taco Bell, extremista da Irlanda do Norte, está sendo interrogado e espancado pela polícia. Perde os sentidos e tem um pesadelo, em que se vê, juntamente com seu amigo Dumdum Devine, indo para os Estados Unidos sob a vigilância de Common Doll, agente do Serviço de Imigração e Naturalização disfarçada como aeromoça do avião em que viajam. Ambos vão ser residentes ilegais no Bronx, Devine trabalhando como chofer de táxi e Taco como garçon em uma boate, onde eles se envolvem com as seis Miss Catchalls – versão moderna das Andrew Sisters –, com dançarinas de strip-tease e com traficantes de drogas. Depois de uma série de aventuras que não se sabe ao certo se são reais ou imaginárias, Dumdum e Taco resolvem seu problema de residência ilegal, casando-se o primeiro com Common Doll, e o segundo com Vera, travesti

negra que é uma figura folclórica em Las Vegas. Nas notas de programa, Hagen chamou sua ópera de "um cruzamento de *Four Saints in Three Acts*, de Virgil Thomson e Gertrude Stein, com a sinfonia *Age of Anxiety*, de Bernstein". Comentando essa descrição, disse Anthony Tommasini, o críítico do *New York Times*:

De fato, num solo como o de Doll – "The thing I love about Las Vegas is the hoping more, not the having less" – em que ela fala de sua cidade, há ecos da poesia de Stein, cheia de nonsense, e a música tem aquele tom aparentemente inocente de Thomson, com harmonias que lembram música de igreja, ritmos vivos e melodias mais declamadas do que realmente cantadas. Mas *Four Saints* tem um fluxo músical contínuo e uma espontaneidade de ressonância em suas texturas que faz falta na maneira laboriosa como Hagen funde a metaleira de jazz com ásperos ritmos contemporâneos, recitativos palavrosos, rompantes líricos ocasionais, passagens corais para as Catchall Girls e alguns lampejos de música de cabaré. No entanto, não se pode negar a *Vera de Las Vegas* uma certa audácia teatral.

• *Voice of the Dragon-2: Shaolin Secret Stories* (música: Fred Ho; libreto: Ruth Margraff; estréia: 10 de Janeiro de 2004, no Apollo Theater do Harlem, dentro da série Worl Music Institute's Interpretations).

Segunda parte de uma trilogia concebida pelo saxofonista e compositor Fred Ho, de origem chinesa. A primeira parte, *Once Upon a Time in Chinese America... The Martial Arts Epic*, foi encenada em 2001 e mostrava a batalha, no templo de Shaolin, contra a traiçoeira guerreira Gar Man Jang, que tentava assumir o controle do ensino das artes marciais. Essa segunda parte é, na realidade, um *flashback*, mostrando como se formou a equipe de guerreiros que viria a lutar contra a perigosa Gar. Um deles é ágil em seus ataques, pois foi criado na floresta, por um leopardo. Um outro é especializado em lâminas, o terceiro em bastões, o quarto em luta corporal de movimentação vistuosisticamente coreografada. Todos vêm para o mosteiro ainda crianças, como órfãos, todos reagem à dureza da disciplina marcial, mas acabam aceitando o ensinamento dos mestres. Há também uma garota, Ng Mui, que começa como uma aprendiz de Gar e, ao adquirir a consciência de quem ela é, torna-se a mais feroz oponente.

A ópera tem números cantados; apenas um recitativo fluente e acompanhamento musical contínuo, com muita influência jazzísitica, feito pelo Afro Asian Music Ensemble, dirigido por Ho. E como descreveu John Pareles, no *New York Times*, "há uma exibição quase ininterrupta de lutas marciais coreografadas por José Figueroa, uma série de saltos, socos, cambalhotas e lutas com bastões ou flamejantes espadas". Uma narradora, no palco, une as seqüências uma à outra. *Secret Stories* tem como tema a lealdade como uma forma de auto-renovação. Segundo Pareles:

> A música de Ho fornece temas a cada personagem, mas funciona mais como uma trilha sonora e música atmosférica do que como um drama musical integrado. O saxofone é freqüentemente usado de uma forma que lembra Charles Mingus, mas as melodias têm um sabor modal chinês e, ao lado da bateria de jazz, são utilizados címbalos, gongos e blocos de madeira. É uma música inquieta, de ritmos constantemente mutáveis, para sugerir a tensão subliminar. Como drama, *Secret Stories* tem o problema de todos os prólogos: eles terminam quando a verdadeira história começa.

• *Volpone* (música: John Musto; libreto: Mark Campbell, livremente baseado na comédia de Ben Jonson; estréia na primavera de 2004, em The Barns of Wolf Trap, na cidade de Vienna, no Estado da Virginia).

Ópera de estilo tonal livre. Em Veneza, Volpone – a raposa – finge ter sido atacado por uma doença fatal e, ajudado por seu criado, Mosca, passa a perna em um trio de agiotas com nomes de aves predadoras – Voltore, Corvina e Corbaccio –, fingindo que cada um deles foi nomeado seu herdeiro e pedindo-lhes, contra a sua fortuna, empréstimos enormes que não tem a intenção de pagar. A tramóia dá certo, e Volpone está prestes a fugir para Gênova em companhia de Mosca. Mas se engraça com Célia, a jovem mulher de Corbaccio. Bonario, o filho de Corvina, fica sabendo, por sua mãe, dos planos de Volpone, que os deixarão na miséria. Ao mesmo tempo, chega a Veneza uma mulher misteriosa, Erminella, que está à procura de um filho que deixou para trás trinta anos antes. Após uma série de reviravoltas e quiproquós, Volpone e Mosca escapam por pouco da justiça, e mal têm tempo de tomar o barco para Gênova, escapando da perseguição de todos os que enganaram. Musto retoma o tema antes explorado por George Antheil; mas o libreto de Campbell dá tratamento bem diferenciado à peça de Jonson.

• *The Wedding* (música: Janis Wilson; libreto: Harry Reid; estréia na primavera de 2004, no Cinnabar Theater de Petaluma, na Califórnia).

Ópera de estilo contemporâneo, com o uso de temas e ritmos do folclore irlandês. Em 1870, um jovem seminarista, às vésperas de ser ordenado padre, volta à sua terra natal – um povoado de mineiros de carvão, na Pennsylvania, que está às voltas com uma greve – para assistir ao casamento de sua irmã. Durante a visita, a negligência com que a Igreja trata o dever de dar assistência aos mineiros, carentes devido à greve, faz a sua fé ficar muito abalada. As dúvidas tornam-se ainda maiores porque ele se apaixona por uma mulher exótica e mais velha do que ele, que acaba de chegar ao povoado.

• *Zabette* (música: Curtis Bryant; libreto: Mary R. Bullard; estréia em 29 de abril de 1999, no Rialto Center for the Performing Arts, em Atlanta, na Geórgia).

Ópera em três atos de estilo contemporâneo, com referências ao folclore africano, francês e americano. Conta a vida de Elizabeth Bernardey, de origem franco-africana, que se tornou a amante de Robert Stafford, grande plantador de algodão, durante o século XIX, na Ilha de Cumberland, na Geórgia. A ópera é a história de sua luta pelo reconhecimento, em um mundo escravagista em que os não-brancos eram seriamente discriminados. Existe a gravação da estréia em CD e vídeo (Uzee Brown, Toni Anderson, Meredith Coleman, Laura English-Robinson, Jeanné Brown, Charles Hart-Mark Street).

• *The Zachary Star* (música e libreto: Marvin David Levy; estréia em dezembro de 2003 no Linbury Theater, do Royal Opera House Covent Garden, em Londres).

Ópera infantil, de estilo ligeiro, com a adoção de formas de musical, sobre a descoberta que o pequeno Zachary faz da morte através da doença de Ben, o avô ô que ele adora. Para distraí-lo, Zach inventa uma porção de histórias divertidas sobre animais que representam as diversas pessoas da família. Ben lhe conta que, quando era menino, "guiava sua carroça até as estrelas", querendo com isso falar de suas esperanças e sonhos; mas, agora, sua estrela está se apagando. Zach toma isso ao pé da letra e resolve ir buscar a estrela gigantesca que a sua avó, Big Mama Eagle, lhe contou ter visto no topo de uma árvore de Natal, no Rockefeller Plaza, de Nova York. Zach acredita com isso poder salvar a vida do avô.

• *Zürich 1916* (música: Christopher Butterfield; libreto: John Bentley Mays; estréia: The Banff Centre for the Arts, em 5 de agosto de 1998, com Stacie Robinson, Michael Colvin, Darren Bonin, Lori Klassen, Shaunaid Amette, Tracey Scher e outros).

À orquestra integram-se saxophone contralto, violão, bandolim, guitarra elétrica, piano, cravo e harmônio. A partitura mistura todos os estilos musicais comuns à música européia da década de 1920: valsa, tango, jazz, canções de cabaré, escrita de vanguarda.

A ópera é uma sátira sem continuidade cronológica rigorosa, trabalhando com personagens que, em 1916, encontravam-se exiladas na Suíça. Pouco antes de amanhecer, Emmy Hennings, em companhia de seu namorado, Hugo Ball, está andando pela Spiegelgasse. Está voltando para casa, do cabaré onde canta à noite. Encontram-se com La Troupe Flamingo, e esta os acompanha, recitando todas as palavras e frases feitas que um imigrante precisa conhecer, para se virar morando num país estrangeiro. Vladímir Lênin, morador do n. 14 Spiegelgasse, queixa-se do barulho do Cabaret Voltaire, com sua música alta e freqüentadores muito alegres. Mas admite que neles tem a visão de como será o século XX. Emmy e sua amiga Alice More lêem duas cartas em que Lênin faz objeções à liberdade da música de vanguarda. Uma delas é para Herr Ephraim, dono do bar no n. 1 da Spiegelgasse, freqüentado pelos dadaístas. A outra dirige-se ao futuro comissário da Cultura, recriminando-o por permitir a publicação dos versos anarquistas de um poeta politicamente incorreto, chamado Vladímir Maiakóvski.

Lênin toma o poder no Cabaret Voltaire, e prepara os artistas dadaístas e da Troupe Flamingo para encenar a sua versão de como será o século XX, que ele visualiza como uma ópera em três atos. O primeiro conta a Revolução de Fevereiro, na Rússia, e o segundo mostra a Revolução de Outubro, com a reorganização totalitária do Estado. A essa altura, Emmy e Hugo tentam roubar o roteiro, para reescrever a história da Revolução como gostariam que ela fosse, com a total libertação do desejo, tanto o erótico quanto o social. Mas Lênin, ajudado por Stálin, recupera o roteiro, e eles encenam o ato III como o reino da morte. Thomas Edison, o inventor da cadeira elétrica, desce à terra para entregá-la a Stálin, como um presente para seu regime de terror. Em sua visão, Lênin prevê a morte dos artistas – o suicídio de Maiakóvski, o total desespero de Hugo Ball.

BIBLIOGRAFIA

ABARBANEL, Jonathan (1994). *Carlisle Floyd's Susannah*. No folheto da gravação Kent Nagano, selo Virgin Classics 7243.5.45039-2.

ALLEN, Frederick (2002). *The Making of Thérèse Raquin*. No folheto da gravação Graeme Jenkins da ópera de Tobias Picker, selo Chandos 9659-2.

ARDOIN, John (1958). *The Stages of Menotti*, Nova York, Garden City.

BERNSTEIN, Leonard (1953). *Prelude to an Opening*. No folheto da gravação Krachmalnik de *Regina*, de Marc Blitztein, selo Columbia.

BLUE, Robert Wilder (2003). *American Opera at the Met: a View at the Years 1910-1935*. Recolhido na Internet, em outubro de 2003, no site www.usaopera.com.

CASOY, Sérgio (2003). *Haroun no Jardim*. Texto no programa da apresentação do *Haroun Songbook*, de Charles Wuorinen, em 4 de outubro de 2003, na residência de Bea e Pepe Esteve, Chácara Flora, São Paulo.

CATÁN, Daniel (1989). *Música y Poesia*. No folheto da gravação Diazmuñoz de trechos de *La Hija de Rappacini* e da cantata *Mariposa de Obsidiana*, selo independente TT.66-08.

CONRAD, Peter (1987). *A Song of Love and Death: The Meaning of Opera*. Nova York, Poseidon Press.

DELARUE, Allison (1968). *The Chevalier Henry Wikoff, Impresario*. Princeton University Press.

DIZIKE, John (1993). *Opera in America: a Cultural History*. New Haven, Yale University Press.

DRUMMOND, Andrew (1973). *American Opera Librettos*. Metuchen, Scarecrow Press.

DYER, Richard (1984). *Barber's Antony and Cleopatra*. No folheto da gravação Christian Badea, selo New World Records 322/23/24-2.

ENGEL, Lehman (1976). *Notas sobre* Porgy and Bess. No folheto da gravação Lorin Maazel, selo London.

EWEN, David (1982). *American Composers: a Biographical Dictionary*. Nova York, G. P. Putnams Sons.

FENTON, James (2003). *The Haroun Songbook*. Textos no programa da apresentação da partitura de Charles Wuorinen em São Paulo, na residência de Bea e Pepe Esteves (4.10.2003). Projeto gráfico de Moema Cavalcanti. Edição privada.

FLOYD, Carlisle (1994). *Recalling Susannah's Beginning*. No folheto da gravação Kent Nagano, selo Virgin Classics 7243.5.45039-2.

GRUEN, J. (1978). *Menotti: a Biography*, Nova York, Macmillan.

HAMILTON, David (org.) (1987). *The Metropolitan Opera Encyclopedia: a Comprehensive Guide to the World of Opera*. Nova York, Thames and Hudson.

HELLMAN, Lillian (1953). *An American Opera*. No folheto da gravação Krachmalnik de *Regina*, de Marc Blitztein, selo Columbia.

HERR, Martha (2003). Depoimento concedido ao autor sobre a sua participação na estréia da ópera *Neither*, de Morton Feldman, em 1977, na Ópera de Roma.

HEYMAN, Barbara (1992). *Samuel Barber: the Composer and his Music* Oxford University Press.

HEWITT, Bernard (1959). *Theatre U.S.A.* Nova York, McGraw-Hill.

HIPSHER, Edward Ellsworth (1978). *American Opera and its Composers*. Nova York, Da Capo Press, reprodução da edição original de 1934.

HOLDEN, Amanda (org.) (2001). *The New Penguin Opera Guide*. Londres, Penguin Books.

HONIG, Joel (2002). *Menotti: The Saint of Bleecker Street*. No folheto da gravação Richard Hickox, selo Chandos 9971-2.

JENKINS, Graeme (2002). *The Music of Thérèse Raquin*. No folheto de sua gravação da ópera de Tobias Picker, selo Chandos 9659-2.

KIMBALL, Robert (1989). *The Roots of Porgy and Bess*. No folheto da gravação Simon Rattle, EMI Classics 7 49568 2.

KIRK, Elise K. (2001). *American Opera*. Chicago, University of Illinois Press.

LATOUCHE, John (1956). *The Real Baby Doe Story*. No folheto da gravação Emerson Buckley da *Balada de Baby Doe*, selo Deutsche Grammophon 289 465 148-2.

LOCANTRO, Tony (2000). *Amelia al Ballo* e *The Unicorn, the Gorgon and the Manticore*. No folheto da gravação Sanzogno da ópera de Menotti, selo Testament SBT 1179.

MACHADO COELHO, Lauro (1999). *A Ópera na França*. São Paulo, Editora Perspectiva.

_____. (2000). *A Ópera Alemã*. São Paulo, Editora Perspectiva.

_____. (2002). *A Ópera Romântica Italiana*. São Paulo, Editora Perspectiva.

_____. (2002). *A Ópera Italiana Após 1870*. São Paulo, Editora Perspectiva.

_____. (2003). *A Ópera Tcheca*. São Paulo. Editora Perspectiva.

MATES, Julian (1962). *The American Musical Stage before 1800*. Westport, Greenwood Press.

MELLO, Vera Lúcia (2003). *Os Fantasmas de Versalhes*. Material para a apresentação da ópera de John Corigliano no ciclo *Óperas Comentadas*, no auditório do Conselho Britânico de São Paulo.

McCLATCHY, J. D. (1998). *A Word on Emmeline*. No folheto da gravação George Manahan da ópera de Tobias Picker, selo Albany Records, 284-85.

MIDGETTE, Annette (2003). *Sondheim's Passion Revived*. Artigo Recolhido no site da Companhia DiCapo de Ópera.

MILLER, Sara (1999). *Menotti: The Consul*. No folheto da gravação Richard Hickox, selo Chandos 9706-2.

MOYER, Dennis (2001). *The Good Soldier Schweik*. No folheto da gravação Alexander Platt da ópera de Robert Kurka, selo Cedille Records, CDR 90000-062.

MOORE, Douglas (1999). *How The Ballad of Baby Doe Was Written*. No folheto da gravação Emerson Buckley da *Balada de Baby Doe*, selo Deutsche Grammophon 289 465 148-2.

MUSGRAVE, Thea (2003). *Pontalba: a Louisiana Legacy*. Material inédito sobre essa ópera, estreada em outubro de 2003, gentilmente fornecido pela própria compositora e seu marido, o regente Peter Mark.

NESCHLING, John (2003). *Kaddish*. Tradução do texto de Bernstein para a sua *Sinfonia n. 3*. No programa da primeira audição brasileira da peça, regida por ele à frente da Orquestra Estadual de São Paulo, em 27 de novembro de 2003.

NEW GROVE ON-LINE (2003). Acessado através do site www.grove.com na Internet.

OSTENDORP, John (1996). *Notes on the Jumping Frog*. No folheto da gravação Auldon Clark da ópera de Lukas Foss, selo Newport Classics, NPD 85609.

PICKER, Tobias (1998). *A Note on Emmeline*. No folheto da gravação George Manahan de sua ópera, selo Albany Records, 284-85.

PORTER, Andrew (1991). *Candide: an Introduction*. No folheto da gravação Leonard Bernstein, selo DG 429 734-2.

POTTER, Keith (2000). *Four Minimalists: La Monte Young, Terry Riley, Steve Reich and Philip Glass*. Nova York, Schirmer Books.

ROCKWELL, John (2003). *Is Klinghoffer Antisemitic?*. No *New York Time* de 15 de maio, a respeito da filmagem da ópera de John Adams.

ROSENBLUM, Joshua (2003). *The Recording of Tod Machover's "Resurrection"*. No site da Albany Records.

ROSS, Alex (2003). *Opera as History*. Sobre os *Three Tales* de Steve Reich, no *New Yorker* de 6 de janeiro.

SCHWARTZ, Charles (1993). *Gershwin: Uma Biografia*. Trad. João Máximo e Giovanni Mafra e Silva. Rio de Janeiro, José Olympio Editora.

SILLS, Beverly (1999). *An Introduction to Baby Doe*. No folheto da gravação Emerson Buckley da *Balada de Baby Doe*, selo Deutsche Grammophon 289 465 148-2.

SKOFIELD, James (1994). *Notes by the Librettist*. No folheto de *The Dracula Diary*, de Robert Moran, selo Catalyst/BMG Classics 09026-62638-2.

SLONIMSKY, Nicolas (1988). *The Concise Baker's Biographical Dictionary of Musicians*. Nova York, Schirmer Books.

SMITH, Steven (1991). *A Heart at Fire's Center: The Life and Music of Bernard Herrmann*. Berkeley, University of California Press.

STEARNS, David Patrick (1985). *West Side Story: Entre a Broadway e a Ópera*. No folheto da gravação Leonard Bernstein, selo DG 415 253-2.

STEGEMANN, Michael (1989). *Erniedrigte und Beleidigte*. No folheto da gravação Simon Rattle de *Porgy and Bess*, selo EMI Classics.

STEINBERG, Michael (1992). *The Death of Klinghoffer*. No folheto da gravação Kent Nagano, selo Nonesuch 7559-79281-2.

TOMMASINI, Anthony (1997). *Virgil Thomson: Composer on the Aisle*. Nova York, Norton.

VERDINO-SÜLLWOLD, Maria (1990). "Opera, Operetta or Musical: Vanishing Distinctions in Twentieth-Century Music Drama". No n. 23 do *Opera Journal* (dezembro).

WATSON, Steve (1971). *Prepare for the Saints*. Berkeley, University of California Press.

WITTKE, Paul (1998). *Gian Carlo Menotti: a Renaissance Man of Theater*. Texto recolhido em 2003 no site da editora G. Schirmer Inc. de Nova York.

Lauro Machado Coelho, nascido em Belo Horizonte, é jornalista, professor de história da música e crítico de música do Caderno 2 de *O Estado de S. Paulo*. Foi também, neste jornal, redator de Política Internacional de 1976 a 1993, e fez críticas de cinema e música para o *Jornal da Tarde*. Entre 1994 e 1995 dirigiu o Teatro Municipal de São Paulo. É autor de *Ana Akhmátova: Poesia 1912-1964* (seleção, tradução e apresentação) e da História da Ópera, que a editora Perspectiva está publicando e da qual já foram lançados até agora *A Ópera na França*, *A Ópera Barroca Italiana*, *A Ópera Alemã*, *A Ópera na Rússia*, *A Ópera Romântica Italiana*, *A Ópera Italiana Após 1870*, *A Ópera Clássica Italiana*, *A Ópera Tcheca* e *A Ópera nos Estados Unidas*. O próximo lançamento será *A Ópera Inglesa*.

Título:	A *Ópera nos Estados Unidos*
Autor:	Lauro Machado Coelho
Ilustração da Capa:	Silhueta de Maria em *West Side Story*
Formato:	18,0 x 25,5 cm
Tipologia:	Times 10/12
Papel:	Cartão Carolina 250g/m2 (capa)
	Champion 90/m2 (miolo)
Número de Páginas:	568
Editoração Eletrônica e Laser Filme:	Lauda Composição e Artes Gráficas
Fotolito de Capa e Ilustrações:	Liner Fotolito e Gráfica
Impressão:	Lis Gráfica